Podręczny słownik niemiecko-polski

Handwörterbuch Deutsch-Polnisch

Jan Chodera, Stefan Kubica

Handwörterbuch
Deutsch-Polnisch

Wiedza Powszechna
Warszawa

Jan Chodera, Stefan Kubica

Podręczny słownik
niemiecko-polski

Wiedza Powszechna
Warszawa

Redaktor naukowy
JAN CZOCHRALSKI

Redaktorzy
ALINA WÓJCIK, LEON BIELAS,
JERZY JÓŹWICKI

Obwoluta, okładka i karty tytułowe
MAREK STAŃCZYK

Słownik przejrzano w Wydawnictwie
„ENZYKLOPÄDIE" w Lipsku

Redaktorzy techniczni
STEFAN IDZIAKOWSKI
BOGUMIŁ MARCZAK

Korektorzy
JADWIGA DAREWSKA
CZESŁAWA TOMASZEWSKA

© Copyright by Państwowe Wydawnictwo
„Wiedza Powszechna" — Warszawa 1966

PW „Wiedza Powszechna" — Warszawa 1990 r.
Wydanie X. Nakład 24 800 + 200 egz.
Objętość 110,5 ark. wyd., 65,5 ark. druk.

Druk i oprawę wykonano w Jugosławii

ISBN 83-214-0805-2

INHALTSVERZEICHNIS — SPIS TREŚCI

VORWORT — PRZEDMOWA VI

HINWEISE FÜR DIE BENUTZER DES WÖRTERBUCHES — WSKAZÓWKI DLA KORZYSTAJĄCYCH ZE SŁOWNIKA VII

ABKÜRZUNGEN UND ZEICHENERKLÄRUNGEN — SKRÓTY I ZNAKI OBJAŚNIAJĄCE IX

STICHWÖRTER VON A BIS Z — HASŁA OD A DO Z . . . . . . 1—994

DIE GEBRÄUCHLICHSTEN ABKÜRZUNGEN — NAJCZĘŚCIEJ UŻYWANE SKRÓTY 995

DIE WICHTIGSTEN REGELN DER DEUTSCHEN GRAMMATIK — WAŻNIEJSZE INFORMACJE GRAMATYCZNE 1002

VORWORT

Das vorliegende deutsch-polnische Wörterbuch möchte allen an der deutschen und polnischen Sprache Interessierten eine Stütze bieten. Es enthält etwa 60 000 Wörter und Redewendungen des allgemeinen deutschen Wortschatzes. Die Übersetzung ins Polnische berücksichtigt die allgemein gebräuchlichen, in lexikalischen Quellen verzeichneten, Bedeutungen. Das Wörterbuch enthält auch im beschränkten Umfange die wichtigsten fachsprachlichen Ausdrücke aus Wissenschaft und Technik, umgangssprachliche, regional gebundene und historische Ausdrücke, geographische Namen, Vornamen, Zahlwörter sowie eine bestimmte Anzahl österreichischer und schweizerischer Wörter. Am Schluß folgt eine Zusammenstellung der wichtigsten Regeln der deutschen Grammatik.

PRZEDMOWA

Niniejszy „Podręczny słownik niemiecko-polski" służyć będzie pomocą tym wszystkim, którzy interesują się językiem niemieckim i polskim. Zawiera około 60 000 wyrazów i zwrotów frazeologicznych z zakresu ogólnego słownictwa niemieckiego, tłumaczonych na język polski z uwzględnieniem ważniejszych znaczeń notowanych w literaturze źródłowej. W słowniku zawarto najważniejsze terminy techniczne i fachowe z wielu dziedzin, pewien zasób wyrazów potocznych, regionalnych i historycznych, austriackich i szwajcarskich, nazwy geograficzne, imiona, liczebniki. Końcowa część słownika zawiera ważniejsze informacje z gramatyki języka niemieckiego.

WSKAZÓWKI DLA KORZYSTAJĄCYCH ZE SŁOWNIKA

1. HASŁA

Wyrazy hasłowe podano pismem półgrubym w ścisłym porządku alfabetycznym. Opatrzono je, zależnie od przynależności do poszczególnych części mowy lub do specjalnych dziedzin życia, odpowiednimi skrótami umownymi.

Do zestawu haseł wchodzą ważniejsze pierwsze części złożeń niemieckich oraz przedrostki jako samodzielne hasła, np. Abteilungs..., ur..., ab..., Ab...

Zestaw haseł niniejszego słownika nie zawiera zdrobnień zakończonych na -chen i -lein (poza nielicznymi wyjątkami); nie zawiera niezleksykalizowanych rzeczowników odsłownych zakończonych na -en, -er, -erin, -ler, -lerin, -elei, -ung (Su), względnie odprzymiotnikowych, zakończonych na -heit (Sh), -igkeit (Si), -keit (Sk), -e (zob. ,,Kilka uwag o tworzeniu rzeczowników''); form czasu przeszłego i imiesłowu czasu przeszłego czasowników mocnych (zob. ,,Tabela czasowników mocnych i nieregularnych'').

Hasła z ruchomym ,,e'' powtarza się dwukrotnie w odpowiednich miejscach układu alfabetycznego, jeśli ruchome ,,e'' występuje do trzeciego miejsca włącznie, np.: ad(e)lig, adlig. Rzeczowniki odsłowne i odprzymiotnikowe nie figurują w zestawie haseł, lecz znajdują się przy swoich hasłach wyjściowych, i tak słowa Ermunterung należy szukać pod ermuntern. Su; słowa Heiligkeit pod heilig. Sk itd.

HINWEISE FÜR DIE BENUTZER DES WÖRTERBUCHES

1. STICHWÖRTER

Die Stichwörter sind halbfett gedruckt und alphabetisch geordnet. Sie sind je nach ihrer Zugehörigkeit zu einer bestimmten Wortart oder einem Fachgebiet durch entsprechende Abkürzungen gekennzeichnet.

Ins Wörterverzeichnis sind die ersten Glieder der wichtigsten nominalen Zusammensetzungen sowie Präfixe, z.B. Abteilungs..., ur..., ab..., Ab..., als selbständige Stichwörter aufgenommen worden.

Nicht aufgenommen wurden:
Diminutive auf -chen und -lein (einige Fälle ausgenommen);
substantivische Ableitungen von Verben auf -en, -er, -erin, -ler, -lerin, -elei, -ung (Su) sowie von Adjektiven auf -heit (Sh), -igkeit (Si), -keit (Sk), -e (siehe ,,Einige Bemerkungen zur Bildung der Substantive'');
die Grundformen (Imperfekt und Perfektpartizip) der starken Verben (siehe ,,Verzeichnis der starken und unregelmäßigen Verben'').

In Stichwörtern, in denen ''e'' ausfallen kann, wird das Wort an der entsprechenden Stelle nach der alphabetischen Ordnung wiederholt, wenn das ,,e'' bis zur dritten Stelle auftritt, z.B. ad(e)lig, adlig. Von Verben und Adjektiven abgeleitete Substantive treten im Wörterverzeichnis nicht als selbständige Stichwörter auf. Auf diese Ableitungen wird am Schluß des Artikels des betreffenden Stichwortes hingewiesen, z.B. Ermunterung ist unter ermuntern. Su; Heiligkeit unter heilig. Sk usw. zu suchen.

Homonimy oraz jednobrzmiące czasowniki złożone, posiadające różny akcent, raz na przedrostku (ụnterhalten), raz na zgłosce tematycznej (unterhạlten), umieszczono w osobnych hasłach.

Oboczność brzmienia form hasłowych zaznaczono przez ujęcie w nawiasach okrągłych części zbędnej albo przez powtórzenie hasła, np. **Mode(n)zeitung, Mittag(s)tisch, seh(e)n; ụnabsehbar** α. **unabsẹhbar**. Dotyczy to również końcówek wyrazów, np. **Rat** m —(e)s, ⁼e; **Verb** n —s, —en α. —a.

Rzeczowniki podano wraz z końcówkami drugiego przypadku liczby pojedynczej i pierwszego przypadku liczby mnogiej, np. **Teil** m —(e)s, —e. Przegłos w liczbie mnogiej zaznaczono znakiem przegłosu nad myślnikiem, np. **Hand** f —, ⁼e. Jeżeli w liczbie mnogiej występują przekształcenia, np. **Gręmium** n —s, ...ien, wówczas powtarza się zmienioną część hasła.

Przy przymiotnikach i przysłówkach nieregularnie tworzone formy stopnia wyższego i najwyższego podano jako osobne hasła. Przymiotniki, które są jednocześnie przysłówkami, umieszczono w jednym haśle i opatrzono podwójnym kwalifikatorem *adj:adv*. W wypadkach gdy w stopniowaniu przymiotników występuje oboczność, podano w nawiasie okrągłym formy stopnia wyższego i najwyższego, np. **glatt (glatter, glattest** α. **glätter, glättest)**. Jeżeli od przymiotnika hasłowego można utworzyć rzeczownik zakończony na **-heit, -igkeit** lub **-keit**, zostało to przy końcu artykułu hasłowego zaznaczone za pomocą skrótów **Sh, Si** lub **Sk**, często wraz z rozwinięciem tego podhasła.

Imiesłowy mające także wyraźne znaczenie przymiotnikowe, traktuje się jak przymiotniki, zwracając jednak u-

Wörter gleicher Schreibweise, aber verschiedener Herkunft, sowie gleichlautende zusammengesetzte Zeitwörter mit dem Akzent auf der Vorsilbe (ụnterhalten) bzw. auf der Stammsilbe (unterhạlten) sind als getrennte Stichwörter aufgenommen worden.

Fakultative Formen eines Stichwortes erscheinen entweder mit dem in runde Klammern gesetzten weglaßbaren Wortteil, oder sie werden als besondere Stichwörter wiederholt, z.B. **Mode(n)zeitung, Mittag(s)tisch, seh(e)n; ụnabsehbar, unabsẹhbar**. Dasselbe gilt für Kasusendungen, z.B. **Rat** m —(e)s, ⁼e; **Verb** n —s, —en, α. —a.

Substantive werden mit der Genitivendung des Singulars und der Nominativendung des Plurals angeführt, z.B. **Teil** m —(e)s, —e. Der Umlaut des Plurals wird durch das Umlautzeichen über dem Strich vor der Pluralendung angedeutet, z.B. **Hand** f —, ⁼e. Falls im Plural weitere Umgestaltungen auftreten, wird der geänderte Teil des Stichwortes wiederholt, z.B. **Gręmium** n —s, ...ien.

Bei Adjektiven und Adverbien, die unregelmäßige Komparativ- und Superlativformen aufweisen, erscheinen diese Formen als selbständige Stichwörter. Adjektive, die auch adverbial fungieren können, bilden einen Gruppenartikel und sind mit *adj:adv* gekennzeichnet. Bei Schwankungen der Komparationsformen werden in runden Klammern die Formen des Komparativs und des Superlativs angegeben, z.B. **glatt (glatter, glattest** α. **glätter, glättest)**. Auf die Möglichkeit der Ableitung eines Substantivs auf **-heit, igkeit** und **-keit** von einem Adjektiv wird am Schluß des Artikels durch die Abkürzungen **Sh, Si** und **Sk** hingewiesen; häufig wird der Gebrauch dieses Substantivs durch phraseologische Wendungen veranschaulicht.

Partizipien, die ausgesprochenen Adjektivcharakter haben, werden wie Adjektive behandelt, jedoch wird auf

wagę na ich imiesłowową formę i funkcję za pomocą odpowiednich kwalifikatorów oraz na czasownik, z którego się wywodzą, np. **gerieben 1.** *part perf, zob.* **reiben 2.** *adj:adv...*

Formy przypadkowe zaimków osobowych podano jako osobne hasła.

Podano najważniejsze liczebniki główne i porządkowe.

Czasowniki podano w bezokoliczniku. Przy każdym czasowniku znajduje się skrót czasownika posiłkowego **(h)** = = **haben** albo **(sn)** = **sein**, z którym dany czasownik tworzy formy czasów złożonych. Czasowniki mocne i nieregularne opatrzono ponadto numerem odsyłającym do tabeli, gdzie podano ważniejsze formy tego czasownika. Rekcję czasowników uwzględniono głównie tam, gdzie występują różnice w obu językach. Jeśli od czasownika hasłowego można utworzyć rzeczownik odsłowny, zakończony na **-ung**, zostało to przy końcu artykułu hasłowego zaznaczone za pomocą skrótu **Su** często wraz z rozwinięciem tego podhasła.

2. FRAZEOLOGIA

Wyrażenia i zwroty frazeologiczne podano pismem półgrubym. Zwroty frazeologiczne, związane z określonym znaczeniem, podano po ostatnim synonimie danego znaczenia wyróżnionego cyfrą. Wyrażenia nie związane z żadnym z wyróżnionych cyframi znaczeń, umieszczono na końcu artykułu hasłowego i poprzedzono gwiazdką.

3. ODPOWIEDNIKI

Polskie odpowiedniki wyrazów, wyrażeń i zwrotów niemieckich podano pismem jasnym. Odpowiedniki bliskoznaczne oddzielono przecinkami, dal-

ihre Partizipialform und Funktion durch entsprechende Kennzeichnung sowie auf das Verb, von dem sie gebildet werden, verwiesen, z.B. **gerieben 1.** *part perf, zob.* **reiben 2.** *adj:adv...*

Die Kasusformen der persönlichen Fürwörter erscheinen als selbständige Stichwörter.

Im Stichwörterverzeichnis werden sowohl die wichtigsten Grundzahlen als auch die Ordnungszahlen angeführt.

Verben erscheinen im Infinitiv. Bei jedem Verb steht abgekürzt das Hilfszeitwort **(h)** = **haben** oder **(sn)** = **sein**, mit dem das Verb die zusammengesetzten Zeiten bildet. Bei starken und unregelmäßigen Verben wird durch eine Ziffer auf die Tabelle der starken und unregelmäßigen Verben verwiesen, in der die wichtigsten Formen des Verbs zu finden sind. Die Rektion wurde vor allem dort, wo sie vom Polnischen abweicht, berücksichtigt. Auf die Möglichkeit der Ableitung eines Verbalsubstantivs auf **-ung** wird am Schluß des Artikels durch die Abkürzung **Su** hingewiesen; häufig wird der Gebrauch dieses Substantivs durch die wichtigsten Redewendungen veranschaulicht.

2. REDEWENDUNGEN

Feste Wortverbindungen sind halbfett gedruckt. Redewendungen, die mit einer bestimmten Bedeutung verknüpft sind, stehen am Ende des Artikels oder nach der Übersetzung mit der entsprechenden Bedeutung (wenn mehrere Bedeutungen vorliegen). Wenn die Redewendung in keinem direkten Zusammenhang mit einer der durch Ziffern gekennzeichneten Übersetzungen steht, erscheint sie, mit einem vorgesetzten Stern versehen, am Schluß des Gruppenartikels.

3. ENTSPRECHUNGEN

Die polnischen Entsprechungen der deutschen Wörter, Ausdrücke und Redewendungen erscheinen in gewöhnlicher Druckschrift. Sinnverwandte

sze — średnikami, a różnoznaczne kolejnymi literami (a, b itd.), cyframi arabskimi lub rzymskimi. Rodzaj gramatyczny odpowiedników rzeczownikowych objaśniono skrótami m, f, n, z wyjątkiem tych, które występują w połączeniu z przymiotnikiem lub przydawką rzeczownikową. Składnię rządu odpowiedników czasownikowych zaznaczono odpowiednią formą deklinacyjną zaimków „kto, co". W hasłach przymiotnikowych oddzielono formę przydawkową od przysłówkowej dwukropkiem.

Entsprechungen sind durch Komma getrennt. Bei einem größeren Bedeutungsunterschied steht ein Semikolon; bei verschiedener Bedeutung erfolgt die Abgrenzung durch Buchstaben (a, b usw.), sowie arabische bzw. römische Ziffern. Das Geschlecht der substantivischen Entsprechungen wird durch m, f, n erklärt, mit Ausnahme der Substantive mit adjektivischer bzw. substantivischer Beifügung. Die Rektion der verbalen Entsprechungen wurde häufig durch die Angabe der eigentlichen Kasusform des Pronomens „kto, co" erklärt. Bei der Übersetzung der adjektivisch-adverbialen Stichwörter wird die Adjektivform von der Adverbform durch einen Doppelpunkt abgeteilt.

4. WYMOWA

Wymowę wyrazów trudniejszych lub budzących wątpliwości podano w transkrypcji fonetycznej (API), umieszczonej w nawiasach kwadratowych.

4. AUSSPRACHE

Die Aussprache schwieriger Wörter, auch solcher, die in dieser Hinsicht Zweifel erwecken könnten, wird in eckigen Klammern in phonetischer Umschrift der API angegeben.

5. AKCENT

Akcent zaznaczono kreską pod akcentowaną samogłoską lub dyftongiem. Zmianę akcentu w liczbie mnogiej zaznaczono pod samogłoską akcentowaną końcówki liczby mnogiej. Akcent w wyrazach zakończonych na długie „i" zaznaczono w następujący sposób: Demokratię f —, ...ien. Oznacza to, że „e" znajdujące się w końcówce liczby pojedynczej nie jest wymawiane w przeciwieństwie do „e" występującego w końcówce liczby mnogiej.

5. BETONUNG

Der Wortakzent wird durch einen Strich unter dem betonten Vokal oder Diphthong bezeichnet. Die Veränderung der Betonung im Plural wird durch einen Strich unter dem entsprechenden Vokal der Pluralendung angedeutet. In den auf -ie auslautenden Wörtern wird der Akzent auf folgende Weise angegeben: Demokratię f —, ...ien. Dies bedeutet, daß das „e" der Singularendung im Gegensatz zur Pluralendung nicht ausgesprochen wird.

ABKÜRZUNGEN UND ZEICHENERKLÄRUNGEN
SKRÓTY I ZNAKI OBJAŚNIAJĄCE

a.	albo	oder
acc	biernik	Akkusativ
adj	przymiotnik	Adjektiv
adv	przysłówek; przysłówkowo	Adverb; adverbial
agr	rolnictwo	Landwirtschaft
anat	anatomia	Anatomie
antr	antropologia	Anthropologie
archit	architektura	Architektur
art	rodzajnik	Artikel
astr	astronomia; astronautyka	Astronomie; Astronautik
austr	austriacki	österreichisch
auto	samochód	Kraftwagen
biol	biologia	Biologie
biur	język biurowy	Kanzleisprache
bot	botanika	Botanik
buch	buchalteria	Buchhaltung
bud	budownictwo	Bauwesen
chem	chemia	Chemie
chir	chirurgia	Chirurgie
cer	przemysł ceramiczny	keramische Industrie
cj	spójnik	Konjunktion
comp	złożenie	Kompositum
compar	stopień wyższy	Komparativ
dat	celownik	Dativ
dawn	dawniej	veraltet
dent	dentystyka	Zahnheilkunde
dial	dialekt	Dialekt
druk	drukarstwo	Buchdruckerkunst
dzien	dziennikarstwo	Zeitungswesen
e.	ein	
e—e	eine	
e—m	einem	
e—n	einen	
e—r	einer	
e—s	eines	
ekon	ekonomia	Wirtschaft
elektr	elektrotechnika; elektronika	Elektrotechnik; Elektronik
ent	entomologia	Entomologie
etw.	etwas	
f	rodzaj żeński	Femininum

farb	farbiarstwo	Färberei
farm	farmaceutyka	Pharmazeutik
film	film	Filmkunst
filoz	filozofia	Philosophie
fin	finansowość	Finanzwesen
fiz	fizyka	Physik
fizj	fizjologia	Physiologie
fon	fonetyka	Phonetik
fot	fotografia	Photographie
garb	garbarstwo	Gerberei
gen	dopełniacz	Genitiv
geogr	geografia	Geographie
geol	geologia	Geologie
geom	geometria	Geometrie
gimn	gimnastyka	Turnen
górn	górnictwo	Bergbau
gram	gramatyka	Grammatik
h	haben	
hand	handel	Handel
hist	historyczny	historisch
icht	ichtiologia	Ichthyologie
ind	nieokreślony	indefinit
inf	bezokolicznik	Infinitiv
int	wykrzyknik	Interjektion
inv	nieodmienny	invariabel
iron	ironiczny	ironisch
itd.	i tak dalej	und so weiter
itp.	i tym podobne	und ähnliches
jęz	językoznawstwo	Sprachwissenschaft
jmd	jemand	
jmds	jemandes	
jmdm	jemandem	
jmdn	jemanden	
jw.	jak wyżej	wie oben
karc	gra w karty	Kartenspiel
kol	kolejnictwo	Eisenbahnwesen
kraw	krawiectwo	Schneiderei
kulin	sprawy kulinarne	Kochkunst
kuśn	kuśnierstwo	Kürschnerei
leśn	leśnictwo	Forstwesen
lit	literaturoznawstwo	Literaturwissenschaft
liturg	liturgia	Liturgie
lot	lotnictwo	Flugwesen
łow	łowiectwo	Jagdwesen
m	rodzaj męski	Maskulinum
mar	sprawy morskie	Seefahrt
mat	matematyka	Mathematik
med	medycyna	Medizin
met	metalurgia	Metallurgie
meteor	meteorologia	Meteorologie
miern	miernictwo	Vermessungswesen
min	mineralogia	Mineralogie
mit	mitologia	Mythologie
muz	muzyka	Musik

XIII

n	rodzaj nijaki	Neutrum
nom	mianownik	Nominativ
np.	na przykład	zum Beispiel
num	liczebnik	Numeral
ogr	ogrodnictwo	Gartenbau
opt	optyka	Optik
orn	ornitologia	Ornithologie
pap	przemysł papierniczy	Papierindustrie
parl	parlament	Parlament
part	imiesłów	Partizip
perf	czas przeszły dokonany	Perfekt
pl	liczba mnoga	Plural
plast	plastyka	bildende Künste
poczt	poczta	Postwesen
poet	poetycki	dichterisch
pog	pogardliwy	verächtlich
polit	polityka	Politik
pot	potoczny	umgangssprachlich
praep	przyimek	Präposition
praes	czas teraźniejszy	Präsens
praw	prawo	Rechtswesen
pron	zaimek	Pronomen
pron dem	zaimek wskazujący	Demonstrativpronomen
pron imp	zaimek nieosobowy	unpersönliches Pronomen
pron ind	zaimek nieokreślony	Indefinitpronomen
pron inter	zaimek pytajny	Interrogativpronomen
pron pers	zaimek osobowy	Personalpronomen
pron poss	zaimek dzierżawczy	Possessivpronomen
pron r	zaimek zwrotny	Reflexivpronomen
pron rel	zaimek względny	Relativpronomen
przen	przenosnie	übertragen
przysł	przysłowie	Sprichwort
psych	psychologia	Psychologie
pszcz	pszczelarstwo	Bienenzucht
radio	radiotechnika	Rundfunk
reg	regionalny	landschaftlich
rel	religia	Religion
rzem	rzemiosło	Handwerk
s	rzeczownik	Substantiv
sing	liczba pojedyncza	Singular
Sh, Si, Sk, Su	rzeczownik odprzymiotnikowy na -heit, -igkeit, -keit i odsłowny na -ung (zob. „Kilka uwag o tworzeniu rzeczowników")	
skr	skrót	Abkürzung
sn	sein	
sport	sport	Sport
sup	stopień najwyższy	Superlativ
stol	stolarstwo	Tischlerei
szach	szachy	Schachspiel
szerm	szermierka	Fechtkunst
szkol	szkolnictwo	Schulwesen
szwajc	szwajcarski	schweizerisch
ślus	ślusarstwo	Schlosserei
t.	także	auch

teatr	teatr	Theater
tech	technika	Technik
telkom	telekomunikacja, poczta	Fernmeldewesen, Postwesen
tv	telewizja	Fernsehen
v	czasownik	Verb
vaux	czasownik posiłkowy	Hilfsverb
vi	czasownik nieprzechodni	intransitives Verb
vimp	czasownik nieosobowy	unpersönliches Verb
vr	czasownik zwrotny	reflexives Verb
vt	czasownik przechodni	transitives Verb
wędk	wędkarstwo	Angelsport
wiośl	wioślarstwo	Rudersport
włók	włókiennictwo	Textilindustrie
woj	sprawy wojskowe (wojenne)	Militär und Kriegswesen
wulg	wulgarny	vulgär
zeg	zegarmistrzostwo	Uhrmacherhandwerk
zob.	zobacz	siehe
zoo	zoologia	Zoologie
żart	żartobliwy	scherzhaft

~ Tylda zastępuje powtarzany wewnątrz artykułu hasłowego w formach, wyrażeniach i zwrotach wyraz hasłowy, np.: fertig adj:adv I. gotowy...; ~e Kleider...

Die Tilde vertritt das innerhalb des Wortartikels in Ausdrücken und Redewendungen wiederholte Stichwort, z. B.: fertig adj:adv I. gotowy ...; ~e Kleider...

[1] Cyfra arabska u góry oznacza homonimy różnego pochodzenia etymologicznego lub jednobrzmiące czasowniki złożone, posiadające różny akcent, np.
Band[1] n a. m
Band[2] f
durchschneiden[1]
durchschneiden[2]

Die beim Stichwort stehende hochgestellte kleine arabische Ziffer weist auf Homonyme verschiedener etymologischer Herkunft sowie auf gleichlautende zusammengesetzte Verben mit verschiedener Betonung hin, z.B.
Band[1] n oder m
Band[2] f
durchschneiden[1]
durchschneiden[2]

1, 2 Cyfry arabskie półgrube, podane w nawiasie okrągłym obok haseł czasownikowych są odsyłaczami do spisu czasowników mocnych i nieregularnych, umieszczonych w „Ważniejszych informacjach gramatycznych".

Halbfett gedruckte arabische Ziffern in runden Klammern neben verbalen Stichwörtern verweisen auf die Tabelle der starken und unregelmäßigen Verben, die in den wichtigsten Regeln der Grammatik zu finden sind.

( ) W nawiasach okrągłych podano objaśnienia gramatyczne, semantyczne i encyklopedyczne.

In runden Klammern sind grammatische, semantische und enzyklopädische Erklärungen angegeben.

[ ] W nawiasach kwadratowych podano transkrypcję fonetyczną.

In eckigen Klammern steht die phonetische Umschrift.

⟨ ⟩	W nawiasach ostrych podano elementy wymienne w zwrotach i frazach.	In spitzen Klammern stehen auswechselbare Teile der Redewendungen.
,	Przecinek oddziela polskie odpowiedniki o bliskim znaczeniu.	Das Komma trennt polnische sinnverwandte Entsprechungen.
;	Średnik oddziela polskie odpowiedniki o dalszym znaczeniu.	Das Semikolon trennt polnische Entsprechungen von größerem Bedeutungsunterschied.
(≃)	oznacza przybliżone znaczenie.	weist auf eine annähernde polnische Entsprechung hin.
*	oddziela związki frazeologiczne oderwane od znaczeń podstawowych.	steht vor phraseologischen Wendungen, wenn sie in keinem Zusammenhang mit dem Stichwort oder einer der angegebenen Übersetzungen des Stichworts stehen.

A

Aachen *n* —s Akwizgran *m*
Aal *m* —(e)s, —e węgorz *m*
aalen, sich (h) *pot* próżnować; przeciągać się; *er aalt sich in der Sonne* pławi się w słońcu
aalglatt *adj* 1. śliski jak węgorz 2. *t.adv, przen* zwinn-y:-ie jak piskorz; sprytn-y:-ie; przebieg-ły:-le
Aalquappe *f* —, —n *a.* **Aalraupe** *f* —, —n *icht* miętus *m*
Aalreuse *f* —, —n więcierz *m*
Aar *m* —(e)s, —e *poet* orzeł *m*
Aas *n* 1. —es, —e padlina *f*, ścierwo *n* 2. —es, **Äser** *przen* ścierwo *n;* **du ~!** ty ścierwo!; *pot* **kein ~ wird kommen** nawet pies z kulawą nogą nie przyjdzie
aasen (h) 1. *vt, garb* mizdrować 2. *vi, przen, pot* marnotrawić, trwonić **(mit etw.** coś), szastać (czymś)
Aasfliege *f* —, —n *ent* ścierwica *f*
Aasgeier *m* —s, — 1. *orn* ścierwnik *m* 2. *przen, pot* wyzyskiwacz *m*, pijawka, hiena *f*
aasig I. *adj:adv* 1. ścierwowaty : jak ścierwo 2. *przen* wstrętn-y:-ie, obrzydliw-y:-ie II. *adv, pot* bardzo, strasznie
Aaskäfer *m* —s, — *ent* omarlica *f*
Aasseite *f* —, —n *garb* mizdra *f*
ab I. *praep, dat acc* 1. (począwszy) od; **ab acht Uhr** od ósmej godziny; **ab 1. März** od 1 marca 2. *hand* loco; **ab Werk** loco fabryka; **ab Verladestation** loco stacja załadowania II. *adv* 1. **Hut ab!** zdjąć kapelusz!; *przen* z całym uszanowaniem!; **Gewehr ab!** do nogi broń! * **ab und an, ab und zu** czasami, niekiedy; **auf und ab** tam i z powrotem (*o chodzeniu*)
ab... *występuje w czasownikach rozdzielnych, np.* **abkehren**
abänderbar *zob.* **abänderlich**
abänderlich *adj* dający się zmienić, zmieny, zmieniający się. **Sk** zmienność, odmienność *f*
abändern (h) *vt* zmieni-ać|ć, odmieni-ać|ć, przekształc-ać|ić z|modyfikować, poprawi-ać|ć. **Su** *t.* zmiana, odmiana, poprawka, modyfikacja *f*
Abänderungsvorschlag *m* —(e)s, ≃e projekt zmiany; *parl* projekt poprawki, poprawka *f*
abarbeiten (h) I. *vt* 1. odr-abiać|obić, odpracow-ywać|ać (e—e **Schuld** dług) 2. zuż-ywać|yć (pracą) * **e. Schiff ~** zepchnąć statek z mielizny II. **sich ~** *vr* spracować ⟨utrudzić⟩ się
Abart *f* —, —en odmiana gatunku
abarten (sn) *vi* odbiegać od gatunku. **Su**
abästen (h) *vt* obci-nać|ąć gałęzie (**die Weide** wierzby)
Abbau *m* 1. —(e)s, —e rozbiórka *f*, demontaż *m* **(von Einrichtungen** urządzeń) 2. *górn* urabianie *n*, eksploatacja *f*, wybieranie *n* 3. —(e)s *przen* (stopniowe) zmniejszanie *n;* redukcja *f* **(des Personals** personelu) 4. —(e)s *przen* obniżka *f*, obniżenie *n* **(der Preise** cen; **der Löhne** płac) 5. —(e)s *chem* rozpad, rozkład *m*
abbauen (h) *vt* 1. roz-bierać|ebrać, z|demontować **(Maschinen** maszyny); **e. Lager ~** zwijać obóz 2. *górn* wydobywać, eksploatować 3. zmniejsz-ać|yć, z|redukować **(das Personal** personel); zmniejsz-ać|yć **(die Löhne** płace) 4. *przen* obniż-ać|yć **(Preise** ceny)
Abbauhammer *m* —s, ≃ *górn* młot pneumatyczny
Abbauprodukt *n* —(e)s, —e *chem* produkt reakcji rozpadu
Abbaustrecke *f* —, —n *górn* chodnik *m*
abbauwürdig *adj, górn* zdatny do ⟨wart⟩ eksploatacji
abbeißen (5;h) *vt* odgry-zać|źć
Abbeizmittel *n* —s, — *chem* środek zmywający, zmywacz *m*
abbekommen (70;h) *vt, pot* 1. otrzym-ywać|ać (swoją część) 2. ob-rywać| erwać, dosta-wać|ć za swoje;· **er hat eins ~** oberwał, dostał za swoje; **er hat (vom) Regen ~** zmókł 3. *pot* oderwać
abberufen (101;h) *vt* odwoł-ywać|ać **(den Botschafter** ambasadora); *przen* **er wurde plötzlich ~** zmarł nagle. **Su**
Abberufungs... *w comp* odwołujący; *np.* **~schreiben** *n* pismo odwołujące
abbestellen (h) *vt* 1. cof-ać|nąć ⟨skreśl-ać|ić⟩ zamówienie (**etw.** na coś), odm-awiać|ówić (coś) 2. odwoł-ywać|ać spotkanie **(jmdn** z kimś). **Su**
abbetteln (h) *vt* wyżebrać **(jmdm etw.** od kogoś coś)
abbiegen (9) I. (h) *vt* odgi-nać|ąć II. **(sn)** *vi* 1. zb-aczać|oczyć **(von der Straße** z drogi); **nach rechts ~** skręcać w prawo; 2. odgałęziać się. **Su**
Abbild *n* —(e)s, —er 1. odbicie, odzwier-

abbilden — 2 — **Abdankungs...**

ciedlenie n 2. wizerunek, obraz m 3. podobizna f
abbilden (h) vt 1. odmalować; odtw-arzać|orzyć; przedstawi-ać|ć na rysunku 2. mat odwzorow-ywać|ać. Su do 1.—2.; do 1. t. rysunek m, ilustracja f
abbinden (11;h) I. vt 1. odwiąz-ywać|ać 2. med podwiąz-ywać|ać II. vi z|wiązać się, s|twardnieć (o cemencie)
Abbitte f —, —n przeprosiny pl, przeproszenie n; ~ tun przepr-aszać|osić (bei jmdm für etw. kogoś za coś)
abbitten (12;h) vt przepr-aszać|osić (jmdm etw. kogoś za coś)
abblasen (13;h) vt 1. zdmuch-iwać|nąć (Staub pył) 2. tech wypu-szczać|ścić (Gas gaz; Dampf parę) 3. odtrąbić (die Jagd polowanie) 4. przen, pot odwoł-ywać|ać (e—e **Vorstellung** przedstawienie); e—n **Streik** ~ przerwać strajk
abblassen (sn) vi wy|płowieć, wy|blaknąć (t. przen)
abblättern I. (h) vt ogoł-acać|ocić z liści, ob-rywać|erwać liście II. (sn) vi 1. s|tracić liście 2. z|łuszczyć się
abblenden (h) vt 1. przytłumi-ać|ć światło; auto włączyć światła mijania 2. fot prześl-aniać|onić. Su
Abblendlicht n —(e)s, —er auto światło mijania
abblitzen (sn) vi, przen nic nie wskórać; jmdn ~ **lassen** odprawić kogoś z niczym, odpalić kogoś
abblühen (h, sn) vi okwit-ać|nąć, przekwit-ać|nąć
Abbrand m —(e)s, ⸗e tech 1. zgar m, zgorzelina f 2. ubytek m (przy przetapianiu)
abbrassen (h) vt ściąg-ać|nąć żagle
abbrausen 1. (sn) vi, pot odjechać z szumem; **das Flugzeug ist abgebraust** samolot odleciał z szumem 2. (h) vt o-płuk-iwać|ać pod natryskiem 3. **sich ~ (h)** vr brać|wziąć natrysk
abbrechen (16) I. (h) vt 1. odłam-ywł|ać, od-rywać|erwać; zrywać|zerwać; przen **die Beziehungen ~** zerwać stosunki; przen **die Brücken hinter sich ~** spalić (wszystkie) mosty za sobą 2. roz--bierać|ebrać (e. **Haus** dom; e—e **Brücke** most); wyburz-ać|yć; e. **Lager ~ zwi-jać|nąć** obóz; przen **die Zelte ~** wyprowadzić się 3. przen ur-ywać| wać, przer-ywać|wać (das **Gespräch** rozmowę) II. (sn) vi 1. odłam-ywać|ać ⟨ur-ywać|wać⟩ się 2. przen ur-ywać| wać ⟨przer-ywać|wać⟩ się
abbremsen (h) vt za|hamować
abbrennen (17) 1. (h) vt spal-ać|ić, wypal-ać|ić 2. (sn) vi spal-ać|ić ⟨wypal-ać|ić⟩ się
Abbreviatur f —, —en abrewiatura f, skrót m
abbreviieren (h) vt skr-acać|ócić
abbringen (18;h) vt 1. odw-odzić|ieść (jmdn von etw. kogoś od czegoś); vom e—r **Gewohnheit ~** odzwyczaić; **er läßt sich davon nicht ~** nie da się odwieść od tego, nie da sobie tego wyperswadować; **vom rechten Wege ~** sprowadzić z dobrej ⟨właściwej⟩ drogi

2. mar spychać|zepchnąć (z mielizny). Su do 2.
abbröckeln 1. (h) vt ukrusz-ać|yć 2. **(sn)** vi wykrusz-ać|yć się, odpa-dać|ść kawałkami (np. o tynku). Su
Abbruch m —(e)s, ⸗e 1. rozbiórka f (e—r **Brücke** mostu; e—s **Hauses** domu); wy|burzenie n 2. zerwanie n; przen ~ **der diplomatischen Beziehungen** zerwanie stosunków dyplomatycznych 3. ujma f, uszczerbek m; ~ tun szkodzić; krzywdzić 4. odrywanie n; obrywanie się (e—s **Felsens** skały) 5. urwisko n
Abbrucharbeiten pl roboty rozbiórkowe
Abbruchreaktion f —, —en chem reakcja przerywająca łańcuch ⟨proces łańcuchowy⟩
abbrühen (h) vt s|parzyć (wrzątkiem)
abbrummen (h) vt, pot odsi-adywać|edzieć (e—e **Strafe** karę)
abbuchen (h) vt, hand wyksięgować. Su
abbürsten (h) vt wy|szczotkować
abbüßen (h) vt odpokutować; e—e **Strafe ~** odcierpieć karę. Su
Abc a. **Abece** n —, — 1. abecadło n; **nach dem ~** alfabetycznie 2. przen podstawowe wiadomości, abecadło n
Abc-Buch a. **Abecebuch** n —(e)s, ⸗er elementarz m
Abc-Code [... ko:d] n —s, —s kod telegraficzny
Abc-Schütze a. **Abeceschütze** m —n, —n pot pierwszoklasista m
ABC-Waffen pl broń abc ⟨atomowa, biologiczna, chemiczna⟩
Abdach n —(e)s, ⸗er okap m
abdachen (h) 1. vt zrywać|zerwać dach 2. vi, vr (sich się) opadać, obniż-ać|yć ukośnie; **der Hügel dacht steil gegen die Stadt ab** wzgórze opada stromo ku miastu. Su t. pochyłość f, spad m; spadzistość f
abdämmen (h) vt odgr-adzać|odzić tamą ⟨groblą⟩. Su t. tama, grobla f
Abdampf m —(e)s, ⸗e para odlotowa
abdampfen I. (h) vt, chem odparo-wywać|wać, wyparo-wywać|wać II vi 1. (h) wyparować 2. (sn) odje-żdżać|chać; **der Zug wird bald ~** pociąg wnet odjedzie; pot **er ist gestern abgedampft** on wczoraj pojechał. Su do I.
abdämpfen (h) vt 1. przytłumi-ać|ć (die **Stimme** głos; die **Farbe** kolor); z|łagodzić, osłabi-ać|ć (die **Wirkung** działanie; przen den **Eindruck** wrażenie) 2. gotować na parze; dusić. Su
Abdampfkessel m —s, — wyparka f, aparat wyparny
Abdampfrohr n —(e)s, —e przewód pary odlotowej
Abdampfrückstand m —(e)s, ⸗e chem 1. pozostałość po odparowaniu 2. sucha pozostałość
abdanken (h) vi poda-wać|ć się do dymisji; abdyk-ać|ować urząd; abdykować. Su 1. abdykacja f, zrzeczenie się tronu; dymisja f 2. szwajc uroczystość żałobna
Abdankungs... w comp ... zrzeczenia się ⟨abdykacji⟩; np. **~akt**

Abdankungsakt m —(e)s, —e akt zrzeczenia się ⟨abdykacji⟩
abdarben, sich (h) vr; sich etw. vom ⟨am⟩ Munde ~ od-ejmować|jąć sobie od ust
abdecken (h) 1. vt odkry-wać|ć, zd-ejmować|jąć den Deckel wieko); den Tisch ~ zbierać ⟨sprzątać⟩ ze stołu 2. ob-dzierać|edrzeć ze skóry (e. Tier zwierzę) 3. zd-ejmować|jąć ⟨zrywać| zerwać⟩ dach 4. pokry-wać|ć (mit Brettern deskami) 5. przen spłac-ać|ić, pokry-wać|ć (Schulden długi) 6. sport kryć. Su do 4., 5.
Abdecker m —s, — rakarz, oprawca m
Abdeckerei f —, —en rakarnia f, zakład utylizacyjny
abdestillieren (h) vt od|destylować
abdichten (h) vt uszczelni-ać|ć. Su t. uszczelka f
Abdichtungs... w comp uszczelniający np. ~arbeiten
Abdichtungsarbeiten pl roboty uszczelniające
Abdichtungsstoff m —(e)s, —e materiał uszczelniający
abdienen (h) vt 1. odsłu-giwać|żyć 2. woj seine Zeit ~ odbywać służbę wojskową
abdingen (20;h) vt utargować, wytargować (jmdm etw. na kimś coś)
abdizieren (h) vi abdykować, zrze-kać|c się tronu
Abdomen n —s, — a. ...mina 1. anat brzuch m 2. ent odwłok m
abdominal adj 1. anat abdominalny, brzuszny 2. ent odwłokowy
Abdominal... w comp abdominalny, brzuszny; np. ~typhus
Abdominaltyphus m — med tyfus abdominalny, dur brzuszny
abdrängen (h) vt 1. od-pierać|eprzeć, odpychać|epchnąć; den Feind von der Grenze ~ odeprzeć wroga od granicy 2. zab-ierać|rać przemocą (jmdm etw. komuś coś), wymu-szać|sić, wymóc (jmdm etw. coś na kimś)
abdrehen I. (h) vt 1. odkrę-cać|ić (e—e Schraube śrubę) 2. zakrę-cać|ić, zam-ykać|knąć (e—n Hahn kurek; Gas gaz) 3. ukrę-cać|ić (e—n Knopf guzik); den Hals ~ ukręcić łeb, przen zrujnować II. (h) vi zmieni-ać|ć kurs; zawr-acać| ócić; das Flugzeug drehte ab samolot zawrócił
abdreschen (21;h) vt wymł-acać|ócić
abdrosseln (h) vt 1. tech z|dławić (przepływ) 2. przen wstrzym-ywać|ać (die Ausfuhr wywóz)
Abdruck m I. —(e)s, —e odbitka f, reprint m; przedruk m, reprodukcja f II. —(e)s, ⸗e odcisk m, odbicie n (in Gips w gipsie; in Wachs w wosku)
abdrucken (h) vt przedrukować, wydrukować, odbi-jać|ć
abdrücken (h) vt 1. odcis-kać|nąć, odgni-atać|eść 2. wyściskać 3. od-pychać| epchnąć * e. Gewehr ~ wystrzelić z karabinu
Abdrusch m —es omłot m

abducken (h) vi t. vr (sich) sport z| |robić unik
abdünsten (h) vt, chem wyparow-ywać| ać
abduschen, sich (h) vr brać|wziąć prysznic
Abece f zob. Abc
Abecebuch zob. Abc-Buch
abecęlich adj:adv alfabetyczn-y:-ie, w porządku alfabetycznym
Abeceschütze zob. Abc-Schütze
abeceweise adv według abecadła, alfabetycznie
Abend m —s, —e 1. wieczór m; am ~ a. des ~s wieczorem, z wieczora; gegen ~ pod wieczór; den ganzen ~ über przez cały wieczór; diesen ~ tego wieczoru; e—s ~s pewnego wieczoru; es wird ~ robi się wieczór; guten ~! dobry wieczór!; rel der Heilige ~ Wi(gi)lia f; zu ~ essen jeść kolację; przen der ~ des Lebens zmierzch życia 2. wieczór m, przyjęcie wieczorne; zabawa wieczorna 3. przen, poet zachód m
abend zob. abends
Abend... w comp 1. wieczorowy, wieczorny; np. ~kleid 2. zachodni; np. ~land
Abendbrot n —(e)s, —e kolacja f
Abenddämmerung f —, —en zmierzch, zmrok m
abendelang adv całymi wieczorami
Abendessen n —s, — kolacja f
abendfüllend adj, teatr pełnospektaklowy; film długometrażowy
Abendgesellschaft f —, —en 1. towarzystwo zebrane na przyjęciu wieczornym 2. wieczorek towarzyski, przyjęcie n
Abendkleid n —(e)s, —er suknia wieczorowa
Abendland n —(e)s kraje zachodnie, Zachód m
Abendländer m —s, — mieszkaniec Zachodu
abendländisch adj zachodni
abendlich adj 1. wieczorny 2. przen zachodni
Abendmahl n —s, —e kolacja f, wieczerza f; rel das (heilige) ~ Wieczerza Pańska; komunia f
Abendmeldungen pl, radio wiadomości dziennika wieczornego
Abendmusik f — muzyka wieczorna; serenada f
Abendrot n —(e)s a. Abendröte f — zorza wieczorna
abend(s) adv wieczorem, z wieczora; von früh bis ~ od rana do wieczora; morgen ~ jutro wieczorem
Abendschule f —, —n szkoła wieczorowa
Abendseite f —, —n strona zachodnia
Abendsonne f — zachodzące słońce
Abendständchen n —s, — wieczorna serenada f
Abendstern m —(e)s gwiazda wieczorna, astr Wenus f
Abendstimmung f —, —en nastrój wieczorny
abendwärts adv ku zachodowi, na zachód

Abendwind m —(e)s, —e wiatr zachodni
Abenteuer n —s, — przygoda f; **ein ~ erleben** przeżyć ⟨mieć⟩ przygodę; **auf ~ ausziehen** ⟨ausgehen⟩ szukać przygód; **e. galantes ~** przygoda miłosna
abenteuerlich adj:adv 1. awanturnicz-y:- -o, pełen przygód; **e. ~es Leben** życie pełne przygód; **e. ~es Unternehmen** ryzykowne przedsięwzięcie 2. przen dziwaczn-y:-ie, osobliw-y:-ie; ekscentryczn-y:-ie. **Sk** awanturniczość f
Abenteuerlust f — żądza przygód
abenteuern (h) vi szukać przygód
Abenteuerroman m —s, —e lit powieść awanturnicza
Abenteurer m —s, — 1. poszukiwacz przygód 2. awanturnik m
aber 1. cj lecz, ale, zaś; **klein ~ mein** mały, lecz własny; **~ ja! ależ tak!; ~ auch** lecz także; **~ doch** a. **~ dennoch** jednak(że), wszakże 2. adv; **~ und ~mals** wciąż na nowo, kilkakrotnie; **Tausende und ~ Tausende** tysiące (ludzi)
Aber n —s, — ale n; **e. ~ haben** mieć jakieś ale ⟨zastrzeżenia⟩
Aberglaube(n) m ...ens zabobon, przesąd m, zabobonność f
abergläubisch adj:adv przesądn-y:-ie, zabobonn-y:-ie
aberkennen (66;h) vt 1. pozbawi-ać|ć; **jmdm die bürgerlichen Ehrenrechte ~** pozbawić kogoś praw obywatelskich 2. odm-awiać|ówić (**das Recht** prawa). Su
abermalig adj ponowny, powtórny
abermals adv powtórnie, znowu, ponownie
abernten (h) vt sprząt-ać|nąć z pola
Aberration f —, —en astr, fiz aberracja f
Aberwitz m —es niedorzeczność f, absurd m
aberwitzig adj:adv niedorzeczn-y:-ie, absurdaln-y:-ie
abessen (29;h) 1. vt obj-adać|eść, obgry- -zać|źć (**e—n Knochen** kość) 2. vi zj-adać|eść, skończyć jedzenie
Abessinien n —s Abisynia, Etiopia f
Abessinier m —s, — Abisyńczyk m
Abessinjerbrunnen m —s, — studnia abisyńska ⟨wbijana⟩
Abessinierin f —, —nen Abisynka f
abessinisch adj:adv abisyński:po abisyńsku
abfahren (30) I. (sn) vi 1. odje-żdżać|chać, wyrusz-ać|yć w podróż; **~ von ... wyjechać z ...; wann fährt der Zug** ⟨**das Schiff**⟩ **ab?** kiedy odjeżdża pociąg ⟨odpływa statek⟩?; **~! odjazd!** 2. zje-ż-dżać|chać z góry 3. przen, pot wyn-o-sić|ieść się; **fahr ab!** wynoś się! 4. wulg umrzeć; **er wird bald ~** wnet wykituje 5. przen, pot **~ lassen** odprawiać z niczym ⟨kwitkiem⟩; **das Mädchen ließ ihn ~** dziewczyna puściła go kantem II. (h) vt 1. zw-ozić|ieźć, odw-ozić|ieźć (**Holz** drzewo) 2. obje-żdżać|chać (**die ganze Umgebung** całą okolicę) 3. zje-żdżać|ździć, zuży-wać|ć jazdą (**die Reifen** opony); **e—e Monatskarte ~** prze-

jeździć ⟨wyzyskać⟩ bilet miesięczny 4. odci-nać|ąć; **die Lokomotive hat ihm das Bein abgefahren** koła lokomotywy odcięły mu nogę
Abfahrt f —, —en 1. odjazd, wyjazd m 2. sport zjazd m
Abfahrt... w comp 1. odjazdowy; np. **~shalle** 2. zjazdowy; np. **~slauf** 3. ... odjazdu; np. **~(s)signal**
Abfahrtshalle f —, —n kol hala odjazdowa
Abfahrtslauf m —(e)s, ≃e sport bieg zjazdowy
Abfahrt(s)signal n —(e)s, —e sygnał odjazdu
Abfahrtszeit f —, —en pora ⟨czas⟩ odjazdu
Abfall m I. —(e)s, ≃e 1. odpady, odpadki, obierzyny pl 2. ścinek, skrawek m; reszka f 3. stok m (**e—s Berges** góry), zbocze n; spad m; spadzistość f; pochylenie n; pochyłość f 4. odstępstwo n (**vom Glauben** od wiary); oderwanie się, zerwanie n II. —(e)s spadek m, zmniejszanie się
Abfall... w comp 1. odpadkowy; np. **~erzeugnis** 2. ... odpad(k)ów; np. **~- verwertung** 3. ... na odpadki; np. **~eimer**
Abfalleimer m —s, — wiadro na odpadki
Abfalleisen n —s złom m, żelastwo n
abfallen (31;sn) vi 1. opa-dać|ść (o liściach; o górze), spa-dać|ść 2. odpa-dać| ść; **beim Obst fällt viel ab** przy owocach jest dużo odpadków 3. przen odpa-dać|ść (**vom Glauben** od wiary) 4. s|tracić (**an Höhe** na wysokości; **an Gewicht** na wadze), s|chudnąć 5. przypa-dać|ść (**für jmdn** na kogoś); **dabei fällt auch für ihn etw. ab** przy tym i jemu coś kapnie
Abfallerzeugnis n ...isses, ...isse produkt odpadkowy ⟨z odpadków⟩
abfällig adj:adv nieprzychyln-y:-ie, ujemn-y:-ie
Abfallmaterial n —s, —ien surowce odpadkowe ⟨wtórne⟩, odpad(ek) m
Abfallpapier n —s odpadki papieru, makulatura f
Abfallschacht m —(e)s, ≃e 1. met kanał spustowy 2. górn pochylnia f
Abfallverwertung f — zużytkowanie odpadków
abfangen (32;h) vt 1. przechwy-tywać|cić, wyłap-ywać|ać (**e—n Brief** list) 2. uchwycić, ująć (**e—e Quelle** źródło) 3. górn pod-pierać|eprzeć, wspierać|wesprzeć 4. sport dog-aniać|onić, dopędz-ać|ić (**jmdn vor dem Ziel** kogoś przed metą) 5. lot wyrwać (z lotu nurkowego)
Abfangjäger m —s, — lot myśliwiec przechwytujący
abfärben (h) vi 1. pu-szczać|ścić barwę, farbować 2. przen odbi-jać|ć się (**auf jmdn na kimś**), wyw-ierać|rzeć wpływ (na kogoś)
abfassen (h) vt 1. zdybać, przydybać z|łapać 2. u-kładać|łożyć, z|redagować,

abfaulen 5 abgeben

na|pisać (e—n Brief list; e—n Artikel artykuł). Su do 2.
abfaulen (sn) vi odgnić, z|gnić
abfedern (h) vt tech usprężynować, uresorować, podresorować (e—n Wagen pojazd). Su t. auto podresorowanie, zawieszenie n (pojazdu)
abfegen (h) vt omi-atać|eść, zmi-atać|eść
abfeilen (h) vt 1. odpiłow-ywać|ać 2. o|piłować
abfeilschen (h) vt utargować, oderwać (etw. vom Preise coś z ceny)
abfertigen (h) vt 1. odpraw-iać|ić (e—n Zug pociąg); załatwi-ać|ć (e—n Kunden klienta); wy|ekspediować (Briefe listy) 2. przen zbyć, odprawić; pot er hat ihn kurz abgefertigt szybko go spławił; er ließ sich nicht so leicht ~ nie dał się zbyć byle czym. Su do 1.—2.; do 1. t. wysyłka, ekspedycja, odprawa f
abfeuern (h) vt wystrzelić, dać ognia; e. Geschütz ~ wystrzelić z działa. Su
abfiltrieren (h) vt odsącz-ać|yć, odfiltrow-ywać|ać
abfinden (34;h) I. vt zaspok-ajać|oić (e—n Gläubiger wierzyciela); wynagr-adzać|odzić szkodę II. sich ~ vr 1. u-kładać|łożyć ⟨ugodzić⟩ się (mit jmdm z kimś) 2. po|godzić się (mit etw. z czymś); zadow-alać|olić się czymś. Su do I., II do I. t. odszkodowanie n, indemnizacja f; do II. 1. t. ugoda f
Abfindungsbetrag m —(e)s, ⁓e odszkodowanie n, indemnizacja f
abflauen (h) vi 1. słabnąć, uspok-ajać| oić się (o wietrze) 2. mi-jać|nąć (o nastroju) 3. spa-dać|ść (o cenach)
abfliegen (36;sn) 1. vi od-latywać|lecieć 2. (h) vt przew-ozić|ieźć ⟨transportować⟩ samolotem
abfließen (38;sn) vi odpły-wać|nąć, spły-wać|nąć, ście-kać|c
Abflug m —(e)s, ⁓e odlot m
Abfluß m ... usses, ... üsse 1. odpływ, wypływ m 2. ściek, spływ m 3. met spust m
Abfluß ... w comp 1. odpływowy, ściekowy; np. ⁓öffnung 2. spustowy; np. ⁓hahn 3. ... odpływu; np. ⁓messung
Abflußgebiet n —(e)s, —e geogr zlewisko n
Abflußhahn m —s, ⁓e a. —en tech kurek spustowy
Abflußmessung f —, —en pomiar odpływu
Abflußöffnung f —, —en otwór odpływowy ⟨ściekowy⟩
Abflußrinne f —, —n sciek m; rynna odpływowa
Abflußrohr n —(e)s, —e rura odpływowa ⟨ściekowa⟩
Abfolge f —, —n następowanie po sobie, kolejność f (ustalona); in kurzer ~ w krótkich odstępach (czasu)
abfordern (h) vt za|żądać, domagać się (jmdm etw. czegoś od kogoś)
abforsten (h) vt wyci-nać|ąć, wyrąb-ywać|ać las
abfragen (h) vt odpyt-ywać|ać, przepyt-ywać|ać, egzaminować

abgeben

abfressen (39;h) vt ob-jadać|jeść, obgry-zać|źć, ob-żerać|eżreć
abfrieren (40) 1. (sn) vi odmarz-ać|nąć; ihm sind die Finger abgefroren odmroził sobie palce 2. sich dat ~ (h) vr odmr-ażać|ozić sobie (die Finger palce)
Abfuhr f —, —en 1. wywózka f, wywożenie n; odwózka f, odwożenie n, zwózka f 2. przen odmowa, odprawa f; jmdm e—e ~ erteilen odprawić kogoś energicznie, odpalić
Abfuhr ... w comp ... wywózki ⟨a. zwózki⟩; np. ⁓kosten
abführen (h) I. vt 1. odprowadz-ać|ić, odstawi-ać|ć (ins Gefängnis do więzienia) 2. przen odw-odzić|ieść; das wird uns vom Thema ~ to odwiedzie nas od tematu 3. fin Geld ~ wpłac-ać|ić ⟨odprowadz-ać|ić⟩ pieniądze II. vi, med przeczy-szczać|ścić. Su do I. 1.—3.; do 3. t. wpłata f
abführend 1. part praes; zob. abführen 2. adj:adv, med przeczyszczając-y:-o
Abfuhrkosten pl koszty wywózki ⟨a. zwózki⟩
Abführmittel n —s, — med środek przeczyszczający
abfüllen (h) vt rozl-ewać|ać (e—e Flüssigkeit in Flaschen płyn do butelek) butelkować
abfüttern¹ (h) vt na|karmić (Tiere zwierzęta). Su
abfüttern² (h) vt da-wać|ć podszewkę; podszy-wać|ć. Su
Abgabe f —, —n 1. oddanie, doręczenie n (e—s Briefes listu) 2. podatek m, danina, opłata f 3. sprzedaż f, zbyt m; odstąpienie n
abgabenfrei adj:adv wolny od podatku: bez opłat podatkowych
abgabenpflichtig adj podlegający opodatkowaniu
Abgabesoll n —s, —s obowiązkowa dostawa
Abgang m —(e)s, ⁓e 1. odejście n (von der Schule ze szkoły); odjazd m (e—s Zuges pociągu) 2. zejście n, zgon m 3. hand zbyt m 4. ubytek m, strata f
abgängig adj brakujący, zaginiony
Abgangs ... w comp 1. końcowy; np. ⁓prüfung 2. ... odejścia; np. ⁓zeugnis
Abgangsprüfung f —, —en egzamin końcowy
Abgangsstation f —, —en stacja odejścia
Abgangszeugnis n —ses, —se świadectwo odejścia, świadectwo ukończenia szkoły
Abgas n —es, —e tech spaliny pl; gazy spalinowe ⟨wydechowe, odlotowe, wylotowe⟩
abgaunern (h) vt, pot wycyganić, wyszachrować (jmdm etw. coś od kogoś)
abgebaut I. part perf, zob. abbauen II. adj 1. zdemontowany 2. przen zwolniony, zredukowany (np. urzędnik)
abgeben (43;h) I. vt 1. odda-wać|ć; die Stimme ~ oddać głos; e—n Schuß ~

abgebrannt 6 abgesehen

wystrzelić 2. składać|złożyć (e—e Erklärung oświadczenie, das Amt urząd) 3. odst-epować|ąpić (Waren towar) 4. wynaj-mować|ąć (e. Zimmer pokój) 5. pot stanowić, tworzyć (e—n Hintergrund tło); odstawić-ać|ć (e—n Narren błazna); być (np. pośrednikiem) II. sich ~ vr 1. zadawać ⟨wdawać⟩ się (mit jmdm z kimś) 2. zajmować się (mit etw. czymś)
abgebrannt 1. part perf, zob. abbrennen 2. adj:adv przen, pot goły:bez grosza
Abgebrannte m —n, —n pogorzelec m
abgebrüht 1. part perf, zob. abbrühen 2. adj:adv, pot nieczu-ły:-le, gruboskórn-y:-ie. Sh do 2.
abgedroschen I. part perf, zob. abdreschen II. adj:adv, pot 1. oklepany, wyświechtany, stereotypow-y:-o, tuzinkow-y:-o; ~e Redensarten oklepane ⟨wyświechtane⟩ frazesy 2. przen, pot rozklekotany (np. fortepian). Sh stereotypowość, tuzinkowość f
abgefeimt part, adj:adv kuty, przebieg-ły:-le, pot cwan-y:-ie; e. ~er Kerl kuta bestia, cwaniak m; e. ~er Gauner wierutny kanciarz. Sh przebiegłość f, cwaniactwo n
abgegrast 1. part perf, zob. abgrasen 2. adj, przen, pot spenetrowany (o kraju); (całkowicie) wyzyskany
abgegriffen part, adj:adv 1. wytarty, zużyty; e. ~er Hut znoszony kapelusz 2. zob. abgedroschen II. 1.
abgehackt 1. part perf zob. abhacken 2. adj:adv, przen urywan-y:-ie; in ~en Worten urywanymi słowami
abgehärmt 1. part perf, zob. abhärmen 2. adj:adv zmizerowany, mizerny:—ie
abgeh(e)n (45;sn) I. vi 1. od-chodzić| ejść, odje-żdżać|chać 2. odpa-dać|ść (o guziku, podeszwie itp.); ob-łazić|leźć (o skórze) 3. zb-aczać|oczyć (vom Wege z drogi) 4. hand mieć zbyt ⟨pokup⟩; die Ware geht gut ab towar cieszy się popytem 5. od-chodzić|ejść (10%/% von der Summe 10%/% od sumy) 6. przen odst-ępować|ąpić (vom Vorhaben od zamiaru) 7. brakować; ihm geht gutes Benehmen ab brak mu dobrego wychowania; ihm geht nichts ab jemu niczego nie brak 8. mieć przebieg; die Sache geht gut ab sprawa ma pomyślny przebieg II. vt ob-chodzić|ejść (e. Feld pole)
abgeizen (h) 1. vt poskąpić, żałować (jmdm etw. komuś czegoś) 2. sich dat ~ vr od-ejmować|jąć sobie (vom Munde od ust)
abgekartet 1. part perf, zob. abkarten 2. adj, przen ukartowany, uknuty; e. ~es Spiel ukartowana gra
abgeklärt 1. part perf, zob. abklären 2. adj, przen jasny, wyrobiony; zrównoważony; ~es Urteil über etw. jasne ⟨wyrobione⟩ zdanie o czymś. Sh jasność f; zrównoważenie n
abgekürzt 1. part perf, zob. abkürzen 2. adj:adv skrócony : w sposób skrócony, krótko
abgelagert 1. part perf, zob. ablagern

2. adj zleżały (o cygarach); wystały (o winie)
abgelaufen 1. part perf, zob. ablaufen 2. adj miniony, zeszły
abgelebt part, adj:adv przeżyty (człowiek); przestarzały (np. zwyczaj)
abgelegen I. part perf, zob. abliegen II. adj:adv 1. odległy, oddalony; z drogi, na uboczu ⟨ustroniu⟩; daleko 2. zob. abgelagert. Sh oddalenie n, odległe położenie
abgeleiert 1. part perf, zob. ableiern 2. adj, pot oklepany, ograny, wyświechtany (np. frazes)
abgeleitet I. part perf, zob. ableiten II. adj 1. pochodny 2. mat wyprowadzony (np. dowód) 3. jęz derywowany
abgemacht I. part perf, zob. abmachen II. adj 1. uzgodniony, umówiony (o cenach); zur ~en Frist w uzgodnionym terminie 2. postanowiony; przen ubity (np. interes); ~! zgoda!
abgemessen I. part perf, zob. abmessen II. adj:adv 1. miarow-y:-o; mit ~em Schritt miarowym krokiem 2. przen powściągliw-y:-ie (np. gest). Sh umiar m, powściągliwość f
abgeneigt part, adj niechętny, nieżyczliwy, nieprzychylny; er ist nicht ~ jest skłonny, on nie jest od tego. Sh niechęć, nieżyczliwość, nieprzychylność f
abgenutzt 1. part perf, zob. abnutzen 2. adj:adv zużyty; znoszony (o ubraniu)
Abgeordnete —n, —n 1. m poseł, deputowany m 2. f posłanka, deputowana f
Abgeordneten... w comp poselski ⟨deputowanych⟩; np. ~bank
Abgeordnetenbank f —, ≟e ława poselska ⟨deputowanych⟩
Abgeordnetenhaus n —es, ≟er a. Abgeordnetenkammer f —, —n izba poselska ⟨deputowanych⟩
abgerissen I. part perf, zob. abreißen II. adj:adv 1. obdarty; e. ~er Kerl obdartus, oberwaniec m 2. przen urywany; w sposób urywany; er sprach in ~en Sätzen mówił urywanymi zdaniami
Abgesandte m —n, —n delegat, wysłannik m; der geheime ~ emisariusz m
abgeschieden I. part perf, zob. abscheiden II. adj 1. zmarły 2. t. adv samotn-y:-ie; von der Welt ~ leben żyć z dala od świata, żyć w osamotnieniu. Sh samotność f, osamotnienie n
abgeschlossen I. part, perf, zob. abschließen II. adj:adv 1. przen odosobniony : w odosobnieniu; ~ leben żyć w odosobnieniu 2. in sich (dat) ~ zamknięty w sobie. Sh odosobnienie n; osamotnienie n
abgeschmackt part, adj:adv, przen niesmaczn-y:-ie, trywialn-y:-ie (o dowcipie). Sh
abgesehen 1. part perf, zob. absehen 2. pomijając, pominąwszy; ~ vom Preis a. vom Preis ~ pominąwszy cenę; ~ davon, daß ... pominąwszy to, że ...; abstrahując od tego, że...

abgesondert 1. *part perf, zob.* **absondern 2.** *adj:adv zob.* **abgeschlossen II. 1. abgespannt 1.** *part perf, zob.* **abspannen 2.** *adj:adv,* przen zmęczony, wyczerpany. Sh zmęczenie, wyczerpanie *n*
abgestanden 1. *part perf, zob.* **abstehen 2.** *adj:adv,* przen wystały (o wodzie); zwietrzały (o piwie)
abgestorben 1. *part perf, zob.* **absterben 2.** *adj* zdrętwiały (np. o nodze); zgrabiały (vor Kälte z zimna)
abgestumpft I. *part perf, zob.* **abstumpfen II.** *adj* 1. *t. adv,* przen obojętn-y:-ie, zobojętniały, otępiały; **er ist gegen Gefühle ~** on ma stępioną wrażliwość uczuciową 2. **mat** ścięty; **~er Kegel** stożek ścięty. Sh zobojętnienie, otępienie *n,* pot znieczulica *f*
abgetan 1. *part perf, zob.* **abtun 2.** *adj* załatwiony; **e—e ~e Sache** załatwiona sprawa
abgetragen 1. *part perf zob.* **abtragen** 4. 2. *adj zob.* **abgenutzt 2.**
abgewinnen (51;h) I. *vt* 1. wydoby-waćlć; **dem steinernen Boden e—n Ertrag ~** wydobyć plon z kamienistej gleby; **man kann ihr kein Wort ~** nie można wydobyć z niej ani słowa; **jmdm e. Lächeln ~** wywołać u kogoś uśmiech; **e—r Sache keinen Geschmack ~** nie móc doszukać się smaku w czymś 2. wygr-ywaćlać (jmdm etw. od kogoś coś); **jmdm alles ~** ograć kogoś * **jmdm e—n Vorsprung ~** wyprzedzać kogoś II. **sich** *dat* **~** *vr* przymu-szaćlsić się (etw. do czegoś). Su do I. 1.
abgewogen I. *part perf, zob.* **abwägen II.** *adj* 1. odważony, zważony 2. *przen* wyważony (np. o słowach)
abgewöhnen (h) 1. *vt* odzwycza-jaćlić, oducz-aćlyć (jmdm etw. kogoś od czegoś) 2. **sich** *dat* **~** *vr* odzwycza-jaćlić się, odwyk-aćlnąć (etw. od czegoś); **ich gewöhne mir das Rauchen ab** rzucam palenie
abgießen (52;h) 1. odl-ewaćlać (t. tech) 2. zl-ewaćlać; ul-ewaćlać
Abglanz *m* **—es** odblask *m*
abglätten (h) *vt* wygładz-aćlić
abgleichen (53;h) *vt* wyrówn-ywaćlać, zrówn-ywaćlać. Su
abgleiten (55;sn) *vi* ześliz-giwaćlnąć ⟨zsu-waćlnąć⟩ się (np. o samochodzie)
Abgott *m* **—es, ⸗er** (t. przen) bożyszcze *n,* bożek *m*
Abgötterei *f* **—, —en** bałwochwalstwo *n*
abgöttisch *adj:adv* bałwochwalcz-y:-o; **jmdn ~ lieben** ubóstwiać kogoś
Abgottschlange *f* **—, —n** zoo boa dusiciel
abgraben (57;h) *vt* skop-ywaćlać; **e—n Damm ~** znieść groblę; **e—n Teich ~** spuścić staw. Su
abgrasen (h) *vt* 1. obj-adaćleść trawę; spa-saćlść (e—e Wiese łąkę) 2. *przen* s|penetrować (t. za zyskiem), przeszuk-iwaćlać (die Umgegend okolicę)
abgrenzen (h) 1. *vt* odgranicz-aćlyć, wy- tycz-aćlyć granicę (t. przen) 2. **sich ~**

vr odgr-adzaćlodzić się; rozgranicz-aćl yć się. Su
Abgrund *m* **—(e)s, ⸗e** przepaść, czeluść, otchłań *f*; **~ des Elends** dno nędzy
abgründig *adj:adv* 1. przepaścist-y:-o, przepastn-y:-ie 2. *przen* głębok-i:-o, gruntown-y:-ie (o wiedzy)
abgrundtief *adj:adv, zob.* **abgründig 1.**
abgucken (h) *vt,* pot podpat-rywaćlrzyć (jmdm etw. coś u kogoś) * szkol **e—e Aufgabe ~** ściągnąć zadanie
Abgunst *f* **—** niechęć, zawiść *f*
Abguß *m* **...usses, ...üsse** 1. wylewanie, zlewanie *n* (**e—r Flüssigkeit** cieczy) 2. *tech* odlewanie *n;* odlew *m*
abhaaren (h) *vt* 1. odwłosić, usu-waćlnąć włosy ⟨sierść⟩ 2. *vi* wyllinieć
abhaben (59;h) *vt, pot* 1. nie mieć na sobie; **den Hut ~** mieć odkrytą głowę 2. dosta-waćlć, otrzym-ywaćlać; **er will etw. ~** domaga się swej części
abhacken (h) *vt* odrąb-ywaćlać, odci-naćlać
abhaken (h) *vt* 1. zd-ejmowaćljąć z haka, odhacz-aćlyć 2. *przen,* pot odfajkować, odptaszkować
abhalten (60;h) *vt* 1. powstrzym-ywaćl ać (t. przen) 2. wysadz-aćlić (e. **Kind** dziecko) 3. odby-waćlć (e—e **Sitzung** zebranie); przeprowadz-aćlić (**Wahlen** wybory); odprawi-aćlć (**den Gottesdienst** nabożeństwo). Su
abhandeln (h) *vt* 1. wytargow-ywaćlać 2. utargować, stargować (**vom Preise** z ceny) 3. (wyczerpująco) om-awiaćlówić (z kimś)
abhanden *adv;* **~ kommen** zaginąć; zapodzi-ewaćlać się, zawierusz-aćlyć się
Abhandlung *f* **—, —en** rozprawa naukowa
Abhang *m* **—(e)s, ⸗e** stok *m,* zbocze *n,* pochyłość *f;* **am ~** na zboczu, u zbocza
abhängen (h) I. (61) *vi* 1. zwisać 2. (stromo) opadać 3. zależeć, być zależnym; **das hängt vom Wetter ab** zależy od pogody **II.** *vt* 1. zd-ejmowaćljąć (**e. Bild** obraz) 2. odwie-szaćlsić (**den Hörer** słuchawkę; **e—n Anzug** ubranie); *pot* **er hat abgehängt** odłożył słuchawkę, 3. odczepi-aćlć (**e—n Waggon** wagon) 4. *sport* od-rywaćlerwać się (**jmdn** od kogoś)
abhängig *adj* 1. *t. adv, przen* zależ-n-y:-ie, w zależności, uzależniony 2. *gram* podrzędny (o zdaniu), zależny (o mowie). Sk zależność *f,* uzależnienie *n*
Abhängigkeits... *w comp* **~** zależności; *np.* **~verhältnis**
Abhängigkeitsverhältnis *n* **—ses, —se** stosunek zależności
abhärmen, sich (h) *vr* zamartwi-aćlć ⟨gryźć⟩ się
abhärten (h) *vt, vr* (**sich** się) za|hartować, uodporni-aćlć (**gegen etw.** na coś). Su
abhaspeln (h) *vt* 1. odmot-ywaćlać 2. *przen,* pot (spiesznie) od|klepać, od| bębni-aćlć (**Gebete** pacierz); odwal-aćlić

abhauen I. (62;h) vt odrąb-ywać|ać, ści-
-nać|ąć (e—n Kopf głowę; e—n Ast ga-
łąź) II. (haute ab, abgehauen) przen,
pot 1. (h) vt, szkol ściąg-ać|nąć, od-
-rzynać|erżnąć 2. (sn) vi, pot odwa-
l-ać|ić się; zwi-ewać|ać; hau ab! odwal
się!
abhäuten (h) vt zd-ejmować|jąć skórę,
ob-dzierać|edrzeć ze skóry. Su
abheben (63;h) I. vt 1. zd-ejmować|jąć
(e—n Deckel pokrywę) 2. przen po-
d-ejmować|jąć (Geld von der Bank
pieniądze z banku) 3. karc zbierać|ze-
brać, prze-kładać|łożyć (Spielkarten
karty) 4. zbierać|zebrać (e—e Masche
oczko) II. sich ~ vr 1. odci-nać|ąć ⟨od-
bijać⟩ się (vom Hintergrund od tła)
2. lot od-rywać|erwać się (vom Boden
od ziemi). Su
abheilen (h) vt za|goić ⟨zabliźnić⟩ się
abhelfen (65;h) vi zaradz-ać|ić (e—m Übel
złu); dem ist leicht abzuhelfen łatwo
temu zaradzić
abhetzen (h) 1. vt zmordować gonitwą
(Wild zwierzynę) 2. sich ~ vr z|mę-
czyć się bieganiną
abheuern (h) vt, mar wyokrętować. Su
Abhilfe f — zaradzenie n; środek za-
radczy; ~ schaffen zaradzić
abhobeln (h) vt zestrug-iwać|ać
abhold adj (tylko jako orzecznik) wrogi, nieprzychylny; e—r Sache ~ sein
być wrogiem czegoś; jmdm ~ sein być
nieprzychylnym dla kogoś
abholen (h) vt 1. chodzić|jść, przy-cho-
dzić|jść (jmdn po kogoś), zab-ierać|rać
(jmdn kogoś); hole mich am Bahnhof
ab! przyjdź po mnie na dworzec! 2.
od-bierać|ebrać. Su odbiór m
abholzen (h) vt, zob. abforsten
Abhöranlage f —, —n instalacja nasłucho-
wa; nasłuch m
abhorchen (h) vt 1. nasłuchiwać, pod-
słuch-iwać|ać 2. med osłuch-iwać|ać,
auskultować
Abhorchgerät n —(e)s, —e urządzenie
nasłuchowe ⟨podsłuchowe⟩
abhören (h) vt 1. przepyt-ywać|ać (e—n
Schüler ucznia) 2. podsłuch-iwać|ać (e.
Telefongespräch rozmowę telefonicz-
ną) 3. wy|słuchać
Abhub m —(e)s 1. resztki, odpadki pl
(jedzenia); przen ~ der Gesellschaft
wyrzutki społeczeństwa
Abiogenesis f — biol abiogeneza f, sa-
morództwo n
abirren (sn) vi zbłądzić, pobłądzić. Su
1. fiz dewiacja f, odchylenie od wła-
ściwego kierunku ⟨kursu⟩ 2. aberracja f
Abitur n —s, —e egzamin dojrzałości,
matura f
Abiturient m —en, —en maturzysta, abiturient m
Abiturienten... w comp 1. maturalny ⟨...
dojrzałości⟩; np. ~zeugnis 2. ... maturzystów; np. ~zusammenkunft f
Abiturientenprüfung f —, —en egzamin
dojrzałości, matura f
Abiturientenzeugnis n —ses, —se świadectwo maturalne ⟨dojrzałości⟩

Abiturientenzusammenkunft f —, ⸗e
zjazd maturzystów
abjagen (h) I. vt 1. zmordować, zgonić
(e. Pferd konia) 2. od-bierać|ebrać
ścigając, odb-ijać|ić II. sich ~ vr zmę-
czyć się bieganiną, nabiegać się
abkanzeln (h) vt, przen, pot z|besztać,
wy|łajać. Su
abkappen (h) vt 1. uci-nać|ąć; e—n
Baum ~ ściąć wierzchołek drzewa, 2.
ogr ogł-awiać|owić
abkarten (h) vt ukartować, uknuć
abkassieren (h) vt, pot s|kasować biletu,
pob-ierać|rać (Fahrgäste od pasażerów
za przejazd); Mittglieder od członków
składki
Abkauf m —(e)s, ⸗e odkup m
abkaufen (h) vt 1. odkup-ywać|ić (jmdm
etw. coś od kogoś 2. sich ~ vr wy-
kup-ywać|ić się (von e—r Strafe od
kary)
Abkehr f — odwrócenie się (vom Bö-
sen od zła)
abkehren (h) 1. vt omi-atać|eść, zami-a-
tać|eść 2. sich ~ vr odwr-acać|ócić się
(von jmdm a. von etw. od kogoś a.
od czegoś)
abketten (h) vt spu-szczać|ścić z łańcu-
cha
abklären (h) 1. vt s|klarować, oczy-sz-
czać|ścić płyn; przecedz-ać|ić 2. sich
~ vr ustać ⟨s|klarować⟩ się. Su
Abklatsch m —es, —e 1. odbitka f, odbicie n 2. kopia f (rysunku) 3. przen
(nędzne) naśladownictwo n
abklatschen (h) vt 1. odbi-jać|ć, z|robić
kopię 2. nędznie naśladować 3. odbi-
-jać|ć (partnerkę w tańcu)
abklingen (68;sn) vi 1. przebrzmie-wać|ć
(o pieśni) 2. przen mi-jać|nąć (o cho-
robie, namiętności itp.), wygas-ać|nąć,
zanik-ać|nąć (o drganiach)
abklopfen (h) vt 1. otrzep-ywać|ać 2.
odtłu-kiwać|c (den Putz tynk) 3. opu-
k-iwać|ać (e—e Wand ścianę; e—n
Kranken chorego)
abknabbern (h) vt, pot ogry-zać|źć
abknallen (h) vt, pot zastrzelić; wie e—n
Hund ~ zastrzelić jak psa
abknappen a. abknapsen (h) vt, vr (sich
sobie), pot uszczknąć, ur-ywać|wać
(vom Lohn z wynagrodzenia; am Ge-
wicht na wadze)
abknicken (h) vt odłam-ywać|ać (e—n
Zweig gałąź)
abknöpfen (h) vt 1. odpi-nać|ąć 2. przen,
pot wyciąg-ać|nąć. wyłudz-ać|ić; er
knöpfte mir 10 Mark ab wyłudził ode
mnie 10 marek
abknutschen (h) vt, pot wycałować
abkochen (h) vt 1. u|gotować; Milch ~
przegotować mleko; im Freien ~ spo-
rządz-ać|ić posiłek na wolnym powie-
trzu 2. wygotow-ywać|ać (Instrumente
narzędzia); odgotow-ywać|ać. Su t. od-
war, wywar m
Abkomme m —n, —n potomek m
abkommen (70;sn) vi 1. oddal-ać|ić się;
vom Wege ~ zbłądzić; przen vom
Thema ~ odbiec od tematu; er ist von
seinem Plan abgekommen zaniechał

swego zamiaru; **das Schiff kommt ab** statek zbacza z kursu 2. **wy-chodzić|jść** z mody ⟨użycia⟩ 3. *sport* (pomyślnie) **wy|startować** 4. **zw-alniać|olnić się; ich kann für e—e Stunde ~ mogę zwolnić się na godzinę; er kann jetzt nicht ~ nie może teraz oderwać się od pracy; das Schiff ist von der Sandbank abgekommen** statek zeszedł z mielizny 5. **oznacz-ać|yć, wymierz-ać|yć; zu hoch ~ oznaczać za wysoko * billig ~ wykręcać się sianem** ⟨psim swędem⟩
Abkommen *n* —s, — 1. umowa, konwencja *f*, układ *m*; e. **~ treffen zawrzeć układ** 2. *sport* (pomyślny) start *m*
Abkommenschaft *f* — potomstwo *n*
abkömmlich *adj* zbędny, zbyteczny
Abkömmling *m* —s, —e 1. potomek *m*, latorośl *f* 2. *chem* pochodna *f*, związek pochodny, derywat *m*
Abkratzbürste *f* —, —n szczotka druciana
abkratzen I. (h) *vt* zeskrob-ywać|ać, oskrob-ywać|ać, zdrap-ywać|ać II. (sn) *vi, pot* 1. drapnąć, da-wać|ć drapaka 2. kipnąć, wykitować
abkriegen (h) *vt, pot* 1. oberwać, dosta--wać|ć za swoje; **eins ~ oberwać** (lanie) 2. dosta-wać|ć, otrzym-ywać|ać (swoją cześć) 3. usunąć, oderwać
abkühlen I. (h) *vt, vr* (sich się) **ochł-adzać|odzić, oziębi-ać|ć, ostudz-ać|ić; die Luft hat sich abgekühlt** powietrze oziębiło się II. (sn) *vi, przen* ziębnąć, sta-wać|ć się chłodnym; **die Verhältnisse sind abgekühlt** stosunki ochłodły. **Su do** I.
Abkunft *f* — 1. pochodzenie *n* 2. *dawn* ugoda, umowa *f*
abkürzen (h) *vt* skr-acać|ócić. **Su** skrót *m;* znak skrótu, abrewiatura *f*
Abkürzungssprache (*skr* **Aküsprache**) *f* — język operujący skrótami
Abkürzungszeichen *n* —s, — znak skrótu
abküssen (h) *vt* obcałow-ywać|ać, wyca-łow-ywać|ać
abladen (73;h) *vt* 1. zładow-ywać|ać, wyładow-ywać|ać; zwal-ać|ić 2. skła-dać|złożyć. **Su**
Abladeplatz *m* —es, ⸚e składnica *f*, miejsce na składanie (**für Schutt** gruzu)
Ablage *f* —, —n 1. skład *m*, składnica *f* 2. przechowalnia *f;* garderoba, szatnia *f*
ablagern I. (h) *vt* 1. składać|złożyć 2. *geol* nan-osić|ieść II. (h) **sich ~** *vr* 1. osa-dz-ać|ić się, osi-adać|ąść 2. *med* odkła-dać się (*o tłuszczu*) III. (sn) *vi* wystać się (*o winie*). **Su** 1. *geol, górn* złoże *n*, warstwa *f* 2. uwarstwienie *n* 3. osad *m* 4. osadzanie się, sedymentacja *f* 5. *med* odkładanie się (**von Fett** tłuszczu) 6. składanie, złożenie *n*
ablandig *adj:adv,* mar od lądu; e. **~er Wind** bryza lądowa ⟨nocna⟩
Ablaß *m* ...asses, ...ässe 1. *rel* odpust *m;* **vollkommener ~** odpust zupełny 2. opust *m* 3. *tech* spust *m;* upust *m* * **ohne ~ bez przerwy**

Ablaß... *w comp* I. 1. odpustowy; *np.* **~brief** 2. ... odpustu; *np.* **~gewinnung** 3. ... odpustami; *np.* **~handel** II. spustowy; *np.* **Abflußventil**
Ablaßbrief *m* —(e)s, —e *hist* list odpustowy
ablassen (74;h) I. *vt* 1. spu-szczać|ścić (**das Wasser wodę**); pu-szczać|ścić (**Blut** krew); ut-aczać|oczyć (**Wein** wino); wypu-szczać|ścić (**den Dampf** parę) 2. wypróżni-ać|ć (**das Faß** beczkę) 3. *rel* **Preis ~** opu-szczać|ścić z ceny 4. *rel* odpu-szczać|ścić (**jmdm die Sünden** komuś grzechy) 5. nie przymoco-w-ywać|ać ponownie (etw. czegoś) 6. odda-wać|ć, odst-ępować|ąpić (jmdm etw. komuś coś) II. *vi* zostawi-ać|ć w spokoju (**von jmdm** kogoś), odst-ępo-wać|ąpić (od kogoś), zaniechać, poniechać (**von etw.** czegoś)
Ablaßgewinnung *f* —, —en *rel* dostą-pienie odpustu
Ablaßhandel *m* —s *rel* handel odpustami
Ablaßventil *n* —s, —e zawór spustowy
Ablation *f* —, —en *geol* ablacja *f*
Ablativ *a.* **Ablatjv** *m* —s, —e *gram* ablatywnus *m*
Ablauf *m* —(e)s, ⸚e 1. odpływ, ściek *m;* odciek *m* 2. *sport* start *m* 3. przebieg *m* 4. *przen* upływ *m;* **nach ~ von zwei Monaten** po upływie dwóch miesięcy 5. termin płatności (**e—s Wechsels** weksla)
Ablauf ... *w comp* 1. rozrządowy; *np.* **~berg** 2. spustowy; *np.* **~rinne** 3. od-pływowy, ściekowy; *np.* **~rohr**
Ablaufberg *m* —(e)s, —e *kol* górka rozrządowa
ablaufen (75) I. (sn) *vi* 1. spły-wać|nąć, odpły-wać|nąć; ście-kać|c, odcie-kać|c 2. upły-wać|nąć, przemi-jać|nąć (*o czasie*) 3. być płatnym (*o wekslu*) 4. *mar* odpły-wać|nąć, odje-żdżać|chać 5. przebiegać, skończyć się (**gut** ⟨**schlecht**⟩ dobrze ⟨źle⟩) * **die Uhr ist abgelaufen** a) zegar nie jest nakręcony b) *przen* wybiła ostatnia godzina; **e—n Film ~ lassen** wyświetlać film II. (h) *vr* 1. **sich ~** nabiegać się, zmęczyć się bieganiem 2. **sich dat die Beine** ⟨**Fußsohlen**⟩ **~** uchodzić sobie nogi, nabiegać się (**nach etw.** za czymś); **sich** *dat* **die Hörner ~** wyszumieć się III. (h) *vt* 1. schodzić (**die Sohlen** podeszwy); znosić, zuży-wać|ć 2. obie-gać|c (jmdm a. etw. nach etw. kogoś a. coś za czymś) 3. z|badać, s|kontrolować (**e—e Strecke** tor, odcinek); **jmdm den Rang ~** przewyższać ⟨prześcignąć; ubiec⟩ kogoś
Ablaufrohr *n* —(e)s, —e rura odpływowa ⟨ściekowa⟩
Ablaufrinne *f* —, —n 1. ściek *m* 2. *met* rynna spustowa
ablaugen (h) *vt, chem, tech* 1. wyługo-w-ywać|ać 2. odbarwi-ać|ć ługiem
ablauschen (h) *vt* podsłuchać (jmdm etw. u kogoś coś); **das ist dem Leben abgelauscht** to jest wzięte z życia
Ablaut *m* —(e)s, —e *jęz* oboczność sa-

mogłosek rdzennych, wymiana samogłoskowa, apofonia *f*
ablauten (h) *vi* wykazywać apofonię
abläutern (h) *vt* s|klarować, oczy-szczać|ścić; *cukr* rafinować; *górn* wy|płukać (Erz rudę)
Ableben *n* —s śmierć *f*, zgon *m*, zejście *n*
ablecken (h) *vt* 1. zliz-ywać|ać 2. *t. vr* (sich *acc* się; *dat* sobie) obliz-ywać|ać; **sich die Finger** ~ oblizywać sobie palce
abledern (h) *vt* 1. ściąg-ać|nąć skórę 2. wy|czyścić skór(k)ą (e. **Fenster** okno)
ablegen (h) *vt* 1. od-kładać|łożyć 2. zd-ejmować|jąć (**den Mantel** płaszcz) 3. od-kładać|łożyć, przestać nosić (e. **Kleid** suknię) 4. *druk* od-kładać|łożyć, roz-bierać|ebrać (**Lettern** czcionki) 5. wyzby-wać|ć ⟨pozby-wać|ć⟩ się (e—n **Fehler** wady; e—e **Gewohnheit** nawyku) 6. składać|złożyć; e. **Bekenntnis** ~ wyznawać; e—n **Eid** ~ składać przysięgę, przysięgać; e. **Geständnis** ~ przyznawać się, zeznawać, wyznawać; **die Maske** ~ zrzucić maskę; e—e **Prüfung** ~ składać ⟨zdawać⟩ egzamin; **Rechnung** ~ zdawać rachunek; **Zeugnis** ~ świadczyć (**für jmdn** za kimś; **gegen jmdn** przeciwko komuś; **von etw.** o czymś); **jmdm Rechenschaft darüber** ~ zdawać sprawę komuś z tego 7. zmierzać (**auf etw.** do czegoś)
Ableger *m* —s, — *ogr* ablegier, odkład *m*
Ablegeraum *m* —(e)s, ⸗e garderoba, szatnia *f*
ablehnen (h) *vt* 1. odrzuc-ać|ić (e. **Angebot** ofertę); od-pierać|eprzeć (**Anschuldigungen** zarzuty) 2. odm-awiać| ówić; załatwi-ać|ć odmownie 3. nie przyj-mować|ąć (e. **Geschenk** prezentu) 4. *praw* wyłącz-ać|yć (**den Richter** sędziego). **Su** do 1.—4.; do 2. *t.* odmowa *f*; do 3. *t.* nieprzyjęcie *n*
ablehnend 1. *part praes*, *zob.* **ablehnen** 2. *adj:adv* odmown-y:-ie; nieprzychyln-y:-ie; ~**er Bescheid** załatwienie odmowne; **sich jmdm gegenüber** ~ **verhalten** być nieprzychylnym wobec kogoś
ableiern (h) *vt* od|klepać, odbębni-ać|ć mówić monotonnie; e. **Gebet** ~ odklepać modlitwę. **Su**
ableisten (h) *vt* odby-wać|ć (**die Dienstzeit** służbę wojskową). **Su**
ableiten (h) *vt* 1. odprowadz-ać|ić (**Wasser wodę**) 2. *jęz*, *mat* wyprowadz-ać|ić, wywodzić|wywieść, derywować (**von** *a*. **aus etw.** z czegoś). **Su** do 1. 2.; do 2. *t jęz* derywacja *f*; derywat *m*, wyraz pochodny; *mat* pochodna *f*
Ableiter *m* —s, — 1. piorunochron *m* 2. przewód odprowadzający, odprowadzenie *n* 3. *jęz* afiks *m* (*przedrostek*, *przyrostek*)
Ableitungs... *w comp* odpływowy, odprowadzający; *np.* ~**graben**
Ableitungsgraben *m* —s, ⸗ rów odpływowy
Ableitungsrohr *n* —(e)s, —e rura ⟨rynna⟩ odprowadzająca

ablenken (h) I. *vt* 1. odwr-acać|ócić (**jmds Aufmerksamkeit von etw.** czyjąś uwagę od czegoś); od-rywać|erwać (**jmdn von der Arbeit** kogoś od pracy), od-w-odzić|ieść; **den Verdacht von sich** *dat* ~ odwracać podejrzenie od siebie 2. skierować w bok; odprowadz-ać|ić (**Wasser wodę**) II. *vi* 1. zb-aczać|oczyć (**vom Wege** z drogi) 2. *fiz* odchyl-ać|ić ⟨wychyl-ać|ić⟩ się. **Su** 1. rozrywka *f* 2. odwrócenie uwagi 3. odchylenie, uchylenie *n*, dewiacja *f*, zboczenie *n* 4. skierowanie w bok, odprowadzenie *n*
Ablenkungs... *w comp* 1. ... odchylenia; *np.* ~**winkel** 2. ... odwrócenia uwagi; *np.* ~**versuch**
Ablenkungsmanöver *n* —s, — manewr ⟨wybieg⟩ dla odwrócenia uwagi
Ablenkungsversuch *m* —(e)s, —e próba odwrócenia uwagi
Ablenkungswinkel *m* —s, — kąt odchylenia
Ablese... *w comp* ... odczytu; *np.* ~**fehler**
Ablesefehler *m* —s, — błąd odczytu
ablesen *vt* (78;h) odczyt-ywać|ać. **Su**
ableugnen (h) *vt* wyp-ierać|rzeć się (etw. czegoś), nie przyznawać się (do czegoś), zaprzecz-ać|yć (czemuś). **Su**
abliefern (h) *vt* odstawi-ać|ć, dostawi-ać|ć, dostarcz-ać|yć; odda-wać|ć. **Su** *t.* odstawienie *n*, dostawa *f*
Ablieferungs... *w comp* 1. ... dostawy, ... odstawienia, ... dostarczenia; *np.* ~**ort** 2. ... oddania; *np.* ~**termin**
Ablieferungsort *m* —(e)s, —e miejsce dostawy
Ablieferungssoll *n* —(s), —(s) dostawa obowiązkowa
Ablieferungstermin *m* —s, —e termin dostawy
abliegen (79) (h, sn) *vi* 1. być oddalonym ⟨odległym⟩ 2. leżeć na uboczu 3. odleżeć się; wystać się (o **winie**)
ablisten (h) *vt* wyłudz-ać|ić podstępnie (**jmdm etw.** od kogoś coś); *pot* wycygani-ać|ć
ablocken (h) *vt* *zob.* **ablisten**
ablohnen *a.* **ablöhnen** (h) *vt* wypłac-ac|ić zarobek ⟨odprawę⟩ (**jmdn komuś**), odprawi-ać|ć (**kogoś**). **Su** wypłacanie ⟨wypłata⟩ odprawy; odprawa *f*
ablösbar *adj:adv* 1. dający się oddzielić; tak że można oddzielić 2. *ftn* spłacalny
ablöschen (h) *vt* 1. zagasić, z|gasić, wygasić; gasić (**Kalk** wapno) 2. osusz-ać|yć (**das Schreiben** pismo) 3. wymaz-ywać|ać, zmazać (**die Tafel** tablicę). **Su**
ablösen (h) I. *vt* 1. oddziel-ać|ić, odłącz-ać|yć; od-rywać|erwać 2. z|luzować, zmieni-ać|ć, zast-ępować|ąpić (**jmdn kogoś**) 3. wycof-ywać|ać (**das Kapital** kapitał) II. **sich** ~ *vr* 1. od-łącz-ać|yć ⟨oddziel-ać|ić⟩ się, odpa-dać|ść; od-chodzić|ejść 2. luzować się, następować po sobie. **Su** do I. 1.—3.; do I. 2. *t.* zmiana *f*; do I. 3. *t.* spłata *f*, wykup *m*

abluchsen (h) vt 1. podstępnie wyciąg-
-ać|nąć (jmdm e. Geheimnis od kogoś
tajemnice); wyłudz-ać|ić (jmdm etw.
od kogoś coś) 2. podpat-rywać|rzyć;
szkol ściąg-ać|nąć
Abluft f — tech powietrze odlotowe ⟨zu-
żyte⟩
Abluft... w comp wywiewny, wycią-
gowy; np. ~kanal
Abluftkanal m —s, ⸚e kanał wywie-
trzający ⟨wyciągowy⟩
abmachen (h) vt 1. oddziel-ać|ić, odłą-
cz-ać|yć; odwiąz-ywać|ać; odpi-nać|ąć;
odczepi-ać|ć; zd-ejmować|jąć 2. przen
załatwi-ać|ć (etw. mit jmdm coś z
kimś) 3. uzg-adniać|odnić (etw. mit
jmdm coś z kimś); u-kładać|łożyć się,
ugodzić się. Su 1. załatwienie n 2.
układ m, ugoda, umowa f; e—e Ab-
machung treffen a) zawierać układ
⟨umowę⟩ b) dogadać ⟨umówić⟩ się
abmagern (sn) vi s|chudnąć, wy|chud-
nąć. Su
Abmagerungskur f —, —en kuracja od-
chudzająca
abmähen (h) vt s|kosić
abmalen (h) I. vt 1. odmalow-ywać|ać 2.
przen opis-ywać|ać, przedstawi-ać|ć,
z|obrazować II. sich ~ vr, przen od-
malow-ywać|ać ⟨odzwierciedl-ać|ić⟩ się.
Su
Abmarsch m —es, ⸚e wymarsz, odmarsz
m
abmarschieren (sn) vi odmaszerować,
wymaszerować, wyrusz-ać|yć; od-cho-
dzić|ejść
Abmaß n —es, —e wymiar, rozmiar m
abmatten (h) 1. vt z|matować 2. vt, vr
(sich się) z|nużyć, z|męczyć
abmelden (h) vt 1. t. vr (sich się) wy-
meldować; du bist bei mir abgemeldet
mam ciebie dość 2. odm-awiać|ówić,
odwoł-ywać|ać (e. Telefongespräch
rozmowę telefoniczną) 3. zgł-aszać|osić
(e—n Zug odjazd pociągu). Su
Abmelde... w comp ... wymeldowania
(się); np. ~frist
Abmeldefrist f —, —en termin wymeldowania (się)
abmessen (83;h) vt odmierz-ać|yć, wy-
mierz-ać|yć, z|mierzyć, seine Worte ~
ważyć każde słówko. Su t. pomiar,
wymiar m
abmildern (h) vt z|łagodzić. Su
abmontieren (h) vt z|demontować, roz-
-bierać|ebrać. Su t. demontaż m, roz-
biórka f
abmühen, sich (h) vr na|męczyć ⟨na|
mordować, wysil-ać|ić, na|mozolić⟩ się
abmurksen (h) vt, pot zabi-jać|ć, uka-
trupić
abmustern (h) vt, mar wyokrętować. Su
abnagen (h) vt obgry-zać|źć
abnähen (h) vt odszy-wać|ć
Abnäher m —s, — kraw zaszewka,
vszywka f
Abnahme f —, —n 1. zdejmowanie, zdjęcie n 2. ubytek m; zmniejszenie się;
obniżenie n; spadek m; osłabienie n
(der Sehkraft wzroku), opadanie, uby-
wanie n (des Wassers wody) 3. odbieranie, odebranie n; odbiór m (t. bud)
4. odejmowanie, odjęcie n
Abnahme ... w comp 1. odbiorczy; np.
~prüfung 2. ... odbioru; np. ~frist
Abnahmefrist f —, —en termin odbioru
Abnahmeprotokoll n —s, —e protokół
odbioru
Abnahmeprüfung f —, —en badanie odbiorcze
abnehmbar 1. adj:adv dający się zdjąć,
do zdejmowania 2. adj, mat odejmo-
walny
abnehmen (87;h) I. vt 1. od-bierać|ebrać,
zab-ierać|rać; den Eid ⟨e. Haus; den
Vorbeimarsch⟩ ~ odebrać przysięgę
⟨dom, defiladę⟩; jmdm die Sorgen ~
uwolnić kogoś od trosk 2. zd-ejmo-
wać|jąć (den Verband opatrunek) 3.
od-ejmować|jąć 4. hand kup-ować|ić;
die Ware nimmt mir niemand ab tego towaru nikt nie kupi 5. chir am-
putować II. vi 1. uby-wać|ć; zmniej-
sz-ać|yć się; obniż-ać|yć się; spa-
-dać|ść; słabnąć; maleć; opa-dać|ść; die
Spannung nimmt ab napięcie słabnie;
das Wasser nimmt ab woda opada; der
Mond nimmt ab księżyca ubywa 2.
s|chudnąć, s|tracić na wadze; er nimmt
sichtlich ab on niknie w oczach
Abnehmer m —s, — odbiorca m, nabywca, kupujący, klient m
Abneigung f —, —en niechęć, odraza,
antypatia f
abnorm adj:adv anormaln-y:-ie, nienormaln-y:-ie, nieprawidłow-y:-o
Abnormität [... te:t] f —, —en anomalia, nienormalność, nieprawidłowość f
abnötigen (h) 1. vt wymu-szać|sić, wy-
móc (jmdm etw. coś na kimś) 2. sich
dat ~ vr przymu-szać|sić się; sich ein
Lächeln ~ zmuszać się do uśmiechu
abnutzen a. abnützen (h) vt, vr (sich
się) 1. zuży-wać|ć; e—n Anzug ~
z|niszczyć ubranie; die Schuhe ~ ze-
drzeć obuwie 2. tech ścierać|zetrzeć.
Su do 1.—2.; do 2. t. ścieralność f
Abnutzungs ... w comp 1. ... zużycia;
np. ~grad 2. ... na zużycie ⟨ściera-
nie⟩; np. ~festigkeit 3. ... ścieral-
ności; np. ~prüfung
Abnutzungsfestigkeit f — odporność na
ścieranie ⟨zużycie⟩
Abnutzungsgrad m —(e)s stopień zużycia
Abnutzungsprüfung f —, —en próba ście-
ralności
Abolition f —, —en abolicja f, umorzenie n (e—s Verfahrens postępowania)
abominabel adj:adv wstrętn-y:-ie, odrażając-y:-o
Abonnement [... mã:] m —s, —s abonament m, prenumerata f
Abonnement(s) ... w comp 1. abona-
mentowy; np. ~preis 2. ... abonamentu; np. ~unterbrechung
Abonnement(s)preis m —es, —e cena a-
bonamentowa
Abonnement(s)unterbrechung f —, —en
przerwanie abonamentu
Abonnent m —en, —en abonent, prenumerator m

abonnieren (h) *vt* abonować, prenumerować
abordnen (h) *vt* wys-yłać|łać, wy|delegować. Su *t.* delegacja, deputacja *f*
Abort[1] *m* —(e)s, —e ustęp, klozet *m*, ubikacja *f*
Abort[2] *m* —(e)s, —e *med* poronienie *n*
abortieren (h) *vi, med* poronić
abpacken (h) *vt* pakować (zu 3 Stück po 3 sztuki). Su
abpassen (h) *vt* 1. dopasow-ywać|ać 2. upat-rywać|rzyć (den richtigen Augenblick właściwą chwilę) 3. *pot* dybać (jmdn na kogoś), przydybać (kogoś)
abpfeifen (89;h) *vt, sport* odgwizd-ywać| ać
Abpfiff *m* —(e)s, —e *sport* odgwizdanie *n*
abpflücken (h) *vt* zrywać|zerwać, ob-rywać|erwać (Obst owoce)
abplagen (h) *vt, vr* (sich się) z|męczyć, z|mordować
abplatten (h) *vt* spłaszcz-ać|yć; wyrów-n-ywać|ać. Su
abplätten (h) *vt* wy|prasować, odprasować
abplatzen (sn) *vi* odpa-dać|ść; odłup-ywać|ać się, odprys-kiwać|nąć
abprägen (h) *vt, vr* (sich się) wycis--kać|nąć, odbi-jać|ć (e. Muster wzór)
Abprall *m* —(e)s, —e *mech* odbicie się odskok *m*
abprallen (sn) *vi* odbi-jać|ć się; odsk-akiwać|oczyć
abpressen (h) *vt* 1. odcis-kać|nąć, wycis-kać|nąć (e. Muster wzór) 2. *przen* wymu-szać|sić, wymóc (jmdm etw. na kimś coś) 3. *garb* odw-adniać|odnić
abprotzen (h) *vt, woj* odprzodkować (e. Geschütz działo)
Abputz *m* —es, —e 1. o|tynkowanie *n* 2. tynk *m*, wyprawa *f*
abputzen (h) I. *vt* 1. o|tynkować, wyprawi-ać|ć 2. *pot* z|besztać, objechać II. *vt, vr* (sich *acc* się, *dat* sobie) oczy-szczać|ścić; o-cierać|trzeć
abquälen 1. sich ~ *vr* z|męczyć ⟨z|mordować⟩ się; spracować się 2. *vt* wyłudz-ać|ić (jmdm etw. od kogoś coś)
abquetschen (h) *vt* 1. *t. vr* (sich *dat* sobie) odgnieść 2. *t. vr* (sich *dat* na sobie), *przen* wymu-szać|sić, wymóc (jmdm etw. na kimś coś)
abrackern, sich (h) *vr* z|mordować się; spracować się; *pot* naharować się
abrahmen (h) *vt* zbierać|zebrać śmietankę
Abrakadąbra *n* —s abrakadabra *f*
abrasieren (h) *vt* zgolić
abraspeln (h) *vt* ze|skrobać, wygładz-ać|ić raszplą
abraten (93;h) *vt, vi* odradz-ać|ić (jmdm etw. ⟨von etw.⟩ komuś coś)
Abraum *m* —(e)s 1. odpadki *pl; górn* gruz *m;* rumowisko *n* 2. *górn* nakład *m* 3. *leśn* chrust *m*
abräumen (h) *vt* usu-wać|nąć; sprzą-t-ać|nąć (den Tisch ze stołu). Su
Abraumförderbrücke *f* —, —n *górn* most przerzutowy
abrechnen (h) I. *vt* 1. odlicz-ać|yć, potrąc-ać|ić, odciąg-ać|nąć, od-ejmować|

jąć 2. oblicz-ać|yć II. *vi* 1. rozlicz-ać|yć ⟨oblicz-ać|yć⟩ się 2. zam-ykać|knąć rachunek 3. *przen* policzyć się. Su
1. odliczenie, potrącenie *n;* etw. in **Abrechnung bringen** coś odliczyć ⟨potrącić⟩ 2. rozliczenie *n;* obliczenie *n;* rozrachunek *m* 3. rozprawienie się; **der Tag der Abrechnung** dzień obrachunku ⟨zemsty⟩; **mit jmdm Abrechnung halten** rozprawiać się z kimś
Abrechnungs... *w comp* 1. rozliczeniowy; *np.* ~**kurs** 2. rozrachunkowy; *np.* ~**büro**
Abrechnungsbüro *n* —s, —s biuro rozrachunkowe
Abrechnungskurs *m* —es, —e kurs rozliczeniowy
Abrede *f* —, —n 1. umowa *f;* e—e ~ treffen umawiać się (mit jmdm z kimś) 2. *dawn* zaprzeczenie *n,* wypieranie się; etw. in ~ stellen zaprzeczać czemuś, wypierać się czegoś
abreden (h) *vt* uzg-adniać|odnić
abreiben (94;h) *vt, vr* (sich *acc* się; *dat* sobie) 1. ścierać|zetrzeć, wy-cierać|trzeć 2. na-cierać|trzeć (den Körper ciało). Su 1. ścieranie, starcie *n,* wycieranie, wytarcie *n* 2. *tech* ścieralność *f* 3. *med* nacieranie, natarcie *n* 4. *przen, pot* cięgi *pl,* lanie *n;* jmdm e—e **Abreibung geben** sprawić komuś lanie; *przen* zbesztać kogoś, dać komuś wciery
Abreise *f* —, —n odjazd, wyjazd *m*
abreisen (sn) *vi* odje-żdżać|chać, wyje-żdżać|chać
Abreiß... *w comp* 1. ... wyburzania; *np.* ~**plan** 2. ... do zdzierania; *np.* ~**kalender** 3. ... do wydzierania; *np.* ~**block**
Abreißblock *m* —(e)s, —s blo(cze)k (z kartkami) do wydzierania
abreißen (95) I. (h) *vt* 1. od-rywać|erwać; zrywać|zerwać (e—n Faden nitkę) 2. z|burzyć, wyburz-ać|yć (e. Haus dom) 3. zdzierać|zedrzeć, z|niszczyć (e—n Anzug ubranie) II. (sn) *vi* ur-ywać|wać ⟨s|kończyć⟩ się (nagle); **die Arbeit reißt ihm ab** praca nigdy nie kończy się; **der Faden riß plötzlich ab** nitka nagle się urwała
Abreißkalender *m* —s, — kalendarz (z kartkami) do zdzierania
Abreißplan *m* —(e)s, ⸚e plan wyburzania
abreiten (96;h) 1. *vt, woj* obje-żdżać|chać konno (die Gegend okolicę) 2. (sn) *vi* odje-żdżać|chać konno
abrichten (h) *vt* 1. wy|tresować, układać, ułożyć (Tiere zwierzęta) 2. *tech* wyrów-nywać|ać, wy|prostować. Su do 1. 2.; do 1. *t.* tresura *f*
abriebfest *adj:adv* odporny na ścieranie. Si
abriegeln (h) *vt* zaryglować, zam-ykać| knąć na zasuwę; odgr-adzać|odzić; **e. Haus** ~ otoczyć dom, *woj* ...
abrinden (h) *vt* zd-ejmować|jąć korę, korować
abringen (99;h) I. *vt* 1. wy-dzierać|drzeć przemocą 2. wymu-szać|sić, wymóc (jmdm etw. na kimś coś) II. sich *dat* ...

~ vr przymu-szać|sić się (etw. do czegoś), wymóc na sobie
Abriß m ...isses, ...isse 1. zarys, szkic m 2. kontur m
abrollen I. (h) vt 1. t. vr (sich się) odwi-jać|nąć, rozwi-jać|nąć (die Rolle rolkę) 2. odw-ozić|ieźć (Kisten skrzynie) II. (sn) vi 1. odje-żdżać|chać (mit dem Wagen samochodem) 2. upły-wać|nąć (o czasie)
abrücken I. (h) vt odsu-wać|nąć, odstawi-ać|ć (e—n Schrank szafę) II. (sn) vi 1. odsu-wać|nąć się; z|dystansować się 2. odmaszerować, wyrusz-ać|yć
Abruf m —(e)s, —e hand odwołanie n; auf ~ na zlecenie
abrufen (101;h) vt 1. odwoł-ywać|ać 2. wywoł-ywać|ać (e—n Zug pociąg)
abrunden (h) vt zaokrągl-ać|ić (e—n Betrag nach unten kwotę w dół). Su
abrupfen (h) vt 1. o|skubać 2. ob-rywać|erwać (Blumen kwiaty)
abrupt adj:adv 1. nag-ły:-le, raptown-y:-ie 2. urywany, bez związku
abrüsten (h) 1. vt, bud usu-wać|nąć ⟨roz-bierać|ebrać⟩ rusztowania 2. vi, woj rozbroić się. Su rozbrojenie n
Abrüstungs... w comp 1. rozbrojeniowy; np. ~konferenz 2. ... rozbrojenia; np. ~frage
Abrüstungsfrage f —, —n kwestia rozbrojenia
Abrüstungskonferenz f —, —en konferencja rozbrojeniowa
abrutschen (sn) vi 1. zsu-wać|nąć ⟨obsuwać|nąć, ześliz-giwać|nąć⟩ się 2. lot wykon-ywać|ać ślizg 3. pot wy-nosić| nieść się. Su
abrütteln (h) vt strząs-ać|nąć, otrzą-sać|ść
absäbeln (h) vt, vr (sich dat sobie) od-ci-nać|ąć ⟨odrąb-ywać|ać⟩ szablą; pot odkr-awać|oić, odkrajać
absacken I. (h) vt workować, rozsyp-ywać|ać w worki II. (sn) vi 1. lot spa-dać|ść 2. mar za|tonąć 3. pot ze|mdleć
Absage f —, —n 1. odmowa f; jmdm e—e ~ geben odmówić komuś 2. odwołanie n (e—r Veranstaltung imprezy); cofnięcie n (e—r Bestellung zamówienia)
absagen (h) vt 1. odm-awiać|ówić 2. odwoł-ywać|ać (e. Konzert koncert)
absägen (h) vt 1. odpiłow-ywać|ać, upiłow-ywać|ać 2. przen, pot zw-alniać| olnić, usu-wać|nąć, spławi-ać|ć (jmdn kogoś)
absahnen (h) vt zbierać|zebrać śmietankę (t. przen)
absatteln (h) vt rozsiodłać, rozkulbaczyć
Absatz m —es, ⸚e 1. obcas m 2. hand zbyt m; sprzedaż f 3. druk odcinek, ustęp m, a linea f 4. pauza, przerwa f, odstęp m; e—n ~ machen zrobić przerwę; ohne ~ sprechen mówić bez przerwy 5. spocznik, podest m (der Treppe schodów) 6. geol osad, sedyment m; złoże n
Absatz... w comp 1. ... zbytu; np. ~markt 2. ... obcasa; np. ~reparatur 3. osadowy; np. ~gestein
absatzfähig adj łatwy do zbycia (towar)

Absatzgestein n —(e)s, —e geol skała osadowa
Absatzmarkt m —es, ⸚e hand rynek zbytu
Absatzmöglichkeit f —, —en hand możliwość zbytu
Absatzreparatur f —, —en szew naprawa obcasa
absatzweise adv odcinkami, w odstępach; z przerwami
absaugen (103;h) vt odsysać|odessać, wy-s-ysać|sać 2. odkurz-ać|yć (odkurzaczem). Su
abschaben (h) 1. vt zeskrob-ywać|ać; oskrob-ywać|ać 2. sich ~ vr zuży-wać|ć ⟨znosić, wy-cierać|trzeć⟩ się
abschaffen (h) vt 1. pozby-wać|ć się; oddal-ać|ić 2. zn-osić|ieść, uchyl-ać|ić, anulować (e. Gesetz ustawę) 3. usuwać|nąć (etw. coś); kłaść|położyć kres (Mängel niedociągnięciom). Su
abschälen (h) 1. vt ob-ierać|rać z łupin; zd-ejmować|jąć 2. sich ~ vr łuszczyć się. Su
abschalten (h) 1. vt wyłącz-ać|yć; odłącz-ać|yć; rozłącz-ać|yć 2. vi, przen, pot wyłącz-ać|yć się. Su
abschatten a. abschattieren (h) vt cieniować. Su
abschätzen (h) vt oceni-ać|ć, oszacować, otaksować. Su t. ocena, taksacja f
abschätzig adj:adv lekceważąc-y:-o
abschaufeln (h) vt odgarn-iać|ąć łopatą ⟨szuflą⟩, zszuflować
Abschaum m —(e)s szumowiny pl; przen der ~ der Gesellschaft szumowiny ⟨męty⟩ społeczne
abschäumen (h) vt odszumow-ywać|ać, zszumow-ywać|ać
abscheiden (106) I. (sn) vi, dawn um-ie-rać|rzeć II. (h) vt, vr (sich się) 1. od-dziel-ać|ić, odłącz-ać|yć 2. chem wy-dziel-ać|ić; wytrąc-ać|ić; strąc-ać|ić. Su do II. 2.
Abscheider m —es, — chem oddzielacz, separator, rozdzielacz m
abscheren (109;h) vt obci-nać|ąć, o|strzyc (die Haare włosy)
Abscheu m —(e)s a. f — wstręt m, odraza f; ~ erregen wzbudzać wstręt
abscheuern (h) vt, vr (sich się) 1. wy| szorować 2. (vr t. sich dat sobie) ście-rać|zetrzeć 3. o-cierać|trzeć
abscheuerregend part, adj:adv odrażając-y:-o, wzbudzający wstręt
abscheulich adj:adv wstrętn-y:-ie; o-brzydliw-y:-ie szkaradn-y:-ie, ohydn-y:-ie. Sk ohyda, obrzydliwość, okropność f
abschicken (h) vt wys-yłać|łać
abschieben (110) I. (h) vt 1. ot-pychać| epchnąć, odsu-wać|nąć; die Schuld von sich ~ zrzucić z siebie winę 2. od-syłać|esłać, wydal-ać|ić, odstawi-ać|ć ciupasem (zur Grenze do granicy) II. (sn) vi, pot wyn-osić|ieść się; zmykać. Su do I.
Abschied m —(e)s, —e 1. pożegnanie, rozstanie (się) n; von jmdm ~ nehmen pożegnać się z kimś 2. dymisja f; zwolnienie z posady; jmdm den ~ ge-

ben zwolnić kogoś z posady; um seinen ~ bitten prosić o zwolnienie; podać się do dymisji; **seinen ~ einreichen** złożyć rezygnację
Abschieds... w comp **I. 1.** pożegnalny, np. **~besuch 2.** ... pożegnania, ... rozstania (się); np. **~stunde II. 1.** ... o zwolnienie; np. **~gesuch 2.** ... o zwolnieniu; np. **~bescheid**
Abschiedsbescheid m —(e)s, —e zawiadomienie o zwolnieniu
Abschiedsbesuch m —(e)s, —e wizyta pożegnalna
Abschiedsfeier f —, —n uroczystość pożegnalna
Abschiedsgesuch n —(e)s, —e prośba ⟨wniosek⟩ o zwolnienie
Abschiedskuß m ...usses, ...üsse pocałunek pożegnalny
Abschiedsstimmung f —, —en nastrój pożegnalny
Abschiedsstunde f —, —n chwila ⟨godzina⟩ pożegnania ⟨rozstania (się)⟩
Abschiedstrunk m —(e)s, ⸚e strzemienne n
abschießen (111) **I. (h)** vt **1.** wy|strzelić (e. Geschütz z działa; **e—e Rakete** rakietę); **e—n Pfeil ~** wypuścić strzałę (z łuku) **2.** zestrzelić, strącić (e. **Flugzeug** samolot); przen **den Vogel ~** osiągnąć najlepszy efekt; dopiąć celu; być pierwszym **3.** ubić, ustrzelić, odstrzelić (**Wild** zwierzynę) **II. (sn)** vi **1.** spadać ⟨opadać⟩ stromo **2.** wy|ruszyć (nagle, pędem) **3.** s|płowieć
abschinden (112;h) **1.** t. vr **(sich się)** zamęcz-ać|yć, z|mordować **2. sich** dat ~ vr ocierać|otrzeć sobie (**die Haut** skórę)
abschirmen (h) vt **1.** przysł-aniać|onić, osł-aniać|onić (t. przen); radio ekranować **2.** górn zabezpiecz-ać|yć, pod-pierać|eprzeć (stanowisko) **3.** woj zabezpiecz-ać|yć, osł-aniać|onić. Su do **1.—3.**; do **1., 3.** t. osłona f
abschirren (h) vt zd-ejmować|jąć uprząż (**das Pferd z konia**)
abschlachten (h) vt zabi-jać|ć, za-rzynać|rżnąć. Su
abschlacken (h) vt, met odżużl-owywać|ować, żużlować. Su
Abschlag m —(e)s, ⸚e **1.** potrącenie, odliczenie n; **in ~ bringen** potrącić **2.** rata f; **auf ~ kaufen** kupować na raty **3.** zaliczka f; e. **~ auf die Seligkeit** zadatek na szczęśliwość wieczną **4.** rabat m **5.** leśn wyrąb m **6.** sport wybicie n **7.** odbicie n (**des Musters** wzoru) **8.** dial przegroda f, przepierzenie n
abschlagen (114;h) vt **1.** ści-nać|ąć (**e—n Baum** drzewo) **2.** odci-nać|ąć; odrąb--ywać|ać **3.** odbi-jać|ć **4.** od-pierać| eprzeć (**den Angriff** atak) **5.** sport odbi-jać|ć, wybi-jać|ć (**den Ball** piłkę) **6.** odm-awiać|ówić **7.** potrąc-ać|ić, odlicz-ać|yć **8.** dial przegr-adzać|odzić, oddziel-ać|ić przepierzeniem
abschlägig adj:adv odmown-y:-ie; jmdn **~ bescheiden** dać komuś odpowiedź odmowną, odmówić
Abschlag(s)zahlung f —, —en spłata ra-

talna; wpłata na poczet rachunku; wypłata zaliczki
abschleifen (116;h) **I.** vt ze|szlifować; wygładz-ać|ić **II. sich ~** vr **1.** ze|szlifować się **2.** przen nab-ierać|rać ogłady ⟨okrzesania⟩. Su
Abschleppdienst m —es pogotowie techniczne; służba holownicza ⟨ratownicza⟩
abschleppen (h) **1.** vt holować (e. **Schiff** statek) **2. sich ~** vr wlec, dźwigać (**mit etw.** coś); z|męczyć się dźwiganiem (czegoś)
Abschleppseil n —(e)s, —e lina holownicza
abschließen (118;h) **I.** vt **1.** zam-ykać|knąć na klucz **2.** przen zam-ykać|knąć (e—e **Rechnung** rachunek), za|kończyć (e. **Werk** dzieło); zaw-ierać|rzeć (e—n **Vertrag** umowę); e. **Geschäft ~** dokon-ywać|ać transakcji **II.** vi za|kończyć się (**mit etw.** czymś) **III. sich ~** vr **1.** zam-ykać|knąć się na klucz **2.** zam--ykać|knąć się w sobie, stronić ⟨odsu--wać|nąć się⟩ od ludzi. Su do **I. 1.—2.**; **III. 1. 2.**
abschließend 1. part praes, zob. **abschließen 2.** adj:adv ostateczn-y:-ie; końcowy, na zakończenie; **e. ~es Urteil** ostateczny sąd
Abschluß m ...usses, ...üsse **1.** fin zamykanie, zamknięcie n (**e—r Rechnung** rachunku) **2.** hand zawarcie ⟨s|finalizowanie⟩ (**e—s Geschäfts** transakcji) **3.** zakończenie n (**e—s Werkes** dzieła), koniec m **4.** zawieranie, zawarcie n (**e—s Vertrags** umowy)
Abschluß... w comp **1.** końcowy; np. **~bericht 2.** zamykający; np. **~ventil**
Abschlußbericht m —(e)s, —e sprawozdanie końcowe
Abschlußprüfung f —, —en egzamin końcowy
Abschlußventil n —s, —e zawór zamykający
abschmecken (h) vt smakować, degustować, kosztować, doprawi-ać|ć. Su t. degustacja f
abschmieren (h) vt **1.** na|smarować **2.** szkol, pot od-rzynać|erżnąć, ściąg-ać| nąć
abschnallen (h) vt odpi-nać|ąć
abschnappen I. (h) vt, pot z|łapać, schwycić **II. (sn)** vi **1.** pot wykitować **2.** ur-ywać|wać (się) (o mowie, śpiewie)
abschneiden (123;h) **1.** vt, vr **(sich** acc **się,** dat sobie) odci-nać|ąć, odkr-awać| ajać|oić; obci-nać|ąć, uci-nać|ąć; **da kann sich mancher e—e Scheibe ~** niejeden mógłby się tu dużo nauczyć; **jmdm das Wort ~** przerwać komuś w pół słowa; **jmdm den Rückzug ~** odciąć komuś odwrót; **den Weg ~** skracać drogę; **jmdm die Ehre ~** rzucać na kogoś potwarz **2. sich ~** vr odcinać ⟨różnić⟩ się **3.** vi **gut ~** udać ⟨poszczęścić⟩ się; **schlecht ~** nie udać ⟨poszczęścić⟩ się. Su do **1.**
Abschnitt m —(e)s, —e **1.** odcinek m **2.** segment m **3.** kupon m **4.** rozdział,

Abschnittsbevollmächtigte 15 **absetzbar**

ustęp m (e—s Buches książki) 5. okres m (o czasie)
Abschnittsbevollmächtigte m —n, —n (NRD) dzielnicowy m (milicjant)
abschnittsweise adv odcinkami, rozdziałami
abschnüren (h) vt 1. zam-ykać|knąć dopływ 2. wytycz-ać|yć sznurem (położenie). Su
Abschnürverband m —(e)s, —e med o-patrunek uciskowy
abschöpfen (h) vt zbierać|zebrać (das Fett tłuszcz); den Rahm ~ zbierać śmietankę. Su
abschrägen (h) vt ści-nać|ąć na ukos, z|ukosować. Su t. ukos m
abschrauben (h) vt odśrubow-ywać|ać
abschrecken (h) vt 1. odstrasz-ać|yć; sich durch nichts ~ lassen nie zrażać się niczym 2. tech, kulin o|studzić, oziębi-ać|ć (przez zalanie wodą) 3. met hartować. Su
abschreckend 1. part praes, zob. abschrecken 2. adj:adv odstraszając-y:-o
Abschreckungs... w comp odstraszający; np. ~mittel
Abschreckungsmittel n —s, — środek odstraszający
abschreiben (126;h) I. vt 1. przepis-ywać| ać; odpis-ywać|ać; szkol t. ściąg-ać| nąć, od-rzynać|erżnąć 2. ekon odpis-ywać|ać; potrąc-ać|ić, odlicz-ać|yć; amortyzować; ,um-arzać|orzyć 3. spis-ywać|ać (e—e Feder pióro) II. vi 1. odpis-ywać|ać (e—m Antragsteller petentowi) 2. odm-awiać|ówić (listownie), odpis-ywać|ać odmownie. Su 1. odpisanie n, odpis m 2. odpis amortyzacyjny; amortyzacja f, umorzenie n
Abschreiber m —s, — 1. przepisywacz, kopista m 2. plagiator m
abschreiten (128) I. (h) vt 1. odmierz--ać|yć krokami 2. prze-chodzić|jść (die Front przed frontem) II. (sn) vi od-chodzić|ejść sztywno
Abschrift f —, —en odpis m, kopia f
abschriftlich adj:adv w odpisie
Abschub m —(e)s odstawienie (odesłanie) ciupasem, wydalenie n (do miejsca a. kraju przynależności)
abschuften sich (h) vr ciężko pracować, zmordować się, pot naharować się, harować
abschuppen (h) 1. vt o|skrobać z łusek 2. sich ~ vr łuszczyć się. Su do 1.
abschürfen (h) sich vr ocierać|otrzeć sobie (die Haut skórę). Su
Abschuß m ... usses, ... üsse 1. wystrzał m 2. zestrzelenie, strącenie n (e—s Flugzeugs samolotu) 3. łow odstrzał m 4. spadzistość f
abschüssig adj:adv strom-y:-o spadzist-y:-o. Sk
Abschußrampe f —, —n wyrzutnia rakietowa
abschütteln (h) vt 1. strząs-ać|nąć; o-trzą-sać|ść 2. pozby-wać|ć się (jmdn kogoś), uw-alniać|olnić się (od kogoś); das Joch ~ zrzucić jarzmo
abschütten (h) vt, vr (sich dat sobie) usyp(yw)ać, odsyp-ywać|ać; ul-ewać|ać

abschwächen (h) vt osłabi-ać|ć. Su
abschwatzen a. **abschwätzen** (h) vt wy-łudz-ać|ić (jmdm etw. od kogoś coś)
abschweifen (sn) vi 1. zb-aczać|oczyć (vom Wege z drogi) 2. przen odbie-gać ; (vom Thema od tematu). Su do 1. 2., do 2. t. dygresja f
absch venken (sn) vi zb-aczać|oczyć (vom Weξ ' z drogi), skręc-ać|ić w bok; prze ins feindliche Lager ~ przechodzić do obozu nieprzyjacielskiego. Su
abschwindeln (h) vt wycyganić, wyszachrować (jmdm etw. od kogoś coś)
abschwören (134;h) 1. vt zap-ierać|rzeć się, wyrze-kać|c się (etw. czegoś; dem ⟨dem⟩ Glauben wiary) 2. vi zap-ierać| rzeć ⟨wyp-ierać|rzeć⟩ się (jmdm kogoś). Su
absehbar adj 1. widoczny, widzialny, dający się objąć wzrokiem 2. przen dający się przewidzieć; in ~er Zeit niebawem, wkrótce; es ist nicht ~ trudno przewidzieć
absehen (135;h) I. vt 1. obejmować wzrokiem 2. przen przewi-dywać|dzieć; es ist nicht abzusehen trudno przewidzieć 3. nauczyć się (von jmdm etw. od kogoś czegoś); podpat-rywać|rzyć (od kogoś coś); jmdm etw. an den Augen ~ wyczytać coś z czyichś oczu 4. szkol odpis-ywać|ać, ściąg-ać|nąć (vom Nachbar od sąsiada) II. vi 1. od-st-ępować|ąpić (vom Kaufe od kupna) zaniechać (czegoś), z|rezygnować (z czegoś) 2. pomi-jać|nąć (von etw. coś), nie zważać (na coś), nie brać pod uwagę (czegoś)* es auf etw. ⟨jmdn⟩ abgesehen haben uwziąć się ⟨godzić⟩ na coś ⟨kogoś⟩, upatrzyć sobie coś ⟨kogoś⟩; es darauf ~, daß ... zmierzać do tego, by ...
abseifen (h) vt zmydl-ać|ić, oczy-szczać| ścić mydłem
abseilen (h) vt, vr (sich sie) spu-szczać| ścić na linie
absein (136;sn) vi pot 1. być urwanym ⟨ukręconym, oderwanym itp.⟩ 2. być zmęczonym ⟨wyczerpanym⟩
abseitig adj:adv na uboczu, uboczn-y: -ie; nie należący do rzeczy
abseits I. adv. 1. na uboczu, z dala 2. sport spalony; ~ sein ⟨stehen⟩ być ⟨stać⟩ na spalonym II. praep gen o-bok, przy
Abseits n — sport spalony m
absenden (137;h) vt wys-yłać|łać, nada-wać|ć (Briefe listy). Su
Absender m —s, — wysyłający, nadawca m
Absenderin f —, —nen wysyłająca, nadawczyni f
absengen (h) vt, vr (sich dat sobie) opal--ać|ić, osmal-ać|ić
absenken (h) 1. sich ~ vr opa-dać|ść, obniż-ać|yć się 2. vt, ogr od-kładać|ło-żyć. Su do 1.
Absenker m —s, — ogr odkład m
absetzbar adj 1. mogący być złożonym ⟨odwołanym⟩ (z urzędu) 2. hand pokupny, pot chodliwy

Absetzbewegung f —, —en woj cofanie się n, odwrót m, oderwanie się **absetzen** I. vt 1. składać|złożyć, odstawi-ać|ć, zd-ejmować|jąć, zestawi-ać|ć (die Last ciężar); wysadz-ać|ić, zrzuc-ać|ić (den Reiter jeźdźca); od-ejmować|jąć od ust (das Glas szklankę), opu-szczać|ścić (das Gewehr karabin) 2. składać|złożyć z urzędu, pozbawi--ać|ć urzędu; z|detronizować 3. od-ejmować|jąć, odlicz-ać|yć (von der Rechnung z rachunku), obniż-ać|yć (eine Summe kwotę) 4. zd-ejmować|jąć, skreśl-ać|ić; etw. **von der Tagesordnung** ~ zdejmować coś z porządku obrad 5. hand rozprowadz-ać|ić, zby--wać|ć, sprzeda-wać|ć 6. odsadz-ać|ić, odstawi-ać|ć (das Kalb cielę) 7. druk zacz-ynać|ąć nowy ustęp 8. kraw da--wać|ć wypustkę 9. vimp, pot być; dosta-wać|ć; es setzt Prügel ab będzie lanie II. sich ~ vr 1. osadz-ać|ić się, osi-adać|ąść 2. odci-nać|ąć ⟨odbi-jać|ć⟩ się 3. woj cof-ać|nąć się, od-rywać|erwać się ⟨od nieprzyjaciela⟩ III. vi 1. mar odbi-jać|ć od brzegu 2. przer-ywać|wać, przesta-wać|ć; **ohne abzusetzen bez przerwy**; mitten im Spiel ~ przestawać grać, przerywać grę. **Su** do I. 1.—3; 5., 7. II. 3.; do I. 3. t. detronizacja f
Absetzprozeß m ...esses, ...esse geol, chem proces osiadania ⟨osadzania się⟩
absichern (h) vt zabezpiecz-ać|yć. **Su**
Absicht f —, —en zamiar, cel m; mit ~ umyślnie, celowo; **meine** ~ **geht dahin** moim zamiarem jest; ~**en haben auf jmdn** mieć zamiary względem kogoś; **sich mit der** ~ **tragen** mieć zamiar, nosić się z zamiarem; **sich in seinen** ~**en nicht beirren lassen** nie dać się odwieść od swojego zamiaru; **es lag in seinen** ~**en** jego zamiarem było
absichtlich adj:adv umyśln-y:-ie, naumyśln-y:-ie, rozmyśln-y:-ie, celow-y:-o **Sk**
absichtslos adj:adv nieumyśln-y:-ie
Absichtssatz m —es, ≕e gram zdanie o-kolicznikowe celu
absieben (h) vt odsi-ewać|ać, przesi-ewać|ać. **Su** t. odsiew m
absingen (139;h) vt od|śpiewać
absitzen (142) 1. (h) vt odsi-adywać|edzieć (die Strafe karę) 2. (sn) vi zsi-adać|ąść (vom Pferde z konia)
absolut adj:adv absolutn-y:-ie, bezwzględn-y:-ie. **Sh**
Absolute n —n filoz absolut m
Absolution f —, —en rel absolucja f, rozgrzeszenie n, odpuszczenie grzechów
Absolutismus m — absolutyzm m, samowładztwo n
absolutistisch adj:adv absolutystyczn-y:-ie, samowładn-y:-ie
Absolvent m —en, —en absolwent m
absolvieren (h) vt 1. rel rozgrzesz-ać|yć (jmdn kogoś), odpu-szczać|ścić grzechy (komuś) 2. zda-wać|ć (e—e Prü-

fung egzamin); u|kończyć (e—e Schule szkołę)
Absonderheit f —, —en osobliwość, dziwaczność f
absonderlich adj:adv osobliw-y:-ie, dziwaczn-y:-ie. **Sk**
absondern (h) vt, vr (sich się) 1. oddziel--ać|ić, odłącz-ać|yć, odosobni-ać|ć, odizolować 2. wyodrębni-ać|ć; rozdziel--ać|ić 3. wydziel-ać|ić. **Su** do 1.—3., do 3. t. wydzielina f
Absorber m —s, — absorber, wchłaniacz m
absorbieren (h) vt 1. absorbować, pochł-aniać|onąć, wchł-aniać|onąć 2. absorbować, zaj-mować|ąć (jmdn kogoś). **Su**
Absorption f — absorpcja f, absorbowanie, pochłanianie n
Absorptions... w comp 1. absorpcyjny; np. ~**fähigkeit** 2. absorbujący; np. ~**mittel** 3. ... absorpcji; np. ~**gebiet**
Absorptionsfähigkeit f —, —en zdolność absorpcyjna, absorpcyjność, chłonność f
Absorptionsgebiet n —(e)s, —e obszar absorpcji
Absorptionsmittel n —s, — środek absorbujący
absorptiv adj:adv absorpcyjn-y:-ie, pochłaniając-y:-o, wchłaniając-y:-o
abspalten (h) vt, vr (sich się) odłup--ywać|ać; odszczepi-ać|ć. **Su**
abspannen (h) 1. vt wyprz-ęgać|ąc (die Pferde konie) 2. t. vr (sich się) odpręż-ać|yć, rozpręż-ać|yć. **Su** zmęczenie, wyczerpanie n
absparen, sich dat (h) vr za|oszczędzić siebie; sich etw. am Munde ~ odejmować sobie od ust
abspeisen (h) I. vt 1. na|karmić 2. przen zby-wać|ć (jmdn mit etw. kogoś czymś) II. vi skończyć jedzenie
abspenstig adj; jmdm jmdn ~ **machen** odstręczać kogoś od kogoś; **e—r Sache** ~ **werden** odwracać się od czegoś, sprzeniewierzyć się czemuś
Absperr... w comp zamykający; np. ~**ventil**
absperren (h) vt 1. zam-ykać|knąć (die Straße ulicę; das Wasser wodę); zablokować 2. t.vr (sich się) odgr-adzać| odzić. **Su**
Absperrventil n —s, —e zawór zamykający
abspiegeln (h) vt, vr (sich się) odzwierciedl-ać|ić, odbi-jać|ć. **Su**
Abspiel n —(e)s sport podanie n
abspielen (h) I. vt 1. od-grywać|egrać (etw. vom Blatt prima vista); przegr--ywać|ać (e—e Platte płytę) 2. sport poda-wać|ć 3. zuży-wać|ć graniem II. sich ~ vr roz-grywać|egrać się, mieć miejsce
absplittern 1. (h) vt, vr (sich się) od-łup-ywać|ać, odszczepi-ać|ć 2. (sn) vi odprys-kiwać|nąć, odpryskać. **Su**
Absprache f —, —n ugoda, umowa f
absprachegemäß adj:adv zgodn-y:-ie z umową
absprechen (146;h) vt 1. odm-awiać|

ówić, nie przyzna-wać|ć (jmdm etw. komuś czegoś); od-bierać|ebrać (durch gerichtliches Urteil wyrokiem sądowym); jmdm die Hoffnung ~ odbierać komuś nadzieję; jmdm das Recht auf Glück ~ odmawiać komuś prawa do szczęścia 2. om-awiać|ówić, uzg--adniać|odnić
absprechend 1. *part praes, zob.* absprechen 2. *adj:adv* ujemn-y:-ie, negatywn-y:-ie; nieprzychyln-y:-ie
absprengen I. (h) *vt* 1. odłup-ywać|ać (za pomocą klina); odstrzeli-wać|ć (materiałem wybuchowym); *przen* oddziel-ać|ić, od-rywać|erwać 2. zr-aszać| osić (den Rasen trawnik) II. (sn) *vi* pocwałować, odje-żdżać|chać galopem. Su do I.
abspringen (148;sn) *vi* 1. odsk-akiwać| oczyć; odprys-kiwać|nąć, odpryskać; odpa-dać|ść (*o tynku, emalii; t. przen*) 2. zesk-akiwać|oczyć 3. *przen* odbie--gać|c (vom Thema od tematu); vom Beruf ~ przerzuc-ać|ić się na inny zawód 4. *lot* sk-akać|oczyć (ze spadochronem)
abspritzen (h) *vt* sprysk-iwać|ać; zmy--wać|ć spryskiwaniem
Absprung *m* —(e)s, ≃e 1. zeskoczenie *n* 2. *sport* odbicie się; odskok *m* 3. *lot* skok *m* (ze spadochronem)
Absprunghafen *m* —s, ≃ lotnisko wypadowe
abspulen (h) *vt* odwi-jać|nąć ze szpuli
abspülen (h) *vt* spłuk-iwać|ać, opłuk--iwać|ać. Su
Abspülicht *m, n* —s pomyje *pl*
abstammen (sn) *vi* pochodzić, wywodzić się. Su pochodzenie *n*
Abstammungs... *w comp* ... o pochodzeniu; *np.* ~lehre
Abstammungslehre *f* —, —n nauka o pochodzeniu
Abstand *m* —(e)s, ≃e 1. odstęp *m*, odległość *f*; ~ halten zachować dystans 2. różnica *f* (des Alters wieku) 3. odstąpienie *n*; von etw. ~ nehmen odstępować od czegoś 4. odstępne *n*
Abstandsgeld *n* —es, —er *a.* Abstandssumme *f* —, —n odstępne *n*
abstatten (h) *vt* odda-wać|ć; składać| złożyc (e—n Besuch wizytę; Dank podziękowanie; Glückwünsche życzenia. Su
abstauben *a.* abstäuben (h) *vt, vr* (sich *acc* się, *dat* sobie) odkurz-ać|yć, otrzep--ywać|ać ⟨oczy-szczać|ścić⟩ z kurzu
abstechen (149) I. (h) *vt* 1. odci-nać|ąć, oddziel-ać|ić 2. zabi-jać|ć, zakłu-wać|ć, za-rzynać|rżnąć (e. Schwein świnię; Geflügel drób) 3. *met* spu-szczać|ścić 4. ściąg-ać|nąć, odt-aczać|oczyć (wino) 5. odprowadz-ać|ić (kanał) 6. *karc* przebi-jać II. (sn) *vi* odbijać ⟨odcinać⟩ się (gegen jmdn *a.* von etw. od kogoś *a.* czegoś); różnić się (od czegoś); kontrastować (z czymś)
Abstecher *m* —s, — 1. mały spacer; mała wycieczka; wypad *m*; e—n ~ machen zboczyć z drogi 2. *przen* dygresja *f*, wypad *m*, wycieczka *f*

abstecken (h) *vt* 1. wytycz-ać|yć (e—n Platz plac) 2. *kraw* opi-nać|ąć szpilkami, modelować na figurze (e. Kleid suknię). Su
absteh(e)n (151) I. (sn) *vi* 1. odstawać; ~de Ohren odstające uszy 2. odst-ępowaćąpić (von etw. od czegoś) 3. stać na uboczu II. (h) *vt* odst-ępować|ąpić * pot seine zwei Stunden ~ odstać swoje dwie godziny III. (h) *vr, pot* sich *dat* die Beine ~ zmęczyć się staniem
absteifen (h) *vt* usztywni-ać|ć. Su
absteigen (153;sn) *vi* 1. schodzić|zejść, zsi-adać|ąść (vom Pferd z konia) 2. zatrzym-ywać|ać się (in e—m Hotel w hotelu; bei e—m Freund u przyjaciela), zaje-żdżać|chać (bei jmdm do kogoś) 3. *sport* spa-dać|ść
absteigend 1. *part praes, zob.* absteigen 2. *adj* zstępny; *praw* die ~e Linie linia zstępna
Absteigequartier *n* —s, —e nocleg *m*, kwatera *f*, pied-à-terre *n*
Abstellbahnhof *m* —(e)s, ≃e *kol* stacja postojowa
abstellen (h) *vt* 1. odstawi-ać|ć (das Glas szklankę); zestawi-ać|ć, zd-ejmować|jąć; den Wagen ~ zaparkować samochód 2. wyłącz-ać|yć (e—e Maschine maszynę), zatrzym-ywać|ać (den Motor silnik) 3. zam-ykać|knąć (das Wasser wodę) 4. odstawi-ać|ć, odda-wać|ć do dyspozycji 5. pozby-wać|ć się (etw. czegoś) 6. usu--wać|nąć (e—n Mangel brak). Su
Abstellgleis *n* —es, —e tor odstawczy; *przen* jmdn aufs ~ schieben posłać kogoś w odstawkę
Abstellraum *m* —es, ≃e schowek *m*, rupieciarnia, graciarnia *f*
abstempeln (h) *vt* ostemplow-ywać|ać; Su
absteppen (h) *vt, kraw* odstebnować
absterben (154;sn) *vi* 1. obum-ierać|rzeć, us-ychać|chnąć, schnąć (*o roślinie*) 2. z|martwieć, z|drętwieć, ś|cierpnąć 3. *przen* zam-ierać|rzeć
Abstich *m* —(e)s, —e (e—s Beetes grządki) 2. *tech* spust *m*
Abstichloch *n* —(e)s, ≃er otwór spustowy
Abstieg *m* —(e)s, —e 1. zejście, schodzenie *n* 2. *przen* upadek *m*, (der Kultur kultury) 3. *sport* spadek *m*
Abstimmbereich *m* —s, —e *radio* zakres dostrajania
abstimmen (h) I. *vt* 1. stroić (Musikinstrumente instrumenty muzyczne) 2. *radio* dostr-ajać|oić, nastawi-ać|ć 3. uzg-adniać|odnić (e. Konto konto) II. *vi* głosować (über etw. nad czymś). Su do I. II.; do II. *t.* plebiscyt *m*; namentliche Abstimmung głosowanie imienne; Abstimmung durch Zuruf głosowanie przez aklamację; Abstimmung durch Handzeichen głosowanie przez podniesienie ręki
Abstimmschärfe *f* —, —n *radio* ostrość dostrajania, selektywność *f*

2 Słownik niem.-pol.

Abstimmungsgebiet — abtippen

Abstimmungsgebiet n —(e)s, —e obszar plebiscytowy
Abstimmungszettel m —s, — kartka wyborcza ⟨do głosowania⟩
abstinent adj abstynencki, wstrzemięźliwy
Abstinent m —en, —en abstynent m
Abstinenz f — abstynencja, wstrzemięźliwość f
Abstinenzbewegung f — ruch abstynencki
abstoppen (h) vt 1. zatrzym-ywać|ać, za| hamować (e—e Maschine maszynę) 2. wstrzym-ywać|ać (e—e Arbeit pracę) 3. z|mierzyć czas stoperem
Abstoß m —es 1. odepchnięcie n 2. sport wybicie piłki
abstoßen (157) I. (h) vt 1. utrąc-ać|ić, odtrąc-ać|ić, uszk-adzać|odzić (przez potrącenie) 2. odsu-wać|nąć, od-pychać| epchnąć 3. przen odstręcz-ać|yć, wzbu- dz-ać|ić wstręt; sein Benehmen stößt mich ab jego zachowanie budzi we mnie wstręt ⟨odpycha mnie⟩ 4. Waren ~ wyp-ychać|chnąć towary, wyzby- -wać|ć się towarów II. (h) vr 1. przen sich dat die Hörner ~ ustatkować się 2. sich ~ odbi-jać|ć się (beim Sprung przy skoku), od-pychać|epchnąć III. (h, sn) vi odbi-jać|ć (vom Ufer od brzegu)
abstoßend 1. part praes, zob. **abstoßen** 2. adj:adv odpychając-y:-o, odrażając- -y:-o, budzący wstręt : w sposób budzący wstręt
abstrahieren [...st...] (h) vt abstrahować; pomi-jać|nąć (coś)
abstrakt adj:adv abstrakcyjn-y:-ie, oderwan-y:-ie; ~e Kunst sztuka abstrakcyjna
Abstraktion f —, —en abstrakcja f, pojęcie oderwane
Abstraktum n —s, ...ta 1. abstrakt m, pojęcie oderwane 2. gram rzeczownik oderwany ⟨abstrakcyjny⟩
abstreichen (158;h) vt 1. wy-cierać|trzeć (die Füße nogi); zgarn-iać|ąć (den Schaum pianę) 2. przen skreśl-ać|ić (10 Mark von der Rechnung 10 marek z rachunku) 3. obciąg-ać|nąć (e. Rasiermesser brzytwę). Su do 2.
abstreifen I. (h) vt 1. zd-ejmować|jąć (e. Kleid suknię), ściąg-ać|nąć (Handschuhe rękawiczki; Strümpfe pończochy) 2. zrzuc-ać|ić; die Schlange streift die Haut ab wąż zrzuca skórę; przen e—e Gewohnheit ~ wyzbywać się nawyku 3. strząs-ać|nąć (die Asche von der Zigarre popiół z cygara) 4. przeszuk-iwać|ać, przetrząs-ać|nąć (die Gegend okolicę) II. (sn) oddal-ać|ić się, zb-aczać|oczyć (vom Weg z drogi). Su
abstreiten (159;h) vt negować (etw. coś), zaprzecz-ać|yć (czemuś), wyp-ierać| rzec się (czegoś), za|kwestionować (coś)
Abstrich m —(e)s, —e 1. skreślenie n (e—s Postens im Haushalt pozycji w budżecie); przen ~e machen zmniejszać wymagania; spuszczać z tonu 2. kreska w dół 3. met zgar m 4. med rozmaz m

abströmen (sn) vi odpły-wać|nąć (o wodzie)
abstrus adj:adv zagmatwan-y:-ie, niezrozumia-ły:-le
abstufen (h) vt 1. po|robić stopnie 2. przen ustopniować, układać|ułożyć wg stopni ⟨szczebli⟩ (die Gehälter uposażenia) 3. s|cieniować (Farben kolory). Su do 1.—3.; do 2. t. gradacja f
abstumpfen I. (h) vt 1. stępi-ać|ć; przytępi-ać|ć 2. chem z|neutralizować II. (sn) vi s|tępieć, z|obojętnieć. Su
Absturz m —es, ⸚e 1. spad, upadek m; runięcie w dół; lot kraksa f; e. Flugzeug zum ~ bringen strącić samolot 2. urwisko n, przepaść f
abstürzen (sn) vi 1. spa-dać|ść, runąć w dół (o samolocie) 2. przen opadać; der Hang stürzt steil ab zbocze opada stromo
abstutzen (h) vt obci-nać|ąć, podci-nać| ąć, przyci-nać|ąć (e—n Strauch krzew); den Schweif ~ kurtyzować, obcinać ogon. Su
abstützen (h) vt pod-pierać|eprzeć. Su t. podparcie n podpora f
absuchen (h) vt przeszuk-iwać|ać, przetrząs-ać|nąć (die Umgegend okolicę); obszuk-iwać|ać (jmdn kogoś); die Raupen vom Kraut ~ oczyszczać kapustę z gąsienic
Absud m —(e)s, —e farm odwar, wywar m
absurd adj:adv absurdaln-y:-ie, niedorzeczn-y:-ie
Absurdität f —, —en absurd m, niedorzeczność f
Abszeß m ...esses, ...esse med absces, ropień m
Abszisse f —, —n geom odcięta f
Abt m —(e)s, ⸚e opat m
abtakeln (h) vt, mar 1. roztaklow-ywać| ać 2. wycofać ze służby (e. Schiff statek). Su
abtasten (h) vt 1. obmac-ywać|ać 2. med palpować. Su t. palpacja f
Abtei f —, —en opactwo n
Abteil n —(e)s, —e kol przedział m
abteilen (h) vt 1. oddziel-ać|ić, odłącz-ać| yć 2. wydziel-ać|ić 3. gram dzielić. Su
Abteilung[2] f, —, —en 1. oddział m; ~ marsch! oddział, naprzód marsz! 2. woj dywizjon, batalion m 3. wydział m (e—r Behörde urzędu); dział m (e—s Warenhauses domu towarowego) 4. przegródka f (e—s Regals półki)
Abteilungs... w comp 1. ... oddziału; np. ~führer 2. ... dywizjonu ⟨batalionu⟩; np. ~kommandeur 3. ... (wy)działu; np. ~leiter
Abteilungsführer m —s, — dowódca oddziału
Abteilungskommandeur [...dø:r] m —s, —e woj dowódca dywizjonu ⟨batalionu⟩
Abteilungsleiter m —s, — kierownik wydziału
abteufen (h) vt, górn głębić (e—n Schacht szyb). Su
abtippen (h) vt, pot przepis-ywać|ać na maszynie

Äbtissin f —, —nen przełożona f (klasztoru)
abtönen (h) vt ś|cieniować; podcieniow--ywać|ać, s|tonować, stopniować barwy ⟨odcienie⟩. Su t. odcień m
abtöten (h) vt 1. zabi-jać|ć, z|niszczyć; etw. im Keim ~ niszczyć coś w zarodku 2. przen s|tłumić, zabi-jać|ć (Gefühle uczucie); den Körper ~ umartwiać ciało 3. med zatru-wać|ć (e—n Nerv nerw). Su
Abtrag m —(e)s, ⸚e 1. zniesienie, zrównanie, niwelowanie n (e—r Erhöhung wzniesienia) 2. szkoda f, uszczerbek m; jmdm ~ tun przynosić komuś szkodę 3. fin spłata f ⟨np. długu⟩
abtragen (160;h) I. vt 1. zn-osić|ieść; zbierać|zebrać (vom Tisch ze stołu) 2. zrówn-ywać|ać, niwelować, zn-osić|ieść (e—e Erhöhung wzniesienie); wyburz--ać|yć, roz-bierać|ebrać (e. Haus dom) 3. geol denudować 4. znosić, zużyć (e—n Anzug ubranie) 5. fin spła-cać|cić (Schulden długi) 6. geom od-kładać|łożyć (e—e Strecke odcinek) II. sich ~ vr 1. zużyć ⟨znosić⟩ się ⟨o odzieży⟩ 2. wyczerpać się; e. Baum hat sich abgetragen drzewo wyczerpało się owocowaniem. Su do I. 2., 3., 5.; do 2. t. niwelacja f; do 3. t. denudacja f
abträglich adj:adv szkodliw-y:-ie Sk
Abtransport m —(e)s, —e odtransportowanie n
abtransportieren (h) vt odtransportować
abtreiben (162) I. (h) vt 1. odpędz-ać|ić, od-ganiać|egnać 2. spędz-ać|ić (die Leibesfrucht płód) 3. spędz-ać|ić (bydło z pastwiska) 4. wypa-sać|ść (e—e Wiese łąkę) 5. wyci-nać|ąć (las) 6. chem odpędz-ać|ić, oddestylować 7. zn--osić|ieść (das Boot łódź) II. (sn) vi, mar dryfować. Su med abortus m, spędzenie n (płodu), przerwanie ciąży
Abtreibungsmittel n —s, — farm środek na poronienie
abtrennen (h) vt 1. t. vr (sich się) odłącz-ać|yć, oddziel-ać|ić; odci-nać|ąć; wyłącz-ać|yć, od|separować 2. odpru--wać|ć (e—n Ärmel rękaw). Su
abtreten (163) I. (h) vt 1. wydept-ywać|ać (e—e Treppe schody) 2. odst-ępować|ąpić (e—n Platz miejsce), s|cedować (sein Recht swoje prawo) 3. t. vr (sich dat sobie) zdept-ywać|ać (e—n Absatz obcas) 4. t. vr (sich dat sobie) wy-cierać|trzeć; sich die Füße ~ a. (sich) den Schmutz von den Füßen ~ wycierać (sobie) nogi II. (sn) vi ust--ępować|ąpić, z|rezygnować; przen von der Bühne ~ zejść ze sceny. Su do I. 2. t cesja f
Abtreter m —s, — wycieraczka f
Abtrieb m —(e)s, —e 1. spędzanie n, spęd m (bydła z pastwisk górskich) 2. chem destylacja f; destylat m 3. leśn cięcie n, rąb m 4. t. Abtrift f —, —en mar dryf m; lot znoszenie n
Abtritt m —(e)s, —e 1. ustąpienie n, rezygnacja f; przen zejście (von der Bühne ze sceny) 2. ustęp, klozet m, ubikacja f

abtrocknen I. (h) vt osusz-ać|yć, wysusz-ać|yć; wy-cierać|trzeć na sucho II. (sn) vi ob-sychać|eschnąć. Su do I.
abtropfen (sn) vi ocie-kać|c, ście-kać|c kroplami
abtrotzen (h) vt wymu-szać|sić uporem (jmdm etw. coś na kimś a. od kogoś)
abtrünnig adj odstępczy, wiarołomny, odszczepieńczy; ~werden odpa-dać|ść (dem Glauben od wiary). Sk rel apostazja f, odstępstwo n, wiarołomność f
Abtrünnige m —n, —n renegat m; rel apostata, odstępca, odszczepieniec m
abtun (167;h) vt 1. pot zd-ejmować|jąć (den Hut kapelusz) 2. załatwi-ać|ć; damit ist es noch nicht abgetan na tym jeszcze nie koniec 3. zby-wać|ć (etw. als Scherz coś jako żart)
aburteilen (h) vt 1. vi wyda-wać|ć ujemny sąd, wyra-żać|zić dezaprobatę (über jmdn o kimś) 2. vt skaz-ywać|ać, osądz-ać|ić. Su do 1. 2.; do 2. t. wyrok m
abverlangen (h) vt za|żądać (jmdm etw. czegoś od kogoś)
abwägen (173;h) vt przen rozważ-ać|yć; das Für und Wider ~ rozważyć wszystkie za i przeciw ⟨pro i kontra⟩. Su
abwälzen (h) vt 1. odwal-ać|ić (e—n Felsstein głaz) 2. przen zrzuc-ać|ić, zwal--ać|ić (etw. von sich dat coś z siebie; die Verantwortung odpowiedzialność). Su
abwandelbar adj:adv, gram odmienn-y: -ie
abwandeln (h) vt, vr (sich się) zmieni--ać|ć; gram odmieni-ać|ć. Su t. zmiana f; gram odmiana, fleksja f
abwandern I. (sn) vi 1. wywędrować; przen-osić|ieść się 2. meteor przesu--wać|nąć się ⟨np. o niżu⟩ 3. od-chodzić|ejść (in e—n anderen Beruf do innego zawodu) II. (h, sn) vt przewędrować (die Umgebung okolicę). Su I. 1.—3.; do 1. 3. t. odpływ m
Abwärme f —, —n tech ciepło odlotowe
abwarten (h) vt po|czekać (jmdn a. etw. na kogoś a. na coś); przeczekać (etw. coś); e—e ~de Haltung wyczekująca postawa
abwärts adv na dół, w dół; den Fluß ~ w dół ⟨z biegiem⟩ rzeki; den Berg ~ z góry; der Weg führt ~ droga prowadzi na dół
abwärtsgehen (45;sn) vi, przen pog-arsz|orszyć się; mit ihm geht es abwärts coraz gorzej z nim
Abwärtstrend m —s, —s tendencja spadkowa
Abwasch m —s 1. brudne naczynia 2. zmywanie naczyń
abwaschbar adj zmywalny, dający się zmyć
abwaschen (174;h) vt 1. zmy-wać|ć, pot myć 2. t. vr (sich się) obmy-wać|ć; opłuk-iwać|ać. Su
Abwaschwasser n —s, ⸚ pomyje, popłuczyny pl
Abwasser n —s, ⸚ pomyje, popłuczyny pl; tech woda ściekowa, ścieki pl

Abwasser... w comp ...ścieków; np. ~reinigung **Abwasserreinigung** f — oczyszczanie ścieków
abwechseln (h) I. vi 1. zmieni-ać|ć się (np. o posterunkach, szczęściu); ich werde bei der Arbeit mit ihm ~ będę pracował z nim na zmianę 2. następować kolejno; **Freud und Leid wechseln ab** radość i cierpienie następują kolejno II. vt 1. zmieni-ać|ć 2. urozmaic-ać|ić, przeplatać **(die Tänze mit Gesang tańce śpiewem). Su do II. 1. 2.; do II. 1. t. zmiana f; do II. 2. t. odmiana, rozrywka f; zur Abwechslung dla urozmaicenia ⟨odmiany, rozrywki⟩ abwechselnd 1. part praes, zob. abwechseln 2. adj:adv zmienny : na zmianę ⟨przemian⟩; mit ~em Glück ze zmiennym szczęściem
abwechslungsreich adj:adv urozmaicony: w sposób urozmaicony, bogat-y:-o
Abweg m —(e)s, —e manowce pl; auf ~e geraten schodzić na manowce
abwegig adj chybiony; zdrożny
abwegs adv z dala od drogi; na uboczu
Abwehr f — 1. obrona f; odparcie, odparowanie n (e—s **Angriffs** ataku) 2. woj kontrwywiad m; defensywa f
Abwehr... w comp obronny; np. ~bereitschaft
Abwehrbereitschaft f — gotowość obronna
abwehren (h) vt 1. od-pierać|przeć, odparować (e—n **Hieb** cios) 2. od-ganiać| gonić (**Fliegen** muchy) 3. zapobie-gać| c (e—e **Gefahr** niebezpieczeństwu); **den Dank** ~ wzbraniać się od podziękowania
Abwehrstellung f —, —en pozycja obronna
abweichen[1] 1. **(h)** vt od-maczać|moczyć 2. **(sn)** vi odmoknąć; odmięknąć. Su do 1.
abweichen[2] **(176;sn)** vi 1. zb-aczać|oczyć (vom **Wege** z drogi); przen odbie-gać|c (**von der Norm** od normy) 2. fiz od-chyl-ać|ić się 3. różnić się (o poglądach). Su 1. zbaczanie n; odbieganie n 2. fiz odchylenie n, deklinacja f 3. odchylenie n, uchyb m 4. odstąpienie, odstępstwo n 5. różnica f
abweichend 1. part praes, zob. **abweichen** 2. adj:adv odmienn-y:-ie; nieprawidło-w-y:-o
Abweichungswinkel m —s, — kąt odchylenia
abweiden (h) vt spa-sać|ść (e—e **Wiese** łąkę)
abweisen (177;h) vt 1. odrzuc-ać|ić (e. **Gesuch** podanie); oddal-ać|ić (e—e **Klage** skargę); odm-awiać|ówić (e—e **Bitte** prośbie); odprawi-ać|ć z niczym; nie przyj-mować|ąć (jmdn kogoś) 2. od--pierać|eprzeć (e—n **Angriff** atak). Su do 1. 2.; do 1. t. odmowa, odprawa f; do 2. t. odparcie n
abweisend 1. part praes, zob. **abweisen** 2. adj:adv, przen nieprzychyln-y:-ie; e—e ~e **Antwort** odmowna ⟨nieprzychylna⟩ odpowiedź

abwendbar adj dający się odwrócić ⟨zażegnać⟩
abwenden (178;h) 1. vt, vr (sich się) od-wr-acać|ócić 2. przen zażegn-ywać|ać (e—e **Gefahr** niebezpieczeństwo), zapobie-gać|c (etw. czemuś). Su
abwerfen (181;h) vt 1. zrzuc-ać|ić (**Flugblätter** ulotki; **die Maske** maskę) 2. ekon przyn-osić|ieść, da-wać|ć (**Gewinn** zysk)
abwerten vt (h) z|dewaluować (**Geld** pieniądz). Su t. dewaluacja f
abwesend adj 1. nieobecny 2. przen roztargniony
Abwesende —n, —n 1. m nieobecny m 2. f nieobecna f
Abwesenheit f — 1. nieobecność, absencja f; während ⟨in⟩ meiner ~ w czasie mojej nieobecności 2. przen roztargnienie n
abwetzen (h) vt 1. na|ostrzyć (**den Schnabel** dzióh) 2. przen wyświechtać (**die Hose** spodnie)
abwickeln (h) I. vt 1. odwi-jać|nąć (**Garn** przędzę) 2. s|finalizować, załatwi-ać|ć (e. **Geschäft** transakcję) 3. ekon z|likwidować (e. **Unternehmen** przedsiębiorstwo) II. vr sich ~ rozwi-jać|nąć się; przen **die Ereignisse wickelten sich blitzartig ab** wypadki rozwijały się błyskawicznie. Su do I. 1.—3.; do 3. t. ekon likwidacja f; do II. rozwój m
Abwick(e)ler m —s, — ekon likwidator m
abwiegen (182;h) vt odważ-ać|yć
abwimmeln (h) vt, pot pozby-wać|ć się, spławi-ać|ć (e—n **Gläubiger** wierzyciela)
Abwind m —(e)s, —e meteor wiatr zstępujący
abwinken (h) vi da-wać|ć ręką znak odmowy ⟨dezaprobaty⟩
abwirtschaften (h) vi z|bankrutować (t. przen)
abwischen (h) 1. vt ścierać|zetrzeć (**Staub** kurz) 2. vt, vr (sich dat sobie) ob-cierać|etrzeć
abwracken (h) vt z|demontować, roz--bierać|ebrać na złom
Abwurf m —(e)s, ±e 1. zrzut m, zrzucenie n (von **Bomben** bomb) 2. zysk m 3. sport wyrzucenie piłki
Abwurfvorrichtung f —, —en lot wyrzutnik bomb
abwürgen (h) vt 1. u|dusić 2. przen z|dławić, s|tłumić (**die Kritik** krytykę) 3. tech z|dławić (**den Motor** silnik)
abyssal adj. abyssisch adj abisalny, głębinowy; ~e **Fauna** fauna abisalna ⟨głębinowa⟩
Abyssus m — abisal m, głębina f
abzahlen (h) vt spłac-ać|ić; **in Raten** ~ spłacać ratami ⟨ratalnie⟩. Su t. spłata f; auf **Abzahlung** na spłatę
abzählen (h) vt 1. odlicz-ać|yć, od-ejmować|jąć 2. po|liczyć; wylicz-ać|yć (t przy zabawie); woj **zu zweien** ~! do dwóch odlicz!; **an den Fingern** ~ policzyć na palcach; przen **das kann man (sich) an den Fingern** ~ **to jasne jak słońce. Su**

Abzählreim 21 acht

Abzählreim m —(e)s, —e wyliczanka f
Abzahlungsgeschäft n —(e)s, —e sprzedaż ⟨transakcja⟩ na raty ⟨ratalna⟩
abzapfen (h) vt 1. ut-aczać|oczyć, wyt-aczać|oczyć (**Bier** piwo); **Blut** ~ puszczać krew 2. przen, pot wyciąg-ać|nąć, naciąg-ać|nąć; **jmdm Geld** ~ naciągnąć kogoś na pieniądze
Abzapfhahn m —(e)s, ⁔e a. —en tech kurek spustowy ⟨wylotowy⟩
abzäumen (h) vt rozkiełz(n)-ywać|ać (e. **Pferd** konia)
abzäunen (h) vt odgr-adzać|odzić płotem, oparkani-ać|ć. Su t. ogrodzenie n
abzehren 1. (h) vt wychudz-ać|ić, wy| niszczyć 2. (sn) vi s|chudnąć, wychudnąć, z|mizernieć (**vor Kummer** ze zgryzoty) 3. sich ~ (h) vr zamartwi-ać|ć się. Su
Abzeichen n —s, — 1. odznaka, dystynkcja f, odznaczenie n 2. znak m, znamię n (**u zwierząt**)
abzeichnen (h) I. vt 1. odrysow-ywać|ać, przerysow-ywać|ać 2. naznacz-ać|yć, odznacz-ać|yć (**mit Kreide** kredą) II. vr sich ~ odcinać się, odbijać (**vom Hintergrund** od tła). Su
Abziehbild n —(e)s, —er kalkomania, pot odbijanka f
abziehen (187) I. (h) vt 1. zd-ejmować| jąć (**das Kleid** suknię), ściąg-ać|nąć (**den Ring** obrączkę) 2. obciąg-ać|nąć (**die Haut** skórę) 3. przen od-ejmować| jąć; odlicz-ać|yć, potrąc-ać|ić (**die Kosten** koszty) 4. druk z|robić odbitkę, odbi-jać|ć (**Flugblätter** ulotki) 5. ściąg-ać|nąć (**Wein** wino); **in Flaschen** ~ butelkować 6. odstręcz-ać|yć, odm-awiać| ówić (**Kunden** klientów) 7. kulin zaprawi-ać|ć 8. techn obciąg-ać|nąć (e—e **Klinge** ostrze) 9. wycof-ywać|ać (e. **Regiment** pułk), **den Schlüssel** ~ wyjmować klucz (**z zamka**); **von jmdm die Hand** ~ przestać popierać kogoś II. (sn) vi od-chodzić|ejść, oddal-ać|ić się; odl-atywać|ecieć (o ptakach); **mit leeren Händen** ~ odchodzić z niczym; pot **mit langer Nase** ~ odchodzić z kwitkiem
Abziehriemen m —s, — pasek do ostrzenia brzytwy
Abziehstein m —(e)s, —e osełka f
abzielen (h) vi zmierzać (**auf etw.** do czegoś ⟨ku czemuś⟩; **er zielt auf dich ab** (on) na ciebie na myśli, (on) do ciebie pije
abzirkeln (h) vt 1. odmierz-ać|yć cyrklem 2. przen ważyć (**Worte** słowa). Su
Abzug m —(e)s, ⁔e 1. odejście n; wymarsz m (**der Truppen** wojsk); odlot m (**der Vögel** ptaków) 2. ujście n, odpływ m (**des Wassers** wody) 3. tech wyciąg (**der Gase** spalin), okap m, dygestorium n 4. potrącenie, odliczenie n; ~ **am Lohn** potrącenie z wynagrodzenia; **ohne** ~ bez potrącenia; **mit** ~ **z potrąceniem;** ~ **der Zinsen** potrącenie odsetek, dyskonto n 5. cyngiel m, języczek spustowy (**e—s Gewehres** karabinu) 6. druk, fot odbitka f; sporządzanie odbitek

abzüglich praep gen po potrąceniu; ~ (**der**) **Zinsen** z potrąceniem odsetek
abzugsfrei adj:adv wolny od potrąceń; **bez potrąceń**
Abzugsgraben m —s, ⁔ rów ściekowy ⟨odpływowy⟩, ściek m
Abzug(s)kanal m —s, ⁔e ściek kanalizacyjny, dren m
abzwacken (h) vt uszczknąć (**jmdm etw.** komuś czegoś)
Abzweig m —(e)s, —e odgałęzienie, rozgałęzienie n; rozwidlenie n
Abzweig... w comp odgałęźny; np. ~**dose**
Abzweigdose f —, —n elektr puszka odgałęźna
abzweigen (h) I. vt 1. odgałęzi-ać|ć, oddziel-ać|ić, odprowadz-ać|ić (e—e **Leitung** przewód) 2. wydziel-ać|ić, wyłącz-ać|yć II. vi t. vr (sich się) odgałęzi-ać|ć ⟨rozgałęzi-ać|ć, rozwidl-ać|ić⟩ się (**o drodze**). Su t. rozwidlenie n, odnoga f
Abzweigmuffe f —, —n elektr mufa odgałęźna
abzwingen (h) vt wymu-szać|sić, wymóc (**jmdm etw.** coś na kimś)
ach! int ach!; ~ **so!** ach tak!; ~ **ja!** ależ tak!; ~ **und weh schreien** lamentować
Ach n —s, —(s) pot ach n; **mit** ~ **und Krach** ledwie, ledwie; **z wielką biedą**, z wielkim trudem
Achat m, ⁔(e)s, —e min agat m
Achillesferse f —, —n pięta achillesowa ⟨Achillesa⟩
achromatisch [akr...] adj:adv, fiz achromatyczn-y:-ie
Achse f —, —n oś f; **Lieferung per** ~ dostawa koleją; pot **er ist auf der** ~ jest w drodze
Achsel f —, —n anat bark m; ramię n; **die** ⟨**mit den**⟩ ~**n zucken** wzdrygać ⟨**wzruszać**⟩ ramionami; **jmdn über die** ~ **ansehen** spoglądać na kogoś lekceważąco ⟨**z góry**⟩; **przen**, **pot etw. auf die leichte** ~ **nehmen** brać coś lekko, nie przejmować się czymś
Achselband n —(e)s, ⁔er akselbanty pl
Achselgrube a. **Achselhöhle** f —, —n anat pacha f
Achselklappe f —, —n naramiennik, epolet m
Achselträger m —s, — dwulicowiec m, człowiek dwulicowy
Achselzucken n —s wzruszanie ramionami
Achsen... w comp ... osi; np. ~**abstand**
Achs(en)abstand m —(e)s, ⁔e rozstaw(ienie) osi
Achsenbruch m —(e)s, ⁔e pęknięcie ⟨złamanie⟩ osi
Achsendrehung f —, —en obrót osi
Achsenkreuz n —es, —e mat układ współrzędnych
acht num ośiem; **wir sind** ~ jest nas ośmiu; **es ist** ⟨**Punkt**⟩ ~ ⟨**Uhr**⟩ jest ⟨**dokładnie**⟩ ósma (**godzina**); **es ist ein Viertel auf** ~ a. **es ist ein Viertel nach** ~ jest kwadrans po siódmej ⟨**kwadrans na ósmą**⟩; **fünfzehn nach siódmej**, **siódma piętnaście**⟩; **es ist gegen** ~ jest około ósmej; **es ist halb** ~ jest wpół do ós-

mej; **er kommt in ~ Tagen** przybędzie za tydzień; **binnen ~ Tagen** w ciągu tygodnia; **heute über ~ Tage** od dziś za tydzień; **alle ~ Tage** co tydzień
acht... *w comp* 1. ośmio...; *np.* **~eckig** 2. osiem; *np.* **~mal** 3. w ośmiu; *np.* **~reihig** 4. na osiem; *np.* **~zöllig** 5. na ośmiu; *np.* **~seitig**
Acht... *w comp* ośmio...; *np.* **~eck**
Acht¹ *f* —, **—en** ósemka *f*; **römische ~** rzymska ósemka; **mit der ~ fahren** jechać ósemką ⟨tramwajem nr 8⟩
Acht² *f* — *(we frazeologii t.* acht) uwaga, baczność *f*, baczenie *n*; *etw.* **außer acht lassen** przeoczyć coś, nie zwracać na coś uwagi; **sich in acht nehmen** mieć się na baczności
Acht³ *f* — wygnanie *n*, banicja *f*; **in ~ und Bann tun** *a.* **in die ~ erklären** skazać na wygnanie ⟨banicję⟩
achtbar *adj:adv* czcigodn-y:-ie, szacown-y:-ie, porządn-y:-ie. Sk. *t.* szacunek *m*
achtbändig *adj* ośmiotomowy
achte *num* ósmy; **der ~ Juli** ósmy lipca; **am ~n Mai** ósmego maja; **das ~e Mal** ósmy raz, po raz ósmy
Achteck *n* **—(e)s, —e** ośmiokąt *m*
achteckig *adj* ośmiokątny
achtel *num*; **ein ~** jedna ósma (¹/₈)
Achtel *n* —s, — ósma część; **ein ~ Bier** ósemka piwa
Achtel... *w comp (przy miarach i wagach)* jedna ósma ...; *np.* **~zentner**
Achtelnote *f* —, —n *muz* ósemka *f*
Achtelpause *f* —, —n *muz* ósemka pauzy. ¹/₈ taktu
Achtelzentner *m* —s, — jedna ósma cetnara
achten (h) I. *vt* 1. poważać, szanować, cenić 2. uważać, mieć; **er achtete ihn für seinen Freund** uważał go za swojego przyjaciela; **ich achte es für zweckmäßig** uważam to za celowe **II.** *vi* uważać, baczyć **(auf das Kind** na dziecko); **ohne darauf zu ~** nie zważając na to. Su 1. szacunek *m*, poważanie *n*, respekt *m*; **bei aller Achtung vor seinem Wissen** przy całym szacunku dla jego wiedzy; **Achtung erweisen** ⟨bezeigen⟩ okazywać szacunek; **vor jmdm Achtung haben** mieć respekt przed kimś 2. uwaga, *woj* baczność *f*; **Achtung! Stufe! uwaga! stopień!**
ächten (h) *vt* skaz-ywać|ać na wygnanie ⟨banicję⟩. Su *t.* banicja *f*
Achtender *m* —s, — *łow* ósmak· *m*
achtens *adv* po ósme, ósme
achtenswert *adj* godny szacunku ⟨poważania⟩; zasługujący na szacunek ⟨poważanie⟩
Achter *m* —s, — *wiośl* ósemka *f*
Achter... *w comp* rufowy, tylny; *np.* **~deck**
Achterdeck *n* —(e)s, —e *mar* pokład rufowy ⟨tylny⟩
achterlastig *adj, mar* przegłębiony na rufę. Sk przegłębienie na rufę
achterlei *adj inv* ośmioraki; **auf ~ Art** w ośmioraki sposób

Achtermast *m* —es, —e *a.* **—en** *mar* maszt rufowy ⟨tylny⟩
achtern *adj:adv, mar* rufowy, tylny : z tyłu (okrętu)
Achterschiff *n* —es, —e *mar* rufa *f*
Achtersteg *m* —(e)s, —e *mar* achtersztag *m*
achtfach *a.* **achtfältig** *adj:adv* ośmiokrotn-y:-ie; osiemkroć
achtgeben (43;h) *vi* uważać **(auf etw.** na coś); **gib acht uważaj!** ⟨ostrożnie!⟩
achthundert *num* osiemset
achtjährig *adj* ośmioletni
Achtkampf *m* —(e)s, ⸗e *sport* ośmiobój *m*
achtlos *adj:adv* nieuważn-y:-ie, niedbały:-le. Si nieuwaga *f*, niedbalstwo *n*
achtmal *adv* osiem razy; ośmiokrotnie
achtmalig *adj* ośmiokrotny
achtprozentig *adj:adv* ośmioprocentowy: w ośmiu procentach
achtreihig *adj:adv* ośmiorzędowy : w ośmiu rzędach
achtsam *adj:adv* uważn-y:-ie; baczn-y: -ie; ostrożn-y:-ie. Sk uwaga, baczność, ostrożność *f*
achtseitig *adj:adv* ośmiostronicowy : na ośmiu stronicach
achtstöckig *adj:adv* ośmiopiętrowy : na osiem pięter
Achtstundentag *m* —(e)s, —e ośmiogodzinny dzień pracy
achtstündig *adj* ośmiogodzinny
achttägig *adj* ośmiodniowy
achttausend *num* osiem tysięcy
achtunggebietend *adj* wzbudzający szacunek ⟨poważanie⟩
Achtungsbezeigung *f* —, —en oznaka ⟨okazywanie⟩ szacunku
achtungsvoll *adj:adv* pełen szacunku ⟨poważania⟩ : z szacunkiem ⟨poważaniem⟩
achtungswert *a.* **achtungswürdig** *adj, zob.* **achtenswert**
achtzehn *num* osiemnaście
Achtzehn *f* —, —en osiemnastka *f*
achtzehnjährig *adj* osiemnastoletni
achtzehnte *num* osiemnasty
achtzig *num* osiemdziesiąt
Achtzig *f* —, —en osiemdziesiątka *f*
achtzig... *w comp* 1. osiemdziesięcio...; *np.* **~jährig** 2. osiemdziesiąt; *np.* **~mal**
Achtziger *m* —s, — mężczyzna ⟨starzec⟩ osiemdziesięcioletni
Achtzigerin *f* —, —nen kobieta ⟨staruszka⟩ osiemdziesięcioletnia
achtzigjährig *adj* osiemdziesięcioletni
achtzigmal *adv* osiemdziesiąt razy
achtzigste *num* osiemdziesiąty
achtzigstel *num, adj; e.* **~** jedna osiemdziesiąta (¹/₈₀)
Achtzigstel *n* —s, — osiemdziesiąta część
achtzöllig *adj:adv* ośmiocalowy : na osiem cali
Achtzylinder *m* —s, — *pot* **Achtzylindermotor** *m* —s, —en silnik ośmiocylindrowy
ächzen (h) *vi* stęk-ać|nąć, ję-czeć|knąć **(vor Schmerz z bólu)**
Acker *m* 1. —s, ⸗ pole *n*, rola *f*; **den ~**

Ackerbau 23 **Adoptivkind**

bestellen uprawiać rolę 2. —s, — akr m (miara powierzchni)
Ackerbau m —(e)s uprawa roli; rolnictwo n; ~ treiben zajmować się rolnictwem
Ackerbauer m —s a. —n, —n rolnik m
Ackerbaukunde f — nauka o rolnictwie, agronomia f
ackerbautreibend adj zajmujący się rolnictwem
Ackerbeet n —(e)s, —e zagon m
Ackerboden m —s, ⁼ ziemia orna, gleba f
Ackerbohne f —, —n bot bób m
Ackerdistel f —, —n bot ostrożeń polny
Ackerfeld n —(e)s, —er pole uprawne
Ackerfurche f —, —n bruzda f
Ackergerät n —(e)s, —e sprzęt rolniczy
Ackergrenze f —, —n miedza f
Ackerkrume f —, —n uprawna warstwa gleby
Ackerland n —(e)s rola uprawna
Ackermennig m —s, —e bot rzepik m
ackern (h) vi 1. vt orać; uprawi-ać|ć rolę 2. przen harować
Ackerrain m —(e)s, —e miedza f
Ackerrettich m —(e)s, —e bot rzodkiew świrzepa, łopucha f
Ackerröschen n —s, — bot miłek wiosenny
Ackerröte f —, —n bot rolnica pospolita
Acker(s)mann m —(e)s, ⁼er a. Acker(s)leute dawn rolnik m
Ackerschachtelhalm m —(e)s, —e bot skrzyp polny
Ackerschlepper m —s, — ciągnik rolniczy
Ackerwinde f —, —n bot powój polny
Adalbert m —s Wojciech m
Adam m —s Adam m; pot seit ~s Zeiten od niepamiętnych czasów; pot der alte ~ stary Adam, stare grzechy
Adamsapfel m —s, ⁼ anat jabłko Adama, chrząstka tarczowata krtani, pot grdyka f
Adamskostüm n —s, —e pot strój adamowy; im ~ w stroju adamowym, nago, pot na golasa
Adaptation a. Adaption f —, —en adaptacja f przystosowanie n
Adapter m —s, — fot adapter m
adaptieren (h) vt adaptować, przystosow-ywać|ać, dostosow-ywać|ać
adäquat adj:adv adekwatn-y:-ie
addieren (h) vt, mat doda-wać|ć, zlicz--ać|yć
Addiermaschine f —, —n maszyna do dodawania
Addition f —, —en mat dodawanie, zliczanie n
Additionsfehler m —s, — błąd w dodawaniu ⟨zliczaniu⟩
Additionszeichen n —s, — mat znak dodawania
ade! int, pot bywaj!; żegnaj!
Adel m —s 1. szlachta f; szlachectwo n; niederer ~ drobna szlachta; von ~ szlacheckiego pochodzenia ⟨rodu⟩ 2. przen szlachetność f (des Herzens serca)
Adele f —s Adela f

ad(e)lig adj 1. szlachecki 2 t. adv, przen szlachetn-y:-ie
Ad(e)lige —n, —n 1. m szlachcic m 2. f szlachcianka f
adeln (h) vt nada-wać|ć szlachectwo, nobilitować; przen uszlachetni-ać|ć. Su
Adelsstand m —(e)s, ⁼e stan szlachecki; in den ~ erheben nadać szlachectwo, nobilitować
Adept m —en, —en adept m
Ader f —, —n 1. anat żyła, wena f; zur ~ lassen puszczać krew; przen wyżyłować kogoś (z pieniędzy) 2. geol żyła f (von Erz rudy) 3. przen żyłka f; e—e poetische ~ żyłka poetycka
Aderhaut f —, ⁼e anat naczyniówka f
ad(e)rig a. äd(e)rig adj żylasty
Aderlaß m ...asses, ...ässe puszczenie ⟨upust⟩ krwi
Adhäsion f —, —en fiz adhezja, przyczepność f; przyleganie n
Adhäsionskraft f —, ⁼e siła adhezji; siła przyczepności
adieu [adiø:] int bywaj!, żegnaj!; ~ sagen pożegnać (jmdm kogoś)
Adieu [adiø:] n —s, —s pożegnanie n
Adjektiv n —s, —e gram przymiotnik m
adjektivisch adj:adv, gram przymiotnikow-y:-o
Adjunkt m —en, —en adiunkt m; pomocnik m
adjustieren (h) vt adiustować. Su t. adiustacja f
Adjutant m —en, —en adiutant m
Adler m —s, — orzeł m
Adler... w comp orli; np. ~blick
Adlerblick m —(e)s orli wzrok
Adlerfarn m —(e)s, —e bot orlica f
Adlerhorst m —es, —e orle gniazdo
Adlernase f —, —n orli nos
Adlerweibchen n —s, — orlica f
adlig zob. ad(e)lig
Adlige zob. Ad(e)lige
Administration f —, —en administracja f, zarząd m
administrativ adj:adv administracyjn-y: -ie, w drodze administracyjnej
Administrator m —s, ...oren administrator, zarządca m
Admiral m —s, —e woj, ent admirał m
Admiralität f — admiralicja f
Admiralitäts... w comp ... admiralicji; np. ~anker
Admiralitätsanker m —s, — mar kotwica admiralicji
Admiralsschiff n —(e)s, —e okręt flagowy
Admiralstab m —(e)s, ⁼e sztab admiralicji
Admonition f —, —en admonicja f, napomnienie n, wymówka f
Adonis m — 1. mit Adonis m; przen adonis m 2. bot miłek wiosenny
adoptieren (h) vt, praw przyspos-abiać| obić, adoptować, przyb-ierać|rać za syna ⟨córkę⟩; usynowi-ać|ć
Adoption f —, —en praw przysposobienie n, adopcja, adoptacja f; usynowienie n
Adoptivkind n —(e)s, —er dziecko przysposobione ⟨przybrane, adoptowane⟩

Adoration f —, —en adoracja f, uwielbienie, ubóstwianie n
Adrenalin n —s fizj, farm adrenalina f
Adresat m —en, —en adresat, odbiorca m
Adreßbuch n —(e)s, ⸗er księga adresowa
Adresse f —, —n adres m; per ~ pod adresem ⟨na ręce⟩; przen er ist an die falsche ~ gekommen ⟨geraten⟩ trafił pod niewłaściwy adres, dostał ostrą odprawę
adressieren (h) vt za|adresować
Adressiermaschine f —, —n maszyna do adresowania, adresarka f
adrett adj:adv 1. zgrabn-y:-ie 2. schludn-y:-ie
Adria f — Adriatyk m, Morze Adriatyckie
adriatisch adj adriatycki
adrig a. **ädrig** adj żylasty
adsorbieren (h) vt adsorbować
Adsorption f — fiz adsorpcja f, adsorbowanie n
Adsorptions... w comp 1. adsorpcyjny; np. ~analyse 2. adsorbujący; np. ~mittel 3. ... adsorpcji; np. ~vorgang
Adsorptionsanalyse f —, —n fiz analiza adsorpcyjna
Adsorptionsfähigkeit f — fiz zdolność adsorpcyjna, adsorpcja, chłonność f
Adsorptionsmittel n —s, — fiz substancja adsorbująca
Adsorptionsvorgang m —(e)s, ⸗e fiz przebieg adsorpcji
Adstringens n —, ... gęnzien a. ... gęntia farm środek ściągający
Advent m —(e)s, —e rel adwent m
Advents... w comp 1. adwentowy; np. ~predigt 2. ... adwentu; np. ~zeit
Adventist m —en, —en pl adwentysta m
Adventspredigt f —, —en rel kazanie adwentowe
Adventssonntag m —s, —e rel niedziela adwentowa
Adventszeit f — rel czas adwentu
Adverb [... v ...] n —s, —ien gram przysłówek m
adverbial adj:adv, gram adwerbialn-y:-ie, przysłówkow-y:-o
Adverbialsatz m —es, ⸗e gram zdanie okolicznikowe
Advokat m —en, —en adwokat m
Advokatur f —, —en adwokatura f
aero... [aero...] w comp aero...; np. ~dynamisch
Aero... w comp aero...; np. ~dynamik
Aerodynamik f — aerodynamika f
aerodynamisch adj:adv aerodynamiczn-y:-ie
Aerolith m —en, —en min aerolit m, meteoryt kamienny
Aeronautik f — aeronautyka f
aeronautisch adj:adv aeronautyczn-y:-ie, lotnicz-y:-o
Aeroplan m —(e)s, —e aeroplan m
Aerostatik f — aerostatyka f
aerostatisch adj:adv aerostatyczn-y:-ie
Affäre f —, —n afera f
Affe m —n, —n 1. małpa f; przen, pot er hat e—n ~n jest podchmielony; er hat sich e—n ~n gekauft upił się 2. woj, pot tornister m
Affekt m —(e)s, —e afekt m, wzruszenie n
Affektation f —, —en afektacja, przesada, nienaturalność f
affektiert adj:adv afektowany : z afektacją, przesadn-y:-ie, sztuczn-y:-ie. Sh afektacja, przesada, sztuczność f
äffen (h) vt 1. małpować, naśladować 2. drwić, kpić (jmdn z kogoś)
Affen... w comp 1. małpi; np. ~gesicht 2. ... małpy; np. ~art
Affenart f —, —en gatunek małpy; nach ~ jak małpa
affenartig adj:adv 1. podobny do małpy : jak małpa 2. przen zwinn-y:-ie jak małpa; mit ~er Geschwindigkeit z małpią zwinnością
Affenbrotbaum m —(e)s, ⸗e bot baobab m
Affengesicht n —(e)s, —er małpia twarz
Affenliebe f — zaślepiona ⟨bezgraniczna⟩ miłość
Affenmensch m —en, —en małpolud, pitekantrop m
Affenschande f — pot skandal m, hańba f; wulg granda f
Affentheater n —s, — pot szop(k)a f, (małpi) cyrk m, heca f
Affin f —, —nen zoo małpa f (samica)
affinieren (h) vt rafinować, oczy-szczać| ścić (Metall aus Legierungen metal ze stopów). Su
Affinität f —, —en powinowactwo n
Affirmation f —, —en afirmacja f, potwierdzenie n
affirmativ adj:adv twierdząc-y:-o; potwierdzając-y:-o
Affix n —es, —e jęz afiks m
Affrikata f a. **Affrikate** f —, ... ten jęz afrykata f, spółgłoska zwartoszczelinowa
Affront [afrɔ̃:] m —s, —s a. [afrɔnt] m —(e)s, —e afront m, zniewaga f, ubliżenie n
Afghane m —n, —n Afgańczyk m
Afghanin f —, —nen Afganka f
afghanisch adj:adv afgański : po afgańsku
Afghanisch n —(s) a. **Afghanische** n —n (język) afgański
Afghanistan n —s Afganistan m
Afrika n —s Afryka f
Afrikaner m —s, — Afrykanin m
Afrikanerin f —, —nen Afrykanka f
afrikanisch adj:adv afrykański : po afrykańsku
After m —s, — anat odbyt m, zakończenie odbytnicy
Afterdarm m —(e)s, ⸗e odbytnica f, kiszka prosta
Afterkritik m —s, — pseudokrytyk m
Afterrede f —, —n obmowa, potwarz f
Ägäis f — Morze Egejskie
ägäisch adj egejski
Agamie f — agamia, bezżenność f
Agathe f —s Agata f
Agave f —, —n bot agawa f

Agenda 25 Akademiemitglied

Agenda f —, ...den agenda f, notatnik m
Agende f —, —n liturg agenda f, rytuał m
Agens n —, Agenzien a. Agentia [...tsïa] chem czynnik, środek m
Agent m —en, —en agent m
Agentur f —, —en agencja f; agentura f (t. polit)
Agglomerat n —(e)s, —e aglomerat m; zlepek m, skupienie n
agglomerieren (h) vt, tech aglomerować, skupiać
Agglutination f —, —en med aglutynacja f
Aggregat n —s, —e tech, min agregat m
Aggregatzustand m —(e)s fiz stan skupienia
Aggression f —, —en agresja f, zbrojna napaść
aggressiv adj:adv agresywn-y:-ie, napastliw-y:-ie
Aggressor m —s, ... oren agresor, napastnik m
Ägide f — egida, opieka f, przewodnictwo n
agieren (h) vi 1. postępować, z|działać 2. gestykulować *teatr e—e Rolle ~ grywać rolę
agil adj:adv ruchliw-y:-ie, żwaw-y:-o
Agio [a:ʒïo:] n —s ekon ażio n
Agitation f —, —en agitacja f, agitowanie n
Agitations... w comp 1. agitacyjny; np. ~material 2. ...agitacji; np. ~form
Agitationsform f —, —en forma agitacji
Agitationsmaterial n —s, —ien, materiał agitacyjny
Agitator m —s, ... oren agitator m
agitatorisch adj:adv agitacyjn-y:-ie
agitieren (h) vi agitować (für jmdn ⟨etw⟩ za kimś ⟨czymś⟩ a. na rzecz kogoś ⟨czegoś⟩; gegen jmdn ⟨etw.⟩ przeciw komuś ⟨czemuś⟩
Agnat m —en, —en krewny ze strony ojca, agnat m
Agnes f — Agnieszka f
Agnostizismus m — filoz agnostycyzm m
Agonie f —, ...jen agonia f
Agraffe f —, —n 1. agrafka f 2. klamra f; brosz(k)a f 3. med klamra f
Agrar... w comp 1. agrarny, rolny; np. ~frage 2. agrarny, rolniczy; np. ~staat
Agrarfrage f —, —n kwestia agrarna ⟨rolna⟩
Agrarier m —s, — agrariusz m, właściciel ziemski, obszarnik m
agrarisch adj agrarny, roln(icz)y
Agrarreform f —, —en reforma rolna ⟨agrarna⟩
Agrarstaat m —(e)s, —en państwo rolnicze ⟨agrarne⟩
Agrément [...mã:] n —s, —s agrément n
Agrikultur f — rolnictwo n
Agronom m —en, —en agronom m
Agronomie f — agronomia f
Agrotechnik f — (NRD) agrotechnika f

Ägypten n —s Egipt m
Ägypter m —s, — Egipcjanin m
Ägypterin f —, —nen Egipcjanka f
ägyptisch adj:adv egipski : po egipsku; ~e Finsternis egipskie ciemności
Ägyptisch n —(s) a. Ägyptische n —n (język) egipski
Ahle f —, —n szydło n
Ahn m —(e)s a. —en, —en a. Ahne m —n, —n 1. przodek, antenat, pradziad m 2. reg dziadek m
ahnden (h) vt 1. u|karać (das Vergehen przestępstwo) 2. po|mścić (das Unrecht krzywdę). Su do 1. 2.; do 2. t. pomsta f
Ähne 1. zob. Ahn 1. 2. f —, —n reg babka, babcia f
ähneln (h) vi być podobnym (jmdm do kogoś)
ahnen (h) vt 1. przeczu-wać|ć (etw. coś), mie-wać|ć przeczucie (czegoś); es ahnt mir przeczuwam; mir ahnt nichts Gutes mam złe przeczucie 2. domyśl-ać|ić się, przewi-dywać|dzieć. Su 1. przeczucie n 2. pojęcie n; ich habe keine Ahnung nie mam pojęcia; pot er hat keine blasse Ahnung davon on nie ma zielonego pojęcia o tym
Ahnen... w comp ...przodków; np. ~kult
Ahnenkult m —(e)s kult przodków
Ahnenreihe f —, —n galeria przodków
Ahnentafel f —, —n tablica genealogiczna, rodowód m
Ahnfrau f —, —en założycielka rodu
Ahnherr m —n, —en założyciel rodu, protoplasta m
ähnlich adj: adv podobn-y:-ie; er ist mir ~ jest podobny do mnie; das Bild ist sprechend ~ obraz jest uderzająco podobny; das sieht ihm ganz ~ to całkiem do niego podobne. Sk podobieństwo n
Ähnlichkeits... w comp ...podobieństwa; np. ~größe
Ähnlichkeitsgröße f — fiz kryterium podobieństwa
ahnungslos adj:adv nie przeczuwający nic złego ⟨takiego⟩: nie przeczuwając nic złego ⟨takiego⟩: nieświadom-y:-ie; sich ~ stellen udawać naiwnego, pot udawać Greka. Si nieświadomość f ⟨podejrzeń⟩
ahnungsvoll adj:adv pełen przeczuć ⟨podejrzeń⟩
Ahorn m —(e)s, —e bot klon m
Ahorn... w comp 1. klonowy; np. ~holz 2. ...klonu; np. ~blatt
Ahornblatt n —(e)s, ⸚er liść klonu
Ahornholz n —es drewno klonowe
Ähre f —, —n kłos m; ~n lesen zbierać kłosy
Ährenlese f —, —n zbieranie kłosów; pokłosie n
Ährenleser m —s, — zbierający pokłosie
Air [ɛ:r] n —s, —s 1. pieśń, melodia f 2. wygląd m; sich e. ~ geben puszyć ⟨pysznić⟩ się, udawać
Akademie f —, ...jen akademia f (der Wissenschaften nauk)
Akademiemitglied n —(e)s, —er członek

akademii; korrespondierendes ~ członek korespondent akademii
Akademiker *m* **—s, —** 1. akademik *m* (*członek Akademii*) 2. student, akademik *m*
akademisch *adj:adv* akademicki : po akademicku
Akanthus *m* **—,** — *a.* ... thi *bot, archit* akant *m*
Akazie [...ĭɔ] *f* **—,** **—n** *bot* akacja *f*; echte ~ akacja *f*; falsche ~ robinia akacjowa, grochodrzew *m*
Akaziengummi *m* **—s, —(s)** guma arabska
Akelei *f* **—, —en** *bot* orlik *m*
Akklamation *f* **—, —en** aklamacja *f*; durch ~ zugestimmt przyjęte przez aklamację
Akklimatisation *f* **—, —en** aklimatyzacja *f*
akklimatisieren sich (h) *vr* aklimatyzować się. Su *t*. aklimatyzacja
Akkommodation *f* **—, —en** akomodacja *f*, przystosowanie się
akkommodieren (h) *vt* akomodować; przystosow-ywać|ać (etw. an etw. coś do czegoś)
Akkord *m* **—(e)s, —e** 1. *ekon* akord *m*, płaca akordowa; **auf ⟨in⟩ ~ arbeiten** pracować na akord 2. *muz* akord *m*; **e—n ~ anschlagen** uderzyć akord 3. *przen* zgoda, zgodność *f* 4. *praw* układ *m*, umowa, ugoda *f*
Akkord... *w comp* akordowy, ... na akord; *np.* **~arbeit**
Akkordarbeit *f* **—, —en** praca akordowa ⟨na akord, od sztuki⟩
Akkordeon *a.* **Akkordion** *n* **—s, —s** akordeon *m*
Akkordlohn *m* **—(e)s, ⸗e** płaca akordowa
Akkordsatz *m* **—es, ⸗e** stawka akordowa
akkreditieren (h) *vt* akredytować, upełnomocni-ać|ć, uwierzytelni-ać|ć (e—n Gesandten posła)
Akkreditiv *n* **—s, —e** 1. *ekon* akredytywa *f* 2. *polit* pismo uwierzytelniające
Akku *m* **—s, —s** *skr* akumulator *m*
Akkumulation *f* **—, —en** akumulacja *f*, nagromadzenie *n*
Akkumulator *m* **—s, ... oren** akumulator *m*
akkumulieren (h) *vt* z|akumulować, nagromadz-ać|ić, nagromadzić; *geol* nagromadz-ać|ić, osadzać
akkurat *adj:adv* akuratn-y:-ie; dokładn-y:-ie; starann-y:-ie; punktualn-y:-ie
Akkuratesse *f* **—** dokładność, staranność *f*
Akkusativ *a.* **Akkusatjv** *m* **—s, —e** *gram* biernik *m*,
Akkusativobjekt *n* **—(e)s, —e** *gram* dopełnienie bliższe ⟨w bierniku⟩
Akontozahlung *f* **—, —en** wpłata na poczet należności, a conto
Akrobat *m* **—en, —en** akrobata *m*
Akrobatik *f* **—** akrobatyka, akrobacja *f*
akrobatisch *adj:adv* akrobatyczn-y:-ie
Akt *m* I. **—(e)s, —e** 1. akt, czyn *m*;

przejaw *m* (der Verzweiflung rozpaczy) 2. ceremonia, uroczystość *f* 3. *teatr* akt *m* 4. *plast* akt *m* (weiblicher kobiecy) II. **—(e)s, —e** spółkowanie *n* III. **—(e)s, —en** *zob.* **Akte**
Akte *f* **—, —n** *a.* **Akt** *m* **—(e)s, —en akta** *pl,* dokument *m;* **zu den ~n legen** odkładać do akt
Akten... *w comp* 1. ... akt; *np.* **~sammlung** 2. ... do akt; *np.* **~mappe**
Aktenmappe *f* **—, —n** te(cz)ka do akt; pot aktówka *f*
Aktenmensch *m* **—en, —en** biurokrata *m*
Aktennotiz *f* **—, —en** *zob.* **Aktenvermerk**
Aktensammlung *f* **—, —en** zbiór akt
Aktenschrank *m* **—(e)s, ⸗e** szafa do akt
Aktenstück *n* **—(e)s, —e** akt, dokument *m*
Aktentasche *f* **—, —n** *zob* **Aktenmappe**
Aktenvermerk *m* **—(e)s, —e** dopisek ⟨notatka, adnotacja⟩ w aktach
Aktenzeichen *n* **—s, —,** znak akt
Aktie [aktsĭɔ] *f* **—, —n** *ekon* akcja *f*
Aktien... *w comp* 1. akcyjny; *np.* **~gesellschaft** 2. ... akcji; *np.* **~besitzer**
Aktienbesitzer *m* **—s, —** właściciel akcji, akcjonariusz *m*
Aktiengesellschaft *f* **—, —en** towarzystwo akcyjne, spółka akcyjna
Aktienkapital *n* **—s, —e** kapitał akcyjny
Aktinium *n* **—s** *chem* aktyn *m*
Aktinometer *n* **—s, —** *fiz* aktynometr *m*
Aktion *f* **—, —en** akcja *f*, działanie *n*; **~ und Reaktion** akcja i reakcja, działanie i przeciwdziałanie; **e—e ~ von großem Maßstab** akcja na wielką skalę; **in ~ treten** wszczynać ⟨rozpoczynać⟩ akcję ⟨działanie⟩
Aktionär *m* **—s, —e** akcjonariusz *m*, właściciel akcji
Aktions... *w comp* ... działania; *np.* **~plan**
Aktionsausschuß *m* **...usses, ...üsse** *a.* **Aktionskomitee** *n* **—s, —s** komitet wykonawczy
Aktionseinheit *f* **—** jedność działania
Aktionsplan *m* **—(e)s, ⸗e** plan działania
Aktionsradius *m* **—, ...ien** [...ĭɔn] promień ⟨zasięg⟩ działania
aktiv *adj:adv* aktywn-y:-ie, czynn-y:-ie; **~es Wahlrecht** czynne prawo wyborcze; **~er Offizier** oficer służby czynnej; **sich ~ betätigen** brać czynny udział
Aktiv *a.* **Aktjv** *n* 1. **—s, —e** *a.* **—s** *polit* aktyw *m* 2. **—s, —e** *gram* strona czynna
Aktiv... *w comp* aktywny, dodatni; *np.* **~saldo**
Aktiva *a.* **Aktjven** *pl, ekon* aktywa *pl,* stan czynny
Aktivforderung *f* **—, —en** *ekon* wierzytelność *f*
aktivieren (h) *vt* z|aktywizować, uaktywni-ać|ć, pobudz-ać|ić, ożywi-ać|ć. Su *t*. aktywizacja *f*
Aktivismus *m* **—** aktywizm *m*, aktywność *f*
Aktivist *m* **—en, —en** aktywista *m*; przodownik pracy
Aktivistin *f* **—, —nen** aktywistka *f*; przodownica pracy

Aktivität *f* — aktywność, czynność *f*; **die** ~ **erhöhen** wzmóc aktywność
Aktivkohle *f* —, —n *chem* węgiel aktyw(owa)ny
Aktivsaldo *m* —s, ...den *a*. —s *a*. —di saldo aktywne ⟨dodatnie⟩
Aktualität *f* —, —en aktualność *f* aktuell *adj:adv* aktualn-y:-ie, na czasie; bieżąc-y:-o, obecn-y:-ie
Aküsprache *f* — *zob*. **Abkürzungssprache**
Akustik *f* — akustyka *f*
akustisch *adj:adv* akustyczn-y:-ie
akut *adj:adv* 1. *med* ostr-y:-o; ~e **Entzündung** ostre zapalenie 2. *przen* palący, pilny (*np. problem*)
Akut *m* —(e)s, —e *jęz* akcent akutowy
Akzelerator *m* —s, ...**oren** *tech* akcelerator *m*
Akzent *m* —(e)s, —e akcent *m*
Akzentträger *m* —s, — *jęz* samogłoska akcentowana
akzentuieren (h) *vt* za|akcentować. Su
Akzept *n* —(e)s, —e *ekon* akcept *m*
akzeptabel *adj* możliwy do przyjęcia ⟨za|akceptowania⟩
Akzeptant *m* —en, —en *ekon* akceptant *m*
akzeptieren (h) *vt* za|akceptować, uzna--waćǀć, przyj-mowaćǀać, za|aprobować (etw. coś), zg-adzaćǀodzić się (na coś)
akzessorisch *adj:adv* dodatkow-y:-o; podrzędn-y:-ie; drugorzędn-y:-ie
Akzidenz *f* —, —en 1. praca dodatkowa, zajęcie uboczne 2. dochód uboczny 3. *druk* akcydens *m*, druk akcydensowy
Akzidenz... *w comp* akcydensowy; *np*.
~**druckerei**
Akzidenzdruckerei *f* —, —en drukarnia akcydensowa
Akzise *f* —, —n *fin* akcyza *f*
Alabaster *m* —s *min* alabaster *m*
alabastern *adj:adv* alabastrowy; *przen* podobny do alabastru; jak alabaster
Alarm *m* —(e)s, —e alarm *m*; **blinder** ~ fałszywy alarm; ~**schlagen** ⟨**blasen**⟩ bić ⟨trąbić⟩ na alarm
Alarm... *w comp* 1. alarmowy, ... na alarm; *np.* ~**glocke** 2. ... alarmu; *np.*
~**beginn**
Alarmbeginn *m* —(e)s początek alarmu
alarmbereit *adj:adv* będący w pogotowiu : w pogotowiu
Alarmbereitschaft *f* — *woj* pogotowie alarmowe; **höchste** ~ ostre pogotowie
Alarmglocke *f* —, —n dzwon alarmowy
alarmieren (h) *vt* za|alarmować, wszcz--ynaćǀąć alarm
Alarmvorrichtung *f* —, —en urządzenie alarmowe
Alaska *n* —s Alaska *f*
Alaun *m* —s, —e *chem* ałun *m*
Alaun... *w comp* ałunowy; *np.* ~**beize**
Alaunbeize *f* —, —n zaprawa ałunowa
Alaungerbung *f* — garbowanie ałunowe
alaun(ig) *adj* ałunowy
Alaunstein *m* —(e)s, —e *min* ałunit *m*; pot ałun *m*
Albaner —s, — Albańczyk *m*
alban(es)isch *adj:adv* albański : po albańsku

Albanien *n* -s Albania *f*; **Sozialistische Volksrepublik** ~ **Ludowa Socjalistyczna Republika Albanii**
Albanier *m* —s, — Albańczyk *m*
Albanierin *f* —, —nen Albanka *f*
Albanisch *n* —(s) *a*. **Albanische** *n* —n (język) albański
Albatros *m* —, —se *orn* albatros *m*
Albe *f* —, —n 1. *liturg* alba *f* 2. *icht* ukleja *f*
Alberei *f* —, —en wygłupianie się, *pl* wygłupy *pl*
alberni (h) *vi*, *pot* wygłupi-aćǀć się
albern² *adj:adv* niedorzeczn-y:-ie; głu-ǀpi:-o; ~es **Geschwätz** głupia gadanina; ~es **Zeug reden** paplać bzdury; **sei nicht so** ~! nie wygłupiaj się!. Sh głupota, niedorzeczność *f*
Albinismus *m* — *biol*, *med* albinizm *m*, bielactwo *n*
Albino *m* —s, —s *biol*, *med* albinos, bielak *m*
Album *n* —s, ...**ben** album *n*
Albumen *n* —s *chem* białko *n*
Albumin *n* —s klej albuminowy
Albumine *pl*, *chem* albuminy *pl*
Alchemie *a*. **Alchimie** *f* — alchemia *f*
Alchimist *m* —en, —en alchemik *m*
alchimistisch *adj:adv* alchemiczn-y:-ie
Ale [eil] *n* —s piwo angielskie
Aleuten *pl*, *geogr* Aleuty *pl*
Alexander *m* —s Aleksander *m*
Alexandra *f* —s Aleksandra *f*
Alexandriner *m* —s, — *lit* aleksandryn *m*
Alge *f* —, —n *bot* alga *f*, glon, wodorost *m*
Algebra *f* — algebra *f*
algebraisch *adj:adv* algebraiczn-y:-ie
Algerien *n* —s Algieria *f*; **Demokratische Volksrepublik** ~ **Algierska Republika Ludowo-Demokratyczna**
Algerier *m* —s, — Algierczyk *m*
Algerierin *f* —, —nen Algierka *f*
algerisch *adj:adv* algierski : po algiersku
Alibi *n* —s, —s alibi *n*; **sein** ~ **nachweisen** wykazać swoje alibi
Alimentationspflicht *f* —, —en *praw* alimentacja *f*, obowiązek alimentacyjny
Alimente *pl* alimenta, alimenty *pl*
Alizarin *n* —s *farb* alizaryna *f*
Alizarin... *w comp* alizarynowy; *np.*
~**farbstoff**
Alizarinfarbstoff *m* —(e)s, —e barwnik alizarynowy
Alizarinrot *n* —s *farb* czerwień alizarynowa
Alkali *n* —s, ...lien [...ljən] *chem* alkalia *pl*
Alkali... *w comp* 1. alkaliczny; *np.* ~**metalle** 2. ... alkaliów; *np.* ~**gehalt**
Alkaligehalt *m* —(e)s, —e *chem* zawartość alkaliów, alkaliczność, zasadowość *f*
Alkalimetalle *pl*, *chem* metale alkaliczne, litowce *pl*
alkalisch *adj:adv*, *chem* alkaliczn-y:-ie, zasadow-y:-o
Alkalität *f* —, —en *chem* alkaliczność, zasadowość *f*
Alkohol *m* —s, —e alkohol *m*
Alkohol... *w comp* 1. alkoholowy; *np.*
~**getränk** 2. ... alkoholu; *np.* ~**einfluß**

3. ... do alkoholu; *np.* ~gefäß 4. ... alkoholem; *np.* ~vergiftung
Alkoholeinfluß *m* ...usses wpływ alkoholu
alkoholfrei *adj:adv* pozbawiony alkoholu, bezalkoholowy : bez alkoholu
Alkoholgefäß *n* —es, —e naczynie do alkoholu
Alkoholgehalt *m* —(e)s, —e zawartość alkoholu
Alkoholgetränk *n* —(e)s, —e napój alkoholowy
alkoholhaltig *adj* zawierający alkohol
Alkoholiker *m* —s, — alkoholik *m*, nałogowy pijak
alkoholisch *adj:adv* alkoholow-y:-o; ~e **Getränke** napoje alkoholowe ⟨wyskokowe⟩
Alkoholismus *m* — alkoholizm *m*
Alkoholometer *n* —s, — alkoholomierz *m*
Alkoholvergiftung *f* —, —en zatrucie alkoholem
Alkoven *m* —s, — alkowa *f*
all *num, ind, adj* 1. wszystek, cały; ~en **Ernstes** z całą powagą; **mit** ~er **Kraft** z całej siły, całą siłą; ~es **Gute!** wszystkiego dobrego!; **das ist** ~es **to wszystko;** ~e **drei** wszyscy trzej; **Mädchen für** ~es służąca ⟨dziewczyna⟩ do wszystkiego; **vor** ~er **Augen** na oczach wszystkich; **trotz** ~em mimo wszystko; **vor** ~(ed)em przede wszystkim; ~e **Welt** wszyscy; ~es **in** ~em wszystko razem (wziąwszy); **aus** ~er **Herren Länder** ze wszystkich stron, zewsząd 2. każdy, wszelki; **auf** ~e **Fälle** na wszelki wypadek; **unter** ~en **Umständen** w każdym razie, koniecznie; **ohne** ~en **Grund** bez żadnego powodu ⟨żadnej przyczyny⟩ 3. co; ~e **Jahre** co roku; ~e **drei Jahre** co trzy lata; ~e **5 Minuten** co 5 minut * **in** ~er **Frühe** wczesnym rankiem; **in** ~er **File** w wielkim pośpiechu; **pot** ~e **sein** ⟨werden⟩ s|kończyć się, wyczerp-ywać| ać się; **das Geld ist** ~e pieniądze się rozeszły; **die Vorräte werden** ~e zapasy się wyczerpują; **die Dummen werden nie** ~e głupich nigdy nie brak
All *n* —s wszechświat *m*
all... *w comp* 1. co...; *np.* ~abendlich 2. powszechnie ..., ogólnie ...; *np.* ~bekannt 3. wszech...; *np.* ~deutsch
All... *w comp* wszech...; *np.* ~gegenwart
allabendlich *adj:adv* (co)wieczorny : co wieczór
allabends *adv* co wieczór
allbekannt *adj* powszechnie ⟨ogólnie⟩ znany
allbeliebt *adj* powszechnie ⟨ogólnie⟩ lubiany
alldeutsch *adj, hist* wszechniemiecki
alledem: trotz ~ *cj* mimo wszystko
Allee *f* —, ...een aleja *f*
Allegorie *f* —, ...ien alegoria *f*
allegorisch *adj:adv* alegoryczn-y:-ie
allein 1. *adj inv* sam (jeden); **für sich** ~ sam dla siebie; **mit jmdm** ~ **sein** być z kimś sam na sam; **laß mich** ~! zostaw mnie samego!; **er ist** ⟨wohnt⟩ ~ (on) jest ⟨mieszka⟩ sam; **er wird schon** ~ **fertig** (on) da sobie radę sam 2. *adv* jedynie, tylko; **einzig und** ~ jedynie, tylko; ~ **dort kann man das sehen** jedynie ⟨tylko⟩ tam można to zobaczyć 3. *cj* ale, lecz; jednakże; **nicht** ~ ..., **sondern auch nie tylko** ... **lecz także; ich wartete,** ~ **er kam nicht** czekałem, lecz nie przyszedł
Allein... *w comp* wyłączny; *np.* ~besitz
Alleinbesitz *m* —es wyłączna własność
Alleingänger *m* —s, — odludek, samotnik *m*
Alleinherrschaft *f* — jednowładztwo, samowładztwo *n*, autokracja *f*
Alleinherrscher *m* —s, — jedynowładca, samowładca, autokrata *m*
alleinig *adj* wyłączny, jedyny. Sk wyłączność *f*
Alleinschuld *f* — wyłączna wina
Alleinsein *n* —s samotność *f*, osamotnienie *n*
alleinstehend *adj* 1. samotny, bez rodziny 2. odosobniony, wolnostojący; e. ~es **Gebäude** wolnostojący budynek; e. ~er **Fall** odosobniony wypadek
allemal *adv* zawsze; e. **für** ~ raz na zawsze
allenfalls *adv* 1. w najgorszym ⟨ostatecznym⟩ razie; co bądź; co najwyżej 2. ewentualnie, może
allenthalben *adv* wszędzie
aller... *w comp* naj...; *np.* ~best
alleräußerst *adj:adv* ostateczn-y:-ie, o-statni
allerbest; am ~en *adj:adv* najlep-szy:-iej
allerdings *adv* 1. wprawdzie, co prawda 2. niewątpliwie, owszem, w samej rzeczy, oczywiście
allererst 1. *adj* najpierwszy 2. *adv* (zu)~ najpierw(ej), przede wszystkim
Allergie *f* —, ...ien *med* alergia *f*, uczulenie *n*
Allergiker *m* —s, — alergik *m*
allergisch *adj:adv* alergiczn-y:-ie
allergrößt *adj* największy
allerhand *adj inv* 1. wszelaki, rozmaity, różnego rodzaju; ~ **Neues** rozmaite nowości 2. *t. adv*, pot dużo, sporo; **das ist ja** ~! to ci dopiero!, coś podobnego!; **er weiß** ~ on dużo wie; **das ist** ~ **Geld** to ładny grosz
Allerheiligen *n* — *a.* **Allerheiligenfest** *n* —es *rel* Wszystkich Świętych
Allerheiligste *n* —n *rel* Przenajświętszy Sakrament; hostia *f*
allerhöchst; am ~en *adj:adv* najwyż-szy:-ej
allerlei *adj:adv* wszelkiego rodzaju, rozmaity, różny
Allerlei *n* —, —s mieszanina, mieszanka *f*, rozmaitości *pl*
allerletzt 1. *adj* najostatniejszy 2. *adv* **zu** ~ na samym ostatku ⟨końcu⟩
allerliebst 1. *adj* 1. najukochańszy 2. *t. adv* zachwycając-y:-o, milutk-i:-o, rozkoszn-y:-ie; e. ~es **Kind** milutkie dziecko II. *adv* **am** ~en najchętniej
allermeist 1. *adj* większość *f* (z *gen*); **die** ~en **Menschen** większość ludzi 2. *adv*

am ~en przeważnie, najczęściej, po
większej części
allerorten a. allerorts adv wszędzie
Allerseelen n — rel Dzień Zaduszny, Zaduszki pl
all(er)seits adv 1. na ⟨we⟩ wszystkie strony 2. dla wszystkich, wszystkim
allerwärts adv wszędzie, na wszystkie strony
allerwege(n) adv wszędzie
Allerweltskerl m —(e)s, —e pot wyga m, majster do wszystkiego
Allerwerteste m —n, —n żart, pot stara pani, cztery litery
alles num ind 1. zob. all 2. pot ~ in allem ogólnie biorąc
allesamt adv wszyscy (razem)
Alleswisser m —s, — pot chodząca encyklopedia, omnibus m
all(e)zeit adv zawsze
Allgegenwart f — wszechobecność f
allgegenwärtig adj wszechobecny
allgemach adv pomału, z wolna, stopniowo
allgemein adj:adv ogóln-y:-ie, powszechn-y:-ie; ~e Versammlung ogólne zebranie; ~es Wahlrecht powszechne prawo wyborcze; ~e Volkszählung powszechny spis ludności; ~ beliebt ogólnie ⟨powszechnie⟩ lubiany; im ~en w ogóle, ogólnie biorąc; ~ gesprochen ogólnie mówiąc. Sh t. ogół m; zum Wohl der Allgemeinheit dla dobra ogółu
allgemein... w comp ogólnie ..., powszechnie ...; np. ~gültig
Allgemein... w comp 1. ogólny; np. ~befinden 2. ... ogółu; np. ~wohl
Allgemeinbefinden n —s ogólny stan (zdrowia)
Allgemeinbegriff m —(e)s, —e pojęcie ogólne
Allgemeinbildung f — wykształcenie ogólne
allgemeingültig adj ogólnie ⟨powszechnie⟩ obowiązujący
allgemeinverständlich adj:adv ogólnie zrozumiały, populam-y:-ie
Allgemeinwohl n —(e)s dobro ogółu
Allgewalt f — wszechwładza f
Allheilmittel n —s, — środek uniwersalny, panaceum n
Allianz f —, —en alians, sojusz m, przymierze n; hist die Heilige ~ Święte Przymierze
Alligator m —s, —oren zoo aligator m
alliiert part, adj alianski, sprzymierzony, sojuszniczy; die ~en Mächte sprzymierzone mocarstwa
Alliierte m —n, —n aliant, sprzymierzony, sojusznik m
Alliteration f —, —en lit aliteracja f
alljährlich adj:adv coroczn-y:-ie
Allmacht f — wszechmoc f
allmächtig adj:adv wszechmocn-y:-ie
allmählich adj:adv stopniow-y:-o; powol-ny:-ie, adv t. powoli
allmonatlich adj:adv (co)miesięczny : co miesiąc
allnächtlich adj:adv (co)nocny : co noc
Allopathie f — med alopatia f

allopathisch adj:adv, med alopatyczn-y:
-ie
Allotria pl figle, psoty pl; pot ~ treiben płatać ⟨stroić⟩ figle, broić
Allotropie f — chem alotropia, wielopostaciowość f
allseitig adj:adv wszechstronn-y:-ie. Sk allseits adv, zob. allerseits
Allstrom... w comp uniwersalny; np. ~empfänger m
Allstromempfänger m —s, — radio odbiornik uniwersalny (na prąd stały i zmienny)
Alltag m —(e)s, —e dzień powszedni ⟨roboczy⟩; przen der graue ~ codzienność, monotonia f; für den ~ na co dzień
alltäglich adj:adv 1. codzienn-y:-ie 2. przen zwyczajn-y:-ie; powszedni:-o; pospoli-ty:-cie. Sk do 1. 2.; do 2. t. przen monotonia, szarzyzna f
Alltags... w comp codzienny, zwyczajny; np. ~kleid
Alltagskleid n —(e)s, —er ubiór codzienny ⟨na co dzień⟩
Alltagsleben n —s życie codzienne
Alltagssorgen pl — troski codzienne
Alltagssprache f — język potoczny
allumfassend adj wszechobejmujący
Allüren pl maniery pl; zachowanie się
alluvial adj aluwialny
Alluvium n —s geol aluwium n
allwissend adj:adv wszechwiedząc-y:-o
Allwissenheit f — wszechwiedza f
allwöchentlich adj:adv (co)tygodniowy: co tydzień
allzu adv (za)nadto, (na)zbyt
allzu... w comp (za)nadto, zbyt; np. ~früh
allzufrüh adj:adv (za)nadto ⟨zbyt⟩ wczesny:-śnie
allzugut adj:adv (za)nadto ⟨zbyt⟩ dobry:-rze
allzusehr adv za bardzo, nazbyt
allzuviel adj:adv zbyt wiele : (za)nadto, (na)zbyt
allzuweit adj:adv 1. (za)nadto ⟨zbyt⟩ dalek-i:-o 2. (za)nadto ⟨zbyt⟩ obszern-y:-ie
Allzweck... w comp uniwersalny; np. ~schlepper
Allzweckschlepper m —s, — ciągnik uniwersalny
Alm f —, —en pastwisko górskie, hala f
Almanach m —s, —e almanach m
Almosen n —s, — jałmużna f
Aloe f —, —n bot aloes m
alogisch adj:adv alogiczn-y:-ie, nielogiczn-y:-ie, sprzeczn-y:-ie z logiką
Alois m — Alojzy m
Alp¹ m —(e)s, —e zmora f
Alp² f —, —en pastwisko alpejskie, hala alpejska
Alpaka¹ n —s met alpaka f, nowe srebro, argentan n
Alpaka² n —s, — zoo, włók alpaka, alpaga f
Alpdruck m —(e)s, ⁓e a. Alpdrücken n —s zmora f
Alpen pl Alpy pl

Alpen... 30 **Altertum**

Alpen... w comp 1. alpejski; np. ~bahn
2. ... Alp; np. ~kette
Alpenbahn f —, —en kolej alpejska
Alpengarten m —s, ≃ alpinarium n, ogród skalny
Alpenglühen n —s meteor żarzenie Alp
Alpenjäger m —s, — strzelec alpejski (t. woj)
Alpenkette f — łańcuch Alp
Alpenlandschaft f —, —en krajobraz alpejski ⟨wysokogórski⟩
Alpenrose f —, —n bot róża alpejska
Alpenveilchen n —s, — bot fiołek alpejski, cyklamen m
Alpha n —s alfa f; das ~ und Omega alfa i omega
Alphabet n —(e)s, —e alfabet m, abecadło n
alphabetisch adj:adv alfabetyczn-y:-ie, wg alfabetu
Alphorn n —(e)s, ≃er muz trombita f
alpin(isch) adj:adv alpejski : po alpejsku; wysokogórski
Alpinist m —en, —en alpinista m; turysta wysokogórski
Alpinum n —s, ...na zob. Alpengarten
Alpler m —s, — mieszkaniec Alp; góral alpejski
Alraun m —(e)s, —e a. Alraune f —, —n bot mandragora f; korzeń mandragory
als cj 1. kiedy, gdy; ~ er kam, war es schon zu spät kiedy przyszedł, było już za późno 2. jako; tytułem; ~ Redner jako mówca; ~ Entschädigung jako odszkodowanie, tytułem odszkodowania 3. (po compar i po anders) niż, od ..., aniżeli; er ist älter ~ du jest starszy niż ty ⟨od ciebie⟩; anders ~ er inaczej niż on 4. (po zaprzeczeniu) tylko, jak; kein anderer ~ du nikt inny tylko ⟨jak⟩ ty; es bleibt mir nichts anderes übrig, ~ zu gehen nie pozostaje mi nic innego, jak ⟨tylko⟩ pójść; er will nichts ~ Ruhe on pragnie tylko spokoju 5. sowohl ... ~ auch zarówno .... jak; tak ... jak; 6. ~ ob a. ~ wenn jak gdyby, jakby; es sieht so aus, ~ ob es regnen sollte wygląda, jakby miało padać 7. sobald ~ skoro ⟨jak⟩ tylko
alsbald adv zaraz, wnet, wkrótce
alsdann adv następnie, potem, później
also cj więc, zatem; ~ doch! więc jednak!; na ~, jetzt verstehst du es! a więc, teraz to rozumiesz!
alt (älter, ältest) I. adj:adv 1. star-y:-o, sędziw-y:-ie; ~ und jung starzy i młodzi; auf die ~en Tage na starość; er ist 10 Jahre ~ (on) ma 10 lat 2. star-y:-o, znoszony, zużyty (o ubraniu); ~es Eisen złom żelazny 3. star-y:-o, czerstw-y:-o, nieśwież-y:-o (o pieczywie) II. adj 1. stary, starożytny (np. Rzym); dawny (o czasach); były (np. uczeń, żołnierz) 2. stary, przestarzały (np. o metodzie) 3. stary, doświadczony (np. pilot) 4. stary, wierny, wypróbowany; przen. pot ~es Haus! stary przyjacielu! 5. stary, zakorzeniony, zatwardziały (np. grzesznik) 6. przen stary, znany; e—e ~e

Geschichte stara ⟨dawna⟩ historia
* beim ~en po staremu ⟨dawnemu⟩, bez zmian; **es geht alles seinen** ~**en Gang** wszystko idzie po dawnemu
Alt m —(e)s, —e muz alt m
alt... w comp 1. staro...; np. ~deutsch 2. od dawna; np. ~bekannt
Alt...¹ w comp 1. Stary, stary; np. ~-Berlin 2. staroźytny; np. ~-Rom 3. (język) staro...; np. ~englisch(e)
Alt...² w comp altowy; np. ~schlüssel
Altan m —s, —e ganek, taras m (górny)
Altar m —s, ≃e ołtarz m
altbacken adj:adv 1. czerstw-y:-o; nieświeź-y:-o 2. przestarzały
altbekannt adj od dawna znany
Alt-Berlin n —s geogr stary Berlin
altbewährt adj od dawna wypróbowany
altdeutsch adj:adv staroniemiecki : w staroniemieckim
Alte I. —n, —n 1. m starzec, staruszek m; pot stary m (o ojcu, mężu, szefie) 2. f staruszka f; pot stara f (o żonie) II. n —n stare, minione, dawne n III. pl —n 1. starożytni pl (Grecy i Rzymianie) 2. pot rodzice, starzy pl
alteingesessen adj od dawna osiadły, zasiedziały
Alteisen n —s żelastwo, złom żelazny ⟨żelaza⟩
altenglisch adj:adv, jęz staroangielski: w staroangielskim
Altenglisch n —(e)s a. **Altenglische** n —n (język) staroangielski
Altenteil n —(e)s, —e praw dożywocie n, dożywotnie utrzymanie, wymiar m
Alter n —s, 1. wiek m; im hohen ⟨blühenden⟩ ~ w podeszłym ⟨kwiecie⟩ wieku; wir sind gleichen ~s jesteśmy w równym wieku 2. starość f; e. hohes ~ erreichen doczekać (się) późnej starości
Alteration f —, —en 1. wzruszenie, wzburzenie n, irytacja f 2. muz alteracja f 3. med zmiana chorobowa
altern 1. (sn) vi ze|starzeć się 2. (h) vt postarz-ać|yć
alternativ adj:adv alternatywn-y:-ie
Alternative f —, —n alternatywa f; vor der ~ stehen mieć przed sobą alternatywę
Alters... w comp I. 1. ... starczy; np. ~rente ... 2. ... na starość; np. ~versorgung II. ... wieku; np. ~grenze
Altersgenosse m —n, —n rówieśnik m
altersgrau adj siwy ⟨szary⟩ ze starości
Altersgrenze f —, —n granica wieku
Altersheim n —s, —e dom starców
altersher adv; von ~ a. seit ~ od dawien dawna
Altersrente f —, —n renta starcza
Altersschwäche f — osłabienie starcze; med uwiąd starczy
Altersunterschied m —(e)s, —e różnica wieku
Altersversicherung f —, —en ubezpieczenie na starość
Altersversorgung f —, —en zaopatrzenie na starość
Altertum n —s starożytność f

Altertümer pl zabytki starożytności, antyki pl
altertümlich adj:adv **1.** starożytn-y:-ie **2.** staroświeck-i:-o, po staroświecku. Sk
Altertumsforscher m —s, — archeolog m
Altertumskunde f — a. **Altertumswissenschaft** f — archeologia f
Älteste m —n, —n najstarszy m; nestor, senior m; mein ~r mój najstarszy (syn)
Ältestenrat m —(e)s, ⁓e parl konwent seniorów
altgewohnt adj:adv tradycyjn-y:-ie
althergebracht a. **althęrkömmlich** adj starodawny
althochdeutsch adj:adv, jęz staro-wysoko-niemiecki : w staro-wysoko-niemieckim
Althochdeutsch n —(—s) a. **Althochdeutsche** n —n (język) staro-wysoko-niemiecki
altklug adj:adv nad wiek mądry: przemądrza-ły:-le. Sh przemądrzałość f
ältlich adj:adv podstarza-ły:-le, starszaw-y:-o
Altmarkt m —(e)s Stary Rynek
Altmetall n —s złom metalowy
altmodisch adj:adv staromodn-y:-ie, staroświecki:po staroświecku
altnordisch adj:adv, jęz staronordycki: w staronordyckim
Altnordisch n (—s) a. **Altnordische** n —n (język) staronordycki
Altpapier n —s makulatura f
Altphilolog(e) m ...gen, ...gen filolog klasyczny
Altphilologie f — filologia klasyczna
Alt-Rom n —s starożytny Rzym
Altschlüssel m —s, — muz klucz altowy
Altstadt f —, ⁓e stare miasto, pot starówka f
Altstimme f —, —n muz alt m
Altruismus m — altruizm m
Altruist m —en, —en altruista m
Altruistin f —, —nen altruistka f
altruistisch adj:adv altruistyczn-y:-ie
alttestamentlich adj starotestamentowy, starozakonny
Altvater m —s, ⁓ patriarcha m
altväterlich adj:adv **1.** patriarchaln-y:-ie **2.** dobrotliw-y:-ie; opiekuńcz-y:-o
Altweibersommer m —s babie lato
Aluminat n —(e)s, —e chem **1.** glinian m **2.** metaglinian m
Aluminium n —s chem **1.** glin m **2.** met aluminium n
Aluminium... w comp I. chem **1.** glinowy; np. ~amalgam **2.** ... glinu; np. ~verbindungen II. met **1.** aluminiowy; np. ~blech **2.** ... aluminium; np. ~gewinnung
Aluminiumamalgam n —s, —e chem amalgamat glinowy
Aluminiumblech n —(e)s, —e blacha aluminiowa
Aluminiumfolie f, skr **Alufolie** f — alufolia f
Aluminiumgewinnung f — otrzymywanie aluminium
Aluminiumverbindungen pl, chem związki glinu

Alumne m —n, —n rel alumn, kleryk m
am = **an dem**, zob. **an**
Amalgam n —s, —e chem amalgamat m
amalgamieren (h) vt amalgamować
amarantrot adj:adv amarantow-y:-o, na amarantowo; na kolor amarantowy; w kolorze amarantowym
Amaryllis f —, ...llen bot amarylis, amarylek m, amarylka f
Amateur [...tø:r] m —s, —e amator (t. sport), miłośnik m
Amateur ... w comp amatorski; np. ~sport
Amateurfunker m —s, — krótkofalowiec m
Amateurphotograph m —en, —en fotoamator m
Amateursport m —(e)s, —e sport amatorski
Amazonas m — geogr Amazonka f
Amazone f —, —n amazonka f
Amazonenstrom m —(e)s zob. **Amazonas**
Amber m —s, — a. —n ambra f
Ambition f —, —en ambicja f
ambitiös adj:adv ambitn-y:-ie
Ambivalenz f —, —en ambiwalencja f
Amboß m ...osses, ...osse **1.** kowadło n; zwischen Hammer und ~ między młotem a kowadłem **2.** anat kowadełko n
Ambrosia f — ambrozja f (t. przen)
ambrosianisch adj ambrozjański
ambulant adj:adv **1.** med ambulatoryjn-y:-ie; ~e Behandlung leczenie ambulatoryjne **2.** wędrown-y:-ie; ~es Gewerbe rzemiosło wędrowne
Ambulanz f —, —en **1.** med, poczt ambulans m **2.** ambulatorium n, przychodnia lekarska **3.** dawn (przenośny) punkt opatrunkowy
ambulatorisch zob. **ambulant 1.**
Ambulatorium n —s, ...ien zob. **Ambulanz 2.**
Ameise f —, —n ent mrówka f
Ameisen... w comp **1.** mrówkowy; np. ~säure **2.** mrówczy; np. ~fleiß **3.** mrówczany; np. ~spiritus **4.** ... mrówki; np. ~larve
Ameisenbär m —en, —en a. **Ameisenfresser** m —s, — zoo mrówkojad m
Ameisenfleiß m —es mrówcza pracowitość
Ameisenhaufen m —s, — mrowisko n
Ameisenlarve f —, —n larwa mrówki
Ameisenlaufen n —s med mrowienie n
Ameisensäure f — kwas mrówkowy
Ameisenspiritus m — spirytus mrówczany
Amen n —s, — amen inv * przen sein ~ geben zu etw. wyrazić swą zgodę na coś; pot sicher wie das ~ in der Kirche jak amen w pacierzu
amen inv; pot zu etw. ja und ~ sagen zgodzić się na wszystko
Amerizium n —s chem ameryk m
Amerika n —s Ameryka f
Amerikaner m —s, — Amerykanin m
Amerikanerin f —, —nen Amerykanka f
amerikanisch adj:adv amerykański : po amerykańsku
amerikanisieren (h) vt z|amerykanizować. Su
Amerikanismus m —, ...men jęz ameryka-

Amethyst 32 Amulett

kanizm *m*
Amethyst *m* —(e)s, —e *min* ametyst *m*
ametrisch *adj:adv* ametryczn-y:-ie, nierównomiern-y:-ie
Ami *m* —s, —s *pot, skr* Ami, Amerykanin *m*
Amin *n* —s, —e *chem* amina *f*
Aminosäure *f* —, —n *chem* aminokwas *m*, kwas aminokarboksylowy
Amme *f* —, —n mamka *f*; niańka *f*
Ammenmärchen *n* —s, — *przen* bajeczka *f*, wymysł *m*
Ammer *f* —, —n *orn* trznadel *m*
Ammoniak *n* —s amoniak *m*
Ammoniak... *w comp* 1. amoniakalny; *np.* ~**kältemaschine** 2. amonowy; *np.* ~**salze**
Ammoniakkältemaschine *f* —, —n chłodziarka amoniakalna
Ammoniaksalze *pl* sole amonowe
Ammoniaksoda *f* — soda amoniakalna
Ammoniakstickstoff *m* —(e)s azot amonowy
Ammonit *m* —en, —en *geol* amonit *m*
Ammonium *n* —s *chem* amon *m*
Amnesie *f* —, ...ien amnezja *f*, utrata pamięci, niepamięć *f*
Amnestie *f* —, ...ien amnestia *f*; ułaskawienie *n*
amnestieren (h) *vt* ułaskawi-ać|ć. Su
Amöben *pl* ameby, pełzaki *pl*
Amok *m* —s *a.* **Amoklaufen** *n* —s amok *m*, atak szału (morderczego)
Amor *m* —s *mit* Amor *m*; *przen* amor *m*
amoralisch *adj:adv* amoraln-y:-ie
Amoralität *f* — amoralność *f*
Amorette *f* —, —n *plast* amorek *m*
amorph *adj:adv* amorficzn-y:-ie, bezpostaciow-y:-o
Amortisation *f* —, —en *ekon* amortyzacja *f*, umorzenie *n*
amortisieren (h) *vt, vr* (sich się) *ekon* z|amortyzować, um-arzać|orzyć
Ampel *f* —, —n ampla *f*
ampelgeregeit *adj* z sygnalizacją świetlną
Ampere [...pε:r] *n* —(s), — *elektr* amper *m*
Ampere... *w comp* ampero...; *np.* ~**meter**
Amperemeter *n* —s, — amperomierz *m*
Amperestunde *f* —, —n amperogodzina *f*
Ampfer *m* —s, — *bot* szczaw *m*
Amphibie [...iə] *f* —, —n *a.* **Amphibium** *n* —s, ...ien *bot, zoo* amfibia *f*
Amphibienfahrzeug *n* —(e)s, —e *auto* amfibia *f*
Amphibienpanzer *m* —s, — czołg pływający
amphibisch) *ndj* ziemnowodny, lądowo-wodny; *woj* ~e **Streitkräfte** siły desantowe 〈amfibijne〉
Amphiole *f* —, —n ampułka, fiolka *f*
Amphitheater *n* —s, — amfiteatr *m*
amphitheatralisch *adj:adv* amfiteatraln-y:-ie
Amplitude *f* —, —n *fiz, meteor* amplituda *f* (*t. przen*)
Ampulle *f* —, —n ampułka *f*
Amputation *f* —, —en *med* amputacja *f*
amputieren (h) *vt* amputować (etw. coś) dokon-ywać|ać amputacji (czegoś)
Amsel *f* —, —n *orn* kos *m*

Amt *n* I. —(e)s, ⁺⁺er 1. urząd *m;* posada *f;* **Auswärtiges** ~ Ministerstwo Spraw Zagranicznych; **von** ~**s wegen** z urzędu; **e.** ~ **antreten** objąć posadę; **e.** ~ **bekleiden** piastować 〈sprawować〉 urząd; **jmdn seines** ~**es entheben** pozbawiać kogoś urzędu, usuwać kogoś z urzędu 2. zadanie *n*, obowiązek *m*, powinność *f;* **seines** ~**es walten** wykonywać zadanie; **tu, was deines** ~**es ist! rób, co do ciebie należy!**, czyń swoją powinność! 3. urząd *m* (*siedziba*); **ins** ~ **gehen** iść do urzędu 4. władza *f;* **von seinem** ~ **Gebrauch machen** zrobić użytek z swojej władzy 5. *telkom* poczta *f;* **das** ~ **meldet sich nicht** poczta się nie zgłasza 6. *reg* powiat *m* II. —(e)s, —e *rel* msza *f;* **das** ~ **abhalten** odprawi(a)ć mszę
amtieren (h) *vi* urzędować
amtlich *adj:adv* 1. urzędow-y:-o; ~**es Schreiben** pismo urzędowe 2. służbow-y:-o
Amtmann *m* —(e)s, ⁺⁺er *a.* **Amtleute** 1. kierownik urzędu; *reg* starosta *m;* urzędnik *m* 2. zarządca dóbr
Amts... *w comp* I. 1. urzędowy; *np.* ~**blatt** 2. ... urzędu; *np.* ~**antritt** II. służbowy; *np.* ~**befugnis**
Amtsantritt *m* —(e)s objęcie urzędu
Amtsbefugnis *f* —, —**se** uprawnienie służbowe, kompetencja *f*
Amtsblatt *n* —(e)s, ⁺⁺er dziennik urzędowy
Amtsbote *m* —n, —n woźny *m*
Amtsbruder *m* —s, ⁺⁺ konfrater *m*
Amtseid *m* —(e)s, —e przysięga służbowa
Amtsenthebung *a.* **Amtsentsetzung** *f* —, —en złożenie z urzędu
Amtsgeheimnis *n* —ses, —se tajemnica służbowa
Amtsgericht *n* —(e)s, —e sąd rejonowy (*dawn* powiatowy), sąd pierwszej instancji
amtshalber *adv* z urzędu
Amtshandlung *f* —, —en czynność urzędowa
Amtsmiene *f* —, —n mina urzędowa, urzędowy wyraz twarzy; **e—e** ~ **aufsetzen** przybrać minę urzędową
Amtsmißbrauch *m* —(e)s, ⁺⁺e nadużycie władzy
Amtsniederlegung *f* —, —en złożenie 〈ustąpienie z〉 urzędu
Amtsperson *f* —, —en osoba urzędowa
Amtspflicht *f* —, —en obowiązek służbowy
Amtsrichter *m* —s, — sędzia sądu pierwszej instancji 〈sądu rejonowego〉
Amtsschimmei *m* —s, — *pot* biurokracja *f*
Amtssiegel *n* —s, — pieczęć urzędowa
Amtsverrichtung *f* —, —en sprawowanie urzędu, czynność urzędowa
Amtsverschwiegenheit *f* — zachowanie tajemnicy służbowej
Amtsweg *m* —(e)s, —e 1. droga publiczna 2. *przen* droga służbowa
amtswidrig *adj:adv* sprzeczn-y:-ie z przepisami
Amulett *n* —(e)s, —e amulet *m*

amüsant *adj.adv* zabawn-y:-ie, wesoł-y:-o
amüsieren (h) *vt, vr* (sich się) bawić an I. *adv;* von ... an od ...; von jetzt an odtąd; von morgen an od jutra; ab und an niekiedy II. *praep* 1. *dat (na pytanie* wo? *gdzie?)* a) przy; am Fenster przy oknie b) na; an der Wand na ścianie; am Himmel na niebie c) nad; an der Elbe nad Łabą; am See nad jeziorem 2. *acc (na pytanie* wohin? *dokąd? gdzie?)* a) o; etw. an die Wand lehnen oprzeć coś o ścianę b) do; an das Fenster gehen iść do okna c) na; er hängt das Bild an die Wand (on) zawiesza obraz na ścianie d) nad; er geht an den See (on) idzie nad jezioro 3. *dat (przy określeniach czasu na pytanie* wann? *kiedy?)* am Abend wieczorem; an e—m schönen Abend pewnego pięknego wieczoru; am 22. Juli 22 lipca; am Montag w poniedziałek 4. *acc (przy określeniach miary na pytanie* wieviel? *ilu? ile?)* około; an 20 Mark około 20 marek; an die 10 Tonnen około 10 ton; an die hundert Mann około stu ludzi 5. *dat (po rzeczownikach i czasownikach)* a) na; die Erkrankungen an Grippe zachorowania na grypę b) nad; an etw. arbeiten pracować nad czymś c) obok; an jmdm vorbeigehen przechodzić obok kogoś; die Vorbeifahrt an jmdm przejazd obok kogoś d) po; jmdn an der Stimme erkennen poznawać kogoś po głosie e) przy; am Leben bleiben pozostać przy życiu f) w; an etw. teilnehmen brać udział w czymś; die Arbeit an der Schule praca w szkole g) z; an jmdm e. Beispiel nehmen brać przykład z kogoś h) *(nietłumaczone)* es mangelt an allem brak wszystkiego; der Mangel an etw. brak czegoś; 20 an der Zahl dwudziestu; es ist nicht an dem nie jest tak 6. *acc (po czasownikach i rzeczownikach)* a) do; an jmdn schreiben pisać do kogoś; der Brief an die Mutter list do matki b) pod; jmdn an die Wand stellen postawić kogoś pod mur; der Gang an die Mauer droga pod mur c) nad; an die See fahren jechać nad morze; der Spaziergang an den Fluß przechadzka nad rzekę d) na; an die Tafel schreiben pisać na tablicy e) o; an jmdn denken myśleć o kimś; der Gedanke an den Tod myśl o śmierci f) w; an Gott glauben wierzyć w Boga; der Glaube an Gott wiara w Boga * arm ⟨reich⟩ an ... ubogi ⟨bogaty⟩ w...; das Ding an sich rzecz w sobie; an und für sich sam w sobie; właściwie, w istocie rzeczy; an sich właściwie; es liegt an ihm zależy od niego; die Reihe ist an mir kolej na mnie
Anabaptist *m* —en, —en *rel* anabaptysta *m*
Anachronismus [...kro...] *m* —, ...men anachronizm *m*
Anakreontiker *m* —s, — *lit* anakreontyk *m*

analog *a.* **analogisch** *adj:adv* analogiczn-y:-ie, podobn-y:-ie
Analogie *f* —, ...gien analogia *f*, podobieństwo *n*
Analphabet *m* —en, —en analfabeta *m*
Analphabetentum *n* —s *a.* **Analphabetismus** *m* — analfabetyzm *m*
Analyse *f* —, —n analiza *f, gram t.* rozbiór *m* (zdania)
analysieren (h) *vt* z|analizować, *gram t.* roz-bierać|ebrać (zdanie)
Analytiker *m* —s, — analityk *m*
analytisch *adj:adv* analityczn-y:-ie
Analysen... *w comp* 1. analityczny; *np.* ~waage 2. ... analizy; *np.* ~fehler
Analysenfehler *m* —s, — błąd analizy
Analysenwaage *f* —, —n waga analityczna
Anämie *f* — anemia, niedokrwistość *f*
anämisch *adj:adv* 1. *med* anemiczn-y:-ie, niedokrwisty 2. *przen* wątł-y:-o, słab-y:-o
Anamnese *f* —, —n *med* anamneza *f*, wywiad lekarski
Ananas *f* —, -se ananas *m*
Ananas... *w comp* ananasowy; ~torte
Ananastorte *f* —, —n tort ananasowy
Anapher *f* —, —n *lit* anafora *f*
Anarchie *f* —, ...jen anarchia *f*
anarchisch *adj:adv* anarchiczn-y:-ie
Anarchismus *m* — anarchizm *m*
Anarchist *m* —en, —en anarchista *m*
Anästhesie *f* — *med* anestezja *f*, znieczulenie *n*, nieczułość *f*
Anatom *m* —en, —en anatom *m*
Anatomie *f* —, ...jen anatomia *f*
anatomisch *adj:adv* anatomiczn-y:-ie
anbahnen (h) *vt* 1. *t. vr* (sich się) nawiąz-ywać|ać (e. Gespräch rozmowę) 2. przygotow-ywać|ać (etw. coś); u|torować drogę (do czegoś). Su
anbändeln (h) *vi, pot* 1. nawiąz-ywać|ać stosunek miłosny 2. przyczepi-aćję się (mit jmdm do kogoś); wszcz-ynać|ąć sprzeczkę ⟨kłótnię, bójkę⟩. Su
Anbau *m* I. —(e)s uprawa *f* (von Kartoffeln kartofli) II. —(e)s, —ten 1. dobudowanie *n* 2. dobudowa, przybudówka *f*
anbauen (h) I. *vt, agr* 1. uprawi-ać|ć (Pflanzen rośliny); sadzić (Kartoffeln kartofle); za|siać (Getreide zboże); hodować (Rosen róże) 2. dobudow-ywać|ać, przybudow-ywać|ać II. **sich** ~ *vr* osiedl-ać|ić ⟨po|budować⟩ się
anbaufähig *adj, agr* nadający się pod uprawę
Anbaufläche *f* —, —n *agr* powierzchnia uprawna ⟨użytkowa⟩
Anbaumöbel *pl* meble segmentowe
Anbaumotor *m* —s, —en silnik przyczepny
Anbeginn *m*; seit ~ *a.* von ~ (an) od samego początku
anbehalten (60;h) *vt* nie zd-ejmować|jąć (das Kleid sukni) zatrzym-ywać|ać na sobie (den Hut kapelusz)
anbei *adv* w załączeniu
anbeißen (5;h) I. *vt* nadgry-zać|źć (den Apfel); *przen* das ist zum **Anbeißen** to jest apetyczne II. *vi* 1. chwy-tać|cić

3 Słownik niem.-pol.

anbelangen 34 **andernorts**

(za przynętę); *wędk* brać|wziąć (o *rybie*) 2. *przen* połknąć haczyk
anbelangen (h) *vt;* **was ... anbelangt** co się tyczy ..., co do ...
anbellen (h) *vt* szczekać **(jmdn** na kogoś)
anberaumen (h) *vt* wyznacz-ać|yć **(e—e Sitzung** posiedzenie). **Su**
anbeten (h) *vt* 1. modlić się **(jmdn** do kogoś) 2. czcić, uwielbiać, adorować, ubóstwiać. **Su** do 1. 2.; do 2. *t.* adoracja *f*
Anbeter *m* —s, — adorator, wielbiciel *m*
Anbetracht *m; in* ~ **ze** względu na **(seiner Lage** jego położenie)
anbetreffen (161; h) *vt* dotyczyć, tyczyć się (etw. czegoś); **was mich anbetrifft** co się tyczy mnie, co do mnie
anbetteln (h) *vt* 1. żebrać **(jmdn** u kogoś) 2. *przen* usilnie prosić **(jmdn** kogoś)
anbiedern, sich (h) *vr* s|poufal-ać|ić się. **Su** *t.* poufałość *f*
anbieten (10;h) *vt* 1. po|częstować **(jmdm etw.** kogoś czymś), poda-wać|ć (komuś coś) 2. za|proponować **(jmdm etw.** komuś coś) 3. *t. vr* **(sich sie)** za|ofiarować **(seine Dienste** swoje usługi). **Su** (za)ofiarowanie *n*
anbinden (11;h) I. *vt* przywiąz-ywać|ać, przytr-aczać|oczyć, uwiąz-ywać|ać **(etw. an etw.** coś do czegoś) II. *vi* 1. nawiąz-ywać|ać stosunek **(mit jmdm** z kimś) 2. za-dzierać|drzeć **(mit jmdm** z kimś), przyczepi-ać|ć się (do kogoś)
anblasen (13;h) *vt* 1. *t. przen* rozdmuch-iwać|ać, rozniec-ać|ić, wzniec-ać|ić (e. **Feuer** ogień); dmuch-ać|nąć **(jmdn** na kogoś) 2. *met* uruch-amiać|omić, zadmuch-iwać|ać **(e—n Hochofen** wielki piec) 3. *pot* ofuknąć 4. za|trąbić na rozpoczęcie **(die Jagd** polowania)
Anblick *m* —**(e)s, —e** 1. spojrzenie *n;* rzut oka 2. widok *m;* **bei seinem** ~ na jego widok
anblicken (h) *vt* spo-glądać|jrzeć, po|patrzeć, patrzyć **(jmdn** na kogoś; **sich** na siebie)
anblinzeln (h) *vt* mrug-ać|nąć **(jmdn** na kogoś; **sich** na siebie)
anbohren (h) *vt* 1. nawierc-ać|ić; e. **Faß** ~ napoczynać beczkę 2. *przen* indagować 3. *przen, pot* naciąg-ać|nąć (na pożyczkę)
anbraten (15;h) przypie-kać|c; podsmaż-ać|yć; przyrumieni-ać|ć
anbräunen (h) *vt kulin* przyrumieni-ać|ć
anbrechen (16) 1. **(h)** *vt* nadłam-ywać|ać 2. **(sn)** *vi* nad-chodzić|ejść, zbliż-ać|yć się, nasta-wać|ć; **der Morgen bricht an** świta
anbrennen (17) I. **(h)** *vt* 1. zapal-ać|ić (e—e **Lampe** lampę) 2. przypal-ać|ić (den **Braten** pieczeń) II. **(sn)** *vi* zapal-ać|ić, zająć się; przypal-ać|ić się
anbringen (18;h) *vt* 1. przyn-osić|ieść 2. umie-szczać|ścić, u|lokować **(sein Geld** pieniądze); **seine Tochter** ~ wydawać córkę za mąż 3. sprzeda-wać|ć, zby-wać|ć **(die Waren** towary) 4. przymocow-ywać|ać, przyczepi-ać|ć 5. *tech*

za-kładać|łożyć, za|instalować (e—e **Leitung** przewód) 6. opowi-adać|edzieć (e—n **Witz** kawał) 7. przyt-aczać|oczyć **(seine Gründe** powody) 8. wn-osić|ieść (e—e **Beschwerde** zażalenie; e. **Gesuch** podanie); **das kannst du bei mir nicht** ~ **ta sprawa u mnie nie przejdzie. Su**
Anbruch *m* —**(e)s,** ⸚**e** 1. nastanie *n;* początek *m;* **bei** ~ **des Tages** o świcie; **bei** ~ **der Nacht** z nastaniem nocy; **der** ~ **der neuen Zeit** nastanie nowej ery 2. nadłamanie *n* 3. napoczęcie *n* (e—**r Flasche** butelki)
anbrüllen (h) *vt* wrz-eszczeć|asnąć, ryknąć **(jmdn** na kogoś; **sich** na siebie)
anbrummen (h) *vt* mru-czeć|knąć, bur-czeć|knąć **(jmdn** na kogoś)
Andacht *f* —, —**en** 1. skupienie *n;* **mit** ~ **zuhören** słuchać w skupieniu 2. nabożeństwo *n;* ~ **halten** odprawiać nabożeństwo; **seine** ~ **verrichten** modlić się
andächtig *a.* **andacht(s)voll** *adj;adv* 1. nabożn-y:-ie; pobożn-y:-ie 2. skupiony: w skupieniu; ~ **zuhören** słuchać w skupieniu
Andaluser *m* —s Andaluzja *f*
Andalusier *m* —s, — Andaluzyjczyk *m*
Andalusierin *f* —, —**nen** Andaluzyjka *f*
andauern (h) *vi* utrzym-ywać|ać się. trwać; **das schöne Wetter dauert an** pogoda utrzymuje się
andauernd 1. *part praes, zob.* **andauern** 2. *adj* długotrwały, nieustający 3. *adj: :adv* ciąg-ły:-le, sta-ły:-le, nieustann-y:-ie
Anden *pl* — **Andy** *pl*
Andenken *n* 1. ~ **s** pamięć *f;* pamiątka *f;* **seligen** ~**s** świętej pamięci; **das** ~ **bewahren** zacho(wy)wać w pamięci; **zum** ~ **an etw.** na pamiątkę czegoś 2. —**s,** — upominek *m,* pamiątka *f*
ander *pron ind, adj* 1. drugi, następny; **der e—e und der** ~**e** jeden i drugi; **e—r nach dem** ~**(e)n** jeden po <za> drugim, w kolejności 2. inny, odmienny; **etw.** ~**es** coś innego; e. ~**er** ktoś inny; **alle** ~**(e)n** reszta; **unter** ~**(e)m** <~**(e)n**> między innymi; **in** ~**(e)n Umständen** w odmiennym stanie; **ein** ~**(e)s Mal** innym razem; **e—e Woche um die** ~**e** tydzień po tygodniu, tydzień w tydzień; **und** ~**es mehr** i tak dalej
and(e)renfalls *adv* w innym <przeciwnym> razie <wypadku>
and(e)renteils *a.* **and(e)rerseits** *adv* z drugiej strony
anderlei *adj inv* innego rodzaju
andermal *adv;* e. ~ innym razem, kiedy indziej
ändern (h) *vt, vr* **(sich** się) zmieni-ać|ć; **das ändert die Sache** to zmienia postać rzeczy; **bis dahin kann sich vieles** ~ do tego czasu może się dużo zmienić; **das Wetter ändert sich** pogoda zmienia się <ulega zmianie>. **Su** zmiana *f;* poprawka *f*
andernorts *adv* w innym miejscu, gdzie indziej

anderntags *adv* następnego dnia, nazajutrz
anders 1. *adv* inaczej; **sich ~ besinnen** rozmyślić się; **ihm wird ~ robi mu się słabo; es ist einmal nicht ~ już tak jest** 2. *pron ind* **jemand ~** ktoś inny; **wer ~ als er** któż inny, jeśli nie on **anders... w** *comp* ... inaczej; *np.* **~denkend**
andersartig *adj* odmienny, inny
andersdenkend *part, adj* myślący inaczej
anderseits *adv* z drugiej strony
andersgestaltet *part, adj* ukształtowany inaczej
andersgläubig *adj* innego wyznania
Andersgläubige —n, —n 1. *m* innowierca *m* 2. *f* innowierczyni *f*
anderswie *adv* w inny sposób, inaczej
anderswo *adv* gdzie indziej
anderswoher *adv* skądinąd
anderswohin *adv* gdzie indziej
anderthalb *num inv* półtora; **~ Meter** półtora metra
anderthalb... w *comp* półtora...; *np.* **~jährig**
anderthalbjährig *adj* półtoraroczny
anderwärtig *adj:adv* inny : skądinąd; gdzie indziej
anderwärts *adv* gdzie indziej; **von ~** skądinąd
anderweitig *adj:adv* inny, dalszy : gdzie indziej; w inny sposób
andeuten (h) *vt* 1. napom-ykać|knąć, wspom-inać|nieć 2. dać do zrozumienia 3. zaznacz-ać|yć lekko 4. zapowiadać, zwiastować; **das deutet nichts Gutes an** to nie zwiastuje nic dobrego. **Su** 1. napomykanie, napomknienie *n*; aluzja, wskazówka *f* 2. zaznaczenie *n*
andeutungsweise *adv* lekko zaznaczając, napomykając
andichten (h) *vt* 1. pisać wiersze **(jmdn do kogoś)** 2. przypis-ywać|ać **(jmdm etw.** komuś coś). **Su**
andienen (h) *vt hand* oferować
andonnern (h) *vt pot* wrzasnąć, huknąć **(jmdn na kogoś)**, z|gromić **(kogoś)**
Andorra *n* —s Andora *f*
Andrang *m* —(e)s 1. napływ *m* (*t. med*) 2. napór *m* 3. ścisk, tłok *m*
Andreas *m* — Andrzej *m*
andrehen (h) *vt* 1. zacz-ynać|ąć kręcić; pu-szczać|ścić w ruch 2. przykręc-ać|ić 3. zapal-ać|ić **(das elektrische Licht** światło elektryczne) 4. *pot* wkręc-ać|ić, wcis-kać|nąć wtryni-ać|ć **(Schund** buble)
andringen (22;sn) *vi* 1. na-cierać|trzeć, nap-ierać|rzeć **(gegen jmdn na kogoś)** 2. napły-wać|nąć (*o krwi*)
androhen (h) *vt* za|grozić **(jmdm etw.** komuś czymś). **Su** *t.* groźba *f*
andrücken (h) *vt* 1. lekko nacis-kać|nąć 2. *t. vr* **(sich się)** przycis-kać|nąć
anecken (h) *vi, pot* nara-żać|zić się. **Su**
Äneide *a.* **Äneis** *f* — Eneida *f*
aneignen, sich *dat* (h) *vr* 1. przywłaszcz-ać|yć sobie 2. przysw-ajać|oić sobie **(e—e Sprache** język) 3. przyj-mować|ąć, przej-mować|ąć **(e—e Sitte** obyczaj) 4. przypis-ywać|ać sobie **(Verdienste** zasługi). **Su**
aneinander *adv* jeden przy drugim ⟨obok drugiego⟩; ze sobą; sob¡e; **~ hängen** być przywiązanym do siebie ⟨zżytym z sobą⟩
aneinanderfügen (h) *vt* z|łączyć ze sobą **(beide Teile** obie części)
aneinandergeraten (93;sn) *vi* po|kłócić się ze sobą, sk-akać|oczyć sobie do oczu
aneinanderheften (h) *vt* 1. zszy-wać|ć, spi-nać|ąć (jedno z drugim) 2. przyfastrygować (jedno do drugiego)
aneinanderkleben (h) *vt* zlepi-ać|ć
aneinanderlegen (h) *vt* kłaść|położyć jedno przy drugim ⟨obok drugiego⟩
aneinanderleimen (h) *vt* skle-jać|ić
aneinandernähen (h) *vt* zszy-wać|ć
aneinanderprallen (sn) *vi* zderz-ać|yć się
aneinanderreihen (h) *vt* zestawi-ać|ć **(Zahlen** liczby)
aneinanderrücken 1. (sn) *vi* przysu-wać| nąć się (jeden do drugiego) 2. (h) *vt* przysu-wać|nąć do siebie **(die Stühle** krzesła)
aneinanderstoßen (157;sn) *vi* zderz-ać|yć się
Anekdote *f* —, —n anegdota *f*
anekdotenhaft *adj:adv* anegdotyczn-y:-ie
anekeln *vt* (h) budzić wstręt ⟨odrazę⟩; **etw. ekelt mich an** czuję wstręt do czegoś
Anemone *f* —, —n *bot* zawilec *m*
anempfehlen (25;h) *vt* zalec-ać|ić, doradz-ać|ić
Anerbieten *n* —s, — propozycja, oferta *f*
anerkannt 1. *part praes, zob.* **anerkennen** 2. *adj* uznany, znakomity
anerkanntermaßen *adv* jak wiadomo
anerkennen (66;h) *vt* uzna-wać|ć **(seine Verdienste** jego zasługi); **e—e Regierung** rząd); **~de Worte** słowa uznania. **Su**
anerkennenswert *adj:adv* godny uznania : w sposób godny uznania
anfachen (h) *vt* 1. wzniec-ać|ić, rozniecać|ić, rozpal-ać|ić **(e. Feuer** ogień) 2. przen o|budzić **(e—e Leidenschaft** namiętność)
anfahren (30) I. (h) *vt* 1. zw-ozić|ieźć **(Material** materiał) 2. naje-żdżać|chać **(jmdn na kogoś)**, potrąc-ać|ić **(kogoś)** 3. *przen* ofuknąć **(kogoś)** 4. brać|wziąć kurs **(Berlin na Berlin)** II. (sn) *vi* 1. *t.* **angefahren kommen** zaje-żdżać|chać, nadje--żdżać|chać; zawi-jać|nąć (*o okręcie*) 2. rusz-ać|yć (z miejsca); **der Zug fährt an** pociąg rusza 3. naje-żdżać|chać, wpa-dać|ść **(gegen etw.** na coś); potrąc-ać|ić **(jmdn kogoś)** 4. doje-żdżać|chać **(zur Arbeit** (do pracy)
Anfahrt *f* —, —en dojazd *m*; przyjazd *m*; wjazd *m*; podjazd *m*
Anfall *m* —(e)s, ⸚e 1. napaść *f*, atak *m*, napad *m* 2. *przen* atak, napad *m* **(von Fieber** gorączki; **von Wut** wściekłości); paroksyzm *m*; **in e—m ~ von Wahnsinn** w przystępie obłędu 3. *praw* przypadnięcie *n* (spadku); spadek *m* 4. *ekon*

anfallen 36 anfreunden, sich

ilość otrzymana ⟨uzyskana⟩; wysyp *m* (owoców); urodzaj *m* (zboża *itp.*)
anfallen (31) I. (h) *vt* napa-dać|ść (jmdn na kogoś); napastować (kogoś); **II.** (sn) *vi* **1.** *praw* przypa-dać|ść (w spadku) **2.** *vimp* otrzym-ywać|ać, uzysk-iwać|ać; in diesem Jahr ist viel Obst angefallen w tym roku uzyskano ⟨zebrano⟩ dużo owoców **3.** nazbierać się *(np. o zaległościach)*
anfällig *adj* **1.** podatny (gegen etw. na coś), skłonny (do czegoś) **2.** wrażliwy, chorowity. Sk
Anfang *m* —(e)s, ⁑e początek *m*, rozpoczęcie *n*; am ⟨im, zu⟩ ~ na ⟨z⟩ początku; von ~ an od samego początku; ~ der Woche z początkiem ⟨na początku⟩ tygodnia; **der** ~ **vom Ende** początek końca; **gleich am** ~ **na samym początku; mit etw. den** ~ **machen** zaczynać od czegoś; **seinen** ~ **nehmen** zaczynać ⟨rozpoczynać⟩ się; **noch in den Anfängen stecken** tkwić w początkach; *przysł* **aller** ~ **ist schwer** każdy początek jest trudny
anfangen (32;h) I. *vt* zacz-ynać|ąć, rozpocz-ynać|ąć (etw. coś; mit etw. od czegoś), wszcz-ynać|ąć coś); **klein** ~ zaczynać od małego **II.** *vi* **1.** zacz-ynać ąć ⟨rozpocz-ynać|ąć⟩ się **2.** pocz-ynać| ać, z|robić; was soll ich damit ~? co mam z tym począć?
Anfänger *m* —s, — początkujący, nowicjusz *m*
Anfängerin *f* —, —nen początkująca, nowicjuszka *f*
Anfängerlehrgang *m* —s, ⁑e kurs dla początkujących
anfänglich *adj:adv* początkow-y:-o, z początku, zrazu
anfangs *adv* z ⟨na⟩ początku, początkowo, zrazu
Anfangs... *w comp* **1.** początkowy; *np.* ~**geschwindigkeit 2.** ... rozpoczęcia; *np.* ~**zeit**
Anfangsbuchstabe *m* —n, —n litera początkowa, inicjał *m*
Anfangsgeschwindigkeit *f* —, —en prędkość początkowa
Anfangsgründe *pl* podstawy, początki *pl* (des Rechnens rachunków)
Anfangspunkt *m* —(e)s, —e punkt początkowy; początek *m*; punkt zerowy
Anfangstemperatur *f* —, —en temperatura początkowa
Anfangsunterricht *m* —(e)s nauka elementarna ⟨początkowa⟩
Anfangszeit *f* —, —en godzina rozpoczęcia
Anfangszustand *m* —(e)s, ⁑e stan początkowy
anfassen (h) I. *vt* **1.** *t. vr* **(sich się)** chwy-tać|cić, uchwycić, dot-ykać|knąć **2.** *przen* brać, zab-ierać|rać się (jmdn do kogoś); etw. **geschickt (verkehrt)** ~ zabierać się do czegoś zręcznie ⟨na opak⟩ **II.** *vr* **sich hart ⟨weich⟩** ~ być w dotyku twardym ⟨miękkim⟩
anfaulen (sn) *vi* nadgnić
anfechtbar *adj* dający się zaczepić ⟨zakwestionować⟩; sporny

anfechten (33;h) *vt* **1.** za|kwestionować, zaczepi-ać|ć **2.** *praw* zaskarż-ać|yć (e. Urteil wyrok) **3.** trapić, obchodzić; sich etw. nicht ~ lassen nie przejmować się czymś; das ficht mich nicht an to mnie nic nie obchodzi, tym się nie przejmuję; was ficht dich an? co ci się stało? Su **1.** za|kwestionowanie, zaczepienie *n* **2.** zaskarżenie *n* **3.** pokusa *f*
anfeinden (h) *vt* **1.** zwalczać, napastować, prześladować **(jmdn kogoś) 2.** być wrogo usposobionym ⟨ustosunkowanym⟩ **(jmdn do kogoś). Su do 1.**
anfertigen (h) *vt* sporządz-ać|ić **(e—e Liste** listę**);** wykon-ywać|ać; *kraw* u|szyć **(e—n Anzug** ubranie**). Su**
Anfeucht... w comp 1. nawilżający, zwilżający; *np.* ~**apparat 2.** ... do nawilżania; *np.* ~**trommel**
Anfeuchtapparat *m* —(e)s, —e aparat nawilżający, nawilżacz *m*
anfeuchten (h) *vt* zwilż-ać|yć, nawilż-ać| yć. **Su**
Anfeuchttrommel *f* —, —n bęben do nawilżania
anfeuern (h) *vt* **1.** zapal-ać|ić, napal-ać| ić (den **Ofen** w piecu) **2.** *przen* zagrz-ewać|ać *(np.* słowami, przykładem). **Su do 1. 2.; do 2.** *t.* podnieta *f*
anflehen (h) *vt* błagać **(jmdn um etw.** kogoś o coś**). Su**
anflicken (h) *vt* **1.** przyłatać **(etw. an etw. coś do czegoś) 2.** *przen* doczepi-ać|ć; **przen, pot jmdm etw.** ~ przypi-nać|ąć komuś łatkę
anfliegen (36) I. (h) *vt* **1.** *lot* brać|wziąć kurs **(Berlin na Berlin);** *lot, woj* lecieć **(Berlin na Berlin) 2.** zbliż-ać|yć się lecąc (e. **Flugzeug** do samolotu); pod--chodzi⟨c⟩ejść do lądowania **II.** (sn) *vi* **angeflogen kommen** nadl-atywać|ecieć **2.** przychodzić łatwo (*o nauce*) **3.** *vimp* wpa-dać|ść na myśl
Anflug *m* —(e)s, ⁑e **1.** *lot* lądowanie *n* (von **Berlin** w Berlinie), podejście do lądowania **2.** przylot *m* **3.** naleciałość *f*; nalot *m (t. leśn)* **4.** *przen* ślad, odcień *m* (von **Bart** zarostu) **5.** *przen* przystęp *m*; **in e—m** ~ **von Güte** w przystępie dobroci
anfordern (h) *vt* **1.** za|żądać, domagać się **(etw. czegoś) 2.** zam-awiać|ówić **(Ware** towar**). Su do 1.—2.; do 1.** *t.* wymaganie *n*; wymóg *m*; **hohe Anforderungen stellen** stawiać wysokie wymagania, **den Anforderungen ⟨unsprechen** odpowiadać wymogom ⟨koniecznym warunkom⟩
Anfrage *f* —, —n **1.** zapytanie *n* **2.** *parl* interpelacja *f*; **e—e** ~ **einbringen** wnosić interpelację, interpelować
anfragen (h) *vi* **1.** zapyt-ywać|ać **(bei jmdm** kogoś**) 2.** *parl* za|interpelować
anfressen (39;h) 1. *vt* nadgry-zać|źć; nad-żerać|eżreć) pociąć, pogryźć (*o molach*) **2.** *vr, pot* **sich e—n Bauch** ~ ob-żerać|eżreć się. **Su do 1.** *t.* wżer *m*; korozja *f*
anfreunden, sich (h) *vr* zaprzyjaźnić się **(mit jmdm z kimś)**

anfrieren (40;sn) *vi* przymarz-ać|nąć (an etw. do czegoś)
anfügen (h) *vt* dołącz-ać|yć, załącz-ać|yć, przyczepi-ać|ć. Su
anfühlen (h) **1.** *vt* po|macać (etw. coś), dot-ykać|knąć się (czegoś) **2.** *vr sich hart* ⟨weich⟩ ~ być twardym ⟨miękkim⟩ w dotyku
Anfuhr *f* —, —en zwózka *f;* dowóz, przywóz *m*
anführen (h) *vt* **1.** dowodzić (e—e **Abteilung** oddziałem); prowadzić (den **Tanz** taniec) **2.** przyt-aczać|oczyć, wymieni-ać|ć (**Beispiele** przykłady), za|cytować **3.** *druk* zam-ykać|knąć w cudzysłowie **4.** *przen* nab-ierać|rać oszukiwać|ać, wyw-odzić|ieść w pole (**jmdn** kogoś). Su **1.** przewodnictwo *n* **2.** przytoczenie, cytowanie *n;* **unter Anführung von etw.** cytując coś, powołując się na coś
Anführer *m* —s, — **1.** dowódca, przywódca *m;* przewodnik *m* **2.** herszt *m*; prowodyr *m*
Anführungsstriche *pl a.* **Anführungszeichen** *n* —s, — cudzysłów *m*
anfüllen (h) *vt, vr* (sich sobie) napełni-ać|ć. Su
Angabe *f* **I.** —, —n **1.** podawanie, podanie *n* (**von näheren Einzelheiten über etw.** bliższych szczegółów czegoś) **2.** informacja *f;* *pl* dane, szczegóły *pl;* **nähere** ~n **fehlen** brak bliższych danych ⟨szczegółów⟩; **statistische** ~n dane statystyczne **3.** wskazówka, instrukcja *f;* **nach seinen** ~n **bauen** budować według jego wskazówek **4.** podanie *n*, deklaracja *f* (**des Werts** wartości) **5.** zeznanie *n* (**des Zeugen** świadka) **6.** donos *m*, doniesienie *n*, denuncjacja *f* **7.** *sport* serw *m*, zagrywka *f* **II.** — *pot* chełpliwość, przechwałka *f*, udawanie *n*
angaffen (h) *vt* za|gapić się (**jmdn** na kogoś)
angängig *adj* możliwy; dozwolony, dopuszczalny
angeben (43;h) **I.** *vt* **1.** poda-wać|ć, wymieni-ać|ć (**den Preis** cenę) **2.** poda--wać|ć, za|deklarować (**den Wert** wartość); **zollpflichtige Waren** towary do oclenia) **3.** oświadcz-ać|yć, s|twierdzić **4.** poda-wać|ć, wskaz-ywać|ać (**die Quellen** źródła) **5.** don-osić|ieść (**etw.** o czymś), za|denuncjować (**jmdn** kogoś) **6.** *muz* poda-wać|ć (**den Ton** ton); wybijać (**den Takt** takt) **7.** *przen* nada-wać|ć (**den Ton** ton) **II.** *vi* udawać, przechwalać się; chełpić się (**mit etw.** czymś)
Angeber *m* —s, — **1.** donosiciel, denuncjant *m* **2.** zarozumialec *m*
angeberisch *adj* **1.** donosicielski **2.** *t. adv* pyszałkowat-y:-o, zarozumia-ły:-le
Angebetete —n, —n **1.** *m* ukochany, ubóstwiany *m* **2.** *f* ukochana, ubóstwiana *f*
Angebinde *n* —s, — upominek *m*
angeblich 1. *adj* domniemany, rzekomy **2.** *adv* rzekomo, podobno, ponoć, niby
angeboren *part, adj* wrodzony

Angebot *n* —(e)s, —e **1.** oferta *f;* propozycja *f;* **jmdm e.** ~ **machen** proponować coś komuś; składać ofertę komuś **2.** podaż *f;* ~ **und Nachfrage** podaż i popyt
angebracht I. *part perf, zob.* **anbringen II.** *adj* **1.** odpowiedni, stosowny, na miejscu; **es ist nicht** ~ jest nie na miejscu; **2.** pożądany, wymagany; **es wäre** ~ byłoby pożądane
angebunden 1. *part perf, zob.* **anbinden 2.** *adj:adv*, *przen* **kurz** ~ szorstk-i:-o; **kurz** ~ **sein** być szorstkim
angedeihen (44;h); ~ **lassen** użycz-ać|yć (**jmdn etw.** komuś czegoś), da-wać|ć (**komuś coś**); **die ihm angediehene Hilfe** użyczona mu pomoc
angefault 1. *part perf, zob.* **anfaulen 2.** *adj* nadgniły
angeflogen 1. *part perf, zob.* **anfliegen 2.** *adj* naleciały
angegossen *part adj;* **wie** ~ **sitzen** leżeć jak(by) ulał (*o ubraniu, sukni itp.*)
angegriffen 1. *part perf, zob.* **angreifen 2.** *adj:adv* słab-y:-o; ~ **sein** być osłabionym; ~**e Lunge** chore ⟨zajęte⟩ płuca; **sich** ~ **fühlen** czuć się osłabionym; ~ **aussehen** mizernie wyglądać. Sh zmęczenie, osłabienie *n*
angehaucht *part, adj* lekko zabarwiony
angeheiratet *part, adj* spowinowacony
angeheitert *part, adj:adv* podochocony, podchmielony : w stanie nietrzeźwym
angehen (45) **I.** (h) *vt* **1.** prosić (**jmdn um etw.** kogoś o coś), zwr-acać|ócić się (do kogoś o coś) **2.** obchodzić; dotyczyć, tyczyć się; **e. alle** ~**des Problem** problem dotyczący wszystkich; **was geht das dich an?** co to ciebie obchodzi? **II.** (sn) *vi* **1.** rozpocz-ynać|ąć ⟨zacz-ynać|ąć⟩ się; **jetzt geht der Tanz an** zaczyna się taniec; **der Urlaub geht von Montag** an urlop liczy ⟨rozpoczyna⟩ się od poniedziałku **2.** kiełkować, wschodzić|wzejść, przyj-mować|ąć się (*o roślinach*) **3.** uchodzić|ujść; **etw.** ~ **lassen** nie kwestionować czegoś; **das geht an** to uchodzi **4.** zapal-ać|ić ⟨zająć⟩ się (*np. o ogniu*) **5.** za| atakować, zwalczać (**gegen jmdn** *a.* **etw.** kogoś a. coś) **6.** *pot* trącić (*o mięsie*) **7.** da-wać|ć wciągnąć się (*o obuwiu*) **8.** rusz-ać|yć (*o maszynie*); **die Maschine** ~ **lassen** puścić maszynę w ruch
angehend I. *part praes, zob.* **angehen II.** *adj* **1.** początkujący; **e.** ~**er Künstler** początkujący artysta **2.** przyszły; **e.** ~**er Arzt** przyszły lekarz **3.** zbliżający się; **er ist e.** ~**er Fünfziger** idzie mu na pięćdziesiątkę
angehören (h) *vi* należeć (**jmdm do kogoś**)
angehörig *adj* przynależny, należący (**jmdm do kogoś**). **Sh** przynależność *f* (**jmdm do kogoś**)
Angehörige —n, —n **I.** *m* **1.** krewny, swój *m* **2.** obywatel *m* (**e—s Staates** państwa) **II.** *f* **1.** krewna, swoja *f* **2.** obywatelka *f*
Angeklagte —n, —n **1.** *m* oskarżony *m* **2.** *f* oskarżona *f*

Angel 38 **Angler**

Angel f —, —n 1. wędka f; wędk haczyk m 2. zawiasa f 3. oś zawiasy; zwischen Tür und ~ chybcikiem, na odchodnym; przez aus den Angeln heben poruszyć z posad
Angel... w comp 1. wędkarski; np. ~-sport 2. ... wędki; np. ~länge 3. ... u wędki; np. ~leine 4. ... na łowienie ryb; np. ~platz
angelegen I. part perf, zob. **anliegen** II. adj sąsiedni, przyległy; sich dat etw. ~ sein lassen dbać o coś, pilnować czegoś. Sh sprawa f, interes m; e—e **Angelegenheit** zu erledigen haben mieć do załatwienia sprawę
angelegentlich adj:adv usiln-y:-ie; ~ ⟨aufs ~ste⟩ empfehlen jak najusilniej ⟨gorąco⟩ polecać; sich ~ bemühen usilnie starać się
Angelhaken m —s, — wędk haczyk m
Angelika f 1. —s Angelika f 2. f — bot dzięgiel m
Angellänge f —, —n długość wędki
Angelleine f —, —n linka ⟨sznur⟩ u wędki
angeln (h) 1. vt z|łowić na wędkę 2. vr przen sich dat jmdn ~ z|łowić ⟨chwycić⟩ kogoś; zab-ierać|rać się do kogoś 3. vi, przen polować (nach etw. na coś)
angeloben (h) 1. vt przyrze-kać|c solennie; ślubować 2. vr sich Gott ~ poświęc-ać|ić się Bogu
Angelplatz m —es, ⁼e miejsce na łowienie ryb
Angelpunkt m —(e)s, —e przen główny ⟨zasadniczy⟩ punkt, punkt ciężkości
Angelrute f —, —n wędk wędzisko n
Angelsachse m —n, —n Anglosas m
angelsächsisch adj:adv anglosaski : w anglosaskim
Angelschnur f —, ⁼e zob. **Angelleine**
Angelsport m —(e)s sport wędkarski, wędkarstwo n
Angelus m — rel Anioł Pański
angelweit adv na oścież
angemessen 1. part perf, zob. **anmessen** 2. adj:adv odpowiadający, stosown-y: ie, odpowiedni:-o; e—e ~e **Belohnung** odpowiednia zapłata; ~e **Preise** ceny umiarkowane; den **Verdiensten** ~ stosownie do zasług; es für ~ halten uważać za stosowne. Sh stosowność f
angenehm adj:adv przyjemn-y:-ie, miły:-le; sehr ~! bardzo mi przyjemnie!; ~ sein być miłym ⟨mile widzianym⟩
angenommen 1. part perf, zob. **annehmen**; ~, daß ... przypuśćmy, że ... 2. adj przyjęty; przybrany; e—e ~e **Tochter** przybrana córka; e. ~er **Name** przybrane nazwisko
Anger m —s, — reg 1. łąka f, błonie n; wygon m 2. plac (trawnik) we wsi; majdan m
Angerdorf n —(e)s, ⁼er (wieś) owalnica f
angeregt I. part perf, zob. **anregen** II. adj:adv 1. ożywiony : z ożywieniem; e. ~es **Gespräch** ożywiona ⟨interesująca⟩ rozmowa; sich mit jmdn ~ unterhalten prowadzić z kimś ożywioną rozmowę 2. pobudzony, wzbudzony,

zachęcony; durch jmdn ~ pobudzony przez kogoś. Sh ożywienie n
angerissen I. part perf, zob. **anreißen** II. adj 1. naddarty 2. napoczęty; e. ~es **Päckchen** napoczęta paczka
angesäuselt part, adj:adv, pot podchmielony : w stanie nietrzeźwym; pod gazem
Angeschuldigte —n, —n 1. m obwiniony m 2. f obwiniona f
angeseh(e)n 1. part perf, zob. **ansehen**; schlecht ~ sein być źle widzianym 2. adj znakomity, poważany, ceniony; ~ sein mieć poważanie
Angesicht n —(e)s, —e(r) twarz f, oblicze n; von ~ zu ~ twarzą w twarz; im ~ der **Gefahr** w obliczu ⟨wobec⟩ niebezpieczeństwa; im ~ des **Zieles** tuż przed celem, blisko celu
angesichts praep gen 1. wobec; ~ dieser **Gemeinheit** wobec tej podłości 2. w obliczu; ~ des **Todes** w obliczu śmierci
angespannt I. part perf, zob. **anspannen** II. adj:adv 1. intensywn-y:-ie; natężony: z natężeniem 2. krytyczn-y:-ie; napięty: z napięciem
Angestellte —n, —n 1. m pracownik, urzędnik m 2. f pracownica, urzędniczka f
Angestelltenverhältnis n —ses, —se stosunek służbowy pracowników
angestiefelt part, adv; ~ kommen przycziapać, przywlec się
angestoßen 1. part perf, zob. **anstoßen** 2. adj nadbity, nadtłuczony
angestrengt 1. part perf, zob. **anstrengen** 2. intensywn-y:-ie; ~ nachdenken intensywnie myśleć. Sh intensywność f, wysiłek m
angetan 1. part perf, zob. antun 2. ~ sein mit ... być odzianym ⟨ubranym⟩ w ...; danach ~ sein być tego rodzaju; von jmdm ~ sein być zachwyconym kimś; es jmdn ~ haben oczarować kogoś
angetrunken I. part perf, zob. **antrinken** II. adj 1. podpity, podchmielony : w stanie nietrzeźwym 2. napoczęty; e—e ~e **Flasche** napoczęta butelka
angewandt 1. part perf, zob. **anwenden** 2. adj stosowany, używany; praktykowany; ~e **Chemie** chemia stosowana
angewiesen 1. part perf, zob. **anweisen** 2. adj ~ sein być skazanym (auf jmdn a. etw. na kogoś a. coś); nur auf jmdn a. etw ~ sein móc liczyć tylko na kogoś a. coś
angewöhnen (h) 1. vt przyzwycza-jać|ić (jmdn etw. kogoś do czegoś) 2. sich dat ~ vr przyzwycza-jać|ić się, przywyk-ać|nąć (etw. do czegoś). Su
Angewohnheit f —, —en przyzwyczajenie n, zwyczaj, nawyk m
Angina f — med angina f
angleichen (53;h) vt 1. t. vr (sich się) upod-abniać|obnić, asymilować 2. przyrówn-ywać|ać, zrówn-ywać|ać; seine **Schritte** ~ równać krok. Su
Angler m —s, — 1. wędkarz m 2. icht żabnica f, nawęd f

angliedern (h) *vt* przyłącz-ać|yć. **Su Anglikaner** *m* —s, — *rel* anglikanin *m* **anglikanisch** *adj, rel* anglikański **Anglist** *m* —en, —en *jęz* anglista *m* **Anglistik** *f* — *jęz* anglistyka *f* **anglo-** *w comp* anglo-; *np.* ~**-amerikanisch**
Anglo... *w comp* anglo...; *np.* ~**manie**
Angloamerikaner *m* —s, — Amerykanin angielskiego pochodzenia
Anglo-Amerikaner *pl* Angloamerykanie *pl (Anglicy i Amerykanie)*
anglo-amerikanisch *adj:adv* anglo-amerykański: po anglo-amerykańsku
Anglomanie *f* — anglomania *f*
anglotzen (h) *vt* wytrzeszcz-ać|yć oczy (jmdn na kogoś)
Angora... *w comp* angorski; *np.* ~**katze**
Angorakaninchen *n* —s, — królik angorski, angora *f*
Angorakatze *f* —, —n kot angorski, angora *f*
Angorawolle *f* —, —n wełna angorska, angora *f;* moher *m*
Angoraziege *f* —, —n koza angorska
angrauen (sn) *vi* po|siwieć
angreifbar *adj* 1. mogący być zaatakowany 2. podatny na niszczące działanie 3. *przen* niepewny, dający się zaczepić ⟨zakwestionować⟩
angreifen (58;h) *vt* 1. chwy-tać|cić, u-chwycić, brać|wziąć w rękę, uj-mować|ąć; **jmdn bei seiner schwachen Seite** ~ uderzać w czyjąś słabą stronę 2. brać|wziąć ⟨zab-ierać|rać⟩ się, przyst-ępować|ąpić **(etw.** do czegoś); **etw. geschickt** ~ zabrać się zręcznie do czegoś 3. narusz-ać|yć, napocz-ynać|ąć **(die Ersparnisse** oszczędności) 4. z|męczyć; **das greift mich sehr an** to mnie bardzo męczy 5. szkodzić **(die Gesundheit** zdrowiu); nadweręż-ać|yć, niszczyć, osłabi-ać|ć **(die Augen** oczy); szarpać **(die Nerven** nerwy) 6. na-cierać|trzeć, uderz-ać|yć, napa-dać|ść (jmdn na kogoś); za|atakować, zaczepi-ać|ć (kogoś); targnąć się **(jmds Ehre** na czyjąś cześć) 7. zżerać|zeżreć, korodować; nadgry-zać|źć
angreifend I. *part praes*, *zob.* **angreifen II.** *adj* 1. męczący 2. zaczepny, agresywny, napastliwy
Angreifer *m* —s, — napastnik, atakujący, agresor *m*
angrenzen (h) *vi* graniczyć **(an etw. z** czymś), przytykać, przylegać (do czegoś)
angrenzend 1. *part praes*, *zob.* **angrenzen** 2. *adj* przyległy; ościenny
Angriff *m* —(e)s, —e 1. atak, napad *m*, natarcie *n;* napaść *f;* **den** ~ **eröffnen** za|atakować; **zum** ~ **übergehen** przejść do ataku; **den** ~ **abschlagen** odeprzeć atak 2. *przen* targnięcie się **(auf die Ehre** na cześć); zamach *m* **(auf das Leben** na życie); *przen* **etw. in** ~ **nehmen** zabierać się ⟨przystępować⟩ do czegoś
Angriffs... *w comp* 1. zaczepny; *np.* ~**krieg** 2. ... natarcia ⟨ataku⟩; *np.* ~**linie**

Angriffshandlungen *pl woj* działania zaczepne
Angriffskrieg *m* —es, —e wojna zaczepna
Angriffslinie *f* —, —n *woj* linia natarcia ⟨ataku⟩
angriffslustig *adj:adv* zaczepn-y:-ie, a-gresywn-y:-ie
Angriffsspieler *m* —s, — *sport* napastnik *m*
angriffsweise *adv* zaczepnie
angrinsen (h) *vt* szczerzyć ⟨wyszczerzać⟩ zęby (jmdn do kogoś)
angst *adj;* ~ **und bange sein** bać się; **mir wird** ~ **und bange** przejmuje mnie strach; **jmdn** ~ **und bange machen** nastraszyć kogoś
Angst *f* —, ⁻e strach *m*, trwoga *f*, lęk *m;* obawa *f,* niepokój *m; vor* ~ ze strachu; ~ **haben** bać się; **jmdn** ~ **einjagen** napędzić komuś strachu; **um jmdn** ~ **haben** obawiać ⟨niepokoić⟩ się o kogoś
angst... *w comp* 1. ... ze strachu; *np.* ~**zittern** 2. ... trwogi ⟨strachu⟩; *np.* ~**voll** 3. ...strachem ⟨trwogą⟩; *np.* ~**erfüllt**
Angst... *w comp* ... strachu ⟨trwogi⟩; *np.* ~**gefühl**
angsterfüllt *adj:adv* podszyty strachem, przestraszony
Angstgefühl *n* —(e)s, —e uczucie strachu ⟨trwogi⟩
Angsthase *m* —n, —n *przen, pot* tchórz, strachajło *m*, zajęcze serce
ängst(ig)en (h) 1. *vt* niepokoić, trapić (jmdn kogoś) 2. **sich** ~ *vr* bać ⟨obawiać, nie||pokoić, trapić⟩ się **(um jmdn** o kogoś)
ängstlich *adj:adv* 1. trwożliw-y:-ie, bojaźliw-y:-ie, lękliw-y:-ie; *mir* **ist** ~ **zumute** boję się 2. skrupulatn-y:-ie; piln-y:-ie; ~ **auf etw. achten** skrupulatnie na coś uważać ⟨czegoś przestrzegać⟩. **Sk** 1. lękliwość, trwożliwość, bojaźń *f* 2. (bojaźliwa) skrupulatność *f*
Angstmeier *m* —s, — *pot* tchórz, strachajło *m*
Angstpsychose *f* — psychoza strachu
Angströmeinheit *f* —, —en angstrem, angstrom *m*
angstschlotternd *adj:adv* drżący ze strachu : drżąc ze strachu
Angstschrei *m* —(e)s, —e okrzyk trwogi
Angstschweiß *m* —es zimny pot
angstvoll *adj:adv* pełen trwogi ⟨strachu⟩
angstzitternd *zob.* **angstschlotternd**
angucken (h) *vt, pot* 1. spo-glądać|jrzeć, po|patrzeć, patrzeć (jmdn *a.* etw. na kogoś *a.* coś; sich na siebie) 2. *t. vr* (sich *dat* się) przypat-rywać|rzyć się (jmdn *a.* etw. komuś *a.* czemuś); oglądać|obejrzeć ((sich) jmdn *a.* etw. (sobie) kogoś *a.* coś)
anhaben 1. (h;59) *vt* mieć na sobie (etw. coś), być ubranym ⟨odzianym⟩ (w coś) 2. *(tylko w bezokoliczniku) przen* za| szkodzić; **jmdm nichts** ~ **können** nie móc za|szkodzić komuś ⟨zabrać się do kogoś⟩

anhaften (h) *vi* przylegać, przywierać, trzymać się; **ihm haftet etw.** an przylgnęło do niego coś, trzyma się (go) coś
anhaken (h) I. *vt* wieszać|powiesić na haku 2. *vt, vr* (sich się) zaczepi-ać|ć, zahacz-ać|yć (etw. an etw. coś o coś) 3. oznacz-ać|yć haczykiem (e—n Namen nazwisko)
Anhalt *m* —(e)s *zob.* ~spunkt
anhalten (60;h) I. *vt* 1. zatrzym-ywać|ać (die Uhr zegar) wstrzym-ywać|ać (den Atem oddech) 2. zatrzymać, przytrzymać, aresztować (jmdn kogoś) 3. nag--aniać|onić; zmu-szać|sić, przyzwycza--jać|ić, napędz-ać|ić, skł-aniać|onić (jmdn zu etw. kogoś do czegoś) 4. przy-kładać|łożyć (etw. an etw. coś do czegoś) II. *vi* 1. zatrzym-ywać|ać się, sta-wać|nąć 2. po|trwać; **das hält nicht lange an** to długo nie potrwa 3. utrzym-ywać|ać się (*o pogodzie*); **das schöne Wetter hält an** pogoda utrzymuje się 4. prosić (bei jmdm um etw. kogoś o coś); ubiegać ⟨starać⟩ się; **um e. Mädchen** ~ prosić o rękę panny III. **sich** ~ *vr* trzymać ⟨chwycić⟩ się (am Geländer poręczy)
anhaltend I. *part praes, zob.* anhalten II. *adj* 1. ciągły, trwały, ustawiczny 2. długotrwały; przewlekły; ~er **Beifall** niemilknące oklaski; ~es **Fieber** przewlekła gorączka
Anhalter *m pot;* **per** ~ **reisen** ⟨**fahren**⟩ podróżować ⟨jechać⟩ autostopem
Anhaltspunkt *m* —(e)s, —e punkt oparcia ⟨zaczepienia⟩; punkt orientacyjny, wskazówka *f*
anhand *a.* **an Hand** *praep gen* na podstawie
Anhang *m* 1. —(e)s, ∸e dodatek, aneks *m* (e—s **Buches** książki) 2. —(e)s rodzina *f*; **ohne** ~ **bez rodziny** 3. —(e)s zwolennicy, poplecznicy *pl*; koteria *f*
Anhängeadresse *f* —, —n zawieszka z adresem
anhängen (h) *vt* 1. wieszać, zawie-szać| sić (etw. an etw. coś na czymś) 2. *t. vr* (sich się) przyczepi-ać|ć, doczepi--ać|ć, dołącz-ać|yć (etw. an etw. coś do czegoś) 3. pom-awiać|ówić (jmdm etw. kogoś o coś); *przen* jmdm etw. ~ przypinać ⟨przyszywać⟩ komuś łatkę
Anhänger *m* —s, — 1. zwolennik, poplecznik, stronnik *m* 2. przyczep(k)a *f*; e. **Lastwagen mit** ~ ciężarówka z przyczepą 3. zawieszka *f* 4. wisiorek *m*
Anhängerschaft *f* — zwolennicy, poplecznicy *pl*
Anhängeschloß *n* ...osses, ...össer kłódka *f*
anhängig 1. *adj* przynależny 2. *adv, praw* etw. ~ **machen** wyt-aczać|oczyć coś; **e—n Prozeß gegen jmdn** ~ **machen** wytoczyć komuś proces
anhänglich *adj* przywiązany. Sk przywiązanie *n*
Anhängsel *n* —s, — 1. brelok, wisiorek *m* 2. wieszak *f* 3. dodatek *m*
Anhauch *m* —(e)s 1. powiew *m*; chuchnięcie *n* 2. *przen* cień. ślad *m*; e. ~ **von Trübsal** cień smutku

anhauchen (h) *vt* 1. chuch-ać|nąć (jmdn na kogoś) 2. *przen, pot* ofuknąć (jmdn kogoś)
anhäufen (h) *vt, vr* (sich się) na|gromadzić, na|zbierać, zebrać; **Geld** ~ gromadzić ⟨zbijać⟩ pieniądze. Su
anheben (63;h) 1. *vt* podn-osić|ieść, un--osić|ieść 2. *vi* zacz-ynać|ąć (**zu sprechen** mówić; **zu singen** śpiewać); zacz-ynać|ąć się
anheften (h) *vt* 1. *kraw* przyfastrygować 2. przypi-nać|ąć, przyczepi-ać|ć; przybi-jać|ć. Su
anheimeln (h) *vt, vimp* wydawać się bliskim ⟨swojskim, miłym⟩; przypominać dom rodzinny ⟨strony rodzinne⟩; **alles heimelt mich hier an** czuję się tu jak u siebie w domu
anheimelnd 1. *part praes, zob.* anheimeln 2. *adj:adv* przytuln-y:-ie, mi-ły:-le
anheimfallen (31;sn) *vi* 1. przypa-dać|ść (jmdm komuś) 2. pa-dać|ść ofiarą (**der Vergessenheit** niepamięci)
anheimgeben (43) *a.* **anheimstellen** (h) *vt* po|zostawi-ać|ć (jmdm etw. coś do czyjegoś uznania); **ich stelle es Ihrem Urteil anheim** zdaję się na Pana ⟨Pani⟩ sąd; **ich stelle es ihm anheim** pozostawiam to jemu
anheischig *adj;* **sich** ~ **machen** pod-ej-mować|jąć się, oświadcz-ać|yć ⟨zgł-aszać|osić⟩ gotowość
anheizen (h) *vt* rozpal-ać|ić (**den Ofen** w piecu)
anherrschen (h) *vt* wrzasnąć (jmdn na kogoś), ofuknąć (kogoś)
anheuern (h) *vt zob.* anmustern
Anhieb *m; przen, pot* **auf** ~ od jednego zamachu, od razu, z miejsca
anhimmeln (h) *vt, pot* uwielbiać. Su
Anhöhe *f* —, —n wzgórze *n*, pagórek *m*
anhören (h) I. *vt* 1. wysłuch-iwać|ać, słuchać (jmdn kogoś) 2. nasłuchać się; **was ich hier** ~ **muß!** czego się muszę tutaj nasłuchać! 3. pozna-wać|ć (jmdm po kimś) II. **sich** ~ *vr* brzmieć; **das hört sich an, als ob**... (to) brzmi, jak gdyby... Su wysłuchanie *n;* **nach Anhörung der Parteien** po wysłuchaniu stron
Anilin *n* —s *chem* anilina *f*
Anilin... *w comp* 1. anilinowy; *np.* ~**farbstoff** 2. ... aniliny; *np.* ~**sulfat** 3. ...aniliną; *np.* ~**vergiftung**
Anilinfarbstoff *m* —(e)s, —e barwnik a-nilinowy
Anilinsulfat *n* —(e)s, —e *chem* siarczan aniliny
Anilinvergiftung *f* —, —en zatrucie aniliną
animal(isch) *adj* 1. *t. adv* animaln-y:-ie, zwierzęc-y: jak zwierzę 2. ożywiony 3. zmysłowy
Animalität *f* — 1. zwierzęcość *f* 2. zmysłowość *f*
animieren (h) *vt* ożywi-ać|ć; zachęc-ać| ić (**die Gäste** gości)
animiert 1. *part praes, zob.* animieren 2. *adj:adv, pot* podochocony: lekko pod gazem
Animosität *f* — animozja, niechęć *f*

Anion *n* —s, ...onen *fiz* anion *m*, jon ujemny
Anis *m* —es, —e *bot* anyż(ek) *m*
Anis... *w comp* anyżowy; *np.* ~likör
Anislikör *m.* Anisętt *m* —s, —e likier anyżowy, anyżówka *f*
Anisöl *n* —(e)s, —e olejek anyżowy
Anistropfen *pl, farm* krople anyżowe
ankämpfen (h) *vi* walczyć, zmagać się (gegen etw. z czymś), zwalczać (coś)
Ankauf *m* —(e)s, ⁻e kupno *n;* zakup *m;* skup *m,* skupywanie *n*
ankaufen (h) *vt* zakup-ywać|ić, skupywać
Anker *m* —s, — 1. kotwica *f;* **den** ~ **(aus)werfen** ⟨lichten⟩ zarzucać ⟨podnosić⟩ kotwicę; **vor** ~ **liegen** stać na kotwicy; **vor** ~ **gehen** *a.* **sich vor** ~ **legen** stanąć na kotwicy 2. *elektr* twornik *m* 3. zwora *f,* kotwica *f* (**des Elektromagneten** elektromagnesu) 4. *bud* kotew *f,* ściąg *m* 5. *zeg* ankier *m,* wychwyt kotwiczny
Anker... *w comp* 1. kotwiczny; *np.* ~kette 2. ... kotwicy; *np.* ~gewicht
ankerben (h) *vt* 1. zakarbować, zaznaczyć 2. *przen* dobrze zapamiętać, popamiętać
Ankerboje *f* —, —n *mar* boja kotwiczna
Ankergewicht *n* —(e)s, —e ciężar kotwicy
Ankerkette *f* —, —n *mar* łańcuch kotwiczny
Ankerlicht *n* —(e)s, —er światło kotwiczne
ankern (h) I. *vi* zarzuc-ać|ić kotwicę, sta-wać|nąć na kotwicy II. *vt* 1. zakotwicz-ać|yć 2. *bud* za|kotwić, ściąg-ać| nąć kotwą
Ankerplatz *m* —es, ⁻e *mar* kotwicowisko *n*
Ankerrührer *m* —s, — *mar* mieszadło kotwiczne
Ankertau *n* —(e)s, —e *mar* lina kotwiczna
Ankeruhr *f* —, —en *zeg* ankier *m* (*zegarek*)
Ankerwinde *f* —, —n *mar* winda kotwiczna
anketten (h) *vt* uwiąz-ywać|ać na łańcuchu, przywiąz-ywać|ać łańcuchem (jmdn an etw. kogoś do czegoś)
ankläffen (h) *vt* szczekać, ujadać (jmdn na kogoś)
Anklage *f* —, —n oskarżenie *n; gegen* **jmdn die** ~ **erheben** *a.* **jmdn unter** ~ **stellen** skarżyć kogoś, wnosić skargę przeciw komuś
Anklage... *w comp* ... oskarżenia; *np.* ~punkt
Anklagebank *f* —, ⁻e ława oskarżonych **anklagen** (h) *vt* 1. *t. vr* (sich się) oskarż- -ać|yć 2. za|skarż-ać|yć (**des Mordes** o morderstwo)
Anklagepunkt *m* —(e)s, —e punkt oskarżenia
Ankläger *m* —s, — oskarżyciel *m;* **öffentlicher** ~ oskarżyciel publiczny, prokurator *m*
Anklageschrift *f* —, —en *praw* akt oskarżenia

Anklagevertreter *m* —s, —e *praw* rzecznik oskarżenia, oskarżyciel publiczny
Anklagezustand *m* —(e)s *praw* stan oskarżenia; **jmdn in den** ~ **versetzen** postawić kogoś w stan oskarżenia
anklammern (h) 1. *vt* przyczepi-ać|ć klamrą ⟨spinaczem⟩ 2. **sich** ~ *vr* uczepić się (an jmdn *a.* etw. kogoś *a.* czegoś); **sich an e—e Hoffnung** ~ chwytać się nadziei
Anklang *m* —(e)s, ⁻e 1. podobne brzmienie, podobny dźwięk 2. *przen* oddźwięk *m;* uznanie *n;* **sein Vorschlag findet großen** ~ jego propozycja spotyka się z uznaniem 3. *przen* cień, ślad, promyk *m* 4. *przen* pokrewny motyw; podobieństwo *n;* **Anklänge enthalten** ⟨**haben**⟩ przypominać; **das Gedicht hat viele Anklänge an Goethes Balladen** wiersz przypomina ballady Goethego
ankleben (h) 1. *vt* przylepi-ać|ć (**etw. an etw.** coś do czegoś); nalepi-ać|ć (**Plakate** plakaty) 2. **sich** ~ *vr, t. przen* przylepi-ać|ć ⟨przyczepi-ać|ć⟩ się (**an jmdn** *a.* **etw. do kogoś** *a.* **czegoś**)
ankleiden (h) *vt, vr* (**sich** się) ub-ierać|rać
Ankleideraum *m* —(e)s, ⁻e ubieralnia, szatnia, garderoba *f*
anklingeln (h) *vt, vi* za|telefonować, za| dzwonić (**jmdn** *u.* **bei jmdm** do kogoś)
anklingen (68) I. (h) *vi* tvąc-ać|ić się (**mit den Gläsern** kieliszkami) II. (h, sn) *vi* 1. *przen* przypominać (**an etw.** *a.* **jmdn coś** *a.* **kogoś**), być podobnym (**do czegoś** *a.* **kogoś**); **in diesem Gedicht klingt vieles an Goethe an w tym wiersz wiele przypomina Goethego** 2. za|dźwięczeć III. ~ **lassen** *vt* 1. *przen* **wzbudz-ać|ić** (**Erinnerungen** wspomnienia) 2. *przen* napom-ykać| knąć (**etw. o czymś**)
anklopfen (h) I. *vi* 1. za|pukać (**an etw. do czegoś**) 2. *przen* po|pytać; **klopfe mal bei ihm an, ob ...** popytaj u niego, czy ... 3. *przen* zwrócić się (**bei jmdm do kogoś**) II. *vt* przybi-jać|ć
anknabbern (h) *vt* nadgry-zać|źć
anknipsen (h) *vt, pot* zapal-ać|ić (**das Licht** światło elektryczne)
anknüpfen (h) I. *vt* 1. przywiąz-ywać|ać (**etw. an etw.** coś do czegoś) 2. *przen* nawiąz-ywać|ać (**Beziehungen** stosunki) II. *vi* nawiąz-ywać|ać (**an etw.** do czegoś). Su
Anknüpfungspunkt *m* —(e)s, —e 1. punkt zaczepienia 2. *przen* punkt wyjścia
anknurren (h) *vt* war-czeć|knąć (**jmdn** na kogoś)
ankommen (70;sn) I. *vi* 1. przyby-wać|ć, przyje-żdżać|chać; przy-chodzić jść; nad-chodzić|ejść, zbliżać się; **ist der Brief schon angekommen?** czy list już przyszedł?; **der Zug kommt gerade an** pociąg właśnie nadchodzi; **er kommt heute an (on) przyjeżdża dzisiaj** 2. być przyjętym, trafić (**gut** dobrze; **übel** źle); **mit seiner Bitte kam er übel** ⟨**iron schön**⟩ **an ze swoją prośbą źle się wybrał** 3. da-wać|ć sobie radę

(gegen jmdn a. etw. z kimś a. czymś); dorównywać komuś) 4. być przyjętym II. vi, vimp, przen 1. przy-chodzić| jść; es kommt mich schwer an przychodzi mi trudno ⟨z trudem⟩ 2. zależeć (auf etw. na czymś), chodzić (o coś); auf die paar Groschen kommt es mir nicht an na tych paru groszach mi nie zależy; es kommt darauf an to zależy; es kommt darauf an zu wissen, ob ... trzeba wiedzieć, czy ...; es käme auf e—n Versuch an trzeba by spróbować, nie wiadomo; es kommt auf das Wetter an to zależy od pogody; es kommt auf e—e genaue Berechnung an chodzi o dokładne o- bliczenie; 3. ogarn-iać|ąć (jmdn kogoś); mich kommt die Furcht an o- garnia mnie strach III. ~ lassen (h) vt 1. dopu-szczać|ścić (auf etw. do czegoś) 2. za|ryzykować (auf etw. coś)
Ankömmling m —s, —e przybysz m
ankönnen (71;h) pot da-wać|ć sobie radę (gegen jmdn a. etw. z kimś a. czymś); gegen jmdn nicht ~ być bezsilnym wobec kogoś
ankoppeln (h) vt 1. przywiąz-ywać|ać (das Vieh bydło) 2. sprzęg-ać|nąć; przyczepi-ać|ć (die Waggons wagony). Su
ankrallen, sich (h) vr wbi-jać|ć szpony ⟨pazury⟩ (an etw. a. jmdn w coś a. kogoś); przen uczepić się kurczowo (an etw. czegoś)
ankreiden (h) vt 1. zapis-ywać|ać dług 2. przen, zob. ankerben 2.
ankriechen (72;h) a. angekrochen kommen vi przyczołgać się, przypełz-ać| nąć
ankündigen (h) vt 1. t. vr (sich się) zapowi-adać|edzieć (e—e Sitzung posiedzenie); za|anonsować (e—n Besuch wizytę) 2. ogł-aszać|osić, obwie-szczać| ścić (den Belagerungszustand stan oblężenia). Su do 1. 2.; do 1. t. zapowiedź f
Ankunft f — przybycie n; nadejście n; przyjazd m (e—s Zuges pociągu); przylot m (e—s Flugzeugs samolotu)
ankurbeln (h) vt 1. pu-szczać|ścić w ruch, pot zapu-szczać|ścić (e—n Motor silnik) 2. przen ożywi-ać|ć, rozkręc-ać| ić (die Wirtschaft gospodarkę). Su
anlächeln (h) vt, vr (sich do siebie); uśmiech-ać|nąć się (jmdn do kogoś)
anlachen (h) 1. vt śmiać się (jmdn do kogoś) 2. sich ~ vr śmiać się do siebie; sich (dat) a. Mädchen ~ przygruchać sobie dziewczynę
Anlage f I. —, —n 1. załącznik m; in der ~ w załączeniu 2. urządzenie n (e—r Fabrik fabryki), aparatura f 3. instalacja f 4. fabryka f, zakład m 5. ekon umieszczenie n, lokata f; inwestycja f, wkład m (von Kapital kapitału) 6. zieleniec, skwer m; park m 7. układ m, założenie n, plan m (e—s Buches); in der ~ verfehlt vi chybiony w założeniu 8. zdolność f, uzdolnienie n (zu etw. do czegoś), talent m 9. skłonność, dyspozycja, inklinacja f (zur Tuberkulose do gruźlicy) II. — instalowanie n, instalacja f; zakładanie, założenie n
Anlagekapital n —s ekon kapitał zakładowy
Anlagekosten pl, ekon 1. koszty instalacyjne 2. koszty inwestycyjne ⟨nakładowe⟩
anlagern, sich (h) vr na|gromadzić ⟨nawarstwi-ać|ć⟩ się. Su
anlanden (h) vt, mar wyładow-ywać|ać (e—e Fracht ładunek)
anlangen 1. (sn) vi przyby-wać|ć, do- -chodzić|jść 2. (h) vt do|tyczyć; was mich anlangt co się tyczy mnie; zob. t. anbelangen
Anlaß m ...asses, ...ässe 1. powód m (zu etw. do czegoś); ohne allen ⟨jeden⟩ ~ bez żadnego powodu 2. sposobność, okazja f (zum Streit do kłótni); aus ~ z okazji; wir nehmen ~, Ihnen mitzuteilen korzystamy z okazji, aby Panu ⟨Pani⟩ donieść (w liście)
Anlaß... w comp 1. rozruchowy; np. ~motor 2. ... rozruchu; np. ~strom
anlassen (74;h) I. vt 1. pu-szczać|ścić w ruch, uruch-amiać|omić; włącz-ać|yć, zapu-szczać|ścić (e—n Motor silnik) 2. pu-szczać|ścić (das Wasser wodę) 3. pot nie zd-ejmować|jąć (den Mantel płaszcza) * hart ⟨scharf, barsch⟩ ~ ofuk-ać| nąć II. sich ~ vr zapowiadać ⟨zanosić⟩ się; die Ernte läßt sich gut an zapowiadają się ⟨zanosi się na⟩ dobre żniwa
Anlasser m —s, — auto rozrusznik, starter m
anläßlich praep gen z okazji; na; ~ des Festes z okazji święta, na święto
Anlaßmotor m —s, —en silnik rozruchowy, rozrusznik m
Anlaßstrom m —(e)s prąd rozruchu
Anlauf m —(e)s, ±e 1. rozpęd, rozbieg m; e—n ~ nehmen rozpędzić się 2. przen początek, start m; er nahm e—n guten ~ zrobił dobry początek, miał dobry start 3. rozruch m 4. napływ m (von Wasser wody)
Anlauf... w comp 1. rozpędowy; np. ~rad 2. ... rozruchu ⟨uruchomienia⟩; np. ~zeit 3. ... rozbiegu; np. ~zeit
anlaufen (75) I. (sn) vi 1. t. angelaufen kommen nadbie-gać|c, przybie-gać|c 2. brać rozbieg; rozpędz-ać|ić się 3. rozbiegać się (o silniku); e—e Maschine ~ lassen zapuszczać ⟨puszczać w ruch⟩ maszynę; die Maschine läuft an maszyna rusza 4. rusz-ać|yć, zacz-ynać|ąć ⟨rozpocz-ynać|ąć⟩ się; etw. läuft gut an coś rozpoczyna się dobrze 5. (w biegu) wpa-dać|ść (gegen etw. na coś) 6. przen za|atakować, szturmować (gegen etw. coś); przypu-szczać|ścić szturm (na coś); mit dem Kopf gegen die Wand ~ bić głową o mur 7. nabrzmie- -wać|ć, na|pęcznieć, s|puchnąć; e. angelaufenes Gesicht obrzękła twarz 8. przen rosnąć, narastać, wzr-astać| osnąć; die Schulden ⟨Zinsen⟩ laufen an długi ⟨odsetki⟩ narastają 9. za-chodzić|jść parą ⟨mgłą⟩ (o szybach, okularach); zapotnieć 10. z|matowieć, s|tra-

cić połysk * sein Gesicht lief rot an zaczerwienił się, twarz nabiegła mu krwią; sein Gesicht lief blau an zsiniał na twarzy II. (h) *vt, mar* zawi-|jać|nąć (e—n Hafen do portu); *lot* lądować (Berlin w Berlinie)
Anlaufrad *n* —(e)s, ⁓er koło rozpędowe
Anlaufzeit *f* —, —en 1. okres rozruchu ⟨uruchomienia⟩ 2. czas rozbiegu
Anlaut *m* —(e)s, —e *jęz* nagłos *m*
anlauten (h) *vi, jęz* mieć w nagłosie (mit a ⟨b itd.⟩ a ⟨b itd.⟩)
anläuten (h) *vt, vi* za|telefonować, zadzwonić (jmdn a. bei jmdm do kogoś)
Anlegebrücke *f* —, —n *mar* mostek, pomost *m* (przystaniowy)
anlegen (h) I. *vt* 1. przy-kładać|łożyć; e—e Leiter ⁓ przystawi(a)ć drabinę; das Gewehr ⁓ przykładać broń; auf jmdn ⁓ wymierzyć do kogoś; *przen* die Hand an etw. ⁓ przykładać do czegoś rękę; die letzte Hand an etw. ⁓ wykończyć coś; e—n andern Maßstab ⁓ mierzyć inną miarą 2. na-kładać|łożyć (**Handschellen** kajdanki; **Zügel** cugle); *przen* jmdm Zügel ⁓ hamować kogoś 3. za-kładać|łożyć (**Orden** ordery; **den Gürtel** pas); wkładać|włożyć, na-kładać|łożyć (e. neues Kleid nową suknię); das Schwert ⁓ przypasać miecz; Trauer ⁓ przywdziewać żałobę 4. za-kładać|łożyć (e—n Park park); zainstalować (e. Telephon telefon); postawić (e—e Fabrik fabrykę) 5. *ekon* u|lokować, umie-szczać|ścić (**das Geld** pieniądze); wkładać|włożyć (**Geld in** etw. w coś pieniądze), za|inwestować (w czymś) 6. *hand* wyda-wać|ć; ich kann dafür nicht viel ⁓ nie dużo mogę na to wydać 7. zamierzać, mieć na celu, za|planować; za-kładać|łożyć; sie haben es darauf angelegt, mich zu vernichten zamierzają mnie zniszczyć II. *vi, mar* przyjbi-jać|ć (do brzegu); za| cumować. Su do I. 1. 2. 4. 5.
Anlegeschloß *n* ...osses, ...össer kłódka *f*
Anlegestelle *f* —, —n *mar* przystań *f*
Anlehen *n* —s, — pożyczka *f*
anlehnen (h) I. *vt* 1. *t. vr* (sich się) op-ierać|rzeć (etw. an etw. coś o coś) 2. przym-ykać|knąć (die Tür drzwi). II. sich ⁓ przylegać (an etw. do czegoś) 2. op-ierać|rzeć ⟨wzorować⟩ się (an jmdn na kimś). Su oparcie *n; przen* in Anlehnung an etw. opierając się na czymś, nawiązując do czegoś
Anleihe *f* —, —n pożyczka *f;* e—e ⁓ machen zaciągać pożyczkę; e—e ⁓ zeichnen subskrybować ⟨podpisywać⟩ pożyczkę
anleimen (h) *vt* przykle-jać|ić
anleiten (h) *vt* 1. kierować; jmdn zum Guten ⁓ kierować kogoś na dobrą drogę 2. przyucz-ać|yć (jmdn zu etw. kogoś do czegoś); wdr-ażać|ożyć, wprowadz-ać|ić (jmdn zu etw. kogoś w coś). Su 1. kierownictwo *n;* unter seiner Anleitung pod jego kierownic-twem 2. przyuczanie, wprowadzenie *n* 3. wstęp *m*, wprowadzenie *n* (podręcznik) 4. instrukcja *f*, wskazówki *pl*
anlernen (h) *vt* przyucz-ać|yć. Su
Anlernling *m* —s, —e pracownik ⟨robotnik⟩ przyuczony
anliefern (h) *vt* dostawi-ać|ć, dostarcz--ać|yć. Su *t.* dostawa *f*
Anliegen *n* —s, — życzenie *n;* prośba *f*
anliegen (79;h) *vi, kraw* być obcisłym, przylegać
anliegend I. *part praes, zob.* anliegen II. *adj* 1. przyległy, sąsiedni 2. *t. adv* załączony : w załączeniu, przy niniejszym
Anlieger *m* —s, — właściciel działki przylegającej ⟨domu przylegającego⟩ do drogi
Anliegerstaat *m* —(e)s, —en państwo graniczące (**der Ostsee** z Bałtykiem)
anlocken (h) *vt* nęcić, przy|wabić, pociąg-ać|nąć (**jmdn mit** etw. kogoś czymś).
anlügen (80;h) *vt* okłam-ywać|ać, obełg--iwać|ać
anmachen (h) *vt* 1. przymocow-ywać|ać 2. przyprawi-ać|ć (**die Tunke** sos); zar-abiać|obić (**den Teig** ciasto; **den Kalk** wapno) 3. *pot* zapal-ać|ić (**das Feuer** ogień; **das Licht** światło)
anmalen (h) *vt* 1. na|malować 2. po|malować
Anmarsch *m* —es, — *woj* zbliżanie się; nadciąganie *n;* im ⁓ sein zbliżać się, nadciągać
anmarschieren (sn) *vi, woj* zbliżać się, nadciąg-ać|nąć; anmarschiert kommen przyby-wać|ć, przymaszerować
anmaßen, sich *dat* (h) *vr* 1. przywłasz-cz-ać|yć sobie (e—n Titel tytuł); przypis-ywać|ać sobie (**das Verdienst** zasługę); rościć sobie (**das Recht** prawo) 2. pozw-alać|olić sobie (**ein Urteil** na wydanie sądu); der maßt sich etw. ⟨viel⟩ an ten nieco ⟨dużo⟩ sobie pozwala 3. odważ-ać|yć ⟨ośmiel-ać|ić⟩ się; er maßt sich an, über den See zu schwimmen odważa się przepłynąć jezioro. Su 1. zarozumiałość *f* 2. roszczenie ⟨przywłaszczenie⟩ sobie praw
anmaßend I. *part praes, zob.* anmaßen II. *adj:adv* zarozumia-ły-:le, arogan-ck-i-:o, wynio-sły-:śle
Anmelde-... *w comp* 1. meldunkowy; *np.* ⁓buch 2. ... zameldowania; *np.* ⁓pflicht 3. ... zadeklarowania ⟨zgłoszenia⟩; *np.* ⁓pflicht
Anmeldebuch *n* —(e)s, ⁓er książka meldunkowa
Anmeldeformular *n* —s, —e formularz meldunkowy
anmelden (h) *vt, vr* (sich się) 1. za|meldować, zgł-aszać|osić; **den Konkurs** ⁓ ogłaszać konkurs 2. zgł-aszać|osić, zapis-ywać|ać (e—n Schüler ucznia). Su do 1. 2., do 1. *t.* meldunek *m;* rejestracja *f; do* 2. *t.* wpis *m*
Anmeldepflicht *f* — obowiązek zameldowania ⟨zgłoszenia; zadeklarowania⟩
anmerken (h) *vt* 1. *t. vr* (sich *dat* so-

bie) zanotować, zaznacz-ać|yć 2. zauważ-ać|yć (jmdm etw. u kogoś coś), pozna-wać|ć (po kimś coś); man merkt ihm nichts an nie znać po nim; er läßt sich nichts ~ nie daje po sobie poznać. Su uwaga f, dopisek, przypis(ek) m; adnotacja, notatka f
anmessen (83;h) vt u|szyć na miarę (e—n Mantel płaszcz)
anmontieren (h) vt zamontowac, przymocow-ywać|ać
anmustern (h) mar 1. vt zaokrętować 2. vi zamustrować się. Su
Anmut f — powab, wdzięk m
anmuten (h) vt wydawać się; das mutet mich seltsam ⟨sonderbar⟩ an to mi się wydaje dziwne; das mutet mich angenehm an to mi się podoba; das mutet mich heimatlich an to mi przypomina strony ojczyste. Su żądanie n
anmutig adj:adv powabn-y:-ie, mi-ły:-le, wdzięczn-y:-ie
anmutlos adj:adv bez powabu ⟨wdzięku⟩
anmutsvoll zob. anmutig
Anna f —s Anna f
annageln (h) vt przybi-jać|ć (gwoździem), przygw-ażdżać|oździć
annnähen (h) vt przyszy-wać|ć (e—n Knopf guzik)
annähern (h) vt, vr (sich się) przybliż-ać|yć, zbliż-ać|yć. Su
annähernd 1. part praes, zob. annähern 2. adj:adv przybliżony:w przybliżeniu; mniej więcej, prawie, około
Annäherungs... w comp 1. przybliżony; zbliżony; np. ~wert 2. ... zbliżenia; np. ~versuch
Annäherungsversuch m —(e)s, —e próba zbliżenia ⟨nawiązania kontaktu⟩
annäherungsweise adv w przybliżeniu, mniej więcej, prawie, około
Annäherungswert m —(e)s wartość zbliżona ⟨przybliżona⟩
Annahme f —, —n 1. przyjmowanie, przyjęcie n (e—s Geschenks prezentu), odbiór m, odbieranie, odebranie n; die ~ verweigern odmawiać przyjęcia (przesyłki) 2. hand akceptacja f (e—s Wechsels weksla); wegen nicht erfolgter ~ z powodu braku akceptacji 3. przybieranie, przybranie n (e—s Namens nazwiska); przysposobienie n, adoptacja f (e—s Kindes dziecka) 4. przypuszczenie, założenie n, hipoteza, supozycja f; e—e falsche ~ błędne założenie; in ⟨unter⟩ der ~, daß ... przypuszczając, że ... 5. przyjęcie, uchwalenie, zatwierdzenie n (e—s Gesetzes ustawy)
Annahme... w comp ... przyjęcie; np. ~bedingung
Annahmebedingung f —, —en warunek przyjęcia
Annahmeverweigerung f —, —en odmowa przyjęcia
Annalen pl annały, roczniki, kroniki pl
annehmbar adj 1. (możliwy) do przyjęcia; e. ~er Vorschlag propozycja do przyjęcia 2. umiarkowany; ~e Preise ceny umiarkowane 3. dopuszczalny
annehmen (87;h) I. vt 1. przyj-mować|ąć

(e—e Einladung zaproszenie; e. Geschenk prezent); jmds Gründe ~ uznać czyjeś powody 2. hand za|akceptować (e—n Wechsel weksel) 3. przyb-ierać| rać (e—n Namen nazwisko; e—e Haltung postawę); przyspos-abiać|obić, za| adoptować (e. Kind dziecko) 4. nab--ierać|rać (Vernunft rozumu); schärfere Umrisse ~ wyraźniej zarysować się 5. przypuszczać; man nimmt an przypuszcza ⟨mniema⟩ się 6. zatwierdz--ać|ić, uchwal-ać|ić; (e. Gesetz ustawę) 7. łow za|atakować; der Eber nimmt den Jäger an odyniec atakuje myśliwego * die Fährte ~ przyjąć trop (o psach) II. sich ~ vr zaj-mować|ąć się (jmds kimś; e—r Sache czymś); zatroszczyć się (o kogoś, o coś); uj-mować|ąć się (za kimś), zaopiekować się (kimś)
annehmlich adj 1. t. adv przyjemn-y:-ie; wygodn-y:-ie 2. zob. annehmbar. Sk
Annehmlichkeit f; udogodnienie n
annektieren (h) vt za|anektować; przyłącz-ać|yć przemocą, przywłaszcz-ać|yć sobie. Su t. aneksja f
Annex m —es, —e aneks, załącznik m
Annexion f —, —en aneksja f, zabór m
Anno dazumal ⟨Tabak⟩ adv, pot za króla Ćwieczka, niegdyś
Annonce [anõsə] f —, —n anons m, ogłoszenie n
Annoncen... w comp ... ogłoszeń; np. ~büro
Annoncenbüro n —s, —s biuro ogłoszeń
annoncieren (h) 1. vt ogł-aszać|osić 2. vi ogł-aszać|osić się (in der Zeitung w gazecie)
annullieren (h) vt anulować, unieważni-ać|ć. Su
Anode f —, —n anoda f
Anoden... w comp 1. anodowy; np. ~batterie 2. ... anody; np. ~gewicht
anöden (h) vt nudzić, zanudz-ać|ić
Anodenbatterie f —, —n bateria anodowa, pot anodówka f
Anodengewicht n —(e)s waga anody
anomal adj:adv anormaln-y:-ie niepra-widłow-y:-o
Anomalie f —, ...lien anomalia, nieprawidłowość f
anonym adj:adv anonimow-y:-o, bez-imienn-y:-ie
Anorak m —s, —s wiatrówka; skafander m
anordnen (h) I. vt 1. u|porządkować, układać|ułożyć 2. zarządz-ać|ić, (e—e Pause przerwę); wyznacz-ać|yć (e—n Termin termin); med zaordynować (e—e Liegekur leżakowanie) II. vi rozporządz-ać|ić. Su do I. 1. 2.; do 1. t. układ, porządek m; do 2. t. postanowienie n; e—e Anordnung erlassen ⟨treffen⟩ zarządzać, wydawać zarządzenie; e—e Anordnung befolgen stosować się do zarządzenia
anorganisch adj:adv nieorganiczn-y:-ie; ~e Chemie chemia nieorganiczna
anormal adj:adv nienormaln-y:-ie, anor-maln-y:-ie
anpacken (h) vt chwy-tać|cić; jmdn hart

~ ostro zabierać się do kogoś; etw. geschickt ~ zręcznie podchodzić do czegoś; pack mit an! pomóż!
anpassen (h) vt 1. przymierz-ać|yć (e—n Anzug ubranie); dopasow-ywać|ać (etw. e—r Sache coś do czegoś) 2. t. vr (sich się) dostosow-ywać|ać, przystosow- -ywać|ać (der Umgebung do otoczenia). Su do 1., 2.; do 2. t. adaptacja f Anpassungs... w comp ... (do) przystosowania się; np. ~fähigkeit
Anpassungsfähigkeit f — zdolność (do) przystosowania się, przystosowalność f
anpeilen (h) vt, mar lot namierz-ać|yć. Su t. namiar m
anpeitschen (h) vt, przen napędz-ać|ić nag-aniać|onić (die Menschen zur Arbeit ludzi do pracy)
anpfeifen (89;h) vt 1. sport e. Spiel ~ da-wać|ć gwizdkiem znak rozpoczęcia gry 2. pot ofuknąć
Anpfiff m —s, —e 1. sport gwizdek m (na rozpoczęcie meczu)
anpflanzen (h) vt za|sadzić (Kartoffeln ziemniaki); obsadz-ać|ić (den Garten ogród). Su t. plantacja f
anpflaumen (h) vt, pot nabijać ⟨natrząsać⟩ się (jmdn z kogoś)
anpflocken a. anpflöcken (h) vt 1. kołkami przybi-jać|ć 2. przywiąz-ywać|ać do kołka. Su
anpirschen, sich (h) vr, łow pod-chodzić|ejść (an das Wild zwierzynę)
anpöbeln (h) vt napastować, zaczepi-ać|ć, (jmdn kogoś), ubliż-ać|yć (komus). Su
anpochen (h) vi, zob. anklopfen I.
Anprall m —(e)s, —e uderzenie n; zderzenie n
anprallen (sn) vi uderz-ać|yć (gegen etw. o coś); zderz-ać|yć się (gegen jmdn a. etw. z kimś a. czymś)
anprangern (h) vt na|piętnować, publicznie potępi-ać|ć. Su (na)piętnowanie n
anpreisen (91;h) vt zachwal-ać|ić, chwalić (die Ware towary). Su
anpressen (h) vt przycis-kać|nąć (an etw. do czegoś). Su
Anprobe f —, —n przymiarka f (np. krawiecka)
anprob(ier)en vt przymierz-ać|yć (e—n Anzug ubranie)
anpumpen (h) vt, pot pożycz-ać|yć (jmdn um 10 Mark od kogoś 10 marek), naciąg-ać|nąć (kogoś na 10 marek)
anquatschen (h) vt, pot zagad-ywać|nąć, zagadać
Anrainerstaat zob. Anliegerstaat
anranzen (h) vt, pot ofuknąć, obje-żdżać| chać
anrasseln (sn) vi, pot a. angerasselt kommen zbliż-ać|yć się z łoskotem
Anraten n; auf sein ~ hin za jego poradą
anraten (93;h) vt doradz-ać|ić, radzić
anrauchen (h) vt 1. t. vr (sich dat sobie) zapal-ać|ić (e—e Zigarre cygaro) 2. pu-szczać|ścić dym w twarz (jmdn komuś)
anrechnen (h) vt 1. po|liczyć; zuviel ~ policzyć za dużo 2. t. vr (sich dat sobie) poczyt-ywać|ać (jmdn etw. als etw. komuś coś za coś); es jmdm hoch ⟨als Verdienst⟩ ~ poczytywać komuś za zasługę; es sich zur Ehre ~ poczytywać sobie za honor 3. kłaść|położyć na karb; etw. seiner Dummheit ~ kłaść coś na karb jego głupoty 4. t.vr (sich dat sobie) przypis-ywać|ać (die Schuld winę) 5. zalicz-ać|yć, wlicz-ać|yć (etw. auf etw. coś na poczet czegoś); praw die Untersuchungshaft auf die Strafe ~ zaliczać areszt śledczy na poczet kary. Su 1. policzenie n 2. zaliczenie, wliczenie n; praw unter Anrechnung der Untersuchungshaft z zaliczeniem aresztu; hand unter Anrechnung der Unkosten wliczając wydatki; hand in Anrechnung bringen zaliczać (jmdm etw. komuś, coś)
Anrecht n —(e)s, —e 1. prawo n (auf etw. do czegoś) 2. abonament m (na miejsce w teatrze itp.)
Anrede f —, —n 1. przemowa f, przemówienie n 2. forma zwracania się; die ~ mit „du" mówienie sobie „ty", pot tykanie (się) n
anreden (h) vt przem-awiać|ówić (jmdn do kogoś); jmdn mit „Sie" ~ mówić komuś „Pan(i)"; jmdn feierlich ~ uroczyście do kogoś przemówić; zagad- -ywać|nąć (auf etw. hin o coś)
anregen (h) vt 1. wzbudz-ać|ić, pobudz- -ać|ić; zachęc-ać|ić; jmdn zu etw. ~ zachęcać kogoś do czegoś; der Wein regt an wino pobudza; e. Spaziergang regt den Appetit an spacer pobudza apetyt 2. porusz-ać|yć (die Frage kwestię) 3. za|proponować, podda-wać|ć myśl 4. ożywi-ać|ć (die Unterhaltung rozmowę). Su 1. zachęta f, bodziec, impuls m; wzbudzenie, pobudzenie n 2. poruszenie n (dieser Frage tej kwestii); etw. in Anregung bringen poruszyć coś 3. myśl, idea f; sugestia, inicjatywa f; auf Anregung z inicjatywy; so manche Anregung geben poddać niejedną myśl
anregend 1. part praes, zob. anregen 2. adj:adv zajmując-y:-o, pobudzając-y: -o; e. ~es Buch zajmująca książka
Anreger m —s, — inicjator m
Anregungs... w comp 1. pobudzający; np. ~mittel 2. ... pobudzenia; np. ~energie
Anregungsenergie f — fiz energia pobudzenia
Anregungsmittel n —s, — środek pobudzający
anreichern (h) vt wzbogac-ać|ić. Su
anreihen (h) vt 1. vt zaszeregować, usta-wi-ać|ć w szeregu 2. sich ~ vr sta- -wać|nąć w rzędzie ⟨kolejce, ogonku⟩. Su do 1.
Anreise f —, —n 1. przyjazd m 2. podróż m (w tę stronę)
anreisen (sn) vi a. angereist kommen przyje-żdżać|chać
Anreisetag m —(e)s, —e dzień przyjazdu
anreißen (95;h) vt 1. nad-rywać|erwać, nad-dzierać|edrzeć 2. przen napocz-

anreißerisch 46 anschauen

-ynać|ąć; narusz-ać|yć (die Ersparnisse oszczędności) 3. wyzna-czać|czyć, trasować (die Linien linie); rysować 4. *hand* natrętnie werbować (Kunden klientów) **anreißerisch** *adj:adv* krzykliwie reklamujący się : krzykliwie reklamując się
anreiten (96) (sn) *vi* 1. *t.* angeritten kommen nadje-żdżać|chać konno 2. za|atakować konno (gegen jmdn kogoś)
Anreiz *m* —es, —e 1. powab *m;* ponętność *f;* ~ ausüben pociągać, nęcić 2. podnieta *f;* bodziec *m;* keinen ~ in sich fühlen nie mieć ochoty
anreizen (h) *vt* 1. pobudz-ać|ić (jmdn zu etw. kogoś do czegoś) 2. pociąg-ać|nąć, nęcić 3. zachęc-ać|ić. Su
anrempeln (h) *vt* 1. potrąc-ać|ić 2. przen zaczepi-ać|ć. Su do 1. 2.; do 2. *t.* zaczepka *f*
anrennen (97) I. (sn) *vi* 1. *t.* angerannt kommen nadbie-gać|c, przybie-gać|c 2. potrąc-ać|ić (gegen jmdn kogoś), wpa- -dać|ść (na kogoś) 3. *przen* szturmować, za|atakować (gegen etw. *a.* jmdn coś *a.* kogoś); zwalczać (gegen etw. coś) II. (h) *vt* potrąc-ać|ić (jmdn kogoś), wpa-dać|ść (na kogoś)
Anrichte *f* —, —n kredens *m*
anrichten (h) I. *vt* 1. przyrządz-ać|ić, przygotow-ywać|ać (das Essen posiłek) 2. na|robić, z|robić, s|powodować; e. Blutbad ~ urządzić rzeź; Freude ~ wywoł(yw)ać radość; Schaden ~ wyrządzać szkodę; e. Unglück ~ spowodować nieszczęście; was hast du wieder angerichtet? cóżeś znowu nabroił? 3. wy|celować (e—n Panzer w czołg) II. (h) *vi* poda-waćć do stołu; es ist angerichtet podano do stołu. Su do I. 1. 2.
anriechen (98;h) *vt* 1. po|wąchać 2. czuć (jmdm etw. kogoś czymś) 3. *przen* pozna-waćć (po kimś coś)
Anriß *m* ...isses, ...isse naddarcie *n;* pęknięcie *n,* rysa *f*
Anritt *m* —(e)s, —e 1. przyjazd *m* (na koniu) 2. woj atak konnicy, szarża *f*
anritzen (h) *vt* za|drasnąć
anrollen 1. (h) *vt* przyw-ozić|ieźć wozem, przyt-aczać|oczyć (e. Faß beczkę) 2. (sn) *vi* przyje-żdżać|chać (mit dem Wagen wozem)
anrüchig *adj* 1. mający złą opinię; o złej reputacji; osławiony (*np.* lokal) e. ~er Mensch człowiek mający złą opinię 2. *przen* nieczysty; e—e etw. ~e Angelegenheit sprawa niezupełnie czysta. Sk 1. zła opinia 2. *przen* nieczystość *f* (dieser Geschäfte tych interesów)
anrücken 1. (h) *vt* przysu-waćć|nąć 2. (sn) *vi t.* angerückt kommen zbliż-aćć|yć się, nadciąg-aćć|nąć
Anrudern *n* —s *sport* otwarcie sezonu wioślarskiego; rozwiosłowanie *n*
Anruf *m* —(e)s, —e 1. zawołanie *n* 2. *pot* telefon *m* (rozmowa telefoniczna); e—n ~ haben mieć rozmowę telefoniczną
anrufen (101;h) *vt* 1. za|wołać (jmdn na kogoś) 2. prosić (jmdn um etw. ko-

goś o coś), w-zywaćć|ezwać (jmdn um Hilfe czyjejś pomocy; jmdn zum Zeugen kogoś na świadka) 3. *praw* odwoł-ywać|ać się (e. höheres Gericht do sądu wyższej instancji) 4. za|telefonować (jmdn do kogoś). Su 1. *praw* odwołanie się 2. wzywanie *n*
anrühren (h) *vt* 1. dot-ykać|knąć (jmdn *a.* etw. kogoś *a.* coś); dot-ykać|knąć się (etw. czegoś) 2. zaprawi-ać|ć (die Suppe mit etw. zupę czymś) 3. rozczyni-ać|ć, rozr-abiać|obić (den Teig ciasto) 4. mieszać (Farbe farbę); przyrządz-ać|ić
ans = an das *zob.* an
Ansage *f* —, —n 1. zapowiedź *f,* zapowiadanie *n;* wiadomość *f* 2. konferansjerka *f* 3. dyktando *n*
ansagen (h) I. *vt, vi* 1. zapowi-adać| edzieć (e—n Besuch *a.* im Rundfunk w radiu) 2. po|dyktować (sekretarce) II. sich ~ *vr* zapowi-adać|edzieć się (*o gościach*)
Ansager *m* —s, — 1. zapowiadający *m* 2. *radio* spiker *m* 3. *teatr* konferansjer *m*
ansägen (h) *vt* nadpiłować
ansammeln (h) *vt, vr* (sich się) na|zbierać, na|gromadzić. Su 1. nagromadzenie *n* 2. gromada *f* (ludzi); zbiegowisko *n*
ansässig *adj:adv* osiadły, zamieszkały; ~ sein zamieszkiwać, mieszkać; sich ~ machen zamieszkać, osiedl-ać|ić się. Sk osiadłość *f,* stałe zamieszkanie
Ansatz *m* —es, ±e 1. *tech* nasadka (*t. bot*), przystawka *f,* przedłużacz *m* 2. osad *m,* kamień kotłowy 3. *med* odkładanie *n,* gromadzenie się (von Fett tłuszczu), *i* otłuszczenie *n* 4. rozbieg, rozpęd *m;* e—n ~ nehmen rozpędzić się; auf den ersten ~ za pierwszym zamachem, od razu 5. skłonność *f* (zum Fettwerden do tycia) 6. zaczątek, zarodek *m* (e—r Krankheit choroby) 7. założenie, zakładanie *n;* in den Ansätzen steckenbleiben tkwić w założeniach ⟨początkach⟩
Ansatzrohr *n* —(e)s, —e rura ssąca; rura króćcowa, króciec *m* 2. *anat* nasada *f* (*jama gardłowa, nosowa i ustna*)
Ansatzstück *n* —es, —e *tech* nasadka *f,* łącznik *m;* przystawka *f*
ansaugen (103;h) 1. *vt* zasysać 2. sich ~ *vr* wsysać|wessać się (an etw. w coś)
Ansaugrohr *n* —(e)s, —e rura ssąca
anschaffen (h) 1. *vt, vr* (sich *dat* sobie) sprawi-aćć, kup-ować|ić; sich e—n Anzug ~ sprawić sobie ubranie 2. sich *dat* ~ *vr* naby-waćć (e—n Hund psa). Su 1. nabycie, kupno *n* 2. zakup *m;* nabytek *m*
Anschaffungskosten *pl, ekon* koszty zakupu
Anschaffungspreis *m* —es, —e cena zakupu ⟨nabycia⟩
anschauen (h) *vt* 1. *t. vr* (sich na siebie) spo-glądać|jrzeć, po|patrzyć, patrzyć (jmdn *a.* etw. na kogoś *a.* coś) 2. *t. vr* (sich *dat* sobie) przypat-rywać| rzyć ⟨przy-glądać|jrzeć⟩ się (jmdn *a.*

anschaulich 47 anschnauzen

etw. komuś a. czemuś), oglądać|obejrzeć |(sich) jmdn a. etw. (sobie) kogoś a. coś|. Su 1. oglądanie n 2. filoz ogląd m 3. pogląd m, zdanie n; seiner Anschauung nach jego zdaniem 4. wyobrażenie n (von etw. o czymś), pogląd m, zapatrywanie n (na coś)
anschaulich adj:adv poglądow-y:-o, jasn-y:-o, plastyczn-y:-ie, obrazow-y:-o; etw. ~ machen unaoczniać coś; etw. ~ schildern przedstawiać coś plastycznie ⟨obrazowo, poglądowo⟩. Sk
Anschauungs... w comp poglądowy; np. ~materiał
Anschauungsmaterial n —s materiał poglądowy
Anschauungsmethode f —, —n metoda poglądowa
Anschauungsunterricht m —(e)s nauka poglądowa
Anschauungsurteil n —(e)s sąd poglądowy
Anschauungsweise f —, —n sposób zapatrywania, pogląd m, zapatrywanie n
Anschein m —(e)s pozór m; dem ~ nach z pozoru; allem ~ nach według wszelkiego prawdopodobieństwa, prawdopodobnie; najwidoczniej; sich dat den ~ geben upozorować, udawać; den ~ erwecken wywoływać wrażenie, mieć pozór
anscheinend adv widocznie
anschicken, sich (h) vr zab-ierać|rać ⟨szykować⟩ się (zu etw. do czegoś)
anschieben (110;h) vt pop-ychać|chnąć
anschielen (h) vt zerk-ać|nąć z ukosa, pot zezować (jmdn na kogoś); von unten herauf ~ spoglądać spode łba
anschießen (111) 1. (h) vt postrzelić, trafić (e. Wildschwein dzika) 2. (sn) vi, przen a. angeschossen kommen przybie-gać|c ⟨przyl-atywać|ecieć⟩ pędem. Su do 1.
anschirren (h) vt zaprz-ęgać|ąc. Su
Anschlag m —(e)s, ⁻e 1. uderzenie n (gegen etw. o coś); muz e. weicher ~ miękkie uderzenie 2. afisz, plakat m; obwieszczenie, ogłoszenie n; durch ~ bekannt machen ogłaszać plakatami 3. kosztorys m 4. spisek, zamach m (auf die Freiheit na wolność) 5. postawa strzelecka 6. ocena f, szacowanie n, taksacja f; etw. in ~ bringen uwzględniać ⟨kalkulować⟩ coś
anschlagen (114;h) I. vt 1. przybi-jać|ć (e. Brett deskę) 2. przylepi-ać|ć, rozlepi-ać|ć (Plakate afisze); wywie-szać|sić (e—e Bekanntmachung ogłoszenie) 3. naci-nać|ąć siekierą (e—n Baum drzewo) 4. uderz-ać|yć (e—e Glocke w dzwon; die Tasten w klawisze); przen den richtigen Ton ~ uderzyć we właściwy ton; przen e—n anderen Ton ~ zmienić ton 5. przen oceni-ać|ć, o|szacować; zu hoch ~ oceniać za wysoko; zu niedrig ~ nie doceniać 6. das Gewehr ~ celować z karabinu (auf jmdn w kogoś) 7. napocz-ynać|ąć (e. Faß beczkę) 8. krzesać (Feuer ogień) II. vi 1. za|szczekać (o psie); odezwać się (o

dzwonie) 2. przyj-mować|ąć się (o roślinie) 3. po|skutkować, pom-agać|óc; die Kur schlägt gut an kuracja dobrze skutkuje; bei ihm schlägt nichts an jemu nic nie pomaga 4. składać|złożyć się do strzału
Anschläger m —s, — górn sygnalista m; muz młoteczek m (fortepianowy)
Anschlagsäule f —, —n słup ogłoszeniowy
Anschlagzettel m —s, — ogłoszenie n, afisz m
anschleichen (115) 1. (sn) vi skradać się 2. (h) vt pod-chodzić|ejść (das Wild zwierzynę) 3. (h) sich ~ vr skradać się
anschließen (118;h) 1. vt, vr (sich się) dołącz-ać|yć, przyłącz-ać|yć, włącz-ać| yć (an die elektrische Leitung do sieci elektrycznej) 2. vi przylegać (an den Wald do lasu) 3. nast-ępować|ąpić, odby-wać|ć się po...
anschließend 1. part praes, zob. anschließen 2. adv (bezpośrednio) potem; ~ an po; ~ an den Vortrag fand die Diskussion statt po wykładzie odbyła się dyskusja
Anschluß m ...usses, ...üsse 1. przyłączenie, dołączenie n (an das Fernsprechnetz do sieci telefonicznej) 2. połączenie n (t. telefoniczne); der Zug ⟨Dampfer⟩ hat guten ~ pociąg ⟨statek⟩ ma dogodne połączenie 3. elektr łącze, przyłącze n 4. polit przyłączenie n; unia f 5. znajomość f, towarzystwo n; ~ suchen szukać znajomości; przen, pot sie hat den ~ verpaßt nie znalazła męża * im ~ an zaraz ⟨bezpośrednio⟩ po; im ~ an meinen Brief nawiązując do mojego listu
Anschluß... w comp 1. przyłączeniowy; np. ~kabel 2. łączący; np. ~stück 3. ... przyłączenia; np. ~stelle
Anschlußgleis n —es, —e kol bocznica f
Anschlußkabel n —s, — kabel przyłączeniowy
Anschlußstelle f —, —n miejsce przyłączenia
Anschlußstück n —(e)s, —e złączka f, łącznik m, mufa łącząca
anschmachten (h) vt wzdychać (jmdn do kogoś)
anschmieden (h) vt przyku-wać|ć; sp-awać|oić, przylutować
anschmiegen, sich (h) vr 1. przytul-ać|ić się (an jmdn do kogoś) 2. przylegać (np. o sukni)
anschmieren (h) I. vt 1. t. vr (sich dat sobie) zasmarow-ywać|ać, osmarow-ywać|ać; paprać (ręce) 2. przen, pot oszwabi-ać|ć, wykantować 3. wcis-kać| nąć, wtryni-ać|ć II. sich ~ vr, przen, pot podlizywać się (bei jmdm komuś)
anschnallen (h) vt przypi-nać|ąć (Schlittschuhe łyżwy); przypas-ywać|ać (e—n Säbel szablę); przytr-aczać|oczyć
Anschnallgurt m —(e)s, —e lot, auto pas bezpieczeństwa
anschnauzen (h) vt, pot wpa-dać|ść z pyskiem ⟨jmdn na kogoś⟩, zbesztać (kogoś)

Anschnauzer *m* —s, — *pot* ofuknięcie *n*, bura *f*
anschneiden (123;h) *vt* 1. naci-ńać|ąć, napocz-ynać|ąć (e. **Brot** bochenek) 2. *przen* porusz-ać|yć (e. **Problem** problem)
Anschnitt *m* —(e)s, —e 1. przylepka, piętka *f* (chleba) 2. napoczęcie, nacięcie *n*
anschrauben (h) *vt* przyśrubow-ywać|ać
anschreiben (126;h) *vt* 1. na|pisać (an die **Tafel** na tablicy) 2. zapis-ywać|ać; *przen* ~ **lassen** kazać zapisywać jako dług; brać na kredyt * *przen* **gut** ⟨**schlecht**⟩ **angeschrieben sein** ⟨**stehen**⟩ mieć dobrą ⟨złą⟩ opinię (**bei jmdm** u kogoś)
anschreien (127;h) *vt* krzy-czeć|knąć, wrz-eszczeć|asnąć (**jmdn** na kogoś)
Anschrift *f* —, —**en** adres *m* (na liście); nagłówek, tytuł *m;* **ständige** ~ stały adres
anschuldigen (h) *vt* oskarż-ać|yć, obwini-ać|ć (**jmdn e—r Sache** kogoś o coś). **Su**
anschüren (h) *vt* wzniec-ać|ić, podsyc-ać| ić (**Feuer** ogień; **Haß** nienawiść)
Anschuß *m* ...**usses**, ...**üsse** 1. pierwszy strzał; *sport* próbny strzał 2. postrzał *m*, rana postrzałowa
anschwärzen (h) *vt* 1. poczerni-ać|ć 2. *przen* oczerni-ać|ć. **Su** do 2.
anschweißen (h) *vt* 1. przyspawać 2. *łow* postrzelić. **Su**
anschwellen I. (130;sn) *vt* 1. nabrzmie--wać|ć, obrzęk-ać|nąć, s|puchnąć (o *twarzy*) 2. wzbierać, wezbrać, przyb-ierać|rać (o *wodzie*) 3. *przen* nar-astać| osnąć, wzm-agać|óc się (*np. o hałasie*) 4. pęcznieć (o *pąkach*) II. (h) *vt* nad--ymać|ąć, wyd-ymać|ąć (**die Segel** żagle). **Su** do I. 1. 4.; do 1. *t.* obrzęk *m*
anschwemmen (h) *vt* nan-osić|ieść, namul-ać|ić (**Schlamm** namuł). **Su** *geol* nanosy rzeczne, napływy *pl,* aluwia *pl*
ansegeln 1. (sn) *vi a.* **angesegelt kommen** nadpłynąć (żaglowcem) 2. (h) *vt* **e—n Hafen** ~ zawi-jać|nąć (żaglowcem) do portu
Ansegeln *n* —**s** *sport* otwarcie sezonu żeglarskiego
anseh(e)n (135;h) I. *vt* 1. *t. vr* (**sich na siebie**) spo-glądać|jrzeć, po|patrzeć, patrzyć (**jmdn** *a.* **etw.** na kogoś *a.* coś); **es war hübsch anzusehen** przyjemnie było popatrzeć; **er sah ihn von oben bis unten an** obejrzał ⟨zmierzył⟩ go od stóp do głów; **ich kann es nicht mehr länger** ~ już dłużej nie mogę na to patrzeć; **er sah mich groß an** popatrzył na mnie ze zdumieniem 2. *t. vr* (**sich** *dat*) przy-glądać|jrzeć ⟨przypat-rywać|rzyć⟩ się (**jmdn** *a.* **etw.** komuś *a.* czemuś), oglądać|obejrzeć [(**sich**) **jmdn** *a.* **etw.** (sobie) kogoś *a.* coś] 3. pozna-wać|ć, znać (**jmdm etw.** coś po kimś); **man sieht ihm keine Not an** nie znać po nim biedy 4. zapatrywać się; **er sieht die Sache ganz anders an** on zupełnie inaczej zapatruje się na to 5. uważać, mieć (**jmdn** *a.* **etw. als** ⟨**für**⟩ kogoś *a.* coś za kogoś *a.* za coś); **er sah mich als seinen Freund an** uważał mnie za swojego przyjaciela; **ich sehe es als meine Pflicht an** uważam to za swój obowiązek; **wofür siehst du mich an?** za co mnie masz?, za kogo mnie uważasz? II. *vi* popatrzeć; **sieh mal an!** popatrz no! III. **sich** ~ *vr* wyda-wać|ć, się, wyglądać; **das sieht sich so an** ... **to** wygląda ⟨wydaje się⟩ tak ...
Ansehen *n* —**s** 1. spojrzenie, obejrzenie, oglądanie *n;* **ich kenne ihn dem** ~ **nach** znam go z widzenia 2. wygląd *m*, powierzchowność *f;* pozór *m;* **er gibt sich ein vornehmes** ~ udaje wytwornego 3. *przen* :poważanie *n*, powaga *f*, ~ **genießen** *a.* **in hohem** ~ **stehen** cieszyć się dużym poważaniem 4. wzgląd *m;* **ohne** ~ **der Person** bez względu na osobę
ansehnlich *adj:adv* 1. znaczn-y:-ie, pokaźn-y:-ie (o *kwotach*) 2. postawn-y:-ie, okaza-ły:-le, reprezentacyjn-y:-ie. **Sk**
Ansehung *f; in* ~ **dessen** ze względu na
anseilen (h) *vt, vr* (**sich się**) przywiąz-ywać|ać liną
ansetzen (h) I. *vt* 1. przystawi-ać|ć (**e—e Leiter** drabinę); przy-kładać|łożyć (e. **Messer** nóż); stawi-ać|ć (**Blutegel** pijawki); podn-osić|ieść ⟨przytknąć⟩ do ust (**e—n Becher** puchar); **e—e Flöte** flet); przystawi-ać|ć do ognia (**e—n Topf** garnek) 2. *kraw* przyszy-wać|ć 3. nadsztukow-ywać|ać 4. wyznacz-ać| yć, ustal-ać|ić (**e—n Termin** termin; **Preise** ceny; **e—e Strafe** karę) 5. za| planować 6. wy|pu-szczać|ścić (**Knospen** pąki) 7. rozpocz-ynać|ąć, zab-ierać|rać się; **die Feder** ~ zabierać się do pisania 8. osi-adać|ąść; **Rost** ~ rdzewieć, pokry-wać|ć się rdzą; II. *vi* 1. rozwi-jać|nąć się; **die Knospen setzen an** pąki rozwijają się 2. rozpocz-ynać|ąć; *lot* **zum Landen** ~ podchodzić do lądowania; **zum Sprung** ~ rozpędzić się do skoku III. **sich** ~ *vr* osadz-ać|ić się (o *kurzu, rdzy*)
Ansicht *f* —, —**en** 1. widok *m* 2. obejrzenie, przejrzenie *n; zur* ~ do obejrzenia ⟨przejrzenia⟩ 3. zdanie, mniemanie *n*, pogląd *m;* **nach meiner** ~ *a.* **meiner** ~ **nach** wg mnie ⟨mego zdania⟩; **ich bin der** ~, **daß** ... jestem zdania, że ...; **wir haben verschiedene** ~ **über** ... mamy odmienny pogląd na...
ansichtig *adj;* ~ **werden** ujrzeć (**jmds** kogoś)
Ansichtskarte *f* —, —**n** *poczt* widokówka *f*
Ansichtssache *f* — sprawa zapatrywania
Ansichtssendung *f* —, —**en** *hand* przesyłka próbna
ansiedeln (h) *vt, vr* (**sich** się) osiedl-ać| ić. **Su** *t.* osada *f,* osiedle *n*, kolonia *f*
Ansiedler *m* —**s**, — osadnik *m*
Ansinnen *n* —**s** pretensja *f,* żądanie *n*
Ansitz *m* —**es**, —**e** *łow* zasiadka *f*
anspannen (h) *vt* 1. zaprz-ęgać|ąc 2. napi-nać|ąć (**den Bogen** łuk); naciąg-ać| nąć (**e—e Saite** strunę) 3. wytęż-ać|yć, natęż-ać|yć (**die Kräfte** siły); *przen* **die Aufmerksamkeit** uwagę). **Su**

anspeien (144; h) *vt* plu-nąć|ć (jmdn na kogoś), oplu-wać|ć (kogoś)
Anspiel *n* —(e)s, —e *karc* zagranie, wyjście *n;* wer hat das ~? kto jest na ręku ⟨zagrywa, wychodzi⟩?
anspielen (h) I. *vi* 1. *karc* zagr-ywać|ać, być na ręku 2. *przen* czynić ⟨z|robić⟩ aluzję (auf etw. do czegoś), napomykać|knąć (o czymś) II. *vt* 1. *karc* zagr-ywać|ać (Herz w kiery) 2. próbować grać (e—e Geige na skrzypcach). Su aluzja, przymówka *f*, przytyk *m*, napomknienie *n*
anspinnen (145;h) I. *vt* 1. zacz-ynać|ąć prząść 2. *przen* nawiąz-ywać|ać (e—e Unterhaltung rozmowę; Verhandlungen rokowania) II. sich ~ *vr* kluć się; es spinnt sich etw. an coś się kluje, na coś się zanosi
anspitzen (h) *vt* zaostrz-ać|yć, za|temperować (e—n Bleistift ołówek)
Ansporn *m* —(e)s bodziec *m*, zachęta, podnieta *f*
anspornen (h) *vt* 1. spi-nać|ąć ostrogami 2. *przen* pobudz-ać|ić, zachęc-ać|ić, doda-wać|ć bodźca; popędz-ać|ić. Su
Ansprache *f* —, —n 1. przemowa *f*, przemówienie *n*; e—e ~ halten an ... przemawiać ⟨wygłaszać przemówienie⟩ do ... 2. *woj* oznaczenie *n* (e—s Flugzeuges samolotu)
ansprechen (146;h) *vt* 1. zagad-ywać|nąć (jmdn kogoś); przem-awiać|ówić (do kogoś) 2. po|prosić (jmdn um etw. kogoś o coś) 3. *t. vi* podobać się, odpowiadać; das Lied spricht (mich) sehr an pieśń bardzo mi się podoba 4. uważać, uzna-wać|ć (die Lage als günstig położenie za korzystne) 5. *woj* oznacz-ać|yć (das Ziel cel) 6. *tech* za|reagować, za|działać 7. porusz-ać|yć (e. Thema temat)
ansprechend 1. *part praes, zob.* ansprechen 2. *adj:adv* ujmując-y:-o, mił-y:-o; ~es Äußeres ujmujący wygląd
anspringen (148) I. (sn) *vi* 1. *t.* angesprungen kommen przybie-gać|c w podskokach; przysk-akiwać|oczyć 2. nadpęk-ać|nąć 3. *auto* zapal-ać|ić; *pot* zask-akiwać|oczyć; der Motor springt an silnik zaskakuje II. (h) *vt* skoczyć (jmdn na kogoś)
anspritzen 1. (h) *vt* oprysk-iwać|ać; obryzg-iwać|ać 2. (sn) *vi t.* angespritzt kommen *pot* przydrałować, przybie-gać|c
Anspruch *m* —(e)s, ..e 1. pretensja *f*, roszczenie *n*; prawo *n* (auf etw. do czegoś); rechtlicher ~ tytuł prawny; e—n ~ erheben rościć sobie pretensje, wysuwać roszczenie 2. ..e *pl* wymagania *pl;* große Ansprüche haben mieć wielkie wymagania * es nimmt mich sehr in ~ bardzo mnie to absorbuje; darf ich ihre Güte in ~ nehmen? czy mogę skorzystać z pańskiej ⟨pani, pana⟩ uprzejmości?
anspruchslos *adj:adv* bezpretensjonaln-y:-ie, skromn-y:-ie. Si
anspruchsvoll *adj:adv* pretensjonaln-y:-ie; wymagając-y:-o
anspucken (h) *vt*, *zob.* anspeien
anspülen (h) *vt* 1. namul-ać|ić, nan-osić|

ieść 2. wyrzuc-ać|ić na brzeg (o morzu). Su
anstacheln (h) *vt* *zob.* anspornen 2.
Anstalt *f* —, —en 1. zakład *m*; instytucja *f*; instytut *m*; dom *m* (*np.* dla starców) 2. ~en *pl* przygotowania *pl*; ~en machen ⟨treffen⟩ czynić przygotowania (zu etw. do czegoś)
Anstand *m* —(e)s 1. przyzwoitość *f*; den ~ wahren zachowywać przyzwoitość; den ~ verletzen wykraczać przeciw przyzwoitości 2. zwłoka *f*; ~ nehmen ociągać się; ohne ~ bez zwłoki, niezwłocznie 3. zastrzeżenie 4. ⸗e *pl* obiekcje, trudności *pl* 5. *łow* zasiadka *f*
anständig *adj:adv* 1. przyzwoi-ty:-cie, jak trzeba ⟨się należy⟩; skromn-y:-ie 2. *pot* spor-y:-o, porządn-y:-ie. Sk przyzwoitość *f*; skromność *f*
anstandshalber *adv* dla przyzwoitości
anstandslos *adv* bez trudności, bez zastrzeżeń
Anstandswauwau *m* —s, —s *pot* przyzwoitka *f*
anstandswidrig *adj:adv* sprzeczn-y:-ie z zasadami przyzwoitości, nieprzyzwoi-ty:-cie
anstarren (h) *vt* wlepi-ać|ć oczy (jmdn *a. etw.* w kogoś *a.* w coś)
anstatt 1. *praep gen* zamiast; ~ des Vaters zamiast ojca 2. *cj* (za)miast; ~ daß Sie hier sitzen ⟨~ hier zu sitzen⟩, gehen Sie nach Hause zamiast tu siedzieć, niech pan(i) idzie do domu
anstauen (h) 1. *vt. vr* (sich się) spiętrz-ać|yć (Wasser wodę) 2. sich ~ *vr* na| gromadzić się. Su
anstaunen (h) *vt* podziwiać
anstechen (149;h) *vt* 1. nakłu-wać|ć 2. napocz-ynać|ąć (e. Faß beczkę)
Ansteckärmel *m* —s, — rękaw ochronny; zarękawek *m*
anstecken (h) *vt* 1. *t. vr* (sich *dat* sobie) przymocow-ywać|ać; mit e—r Nadel ~ przyszpilać, przypinać szpilką; e—n Ring ~ wkładać pierścionek 2. *t. vr* (sich *dat* sobie) zapal-ać|ić (e—e Zigarette papierosa) 3. podpal-ać|ić (e. Haus dom) 4. *t. vr* (sich się) zara-żać|zić (mit e—r Krankheit chorobą). Su zakażenie *n*, infekcja *f*
ansteckend 1. *part praes, zob.* anstecken 2. *adj:adv, med* zaraźliw-y:-ie, zakażn-y:-ie, infekcyjn-y:-ie; *przen* ~es Beispiel zaraźliwy przykład
Anstecknadel *f* —, —n szpilka *f* (ozdobna)
Ansteckungs... *w comp* ... zakażenia, ... infekcji; *np.* ~herd
Ansteckungsgefahr *f* — niebezpieczeństwo zarażenia ⟨infekcji⟩
Ansteckungsherd *m* —(e)s, —e źródło ⟨ognisko⟩ infekcji
Ansteckungskraft *f* —, ..e *med* zjadliwość zarazka, wirulencja *f*
anstehen (151; h, sn) *vi* 1. sta-nąć|ć ⟨stawać⟩ w kolejce ⟨pot w ogonku⟩ (bei der Kasse przy kasie; nach Fischen po ryby) 2. *łow* zasiadać (na zwierza) 3. za|wahać się, omieszkać; ich stehe nicht an, es zu tun nie zawaham

4 Słownik niem.-pol.

ansteigen 50 **antagonistisch**

się ⟨nie omieszkam⟩ tego uczynić 4. *vimp* nie być załatwionym; ~ **lassen** nie załatwi-ać|ć, odsu-wać|nąć; **wir wollen das noch** ~ **lassen!** odłóżmy to jeszcze! 5. *vimp* po|trwać; **es wird noch lange** ~, **bis** ... to jeszcze długo potrwa, zanim ... 6. *praw* być wyznaczonym ⟨oznaczonym⟩; **der Termin steht an termin** jest wyznaczony 7. nie być zapłaconym (o *długu*); ~ **lassen** nie zapłacić 8. *vimp, przen* uchodzić, godzić się, wypadać; **Ihnen steht es an panu** ⟨pani⟩ uchodzi ⟨wypada⟩
ansteigen (153;sn) *vi* 1. wzn-osić|ieść się (o *terenie*) 2. wzbierać|wezbrać (o *wodzie*); podn-osić|ieść się (o *temperaturze*) 3. *przen* wzr-astać|osnąć (o *cenach*)
anstelle *praep gen* (za)miast; ~ **des Vaters** zamiast ojca
anstellen (h) I. *vt* 1. przystawi-ać|ć (e—e **Leiter** drabinę) 2. za|angażować, przyj-mować|ąć do pracy, zatrudni-ać|ć; **angestellt sein** mieć posadę; **er ist fest angestellt** ma stałą posadę 3. *przen* urządz-ać|ić, z|robić; *pot* zmalować, na|broić; **wie soll ich das ~?** jak mam to zrobić?; **was hast du wieder angestellt?** cóżeś znowu zmalował ⟨nabroił⟩? 4. dokon-ywać|ać, przedsię-brać|wziąć (**Untersuchungen** badania) e—n **Vergleich** ~ porównywać; e. **Verhör** ~ przesłuchiwać 5. włącz-ać|yć (**die Heizung** ogrzewanie), uruch--amiać|omić, nastawi-ać|ć II. **sich** ~ *vr* 1. *zob* **anstehen** 1. 2. zachow-ywać| ać się, uda-wać|ć; **sich dumm** ~ udawać głupiego; **er stellt sich bloß so an, als ob** ... (on) tylko tak udaje, że ⟨jak gdyby⟩... 3. zab-ierać|rać się (**zu etw.** do czegoś). **Su do I.** 2. 4.; **do I.** 2. *t.* posada *f*, stanowisko *n*
anstellig *adj:adv* zręczn-y:-ie. Sk
ansteuern (h) *vt*, *mar* brać|wziąć kurs (**etw. na**); e—n **Hafen** ~ zawi-jać|nąć do portu
Anstich *m* —(e)s, —e napoczęcie *n* (e—s **Fasses** beczki)
Anstieg *m* —(e)s, —e 1. wchodzenie *n* górę; wznoszenie się 2. wzrost *m* (**der Temperatur** temperatury), narastanie *n* 3. przybór *m*, wezbranie *n* (**des Wassers** wody)
anstieren *zob.* **anstarren**
anstiften (h) *vt* 1. s|powodować, sprawi-ać|ć, wyrządz-ać|ić; **Unheil** ~ sprowadzić nieszczęście, *pot* napytać biedy; *pot* **da hast du etw. Schönes angestiftet!** toś dopiero nawarzył piwa! 2. podjudz-ać|ić, podżegać. Su
Anstifter *m* —s, — sprawca *m*
Anstifterin *f* —, —nen sprawczyni *f*
anstimmen (h) *vt* 1. zanucić, za|intonować 2. *t. vi* poda-wać|ć ton 3. *przen* wybuch-ać|nąć (**etw.** czymś; **wpa-dać|ść** (**w coś**)
Anstoß *m* —es, ⸗e 1. uderzenie, po|trącenie *n* 2. *przen* impuls *m*, inicjatywa *f*; podnieta *f* 3. *przen* zgorszenie *n*; ~ **nehmen an etw.** gorszyć się czymś 4. obraza *f*; e. **Stein des** ~**es**

kamień obrazy 5. przeszkoda *f*, szkopuł *m*; **ohne** ~ **lesen** płynnie ⟨gładko⟩ czytać 6. *sport* rozpoczęcie gry (*piłka nożna*)
anstoßen (157) I. (h) *vt* 1. *t. vr* (**sich** się) uderz-ać|yć (**etw. o coś**) 2. potrąc-ać|ić; **die Gläser** ~ trącać się kieliszkami; **auf jmds Wohl** ~ pić za czyjąś pomyślność 3. *sport* **den Ball** ~ rozpoczynać grę (*piłka nożna*) II. *vi* 1. (sn;h) uderz-ać|yć, zawadz-ać|ić, pot-ykać| knąć się (**an etw.** o coś) 2. (h) jąkać się; **mit der Zunge** ~ s(z)eplenić 3. (sn;h) przylegać, graniczyć; **die Wiese stößt an den Wald an** łąka przylega do lasu ⟨graniczy z lasem⟩ 4. (sn;h) ura-żać|zić (**bei jmdm kogoś**) 5. (h) trąc-ać|ić się (**mit den Gläsern** kieliszkami)
anstoßend 1. *part praes, zob.* **anstoßen** 2. *adj* przyległy, sąsiedni
anstößig *adj:adv* gorsząc-y:-o; skandaliczn-y:-ie, nieprzyzwoi-ty:-cie. Sk zgorszenie *n*; nieprzyzwoitość *f*
anstrahlen (h) *vt* 1. naświetl-ać|ić, oświetl-ać|ić 2. *przen* spo-glądać|jrzeć promiennym wzrokiem. Su do 1.
anstreben (h) *vt* 1. dążyć (**etw. do** czegoś) 2. *vi* sprzeciwi-ać|ć się (**gegen etw.** czemuś)
anstreichen (158;h) *vt* 1. po|malować; po|lakierować 2. zakreśl-ać|ić, zaznacz--ać|yć (e—e **Stelle im Buch** miejsce w książce) 3. *przen, pot* odpłac-ać|ić; po|pamiętać; **das werde ich ihm schon** ~! już ja mu to popamiętam! * e. **Zündholz** ~ zapal-ać|ić zapałkę
Anstreicher *m* —s, — malarz *m* (pokojowy)
anstrengen (h) I. *vt* 1. wytęż-ać|yć, natęż-ać|yć, wysil-ać|ić 2. z|męczyć 3. wn-osić|ieść (e—e **Klage gegen jmdn** skargę na kogoś); wyt-aczać|oczyć (e—n **Prozeß gegen jmdn** proces komuś) II. **sich** ~ *vr* starać ⟨wy-sil-ać|ić⟩ się. **Su do I.** 1.—3. **do I.** 1. *t.* wysiłek *m*
anstrengend 1. *part praes, zob.* **anstrengen** 2. *adj:adv* intensywn-y:-ie, wytężony, forsown-y:-ie, męcząc-y:-o
Anstrich *m* —(e)s, —e 1. (po)malowanie *n*; (po)lakierowanie *n*; powłoka *f*; er- ster ~ gruntowanie *n* 2. *przen* pozór, wygląd *m*; ~ **von Gelehrsamkeit** pozór uczoności
Ansturm *m* —(e)s, ⸗e 1. napór *m*; natarcie *n*, atak *m*; **im ersten** ~ **erobern** zdobywać wstępnym bojem 2. *hand* run *m*
anstürmen (sn) *vi* 1. przypu-szczać|ścić szturm, nacierać (**gegen** ⟨**auf**⟩ **etw.** na coś) 2. *t.* angestürmt **kommen** przybie-gać|c, przypędzić
Ansuchen /*n* —s prośba *f*; podanie *n*; **auf unser** ~ na naszą prośbę
Antagonismus *m* —, ...men antagonizm *m*
Antagonįst *m* —en, —en antagonista, przeciwnik *m*
antagonistisch *adj:adv* antagonistyczn--y:-ie

Antagonistin 51 **antreten**

Antagonistin f —, —nen antagonistka f
antanzen a. angetanzt kommen (sn) vi, przen, pot przyby-wać|ć (w podskokach)
Antarktis f — Antarktyda f
antarktisch adj:adv antarktyczn-y:-ie
antasten (h) vt 1. dot-ykać|knąć (jmdn a. etw. kogoś a. czegoś), po|macać (coś) 2. przen dot-ykać|knąć, obra-żać| zić (jmdn a etw. kogoś a coś); jmds Ehre ~ dotknąć kogoś na honorze, obrażać czyjś honor 3. przen narusz-ać|yć (jmds Rechte czyjeś prawa), targnąć się (das Leben na życie)
Anteil m —(e)s, —e 1. udział m (am Gewinn w zysku); ~ nehmen an etw. brać w czymś udział; ~ haben an etw. partycypować w czymś; jeder zahlt seinen ~ każdy płaci swoją część (np. w restauracji) 2. współczucie; zainteresowanie n; herzliches ~ nehmen an etw. serdecznie współczuć w czymś; lebhaften ~ an etw. nehmen okazywać żywe zainteresowanie czymś
Anteilnahme f — zob. Anteil 2.
Anteilseigner m —s, — udziałowiec, akcjonariusz m
antelephonieren (h) vt, vi za|telefonować, za|dzwonić (jmdn a. bei jmdm do kogoś)
Antenne f —, —n 1. radio antena f 2. zoo, ent czułek m; antena f
Antennen... w comp 1. antenowy; np. ~mast 2. ... anteny; np. ~länge
Antennenlänge f — długość anteny
Antennenmast m —es, —e a. —en radio maszt antenowy
Anthologie f —, ...jen lit antologia f
Anthrazit m —(e)s, —e min antracyt m
anthropo... w comp antropo...; np. ~logisch
Anthropo... w comp antropo...; ~log(e)
Anthropolog(e) m ...en, ...en antropolog m
Anthropologie f — antropologia f
anthropologisch adj:adv antropologiczn-y:-ie
anti... w comp anty...; np. ~faschistisch
Anti... w comp anty...; np. ~biotikum
Antialkoholiker m —s, — antyalkoholik m
Antibabypille [...bɛ...] f —, —n pot pigułka antykoncepcyjna
Antibiotikum n —s, ...ka med antybiotyk m
Antichrist [...k...] m —en, —en rel antychryst m
Antifaschist m —en, —en antyfaszysta m
antifaschistisch adj:adv antyfaszystowski
antik adj:adv antyczn-y:-ie, starożytn-y:-ie
Antike f 1. — antyk m, starożytność f 2. —, —n antyk m, przedmiot antyczny ⟨zabytkowy⟩
antikonzeptionell adj:adv antykoncepcyjn-y:-ie
Antikörper pl przeciwciała pl
Antillen pl Antyle pl
Antilope f —, —n antylopa f
Antimilitarismus m — antymilitaryzm m
Antimon n —s chem antymon m

Antinomie f —, ...jen praw, filoz antynomia, sprzeczność f
Antipathie f —, ...jen antypatia f (gegen jmdn a. etw. do kogoś a. czegoś)
antipathisch adj:adv antypatyczn-y:-ie
Antiphon(e) f —, —nen liturg antyfona f
Antipode m —n, —n 1. antypoda m 2. przen przeciwieństwo n; przeciwnik m
antippen (h) vt 1. dot-ykać|knąć (się) lekko (etw. czegoś) 2. przen napom-ykać|knąć (etw. o czymś) 3. podpyt-ywać|ać (jmdn a. bei jmdm kogoś)
Antiquar m —s, —e antykwariusz m
Antiquariat n —(e)s, —e antykwariat m, antykwarnia f
antiquarisch adj:adv antykwaryczn-y:-ie
Antiqua(schrift) f — druk antykwa f
antiquiert adj staroświecki. Su
Antiquität f —, —en antyk m, przedmiot zabytkowy ⟨antyczny⟩
Antiquitätenladen m —s, ⸗ sklep z antykami
Antiraketenrakete f —, —n rakieta przeciwrakietowa
Antisemit m —en, —en antysemita m
antisemitisch adj antysemicki
Antisemitismus m — antysemityzm m
Antisepsis a. **Antiseptik** f — med antyseptyka f
antiseptisch adj:adv med antyseptyczn-y:-ie
Antiteilchen n —s, —e antycząstka f
Antithese f —, —n antyteza f
antithetisch adj:adv antytetyczn-y:-ie, przeciwstawn-y:-ie
antizipieren (h) vt antycypować
Antizyklone f —, —n meteor antycyklon m
Antlitz n —es, —e oblicze n
Anton m —s Antoni m
Antonym n —s, —e jęz antonim m
Antrag m —(e)s, ⸗e 1. wniosek m; e—n ~ stellen stawiać ⟨składać⟩ wniosek; e—n ~ billigen przyjmować wniosek; für den ~ stimmen głosować za wnioskiem 2. propozycja f; oświadczyny pl
antragen (160;h) 1. vt, przen za|ofiarować, za|proponować; jmdm seine Hilfe ~ zaofiarować komuś swoją pomoc; seine Hand ~ oświadczyć się, zaproponować małżeństwo 2. vi wn-osić|ieść (auf Scheidung o rozwód)
Antragsformular n —s, —e formularz podaniowy
Antragsteller m —s, — wnioskodawca m
antreffen (161;h) vt zasta-wać|ć; (zu Hause w domu; bei der Arbeit przy pracy)
antreiben (162) I. (h) 1. napęd-ać|ić, popęd-ać|ić, poganiać (zur Arbeit do pracy); zur Eile ~ przynagl-ać|ić, naglić, pilić 2. wprawi-ać|ć ⟨pu-szczać| ścić⟩ w ruch (e—e Maschine maszynę) 3. przen zmu-szać|sić; die Not treibt ihn dazu an bieda zmusza go do tego II. (sn) vi angetrieben kommen nad-pły-wać|nąć (o krze)
Antreiber m —s, — poganiacz m
antreten (163) I. (h) vt 1. rozpocz-ynać| ąć (den Urlaub urlop); e—e Reise ~

4*

udawać się w podróż; **die Gefängnisstrafe** ~ rozpoczynać odsiadywanie kary 2. ob-ejmować|jąć (e—e **Erbschaft** spadek; e. **Amt** urząd; **die Regierung** rządy) *praw e—n **Beweis** ~ przedstawi-ać|ć dowód, udow-adniać|odnić II. **(sn)** vi 1. przyst-ępować|ąpić **(zum Angriff** do ataku), rozpocz-ynać|ąć **(zu** etw. coś) 2. woj ustawi-ać|ć się ⟨sta-wać|nąć⟩ w szeregu; **zum Appell** ~ stawać do apelu; **angetreten!** zbiórka!
Antrieb m —(e)s, —e 1. przen pobudka, podnieta f, bodziec, impuls m; **aus eignem** ⟨**freiem**⟩ ~ dobrowolnie, z własnej inicjatywy 2. tech napęd m
Antriebs... w comp napędowy; np. ~**rad**
Antriebsrad n —(e)s, ∷er koło napędowe
Antriebsvorrichtung f —, —en mechanizm napędowy, urządzenie napędowe
Antriebswelle f —, —n tech wał napędowy
antrinken (165;h) 1. vt nadpi-jać|ć 2. sich dat ~ vr podpić sobie; **sich e—n Rausch** ~ być pod dobrą datą
Antritt m —(e)s, —e 1. rozpoczęcie n **(des Urlaubs** urlopu) 2. objęcie n (e—r **Erbschaft** spadku; e—s **Amtes** urzędu) 3. sport zryw m
Antritts... w comp 1. pierwszy; np. ~**besuch** 2. inauguracyjny; np. ~**rede**
Antrittsbesuch m —(e)s, —e pierwsza ⟨wstępna⟩ wizyta
Antrittsrede f —, —n przemówienie inauguracyjne
Antrittsrolle f —, —n teatr pierwsza rola, debiut m
Antrittsvorlesung f —, —en wykład inauguracyjny
antun (167;h) I. vt 1. wdzi-ewać|ać; na-kładać|łożyć (na siebie) 2. z|robić, wyrząd-zać|ić **(jmdm etw.** komuś coś; **Leid** krzywdę); **jmdm die Ehre** ~ zaszczycać kogoś; **jmdm e—n Schimpf** ~ znieważać kogoś; **e—r Frau Gewalt** ~ z|gwałcić kobietę 3. vimp **es jmdm** ~ zachwycać ⟨oczarować⟩ kogoś; **das Mädchen hat es ihm angetan** dziewczyna oczarowała go II. **sich** dat ~ vr 1. **sich Zwang** ~ przymuszać się, zadawać sobie przymusu 2. **sich Leid** ~ popełnić samobójstwo
Antwerpen n —s Antwerpia f
Antwort f —, —en odpowiedź f; **abschlägige** a. **verneinende** ⟨**umgehende**⟩ ~ odmowna ⟨odwrotna⟩ odpowiedź; **als** ~ **auf** ... w odpowiedzi na ...; **die** ~ **schuldig bleiben** zostawiać bez odpowiedzi; **keine** ~ **schuldig bleiben** mieć na wszystko odpowiedź; **odcinać się; um** ~ **wird gebeten** uprasza się o odpowiedź; **es bedarf keiner** ~ odpowiedź jest zbyteczna; ⟨zur⟩ ~ **geben** odpowiadać; **Rede und** ~ **stehen** wytłumaczyć się; **keine** ~ **ist auch eine** ~ milczenie jest także odpowiedzią
antworten (h) vt, vi odpowi-adać|edzieć **(umgehend** odwrotnie, **ausweichend** wymijająco; **mündlich** ustnie)
anvertrauen (h) 1. vt powierz-ać|yć, zawierz-ać|yć; **jmdm e. Geheimnis** ~ zwierzać się komuś z tajemnicy 2. **sich** ~ vr zwierz-ać:-yć się **(jmdm** komuś)
anverwandt adj krewny, spokrewniony
Anverwandte —n, —n 1. m krewny m 2. f krewna f
anwachsen (172;sn) vi 1. przyr-astać|osnąć **(an etw.** do czegoś) 2. wzbierać| wezbrać, przyb-ierać|rać (o wodach) 3. wzr-astać|osnąć (o kapitale, długu, ludności)
Anwalt m —(e)s, —e a. ∷e 1. praw obrońca, adwokat m, zastępca prawny 2. obrońca, rzecznik m
Anwaltschaft f — adwokatura, palestra f
anwandeln (h) vt nawiedz-ać|ić, na-chodzić|jść; **Schrecken wandelte ihn an** strach go ogarnął; **e—e Ohnmacht wandelt mich an** robi mi się słabo. Su t. przystęp m **(von Furcht** lęku; **von Schwermut** melancholii)
anwärmen (h) vt zagrz-ewać|ać, podgrz-ewać|ać, ogrz-ewać|ać
Anwärter m —s, — kandydat m **(auf etw.** na coś), sport t. faworyt m
Anwartschaft f —, —en 1. kandydatura f 2. widoki pl **(auf etw.** na coś)
anwehen (h) vt 1. owi-ewać|ać; nawi-ewać|ać; **der Wind wehte Schnee an** wicher nawiał śniegu 2. vimp, przen ogarn-iać|ąć; **es weht mich heimatlich an** to mi przypomina strony rodzinne
anweisen (177;h) vt 1. wskaz-ywać|ać, wyznacz-ać|yć; przydziel-ać|ić **(e—n Platz** miejsce; **e. Zimmer** pokój) 2. pouczać|yć, po|instruować **(jmdn** in etw. kogoś w czymś) 3. polec-ać|ić, nakaz-ywać|ać **(jmdm etw.** zu tun komuś coś zrobić) 4. przekaz-ywać|ać **(Geld** pieniądze). Su do 1.—4.; do 1. t. przydział m; do 2. t. wskazówka, instrukcja f; do 3. t. nakaz m; do 4. t. przekaz m; e—e **Anweisung von 10 Mark** przekaz na 10 marek
Anweiser m —s, — porządkowy m; wskazujący miejsce (w kinie)
anwendbar adj dający się zastosować, przydatny. Sk (za)stosowalność f; przydatność f
anwenden (178;h) vt 1. uży-wać|ć **(Gewalt** przemocy; **e—e Arznei** leku) zalstosować (coś) 2. za|stosować (e—e **Regel** regułę); **die größte Sorgfalt** ~ dokładać wszelkich starań. Su
Anwendungs... w comp 1. ... użycia; np. ~**weise** 2. ... (za)stosowania; np. ~**bereich**
Anwendungsbereich m —(e)s, - c zakres stosowania
Anwendungsweise f —, —n sposób użycia
anwerben (179;h) 1. vt zaciąg-ać|nąć, z|werbować **(zum Militär** do wojska) 2. vr sich ~ **lassen** zaciągnąć się **(zum Militär** do wojska). Su t. zaciąg, werbunek m, rekrutacja f
anwerfen (181;h) vt 1. narzuc-ać|ić; obrzuc-ać|ić; bud o|tynkować 2. sport mieć pierwszy rzut; rozpocz-ynać|ąć grę 3. auto zapu-szczać|ścić (e—n **Motor** silnik)

Anwesen 53 Apathie

Anwesen n —s, — posiadłość, posesja f; obejście n
anwesend adj obecny; ~ sein być obecnym (bei przy)
Anwesende —n, —n 1. m obecny m 2. f obecna f
Anwesenheit f — obecność f; in ~ w obecności; während seiner ~ podczas jego pobytu
Anwesenheits... w comp ... obecności; np. ~liste
Anwesenheitsliste f —, —n lista obecności
anwidern (h) vt, zob. **anekeln**
Anwuchs m —es, ⸚e 1. wzrost m, przyrost m 2. leśn młodnik m
Anwurf m —(e)s, ⸚e 1. bud otynkowanie n, tynk m 2. sport pierwszy rzut, rozpoczęcie gry 3. przen zarzut m, obelga, inwektywa f
anwurzeln (sn) vi zakorzeni-ać|ić się; er steht wie angewurzelt da stoi jak wryty
Anzahl f — liczba, ilość f; e—e große ~ mnóstwo n
anzahlen (h) vt zadatkować, wpłac-ać|ić ⟨da-wać|é⟩ zadatek ⟨zaliczkę, a conto⟩. Su wpłata, zaliczka f, zadatek m, à conto n; zadatkowanie n
anzapfen (h) vt 1. napocz-ynać|ąć (e. Faß beczkę) 2. przen, pot nab-ierać| rać; jmdn um Geld ~ naciągać kogoś na pożyczkę 3. przen podłącz-yć|ać się (e. Telefon do telefonu). Su
Anzeichen n —s, — 1. znak m, oznaka f; wróżba f, omen m 2. med objaw, symptom m
anzeichnen (h) vt 1. na|rysować 2. przen zaznacz-ać|yć, oznacz-ać|yć, naznacz--ać|yć. Su do 2.
Anzeige f —, —n 1. doniesienie, zawiadomienie n 2. praw doniesienie n, donos m; e—e ~ beim Gericht erstatten składać doniesienie do sądu 3. ogłoszenie n, anons m 4. miern wskazanie n (przyrządu)
Anzeige... w comp I. ... zgłoszenia; np. ~pflicht II. 1. wskazujący; np. ~instrument 2. ... wskazań; np. ~empfindlichkeit
Anzeigeempfindlichkeit f — miern czułość wskazań
Anzeigeinstrument n —(e)s, —e przyrząd wskazujący
anzeigen (h) vt 1. ogł-aszać|osić, zawiad--amiać|omić, anonsować (in der Zeitung w gazecie); die Verlobung ~ zawiadamiać o zaręczynach 2. don-osić| ieść, zrobić doniesienie, za|denuncjować (bei der Polizei do milicji ⟨policji⟩), zgł-aszać|osić (bei der Polizei na milicji ⟨policji⟩) 3. wskaz-ywać|ać; wróżyć; das Wetterglas zeigt Schönwetter an barometr wskazuje pogodę; das zeigt nichts Gutes an to nie wróży nic dobrego; es wäre angezeigt ... byłoby pożądane ...
Anzeigen... w comp ... ogłoszeń; np. ~teil
Anzeigenteil m —(e)s, —e dział ogłoszeń

Anzeigepflicht f — obowiązek zgłoszenia
anzeigepflichtig adj podlegający obowiązkowi zgłoszenia
Anzeiger m —s, — 1. donosiciel, denuncjator m 2. miern wskaźnik m, przyrząd wskazujący
anzetteln (h) vt 1. włók nawi-jać|nąć osnowę 2. przen s|prowokować; u|knuć (e—e Verschwörung spisek) 3. pot na| broić, zmalować. Su do 1. 2.
anziehen (187) I. (h) vt 1. ub-ierać|rać (jmdm etw. kogoś w coś), wkładać| włożyć, wdzi-ewać|ać (e. Kleid suknię); Schuhe ~ obuć ⟨wzu(wa)ć⟩ trzewiki 2. przyciąg-ać|nąć, przycis-kać| nąć; e—e Schraube ~ przykręcać ⟨przyciskać⟩ śrubę (t. przen); die Zügel ~ przykrócić cugle (t. przen) 3. przen pociąg-nąć|ać (ku sobie), interesować 4. naciąg-ać|nąć, napi-nać|ąć (e—e Saite strunę) 5. rusz-ać|yć z miejsca; die Pferde zogen den Wagen an konie pociągnęły wóz 6. przen prze-chodzić|jść, nasiąk-ać|nąć (Feuchtigkeit wilgocią; Geruch zapachem 7. przyciąg-ać|nąć (das Publikum publiczność) II. vi 1. (sn) nadciąg-ać|nąć, nad-chodzić|ejść 2. (h) zwyżkować (o cenach); die Kälte zieht an robi się zimno 3. (h) szach mieć pierwszy ruch III. sich ~ (h) vr ub-ierać|rać się. Su przyciąganie n
anziehend I. part praes, zob. **anziehen** II. adj:adv 1. mił-y:-o, pociągając-y:-o 2. atrakcyjn-y:-ie, ciekaw-y:-ie, interesując-y:-o
Anziehungs... w comp ... przyciągania; np. ~kraft
Anziehungskraft f — 1. fiz siła przyciągania 2. przen powab m, atrakcja f; ~ haben być atrakcyjnym
Anziehungspunkt m —es, —e ośrodek zainteresowania; atrakcja f
Anzug m —(e)s, ⸚e 1. ubranie n, garnitur m 2. zbliżanie się, nadciąganie n; e. Gewitter ist im ~ nadciąga burza 3. szach im ~ sein mieć pierwszy ruch
anzüglich adj:adv 1. dwuznaczn-y:-ie, aluzyjn-y:-ie 2. uszczypliw-y:-ie, złośliw-y:-ie. Sk do 1. 2.; do 1. t. aluzja f
anzünden (h) vt 1. zapal-ać|ić (Licht światło; e—e Zigarette papierosa; e. Lampe lampę); rozniec-ać|ić, rozpal--ać|ić (e. Feuer ogień) 2. podpal-ać|ić (e—e Stadt miasto). Su
Anzünder m —s, — zapalniczka f
anzweifeln (h) vt powątpiewać (etw. o czymś a. w coś); za|kwestionować coś.

Äolsharfe f — muz harfa Eola
Aorist m —(e)s, —e gram aoryst m
Aorta f —, ...en anat aorta f
Apache [...xə] m —n, —n apasz m
Apanage [...naːʒə] f —, —en apanaże pl
apart adj:adv 1. oddzieln-y:-ie, osobn--y:-o; e. ~es Zimmer oddzielny pokój 2. osobliw-y:-ie, wyszczególn-y:-ie; e. ~er Geschmack osobliwy gust 3. eleganck-i:-o, wyszukany : w sposób wyszukany
Apathie f — apatia f

apathisch adj:adv apatyczn-y:-ie
Apenninen pl Apeniny pl
Apenninenhalbinsel f — Półwysep Apeniński
Aperitif m —s, —s aperitif m
Apertur f — 1. szczelina, szpara f, otwór m 2. fot apertura f, otwór obiektywu
Apfel m —s, ⸚ jabłko m; jabłoń f; przen der ~ der Zwietracht jabłko niezgody
Apfel... w comp 1. jabłeczny; np. ~mus 2. jabłkowy; np. ~säure 3. ... jabłka; np. ~schale f 4. ... jabłek; np. ~geruch 5. ... jabłoni; np. ~blüte
Apfelbaum m —(e)s, ⸚e jabłoń f
Apfelblüte f —, —n kwiat jabłoni
Apfelgeruch m —(e)s zapach jabłek
Apfelkuchen m —s, — kulin jabłecznik m
Apfelmus m —es, —e przecier jabłeczny
Apfelreis m —es ryż z jabłkami
Apfelsaft m —(e)s, ⸚e sok jabłeczny
Apfelsäure f — chem kwas jabłkowy
Apfelschale f —, —n łupina jabłka
Apfelschimmel m —s, — koń jabłkowity
Apfelsine f —, —n pomarańcza f
Apfelsinen... w comp 1. pomarańczowy; np. ~schale 2. ... pomarańczy; np. ~blüte
Apfelsinenblüte f —, —n kwiat pomarańczy
Apfelsinenschale f —, —n skórka pomarańczowa
Apfelwein m —(e)s, —e jabłecznik m (wino)
Apfelwickler m —s, — ent owocówka, jabłkówka f
Aphasie f — med afazja, niemota f
Aphorismus m —, ...men aforyzm m
aphoristisch adj:adv aforystyczn-y:-ie
Aphrodite f — Afrodyta f
apodiktisch adj:adv apodyktyczn-y:-ie
Apogäum n —s, ...äen astr apogeum n
Apokalypse f —, —n apokalipsa
apokalyptisch adj:adv apokaliptyczn-y:-ie
Apokope f —, —n jęz apokopa f
Apokryph n —s, —en apokryf m
apokryph(isch) adj:adv apokryficzn-y:-ie, nieautentyczn-y:-ie
apolitisch adj:adv apolityczn-y:-ie
apollinisch adj apollinowy; apolliński
Apoll(o) m —s 1. Apollo m 2. ent —s a. ~falter m —s, — apollo m
Apologet m —en, —en apologeta, obrońca m
Apologetik f — apologetyka f
Apologie f —, ...ien apologia, obrona f
Apoplektiker m —s, — apoplektyk m
apoplektisch adj:adv apoplektyczn-y:-ie
Apoplexie f —, ...ien med apopleksja f, udar m
Apostasie f —, ...ien apostazja f, odstępstwo od wiary, odszczepieństwo n
Apostat m —en, —en apostata, odstępca, odszczepieniec m
apostatisch adj:adv apostatyczn-y:-ie
Apostel m —s, — apostoł m (t. przen)
Apostel... w comp apostolski; np. ~brief
Apostelbrief m —(e)s, —e list apostolski

Apostelgeschichte f — dzieje apostolskie
apostolisch adj:adv apostolski : po apostolsku; **Apostolischer Legat** nuncjusz ⟨legat⟩ papieski; **Apostolischer Stuhl** stolica apostolska; **das Apostolische Glaubensbekenntnis** wyznanie wiary, skład apostolski
Apostroph m —s, —e apostrof m
Apotheke f —, —en apteka f
Apotheker m —s, — aptekarz m
Apotheker... w comp aptekarski; np. ~waage
Apothekerwaage f —, —n waga aptekarska
Apotheose f —, —n apoteoza f
Apparat m —(e)s, —e 1. aparat m (t. fot); przyrząd m; urządzenie n 2. telefon m
Apparatur f —, —en aparatura f
Appartement [...təmā] n —s, —s apartament m
Appell m —s, —e 1. woj, łow apel m; zum ~ **antreten** stawać do apelu 2. apel m, wezwanie n
Appellant m —en, —en praw apelant m, wnoszący apelację
Appellation f —, —en praw dawn apelacja f
Appellations... w comp apelacyjny; np. ~gericht
Appellationsgericht n —(e)s, —e sąd apelacyjny
appellieren (h) vi apelować, wn-osić| ieść apelację, odwoł-ywać|ać się (an jmdn do kogoś)
Appendix 1. m —es, —e a. —, ...izes apendyks, dodatek, załącznik m 2. f —, —e a. ...ices, a. m —es, —e a. —, ...dizes anat wyrostek robaczkowy
Apperzeption f — apercepcja f
Appetit m —(e)s, —e apetyt m, łaknienie n; **guten** ~! smacznego!; ~ **auf** ⟨nach⟩ etw. **haben** mieć apetyt ⟨ochotę⟩ na coś
appetitanregend adj:adv pobudzający apetyt : pobudzająco na apetyt
appetitlich adj:adv apetyczn-y:-ie
Appetitlosigkeit f — brak apetytu ⟨łaknienia⟩
applaudieren (h) vi aplaudować, oklaskiwać, bić brawo
Applaus m —es, —e aplauz, poklask m, brawo n, oklaski pl; **brausender** ⟨**donnernder**⟩ ~ burza ⟨grzmot⟩ oklasków
applizieren (h) vt 1. aplikować, naszywać|ć ⟨na-kładać|łożyć⟩ aplikację 2. za|aplikować (e—e **Ohrfeige** policzek), za|stosować
apportieren (h) vt za|aportować
Apposition f —, —en jęz apozycja f, dopowiedzenie n
appretieren (h) vt, włók, garb apretować, apreturować, wykończ-ać|yć
Appretur f —, —en włók, garb apretura f, wykończanie n
Appretur... w comp wykończalniczy; np. ~mittel
Appreturmittel n —s, — środek wykończalniczy
Approbation f —, —en aprobata f
approbieren (h) vt 1. za|aprobować, po-

approximativ 55 Arbeiterpartei

chwal-ać|ść; u|sankcjonować 2. dopuszczać|ścić do praktyki lekarskiej approximatįv *adj:adv*, mat przybliżony: w przybliżeniu, aproksymatywn-y:-ie
Aprés-Ski *n* —s strój po nartach, pot apreska *f*
Aprikose *f* —, —n morela *f (t. drzewo)*
Aprikosen... *w comp* 1. morelowy; *np.*
~marmelade 2. ... moreli; *np.* ~blüte
Aprikosenbaum *m* —(e)s, ⸗e drzewo morelowe, morela *f*
Aprikosenblüte *f* —, —n kwiat moreli
Aprikosenmarmelade *f* —, —n marmolada morelowa
April *m* —(s), —e kwiecień; im ~ w kwietniu; Anfang ~ z początkiem kwietnia; przen jmdn in den ~ schicken zrobić komuś primaaprilisowy kawał
April... *w comp* kwietniowy; *np.* ~wetter
Aprilscherz *m* —es, —e prima aprilis, żart primaaprilisowy
Aprilwetter *n* —s pogoda kwietniowa ⟨pot marcowa⟩
apriorisch *adj:adv*, filoz aprioryczn-y:-ie
apropos [...po:] *adv* à propos, przy sposobności; w związku z tym
Apside *f* —, —n 1. *zob.* Apsis 2. *astr* apsyda *f*
Apsis *f* —, ...jden *archit* apsyda *f*
Aquamarin *m* —s, —e min akwamaryn *m,* akwamaryna *f*
Aquarell *n* 1. —s malarstwo akwarelowe 2. —s, —e akwarela *f*
Aquarellfarbe *f* —, —n farba wodna ⟨akwarelowa⟩
Aquarellmalerei *f* —, —en malarstwo akwarelowe
Aquarium *n* —s, ...ien akwarium *n*
Äquator *m* —s geogr równik *m*
äquatorial *adj, geogr* równikowy
Äquatorial... *w comp* 1. równikowy; *np.* ~strom 2. ... równika; *np.* ~forschung
Äquatorialforschung *f* — badania równika
Äquatorialstrom *m* —(e)s prąd równikowy
Äquatorkreis *m* —es *geogr* koło równikowe
Äquatortaufe *f* —, —n *mar* chrzest równikowy
Äquilibrist *m* —en, —en ekwilibrysta *m*
Äquinoktium *n* —s, ...ien równonoc *f,* ekwinokcjum *n*
Äquivalent *n* —(e)s, —e ekwiwalent *m,* równowartość *f,* równoważnik *m*
äquivalent *n w comp* równoważnikowy; *np.* ~gewicht
Äquivalentgewicht *n* —e(s), —e ciężar równoważnikowy
Äquivalenz *f* —, —en ekwiwalentność, równoważność *f*
Ar *m a. n* —s, —e *miern* ar *m*
Ära *f* —, Ären era *f*
Araber *m* —s, — Arab *m*
Araberin *f* —, —nen Arabka *f*
Arabeske *f* —, —n *plast, muz* arabeska *f*
Arabien *n* —s Arabia, Półwysep Arabski
arabisch *adj:adv* arabski : po arabsku
Arabisch *n* —(s) *a.* Arabische *n* —n (język) arabski

Araukarie [...i̯ə] *f* —, —n *bot* araukaria, igława *f*
Arbeit *f* I. — 1. praca, robota *f;* zatrudnienie, zajęcie *n;* körperliche ⟨geistige⟩ ~ praca fizyczna ⟨umysłowa⟩; Recht auf ~ prawo do pracy; auf die ⟨zur⟩ ~ gehen chodzić do pracy ⟨roboty⟩; an die ~ gehen *a.* sich an die ~ machen brać się do pracy ⟨roboty⟩; etw. in ~ haben mieć coś w robocie ⟨na warsztacie⟩; die ~ einstellen a) strajkować b) wstrzymywać pracę; keine ~ haben być bez pracy ⟨bezrobotnym⟩; von seiner Hände ~ leben żyć z pracy rąk 2. praca *f,* trud, mozół *m;* saure ~ mozolna praca; vergebliche ~ daremny trud ⟨mozół⟩; *przysł* wie die ~ so der Lohn jaka praca taka płaca 3. fermentowanie *n* II. —, —en praca, robota *f,* wykonanie *n;* wyrób *m,* dzieło *n;* tadellose ~ pierwszorzędna praca ⟨robota⟩, pierwszorzędne wykonanie; schriftliche ~en prace pisemne
arbeiten (h) I. *vi* 1. pracować (bei jmdn u kogoś); an e—m Werk ~ pracować nad dziełem; mit Hochdruck ~ pracować pełną parą; auf Bestellung ~ pracować na zamówienie; er arbeitet für zwei pracuje za dwóch; er arbeitet wie e. Ochs pracuje jak wół; przen jmdm in die Hand ~ iść komuś na rękę; das Geld ~ lassen obracać pieniędzmi 2. działać, funkcjonować (o maszynie); być czynnym; der Vulkan arbeitet wulkan jest czynny 3. fermentować (o winie, piwie, cieście) II. sich ~ *vr* utorować sobie drogę, przebrnąć (durch przez); sich durch das Dickicht ~ przedzierać się przez gąszcz * sich müde ~ zmęczyć się pracą
arbeitend 1. *part praes, zob.* arbeiten 2. *adj* pracujący; die ~en Klassen klasy pracujące
Arbeiter *m* —s, — robotnik, pracownik *m;* ungelernter ⟨angelernter⟩ ~ robotnik niewykwalifikowany ⟨przyuczony⟩; gelernter ⟨qualifizierter⟩ ~ robotnik wykwalifikowany; jugendlicher ~ robotnik młodociany; geistiger ~ pracownik umysłowy
Arbeiter... *w comp* 1. robotniczy; *np.* ~bewegung 2. ... robotników; *np.* ~versammlung 3. ... dla robotników; *np.* ~lehrgang
Arbeiterbewegung *f* — ruch robotniczy
Arbeiterdichter *m* —s, — poeta robotniczy
Arbeiterfamilie *f* —, —n rodzina robotnicza
Arbeiterführer *m* —s, — przewódca robotników
Arbeiterin *f* —, —nen 1. robotnica, pracownica *f* 2. *zob.* Arbeiterbiene
Arbeiterjugend *f* — młodzież robotnicza
Arbeiterklasse *f* — klasa robotnicza
Arbeiterlehrgang *m* —(e)s, ⸗e kurs dla robotników
Arbeiterpartei *f* —, —en partia robotnicza

Arbeiterrat m —(e)s, ⁻e rada robotnicza
Arbeiter- und Bauernfakultät f — (NRD) studium wstępne na wyższą uczelnię
Arbeiter- und Bauernregierung f —, —en rząd robotniczo-chłopski
Arbeiterschaft f — robotnicy pl, klasa robotnicza
Arbeiterversammlung f —, —en zebranie robotników
Arbeiterviertel n —s, — dzielnica robotnicza
Arbeitgeber m —s, — pracodawca m
Arbeitnehmer m —s, — pracobiorca m
Arbeits... w comp 1. roboczy; np. ~auftrag 2. ... pracy; np. ~aufwand 3. ... do pracy; np. ~lust 4. ... o pracę; np. ~vertrag
arbeitsam adj:adv pracowi-ty:-cie. Sk
Arbeitsamt n —(e)s, ⁻er urząd zatrudnienia; biuro pośrednictwa pracy
Arbeitsauftrag m —(e)s, ⁻e zlecenie robocze
Arbeitsaufwand m —(e)s nakład pracy
Arbeitsausfall m —(e)s, ⁻e przestój w pracy
Arbeitsbiene f —, —n (pszczoła) robotnica f
Arbeitseinheit f —, —en jednostka pracy
Arbeitsdisziplin f — dyscyplina pracy
arbeitsfähig adj:adv zdolny do pracy. Sk
Arbeitsfeld n —(e)s dziedzina pracy
Arbeitsgang m —(e)s, ⁻e 1. tok pracy 2. tech operacja f 3. tech bieg roboczy (maszyny)
Arbeitsgemeinschaft f —, —en 1. kolektyw m, zespół roboczy 2. szkol kółko n
Arbeitshygiene [...gĭe...] f — higiena pracy
arbeitshypothetisch adj na zasadzie hipotezy roboczej
Arbeitskarte f —, —n karta pracy
Arbeitskleidung f —, —en ubranie robocze; odzież robocza
Arbeitskollektiv n —s, —e (NRD) kolektyw m, zespół roboczy
Arbeitskosten pl, ekon robocizna f
Arbeitskraft f —, ⁻e siła robocza
Arbeitsleistung f — wydajność pracy
Arbeitslohn m —(e)s, ⁻e wynagrodzenie za pracę, zarobek m; płaca zarobkowa
arbeitslos adj:adv bezrobotny:bez pracy. Si bezrobocie n
Arbeitslose —n, —n 1. m bezrobotny m 2. f bezrobotna f
Arbeitslosenversicherung f —, —en ubezpieczenie na wypadek braku pracy
Arbeitslust f — chęć do pracy
Arbeitsnorm f —, —en norma pracy
Arbeitsordnung f —, —en regulamin pracy
Arbeitsplatz m —es, ⁻e 1. miejsce pracy, posada f 2. stanowisko robocze
Arbeitsproduktivität f — ekon 1. zdolność wytwórcza f 2. wydajność pracy
Arbeitsprozeß m ...esses, ...esse ekon proces roboczy ⟨technologiczny⟩
Arbeitsrecht n —(e)s prawo pracy

Arbeitsschluß m ...sses koniec pracy; nach ~ po pracy
Arbeitsschutzinspektion f — inspekcja ochrony pracy
Arbeitsschutzkleidung f — odzież ochronna
Arbeitsspannung f — elektr napięcie robocze
arbeitssuchend adj:adv poszukujący pracy:w poszukiwaniu pracy
Arbeitsstunde f —, —n ekon roboczogodzina, pracogodzina f
Arbeitstag m —(e)s, —e dzień roboczy ⟨pracy⟩; dniówka f
Arbeitsteam [...tı:m] n —s, —s (NRF) kolektyw ⟨zespół⟩ roboczy
Arbeitsteilung f — podział pracy
arbeitsunfähig adj niezdolny do pracy. Sk
Arbeitsunterweisung f —, —en ekon instruktaż m; instrukcja robocza
Arbeitsverfahren n —s proces technologiczny
Arbeitsvermitt(e)lung f — pośrednictwo pracy
Arbeitsvertrag m —(e)s, ⁻e umowa o pracę
Arbeitswettbewerb m —(e)s współzawodnictwo pracy
arbeitswillig adj chętny do pracy
Arbeitszeit f — czas pracy
Arbeitszeitermitt(e)lung f —, —en ekon chronometraż m
Arbeitszimmer n —s, — pracownia f, gabinet do pracy
Arbeitszyklus m —, ...len cykl produkcyjny
Arbitrage [...tra:ʒə] f —, —n arbitraż m
arbiträr adj:adv arbitraln-y:-ie
archaisch adj:adv archaiczn-y:-ie, przestarzały
Archaismus m —, ...men archaizm m
archaistisch adj:adv archaistyczn-y:-ie, archaizowany
Archäolog(e) m ...gen, ...gen archeolog m
Archäologie f — archeologia f
archäologisch adj:adv archeologiczn-y:-ie
Arche f —, —n arka f
Archipel m —s, —e archipelag m
Architekt m —en, —en architekt m
architektonisch adj:adv architektoniczn-y:-ie
Architektur f —, —en architektura f
Archiv n —s, —e archiwum n
archivalisch adj:adv archiwaln-y:-ie
Archivar m —s, —e archiwariusz m
Areal n —s, —e areał m, powierzchnia f
Arena f —, ...nen arena f
Areopag m —s, —e hist areopag m (t. przen)
arg (ärger, ärgst) adj:adv 1. zły:źle; kiepsk-i:-o; niedob-ry:-rze; pot e—e ~e Geschichte brzydka sprawa; im ärgsten Falle w najgorszym wypadku ⟨razie⟩; er dachte nichts Arges nie myślał nic złego; es war nícht zu ~ nie było aż źle 2. rażąc-y:-o; ciężk-i:-o; wielki; bardzo; e. ~er Fehler wielki ⟨gruby⟩ błąd; ~e Nachlässig-

Arg   57   **Armeegeneral**

keit rażące niedbalstwo; **er kam in ~e Verlegenheit** znalazł się w wielkim kłopocie; **er war ~ beschmutzt** był bardzo zabrudzony; **das ist doch zu ~!** tego już za wiele!
Arg *n* —s; **ohne ~ bez** złej myśli; prostodusznie
Argentinien [...niən] *n* —s, Argentyna *f*
Argentinier *m* —s, — Argentyńczyk *m*
Argentinierin *f* —, —nen Argentynka *f*
argentinisch *adj:adv* argentyński:po argentyńsku
ärger *m* —s 1. gniew *m*, irytacja, złość *f* (über etw. o coś); **aus ~ z** irytacji; **zum ~ na** złość; **seinem ~ Luft machen** dawać upust swemu gniewowi 2. przykrość, nieprzyjemność *f*; **nichts als ~ und Verdruß haben** mieć tylko same przykrości
ärgerlich *adj:adv* 1. zagniewany; gniewn-y:-ie (über ⟨auf⟩ jmdn *a*. etw. na kogoś *a*. ⟨o⟩ coś) 2. przykr-y:-o, nieprzyjemn-y:-ie; **e—e ~e Sache** nieprzyjemna ⟨przykra⟩ sprawa; **wie ~!** jak nieprzyjemnie!
ärgern (h) *vt*, *vr* (sich się) z|gniewać, ze|złościć, z|irytować; **es ärgert ihn** jego to złości; **ich habe mich über ihn furchtbar geärgert** bardzo się na niego zgniewałem; *przen* **sich zu Tode ~** strasznie się irytować
Ärgernis *n* —ses, —se 1. zgorszenie *n*, skandal *m*; **öffentliches ~** publiczne zgorszenie, obraza moralności; **~ erregend** gorszący, wywołujący zgorszenie 2. przykrość, nieprzyjemność *f*
Arglist *f* — chytrość, przebiegłość *f*
arglistig *adj:adv* chyt-ry:-rze; przebieg-ły:-le, podstępn-y:-ie
arglos *adj:adv* 1. bez fałszu, niewinn-y:-ie 2. ufn-y:-ie, nie spodziewając się niczego złego. Si 1. brak fałszu, niewinność *f* 2. niepodejrzliwość *f*, ufność *f*
Argon *n* —s *chem* argon *m*
Argonaut *m* —en, —en argonauta *m*
Argot [...go:] *m a. n* —s argot *n*; żargon *m*
Argument *n* —(e)s, —e argument *m*
Argumentation *f* —, —en argumentacja *f*, uzasadnienie *n*
argumentieren (h) *vi* argumentować, uzasadni-ać|ć
Argusaugen *pl* argusowe oczy
Argwohn *m* —s nieufność *f*, podejrzenie *n*; podejrzliwość *f*; **gegen jmdn ~ hegen** ⟨**haben**⟩ podejrzewać kogoś; **~ schöpfen** powziąć podejrzenie
argwöhnen (h) *vi*, *vt* podejrzewać
argwöhnisch *adj:adv* podejrzliw-y:-ie, nieufn-y:-ie
Ariadnefaden *m* —s *mit* nitka Ariadny
Arianer *m* —s, — *rel* arianin *m*
Arianerin *f* —, —nen *rel* arianka *f*
arianisch *adj:adv*, *rel* ariański:po ariańsku
Arie [...ĭə] *f* —, —n *muz* aria *f*
Aristokrat *m* —en, —en arystokrata *m*
Aristokratie *f* —, ...jen arystokracja *f*
Aristokratin *f* —, —nen arystokratka *f*

aristokratisch *adj:adv* arystokratyczn-y:-ie
Arithmetik *f* — arytmetyka *f*
arithmetisch *adj:adv* arytmetyczn-y:-ie; **~es Mittel** średnia arytmetyczna
Arkade *f* —, —n *archit* arkada *f*
Arkebuse *f* —, —n *hist* arkebuz *m*
Arktis *f* — Arktyka *f*
arktisch *adj:adv* arktyczn-y:-ie
arm (ärmer, ärmst) *adj:adv* 1. biedn-y: -ie, ubog-i:-o, niezamożn-y:-ie; *pot* e. **~er Teufel** ⟨**Schlucker**⟩ biedak, biedaczyna *m*, biedaczysko *n*; **~ an Freuden** pozbawiony radości; **~ an Erz** ubogi w rudę; **~ wie e—e Kirchenmaus** biedny jak mysz kościelna 2. biedn- -y:-ie, nieszczęśliw-y:-ie; godny współczucia; **ich ~er Mensch!** ja nieszczęśliwy!; **das ~e Mädchen** biedulka *f*; *pot* e. **~er Kerl** nieborak *m*; e. **~es Geschöpf** biedne stworzenie, biedactwo *n*
Arm *m* —(e)s, —e 1. ramię *n*, ręka *f*; **~ in ~ gehen** chodzić pod rękę; **den ~ reichen** pod(aw)ać ramię; **unterm ~ pod pachą**; *przen* **die ~e sinken lassen** opuszczać ramiona; e. **Kind auf dem ~ tragen** nosić dziecko na ręku; **am ~ führen** prowadzić pod rękę; **in den ~en haben** trzymać w objęciach; **sich in den ~en liegen** ściskać się; *przen* **jmdm in die ~e fliegen** padać ⟨rzucać się⟩ w czyjeś objęcia; **sich aus jmds ~en reißen** wyr(y)wać się z czyichś objęć; **die ~e frei haben** mieć swobodę ruchów; *przen* **jmdm unter die ~e greifen** pomóc komuś; *przen* **die Beine unter die ~e nehmen** brać nogi za pas; *przen* **jmdm auf den ~ nehmen** kpić z kogoś 2. *przen* ręka, dłoń *f*; **der ~ der Gerechtigkeit** ręka sprawiedliwości; **der strafende ~** karząca ręka ⟨dłoń⟩ 3. *tech* ramię *n*, **der ~ des Leuchters** ⟨**Hebels**⟩ ramię świecznika ⟨dźwigni⟩ 4. ramię *n*, odnoga *f*; **der ~ des Flusses** odnoga rzeki 5. poręcz *f*; **der ~ des Sessels** poręcz fotela
Armatur *f* —, —en armatura *f*, osprzęt *m*, uzbrojenie *n*
Armaturenbrett *n* —(e)s, —er tablica rozdzielcza
Armband *n* —(e)s, ⸚er bransolet(k)a *f*
Armbanduhr *f* —, —en zegarek naręczny ⟨na rękę⟩
Armbinde *f* —, —n *med* temblak *m* 2. opaska *f* (na ramieniu)
Armbruch *m* —(e)s, ⸚e złamanie ręki
Armbrust *f* —, —e *a*. ⸚e *hist* kusza *f*
armdick *adj:adv* na grubość ręki, o grubości ramienia
Arme —n, —n 1. *m* biedny, ubogi, biedak *m* 2. *f* biedna, uboga, biedaczka *f*
Armee *f* —, ...een armia *f*
Armee~ ... *w comp* ... armii; *np*. **~befehlshaber**
Armeebefehlshaber *a*. **Armeeführer** *m* —s, — dowódca armii
Armeegeneral *m* —s, ⸚e generał armii

Armeekorps [...ko:r] *n* — [...ko:rs], — [...ko:rs] *woj* korpus *m* (armii)
Ärmel *m* —s, — rękaw *m*; *przen*, *pot* aus dem Ärmel ⟨den Ärmeln⟩ schütteln wytrząsnąć z rękawa
Ärmelaufschlag *m* —(e)s, ⁓e mankiet *m* (rękawa)
Ärmelkanal *m* —s *geogr* La Manche, Kanał Angielski
Armenien *n* —s Armenia *f*
Armenier *m* —s, — 1. Armeńczyk *m* 2. *hist* Ormianin *m*
Armenierin *f* —, —nen 1. Armenka *f* 2. *hist* Ormianka *f*
armenisch *adj:adv* 1. armeński : po armeńsku; **Armenische Sozialistische Sowjetrepublik** Armeńska Socjalistyczna Republika Radziecka 2. *rel* ormiański : po ormiańsku
Armesünder *m* —s, — skazaniec *m* (na śmierć); *przen* winowajca *m*
Armesündermiene *f*, —, —n skruszona mina, mina winowajcy
Armhöhle *f* —, —n *anat* pacha *f*
armieren (h) *vt* 1. uzbr-ajać|oić, wyposaż-ać|yć 2. *bud* zbroić. **Su Armlehne** *f* —, —n poręcz fotela
Armleuchter *m* —s, — kandelabr, świecznik *m*
ärmlich *adj:adv* biedn-y:-ie, ubog-i:-o. **Sk** ubóstwo *n*, bieda *f*
armlos *adj* bezręki
armselig *adj:adv* mizern-y:-ie, biedn-y: -ie. **Sk** mizerota, bieda *f*
Armsessel *m* —s, — fotel *m*
Armut *f* — bieda, nędza, biedota *f*, ubóstwo *n*; **in** ⁓ **geraten** popaść w biedę
Armutszeugnis *n* —ses, —se świadectwo ubóstwa (*t. przen*)
Armvoll *m* —, — naręcze *n*; **e—n ganzen** ⁓ pełne naręcze
Arnika *f* — *bot* arnika górska, kupalnik *m*
Arnika... *w comp* kupalnikowy; *np.* ⁓**tinktur**
Arnikatinktur *f* —, —en *farm* nalewka kupalnikowa
Aroma *n* —s, ...men *a.* —ta aromat *m*
aromatisch *adj:adv* aromatyczn-y:-ie, wonn-y:-ie, pachnąc-y:o
Arrak *m* —s, —e *a.* —s arak *m*
Arrangement [arãʒəmã] *n* —s, —s układ *m*; urządzenie *n*; *muz* aranżacja *f*
arrangieren [arãʒi:...] **(h)** *vt* za|aranżować, urządz-ać|ić
Arrest *m* —(e)s, —e 1. areszt *m* 2. areszt *m*, zajęcie sądowe; **mit** ⁓ **belegen** *a.* **auf etw.** ⁓ **legen** kłaść na czymś areszt *a.* obłożyć coś aresztem 3. *szkol* pozostawanie w szkole (za karę)
Arrestant *m* —en, —en aresztant, więzień *m*
arretieren (h) *vt* 1. za|aresztować 2. *tech* zatrzym-ywać|ać, wyłącz-ać|yć. **Su Ar(r)hythmie** *f* —, ...jen arytmia *f*
arrogant *adj:adv* aroganck-i:-o
Arroganz *f* — arogancja *f*
Arsch *m* —es, ⁓e *wulg* dupa *f*, tyłek, zad(ek) *m*
Arsen *n* —s *chem* arsen *m*

Arsen... *w comp* 1. arsenowy; *np.* ⁓**spiegel** 2. ... arsenu; *np.* ⁓**verbindung** *f* 3. ... arsenem; *np.* ⁓**vergiftung**
Arsenal *n* —s, —e arsenał *m*, zbrojownia *f*
Arsenik *n* —s *chem* arszenik *m*, trójtlenek arsenu
Arsenspiegel *m* —s, — lustro arsenowe
Arsenverbindung *f* —, —en *chem* związek arsenu
Arsenvergiftung *f* —, —en zatrucie arsenem
Art [a:rt] *f* —, —en 1. rodzaj *m*; gatunek *m*; typ *m*; **Ursprung der** ⁓**en pochodzenie** gatunków; **aller** ⁓ wszelkiego rodzaju; *przen* **e—e** ⁓ **Werkstatt** coś w rodzaju warsztatu; **aus der** ⁓ **schlagen** wyrodzić się 2. usposobienie *n*; sposób bycia; zwyczaj *m*; **e. Mensch dieser** ⁓ człowiek tego pokroju; **das ist so seine** ⁓ taki jest jego sposób bycia 3. sposób *m*; **auf diese** ⁓ **(und Weise)** w ten ⟨taki⟩ sposób; **nach meiner** ⁓ na mój sposób; **das ist doch keine** ⁓! do czego to podobne!
arteigen *adj:adv* właściwy gatunkowi: w sposób właściwy gatunkowi; wrodzony : w sposób wrodzony
Artemis *f* — Artemida *f*
arten (sn) *vi* wda-waćć się **(nach jmdm** *a.* **nach etw.** w kogoś *a.* w coś)
Arterie *f* [...ie] *f* —, —n *anat* arteria, tętnica *f*
Arterienverkalkung *a.* **Arteriosklerose** *f* — *med* arterioskleroza *f*; miażdżyca tętnic
artesisch *adj* artezyjski; ⁓**er Brunnen** studnia artezyjska
Arthritis *f* — artretyzm *m*
artig [a:rtiç] *adj:adv* 1. grzeczn-y:-ie, posiuszn-y:-ie 2. uprzejm-y:-ie 3. mił-y:-o. **Sk** 1. grzeczność *f*, posłuszeństwo *n* 2. uprzejmość *f*; komplement *m*
Artikel *f* [...ie] *m* —s, —. 1. *hand* artykuł, towar *m* 2. artykuł, ustęp, rozdział *m* **(der Verfassung konstytucji)** 3. *dzien* artykuł *m* 4. *gram* rodzajnik *m*
Artikulation *f* —, —en 1. *jęz, muz* artykulacja *f* 2. *med* artykulacja *f*, zgryz *m*
Artikulationsbasis *f* — *jęz* baza artykulacyjna
artikulieren (h) *vt* artykułować
Artillerie *f* —, ...jen artyleria *f*
Artillerie... *w comp* 1. artyleryjski; *np.* ⁓**feuer** 2. ... artylerii; *np.* ⁓**stellung**
Artilleriefeuer *n* —s ogień artyleryjski
Artilleriestellung *f* —, —en pozycja artylerii
Artillerist *m* —en, —en artylerzysta *m*
Artischocke *f* —, —n *bot* karczoch *m*
Artist *m* —en, —en artysta (cyrkowy); cyrkowiec *m*
Artistin *f* —, —nen artystka (cyrkowa), cyrkówka *f*
Arznei *f* —, —en lekarstwo *n*; **e—e** ⁓ **einnehmen** ⟨**verordnen**⟩ zaży(wa)ć ⟨zaordynować, przepisać⟩ lekarstwo
Arznei... *w comp* leczniczy; *np.* ⁓**mittel**
Arzneibuch *n* —(e)s, ⁓er farmakopea *f*

Arzneikunde / asthmatisch

Arzneikunde f — farmaceutyka f
Arzneimittel n —s, — środek leczniczy, lek m
Arzneipflanze f —, —n roślina lecznicza
Arzt m —es, ⸚e lekarz, pot doktor m
Ärztekommission f —, —en komisja lekarska
Ärztin f —, —nen lekarka f
ärztlich adj:adv lekarski : przez lekarza; ~es **Zeugnis** zaświadczenie lekarskie; ~e **Untersuchung** badanie lekarskie; **sich** ~ **untersuchen lassen** dać się zbadać przez lekarza
As n —ses, —se karc as, tuz m (t. przen)
Asbest m —es, —e min asbest m
Asbest... w comp azbestowy; np. ~**anzug**
Asbestanzug m —(e)s, ⸚e ubranie azbestowe
Asbestgewebe n —s, — tkanina azbestowa
aschblond adj popielatoblond
Asche f —, —n 1. popiół m; in ~ **verwandeln** zamienić ⟨obrócić⟩ w popiół; **zu** ~ **werden** w proch się obrócić 2. popioły, prochy pl; **Friede seiner** ~! pokój jego prochom!
Aschenbahn f —, —en sport tor żużlowy
Asch(en)becher m —s, — popielniczka f
Aschenbrödel n —s, — kopciuszek m
Aschenkasten m —s, ⸚e popielnik m, skrzynka na popiół
Aschenputtel n —s, — kopciuszek m
Aschenschale f —, —n popielniczka f
Ascher m —s, — popielniczka f
Aschermittwoch m —s, —e rel popielec m środa popielcowa
aschfarben a. **aschfarbig** a. **aschgrau** adj:adv popielat-y:-o, na popielato; na kolor popielaty; w kolorze popielatym
äsen (h) vi, łow żerować, paść się (o zwierzynie). Su
aseptisch adj:adv aseptyczn-y:-ie
Aserbaidshan [...baidʒan] n geogr Azerbejdżan m
Aserbaidshaner m —s, — Azerbejdżanin m
Aserbaidshanerka f —, —nen Azerbejdżanka f
aserbaidshanisch adj:adv azerbejdżański: po azerbejdżańsku
Aserbaidshanisch n —(s) a. **Aserbaidshanische** n —n (język) azerbejdżański
Asiat m —en, —en Azjata m
Asiatin f —, —nen Azjatka f
asiatisch adj:adv azjatycki : po azjatycku
Asien n —s Azja f
Askese f — asceza f
Asket m —en, —en asceta m
asketisch adj:adv ascetyczn-y:-ie
Askorbinsäure f —, —n chem, farm kwas askorbinowy, witamina C
Äskulapschlange f —, —n wąż Eskulapa
Äskulapstab m —(e)s, ⸚e laska Eskulapa
Asowsche Meer n Morze Azowskie
asozial adj:adv aspołeczn-y:-ie

Aspekt m —(e)s, —e 1. widok m 2. aspekt m (t. jęz, astr)
Asphalt m —(e)s, —e asfalt m
Asphalt... w comp asfaltowy; np. ~**anstrich**
Asphaltanstrich m —(e)s, —e pokrycie asfaltowe
Asphaltbeton m —s beton asfaltowy
Asphaltgeruch m —(e)s zapach asfaltu
asphaltieren (h) vt asfaltować
Asphaltstraße f —, —n ulica asfaltowa(na)
Aspik m a. n —s, —e kulin galareta f
Aspirant m —en, —en aspirant, kandydat m
Aspiration f —, —en 1. aspiracja f, dążenie n, ambicja f 2. jęz aspiracja f, przydech m
aspirieren (h) vt 1. ubiegać ⟨starać⟩ się (etw. o coś) 2. jęz aspirować, wymawiać głoski z przydechem
Aspirin n —s farm aspiryna f
Asseln pl, ent równonogi pl
Assessor m —s, ...oren asesor m
Assimilation f —, —en asymilacja f, upodobnienie (się), przyswajanie n (t. biol)
assimilieren (h) vt 1. t. vr (sich się) asymilować, upod-abniać|obnić 2. t. vr (sich dat sobie) biol przysw-ajać|oić
Assistent m —en, —en asystent m
Assistentin f —, —nen asystentka f
Assistenz f —, asysta, pomoc f; med ~ leisten asystować
Assistenzarzt m —es, ⸚e asystent m (lekarz)
assistieren (h) vi asystować, towarzyszyć, pomagać
Assortiment n —(e)s, —e wybór ⟨dobór⟩ towarów, asortyment m
Assoziation f —, —en 1. psych asocjacja f, kojarzenie n 2. stowarzyszenie n, spółka f; ugrupowanie, zbiorowisko n, zespół m
assoziieren (h) 1. vt psych asocjować, kojarzyć, łączyć 2. vr stowarzysz-ać|yć się
Assyrien n —s Asyria f
assyrisch adj:adv asyryjski : po asyryjsku
Assyrisch n —(s) a. **Assyrische** n —n (język) asyryjski
Ast m —es, ⸚e 1. konar m, gałąź f 2. sęk m 3. pot garb m * **sich e—n** ~ **lachen** zaśmiewać się
Astatin n —s chem astat m
astatisch adj:adv fiz astatyczn-y:-ie, ruchom-y:-o
asten (h) vt, pot za|targać, za|taszczyć
ästen (h) vt 1. vt zob. **abästen** 2. vi pu--szczać|ścić gałęzie 3. sich ~ vr rozgałęzi-ać|ć się
Aster f —, —n bot aster m
astfrei adj:adv 1. pozbawiony gałęzi : bez gałęzi 2. bezsęczn-y:-ie, bez sęków
Ästhet m —en, —en esteta m
Ästhetik f — estetyka f
ästhetisch adj:adv estetyczn-y:-ie
Asthma n —s med astma, dychawica f
Asthmatiker m —s, — astmatyk m
Asthmatikerin f —, —nen astmatyczka f
asthmatisch adj:adv astmatyczn-y:-ie

Astigmatismus *m* — *fiz, med* astygmatyzm *m,* niezborność *f*
Astloch *n* —(e)s, ⁼er otwór po sęku
Astrachan *n* —s 1. *geogr* Astrachań *m* 2. *m* kuśń astrachan *m*
astral *adj:adv* astraln-y:-ie
astro... *w comp* astro...; *np.* ~**logisch**
Astro... *w comp* astro...; *np.* ~**log(e)**
Astrolog(e) *m* ...**gen,** ...**gen** astrolog *m*
Astrologie *f* — astrologia *f*
astrologisch *adj:adv* astrologiczn-y:-ie
Astronaut *m* —en, —en astronauta *m*
Astronautik *f* astronautyka *f*
Astronom *m* —en, —en astronom *m*
Astronomie *f* — astronomia *f*
astronomisch *adj:adv* astronomiczn-y:-ie,
Astrophysik *f* — astrofizyka *f*
Astwerk *n* —(e)s gałęzie *pl*
Asyl *n* —s, —e 1. przytułek *m,* schronisko *n;* ~ **für Obdachlose** przytułek dla bezdomnych 2. *polit* azyl *m;* ~ **gewähren** udzielać azylu
Asylrecht *n* —s *polit* prawo azylu
Asymmetrie *f* —, ...**jen** asymetria *f*
asymmetrisch *adj:adv* asymetryczn-y:-ie
Atavismus *m* —, ...**men** atawizm *m*
atavistisch *adj:adv* atawistyczn-y:-ie
Atelier [...lje:] *n* —s, —s atelier *n,* pracownia *f*
Atem *m* —s (od)dech *m;* **außer** ~ **bez** tchu; *przen* **in e—m** ~ jednym tchem; **außer** ~ **kommen** zadyszeć się; ~ **holen ⟨schöpfen⟩** nabrać ⟨zaczerpnąć⟩ oddechu ⟨tchu⟩; **er hielt den** ~ **an** wstrzymał oddech
atemberaubend *part, adj:adv* zapierający dech, fascynując-y:-o
Atembeschwerde *f* —, —n duszność *f*
Atemgymnastik *f* — gimnastyka oddechowa, ćwiczenia oddechowe
Atemholen *n* —s wdychanie *n*
atemlos *adj:adv* bez tchu. **Si brak tchu**
Atemnot *f* — duszność *f,* trudność w oddychaniu
Atempause *f* —, —n wytchnienie *n;* **e—e kleine** ~ chwila wytchnienia
Atemschutz *m* —es ochrona dróg oddechowych
Atemzug *m* —(e)s, ⁼e tchnienie *n;* **in e—m** ~ jednym tchem; **bis zum letzten** ~ do ostatniego tchnienia, do śmierci
Atheismus *m* — ateizm *m*
Atheist *m* —en, —en ateista *m*
Atheistin *f* —, —nen ateistka *f*
atheistisch *adj:adv* ateistyczn-y:-ie
Athen *n* —s Ateny *pl*
Äther *m* —s *chem* eter *m*
ätherisch *adj* 1. eteryczny, *chem* eterowy; *iron* 2. *t. adv, przen* subteln-y: -ie, zwiewn-y:-ie; niematerialn-y:-ie
Äthiopien *n* —s Etiopia *f*
äthiopisch *adj:adv* etiopski : po etiopsku
Athlet *m* —en, —en atleta *m;* siłacz *m*
Athletik *f* — atletyka *f*
athletisch *adj:adv* atletyczn-y:-ie
Äthyl *n* —s *chem* etyl *m*
Äthyl... *w comp* 1. etylowy; *np.* ~**alkohol** 2. ... etylu; *np.* ~**formiat**
Äthylalkohol *m* —s alkohol etylowy
Äthylformiat *n* —(e)s mrówczan etylu

Atlantik *m* —s Atlantyk *m,* Ocean Atlantycki
Atlantik... *w comp* atlantycki; *np.* ~**pakt**
Atlantikpakt *m* —(e)s, —e pakt (północno)atlantycki
atlantisch *adj* atlantycki; **Atlantischer Ozean** Ocean Atlantycki
Atlas[1] *m* 1. — *a.* —ses, ...**lanten** atlas *m* (*np. geograficzny*) 2. — *geogr, mit* Atlas *m* 3. — *a.* —ses, —se *anat* atlas, dźwigacz *m*
Atlas[2] *m* —ses, —se *włók* atlas *m*
atmen (h) I. *vi* oddychać; **schwer** ~ dyszeć II. *vt* 1. wdychać (etw. coś) oddychać (czymś); **reine Luft** ~ oddychać czystym powietrzem 2. *przen* tchnąć; **alles atmet dort Ruhe** wszystko tam tchnie spokojem. **Su do I.** oddychanie *n;* oddech *m*
Atmosphäre *f* — 1. *fiz* atmosfera *f,* powłoka gazowa ⟨powietrzna⟩ 2. *fiz, tech* atmosfera *f* (*ciśnienie*) 3. *przen* atmosfera *f,* nastrój *m;* **die** ~ **war mit Spannung geladen** nastrój był napięty
Atmosphärendruck *m* —(e)s *fiz* ciśnienie atmosferyczne
Atmosphärenüberdruck *m* —(e)s, ⁼e *miern* atmosfera nadciśnienia
atmosphärisch *adj:adv* atmosferyczn-y: -ie
Atmungs... *w comp* oddechowy; *np.* ~**organe**
Atmungsorgane *pl* narządy oddechowe
Atoll *n* —s, —e *geol* atol *m*
Atom *n* —s, —e atom *m*
Atom... *w comp* 1. atomowy; *np.* ~**bombe** 2. ... atomu; *np.* ~**spaltung**
Atomantrieb *m* —(e)s napęd atomowy
atomar *adj* atomowy
Atombombe *f* —, —n bomba atomowa
Atomeisbrecher *m* —s, — lodołamacz atomowy
Atomenergie *f* — energia atomowa
atomgetrieben *part, adj* o napędzie atomowym
Atomgewicht *n* —(e)s ciężar atomowy, masa atomowa
Atomkern *m* —(e)s, —e jądro atomu
Atomkraftwerk *n* —(e)s, —e siłownia ⟨elektrownia⟩ atomowa
Atomkrieg *m* —(e)s, —e wojna atomowa
Atommodell *n* —s, —e model atomu
Atompilz *m* —es, —e grzyb atomowy
Atomreaktor *m* —s, —en reaktor atomowy
Atomschild *m* —(e)s, —e parasol atomowy
Atomspaltung *f* — rozszczepienie atomu
Atomsperrvertrag *m* —(e)s, ⁼e układ o nieproliferacji
Atomsprengkörper *m* —s, — pocisk atomowy
Atomsprengkopf *m* —(e)s, ⁼e głowica atomowa
Atom-U-Boot *n* —s, —e atomowy okręt podwodny
Atomwaffen *pl* broń atomowa
atomwaffenfrei *adj:* ~**e Zone** strefa bezatomowa
Atomzerfall *m* —s rozpad atomu
Atomzertrümmerung *f* — rozbicie atomu

atonal 61 aufbauen

atonal *adj:adv, muz* atonaln-y:-ie
Atrophie *f* — *med* atrofia *f,* zanik *m*
Atropin *n* —s *chem, farm* atropina *f*
Attaché [ataʃe:] *m* —s, —s attaché *m*
Attącke *f* —, —n atak *m,* szarża *f,* natarcie *n*
attackieren (h) *vt* za|atakować, napa--dać|ść (*t. przen*)
Attentat *n* —(e)s, —e zamach *m;* e. ~ begehen ⟨verüben⟩ dokonać zamachu
Attentäter *m* —s, — zamachowiec *m*
Attest *n* —es, —e świadectwo, zaświadczenie, poświadczenie *n;* ärztliches ~ zaświadczenie lekarskie
attestieren (h) *vt* zaświadcz-ać|yć, poświadcz-ać|yć
attisch *adj* attycki * *przen* ~es Salz sól attycka
Attraktion *f* —, —en 1. *fiz* przyciąganie *n* 2. *przen* atrakcja *f* 3. *teatr* przebój *m;* sztuka kasowa
attraktiv *adj:adv* atrakcyjn-y:-ie, pociągając-y:-o
Attrappe *f* —, —n atrapa *f*
Attribut *n* —(e)s, —e 1. cecha, właściwość *f,* przymiot *m* 2. *jęz* przydawka *f*
attributiv *adj:adv, jęz* przydawkow-y:-o
Attributįvsatz *m* —es, ⸚e *jęz* zdanie przydawkowe
Ątz... *w comp* 1. żrący; *np.* ~gas 2. wytrawiający, trawiący; *np.* ~mittel
ątzen (h) *vt* na|karmić. Su *t.* pokarm *m;* pasza *f*
ätzen (h) *vt* 1. wytrawi-ać|ć, trawić 2. *farb* wywabi-ać|ć. Su
ätzend 1. *part praes, zob.* ätzen 2. *adj: :adv* żrąc-y:-o, gryząc-y:-o
Ątzgas *n* —es, —e gaz żrący
Ątzmittel *n* —s, — środek wytrawiający ⟨trawiący⟩
Ątznadel *f* —, —n igła grawerska
Ątznatron *n* —s soda żrąca ⟨kaustyczna⟩
auch *cj* 1. także, też, i, również; nicht nur ..., sondern ~ ... nie tylko ..., lecz także ...; sowohl ... als ~ ... i ... i... *a.* tak ... jak i ...; ist das ~ richtig? czy to też ⟨aby⟩ dobrze? 2. nawet; ~ der Ärmste nawet najbiedniejszy; wenn ~ alles gut geht ... jeśli nawet wszystko dobrze pójdzie ... * ~ nicht er ani on; zum Teufel ~! tam do diabła ⟨licha⟩!; wenn ~! niechby!; wozu (denn) ~ i po cóż (by); wie dem ~ sei jakkolwiek by było ⟨rzecz się ma⟩; was immer er ~ tun wird ... cokolwiek (on) zrobi ...; ~ das noch! jeszcze ⟨na dobitkę⟩ i to!
Audienz *f* —, —en audiencja *f,* posłuchanie *n*
audiovisuell *adj:adv* audiowizualn-y|-ie
Auditorium *n* —s, ...ien 1. audytorium *n,* słuchacze *pl* 2. audytorium *n,* sala wykładowa
Ąu(e) *f* —, ...en 1. *poet* niwa *f,* błonie *n,* łąka *f* 2. dolina *f* (rzeki) 3. bielawa *f,* teren błotnisty
Auerhahn *m* —(e)s, ⸚e *orn* głuszec *m*
Auerhenne *f* —, —n *orn* głuszyca *f*
Ąuerochs(e) *m* ...en, —en zoo tur *m*
auf I. *adv;* ~ und nieder w górę i w dół;

~ und ab tam i z powrotem (*o chodzeniu*); von Jugend ~ od młodości; ~ und davon gehen zabrać się i pójść (sobie); ~ sein a) być na nogach; er ist noch ~ (on) jeszcze nie śpi b) być otwartym; das Fenster ist ~ okno jest otwarte II. *praep* 1. *dat (na pytanie* wo? *gdzie?)* a) na; ~ dem Tisch na stole; ~ dem Lande na wsi b) w; ich bin ~ dem Rathaus jestem w ratuszu; ~ deinem Zimmer w twoim pokoju 2. *acc (na pytanie* wohin? *dokąd? gdzie?)* a) na; ~ den Tisch legen kłaść na stół ⟨stole⟩; ~ den Bahnhof gehen iść na dworzec b) do; er ging ~ sein Zimmer poszedł do swego pokoju 3. *acc (przy określeniu czasu)* a) na; ~ einen Augenblick na chwilę; ~ Lebenszeit na całe życie b) ku; około; ~ den Abend ku wieczorowi c) co do; ~ die Minute co do minuty 4. *acc (przy określeniu sposobu)* a) na; ~ alle Fälle na wszelki wypadek; ~ gut Glück na chybił trafił b) w; ~ diese Weise w ten sposób 5. *acc (przy określeniach miary)* a) na; ~ e—n Quadratkilometer na jeden kilometr kwadratowy; die Kosten belaufen sich ~ 100 Mark koszty opiewają na 100 marek b) (o)próć, wyjąwszy; bis ~ diese Kleinigkeit prócz tej drobnostki 6. *acc (po czasownikach i rzeczownikach)* a) na; Einfluß ~ wpływ na; Aussicht ~ widok na; Wirkung ~ wpływ na; ~ jmdn warten czekać na kogoś; ~ etw. antworten odpowiadać na coś b) w; ~ jmdn zielen celować w kogoś c) przy; ~ etw. beharren obstawać przy czymś d) za; trinken ⟨anstoßen⟩ ~ ... pić ⟨trącać się⟩ za ... e) o; ~ jmdn eifersüchtig sein być zazdrosnym o kogoś * Schlag ~ Schlag cios za ciosem; ~ deutsch po niemiecku; ~s beste jak najlepiej; w najlepsze; ~ einmal nagle, raptem; ~ immer na zawsze; ~ morgen also! zatem do jutra!; das hat nichts ~ sich to nie ma znaczenia III. ~ daß *cj* aby, żeby IV. ~! *int* wstawać!, pobudka!
auf... *występuje w czasownikach rozdzielnych; np.* ~brodeln
aufarbeiten (h) I. *vt* 1. odr-abiać|obić, załatwi-ać|ć (Rückstände zaległości) 2. przer-abiać|obić, zuży-wać|ć (den ganzen Vorrat cały zapas) II. sich ~ *vr,* *przen* wybi-jać|ć się o własnych siłach. Su do I.
aufatmen (h) *vi* odetchnąć (*t. przen*)
aufbahren (h) *vt* składać|złożyć na marach; den Sarg ~ postawić trumnę na katafalku. Su
Aufbau *m* I. —(e)s 1. budowa *f,* budowanie *n;* wzniesienie, postawienie *n;* montaż *m* 2. *przen* budowa, struktura *f,* układ *m;* konstrukcja *f* II. —(e)s, —e *a.* —ten 1. *auto* nadwozie *n,* karoseria *f* 2. nadbudowa (*t. mar*), nadbudówka *f,* nadbudowanie *n*
aufbauen (h) I. *vt, vr* (sich *dat* sobie) 1. wy|budować, wzn-osić|ieść, wystawi-ać|ć; er baut sich ein Haus auf (on)

buduje sobie dom 2. (*t*. sich się) odbudow-ywać|ać, budować; **die Stadt baut sich auf** miasto się odbudowuje 3. rozbi-jać|ć (**Zelte** namioty) 4. s|konstruować; *przen* e—e **Anklage auf etw.** ~ opierać oskarżenie na czymś II. **sich** ~ *vr*, *przen* pot sta-waćnąć (**vor jmdm** przed kimś)
aufbäumen, sich (h) *vr* sta-wać|nąć dęba; *przen* sta-wać|nąć sztorcem ⟨okoniem⟩
aufbauschen (h) *vt* 1. *t*. *vr* (sich się) wzd-ymać|ąć, napuszyć (sich się) 2. *przen* rozdmuch-iwać|ać, wyolbrzymi-ać|ć. **Su**
Aufbaustunde *f* —, —n godzina pracy w czynie społecznym
aufbegehren (h) *vi* gorąco za|protestować (**gegen jmdn** *a*. **gegen etw.** przeciw komuś *a*. przeciw czemuś); obrusz-ać| yć ⟨un-osić|ieść⟩ się (**na kogoś** *a*. **na coś**)
aufbehalten (60;h) *vt* 1. nie zd-ejmować| jąć (**den Hut** kapelusza) 2. nie zamykać, pozostawi-ać|ć otwarte
aufbeißen (5;h) *vt* 1. rozgry-zać|źć 2. *vi*, *dent* zgry-zać|źć
aufbekommen (70;h) *vt* 1. z trudem otw--ierać|orzyć 2. *szkol* mieć zadane (lekcje)
aufbereiten (h) *vt* 1. *górn* podda-wać|ć przeróbce 2. *tech* podda-wać|ć obróbce wstępnej 3. preparować, przygotow-ywać|ać (**e—n Text** tekst). **Su do** 1., 2., 3.; **do** 1. *t*. przeróbka *f*, **do** 3. *t*. preparacja *f*
aufbessern (h) *vt* poprawi-ać|ć, podwyż-sz-ać|yć (**die Löhne** płace). **Su** *t*. podwyżka *f*
aufbewahren (h) *vt*, *vr* (**sich** *dat* sobie) przechow-ywać|ać; zachow-ywać|ać. **Su** *t*. przechowalnia *f*
Aufbewahrungs... *w comp* 1. ... przechowania; *np*. ~**ort** 2. ... za przechowanie; *np*. ~**gebühr**
Aufbewahrungsgebühr *f* —, —en opłata za przechowanie
Aufbewahrungsort *m* —(e)s, —e miejsce przechowania
aufbieten (10;h) *vt* 1. ogł-aszać|osić; e. **Brautpaar** ~ da(wa)ć zapowiedź (małżeńską) 2. *woj* powoł-ywać|ać, z|mobilizować 3. zwoł-ywać|ać, zbierać|zebrać (**Anhänger** zwolenników); *przen* **alle Kräfte** ~ wytężać wszystkie siły; **seinen Einfluß** ~ użyć swoich wpływów. **Su**
aufbinden (11;h) *vt* 1. rozwiąz-ywać|ać 2. *przen*, *pot* nalgać, nabujać; **jmdm e—n Bären** ~ nabić kogoś w butelkę 3. podwiąz-ywać|ać
aufblähen (h) *vt* 1. *t*. *vr* (**sich** się) nad-ymać|ąć, rozd-ymać|ąć; wzd-ymać|ąć 2. *przen* wyśrubow-ywać|ać (**die Preise** ceny). **Su**
aufblasen (13;h) *vt* 1. nadmuch-iwać|ać (**e—n Ball** piłkę) 2. *t*. *vr* (**sich** się), *przen*, *pot* nad-ymać|ąć
aufblättern (h) *vt* wertować, przewracać kartki (**w książce**)
aufbleiben (14;sn) *vi* 1. czuwać, nie iść|

pójść spać 2. *pot* pozosta-wać|ć otwartym; **das Fenster soll** ~ niech okno pozostanie otwarte
aufblicken (h) *vi* spo-glądać|jrzeć, patrzeć, podn-osić|ieść wzrok (**zu jmdm na kogoś**)
aufblitzen (sn) *vi* za|błysnąć (*t*. *przen*)
aufblühen (sn) *vi* 1. rozkwit-ać|nąć, zakwit-ać|nąć 2. *przen* rozwi-jać|nąć się, *hand* prosperować
aufbrauchen (h) *vt* zuży-wać|ć
aufbrausen (sn) *vi* 1. burzyć się, za|pienić się, za|kipieć, musować 2. zaszumieć, zahuczeć (*o wichurze*); **Beifall brauste auf** zerwała się burza oklasków 3. *przen* za|pienić się, wybuch-ać| nąć, un-osić|ieść się
aufbrausend 1. *part praes*, *zob.* aufbrausen 2. *adj:adv* popędliw-y:-ie, wybuchow-y:-o
aufbrechen (16) I. (h) *vt* 1. wyłam-ywać| ać, wywaz-ać|yć (**e—e Tür** drzwi) 2. otw-ierać|orzyć (**e—n Brief** list) 3. z| orać (**den Acker** pole) 4. *łow* wy|patroszyć (**Wild** dziczyznę) II. (sn) *vi* 1. rusz-ać|yć ⟨wyrusz-ać|yć⟩ w drogę, od--chodzić|ejść 2. otw-ierać|orzyć się (*o wrzodzie, pąkach*)
aufbrennen (17) I. (h) *vt* 1. spal-ać ić 2. wypal-ać|ić (**e. Zeichen** znamię); *pot* **jmdm e—e Kugel** ~ wpakować komuś kulę II. (sn) *vi* spal-ać|ić się. z|gorzeć
aufbringen (18;h) *vt* 1. *zob* aufbekommen 1. 2. zbierać|zebrać, z|gromadzić; **Geld** ~ wytrzasnąć pieniądze; **Mittel** ~ znajdować środki; **die Kosten** ~ pokry(wa)ć koszty; **die Kraft** ~ zdoby-(wa)ć się na wysiłek 3. zab-ierać|rać, zdoby-wać|ć; **e. Schiff** okręt) 4. wprowadz-ać|ić; lansować (**e—e Mode** modę), pu-szczać|ścić w obieg; (**e. Gerücht** plotkę) 5. rozgniewać, z|denerwować. **Su**
aufbrodeln (sn) *vi* zakipieć
Aufbruch *m* —(e)s 1. wyruszenie *n* (**zur Jagd** na polowanie); *woj* wymarsz *m* 2. *łow* patrochy, wnętrzności *pl*
aufbrühen (h) *vt* naparz-ać|yć, zaparz-ać| yć
aufbrüllen (h) *vi* zaryczeć, ryknąć
aufbrummen (h) *vi* 1. zamruczeć 2. *vt pot* wlepić; **jmdm eins** ~ przyłożyć ⟨dać⟩ komuś klapsa; **jmdm e—e Strafe** ~ wlepić komuś karę
aufbügeln (h) *vt* odprasow-ywać|ać
aufbürden (h) *vt* 1. *t*. *vr* (**sich** *dat* sobie) na|ładować, na-kładać|łożyć 2. *przen* obarcz-ać|yć (**jmdm etw.** kogoś czymś, **schwere Steuern** dotkliwymi podatkami); **jmdm die Schuld** ~ zwalać na kogoś winę. **Su**
aufdecken (h) *vt* 1. *t*. *vr* (**sich** się) odkry-wać|ć 2. nakry-wać|ć (**do stołu**) 3. wy-kładać|łożyć, odkry-wać|ć (**die Karten** karty) 4. *przen* wyjawi-ać|ć, odsł-aniać|onić, wykry-wać|ć (**e. Geheimnis** tajemnicę), z|dekonspirować. **Su**
aufdonnern, sich (h) *vr*, *pot* wyelegantować ⟨wypucować, wyfiokować⟩ się
aufdrängen (h) *vt* 1. wmu-szać|sić (**jmdm etw. w kogoś coś**), wcis-kać|nąć (ko-

aufdrehen 63 aufflattern

muś coś) 2. *t. vr (sich się)* narzu-cać|
cić; e. **Verdacht drängt sich auf** na-
suwa się podejrzenie
aufdrehen (h) *vt* 1. odkręc-ać|ić (e—n
Hahn kurek) 2. nakręc-ać|ić (e—e Uhr
zegarek) 3. podkręc-ać|ić w górę 4.
przen, pot wcis-kać|nąć, wtryni-ać|ć
(jmdm etw. komuś coś) 5. *pot* zapal-ać|
ić (das Licht światło elektryczne)
aufdringen (22;h) *zob.* **aufdrängen**
aufdringlich *adj:adv* natrętn-y:-ie; e.
~er Geruch intensywny zapach. Sk na-
tręctwo *n*
Aufdruck *m* —(e)s, —e nadruk *m*
aufdrucken (h) *vt* wy|drukować **(auf
etw.** na czymś)
aufdrücken (h) *vt* 1. nacis-kać|nąć (die
Klinke klamkę) 2. wycis-kać|nąć (e—n
Stempel pieczęć; *przen* piętno); przy-
-kładać|łożyć (e. **Pflaster** plaster);
jmdm e—n Kuß ~ wycisnąć pocałunek
aufeinander *adv* 1. jeden za ⟨po⟩ drugim, po sobie 2. jeden na drugiego; ~
achten zważać jeden na drugiego
aufeinander... *w czasownikach rozdzielnych przeważnie w znaczeniu* 1. po sobie; *np.* ~folgen 2. jedno na drugie;
np. ~legen
Aufeinanderfolge *f* —, —en kolejność *f*,
następstwo *n*
aufeinanderfolgen (sn) *vi* nast-ępować|
ąpić po sobie ⟨kolejno⟩
aufeinanderfolgend 1. *part praes, zob.*
aufeinanderfolgen 2. *adj:adv* kolejn-y:
-o
aufeinanderlegen (h) *vt* kłaść|położyć
jedno na drugie
aufeinanderplatzen *a.* **aufeinanderprallen
(sn)** *vi* wpa-dać|ść na siebie, zderz-ać|
yć się
aufeinanderstoßen (157;sn) *vi* zderz-ać|
yć się, uderz-ać|yć o siebie
aufeinandertreffen (161;sn) *vi, zob.* **auf-
einanderstoßen**
aufeinandertürmen (h) *vt* składać w stos,
spiętrz-ać|yć
Aufenthalt *m* —(e)s, —e 1. pobyt *m*, byt-
ność *f;* **ständiger** ~ stały pobyt; **während seines** ~**es in Berlin** podczas
jego pobytu ⟨bytności⟩ w Berlinie 2.
miejsce zamieszkania 3. zwłoka *f;* **ohne
~ bez zwłoki** 4. *kol* postój *m;* **der
Zug hat 5 Minuten** ~ pociąg ma 5 mi-
nut postoju; **ohne** ~ bez przerwy ⟨za-
trzymywania się⟩
Aufenthalts... *w comp* 1. pobytowy; *np.*
~sichtvermerk 2. ... pobytu; *np.* ~ort
3. ... na pobyt; *np.* ~genehmigung
Aufenthaltsgenehmigung *f* —, —en zezwolenie na pobyt
Aufenthaltsort *m* —(e)s, —e miejsce pobytu
Aufenthaltssichtvermerk *m* —(e)s, —e *a.*
Aufenthaltsvisum *n* —s, ...sen *a.* ...sa
wiza pobytowa
auferlegen (h) 1. *vt* na-kładać|łożyć
(Steuern podatki; e—e Strafe karę;
Pflichten obowiązki); **Bedingungen** ~
narzucać ⟨dyktować⟩ warunki 2. *vr
sich dat* **Zwang** ~ zada(wa)ć sobie
przymus

auf(er)steh(e)n (151;sn) *vi, rel* zmartwych-
wsta-wać|ć. **Su** *t. rel* rezurekcja *f*
auferwecken (h) *vi* wskrze-szać|sić. **Su**
aufessen (29;h) *vt* zj-adać|eść
auffädeln (h) *vt* nawle-kać|c; nanizać
auffahren (30) I. (h) *vt* 1. naw-ozić|ieźć
(Erde ziemię) 2. *woj* zat-aczać|oczyć
na pozycję (Geschütz działo); *przen*
schwerstes Geschütz ~ wytaczać ko-
lubrynę 3. *górn* drążyć (e—e Strecke
chodnik) * *pot* ~ lassen kazać podać
(Sekt szampana) **II. (sn)** *vi* 1. wzn-
-osić|ieść się; je-chać|ździć w górę
(aus der Grube z kopalni) 2. roz-wie-
rać|ewrzeć się (o oknie, drzwiach) 3.
zrywać|zerwać się (na równe nogi) 4.
przen un-osić|ieść, wybuch-ać|nąć
(zornig gniewnie) 5. zaje-żdżać|chać (o
pojazdach) 6. naje-żdżać|chać (auf
etw. na coś), *mar* osi-adać|ąść (auf
e—e Sandbank na mieliźnie)
Auffahrt *f* —, —en 1. wjazd *m;* wyjazd w górę (aus der Grube z kopalni); wzlot *m,* wznoszenie się **(e—s Bal-
lons** balonu) 2. zajazd, podjazd *m* **(vor
dem Hotel** przed hotelem) 3. zajeż-
dżanie, zajechanie *n* (der Gäste gości)
auffallen (31;sn) *vi* uderz-ać|yć, zastan-
-awiać|owić, zwr-acać|ócić czyjąś u-
wagę; **es fiel mir auf uderzyło** ⟨za-
stanowiło⟩ mnie; **durch die Kleidung**
~ zwracać uwagę ubiorem
auffallend 1. *part praes, zob.* **auf°allen**
2. *adj:adv* uderzając-y:-o, rzu⊔ający
się w oczy : w sposób rzucając⌐ się
w oczy; niezwyk-ły:-le, jaskraw-y:-o;
~e Farben jaskrawe kolory
auffällig *adj:adv, zob.* **auffallend** 2. Sk
dziwaczność *f;* ekscentryczność *f;* ja-
skrawość *f*
auffangen (32;h) *vt* 1. z|łapać, chwy-tać|
cić (e—n Ball piłkę) 2. *przen* prze-
chwy-tywać|cić, podchwy-tywać|cić,
przej-mować|ąć (e—e **Nachricht** wia-
domość) 3. odparow-ywać|ać (e—n
Schlag cios)
Auffanglager *n* —s, — obóz przejściowy
auffärben (h) *vt* u|farbować (na nowo),
farbowaniem odśwież-ać|yć
auffassen (h) *vt* 1. z|rozumieć, poj-mo-
wać|ąć 2. uj-mować|ąć. **Su** *t.* zapatry-
wanie *n,* pogląd *m,* zdanie *n;* **nach
meiner Auffassung** moim zdaniem
Auffassungs... *w comp* — pojmowania;
np. ~weise
Auffassungsgabe *f* — *a.* **Auffassungs-
kraft** *f* — *a.* **Auffassungsvermögen** *n*
—s zdolność ⟨łatwość⟩ pojmowania,
pojętność *f*
Auffassungsweise *f* — sposób pojmowania
auffinden (34;h) *vt* zna-jdować|leźć, od-
na-jdować|leźć, wykry-wać|ć. **Su**
przen)
auffischen (h) *vt* wył-awiać|owić (*t.
przen*)
aufflackern (sn) *vi* zapłonąć (na nowo),
rozbłysnąć
aufflammen (sn) *vi* wybuch-ać|nąć pło-
mieniem, sta-wać|nąć w płomieniach;
zapłonąć (*t. przen*)
aufflattern (sn) *vi* wzl-atywać|ecieć

aufflechten (35;h) *vt* rozpl-atać|eść
auffliegen (36;sn) *vi* 1. wzl-atywać|ecieć, wzn-osić|ieść się 2. wyl-atywać|ecieć w powietrze 3. roz-wierać|ewrzeć się (*o drzwiach, oknie*) 4. *przen* rozl-atywać|ecieć się (*o przedsiębiorstwie*) 5. *pot* wpa-dać|ść; **die Bande ist aufgeflogen** szajka wpadła
Aufflug *m* —(e)s, ⸚e wzlot *m*
auffordern (h) *vt* 1. wzywać|wezwać, zawezwać; **zum Kampf ~** wyzwać do walki 2. zapr-aszać|osić (**zum Tanz** do tańca). Su
aufforsten (h) *vt* zalesi-ać|ć. Su
auffressen (39;h) *vt* 1. poż-erać|reć, żerać|zeżreć 2. *przen* poż-erać|reć, pochł-aniać|onąć
auffrischen (h) 1. *vt* odśwież-ać|yć, odn-awiać|owić (*t. przen*) 2. *vi* pod-nosić|nieść się (*o wietrze*) 3. **sich ~** *vr* orzeźwi-ać|ć ⟨odśwież-ać|yć⟩ się. Su do 1.
aufführen (h) I. *vt* 1. wzn-osić|ieść, wy| budować (**e. Haus** dom) 2. *teatr* wystawi-ać|ć 3. przyt-aczać|oczyć, za|cytować, wylicz-ać|yć (**Beispiele** przykłady) 4. *buch* za|księgować (**e—n Posten** pozycję) *praw **Zeugen ~** postawić świadków II. **sich ~** *vr* zachow-ywać| ać ⟨prowadzić⟩ się. Su do I.—II.; do I. 2. *t.* przedstawienie *n*
auffüllen (h) *vt* 1. napełni-ać|ć 2. uzupełni-ać|ć (**die Vorräte** zapasy); **Lücken ~** wypełniać luki. Su
auffunkeln (h) *vi* rozbłysnąć; zalśnić
auffuttern (h) *vt* I. *t.* auffüttern (h) *vt* 1. wykarmi-ać|ć, 2. spa-sać|ść II. *pot* poż-erać|reć, żerać|zeżreć, s|pałaszować. Su do I.
Aufgabe *f* —, **—n** 1. nada(wa)nie *n* (**e—s Briefes** listu) 2. *szkol* zadanie *n*; **schriftliche ~** zadanie ⟨wypracowanie⟩ pisemne 3. zadanie *n*, obowiązek *m*; **das ist nicht meine ~** to nie należy do moich obowiązków ⟨zadań⟩; **geschichtliche ~** misja dziejowa; **er ist der ~ gewachsen** sprosta(ł) zadaniu 4. rezygnacja *f*, zaniechanie, porzucenie *n* (**der Verteidigung** obrony) 5. zwinięcie *n*, likwidacja *f* (**e—s Unternehmens** przedsiębiorstwa) 6. *tech* zasilanie *n*
Aufgabe... *w comp* 1. nadawczy; *np.* **~postamt** 2. ... nadania; *np.* **~ort**
aufgabeln (h) *vt* 1. nab-ierać|rać na widelec ⟨widły⟩ 2. *przen* wył-awiać|owić, zna-jdować|leźć
Aufgaben... *w comp* 1. ... zadań; *np.* **~sammlung** 2. ... do zadań; *np.* **~heft** 3. ... działania; *np.* **~bereich**
Aufgabenbereich *m* —(e)s zakres działania
Aufgabenheft *n* —(e)s, **—e** zeszyt do zadań
Aufgabensammlung *f* —, **—en** zbiór zadań
Aufgabeort *m* —(e)s, **—e** miejsce nadania
Aufgabe(post)amt *n* —(e)s, ⸚er poczt urząd nadawczy
Aufgang *m* —(e)s, ⸚e 1. wejście *n* 2.

wchodzenie *n* 3. wschód *m* (**der Sonne** słońca), wzejście *n*
aufgeben (43;h) *vt* 1. nada-wać|ć (**Gepäck** bagaż; **e. Telegramm** depeszę) 2. da-wać|ć zadanie, zada-wać|ć (**e. Rätsel** zagadkę) 3. z|rezygnować (**etw. z czegoś**), zaniechać, poniechać (czegoś); porzuc-ać|ić (coś); **die Verteidigung ~** zaniechać obrony; *szach* **die Partie ~** da(wa)ć partię za wygraną; **die Hoffnung ~** stracić nadzieję 4. zwi-jać| nąć, z|likwidować (**e. Unternehmen** przedsiębiorstwo) 5. *tech* zasil-ać|ić
aufgeblasen 1. *part perf, zob.* **aufblasen** 2. *adj:adv,* napuszony, nadęty; zarozumia-ły:-le. Sh
Aufgebot *n* —(e)s, **—e** 1. zapowiedź *f* (**e—s Brautpaars** małżeńska) 2. *praw* wezwanie *n*, ogłoszenie *n* 3. *woj* powołanie *n* (**zum Wehrdienst** do służby wojskowej) 4. oddział *m*; **e. starkes ~** silny oddział 5. *przen* wytężenie *n*; **unter ~ aller Kräfte** wszelkimi siłami; ze wszystkich sił
aufgebracht 1. *part perf, zob.* **aufbringen** 2. *adj:adv* zdenerwowany, rozgniewany; **~ sein über jmdn** ⟨**etw.**⟩ zdenerwować się kimś ⟨czymś⟩. Sh zdenerwowanie *n*
aufgedunsen *part, adj:adv* nabrzmiały, obrzękły. Sh
aufgeh(e)n (45;sn) *vi* 1. wschodzić|wzejść (*o słońcu, roślinach*); *przen* **e. Licht geht mir auf** zaczynam rozumieć; **e—e Hoffnung geht auf** świta nadzieja 2. *teatr* podn-osić|ieść się; iść w górę (*o kurtynie*) 3. rosnąć|róść, wyr-astać| osnąć (*o cieście*) 4. otw-ierać|orzyć się (*o drzwiach*); *przen* **die Augen gingen ihm auf** otworzyły mu się oczy, przejrzał; *przen* **das Herz ging mir auf** wzruszyłem się 5. *bot* otw-ierać|orzyć się, rozwi-jać|nąć się (*o pąkach*) 6. *med* otw-ierać|orzyć się (*o ranie*); pęk-ać|nąć (*o wrzodzie*) 7. topnieć, roztopić się (*o lodzie, o metalach*); *przen* **e. Volk ging im anderen auf** naród został zasymilowany ⟨wchłonięty⟩ przez drugi; **in Flammen ~** spłonąć doszczętnie 8. rozpu-szczać|ścić się; rozpl-atać|eść się (*o włosach*) 9. poświęc-ać|ić, odda-wać|ć się, być pochłoniętym; **er ging ganz in seiner Arbeit auf** całkowicie poświęcił się swej pracy 10. *mat* mieścić się bez reszty; **3 geht in 12 auf** 3 mieści się w 12
aufgeklärt I. *part perf, zob.* **aufklären** II. *adj* 1. światły; oświecony; wolny od przesądów 2. uświadomiony. Sh uświadomienie *n*
aufgekratzt 1. *part praes, zob.* **aufkratzen** 2. *adj:adv, pot* rozochocony : w wesołym nastroju. Sh wesoły nastrój, ochota *f*, humor *m*
Aufgeld *n* —(e)s, **—er** 1. *ekon* ażio *n* 2. *hand* dopłata *f* 3. *hand* wpłata *f*; zadatek *m*
aufgelegt I. *part perf, zob.* **auflegen** II. *adj* 1. *t. adv* usposobiony (**zu etw.** do czegoś); **mit humorem; schlecht ~ sein**

aufgepaßt 65 **aufkläreı.**

nie być w humorze 2. jawny; e. ~**er Schwindel** jawne oszustwo
aufgepaßt 1. *part perf*, *zob.* **aufpassen** 2. *int* ~! uwagi!
aufgeräumt 1. *part perf*, *zob.* **aufräumen** 2. *adj:adv* w dobrym humorze, wesoł-y:-o. Sh wesołość *f*, dobry humor
aufgeregt 1. *part perf, zob.* **aufregen** 2. *adj:adv* podniecony, wzburzony; zdenerwowany; zirytowany. Sh podniecenie, wzburzenie *n;* zdenerwowanie, zirytowanie *n*, irytacja *f*
aufgeschlossen 1. *part perf, zob.* **aufschließen** 2. *adj* otwarty, szczery. Sh
aufgeschmissen *part, adj, pot;* ~ **sein** być bezradnym, *pot* być w kropce
aufgetakelt 1. *part perf, zob.* **auftakeln** 2. *adj, pot* wyfiokowany, wystrojony
aufgeweckt 1. *part perf, zob.* **aufwecken** 2. *adj* bystry, inteligentny, rozgarnięty. Sh bystrość, inteligencja *f*, rozgarnięcie *n*
aufgießen (52;h) *vt* na|parzyć, za|parzyć (Tee herbatę)
aufglimmen (56;sn) *vi* roztlić ⟨rozżarz- -ać|yć⟩ się
aufglühen (sn) *vi* rozżarz-ać|yć się
aufgraben (57;h) *vt* wykop-ywać|ać, odkop-ywać|ać; rozkop-ywać|ać. Su
aufgreifen (58;h) *vt* 1. chwytać, uchwycić, podchwycić (e—n Gedanken myśl) 2. s|chwycić (e—n Landstreicher włóczęgę)
Aufguß *m* ...usses, ...üsse napar *m;* odwar *m*
aufhaben (59;h) *vt, pot* 1. mieć na głowie (den Hut kapelusz) 2. mieć otwarty (den Laden sklep) 3. *szkol* mieć zadany (e. Gedicht wiersz)
aufhaken (h) *vt* odhacz-ać|yć, odpi-nać|ąć
aufhalsen (h) *vt* obarcz-ać|yć (jmdm etw. kogoś czymś)
aufhalten (60;h) I. *vt* 1. trzymać ⟨mieć⟩ otwarty (etw. coś; die Augen oczy; den Laden sklep) 2. po|wstrzym-ywać| ać (die Tränen łzy); zatrzym-ywać|ać 3. odwle-kać|c II. *sich* ~ *vr* 1. bawić, przebywać (bei jmdm u kogoś; in Berlin w Berlinie); zatrzym-ywać|ać się (bei jmdm u kogoś) 2. zatrzym-ywać| ać się (bei etw. nad czymś), zaj-mować|ąć się (czymś) 3. denerwować się (über jmdn kimś)
aufhängen (h) I. *vt, vr* (sich się) 1. zawie-szać|sić (den Hut kapelusz) 2. powiesić|wieszać II. *vt pot* 1. wm-awiać| ówić; wkręc-ać|ić, wcis-kać|nąć 2. obarcz-ać|yć (jmdm etw. kogoś czymś); narzuc-ać|ić (komuś coś)
Aufhänger *m* —s, — uszko do zawieszania *(przy odzieży)*
aufhauen (haute auf, aufgehauen) (h) *vt* rozrąb-ywać|ać, rozbi-jać|ć
aufhäufen (h) *vt* 1. **aufhäufeln** składać|złożyć na kupki 2. *t. vr* (sich się), *przen* na|gromadzić. Su
aufheben (63;h) I. *vt* 1. zn-osić|ieść, u-chyl-ać|ić, unieważni-ać|ć **(das Gesetz** ustawę); s|kasować (e. Urteil wyrok); anulować (den Vertrag umowę); zd-

-ejmować|jąć (die Haft areszt); *przyst* aufgeschoben ist nicht aufgehoben co się odwlecze, to nie uciecze 2. zaprzesta-wać|ć (die Belagerung oblężenia) 3. za|kończyć, zam-ykać|knąć (e—e Sitzung posiedzenie); die Tafel ~ zakończyć biesiadę, wstać od stołu 4. przechow-ywać|ać; **gut aufgehoben sein** być pod dobrą opieką II. *vt, vr* (sich się) 1. wyklucz-ać|yć; **das eine hebt das andere auf** jedno wyklucza drugie 2. podn-osić|ieść, wzn-osić|ieść, 3. *mat* znosić (się). Su do I. 1.—4.; do 1. *t. praw* kasacja *f*
Aufheben *n* —s 1. podniesienie *n* 2. rozgłos *m;* **großes** ~ ⟨**viel** ~**s**⟩ **von etw. machen** wyolbrzymiać coś
aufheitern (h) 1. *vt, vr* (sich się) rozpog-adzać|odzić, rózwesel-ać|ić 2. **sich** ~ *vr*, **meteor** wypog-adzać|odzić ⟨rozpog-adzać|odzić⟩ się. Su
aufhelfen (65;h) 1. *vi* pom-agać|óc podnieść się (jmdm komuś), po|dźwignąć (kogoś) 2. **sich** *dat* **wieder** ~ wydźwignąć się
aufhellen (h) *vt, vr* (sich się) 1. wyjaśni-ać|ć 2. rozjaśni-ać|ć, wypog-adzać| odzić. Su
aufhetzen (h) *vt* 1. po|szczuć **(das Wild** zwierzynę) 2. *przen* podżegać, podburz-ać|yć. Su
Aufhetzer *m* —s, — podżegacz *m*
aufhetzerisch *adj:adv* podburzając-y:-o, podżegając-y:-o
aufheulen (h) *vi* zapłakać, zakrzyczeć, zawyć
aufholen (h) *vt, pot* dopędz-ać|ić, dog--aniać|onić; nadg-aniać|onić, nadr-a-biać|obić. Su
aufholzen (h) *vt* zalesi-ać|ć
aufhorchen (h) *vi* nadstawi-ać|ć uszu, nadsłuchiwać, uważnie słuchać
aufhören (h) *vi* przesta-wać|ć, usta- -wać|ć; s|kończyć (się); **ohne Aufhören** bezustannie; **mit der Arbeit** ~ przestawać pracować; **höre endlich auf!** skończ wreszcie!
aufjagen (h) *vt* s|płoszyć
aufjauchzen *z.* **aufjubeln** (h) *vi* wy-krzyk-iwać|nąć ⟨krzyknąć⟩ z radości
Aufkauf *m* —(e)s, ⸚e skup *m*, skupywanie *n;* wykupienie *n*
aufkaufen (h) *vt* skupywać, wykup- -ywać|ić
Aufkäufer *m* —s, — skupujący *m*
aufkeimen (sn) *vi* za|kiełkować
aufklappen 1. (h) *vt* otw-ierać|orzyć (e. Buch książkę); **den Deckel** ~ podnosić wieko 2. (sn) *vi* otw-ierać|orzyć się (z łoskotem)
aufklaren (h;sn) *vi* rozpog-adzać|odzić ⟨wypog-adzać|odzić, rozjaśni-ać|ć⟩ się
aufklären (h) I. *vt* 1. wyjaśni-ać|ć, wy-świetl-ać|ić 2. *woj* wyjaśni-ać|ć; przeprowadz-ać|ić rekonesans ⟨rozpoznanie, zwiad⟩ 3. oświec-ać|ić **(das Volk** lud) 4. uświad-amiać|omić (jmdn über etw. kogoś o czymś) II. **sich** ~ *vr* 1. wyjaśni-ać|ć ⟨wyświetl-ać|ić⟩ się 2. rozjaśni-ać|ć ⟨wypog-adzać|odzić⟩ się *(o twarzy, pogodzie).* Su 1. wyjaśnie-

5 Słownik niem.-pol.

Aufklärer 66 **auflehnen, sich**

nie, wyświetlenie *n* 2. oświata *f;* oświecenie *n* 3. *hist* Oświecenie *n* 4. *woj* rekonesans, zwiad *m,* rozpoznanie 5. uświadomienie *n*
Aufklärer *m* —**s,** — 1. *woj* samolot rozpoznawczy 2. *hist* przedstawiciel Oświecenia 3. *polit* agitator *m*
Aufklärungs... *w comp* 1. rozpoznawczy; *np.* ~**flugzeug** 2. agitacyjny; *np.* ~**lokal**
Aufklärungsflugzeug *n* —(**e**)**s,** —**e** *woj* samolot rozpoznawczy
Aufklärungslokal *n* —(**e**)**s,** —**e** *polit* punkt agitacyjny
aufklauben (h) *vt, pot* po|zbierać
aufkleben (h) *vt* nalepi-ać|ć (**die Marke znaczek**)
aufklinken (h) *vt* otw-ierać|orzyć (naciskając klamkę)
aufklopfen *a.* **aufknacken** (h) *vt* rozłup--ywać|ać (**Nüsse** orzechy)
aufknöpfen (h) *vt* rozpi-nać|ąć
aufknoten *zob.* **aufknüpfen 1.**
aufknüpfen (h) **1.** *vt* rozwiąz-ywać|ać, rozsupł-ywać|ać (**den Knoten** węzeł) 2. *vt, vr* (**sich się**) wieszać|powiesić. **Su**
aufkochen I. (**h**) *vt* 1. zagotow-ywać|ać 2. przegotować 3. zuży-wać|ć (*w gotowaniu*) II. (**h, sn**) *vi* zagotow-ywać|ać się
aufkommen (**70;sn**) *vi* 1. wsta-wać|ć, podn-osić|ieść się; **er kam sofort wieder auf** zaraz się podniósł 2. *przen* powr-acać|ócić do zdrowia, odzysk--iwać|ać zdrowie, wyzdrowieć; **an seinem Aufkommen wird gezweifelt** jest wątpliwe, czy wyzdrowieje 3. *przen* dźwigać, wydźwignąć się, dor--abiać|obić się 4. powsta-wać|ć, nasu--wać|nąć ⟨budzić⟩ się; **es kommt der Gedanke auf** powstaje ⟨nasuwa się, budzi się⟩ myśl; **den Verdacht nicht ~ lassen** nie dopuścić podejrzenia 5. pojawi-ać|ć się (*o wynalazkach*); powsta-wać|ć (*o państwach*); nasta-wać|ć (*o czasach, modzie*) 6. zbliż-ać|yć się (*np. o statku*); nadciąg-ać|nąć. nad--chodzić|ejść (*np. o burzy*) 7. dorówn--ywać|ać (**gegen jmdn** komuś); da--wać|ć radę (komuś); **er kommt gegen ihn nicht auf** (on) nie da mu rady; (on) nie dorównuje mu 8. odpowia-dać (**für etw.** za coś); wyrównywać, powetować (coś); **für die Schulden meiner Frau komme ich nicht auf** za długi żony nie odpowiadam; **er kam für den Schaden auf wyrównał** ⟨powetował⟩ szkody
Aufkommen *n* —**s** *ekon* 1. globalna produkcja 2. wpływ *m* (*np. podatków*) 3. pojawienie się; występowanie *n*
aufkratzen (h) *vt* 1. zadrapać, rozdrap--ywać|ać (**die Wunde** ranę) 2. *t. vr* (**sich się**) *pot* wystroić, wyelegantować
aufkreischen (h) *vi* wrzasnąć, za|krzyczeć
aufkrempeln (h) *vt* zakas-ywać|ać (**die Ärmel** rękawy); podwi-jać|nąć (**die Hosen** spodnie)
aufkriegen (h) *vt, pot, zob.* **aufbekommen**

aufkündigen (h) *vt* wypowi-adać|edzieć, wym-awiać|ówić (**den Dienst** służbę), **jmdm die Freundschaft ~** zrywać z kimś. **Su**
auflachen (h) *vi* roześmiać ⟨zaśmiać⟩ się; **laut ~** parsknąć ⟨wybuchnąć⟩ śmiechem
aufladen (**73;h**) *vt* 1. załadować, naładować (**Waren** towary) 2. *przen* obciąż-ać|yć, obarcz-ać|yć (**jmdm etw.** kogoś czymś) 3. na|ładować (**e—e Batterie** baterię). **Su**
Auflader *m* —**s,** — 1. ładowacz *m* (*t. górn*) 2. ładowarka *f*
Auflage *f* —, —**n** 1. wymiar *m* (*np.* podatku); kontyngent *m*; nakaz *m*; zobowiązanie *n* 2. powłoka *f* (*warstwa*) 3. *druk* wydanie *n*, nakład *m* (**eines Buches** książki) 4. oparcie *n*; podpora, podstawa *f*
auflandig *adj* (*w kierunku*) na ląd; e. ~**er Wind** bryza morska ⟨dzienna⟩
auflassen (**74;h**) *vt* 1. nie zam-ykać| knąć (*etw.* czegoś), zostawi-ać|ć otwartym (**die Tür** drzwi; **das Buch** książkę) 2. nie wypełni-ać|ć (**e—e Stelle des Fragebogens** rubryki ankiety) 3. *pot* nie zd-ejmować|jąć (**den Hut** kapelusza) 4. *pot* nie zapi-nać|ąć (**den Mantel** płaszcza) 5. *pot* nie pos-yłać| łać do łóżka (**die Kinder** dzieci) 6. *praw* przen-osić|ieść własność (**Grundstück** nieruchomości) 7. *górn* unieruchomić (e. **Bergwerk** kopalnię). **Su 1.** *górn* unieruchomienie *n* (**e—s Bergwerks** kopalni) 2. *praw* przeniesienie własności
auflauern (h) *vi* czatować, czyhać, dybać (**jmdm** na kogoś)
Auflauf *m* —(**e**)**s,** ~**e** 1. zbiegowisko *n* 2. *kulin* suflet *m*
auflaufen (**75**) **I.** (**sn**) *vi* 1. *mar* osi-adać| ąść (**na mieliźnie** itp.) 2. naje-żdżać| chać (**auf etw.** na coś) 3. s|puchnąć, nabrzmie-wać|ć (*o twarzy*) 4. *bot* wschodzić|wzejść 5. nar-astać|osnąć (*o długach, odsetkach*) **II.** *vr sich dat* **die Füße ~** odparzyć sobie stopy
aufleben (**sn**) *vi* odży-wać|ć
auflecken (h) *vt* zliz-ywać|ać
auflegen (h) **I.** *vt* 1. na-kładać|łożyć; **Schminke ~** nakładać róż, szminkować (się); **Puder ~** nakładać puder, pudrować (się); **e—e Salbe ~** przykładać maść; e. **Besteck ~** nakrywać dla jednej osoby; **jmdm die Hand ~** kłaść komuś rękę na głowie 2. *karc* wy--kładać|łożyć (**die Karten** karty) 3. *druk* wyda-wać|ć (książkę) 4. zobowią-z-ywać|ać (**jmdm etw.** kogoś do czegoś), polec-ać|ić (**komuś** coś) 5. rozpis--ywać|ać (**e—e Anleihe** pożyczkę); wy--kładać|łożyć (**e—e Liste** listę; **Waren** towary) **II. sich ~** *vr* op-ierać|rzeć się (**mit den Ellbogen** łokciami). **Su**
auflehnen, sich (h) *vr* 1. op-ierać|rzeć się (**mit den Ellbogen** łokciami) 2. op-ierać|rzeć się (**gegen jmdn** *a.* **gegen etw.** komuś *a.* czemuś) 3. buntować ⟨burzyć⟩ się (**gegen jmdn** *a.* **gegen etw.**

przeciw komuś a. przeciw czemuś). Su opór, bunt m, rebelia f
auflesen (78;h) vt po|zbierać (die Ähren kłosy)
aufleuchten (h;sn) vi zabłysnąć (t. przen)
aufliefern (h) vt nada-wać|ć (die Sendung przesyłkę). Su
aufliegen (79) I. (sn) vi 1. leżeć (na czymś); e. Buch liegt dem anderen auf jedna książka leży na drugiej 2. być wyłożonym (o towarach, książkach, gazetach itp.) II. (h) vr sich ~ od|leżeć się; sich dat ~ odleżeć sobie (e—e Seite bok)
auflisten (h) vt zestawi-ać|ć, sporządz- -ać|ić listę. Su
auflockern (h) vt 1. t. vr (sich się) rozluźni-ać|ć 2. spulchni-ać|ć (das Beet grządkę); das Bett ~ wzruszać pościel. Su
auflodern a. auflohen (sn) vi buch-ać| nąć (o płomieniu)
auflösbar adj 1. rozwiązalny (t. mat) 2. chem rozpuszczalny. Sk
auflösen (h) I. vt, vr (sich się) 1. rozwiązywać|ać (das Rätsel zagadkę; die Versammlung zebranie; den Verein towarzystwo) 2. rozpu-szczać|ścić (t. chem) II. sich ~ vr 1. roz-kładać|łożyć się, ule-gać|c rozkładowi 2. przen roz- -chodzić|ejść się (o tłumie). Su do I.—II.; do I. 1. t. likwidacja f; do II. 1. rozkład m; pot. śmierć f
Auflösungsvermögen n —s 1. chem zdolność rozpuszczania 2. fot, opt zdolność rozdzielcza
Auflösungszeichen n —s, — muz kasownik m
aufmachen (h) I. vt 1. otw-ierać|orzyć (die Tür drzwi; e—e Flasche butelkę; die Augen oczy); den Mantel ~ rozpinać płaszcz; das Haar ~ rozpuszczać włosy; die Ohren ~ słuchać; przen mieć uszy otwarte 2. przyrządz-ać|ić, przyozd-abiać|obić, upiększ-ać|yć, ucharakteryzować; groß ~ aranżować ⟨wystąpić⟩ z całą okazałością ⟨z wielką pompą⟩ II. sich ~ vr 1. wyb-ierać| rać się w drogę, wyrusz-ać|yć 2. zab- -ierać|rać się (do czegoś). Su 1. wystawa f; wygląd m 2. dekoracja f; oprawa f; opakowanie n; urządzenie n; in großer Aufmachung z całą okazałością, z wielką pompą
aufmalen (h) vt na|malować
Aufmarsch m —es, ¨-e woj 1. zbiórka f (formacji) 2. koncentracja wojsk
Aufmarschgebiet n —(e)s, —e woj obszar koncentracji (wojsk)
aufmarschieren (sn) vi, woj 1. zbierać| zebrać się (o formacjach) 2. s|koncentrować się (o wojsku); ustawi-ać|ć się w szyku bojowym
aufmerken (h) 1. vi uważać; uważnie słuchać 2. vt za|notować
aufmerksam adj:adv 1. uważn-y:-ie; jmdn auf etw. ~ machen zwracać czyjąś uwagę na coś 2. uprzejm-y:-ie, grzeczn-y:-ie. Sk 1. uwaga f ⟨skupienie⟩; die Aufmerksamkeit auf sich ziehen zwracać uwagę na siebie; die Auf-

merksamkeit auf etw. lenken kierować uwagę na coś; es ist meiner Aufmerksamkeit entgangen uszło mojej uwagi 2. grzeczność, uprzejmość f; e—e Aufmerksamkeit erweisen okaz(yw)ać grzeczność
aufmöbeln (h) vt, pot rozrusz-ać|yć (jmdn kogoś)
aufmucken (h) vi, pot sprzeciwi-ać|ć ⟨stawiać⟩ się
aufmuntern (h) vt 1. rozruszać 2. zachęc-ać|ić. Su do 1. 2.; do 2. t. zachęta f
aufmunternd 1. part praes, zob. aufmuntern 2. adj:adv zachęcając-y:-o
aufnageln (h) vt przybi-jać|ć gwoździami
aufnähen (h) vt naszy-wać|ć, przyszy- -wać|ć
Aufnahme f —, —n 1. przyjęcie n (von Gästen gości; von Mitgliedern członków; von Schülern uczniów) 2. recepcja f (w hotelu); pokój przyjęć (w szpitalu) 3. przystąpienie do ⟨podjęcie⟩ n (der Arbeit pracy; des Gesprächs rozmowy) 4. pożyczenie n (von Geld pieniędzy); zaciągnięcie n (e—r Anleihe pożyczki) 5. przyswojenie sobie (von Gedanken myśli) 6. wchłanianie n 7. fot, kino zdjęcie n, fotografia f 8. nagranie n (e—s Liedes pieśni) 9. miern zdjęcie n, pomiar m (e—r Gegend okolicy) 10. spis m (des Inventars inwentarza); spisanie, sporządzenie n (des Protokolls protokołu) 11. podjęcie, nawiązanie n (von diplomatischen Beziehungen stosunków dyplomatycznych)
Aufnahme... w comp 1. ... przyjęcia; np. ~bedingung 2. ... o przyjęcie; np. ~gesuch
Aufnahmeapparat m —(e)s, —e film kamera f
Aufnahmebedingung f —, —en warunek przyjęcia
aufnahmefähig adj 1. chłonny 2. pojemny. Sk
Aufnahmegebühr f —, —en wpisowe n
Aufnahmegesuch n —(e)s, —e podanie ⟨prośba⟩ o przyjęcie
Aufnahmeprüfung f —, —en egzamin wstępny
aufnehmbar adj przyswajalny
aufnehmen (87;h) vt 1. podn-osić|ieść (vom Erdboden z ziemi) 2. przyj-mować|ąć (in e—e Schule do szkoły) 3. pod-ejmować|jąć (die Arbeit pracę); den Kampf walkę; die Produktion produkcję; das Gespräch rozmowę; die Verhandlungen rokowania); przyst- -ępować|ąpić (die Arbeit do pracy); wieder ~ kontynuować, pod-ejmować|jąć na nowo (die Reise podróż) 4. pożycz-ać|yć (Geld pieniędzy); zaciąg- -ać|nąć (e—e Anleihe pożyczkę) 5. poj- -mować|ąć, przysw-ajać|oić sobie 6. wchł-aniać|onąć; chem t. przyłącz- -ać|yć 7. fot, film z|robić zdjęcia fotograficzne ⟨filmowe⟩ (etw. czegoś); s| fotografować ⟨coś⟩; s|filmować ⟨coś⟩ 8. nagr-ywać|ać (e Oper operę) 9. wymierz-ać|yć (e. Gelände teren), z|robić pomiary (np. terenu, okolicy) 10. spis- -ywać|ać (das Inventar inwentarz) 11.

5*

aufnötigen 68 aufritzen

sporządz-ać|ić, spis-ywać|ać (e. **Protokoll** protokół); za|protokołować (die **Aussage** zeznanie) 12. sprostać, dorówn--ywać|ać (mit jmdm komuś) 13. włącz--ać|yć (in den Spielplan do repertuaru) aufnötigen (h) *vt* narzuc-ać|ić, wcis-kać| nąć (jmdm etw. komuś coś), wmu--szać|sić (w kogoś coś)
aufopfern (h) *vt, vr* (sich się) poświęc--ać|ić; sich für jmdn ~ poświęcać się za kogoś. Su *t.* ofiara *f*
aufopferungsfähig *adj* zdolny do poświęceń. Sk
aufpacken (h) *vt* 1. na|pakować (auf na) 2. *przen* obarcz-ać|yć (jmdm etw. kogoś czymś) 3. wypakować (e. **Päckchen** paczuszkę)
aufpäppeln (h) *vt, pot* wykarmi-ać|ć (e. **Kind** dziecko)
aufpassen (h) *vi* pilnować (auf jmdn kogoś), uważać (na kogoś *a.* na coś)
Aufpasser *m* —s, — 1. dozorca *m*, pilnujący *m* 2. szpicel *m*
aufpeitschen (h) *vt* 1. *t. vr* (sich się), *przen* podniec-ać|ić 2. wzburz-ać|yć; *przen* podburz-ać|yć. Su
aufpflanzen (h) 1. *vt* zat-ykać|knąć (die **Fahne** chorągiew); osadz-ać|ić (das **Seitengewehr** bagnet) 2. sich ~ *vr*, *przen, pot* sta-wać|nąć (vor jmdm przed kimś)
aufpflügen (h) *vt* 1. rozor-ywać|ać, wy- or-ywać|ać 2. *przen* pruć (das **Meer** morze)
aufplatzen (sn) *vi* pęk-ać|nąć
aufplustern, sich (h) *vr, pot* napuszyć się (*t. przen*). Su
aufprägen (h) *vt* wycis-kać|nąć. wybi--jać|ć (den **Stempel** pieczęć, *przen* piętno)
Aufprall *m* —(e)s zderzenie *n*
aufprallen (sn) *vi* zderz-ać|yć sie (auf etw. z czymś), uderz-ać|yć (o coś)
Aufpreis *m* —es, —e dodatkowa opłata
aufpressen (h) *vt* wycis-kać|nąć (auf na)
aufputschen (h) *vt* podburz-ać|yć
Aufputschpille *f* —, —n pigułka dopingująca
Aufputz *m* —es (wy)strój *m*
aufquellen (92;sn) *vi* na|pęcznieć. Su
aufraffen (h) I. *vt* 1. (szybko) zbierać| zebrać, zgarn-iać|ąć 2. podkasać (das **Kleid** suknię) II. sich ~ *vr* zdob-ywać| yć się (zu etw. na coś), zbierać|zebrać siły (do czegoś); zrywać|zerwać się; sich zu e—m **Fntschluß** ~ zdobyć się na decyzję; sich nach e—r **Krankheit** ~ po chorobie przyjść do siebie. Su
aufragen (h) *vi* sterczeć, wzn-osić|ieść się w górę
aufräumen (h) 1. *vt* sprząt-ać|nąć (e. **Zimmer** pokój); uprząt-ać|nąć, u|porządkować 2. *vi, przen* przeprowadz-ać| ić czystkę (unter den **Angestellten** wśród pracowników); die **Epidemie** hat unter der **Bevölkerung** furchtbar aufgeräumt epidemia narobiła wielkiego spustoszenia wśród ludności. Su do 1.
Aufräumungsarbeiten *pl* odgruzowywanie *n*
aufrechnen (h) *vt* 1. po|liczyć; zalicz-

-ać|yć (jmdm etw. komuś coś) 2. *przen* wyrówn-ywać|ać, kompensować, powetować (etw. gegen etw. coś czymś). Su do 1. 2.; do 2. *t.* kompensacja *f*
aufrecht *adj:adv* 1. prost-y:-o; ~ sitzen siedzieć prosto; ~ stehen stać (wyprostowanym); sich ~ halten trzymać się prosto; er kann sich kaum noch ~ halten ledwie może utrzymać się na nogach 2. prawy, uczciw-y:-ie charakter)
aufrechterhalten (h) *vt* 1. utrzym-ywać| ać (die **Ordnung** porządek), zachow-y- wać|ać (den **Brauch** obyczaj) 2. podtrzym-ywać|ać (die **Behauptung** twierdzenie). Su
aufreden (h) *vt* 1. wm-awiać|ówić (jmdm etw. komuś coś) 2. wkręc-ać|ić, wcis--kać|nąć, wtryni-ać|ć (jmdm etw. komuś coś)
aufregen (h) *vt, vr* (sich się) z|irytować, z|denerwować, wzburz-ać|yć (jmdn kogoś; mit etw. czymś; sich über etw. się czymś). Su *t.* irytacja *f*; jmdn in **Aufregung** versetzen wzburzyć ⟨z|denerwować, z|irytować⟩ kogoś
aufreiben (94;h) *vt* 1. na-cierać|trzeć (etw. auf etw. coś na coś) 2. *t. vr* (sich *dat* sobie) wy-cierać|trzeć; ścierać|ze- trzeć; sich die **Haut** ~ zetrzeć sobie skórę 3. *woj* ścierać|zetrzeć w proch, roznieść 4. *t. vr* (sich się) wyk-ań- czać|ończyć, wy|niszczyć, wycieńcz-ać| yć (jmdn kogoś)
aufreibend 1. *part praes*, *zob.* aufreiben 2. *adj:adv* męcząc-y:-o, wycieńczając-y: -o, nużąc-y:-o
aufreihen (h) *vt* 1. *vt* nawle-kać|c, na|nizać 2. *vr* sich ~ ustawi-ać|ć się (paarweise parami)
aufreißen (95) I. (h) *vt* 1. (gwałtownie) otw-ierać|orzyć (e—n **Brief** list); e—e **Schachtel Zigaretten** paczkę papierosów; e—e **Tür** drzwi); die **Augen** ~ otwierać szeroko oczy, *przen* dziwić się; den **Mund** ~ dziwić się, *pot* rozdziawiać gębę 2. roz-dzierać|edrzeć (die **Haut** skórę); den **Boden** ~ rozorać ziemię 3. zrywać|zerwać (das **Pflaster** bruk; die **Schienen** szyny) 4. na|rysować, na|kreślić, na|szkicować (e—n **Plan** plan) 5. pod-rywać|erwać (jmdn vom **Stuhl** kogoś z krzesła) II. (sn) *vi* pę- k-ać|nąć, rozdz-ierać|rzeć się (*np. o pociskach*)
aufreizen (h) *vt* 1. podburz-ać|yć, po|- żegać 2. podniec-ać|ić, roz|drażni-ać|ć. Su
aufrichten (h) I. *vt, vr* (sich się) 1. pod--nosić|nieść (jmdn kogoś), wyprostować 2. *przen* |pociesz-ać|yć, pokrzepi-ać|ć, podn-osić|ieść na duchu II. *vt* wzn-o- sić|ieść, postawić. Su
aufrichtig *adj:adv* prawy, szcze-ry:-rze, otwar-ty:-cie; prawdomówn-y:-ie, prawdziw-y:-ie; eine ~e **Liebe** szczera ⟨prawdziwa⟩ miłość; ~ gesagt prawdę powiedziawszy, szczerze mówiąc. Sk
aufriegeln (h) *vt* odryglować
Aufriß *m* ...isses, ...isse 1. rysunek *m* 2. *geom* rzut pionowy 3. zarys *m*
aufritzen (h) *vt* zadrasnąć

aufrollen 69 aufschlußreich

aufrollen (h) vt, t. vr (sich się) 1. zwi-jać|nąć, nawi-jać|nąć 2. rozwi-jać|nąć (e—e Papierrolle rolkę papieru); przen e—e Frage ~ poruszać kwestię
aufrücken (sn) vi 1. woj doszlusow-ywać| ać 2. posu-wać|nąć się 3. za|awansować **(zum Major** na majora); prze-chodzić|jść, szkol otrzym-ywać|ać promocję **(in die nächste Klasse** do następnej klasy). Su do 1.—3. do 3. t awans m; promocja f
Aufruf m 1. odezwa, proklamacja f, orędzie n, apel m 2. okrzyk m 3. wywoł(yw)anie n 4. wycofanie n **(von Banknoten** banknotów)
aufrufen (101;h) vt 1. wzywać|wezwać (e—n Zeugen świadka); nawoływać 2. wywoł-ywać|ać (e—n Schüler ucznia) 3. wycof-ywać|ać **(Banknoten** banknoty). Su
Aufruhr m —(e)s, —e 1. bunt m, rebelia; rewolta f, rozruchy pl 2. wzburzenie n; jmdn in ~ **bringen** z|buntować kogoś; wzburzyć ⟨z|denerwować⟩ kogoś
aufrühren (h) vt 1. za|mieszać, zbełtać, z|mieszać **(die Flüssigkeit** płyn) 2. przen wzburz-ać|yć, podżegać, podburz-ać|yć **(jmdn** kogoś) 3. przen odgrzeb-ywać| ać **(unangenehme Geschichten** nieprzyjemne historie)
Aufrührer m —s, — buntownik, rebeliant m
aufrührerisch adj 1. zbuntowany, buntowniczy, rebeliancki 2. t. adv buntownicz-y:-o, podżegając-y:-o
aufrunden (h) vt zaokrągl-ać|ić w górę (wzwyż). Su
aufrüsten (h) 1. vt wzn-osić|ieść, stawiać| postawić **(e. Gerüst** rusztowanie); z| montować **(e—e Maschine** maszynę) 2. vi zbroić ⟨dozbr-ajać|oić⟩ się. Su do 1. 2.; do 1. t. montaż m
Aufrüstungspolitik f — polityka zbrojeń
aufrütteln (h) vt 1. rozbudz-ać|ić potrząsając, o|budzić, dobudzić się **(jmdn** kogoś) 2. przen poruszać, rozruszać **(jmdn** kogoś); wstrząs-ać|nąć (kimś). Su wstrząśnięcie n
aufs = **auf das** zob. **auf**
aufsagen (h) vt 1. wypowi-adać|edzieć **(den Dienst** służbę); **jmdm die Freundschaft** ~ zrywać z kimś 2. wy|recytować **(e. Gedicht** wiersz). Su
aufsammeln (h) vt po|zbierać, na|zbierać
aufsässig adj:adv 1. oporn-y:-ie, hard-y: -o, krnąbrn-y:-ie 2. dawn niechętn-y: -ie, nieprzyjazn-y:-ie; jmdm ~ **sein** być nieprzyjaźnie usposobionym względem kogoś. Sk hardość, krnąbrność f, opór m
aufsatteln (h) vt osiodłać
Aufsatz m —es, ⸚e 1. tech nasadka, końcówka f 2. zastawa stołowa 3. dzień artykuł m 4. szkol wypracowanie n 5. celownik m (działa)
aufsaugen (103;h) vt wsysać; wchł-aniać| onąć. Su
aufsäugen (h) vt wykarmi-ać|ć **(e. Kind** dziecko)
aufschauen (h) vi podn-osić|ieść wzrok,

spo-glądać|jrzeć, patrzeć **(zu jmdm** na kogoś); **przen zu jmdm bewundernd** ~ spoglądać z podziwem na kogoś
aufschäumen (sn) vi za|pienić się, za|kipieć (t. przen)
aufscheuchen (h) vt spłoszyć, wypłoszyć
aufscheuern (h) vt 1. wyszorować 2. t. vr **(sich** dat **sobie)** ocierać|otrzeć **(die Haut** skórę)
aufschichten (h) vt układać|ułożyć warstwami ⟨w stos⟩, nawarstwić. Su
aufschieben (110;h) vt 1. rozsu-wać|nąć **(die Tür** drzwi) 2. odwle-kać|c, od|kładać|łożyć, odr-aczać|oczyć
aufschießen (111;sn) vt 1. wystrzelić, buch-ać|nąć (o płomieniach); wytrys--kać|nąć (o wodzie) 2. przen wybujać, wyr-astać|osnąć 3. zrywać|zerwać się
Aufschlag m —(e)s, ⸚e 1. hand narzut m, podwyżka ⟨dopłata do, podniesienie⟩ ceny 2. kraw wyłóg m 3. uderzenie n (e—s Geschosses pociski) 4. sport serwis m, podanie n 5. leśn samosiew górny 6. podniesienie n **(der Augen** oczu)
aufschlagen (114) I. (h) vt 1. rozłup-ywać| ać **(Nüsse** orzechy) 2. przybi-jać|ć **(auf** na) 3. otw-ierać|orzyć **(e. Buch** książkę); **die Karten** ~ odkrywać ⟨wykładać⟩ karty (t. przen); **die Augen** ~ podnosić wzrok, otwierać oczy; **den Kragen** ~ postawić kołnierz; **e. Lager** ⟨e. Zelt⟩ ~ rozbi(ja)ć obóz ⟨namiot⟩; **seinen Sitz** ~ osiedlać się; **seine Wohnung** ~ zamieszkać 4. podwyż-szać|szyć, podn--osić|ieść **(den Preis** cenę) 5. t. vr **(sich** dat **sobie)** s|kaleczyć, rozbi-jać|ć **(das Knie** kolano) II. **(sn)** vi 1. wybuch-ać| nąć, buch-ać|nąć (o płomieniach) 2. uderz-ać|yć **(mit etw. auf etw.** czymś w ⟨o⟩ ⟨na⟩ 3. iść|pójść w górę (o cenach)
aufschließbar adj 1. chem roztwarzalny 2. dający się otworzyć
aufschließen (118;h) I. vt 1. otw-ierać| orzyć **(die Tür** drzwi); przen **jmdm sein Herz** ~ wynurzać się przed kimś 2. udostępni-ać|ć **(e—e Lagerstätte** złoże) 3. chem rozpu-szczać|ścić, roztw-arzać|orzyć II. vi, woj doszlusow-ywać| ać; zwierać|zewrzeć ⟨ścieśni-ać|ć⟩ szeregi. Su -
aufschlingen (119;h) vt 1. rozplą-tywać| ać, rozsupł-ywać|ać. 2. poł-ykać|knąć łykać
aufschlitzen (h) vt rozpłatać, rozpru-wać| ć **(den Bauch** brzuch)
aufschluchzen (h) vi załkać, zaszlochać
aufschlucken (h) vt poł-ykać|knąć, łykać
aufschlürfen (h) vt wy|chłeptać, wy|żłopać
Aufschluß m ...usses, ...üsse 1. wyjaśnienie n, informacja f; ~ **erhalten** ⟨erlangen⟩ uzysk(iw)ać wyjaśnienie; ~erteilen ⟨geben⟩ udzielać wyjaśnienia, wyjaśniać; **sich** dat **über etw.** ~ **verschaffen** zasięgać informacji o czymś; dociekać czegoś 2. chem roztwarzanie n, rozkład m 3. górn udostępnienie n
aufschlußreich adj:adv pouczając-y:-o,

instruktywn-y:-ie, ciekaw-y:-ie, interesując-y:-o
aufschmieren (h) vt na|smarować
aufschnallen (h) vt 1. przypi-nać|ąć, przypasać (auf na) 2. rozpi-nać|ąć
aufschnappen I. (sn) vi otw-ierać|orzyć się II. (h) vt 1. chwytać|(po)chwycić 2. przen. pot za|słyszeć 〈dowi-adywać| edzieć〉 się przypadkowo; er hat das irgendwo aufgeschnappt zasłyszał to gdzieś przypadkowo
aufschneiden (123;h) I. vt 1. rozci-nać|ąć (den Bauch brzuch; e. Buch książkę); rozpru-wać|ć (brzuch) 2. nakroić (Wurst kiełbasy) II. vi przechwalać się; przesadz-ać|ić, blagować
Aufschneider m —s, — blagier, łgarz m
Aufschneiderei f —, —en blaga f, przechwałki pl
aufschnellen (sn) vi 1. podsk-akiwać| oczyć 2. odsk-akiwać|oczyć (o sprężynie, drzwiach), roz-wierać|ewrzeć się nagle (o drzwiach)
Aufschnitt m —(e)s pokrojona wędlina (różnego rodzaju)
aufschnüren (h) vt 1. rozsznurować 2. przysznurować (auf na)
aufschrauben (h) vt 1. odśrubow-ywać| ać 2. przyśrubow-ywać|ać (etw. auf etw. coś do czegoś)
aufschrecken (h) I. vt przestrasz-ać|yć 2. vi (125;sn) przestraszyć się; zrywać się
Aufschrei m —(e)s, —e (nagły) (o)krzyk m
aufschreiben (126;h) vt, vr (sich dat sobie) zapis-ywać|ać, za|notować; za|pisać
aufschreien (127;h) vi zakrzyczeć, wrzasnąć
Aufschrift f —, —en 1. napis m 2. nagłówek m (e—s Kapitels rozdziału) 3. adres m (auf e—m Brief na liście)
Aufschub m —(e)s, ⁼e 1. odroczenie; przedłużenie n 2. zwłoka f; ohne ~ bezzwłocznie, niezwłocznie; die Sache leidet (duldet) keinen ~ rzecz nie cierpi zwłoki
aufschürfen (h) vt, vr (sich dat sobie) ścierać|zetrzeć; zadrasnąć (die Haut skórę). Su
aufschürzen (h) vt podkasać (e. Kleid suknię). Su
aufschütteln (h) vt wstrząs-ać|nąć (das Bett pościeli)
aufschütten (h) vt na|sypać; u|sypać (e—n Bahndamm nasyp kolejowy). Su t. nasyp m
aufschwatzen (h) vt 1. wm-awiać|ówić (jmdm etw. komuś coś) 2. pot wtryni-ać|ć, wcis-kać|nąć (jmdm etw. komuś coś)
aufschwindeln (h) vt 〈kłamiąc〉 wkręc-ać| ić, wcis-kać|nąć (jmdm etw. komuś coś)
aufschwingen, sich (133;h) vr 1. wzbi-jać| ć 〈wzn-osić|ieść〉 się (o ptakach) 2. przen wzn-osić|ieść się myślą 3. zdoby-wać|ć się (zum Entschluß na decyzję) 4. przen dobijać się 〈dojść do〉 stanowiska
Aufschwung m —(e)s, ⁼e 1. ekon, hand

rozmach m, koniunktura f; e—n ~ nehmen 〈erfahren〉 rozwijać się, rozkwitać 2. przen wzlot n; poryw m; der ~ der Phantasie wzlot fantazji
aufseh(e)n (135;h) vi, zob. aufschauen
Aufsehen n —s sensacja f; poruszenie n; ~ erregen 〈verursachen〉 wzbudzać 〈wywoływać〉 sensację; ~ vermeiden unikać sensacji
aufsehenerregend adj sensacyjny, głośny
Aufseher m —s, — dozorca, strażnik m
Aufseherin f —, —nen dozorczyni, strażniczka f
aufsein (136;sn) vi, pot 1. być otwartym 2. być na nogach, nie spać, czuwać
aufsetzen (h) I. vt 1. na-kładać|łożyć, wkładać|włożyć (den Hut kapelusz; die Brille okulary); przen jmdm Hörner ~ przyprawić komus rogi; e. Stockwerk ~ nadbudować piętro; das setzt allem die Krone auf! to szczyt wszystkiego! 2. przen przyb-ierać|rać (e—e böse Miene złą minę) 3. plast na-kładać|łożyć (e—e Farbe barwę) 4. stawiać|postawić (die Kegel kręgle); den Fuß leicht ~ stąpać lekko 5. lot osadz-ać|ić; das Flugzeug leicht ~ samolot lekko osadzić 6. rzem przyszy- -wać|ć (Knöpfe guziki; e—n Flicken łatę) 7. stawiać|postawić na ogniu (den Topf garnek) 8. poda-wać|ć do stołu (Speisen potrawy) 9. na|pisać, układać| ułożyć (e—n Brief list) 10. spis-ywać| ać, sporządz-ać|ić (e—n Vertrag umowę) II. vi, lot przyziemi-ać|ć. III. sich ~ vr podn-osić|ieść się, siadać|siąść (na posłaniu)
aufseufzen (h) vi wzdychać|westchnąć
Aufsicht f —, —en dozór, nadzór m; unter ~ stehen być pod nadzorem; über etw. die ~ haben 〈führen〉 mieć nadzór nad czymś
Aufsichts... w comp 1. nadzorczy; np. ~behörde f 2. ... nadzoru; np. ~pflicht f
Aufsichtsbeamte m —n, —n kolej dyżurny nadzorczy, dyżurny ruchu
Aufsichtsbehörde f —, —n władza nadzorcza
aufsichtslos adj:adv bez nadzoru
Aufsichtspflicht f —, —en obowiązek nadzoru
Aufsichtsrat m —(e)s, ⁼e rada nadzorcza
aufsiegeln (h) vt rozpieczętować
aufsitzen (142;sn) vi 1. wsi-adać|ąść (na konia, do wozu) 2. siedzieć (na posłaniu); die ganze Nacht ~ przesiadywać całą noc 3. reg iść|pójść na lep; da- -wać|ć nabrać się (jmdm przez kogoś); ich bin ihm aufgesessen poszedłem na jego lep, dałem nabrać się przez niego; jmdn ~ lassen brać kogoś na lep; nie dotrzym(yw)ać komuś słowa
aufspalt*e*n (h) vt, vr (sich się) 1. rozszczepi-ać|ć, rozkładać|ć. rozłup-ywać| ać. Su do 1. 2., do 1. t. rozkład m
aufspannen (h) vt, vr (sich się) 1. rozpi- -nać|ąć 2. otw-ierać|orzyć (den Schirm parasol)
aufsparen (h) vt, vr (sich dat sobie) za-

oszczędz-ać|ić, od-kładać|łożyć na później. Su
aufspeichern (h) *vt* na|gromadzić **(Vorräte** zapasy). **Su** *t.* akumulacja *f*
aufsperren (h) *vt* otw-ierać|orzyć **(die Tür** drzwi); *przen, pot* **die Augen ~** otwierać ⟨wybałuszać⟩ oczy; *przen* dziwić się; *przen, pot* **die Ohren ~** nastawiać uszu, mieć uszy otwarte; *przen, pot* **den Schnabel ~** otwierać gębę, odzywać się; **den Mund** ⟨*pot* **das Maul**⟩ **~** odzywać się; *pot* rozdziawi-ać|ć gębę **(vor Verwunderung** ze zdziwienia)
aufspielen (h) 1. *vi* za|grać **(zum Tanz** do tańca) **2.** *vt* za|grać **(e—n Schlager** przebój) **3. sich ~** *vr* udawać **(als Herr** pana), pozować (na pana)
aufspießen (h) *vt* **1.** przebi-jać|ć **(mit etw.** czymś) **2.** nadzi-ewać|ać **(das Fleisch** mięso; **mit der Gabel** na widelec)
aufsprengen (h) *vt* **1.** wyłam-ywać|ać, wyważ-ać|yć **(die Tür** drzwi) **2.** wysadz-ać|ić (w powietrze)
aufsprießen (147;sn) *vi* wyr-astać|osnąć, wyrość
aufspringen (148;sn) *vi* **1.** podsk-akiwać| oczyć **2.** wsk-akiwać|oczyć **3.** zrywać| zerwać się **4.** (nagle) roz-wierać|ewrzeć się (*o drzwiach*) **5.** pęk-ać|nąć (*o skórze, wargach itp.*) **6.** *bot* otw-ierać|orzyć się (*o pączkach*)
aufspritzen (sn) *vi* wytrys-kać|nąć; rozprysk-iwać|ać się
aufsprossen (sn) *vi, zob.* **aufsprießen**
aufsprudeln (sn) *vi* za|kipieć; trys-kać| nąć w górę
aufsprühen (sn) *vi* po|sypać się (*o iskierkach*); trys-kać|nąć w górę (*o wodzie*)
aufspulen (h) *vt* nawi-jać|nąć, zwi-jać| nąć **(den Faden** nici)
aufspüren (h) *vt* wy|tropić **(jmdn** kogoś); *przen* wyszperać, odkryć **(e—e Handschrift** rękopis)
aufstacheln (h) *vt* **1.** podbecht-ywać|ać, podjudz-ać|ić **2.** podburz-ać|yć. **Su**
aufstampfen (h) *vi* **1.** tup-ać|nąć **2.** ciężko stąpać
Aufstand *m* **—(e)s, ∸e** powstanie *n*, bunt *m*; insurekcja, rebelia *f*; **den ~ niederschlagen** s|tłumić powstanie
aufständisch *adj* powstańczy, buntowniczy, rebeliancki
Aufständische *m* **—n, —n** powstaniec *m*
aufstapeln (h) *vt* **1.** układać|ułożyć w stos, sztaplować **(Schnittholz** tarcicę) **2.** na|gromadzić. **Su** do **1. 2.,** do **2.** *t. ekon* akumulacja *f*
aufstauen (h) *vt, vr* **(sich** się) **1.** spiętrz--ać|yć **(das Wasser** wody) **2.** nagromadz-ać|ić, gromadzić **(Waren** towary). **Su**
aufstechen (149;h) *vt* przekłu-wać|ć (e. **Geschwür** wrzód)
aufstecken (h) *vt* **1.** podpi-nać|ąć, upi--nać|ąć **(das Haar** włosy; **das Kleid** suknię) **2.** nasadz-ać|ić; osadz-ać|ić **(das Seitengewehr** bagnet); *przen* e. **Gesicht ~** przybrać minę; *przen* **jmdm** e. **Licht ~** wyjaśniać ⟨wyświetlać⟩ komuś coś **3.** wyt-ykać|knąć (e. **Ziel** cel) **4.** *pot* zaniechać; **die Arbeit ~** zawieszać robotę na kołku
aufsteh(e)n (151) *vi* **I. (h)** stać otworem (*np. o drzwiach*) **II. (sn) 1.** wsta-wać|ć (**vom Tisch** od stołu, **früh** wcześnie) **2.** powsta-wać|ć, z|buntować się **(gegen jmdn** przeciwko komuś)
aufsteigen (153;sn) *vi* **1.** wchodzić, iść w górę; wzn-osić|ieść ⟨wzbi-jać|ć⟩ się, wzl-atywać|ecieć (*np. o samolocie*); **das Gelände steigt auf** teren wznosi się; e. **Gewitter steigt auf** nadciąga burza; **der Mond steigt auf** księżyc wschodzi; **die Tränen steigen auf** cisną się łzy do oczu; **die Treppe ~** wchodzić ⟨wspinać się⟩ po schodach na górę **2.** wsi--adać|ąść **(auf den Wagen** na wóz) **3.** *przen* budzić się, powstawać; **die Erinnerung** ⟨**der Verdacht**⟩ **steigt auf** budzi się wspomnienie ⟨podejrzenie⟩; **der Gedanke steigt mir auf** przychodzi mi myśl **4.** za|awansować **(vom Lehrling zum Direktor** od ucznia do dyrektora); **zu hohen Würden ~** dochodzić do wielkich godności
aufsteigend *adj*; **in ~er Linie** w linii wstępnej
Aufsteiger *m* **—s, —** *sport* awansujący *m*
aufstellen (h) I. *vt* **1.** wzn-osić|ieść, stawiać|postawić **2.** ustawi-ać|ć (e. **Bett** łóżko; **Stühle** krzesła); **e—e Maschine ~** z|montować maszynę **3.** stawiać|postawić (e. **Denkmal** pomnik; **e—e Wache** straż) **4.** zastawi-ać|ć (**e—e Falle** sidła, sieć) **5.** *woj* ustawi-ać|ć w szyku bojowym (**das Heer** wojsko) **6.** *ekon, hand* wystawi-ać|ć (**e—e Rechnung** rachunek); zestawi-ać|ć (**die Bilanz** bilans) **7.** *polit* wystawi-ać|ć **e—e Wahlliste** listę wyborczą); postawić **(die Kandidatur** kandydaturę) **8.** *przen* stw-arzać|orzyć, wysu-wać|nąć (**e—e Theorie** teorię); **e—e Behauptung ~** twierdzić; **e—n Grundsatz ~** ustanowić zasadę; *sport* **e—n Rekord ~** ustanowić rekord **II. sich ~** *vr* sta--wać|nąć **(in Reih und Glied** w szeregu); **sich hintereinander ~** ustawiać się w kolejce ⟨w rzędzie⟩. **Su** do **I. 1.—8.; 2.** *t.* montaż *m,* do **6.** *t.* specyfikacja *f*
aufstemmen (h) 1. *vt* wyważ-ać|yć **(die Tür** drzwi) **2. sich ~** *vr* op-ierać|rzeć się
aufstieben (155;sn) *vi* wzn-osić|ieść się (*o iskrach, kurzu*) **2.** łow zrywać|zerwać się (*o ptakach*)
Aufstieg *m* **—(e)s, —e 1.** wzejście, wschodzenie *n*; wejście *pod* górę **2.** *lot* wzlot *m*, wzniesienie się **3.** awans *m* (*t. sport*); sozialer **~** awans społeczny
Aufstiegsspiel *n* **—(e)s, —e** *sport* mecz o awans
aufstöbern (h) *vt* **1.** łow wytropić **(das Wild** zwierzynę) **2.** wyszperać. **Su**
aufstocken (h) *vt* nadbudow-ywać|ać pietro. **Su**
aufstöhnen (h) *vi* za|jęknąć
aufstören (h) *vt* s|płoszyć **(jmdn** kogoś), przeszk-adzać|odzić (komuś)

aufstoßen 72 aufwachen

aufstoßen (157) I. (h) *vt* **1.** otw-ierać| orzyć pchnięciem **(die Tür** drzwi) **2.** *tow* spłoszyć **II. (h;sn)** *vi, vimp* odbi--jać|ć się (*o potrawach*) * *przen* **das könnte ihm noch sauer ~ to** może go drogo kosztować **III. (sn)** *vi* **1.** uderz--ać|yć, potrąc-ać|ić **(auf etw. o** coś) **2.** *mar* najechać, wpa-dać|ść **(auf ein Riff na rafę),** rozbi-jać|ć się **3.** *pot* rzucać się w oczy; **das stieß mir auf to mi** się rzuciło w oczy
Aufstoßen *n* —**s** odbijanie (się) *n*
aufstreben (h) *vi* **1.** dążyć **(zu etw. do** czegoś) **2.** wznosić się (*o kolumnie*) **3.** piąć się (*o roślinie*)
aufstreichen (158;h) *vt* po|smarować (**etw. auf etw.** coś czymś)
aufstreifen (h) *vt* podwi-jać|nąć **(den Ärmel** rękaw)
aufstreuen (h) *vt* posyp-ywać|ać **(Zucker** cukrem)
Aufstrich *m* —**(e)s, —e 1.** masa ⟨farba, *pot* coś⟩ do po|smarowania **2.** *muz.* smyczek w górę **3.** kreska w górę (*przy pisaniu*)
aufstülpen (h) *vt, vr* **(sich** *dat* **sobie) 1.** podwi-jać|nąć **(die Krempe** rondo kapelusza); **e. aufgestülptes Näschen** zadarty nosek **2. niedbale** wsadz-ać|ić ⟨nacis-kać|nąć⟩ **(e—e Mütze** czapkę)
aufstützen (h) *vt, vr* **(sich** się) op-ierać| rzeć **(den Ellbogen** łokieć) pod-pierać| |eprzeć **(den Kranken** chorego)
aufsuchen (h) *vt* **1.** od|szukać **2.** odwiedz--ać|ić; ud-awać|ć się **(e—n Arzt do** lekarza). **Su**
auftakeln (h) 1. *vt, mar* taklować **2. sich ~** *vr, przen, pot* wystroić ⟨wyfiokować⟩ się. **Su do 1. 2., do 1.** *t.* takielunek *m*
Auftakt *m* —**(e)s,** —**e 1.** *muz* przedtakt *m*; odbitka *f* **2.** *przen* wstęp, początek *m*
auftanken (h) *vt* za|tankować
auftauchen (sn) *vi* **1.** wynurz-ać|yć się **2.** *przen* zjawi-ać|ć ⟨pojawi-ać|ć⟩ się; wył-aniać|onić się, wyst-ępować|ąpić
auftauen I. (h) *vt* **1.** rozpu-szczać|ścić **(das Eis** lód) **2.** rozmr-ażać|ozić **(Feinfrost** mrożonki) **II. (sn)** *vi* **1.** od|tajać, topnieć **2.** *przen* rozgrz-ewać|ać się, *pot* rozkrochmalić się
aufteilen (h) *vt* po|dzielić, rozdziel-ać|ić. **Su** *t.* podział *m*
auftischen (h) *vt* **1.** po|częstować **(jmdm etw.** kogoś czymś, *przen* **e—e Schnurre** dykteryjką) **2.** poda-wać|ć do stołu **(etw.** coś). **Su**
Auftrag *m* —**(e)s,** **⸗e 1.** polecenie, poruczenie *n*; **im ~ z polecenia; jmdm den ~ geben** polecać ⟨poruczać⟩ komuś **2.** misja *f*; **im persönlichen ~** w misji osobistej **3.** *ekon, hand* zlecenie, zamówienie *n*; **etw. in ~ geben** zamawiać coś; **jmdm e—n ~ geben** ⟨**erteilen**⟩ **auf etw.** dawać komuś zamówienie ⟨zlecenie⟩ na coś, zamawiać coś u kogoś; **e—n ~ auf etw. bekommen** ⟨**erhalten**⟩ otrzymywać zamówienie ⟨zlecenie⟩ na coś; **e—n ~ ausführen** wykon(yw)ać zamówienie ⟨zlecenie⟩ **4.** *farb plast* na-

kładanie, nałożenie *n* **(von Farben** farb); powłoka *f*
auftragen (160;h) I. *vt* **1.** na-kładać|łożyć **(Farben** farby) **2.** poda-wać|ć do stołu **(Speisen** potrawy) **3.** po|znosić, zniszczyć **(die Schuhe** trzewiki) **4.** polec-ać| ić, porucz-ać|yć; **jmdm Grüße ~** przekazywać komuś pozdrowienia, pozdrawiać kogoś **5.** na|nosić; **Erde ~** nanosić ziemi **II.** *vi* **1.** *przen* przesadz-ać| ić, przeholować, kolory zować **2.** pogrubi-ać|ć (*np. o bieliźnie*)
Auftraggeber *m* —**s,** — zleceniodawca *m*
Auftragnehmer *m* —**s,** — zleceniobiorca *m*; mandatariusz *m*; wykonawca *m*
auftragsgemäß *adj:adv* zgodn-y:-ie ze zleceniem ⟨zamówieniem, poleceniem⟩, stosown-y:-ie do zlecenia ⟨zamówienia, polecenia⟩
auftreiben (162) (h) *vt* **1.** wbi-jać|ć, na--kładać|łożyć **(e—n Reifen** obręcz) **2.** spłoszyć, przepędz-ać|ić (**jmdn** kogoś) **3.** wzd-ymać|ąć, rozdymać **(den Bauch** brzuch) **4.** *pot* wytrzasnąć **(e. Buch** książkę); wydębić **(die Mittel** środki)
auftrennen (h) *vt, vr* **(sich** się) rozpru--wać|ć
auftreten (163;sn) *vi* **1.** stąpać, kroczyć: **fest** ⟨**sicher, vorsichtig**⟩ **~** kroczyć śmiało ⟨pewnie, ostrożnie⟩ (*t. przen*) **2.** *przen* wyst-ępować|ąpić **(gegen etw.** przeciwko czemuś; **mit Ansprüchen z roszczeniami** ⟨pretensjami⟩; **als Zeuge** jako świadek); **zum ersten Mal ~** występować po raz pierwszy, debiutować **3.** zachow-ywać|ać się; **er weiß nicht, wie er ~ soll** nie wie, jak ma się zachować
Auftreten *n* —**s 1.** stąpanie *n* **2.** występowanie, wystąpienie *n*, postawa *f*; zachow(yw)anie (się) *n*; **er hat e. sicheres ~** jest pewny siebie
Auftrieb *m* —**(e)s,** —**e 1.** *fiz* wypór *m*, siła wyporna **2. wypęd** *m* **(von Vieh** bydła); redyk *m* (owiec) **3.** *lot* siła nośna **4.** *przen* ochota do życia; przypływ energii; impuls *m*
Auftriebskraft *f* —, **⸗e** siła wyporna, wypór *m*
Auftritt *m* —**(e)s,** —**e 1.** występ *m*; *teatr t.* scena *f* **2.** *przen* scena, sprzeczka, kłótnia, awantura *f*; **e. peinlicher ~** nieprzyjemna scena; **e—n ~ herbeiführen** spowodować awanturę ⟨skandal⟩ **3.** stopień *m* **(des Wagens** wozu)
auftrumpfen (h) 1. *vi, karc* za|atutować, zagr-ywać|ać atu; powoł-ywać|ać się (**mit seiner Erfahrung** na swoje doświadczenie) **2.** *przen* stawiać|postawić się; rąbnąć ⟨wy|ciąć⟩ słowa prawdy
auftun (167;h) I. *vt, pot* **1.** otw-ierać| orzyć **(die Tür** drzwi) **2.** na-kładać|łożyć **(jmdm etw.** komuś coś); wkładać| włożyć **(den Hut** kapelusz) **II. sich ~** *vr* zawiąz-ywać|ać się (*np. o spółce*)
auftürmen (h) *vt* układać|ułożyć w stos **2. sich ~** *vr* spiętrz-yć|ać ⟨piętrzyć⟩ się. **Su**
aufwachen (sn) *vi* prze|budzić ⟨obudzić⟩ się

aufwachsen (172;sn) *vi* wy-rastać|rosnąć, wyrość
aufwägen (h) *zob* **aufwiegen**
aufwallen (sn) *vi* 1. burzyć się, za|kipieć 2. *przen* un-osić|ieść się, za|wrzeć; **in ihm wallte der Zorn auf** zawrzał ⟨uniósł się⟩ gniewem. **Su** wzburzenie, uniesienie *n* (się); przystęp, przypływ *m*; **in e—r Aufwallung von Haß w** przypływie nienawiści
Aufwand *m* —(e)s 1. nakład, wysiłek *m* 2. wydatek, koszt *m*; zbytek *m*; **ohne großen ~** niewielkim kosztem; **e—n großen ~ treiben** ⟨**machen**⟩ wieść rozrzutny tryb życia, żyć wystawnie
Aufwandsentschädigung *f* —, **—en** wyrównanie wydatków reprezentacyjnych
Aufwandsgelder *pl* fundusz reprezentacyjny
Aufwandskosten *pl* koszty reprezentacyjne
Aufwandssteuer *f* —, **—n** podatek od luksusu ⟨zbytku⟩
aufwärmen (h) *vt* odgrz-ewać|ać (*t. przen*); *pot* **aufgewärmter Kohl** dawne historie; **alte Geschichten ~** odgrzewać dawne dzieje ⟨historie⟩. **Su Aufwartefrau** *f* —, **—en** sprzątaczka *f*
aufwarten (h) *vi* 1. obsłu-giwać|żyć (**jmdm** kogoś), usłu-giwać|żyć (komuś); **womit kann ich Ihnen ~?** czym mogę panu ⟨pani⟩ służyć? 2. po|częstować (**jmdm mit etw.** kogoś czymś; **mit Wein** winem; *przen* **mit e—r Anekdote** anegdotą). **Su** 1. posługa, usługa *f*, obsługiwanie, usługiwanie *n* 2. sprzątanie *n* 3. wizyta *f*; **seine Aufwartung machen** składać wizytę 4. sprzataczka *f*
aufwärts *adv* w ⟨pod⟩ górę; **die Elbe ~ w górę Łaby**; **den Fluß ~ pod prąd**, w górę rzeki
Aufwasch *m* **—es** pomywanie naczyń; naczynia do mycia
Aufwasch... *w comp* ... do zmywania ⟨pomvwania⟩ naczyń; *np.* **~wasser**
Aufwaschbecken *n* **—s**, **—** zmywak *m*
aufwaschen (174;h) *vt*, *vi* zmy-wać|ć, pomy-wać|ć
Aufwaschtisch *m* **—es**, **—e** zmywak *m* (wbudowany w stół kuchenny)
Aufwaschwasser *n* **—s** woda do zmywania naczyń, pomyje *pl*
aufwecken (h) *vt* z|budzić, obudzić
aufweichen 1. (h) *vt* roz|moczyć, z|miękczyc 2. *przen* s|kruszyć (**den Widerstand** opór) II. sn *vi* roz|moknąć, rozmięknąć. **Su**
aufweinen (h) *vi* zapłakać
Aufweis *m* **—es**, **—e** wykazanie ..
aufweisen (177;h) *vt* wykaz-ywać|ać, mieć (**dieselben Fehler** te same błędy).
S
aufwenden (178;h) *vt* 1. wyda-wać|ć, wy| łożyć (**Geld** pieniądze **für etw.** na coś) 2. uży-wać|ć (**alle Mittel** wszelkich środków). **Su** do 1. 2.; do 1. *t.* wydatek *m*
aufwendig *adj* drogi; kosztowny, o dużym nakładzie kosztów
aufwerfen (181;h) I. *vt* 1. podrzuc-ać|ić (**e—n Ball** piłkę) 2. wy|kopać (**e—n Graben** rów) 3. usyp-ywać|ać (**e—n Damm** tamę; **e—n Hügel** kopiec) 4. wy- -kładać|łożyć (**e—e Karte** kartę) 5. *przen* za-dzierać|drzeć (**die Nase** nosa) 6. wyd-ymać|ąć (**die Lippen** wargi) 7. *przen* porusz-ać|yć; **e—e Frage ~** poruszać kwestię; postawić pytanie, zapytać II. **sich ~** *vr* narzuc-ać|ić się, wyst-ępować|ąpić (**zum Richter jako sędzia**). **Su do I.** 1.—7.
aufwerten (h) *vt*, *ekon* (re)waloryzować, przewartościować (**die Hypotheken** hipoteki). **Su** *t.* (re)waloryzacja *f*
aufwickeln (h) *vt* 1. nawi-jać|nąć (**auf etw.** na coś, **die Haare** włosy na lokówki) 2. odwi-jać|nąć. **Su**
Aufwiegelei *f* —, **—en** buntowanie, podburzanie, podżeganie *n*
aufwiegeln (h) *vt* z|buntować, podburz-ać|yć, podżeg-iwać|ać (**jmdn gegen jmdn** kogoś przeciw komuś). **Su**
aufwiegen (182;h) *vt* 1. z|równoważyć (**etw.** czymś); **etw. mit Gold ~** cenić coś na wagę złota 2. *przen* kompensować, wyrówn-ywać|ać; **die Vorteile wiegen die Nachteile auf** korzyści kompensują ⟨wyrównują⟩ niekorzyści
Aufwiegler *m* **—s**, **—** buntownik, podżegacz *m*
aufwieglerisch *adj:adv* buntownicz-y:-o, podburzając-y:-o, podżegając-y:-o
aufwiehern (h) *vt* za|rżeć
Aufwind *m* **—(e)s**, **—e** *meteor* wiatr wstępujący
aufwinden (183;h) *vt*, *vr* (**sich** się) 1. nawi-jać|nąć 2. odwi-jać|nąć 3. windować w górę, wywindować
aufwirbeln 1. (h) *vt* wzbi-jać|ć w górę, podn-osić|ieść (**Sand** piasek); *przen* **die Sache hat viel Staub aufgewirbelt** sprawa wywołała dużo wrzawy 2. (sn) *vi* za|wirować, za|kłębić ⟨wzbi-jać|ć⟩ się
aufwischen (h) *vt* ścierać|zetrzeć
Aufwischer *m* **—s**, **—** ścierka *f*
aufwogen (sn) *vi* za|falować
aufwühlen (h) *vt* 1. rozkop-ywać|ać, zryć, poryć (**die Erde** ziemię) 2. *przen* wzburz-ać|yć; wstrząs-ać|nąć 3. *przen* wzniec-ać|ić (**Leidenschaften** namiętności); wstrząs-ać|nąć
aufzählen (h) *vt* 1. wylicz-ać|yć, wymieni-ać|ć (**die Verdienste** zasługi) 2. odlicz-ać|yć (**das Geld** pieniądze). **Su**
aufzäumen (h) *vt* okiełz-ywać|(n)ać (**das Pferd** konia)
aufzehren (h) I. *vt* 1. zj-adać|eść, spoży- -wać|ć (**die Vorräte** zapasy) 2. *przen* spotrzebować, zuży-wać|ć (**das Vermögen** majątek) 3. pochł-aniać|onąć, absorbować *s. chem* roztw-arzać|orzyć; rozpu-szczać|ścić II. **sich ~** *vr* zagry- -zać|źć ⟨zamartwi-ać|ć⟩ się. **Su do I.—** II.; do 3. *t.* absorpcja *f*
aufzeichnen (h) *vt* 1. na|rysować 2. zapis-ywać|ać; za|notować, za|rejestrować. **Su do** 1. 2.; do 2. *t.* notatka *f*, rejestracja *f*, zapis *m*
aufzeigen (h) *vt* wykaz-ywać|ać (**etw.** coś), wskaz-ywać|ać (**na coś**). **Su**
aufziehbar *adj* dający się podciągać ⟨a. podnosić *a.* otwierać *a.* nakręcać⟩

aufziehen (187) I. (h) *vt* 1. po|ciągnąć do góry; podciąg-aćnąć (die **Strümpfe** pończochy); podn-osić|ieść (den **Vorhang** kurtynę); die **Flagge** ~ wciągać flagę na maszt; die **Segel** ~ rozpinać żagle 2. otw-ierać|orzyć (e—e **Schleuse** śluzę; e—e **Schublade** szufladę); e—n **Riegel** ~ odsuwać zasuwę; e—e **Schleife** ~ rozwiązywać kokardę 3. podkle-jać|ić (e—e **Karte** mapę; **auf Leinwand** płótnem) 4. naciąg-ać|nąć (e—e **Saite** strunę); *przen* andere **Saiten** ~ zmieniać ton 5. nakręc-ać|ić (e—e **Uhr** zegar) 6. wychow-ywać|ać (**Kinder** dzieci); wy|hodować (**Kälber** cielęta) 7. *pot* kpić, drwić, podrwi-wać|ć, żartować (**jmdn** z kogoś); **jmdn mit seiner Musik** ~ nabijać się z czyjejś muzyki 8. *pot* urządz-ać|ić, z|organizować, za|aranżować (e. **Fest** uroczystość); etw. **groß** ~ urządzać z wielką pompą 9. *pot* nada-wać|ć zabarwienie; e—n **Prozeß politisch** ~ nadawać procesowi zabarwienie polityczne II. (sn) *vi* 1. nadciąg-ać|nąć, zbliż-ać|yć się (*np. o burzy*); wzn-osić| ieść się (*o gwiazdach*) 2. iść|pójść na wartę, ob-ejmować|jąć (*np. wartę*); die **Wache zieht auf** warta zaciąga. Su do I.
aufzischen (h) *vt* syknąć, za|syczeć
Aufzucht *f* — 1. hodowla *f*, hodowanie *n*, wychów *m* 2. potomstwo *n*
aufzucken (h) *vi* drgnąć; zamigotać
Aufzug *m* —(e)s, ⸗e 1. wyciąganie; podnoszenie; podciąganie *n* 2. pochód *m*; korowód *m*; **in feierlichem** ~ w uroczystym pochodzie 3. winda *f*, dźwig *m*; wyciąg *m* 4. *teatr* akt *m*; odsłona *f* 5. *wiók* osnowa *f* 6. strój *m*; **er ließ sich in e—m lächerlichen** ~ **sehen** pokazał się w śmiesznym stroju 7. *sport* wydźwig *m*
Aufzugs... *w comp* 1. ... do podnoszenia ⟨podciągania⟩; *np.* ~**tür** 2. ... naciągowy; *np.* ~**feder** 3. ... dźwigu ⟨wyciągu⟩; *np.* ~**schacht**
Aufzugsfeder *f* —, —n sprężyna naciągowa
Aufzugsschacht *m* —(e)s, ⸗e *górn* szyb dźwigu ⟨wyciągu⟩
Aufzugstür *f* —, —en drzwi do podnoszenia ⟨podciągania⟩
aufzwängen a. **aufzwingen** (188;h) 1. *vt*, *vr* (sich się) narzuc-ać|ić 2. *vt* wmu-szać|sić (etw. coś), zmu-szać|sić (sich się do czegoś)
Augapfel *m* —s, ⸗ *anat* gałka oczna; etw. ⟨jmdn⟩ **wie seinen** ~ **(be)hüten** strzec czegoś ⟨kògoś⟩ jak źrenicy oka ⟨jak oka w głowie⟩
Auge *n* —s, —n 1. oko *n*; wzrok *m*; ~ **in** ~ **oko w oko, twarzą w twarz;** ~ **um** ~ **oko za oko; vor aller** ~**n na oczach wszystkich; aus den** ~**n, aus dem Sinn co z oczu, to z serca; mit bloßem Auge gołym okiem; in meinen** ~**n w moich oczach, w moim mniemaniu; unter vier** ~**n w cztery oczy;** *przen* **das** ~ **des Gesetzes** policja *f*; **jmdm aus den** ~**n gehen** schodzić komuś z oczu; **jmdn nicht aus den** ~**n lassen** nie spuszczać kogoś z oka, pilnować kogoś; **jmdn ⟨etw.⟩ im** ~ **behalten** pamiętać o kimś ⟨o czymś⟩; uważać na kogoś ⟨na coś⟩; **jmdn ⟨etw.⟩ im** ~ **haben** mieć kogoś ⟨coś⟩ na oku ⟨na widoku⟩; e. ~ **auf jmdn haben** uważać na kogoś; *przen* **jmdn mit den** ~**n verschlingen** pożerać kogoś oczyma; **jmdn mit scheelen** ~ **anseh(e)n** patrzeć na kogoś z ukosa; **jmdm etw. vor** ~**n führen** unaoczni(a)ć komuś coś; *przen* **ganz** ~ **sein** uważnie patrzeć, zamienić się we wzrok; *przen* **jmdm Sand in die** ~**n streuen** mydlić komuś oczy; *przen* **die** ~**n schließen** zamknąć oczy, umierać; *przen* **beide** ~**n zudrükken** przymykać oczy; **e. scharfes** ⟨**wachsames**⟩ ~ **auf jmdn haben** bacznie obserwować kogoś; **das** ~ **aúf jmdn heften** wlepiać oczy w kogoś; ~**n für etw. haben** widzieć ⟨dostrzegać⟩ coś, interesować się czymś; **jmdm** ~**n machen** robić o(cz)ko do kogoś; *przen* **mit e—m blauen** ~ **davonkommen** wymigać ⟨wykpić⟩ się tanim kosztem; **jmdn aus den** ~**n verlieren** stracić kogoś z oczu; **soweit das** ~ **reicht** jak okiem sięgnąć; **die** ~**n quellen ihm aus dem Kopf** oczy wychodzą mu na wierzch; **ihm gingen die** ~**n auf** przejrzał; *przen* **das springt in die** ~**n** to się rzuca w oczy; **(geh mir)- aus den** ~**n! niech cię więcej nie widzę!; precz mi z oczu!; er ist mir ein Dorn im** ~ jest mi solą w oku 2. oczko *n* (**auf der Suppe** na rosole) 3. *bot* pączek *m*; oczko *n* 4. ucho *n* (*do zaczepienia*) 5. *archit* oczko *n*
äugeln (h) 1. *vi* oczkować, strzelać oczami *f.* 2. *vt*, *ogr* oczkować, okulizować
Augen... *w comp* 1. oczny; *np.* ~**spiegel** 2. ... oka; *np.* ~**empfindlichkeit** 3. ... oczu; *np.* ~**entzündung** 4. ... dla oka; *np.* ~**weide** 5. ... do oczu; *np.* ~**salbe** 6. ... na oczy; *np.* ~**schirm** 7. ... oczami; *np.* ~**zwinkern**
äugen (h) *vi* patrzeć, spoglądać
Augenarzt *m* —(e)s, ⸗e *med* okulista *m*
Augenaufschlag *m* —(e)s, ⸗e rzut oka, spojrzenie *n*
Augenblick *m* —(e)s, —e oka mgnienie *n*, chwil(k)a *f*, moment *m*; **im** ~ **w tej chwili, zaraz, w oka mgnieniu; alle** ~ **co chwila; im rechten** ⟨**günstigsten**⟩ ~ **we właściwym** ⟨**najkorzystniejszym**⟩ **momencie; e—n** ~**, bitte!** chwileczkę (proszę poczekać)!; **lichte** ~**e haben** miewać chwile świadomości
augenblicklich 1. *adj:adv* chwilow-y:-o, momentaln-y:-ie 2. *adv* natychmiast, zaraz
Augenbraue *f* —, —n *anat* brew *f*
Augenentzündung *f* —, —en zapalenie oczu
augenfällig *adj:adv* widoczn-y:-ie, rzucający się w oczy : w sposób rzucający się w oczy; etw. **ist** ~ **coś uderza** ⟨**rzuca się**⟩ **w oczy**
Augenfältchen *pl* *pot* kurze łapki
Augenglas *n* —es, ⸗er 1. luneta, lorneta

Augenheilkunde 75 **ausbeißen**

f 2. lupa *f* 3. monokl *m* 4. *pl* okulary, binokle *pl*
Augenheilkunde *f* — *med* okulistyka, oftalmologia *f*
Augenhöhle *f* —, —n *anat* oczodół *m*
Augenklinik *f* —, —en klinika oczna
augenkrank *adj* chory na oczy
Augenkrankheit *f* —, —en *a*. **Augenleiden** *n* —s, — choroba oczu
Augenlicht *n* —(e)s wzrok *m*; **jmdn des** ~s **berauben** pozbawiać kogoś wzroku, oślepić kogoś
Augenlid *n* —(e)s, —er *anat* powieka *f*
Augenmaß *n* —es miara na oko ⟨przybliżona⟩; **nach** ~ **na oko; e. gutes** ~ **haben** miewać dobrą miarę w oku
Augenmerk *n* —(e)s, —e uwaga *f*; **das** ~ **auf etw. richten** zwracać ⟨skierować⟩ uwagę na coś
Augennerv *m* —s, —en nerw oczny
Augenpaar *n* —(e)s, —e para oczu
Augenringe *pl* podkowy ⟨sińce⟩ pod oczami
Augensalbe *f* —, —n maść do oczu
Augenschein *m* —(e)s 1. pozór *m*; **dem** ~ **nach z pozoru, pozornie; der** ~ **trügt** pozory mylą 2. oglądanie *n*, oględziny *pl*, wizja lokalna; **etw. in** ~ **nehmen** a) oglądać coś b) *praw* przeprowadzać oględziny ⟨wizję lokalną⟩; **sich durch** ~ **überzeugen** przekonywać się naocznie
augenscheinlich *adj:adv* widoczn-y:-ie, jawn-y:-ie, oczywisty : w sposób oczywisty. **Sk** oczywistość *f*
Augenschirm *m* —(e)s, —e daszek na oczy; osłona oczu
Augenspiegel *m* —s, — *med* wziernik oczny oftalmoskop *m*
Augenstern *m* —(e)s, —e *poet* 1. źrenica *f* 2. oko *n*
Augentrost *m* —(e)s 1. pociecha ⟨rozkosz⟩ dla oka 2. *bot* świetlik *m*
Augenwasser *n* —s płyn ⟨krople⟩ do oczu
Augenweide *f* — rozkosz dla oka
Augenwimper *f* —, —n *anat* rzęsa *f*
Augenwink *m* —(e)s, —e mrugnięcie *n*
Augenzahn *m* —(e)s, ⁼e *anat* ząb podoczny, kieł *m*
Augenzeuge *m* —n, —n naoczny świadek
Augenzeugenbericht *m* —(e)s, —e opowiadanie naocznego świadka
Augenzwinkern *n* —s mruganie *n* (oczami)
Augiasstall *m* —(e)s *przen* stajnia Augiasza
August[1] *m* —(e)s, *a*. —, —e sierpień *m*
August[2] *m* —s August(yn) *m*
August... *w comp* sierpniowy; *np*. **~wetter**
Augustiner *m* —s, — *rel* augustianin *m*
Augustwetter *n* —s pogoda sierpniowa
Auktion *f* —, —en licytacja *f*, przetarg *m*
Auktions... *w comp* 1. licytacyjny; *np*. **~lokal** 2. ... licytacji ⟨przetargu⟩; *np*. **~schluß**
Auktionslokal *n* —(e)s, —e lokal licytacyjny
Auktionsschluß *m* ...usses, ...üsse zamknięcie licytacji ⟨przetargu⟩

Aula *f* —, ...len aula *f*
Aureole *f* —, —n aureola *f*
Aurikel *f* —, —n *bot* pierwiosnek *m*
aus I. *adv* **von Berlin** ~ **z** Berlina; **von hier** ~ stąd; **von seinem Standpunkt** ~ z jego punktu widzenia; **von Grund** ~ z gruntu; **von mir** ~ z mojej strony; ~ **sein s**|**kończyć się, być po** ...; **auf etw.** ~ **sein** dążyć do czegoś, pragnąć czegoś; **nicht** ⟨**weder**⟩ ~ **noch ein wissen** nie wiedzieć co począć; ~ **und ein gehen** być w zażyłych stosunkach ⟨stałym gościem⟩; **pot es ist** ~ **mit ihm** z nim koniec, już po nim II. *praep dat* z 1. *(przy określeniach czasu)* e. **Druck** ~ **dem 16. Jahrhundert** druk z XVI wieku; ~ **der Jugendzeit** z lat młodzieńczych 2. *(przy określeniach miejsca; t. przen)* ~ **Berlin** z Berlina; ~ **dem Hause** z domu; ~ **dem Kasten** ze skrzyni; ~ **dem Gedächtnis** z pamięci, na pamięć; ~ **dem Kopf** na pamięć; ~ **der Mode kommen** wychodzić z mody 3. *(przy określeniach przyczyny, powodu)* ~ **Freude** ⟨**Furcht**⟩ z radości ⟨obawy⟩ 4. *(przy określeniach materiału)* ~ **Holz** z drzewa; ~ **Silber** ze srebra * **was wird** ~ **ihm?** co z niego będzie?
Aus *n* — *sport* aut *m*
aus... *występuje w czasownikach rozdzielnych*; *np*. **~borgen**
ausarbeiten (h) *vt* 1. wypracow-ywać|ać, opracow-ywać|ać 2. wykończ-ać|yć 3. opracować szerzej, rozszerz-ać|yć. **Su** do 1.–3.; do 3. *t*. elaborat *m*
ausarten (sn) *vi* 1. wyr-adzać|odzić się; zwyrodnieć 2. *przen* przer-adzać|odzić się (**in** w). **Su** do 1. 2., do 1. *t*. degeneracja *f*
ausästen (h) *vt* wyci-nać|ąć gałęzie. **Su** wycinanie gałęzi
ausatmen (h) *vt* wydychać. **Su** 1. wydech

ausbacken (h) *vt* wypie-kać|c
ausbaden (h) *vt* *przen* pon-osić|ieść konsekwencje (etw. czegoś), odpokutować (za coś)
ausbaggern (h) *vt* wy|bagrować; pogłębi-ać|ć, oczy-szczać|ścić (**das Flußbett** koryto rzeki). **Su**
ausbaldowern (h) *vt*, *pot* (z języka złodziejskiego) wy|szpiegować, wy|niuchać (etw. coś)
Aus-Ball *m* —(e)s, ⁼e piłka autowa
Ausbau *m* —(e)s, —ten 1. rozbudowa *f*, rozbudowanie, powiększenie, rozszerzenie *n* (*t. przen*) 2. wymontowanie *n*; zdemontowanie *n*; demontaż *m* 3. *górn* obudowa *f*
ausbauchen (h) *vt* wybrzusz-ać|yć, wypukl-ać|ić, nada-wać|ć kształt brzuchaty. **wyd-ywać|ąć** (*np*. żagle). **Su**
ausbauen (h) *vt* 1. rozbudow-ywać|ać, *przen t*. powiększ-ać|yć, rozszerz-ać|yć, rozwi-jać|nąć 2. wymontow-ywać|ać; zdemontować 3. *górn* obudow-ywać|ać
ausbedingen, sich *dat* (20;h) *vr* zastrzegać|c sobie. **Su**
ausbeißen (5;h) 1. *vt*, *pot* wygry-zać|źć (**jmdm kogoś**) 2. *vr* **sich** *dat* **e—n Zahn** ~ wyłamać sobie ząb

ausbessern (h) *vt* naprawi-ać|ć (die Stiefel buty); wy|remontować; z|reperować. Su *t.* naprawa, reperacja *f*; remont *m*
ausbesserungsbedürftig *adj* wymagający naprawy
ausbeulen (h) *vt* 1. wyp-ychać|chać (die Taschen kieszenie) 2. *tech* wybrzusz-ać|yć; wyboczyć 3. wy|prostować ⟨usu-wać|nąć⟩ wybrzuszenia ⟨wypukłości⟩
Ausbeute *f* —, —n 1. plon *m*; zysk *m*; wydajność *f* 2. *górn* urobek *m*, wydobycie *n*
ausbeuten (h) *vt* 1. wykorzyst-ywać|ać, wyzysk-iwać|ać 2. *ekon* eksploatować. Su do 1. 2.; do 1. *t.* wyzysk *m*; do 2. *t.* eksploatacja *f*
Ausbeuter *m* —s, — wyzyskiwacz *m*
Ausbeuterklasse *f* —, —n klasa wyzyskiwaczy ⟨wyzyskująca⟩
Ausbeutungs... *w comp* 1. eksploatacyjny; ... eksploatacji; *np.* ~kosten 2. ... wyzysku; *np.* ~system
Ausbeutungskosten *pl* — koszty eksploatacyjne ⟨eksploatacji⟩
Ausbeutungssystem *n* —s, —e system wyzysku
ausbiegen (9) 1. (h) *vt* wygi-nać|ąć 2. (sn) *vi* skręc-ać|ić, wymi-jać|nąć; **nach links** ~ skręcać na ⟨w⟩ lewo
ausbilden (h) *vt* 1. *t. vr* (sich się) wy| kształcić (**zum Ingenieur** na inżyniera) 2. rozwi-jać|nąć, wy|doskonalić (**den Geist** umysł) 3. wy|szkolić, wy|ćwiczyć (*t. woj*) 4. *t. vr* (sich się) wytw-arzać|orzyć (**e—e Atmosphäre** atmosferę). Su do 1.–3.
Ausbilder *m* —s, — instruktor *m*
Ausbildungslehrgang *m* —(e)s, ⸗e kurs szkoleniowy
ausbitten, sich *dat* (12;h) *vr* wypr-aszać| osić sobie (etw. coś); po|prosić (o coś), za|żądać, domagać się (czegoś); **das möchte ich mir ausgebeten haben** tego chyba mogę się domagać; **ich bitte mir Ruhe aus** proszę o spokój
ausblasen (13;h) *vt* 1. wydmuch-iwać|ać (e. Ei jajo) 2. z|gasić, zdmuch-iwać|nąć (**e—e Lampe** lampę); *przen* **jmdm das Lebenslicht** ~ pozbawiać kogoś życia
ausbleiben (14;sn) *vi* 1. nie przy-chodzić| jść, nie przyby-wać|ć; **das konnte nicht** ~ to musiało nastąpić; **die Folgen werden nicht lange** ~ skutki nie każą długo na siebie czekać; **er ist ausgeblieben** nie przyszedł; **die Post ist ausgeblieben** poczta nie nadeszła 2. bawić (poza domem); **er blieb die ganze Nacht aus** całą noc bawił poza domem
Ausbleiben *n* —s 1. nieprzybycie *n*; nieobecność *f* 2. bawienie poza domem
ausbleichen 1. (h) *vt*, *włók* wy|bielić 2. (26;sn) *vi* wy|płowieć, wy|blaknąć
Ausblick *m* —(e)s, —e widok *m*; *przen* spojrzenie *n* (**in die Zukunft** w przyszłość); perspektywa *f*
ausbluten (sn) *vi* um-ierać|rzeć z utraty krwi, wykrwawić się
ausbohren (h) *vt* wy|wiercić; wyt-aczać| |oczyć. Su

ausbomben (h) *vt* z|niszczyć bombami
ausbooten (h) *vt* 1. wyładować z łodzi; wysadz-ać|ić z łodzi 2. *przen, pot* spławi-ać|ć, us-uwać|nąć (jmdn kogoś). Su
ausborgen (h) *vt, vr* (sich *dat* sobie) wypożycz-ać|yć
ausbraten (15;h) *vt* wysmażyć
ausbrechen (16) I. (h) *vt* 1. *t. vr* (sich *dat* sobie) wyłam-ywać|ać; **sich die Zähne** ~ **an etw.** wyłamywać sobie zęby na czymś 2. wymiotować II. (sn) *vi* 1. wyłam-ywać|ać się, ucie-kać|c (**aus dem Gefängnis** z więzienia) 2. wyłam-ywać| ać się (*np. o zębie*) 3. wybuch-ać|nąć; e. Gewitter brach aus zerwała się burza; e. Krieg ⟨Vulkan⟩ bricht aus wybucha wojna ⟨wulkan⟩; er brach in Tränen ⟨e. Gelächter⟩ aus wybuchnął płaczem ⟨śmiechem⟩; in e—n Ruf ~ wyda(wa)ć ⟨podnosić⟩ okrzyk; in Schweiß ~ zal(ew)ać się potem 4. wyłam-ywać|ać się, skręc-ać|ić w bok, zb-aczać|oczyć z toru
ausbreiten (h) I. *vt* 1. *t. vr* (sich się) rozpo-ścierać|strzeć, rozkładać, rozciąg--ać|nać 2. rozsi-ewać|ać, rozgł-aszać| osić (etw. über jmdn coś o kimś) II. sich ~ *vr* 1. rozprzestrzeni-ać|ć się (*np. o chorobie*), rozszerz-ać|yć się; roz--chodzić|ejść się (*o pogłosce*); **die Fabrik breitet sich aus** fabryka rozbudowuje się 2. rozwodzić się (**über etw.** nad czymś). Su
ausbrennen (17) 1. (h) *vt* wypal-ać|ić (e—e Wunde ranę) 2. (sn) *vi* wypal-ać|ić się; **das Haus ist ausgebrannt** dom wypalił się
ausbringen (18;h) *vt* 1. *mar* spu-szczać| ścić (e. Boot łódź) 2. wzn-osić|ieść (e—n Trinkspruch toast)
Ausbruch *m* —(e)s, ⸗e 1. *przen* wybuch *m* (des Krieges wojny; von Zorn gniewu) 2. wybuch *m*, erupcja *f* (e—s Vulkans wulkanu) 3. wyłamanie się *n*, ucieczka *f* (aus dem Gefängnis z więzienia)
ausbrühen (h) *vt* wyparz-ać|yć
ausbrüten (h) *vt* wysi-adywać|edzieć (Eier jaja) 2. *przen* u|knuć
ausbuddeln (h) *vt, pot* wykop-ywać|ać
ausbügeln (h) *vt* wy|prasować
Ausbund *m* —(e)s, ⸗e wzór *m*, uosobienie *n*, okaz, szczyt *m* (von Frechheit bezczelności)
ausbürgern (h) *vt* pozbawi-ać|ć obywatelstwa. Su
ausbürsten (h) *vt* wyszczotkować, oczy--szczać|ścić szczotką (e—n Hut kapelusz)
Auschwitz *n* Oświęcim *m*
ausdampfen 1. (h) *vt* odparow-ywać|ać 2. (sn) *vi* wyparow-ywać|ać. Su
Ausdauer *f* — wytrwałość *f*
ausdauernd *adj:adv* wytrwa-ły:-le, wytrzyma-ły:-le
ausdehnbar *adj* 1. rozszerzalny, dający się rozszerzyć 2. rozciągliwy, dający się rozciągnąć. Sk. do 1. rozszerzalność *f*; do 2. rozciągliwość *f*
ausdehnen (h) I. *vt, vr* (sich się) 1. rozciąg-ać|nąć, rozszerz-ać|yć (*t. przen*)

Ausdehnungsfähigkeit 77 auseinanderwerfen

2. rozpręż-ać|yć 3. rozciąg-ać|nąć; wydłuż-ać|yć 3. *przen* przeciąg-ać|nąć (e—e Sitzung zebranie) II. sich ~ *vr* rozprzestrzeni-ać|ć się. Su do I. 1.—3.; II; do I. 1. *t.* rozszerzalność *f*; do 3. *t.* rozciągłość *f*; do II. *t.* ekspansja *f*
Ausdehnungsfähigkeit *f* — zdolność do rozszerzania się, rozszerzalność *f*
Ausdehnungskoeffizient *m* —en, —en *fiz* 1. współczynnik rozszerzalności 2. współczynnik wydłużenia
Ausdehnungsvermögen *n* —s, *zob.* **Ausdehnungsfähigkeit**
ausdenken (19;h) 1. *vt* wymyślić 2. sich *dat* ~ *vr* wymyślić ⟨uroić⟩ sobie
ausdeuten (h) *vt* wy|tłumaczyć; objaśni-ać|ć, interpretować. Su *t.* interpretacja *f*
ausdienen (h) *vi* 1. ukończyć służbę; wysłużyć swoje lata 2. wysłużyć się
ausdorren (sn) *vi* wys-ychać|chnąć
ausdörren (h) *vt* wysusz-ać|yć
ausdrehen (h) *vt* 1. wykręc-ać|ić (e—e Glühbirne żarówkę) 2. z|gasić (das Licht światło)
ausdreschen (21;h) *vt* wy|młócić
Ausdruck *m* —(e)s, ⸚e 1. wyraz *m*, *jęz* wyrażenie *n* (*t. mat*); e. veralteter ~ archaizm *m*; zum ~ bringen zaznaczać, wyrażać; e—r Sache ~ geben dawać wyraz czemuś 2. uczucie *n*; mit ~ singen śpiewać z uczuciem
ausdrucken (h) *vt* 1. za|kończyć druk (etw. czegoś) 2. wy|drukować bez skrótu (e. Wort słowo)
ausdrücken (h) *vt* 1. wycis-kać|nąć (e. Geschwür wrzód); wytł-aczać|oczyć (Obst owoce) 2. z|gasić (e—e Zigarette papieros) 3. *t. vr* (sich się) wyra-żać|zić (Freude radość); wysł-awiać|owić; sich unklar ~ wyrażać się niejasno; er kann sich nicht recht ~ (on) nie umie dobrze wysławiać się
ausdrücklich *adj:adv* wyraźn-y:-ie, z naciskiem
Ausdrucks... *w comp* ... wyrażania ⟨wysławiania⟩ się; *np.* ~art
Ausdrucksart *f* —, —en sposób wyrażania ⟨wysławiania⟩ się
ausdruckslos *adj:adv* bez wyrazu
ausdrucksvoll *adj:adv* wyrazi-sty:-ście, pełen wyrazu
Ausdrucksweise *zob.* **Ausdrucksart**
Ausdrusch *m* —es *reg* omłot, wymłot *m*
ausdunsten *a.* **ausdünsten** 1. (h) *vt* wyziewać 2. (sn) *vi* wy|parować. Su do 1. 2.; do 1. *t.* wyziew, opar *m*; do 2. *t.* para *f*
auseinander *adv* oddzielnie, rozdzielnie; ~ setzen posadzić oddzielnie
auseinander... *w czasownikach rozdzielnych* przeważnie *w znaczeniu* roz...; *np.* ~biegen
auseinanderbiegen (9;h) *vt* rozgi-nać|ąć
auseinanderbrechen (16) 1. (h) *vt* rozłam-ywać|ać 2. (sn) *vi* rozłam-ywać|ać się
auseinanderbringen (18;h) *vt* rozłącz-ać|yć, rozdziel-ać|ić
auseinanderdrehen (h) *vt* rozkręc-ać|ić

auseinanderfahren (30;sn) *vi* 1. rozje-żdżać|chać się 2. rozbie-gać|c ⟨rozpierzch-ać|nąć⟩ się
auseinanderfallen (31;sn) *vi* rozpa-dać|ść się
auseinanderfalten (h) *vt* roz-kładać|łożyć
auseinanderfliegen (36;sn) *vi* rozpierzch-ać|nąć, rozl-atywać|ecieć się
auseinandergeh(e)n (45;sn) *vi* 1. roz-chodzić|ejść się (*o drogach, o małżeństwie*) 2. rozl-atywać|ecieć się (*np. o krześle*) 3. *przen* różnić się; darüber gehen die Meinungen auseinander w tej kwestii poglądy różnią się ⟨są rozbieżne⟩ 4. tyć, roztyć się
auseinandergehend 1. *part praes*, *zob.* **auseinandergehen** 2. *adj* rozbieżny
auseinanderhalten (60;h) *vt* rozdziel-ać|ić, rozróżni-ać|ć (zwei Dinge dwie rzeczy)
auseinanderjagen (h) *vt* rozpędz-ać|ić (e—e Menschenmenge tłum ludzi)
auseinanderkommen (70;sn) *vi* roz-chodzić|ejść ⟨rozłącz-ać|yć⟩ się; im Gedränge ~ zgubić się w tłoku; mit jmdm ganz ~ poróżnić się z kimś
auseinanderlaufen (75;sn) *vi* 1. rozbie-gać|c ⟨rozpierzch-ać|nąć⟩ się (*o tłumie, dzieciach itp.*) 2. *pot* roz-chodzić|ejść się (*o małżonkach*)
auseinanderlegen (h) *vt* 1. roz-kładać|łożyć (na części), roz-bierać|ebrać (e—e Maschine maszynę) 2. wytłumaczyć, wyjaśni-ać|ć; przedstawi-ać|ć, wy-kładać|łożyć
auseinandermachen (h) *vt* rozłącz-ać|yć, rozdziel-ać|ić
auseinandernehmen (87;h) *vt* roz-bierać| ebrać, roz-kładać|łożyć na części, z|demontować (e—e Maschine maszynę)
auseinanderreißen (95) 1. (h) *vt* roz-rywać|erwać, roz-dzierać|edrzeć 2. (sn) *vi* roz-rywać|erwać się
auseinanderschieben (110;h) *vt* rozsu-wać| nąć
auseinanderschlagen (114;h) *vt* 1. rozbijać|ć 2. rozpo-ścierać|strzeć (e—n Mantel płaszcz); roz-kładać|łożyć (die Hände ręce)
auseinandersetzen (h) I. *vt* wy|tłumaczyć, wyłuszcz-ać|yć, wyjaśni-ać|ć II. sich ~ *vr* 1. rozprawi-ać|ć się (mit jmdm ⟨etw.⟩ z kimś ⟨czymś⟩) 2. porozumie-wać|ć (układać|ułożyć) się (mit jmdm über etw. z kimś o coś) 3. rozlicz-ać|yć się (mit jmdm z kimś). Su do I.—II.; do II. 1. *t.* rozprawa, przeprawa *f*; dyskusja *f*; kłótnia *f*; mit jmdm e—e Auseinandersetzung haben mieć z kimś przeprawę; do 2. *t.* układ *m*, ugoda *f*
auseinandersprengen (h) *vt* 1. rozsadz-ać| ić; rozbi-jać|ć 2. *przen* rozpędz-ać| ić (e—e Volksmenge tłum)
auseinanderstieben (155;sn) *vi* rozpierzch-ać|nąć ⟨rozl-atywać|ecieć⟩ się
auseinandertreiben (162;h) *vt* rozpędz-ać| ić
auseinanderwehen (h) *vt* roz-wiewać|ać (die Wolken chmury)
auseinanderwerfen (181;h) *vt* rozrzuc--ać|ić

auseinanderwickeln (h) *vt* rozwi-jać|nąć
auseinanderziehen (187;h) *vt* rozciąg-ać| nąć
auserkoren *part, adj* wybrany
auserlesen *part, adj* wyśmienity, wyborny, doskonały; wyszukany, wykwintny, doborowy, wyborowy. **Sh**
ausersehen (135;h) 1. *vt* wyb-ierać|rać, przeznacz-ać|yć **(jmdn zu etw.** kogoś na coś); **zu etw. ~ sein** być przeznaczonym na coś **2. sich** *dat* **~** upat-rywać|rzyć sobie
auserwählen (h) *vt* wyb-ierać|rać **Auserwählte —n, —n 1.** *m* wybrany, wybraniec *m* **2.** *f* wybrana, wybranka *f*
ausessen (29;h) *vt* wyj-adać|eść (*t. przen*)
ausfahren (30) I. (h) *vt* **1.** wyw-ozić|ieźć; rozw-ozić|ieźć **2.** wyje-żdżać|ździć **(e—n Weg** drogę) **3.** wysu-wać|nąć **(das Fahrwerk** podwozie) **II. (sn)** *vi* wyje-żdżać| chać; *mar* wypły-wać|nąć (z portu) **2.** wyje-żdżać|chać na spacer, z|robić przejażdżkę
Ausfahrt *f* **—, —en** wyjazd
Ausfall *m* **—(e)s, ⁼e 1.** wypadanie *n* **2.** opuszczenie *n* **(e—s Wortes** słowa) **3.** *sport, woj* wypad *m;* woj wycieczka *f* **4.** *przen* wycieczka, napaść *f*, obraza *f* **5.** wynik, rezultat *m* **6.** strata, obniżka *f* **(an Lohn na** zarobku)
Ausfall... w *comp* **1.** wypadowy; *np.* **~stellung 2.** wylotowy; *np.* **~straße 3.** ... straty; *np.* **~vergütung**
ausfallen (31;sn) *vi* **1.** wypa-dać|ść **(o** włosach, zębach) **2.** nie odby-wać|ć się **(o** lekcji, zebraniu) **3.** wypa-dać|ść, z| robić wypad ⟨wycieczkę⟩ **(gegen jmdn** przeciwko komuś); *przen* za|atakować; obra-żać|zić **4.** wypa-dać|ść; **die Wahlen sind gut ausgefallen** wybory wypadły dobrze
ausfallend 1. *part praes,* zob. **ausfallen 2.** *adj:adv* napastliw-y:-ie, zaczepn-y:-ie
ausfällen (h) *vt, chem* wytrąc-ać|ić, strąc-ać|ić. **Su**
ausfällig *adj:adv,* zob. **ausfallend 2.**
Ausfallstellung *f* **—, —en** pozycja wypadowa
Ausfallstraße *f* **—, —n** ulica wylotowa
Ausfallvergütung *f* **—** wyrównanie straty
ausfechten (33;h) *vt* st-aczać|oczyć **(e—n Kampf** walkę). **Su**
ausfegen (h) *vt* wymi-atać|eść
ausfeilen (h) *vt* wy|piłować; *przen* wygładz-ać|ić. **Su**
ausfertigen (h) *vt* sporządz-ać|ić, wystawi-ać|ć. **Su** *t.* wykonanie *n; e.* **Dokument in e—r Ausfertigung** dokument w jednym wykonaniu
ausfindig *adj;* **~ machen** odkry-wać|ć, wyszukać, znaleźć
ausflicken (h) *vt* po|łatać, wyłatać
ausfliegen (36) 1. (sn) *vi* wyfru-wać|nąć *(t. przen, pot);* **alle sind ausgeflogen** nie ma nikogo w domu **2. (h)** *vt* przew-ozić|ieźć ⟨wyw-ozić|ieźć⟩ samolotem (**die gefährdete Bevölkerung** zagrożoną ludność)
ausfließen (38;sn) *vi* wycie-kać|c, wypły-wać|nąć

pły-wać|nąć
Ausflucht *f* **—.** ⁼e wybieg, wykręt *m,* wymówka *f;* **Ausflüchte machen** ⟨suchen⟩ wykręcać się
Ausflug *m* **—(e)s, ⁼e 1.** wycieczka **2.** wylot *m* **(der Vögel** ptaków) **3.** *pszcz* wylot(ek) *m*
Ausflügler *m* **—s, —** uczestnik wycieczki, wycieczkowicz *m;* turysta *m*
Ausflugs... w *comp* **1.** wycieczkowy; *np.* **~ort 2.** ... wycieczki; *np.* **~ziel**
Ausflugsort *m* **—(e)s, —e** miejscowość wvcieczkowa
Ausflugsziel *n* **—(e)s, —e** cel wycieczki
Ausfluß *m* **...usses, ...üsse 1.** ujście *n* **2.** wypływ *m,* odpływ *m* **3.** *med* wyciek *m,* wydzielina *f* **4.** *przen* wynik, rezultat *m* **(seines Zornes** jego złości)
Ausfluß... w *comp* **1.** odpływowy; *np.* **~kanal 2.** wypływowy; *np.* **~öffnung**
Ausflußkanal *m* **—s, ⁼e** kanał odpływowy
Ausflußöffnung *f* **—, —en** otwór wypływowy, wypływ *m*
ausfolgen (h) *vt* wręcz-ać|yć, wyda-wać|ć. **Su**
ausforschen (h) *vt* wypyt-ywać|ać **(jmdn über etw.** kogoś o coś); wy|badać. **Su**
ausfragen (h) *vt* wypyt-ywać|ać **(jmdn nach etw.** kogoś o coś)
Ausfragerei *f* **—, —en** (ciągłe) wypytywanie *n*
ausfransen (sn) *vi* wy|strzępić się
ausfressen (39;h) *vt* **1.** wyż-erać|reć **2.** *przen, pot* na|broić, zmalować **3.** *przen, pot* pon-osić|ieść konsekwencje
ausfrieren (40;sn) *vi* wymarz-ać|nąć; przemarz-ać|nąć
Ausfuhr *f* **—, —en** wywóz, eksport *m*
Ausfuhr... w *comp* **1.** wywozowy, eksportowy; *np.* **~güter 2.** ... wywozu ⟨eksportu⟩; *np.* **~beschränkung 3.** ... wywóz; *np.* **~genehmigung**
ausführbar *adj* wykonalny, dający się wykonać. **Sk** wykonalność *f*
Ausfuhrbeschränkung *f* **—, —en** ograniczenie wywozu ⟨eksportu⟩
ausführen (h) *vt* **1.** wyprowadz-ać|ić (**den Hund** psa), wy-chodzić|jść (z psem) **2.** wykon-ywać|ać, realizować **(e—n Plan** plan) **3.** *hand* wyw-ozić|ieźć, eksportować **4.** *przen* wywodzić, rozwi--jać|nąć **(e—n Gedanken** myśl). **Su 1.** wykonanie *n;* realizacja *f* **2.** wywód *m*
Ausführer *m* **—s, — 1.** eksporter *m* **2.** wykonawca *m*
Ausführförderung *f* **—** popieranie wywozu ⟨eksportu⟩
Ausfuhrgenehmigung *f* **—, —en** zezwolenie na wywóz, licencja eksportowa
Ausfuhrgüter *pl* towary wywozowe ⟨eksportowe⟩
Ausfuhrland *n* **—es, ⁼er** kraj eksportujący
ausführlich *adj:adv* szczegółow-y:-o, dokładn-y:-ie. **Sk**
Ausfuhrprämie [...ĭə] *f* **—, —n** premia wywozowa ⟨eksportowa⟩
Ausführungs... w *comp* **1.** wykonawczy; *np.* **~bestimmungen 2.** ... wykonania; *np.* **~frist**
Ausführungsbestimmungen *pl* przepisy

Ausführungsfrist 79 ausgesucht

wykonawcze
Ausführungsfrist *f* —, —en termin wykonania
Ausführungsweise *f* —, —n sposób wykonania
Ausfuhrverbot *n* —(e)s zakaz wywozu
Ausfuhrzoll *m* —(e)s, ⁺⁼e cło wywozowe
ausfüllen (h) *vt* 1. wypełni-ać|ć (e—n Fragebogen ankietę; die Zeit czas); nur ein Gedanke füllt mich aus tylko jedna myśl mnie absorbuje 2. zapełni-ać|ć (e—e Lücke lukę); e—n Platz ⟨Posten, e—e Stellung⟩ ~ zajmować stanowisko; e—n Posten gut ~ dobrze wywiąz(yw)ać się z obowiązków 3. *górn* podsadzać. Su do 1.—3.; do 3. *t*. *górn* podsypka, podsadzka *f*
ausfuttern *a*. **ausfüttern (h)** *vt* 1. wykarmi-ać|ć, wypa-sać|ść (bydło)
Ausgabe *f* —, —n 1. wydatek *m* 2. wyda(wa)nie *n* (des Gepäcks bagażu) 3. wydanie *n* (e—r Zeitung gazety) 4. emisja *f* (von Banknoten banknotów)
Ausgabe... *w comp* 1. emisyjny; *np*. ~kurs 2. ... wydania; *np*. ~kosten
Ausgabekosten *pl* koszty wydania
Ausgabekurs *m* —es, —e kurs emisyjny
Ausgabe(n)buch *n* —(e)s, ⁺⁼er księga wydatków
Ausgabepreis *zob*. **Ausgabekurs**
Ausgang *m* —(e)s, ⁺⁼e 1. wyjście *n* 2. wylot *m* 3. wychodne *n*, dzień wolny *(dla służących)* 4. zakończenie *n;* koniec *m;* das nimmt e—n schlimmen ~ to źle się skończy 5. wynik, rezultat *m*
Ausgangs... *w comp* 1. wyjściowy; *np*. ~stoff 2. ... wyjścia; *np*. ~punkt
Ausgangsposition *f* —, —en pozycja wyjściowa
Ausgangspunkt *m* —(e)s, —e punkt wyjścia
Ausgangsstoff *m* —(e)s, —e materiał wyjściowy, substancja wyjściowa
ausgären (h) *vi* wyfermentować. Su
ausgeben (43;h) I. *vt* 1. wyda-wać|ć (Geld pieniądze; das Gepäck bagaż) 2. *karc* rozda-wać|ć. 3. pu-szczać|ścić w obieg, wypu-szczać|ścić, emitować (Aktien akcje) 4. poda-wać|ć (die Parole hasło) 5. przedstawi-ać|ć (jmdn für jmdn kogoś za ⟨jako⟩ kogoś) 6. *pot* stawiać|postawić, za|fundować, pot fundu̯ąć II. sich ~ *vr* 1. da-wać|ć wszystko z siebie 2. ogoł-acać|ocić ⟨wyzu-wać|ć⟩ się z pieniędzy 3. poda-wać|ć się **(für jmdn** za kogoś)
Ausgeber *m* —s, — 1. wydający *m* 2. wystawca *m* (weksla) 3. emitent *m* (von Aktien akcji)
Ausgeburt *f* —, —en wytwór *m* (der Phantasie fantazji); e—e ~ der Hölle potwór *m*, człowiek z piekła rodem
ausgedehnt I. *part perf, zob*. **ausdehnen** 2. *adj* daleki *(o podróży)*; rozległy *(o praktyce)*, szeroki
ausgedient 1. *part perf, zob*. **ausdienen** 2. *adj* znoszony *(np. o sukni)*, zużyty *(np. o maszynie)*
Ausgedinge *n* —s, — *reg* dożywocie *n*, wymiar *m*
ausgefahren I. *part perf, zob*. **ausfahren**

II. *adj* 1. wyjeżdżony; ~er Weg wyjeżdżona droga 2. *przen* utarty; ~e Wege ⟨G(e)leise⟩ gehen kroczyć ⟨iść⟩ utartym szlakiem ⟨utartymi drogami⟩
ausgefallen 1. *part perf, zob*. **ausfallen** 2. *adj* niezwykły, wyszukany
ausgeglichen 1. *part perf, zob*. **ausgleichen** 2. *adj* zrównoważony, harmonijny, wyrównany. Sh z|równoważenie *n*, harmonia *f*
ausgeh(e)n (45;sn) *vi* 1. wy-chodzić|jść (mit der Braut z narzeczoną); auf Abenteuer ~ szukać przygód; darauf ~ usiłować, zmierzać do tego; auf Betrug ~ chcieć ⟨próbować⟩ oszukać; leer ~ odchodzić z niczym ⟨pustymi rękami⟩; frei ⟨straflos⟩ ~ uchodzić bezkarnie; von e—m Prinzip ⟨Grundsatz⟩ ~ wychodzić z zasady ⟨założenia⟩; e—n Befehl ~ lassen wydawać rozkaz 2. wyczerp-ywać|ać się, brakować|zabraknąć, brak *(o pieniądzach, towarach, cierpliwości itp.)* 3. wypa-dać|ść *(o włosach, zębach);* wy|płowieć, pu-szczać|ścić *(o barwach)* 4. z|gasnąć *(np. o lampie)* 5. s|kończyć się; das kann nicht gut ~ to nie może się skończyć dobrze 6. wy-chodzić|jść, pochodzić; der Gedanke geht von ihm aus myśl pochodzi od niego, to jego myśl
ausgekocht 1. *part perf, zob*. **auskochen** 2. *adj, pot* kuty, szczwany
ausgelassen I. *part perf, zob*. **auslassen** II. *adj* 1. *t. adv* wesoł-y:-o, swawolny:-ie 2. rozhukany, rozbrykany. Sh 1. wesołość, swawola *f* 2. rozhukanie, rozbrykanie *n*
ausgemacht I. *part perf, zob*. **ausmachen** II. *adj* 1. uzgodniony; pewny, zdecydowany; e—e ~e Sache sprawa uzgodniona 2. skończony; e. ~er Schurke skończony łotr
ausgemergelt 1. *part perf, zob*. **ausmergeln** 2. *adj* wycieńczony
ausgenommen I. *part perf* 1. *zob*. **ausnehmen** 2. wyjąwszy, oprócz; z wyjątkiem; die Brüder ~ wyjąwszy ⟨oprócz⟩ braci II. *adj* wyłączony *(von etw. z czegoś)* III. ~, daß|*cj* jeśli nie, chyba że
ausgeprägt 1. *part perf, zob*. **ausprägen** 2. *adj* wybitny; jasny, wyraźny
ausgerechnet 1. *part perf, zob*. **ausrechnen** 2. *adv* akurat, właśnie; ~ du właśnie ty
ausgeschlossen 1. *part perf, zob*. **ausschließen** 2. *adj* das ist ~ to jest niemożliwe; ~! wykluczone!
ausgeschnitten 1. *part perf, zob*. **ausschneiden** 2. *adj* wycięty, wydekoltowany
ausgeschrieben 1. *part perf, zob*. **ausschreiben** 2. *adj* wypisany; e—e ~e Hand wyrobione pismo
ausgesprochen 1. *part perf, zob*. **aussprechen** 2. *adj:adv* oczywisty, wyraź-ny:-ie 3. *adv* nadzwyczaj; e. ~ guter Mensch nadzwyczaj dobry człowiek
ausgestellt (h) *vt* 1. rozbudow-ywać|ać 2. wyposaż-ać|yć (mit etw. w coś) 3. u|kształtować. Su
ausgesucht 1. *part perf, zob*. **aussuchen**

2. *adj:adv* wyszukan-y:-ie; ~ höflich nadzwyczaj uprzejmie 3. *zob.* auserlesen
ausgewachsen 1. *part perf, zob.* auswachsen **2.** *adj* wyrosły; dorosły
ausgezeichnet 1. *part perf, zob.* auszeichnen **2.** *adj:adv* wyborn-y:-ie, doskona--ły:-le, wyśmieni-ty:-cie; świetn-y:-ie
ausgiebig *adj:adv* wydajn-y:-ie; obfi-ty:-cie. Sk
ausgießen (52;h) *vt* 1. wyl-ewać|ać; rozl--ewać|ać 2. zal-ewać|ać (e. Feuer ogień) 3. odl-ewać|ać (e—e Form formę)
Ausgleich *m* —(e)s, —e 1. wyrównanie (t. *sport*) kompensata *f* 2. ugoda *f*, porozumienie *n*, kompromis *m*; zu e—m ~ kommen dochodzić do ugody; e—n ~ treffen ugodzić się
Ausgleich(s)... *w comp* 1. wyrównawczy; *np.* ~rechnung 2. równoważący; *np.* ~gewicht
ausgleichen (53;h) *vt, vr* (sich się) 1. wyrówn-ywać|ać; s|kompensować 2. z|równoważyć (den Haushalt budżet), zrówn--ywać|ać 3. wygładz-ać|ić 4. *przen* za| łagodzić (Mißverständnisse nieporozumienia). Su do 1.—4.; do 1. *t.* kompensata *f*
Ausgleichgewicht *n* —(e)s, —e obciążnik równoważący; przeciwwaga *f*
Ausgleichrechnung *f* — rachunek wyrównawczy
Ausgleichstor *n* —(e)s, —e bramka wyrównawcza
Ausgleichsgetriebe *n* —s, — mechanizm różnicowy, dyferencjał *m*
ausgleiten (55;sn) *a. pot* **ausglitschen (sn)** *vi* pośliznąć się
ausgliedern (h) *vt* wyodrębni-ać|ć; wydziel-ać|ić. Su
ausglühen 1. (h) *vt* wypal-ać|ić, wyżarz--ać|yć 2. **(sn)** *vi* wyżarz-ać|yć się. Su
ausgraben (57;h) *vt* wykop-ywać|ać; wygrzeb-ywać|ać, odgrzeb-ywać|ać (*t. przen*). Su *t.* wykop *m*; wykopalisko *n*
ausgreifen (58;h) 1. sięg-ać|nąć; weit ~de Pläne dalekosiężne plany 2. rwać, galopować; die Pferde ~ lassen popuścić cugli koniom
Ausguck *m* —(e)s, —e *mar* oko *n*; nach jmdm ~ halten wypatrywać kogoś
ausgucken (h) *pot* 1. *vi* wypatrywać (**nach** jmdm kogoś) 2. *vt, vr* sich dat die Augen nach jmdm ~ wypatrywać sobie oczy za kimś
Ausguß *m* ...usses, ...üsse 1. wylew *m* 2. zlew *m* 3. dziobek *m* (dzbanka)
Ausgußrohr *n* —(e)s, —e rura zlewna
aushacken (h) *vt* 1. wydziob-ywać|ać 2. wykop-ywać|ać
aushaken (h) *vt* odłącz-ać|yć, odczepi--ać|ć
aushalten (60;h) I. *vt* 1. wytrzym-ywać| ać, zn-osić|ieść (Hunger głód) 2. utrzymywać (e—e Geliebte kochankę) **II.** *vi* 1. wytrzym-ywać|ać, wytrwać (bei jmdm przy kimś); vor Hunger nicht ~ umierać z głodu; das ist nicht auszuhalten! to jest nie do wytrzymania! 2. wytrzym-ywać|ać; przetrzym-ywać|ać

aushändigen (h) *vt* wręcz-ać|yć, doręcz-ać|yć. Su
Aushang *m* —(e)s, ⁻e wywieszka *f*; ogłoszenie *n*
aushangen (61;h) *vi* być wywieszonym, wisieć
aushängen (h) *vt* 1. wyj-mować|ąć z zawiasów 2. wywie-szać|sić (e. Schild szyld)
Aushängeschild *n* —(e)s, —er 1. *hand* szyld *m*, wywieszka *f* 2. *przen* płaszczyk *m*, przykrywka *f*, parawan(ik) *m*; jmdm als ~ dienen służyć komuś za parawan
ausharren (h) *vi* wy|trwać
aushauchen (h) *vt* wyzi-ewać|ać, wyzionąć; die Seele ⟨sein Leben⟩ ~ wyzionąć ducha; Wohlgeruch ~ wydzielać ⟨wydawać⟩ woń, wonieć, pachnieć
aushauen *vt* **I. (62; h)** 1. wyci-nać|ąć, wyrąb-ywać|ać 2. wy|ciosać **II. (haute aus, ausgehauen)** *pot* wy|bić, z|bić
ausheben (63;h) *vt* 1. wydoby-wać|ć; wydźwignąć 2. wyj-mować|ąć z zawiasów (e—e Tür drzwi) 3. wykop-ywać|ać (e—e Grube dół) 4. zaciąg-ać|nąć, powoł-ywać|ać (do wojska) 5. przytrzym--ywać|ać; aresztować; z|likwidować; **e. Nest** ~ a) wybierać jajka z gniazda b) *przen, pot* z|likwidować melinę. Su do 1.—5.; do 4. *t.* pobór *m*
Ausheber *m* —s, — *mech* wyrzutnik *m*
aushebern (h) *vt, med* z|głębnikować (den Magen żołądek). Su
Aushebungs... *w comp* poborowy; *np.* ~kommission
Aushebungskommission *f* —, —en *woj* komisja poborowa
aushecken (h) *vt przen* wymyśl-ać|ić, wy|kombinować; u|knuć
ausheilen 1. *vt* wyleczyć **2. (sn)** *vi* wyleczyć się; wygoić się. Su
aushelfen (65;h) *vi* 1. pom-agać|óc **(bei der Arbeit** w pracy); wyręcz-ać|yć 2. dopom-agać|óc (mit Geld pieniędzmi); pożycz-ać|yć (jmdm mit 3 Mark komuś 3 marki)
Aushilfe *f* —, —n 1. pomoc *f* (*t. siła pomocnicza*): pomoc domowa; wyręka *f* 2. praca dorywcza
Aushilfs... *w comp* 1. pomocniczy; *np.* ~kraft 2. dorywczy; *np.* ~arbeit
Aushilfsarbeit *f* —, —en praca dorywcza
Aushilfskraft *f* —, ⁻e siła pomocnicza
Aushilfspersonal *n* —s personel pomocniczy
aushilfswcisc *adv* do pomocy, dorywczo
aushöhlen (h) *vt* wydrąż-ać|yć, wy|żłobić. Su *t.* jama *f*
ausholen (h) I. *vt* wypyt-ywać|ać (się) ⟨jmdn über jmdn ⟨etw.⟩ kogoś o kogoś ⟨coś⟩ **II.** *vi* 1. *pot* zamierz-ać|yć ⟨zamachnąć⟩ się **(zum Schlag** do uderzenia); **zum Sprung** ~ rozpędzać się do skoku 2. *przen* sięg-ać|nąć wstecz, cof--ać|nąć się; weit ~ cofnąć się bardzo w opowiadaniu, zaczynać od Adama i Ewy. Su do 1.
ausholzen (h) *vt, leśn* wyci-nać|ąć. Su *t.* zrąb *m*

aushorchen (h) *vt* wysłuch-iwać|ać, wypyt-ywać|ać (się), wybadać. **Su**
aushungern (h) *vt* wygł-adzać|odzić; **ausgehungert sein nach etw.** być spragnionym czegoś. **Su**
aushusten (h) **1.** *vt* wykasł-ywać|ać, wykaszl-iwać|ać, wykaszlnąć, wykrztu--szać|sić **2.** *vi* wykaszleć się
ausixen (h), *vt, pot* wyiksować
ausjäten (h) *vt* wyple-wić|ć, wy|pielić
auskämmen (h) *vt* **1.** wyczes-ywać|ać; rozczes-ywać|ać **2.** *woj* przeczes-ywać| ać (**e—n Wald las**). **Su**
auskämpfen (h) **1.** *vi* przesta-wać|ać walczyć; *przen* **ausgekämpft haben skonać 2.** *vt* wywalcz-ać|yć
auskaufen (h) *vt* wy|kup-ywać|ić (cały towar)
auskehlen (h) *vt* wy|żł-abiać|obić, wydrąż-ać|yć; *archit* kanelować. **Su**
auskehren (h) *vt* wymi-atać|eść, zami-atać|eść
auskeilen (h) *vi* **1.** kop-ać|nąć (*o koniu*) **2.** *geol* wyklinowywać się. **Su do 2.**
auskennen, sich (66;h) *vr* orientować ⟨rozeznawać⟩ się (**in e—r** ⟨**über e—e**⟩ **Sache w czymś**), znać się (**na czymś**), być obeznanym (**z czymś**); **sich vor Freude nicht ~ nie posiadać się z radości**
auskerben (h) *vt* wy|karbować. **Su**
auskernen (h) *vt* wyj-mować|ąć pestki, drylować
ausklagen (h) *vt* wyprocesować
ausklammern (h) *vt* **1.** wyłącz-ać|yć (etw. coś); nie uwzględni-ać|ć (czegoś) **2.** *mat* wyłącz-ać|yć poza nawias. **Su**
Ausklang *m* —(e)s, —⁚e wydźwięk, epilog *m*
auslauben (h) *vt, pot* wy-zbierać|brać, zbierać|zebrać, wy|dłubać
auskleben (h) *vt* wykle-jać|ić
auskleiden (h) *vt* **1.** *t. vr* (**sich się**) roz--bierać|ebrać **2.** wy-kładać|łożyć (**mit etw. czymś**). **Su do 1. 2.; do 2.** *t.* wykładzina *f*
ausklingeln (h) *vt* ogł-aszać|osić przez wydzwonienie, wydzw-aniać|onić
ausklingen (68;h; sn) *vi* **1.** przebrzmie--wać|ć; zamierać (*o dźwięku*) **2.** *przen* za|kończyć się
ausklopfen (h) *vt* wytrzep-ywać|ać (**e—n Teppich dywan**)
Ausklopfer *m* —s, — trzepaczka *f*
ausklügeln (h) *vt* wymędrkować, wyspekulować, wykombinować
auskneifen (69;sn) *vi, pot* zwi-ewać|ać, da-wać|ć drapaka
auskochen 1. (h) *vt* wygotow-ywać|ać, odgotow-ywać|ać **2. (sn)** *vi* wygotow--ywać|ać się
auskommen (70;sn) *vi* **1.** wyżyć (**mit etw. z czegoś**); wystarcz-ać|yć; **wir kommen damit aus nam to wystarcza 2.** wy-trzym-ywać|ać, żyć w zgodzie (**mit jmdm z kimś**)
Auskommen *n* —s **1.** wystarczający zarobek *m*; utrzymanie *n*, egzystencja *f*; **e. gutes ~ haben** żyć w dostatku **2.** współżycie *n*; **es ist kein ~ mit ihm nie można z nim wytrzymać**
auskömmlich *adj:adv* wystarczając-y:-o

auskosten (h) *vt, przen* cieszyć się, delektować, rozkoszować się (**etw. czymś**)
auskotzen (h) *vt, wulg* wyrzygać
auskramen (h) *vt* **1.** opróżni-ać|ć (**e—n Schrank szafę**) **2.** *przen* wygrzeb-ywać| ać, wydob-ywać|yć
auskratzen 1. (h) *vt* wydrap-ywać|ać, wy-skrob-ywać|ać **2. (sn)** *vi, pot* zwi-ewać| ać, drapnąć. **Su** *med, pot* **skrobanka** *f*
auskriechen (72;sn) *vi* **1.** wypełz-ać|nąć, wy-łazić|leźć **2.** wyklu-wać|ć ⟨**wylęg-ać|nąć**⟩ się
auskugeln, sich *dat* (h) *vr* zwichnąć sobie (**den Arm rękę**)
auskühlen 1. (h) *vt* ochł-adzać|odzić, ostudz-ać|ić **2. (h, sn)** *vi* ostudz-ać|ić się, o|stygnąć. **Su**
auskultieren (h) *vt, med* auskultować, osłuchiwać
auskundschaften (h) *vt* **1.** wywi-adywać| edzieć się (**etw. o czymś**), wybadać (coś) **2.** wyszpiegować, zasięg-ać|nąć języka. **Su do 1. 2.; do 2.** *t. woj* rozpoznanie *n*
Auskunft *f* **1. —, ⁚e** informacja *f*; **über jmdn ~ einholen** zasięgać informacji o kimś; **~ geben** ⟨**erteilen**⟩ udzielać informacji **2.** — *zob.* **Auskunftsbüro**
Auskunftei *f* —, **—en** biuro informacyjne
Auskunfts... *w comp* **1.** informacyjny; *np.* ~**büro 2.** ... informacji; *np.* ~**erteilung**
Auskunftsbeamte *m* —n, —n informator *m*, urzędnik udzielający informacji
Auskunftsbüro *n* —s, —s biuro informacyjne
Auskunftserteilung *f* — udzielanie informacji
Auskunftsstelle *f* —, **—en** punkt informacyjny, informacja *f*
auskuppeln (h) *vt* wyłącz-ać|yć (sprzęgło); *kol* odłącz-ać|yć, odczepi-ać|ć
auskurieren (h) *vt* wyleczyć
auslachen (h) **1.** *vt* wyśmi-ewać|ać **2. sich ~** *vr* naśmiać się
Auslade... *w comp* **1.** wyładowczy; *np.* ~**station 2.** wyładunkowy; *np.* ~**öffnung 3.** ... wyładowania; *np.* ~**ort**
Ausladekosten *pl* koszty wyładowania, wyładowne *n*
ausladen (73;h) **I.** *vt* **1.** wyładow-ywać| ać **2.** *pot* odwoł-ywać|ać zaproszenie **II.** *vi, bud* wystawać; *tech* wysięgać. **Su do I.—II.; do II.** *t.* **bud występ** *m*; *tech* **wysięg** *m*
ausladend *part praes* **I.** *zob.* **ausladen II.** *adj* **1.** szeroki; wysunięty, wystający **2.** *t. adv* rozwlek-ły:-le **3.** zamaszysty; ~**e Bewegungen** zamaszyste ruchy
Ausladeöffnung *f* —, **—en** otwór wyładunkowy
Ausladeort *m* —(e)s, —e *a.* **Ausladeplatz** *m* —es, ⁚**e** miejsce wyładowania
Auslader *m* —s, — wyładowywacz *m*
Ausladestation *f* —, **—en** stacja wyładowcza
Auslage *f* **I. pl —n 1.** wydatki *pl*; **kleine ~n drobne wydatki II. —, —n 1.** *hand* wystawa *f*; okno wystawowe **2.**

Ausland 82 auslöschen

szerm prima *f* 3. wyłożenie *n* (der Wahllisten list wyborczych)
Ausland *n* —es zagranica *f*; **ins ~ reisen** jechać za granicę; **im ~ leben** żyć ⟨przebywać⟩ za granicą
Ausländer *m* —s, — cudzoziemiec, obcokrajowiec *m*
Ausländerin *f* —, —nen cudzoziemka *f*
ausländisch *adj:adv* zagraniczny : jak cudzoziemiec
Auslands... *w comp* zagraniczny; *np.* **~paß**
Auslandsanleihe *f* —, —n pożyczka zagraniczna
Auslandskorrespondent *m* —en, —en korespondent zagraniczny
Auslandspaß *m* ...asses, ...ässe paszport zagraniczny
Auslandspole *m* —n, —n Polak za granicą ⟨na obczyźnie⟩; *pl* Polonia zagraniczna
Auslandspresse *f* — prasa zagraniczna
Auslands(s)reise *f* —, —n podróż za granicę
auslangen (h) *vi, pot* 1. wy|starczyć 2. zamierz-ać|yć się
Auslaß *m* ...asses, ...ässe *tech* spust *m*; wylot *m*
Auslaß... *w comp* spustowy; *np.* **~ventil**
auslassen (74;h) I. *vt* 1. opu-szczać|ścić (e. Wort słowo) 2. wypu-szczać|ścić (das Wasser wodę) 3. rozpu-szczać|ścić, rozt-apiać|opić (Fett tłuszcz) 4. *kraw* wypu-szczać|ścić (e—n Saum obręb) 5. *przen* wyładow-ywać|ać, wyw-ierać|rzeć (seine Wut an jmdm swoją złość na kimś) II. sich ~ *vr* rozwodzić się (über jmdn nad kimś); wypowi-adać|edzieć się (o kimś). Su 1. opuszczenie; wypuszczenie *n* 2. rozpuszczenie *n* 3. wypowiedź *f*
Auslassungszeichen *n* —s, — apostrof *m*
Auslaßventil *n* —s, —e zawór spustowy
auslasten (h) *vt* obciąż-ać|yć (maksymalnie); wykorzyst-ywać|ać. Su
Auslauf *m* —s. ⸚e 1. wypływ *m* (von Wasser wody) 2. wylot *m* (von Gasen gazów) 3. *mar* wypłynięcie *n*, wyjazd *m* (e—s Schiffes okrętu) 4. wybieg *m* (für Hühner dla kur), okólnik *m*
Auslauf... *w comp* 1. wylotowy; *np.* **~ritze** 2. czerpalny; *np.* **~ventil** 3. ... wypływu; *np.* **~zeit**
auslaufen (75) I. (sn) *vi* 1. wybie-gać|c 2. wycie-kać|c 3. *mar* wypły-wać|nąć (z portu), wyje-żdżać|chać 4. *vimp* za|kończyć ⟨skończyć⟩ się; **wie wird das ~?** jak to się skończy?; **in e—e Spitze ~** mieć ostr-e|y zakończenie ⟨koniec⟩ II. (h) *vt* wydeptać (e—n Steg ścieżkę; die Schuhe trzewiki) III. (h) sich ~ *vr* nabierać ⟨wyhasać⟩ się
Ausläufer *m* —s, — 1. *bot* rozłóg *m* 2. odnoga *f* (górska); kraniec *m* 3. *meteor* klin *m*
Auslauffritze *f* —, —n szczelina wylotowa
Auslaufventil *n* —s, —e zawór czerpalny ⟨spustowy⟩
Auslaufzeit *f* —, —en czas wypływu
auslaugen (h) *vt* wyługować

Auslaut *m* —(e)s, —e *jęz* wygłos *m*
auslauten (h) *vi, jęz* mieć w wygłosie (auf e—n Vokal samogłoskę)
ausläuten (h) 1. *vt* wydzw-aniać|onić, ogł-aszać|osić przez wydzwanianie 2. *vi* przesta-wać|ć dzwonić
ausleben (h) 1. *vi* s|kończyć życie 2. sich ~ *vr* wyszaleć ⟨wyszumieć⟩ się
auslecken (h) *vt* wyliz-ywać|ać
ausleeren (h) 1. *vt* wypróżni-ać|ć, opróżni-ać|ć; wychyl-ać|ić do dna 2. sich ~ *vr* wypróżni-ać|ć się. Su
auslegen (h) *vt* 1. wy-kładać|łożyć, roz-kładać|łożyć, wystawi-ać|ć (Waren towary) 2. s|komentować, z|interpretować; wy|tłumaczyć, wyjaśni-ać|ć; *etw.* übel ~ brać coś za złe; *etw.* falsch ~ a) coś źle zrozumieć b) coś źle tłumaczyć ⟨interpretować⟩ 3. wy-ściełać|słać. Su do 1.—3.; do 2. *t.* komentarz *m*, interpretacja, wykładnia *f*
Ausleger *m* —s, — 1. komentator, interpretator *m* 2. *tech* wysięgnik *m*
ausleiden (76;h) *vt* 1. wycierpieć, przecierpieć, nacierpieć się 2. przestać cierpieć; **er hat ausgelitten** skonał
Ausleihe *f* —, —n wypożyczalnia *f*
ausleihen (77;h) *vt, vr* (sich *dat* sobie) wypożycz-ać|yć
auslernen (h) *vi* wyuczyć się, s|kończyć naukę; **man lernt nie aus** człowiek się uczy przez całe życie
Auslese *f* —, —n 1. dobór *m*, selekcja *f*; naturalne ~ dobór naturalny 2. wybór *m* 3. *przen* elita *f*
auslesen (78;h) *vt* 1. wy-bierać|brać, selekcjonować; przeb-ierać|rać (Früchte owoce) 2. przeczytać (do końca)
ausleuchten (h) *vt* 1. jasno oświetl-ać|ić (die Halle halę) 2. *przen* wyświetl-ać|ić (den Vorfall zdarzenie)
auslichten (h) *vt, leśn* prześwietl-ać|ić
ausliefern (h) *vt* 1. wyda-wać|ć (Waren towary) 2. *praw* ekstradować (e—n Verbrecher zbrodniarza); **ausgeliefert sein** być zdanym. Su 1. wyda(wa)nie *n*, ekspedycja *f* 2. ekstradycja *f* (e—s Verbrechers zbrodniarza)
Auslieferungs... *w comp* I. 1. ekspedycyjny; *np.* **~buch** 2. ... ekspedycji ⟨wydania⟩; *np.* **~frist** II. 1. ekstradycyjny; *np.* **~vertrag** 2. ... ekstradycji; *np.* **~tag**
Auslieferungsbuch *n* —(e)s. ⸚er książka ekspedycyjna
Auslieferungsfrist *f* —, —en termin ekspedycji ⟨wydania⟩
Auslieferungsschein *m* —(e)s, —e dzień ekstradycji
Auslieferungsvertrag *m* —(e)s, ⸚e *praw* układ ekstradycyjny
ausliegen (79;h,sn) *vi* być wyłożonym; **die Liste liegt aus** lista jest wyłożona
auslöffeln (h) *vt, pot* 1. wyj-adać|eść, zj-adać|eść (łyżką) 2. pon-osić|ieść konsekwencje (etw. czegoś)
auslöschen I. (h) *vt* 1.⸱ z|gasić (Licht światło) 2. wymaz-ywać|ać, zmaz-ywać|ać, ścierać|zetrzeć; *przen* **die Schmach ~** zmazać hańbę; **jmds Gedächtnis ~** wymazywać kogoś z pamięci 3. um-a-

rzać|orzyć (Schulden długi) II. (28;sn) vi z|gasnąć, wygas-ać|nąć
auslosen (h) vt 1. roz|losować 2. wylosować. Su
auslösen (h) vt 1. wykup-ywać|ić (e. Pfand zastaw) 2. t. vr (sich się) wykup-ywać|ić, okup-ywać|ić (e—n Gefangenen jeńca) 3. włącz-ać|yć, zw-alniać|olnić, uruch-amiać|omić, pu-szczać|ścić w ruch 4. wyzw-alać|olić (Energie energię) 5. wywoł-ywać|ać, wz|budzić (e. Gefühl uczucie). Su do 1.—5.; do 2. t. wykup, okup m, wykupne n
Auslöser m —s, — wyzwalacz m; zwalniacz m
auslüften (h) 1. vt wywietrz-ać|yć, przewietrz-ać|yć (e. Zimmer pokój) 2. vi wy|wietrzyć się 3. sich ~ vr, pot przejść ⟨przewietrzyć⟩ się. Su
ausmachen (h) vt 1. wyj-mować|ąć, wydoby-wać|ć, wyb-ierać|rać; Erbsen ~ łuskać groch; Kartoffeln ~ kopać kartofle 2. z|gasić (die Zigarette papieros); zam-ykać|knąć; wyłącz-ać|yć (das Radio radio) 3. uzg-adniać|odnić, układać| ułożyć się 4. t. vr wyrobić, wystarać się; sich dat ⟨jmdm⟩ etw. ~ wyrobić sobie ⟨komuś⟩ coś 5. załatwi-ać|ć; das sollen sie untereinander ~! niech to załatwią między sobą! 6. vimp mieć znaczenie, znaczyć; das macht nichts aus! to nic nie szkodzi!; das macht viel aus to dużo znaczy; würde es dir etw. ~, wenn ..., czy nie zrobiłoby ci różnicy, gdyby ... 7. stanowić, wyn-osić|ieść; das macht 3 Mark aus to wynosi 3 marki 8. mar rozpozna-wać|ć; woj oznacz-ać|yć 9. wykry-wać;ć
ausmahlen (h) vt wy|mleć
ausmalen (h) I. vt 1. wymalować 2. przen opis-ywać|ać, przedstawi-ać|ć 3. upiększ-ać|yć II. sich dat ~ vr wyobra-żać| zić sobie. Su
ausmanövrieren (h) vt wymanewrować (kogoś)
Ausmarsch m —(e)s, ⸗e wymarsz m; wyruszenie n
ausmarschieren (sn) vi wyrusz-ać|yć, wymaszerować
Ausmaß n —es, —e 1. wymiar m 2. rozmiar m; in großem ~ na wielką skalę; ~e annehmen przybierać rozmiary, dochodzić rozmiarów
ausmauern (h) vt obmurować, wymurować. Su
ausmeißeln (h) vt wyciosać dłutem
ausmelken (h) vt wy|doić
ausmergeln (h) vt 1. agr wyjał-awiać| owić (den Boden ziemię) 2. wycieńcz-ać|yć, wyniszcz-ać|yć, wychudz-ać|ić. Su
ausmerzen (h) vt usu-wać|nąć; wytępić, wyplenić. Su
ausmeßbar adj wymierny, dający się wymierzyć
ausmessen (83;h) vt wymierz-ać|yć. Su t. pomiar m
ausmieten (h) vt 1. szwajc wynaj-mować| ąć 2. wyj-mować|ąć z kopca

ausmisten (h) vt 1. usu-wać|nąć obornik 2. przen z|robić porządek
ausmöblieren (h) vt umeblować. Su
ausmontieren (h) vt wymontow-ywać|ać
ausmünden (h) vi 1. wpa-dać|ść, u-chodzić|jść (o rzece) 2. kończyć się (in etw. czymś) 3. wy-chodzić|jść (o ulicy) (in die ...straße na ulicę ...; auf den Markt na rynek). Su 1. ujście n 2. wylot m
ausmustern (h) vt 1. wybrakować; wy| sortować 2. woj uzna-wać|ć niezdatnym do służby wojskowej; zw-alniać|olnić ze służby wojskowej. Su
Ausnahme f —, —n wyjątek m; bis auf wenige ~n z małymi wyjątkami; keine Regel ohne ~ nie ma reguły bez wyjątku; die ~ bestätigt die Regel wyjątek potwierdza regułę
Ausnahme... w comp wyjątkowy; np. ~fall
Ausnahmefall m —(e)s, ⸗e wypadek wyjątkowy
Ausnahmegesetz n —es, —e praw ustawa wyjątkowa
Ausnahmezustand m —(e)s, ⸗e stan wyjątkowy; den ~ verhängen ogłaszać stan wyjątkowy
ausnahmslos adj:adv bez wyjątku
ausnahmsweise adv wyjątkowo
ausnehmen (87;h) I. vt 1. wyj-mować|ąć, wyb-ierać|rać (e. Nest jajka a. pisklęta z gniazda; e—n Bienenstock miód z ula) 3. wy|patroszyć (e. Huhn kurę) 4. t. vr (sich siebie) wyklucz-ać|yć, wyłącz-ać|yć 5. obrabować II. sich ~ vr 1. prezentować się ⟨wyglądać⟩; er nimmt sich gut aus (on) dobrze się prezentuje ⟨wygląda⟩ 2. wychodzić, odci-nać|ąć; das Grün nimmt sich ganz gut aus zieleń wychodzi całkiem dobrze
ausnehmend 1. part, praes zob. ausnehmen 2. adj:adv nadzwyczajn-y:-ie, nadzwyczaj, wyjątkow-y:-o
ausnutzen a. **ausnützen** (h) vt wykorzyst-ywać|ać; wyzysk-iwać|ać. Su t. wyzysk m
Ausnutzungsgrad m —(e)s stopień wykorzystania
auspacken (h) vt 1. wypakow-ywać|ać, rozpakow-ywać|ać (walizkę) 2. przen, pot opowi-adać|edzieć; wygarn-iać|ąć
auspeitschen (h) vt 1. wy|chłostać, batożyć, biczować 2. wypędz-ać|ić biczem. Su do 1.; t. chłosta f
Auspender m —s, — dojeżdżający do pracy (do innej miejscowości)
auspfeifen (89;h) vt wygwizd-ywać|ać
auspflanzen (h) vt sadzić, zasadz-ać|ić (Sträucher krzewy). Su
auspichen (h) vt uszczelni-ać|ć smołą
auspinseln (h) vt wypędzlować. Su
Auspizien pl 1. auspicje pl, opieka, egida f; unter den ~ pod auspicjami ⟨opieką⟩ 2. wróżby, przepowiednie pl
ausplappern (h) vt wypaplać, wygadać (etw. coś), wygadać się (z czymś)
ausplatzen (sn) vi; in e. Gelächter ~ wybuchać ⟨parsknąć⟩ śmiechem
ausplaudern (h) vt zob. ausplappern

ausplündern (h) vt 1. splądrować 2. obrabować. Su
auspolieren (h) vt wy|polerować. Su
auspolstern (h) vt wy-ściełać|słać. Su
ausposaunen (h) vt, przen roztrąbić
auspowern (h) vt, pot wy|eksploatować, wyzysk-iwać|ać. Su t. pauperyzacja f
ausprägen (h) vt 1. wybi-jać|ć (Münzen monety) 2. t. vr (sich się) odcis-kać| nąć II. sich ~ vr, przen wycis-kać|nąć piętno (im Gesicht na twarzy). Su
auspressen (h) vt 1. wycis-kać|nąć, wytł-aczać|oczyć (Saft sok) 2. przen wymu-szać|sić (jmdn na kimś; e. Geständnis zeznanie); wy-dzierać|drzeć (e. Geheimnis tajemnicę). Su
ausprob(ier)en (h) vt wy|próbować
Auspuff m —(e)s, —e auto wydmuch, wydech m
Auspuff... w comp wydechowy ⟨wydmuchowy⟩; np. ~rohr
Auspuffgase pl gazy spalinowe, spaliny pl
Auspuffrohr n —(e)s, —e rura wydechowa
Auspufftopf m —(e)s, ≃e auto tłumik m
Auspuffventil n —s, —e zawór wydechowy
auspumpen (h) vt 1. wypompow-ywać| ać 2. przen z|męczyć
auspunkten (h) vt wypunktować
auspusten zob. ausblasen
Ausputz m —es ozdoba f, wystrój m
ausputzen (h) I. vt 1. wyczy-szczać|ścić, oczy-szczać|ścić; e—n Baum ~ wycinać gałęzie 2. przyozd-abiać|obić; wy| stroić 3. pot spucować, zj-adać|eść 4. przen, pot wystrychnąć na dudka, wystawi-ać|ć do wiatru II. sich ~ vr wy| stroić się. Su
ausquartieren (h) vt usu-wać|nąć z mieszkania; wykwaterować. Su
ausquatschen (h) pot I. vt wypaplać, wygadać II. sich ~ vr 1. nagadać się do woli, wygadać się 2. wyjęzyczyć się
ausquetschen (h) vt wycis-kać|nąć. Su
ausradieren (h) vt wyskrob-ywać|ać, wy- -cierać|trzeć. Su
ausrangieren [...rãʒi:rən] (h) vt wyłącz- -ać|yć; wybrakować. Su
ausrangiert 1. part perf, zob. ausrangieren 2. adj wybrakowany, zużyty; przen wyranżerowany
ausrauben (h) vt, zob. ausplündern. Su
ausrauchen (h) vt wypal-ać|ić, dopal-ać| ić (e. Zigarre cygaro)
ausräuchern (h) vt 1. wykurz-ać|yć 2. wykadz-ać|ić. Su
ausraufen (h) 1. vt wyr-ywać|wać 2. vr sich dat die Haare ~ rwać sobie włosy
ausräumen (h) vt 1. wyprząt-ać|nąć, wypróżni-ać|ć (die Schublade szufladę) 2. oczy-szczać|ścić, wy|czyścić (e—n Graben rów). Su
ausrechenbar adj dający się wyliczyć
ausrechnen (h) vt wylicz-ać|yć, wyrachować; oblicz-ać|yć. Su.
ausrecken (h) vt, vr (sich się) 1. wyciąg-ać|nąć (den Hals szyję) 2. rozciąg-ać|nąć

Ausrede f —, —n wymówka f, wykręt m; pretekst m; faule ~n machen wykręcać się; um e—e ~ nicht verlegen sein znajdować zawsze wymówkę ⟨wykręt⟩
ausreden (h) I. vt 1. wyperswadować, wybi-jać|ć z głowy; sich etw. nicht ~ lassen obstawać ⟨upierać się⟩ przy czymś 2. mówić do końca, s|kończyć, przestać mówić; laß mich doch ~! pozwól mi skończyć ⟨mówić do końca⟩!; nie przerywaj mi! 3. uzg- -adniać|odnić II. sich ~ vr 1. wym- -awiać|ówić ⟨wykręc-ać|ić⟩ się 2. nagadać się do woli, wygadać się
ausreichen (h) vi wy|starcz-ać|yć; jmd reicht mit etw. aus coś wystarcza komuś; ktoś wyżyje z czegoś
ausreichend I. part praes, zob. ausreichen II. adj:adv wystarczając-y:-o, dostateczn-y:-ie * weit ~ dalekosiężny : sięgając daleko
ausreifen (sn) dojrze-wać|ć. Su
Ausreise f —, —n wyjazd m
ausreisen (sn) vi wyje-żdżać|chać za granicę
Ausreisevisum n —s, ...sen a. ...sa wiza wyjazdowa
ausreißen (95) I. (h) vt wyr-ywać|wać (Unkraut chwasty); etw. mit den Wurzeln ~ wyrywać coś z korzeniami; przen ~ wykorzeni(a)ć coś II. vi (sn) 1. wyr-ywać|wać ⟨wypru-wać|ć⟩ się 2. pot wyrywać, z|wiać, ucie-kać|c, um-ykać| knąć III. (h) vr, przen sich dat bei der Arbeit kein Bein ~ nie wysilać się (przy pracy)
Ausreißer m —s, — uciekinier, zbieg m
ausrenken (h) vt, vr (sich dat sobie) wywichnąć, zwichnąć, wykręc-ać|ić; przen sich den Hals ~ wykręcać szyję. Su
ausrichten vt 1. t. vr (sich się) wyprostow-ywać|ać 2. t. vr (sich się) woj wyrówn-ywać|ać 3. wy|regulować 4. nastawi-ać|ć; die Arbeit auf Produktionssteigerung ~ nastawiać pracę na wzrost produkcji 5. urządz-ać|ić, wyprawi-ać|ć (e Hochzeit wesele) 6. osiąg-ać|nąć, wskórać (bei jmdm etw. u kogoś coś); gegen jmdn etw. ~ wskórać ⟨zdziałać⟩ coś przeciw komuś 7. przekaz-ywać|ać (e—n Auftrag polecenie, e—n Gruß von jmdm ~ pozdrawiać od kogoś) 8. górn udostępni- -ać|ć (e—e Lagerstätte złoże). Su do 1.—5., 7. 8.
ausringen¹ (99;h) vt, reg wyz-ymać|ąć
ausringen² (99;h) vi, przen skonać; er hat ausgerungen skonał
ausrinnen (100;sn) vi wycie-kać|c
Ausritt m —(e)s, —e przejażdżka konna
ausroden (h) vt wy|karczować (den Wald las). Su
ausrollen I. (h) vt 1. wy|maglować (Wäsche bieliznę) 2. roz|wałkować (den Teig ciasto) II. (sn) vi 1. auto po|toczyć się siłą rozpędu 2. lot kołować (przy lądowaniu). Su
ausrotten (h) vt wytępi-ać|ć, wypleni- -ać|ć, wykorzeni-ać|ć. Su

Ausrottungs... w comp eksterminacyjny; np. ~politik
Ausrottungslager n —s, — obóz zagłady
Ausrottungspolitik f — polityka eksterminacyjna ⟨eksterminacji⟩
ausrücken I. (h) vt 1. mech (przesuwając) wyłącz-ać|yć (e. Rad koło), rozłącz--ać|yć 2. wysu-wać|nąć II. (sn) vi 1. woj wyrusz-ać|yć (w pole) 2. pot czmych--ać|nąć, zwi-ewać|ać, um-ykać|knąć
Ausruf m —(e)s, —e 1. okrzyk m 2. pot, reg licytacja f
ausrufen (101;h) vt 1. obwoł-ywać|ać, obwie-szczać|ścić, ogł-aszać|osić; **jmdn zum** ⟨als⟩ **Kaiser** ~ obwoływać ⟨proklamować⟩ kogoś cesarzem 2. zawołać, wy|krzyknąć. Su do 1. t. proklamacja f
Ausrufer m —s, — wywołujący m; obwoływacz m; herold m
Ausruf(e)zeichen a. **Ausrufungszeichen** n —s, — jęz wykrzyknik m
ausruhen (h) 1. vt da-wać|ć odpocząć (die Beine nogom) 2. vi a. sich ~ vr odpocz-ywać|ąć (von etw. od czegoś); ~ lassen pozwolić odpocząć
ausrupfen (h) vt wyskub-ywać|ać
ausrüsten (h) vt wyposaż-ać|yć, zaopat--rywać|rzyć, wy|ekwipować (jmdn mit etw. kogoś w coś); woj uzbr-ajać|oić. Su t. ekwipunek m
ausrutschen (sn) vi pośliznąć się; wyśliznąć się
Aussaat f —, —en wysiew, zasiew m
aussäen (h) vt wysi-ewać|ać, zasi-ewać| ać, po|siać. Su
Aussage f —, —n 1. relacja f, wypowiedź f 2. praw zeznanie n; opinia f 3. jęz orzeczenie n 4. przen wymowa f
aussagen (h) vt 1. wypowi-adać|edzieć (etw. über jmdn coś o kimś); oświadcz-ać|yć 2. praw zezna-wać|ć
aussägen (h) vt wypiłow-ywać|ać, wyci-nać|ąć piłą
Aussageweise f —, —n jęz tryb m
Aussatz m —es med trąd m
aussätzig adj:adv trędowat-y:-o, jak chory na trąd
Aussätzige —n, —n 1. m trędowaty m 2. f trędowata f
aussaufen (102;h) vt wypi-jać|ć, pot wy| chlać, wy|żłopać
aussaugen (103;h) vt wys-ysać|sać (e—e Wunde ranę); przen wyzysk-iwać|ać; **den Boden** ~ wyjaławiać rolę; **das Land** ~ wyniszczać kraj; **jmdn bis aufs Blut** ~ wyssać kogoś do ostatniej kropli krwi. Su
Aussauger m —s, — przen wyzyskiwacz, krwiopijca m
ausschaben (h) vt wyskrob-ywać|ać. Su med skrobanka f
ausschachten (h) vt wykop-ywać|ać, kopać. Su t. wykop m
ausschälen (h) 1. vt, vr (sich się) wyłusk-iwać|ać 2. sich ~ vr, żart roz--bierać|ebrać się
ausschaltbar adj:adv wyłączaln-y:-ie, dający się wyłączyć : w sposób dający się wyłączyć
ausschalten I. (h) vt 1. wyłącz-ać|yć (das **Radio** radio) 2. przen wyklucz-ać|yć (von der Teilnahme od uczestnictwa) 3. wyeliminować II. (sn) vi wyłącz--ać|yć się. Su

Ausschalter m —s, — elektr wyłącznik m
Ausschank m —(e)s, ⸚e 1. wyszynk m 2. szynk m
ausscharren (h) vt wygrzeb-ywać|ać
Ausschau f — wyglądanie, rozglądanie się, wypatrywanie n; ~ **halten** wypatrywać, rozglądać się, wyglądać
ausschauen (h) vi 1. wyglądać, mieć wygląd; **wie schaut sie aus?** jak ona wygląda? 2. **nach jmdn** a. **etw.** ~ wyglądać kogoś a. czegoś; rozgląd-ać|nąć się za kimś a. czymś, wypatrywać kogoś a. czegoś
Ausscheid m —(e)s, —e sport eliminacja f
ausscheiden (106) I. (h) vt 1. med, chem wydziel-ać|ić, chem t. wytrąc-ać|ić 2. oddziel-ać|ić, odłącz-ać|yć, wyeliminować; wyłącz-ać|yć II. (sn) vi 1. wyst-ępować|ąpić (aus e—m Verband ze związku) 2. od-chodzić|ejść (aus der Regierung z rządu; aus dem Dienst ze służby) 3. sport zostać wyeliminowanym; wycof-ywać|ać się. Su do I. 1. 2.; II. 1. 2.; do I. 1. t. chem osad m; med wydzielina f; do I. 2. t. sport eliminacja f
Ausscheidungs... w comp eliminacyjny; np. ~kämpfe
Ausscheidungskämpfe pl — sport rozgrywki ⟨walki⟩ eliminacyjne; eliminacje pl
Ausscheidungsspiel n —(e)s, —e sport mecz eliminacyjny
ausschelten (108;h) 1. vt wy|łajać, z|besztać (jmdn kogoś), na|wymyślać (komuś) 2. vr sich (gegenseitig) ~ nawymyślać sobie (wzajemnie)
ausschenken (h) vt 1. nal-ewać|ać (**Kaffee** kawę) 2. sprzeda-wać|ć (**Bier** piwo)
ausscheren (sn) vi, mar, lot 1. wypa--dać|ść ⟨wy-chodzić|jść⟩ z szyku, o-pu-szczać|ścić szyk 2. skręc-ać|ić (**rechts** w prawo)
ausscheuern (h) vt wy|szorować
ausschicken (h) vt wy-syłać|łać 2. po-s-yłać|łać (nach jmdm po kogoś)
ausschiebbar adj wysuwalny, dający się wysunąć
ausschieben (110;h) vt wysu-wać|nąć
ausschießen (111) (h) vt 1. wystrzel--ać|ić (**die Munition** amunicję; e. Auge oko) 2. powystrzelać (**das Wild** zwierzynę) 3. wybrakować, wysortować 4. zdoby-wać|ć w strzelaniu (e—n Preis nagrodę)
ausschiffen (h) 1. vt 1. wysadz-ać|ić na ląd, wyokrętować 2. wyładow-ywać|ać (**Waren** towary) 3. przen, pot usu-wać| nąć, wygry-zać|źć II. sich ~ vr wy-si-adać|ąść (z okrętu). Su do I. 1.—3., II.; do 1. t. mar lądowanie n
ausschildern (h) vt oznakować (e—e Straße ulicę). Su
ausschimpfen (h) vt wy|łajać, z|besztać (jmdn kogoś); na|wymyślać (komuś)

ausschirren (h) *vt* wyprz-ęgać|ąc; zd-ej-mować|jąć szory
ausschlachten (h) *vt* **1.** wy|patroszyć, wy|paproszyć, oprawi-ać|ć **2.** *przen* eksploatować, wykorzyst-ywać|ać **3.** *pot* rozebrać i sprzeda-wać|ć na części (e. **Auto** samochód). **Su**
ausschlafen (113;h) 1. *vi a.* **sich ∼** *vr* wys-ypiać|pać się **2.** *vt* **den Rausch ∼** (po przespaniu) wy|trzeźwieć
Ausschlag *m* —(e)s, ∸e **1.** *med* wysypka *f*, wykwit *m* **2.** *fiz* wychylenie *n*; odchylenie *n*; amplituda *f* **3.** *przen* rozstrzygnięcie *n*, decyzja *f*; **den ∼ geben** mieć decydujące znaczenie; być decydującym, przeważać na szali **4.** *leśn* odrośl *f*
ausschlagen (114) I. (h) *vt* **1.** *t. vr* **(sich** *dat* sobie) wybi-jać|ć **(die Zähne** zęby; **den Nagel** gwóźdź; **den Boden** dno) **2.** wybi-jać|ć; obi-jać|ć; wy-kładać,łożyć **(die Wände** ściany) **3.** (uderzając) z|gasić **(das Feuer** ogień) **4.** wyku-wać|ć, ukuć **(e. Metall** metal) **5.** odrzuc-ać|ić **(den Vorschlag** propozycję), odm-awiać|ówić przyjęcia (e. **Geschenk** prezentu) **II. (h)** *vi* **1.** wybi-jać|ć, przesta-wać|ć bić *(o zegarze)* **2.** *fiz* wychyl-ać|ić ⟨odchyl-ać|ić⟩ się *(np. o wahadle)* **3.** wyst-ępować|ąpić, pojawi-ać|ć się *(o wilgoci, pleśni na ścianie)* **4.** *t.* **(sn)** *bot* wypu-szczać|ścić (odrośle, pędy, pączki), zazielenić się **5.** wybuch-ać|nąć *(o płomieniu)* **6.** kop-ać|nąć; wierzg-ać|nąć; **er schlug mit Händen und Füßen aus** rzucał się jak wściekły **III. (sn)** *vi, przen* wypa-dać|ść, za|kończyć się; **die Sache ist zu seinem Nachteil ausgeschlagen** sprawa zakończyła się ⟨wypadła⟩ na jego niekorzyść; **etw. schlägt übel aus** coś wypada ⟨kończy się⟩ źle
ausschlaggebend *adj:adv* decydując-y:-o; miarodajn-y:-ie; **von ∼er Bedeutung sein** mieć decydujące znaczenie
ausschlämmen (h) *vt* wy|szlamować
ausschließen (118;h) *vt* **1.** zam-ykać|knąć drzwi **(jmdn** przed kimś) **2.** *t. vr* **(sich się)** *przen* wyklucz-ać|yć, wyłącz-ać|yć, usu-wać|nąć (aus **e—m Verein** z towarzystwa); **ich schließe keinen aus nie wyłączam nikogo 3.** *druk* justować. **Su** do **2.**
ausschließlich 1. *adj:adv* wyłączn-y:-ie **2.** *praep gen* wyjąwszy, z wyjątkiem, (o)prócz. **Sk** do **1.**
Ausschlupf *m* —(e)s, ∸e wybieg *m*
ausschlüpfen (sn) *vi* wykluw-ać|ć ⟨wyklu-wać|ć, wyląg-ać|nąć⟩ się
ausschlürfen (h) *vt* wy|chłeptać, wysącz-ać|yć; **e. Ei ∼** wypijać jajko
Ausschluß *m* ...usses, ...üsse **1.** wykluczenie, usunięcie *n*; wyłączenie *n*; **mit ∼ wyjąwszy**, z wyjątkiem; *praw* **unter ∼ der Öffentlichkeit** przy drzwiach zamkniętych **2.** *druk* justunek *m*
ausschmelzen 1. (h) *vt* wyt-apiać|opić **2. (121;sn)** *vi* wyt-apiać|opić ⟨rozt-apiać|opić⟩ się. **Su** do **1.**
ausschmieren (h) *vt* **1.** wy|smarować **2.** *pot* obje-żdżać|chać **(jmdn** kogoś)

ausschmücken (h) *vt* **1.** *t. vr* **(sich się)** wy|stroić; przy|stroić, przy|ozd-abiać| obić, u|dekorować **2.** *przen* upiększ-ać| yć, o|krasić **(e—n Bericht** sprawozdanie). **Su** do **1.—2.;** do **1.** *t.* ozdoba, dekoracja *f*
ausschnauben (122;h) 1. *vt, vr* **(sich się)** wysiąkać (nos) **2.** *vi, vr* **(sich** *acc*) wysapać się, wytchnąć
Ausschneidebild *n* —es, —er wycinanka *f*
ausschneiden (123;h) *vt* wyci-nać|ąć, wykr-awać|oić, wykrajać
ausschneuzen (h) *vt, vr* **(sich** *acc* się; **sich** *dat* sobie) wysiąkać **(die Nase** nos), *wulg* wysmarkać się
Ausschnitt *m* —(e)s, —e **1.** wycinek *m* (aus **der Zeitung** z gazety; *t.* *przen* **des Lebens** życia); *mat t.* sektor *m* (koła) **2.** wycięcie *n*, *kraw t.* dekolt *m*
ausschnitzen (h) *vt* wy|strugać, wyrzeźbić
ausschnüffeln (h) *vt*, *pot* wywęsz-ać|yć- wywąch-iwać|ać, wyniuchać
ausschöpfen (h) *vt* wyczerp-ywać|ać *(t. przen).* **Su**
ausschrauben (h) *vt* wyśrubow-ywać|ać, wykręc-ać|ić
ausschreiben (126;h) *vt* **1.** wypis-ywać|ać (in **Worten** słowami; **den Namen** nazwisko) **2.** wypis-ywać|ać, eksczerpować (aus **e—m Buch** z książki); *teatr, muz* rozpis-ywać|ać **(die Rollen** role; **die Stimmen** głosy) **3.** wypis-ywać|ać, wystawi-ać|ć (**e—e Bescheinigung** zaświadczenie) **4.** wypis-ywać|ać, zuży-wać|ć **(die Tinte** atrament) **5.** rozpis-ywać|ać (**e—e Anleihe** pożyczkę; **Wahlen** wybory); **6.** ogł-aszać|osić **(e—n Wettbewerb auf etw.** konkurs na coś; **e—e Zwangsversteigerung** licytację przymusową); ogł-aszać|osić konkurs **(e—e Stelle** na posadę) **7.** wypis-ywać|ać **(aus der Schule)**; **sich ∼ lassen** wystąpić **(aus e—m Verein** z towarzystwa). **Su 1.** wypis *m* **2.** wypisanie *n* **3.** rozpisanie konkursu **4.** ogłoszenie *n*
ausschreien (127;h) I. *vt* **1.** wykrzyk-iwać| nąć **2.** rozgł-aszać|osić **3.** *hand* zachwal-ać|ić **(die Ware** towar) **II. sich ∼** *vr* nakrzyczeć się
ausschreiten (128) 1. (h) *vt* wymierz-ać|yć krokami (**e. Feld** pole) **2. (sn)** *vi* kroczyć, stąpać. **Su** wykroczenie *n*; wybryk *m*, ekses *m*
Ausschuß *m* ...usses, ...üsse **1.** *ekon* towar wybrakowany, brak *m*; *druk* makulatura *f* **2.** komisja *f*; komitet *m* **3.** *med* wylot *m* (pocisku), rana wylotowa
Ausschuß... w comp I. 1. wybrakowany; *np.* **∼ware 2.** ..., komisji; *np.* **∼karte II.** ... komitetu ⟨komisji⟩; *np.* **∼mitglied**
Ausschußarbeit *f* —, **—en** brakoróbstwo *n*
Ausschußkarte *f* —, **—n** karta braków
Ausschußmitglied *n* —(e)s, —er członek komisji ⟨komitetu⟩
Ausschußware *f* —, **—en** towar wybrakowany *pot* buble *pl*
ausschütteln (h) *vt* wytrząs-ać|nąć
ausschütten (h) I. *vt* **1.** wysyp-ywać|ać **(den Zucker** cukier); wyl-ewać|ać **(die**

ausschwärmen 87 außer

Milch mleko); opróżni-ać|ć (e. Faß beczkę); jmdm sein Herz ~ otwierać przed kimś serce, zwierzać się komuś 2. *ekon* wypłac-ać|ić, po|dzielić (Dividende dywidendę) II. *vr* sich vor Lachen ~ können można pękać ze śmiechu. Su do 1. 2.
ausschwärmen *vi* (sn) 1. *pszcz* wyroić się 2. *woj* rozsyp-ywać|ać się w tyralierę
ausschwatzen (h) *zob.* ausquatschen I., II. 1.
ausschwefeln (h) *vt* wy|siarkować. Su *t.* dezynfekcja *f*
Ausschweif *m* —(e)s, —e 1. wygięcie *n*, łuk *m* 2. *przen* wykręt *m;* keine ~e! bez wykrętów!; keine ~ machen nie wykręcać się
ausschweifen 1. (h) *vt* wygi-nać|ąć 2. (h;sn) *vi* wieść życie hulaszcze ⟨rozpustne⟩. Su 1. wygięcie *n* 2. eksces *m,* rozpusta *f*
ausschweifend I. *part praes, zob.* ausschweifen II. 1. wyuzdany, rozpustn--y:-ie; hulaszcz-y:-o; e. ~es Leben führen wieść hulaszczy tryb życia 2. wybuja-ły:-le; bujn-y:-ie; e—e ~e Phantasie bujna fantazja
ausschweigen, sich (129;h) *vr* nie zab-ierać|rać głosu, zachow-ywać|ać milczenie
ausschwemmen (h) *vt* wymy-wać|ć, wypłuk-iwać|ać; rozmy-ć|wać (drogę). Su
ausschwenken (h) *vt* wypłuk-iwać|ać (Gläser szklanki)
ausschwingen (133;h) I. *vi* przesta-wać|ć drgać II. *vt* 1. *mar* spu-szczać|ścić (e. Boot łódź) 2. trzepać (Flachs len). Su
ausschwitzen I. (h) *vt* 1. wypocić (e—e Krankheit chorobę) 2. wydziel-ać|ić (Harz żywicę) II. *vi* (sn) wypocić się. Su
ausseh(e)n (135;h) I. *vr* sich die Augen ~ wypat-rywać|rzeć sobie oczy II. *vi* 1. wyglądać, wypatrywać (nach jmdm kogoś) 2. wyglądać, mieć wygląd; gesund ~ zdrowo wyglądać; wie jmd *a.* etw. ~ wyglądać jak ktoś ⟨coś⟩, być podobnym do kogoś *a.* do czegoś; nach nichts ~ wyglądać niepokaźnie; *iron* sie sehen mir auch danach aus! do nich to podobne!; so siehst du aus! tak byś chciał!; es sieht nach Regen aus zanosi się na deszcz; es sieht faul ⟨schlecht, windig⟩ mit ihm aus z nim krucho; du siehst ja schön aus! ładnie wyglądasz!; er sieht gar nicht übel aus! wcale nieźle wygląda ⟨się prezentuje⟩; wie sieht es mit Ihrem Prozeß aus? jak tam z pańskim procesem?
Aussehen *n* —s 1. powierzchowność *f,* wygląd *m,* aparycja *f* 2. *przen* pozór *m;* dem ~ nach z wyglądu, z pozoru; das ~ trügt pozory mylą
aussein (136;sn) *vi,* pot 1. skończyć się; die Stunde ist aus lekcja skończyła się; es ist aus! koniec!; das Feuer ist aus ogień zgasł 2. by-wać|ć poza domem 3. *pot* lecieć (auf etw. na coś)
außen *adv* zewnątrz; na dworze; von innen nach ~ od wewnątrz, na zewnątrz

Außen... *w comp* 1. zewnętrzny; *np.* ~dienst 2. zagraniczny; *np.* ~handel
Außenantenne *f* —, —n antena zewnętrzna
Außenaufnahme *f* —, —n *film* zdjęcie plenerowe
Außenborder *m* —s, — *zob.* Außenbordmotor 2. łódź z silnikiem przyczepnym
Außenbordmotor *m* —s, —en silnik przyczepny (do łodzi)
außenbords *adv* za burtą
aussenden (137;h) wys-yłać|łać, *fiz t.* emitować. Su *fiz t.* emisja *f*
Außendienst *m* —es służba zewnętrzna
Außengewinde *n* —s, — gwint zewnętrzny
Außenhandel *m* —s handel zagraniczny
Außenhandels... *w comp ...* handlu zagranicznego; *np.* ~bilanz *f*
Außenhandelsbilanz *f* — bilans handlu zagranicznego
Außenhaut *f* —, ⸗e *mar* poszycie *n*
Außenminister *m* —s, — minister spraw zagranicznych
Außenministerium *n* —s, ...ien [...iən] ministerstwo spraw zagranicznych
Außenministerkonferenz *f* —, —en konferencja ministrów spraw zagranicznych
Außenpolitik *f* — polityka zagraniczna
außenpolitisch *adj:adv* dla polityki zagranicznej; w polityce zagranicznej; polityki zagranicznej; nad polityką
Außenseite *f* —, —n 1. strona zewnętrzna 2. *przen* powierzchowność *f,* wygląd *m*
Außenseiter *m* —s, — autsajder *m* (*t. sport*)
Außenstände *pl* wierzytelności, należności *pl*
Außenstehende *m* —n, —n (człowiek) nie obeznany ⟨nie wtajemniczony, stojący poza ...⟩
Außenstürmer *m* —s, — *sport* skrzydłowy *m*
Außentemperatur *f* —, —en temperatura zewnętrzna
Außenwand *f* —, ⸗e ściana zewnętrzna
Außenwelt *f* — świat zewnętrzny
Außenwinkel *m* —s, — kąt zewnętrzny
außer I. *cj* ~ daß *a.* ~ wenn chyba że II. *praep* 1. dat a) (*przy określeniach miejsca; t. przen*) poza; ~ dem Hause poza domem; ~ der Reihe poza kolejką; ~ der festgesetzten Zeit poza wyznaczonym czasem; ~ acht lassen nie uwzględniać; ~ Atem sein być zadyszanym; ~ Betrieb sein być nieczynnym; ~ Bett sein być na nogach; ~ Dienst sein być na emeryturze; nie być w służbie; ~ Kurs sein być wycofanym ⟨nie ważnym⟩; ~ sich *dat* sein być oburzonym; odchodzić od zmysłów, nie posiadać się (vor Freude *z* radości); es steht ~ Frage ⟨Zweifel⟩ jest niewątpliwe; b) (o)prócz, poza, obok; ~ uns (o)prócz nas; ~ den Eltern (o)prócz rodziców 2. *acc* (*w określeniach miejsca przy czasownikach wyrażających ruch*) z; ~ Haus gehen wychodzić z domu; ~ Betrieb setzen

außer... 88 Aussicht

unieruchamiać; ~ Dienst stellen wycofywać ze służby; ~ Kurs setzen wycofywać z obiegu, unieważniać 3. *gen (tylko w zwrotach)* ~ Landes gehen ⟨reisen *itp.*⟩ jechać za granicę, opuszczać kraj; ~ Landes sein ⟨wohnen *itp.*⟩ przebywać ⟨mieszkać⟩ za granicą
außer... *w comp adj:adv (przeważnie w znaczeniu:)* poza(...); *np.* ~gerichtlich
Außerachtlassung *f —* nieuwzględnienie *n;* pominięcie *n*
Außerbetriebsetzung *f* —, —en 1. wycofanie *n* z użycia 2. unieruchomienie *n;* wyłączenie *n* (e—r Maschine maszyny)
außerdem *adv* (o)prócz tego, nadto
außerdienstlich *adj:adv* pozasłużbowy : poza służbą
Außerdienstsetzung zwolnienie ze służby
äußere *adj* zewnętrzny
Äußere *n —n* 1. powierzchowność *f,* wygląd *m,* aparycja *f* 2. *przen* pozór *m* 3. strona zewnętrzna; Minister des ~n minister spraw zagranicznych
außerehelich *adj:adv* pozamałżeński:poza małżeństwem; nieślubn-y:-ie
außergerichtlich *adj:adv* pozasądowy:poza sądem
außergewöhnlich *adj:adv* nadzwyczajn--y:-ie, niezwyk-ły:-le, niebywa-ły:-le; nadzwyczaj, bardzo
außerhalb I. *adv* poza miastem; poza domem; ~ wohnen mieszkać poza miastem; ~ essen jadać poza domem; von ~ kommen przybywać spoza miasta; nach ~ ziehen wyprowadzać się z miasta II. *praep gen (w określeniach miejsca)* poza, za; ~ der Stadt (po)za miastem
Außerkurssetzung *f —* wycofanie z obiegu ⟨kursu⟩
äußerlich *adj:adv* 1. zewnętrzn-y:-ie; na zewnątrz 2. powierzchown-y:-ie; pozorn-y:-ie, na pozór. Sk forma zewnętrzna
äußern (h) *vt, vr* (sich się) 1. objawi-ać|ć, okaz-ywać|ać, manifestować **(Freude** radość) 2. wypowi-adać|edzieć, wyra--żać|zić **(seine Meinung** swoje zdanie; **über jmdn** *a. etw.* o kimś *a.* o czymś); **er äußerte sich dahin, daß** ... wypowiedział ⟨wyraził⟩ się w tym sensie, że ... Su do 1. 2.; do 2. *t.* wypowiedź *f,* enuncjacja *f*
außerordentlich *adj:adv* nadzwyczajn--y:-ie, niezwyk-ły:-le, niezmiern-y:-ie; nadzwyczaj, bardzo; e. ~er **Professor** profesor nadzwyczajny; *etw.* **Außerordentliches** coś nadzwyczajnego
außerplanmäßig *adj:adv* pozaplanow-y:-o
äußerst 1. *adj sup* do **äußere** 1. najodleglejszy; ostatni; ostateczny; der ~e **Winkel Afrikas** najodleglejszy kąt Afryki; der ~e **Termin** ostateczny termin; **das ~e Haus der Siedlung** ostatni dom osiedla 2. najniższy, ostateczny; der ~e **Preis** cena najniższa ⟨ostateczna⟩ 3. najwyższy, ostateczny; **das ~e Gebot für das Haus** |najwyższa ⟨ostateczna⟩ oferta za dom 4. największy; **e—e Sache von ~er Bedeutung** sprawa największej wagi 5. najgorszy,

ostateczny; **im ~en Notfall** w najgorszym razie, ostatecznie 6. skrajny; o-statni; *polit* **die äußerste Rechte** skrajna prawica; **in der äußersten Not** w skrajnej ⟨ostatniej⟩ nędzy II. *adv* nadzwyczaj, bardzo, niezmiernie, nader; **aufs ~e gespannt sein** być bardzo ⟨niezmiernie⟩ ciekawym
außerstand: ~ **setzen (h)** *vt* uniemożliwi-ać|ć **(jmdn** komuś)
außerstande: ~ **sein (sn)** *vi* nie być w stanie, nie móc
Äußerste *n —n* 1. ostateczność *f;* **jmdn zum ~n bringen** doprowadzić kogoś do ostateczności 2. najgorsze *n;* **auf das ~ gefaßt sein** być przygotowanym na najgorsze 3. wszystko; **das ~ tun** czynić wszystko; **das ~ versuchen** próbować wszystkiego
äußerstenfalls *adv* w ostatecznym razie, ostatecznie
aussetzen (h) I. *vt* 1. porzuc-ać|ić (e. **Kind** dziecko) 2. *mar* wysadz-ać|ić (na ląd); spu-szczać|ścić (e. **Boot** łódź) 3. *mar* rozwi-jać|nąć (die **Segel** żagle) 4. wysadz-ać|ić **(Pflanzen** rośliny) 5. *woj* rozstawi-ać|ć **(Wachen** straże) 6. wypu-szczać,ścić **(Wild** zwierzynę) 7. *rel* wystawi-ać|ć **(das Allerheiligste** Najświętszy Sakrament) 8. wy-kładać|ło-żyć **(den Boden mit Steinen** podłogę kamieniami); wysadz-ać|ić **(mit Edelsteinen** kamieniami szlachetnymi) 9. *przen* przesu-wać|nąć, prze-kładać|ło-żyć, od-kładać|łożyć, odr-aczać|oczyć **(die Entscheidung** decyzję; **die Verhandlung** rozprawę) 10. przer-ywać| wać **(e—e Kur** kurację; **die Vorlesung** wykład) 11. naznacz-ać|yć, wyznacz--ać|yć (e—e **Frist** termin; **den Preis** cenę) 12. wyznacz-ać|yć, u|fundować (e—e **Belohnung** nagrodę); przeznacz--ać|yć (e—e **Summe für** *etw.* sumę na coś) 13. *rt. vr* (sich się) nara-żać|zić, wystawi-ać|ć **(der Gefahr** na niebezpieczeństwo) 14. z|ganić **(an jmdm** *etw.* kogoś *a* coś), zarzuc-ać|ić ⟨wyt-ykać| knąć⟩ (komuś coś); *etw.* **auszusetzen haben** mieć coś do zarzucenia ⟨wytknięcia, zganienia⟩ 15. *druk* składać| złożyć bez skrótu (e. **Wort** słowo) II. *vi* 1. przer-ywać|wać **(im Vortrag** odczyt) 2. przerywać, wyłączać się (o *silniku*) 3. ustawać; bić niemrawo (o *sercu, pulsie*) 4. usta-wać|ć (o *deszczu*) 5. s|kończyć ⟨ur-ywać|wać⟩ się *(np. o śladach)*. Su do 1. 1.—15.; II. 1.—5.; do II. 1. *t.* przerwa *f* **(der Arbeit w** pracy); do II. 3. *t. med* arytmia, niemiarowość *f* (pulsu)
Aussicht *f —,* **—en** 1. widok *m* (auf *etw.* na coś) 2. *przen* widok *m,* widoki *pl,* nadzieja, perspektywa *f;* **in ~ auf** etw. w nadziei na coś; ~ **auf Arbeit** widoki na pracę; **etw. in ~ haben** mieć coś na widoku; *etw.* **in ~ nehmen** za| planować coś, zamierzać coś; **jmdn in ~ nehmen** przewidywać kogoś; **jmdm** *etw.* **in ~ stellen** obiecywać komuś coś, robić komuś nadzieję na coś

aussichtslos *adj:adv* bezcelow-y:-o, beznadziejn-y:-ie; bez widoków *(na powodzenie)*. **Su**
aussichtsreich *adj:adv* obiecując-y:-o
aussickern (sn) *vi* wycie-kać|c. **Su**
aussieben (h) *vt, t. przen* przesi-ewać|ać. **Su**
aussiedeln (h) *vt* wysiedl-ać|ić. **Su**
aussingen (139;h) *vi, vt* s|kończyć śpiew; za|śpiewać do końca
aussinnen (141;h) *vt* wymyśl-ać|ić
aussöhnen (h) *vt, vr* (sich się) po|godzić, pojednać. **Su**
aussondern (h) *vt* wydziel-ać|ić, wyosobni-ać|ć. **Su**
aussortieren (h) *vt* wy|sortować. **Su**
ausspähen (h) **1.** *vt* wyśledzić **2.** *vi* wypat-rywać|rzyć **(nach etw.** coś ⟨czegoś⟩. **Su**
Ausspann *m* —(e)s, —e *dawn* zajazd *m*
ausspannen (h) **I.** *vt* **1.** wyprz-ęgać|ąc (**die Pferde** konie) **2.** rozpi-nać|ąć (**das Segel** żagiel) **3.** rozpo-ścierać|strzeć (**die Flügel** skrzydła) **4.** rozciąg-ać|nąć (**die Leine** linę) **5.** wyj-mować|ąć *(np.* z maszyny) **6.** *przen, pot* zab-ierać|rać (**jmdm etw.** komuś coś) **II.** *vi, przen* odpocz-ywać|ąć; *pot* **von der Arbeit ~** wyprzęgać z roboty. **Su 1.** zajazd *m* **2.** odpoczynek *m*
aussparen (h) *vt, druk* zostawi-ać|ć wolne ⟨miejsce⟩ (**für e. Bild** na ilustrację). **Su**
ausspeien (144;h) *vt* **1.** wyplu-wać|ć **2.** *przen* wyrzuc-ać|ić *(o wulkanie, działach)*; **Feuer ~** ziać ogniem
aussperren (h) *vt* **1.** zam-ykać|knąć drzwi (**jmdn przed** kimś) **2.** za|stosować lokaut (**die Arbeiter** wobec robotników); z|lokautować, nie dopu-szczać|ścić (**die Arbeiter** robotników) **3.** *druk* spacjować. **Su do 2.** *t.* lokaut *m*
ausspielen (h) **I.** *vt* **1.** za|grać do końca; przesta-wać|ć grać (**e. Lied** pieśń); **er hat** (**seine Rolle**) **ausgespielt on** już nic nie znaczy, jego rola skończyła się **2.** *karc* zagr-ywać|ać (**e—e Karte** kartę), wy-chodzić|jść (**etw. w** coś) **3.** grywać|grać *(etw.* o coś; **e—n Preis** o nagrodę) **II.** *vi, karc* zagr-ywać|ać, wy-chodzić|jść; być na ręku
ausspinnen (145;h) *vt* **1.** snuć, wy|prząść **2.** *przen, pot* wy|kombinować, wymyśl-ać|ić **3.** *przen, pot* snuć dalej (**diesen Gedanken** tę myśl)
ausspionieren (h) *vt* wy|szpiegować
ausspotten (h) *vt* wyszydz-ać|ić
Aussprache *f* —, —n **1.** wymiana zdań, rozmowa *f*; dyskusja *f*; **e—e offene ~** szczera rozmowa **2.** *jęz* wymowa *f*, sposób wymawiania
Aussprache... *w comp* ... wymowy; *np.*
~bezeichnung
Aussspracheabend *m* —(e)s, —e wieczór dyskusyjny
Aussprachebezeichnung *f* — *jęz* oznaczenie wymowy
Aussprachefehler *m* —s, — błąd wymowy
aussprechbar *adj* dający się wymówić
aussprechen (146;h) **I.** *vt* **1.** *jęz* wym--awiać|ówić (**e. Wort** wyraz) **2.** wy-

ra-żać|zić, wypowi-adać|edzieć (**Dank** wdzięczność; **e—n Gedanken** myśl); **laß ihn ~!** daj mu dokończyć ⟨wypowiedzieć się do końca⟩; *praw* **e. Urteil ~** wydawać ⟨ferować⟩ wyrok **II.** **sich ~** *vr* **1.** wypowi-adać|edzieć się (**über etw.** o czymś) **2.** rozmówić się; **sprechen wir uns offen aus!** rozmówmy ⟨wypowiedzmy⟩ się szczerze!
ausspreizen (h) *vt* rozstawi-ać|ć, rozcza-pierz-ać|yć (**die Finger** palce); rozkr--aczać|oczyć
aussprengen (h) *vt* **1.** wyłup-ywać|ać, wyłam-ywać|ać środkami wybuchowymi (**e—n Felsen** skałę) **2.** rozprysk--iwać|ać (**e—e Flüssigkeit** ciecz) **3.** *przen* rozpowszechni-ać|ć, rozsi-ewać| ać (**Gerüchte** pogłoski). **Su**
ausspringen (148;sn) **I.** *vi* **1.** wysk-aki-wać|oczyć **2.** wystawać, sterczeć **II.** **sich ~** *vr* nahasać się
ausspritzen (h) *vt* **1.** rozprys-kiwać|kać (**e—e Flüßigkeit** ciecz); **e. Feuer ~** z|gasić ogień (sikawką) **2.** przepłuk--iwać|ać, przestrzyk-iwać|nąć **3.** wy-dziel-ać|ić (**Gift** jad); *przen* trys-kać| nąć (jadem)
Ausspruch *m* —(e)s, ⸗e **1.** *praw* werdykt *m*, orzeczenie ławy przysięgłych **2.** wypowiedź, sentencja *f*, zdanie, powiedzenie *n*
aussprühen (h) *vt* wyrzuc-ać|ić z siebie; buch-ać|nąć; **Funken ~** sypać iskry; **Wärme ~** buchać ciepłem
ausspucken (h) *vt* wyplu-wać|ć
ausspülen (h) *vt* **1.** *t. vr* (**sich** *dat* sobie) wypłuk-iwać|ać, s|płukać, przepłuk--iwać|ać **2.** *mar* wyrzuc-ać|ić na brzeg
ausspüren (h) *vt, zob.* **aufspüren**
ausstaffieren (h) *vt, vr* (**sich** się) **1.** wy-str-ajać|oić **2.** wyposaż-ać|yć, zaopat--rywać|rzyć (**jmdn mit etw.** kogoś w coś).
Ausstand *m* —(e)s, ⸗e strajk *m;* **in den ~ treten** zastrajkować
ausständig *adj* strajkujący
ausstatten (h) *vt* **1.** wyposaż-ać|yć, wyl ekwipować, zaopat-rywać|rzyć (**jmdn mit etw.** kogoś w coś; **mit Vollmachten w** pełnomocnictwo) **2.** da-wać|ć posag (**jmdn komuś**, wyposaż-ać|yć (kogoś) **3.** *przen* obda-rować|rzyć, **die Natur hat ihn mit großer Begabung ausgestattet** natura obdarzyła go wielkim talentem. **Su do 1.,2.**; do **1.** *t.* ekwipunek *m*; *teatr* oprawa sceniczna; do **2.** *t.* posag *m*
ausstauben *a.* **ausstäuben** (h) *vt* odku-rz-ać|ić, otrzep-ywać|ać z kurzu ⟨pyłu⟩
ausstechen (149;h) *vt* **1.** wykłu-wać|ć **2.** wyci-nać|ąć (**Torf** torf) **3.** *przen* wy-sadz-ać|ić z siodła, wygry-zać|źć **4.** *przen* wypi-jać|ć (**e—e Flasche** butelkę)
aussteh(e)n (151) **1.** (h) *vi* cierpieć, na-cierpieć się, zn-osić|ieść, wytrzym--ywać|ać; **jmdn nicht ~ können** nie cierpieć ⟨znosić⟩ kogoś **2.** (sn,h) *vi* bra-k-ować|nąć; zalegać; **die Antwort steht**

aus brak odpowiedzi; **Zahlungen stehen noch aus** wpłat jeszcze nie dokonano
a̱ussteigen (153;sn) *vi* wysi-adać|ąść; *przen*, *pot t.* wycofać się (*np. o wspólniku*)
a̱usstellen (h) *vt* 1. wystawi-ać|ć (**Waren** towary; **Bilder** obrazy) 2. wystawi-ać|ć, rozstawi-ać|ć (**Wachen** straże) 3. wystawi-ać|ć, wyda-wać|ć (e. **Zeugnis** świadectwo; **e—n Paß** paszport; **e—e Quittung** pokwitowanie) 4. z|ganić (an jmdm etw. kogoś za coś), wyt-ykać| knąć (komuś coś). **Su** do 1.—4.; do 1. *t.* wystawa *f*, pokaz *m*, do 4. **Ausstellungen machen** ganić (an jmdm kogoś)
A̱ussteller *m* —s, — 1. wystawca, eksponent *m* 2. wystawca *m* (**e—s Wechsels** weksla; **e—r Urkunde** dokumentu); *hand* trasant *m*
A̱usstellungs... *w comp* 1. wystawowy; *np.* ~**gelände** 2. ... wystawy; *np.* ~**eröffnung**
A̱usstellungseröffnung *f* — otwarcie wystawy
A̱usstellungsgegenstand *m* —(e)s, ⸚e eksponat *m*
A̱usstellungsgelände *n* —s, —e teren wystawowy
A̱usstellungshalle *f* —, —n hala wystawowa
A̱usstellungsstand *m* —(e)s, ⸚e stoisko wystawowe
a̱usstemmen (h) *vt* wydrąż-ać|yć dłutem
a̱ussterben (154;sn) *vi* wym-ierać|rzeć; *przen* **wie ausgestorben** jak wymarły,
A̱ussterbeetat [...ta:] *m* —s; *pot* **auf dem** ~ **stehen** kończyć się, wymierać
A̱ussteuer *f* — wyprawa *f*, posag *m*
a̱ussteuern (h) *vt* 1. wyposaż-ać|yć (**die Tochter** córkę) 2. wstrzym-ywać|ać wypłatę zasiłku chorobowego (*po upływie ustalonego terminu*). **Su** wstrzymanie zasiłku chorobowego
A̱usstieg *m* —(e)s, —e wyjście *n* (*np.* w autobusie); ~ **ins AB** spacer kosmiczny
a̱usstöbern (h) *vt*, *zob.* **aufstöbern**
a̱usstopfen (h) *vt* wyp-ychać|chać (**e—n Strohsack** siennik; **e—n Vogel** ptaka)
A̱usstoß *m* —es, ⸚e 1. napoczęcie *n* (beczki) 2. *ekon* ilość wyproduikowana, produkcja *f* 3. wyrzucanie *n*
a̱usstoßen (157;h) *vt* 1. wybi-jać|ć (e. **Auge** oko) 2. wyrzuc-ać|ić (**Dampf** parę); **den Samen** ~ trys-kać|nąć nasieniem 3. *przen* wyda-wać|ć z siebie; **e—n Seufzer** ~ westchnąć; **e—n Schrei** ~ zakrzyczeć; **Flüche** ~ miotać przekleństwa 4. wyruc-ać|ić, wykluc-ać|yć, usu-wać|nąć (**aus der Gemeinschaft ze społeczności); jmdn aus der Kirche** ~ ekskomunikować kogoś; **jęz e—n Vokal** ~ wyrzucać samogłoskę 5. *ekon* wypu-szczać|ścić (na rynek)
A̱usstoßrohr *n* —(e)s, —e *woj* wyrzutnia *f* (*np. torpedowa*)
a̱usstrahlen **I.** (sn) *vi* promieniować, wydziel-ać|ić się (*np. o cieple*) **II.** (h) *vt* 1. wypromieniować, emanować, wy-

dziel-ać|ić 2. *przen* promieniować (**Glück** szczęściem). **Su** do **I.**—**II.** 1.; do **II.** 1. *t.* emanacja *f*
a̱usstrecken (h) *vt* 1. *t. vr* (**sich** się) wyciąg-ać|nąć; **die Hand nach etw.** ~ wyciągać rękę ⟨sięgać⟩ po coś; **die Zunge** ~ pokazywać język 2. *tech* rozciąg-ać|nąć (**das Eisen** żelazo)
a̱usstreichen (158;h) *vt* 1. wykreśl-ać|ić, skreśl-ać|ić 2. wygładz-ać|ić (**Falten** fałdy) 3. wy|smarować
a̱usstreuen (h) *vt* 1. rozsyp-ywać|ać, wysi-ewać|ać (**Samen** nasienie) 2. *przen* rozsi-ewać|ać, pu-szczać|ścić w obieg (e. **Gerücht** pogłoskę). **Su**
A̱usstrich *m* —(e)s, —e *med* wymaz *m*
a̱usströmen **I.** (sn) *vi* 1. wypły-wać|nąć, wycie-kać|c; ul-atniać|otnić się (*o gazie, zapachu*) 2. wydziel-ać|ić się (*np. o cieple*) **II.** (h) *vt*, *zob.* **ausstrahlen II.** 1.,2. **Su** do **I.** 1., 2.; do **II.**; do **I.** 1. *t.* wypływ *m*
A̱usströmungs... *w comp* **I.** wylotowy; *np.* ~**öffnung II.** 1. odpływowy; *np.* ~**ventil** 2. ... wypływu; *np.* ~**geschwindigkeit**
A̱usströmungsgeschwindigkeit *f* prędkość wypływu
A̱usströmungsöffnung *f* —, —en otwór wylotowy
A̱usströmungsventil *n* —s, —e zawór odpływowy
a̱usstudieren (h) 1. *vi* s|kończyć ⟨ukończyć⟩ studia 2. *vt* |prze|studiować (e. **Buch** książkę), wy|studiować (**e—e Rolle** rolę)
a̱ussuchen (h) *vt*, *vr* (**sich** *dat* sobie) wyszuk-iwać|ać; wyb-ierać|rać
a̱ustapezieren (h) *vt* wy|tapetować. **Su**
A̱ustausch *m* —es wymiana, zamiana *f*
A̱ustausch... *w comp* **I.** wymienny; *np.* ~**energie** 2. ... wymiany; *np.* ~**kraft** 3. zastępczy; *np.* ~**werkstoff**
a̱ustauschbar *adj:adv* wymienn-y:-ie; zamienn-y:-ie. **Sk**
a̱ustauschen (h) *vt* wymieni-ać|ć, zamieni-ać|ć (**für** ⟨**gegen**⟩ **etw.** na coś)
A̱ustauschenergie *f* — energia wymienna
A̱ustauschhandel *m* —s handel wymienny
A̱ustauschkraft *f* — *fiz* siła wymiany
A̱ustauschwerkstoff *m* —(e)s, —e tworzywo zastępcze
a̱usteilen (h) *vt* 1. wydziel-ać|ić 2. rozdziel-ać|ić, rozda-wać|ć (**unter jmdn** między kogoś); **Befehle** ~ wydawać rozkazy; **Schläge** ~ wymierzać razy. **Su** do **I.** 2.; do 2. *t.* dystrybucja *f*
A̱uster *f* —, —n ostryga *f*
a̱ustiefern (h) *vt* 1. pogłębi-ać|ć 2. wydrąż-ać|yć
a̱ustilgen (h) *vt* wytępi-ać|ć, wyniszcz-ać|ić; **e—e Schmach** ~ zmaz-ywać| ać hańbę. **Su** *t.* zagłada *f*
a̱ustoben (h) 1. *vi*, *vr* (**sich** się) wy|szumieć, wy|szaleć; *przen* **er muß sich** ~ (on) musi się wyszumieć 2. *vt*, *przen* wyładow-ywać|ać (**die Wut** złość)
a̱ustollen, **sich** (h) *vr* wyhasać się
A̱ustrag *m* —(e)s, ⸚e 1. rozstrzygnięcie

austragen 91 **ausweichen**

n; **gütlicher ~** ugodowe załatwienie; **schiedsrichterlicher ~** postępowanie polubowne, arbitraż *m*; **zum ~ bringen** doprowadzać do rozstrzygnięcia, zakończyć spór 2. *zob.* **Altenteil** 3. *sport* rozgrywanie, rozegranie *n* (e—s **Wettkampfes** zawodów)
austragen (160;h) *vt* 1. rozn-osić|ieść (**Briefe** listy); *przen* rozsi-ewać|ać (**Gerüchte** pogłoski) 2. don-osić|ieść (**die Leibesfrucht** płód) 3. rozstrzyg-ać| nąć (e—n **Streit** spór); *sport* e—e **Meisterschaft ~** rozgrywać mistrzostwo. **Su**
Austräger *m* —s, — roznoszący (**Briefe** listy), roznosiciel *m*; kolporter *m*
Austrägerin *f* —, —**nen** roznosząca, roznosicielka *f*; kolporterka *f*
Australien *n* —s Australia *f*
Australier *m* —s, — Australijczyk *m*
Australierin *f* —, —**nen** Australijka *f*
australisch *adj:adv* australijski : po australijsku; **Australischer Bund** Wspólnota Australijska
austreiben (162;h) I. *vt* 1. wypędz-ać|ić, wyg-aniać|onić, wygnać; **Vieh ~** wygnać bydło na pastwisko 2. *przen* wypędz-ać|ić ⟨wybi-jać|ć⟩ z głowy (**die Grillen** kaprysy) 3. *chem* odpędz-ać|ić; oddestylować **II.** *vi* wy|puszczać pędy. Su do **I.** 1.
austreten (163) I. (sn) *vi* 1. wyst-ępować| ąpić (**aus der Reihe** z szeregu; **aus dem Verein** z towarzystwa) 2. wyst-ępować|ąpić z brzegów, wyl-ewać|ać (*o rzece*) 3. wy-chodzić|jść za swoją potrzebą **II. (h)** *vt* 1. rozdept-ywać|ać, rozchodzić (**Schuhe** trzewiki); *przen* **er hat die Kinderschuhe ausgetreten** wyrósł z lat dziecinnych 2. wydept-ywać| ać (e—e **Treppe** schody) 3. zadept-ywać| ać, z'gasić (e. **Feuer** ogień)
austrinken (165;h) *vt* wypi-jać|ć
Austritt *m* —**(e)s,** —**e** 1. wystąpienie *n* (**aus dem Verein** z towarzystwa) 2. balkon, ganek *m* 3. ubikacja *f*, ustęp *m* 4. wyjście, wychodzenie *n* 5. wylot *m* (pociski)
Austrittserklärung *f* —, —**en** deklaracja o wystąpieniu
austrocknen 1. **(h)** *vt* wysusz-ać|yć 2. **(sn)** *vi* wys-ychać|chnąć. **Su**
austrompeten (h) *vt przen, pot* roztrąbić, rozgł-aszać|osić
auströpfeln *a.* **austropfen** 1. **(sn)** *vi* wycie-kać|c kroplami, wykap-ywać|ać 2. **(h)** *vt* wyl-ewać|ać po kropelce
austüfteln (h) *vt, pot* wyspekulować, wykombinować, wymyśl-ać|ić (**etw.** coś)
ausüben (h) *vt* 1. trudnić się (**etw.** czymś; e. **Handwerk** rzemiosłem); uprawiać, wykonywać (e—n **Beruf** zawód); pełnić, sprawować (e. **Amt** urząd; e—e **Pflicht** obowiązek) 2. wyw-ierać|rzeć (e—n **Einfluß** wpływ; **Rache** zemstę). **Su**
Ausverkauf *m* —**(e)s,** —**e** wyprzedaż *f*
ausverkaufen (h) *vt* wyprzeda-wać|ć; *teatr* **das Haus war ausverkauft** teatr

był wyprzedany, wszystkie bilety były wyprzedane
auswachsen (172) I. (sn) *vi* 1. wyr-astać| osnąć, wyróść 2. por-astać|osnąć, pu--szczać|ścić kiełki (*o zbożu*) 3. rosnąć| róść garbato; **ausgewachsen sein** być garbatym * *pot* **es ist zum Auswachsen!** można wyskoczyć ze skóry! **II. (h)** *vt* wyr-astać|osnąć (etw. z czegoś; **den Anzug z ubrania) III.** sich **~** *vr, przen* wyr-adzać|odzić ⟨przer-adzać|odzić, sta-wać|ć⟩ się; **das wächst sich in eine Gefahr aus** to staje się niebezpieczne
Auswahl *f* —, —**en** 1. wybór *m* (**von Werken** dzieł); **hand ~ an** ⟨**von**⟩ **Waren** wybór towarów, asortyment *m*; **zur ~** do wyboru; e—e **~ treffen** dokonywać wyboru, wybrać 2. elita *f*, wybrani *pl* 4. *sport* reprezentacja *f*
Auswahl... *w comp* 1. ... wyboru; *np.* **~regel** 2. ... do wyboru; *np.* **~sendung** 3. reprezentacyjny; *np.* **~mannschaft**
auswählen (h) *vt* wyb-ierać|rać
Auswahlmannschaft *f* —, —**en** *sport* drużyna reprezentacyjna
Auswahlregel *f* —, —**n** *fiz* reguła wyboru
Auswahlsendung *f* —, —**en** przesyłka do wyboru
Auswand(e)rer *m* —**s,** — wychodźca, emigrant *m*
Auswand(e)rerin *f* —, —**en** emigrantka *f*
auswandern (sn) *vi* wy|emigrować. Su *t.* emigracja *f*, wychodź~wo *n*
Auswanderungs... *w comp* 1. emigracyjny; *np.* **~gesetz** 2. ... emigrowania; *np.* **~lust**
Auswanderungsgesetz *n* —**es,** —**e** ustawa emigracyjna
Auswanderungslust *f* — chęć emigrowania
auswärtig *adj* 1. zagraniczny; **Minister für Auswärtige Angelegenheiten** minister spraw zagranicznych 2. zamiejscowy
auswärts *adv* 1. (na) zewnątrz; **nach ~** biegnąć wyginać na zewnątrz; **von ~** z zewnątrz 2. poza domem; **~ essen** jadać poza domem; **z zagranicy**; spoza miejscowości, spoza domu
auswaschen (174;h) 1. *vt* wymy-wać|ć; wy| prać; przemy-wać|ć, obmy-wać|ć. wy| płukać 2. *geol* erodować, wy|żłobić. **Su** do 1. 2.; do 2. *t.* erozja *f*
auswässern (h) *vt* wy|moczyć (**Heringe** śledzie). **Su**
auswechselbar *adj* wymienny, zamienny. **Sk**
auswechseln (h) *vt* wymieni-ać|ć, zamieni-ać|ć (**gegen** na). **Su** *t.* zamiana, wymiana *f*
Ausweg *m* —**(e)s,** —**e** *przen* wyjście *n*; droga wyjścia; **ich weiß keinen ~ mehr** nie widzę wyjścia
ausweglos *adj:adv* bez wyjścia, beznadziejn-y:-ie. **Su** beznadziejność
ausweichen (176;sn) *vi* 1. wymi-jać|nąć, ust-ępować|ąpić ⟨schodzić|zejść⟩ z drogi; **die Fahrzeuge weichen einander aus** pojazdy mijają się 2. zb-aczać|

oczyć, skręc-ać|ić w bok **(nach links w lewo)** 3. *t. przen* unik-ać|nąć **(e—m Hieb** ciosu; **seinen Blicken** jego spojrzeń); **e—r Antwort** ~ unikać ⟨wykręcić się od⟩ odpowiedzi. Su
ausweichend 1. *part praes, zob.* **ausweichen** 2. *adj:adv* wymijając-y:-o, wykrętn-y:-ie *(np.* odpowiedź)
Ausweichflughafen *m* lotnisko rezerwowe
Ausweichmanöver *n* —s, — 1. *woj* manewr na obejście 2. *przen* unik *m*
Ausweichstelle *f* —, —n mijanka *f*
ausweiden (h) *vt* wy|patroszyć, wy|paproszyć
ausweinen (h) 1. *vt* wypłak-iwać|ać **(den Schmerz** ból) 2. **sich** ~ *vr* wypłak-iwać|ać się; napłakać się; **sich dat die Augen** ~ wypłakiwać sobie oczy
Ausweis *m* —es, —e 1. legitymacja *f*, dowód osobisty ⟨tożsamości⟩ 2. wykaz *m*; **statistischer** ~ wykaz statystyczny
ausweisen (177;h) 1. *vt* wydal-ać|ić, wypędz-ać|ić **(aus dem Lande** z kraju) 2. wykaz-ywać|ać, dow-odzić|ieść; **die Rechnung weist es aus** rachunek wykazuje to 3. *t. vr* **(sich się)** wy|legitymować; **sich durch e—n Paß** ~ legitymować ⟨wykaz(yw)ać⟩ się paszportem. Su do 1.
Ausweispapiere *pl* dokumenty *pl*
Ausweisungsbefehl *m* —s, —e nakaz opuszczenia kraju
ausweiten (h) *vt* rozszerz-ać|yć, poszerz-ać|yć. Su
auswendig 1. *adj:adv* zewnętrzny : na zewnątrz, na stronie zewnętrznej 2. *adv* **na pamięć;** ~ **lernen** wy|uczyć się na pamięć; ~ **hersagen** recytować z pamięci; *muz* ~ **spielen** grać z pamięci
auswerfen (181;h) *vt* 1. wyrzuc-ać|ić 2. zarzuc-ać|ić **(Netze** sieci) 3. wy|kopać **(e—n Graben** rów) 4. przeznacz-ać|yć, wy|asygnować **(e—n Betrag** kwotę) 5. *med* odplu-wać|nąć; **Blut** ~ odpluwać ⟨pluć⟩ krwią
Auswerfer *m* —s, — *tech* wypychacz, wyrzutnik *m*
auswerten (h) *vt* 1. oceni-ać|ć, oblicz-ać| yć wartość 2. wykorzyst-ywać|ać, wyzysk-iwać|ać, spożytko-wywać|ać **(die Erfahrung** doświadczenie), eksploatować. Su do 1. 2.; do 1. *t.* ocena *f*; do 2. *t.* eksploatacja *f*
auswetzen (h) *vt* wyostrz-ać|yć; wygładz-ać|ić; *przen* **e—e Scharte** ~ naprawiać błąd, powetować stratę
auswiegen (182;h) *vt* rozważ-ać|yć **(den Zucker** cukier)
auswinden (183;h) *vt* wyż-ymać|ąć (bieliznę)
auswintern 1. (h) *vt, bud* wystawi-ać|ć na działanie mrozu, wymr-ażać|ozić **(Lehm** glinę) 2. (sn) *vi* wymarz-ać|nąć **(o zasiewach).** Su do 2.
auswirken (h) I. *vt* 1. *t. vr* **(sich dat** dla siebie) wyjedn-ywać|ać, uzysk-iwać|ać **(jmdm etw.** dla kogoś coś) 2. wyr-abiać|obić **(Teig** ciasto) II. **sich** ~ *vr* wpły-wać|nąć, da-wać|ć się we znaki, okaz-ywać|ać się, odbi-jać|ć się; mieć

skutki ⟨następstwa⟩; **dieser Umstand wird sich günstig** ~ ta okoliczność wywrze korzystny wpływ. Su wynik, skutek, rezultat *m*; konsekwencja *f*
auswischen I. **(h)** *vt* 1. wy-cierać|trzeć **(Staub** kurz; **e. Glas** szklankę) 2. *t. vr* **(sich dat** sobie) wy-cierać|trzeć, prze--cierać|trzeć * *pot* **jmdm eins** ~ a) zamalować kogoś w twarz b) utrzeć komuś nosa II. (sn) *vi* czmych-ać|nąć, um-ykać|knąć
auswölben (h) *vt, bud* wysklepi-ać|ć, przesklepi-ać|ć
auswringen (wrang aus, ausgewrungen; h) *vt, zob* **auswinden**
Auswuchs *m* —es, ⁻e 1. narośl *f*; guz *m* 2. *bot* huba *f* 3. *garb m* 4. *przen* wybujałość *f*, wytwór *m* **(der Phantasie** fantazji) 5. *przen* przerost *m*, wypaczenie *n* 6. porastanie *n* (zboża)
auswühlen (h) *vt* wy|ryć, wykop-ywać|ać **(e. Loch** dziurę)
Auswurf *m* —(e)s, ⁻e 1. *med* plwocina 2. wybrakowany towar, brak *m*, *pot* buble, wybierki *pl* 3. *przen* wyrzutek *m* **(der Menschheit** społeczeństwa)
auswürfeln (h) *vt* grać|grywać w kostki **(etw.** o coś)
Auswürfling *m* 1. —(e)s, —e wyrzutek *m* (społeczeństwa) 2. —e *pl*, *geol* lapilli *pl*
Auswurfsmasse *f* —, —n *geol* produkt wulkaniczny
auswüten (h) *vi, vr* **(sich się)**, *zob* **austoben**
auszacken (h) *vt* wyci-nać|ąć w ząbki
auszahlen (h) *vt* 1. wypłac-ać|ić 2. spłac-ać|ić. Su do 1. *t.* wypłata *f*; do 2. *t.* spłata *f*
auszählen (h) *vt* 1. wylicz-ać|yć *(t. sport)* **(e—n Boxer** pięściarza) 2. oblicz-ać|yć **(Stimmen** głosy). Su
auszanken (h) *vt, pot* wy|łajać, z|besztać
auszehren (h) 1. *vt, vr* **(sich się)** wycień-cz-ać|yć, wyniszcz-ać|yć 2. *vi* siabnąć, s|chudnąć, us-ychać|chnąć. Su do 1., 2.; do 1. *t. dawn* suchoty *pl*
auszeichnen (h) *vt* 1. odznacz-ać|yć (**mit e—m Orden** orderem) 2. *t. vr* **(sich się)** odznacz-ać|yć, wyróżni-ać|ć; **Höflichkeit zeichnete ihn aus** wyróżniał ⟨odznaczał⟩ się uprzejmością; *szkol* **er zeichnete sich in Physik aus** odznaczał się ⟨celował⟩ w fizyce 3. *hand* znakować, znaczyć; cechować. Su
ausziehbar *adj* dający się rozciągać ⟨rozsuwać⟩, rozciągany, rozsuwa(l)ny; **e.** ~**er Tisch** stół rozsuwany ⟨do rozsuwania⟩
ausziehen (187) I. **(h)** 1. wyciąg-ać|nąć, wydoby-wać|ć, wyj-mować|ąć; **e. Schubfach** ~ wysuwać szufladę **e.** *chem, farm* wyciąg-ać|nąć, ekstrahować, z|robić ekstrakt ⟨wyciąg⟩ 3. *przen* z|robić wyciąg ⟨ekscerpt⟩, ekscerpować; *muz* **e—e Partitur** ~ robić wyciąg z partytury 4. rozciąg-ać|nąć, rozsu-wać| nąć **(e—n Tisch** stół) 5. wyciąg-ać|nąć tuszem 6. zd-ejmować|jąć **(den Anzug** ubranie); *przen* **jmdn ganz** ⟨**bis aufs Hemd**⟩ ~ obrabować kogoś do cna; *przen* **die Kinderschuhe** ~ wyrosnąć

z dzieciństwa; **die Uniform ~** zdejmować mundur; *przen* wystąpić z wojska; *pot* iść do cywila * *mat* **die Wurzel ~** wyciągać pierwiastek **II.** (sn) *vi* **1. wyprowadz-ać|ić się (aus der Wohnung** z mieszkania); emigrować **(nach Kanada** do Kanady) **2.** wyrusz-ać|yć **(in den Krieg** na wojnę; **zur Jagd** na polowanie) **3.** *szach* z|robić pierwszy ruch **III. sich ~ (h)** *vr* **1.** roz-bierać|ebrać się **2.** rozciąg-ać|nąć się
Ausziehplatte *f* —, **—n** płyta do wysuwania (u stołu)
Ausziehtisch *m* **—es, —e** stół rozsuwany ⟨do rozsuwania⟩
Auszug *m* **—(e)s, ⸚e 1.** wyruszenie *n*, wyjazd *m*, wyprawa *f* **2.** wyprowadzenie się, wyprowadzka *f* **3.** *chem, farm* wyciąg, ekstrakt *m* **4.** wyciąg, ekscerpt, wypis *m* **5.** *fot, muz* wyciąg *m* **6.** krupczatka *f* **7.** *zob.* **Altenteil**
Auszugsmehl *n* **—s, —e** krupczatka *f*
auszugsweise *adv* w wyjątkach; w streszczeniu, w skrócie; **~ wiedergeben** poda(wa)ć w streszczeniu ⟨w wyjątkach; w skrócie⟩
auszupfen (h) *vt* wyskub-ywać|ać
autark(isch) *adj:adv* autarkiczn-y:-ie, samowystarczaln-y:-ie
Autarkie *f* — autarkia, samowystarczalność *f*
authentisch *adj:adv* autentyczn-y:-ie, prawdziw-y:-ie, wiarogodn-y:-ie
Authentizität *f* — autentyczność, prawdziwość, wiarogodność *f*
Auto *n* **—s, —s** auto *n*, samochód *m*
Auto... w *comp* **I.** auto...; *np.* **~biographie II. 1.** samochodowy; *np.* **~rennen 2.** ... samochodu; *np.* **~nummer 3.** ... samochodem; *np.* **~ausflug**
Autoausflug *m* **—(e)s, ⸚e** wycieczka samochodem
auto... w *comp adj:adv* auto...; *np.* **~biographisch**
Autobahn *f* —, **—en** autostrada *f*
Autobiographie *f* — autobiografia *f*
autobiographisch *adj:adv* autobiograficzn-y:-ie
Autobus *m* **—ses, —se** autobus *m*
Autobusverbindung *f* —, **—en** połączenie autobusowe
Autocar *m* **—s, —s** autokar *m*
Autochtone *m* **—n, —n** autochton, tubylec *m*
Autodidakt *m* **—en, —en** samouk *m*
autodidaktisch *adj:adv* autodydaktyczn-y:-ie
Autofahrt *f* —, **—en** jazda samochodem
autogen *adj:adv*, *tech* autogeniczn-y:-ie; **~es Schweißen** spawanie autogeniczne ⟨gazowe⟩
Autogiro [...ʒi:...] *n* **—s, —s** lot śmigłowiec, helikopter *m*
Autogramm *n* **—s, —e** *a.* **Autograph** *n* **—s, —e** *a.* **—en** autograf *m*
Autogrammjäger *m* **—s, —** łowca autografów
autographisch *adj:adv* autograficzn-y:-ie (*t. druk*), własnoręczn-y:-ie; **~e Unterschrift** własnoręczny podpis
Autohupe *f* —, **—n** klakson *m*

Autokrat *m* **—en, —en** autokrata *m*
Autokratie *f* —, ...**ien** autokracja *f*
autokratisch *adj:adv* autokratyczn-y:-ie
Automat *m* **—en, —en** automat *m*
Automatenrestaurant [...restorã:] *n* **—s, —s** bufet-automat *m*
Automatik *f* — automatyka *f*
automatisch *adj:adv* automatyczn-y:-ie
Automation *f* — automatyzacja *f*
automatisieren (h) *vt* z|automatyzować. *Su t.* automatyzacja *f*
Automatisierung *f* — automatyzacja *f*
Automobil *n* **—s, —e** *zob.* **Auto**
autonom *adj:adv* autonomiczn-y:-ie
Autonomie *f* —, ...**ien** autonomia *f*
Autonummer *f* —, **—n** numer (rejestracyjny) samochodu
Autopilot *m* **—en, —en** *lot* pilot automatyczny, autopilot *m*
Autopsie *f* —, ...**ien** autopsja *f*, *med t.* sekcja zwłok
Autor *m* **—s, ...oren** autor *m*
Autoraststätte *f* —, **—n** motel *m*
Autoreifen *m* **—s, —** opona samochodowa
Autorenkollektiv *n* **—s, —e** zespół autorski
Autorennen *n* **—s, —** — wyścigi samochodowe
Autoreparatur *f* —, **—en** naprawa samochodów
Autoreparaturwerkstatt *f* —, ⸚**en** warsztat naprawy samochodów
Autorin *f* —, **—nen** autorka *f*
autorisieren (h) *vt* autoryzować, upoważni-ać|ć; **e—e autorisierte Übersetzung** przekład autoryzowany
autoritär *adj:adv* autorytatywn-y:-ie
Autorität *f* —, **—en** autorytet *m*, powaga *f*; **an ~ verlieren** tracić na autorytecie ⟨powadze⟩
autoritativ *adj:adv* autorytatywn-y:-ie, miarodajn-y:-ie
Autorschaft *f* —, **—en** autorstwo *n*
Autoruf *m* **—(e)s, —e** telefon (na postoju taksówek)
Autoschlosser *m* **—s, —** ślusarz samochodowy
Autosuggestion *f* —, **—en** autosugestia *f*
Autounfall *m* **—(e)s, ⸚e** wypadek samochodowy
Autoverkehr *m* **—s** ruch samochodowy
Avancement [avãsəmã] *n* **—s, —s** awansowanie *n* (zu etw. na coś)
avancieren [avansi:...] **(sn)** *vi* awansować (zum General na generała)
Avantgarde [avã...] *f* —, **—n** awangarda *f*
Ave-Maria *n* **—(s), —(s)** *rel* Zdrowaś Maria
Aversion *f* —, **—en** awersja, niechęć, odraza *f*, wstręt *m*, obrzydzenie *n*
Avis [avi:s] *m*, *n* **—es, —e** *a.* [avi:] *m*, *n* —, — awiz *m*, awizo, zawiadomienie *n*
avisieren (h) *vt*, *hand* za|awizować
Aviso *n* **—s, —s**, *zob.* **Avis**
Avitaminose *f* —, **—n** *med* awitaminoza *f*
axial *adj:adv* osiowy:wzdłuż osi
Axiom *n* **—s, —e** aksjomat, pewnik *m*
Axt *f* —, ⸚**e** siekiera *f*
Axtstiel *m* **—(e)s, —e** siekierzysko *n*
Azalee *f* —, **—n** *bot* azalia *f*

Azetat 94 **Badeanstalt**

Azetat *n* —(e)s, —e *chem* octan *m*
Azetatseide *f* —, —n włók jedwab octanowy
Azeton *n* —s *chem* aceton *m*
Azetylen *n* —s *chem* acetylen *m*
Azetylen... *w comp* acetylenowy; *np.*
~**entwickler**
Azetylenentwickler *m* —s, — wytwornica acetylenowa
Aziditat *f* — *chem* kwasowość *f*

Azimut *m, n* —(e)s, —e *astr* azymut *m*
Azoikum *n* —s *geol* era azoiczna
Azoren *pl, geogr* Azory *pl*
Azot *n* —(e)s, —e *chem* azot *m*
Azur *m* —s lazur, błękit *m*
azurblau *a.* **azurn** *adj:adv* lazurow-y:-o, na lazurowo; na kolor lazurowy; w kolorze lazurowym; błękitn-y:-ie,-o, na błękitno; na kolor błękitny, w kolorze błękitnym

B

Babel *n* —s Babilon *m; der Turm zu* ~ wieża Babel (*t. przen*)
Baby [be:...] *n* —s, —s niemowlę *n*
Babyausstattung *f* —, —en wyprawka *f* babylonisch *adj:adv* babiloński : po babilońsku
Babysitter [be:bisiter] *m* —s, — baby-sitter
Bacchanal [baxa...] *n* —s, —e *a.* ...**ien** [...iən] bachanalie *pl;* pijatyka, orgia *f*
Bacchant *m* —en, —en bachant, hulaka, bibosz *m*
Bacchantin *f* —, —nen bachantka *f*
Bacchus *m* — Bachus *m*
Bach *m* —(e)s, ∴e strumień, potok *m*
Bache *f* —, —n *łow* maciora, locha *f*
Bacher *m* —s, — *łow* warchlak *m*
Bachforelle *f* —, —n *icht* pstrąg strumieniowy
Bachstelze *f* —, —n *orn* pliszka *f*
Back *f* —, —en *mar* bak *m*
Back... *w comp* 1. pieczony; *np.* ~**apfel** 2. ... pieczenia; *np.* ~**hitze** 3. ... do pieczenia; *np.* ~**form** 4. suszony; *np.* ~**obst**
Backapfel *m* —s, ∴ jabłko pieczone
Backbord *n* —(e)s, —e *mar* bakburta *f*
Backe *f* —, —n 1. policzek *m; pot au* **Backe!** ojej!; jmdm die ~**n** streicheln głaskać kogoś po twarzy 2. *tech* szczęka *f* 3. *t.* **Backen** *m* —s, — posiadek *m*
backen[1] (1) **I. (h)** *vt* 1. u|piec, wypie-kać|c, 2. u|suszyć (**Obst** owoce) **II. (h, sn)** *vi* 1. u|piec się 2. u|suszyć się 3. *tech* spie-kać|c się (*o węglu*)
backen[2] (h) *vi* lepić się (*o śniegu*)
Backen... *w comp* **I.** policzkowy; *np.* ~**knochen II.** 1. szczękowy; *np.* ~**brecher** 2. ... szczęk; *np.* ~**weite**
Backenbart *m* —(e)s, ∴e bokobrody, baczki *pl*
Backenbrecher *m* —s, — *anat* łamacz szczękowy
Backenknochen *m* —s, — kość policzkowa ⟨jarzmowa⟩
Backenschlag *m* —(e)s, ∴e *a.* **Backenstreich** *m* —(e)s, —e uderzenie w twarz, policzek *m*
Backentasche *f* —, —n *anat* torba policzkowa (*np.* chomika)
Backenweite *f* — rozwartość szczęk
Back(en)zahn *m* —(e)s, ∴e ząb trzonowy
Bäcker *m* —s, — piekarz *m*

Bäcker... *w comp* 1. piekarski; *np.* ~**geselle** 2. ... piekarza; *np.* ~**beruf** 3. ...piekarzy; *np.* ~**zunft** 4. ... z pieczywem; *np.* ~**laden**
Bäckerberuf *m* —(e)s zawód piekarza
Bäckerei *f* —, —en 1. piekarnia *f* 2. sklep z pieczywem
Bäckergeselle *m* —n, —n czeladnik piekarski
Bäckerjunge *m* —n, —n terminator ⟨uczeń⟩ piekarski, piekarczyk *m*
Bäckerladen *m* —s, ∴ sklep z pieczywem
Bäckermeister *m* —s, — mistrz piekarski
Bäckerzunft *f* —, ∴e cech piekarzy
Backfisch *m* —es, —e żart podlotek *m*
Backform *f* —, —en forma do pieczenia
Backhand [bækhænd] *m* —(s), —s *sport* bekhend *m*
Backhähnchen *n* —s, — kurczę pieczone
Backhitze *f* — temperatura pieczenia
Backkohle *f* — węgiel spiekający się
Backobst *n* —es suszone owoce
Backofen *m* —s, ∴ 1. piec piekarniczy 2. piekarnik *m*
Backpfeife *f* —, —n *pot, zob.* **Backenschlag**
Backpflaume *f* —, —n suszona śliwka
Backpulver *n* —s proszek do pieczenia
Backstein *m* —s, —e cegła wypalana
Backsteinbau *m* —s, ...**ten** budownictwo ceglane
Backsteingotik *f* — północny gotyk ceglany
Backstube *f* —, —n piekarnia *f*
Backtrog *m* —(e)s ∴e dzieża *f*
Backwaren *pl a.* **Backwerk** *n* —(e)s pieczywo *n*
Bad *n* —(e)s, ∴er 1. kąpiel *f, (t. chem, tech)*; e. ~ **nehmen** brać kąpiel 2. kąpielisko *n;* im ~ u wód, na kuracji; ins ~ **reisen** jechać do wód ⟨zdrojowiska⟩ 3. *geogr* Zdrój *m; np.* ~ **Kudowa** Kudowa Zdrój 4. łazienka *f*
Bade... *w comp* 1. kąpielowy; *np.* ~**anstalt** 2. ... kąpieli; *np.* ~**temperatur** 3. ... do kąpieli; *np.* ~**salze** 4. ... kąpania się; *np.* ~**verbot II.** 1. zdrojowy; *np.* ~**arzt** 2. ... zdrojowiska; *np.* ~**verwaltung**
Badeanstalt *f* —, —en zakład kąpielowy, łaźnia *f*

Badeanzug m —(e)s, ᴗe kostium kąpielowy
Badearzt m —es, ᴗe lekarz zdrojowy
Badefrau f —, —en kąpielowa f
Badegast m —(e)s, ᴗe kuracjusz m
Badehose f —, —n kąpielówki pl
Badekappe f —, —n czepek kąpielowy
Badekur f —, —en kuracja zdrojowa
Bademantel m —s, ᴗ płaszcz kąpielowy
Bademeister m —s, — kąpielowy m
baden (h) 1. vt, vr (sich się) wy|kąpać; przen die Hände in Blut ~ nurzać ręce we krwi 2. vi wy|kąpać się, brać| wziąć kąpiel; warm ~ brać ciepłą kąpiel; wir gehen ~ idziemy się kąpać ⟨do kąpieli⟩; przen in Schweiß gebadet zlany potem; przen in Tränen gebadet zalany łzami
Baden n —s 1. Badenia f 2. Baden (miasto)
bad(ens)isch adj badeński
Baden-Würtemberg n —s Badenia-Wirtembergia
Badeofen m —s, ᴗ piec kąpielowy
Badeort m —(e)s, —e kąpielisko n
Bader m —s, — dawn cyrulik m; golibroda m; felczer m
Badesaison [...sɛzõ] f —, —s sezon kąpielowy
Badesalze pl — sole kąpielowe
Badeschwamm m —(e)s, ᴗe gąbka kąpielowa
Badestra...d m —(e)s, —e plaża f
Badetemperatur f —, —en temperatura kąpieli
Badetuch n —(e)s, ᴗer ręcznik kąpielowy
Badeverbot n —(e)s zakaz kąpania się
Badeverwaltung f —, —en zarząd zdrojowiska
Badewasser n —s woda do kąpieli
Badezelle f —, —n kabina kąpielowa
Badezimmer n —s, — łazienka f
baff int; pot ich war ⟨ganz⟩ ~ zbaraniałem, zdębiałem
Bagage [baga:ʒə] f —, —n 1. bagaż m, pakunki pl 2. woj, dawn tabor m 3. pot hołota f
Bagatelle f —, —n bagatela, drobnostka, błahostka f, drobiazg m, głupstwo n
bagatellisieren (h) vt z|bagatelizować, z| lekceważyć. Su
Bagger m —s, — tech koparka, pogłębiarka f; czerparka, bagrownica f; **schreitender** ~ koparka krocząca
Baggereimer m —s, — tech czerpak m
Baggerführer m —s, — operator koparki
baggern (h) vt bagrować. Su
Bahn f —, —en 1. droga f (t. przen); (sich) ~ machen ⟨brechen⟩ torować ⟨sobie⟩ drogę; in die richtige ~ lenken skierować na właściwą drogę; er ist auf e—e schiefe ~ geraten zszedł na złe drogi; ~ frei! z drogi!; die ~ ist frei droga jest wolna 2. (zob. t. Eisenbahn) kolej f, pociąg m; stacja kolejowa; (tylko we fraz) mit der ⟨per⟩ ~ koleją; ich begleite ihn zur ~ odprowadzę go na kolej ⟨na stację a. do pociągu⟩; hole meinen von der ~

ab! przyjdź po mnie na stację! 3. sport tor m, bieżnia f 4. jezdnia f 5. astr orbita f ⟨des Gestirnes gwiazdy⟩ 6. tor m, droga f (e—s Geschosses pocisku) 7. włók szerokość f (e—s Gewebes tkaniny) 8. tech obuch m (e—s Hammers młota); gładź f (e—s Ambosses kowadła)
Bahn... (zob. t. Eisenbahn...) w comp 1. kolejowy; np. ~arbeiter 2. ... kolei; np. ~bau 3. ... koleją; np. ~fahrt
Bahnarbeiter m —s, — robotnik kolejowy
Bahnbau m —(e)s budowa kolei
Bahnbeamte m —n, —n urzędnik kolejowy, kolejarz m
Bahnbetrieb m —(e)s, —e ruch kolejowy
Bahnbetriebswerk n —(e)s, —e lokomotywownia f
bahnbrechend adj 1. torujący drogę 2. przen przełomowy, pionierski, epokowy
Bahnbrecher m —s, — pionier, nowator m
Bahndamm m —(e)s, ᴗe nasyp kolejowy
bahnen (h) vt, vr (sich dat sobie) u|torować (jmdm etw. komuś coś). Su
Bahner m —s, — kolejarz m
Bahnfahrt f —, —en jazda koleją
Bahngleis n —es, —e tor kolejowy
Bahnhof m —(e)s, ᴗe dworzec (kolejowy), stacja f
Bahnhofs... w comp 1. dworcowy; np. ~halle 2. ... stacji (kolejowej); np. ~vorsteher
Bahnhofshalle f —, —n kol hala dworcowa
Bahnhofsvorsteher m —s, — kol naczelnik ⟨zawiadowca⟩ stacji
Bahnhofswirtschaft f —, —en restauracja dworcowa
Bahnkörper m —s, — kol podtorze n
Bahnlinie f —, —n linia kolejowa
Bahnnetz n —es, —e sieć kolejowa
Bahnschutzpolizei f — dawn ochrona kolei
Bahnsteig m —s, —e kol peron m
Bahnsteigkarte f —, —n bilet peronowy, pot peronówka f
Bahnsteigsperre f —, —n kol wejście ⟨wyjście⟩ na peron; ogrodzenie ⟨zamknięcie⟩ peronowe
Bahnstrecke f —, —n linia kolejowa, tor kolejowy
Bahnüberführung f —, —en wiadukt kolejowy
Bahnübergang m —(e)s, ᴗe przejazd kolejowy
Bahnunterführung f —, —en kol przejazd pod mostem, tunel m
Bahnverbindung f —, —en połączenie kolejowe
Bahnverkehr m —s ruch kolejowy
Bahnwärter m —s, — dróżnik kolejowy ⟨obchodowy⟩
Bahnwärterhäuschen n —s, — budka dróżnika kolejowego
Bahnwerkstätte f —, —n warsztat kolejowy
Bahnzeit f — czas kolejowy

Bahre f —, —n 1. nosze pl 2. mary pl;
von der Wiege bis zur ~ od kołebki
aż do grobu ⟨grobowej deski⟩
Bahrtuch n —(e)s, ⁺er całun m
Bai f —, —en zatoka f (morska)
Baiser [bɛze:] n —s, —s beza f (ciastko)
Baisse [bɛ:sə] f —, —n ekon bessa f
Baissetendenz f —, —en ekon tendencja zniżkowa
Bajadere f —, —n bajadera f
Bajazzo [...tso] m —s, —s pając m
Bajonett n —(e)s, —e bagnet m; das ~ aufpflanzen nakładać bagnet na broń
Bajonettangriff m —(e)s, —e wój atak na bagnety
Bajonettverschluß m ...usses, ...üsse zamknięcie bagnetowe
Bake f —, —n 1. mar baken m 2. słupek wskaźnikowy (przy drodze)
Bakelit n —(e)s, —e chem, tech. bakelit m
Bakterie [...ĭə] f —, —n [...ĭən] biol, med bakteria f, drobnoustrój m
Bakterien... w comp 1. bakteryjny; np. ~gärung 2. ... bakterii; np. ~enzyme 3. bakteriologiczny; np. ~krieg
Bakterienenzyme pl enzymy bakterii
bakterienfest adj uodporniony przeciw bakteriom
Bakteriengärung f — fermentacja bakteryjna
bakterienhaltig adj zawierający bakterie
Bakterienkrieg m —(e)s, —e wojna bakteriologiczna
bakterientötend part, adj bakteriobójczy
Bakterienträger m —s, — (roz)nosiciel bakterii ⟨zarazków⟩
Bakterienwaffe f —, —n broń bakteriologiczna
bakterio... w comp bakterio...; np. ~logisch
Bakterio... w comp bakterio...; np. ~log(e)
Bakteriolog(e) m ...gen, ...gen bakteriolog m
Bakteriologie f — bakteriologia f
bakteriologisch adj:adv bakteriologiczn-y:-o
bakterizid adj:adv bakteriobójcz-y:-o
Balalajka f —, —s a. ...ken bałałajka f
Balance [balãsə] f —, —n równowaga f; die ~ halten ⟨verlieren⟩ zachować ⟨tracić⟩ równowagę
balancieren (h) vi balansować
bald I. adv 1. wnet, wkrótce, rychło, szybko, niebawem; komm ~ wieder! wracaj wnet!; möglichst ~ a. so ~ wie ⟨als⟩ möglich możliwie jak najwcześniej ⟨jak najszybciej⟩ 2. prawie, omal, bez mała; das ist ~ nicht zu glauben to prawie nie do wiary II. cj bald ..., bald ... raz ... raz ..., to ..., to ..., er sagt ~ ja, ~ nein mówi raz tak, raz tak ⟨drugi raz inaczej⟩
Baldachin m —s, —e baldachim m
Bälde: in ~ wkrótce, niebawem
baldig adj rychły; auf ~es Wiedersehen! do rychłego zobaczenia się!

Baldrian m —s, —e 1. bot kozłek lekarski 2. farm korzeń kozłkowy ⟨walerianowy⟩
Baldrian... w comp 1. walerianowy; np. ~tropfen 2. ... waleriany; np. ~wurzel
Baldriantropfen pl farm krople walerianowe
Baldrianwurzel f —, —n korzeń waleriany
Balg I. m —(e)s, ⁺e 1. skóra f (zwierzęca zrzucona, ściągnięta a. wypchana); przen jmdm den ~ abziehen obłupić kogoś ze skóry 2. miech m (kowalski; przy organach); muz die Bälge treten kalikować 3. fot mieszek m 4. (wypchany) kadłub, korpus m (e—r Puppe lalki) 5. pot brzuch m, ciało n II. m a. n —(e)s, ⁺e(r) pot bachor, bęben m; e. unausstehliches ⟨allerliebstes⟩ ~ nieznośny ⟨rozkoszny⟩ bachor ⟨bęben⟩
balgen, sich (h) brać|wziąć się za łby, bić ⟨szamotać⟩ się
Balgen m —s, — fot mieszek m
Balgerei f —, —en bójka, bitka f, szamotanie (się) n
Balkan m —s Bałkany pl
Balkan... w comp Bałkański, bałkański; np. ~halbinsel
Balkanhalbinsel f — Półwysep Bałkański
Balkanstaaten pl — państwa bałkańskie
Balken m —s, — belka f; przen, pot er lügt, daß sich die ~ biegen łże jak najęty, kłamie jak z nut
Balken... w comp 1. belkowy; np. ~decke 2. ... belki; np. ~anker 3. ... belek; np. ~abstand
Balkenabstand m —(e)s, ⁺e odstęp belek
Balkenanker m —s, — bud kotew belki
Balkendecke f —, —n bud strop belkowy
Balkengerüst n —es, —e bud belkowanie n
Balkenträger m —s, — bud dźwigar belkowy
Balkenüberschrift f —, —en tytuł czołowy (w gazecie)
Balkenwerk n —(e)s, —e zob. Balkengerüst
Balkon [...kõ a. ...ko:n] m —s, —s [...kõs] a. —e [...ko:nə] balkon m (t. teatr)
Balkon... w comp balkonowy; np. ~blume
Balkonblume f —, —n kwiat balkonowy
Balkonträger m —s, — bud dźwigar balkonowy
Balkonzimmer n —s, — pokój balkonowy, ⟨z balkonem⟩
Ball¹ m —(e)s, ⁺e 1. piłka f; ~ spielen grać w piłkę 2. kula bilardowa, bila f
Ball² m —(e)s, ⁺e bal m (t. przen) iść na bal
Ball... w comp 1. balowy; np. ~kleid 2. ... np. ~königin
Ballabgabe f —, —n sport podanie piłki
Ballade f —, —n ballada f
balladenhaft adj:adv balladow-y:-o
Ballast m —es, —e balast m; (t. przen) zbędny ciężar
ballen (h) I. vt 1. ugni-atać|eść, u|lepić; Schnee ~ lepić kule ze śniegu 2. t. vr (sich się) ścis-kać|nąć, zacis-kać|nąć; er ballte die Hand zur Faust zacisnął pięść; die Fäuste ballten sich zaciska-

Ballen 97 Bandit

ły się pięści II. sich ~ vr kłębić się (o chmurach). Su do II.
Ballen m —s, — 1. hand bela, paka f, zwój m 2. anat kłąb m (palca)
ballenweise adv belami, pakami, zwojami, na ibele ⟨paki, zwoje⟩
Ballerina f —, ...nen a. Ballerine f —, —n balerina f
Ballett n —(e)s, —e balet m
Ballett... w comp baletowy; np. ~kunst
Ballettkunst f — sztuka baletowa
Ballettmeister m —s, — baletmistrz m
Ballettmusik f — muzyka baletowa
Balletttänzer m —s, — baletnik m
Balletttänzerin f —, —nen baletnica f
ballförmig adj:adv kulist-y:-o
Ballistik f — balistyka f
ballistisch adj:adv balistyczn-y:-ie; ~e Kurve krzywa balistyczna; ~e Rakete rakieta balistyczna
Ballkleid n —(e), —er suknia balowa
Ballkönigin f —, —nen królowa balu
Ballon [...lɔ̃] m —s, —s [...lõs] a. —e [...loːnə] 1. chem, tech balon m (t. lot), butla f 2. balonik m
Ballon... w comp 1. balonowy; np. ~hülle 2. ... balonu; np. ~aufstieg 3. ... balonem; np. ~fahrt
Ballonaufstieg m —s, —e wzlot balonu
Ballonfahrt f —, —en lot balonem
Ballonhülle f —, —n powłoka balonowa
Ballonreifen m —s, — auto balon m (opona)
Ballonsperre f —, —n zapora balonowa
ballotieren (h) vt balotować
Ballsaal m —(e)s, ...säle sala balowa
Ballspiel n —(e)s, —e gra w piłkę
Ballungsraum m —(e)s, —e rejon ⟨obszar⟩ zmasowania
balneo... w comp balneo...; np. ~logisch
Balneo... w comp; balneo...; np. ~logie
Balneologie f — balneologia f
balneologisch adj:adv balneologiczn-y:-ie
Balsam m —s, —e balsam; przen t. ukojenie n
Balsam... w comp 1. balsamiczny; np. ~duft 2. balsamowy; np. ~baum
Balsambaum m —(e)s, ̈e drzewo balsamowe
Balsamduft m —(e)s, ̈e zapach balsamiczny
balsamieren (h) vt za|balsamować
balsamisch adj:adv balsamiczn-y:-ie
baltisch adj bałtycki; Baltisches Meer Morze Bałtyckie, Bałtyk m
Baluster m —s, — a. Balustersäule f —, —n balas m, tralka f
Balustrade f —, —n balustrada f
Balz f —, —en orn tokowanie n, tok m, gra f
balzen (h) vi 1. orn tokować 2. przen umizg-iwać|nąć się (um jmdn do kogoś)
Balzzeit f —, —en orn pora toku
Bambus m —ses, —se bot bambus m
Bambus... w comp bambusowy; np. ~rohr
Bambusrohr n —(e)s, —e trzcina bambusowa
Bammel m —s pot strach m; e—n ~ haben mieć pietra

banal adj:adv banaln-y:-ie, szablonow--y:-o; pospoli-ty:-cie
banalisieren (h) vt z|banalizować, spły-c-ać|ić
Banalität f —, —en banalność, szablonowość, pospolitość f, banał m
Banane f —, —n banan m
Bananen... w comp bananowy; np. ~schale
Bananenschale f —, —n skórka bananowa
Bananenstecker m —s, — radio wtyczka bananowa
Banause m —n, —n filister, kołtun m
Banausentum n —s filisterstwo, kołtuństwo n, ikołtuneria f
Band¹ I. m —(e)s, ̈e tom m; przen das spricht Bände to ma swoją wymowę II. n —(e)s, ̈er 1. wstęga, wstążka, taśma, tasiemka f 2. med opaska f, bandaż m 3. anat wiązadło n 4. radio taśma f; auf ~ aufnehmen nagrywać na taśmę 5. tech taśma f; laufendes ~ przenośnik taśmowy; przen am laufenden ~ na taśmie, seryjnie; przen nieustannie, bez przerwy 6. obręcz f (am Faß u beczki) 7. fiz, radio pasmo n 8. bud zawiasa f III. n —(e)s, —e 1. węzeł m; więź f, więzy pl (der Freundschaft przyjaźni; des Blutes krwi) 2. —e pl okowy, pęta, kajdany pl; in ~en liegen być w okowach ⟨w niewoli⟩; in ~e schlagen ⟨werfen⟩ zakuwać w okowy ⟨w pęta⟩; ~e sprengen kruszyć okowy ⟨pęta⟩ * przen außer Rand und ~ sein być rozhukanym, szaleć
Band² [bænd] —, —s orkiestra taneczna
Band... w comp taśmowy; np. ~arbeit
Bandage [banda:ʒə] f —, —n bandaż m
bandagieren (h) vt o|bandażować
Bandarbeit f — produkcja taśmowa
Bandaufnahme f —, —n radio nagranie na taśmę
Bandbreite f —, —n radio szerokość pasma
Bändchen n —s, — 1. tomik m 2. pl t.
Bänderchen wstążeczka, tasiemeczka f
Bande f —, —n 1. banda, szajka f (t. przen) 2. banda f, listwa stołu bilardowego 3. sport banda f, ogrodzenie toru wyścigowego ⟨u. sancczkowego⟩
Bandeisen n —s 1. żelazo taśmowe 2. bednarka f
Bändel n —s, — pasek m; przen jmdn am ~ führen prowadzić kogoś za rączkę
Banden... w comp ... bandy, ... szajki; np. ~führer
Bandenführer m —s, — herszt bandy ⟨szajki⟩
Banderole f —, —n banderola, opaska f
Bandförderer m —s, — tech przenośnik taśmowy
bändigen (h) vt 1. okiełz(n)ać, poskr-amiać|omić (e. Tier zwierzę) 2. przen ujarzmi-ać|ć, po|hamować. Su
Bändiger m —s, — pogromca, poskromiciel m
Bandit m —en, —en bandyta m

7 Słownik niem.-pol.

Banditen... w comp bandycki ⟨zbójecki⟩; np. ~streich
Banditenstreich m —(e)s, —e wyczyn bandycki ⟨zbójecki⟩
Banditentum n —s bandytyzm m
Banditenüberfall m —(e)s, ⁓e napad bandycki ⟨zbójecki⟩
Banditenwesen zob. Banditentum
Bandmaß n —es, —e taśma miernicza, ruletka f
Bändlein zob. Bändchen
Bandsäge f —, —n piła taśmowa, taśmówka f
Bandschleife f —, —n 1. kokarda f 2. fontaź m
Bandsieb n —(e)s, —e sito taśmowe
Bandtrockner m —s, — tech suszarka taśmowa
Bandwurm m —(e)s, ⁓er zoo tasiemiec (t. przen), soliter m
bang(e) (banger, bangst a. **bänger, bängst)** adj:adv trwożliw-y:-ie, niespokojn-y:-ie, trwożn-y:-ie, niepokojąc--y:-o, budzący niepokój ⟨trwogę⟩ : w sposób budzący niepokój ⟨trwogę⟩; ~es Warten trwożne wyczekiwanie; jmdn ~e machen zatrważać ⟨zastraszać⟩ kogoś; mir ist ~e um ⟨für⟩ ihn lękam ⟨trwożę⟩ się o niego; mir ist angst und ~e ogarnia mnie lęk ⟨trwoga⟩. Si trwoga f, lęk m, uczucie niepokoju
Bange f — pot trwoga f, lęk m, uczucie niepokoju; haben Sie keine ~! niech- ⟨że⟩ pan(i) się nie lęka!
bangen (h) vi, vimp trwożyć ⟨lękać⟩ się (um jmdn ⟨etw.⟩ o kogoś ⟨coś⟩); uns bangt vor ihm lękamy się go
Banjo n —s, —s muz banjo n
Bank f I. —, ⁓e 1. ław(k)a f; przen alle durch die ~ wszyscy bez wyjątku ⟨różnicy⟩; przen etw. auf die lange ~ schieben zwlekać z czymś; teatr vor leeren Bänken spielen grać przed pustą widownią 2. ławica f (ryb; piaskowa) 3. lada f (sklepowa, straganu) 4. stół warsztatowy 5. mielizna, płycizna f II. —, —en 1. bank m; e. Konto bei der ~ konto w banku; er hat Geld auf der ~ (liegen) ma pieniądze na koncie bankowym 2. karc bank. m; die ~ halten ⟨sprengen⟩ trzymać ⟨rozbić⟩ bank
Bank... w comp I. 1. ... ławki; np. ~lehne 2. ... ławek; np. ~reihe II. 1. bankowy; np. ~angestellte 2. ... banku; np. ~direktor 3. ... na bank; np. ~anweisung
Bankangestellte m —n, —n pracownik bankowy, bankowiec
Bankanweisung f —, —en przekaz na bank
Bankdirektor m —s, —en dyrektor banku
Bankdiskont m —(e)s, —e a. **Bankdiskonto** m —s, —s a. ...ti dyskonto bankowe
Bänkelsänger m —s, — śpiewak uliczny ⟨jarmarczny⟩
Bankert m —s, —e bękart m
Bankett¹ n —(e)s, —e bankiet m

Bankett² n —(e)s, —e a. **Bankette** f —, —n 1. bud bankiet m 2. kol pobocze n
Bankguthaben n —s, — gotówka na koncie bankowym
Bankhalter m —s, — karc trzymający bank, bankier m
Bankier [baŋkĭe:] m —s, —s bankier m
Bankkonto n —s, —s a. ...ten a. ...ti konto bankowe
Bankkredit m —(e)s, —e kredyt bankowy
Banklehne f —, —n oparcie ławki
Banknote f —, —n banknot m
Banknotenumlauf m —s obieg banknotów ⟨pieniężny⟩
Bankreihe f —, —n rząd ławek
bankrott adj zbankrutowany, niewypłacalny
Bankrott m —(e)s, —e bankructwo n (t. przen), upadłość f; krach m; ~ machen bankrutować; den ~ erklären ogłosić bankructwo ⟨upadłość⟩
Bankrotteur [...tø:r] m —s, —e bankrut m
bankrottieren (h) vi z|bankrutować
Bann m —(e)s, —e 1. banicja f, wygnanie n 2. klątwa kościelna, anatema, ekskomunika f; jmdn mit dem ~ belegen rzucić klątwę na kogoś 3. przen czar, urok m; jmdn in ~ schlagen urzekać kogoś, pociągać czarem
bannen (h) vt 1. wykl-inać|ać, ekskomunikować 2. oczarow-ywać|ać, urze-kać|c 3. zakl-inać|ąć (böse Geister złe duchy) 4. przen powstrzym-ywać|ać, zażegn-ywać|ać (die Gefahr niebezpieczeństwo); die Not ~ zaradzić biedzie
Banner m —s, —e sztandar m (t. przen), chorągiew f
Bannerträger m —s, — chorąży m
Bannfluch m —(e)s, ⁓e zob. **Bann** 2.
Bannmeile f —, —n obręb miasta
Bannware f —, —n kontrabanda f
Bantamgewicht n —s, —e sport waga kogucia
Baptist m —en, —en baptysta m
bar I. adj 1. goły obnażony; mit ~em Haupt z gołą ⟨obnażoną⟩ głową 2. pozbawiony, wyzuty, odarty; ~ aller Ehre wyzuty ⟨odarty⟩ ze czci, pozbawiony czci 3. wolny; ~ aller Schuld wolny od wszelkiej winy 4. oczywisty, widoczny, czysty; sam; ~e Wahrheit goła ⟨sama⟩ prawda; ~er Unsinn sam ⟨widoczny⟩ nonsens; das ist ~er Ernst! to poważna sprawa!; żarty na bok! II. adj:adv gotówkowy : gotówką, gotówkę, w gotówce; ~es Geld gotówka; (in) ~ a. gegen ~ gotówką a. za gotówkę; ~ bezahlen płacić gotówką; przen etw. für ~e Münze nehmen brać coś za dobrą monetę
Bar¹ f —, —s bar m
Bar² n —s, —s fiz bar m
Bar...¹ w comp 1. gotówkowy; np. ~scheck 2. ... gotówki; np. ~bestand 3. ... gotówkę; np. ~zahlung 4. ... za gotówkę; np. ~kauf
Bar...² w comp barowy; np. ~hocker
Bär m —en, —en 1. niedźwiedź, łow miś m 2. astr der Große ~ Wielka Nie-

dźwiedzica; der Kleine ~ Mała Niedźwiedzica 3. tech bijak m; baba f
Baracke f —, —n barak m
Barackenlager n —s, — baraki pl
Barbar m —en, —en barbarzyńca m
Barbarei f —, —en barbarzyństwo n
barbarisch adj:adv barbarzyńsk-i:-o, po barbarzyńsku
Barbe f —, —n icht brzana f
bärbeißig adj:adv szorstk-i:-o, zgryźliw-y:-ie. Sk
Barbestand m —(e)s fin zapas gotówki
Barbier m —s, —e dawn balwierz, cyrulik m; golibroda, golarz m
barbieren (h) vt 1. o|golić 2. pot oszuk-iwać|ać; jmdm über den Löffel ~ okpić kogoś
Barchent m —s, —e barchan m
Barde m —n, —n bard, piewca m
Bären... w comp 1. niedźwiedzi; np. ~dienst 2. ... niedźwiedzia; np. ~haut 3. ... dla niedźwiedzi; np. ~zwinger 4. ... na niedźwiedzia (niedźwiedzie); np. ~hatz
Bärendienst m —es, —e pot niedźwiedzia przysługa; jmdm e—n ~ erweisen ⟨leisten⟩ wyświadczyć komuś niedźwiedzią przysługę
Bärenführer m —s, — 1. niedźwiednik m 2. żart przewodnik m
Bärenhatz f —, —en polowanie na niedźwiedzia ⟨niedźwiedzie⟩
Bärenhaut f —, ⸚e skóra niedźwiedzia; przen auf der ~ liegen (≈) leżeć do góry brzuchem, próżnować
Bärenhäuter m —s, — leń, nieróbgus, wałkoń m
Bärenhunger m —s wilczy głód ⟨apetyt⟩
Bärenjagd f —, —en zob Bärenhatz
Bärenklau f — a. m —s bot barszcz zwyczajny
bärenmäßig adj:adv — 1. niedźwiedzi : jak niedźwiedź 2. przen potężny (np. głód)
Bärenmütze f —, —n bermyca f
Bärentraube f —, —en bot mącznica lekarska
Bärenzwinger m —s, — klatka dla niedźwiedzi
Barett n —(e)s, —e biret m
barfuß adj (tylko jako orzecznik) : adv a. **barfüßig** adj:adv bos-y:-o, na bosaka
Bargeld n —es gotówka f
bargeldlos adj:adv bezgotówkow-y:-o; hand ~er Verkehr obrót bezgotówkowy
barhaupt adj (tylko jako orzecznik): adv, a. **barhäuptig** adj:adv z gołą ⟨obnażoną⟩ głową
Barhocker m —s, — stołek barowy
Bärin f —, —nen niedźwiedzica f
Bariton m —s, —e muz baryton m
Bariton... w comp barytonowy; np. ~arie
Baritonarie [...ĭə] f —, —n muz aria barytonowa
Baritonstimme f —, —n baryton m
Barium n —s chem bar m
Barium... w comp barowy; np. ~oxyd

Bariumoxyd n —(e)s, —e chem tlenek barowy
Bark f —, —en mar bark m
Barkarole f —, —n barkarola f
Barkasse f —, —n mar barkas m
Barkauf m —(e)s, ⸚e kupno za gotówkę
Barke f —, —n barka f
Barkeeper [...kiper] m —s, — a. **Barmann** m —(e)s, ⸚er barman m
Bärlapp m —s, —e bot widłak goździsty
Barleistungen pl, fin świadczenia gotówkowe ⟨za gotówkę⟩
Barlokal n —(e)s, —e lokal barowy, bar m
barmherzig adj:adv miłosiern-y:-ie; **Barmherzige Brüder** bonifratrzy pl. Sk miłosierdzie n
baro... w comp baro...; np. ~mętrisch
Baro... w comp baro...; np. ~graph
barock adj:adv barokow-y:-o
Barock n, m —s barok m
Barock... w comp 1. barokowy; np. ~möbel 2. ... baroku; np. ~zeit
Barockmöbel n —s, — mebel barokowy
Barockstil m —s, —e styl barokowy, barok m
Barockzeit f — okres baroku, barok m
Barograph m —en, —en barograf m
Barometer n —s, — barometr m; das ~ steigt ⟨fällt⟩ barometr podnosi się ⟨spada⟩; das ~ steht auf Sturm barometr wskazuje na burzę
Barometer... w comp ... barometru; np. ~stand
Barometerstand m —(e)s meteor stan barometru
barometrisch adj:adv barometryczn-y:-ie
Baron m —s, —e baron m
Baronesse f —, —n baronówna f
Baronin f —, —nen baronowa f
Barre f —, —n bariera f (t. geol)
Barren m —s, — 1. met sztaba f 2. gimn bary, poręcze pl
Barrengold n —es złoto w sztabach
Barriere f —, —n bariera f, szlaban m
Barrikade f —, —n barykada f; ~n errichten wznosić barykady
Barrikadenkampf m —(e)s, ⸚e walka na barykadach
barrikadieren (h) vt za|barykadować
barsch adj:adv szorstk i:-o. Sh
Barsch [ba:rʃ] m —es, —e icht okoń m
Barschaft f —, —en gotówka f
Barscheck m —s, —s fin czek gotówkowy
Bart [ba:rt] m —(e)s, ⸚e 1. broda f; sich den ~ wachsen lassen zapuszczać sobie brodę; jmdm um den ~ gehen przypochlebiać się komuś; sich um das Kaisers ~ streiten (≈) sprzeczać się o nic ⟨o głupstwo⟩; przen er murmelt etw. in den ~ mruczy coś pod nosem 2. wąsy pl (t. zoo der Katze kota) 3. ślus pióro klucza
Barteln pl wąsy pl (u ryb)
Bartflechte f —, —n 1. med figówka 2. bot brodaczka f
Bartholomäus m — Bartłomiej m
bärtig adj:adv brodat-y:-o. Sk
Barverkauf m —(e)s, ⸚e sprzedaż za gotówkę

Baryt m —(e)s, —e min baryt m
Baryt... w comp barytowy; np. ~**papier**
Barytpapier n —s, —e papier barytowy
Barzahlung f —, —en zapłata gotówką; **gegen** ~ za gotówkę, gotówką
Basalt m —(e)s, —e min bazalt m
Basaltbruch m —(e)s, ⁼e bazaltołom
Basar m —s, —e bazar m
Basel¹ f —, —n 1. kuzynka f; szwajc ciotka f 2. pot kuma f
Base² f —, —n baza f; chem zasada f
Basel n —s Bazylea f
basieren (h) vi bazować, op-ierać|rzeć się (auf etw. na czymś)
Basilika f —, ...ken bazylika f
Basilisk m —en, —en zoo bazyliszek m (t. mit)
Basiliskenblick m —(e)s, —e przen spojrzenie ⟨wzrok⟩ bazyliszka
Basis f —, ...sen 1. archit, woj, ekon, filozof, przen baza f 2. mat podstawa f
basisch adj:adv, chem zasadow-y:-o
Baskenmütze f —, —n beret m (baskijski)
Basketball m —(e)s sport koszykówka f
Basketballspieler m —s, — sport koszykarz m
baskisch adj:adv baskijski : po baskijsku
Basrelief [barelĭef] n —s, —e barelief m, płaskorzeźba f
Baß m Basses, Bässe muz 1. bas m; ~ **singen** śpiewać basem 2. kontrabas m
Baß... w comp basowy; np. ~**schlüssel**
Baßgeige f —, —n muz kontrabas m
Bassin [basɛ̃:] n —s, —s zbiornik m; basen m
Bassist m —en, —en basista m
Baßschlüssel m —s, — muz klucz basowy
Baßstimme f —, —n bas m
Bast m —es, —e 1. łyko n 2. łow szypuł m
basta! int, pot basta!; **und damit** ~! i na tym koniec!; tak, a nie inaczej
Bastard m —(e)s, —e 1. bękart m 2. biol bastard, mieszaniec, hybryd m
bastardisieren (h) vt, biol s|krzyżować (Pflanzen rośliny). **Su** t. **hybrydyzacja** f; **bastardyzacja** f
Bastei f —, —en baszta f
basteln (h) 1. vi majstrować, majsterkować (an etw. przy czymś) 2. vt z|majstrować (etw. coś)
Bastfaser f —, —n włókno łykowe
Bastion f —, —en archit, przen bastion m
Bastkorb m —(e)s, ⁼e łubianka f
Bastler m —s, — majsterkujący; pot majster klepka, majsterkowicz m
Bataillon [batajo:n] n —s, —e woj batalion m
Bataillons... w comp ... batalionu; np. ~**kommandeur**
Bataillonskommandeur [...dø:r] m —s, —e dowódca batalionu
Bathyskaph m —en, —en batyskaf m

Batist m —(e)s, —e batyst m
batisten adj batystowy
Batterie f —, ...ien woj, tech bateria f
Batterieempfänger m —s, — radio odbiornik na baterię
Bau m I. —(e)s, —ten budynek m, budowla f; e. **stattlicher** ~ okazały budynek II. —(e)s 1. budowa (t. płac) budowanie n; **das Haus befindet sich im** ⟨in⟩ ~ dom buduje się 2. budowa, struktura f (e—r Maschine maszyny; des Auges oka) 3. budowa f (ciała); **sie ist von zartem** ~ ona jest delikatnej budowy 4. łow nora, jama f (e—s Fuchses lisa); przen, pot **er geht nicht aus seinem** ~ zaszył się w domu * przen jmd **vom** ~ specjalista, znawca m; **zum** ~ **gehören** być specjalistą w jakiejś dziedzinie
Bau... w comp 1. budowlany; np. ~**arbeit** 2. ... budowy; np. ~**beschleunigung** 3. ... zabudowy; np. ~**linie**
Bauarbeit f —, —en robota budowlana
Bauarbeiter m —s, — robotnik budowlany
Bauaufsicht f — nadzór budowlany
Bauauftrag m —(e)s, ⁼e zlecenie na wykonanie robót budowlanych
Baubeschleunigung f — przyspieszenie budowy
Baubewilligung f —, —en zezwolenie budowlane
Bauch m —(e)s, ⁼e 1. brzuch m; przen, pot **vor jmdm auf dem** ~ **liegen** leżeć plackiem przed kimś; pot **er hielt sich den** ~ **vor Lachen** zrywał boki ze śmiechu 2. przen wypukłość f, wybrzuszenie n (e—s Kruges dzbana)
Bauch... w comp 1. brzuszny; np. ~**binde** 2. ... brzucha; np. ~**tanz**
Bauchbinde f —, —n med pas brzuszny
Bauchbruch m —(e)s, ⁼e med przepuklina brzuszna
Bauchfell n —(e)s, —e anat otrzewna f
Bauchfell... w comp ... otrzewnej; np. ~**entzündung**
Bauchfellentzündung f —, —en med zapalenie otrzewnej
Bauchflosse f —, —n płetwa brzuszna
Bauchhöhle f —, —n anat jama brzuszna
bauchig a. **bäuchig** adj brzuchaty; pękaty
Bauchlandung f —, —en lot lądowanie ze schowanym podwoziem
bäuchlings adv na brzuchu; ~ **liegend** leżąc na brzuchu
Bauchredner m —s, — brzuchomówca m
Bauchschmerz m —es, —en ból brzucha
Bauchschuß m ...sses, ...üsse postrzał w brzuch
Bauchspeicheldrüse f —, —n anat trzustka f
Bauchtanz m —es, ⁼e taniec brzucha
Bauchtyphus m — dur ⟨tyfus⟩ brzuszny
Bauchwassersucht f — med puchlina brzuszna, wodobrzusze n
Bauchweh n —(e)s, — ból brzucha
Baude f —, —n schronisko n (górskie)
Baudenkmal n —(e)s, ⁼er zabytek architektoniczny, pomnik architektury

Baudenkmal(s)pflege — Baumkuchen

Baudenkmal(s)pflege f — ochrona zabytków architektonicznych
Baueinstellung f —, —en wstrzymanie budowy
bauen (h) I. vt 1. wy|budować, stawiać, wzn-osić|ieść; e. **Nest** ~ wić gniazdo; przen **Luftschlösser** ~ stawiać zamki na lodzie 2. uprawi-ać|ć; po|sadzić **(Kartoffeln** ziemniaki); siać **(Getreide** zboże); hodować **(Tabak** tytoń; **Obst** owoce) 3. górn doby-wać|ć **(Kohle** węgiel) 4. pot z|robić; e—e **Prüfung** ~ zda(wa)ć egzamin; er läßt sich e—n **Anzug** ~ daje sobie szyć ubranie II. vi, przen polegać **(auf jmdn** a. etw. na kimś a. czymś)
Bauer¹ m 1. —n a. —s, —n chłop, rolnik, wieśniak m; **leibeigner** ~ chłop pańszczyźniany 2. —n, —n szach pionek m 3. —n, —n karc walet m
Bauer² n m —s, — klatka f
Bäuerin f —, —nen chłopka, wieśniaczka f
bäuerisch adj:adv, zob. **bäurisch**
bäuerlich adj:adv chłopski : z chłopska, po chłopsku, wieśniaczy : z wiejska, po wiejsku; **Bäuerliche Handelsgenossenschaft** gminna spółdzielnia
Bauern... w comp 1. chłopski; np. ~**aufstand** 2. wiejski; np. ~**junge**
Bauernadel m —s szlachta zaściankowa ⟨zagrodowa⟩
Bauernaufstand m —(e)s, ⁻e bunt chłopski, powstanie chłopów
Bauernbefreiung f — uwłaszczenie chłopów
Bauernfänger m —s, — przen wydrwigrosz; oszust m
Bauernfängerei f —, —en przen łapichłopstwo n
Bauerngut n —(e)s, ⁻er gospodarstwo chłopskie ⟨rolne⟩
Bauernhaus n —es, ⁻er dom chłopski ⟨wiejski⟩
Bauernhochzeit f —, —en wesele chłopskie
Bauernhof m —(e)s, ⁻e zagroda chłopska
Bauernhütte f —, —n chata chłopska
Bauernjunge m —n, —n chłopak wiejski
Bauernkittel m —s, — siermięga, sukmana f
Bauernknecht m —(e)s, —e parobek wiejski
Bauernkrieg m —(e)s, —e wojna chłopska
Bauernlegen n —s eksoropriacja f, wykup m (gruntu chłopskiego)
Bauernregel f —, —n ludowa prognostyka pogody
Bauernschaft f — chłopstwo n
Bauernschläue f — chłopski spryt
Bauernstand m —(e)s stan chłopski
Bauernstube f —, —n izba chłopska; świetlica wiejska
Bauerntracht f —, —en strój chłopski
Bauernwirtschaft f —, —en gospodarstwo wiejskie ⟨rolne⟩
baufällig adj grożący zawaleniem, w stanie grożącym zawaleniem; ~ **sein** grozić zawaleniem. Sk zły stan budynku
Bauflucht f —, —en bud lico zabudowy
Baufrist f —, —en termin budowy
Baugelände n —s, — teren budowlany ⟨pod budowę⟩
Baugenehmigung f —, —en zob. **Baubewilligung**
Baugenossenschaft f —, —en spółdzielnia budowlana
Baugerüst n —(e)s, —e bud rusztowanie n
Baugrube f —, —n wykop budowlany ⟨pod budowę⟩
Baugrund m —(e)s, ⁻e grunt pod budowę
Bauhandwerker m —s, — rzemieślnik budowlany
Bauherr m —n, —en właściciel budowy; inwestor m
Bauhöhe f —, —n wysokość budowli
Bauholz n —es, ⁻er drewno budowlane, budulec m
Bauhütte f —, —n barak budowlany
Bauingenieur [...ʒenïøːr] —s, —e inżynier budowlany
Baukasten m —s, — a. ⁻ pudełko z klockami, klocki pl
Bauklotz m —es, ⁻e klocek do zabawy; przen, pot **Bauklötze staunen** o niemieć ze zdumienia
Baukonstruktion f —, —en konstrukcja budowlana, ustrój budowlany
Baukosten pl koszty budowy
Baukunst f — sztuka budowlana, architektura f
Bauleiter m —s, — kierownik budowy
Bauleitung f —, —en kierownictwo budowy
baulich adj:adv budowlany : pod względem budowlanym; ~e **Vorschriften** przepisy budowlane. Sk budowla f
Baulinie f —, —n linia zabudowy
Baum m —(e)s, ⁻e 1. drzewo n; **stark wie e.** ~ silny jak dąb; pot **es ist um auf die Bäume zu klettern** można się wściec 2. mar bom, bum m 3. pot drzewko n, choinka f
Baum... w comp 1. drzewny; np. ~**schule** 2. ... drzewa; np. ~**blüte** 3. ... drzew; np. ~**zucht**
Baumaterial n —s, ...ien materiał budowlany
Baumbestand m —(e)s, ⁻e drzewostan m
Baumblüte f —, —n 1. kwiecie drzewa 2. kwitnięcie drzew
Baumeister m —s, — budowniczy m
baumeln (h) vi dyndać; mit den Füßen ~ bujać nogami
bäumen, sich (h) vr 1. sta-wać|nąć dęba (o koniu) 2. zob. **aufbäumen, sich**
Baumfalke m —n, —n orn kobuz m
Baumfrevel m —s, — niedozwolony wyrąb drzew
Baumgrenze f —, —n (górna) granica lasu, granica wegetacji drzew
Baumgruppe f —, —n kępa drzew
baumhoch adj wysoki jak drzewo
Baumkrone f —, —n korona drzewa
Baumkuchen m —s, — kulin sękacz m

baumlang *adj* długi jak tyka; e. ~er Kerl dryblas, drągal *m*
Baumläufer *m* —s, — *orn* pełzacz leśny
Baummarder *m* —s, — *zoo* kuna leśna
Baumrinde *f* —, —n kora *f*
Baumschere *f* —, —n *ogr* sekator *m*
Baumschule *f* —, —n *leśn* szkółka *f*
Baumstamm *m* —(e)s, ⸚e pień drzewa
baumstark *adj* silny jak dąb
Baumsteppe *f* —, —n sawanna *f*
Baumstumpf *m* —(e)s, ⸚e pniak *m*
Baumwipfel *m* —s, — wierzchołek drzewa
Baumwoll... *w comp* 1. bawełniany; *np.* ~garn 2. bawełny; *np.* ~bau
Baumwollbau *m* —(e)s uprawa bawełny
Baumwolle *f* — 1. *włók* bawełna *f* 2. *bot* bawełna *f*, krzew bawełny
baumwollen *adj* bawełniany, z bawełny
Baumwollgarn *n* —(e)s, —e przędza bawełniana
Baumwollindustrie *f* —, ...ien przemysł bawełniany
Baumwollkleid *n* —(e)s, —er suknia bawełniana
Baumwollspinnerei *f* —, —en przędzalnia bawełny
Baumwollstaude *f* —, —n krzak bawełny
Baumwollstoff *m* —(e)s, —e materiał bawełniany
Baumwollweberei *f* —, —en tkalnia bawełny
Baumzucht *f* — hodowla drzew
Bauordnung *f* —, —en przepisy budowlane; ustawa budowlana
Bauparzelle *f* —, —n działka budowlana
Baupflicht *f* — obowiązek zabudowy
Bauplan *m* —(e)s, ⸚e architektoniczny projekt podstawowy
Bauplatz *m* —es, ⸚e plac budowy
Baurecht *n* —(e)s prawo budowlane
bäurisch *adj:adv* prostack-i:-o, nieokrzesan-y:-ie
Bausch *m* —es, —e *a.* ⸚e 1. bufa *f* (e—s Ärmels rękawa) 2. zwitek *m* (**Papier** papieru) 3. *med* tampon *m* * in ~ **und Bogen** a) ryczałtem, hurtem; **er verkaufte seine Habe in ~ und Bogen** sprzedał swoje mienie ryczałtem ⟨hurtem⟩ b) w czambuł; **etw. in ~ und Bogen verwerfen** potępiać coś w czambuł
bauschen, sich (h) *vr* odstawać (o *sukni*)
bauschig *adj:adv* bufiast-y:-o
Bauschlosser *m* —s, — ślusarz budowlany
Bauschule *f* —, —n 1. szkoła budowlana 2. szkoła budownicza (*sposób budowania*)
Bauschutt *m* —(e)s gruz budowlany
Baustein *m* —(e)s, —e 1. kamień budowlany 2. *przen* przyczynek *m*
Baustelle *f* —, —n miejsce ⟨plac⟩ budowy
Baustil *m* —(e)s, —e styl architektoniczny
Baustoff *m* —(e)s, —e zob. **Baumaterial**
Baustrecke *f* —, —n *kol* odcinek budowy

Bautechniker *m* —s, — technik budowlany
Bauten *pl, zob.* **Bau**
Bautischler *m* —s, — stolarz budowlany, cieśla *m*
Bauüberwachung *f* — nadzór budowlany
Bauunkosten *pl* — generalia budowlane
Bauunternehmen *n* —s, — przedsiębiorstwo budowlane
Bauunternehmer *m* —s, — przedsiębiorca budowlany
Bauvertrag *m* —(e)s, ⸚e umowa budowlana ⟨o wykonanie robót budowlanych⟩
Bauvorschrift *f* —, —en przepis budowlany
Bauweise *f* —, —n 1. sposób budowania 2. rodzaj budownictwa
Bauwerk *n* —(e)s, —e budowla *f*
Bauwesen *n* —s budownictwo *n*
Bauwirtschaft *f* — gospodarka budowlana
Bauxit *m* —s, —e *min* boksyt *m*
Bauzwang *m* —(e)s przymus zabudowy
Bayer *m* —n, —n Bawarczyk *m*
Bayerin *f* —, —nen Bawarka *f*
Bayern *n* —s Bawaria *f*
bayrisch *adj:adv* bawarski : po bawarsku
Bazillus *m* —, ...llen bakcyl, lasecznik *m*
Bazillenträger *m* —s, — nosiciel zarazków
be... *przedrostek czasownikowy; np.* ~nennen
beabsichtigen (h) *vt* zamierz-ać|yć, mieć zamiar
beachten (h) *vt* 1. baczyć, uważać, zwr-acać|ócić uwagę (**jmdn** *a.* **etw.** na kogoś *a.* na coś), pilnować (kogoś *a.* czegoś) 2. zważać (**jmdn** *a.* **etw.** na kogoś *a.* na coś), brać|wziąć pod uwagę ⟨w rachubę⟩, uwzględni-ać|ć, mieć na względzie (kogoś *a.* coś), przestrzegać (czegoś). Su 1. uwaga *f* 2. uwzględnienie *n*, wzgląd *m*; **unter Beachtung z** uwzględnieniem, uwzględniając, biorąc pod uwagę
beachtenswert *a.* **beachtlich** *adj:adv* godny uwagi, zasługujący na uwagę; wybitn-y:-ie, znaczn-y:-ie
beackern (h) *vt* uprawi-ać|ć pole
Beamte *m* —n, —n urzędnik *m*
Beamten... *w comp* 1. urzędniczy; *np.* ~stand 2. ... urzędników; *np.* ~abbau
Beamtenabbau *m* —(e)s redukcja urzędników
Beamtenschaft *f* —, —en ogół urzędników, stan urzędniczy
Beamtenstand *m* —(e)s stan ⟨zawód⟩ urzędniczy
Beamtin *f* —, —nen urzędniczka *f*
beängstigen (h) *vt* za|niepokoić. Su **beängstigend** 1. *part praes, zob.* **beängstigen** 2. *adj:adv* niepokojąc-y:-o
beanspruchen (h) *vt* 1. rościć pretensje (etw. do czegoś), domagać się, zażądać, wymagać (czegoś); **das beansprucht viel Zeit** to wymaga ⟨zajmie⟩ wiele czasu 2. absorbować; *t. tech* obciąż-ać|yć. Su 1. roszczenie *n*, pretensja

beanstanden 103 bedecken

f, domaganie się, żądanie n 2. absorbowanie n; t. tech obciążenie n
beanstanden (h) vt 1. za|kwestionować, poda-wać|ć w wątpliwość (etw. coś) 2. hand reklamować (etw. coś), zgł-aszać|osić reklamację (o coś); **die beanstandete Lieferung** zakwestionowana przesyłka. Su 1. zakwestionowanie n, podawanie w wątpliwość 2. reklamacja f, zgłaszanie reklamacji
beantragen (h) vt wn-osić|ieść, stawiać ⟨postawić⟩ wniosek, za|proponować; e. **Gesetz** ~ wnosić projekt ustawy. Su wniesienie n, postawienie wniosku; zaproponowanie n
beantworten (h) vt odpowi-adać|edzieć; odpis-ywać|ać (etw. na coś). Su odpowiedź f
bearbeitbar adj nadający się do obróbki, dający się obrobić
bearbeiten (h) vt 1. opracow-ywać|ać (e. **Thema** temat) 2. poprawi-ać|ć, przer--abiać|obić; adiustować (e. **Manuskript** rękopis) 3. teatr etw. für die Bühne ~ adaptować coś dla sceny 4. tech obr--abiać|obić 5. przen, pot obr-abiać|obić; jmdn mit **Fußtritten** ~ kopać kogoś 6. uprawi-ać|ć (den **Acker** pole) 7. przen ur-abiać|obić **(die öffentliche Meinung** opinię publiczną). Su 1.—7.; do 3. t. teatr adaptacja f; do 4. t. obróbka f; do 6. t. uprawa f
Bearbeiter m —s, — referent m; decernent m; opracowujący m
beargwohnen a. **beargwöhnen (h)** vt podejrzewać **(jmdn wegen etw.** kogoś o coś). Su
beaufsichtigen (h) vt dozorować, doglądać **(jmdn** a. etw. kogoś a. czegoś). Su t. dozór m
beauftragen (h) vt polec-ać|ić, porucz--ać|yć **(jmdn mit etw.** komuś coś); **ich bin beauftragt** polecono mi, mam polecenie
Beauftragte m —n, —n pełnomocnik, mandatariusz m
beäugen (h) vt oglądać **(jmdn** kogoś)
beaugenscheinigen (h) vt dokon-ywać|ać oględzin ⟨autopsji⟩. Su t. autopsja f, oględziny pl
bebändern (h) vt przyb-ierać|rać wstążkami
bebauen (h) vt 1. zabudow-ywać|ać 2. uprawi-ać|ć (e—n **Acker** pole). Su t. 1. zabudowa f 2. uprawa f
Bebauungs... w comp 1. ... zabudowy; np. ~**plan** 2. ... uprawy; np. ~**fläche**
Bebauungsfläche f —, —n powierzchnia uprawy
Bebauungsplan m —(e)s, ⸚e plan zabudowy
beben (h) vi 1. drżeć, dygotać, trząść się **(vor Kälte** z zimna; **vor Wut** ze złości) 2. przen trwożyć ⟨lękać⟩ się **(um jmdn** o kogoś); **vor jmdm** ~ drżeć przed kimś, lękać się kogoś
Beben n —s, — geol trzęsienie ziemi
bebildern (h) vt ilustrować. Su
bebrillt part, adj w okularach; e. ~**er Herr** pan w okularach

Becher m —s, — 1. kubek m; poet puchar m, kielich m; e—n ~ **leeren** wychylić kubek; przen e. ~ **des Leidens** kielich goryczy 2. bot miseczka f **(der Eichel** żołędzi); kielich m (kwiatów) 3. tech kubeł, czerpak m
Becher... w comp kubełkowy, czerpakowy; np. ~**kette**
becherförmig adj kielichowaty, jak kielich
Becherkette f —, —n tech łańcuch kubełkowy ⟨czerpakowy⟩
bechern (h) vi, pot popi-jać|ć sobie
Becherwerk n —(e)s, —e tech przenośnik kubełkowy ⟨czerpakowy⟩
Becken n —s, — 1. miednica, mis(k)a f; muszla f (klozetowa) 2. anat miednica f 3. zbiornik, basen m 4. geol niecka f 5. pl, muz talerze pl
Beckenknochen m —s, — anat kość miedniczna
bedachen vt pokry-wać|ć dachem. Su dach m
bedacht I. part perf, zob. **bedenken II.** adj 1. obmyślony 2. obdarowany, wyposażony 3. baczny, dbały **(auf etw.** o coś); **auf etw.** ~ **sein** dbać o coś
Bedacht m —(e)s rozwaga f, namysł m; **mit** ~ z rozwagą
bedächtig I. adj:adv 1. rozważn-y-:ie, roztropn-y-:ie 2. woln-y-:o; ~**en Schrittes** a. **bedächtigen Schrittes** iść (po)wolnym krokiem **II.** adv ostrożnie. Sk rozwaga, roztropność f
bedächtsam adj:adv, zob. **bedächtig I. 1. Sk**
bedanken, sich (h) vr po|dziękować **(bei jmdn für etw.** komuś za coś)
Bedarf m —(e)s, 1. popyt m **(an etw.** na coś) 2. potrzeba f, pot zapotrzebowanie n; **für den eigenen** ~ dla własnych potrzeb; hand **laufender** ~ bieżące zapotrzebowanie; **je nach** ~ w miarę potrzeby; **bei** ~ w razie potrzeby
Bedarfsartikel m —s, — hand artykuł pierwszej potrzeby
Bedarfsfall m; **im** ~ w razie potrzeby
Bedarfshaltestelle f —, —n kol przystanek warunkowy ⟨na żądanie⟩
bedauerlich adj pożałowania godny; przykry; es **ist** ~ ... należy żałować...
bedauerlicherweise adv niestety
bedauern (h) 1. vt po|żałować **(jmdn** kogoś); ubolewać **(etw.** nad czymś); współczuć **(jmdn** komuś); **sie ist zu** ~**!** należy jej współczuć!; **er kann nicht genug** ~, **daß...** nie może odżałować, że ... ...; **ich würde** ~; **bedaure sehr!** bardzo żałuję!, przykro mi bardzo!
Bedauern n —s ubolewanie n, żal m; **sein** ~ **aussprechen** ⟨**äußern**⟩ wyrażać ubolewanie; **zu seinem großen** ~ **stellte er fest** ... z wielkim żalem stwierdził ...
bedauernswert a. **bedauernswürdig** adj: :adv pożałowania ⟨ubolewania⟩ godny
bedecken I. (h) vt, vr (sich się) 1. okry--wać|ć, przykry-wać|ć, nakry-wać|ć; zakry-wać|ć, pokry-wać|ć, t. zoo (e—e

Bedecktsamer 104 **bedrohen**

Stute klacz); *przen* mit Küssen ~ okry(wa)ć pocałunkami; den Weg mit Blumen ~ usłać drogę kwiatami 2. *t. vr* (sich *dat* sobie; sich się) zasł-aniać|onić, zakry-wać|ć; das Gesicht mit Händen ~ zakry(wa)ć ⟨zasłonić⟩ twarz rękoma; der Himmel hat sich mit Wolken bedeckt niebo pokryło się chmurami II. *vt* 1. *woj* osł--aniać|onić, eskortować, *mar* konwojować 2. *astr* zaćmi-ewać|ć. Su do I. 1. 2.; II. 1. 2.; II. 1. *t. woj* osłona, eskorta *f;* konwój *m;* do II. 2. *t. astr* zaćmienie *n*
Bedecktsamer *pl, bot* okrytonasienne *pl*
bedenken (19;h) I. *vt* 1. zastan-awiać| owić się (etw. nad czymś), rozważ--ać|yć (coś), pomyśleć (o czymś); bitte, ~ Sie! proszę, niech pan(i) się zastanowi ⟨rozważy⟩! wenn man bedenkt, daß... jeśli się pomyśli ⟨zważy⟩, że ... 2. zważać (etw. na coś), uwzględni--ać|ć (coś) 3. obdarow-ywać|ać, obdarz-ać|yć (mit etw. czymś), wyposaż--ać|yć (w coś); die Natur hat ihn reich bedacht natura go hojnie obdarowała ⟨wyposażyła⟩; jmdn im Testament ~ zapisać komuś w testamencie II. sich ~ *vr* zastan-awiać|owić ⟨namyśl-ać|ić⟩ się (etw. nad czymś); ich bedachte mich e—s Besseren ⟨anderen⟩ rozmyśliłem się
Bedenken *n* —s, — 1. wątpliwość *f*, skrupuł *m;* ~ hegen ⟨tragen⟩ mieć wątpliwości ⟨skrupuły⟩ 2. zastanowienie *n*, rozwaga *f*, namysł *m;* ohne ~ bez namysłu ⟨wahania⟩
bedenklich *adj:adv* 1. wątpliw-y:-ie; niepewn-y:-ie (*np.* dokument); das stimmt mich ~ to mnie zastanawia 2. drażliw-y:-ie, delikatn-y:-ie. Sk
Bedenkzeit *f* — czas do namysłu ⟨zastanowienia się⟩
bedeppert *part, adj:adv,* pot speszony
bedeuten (h) *vt* 1. znaczyć, mieć znaczenie, oznaczać; was soll das ~? co to ma znaczyć? das hat nichts zu ~ to nie ma znaczenia 2. da-wać|ć do zrozumienia **(jmdm** *a.* **jmdn** komuś); ich bedeutete ihm ⟨ihn⟩ zu schweigen dałem mu do zrozumienia, by milczał. Su 1. znaczenie *n,* sens *m* (e—s Wortes słowa) 2. waga, doniosłość, ważność *f* (e—s Ereignisses zdarzenia); nichts von Bedeutung nic ważnego; große Bedeutung beimessen przywiązywać wielką wagę
bedeutend I. *part praes,* zob. bedeuten II. *adj* 1. doniosły, ważny (*o wydarzeniu*); znaczny (*np.* kapitał) 2. znakomity, znamienity, wybitny (*np.* uczony, artysta) III. *adv* znacznie; ~ billiger znacznie taniej
bedeutsam *adj* 1. *t. adv* znacząc-y:-o 2. doniosły. Sk znaczenie *n*
bedeutungslos *adj:adv* bez znaczenia. Si błahość, nieważność *f*
bedeutungsvoll 1. *adj* ważny, wielkiej wagi, doniosły 2. *t. adv* znacząc-y:-o
Bedeutungswandel *m* —s *jęz* zmiana znaczenia

bedienen (h) I. *vt* 1. usłu-giwać|żyć (**jmdn** komuś), obsłu-giwać|żyć (**jmdn** kogoś) 2. obsługiwać (e—e Maschine maszynę); karc die Farbe ~ dodać do koloru II. sich ~ *vr* posłu-giwać|żyć się (e—s Messers nożem); ~ Sie sich! proszę, niech pan(i) bierze ⟨poczęstuje się⟩. Su do I 1. 2.; do I. 1. *t.* usługa, obsługa *f;* służba *f;* do I. 2. *t.* obsługa *f (np.* maszyny)
bedienstet *adj* będący w służbie, zatrudniony
Bedienstete *m* —n, —n urzędnik, pracownik *m*
Bedienungs... *w comp* 1. ... obsługi; *np.* ~stand 2. ... dla obsługi; *np.* ~bühne
Bedienungsanweisung *f* —, —en instrukcja obsługi
Bedienungsbühne *f* —,· —n pomost dla obsługi
Bedienungsmannschaft *f* —, —en obsługa *f* (e—s Geschützes działa)
Bedienungspersonal *n* —s, —s personel obsługujący, obsługa *f*
Bedienungsstand *m* —(e)s, ⸗e stanowisko obsługi
Bedienungsvorschrift *f* —, —en instrukcja obsługi
bedingen (20;h) I. *vt* pociąg-ać|nąć za sobą, u|warunkować; die Senkung der Löhne bedingt e—e Senkung des Lebensstandards obniżka zarobków pociąga za sobą obniżenie stopy życiowej 2. wymagać; diese Arbeit bedingt e—e besondere Schulung ta praca wymaga specjalnego wyszkolenia II. sich *dat* ~ *vr* wym-awiać|ówić ⟨zastrze-gać|c⟩ sobie (vertraglich w umowie). Su warunek *m;* unter ⟨mit⟩ der Bedingung pod warunkiem; unter keiner Bedingung w żadnym razie ⟨wypadku⟩
bedingt 1. *part perf,* zob. bedingen 2. *adj:adv* warunkow-y:-o, uwarunkowany : z zastrzeżeniem. Sh zależność *f;* względność *f;* uwarunkowanie *n*
Bedingungs... *w comp* warunkowy; *np.* ~form
Bedingungsform *f* — gram tryb warunkowy, konditionalis *m*
bedingungsgemäß *adv* stosownie do warunków
bedingungslos *adj:adv* bezwarunkow-y:-o, bez zastrzeżeń; ~e Kapitulation bezwarunkowa kapitulacja
Bedingungssatz *m* —es, ⸗e *jęz* zdanie warunkowe
bedingungsweise *adv* warunkowo, z zastrzeżeniem
bedrängen (h) *vt* nalegać, naciskać (**jmdn mit Forderungen** na kogoś żądaniami); doskwierać (komuś); prześladować, dręczyć (kogoś), gnębić
Bedrängnis *f* —, —se tarapaty *pl,* opresja *f,* opały *pl*
bedrängt 1. *part perf,* zob. **bedrängen** 2. *adj* przykry, trudny, niedogodny; in ~er Lage w tarapatach ⟨opresji⟩
bedrohen (h) *vt* grozić, zagr-ażać|ozić, odgrażać się (**jmdm** komuś). Su *t.* groźba *f*

bedrohlich 105 Befehl

bedrohlich *adj:adv* groźn-y:-ie, niebezpieczn-y:-ie
bedrücken (h) *vt* zadrukow-ywać|ać
bedrücken (h) *vt* 1. uciskać, z|gnębić, ciemiężyć, prześladować 2. wywoł(y- w)ać przygnębienie, trapić, dręczyć. Su do 1.; do 1. *t.* ucisk *m*
bedrückend 1. *part praes, zob.* bedrücken 2. *adj:adv* przygnębiając-y:-o
Bedrücker *m* —s, — ciemięzca, ciemiężyciel *m*
bedrückt 1. *part perf, zob.* bedrücken 2. *adj:adv* przygnębiony. Sh przygnębienie *n*
Beduine *m* —n, —n Beduin *m*
bedürfen (24;h) *vi* 1. potrzebować (e—r Sache czegoś; deines Rates twojej rady) 2. *vimp* trzeba; es bedurfte nur e—s Wortes ... wystarczyło słówko ...; es bedarf hierfür e—s Beweises na to trzeba dowodu
Bedürfnis *n* —ses, —se potrzeba *f*; ~ nach Ruhe potrzeba spokoju; seine ~se befriedigen zaspokajać swoje potrzeby * *fizj* sein ~ verrichten załatwiać się ⟨swoją potrzebę naturalną⟩
Bedürfnisanstalt *f* —, —en ustęp publiczny
bedürfnislos *adj:adv* skromn-y:-ie, nie wymagający:bez wymagań. Si skromność *f*, brak wymagań
bedürftig *adj:adv* 1. potrzebując-y:-o (e—r Sache czegoś); ~ sein potrzebować 2. biedn-y:-ie. Sk potrzeba, bieda *f*
beduseln, sich (h) *vr, pot* ululać ⟨upi-jać|ć⟩ się
Beefsteak [be:fste:k] *n* —s, —s befsztyk *m*
beehren (h) 1. *vt* zaszczyc-ać|ić (jmdn mit etw. kogoś czymś) 2. sich ~ *vr* mieć zaszczyt
beeid(ig)en (h) *vt* 1. stwierdz-ać|ić przysięgą (etw. coś) 2. zaprzysi-ęgać|ąc (jmdn kogoś), przyj-mować|ąć przysięgę, od-bierać|ebrać ⟨brać⟩ przysięgę (od kogoś). Su do 1. 2.; do 2. *t.* zaprzysiężenie *n*, odebranie przysięgi
beeidigt 1. *part perf, zob.* beeidigen 2. *adj* zaprzysiężony, przysięgły; ~er Dolmetscher tłumacz przysięgły ⟨zaprzysiężony⟩
beeifern, sich (h) *vr* starać się usilnie, do-kładać|łożyć usilnych starań. Su usilne staranie
beeilen, sich (h) *vr* po|spieszyć się
beeindrucken (h) *vt* wyw-ierać|rzeć wrażenie (jmdn na kimś); beeindruckt sein być pod wrażeniem. Su wywieranie ⟨wywarcie⟩ wrażenia
beeinflußbar *adj* ulegający wpływom; chwiejny. Sk uległość *f*; chwiejność *f*
beeinflussen (h) *vt* wpły-wać|nąć, wyw-ierać|rzeć wpływ, oddział-ywać|ać (jmdn *a.* etw. na kogoś *a.* na coś); er läßt sich leicht ~ łatwo ulega wpływom. Su *t.* wpływ *m*
beeinträchtigen (h) *vt* 1. s|krzywdzić, uszczupl-ać|ić; jmdn in seinen Rechten ~ uszczuplać czyjeś prawa; *przen* die Sicht ~ utrudniać widoczność 2. przy-

n-osić|ieść ujmę, uwłaczać (die Ehre honorowi). Su do 1., 2.; do 1. *t.* krzywda, ujma *f*, uszczerbek *m*
Beelzebub [bɛɛl...] *m* — Belzebub *m*
beend(ig)en (h) *vt* za|kończyć, skończyć, ukończyć. Su
beengen (h) *vt* 1. ścieśni-ać|ć, ogranicz-ać|yć; 2. *przen* s|krępować; ich fühle mich beengt czuję się skrępowany. Su do 1., 2.; do 1. *t.* ucisk *m* (der Brust piersi)
beerben (h) *vt* o|dziedziczyć (jmdn po kimś). Su
beerdigen (h) *vt* pochować, pogrzebać. Su *t.* ⟨pogrzeb *m*
Beerdigungs... *w comp* 1. pogrzebowy; *np.* ~anstalt 2. ... pogrzebu; *np.* ~kosten
Beerdigungsanstalt *f* —, —en zakład pogrzebowy
Beerdigungsfeier *f* —, —n uroczystość pogrzebowa, pogrzeb *m*
Beerdigungskosten *pl* koszty pogrzebu
Beere *f* —, —n jagoda *f*; ~n lesen zbierać jagody
Beerenobst *n* —es owoce jagodowe, jagody *pl*
Beet *n* —(e)s, —e grzęda, grządka *f*; zagon *m*
Beete *f* —, —n *bot* boćwina *f*
befähigen (h) *vt* uprawni-ać|ć, uzdolni-ać|ć. Su *t.* kwalifikacja, zdolność *f*; *praw* rechtliche Befähigung zdolność prawna
befähigt 1. *part perf, zob.* befähigen 2. *adj* zdolny, uzdolniony, nadający się, wy|kwalifikowany
Befähigungsnachweis *m* —es, —e dowód ⟨świadectwo⟩ uzdolnienia
befahrbar *adj* 1. nadający się do ruchu kołowego 2. żeglowny, spławny
befahren[1] (30;h) *vt* jeździć (e—n Weg po drodze); Meere ~ żeglować ⟨jeździć⟩ po morzach; *górn* e—n Schacht ~ zjeżdżać do szybu; kol e—e Strecke ~ kursować na odcinku
befahren[2] 1. *part perf, zob.* befahren[1] II. *adj* 1. ruchliwy (*np. o ulicy*) 2. doświadczony (*np.* żeglarz)
Befall *m* —(e)s 1. plaga *f* (mit Fliegen much) 2. opad *m* (*np.* radioaktywny)
befallen (31;h) *vt* napa-dać|ść, ogarn-iać| ąć, owładnąć; Furcht befiel sie strach ją ogarnął; von e—r Krankheit ~ nawiedzony chorobą, chory
befangen *part, adj:adv* 1. nieśmiał-y:-o, onieśmielony : z onieśmieleniem, zakłopotany : z zakłopotaniem 2. uprzedzony : z uprzedzeniem, stronnicz-y:-o. Sh 1. nieśmiałość *f*, onieśmielenie, zakłopotanie *n* 2. uprzedzenie *n*, stronniczość *f*
befassen, sich (h) *vr* zajmować ⟨trudnić⟩ się (mit etw. czymś)
Befehl *m* —(e)s, —e 1. rozkaz *m*; *woj* zu ~! rozkaz!; auf ~ na rozkaz; laut ~ według ⟨wedle⟩ rozkazu; unter jmds ~ stehen zostawać ⟨służyć⟩ pod czyimś rozkazami; ich stehe Ihnen zu ~! jestem do pańskiej dyspozycji! 2. *woj* dowództwo *n*, komenda *f*; den ~ über-

nehmen objąć dowództwo ⟨komendę⟩; **den ~ führen** dowodzić ⟨über etw. czymś⟩
befehlen (2;h) vt **1.** kazać, rozkaz-ywać| ać, nakaz-ywać|ać; **was ~ Sie? co pan(i) każe** ⟨sobie życzy⟩?; **er hat nichts zu ~ on nie ma prawa do rozkazywania 2.** wzywać|wezwać **(zu sich do siebie) 3.** poet polec-ać|ić; **er befahl seine Seele Gott** polecił duszę Bogu; **Gott befohlen!** z Bogiem!
befehligen (h) vt dowodzić (e—e **Armee** armią)
Befehls... w comp **1.** rozkazujący; np. **~form 2.** ... rozkazu; np. **~ausführung Befehlsausführung** f — wykonanie rozkazu
Befehlsausgabe f —, —n woj wydawanie rozkazów; odprawa f
Befehlsform f — gram tryb rozkazujący, imperatyw m
befehlsgemäß adj:adv zgodn-y:-ie z rozkazem
Befehlsgewalt f —, —en woj komenda f, dowództwo n; **die ~ lag in den Händen des Generals** dowództwo spoczywało w ręku generała
Befehlshaber m —s, — dowódca m; **der oberste ~** naczelny wódz
Befehlssatz m —es, ⁻e gram zdanie rozkazujące
Befehlsstand m —(e)s, ⁻e woj stanowisko dowodzenia
Befehlston m —(e)s ton rozkazujący
Befehlsverweigerung f —, —en odmówienie wykonania rozkazu
befehlswidrig adj:adv sprzeczn-y:-ie z rozkazem, wbrew rozkazowi. Sk
befeinden (h) vt, vr (sich się) zwalczać Su
befestigen (h) vt **1.** przymocow-ywać|ać, przytwierdz-ać|ić (mit **Nägeln** gwoździami) **2.** woj um-acniać|ocnić, u|fortyfikować **3.** przen utwierdz-ać|ić (in der **Überzeugung ~** utwierdzać w przekonaniu). Su do **2.** t. fortyfikacja f
Befestigungs... w comp fortyfikacyjny; np. **~arbeiten**
Befestigungsanlage f —, —n woj fortyfikacja f
Befestigungsarbeiten pl roboty fortyfikacyjne
Befestigungsgürtel m —s, — pas fortyfikacyjny ⟨umocnień⟩
befeuchten (h) vt zwilż-ać|yć, nawilż-ać| yć, zraszać|zrosić. Su
befeuern (h) vt **1.** woj ostrzel-iwać|ać **2.** oświetl-ać|ić ogniami (t. lot, mar) **3.** ogrzewać, opalać **4.** przen zagrzewać. Su do **1.**—**3.** do **3.** t. światło nawigacyjne
befiedert part upierzony
befinden (34;h) I. vt uzna-waić|ć, uważać, poczyt-ywać|ać **(jmdn** ⟨etw.⟩ **als kogoś** ⟨coś⟩ **za coś; als schuldig za winnego)** II. **sich ~** vr **1.** znajdować się; być; **der Ausgang befindet sich dort** wyjście znajduje się ⟨jest⟩ tam **2.** znajdować się, przebywać **(im Krankenhaus** w szpitalu) **2.** mie-wać|ć ⟨czuć⟩ się; **wie ~ Sie sich?** jak pan(i) się miewa?
Befinden n —s **1.** stan zdrowia, zdrowie n; samopoczucie n **2.** zdanie, mniemanie, uznanie, wyczucie n; **nach meinem ~** moim zdaniem, według mego mniemania
befindlich adj znajdujący się, będący; **~ sein** znajdować się, być
befischen (h) vt zarybiać-ać|ć. Su
beflaggen (h) vt przyb-ierać|rać ⟨udekorować⟩ chorągwiami ⟨flagami⟩. Su
beflechten (h) vt opl-atać|eść
beflecken (h) I. vt **1.** s|plamić, po|walać, po|plamić, za|brudzić **(das Kleid** sukmię) **2.** przen z|bezcześcić, s|plamić **(die Ehre** honor) **II.** vr (sich dat sobie; **sich się)** po|walać, po|plamić, umazać **(mit Blut** krwią); **sich selbst ~** onanizować się, popełni(a)ć samogwałt. Su
befleißen, sich (3;h) a. **befleißigen, sich (h)** vr **1.** starać się usilnie (e—r **Sache** o coś; **e—s guten Benehmens** o dobre zachowanie się) **2.** gorliwie zajmować ⟨trudnić⟩ się (e—r **Sache** czymś)
befliegen (36;h) vt, lot obl-atywać|ecieć; **e—e Strecke ~** latać ⟨kursować⟩ na linii ...
beflissen 1. part perf zob. **befleißen 2.** adj:adv piln-y:-ie, gorliw-y:-ie **3.** adv umyślnie. Sh do **2.**
beflügeln (h) vt uskrzydl-ać|ić (t. przen); **beflügelten Schrittes** szybkim krokiem; pot jak na skrzydłach
befolgen (h) vt **1.** iść|pójść (etw. za czymś; **e—n Rat** za radą); za|stosować się (do czegoś) **2.** przestrze-gać|c (etw. czegoś; **die Vorschriften** przepisów). Su
Beförderer m —s, — tech przenośnik m
befördern (h) vt **1.** ekspediować, transportować, przes-yłać|łać **(durch die Post** pocztą); przew-ozić|ieźć **(mit der Bahn** koleją) **2.** awansować **(zum Major** na majora). Su do **1. 2.**; do **1.** t. ekspedycja f, transport, przewóz m; do **2.** t. awans m
Beförderungs... w comp **1.** transportowy, przewozowy; np. **~mittel 2.** ... przewozu, ... transportu; np. **~bedingungen 3.** ... za przewóz ⟨transport⟩; np. **~gebühr**
Beförderungsbedingungen pl — warunki przewozu ⟨transportu⟩
Beförderungsgebühr f —, —en opłata za przewóz ⟨transport⟩
Beförderungskosten pl koszty przewozu ⟨transportu⟩
Beförderungsmittel n —s, — środek transportowy ⟨transportu⟩, środek lokomocji
beforsten (h) vt zalesi-ać|ć. Su
befrachten (h) vt załadować, zafrachtować (e. **Schiff** statek). Su
befragen (h) 1. vt pytać, zapyt-ywać|ać, wypyt-ywać|ać **(jmdn nach** ⟨**um, über, wegen**⟩ **etw.** kogoś o coś); indagować, wy|badać **(Zeugen** świadków) **2. sich ~** vr dowiadywać ⟨poinformować⟩ się (bei jmdm über etw. u kogoś o czymś).
Befrager m —s, — ankieter m
befreien (h) vt, vr (sich się) **1.** zw-alniać|olnić, uw-alniać|olnić **(jmdn** ⟨etw.⟩ **von etw.** kogoś ⟨coś⟩ od czegoś) **2.** os-

wob-adzać|odzić, wyzw-alać|olić, wy-
bawi-ać|ć. Su
Befreier *m* —s, — wybawca, zbawca, os-
wobodziciel *m*
Befreiungs... *w comp* 1. wyzwoleńczy,
wolnościowy; *np.* ~**bewegung** 2. ...
wyzwolenia; *np.* ~**tag**
Befreiungsbewegung *f* —, —en ruch wyzwoleńczy ⟨wolnościowy⟩
Befreiungskampf *m* —es, ⸗e walka wy-
zwoleńcza ⟨wolnościowa⟩
Befreiungskrieg *m* —(e)s, —e wojna wy-
zwoleńcza
Befreiungstag *m* —(e)s, —e dzień wyzwolenia
befremden (h) *vt, vimp* dziwić, być dzi-
wnym; **es befremdet (mich), daß...** to
dziwne ⟨dziwi mnie⟩, że...
Befremden *n* —s zdziwienie, zdumienie *n*;
zu meinem ~ ku memu zdziwieniu
befremdend 1. *part praes, zob.* **befremden** 2. *adj:adv* zadziwiając-y:-o, dziwn-y:-ie
befremdlich *adj:adv, zob.* **befremdend** 2.
befreunden, sich (h) *vr* 1. zaprzyjaźni-ać|ć
się (mit jmdm z kimś) 2. osw-ajać|
oić się (mit e—m Gedanken z myślą)
befreundet 1. *part perf, zob.* **befreunden**
2. *adj* zaprzyjaźniony; **sie waren** ~
przyjaźnili się
befrieden (h) *vt* s|pacyfikować, uspok-a-
jać|oić. Su *t.* pacyfikacja *f*
befriedigen (h) *vt* 1. zaspok-ajać|oić, za-
dow-alać|olić; **den Hunger** ~ zaspoka-
jać głód; **den Durst** ~ u|gasić prag-
nienie 2. *t. vr* (sich się) zadow-alać|
olić. Su; **zu meiner Befriedigung** ku
memu zadowoleniu
befriedigend 1. *part praes, zob.* **befriedigen** 2. *adj:adv* zadowalając-y:-o
befristen (h) *vt* wyznacz-ać|yć ⟨ozna-
cz-ać|yć⟩ termin. Su wyznaczenie ter-
minu
befristet 1. *part perf, zob.* **befristen** 2.
adj terminowy, w oznaczonym termi-
nie, na oznaczony termin; ~**e Lieferung** terminowa dostawa
befruchten (h) *vt* 1. zapł-adniać|odnić
(*t. przen*); **bot** zapyl-ać|ić 2. użyźni-ać|ć
(den Boden glebę). Su
befruchtend 1. *part praes, zob.* **befruch-
ten** 2. *adj:adv* zapładniając-y:-o, owoc-
n-y:-ie (*t. przen*)
befugen (h) *vt* upoważni-ać|ć. uprawni-
-ać|ć, upełnomocni-ać|ć (**jmdn zu etw.**
kogoś do czegoś)
Befugnis *f* —, —se upoważnienie, pełnomocnictwo *n;* kompetencja *f,* uprawnienie, prawo *n* (**zu etw.** do czegoś);
die ~**se** überschreiten przekraczać
kompetencje
befugt I. *part perf, zob.* **befugen** II. *adj*
1. upoważniony, uprawniony, upełno-
mocniony; ~ **sein** mieć upoważnienie
⟨uprawnienie, pełnomocnictwo⟩ 2.
kompetentny, właściwy
befühlen (h) *vt* obmac-ywać|ać; z|badać
dotykiem. Su
Befund *m* —(e)s, —e 1. stan rzeczy; **den**
~ **aufnehmen** stwierdzać ⟨protokoło-
wać⟩ stan rzeczy, dokon(yw)ać oglę-

dzin 2. orzeczenie *n,* ekspertyza *f,* wyniki badań (*t. med*); **nach amtlichem**
⟨**ärztlichem**⟩ ~ na podstawie urzędo-
wej ⟨lekarskiej⟩ ekspertyzy; **med ohne**
~ **bez zmian**
Befund... *w comp* ... oględzin; *np.* ~**aufnahme**
Befundaufnahme *f* — dokon(yw)anie o-
ględzin
befürchten (h) *vt* obawiać ⟨bać, lękać⟩
się (**etw.** czegoś); **es ist zu** ~, **daß...**
należy się obawiać, że.... Su obawa *f*
befürworten (h) *vt* pop-ierać|rzeć (e. Ge-
such podanie). Su *t.* poparcie
begaben (h) *vt* obdarz-ać|yć. Su talent
m, zdolność *f*
begabt 1. *part perf, zob.* **begaben** 2. *adj*
zdolny, utalentowany, uzdolniony (**für
etw.** do czegoś). **Sh** *t.* uzdolnienie *n,*
talent, dar *m*
begaffen (h) *vt* gapić się (**etw. na coś**)
Begängnis *n* —ses, —se obrzęd pogrzebowy
begatten (h) 1. **sich** ~ *vr* spółkować; *zoo*
parzyć się 2. *vt* zapł-adniać|odnić. Su
Begattungs... *w comp* 1. ... spółkowania;
np. ~**akt** 2. ... płciowy; *np.* ~**trieb**
Begattungsakt *m* —(e)s, —e akt spółkowania ⟨*zoo* parzenia się⟩
Begattungstrieb *m* —(e)s popęd płciowy
begaunern (h) *vt, pot* oszwabi-ać|ć, ocy-
ganić
begeben (43;h) I. *vt, hand* sprzeda-wać|ć;
pu-szczać|ścić w obieg (**e—n Wechsel**
weksel) II. **sich** ~ *vr* 1. uda-wać|ć się,
iść|pójść; pojechać; **sich auf den Weg**
~ udawać się ⟨wyruszać⟩ w drogę;
sich zur Ruhe ⟨**zu Bett**⟩ ~ udać się
⟨pójść⟩ na spoczynek, pójść spać 2.
przyst-ępować|ąpić (**an etw.** do czegoś)
3. zrze-kać|c się, z|rezygnować; **sich
seines Rechtes** ~ zrzekać się swego
prawa 4. *vimp* zdarz-ać|yć się; **es be-
gab sich** zdarzyło się
Begebenheit *f* —, —en *a.* **Begebnis** *n*
—ses, —se zdarzenie, wydarzenie *n*
begegnen I. (sn) *vi* 1. spot-ykać|kać
(**jmdm** kogoś); **wir begegneten einander** ⟨**uns**⟩ **unterwegs** spotkaliśmy się w
drodze 2. spot-ykać|kać (**jmdm** kogoś),
zdarz-ać|yć ⟨przytrafi-ać|ć⟩ się (**komuś**);
mir ist e. Unglück begegnet spotkało
mnie nieszczęście 3. potraktować (**jmdm**
kogoś), zachować się (wobec kogoś); **er
begegnete mir höflich** potraktował
mnie uprzejmie II. (h) *vi, przen* prze-
ciwstawi-ać|ć się (**e—m Übel** złu), wy-
st-ępować|ąpić (**e—r Sache** przeciw
czemuś). Su spotkanie *n; sport t.* mecz

begeh(e)n (45;h) *vt* 1. ob-chodzić|ejść
(**e—e Bahnstrecke** odcinek toru) 2.
przen obchodzić uroczyście (**e. Fest**
święto; **e—n Jahrestag** rocznicę; **den
Geburtstag** urodziny); 3. dopu-szczać|
ścić się (**etw. czegoś;** *e.* **Verbrechen**
zbrodni); popełni-ać|ć (**e—n Fehler**
błąd; **Selbstmord** samobójstwo); **e—e
Dummheit** ~ palnąć głupstwo. **Su**
Begehr *m, n* —s 1. pragnienie, życzenie *n*; **was ist Ihr** ~? czego pan(i) so-

bie życzy?, czym mogę służyć? 2. *hand* popyt *m; danach ist immer* ~ *na to jest zawsze popyt*
begehren (h) 1. *vt* za|pragnąć, za|żądać (etw. czegoś); **er hat alles, was das Herz begehrt** ma wszystko, czego dusza zapragnie; **er begehrt sie zur Frau** ⟨**Ehe**⟩ pragnie ją poślubić ⟨pojąć za żonę⟩ 2. pożądać; *hand* **begehrt sein** mieć popyt, być poszukiwanym; **diese Ware ist begehrt** ten towar ma popyt ⟨jest poszukiwany⟩
Begehren *n* —s 1. *zob.* **Begehr** 1. 2. żądanie *n*
begehrenswert *a.* **begehrenswürdig** *adj* pożądany
begehrlich *adj:adv* 1. pożądliw-y:-ie 2. chciw-y:-ie. Sk
begeifern (h) *vt* 1. opl-wać|uć 2. przen o|szkalować, rzuc-ać|ić oszczerstwo ⟨potwarz⟩
begeistern (h) 1. *vt* zapal-ać|ić, rozentuzjazmować **(jmdn für etw.** kogoś do czegoś) **2.** *vr* **(sich się)** zapal-ać|ić ⟨entuzjazmować⟩ się. **Su** zapał, entuzjazm *m*
begeistert 1. *part perf, zob.* **begeistern 2.** *adj:adv* entuzjastyczn-y:-ie; zachwycony : z zachwytem; ~ sein być zachwyconym
Begier *f* — *a.* **Begierde** *f* —, —n żądza *f,* pożądanie *n* **(nach etw.** czegoś); **die fleischliche** ⟨**sinnliche**⟩ ~ pożądanie zmysłowe; **voll** ~ **lauschen** chciwie słuchać; **vor** ~ **brennen** pałać żądzą; **er brennt vor** ~, **dich zu sehen** gorąco pragnie cię zobaczyć
begierig *adj* żądny, pożądający **(nach e—r Sache** *a.* **auf etw.** czegoś; **nach Ruhm** sławy); **ich bin** ~ **zu erfahren** pragnąłbym ⟨ciekaw jestem⟩ dowiedzieć się
begießen (52;h) 1. *vt* po(d)l-ewać|ać. obl- -ewać|ać **(Blumen** kwiaty) **2.** *t. vr* **(sich** *dat* sobie; **sich sie**) obl-ewać|ać; *pot* **er begoß sich die Nase** zalał sobie łeb ⟨pałę⟩
Beginn *m* —(e)s początek *m,* rozpoczęcie *n;* **zu** ~ **z** ⟨**na**⟩ początku; **von** ~ **an** od początku
beginnen (4;h) I. *vt* 1. zacz-ynać|ąć, rozpocz-ynać|ąć, wszcz-ynać|ąć (e—n **Krieg** wojnę; **e—e Arbeit** robotę) **2.** zacz-ynać|ąć; jać; **er begann zu sprechen** zaczął ⟨jął⟩ mówić **3.** pocz-ynać| ąć, u|czynić; **was willst du** ~? co zamierzasz począć? **II.** *vi* zacz-ynać|ąć ⟨rozpocz-ynać|ąć⟩ się; **mit dem Bau** ~ rozpoczynać budowę
beglänzen (h) *vt* dodawać blasku (etw. czemuś), opromieni-ać|ć (coś)
beglaubigen (h) *vt, praw* 1. uwierzytelni-ać|ć, poświadcz-ać|yć (e—e **Unterschrift** podpis) **2.** akredytować (e—n **Botschafter** ambasadora). **Su**
beglaubigt I. *part perf, zob.* **beglaubigen II.** *adj* 1. uwierzytelniony; poświadczony **2.** akredytowany
Beglaubigungsschreiben *n* —s, — list uwierzytelniający
begleichen (53;h) *vt* wyrówn-ywać|ać,

u|regulować, za|płacić (e—e **Rechnung** rachunek). **Su**
Begleit... *w comp* 1. towarzyszący; *np.* ~**erscheinung 2.** eskortujący, konwojujący; *np.* ~**schiff**
Begleitadresse *f* —, —n *poczt* adres pomocniczy
begleiten (h) *vt* 1. towarzyszyć **(jmdn** komuś); odprowadz-ać|ić (kogoś), iść| pójść (z kimś) **2.** eskortować, konwojować **3.** *muz* towarzyszyć, akompaniować **(jmdn** komuś; **auf dem Klavier** na fortepianie). **Su do 1.—3.;** do 1. *t.* towarzystwo *n;* orszak *m,* świta, asysta *f;* do 2 *t.* eskorta *f,* konwój *m;* do **3.** *t. muz* akompaniament *m*
Begleiter *m* —s, — 1. towarzysz *m* 2. *muz* akompaniator *m*
Begleiterin *f* —, —nen 1. towarzyszka *f* 2. *muz* akompaniatorka *f*
Begleiterscheinung *f* —, —en zjawisko towarzyszące, objaw towarzyszący
Begleitmannschaft *f* —, —en konwój *m,* eskorta *f*
Begleitperson *f* —, —en osoba towarzysząca
Begleitschein *m* —(e)s, —e list przewozowy, *mar* konosament *m*
Begleitschiff *n* —(e)s, —e statek eskortujący ⟨konwojujący⟩
Begleitschreiben *n* —s, — pismo przewodnie ⟨towarzyszące⟩
Begleitumstand *m* —(e)s, ⸗e okoliczność towarzysząca
beglotzen (h) *vt, pot* wytrzeszcz-ać|yć ⟨wybałusz-ać|yć⟩ oczy ⟨gały⟩ **(jmdn** *a. etw.* na kogoś *a.* na coś; **sich** na siebie)
beglücken (h) *vt* uszczęśliwi-ać|ć. **Su**
beglückwünschen (h) *vt* po|winszować, po|gratulować **(jmdn zu etw.** komuś czegoś). **Su** *t.* gratulacje, życzenia *pl*
begnadet *part, adj* obdarzony wielkim talentem
begnadigen (h) *vt* ułaskawi-ać|ć, udziel- -ać|ić amnestii. **Su**
Begnadigungs... *w comp* 1. ... ułaskawienia; *np.* ~**recht 2.** ... o ułaskawienie; *np.* ~**gesuch**
Begnadigungsgesuch *n* —(e)s, —e prośba o ułaskawienie
Begnadigungsrecht *n* —(e)s prawo ułaskawienia ⟨łaski⟩
begnügen, sich (h) *vr* zadow-alać|olić się, (mit etw. czymś), poprzesta-wać|ć (na czymś)
Begonie [...i̯ə] *f* —, —n *bot* begonia, ukośnica *f*
begönnern *vt, żart* traktować protekcjonalnie
begraben (57;h) *vt* 1. po|grzebać (t. przen), po|chować **(den Leichnam** zwłoki) **2.** zagrzeb-ywać|ać; *przen, pot* **du kannst dich** ~ **lassen!** daj się wypchać!
Begräbnis *n* —ses, —se 1. pogrzeb *m,* grobowiec *m*
Begräbnis... *w comp, zob.* **Beerdigungs...** *w comp*
begrad(ig)en (h) *vt* wyprostow-ywać|ać,

begreifen 109 **beharren**

u|regulować (e—e Straße ulicę). Su t. regulacja f
begreifen (58;h) vt 1. poj-mować|ąć, z rozumieć; **ich kann das nicht ~ nie mogę tego pojąć** 2. ob-ejmować|jąć, zawierać, mieścić (**in sich w sobie**) 3. obmac-ywać|ać 4. przydybać, przyłap-ywać|ać
begreiflich adj:adv zrozumia-ły:-le; **er machte mir den Fehler ~ wytłumaczył ⟨wyjaśnił⟩ mi błąd**. Sk
begreiflicherweise adv oczywiście, naturalnie, ze zrozumiałych względów
begrenzen (h) vt 1. odgranicz-ać|yć 2. t. vr (**sich się**) przen ogranicz-ać|yć. Su
begrenzt 1. part perf, zob. **begrenzen** 2. adj, przen ograniczony, ciasny (np. horyzont). Sh do 2. t. przen ciasnota f (umysłu)
Begriff m —(e)s, —e pojęcie (t. filoz), wyobrażenie, mniemanie n; **er hat keinen ~ davon** on nie ma pojęcia o tym; **er hat einen hohen ~ von sich** jest wielkiego mniemania o sobie; **das geht über alle ~e** to przechodzi wszelkie pojęcia; **er ist schwer von ~** trudno pojmuje, jest tępy * im ~ **sein ⟨stehen⟩** zamierzać, mieć zamiar; **ich war im ~ zu lesen** miałem zamiar czytać
begriffen 1. part perf, zob. **begreifen** 2. ~ **sein in etw.**; **er war im Weggehen ~** zabierał się do wyjścia; **im Bau ⟨Entstehen⟩ ~** w trakcie budowy ⟨powstawania⟩; **im Marsch ~** w marszu
begrifflich adj:adv pojęciow-y:-o; abstrakcyjn-y:-ie
Begriffs... w comp ... pojęcia; np. ~**bestimmung**
Begriffsbestimmung f — określenie pojęcia, definicja f
Begriffsentwicklung f — rozwinięcie pojęcia
begriffsmäßig adj:adv, zob. **begrifflich**
begriffsstutzig adj:adv niepojętny, tęp-y:-o
begründen (h) vt 1. za-kładać|łożyć (e—n **Verein** stowarzyszenie) 2. uzasadni-ać|ć, u|motywować (**das Mißtrauen** nieufność; **den Antrag** podanie). Su do 1., 2.; do 2. t. motywacja f
Begründer m —s, — założyciel, twórca m
Begründerin f —, —**nen** założycielka f
begrüßen (h) vt 1. t. vr (**sich się**) po| witać, przywitać 2. przen po|witać (e—**n Plan** plan). Su
Begrüßungs... w comp ¡powitalny; np. ~**ansprache**
Begrüßungsansprache f —, —**n** mowa powitalna
Begrüßungszeremonie f —, ...ien ceremonia powitalna
begucken (h) vt, vr (**sich się, sobie**) pot oglądać|obejrzeć
begünstigen (h) vt 1. faworyzować, u|przywilejować 2. sprzyjać, pom-agać|óc (**jmdn** komuś). Su do 1., 2.; do 1. t. przywilej m; do 2. t. praw poplecznictwo n
begutachten (h) vt za|opiniować, oceni-

-ać|ć (etw. coś) wyda-wać|ć sąd ⟨opinię⟩ (o czymś); ~ **lassen** podda(wa)ć ocenie ⟨ekspertyzie⟩. Su t. orzeczenie n, ekspertyza f
begütert part, adj:adv majętn-y:-ie, zamożn-y:-ie
begütigen (h) vt udobruchać. Su
behaart part, adj:adv owłosiony, włochat-y:-o; kosmat-y:-o
Behaarung f —, —**en** owłosienie n
behäbig adj:adv 1. zażywn-y:-ie, korpulentn-y:-ie 2. pot zasobn-y:-ie. Sk
behacken (h) vt 1. obrąb-ywać|ać, ocios-ywać|ać 2. okop-ywać|ać (**Kartoffeln** ziemniaki)
behaftet part, adj 1. obciążony, obarczony (**mit Schulden** długami) 2. dotknięty, nawiedzony (**mit einer Krankheit** chorobą)
behagen (h) vi podobać się, przypa-dać|ść do smaku ⟨gustu⟩; **es behagt mir** podoba mi się, przypada mi do gustu
Behagen n —s upodobanie, przyjemne ⟨błogie⟩ uczucie, uczucie błogości; zadowolenie n; ~ **an etw. finden** znajdować zadowolenie w czymś
behaglich adj:adv 1. wygodn-y:-ie 2. błog-i:-o, mił-y:-o, przyjemn-y:-ie, przytuln-y:-ie. Sk 1. wygoda f 2. błogość f; przytulność f
behalten (60;h) vt 1. zatrzym-ywać|ać, zachow-ywać|ać (**etw.** coś); **bei sich** ~ a) zachowywać ⟨zatrzymywać⟩ przy sobie b) przen trzymać ⟨zachować⟩ w tajemnicy; **jmdn im Auge** ~ nie spuszczać kogoś z oka; **das Leben** ~ pozostać przy życiu; **recht** ~ mieć słuszność ⟨rację⟩ 2. zatrzym-ywać|ać, zostawi-ać|ć; **den Hut auf dem Kopf** ~ nie zdejmować kapelusza 3. zapamiętać
Behälter m —s, — zbiornik, bak, pojemnik, rezerwuar m
behandeln (h) vt 1. po|traktować (**jmdn** kogoś), ob-chodzić|ejść się, post-ępować|ąpić (z kimś) 2. med leczyć (e—**n Kranken** chorego) 3. om-awiać ówić, o-pracow-ywać|ać (**e. Thema** temat) 4. chem traktować (**mit Säure** kwasem) 5. tech obr-abiać|obić (e—**n Stoff** materiał). Su do 1.-5.; do 3. **in Behandlung** leczyć się
Behandlungsart f —, —**en** 1. sposób po| traktowania ⟨postępowania⟩ 2. tech sposób obróbki 3. med sposób leczenia
Behandlungsstuhl m —(e)s, ⁼e fotel dentystyczny
Behandlungsweise f —, —**n** zob. **Behandlungsart**
behandschuht adj:adv w rękawiczkach
Behang m—(e)s, ⁼e 1. draperia, zasłona f 2. ozdoby pl 3. łow flafory pl (obwisłe uszy psa)
behängen (h) vt, vr (**sich się**) obwie-szać|sić, poobwieszać
beharren (h) vi trwać, obstawać, up-ierać|rzeć się (**auf ⟨bei⟩ etw.** przy czymś); **auf ⟨bei⟩ seiner Meinung ~** obstawać przy swoim (zdaniu)

beharrlich *adj:adv* wytrwa-ły:-le, upar-ty:-cie uporczyw-y:-ie sta-ły:-le. **Sk**
Beharrung *f* —, —en 1. *fiz* bezwładność, inercja *f* 2. *zob.* **beharren. Su**
Beharrungs... *w comp fiz* ... bezwładności; *np.* ~**gesetz**
Beharrungsgesetz *n* —es *fiz* zasada bezwładności
Beharrungsvermögen *n* —s *fiz* siła bezwładności, bezwładność, inercja *f*
Beharrungszustand *m* —(e)s *fiz* stan ustalony ⟨spokoju⟩
behauchen (h) *vt* 1. chuch-ać|nąć (etw. na coś) 2. *jęz* aspirować, wym-awiać|ówić z przydechem. **Su** do 1., 2.; do 2. *t. jęz* przydech *m*
behaucht 1. *part perf, zob.* **behauchen** 2. *adj, jęz* aspirowany, wymawiany z przydechem
behauen (behaute, behauen); (h) *vt* ocios-ywać|ać. **Su**
behaupten (h) *vt* 1. twierdzić, utrzymywać; **steif und fest** ~ uporczywie ⟨z uporem⟩ twierdzić 2. *t. vr* **(sich sie)** utrzym-ywać|ać **(die Stellung** pozycję); **den Sieg** ~ odnosić zwycięstwo, zwyciężać; **das Feld** ~ dotrzym(yw)ać pola; **die Preise** ~ **sich** ceny się utrzymują. **Su**
beheben (63;h) *vt* 1. usu-wać|nąć **(Mängel** usterki) 2. pod-ejmować|jąć **(Geld** pieniądze). **Su**
beheimatet *adj* osiadły, zamieszkały; ~ **in** ... **rodem z** ...; ~ **sein** pochodzić
beheizen (h) *vt* ogrz-ewać|ać, opal-ać|ić. **Su**
Behelf *m* —(e)s, —e prowizorka *f;* namiastka *f;* środek pomocniczy ⟨*a.* zastępczy⟩
behelfen, sich (65;h) *vr* radzić sobie, da-wać|ć sobie radę; **sich ohne etw.** ~ oby(wa)ć się bez czegoś
Behelfs... *w comp* zastępczy; prowizoryczny, tymczasowy; *np.* ~**antenne**
Behelfsantenne *f* —, —n *radio* antena zastępcza
behelfsmäßig *adj:adv* prowizoryczn-y:-ie, tymczasow-y:-o
behelfsweise *adv* prowizorycznie, tymczasowo
Behelfswohnung *f* —, —en mieszkanie zastępcze ⟨tymczasowe⟩
behelligen (h) *vt* nagab-ywać|nąć, napastować, molestować. **Su**
behelmt *part, adj:adv* w hełmie e. ~**er Krieger** wojownik w chełmie
behend(e) *a.* **behendig** *adj:adv* szybk-i: -o, zwinn-y:-ie, zręczn-y:-ie. **Si**
beherbergen (h) *vt* 1. przenocować **(jmdn** kogoś), da-wać|ć przytułek ⟨schronienie, dach nad głową⟩ (komuś) 2. po| mieścić; **das Hotel kann 200 Gäste** ~ hotel może pomieścić 200 gości. **Su do 1.**
beherrschen (h) 1. *vt* opanować (etw. coś), zawładnąć (czymś) 2. panować (etw. nad czymś), *przen t.* górować, wznosić się, dominować; **der Turm beherrscht die Gegend** wieża góruje ⟨dominuje⟩ nad okolicą 3. *t. vr* (sich

się) opanow-ywać|ać, po|hamować, powściąg-ać|nąć trzymać na wodzy (den **Zorn** gniew) 4. opanować (etw. coś), władać (czymś); **er beherrscht fließend das Deutsche** włada biegle językiem niemieckim. **Su** (o)panowanie *n*
Beherrscher *m* —s, — władca *m*
Beherrscherin *f* —, —nen władczyni *f*
beherrscht 1. *part perf, zob.* **beherrschen** 2. *adj:adv* opanowany : z opanowaniem, spokojn-y:-ie. **Sh** opanowanie *n*
beherzigen (h) *vt* brać|wziąć do serca. **Su**
beherzt *adj:adv* odważn-y:-ie, dzieln-y: -ie, rezolutn-y:-ie. **Sh** odwaga, dzielność, rezolutność *f*
behexen (h) *vt* 1. za|czarować 2. *przen* o|czarować, urze-kać|c; **wie behext jak** urzeczony.
behilflich *adj* pomocny; **jmdm** ~ **sein** pom-agać|óc ⟨być pomocnym⟩ komuś
behindern (h) *vt* przeszk-adzać|odzić **(jmdn in** ⟨**an**⟩ **etw.** komuś w czymś); utrudni-ać|ć (coś; **den Verkehr** ruch); **behindert sein a)** nie mieć swobody **b)** być upośledzonym **c)** nie mieć czasu, być zajętym; **ich bin leider heute behindert** niestety, jestem dziś zajęty. **Su t** przeszkoda *f*
behorchen (h) *vt* 1. podsłuch-iwać|ać 2. *med* osłuch-iwać|ać, auskultować. **Su**
Behörde *f* —, —n 1. władza *f,* organ władzy; **die oberste** ~ naczelna władza; **als letzte** ~ w charakterze ostatecznej instancji 2. urząd *m*
behördlich *adj:adv* urzędow-y:-o; oficjaln-y:-ie
behost *part, adj, pot* w spodniach
Behuf *m* —s, —e *biur;* **zu** ~ **w celu behufs** *praep gen, biur* w celu, dla; ~ **der Erleichterung** w celu ⟨dla⟩ ułatwienia
behüten (h) *vt* strzec, u|chronić, o|bronić **(jmdn vor etw.** kogoś od czegoś; **vor Schaden** od szkody); *e.* **Geheimnis** ~ strzec tajemnicy; **Gott behüte!** broń Boże!; *pot* **behüte!** tylko nie to!
Behüter *m* —s, — stróż, opiekun *m*
Behüterin *f* —, —nen opiekunka *f*
behutsam *adj:adv* ostrożn-y:-ie, troskliw-y:-ie, oględn-y:-ie. **Sk**
bei *praep dat* 1. (*przy określeniach miejsca*) **a) pod;** ~ **Berlin** pod Berlinem; ~ **der Hand** pod ręką **b) u;** ~ **uns u nas;** ~**m Arzt** u lekarza; **wir lesen** ~ **Goethe** czytamy u Goethego **c)** przy; ~**m Eingang** przy wejściu; **ich habe kein Geld** ~ **mir** nie mam pieniędzy przy sobie **d)** za; **er nahm das Kind** ~ **der Hand** wziął dziecko za rękę **e)** w; ~**m Militär** w wojsku *f)* na; ~ **Hofe** na dworze (*np.* króla); **Scherz** ~ **Seite** żarty na bok 2. (*przy określeniach czasu*) **a)** podczas; ~ **meinem Aufenthalt** podczas mego pobytu **b)** o; ~ **Dämmerung** o zmroku **c)** za; ~ **Lebzeiten** za życia; ~ **Tage** za dnia **d)** w; ~ **Nacht** w nocy, nocą; ~ **Tag und Nacht** we dnie i w nocy; ~ **solchem Wetter** w taką pogodę **e)** przy; ~ **dieser Gelegenheit** przy tej sposobności *f)* na; ~**m ersten Blick** na pierwszy

rzut oka 3. *(przy określeniach sposobu)* a) *przy;* ~ **geschlossenen Türen** przy drzwiach zamkniętych b) w; ~ **guter Laune** w dobrym humorze c) po; **es ist alles** ~**m alten** jest wszystko po dawnemu; **er nannte ihn** ~**m Namen** mówił mu po imieniu d) pod; ~ **Strafe** pod karą e) o; ~ **Wasser und Brot** o chlebie i wodzie 4. *(przy określeniach ilości)* około; ~ **100 Soldaten** około 100 żołnierzy 5. *przy int* na; ~ **Gott!** na Boga!; ~ **meiner Ehre!** na (mój) honor! * ~ **all(e)dem** mimo wszystko; ~ **aller Vorsicht** mimo całej ostrożności; ~ **weitem** znacznie, daleko; ~ **weitem nicht** wcale nie, bynajmniej; ~ **Appetit sein** mieć apetyt; ~ **Geld sein** mieć pieniądze; ~ **Sinnen sein** być przy zdrowych zmysłach; *pot* **du bist wohl nicht** ~ **dir** chyba jesteś niespełna rozumu
bei... *występuje w czasownikach rozdzielnych; np.* ~**stehen**
beibehalten (60;h) *vt* 1. zachow-ywać| ać, zatrzym-ywać|ać (etw. coś) 2. trzymać się, przestrzegać (etw. czegoś; **Richtlinien** wytycznych). Su
Beiblatt *n* —**es**, ⸗**er** dodatek *m* (do gazety)
beibringen (18;h) *vt* 1. dostarcz-ać|yć, przyt-aczać|oczyć, przed-kładać|łożyć **(Beweise** dowody); **schonend** ~ oględnie oznajmi(a)ć 2. zada-waćć (e—e **Niederlage** klęskę; **Verluste** straty) 3. wp-ajać|oić; przysw-ajać|oić (jmdm komuś), na|uczyć (kogoś); **das werde ich ihm noch** ~! ja go tego jeszcze nauczę!; *pot* już ja mu dam nauczkę! Su do 1.
Beichte *f* —, —**n** spowiedź *f*; **jmdm die** ~ **abnehmen** ⟨hören⟩ spowiadać kogoś; e—e ~ **tun** ⟨ablegen⟩ spowiadać się; **zur** ~ **gehen** chodzić|iść do spowiedzi
beichten (h) 1. *vt* spowiadać 2. *vt* spowiadać się (etw. z czegoś); wyzna-wać| ć (coś)
Beichtkind *n* —(e)s, —er spowiadający się, penitent *m*
Beichtsiegel *n* —**s** tajemnica spowiedzi
Beichtstuhl *m* —(e)s, ⸗**e** *rel* konfesjonał *m*
Beichtvater *m* —**s**, ⸗ spowiednik *m*
beide *num ind* ob(ydw)aj (o *mężczyznach*); ob(ydw)ie (o *kobietach*); ob(ydw)oje (o *kobiecie i mężczyźnie a. o dzieciach*); ob(adw)a, ob(ydw)ie (o *przedmiotach*); **wir beide(n)** my obaj ⟨obie, oboje⟩; **alle** ~ *a.* **die** ~**n** obaj, obie, oboje; **e**—**s von** ~**n** jedno z dwojga; **e**—**r von beiden** jeden z obu ⟨tych dwóch⟩; **keines von** ~**n** ani jedno, ani drugie; **mit** ~**n Händen** dwoma ⟨ob(ydw)iema⟩ rękami, oburącz; ~**s stimmt** jedno i drugie się zgadza
beidemal *adv* oba razy
beiderlei *adj inv* dwojaki; **auf** ~ **Art** w dwojaki sposób, na oba sposoby; ~ **Geschlechts** obojga płci; **obojnacki**; *gram* obu rodzajów
beiderseitig *adj:adv* obustronn-y:-ie,

dwustronn-y:-ie; wzajemn-y:-ie, obopóln-y:-ie
beiderseits 1. *adv* po obu stronach, z obu stron; wzajemnie, obopólnie 2. *praep gen* z obu stron, po obu stronach; ~ **der Elbe** po obu stronach Łaby
beidrehen (sn) *vi* 1. *mar* sta-wać|nąć ⟨kłaść, położyć się⟩ w dryf; zw-alniać| olnić; zatrzym-ywać|ać się 2. *przen* iść| pójść na ustępstwa
beieinander *adv* jeden obok drugiego ⟨przy drugim⟩, obok siebie; razem
Beifahrer *m* —(e)s, — pomocnik kierowcy ⟨szofera⟩
Beifall *m* —(e)s 1. oklaski *pl*, brawo *n*; **brausender** ⟨**tosender**⟩ ~ grzmiące ⟨huczne⟩ oklaski; **jmdm** ~ **klatschen** ⟨**spenden, zollen**⟩ bić ⟨dawać⟩ komuś oklaski ⟨brawa⟩ 2. *przen* poklask *m*, uznanie *n*; **der Vorschlag fand** ~ propozycja spotkała się z uznaniem
beifällig *adj:adv* z uznaniem, przychyln-y:-ie; **er äußerte sich** ~ wyrażał się z uznaniem
Beifalls... *w comp* 1. ... oklasków; *np.* ~**sturm** 2. ... uznania; *np.* ~**äußerung**
Beifallsäußerung *f* —, —**en** wyrazy uznania
Beifallsgemurmel *n* —**s** szmer uznania
Beifallssturm *m* —(e)s, ⸗**e** burza oklasków
Beifilm *m* —(e)s, —**e** dodatek filmowy
beifolgend *part, adj:adv* załączony : w załączeniu (**Abschrift** odpis)
beifügen (h) *vt* załącz-ać|yć; dołącz-ać| yć; doda-wać|ć, dopis-ywać|ać (**Grüße** pozdrowienia). Su *t.* **gram** przydawka *f*
Beifügungssatz *m* —**es**, ⸗**e** *gram* zdanie przydawkowe
Beifuß *m* —**es** *bot* (bylica) piołun *m*
Beigabe *f* —, —**n** dodatek *m*, dokładka *f*
beige [be:ʒə] *adj inv* beżow-y:-o, na beżowo; na kolor beżowy; w kolorze beżowym
Beige *n* — beż *m*
beigeben (43;h) *vt* doda-wać|ć; *przen* **klein** ~ spu-szczać|ścić z tonu, da-wać|ć za wygraną
beigeordnet I. *part perf, zob.* **beiordnen** II. *adj t. adv* 1. skoordynowany 2. *gram* współrzędn-y:-ie
Beigeschmack *m* —(e)**s**, ⸗**e** posmak *m* (*t. przen*)
beigesellen (h) *vt, vr* (sich się) przyłącz-ać|yć
Beihilfe *f* —, —**n** 1. pomoc *f*, zapomoga *f*; stypendium *n*; **staatliche** ~ subwencja państwowa; **e**—**e** ~ **gewähren** przyznawać zapomogę 2. *praw* pomocnictwo *n*
beiholen (h) *vt*, *mar* zwi-jać|nąć żagle
Beiklang *m* —(e)s, ⸗**e** przydźwięk *m*; odcień *m*
beikommen (70;sn) *vi* zab-ierać|rać się, dob-ierać|rać się (jmdm, e—r **Sache** do kogoś, czegoś), zna-jdować|leźć sposób (na kogoś na coś), po|radzić sobie (z kimś, z czymś); **ihm ist schwer beizukommen** trudno sobie z nim poradzić
Beil *n* —(e)s, —**e** topór *m*

Beilage f —, —n dodatek, załącznik m; Fleisch mit ~ mięso z dokładką (kości)
beiläufig 1. adj:adv uboczn-y:-ie, przypadkow-y:-o, przygodn-y:-ie, mimochodem 2. adv około, mniej więcej
beilegen (h) vt 1. dołącz-ać|yć, załącz-ać|yć (e—e Rechnung rachunek); do-/-kładać|łożyć 2. t. vr (sich dat sobie) przypis-ywać|ać, nada-wać|ć (Bedeutung znaczenie; e—n Titel tytuł); er legte sich e—n Decknamen bei przybrał pseudonim 3. za|łagodzić, zakończ-/-ać|yć (e—n Streit spór) 4. mar kłaść| położyć w dryf II. vi, mar zatrzym-ywać|ać się (o statku); sta-wiać|nąć ⟨kłaść|położyć się⟩ w dryf. Su do I. 1.—3.
beileibe adv; ~ nicht w żadnym razie, za nic w świecie
Beileid n —(e)s współczucie n, kondolencja f; er sprach ⟨drückte⟩ ihm sein ~ aus wyraził mu współczucie
Beileids... w comp kondolencyjny; np. ~besuch
Beileidsbesuch m —(e)s, —e wizyta kondolencyjna
Beileidsschreiben n —s, — pismo kondolencyjne
Beileidstelegramm n —(e)s, —e depesza kondolencyjna
Beileidsbezeigung a. **Beileidsbezeugung** f —, —en kondolencja f
beiliegend (79;h) vi być załączonym
beiliegend part, adj:adv załączony : w załączeniu
beim = bei dem; zob. bei
beimengen (h) vt domieszać (etw. czegoś). Su t. domieszka f
beimessen (83;h) vt przypis-ywać|ać (die Schuld winę); jmdm Glauben ~ dawać wiarę komuś. Su
beimischen zob. beimengen
Bein n —(e)s, —e 1. noga f (t. krzesła itp.); mit gekreuzten ~en ze skrzyżowanymi nogami; przen jmdn auf die ~e bringen postawić kogoś na nogi, pomóc komuś; przen auf die ~e kommen stanąć na nogach ⟨o własnych siłach⟩; pot sich kein ~ ausreißen nie wysilać się; alles, was ~e hatte, kam hergelaufen kto żyw, przybiegł; przen die ~e unter die Arme ⟨in die Hand⟩ nehmen brać nogi za pas; przen, pot jmdm e. ~ stellen podstawić komuś nogę 2. anat kość f; przen es ging mir durch Mark und ~ przejęło mnie do szpiku kości ⟨do żywego⟩; przen er schwor Stein und ~ zaklinał się na wszystkie świętości; es friert Stein und ~ jest trzaskający mróz
Bein... w comp 1. ... nogi; np. ~bruch 2. ... kości; ~fraß
beinahe(h) adv prawie, bez mała, omal nie
Beiname m —ns, —n przydomek m
Beinbruch m —(e)s, ⁻e złamanie nogi
beinern adj kościany, z kości
Beinfraß m —es med próchnica kości
beinhalten (h) vt zawierać (jakąś treść)
Beinkleid n —(e)s, —er spodnie pl
Beinschiene f —, —n 1. med szyna f 2. nagolennik m

Beinstellen n —s podstawienie nogi
Beinverletzung f —, —en skaleczenie nogi
beiordnen (h) vt przydziel-ać|ić (als Berater jako doradcę). Su t. gram łączenie współrzędne
beiordnend 1. part praes, zob. beiordnen 2. adj, gram koordynujący
beipacken (h) vt dopakow-ywać|ać
Beipferd n —(e)s, —e 1. koń na przyprzążkę ⟨lejcowy⟩ 2. luzak m (koń)
beipflichten (h) vi zg-adzać|odzić się (jmdm a. e—r Sache z kimś a. z czymś), przytak-iwać|nąć (komuś a. czemuś)
Beiprogramm n —s, —e film nadprogram m
Beirat m —(e)s, ⁻e 1. doradca m 2. rada f, komitet doradczy
beirren (h) vt z|mylić, zbi-jać|ć z tropu
beisammen adv razem; die Gedanken ~ haben skupiać myśli, być skupionym; pot er hat seinen Verstand nicht ganz ~ jest niespełna rozumu; pot sie ist gut ~ ona miewa się dobrze
Beisammensein n —s przebywanie razem; e. geselliges ~ spotkanie ⟨zebranie⟩ towarzyskie
beisammensitzen (142;h) vi si-adywać| edzieć razem ⟨obok siebie⟩
beisammenstehe(n) (151;h, sn) stać razem ⟨obok siebie⟩
Beisatz m —es, ⁻e 1. dodatek m, dodanie n 2. gram przydawka f
beischießen (111;h) vt, zob. beisteuern
Beischlaf m —s spółkowanie n, stosunek płciowy
beischlafen (113;h) vi spółkować, pot spać (z kimś)
Beischläferin f —, —nen nałożnica, konkubina f
beischreiben (126;h) vt dopis-ywać|ać
Beischreiben n —s pismo towarzyszące
Beischrift f —, —en dopisek m
Beisein n —s obecność f; in meinem ~ w mojej obecności
beiseite adv 1. na bok; ~ legen odkładać na bok; ~ schaffen usuwać na bok; ~ schieben odsuwać na bok 2. na uboczu ⟨boku⟩; ~ steh(e)n stać na uboczu ⟨boku⟩
beiseitebringen (18;h) vt 1. przen u|kraść 2. za|mordować, pot sprzątnąć
beisetzen (h) vt 1. doda-wać|ć, dołącz-ać| yć; e—n Topf ~ przystawiać garnek (do ognia) 2. po|chować, po|grzebać (den Verstorbenen zmarłego) 3. mar hisować ⟨podn-osić|ieść⟩ (Segel żagle). Su do 1., 2.; do 2. t. pogrzeb m
Beisetzungsfeier f —, —n uroczystość pogrzebowa
Beisitzer m —s, — praw asesor, ławnik m
Beispiel n —(e)s, —e przykład, wzór m; ohne ~ bez przykładu ⟨precedensu⟩; zum ~ na przykład; e. ~ anführen przytaczać przykład; mit gutem ~ vorangehen świecić dobrym przykładem; sich an jmdm e. ~ nehmen brać przykład z kogoś

beispielhaft *adj:adv* przykładn-y:-ie, wzorow-y:-o
beispiellos *adj:adv* bezprzykładn-y:-ie. Sk
beispielshalber *a.* **beispielsweise** *adv* na przykład, dla przykładu
beispringen (148;sn) *vi* po|spieszyć z pomocą
beißen (5;h) I. *vt t. vi, vr* (sich się) u| gryźć, kąsać, ukąsić; sich auf die Zunge ~ ugryźć się w język (*t. przen*); pot ins Gras ~ gryźć ziemię, nie żyć; sie haben nichts zu ~ nie mają co jeść; przen die Farben ~ sich kolory się gryzą **II.** *vi* **1.** gryźć, kąsać (*np. o psie*) **2.** gryźć, szczypać, palić, piec (*o dymie, zapachu, pieprzu*) **beißend I.** *part praes, zob.* **beißen II.** *adj* **1.** żrący, gryzący, piekący, ostry, szczypiący (*np.* dym) **2.** *t. adv* zjadliw--y:-ie, złośliw-y:-ie (*np. o krytyce*)
Beißker *m* —s, — *icht* śliz *m*
Beißkorb *m* —(e)s, ⁺̈e kaganiec *m*
Beißzahn *m* —(e)s, ⁺̈e *anat* siekacz *m*
Beißzange *f* —, —n obcęgi ⟨kleszcze⟩ tnące
Beistand *m* —(e)s, ⁺̈e **1.** pomoc *f*; ~ leisten udzielać pomocy **2.** doradca *m* (prawny) **3.** *austr* świadek *m* (przy ślubie)
Beistandspakt *m* —(e)s, —e *polit* pakt (o) wzajemnej pomocy
beisteh(e)n (151;h,sn) *vi* pom-agać|óc (jmdm komuś)
Beisteuer *f* —, —n zapomoga *f*, wsparcie *n*, subwencja *f*
beisteuern (h) *vt, vi* przyczyni-ać|ć się datkiem, wn-osić|ieść ⟨ofiarować, da--wać|ć⟩ wraz z innymi
beistimmen (h) *vi* przytak-iwać|nąć (jmdm *a.* e—r Sache komuś *a.* czemuś), zg-adzać|odzić się, przysta-wać|ć (na coś). Su *t.* zgoda *f*
Beistrich *m* —(e)s, —e *gram* przecinek *m*
Beitel *m* —s, — dłuto *n*
Beitrag *m* —(e)s, ⁺̈e **1.** składka *f* (członkowska); datek *m*; der jährliche ~ składka roczna **2.** przyczynek *m* (*t.* artykuł); wissenschaftlicher ~ przyczynek naukowy **3.** udział, wkład *m*; sein ~ an dem Werk jego udział w tej pracy ⟨w tym dziele⟩
beitragen (160;h) 1. *vi* przyczyni-ać|ć się (zu etw. do czegoś) **2.** *vt* wn-osić|ieść ⟨da-wać|ć⟩ wkład, doda-wać|ć ⟨dorzuc-ać|ić⟩ swą cząstkę; er hat viel Neues beigetragen wniósł dużo ⟨wiele⟩ nowego
Beitrags... *w comp* ... składek członkowskich; *np.* ~erhöhung
Beitragserhöhung *f* — podwyższenie składek członkowskich
Beitragsmarke *f* —, —n znaczek *m* (*w legitymacji członkowskiej*)
Beitragszahlung *f* —, —en opłacanie składek członkowskich
beitreiben (162;h) *vt* **1.** (przymusowo) ściąg-ać|nąć (Steuern podatki) **2.** woj, dawn za|rekwirować. Su do 1., 2.; do 2. *t.* rekwizycja *f*
beitreten (163;sn) *vi* wst-ępować|ąpić (der Partei do partii); przyst-ępować|ąpić, przyłącz-ać|yć się (e—m Pakt do paktu; e—r Bewegung do ruchu)
Beitritt *m* —(e)s, —e wstąpienie *n*; przystąpienie, przyłączenie się *n*, akces *m*
Beitrittserklärung *f* —, —en deklaracja o wstąpieniu ⟨przystąpieniu⟩
Beitrittsgesuch *n* —(e)s, —e podanie ⟨wniosek⟩ o przyjęcie na członka
Beiwagen *m* —s, — **1.** przyczepka *f*, wózek *m*; Motorrad mit ~ motocykl z przyczepką ⟨wózkiem⟩ **2.** wagon doczepny
Beiwerk *n* —(e)s, —e akcesoria *pl*
Beiwert *m* —(e)s, —e współczynnik *m*; stała matematyczna
beiwohnen (h) *vi* **1.** być obecnym (e—r Versammlung na zebraniu), uczestniczyć (e—r Sitzung w posiedzeniu) **2.** spółkować, współżyć cieleśnie (ihr z nią). Su do 1., 2.; do 1. obecność *f*, udział *m*
Beiwort *n* —(e)s, ⁺̈er **1.** *gram* przymiotnik *m* **2.** epitet *m*
Beize *f* **I.** —, —n **1.** bejcowanie *n* **2.** bejca, zaprawa *f*, grunt *m* **3.** marynata *f* **II.** — polowanie z sokołem
beizeiten *adv* zawczasu, w porę
beizen (h) *vt* **1.** *tech* bejcować, pokry--wać|ć bejcą; wy|trawić; gruntować **2.** *garb* oczy-szczać|ścić skórę **3.** za|marynować **4.** polować z sokołem **5.** *med* kauteryzować, przyżegać
Beizjagd *f* —, —en *zob.* Beize II.
bejahen (h) *vt* **1.** przytak-iwać|nąć (etw. czemuś); afirmować (coś) **2.** udziel-ać|ić odpowiedzi twierdzącej (e—e Frage na pytanie). Su do 1., 2.; do 2. *t.* odpowiedź twierdząca; do 1. *t.* afirmacja *f*
bejahend 1. *part praes, zob.* **bejahen 2.** *adj:adv* twierdząc-y:-o; e—e ~e Antwort odpowiedź twierdząca
bejahrt *part, adj:adv* leciw-y:-ie; podeszły w latach. Sh podeszły wiek, leciwość *f*
bejammern (h) *vt* opłakiwać (jmdm kogoś), lamentować, ubolewać (über etw. nad czymś)
bejammernswert *a.* **bejammernswürdig** *adj:adv* żało-sny:-śnie, opłakan-y:-ie
bejubeln (h) *vt* przy|witać entuzjastycznie ⟨okrzykami radości⟩
bekämpfen (h) *vt* zwalcz-ać|yć (e—e Seuche zarazę; e—n Gegner przeciwnika). Su
bekannt *part adj:adv* **1.** znany (als Sänger jako śpiewak); er ist in Berlin ~ a) jest znany w Berlinie b) zna dobrze Berlin; er ist ~ wie e. schekkiger Hund znają go jak łysą kobyłę **2.** znajomy, znany; er ist mir ~ znam go; ich bin ihm nicht näher ~ (on) nie zna mnie bliżej; mit jmdm ~ werden zaznajamiać się z kimś; darf ich die Herren ~ machen? pozwolą panowie, że ich przedstawię ⟨zaznajomię z sobą⟩?; jmdn mit etw. ~ machen obznajomić ⟨zaznajomić⟩ kogoś z czymś **3.** wiadom-y:-o; wie ~ jak wiadomo; es ist allgemein ~ powszech-

8 Słownik niem.-pol.

Bekannte 114 beladen

nie wiadomo. **Sh 1.** znajomość *f* **2.** rozgłos *m*
Bekannte —n, —n **1.** *m* znajomy *m;* e. ~r von mir jeden z moich znajomych **2.** *f* znajoma *f*
bekanntermaßen *a.* **bekannterweise** *adv* jak wiadomo
Bekanntgabe *f* —, —n podanie do wiadomości, zawiadomienie, ogłoszenie *n;* zapowiedź *f*
bekanntgeben (43;h) *vt* zawiad-amiać| omić, powiad-amiać|omić (etw. o czymś), ogł-aszać|osić, zapowi-adać| edzieć (coś)
bekanntlich *adv* jak wiadomo
bekanntmachen (h) *vt* **1.** poda-wać|ć do wiadomości, obwie-szczać|ścić, ogł- -aszać|osić **2.** o|publikować (e—e **Anordnung** zarządzenie). **Su**
Bekanntschaft *f* —, —en znajomość *f;* bei näherer ~ przy bliższym poznaniu; e—e ~ mit jmdm machen ⟨schließen⟩ zawierać z kimś znajomość; es freut mich, Ihre ~ zu machen! miło mi poznać pana ⟨panią⟩!
Bekassine *f* —, —n *orn* bekas, kszyk *m*
bekehren (h) *vt, vr* (sich się) nawr-acać| ócić (e—n Andersgläubigen innowiercę). **Su**
bekennen (66;h) **I.** *vt* **1.** wyzna-wać|ć (die Wahrheit prawdę; Sünden grzechy) **2.** przyzna-wać|ć się (etw. do czegoś; **den Mord** do morderstwa); Farbe ~ puszczać farbę **II.** sich ~ *vr* przyzna-wać|ć się (für ⟨als⟩ schuldig do winy; **zur Vaterschaft** do ojcostwa); sich zu e—r Religion ~ wyznawać religię
Bekenner *m* —s, — wyznawca *m*
Bekennerin *f* —, —nen wyznawczyni *f*
Bekenntnis *n* —ses, —se **1.** wyznanie *n* **2.** przyznanie się *n* **3.** zeznanie *n*
Bekenntnisfreiheit *f* — wolność ⟨swoboda⟩ wyznania
Bekenntnisschule *f* —, —n szkoła wyznaniowa
bekieken (h) *vt, vr* (sich się, siebie) *pot* oglądać|obejrzeć
beklagen (h) **I.** *vt* **1.** opłakiwać (**den Verlust** stratę) **2.** ubolewać (etw. nad czymś) **II.** sich ~ *vr* żalić ⟨skarżyć⟩ się (über jmdn *a.* über etw. na kogoś *a.* na coś)
beklagenswert *a.* **beklagenswürdig** *adj:* :adv pożałowania ⟨ubolewania⟩ godny: w sposób pożałowania ⟨ubolewania⟩ godny
Beklagte —n, —n *praw* **1.** *m* pozwany *m* **2.** *f* pozwana *f*
beklatschen (h) *vt* **1.** pot obgad-ywać| ać, obm-awiać|ówić **2.** oklaskiwać
bekleben (h) *vt* oblepi-ać|ć. **Su**
beklęckern *a.* **beklęck(s)en** (h) *vt, vr* (sich się; sich *dat* sobie) po|walać, po| plamić, u|paprać; *pot* sich mit **Ruhm bekleckern** okrywać się wątpliwą sławą
bekleiden (h) *vt* **1.** *t. vr* (sich się) ub- -ierać|rać, odzi-ewać|ać **2.** sprawować, piastować (**e. Amt** urząd); *tech* ob- -kładać|łożyć, wy-kładać|łożyć, obi-jać|

ć (mit **Tuch** suknem). **Su** do **1., 3.** do **1.** *t.* odzież *f;* do **3.** *t.* okładzina, wykładzina *f*
Bekleidungs... *w comp* odzieżowy; *np.* ~industrie
Bekleidungsindustrie *f* — przemysł odzieżowy
beklęmmen (h) *vt* uciskać, ścis-kać|nąć (das **Herz** serce). **Su** *t.* ucisk *m,* uczucie niepokoju ⟨duszności⟩
beklommen *part, adj* ściśnięty; *przen* mit ~em **Herzen** ze ściśniętym sercem. **Sh** *zob.* **beklemmen. Su**
beklopfen (h) *vt* opuk-iwać|ać
bekommen (70) **1.** (h) *vt* otrzym-ywać| ać, dosta-wać|ć; e—e **Krankheit** ~ nabawić się choroby; **e. Kind** ~ urodzić ⟨powić⟩ dziecko; **Zähne** ~ ząbkować; **Mut** ⟨**Lust**⟩ ~ nab(ie)rać otuchy ⟨ochoty⟩; **zu Gesicht** ~ ujrzeć; **Hunger** ⟨**Durst**⟩ ~ poczuć głód ⟨pragnienie⟩; **przen Wind** ~ zwietrzyć (von etw. coś); **wir** ~ **Regen** będzie deszcz; pot ich habe es satt ~ sprzykrzyło mi się; das **Buch** ist zu ~ książkę można nabyć **2. (sn)** *vi* po|służyć, wy-chodzić| jść na zdrowie; das **wird dir gut** ~! to ci dobrze zrobi!; **wohl bekomm's!** na zdrowie!
bekömmlich *adj* **1.** służący zdrowiu, zdrowy **2.** strawny; **die Speise ist leicht** ~ potrawa jest lekko strawna
beköstigen (h) *vt, vr* (sich się) stołować, żywić. **Su** wikt *m,* utrzymanie, wyżywienie *n*
bekräftigen (h) *vt* potwierdz-ać'ić, pop- -ierać|rzeć (mit **e—m Eide** przysięgą). **Su** *t.* poparcie *n;* **zur Bekräftigung meiner Behauptung** na poparcie mego twierdzenia
bekränzen (h) *vt* uwieńcz-ać|yć. **Su**
bekreuzen, (h) *vt, vr* (sich się) prze|żegnać
bekreuzigen, sich (h) *vr* prze|żegnać się
bekriegen (h) **1.** *vt* zawojować (**e. Land** kraj) **2.** *t. vr* (sich się) zwalczać
bekritteln (h) *vt* wyt-ykać|knąć usterki, złośliwie s|krytykować; z|ganić. **Su**
bekümmern (h) **I.** *vt* martwić, napawać troską; ob-chodzić|ejść; das **bekümmert ihn wenig** to mało go obchodzi, jest mu obojętne **II. sich** ~ *vr* **1.** za|troszczyć się, dbać (um jmdn *a.* um etw. o kogoś *a.* o coś) **2.** martwić się (über jmdn *a.* über etw. o kogoś *a.* o coś)
Bekümmernis *f* —, —se zmartwienie *n,* troska *f*
bekümmert 1. *part, perf, zob.* **bekümmern 2.** *adj:adv* stroskany, zmartwiony
bekunden (h) *vt* **1.** okaz-ywać|ać, objawi-ać|ć, manifestować (**Freude** radość; **Interesse** zainteresowanie) **2.** *praw* ze- zna-wać|ć; eidlich ~ zezn(aw)ać pod przysięgą. **Su**
belächeln (h) *vt* podśmiewać się (**jmdn** *a.* etw. z kogoś *a.* z czegoś)
belachen (h) *vt* śmiać ⟨naśmiewać⟩ się (**jmdn** *a.* etw. z kogoś *a.* z czegoś)
beladen (73;h) **1.** *vt* ładować. na-kładać| łożyć. obładow-ywać|ać, objucz-ać|yć,

obciąż-ać|yć 2. sich ~ vr obciąż-ać|yć się (o. t. przen). Su do 1. t. ładunek, załadunek, naładunek m
Belag m —(e)s, ⸚e 1. tech pokrycie n, pokład m, warstwa wierzchnia, powłoka 2. med nalot m 3. wykładzina. o- kładzina f * Brot mit ~ chleb (z masłem) z wędliną ⟨a. serem itd.⟩
Belagerer m —s, — oblegający m
belagern (h) vt oblegać. Su oblężenie, obleganie n
Belagerungs... w comp 1. oblężniczy; np. ~heer 2. ... oblężenia; np. ~zustand
Belagerungsheer n —(e)s, —e armia oblężnicza
Belagerungskrieg m —(e)s, —e wojna oblężnicza
Belagerungszustand m —(e)s stan oblężenia
Belang m 1. —(e)s znaczenie n; ohne ~ bez znaczenia; nichts von ~ nic ważnego 2. ~e pl sprawy, interesy pl; die ~e des Verbandes interesy związku
belangen (h) vt 1. praw jmdn gerichtlich ⟨strafrechtlich⟩ ~ pociągać kogoś do odpowiedzialności sądowej ⟨karnej⟩ 2. vimp dotyczyć, tyczyć się. (jmdn a. etw. kogoś a. czegoś). Su pociągnięcie do odpowiedzialności
belanglos adj:adv mało znaczący : bez znaczenia, błahy. Si błahostka f, rzecz bez znaczenia
belangreich adj:adv ważn-y:-ie; wiele znaczący
belassen (74;h) vt pozostawi-ać|ć; ~ wir es dabei! poprzestańmy na tym!
belasten (h) vt, vr (sich się) obciąż-ać|yć (e—n Wagen wóz; e—n Angeklagten oskarżonego; e. Konto konto); przen mit Schulden belastet zadłużony; erblich belastet dziedzicznie obciążony. Su; zulässige Belastung dopuszczalne obciążenie
belästigen (h) vt naprzykrz-ać|yć się (jmdn komuś), dokucz-ać|yć (komuś), molestować (kogoś). Su
Belastungs... w comp 1. ... obciążenia ⟨wytrzymałości⟩; np. ~grenze 2. obciążający; np. ~material
Belastungsgrenze f — fiz granica obciążenia ⟨wytrzymałości⟩
Belastungsmaterial m —s, —ien praw materiał obciążający
Belastungsprobe f —, —n próba obciążenia ⟨wytrzymałości⟩
Belastungsspitze f — elektr szczyt obciążenia, obciążenie szczytowe
Belastungszeuge m —n, —n praw świadek dowodowy ⟨oskarżenia⟩
belauben, sich (h) vr okry-wać|ć się liściem. Su t. ulistnienie n
belauern (h) vt podgląd-ać|nąć, szpiegować. Śledzić
belaufen, sich (75;h) vr wynosić; die Rechnung beläuft sich auf 10 Mark rachunek wynosi 10 marek
belauschen (h) vt podsłuch-iwać|ać
beleben (h) vt, vr (sich się) ożywi-ać|ć (t. przen). Su
belebend part, adj:adv ożywcz-y:-o
belebt I. part perf, zob. beleben II. adj:

:adv 1. ożywiony : z ożywieniem 2. ruchliw-y:-ie (np. o ulicy). Sh do II., 1.—2.: do 1. ożywienie n; do 2. t. ruch m
Belebungsmittel n —s, — med środek pobudzający ⟨podniecający; cucący⟩
belecken (h) vt obliz-ywać|ać
Beleg m —(e)s, —e podkładka f, pokwitowanie n, dowód rzeczowy
belegen (h) vt 1. pokry-wać|ć, wy-kłada-ć|łożyć (mit Teppichen dywanami); e—e Stadt mit Bomben ~ z|bombardować ⟨obrzucać bombami⟩ miasto 2. zaj-mować|ąć, (e—n rezerwować Platz miejsce); przen Vorlesungen ~ zapis(yw)ać się na wykłady 3. przen na-kładać|łożyć; jmdn mit Steuern ⟨Strafe⟩ ~ nakładać na kogoś podatki ⟨karę⟩; etw. mit Beschlag ~ nakładać na coś areszt, obkładać aresztem 4. potwierdz-ać|ić, udow-adniać|odnić, wykaz-ywać|ać (mit Rechnungen rachunkami); durch Beispiele ~ ilustrować przykładami 5. pokry-wać|ć, stanowić (e—e Stute klacz). Su
Belegschaft f —, —en załoga f (e—r Fabrik fabryki); personel m
Belegstück n —s, —e dowód kasowy
belegt I. part perf, zob. belegen II. adj 1. obłożony; med ~e Zunge język pokryty nalotem, pot obłożony język; ~es Brot kanapka f 2. jęz zaświadczony (e. Wort wyraz)
belehnen (h) vt nada-wać|ć lenno (jmdn komuś). Su nada(wa)nie lenna, inwestytura f
belehren (h) vt poucz-ać|yć, po|instruować (über etw. o czymś); jmdn e—s Besseren ⟨anderen⟩ ~ wyprowadzać kogoś z błędu; er ließ sich nicht ~ nie dał sobie powiedzieć ⟨wytłumaczyć⟩. Su t. instrukcja f
belehrend 1. part praes, zob. belehren 2. adj pouczając-y:-o, instruktywn-y:-ie
beleibt part, adj:adv otył-y:-o, korpulentn-y:-ie. Sh
beleidigen (h) vt 1. ubliż-ać|yć (jmdn komuś), obra-żać|zić (kogoś); tätlich ~ czynnie znieważyć; sich beleidigt fühlen czuć się dotkniętym 2. razić (das Ohr ucho). Su obraza, obelga f; schwere Beleidigung ciężka obraza, zniewaga f; tätliche Beleidigung czynna zniewaga
beleidigend 1. part praes, zob. beleidigen 2. adj:adv obelżyw-y:-ie
beleidigt 1. part perf, zob. beleidigen 2. adj obrażony
beleihen (77;h) vt 1. da-wać|ć pożyczkę pod zastaw 2. zob. belehnen. Su
belemmert part, adj:adv, pot paskudn-y:-ie, kiepsk-i:-o
belesen part, adj oczytany. Sh oczytanie n, erudycja f
beleuchten (h) vt, t. przen oświetl-ać|ić; przen naświetl-ać|ić; festlich ~ iluminować. Su
Beleuchter m —s,/ — teatr oświetlacz m
Beleuchtungs... w comp 1. oświetleniowy; np. ~anlage 2. ... oświetlenia; np. ~stärke

Beleuchtungsanlage 116 bemuttern

Beleuchtungsanlage f —, —n instalacja oświetleniowa
Beleuchtungskörper m —s, — 1. lampa f; świecznik m 2. armatura oświetleniowa
Beleuchtungsstärke f — fiz natężenie oświetlenia
belfern (h) vi, pot 1. szczekać, ujadać 2. pyskować
Belgien n —s Belgia f
Belgier m —s, — Belg m
Belgierin f —, —nen Belgijka f
belgisch adj:adv belgijski : po belgijsku
belichten (h) vt, fot naświetl-ać|ić, eksponować. Su t. ekspozycja f
Belichtungs... w comp 1. ... naświetlania, ... ekspozycji; np. ~dauer 2. ... naświetlań; np. ~tabelle
Belichtungsdauer f — fot czas naświetlania ⟨ekspozycji⟩
Belichtungsmesser m —s, — fot światłomierz m
Belichtungstabelle f —, —n fot tabela naświetlań
belieben (h) vt, vi 1. raczyć, ze'chcieć; ~ Sie uns zu besuchen! zechciej pan(i) nas odwiedzić!; **er beliebte sich meiner zu erinnern** raczył sobie mnie przypomnieć; **wie beliebt?** co ⟨jak⟩ proszę? 2. życzyć sobie, pragnąć, chcieć; **was ~ Sie?** czego pan(i) sobie życzy?; **wenn es Ihnen beliebt** jeśli pan(i) sobie życzy
Belieben n —s upodobanie, uznanie n; widzimisię n; **nach ~ do woli**; **nach seinem ~** wg jego uznania; **es steht ganz in meinem ~** to zależy całkowicie ode mnie ⟨od mojego widzimisię⟩
beliebig adj:adv dowoln-y:-ie; **zu ~er Zeit** o każdej porze; **jeder ~e** kto bądź, pierwszy lepszy
beliebt 1. part perf, zob. **belieben** 2. adj ulubiony; lubiany; popularny, wzięty; **sich ~ machen** zyskać popularność. Sh do 2. popularność, wziętość f
beliefern (h) vt, hand dostarcz-ać|yć (jmdn mit etw. komuś coś); zaopat--rywać|rzyć (kogoś w coś). Su t. dostawa f
Belladonna f —, ...nnen bot pokrzyk m, wilcza jagoda, belladona f
bellen (h) vi szczekać
Belletrist m —en, —en beletrysta m
Belletristik f — beletrystyka f
belletristisch adj:adv beletrystyczn-y:-ie
belob(ig)en (h) vt po|chwalić. Su t. pochwała f
Belobigungsschreiben n —s, — list pochwalny
belohnen (h) vt wy|nagr-adzać|odzić. Su t. nagroda f; **als ⟨zur⟩ Belohnung** w nagrodę
Belorusse m —n, —n Białorusin m
Belorussin f —, —nen Białorusinka f
belorussisch adj:adv białoruski : po białorusku
Belt m —(e)s, —e geogr Belt m; **der Große ⟨Kleine⟩ ~** Wielki ⟨Mały⟩ Bełt
belüften (h) vt przewietrz-ać|yć. Su t. wentylacja f

belügen (h) vt, vr (sich się) okłam-ywać| ać
belustigen (h) vt, vr (sich się) bawić, zabawi-ać|ć; **sich über jmdn ⟨etw.⟩ ~** podrwiwać z kogoś ⟨czegoś⟩. Su t. zabawa, uciecha, rozrywka f
belustigend 1. part praes, zob. **belustigen** 2. adj:adv zabawn-y:-ie, pocieszn--y:-ie
bemächtigen, sich (h) vr 1. zawładnąć ⟨des Thrones tronem⟩ 2. zagarn-iać|ąć ⟨des Geldes pieniądze⟩
bemäkeln (h) vt, zob. **bekritteln**
bemalen (h) vt pomalować. Su
bemängeln (h) vt wyt-ykać|knąć usterki ⟨wady⟩. Su
bemannen (h) vt, mar obsadz-ać|ić załogą. Su t. załoga f (okrętu)
bemannt 1. part perf, zob. **bemannen** 2. adj:adv z załogą
bemänteln (h) vt, przen za|maskować; ukry-wać|ć pod płaszczykiem (**Absichten** zamiary). Su
bemasten (h) vt, mar omasztować. Su
bemeistern (h) vt, vr (sich się) opanow- -ywać|ać, hamować (den Zorn gniew)
bemerkbar adj:adv dostrzegaln-y:-ie, widoczn-y:-ie; **sich ~ machen** a) zwracać na siebie uwagę b) dawać się we znaki
bemerken (h) vt 1. zauważ-ać|yć, spostrze-gać|c 2. zaznacz-ać|yć, wzmiankować, z|robić uwagę; **wie schon oben bemerkt** jak już wyżej zaznaczono ⟨wspomniano⟩; **nebenbei bemerkt** mówiąc nawiasem. Su 1. spostrzeżenie n 2. uwaga, wzmianka f
bemerkenswert adj godny uwagi; niepospolity
bemerklich zob. **bemerkbar**
bemessen (83;h) vt z|mierzyć, wymierz--ać|yć; przen oszacować; **die Zeit ist knapp ~** czasu mało. Su t. wymiar m
bemitleiden (h) vt litować się (**jmdn** nad kimś), współczuć (komuś). Su
bemitleidenswert a. **bemitleidenswürdig** adj:adv godny litości ⟨pożałowania⟩
bemittelt part, adj:adv zamożn-y:-ie
bemogeln (h) vt, pot oszwabi-ać|ć
bemoost part, adj 1. omszony, porosły mchem 2. przen okryty siwizną; bardzo stary; **~es Haupt** wieczny student
bemühen (h) 1. vt trudzić, fatygować (**jmdn wegen etw.** ⟨in e—r Sache⟩ kogoś czymś) II. **sich ~** vr 1. trudzić ⟨fatygować⟩ się; **~ Sie sich nicht!** niech się pan(i) nie trudzi ⟨fatyguje⟩!. 2. trudzić ⟨postarać⟩ się (**um etw.** o coś); usiłować 3. zabiegać (**um jmdn a. um etw. o kogoś a. o coś**); **er bemüht sich um deine Freundschaft** zabiega o twoją przyjaźń. Su do I.—II.; do I. t. trud m, fatyga f; do II. 3. t. zabiegi pl; **alle ärztlichen ~ Bemühungen waren vergeblich** wszelkie zabiegi lekarskie były daremne
bemüßigt part, adj zniewolony, zmuszony; **sich ~ sehen ⟨fühlen⟩** być ⟨czuć się⟩ zmuszonym
bemuttern (h) vt (jak matka) za|trosz-

czyć się (jmdn o kogoś); matkować (komuś). Su matkowanie n
benachbart *part, adj* sąsiedni, sąsiadujący, ościenny
benachrichtigen (h) *vt* zawiad-amiać|omić, powiad-amiać|omić (jmdn von etw. kogoś o czymś), don-osić|ieść (komuś o czymś). Su *t.* wiadomość *f*
benachteiligen (h) *vt* upośledz-ać|ić, s|krzywdzić, pokrzywdzić. Su *t.* krzywda *f*
benageln (h) *vt* obi-jać|ć ⟨nabi-jać|ć⟩ gwoździami
benagen (h) *vt* ogry-zać|źć
benähen (h) *vt* obszy-wać|ć
benannt I. *part perf, zob.* benennen II. *adj* 1. nazwany 2. *mat, chem* mianowany; ~e Zahlen liczby mianowane
benässen (h) *vt* zwilż-ać|yć, zmoczyć
benebeln (h) *vt* 1. zamglić 2. *t. vr* (sich się) *przen* zamroczyć; *pot* upi-jać|ć
Benediktiner *m* —s, — 1. benedyktyn *m m* 2. benedyktynka *f* (*likier*)
Benediktiner... *w comp* 1. benedyktyński; *np.* ~abtei 2. ... benedyktynów; *np.* ~orden
Benediktinerabtei *f* —, —en opactwo benedyktyńskie
Benediktinerin *f* —, —nen benedyktynka *f* (*zakonnica*)
Benediktinerorden *m* —s zakon benedyktynów
Benefiz *n* —es, —e *teatr* benefis *m*
benehmen (87;h) 1. *vt* od-bierać|ebrać, od-ejmować|jąć (die Hoffnung nadzieję; die Lust ochotę; die Sprache mowę); es benahm ihm den Atem zaparło mu dech; die Aussicht ~ zasłaniać widok 2. sich ~ *vr* zachow-ywać|ać ⟨sprawować⟩ się; wie benimmst du dich! jak ty się zachowujesz!
Benehmen *n* —s 1. zachowanie (się), postępowanie *n*; obejście *n*, maniery *pl* 2. porozumienie (się) *n*; sich mit jmdm ins ~ setzen porozumieć ⟨ułożyć⟩ się z kimś
beneiden (h) *vt* zazdrościć (jmdn um etw. komuś czegoś)
beneidenswert *a.* beneidenswürdig *adj: :adv* godn-y pozazdroszczenia
Benelux *f* — *skr* Beneluks *m*
Beneluxstaaten *pl, polit* państwa Beneluksu
benennen (88;h) *vt* 1. nada-wać|ć ⟨da--wać|ć⟩ nazwę (etw. czemuś), naz-ywać| wać (coś) 2. *mat, chem* mianować *.s* poda-wać|ć, wymieni-ać|ć; oznacz-ać| yć (Ort und Zeit miejsce i czas). Su do 1.—3.; do 1. *t.* nazwa *f*; do 2. *t.* miano *n*
benetzen (h) *vt* zwilż-ać|yć, zr-aszać|osić. Su
bengalisch *adj:adv* bengalski : po bengalsku; ~es Feuer ognie bengalskie
Bengel *m* —s, — *a. pot* —s 1. łobuz(iak) *m* 2. malec, chłopczyk, smyk, smerda *m*
benommen 1. *part perf, zob.* benehmen 2. *adj* odurzony, oszołomiony. Sh odurzenie, oszołomienie *n*

benötigen (h) *vt* potrzebować (etw. czegoś)
benutzbar *adj:adv* nadający się do użytku. Sk używalność *f*
benutzen *a.* benützen (h) *vt* uży-wać|ć (etw. czegoś), s|korzystać (etw. z czegoś; die Gelegenheit z okazji; das Telephon z telefonu); użytkować (coś); stosować (coś); posługiwać się (czymś). Su
Benutzer *m* —s, — korzystający (z czegoś), użytkownik *m*
Benutzungsrecht *n* —(e)s, —e prawo uży(tko)wania ⟨korzystania⟩
Benzin *n* —s, —e benzyna *f*
Benzin... *w comp* 1. benzynowy; *np.* ~brenner 2. ... benzyny; *np.* ~behälter
Benzinbehälter *m* —s, — zbiornik benzyny ⟨z benzyną⟩
Benzinbrenner *m* —s, — palnik benzynowy
Benzingemisch *n* —es, —e mieszanka benzynowa
Benzingutschein *m* —(e)s, —e bon benzynowy
Benzinkanister *m* —s, — kanister *m*, bańka na benzynę
Benzintank *m* —(e)s, —e *a.* —e zbiornik benzyny
Benzol *n* —s, —e benzen *m*; *tech* benzol *m*
Benzol... *w comp* benzenowy; *np.* ~ring
Benzolring *m* —(e)s, —e *chem* pierścień benzenowy
beobachten (h) *vt* 1. obserwować, śledzić 2. przestrzegać (etw. czegoś; Diät diety; Vorschriften przepisów); baczyć, zważać (na coś); Schweigen ~ zachować milczenie. Su do 1. 2.; do 1. *t.* obserwacja *f*; spostrzeżenie *n*
Beobachter *m* —s, — obserwator *m* (*t. woj*)
Beobachterstatus *m* —, — status obserwatora
Beobachtungs... *w comp* 1. obserwacyjny; *np.* ~punkt 2. ... obserwacji; *np.* ~fehler 3. spostrzegawczy; *np.* ~gabe
Beobachtungsfehler *m* —s, — błąd obserwacji
Beobachtungsgabe *f* — zmysł spostrzegawczy, spostrzegawczość *f*
Beobachtungspunkt *m* —(e)s, —e punkt obserwacyjny
Beobachtungsresultat *n* —(e)s, —e wynik obserwacji
beordern (h) *vt* 1. s|kierować, wys-yłać| łać (zu do) 2. wzywać|wezwać (zu sich do siebie). Su
bepacken (h) *vt* obładow-ywać|ać, objucz-ać|yć. Su
bepanzern (h) *vt* opancerz-ać|yć
bepflanzen (h) *vt* obsadz-ać|ić (mit Bäumen drzewami). Su
bepflastern (h) *vt* wybrukować
bequem *adj:adv* 1. wygodn-y:-ie; e. ~er Mensch wygodnicki *m*; es sich ~ machen rozgościć się 2. dogodn-y:-ie; zu ~er Zeit w dogodnym czasie
bequemen, sich (h) *vr* zechcieć, raczyć, er bequemte sich endlich zu e—r Antwort raczył wreszcie odpowiedzieć

Bequemlichkeit 118 bereithalten

Bequemlichkeit *f* —, —en **1.** wygoda *f*, komfort *m;* **e—e Wohnung mit allen ~en** komfortowe mieszkanie **2.** wygodnictwo *n*
berappen[1] **(h)** *vt, bud* wyprawi-ać|ć na surowo ⟨szorstko⟩
berappen[2] **(h)** *vt, pot* bulić. **Su**
beraten (93;h) I. *vt* **1.** radzić, udziel-ać| ić rad (jmdn komuś) **2.** *t. vi* radzić, obradować **(etw.** *a.* **über etw. nad** czymś) **II. sich ~** *vr* naradz-ać|ić się, odby-wać|ć naradę **(mit jmdm wegen** ⟨**über**⟩ **etw.** z kimś w sprawie czegoś *a.* nad czymś). **Su do I.—II.;** do **I. 1.** *t.* porada *f;* do **I. 2.** *t.* obrady *pl*, narada, konferencja, konsultacja *f;* **ärztliche Beratung** konsylium lekarskie
beratend 1. *part praes, zob.* **beraten 2.** *adj:adv* doradczy *(np.* głos)
Berater *m* —s, — doradca *m;* konsultant *m*
beratschlagen *zob.* **beraten I. 2. II.**
Beratungssaal *m* —(e)s, ...säle sala obrad
Beratungsstelle *f* —, —n poradnia *f*
berauben (h) *vt* **1.** obrabować, ograbi-ać| ć **(jmdn e—r Sache kogoś z czegoś) 2.** pozbawi-ać|ć **(der Freiheit** wolności; **der Hoffnung** nadziei). **Su**
beräuchern (h) *vt* **1.** okadza-ać|ić **2. przen** kadzić **(jmdn komuś). Su**
berauschen (h) *vt, vr* **(sich** się**) 1.** upi- -jać|ć **2.** up-ajać|oić; **sich an seinen eignen Worten ~** upajać się własnymi słowami. **Su**
berauschend I. *part praes, zob.* **berauschen II.** *adj:adv* **1.** odurzając-y:-o; **~e Mittel** środki odurzające **2. przen** upajajac-y:-o
berauscht I. *part perf, zob.* **berauschen II.** *adj:adv* **1.** upojony **2.** pijany, zamroczony
Berber *m* —s, — Berber *m*
Berberin *f* —, —nen Berberyjka *f*
berberisch *adj:adv* berberyjski : po berberyjsku
Berberitze *f* —, —n *bot* berberys pospolity. kwaśnica pospolita
berechenbar *adj*, obliczalny, dający się obliczyć
berechnen (h) *vt* oblicz-ać|yć, obrachow- -ywać|ać; po|liczyć; *przen* wyrachow- -ywać|ać; o|szacować, kalkulować; **im voraus ~** z góry obliczać ⟨przewidywać⟩; **den Verkaufspreis ~** kalkulować cenę sprzedaży. **Su** *t.* obrachunek *m*, kalkulacja *f;* **e—e Berechnung anstellen** robić obrachunek, kalkulować
berechnend 1. *part praes, zob.* **berechnen 2.** *adj:adv, przen* wyrachowany : z wyrachowaniem; przewiduj ąc-y:-o; **~ handeln** działać z wyrachowaniem
berechnet 1. *part perf, zob.* **berechnen 2.** *adj* obliczony, przewidziany; **auf Effekt ~** obliczony na efekt
Berechnungs... *w comp* **1.** obliczeniowy; *np.* **~tabelle 2.** ... obliczania; *np.* **~methode**
Berechnungsmethode *f* —, —n metoda obliczania
Berechnungstabelle *f* —, —n tabela obliczeniowa

berechtigen (h) *vt* uprawni-ać|ć, da-wać| ć prawo, upoważni-ać|ć; **das berechtigt zu schönen Hoffnungen** to rokuje piękne nadzieje. **Su** *t.* prawo *n* (zu etw. do czegoś)
berechtigt I. *part perf, zob.* **berechtigen II.** *adj* **1.** autoryzowany; **einzig ~e Übersetzung** przekład autoryzowany **2.** uzasadniony, słuszny **3.** uprawniony; **~** sein być uprawnionym, mieć prawo
bereden (h) I. *vt* **1.** om-awiać|ówić **2.** *pot* nam-awiać|ówić, nakł-aniać|onić **(jmdn zu etw.** kogoś do czegoś**) 3.** obgad-y- wać|ać, obm-awiać|ówić **II. sich ~** *vr* naradzać|ić się **(mit jmdm etw.** z kimś w sprawie czegoś *a.* nad czymś)
beredsam *adj:adv* wymown-y:-ie, elokwentn-y:-ie. **Sk** wymowa, elokwencja *f*
beredt *adj, zob.* **beredsam**
beregnen (h) *vt* zr-aszać|osić deszczem, deszczować. **Su**
Beregnungsanlage *f* —, —n urządzenie zraszające, deszczownia *f*
Bereich *m* —(e)s, —e **1.** obręb *m;* **im ~ der Stadt** w obrębie miasta **2.** zasięg, zakres *m*, sfera *f;* **im ~ des Artilleriefeuers** w zasięgu ognia artyleryjskiego; **es liegt im ~ der Möglichkeit** to jest możliwe **3.** zakres władzy, kompetencja *f*
bereichern (h) *vt, vr* **(sich** się**)** wzboga- c-ać|ić. **Su**
bereifen[1] **(h)** *vt* pokry-wać|ć szronem
bereifen[2] **(h)** *vt* **1.** obi-jać|ć obręczami **(e. Faß** beczkę**) 2.** *auto* opat-rywać|rzyć oponami, ogumi-ać|ć. **Su do 1. 2.;** do **2.** *t.* opony *pl*, ogumienie *n*
bereinigen (h) *vt* doprowadz-ać|ić do porządku, uregulować **(e—e Angelegenheit sprawę; e—e Rechnung rachunek); usu-wać|nąć (Mißverständnisse** nieporozumienia). **Su**
bereisen (h) *vt* jeździć, podróżować **(e. Land** po jakimś kraju), obje-żdżać| chać (jakiś kraj)
bereit *adj:adv* gotowy, gotów; **sich ~ finden (erklären)** okaz(yw)ać ⟨wyrażać⟩ gotowość; **sich ~ halten** być w pogotowiu; **sich zur Reise ~ machen** szykować się do podróży; **zu allem ~ sein** być gotowym ⟨godzić się⟩ na wszystko
bereit... *w czasownikach* ... w pogotowiu; *np.* **~halten**
bereiten[1] **(h) I.** *vt* **1.** *t.* *vr* **(sich dat sobie)** przygotow-ywać|ać, sporządz-ać|ić, przyrząadz-ać|ić **(e—e Arznei** lek; **e—e Speise** potrawę**) 2.** *t.* *vr* **(sich dat sobie) z|gotować, sprawi-ać|ć (e—e Überraschung** niespodziankę; **Freude** radość) **II. sich ~** *vr* gotować ⟨sposobić⟩ się
bereiten[2] **(96;h) 1.** uje-żdżać|ździć **(e. Pferd** konia**) 2.** obje-żdżać|chać konno **(e. Land** kraj)
Bereiter *m* —s, — ujeżdżacz *m, dawn* berajter *m*
bereithalten (60;h) *vt* trzymać w pogotowiu, utrzymywać w stanie gotowości. **Su**

bereitlegen (h) vt przygotow-ywać|ać; wy-kładać|łożyć (etw. coś)
bereitliegen (79;h,sn) vi 1. woj leżeć ⟨być⟩ w pogotowiu 2. być wyłożonym
bereitmachen (h) vt przygotow-ywać|ać
bereits adv już
Bereitschaft f 1. — gotowość f 2. —, —en oddział pogotowia, pogotowie n, rezerwa f (t. milicji ⟨policji⟩); in ~ sein ⟨haben, stehen⟩ być ⟨mieć, stać⟩ w pogotowiu
Bereitschaftspolizei f — pogotowie milicyjne ⟨a. policyjne⟩
bereitsteh(e)n (151;h, sn) vi stać w pogotowiu, być do dyspozycji
bereitstellen (h) vt 1. przygotow-ywać| ać (Vorräte zapasy) 2. odda-wać|ć ⟨stawiać⟩ do dyspozycji; za|ofiarować (Kredit kredyt). Su
bereitwillig adj:adv chętn-y:-ie, skwa-pliw-y:-ie; ochocz-y:-o. Sk gotowość, skwapliwość, chęć f
berennen (97;h) vt atakować, szturmować (e—n Festung fortecę)
bereuen (h) vt żałować (etw. czegoś)
Berg m —(e)s, —e 1. góra f; unten am ~ u stóp ⟨podnóża⟩ góry; über ~ und Tal przez góry i doliny, przen za górami i lasami; e—n ~ besteigen ⟨erklettern⟩ wchodzić ⟨wspinać się⟩ na górę; wie e. Ochs vor dem ~ stehen patrzeć jak wół na malowane wrota; goldene ~e versprechen obiecywać złote góry; pot über alle ~e sein być już za dziesiątą granicą; die Haare standen ihm zu ~e włosy stanęły mu dęba; wir sind noch nicht über den ~ najgorsze jeszcze nie minęło 2. przen góra. sterta, kupa f, stos, zwał m; e. ~ von Leichen ⟨Büchern⟩ stosy trupów ⟨książek⟩ 3. ~e pl. geol, górn złoże n
Berg... w comp I. górniczy; np. ~akademie II. 1. górski; np. ~(ab)hang 2. ... góry; np. ~gipfel 3. ... gór; np. ~bewohner 4. ... w góry; np. ~ausflug

Berg(ab)hang m —(e)s, ⸚e stok górski
bergab(wärts) adv (z góry) na dół; przen es geht mit ihm bergab coraz gorzej mu się wiedzie, coraz gorzej z nim
Bergakademie f —, ...jen akademia górnicza
bergan a. bergauf(wärts) adv pod górę
Bergarbeiter m —s, — górnik m
Bergausflug m —(e)s, ⸚e wycieczka w góry
Bergbahn f —, —en kolej(ka) górska
Bergbau m —(e)s górnictwo n
Bergbewohner m —s, — mieszkaniec gór, górał m
bergen (6;h) vt 1. t. vr (sich się) ukry-wać|ć, u|chronić 2. u|ratować (Schiffbrüchige rozbitków); Verwundete ⟨Leichen⟩ ~ zbierać (i przenosić w bezpieczne miejsce) rannych ⟨zwłoki⟩; sich geborgen fühlen czuć się bezpiecznie 3. zawierać, mieścić w sobie; das birgt e—e große Gefahr in sich to grozi dużym niebezpieczeństwem * mar die Segel ~ zwijać żagle. Su do 1. 2.

Bergfahrt f —, —en jazda pod prąd
Bergfried m —(e)s, —e donżon, stołp m
Bergführer m —s, — przewodnik (wysoko)górski
Berggipfel m —s, — szczyt góry
Berggrat m —(e)s, —e grzbiet górski
bergig adj:adv górzy-sty:-sto
Bergkamm m —(e)s, ⸚e zob. Berggrat
Bergkessel m —s, — kotlina górska
Bergkette f —, —n łańcuch gór(ski)
Bergkiefer f —, —n sosna górska, kosodrzewina f
Bergknappe m —n, —n dawn gwarek, górnik m
Bergknappschaft f —, —en dawn gwarectwo n
Bergkrankheit f — choroba wysokości
Bergkristall m —s, —e kryształ górski, kwarc m
Bergland n —(e)s górzysty kraj
Berglehne f —, —n zbocze górskie
Bergmann m —(e)s, ...leute górnik m
bergmännisch adj:adv górnicz-y:-o
Bergpartie f —, ...jen zob. Bergausflug
Bergpfad m —(e)s, —e ścieżka górska
Bergpredigt f — rel kazanie na górze
Bergrücken m —s, — grzbiet górski
Bergrutsch m —es, —e obsunięcie się góry, osuwisko n
Bergsport m —(e)s turystyka wysokogórska; alpinizm m; taternictwo n
Bergsteigen n —s wspinaczka górska ⟨a. wysokogórska⟩
Bergsteiger m —s, — alpinista m; taternik m
Bergsteigerin f —, —nen alpinistka, taterniczka f
Bergstock m —(e)s, ⸚e ciupaga f
Berg-und-Tal-Bahn f —, —en kolejka górska (w wesołym miasteczku)
Bergungsarbeiten pl akcja ratownicza
Bergversatz m —es górn podsadzka f
Bergwacht f — pogotowie górskie
Bergwerk n —(e)s, —e kopalnia f
Beriberi f — med beri-beri inv
Bericht m —(e)s, —e doniesienie n, komunikat, raport m, sprawozdanie n, relacja f; ~en zufolge a. nach ⟨laut⟩ ~en wg doniesień; amtlicher ~ komunikat urzędowy; ~ erstatten referować, składać sprawozdanie, zdawać sprawę
berichten (h) vt, vi don-osić|ieść, zawiad-amiać|omić, po|informować (etw. ⟨über etw.⟩ o czymś); z|referować ⟨coś⟩; składać|złożyć sprawozdanie (z czegoś); falsch ⟨gut⟩ berichtet źle ⟨dobrze⟩ poinformowany
Berichterstatter m —s, — referent, sprawozdawca m; dzien reporter m; auswärtiger ~ korespondent m
Berichterstattung f —, —en sprawozdanie n; raport m
berichtigen (h) vt 1. s|prostować (e—n Irrtum omyłkę), poprawi-ać|ć 2. wyrówn-ywać|ać, u|regulować (die Grenze granicę). Su do 1. 2.; do 1. t. poprawka f; do 2. t. regulacja f
Berichts... w comp sprawozdawczy; np. ~jahr

Berichtsjahr n —(e)s, —e *ekon* rok sprawozdawczy
Berichtswesen n —s *ekon* sprawozdawczość f
beriechen (98;h) vt, vr (sich się) obwąchiwać|ać
berieseln (h) vt zr-aszać|osić, naw-adniać|odnić. Su
Berieselungs... w *comp* 1. zraszający; *np.* ~anlage 2. ... zraszania; *np.* ~dichte
Berieselungsanlage f —, —n urządzenie zraszające
Berieselungsdichte f — intensywność zraszania
beringen (h) vt obrączkować (Tauben gołębie). Su
Beringmeer n —(e)s Morze Beringa
Beringstraße f — Cieśnina Beringa
beritten 1. *part perf*, *zob.* bereiten[2] 2. *adj:adv* konn-y:-o
Berkelium n —s *chem* berkel m
Berlin n —s Berlin m
Berliner 1. *adj* berliński; *farb* ~ **Blau** błękit berliński ⟨pruski⟩ 2. m —s, — mieszkaniec Berlina, berlińczyk m
Berlinerin f —, —nen mieszkanka Berlina
berlinisch *adj:adv* berliński : po berlińsku
Berlocke f —, —n brelok m
Bernhard m —s Bernard m
Bernhardiner m —s, — 1. *rel* bernardyn m 2. *zoo* pies bernardyński, bernard m
Bernhardiner... w *comp* 1. bernardyński; *np.* ~hund 2. ... bernardynów; *np.* ~kloster
Bernhardinerhund m —(e)s, —e pies bernardyński, bernard m
Bernhardinerkloster n —s, ⸗ klasztor bernardynów
Bernstein m —s, —e *min* bursztyn, *dawn* jantar m
Bernstein... w *comp* 1. bursztynowy; *np.* ~spitze 2. ... bursztynu; *np.* ~fischerei 3. ... z bursztynu; *np.* ~kette
Bernsteinfischerei f — połów bursztynu
Bernsteinkette f —, —n naszyjnik z bursztynu
Bernsteinspitze f —, —n cygarniczka bursztynowa
Berserker m —s, — *mit* wściekły ⟨szalony⟩ wojownik; **wie e.** ~ **kämpfen** wściekle ⟨z furią⟩ walczyć
Berserkerwut f — wściekłość, furia f
bersten (7;sn) *vi* pęk-ać|nąć; *przen* **vor Lachen** ⟨**Zorn**⟩ ~ pękać ze śmiechu ⟨złości⟩
berüchtigt *part*, *adj* osławiony
berücken (h) vt o|czarować, urze-kać|c. Su
berückend 1. *part praes*, *zob.* berücken 2. *adj:adv* czarując-y:-o; urzekając-y:-o, fascynując-y:-o
berücksichtigen (h) vt uwzględni-ać|ć. brać|wziąć pod uwagę. Su t. względ m; **unter Berücksichtigung der Umstände** ze względu na okoliczności
Beruf m —(e)s, —e 1. powołanie n; **du hast deinen** ~ **verfehlt** minąłeś się z powołaniem 2. zawód m; **er ist von** ~ **Arzt** jest lekarzem z zawodu

berufen (101;h) I. vt 1. wzywać|wezwać 2. zwoł-ywać|ać (e—e Versammlung zgromadzenie) 3. powoł-ywać|ać; **auf e—n Lehrstuhl** ~ powołać na katedrę II. sich ~ vr powoł-ywać|ać się (auf jmdn a. auf etw. na kogoś a. na coś). Su 1. powołanie n 2. *praw* odwołanie n, rewizja f; **Berufung einlegen gegen etw.** zakładać odwołanie ⟨rewizję⟩ od czegoś; odwoł(yw)ać się 3. powoływanie się 4. powołanie n, misja (życiowa)
beruflich *adj:adv* zawodow-y:-o
Berufs... w *comp* 1. zawodowy; *np.* ~arbeit 2. ... zawodu; *np.* ~wahl
Berufsarbeit f — praca zawodowa
Berufsausbildung f — wykształcenie ⟨szkolenie⟩ zawodowe
Berufsberatung f — poradnictwo zawodowe
Berufsehre f — etyka zawodowa
Berufsgeheimnis n —ses, —se tajemnica zawodowa
Berufsheer n —(e)s, —e armia zawodowa
Berufskollege m —n, —n kolega po fachu ⟨a. biurowy⟩
Berufskrankheit f —, —en choroba zawodowa
berufsmäßig *adj:adv* zawodow-y:-o
Berufsoffizier m —s, —e oficer zawodowy ⟨kadrowy⟩
Berufspraktikum n —s, ...ka *a.* ...ken praktyka zawodowa
Berufsschule f —, —n szkoła zawodowa
Berufsschulung f — szkolenie zawodowe
Berufssportler m —s, — *sport* zawodowiec m
berufstätig *adj* pracujący; ~ **sein** pracować (zawodowo)
Berufstätige —n, —n 1. m pracujący zawodowo 2. f pracująca zawodowo
Berufsverkehr m —s dojazdy ⟨ruch dojazdowy⟩ do pracy
Berufswahl f — wybór zawodu
Berufswechsel m —s, — zmiana zawodu
Berufswettbewerb m —(e)s, —e współzawodnictwo zawodowe
Berufung... w *comp* 1. odwoławczy, rewizyjny; *np.* ~instanz 2. ... odwołania ⟨rewizji⟩; *np.* ~frist
Berufungsfrist f —, —en termin odwołania ⟨rewizji⟩
Berufungsgericht n —(e)s, —e sąd rewizyjny
Berufungsinstanz f —, —en instancja odwoławcza ⟨rewizyjna⟩
Berufungsklage f —, —n skarga odwoławcza ⟨rewizyjna⟩
Berufungsverfahren n —s, — postępowanie odwoławcze ⟨rewizyjne⟩
beruhen (h) vi polegać (**auf etw.** na czymś; **auf e—m Irrtum** na omyłce); **etw. auf sich** ~ **lassen** poprzest(aw)ać na czymś, zaniechać czegoś
beruhigen (h) vt, vr (sich się) uspok-ajać|oić; **er kann sich über den Verlust schwer** ~ nie może się uspokoić z powodu straty. Su
beruhigend I. *part praes*, *zob.* beruhigen II. *adj:adv* uspokajając-y:-o

Beruhigungs... w comp uspokajający; np.
~mittel
Beruhigungsmittel n —s, — środek uspokajający
berühmt adj:adv sławn-y:-ie, słynn-y: -ie, znamieni-ty:-cie, powszechnie znany. **Sh** 1. sława f 2. znakomitość f ⟨o osobie⟩; teatr, kino gwiazda f
berühren (h) I. vt 1. dot-ykać|knąć (się); e—e **Leitung ~** dotykać przewodu; nicht **~!** nie dotykać!; przen **die Autobahn berührt den Ort nicht** autostrada nie prowadzi przez tę miejscowość 2. przen porusz-ać|yć, (e. **Problem** problem) 3. przen dotyczyć, obchodzić; **das berührt mich nicht** to mnie nie dotyczy ⟨obchodzi⟩ 4. dot-ykać|knąć, porusz-ać|yć; **es hat ihn schmerzlich berührt** dotknęło go boleśnie **II. sich ~** vr stykać|zetknąć ⟨dot-ykać|knąć⟩ się. **Su I.** 1., 2., **II.**; do **II.** t. styczność f; styk m; kontakt m; **Berührung mit dem Feinde** zetknięcie się z nieprzyjacielem; **in Berührung kommen** stykać się **(mit jmdm z kimś)**
Berührungs... w comp 1. stykowy; np. **~elektrode** 2. ... styczności; np. **~linie**
Berührungsdauer f — czas zetknięcia (się)
Berührungselektrode f —, —n elektroda stykowa
Berührungsfläche f —, —n powierzchnia zetknięcia
Berührungslinie f —, —n mat linia styczności
Berührungspunkt m —(e)s, —e mat punkt styczności ⟨styczny⟩
berupfen (h) vt oskub-ywać|ać (t. przen)
berußen (h) vt okopc-ać|ić
Beryll m —s, —e min beryl m
Beryllium n —s chem beryl m
besäen (h) vt obsi-ewać|ać, zasi-ewać| ać; przen **mit Sternen besät** usiany gwiazdami
besagen (h) vt oznaczać, znaczyć, mówić; **das besagt wenig ⟨viel⟩** to niewiele ⟨dużo⟩ znaczy ⟨mówi⟩
besagt 1. part perf, zob. **besagen** 2. adj wspomniany, wymieniony, wzmiankowany
besaiten (h) vt naciąg-ać|nąć struny; przen **er ist zart besaitet** jest wrażliwy, ma czułe ⟨wrażliwe⟩ usposobienie
besamen (h) vt, vr (sich się) bot rozmn- -ażać|ożyć przez nasienie. **Su**; künstliche **Besamung** unasienianie n, inseminacja f
Besan m —s, —e mar bezan m
besänftigen (h) vt, vr (sich się) uspok- -ajać|oić, udobruchać; uśmierz-ać|yć (Schmerzen ból); za|łagodzić, u|koić.
Besanmast m —es, —e a. —en mar bezanmaszt m
Besatz m —es, ⸗e kraw obrąb, szlak, brzeżek m; obszycie n
Besatzer m —s, — okupant m
Besatzung f —, —en 1. woj załoga f 2. okupacja f
Besatzungs... w comp 1. okupacyjny; np. **~gebiet** 2. ... załogi; np. **~mitglied**

Besatzungsgebiet n —(e)s, —e obszar okupacyjny
Besatzungsmacht f —, ⸗e państwo okupacyjne
Besatzungsmitglied n —(e)s, —er członek załogi
Besatzungsstärke f — liczebność załogi
Besatzungstruppen pl wojska okupacyjne
Besatzungszone f —, —n strefa okupacyjna
besaufen, sich (102;h) vr, wulg uchlać ⟨urżnąć⟩ się
besäumen (h) vt 1. kraw obrębi-ać|ć 2. obrzynać **(Bretter** deski). **Su**
beschädigen (h) vt, vr (sich się) uszk- -adzać|odzić. **Su** uszkodzenie n
Beschädigte —n, —n 1. m poszkodowany m 2. f poszkodowana f
beschaffen1 (h) vt wystarać się (etw. o coś); **das ist schwer zu ~ to** trudno dostać. **Su**
beschaffen2 part, adj:adv **~ sein** być takim ⟨tego rodzaju⟩; **schlecht ~ w** złym stanie; **damit ist es so ~** rzecz ma się następująco. **Sh** 1. stan m 2. f jakość f, gatunek m; cecha, właściwość, własność f; **Beschaffenheit des Körpers** budowa f ciała
beschäftigen (h) 1. vt zatrudni-ać|ć 2. t. vr (sich się) trudnić, zaj-mować|ąć (mit etw. czymś). **Su**
beschäftigt I. part perf, zob. **beschäftigen II.** adj 1. zatrudniony; **~ sein** być zatrudnionym; **wo sind Sie ~?** gdzie pan(i) pracuje?, gdzie pan jest zatrudniony?, gdzie pani jest zatrudniona? 2. zajęty; **er ist stark ~** jest bardzo zajęty
beschäftigungslos adj:adv bez zatrudnienia, bezrobotny. **Si** brak zatrudnienia, bezrobocie n
Beschäftungsstelle f —, —n miejsce ⟨punkt⟩ zaopatrywania
beschalen (h) vt obi-jać|ć deskami
beschälen1 (h) vt o|korować (e—n **Baum** drzewo). **Su**
beschälen2 (h) vt stanowić, kryć (e—e **Stute** klacz). **Su**
Beschäler m —s, — ogier rozpłodowy
beschämen (h) vt zawstydz-ać|ić. **Su**
beschämend 1. part praes, zob. **beschämen** 2. adj:adv zawstydzając-y:-o, żenując-y:-o
beschatten (h) vt 1. ocieni-ać|ć, zacieni- -ać|ć 2. przen, pot śledzić, inwigilować (den **Täter** sprawcę). **Su** do 1.,2. do 2. t. inwigilacja f
Beschau f — 1. oględziny pl, przegląd m, lustracja f 2. badanie mięsa 3. kontrola celna
beschauen (h) I. vt 1. t. vr (sich dat sobie) oglądać|obejrzeć 2. z|badać (Fleisch mięso). **Sh. II.** sich **~** vr prze-gląd-ać|jrzeć się (im **Spiegel** w lustrze). **Su** do **I.—II.**; do **I.** 1. t. oględziny pl
Beschauer m —s, — 1. oglądający ⟨badający⟩ widz m 2. oglądacz m (mięsa)
beschaulich adj:adv kontemplacyjn-y: -ie; spokojn-y:-ie. **Sk** kontemplacja f; spokój m

Bescheid m —(e)s, —e 1. odpowiedź f; informacja f; ~ wissen orientować się, wiedzieć; ~ geben poinformować; ich habe ihm ~ gesagt g) poinformowałem go b) pot powiedziałem mu parę słów prawdy 2. praw postanowienie n, decyzja f; e. abschlägiger ~ decyzja odmowna

bescheiden[1] **(106;h) I.** vt 1. da-wać|ć odpowiedź (jmdn komuś); po|informować (jmdn über etw. kogoś o czymś); jmdn abschlägig ~ d(aw)ać komuś odmowną odpowiedź 2. wezwać|wzywać (zu sich do siebie) * jmdm beschieden sein być przeznaczonym ⟨sądzonym⟩ komuś; es war mir nicht beschieden nie było mi przeznaczone ⟨sądzone⟩ **II.** sich ~ vr zadow-alać|olić się (mit etw. czymś), poprzesta-wać|ć (na czymś)

bescheiden[2] adj:adv skromn-y:-ie. Sh

bescheinen (107;h) vt oświec-ać!ić (o słońcu itp.). Su

bescheinigen (h) vt poświadcz-ać|yć, zaświadcz-ać|yć; potwierdz-ać|ić; den Empfang ~ kwitować ⟨potwierdzić⟩ odbiór. Su t. pokwitowanie n

bescheißen (beschiß, beschissen; h) vt, wulg 1. obesrać 2. wy|kantować

beschenken (h) vt obdarow-ywać|ać (jmdn mit etw. kogoś czymś). Su

bescheren (h) vt obdarow-ywać ać (na gwiazdkę a. na urodziny); den Kindern bescherte man Spielzeuge dzieci obdarowano zabawkami * beschert sein być przeznaczonym ⟨sądzonym⟩; es war ihm nicht beschert nie było mu przeznaczone ⟨sądzone⟩. Su 1. obdarowanie n 2. przen, pot los m, przykra historia ⟨niespodzianka⟩; e—e schöne ⟨nette⟩ Bescherung! ładna historia!; iron da haben wir die Bescherung! masz babo placek!

beschicken (h) vt 1. ob-syłać|esłać, pos-yłać|łać; e—e Messe ⟨Versammlung⟩ ~ wys(y)łać towary na zjazd ⟨delegatów na zebranie⟩ 2. tech za|ładować, napełni-ać|ć, zasil-ać|ić (e—n Hochofen wielki piec). Su do 1., 2.; do 2. t. ładunek, wsad m

Beschickungs... w comp 1. zasilający; np. ~pumpe 2. załadowczy, załadunkowy; np. ~vorrichtung

Beschickungspumpe f —, —n pompa zasilająca

Beschickungsvorrichtung f —, —en urządzenie załadowcze ⟨załadunkowe⟩

beschießen (111;h) vt, vr (sich się) o-strzel-iwać|ać. Su

beschimpfen (h) vt zwymyślać (jmdn kogoś), wymyślać (komuś). Su

beschirmen (h) vt osł-aniać|onić, o|bronić, brać|wziąć pod opiekę. Su

Beschirmer m —s, — obrońca, opiekun, protektor m

Beschirmerin f —, —nen opiekunka, protektorka f

beschlafen (113;h) 1. spółkować, przespać się (e—e Frau z kobietą) 2. pot etw. ~ zastan-awiać|owić ⟨namyśl-ać|ić⟩ się nad czymś przez noc; ich muß das noch ~ muszę jeszcze zastanowić się nad tym (do jutra)

Beschlag m I. —(e)s, ≟e 1. okucie n; obicie n 2. chem nalot m (np. na metalu) **II.** (bez pl) praw zajęcie n, konfiskata f; etw. mit ~ belegen kłaść a-reszt na czymś, konfiskować; przen jmdn in ~ nehmen zabierać ⟨zająć, anektować⟩ kogoś wyłącznie dla siebie

beschlagen[1] **(114) I. (h)** vt 1. oku-wać|ć 2. podku-wać|ć **(Pferde** konie) 3. obi-jać|ć **(die Wände mit Teppichen** ściany dywanami) **II. (sn)** vt 1. pokry-wać|ć się ⟨za-chodzić|jść⟩ parą, za| potnieć (o szybie itp.) 2. oksydować (o metalu) 3. s|pleśnieć (o żywności). Su do I.

beschlagen[2] 1. part perf, zob. beschlagen 2. adj, przen obeznany (in etw. z czymś), pot obkuty (w czymś); gut ~ sein in etw. znać się dobrze na czymś

Beschlagnahme f —, —n praw konfiskata f, zajęcie n ⟨sądowe⟩, areszt m; woj rekwizycja f

beschlagnahmen (h) vt s|konfiskować; |kłaść|położyć areszt na czymś; woj za| rekwirować

beschleichen (115;h) vt 1. skradać się; podchodzić cichaczem (jmdn do kogoś) 2. przen ogarn-iać|ąć; Angst beschleicht ihn strach go ogarnia ⟨oblatuje⟩

beschleunigen (h) vt przyspiesz-ać|yć. Su t. fiz

Beschleuniger m —s, — fiz akcelerator, przyspieszacz m

beschließen (118;h) vt 1. za|kończyć (e—n Brief list; das Leben życie); e—n Zug ~ zamykać pochód 2. postan-awiać| owić; uchwal-ać|ić; zdecydować się

Beschluß m ...usses, ...üsse 1. postanowienie n, uchwała f; rezolucja f; e—n ~ fassen powziąć uchwałę ⟨postanowienie, decyzję⟩ 2. zakończenie n, koniec m; zum ~ na zakończenie

beschlußfähig adj zdolny do powzięcia uchwały. Sk. t. kworum m

Beschlußfassung f —, —en powzięcie uchwały ⟨postanowienia⟩; uchwała f, postanowienie n

beschmeißen (120;h) vt, pot obrzuc-ać|ić

beschmieren (h) vt 1. t. vr (sich się; sich dat sobie) posmarować, zabazgrać, po|walać, zasmarować 2. po|smarować (mit Butter masłem); vt Teer ~ smołować

beschmutzen (h) vt, vr (sich się; sich dat sobie) po|brudzić, po|walać, za| brudzić. Su

beschneiden (123;h) vt 1. podci-nać|ąć (e—e Hecke żywopłot); obci-nać|ąć (Nägel paznokcie; Haare włosy); przen jmdm die Flügel ~ podcinać komuś skrzydła 2. liturg obrzez-ywać|ać 3. przen okr-awać|oić, obci-nać|ąć (die Gehälter pobory). Su

beschneit part, adj pokryty śniegiem, ośnieżony

beschnüffeln a. **beschnuppern (h)** vt, vr (sich się) obwąch-iwać|ać

beschönigen (h) *vt* upiększ-ać|yć; przedstawi-ać|ć w lepszym świetle. **Su**
beschottern (h) *vt* wy|żwirować, wy|szutrować. **Su**
beschränken (h) *vt*, *vr* (sich się) ogranicz-ać|yć (auf etw. do czegoś; in etw. w czymś). **Su**
beschrankt *part*, *adj*, *kol* zamykany barierą, strzeżony; ~**er Bahnübergang** strzeżony przejazd kolejowy
beschränkt I. *part perf*, *zob*. **beschränken II.** *adj* 1. *t. adv*; ograniczony, ciasny:-o; e. ~**er Mensch** ciasny umysł; **geistig** ~ **sein** być umysłowo niedorozwiniętym 2. *hand* ograniczony; **Gesellschaft mit** ~**er Haftung** spółka z ograniczoną odpowiedzialnością. **Sh** ciasnota, ograniczoność *f* (umysłu)
beschreiben (126;h) *vt* 1. zapis-ywać|ać (e—n Bogen arkusz) 2. *t. przen* opis-ywać|ać, przedstawi-ać|ć (e—e Reise podróż); **das läßt sich nicht** ~ **to nie da się opisać** ⟨wyrazić⟩ 3. *mat* opis-ywać|ać, zakreśl-ać|ić (e—n Kreis koło). **Su** do 1.—3.; do 2. *t.* opis *m*
beschreiten (128;h) *vt* wst-ępować|ąpić, wkr-aczać|oczyć (etw. na coś; **e—n Weg na drogę); den Rechtsweg** ~ występować sądownie; **die Schwelle** ~ przestępować próg
beschriften (h) *vt* oznacz-ać|yć ⟨opat-rywać|rzyć⟩ napisem. **Su**
beschuldigen (h) *vt* obwini-ać|ć (jmdn e—r Sache kogoś o coś; e—s Mordes o morderstwo). **Su** *t.* przypis(yw)anie winy, zarzut *m*; **unter der Beschuldigung e—s Mordes** pod zarzutem morderstwa
Beschuldigte —n —n 1. *m* obwiniony *m* 2. *f* obwiniona *f*
beschummeln (h) *vt*, *pot* oszuk-iwać|ać
beschuppt *part*, *adj* 1. pokryty łuskami 2. *t.* **beschupst** *pot* oszukany
Beschuß *m* ...usses, ...üsse obstrzał *m*
beschütten (h) *vt* 1. obsyp-ywać|ać 2. obl-ewać|ać
beschützen (h) *vt* o|bronić, o|chronić (jmdn kogoś); za|opiekować się (kimś); strzec, pilnować (**die Grenze** granicy). **Su** *t.* obrona, opieka *f*
Beschützer *m* —s, — obrońca, opiekun, protektor *m*
Beschützerin *f* —, —**nen** opiekunka, protektorka *f*
beschwatzen (h) *vt* 1. nakł-aniać|onić gadaniem, nam-awiać|ówić 2. obgad-ywać|ać
Beschwerde *f* —, —n 1. uciążliwość, trudność *f* 2. *med* dolegliwość *f* 3. zażalenie *n*; ~ **führen über jmdn** ⟨**etw.**⟩ wnosić zażalenie na kogoś ⟨coś⟩
Beschwerdebuch *n* —(e)s, ⸚**er** księga ⟨książka⟩ zażaleń
Beschwerdeführende *m* —n, —n *a.* **Beschwerdeführer** *m* —s, — wnoszący zażalenie
Beschwerderecht *n* —(e)s prawo wnoszenia zażaleń
Beschwerdestelle *f* —, —n biuro skarg i zażaleń
beschweren (h) 1. *vt*, *t. przen* obciąż-ać|

yć 2. **sich** ~ *vr* użal-ać|ić ⟨żalić, skarżyć⟩ się, wnosić|wnieść zażalenie (**über jmdn** *a.* **über etw.** na kogoś *a.* na coś); **ich kann mich nicht** ~ nie mogę narzekać ⟨skarżyć się⟩. **Su do 1.**
beschwerlich *adj:adv* uciążliw-y:-ie; **jmdm** ~ **fallen** być komuś ciężarem. **Sk**
beschwichtigen (h) *vt* uspok-ajać|oić, uśmierz-ać|yć, u|łagodzić. **Su**
beschwindeln (h) *vt* oszuk-iwać|ać, o-kpić
beschwingt *part*, *adj:adv* *przen* skrzydlaty; jak na skrzydłach; skoczn-y:-ie; ~**e Weisen** skoczne melodie; ~**en Fußes eilen** pędzić jak na skrzydłach
beschwipst *part*, *adj*, *pot* podchmielony, pod muchą ⟨gazem⟩
beschwören (134;h) *vt* 1. za|przysi-ęgać| ąc, przysi-ęgać|ąc (**etw. na coś**) 2. egzorcyzmować, zakl-inać|ąć (**den Teufel** czarta); przywoł-ywać|ać (**Geister** duchy) 3. *przen* zaklinać, u|błagać. **Su do 1.—3.; do 2.** *t. liturg* egzorcyzm *m*
Beschwörer *m* —s, — zaklinacz *m*, egzorcysta *m*
beseelen (h) *vt* ożywi-ać|ć, natchnąć, uduchowić. **Su**
beseelt 1. *part perf*, *zob*. **beseelen** 2. *adj:adv* ożywiony, natchniony, uduchowiony; **das** ~**e Spiel des Virtuosen** uduchowiona ⟨natchniona⟩ gra wirtuoza. **Sh** ożywienie *n*, uduchowienie *n*
besehen (135;h) *vt*, *vr* (**sich** *dat* **sobie**) oglądać|obejrzeć; **sich** *acc* **im Spiegel** ~ przeglądać się w lustrze; *pot* **Prügel** ~ dosta(wa)ć lanie
beseitigen (h) *vt* 1. usu-wać|nąć (**Hindernisse** przeszkody) 2. *przen* sprząt-ać|nąć, zgładz-ać|ić, pozbawi-ać|ć życia. **Su**
beseligen (h) *vt* uszczęśliwi-ać|ć. **Su**
Besen *m* —s, — 1. miotła *f*, szczotka do zamiatania 2. *przen* wiedźma *f*
Besenbinder *m* —s, — miotlarz *m*
Besenginster *m* —s, — *bot* żarnowiec miotlasty
Besenstiel *m* —(e)s, —**e** kij do miotły, miotlisko *n*
besessen 1. *part perf*, *zob*. **besitzen** 2. *adj:adv* opętany (**von e—r Leidenschaft** ⟨**Idee**⟩ pasją ⟨ideą⟩). *pot* **wie** ~ **reden** gadać jak najęty. **Su**
Besessene —n, —n 1. *m* opętaniec *m* 2. *f* opętana *f*
besetzen (h) *vt* 1. zaj-mować|ąć (**e—n Platz** miejsce) 2. *woj* zaj-mować|ąć, o-kupować 3. obsadz-ać|ić (**mit Bäumen** drzewami); *teatr* **Rollen im Stück** ~ obsadzać ⟨rozdawać⟩ role w sztuce 4. wyznacz-ać|yć; **e—e Stellung mit jmdm** ~ wyznaczyć kogoś na stanowisko 5. zastawi-ać|ć (**den Tisch mit Speisen** stół potrawami) 6. obszy-wać|ć; obllamować 7. *karc* stawiać|postawić (**e—e Karte** na kartę). **Su** do 1.—7.; do 2. *t.* okupacja *f*; do 3. *teatr t.* obsada *f* (ról)
besetzt I. *part perf*, *zob*. **besetzen II.** *adj* 1. zajęty; **alles** ~! nie ma miejsc

besichtigen 124 besprechen

wolnych! 2. okupowany; ~e Gebiete tereny okupowane
besichtigen (h) vt 1. oglądać|obejrzeć; zwiedz-ać|ić (e. Museum muzeum) 2. dokon-ywać|ać przeglądu ⟨inspekcji⟩. Su do 1., 2.; do 1. t. oględziny pl; do 2. t. przegląd m, inspekcja, lustracja f; praw Besichtigung an Ort und Stelle wizja lokalna
besiedeln (h) vt zasiedl-ać|ić; s|kolonizować. Su t. kolonizacja f; osadnictwo n
besiegeln (h) vt 1. przy-kładać|łożyć pieczęć, za|pieczętować 2. przen przypieczętować (mit dem Leben ⟨Blut⟩ życiem ⟨krwią⟩). Su
besiegen (h) vt zwycięż-ać|yć, pokon-ywać|ać; er erklärte sich für besiegt uznał się za pokonanego, dał za wygraną. Su
Besieger m —s, — zwycięzca m
Besiegte m —n, —n zwyciężony, pokonany m
besingen (139;h) vt 1. śpiewać (etw. o czymś), opiewać, sławić śpiewem (coś) 2. (o śpiewaku, śpiewaczce itp.) nagr-ywać|ać (e—e Schallplatte płytę)
besinnen, sich (141;h) vr 1. namyśl-ać|ić ⟨zastan-awiać|owić⟩ się; sich anders ⟨eines Besseren⟩ ~ rozmyślić się; ohne sich zu ~ nie zastanawiając się, bez namysłu ⟨zastanowienia⟩ 2. (sich sobie) przypom-inać|nieć sobie (auf etw. coś). Su 1. namysł m, zastanowienie n 2. przytomność f; er ist bei Besinnung jest przytomny; bei Besinnung bleiben nie tracić przytomności; zur Besinnung kommen wracać do przytomności, o|przytomnieć; jmdn zur Besinnung bringen przywracać kogoś do przytomności, ocucić kogoś
besinnlich adj:adv spokojn-y:-ie; kontemplacyjn-y:-ie. Sk spokój m; kontemplacja f; zaduma f
besinnungslos adj:adv nieprzytomn-y:-ie, bez przytomności. Sk nieprzytomność f
Besitz m —es, —e 1. posiadanie n; im ~ Ihres Schreibens otrzymawszy pismo Pana(i); etw. in ~ nehmen a. von etw. ~ ergreifen objąć coś w posiadanie 2. własność f 3. posiadłość f
Besitz... w comp 1. ... posiadania; np. ~recht 2. ... w posiadanie; np. ~ergreifung
besitzanzeigend part, adj, gram dzierżawczy; ~es Fürwort zaimek dzierżawczy
besitzen (142;h) vt posiadać, mieć (große Vorzüge wielkie zalety). Su posiadłość f
Besitzer m —s, — posiadacz, właściciel m
Besitzergreifung f — objęcie w posiadanie, zawładnięcie n
Besitzerin f —, —nen właścicielka f
Besitznahme zob. Besitzergreifung
Besitzrecht n —(e)s prawo posiadania
Besitzstand m —(e)s stan posiadania
Besitztum n —s, —er posiadłość f
besoffen 1. part, zob. besaufen 2. adj:

:adv, wulg schlany, urżnięty. Sh pijaństwo n
besohlen (h) vt pod|zelować. Su
besolden (h) vt za|płacić żołd ⟨pensję⟩. Su żołd m; pensja f; wynagrodzenie n
besonder adj 1. oddzielny, osobny; e. ~er Eingang osobne wejście 2. specjalny, nadzwyczajny, szczególny; o-sobliwy; e—e ~e Freude szczególna radość; ~e Vorsichtsmaßnahmen specjalne środki ostrożności. Sh właściwość f; osobliwość f; odrębność f; cecha szczególna
besonders adv 1. oddzielnie, z osobna, osobno 2. specjalnie, nadzwyczajnie; szczególnie; zwłaszcza, przede wszystkim; nicht ~ nieszczególnie, nie bardzo; ~ wenn... zwłaszcza, gdy...
besonnen 1. part perf, zob. besinnen 2. adj:adv rozsądn-y:-ie, roztropn-y:-ie, rozważn-y:-ie. Sh rozsądek m, roztropność, rozwaga f
besorgen (h) vt 1. opiekować się (jmdn kimś); doglądać (kogoś; e—e Wirtschaft gospodarstwa); den Haushalt ~ zajmować się gospodarstwem domowym 2. wykon-ywać|ać; załatwi-ać|ć (Einkäufe sprawunki); e—n Brief ~ wys(y)łać ⟨ekspediować⟩ list; przen, pot sein Geschäft*~ załatwiać potrzebę naturalną 3. postarać ⟨wystarać⟩ się (etw. o coś; Fahrkarten o bilety; e. Zimmer o pokój) 4. obawiać się; es ist zu ~, daß... należy obawiać się, że... Su do 1.—3.; do 2. t. sprawunek m; zakupy pl; Besorgungen machen czynić ⟨robić⟩ zakupy
Besorgnis f —, —se obawa f, niepokój m
besorgniserregend part, adj:adv budzący obawę ⟨niepokój⟩, niepokojąc-y:-o
besorgt I. part perf, zob. besorgen II. adj:adv 1. troskliw-y:-ie, pieczołowi-ty:-cie 2. stroskany, zaniepokojony, niespokojn-y:-ie; ~ sein niepokoić się (um jmdn a. um etw. o kogoś a. o coś) 3. wydany (staraniem); der Von Professor Müller ~e Neuauflage nowy nakład wydany przez profesora Müllera. Sh 1. troska f 2. niepokój m, zaniepokojenie n
bespannen (h) vt 1. zaprz-ęgać|ąc (e—n Wagen mit Pferden konie do wozu) 2. naciąg-ać|nąć (e. Instrument mit Saiten struny na instrumencie). Su do 1., 2.; do 1. t. zaprzęg m
bespeien (144;h) vt oplu-wać|ć, oplwać
bespicken (h) vt na|spikować, nap-ychać|chać
bespiegeln, sich (h) vr prze-glądać|jrzeć się w lustrze. Su
bespitzeln (h) vt szpiclować, szpiegować
bespötteln a. bespotten (h) vt podrwi--waćić, pokpi-wać|ć (jmdn a. etw. z kogoś a. z czegoś)
besprechen (146;h) I. vt 1. om-awiać|ówić 2. recenzować (e. Buch książkę) 3. zam-awiać|ówić, zażegn-ywać|ać (e—e Krankheit chorobę); e. Mikrophon ~ mówić do mikrofonu; e—e Schallplatte ~ nagrywać (przemówienie) na płytę

besprengen 125 **bestehen**

II. **sich ~** *vr* naradz-ać|ić ⟨porozumie-waćlć⟩ się (**mit** jmdm **über** etw. **z** kimś co do ⟨**w sprawie**⟩ czegoś). **Su do I.—II.**; **do I. 2.** *t.* recenzja *f*; **do II. t.** narada, konferencja *f*
besprengen (h) *vt* skr-apiać|opić, pokrapiać|opić. **Su**
bespritzen (h) *vt, vr* **(sich się)** oprysk-iwać|ać, sprysk-iwać|ać; **mit Dreck ~** obryzg(iw)ać błotem. **Su**
bespucken (h) *vt, zob.* **bespeien**
bespülen (h) *vt* opłuk-iwać|ać; *geogr* oblewać **(das Ufer** brzeg)
Bessemer... *w comp* **1.** besemerowski; *np.* **~stahl 2. ... Bessemera;** *np.* **~birne**
Bessemerbirne *f* —, **—n** *tech* konwertor ⟨gruszka⟩ Bessemera
bessemern (h) *vt, tech* besemerować
Bessemerstahl *m* —(e)s stal besemerowska
besser *compar* (*zob.* **gut)** *adj:adv* lep--szy:-iej; **~ als** lepszy ⟨lepiej⟩ niż; żart **die ~e Hälfte** połowica, żona *f*; **~ werden** poprawiać się; **es geht ihm jetzt ~** a) obecnie mu się lepiej powodzi b) obecnie czuje się (zdrowotnie) lepiej; **~e Tage kennen** pamiętać lepsze czasy; **das wäre ja noch ~!** tego brakowałoby jeszcze!
Bessere *n* **—n, —n** (to co) lepsze *n*; etw. **~s** coś lepszego; **in Ermangelung e—s ~n** w braku czegoś lepszego
Bessergestellte **—n, —n 1.** *m* lepiej sytuowany *m* **2.** *f* lepiej sytuowana *f*
bessern (h) *vt, vr* (sich się) poprawi-ać|ć, polepsz-ać|yć. **Su** *t.* poprawa *f*; **gute Besserung!** życzę wyzdrowienia ⟨poprawy⟩!
Besserungsanstalt *f* —, —en zakład poprawczy
Besserwisser *m* —s, **—** *iron* człowiek wiedzący wszystko lepiej; mędrek, *pot* besserwisser *m*
best *sup* (*zob.* **gut)** **I.** *adj* najlepszy; **der erste ~e** pierwszy lepszy ⟨z brzegu⟩; **in den ~en Jahren** w sile wieku; **ich halte es für das ~e, daß...** uważam za najlepsze ⟨za najsłuszniejsze⟩, by **...;- jmdn zum ~en haben** ⟨halten⟩ żartować ⟨kpić⟩ z kogoś **II.** *adv* 1. **~ens** *a.* **aufs** ⟨auf das⟩ **~e** ⟨jak⟩ najlepiej; **danke ~ens!** dziękuję bardzo!; **sie sorgen aufs ~e um uns** troszczą się o nas jak najlepiej ⟨jak najbardziej⟩; **wir vergnügten uns aufs ~e, als...** bawiliśmy się w najlepsze, gdy... **2. am ~en** najlepiej; **es wäre am ~en, du gehst selbst hin** (będzie) najlepiej, gdy sam pójdziesz
bestallen (h) *vt* mianować. **Su** *t.* nominacja *f*
Bestand *m* —(e)s, **-̈e 1.** trwałość *f;* byt *m,* istnienie *n;* **~ haben** *a.* **von ~ sein** być trwałym, utrzymywać się **2.** stan *m; leśn* **~ an Bäumen** drzewostan *m* **3.** *hand* stan; zapas; remanent *m;* **der ~ an Barvermögen** stan ⟨zapas⟩ gotówki; **der ~ der Kasse** stan kasy, remanent kasowy; **der ~ an Waren** zapas towarów. *t.* (o zwierzętach) pogłowie *n*
beständig *adj:adv* trwa-ły:-le, sta-ły:-le,

niezmienn-y:-ie; ciąg-ły:-le; **~e Passiva** pasywa stałe; **das Wetter ist ~** pogoda jest stała. **Sk**
Bestandsaufnahme *f* **—, —n 1.** inwentaryzacja *f;* spis z natury 2. *hand* spisanie remanentu, *pot* remanent *m*
Bestandsverzeichnis *n* **—ses, —se** spis inwentarza ⟨remanentu⟩
Bestandteil *m* **—(e)s, —e** część składowa; składnik *m*
Bestarbeiter *m* **—s, —** przodownik pracy
bestärken (h) *vt, vr* **(sich się)** um-acniać| ocnić, utwierdz-ać|ić. **Su**
bestätigen (h) I. *vt* **1.** zatwierdz-ać|ić (e. **Urteil** wyrok) **2.** potwierdz-ać|ić (den **Empfang** odbiór) **3.** stwierdz-ać|ić (eidlich **pod przysięgą) II. sich ~** *vr* potwierdz-ać|ić ⟨sprawdz-ać|ić⟩ się. **Su do I.**
Bestätigungs... *w comp* **1.** zatwierdzający; *np.* **~urkunde 2.** potwierdzający; *np.* **~schreiben**
Bestätigungsschreiben *n* **—s, —** pismo potwierdzające
Bestätigungsurkunde *f* **—, —n** akt zatwierdzający
bestatten (h) *vt* po|chować, po|grzebać. **Su** *t.* pogrzeb *m*
bestauben 1. (h) *vt* zakurz-ać|yć **2. (sn)** *vi* zakurz-ać|yć się. **Su**
bestäuben (h) *vt* **1.** zakurz-ać|yć **2.** posyp-ywać|ać **(etw. mit** etw. coś czymś) *t.* opyl-ać|ić. **3.** *bot* zapyl-ać|ić. **Su**
Bestäuber *m* **—s, —** opylacz *m*
bestaunen (h) *vt* podziwiać
Beste I. —n, —n 1. *m, pot* drogi, ukochany *m;* najlepszy *m* **2.** *f* droga, ukochana *f;* najlepsza *f* **II.** *n* **—n** najlepsze *n;* dobro *n;* korzyść *f;* **sein ~s im Auge haben** mieć na oku jego dobro; **e. Konzert zum ~n ... geben** dawać koncert na rzecz ...; **sein ~s tun** czynić wszystko co możliwe
bestechbar *adj:adv* przekupn-y:-ie, sprzedajn-y:-ie
bestechen (149;h) *vt* **1.** przekup-ywać|ić (jmdn kogoś); da-wać|ć łapówkę (komuś); **sich ~** lassen brać łapówkę, być przekupnym **2.** uj-mować|ąć, zjednywać|ać sobie **(durch Höflichkeit** uprzejmością); **er ist ~d höflich** jest ujmująco uprzejmy. **Su** do 1. *t.* przekupstwo *n*
bestechlich *adj:adv* przekupn-y:-ie, sprzedajn-y:-ie. **Sk** *t.* łapownictwo, przekupstwo *n*
Bestechungsgeld *n* **—(e)s, —er** łapówka *f*
Bestechungsversuch *m* **—(e)s, —e** usiłowanie przekupstwa
Besteck *n* **—(e)s, —e 1.** futerał *m* **2.** sztućciec *m* **3.** *med* instrumentarium podręczne, torba sanitarna **4.** zestaw *m* **5.** *mar* pozycja *f* (statku); **das ~ aufnehmen** ustalić pozycję statku
bestecken (h) *vt* po|obtykać; obsadz-ać|ić **(etw. mjt** etw. coś czymś); opi-nać|ąć (czymś)
Besteckkasten *m* **—s, -̈** puzderko, puzdro *n* **I.**
bestehen (151;h) I. przetrzym-ywać|ać; przetrwać, przeby-wać (etw. coś); wy-

-chodzić|jść cało ⟨zwycięsko⟩ (etw. z czegoś; Gefahren z niebezpieczeństw), pokon-ywać|ać; e. Abenteuer ~ przeży(wa)ć przygodę; e—n Kampf ~ stoczyć walkę; e—e Prüfung ~ zdawać ⟨składać⟩ egzamin II. *vi* 1. istnieć, egzystować; trwać; **die Firma besteht schon seit 10 Jahren** firma istnieje od dziesięciu lat; **es besteht kein Zweifel** nie ma żadnej wątpliwości 2. utrzym-ywać|ać się; egzystować, wyżyć **(von 100 Mark ze stu marek)** 3. obstawać, up-ierać|rzeć się **(auf e—r Sache** przy czymś); żądać (czegoś); **er besteht auf seinem Kopf** obstaje przy swoim 4. składać się **(aus etw.** z czegoś) 5. polegać **(in e—r Sache** na czymś). Su do I.
Bestehen *n* —s 1. przejście, przebycie *n* 2. złożenie *n* (egzaminu) 3. istnienie *n*, byt *m*, egzystencja *f* 4. obstawanie *n*, upieranie się
besteh(e)nbleiben (14;sn) *vi* osta-wać|ć się, istnieć dalej, zachow-ywać|ać ⟨utrzym-ywać|ać⟩ się
besteh(e)nlassen (74;h) (*vt*) nie rusz-ać|yć, nie narusz-ać|yć
bestehlen (152;h) *vt* okra-dać|ść
besteigen (153;h) *vt* wchodzić|wejść, wst-ępować|ąpić (etw. na coś); **e—n Berg** ~ wspinać się na górę; **e. Pferd** ~ dosiadać konia; **den Thron** ~ wstępować na tron; **e—n Zug ⟨e. Flugzeug⟩** ~ wsiadać do pociągu ⟨samolotu⟩. Su
Bestellbuch *n* —(e)s, ⸗er książka zamówień
bestellen (h) *vt* 1. zam-awiać|ówić (jmdn kogoś; **e—e Tasse Kaffee** filiżankę kawy); jmdn zu sich ~ prosić kogoś do siebie; **e—e Zeitung** ~ zaabonować gazetę 2. uprawi-ać|ć **(den Acker** rolę) 3. przekaz-ywać|ać **(Grüße** pozdrowienia) 4. doręcz-ać|yć **(e—n Brief** list) 5. u|porządkować, urządz-ać|ić; *przen* **sein Haus** ~ uporządkować wszystkie swoje sprawy 6. ustan-awiać| owić, wyznacz-ać|yć **(e. Gericht** sąd); za|mianować **(als ⟨zum⟩ Leiter** kierownikiem) 7. zastawi-ać|ć **(den Tisch** stół)
* **bestellt sein** być, przedstawiać się; **es ist um ihn schlecht bestellt** z nim ⟨jest⟩ krucho. Su do 1.—6.; do 2. f. u-prawa *f*
Besteller *m* —s, — zamawiający *m*
Bestellgebühr *f* —, —en *a*. **Bestellgeld** *n* —(e)s, —er opłata za doręczenie
Bestelliste *f* —, —n lista zamówień, zamówienie *n*
Bestellschein *m* —(e)s, —e *a*. **Bestellzettel** *m* —s, — zamówienie *n* (na piśmie)
bestempeln (h) *vt* o|stemplow-ywać|ać
bestenfalls *adv* w najlepszym razie
bestens *adv* ⟨jak⟩ najlepiej, bardzo dobrze; **ich danke** ~ serdecznie ⟨bardzo⟩ dziękuję
besternt *part, adj:adv* 1. usiany gwiazdami, ugwieżdżony 2. *przen* pokryty orderami
besteuern (h) *vt* opodatkow-ywać|ać, na-kładać|łożyć podatek. Su
bestgehaßt *adj, pot* najbardziej znienawidzony

bestialisch *adj:adv* bestialsk-i:-o, zwierzęcy : jak zwierzę
Bestialität *f* —, —en bestialstwo, zezwierzęcenie *n*
Bestie [...tĭə] *f* —, —n bestia *f; die* ~ **in Menschengestalt** bestia w ludzkim ciele ⟨ludzkiej postaci⟩
bestimmbar *adj* 1. dający się określić ⟨oznaczyć, ustalić⟩ 2. ulegający; **leicht** ~ łatwo ulegający. Sk uległość *f*
bestimmen (h) **I.** *vt* 1. określ-ać|ić, oznacz-ać|yć **(e—n Begriff** pojęcie; **e—e Pflanze** roślinę) 2. wyznacz-ać|yć, określ-ać|ić, ustal-ać|ić, naznacz-ać|yć **(den Ort** miejsce; **den Preis** cenę; **die Zeit** czas); **jmdn zu ⟨als⟩ etw.** ~ wyznaczać kogoś na coś 3. przeznacz-ać| yć **(jmdn ⟨etw.⟩ für jmdn ⟨etw.⟩** kogoś ⟨coś⟩ dla kogoś ⟨na coś⟩) 4. nakł-aniać| onić **(jmdn zu etw.** kogoś do czegoś); **sich von seinen Gefühlen** ~ **lassen** kierować się uczuciami 5. postan-awiać|owić; zarządz-ać|ić 6. z|decydować **(etw. o czymś); das bestimme ich!** o tym decyduję ja!. **II.** *vi* decydować, stanowić **(über etw. o czymś); darüber bestimme ich!** o tym decyduję ja!. Su 1. określenie *n* 2. naznaczenie, wyznaczenie, ustalenie *n* 3. przeznaczenie *n;* los *m*; **der Ort der Bestimmung** miejsce przeznaczenia; **alles ist Bestimmung** wszystko jest przeznaczeniem 4. postanowienie, zarządzenie *n*; przepis *m*; **e—e Bestimmung erlassen** wydawać zarządzenie, zarządzać; **die Bestimmungen befolgen** stosować się do przepisów ⟨do zarządzeń⟩
bestimmt I. *part perf, zob.* **bestimmen** **II.** *adj:adv* 1. pewn-y:-ie, na pewno; dokładn-y:-ie; **e—s** ~**en Tages** pewnego dnia; **etw.** ~ **wissen** wiedzieć coś na pewno; **ganz** ~ **kommen** przyjść z całą pewnością; **es ist** ~ **so** tak jest na pewno 2. stanowcz-y:-o; höflich **aber** ~ **antworten** odpowiadać uprzejmie, ale stanowczo **III.** *adj* 1. określony; *gram* **der** ~**e Artikel** rodzajnik określony 2. niektóry; ~**e Arten** niektóre rodzaje 3. wyznaczony, oznaczony 4. przeznaczony. Sh do II.
Bestimmungs... *w comp* 1. określający; *np.* ~**wort** *n* 2. ... przeznaczenia; *np.* ~**hafen**
Bestimmungsgröße *f* —, —n *mat, fiz* wielkość ⟨wartość⟩ poszukiwana
Bestimmungshafen *m* —s, ⸗ port przeznaczenia
Bestimmungsland *n* —(e)s, ⸗er kraj przeznaczenia
Bestimmungsort *m* —(e)s, —e miejsce przeznaczenia
Bestimmungswort *n* —(e)s, ⸗er *gram* wyraz określający, określnik *m*
bestirnt *part, adj, poet* usiany ⟨pokryty⟩ gwiazdami, gwiaździsty
Bestleistung *f* —, —en najlepszy wynik, rekord *m*
bestmöglich *adj:adv* jak ⟨możliwie⟩ najlep-szy:-iej
bestrafen (h) *vt* u|karać. Su
bestrahlen (h) *vt* 1. opromieni-ać|ć; na-

Bestrahlungslampe 127 beteiligt

promieniować 2. wystawi-ać|ć na działanie promieni, *med* naświetl-ać|ić. Su
Bestrahlungslampe *f* —, —n *med* lampa do naświetlań
Bestrahlungstherapie *f* — *med* leczenie energią promienistą; naświetlanie *n*
bestreben, sich 1. (h) *vr* starać się, usiłować, dążyć; pragnąć 2. *vi* **bestrebt sein** starać się (um etw. o coś). Su
Bestreben *n* —s staranie, pragnienie *n;* dążenie *n;* dążność *f;* **es ist mein ~ pragnę**
bestreichen (158;h) *vt* 1. po|smarować (Brot mit Butter chleb masłem), po--cierać|trzeć 2. pociąg-ać|nąć, powle--kać|c (etw. mit Farbe coś farbą) 3. *woj* ostrzel-iwać|ać (e—e Höhe wzgórze)
bestreitbar *adj* 1. wątpliwy, niepewny 2. sporny 3. możliwy w cenie, dający się zapłacić
bestreiten (159;h) *vt* 1. przeczyć, zaprzecz-ać|yć (etw. czemuś), wyp-ierać|rzeć ⟨zap-ierać|rzeć⟩ się ⟨czegoś⟩; za|kwestionować, negować ⟨coś⟩ 2. za|płacić, pokry-wać|ć (die **Rechnung** rachunek); das **Programm ~** wypełniać program
bestreuen (h) *vt* posyp-ywać|ać. Su
bestricken (h) *vt* 1. robić na drutach (jmdn dla kogoś) 2. *przen* usidl-ać|ić; oczarow-ywać|ać. Su
bestrickend 1. *part praes, zob.* **bestricken** 2. *adj:adv* czarując-y:-o, ujmując-y:-o
bestücken (h) *vt, tech* wyposażyć (e—n **Empfänger mit Röhren** odbiornik w lampy), *woj t.* uzbr-ajać|oić (mit Raketen w rakiety). Su
bestürmen (h) *vt* 1. szturmować 2. *przen* nalegać (jmdn na kogoś); bombardować, zarzucać, zasyp-ywać|ać (jmdn **mit Bitten** ⟨Fragen⟩ kogoś prośbami ⟨pytaniami⟩). Su
bestürzen (h) *vt* wytrąc-ać|ić z równowagi, s|konsternować, s|peszyć, zmieszać: przera-żać|zić. Su zakłopotanie, zmieszanie *n,* konsternacja *f;* przerażenie *n*
bestürzt 1. *part perf, zob.* **bestürzen** 2. *adj:adv* wytrącony z równowagi, zdetonowany, speszony, zmieszany, skonsternowany; przerażony; **jmdn ~ machen** peszyć kogoś, wytrącać kogoś z równowagi. Sh *zob.* **bestürzen. Su**
Bestwert *m* —(e)s, —e największa wartość; optimum *n;* najlepszy wynik
Besuch *m* —(e)s, —e 1. wizyta *f;* odwiedziny *pl,* odwiedzenie *n;* **auf** ⟨zu⟩ **~ sein** być w odwiedzinach, bawić; **e—n ~ abstatten** ⟨**machen**⟩ składać wizytę; **jmds ~ erwidern** rewizytować kogoś 2. gość *m;* goście *pl;* **den ~ an die Bahn bringen** odprowadzać gościa(a) na dworzec; **mein ~ ist noch da** mój gość ⟨moi goście⟩ jeszcze nie odszedł ⟨odeszli⟩; **ich habe ~** mam gości 3. frekwencja *f;* **der ~ des Theaters war schwach** frekwencja w teatrze była słaba 4. zwiedzanie *n* (e—s **Museums** muzeum); uczęszczanie, chodzenie *n*

(e—s **Theaters** do teatru; e—r **Schule** do szkoły)
besuchen (h) *vt* 1. odwiedz-ać ić (jmdn kogoś) 2. zwiedz-ać|ić (e—e **Stadt** miasto) 3. iść, chodzić, uczęszczać (e. **Theater** do teatru; e—e **Schule** do szkoły); **häufig das Theater ~** by(wa)ć często w teatrze
Besucher *m* —s, — 1. gość, odwiedzający *m;* e. ständiger ⟨regelmäßiger⟩ ~ stały gość, bywalec *m* 2. zwiedzający *m* 3. uczęszczający *m*
Besucherzahl *f* —, —en liczba zwiedzających ⟨*a.* gości⟩
Besuchs... *w comp* 1. ... przyjęć; *np.* ~**zeit** 2. ... odwiedzin; *np.* ~**tag**
Besuchskarte *f* —, —n wizytówka *f,* bilet *m* (wizytowy)
Besuchssperre *f* —, —n zakaz odwiedzania
Besuchstag *m* —(e)s, —e dzień odwiedzin
Besuchszeit *f* —, —en godziny ⟨dni⟩ przyjęć ⟨*a.* odwiedzin⟩
besudeln (h) *vt* (**sich się**; **sich** *dat* **sobie**) 1. s|plamić, po|walać, za|brudzić 2. *przen* s|kalać (jmds **Ehre** czyjąś cześć). Su
betagt *part, adj:adv* w podeszłym wieku. Sh podeszły wiek
betakeln (h) *vt, mar* otaklować. Su *t.* takielunek, takielaż *m*
betasten (h) *vt* obmac-ywać|ać. Su
Betastrahlen *pl* promienie beta
betätigen (h) I. *vt* 1. *tech* wprawi-ać|ć w ruch, uruch-amiać|omić (die **Bremse** hamulec) 2. dow-odzić|ieść ⟨okaz-ywać|ać⟩ czynem; **seine Freundschaft ~** da(wa)ć dowody przyjaźni II. **sich ~** *vr* działać, udzielać się; brać czynny udział; **sich als Politiker ~** działać jako polityk; **sich bei e—r Sache ~** brać w czymś czynny udział. Su 1. wprawianie w ruch, uruchomienie *n* 2. działalność *f;* czynny udział
Betätigungsfeld *n* —(e)s, —er pole działania
Betatron *n* —s, —s *a.* ...one *fiz* betatron *m*
betäuben (h) I. *vt* 1. ogłusz-ać|yć, odurz-ać|yć 2. *przen* zagłusz-ać|yć, głuszyć (**das Gewissen** sumienie; **den Schmerz** ból) 3. *med* usypiać|uśpić; znieczul-ać|ić II. **sich ~** *vr* zagłusz-ać|yć pamięć ⟨wspomnienie⟩; **er suchte sich durch Arbeit zu ~** szukał zapomnienia w pracy. Su
betäubend I. *part praes, zob.* **betäuben** II. *adj:adv* 1. ogłuszając-y:-o 2. odurzając-y:-o
Betäubungsmittel *n* —s, — *farm* środek odurzający
Betbruder *m* —s, ⸚er bigot, nabożniś *m*
Bete *f* —, —n bot boćwina *f*
beteiligen (h) 1. *vt* da-wać|ć udział (jmdn **an e—r Sache** komuś w czymś) 2. **sich ~** *vr* brać|wziąć udział, partycypować, uczestniczyć (**an etw.** w czymś). Su (współ)uczestnictwo *n,* (współ)udział *m*
beteiligt II. *part perf, zob.* **beteiligen II.** *adj* 1. biorący udział, partycypujący,

Beteiligte 128 Betrieb

(współ)uczestniczący; zainteresowany 2. mający udział
Beteiligte —n, —n 1. m uczestnik m, biorący udział 2. f uczestniczka f, biorąca udział
Betel m —s, — bot betel m
beten (h) vi modlić się
Beter m —s, — modlący się
Beterin f —, —nen modląca się
beteuern (h) vt zapewni-ać|ć uroczyście (jmdm etw. kogoś o czymś), zaklinać się; **hoch und heilig** ~ zaklinać ⟨przysięgać⟩ się na wszystkie świętości. Su zapewnienie n
Bethaus n —es, ¨er dom modlitwy; bożnica f
betiteln (h) vt za|tytułować. Su t. tytuł m; nagłówek m
betölpeln (h) vt okpi-wać|ć, oszuk-iwać|ać, pot wy|ikiwać. Su
Beton [betɔ̃ a. beto:n] m —s, —s beton m
Beton... w comp 1. betonowy; np. ~**dekke** 2. ... betonu; np. ~**lage** 3. ... do betonu; np. ~**stampfer**
Betondecke f —, —n 1. bud strop betonowy 2. nawierzchnia betonowa (jezdni)
betonen (h) vt podkreśl-ać|ić, zaznacz-ać|yć (etw. coś); kłaść|położyć nacisk (na coś); za|akcentować (t. jęz). Su podkreślenie, zaakcentowanie n; akcent, przycisk m (t. jęz); nacisk m
Betonfabrik f —, —en wytwórnia betonu, betoniarnia f
betonieren (h) vt betonować. Su
Betonlage f —, —n bud warstwa betonu
Betonmischmaschine f —, —n betoniarka f
Betonproduktion f — produkcja betonu
Betonsockel m —s, — fundament ⟨cokół⟩ betonowy
Betonstampfer m —s, — bud ubijak do betonu
Betonstraße f —, —n droga betonowa
Betonunterbau m —(e)s, —ten bud fundament betonowy
betören (h) vt omami-ać|ć, otumani-ać|ć; z|bałamucić; uw-odzić|ieść (e. **Mädchen** dziewczynę); olśni-ewać|ć. Su
Betpult n —(e)s, —e klęcznik m
Betracht n. **außer** ~: jmdn ⟨etw.⟩ **außer** ~ **lassen** nie brać kogoś ⟨czegoś⟩ pod uwagę, nie uwzględniać; **außer** ~ **bleiben** nie wchodzić w rachubę 2. **in** ~ : **in** ~ **kommen** wchodzić w rachubę; **in** ~ **ziehen** brać pod uwagę, uwzględniać
betrachten (h) vt 1. oglądać, obejrzeć, obserwować (**jmdn** a. etw. kogoś a. coś); przypat-rywać|rzeć się (komuś a. czemuś) 2. przen patrzeć, patrzyć się (etw. na coś), rozważać, rozpatrywać (coś) 3. t. vr (**sich sieh**) uważać (als **Sohn** za syna). Su do 1., 2.; do 1. t. obserwacja f; do 2. t. rozmyślanie n; **Betrachtungen anstellen** snuć rozważania ⟨rozmyślania⟩
beträchtlich adj:adv znaczn-y:-ie; um **ein** ~**es** znacznie

Betrachtungsweise f —, —n sposób zapatrywania, zapatrywanie n
Betrag m —(e)s, ¨e kwota, suma f; należność f; ~ **erhalten** należność otrzymano, zapłacono
betragen (160;h) 1. vi wyn-osić|ieść, opiewać; **die Rechnung beträgt 10 Mark** rachunek wynosi ⟨opiewa na⟩ 10 marek 2. **sich** ~ vr zachow-ywać|ać ⟨sprawować, prowadzić⟩ się
Betragen n —s zachowanie ⟨sprawowanie⟩ się (t. szkolne)
betrauen (h) vt powierz-ać|yć (jmdn mit etw. komuś coś). Su
betrauern (h) vt opłakiwać (jmdn kogoś); nosić żałobę (po kimś)
beträufeln (h) vt skr-apiać|opić. Su
Betreff m; **in dem** ⟨**diesem**⟩ ~ **pod tym względem**
betreff; in ~ zob. **betreffs**
betreffen (161;h) vt 1. dotyczyć, tyczyć się (jmdn a. etw. kogoś a. czegoś), odnosić się (do kogoś a. do czegoś) 2. spot-ykać|kać, nawiedz-ać|ić; e. **Unglück betraf mich** spotkało mnie nieszczęście
betreffend I. part praes, zob. **betreffen** II. adj 1. dotyczący; ihn ~**e Bestimmungen** przepisy dotyczące jego 2. dany, odpowiedni, właściwy, odnośny 3. dany, wchodzący w grę, zainteresowany; **die** ~**e Person** wchodząca w grę osoba III. adv odnośnie; **die Frage** ~ odnośnie do kwestii
Betreffende —n, —n I. m dana osoba; dany osobnik II. 1. m zainteresowany m 2. f zainteresowana f
betreffs praep gen odnośnie do, względem, co do; w sprawie; ~ **seiner** odnośnie do ⟨względem, co do⟩ niego
betreiben (162;h) vt 1. zabiegać (etw. o coś), krzątać się (koło czegoś); przynagl-ać|ić, przyspiesz-ać|yć (coś) 2. zajmować ⟨trudnić⟩ się (e. **Handwerk** rzemiosłem); prowadzić (e. **Geschäft** interes) 3. uprawiać (**Politik** politykę; **Propaganda** propagandę; **Sport** sport; **Studien** studia) 4. pędzić, wprawi-ać|ć w ruch. Su do 1.—4.; do 1. t. zabiegi pl
Betreiben n —s staranie n; **auf mein** ~ za moim staraniem
betreten¹ (163;h) vt wchodzić|wejść, wst-ępować|ąpić (etw. do czegoś a. na coś); **jmds Schwelle** ~ przestępować czyjś próg; **przen e**—**e Laufbahn** ~ rozpoczynać karierę; **e**—**n Weg** ~ wstępować ⟨wchodzić⟩ na drogę (t. przen)
betreten² 1. part perf, zob. **betreten¹** 2. adj:adv speszony, zmieszany, zakłopotany. Sh zakłopotanie, zmieszanie n
Betreten n —s wejście n; wstęp m; ~ **verboten!** wstęp wzbroniony!
betreuen (h) vt 1. pielęgnować 2. opiekować się (**jmdn** a. etw. kimś a. czymś). Su do 1., do 2. t. opieka f
Betreuer m —s, — opiekun m
Betreuerin f —, —nen opiekunka f
Betrieb m —(e)s, —e 1. prowadzenie n

betrieblich 129 **Bett**

(e—r Fabrik fabryki) 2. przedsiębiorstwo *n*; zakład *m*; fabryka, wytwórnia *f*; **volkseigener** ~ przedsiębiorstwo państwowe ⟨*a*. uspołecznione⟩; **im** ~ **sein** być w zakładzie; **den** ~ **schließen** zamknąć zakład 3. eksploatacja *f*; produkcja *f*; ruch *m*; **den** ~ **aufnehmen** podejmować produkcję; **in** ~ **sein** być czynnym ⟨w ruchu⟩; **außer** ~ **sein** być nieczynnym; **in** ~ **setzen** uruchamiać 4. ruch *m*; **stetiger** ⟨**unterbrochener**⟩ ~ ruch ciągły ⟨przerywany⟩; **hier herrscht** ⟨**ist**⟩ **immer großer** ~ tu panuje zawsze wielki ruch; **ich bin ständig in** ~ jestem stale w ruchu; *pot* **hier ist** ~**!** tu jest wesoło!; **ich muß etwas** ~ **machen** muszę wszystkich trochę rozruszać 5. *hand* obrót *m*
betrieblich *adj* zakładowy
Betriebs... *w comp* I. 1. zakładowy; *np.* ~**arzt** 2. ... zakładu ⟨przedsiębiorstwa⟩; *np.* ~**leiter** II. 1. produkcyjny; *np.* ~**kosten** 2. ... produkcji; *np.* ~**einstellung** III. 1. ruchowy; *np.* ~**versuch** 2. ... ruchu; *np.* ~**kontrolle** IV. 1. przemysłowy; *np.* ~**abfall** 2. ... przemysłu; *np.* ~**zweig** V. ... załogi; *np.* ~**versammlung** VI. obrotowy; *np.* ~**kapital** VII. roboczy; *np.* ~**druck**
Betriebsabfall *m* —(e)s, ∺e odpadki przemysłowe
Betriebsabrechnung *f* —, —en rozrachunek gospodarczy (przedsiębiorstwa)
betriebsam *adj:adv* zapobiegliw-y:-ie, ruchliw-y:-ie, przemysłn-y:-ie. *Sk*
Betriebsabteilung *f* —, —en dział produkcji
Betriebsarzt *m* —es, ∺e lekarz zakładowy
Betriebsdruck *m* —(e)s ciśnienie robocze
Betriebseinstellung *f* — 1. wstrzymanie produkcji 2. zatrzymanie ruchu
betriebsfähig *adj* zdatny ⟨zdolny⟩ do ruchu ⟨do produkcji, do eksploatacji⟩. *Sk*
Betriebsferienheim *n* —(e)s, —e zakładowy dom wczasowy
Betriebsfonds [...f5:] *m* —, — fundusz zakładowy
Betriebsgewerkschaft *f* —, —en zakładowa organizacja związkowa
Betriebsgewerkschaftsleitung *f* —, —en rada miejscowa ⟨zakładowa⟩ związku zawodowego
Betriebsjahr *n* —(e)s, —e *ekon* rok gospodarczy
Betriebskapital *n* —s, —e *a*. ...lien [...ljən] *ekon* kapitał obrotowy
Betriebskollektivvertrag *m* —(e)s, ∺e *ekon* umowa zbiorowa (zakładu)
Betriebskontrolle *f* — kontrola ruchu
Betriebskosten *pl*, *ekon* koszty produkcyjne
Betriebsleiter *m* —s, — kierownik ⟨dyrektor⟩ zakładu ⟨przedsiębiorstwa⟩
Betriebsleitung *f* —, —en kierownictwo zakładu ⟨przedsiębiorstwa⟩
Betriebsmaßstab *m* —(e)s *ekon* skala przemysłowa
Betriebsmittel *pl, ekon* środki obrotowe
Betriebsnorm *f* —, —en *ekon* norma zakładowa

Betriebsordnung *f* —, —en regulamin ruchu
Betriebspersonal *n* —s załoga *f* (zakładu, przedsiębiorstwa)
Betriebsplan *m* —(e)s, ∺e *ekon* plan produkcji
Betriebsparteiorganisation *f* —, —en zakładowa organizacja partyjna
Betriebssicherheit *f* — bezpieczeństwo ruchu
Betriebsspannung *f* — *elektr* napięcie robocze
Betriebsstockung *f* — przerwa (w) ruchu
Betriebsstörung *f* —, —en zakłócenie ruchu
Betriebsüberwachung *f* — kontrola ruchu
Betriebsunfall *m* —(e)s, ∺e wypadek przy pracy
Betriebsversammlung *f* —, —en zebranie załogi
Betriebsversuch *m* —(e)s, —e doświadczenie ruchowe
Betriebsverwaltung *f* —, —en zarząd ⟨kierownictwo, dyrekcja⟩ zakładu ⟨przedsiębiorstwa⟩
Betriebswirtschaftslehre *f* — ekonomika produkcji, nauka ekonomiki produkcji
Betriebszeit *f* —, —en *ekon* okres produkcyjny
Betriebszweig *m* —(e)s, —e gałąź przemysłu
betrinken, sich (165;h) *vr* upi-jać|ć się
betreffen I. *part perf*, *zob*. **betreffen** II. *adj* 1. *t. adv* zmieszany, speszony; zdziwiony 2. nawiedzony, dotknięty (von e—m Unglück nieszczęściem). *Sh* zmieszanie, zakłopotanie *n*; zdziwienie *n*
betrüben (h) *vt*, *vr* (sich się) zasmuc-ać|ić
betrüblich *adj* zasmucający, smutny; pożałowania godny
Betrübnis *f* —, —se smutek *m*; zmartwienie *n*
betrübt 1. *part perf, zob*. **betrüben** 2. *adj:adv* zasmucony, smutn-y:-o; zmartwiony. *Sh zob.* **Betrübnis**
Betrug *m* —(e)s oszustwo *n*
betrügen (166;h) 1. *vt, vr* (sich się) oszuk-iwać|ać 2. zdradz-ać|ić (o matżonkach)
Betrüger *m* —s, — oszust *m*
Betrügerin *f* —, —nen oszustka *f*
betrügerisch *adj:adv* oszukańcz-y:-o
betrunken 1. *part perf, zob*. **betrinken** 2. *adj:adv* pijany. *Sh* nietrzeźwość *f*, upicie *n*
Betrunkene —n, —n 1. *m* pijany *m* 2. *f* pijana *f*
Betschwester *f* —, —n nabożnisia, dewotka, bigotka *f*
Betstuhl *m* —(e)s, ∺e klęcznik *m*
Bett *n* —(e)s, —en 1. łóżko *n*; **zu** ~ **gehen** iść spać; **zu** ⟨**im**⟩ ~ **liegen** ⟨**sein**⟩ leżeć ⟨być⟩ w łóżku; **zu** ~ **bringen** ⟨**bringen** *das* ~ **hüten**⟩ leżeć w łóżku (o *chorym*), chorować; **ans** ~ **gefesselt sein** być przykutym do łóżka, być obłożnie chorym; *das* ~ **machen** słać łóżko 2.

9 Słownik niem.-pol.

Bettbezug 130 **Bevölkerungsbewegung**

pościel *f;* pierzyna *f;* das ~ lüften wietrzyć pościel 3. łoże *n* (*t. tech*); das eheliche ~ łoże małżeńskie; die Scheidung von Tisch und ~ separacja od stołu i łoża 4. *łow* legowisko *n* 5. warstwa *f, górn* pokład *m* 6. koryto, łożysko *n* (e—s Flusses rzeki); aus dem ~ treten występować z brzegów, wylewać
Bettbezug *m* —(e)s, ᵆe powleczenie *n*
Bettcouch [...kautʃ] *f* —, —es tapczan *m*
Bettdecke *f* —, —n 1. kapa *f* (na łóżko) 2. koc *m;* kołdra *f*
Bettel *m* —s 1. żebranina *f* 2. drobnostka *f; przen* kram *m,* byle co *n*
bettelarm *adj:adv* goły jak święty turecki, bardzo biedn-y:-ie
Bettelbrief *m* —(e)s, —e list żebraczy ⟨proszalny⟩
Bettelbrot *n* —(e)s, —e chleb żebraczy
Bettelei *f* —, —en (ciągłe) żebranie *n;* żebranina *f; przen* błaganie *n*
Bettelgeld *n* —(e)s, —er pieniądze użebrane; *przen* etw. für e. ~ bekommen kupić coś za grosze ⟨za psie pieniądze⟩
betteln (h) *vi* żebrać; *przen* błagać, prosić
Bettelorden *m* —s, — *rel* zakon żebraczy
Bettelstab *m* —(e)s, ᵆe kij żebraczy; jmdn an den ~ bringen puścić kogoś z torbami, z|rujnować kogoś; an den ~ kommen ⟨geraten⟩ schodzić na dziady, wpaść w ostatnią nędzę
Bettelvolk *n* —(e)s żebracy *pl*
Bettelweib *n* —(e)s, —er żebraczka *f*
betten (h) I. *vt* 1. kłaść|położyć; składać| złożyć 2. oprawi-ać|ć (etw. in Gold w złoto) II. sich *dat* ~ po|słać ⟨po|ścielić⟩ sobie; *przysł* wie man sich bettet, so schläft man jak sobie pościelesz, tak się wyśpisz; er ist nicht auf Rosen gebettet jego życie nie jest różami usłane. Su *kol* podsypka *f*
Bettgestell *n* —(e)s, —e *a.* **Bettlade** *f* —, —n łóżko *n*
bettlägerig *adj:adv* obłożnie chory
Bettlaken *n* —s, — prześcieradło *n*
Bettler *m* —s, — żebrak *m*
Bettlerin *f* —, —nen żebraczka *f*
bettlerisch *adj* żebraczy
Bettnässen *n* —s *med* nocne moczenie
Bettruhe *f* — leżenie ⟨pozostanie⟩ w łóżku
Bettschwere *f* — *pot* senność *f,* zmęczenie *n;* die nötige ~ haben być dostatecznie sennym; *przen, pot* wypić dość
Bettstatt *f* —, ᵆen *a.* **Bettstelle** *f* —, —n łóżko *n,* posłanie *n*
Bettuch *n* —(e)s, ᵆer prześcieradło *n*
Bettvorleger *m* —s, — dywanik *m* (przed łóżko)
Bettwäsche *f* — bielizna pościelowa
Bettzeug *n* —(e)s pościel *f*
betupfen (h) *vt* 1. cętkować 2. delikatnie po|smarować ⟨*a.* zm-aczać|oczyć⟩ 3. delikatnie wysusz-ać|yć
beugbar *adj, gram* odmienny
Beuge *f* —, —n zgięcie *n; gimn* przysiad *m*

beugen (h) I. *vt* 1. zgi-nać|ąć (das Knie kolano; den Nacken kark); ugi-nać|ąć; vom Alter gebeugt pochylony wiekiem; jmds Stolz ~ poskramiać czyjąś dumę; das Recht ~ naginać prawo 2. *gram* odmieni-ać|ć (e. Zeitwort czasownik) II. sich ~ *vr* 1. zgi-nać ąć się, przechylać się 2. *przen* ugi-nać|ąć się; podda-wać|ć się; sich e—m Befehl ~ podda(aw)ać się rozkazowi, być posłusznym. Su do I. 1., 2.; do 1. *t. fiz* dyfrakcja *f;* do 2. *t. gram* odmiana *f*
Beuger *m* —s, — *anat* zginacz *m*
beugsam *adj* 1. dający się zgiąć ⟨*a.* nagiąć⟩ 2. *przen* dający się
Beule *f* —, —n guz *m;* wydęcie, wybrzuszenie *n*
Beulenpest *f* — *med* dżuma dymnicza
beunruhigen (h) *vt, vr* (sich się) za|niepokoić, (jmdn mit ⟨wegen⟩ e—r Sache kogoś czymś). Su
beurkunden (h) *vt* 1. udokumentować, udow-adniać|odnić ⟨pop-ierać|rzeć⟩ dokumentami 2. poświadcz-ać|yć urzędowo. Su 1. udokumentowanie *n* 2. urzędowe poświadczenie ⟨potwierdzenie⟩
beurlauben (h) 1. *vt* urlopować, udziel-ać|ić urlopu; zw-alniać|olnić (für e—e Stunde na godzinę) 2. sich ~ *vr* brać| wziąć urlop, zw-alniać|olnić się; *przen* po|żegnać się. Su do 1. *t.* urlop *m*
beurteilen (h) *vt* osądz-ać|ić, oceni-ać|ć; jmdn nach seinen Taten ~ oceniać kogoś według jego czynów. Su *t.* osąd *m,* ocena *f;* das entzieht sich meiner Beurteilung nie mogę tego ocenić
Beutel[1] *f* — 1. łup *m,* zdobycz *f;* die ~ abjagen odbierać łup; ~ machen obłowić się 2. *przen* ofiara *f;* e—e ~ seines Hasses werden sta(wa)ć się ofiarą ⟨pastwą⟩ jego nienawiści
Beute[2] *f* —, —n pszcz ul *m*
beuteegierig *adj:adv* żądny łupu
Beutel *m* —s, — 1. worek *m* 2. *med* torbiel *m* 3. *anat, zoo* torba *f* (torbacza) 4. kiesa, sakiewka, portmonetka *f;* den ~ ziehen dobyć kiesę, płacić; das geht an den ~ to uderza po kieszeni 5. pytel *m*
beuteln (h) I. *vt* 1. pytlować (mąkę) 2. potrzą-sać|ść (jmdn kimś) II. sich ~ (h) *vr* leżeć jak worek (o *ubraniu*)
Beutelschneider *m* —s, — rzezimieszek *m,* złodziej kieszonkowy
Beuteltier *n* —(e)s, —e *zoo* torbacz, workowate *pl*
beutelustig *adj:adv* żądny łupu
Beutezug *m* —(e)s, ᵆe wyprawa łupieżcza
bevölkern (h) *vt, vr* (sich się) zaludni-ać|ć; der Saal begann sich zu ~ sala zaczęła zapełniać się. Su *t.* ludność *f*
Bevölkerungs... *w comp* 1. populacyjny, ludnościowy; *np.* ~politik *f* 2. ... ludności; *np.* ~austausch *f* 3. ... zaludnienia; *np.* ~dichte
Bevölkerungsaustausch *m* —es wymiana ludności
Bevölkerungsbewegung *f* —, —en migracja ludności

Bevölkerungsdichte f — gęstość zaludnienia
Bevölkerungspolitik f — polityka ludnościowa
Bevölkerungszunahme f — Bevölkerungszuwachs m —es przyrost ludności
bevollmächtigen (h) vt upoważni-ać|ć, udziel-ać|ić pełnomocnictwa, upełnomocni-ać|ć. Su t. pełnomocnictwo n
Bevollmächtigte m —n, —n pełnomocnik m
bevor cj (za)nim
bevormunden (h) vt 1. sprawować opiekuństwo (jmdn nad kimś), opiekować się (kimś) 2. przen prowadzić za rączkę (jmdn kogoś), kierować (kimś). Su do 1., 2.; do 1. t. opiekuństwo n, opieka f
bevorraten (h) vt zaopat-rywać|rzyć (w zapasy), woj magazynować zapasy. Su
bevorrecht(ig)en (h) vt uprzywilejować. Su Bevorrechtung f
bevorschussen (h) vt da-wać|ć zaliczkę, zaliczkować
bevorsteh(e)n (151;h) vi nadchodzić, być bliskim, zanosić się; e. Krieg steht bevor zanosi się na wojnę; mir steht noch e—e Prüfung bevor czeka mnie jeszcze jeden egzamin; Weihnachten steht bevor gwiazdka nadchodzi ⟨za pasem⟩
bevorstehend 1. part praes, zob. bevorstehen 2. adj zbliżający się, bliski; najbliższy; zagrażający, grożący; der ~e Krieg grożąca wojna; am ~en Montag w nadchodzący poniedziałek
bevorteilen (h) vt 1. uprzywilejować 2. oszuk-iwać|ać; s|krzywdzić
bevorworten (h) vt na|pisać przedmowę (etw. do czegoś), poprzedz-ać|ić przedmową (e—n Roman powieść)
bevorzugen (h) vt faworyzować (jmdn kogoś); prze-kładać|łożyć, woleć (etw. coś); jmdn bevorzugt abfertigen załatwić kogoś w pierwszej kolejności; e—e bevorzugte Stellung einnehmen zajmować uprzywilejowane stanowisko. Su faworyzowanie n, faworyzacja f
bewachen (h) vt strzec, pilnować; trzymać pod strażą. Su t. ochrona f; straż f
bewachsen (172) 1. vt por-astać|osnąć 2. (sn) vi zar-astać|osnąć (mit etw. czymś). Su
bewaffnen (h) vt, vr (sich się) uzbr-ajać| oić. Su t. broń f
bewaffnet 1. part perf, zob. bewaffnen 2. adj:adv uzbrojony, zbrojn-y:-ie
bewahren (h) 1. vt zachow-ywać|ać (jmds Andenken pamięć o kimś; e—e Sitte obyczaj; Stillschweigen über e—e Sache ~ zacho(wy)wać milczenie o czymś 2. vt, vr (sich się) u|strzec, u| chronić (jmdn vor e—r Sache kogoś przed czymś); Gott bewahre! broń ⟨zachowaj⟩ Boże! Su
bewähren (h) 1. vt okaz-ywać|ać, udow-adniać|odnić, wykaz-ywać|ać 2. sich ~ vr nie zaw-odzić|ieść, okaz-ywać|ać się dobrym ⟨a. przydatnym⟩, wytrzym--ywać|ać próbę; die Einrichtung hat sich bewährt urządzenie okazało się dobre; er hat sich als Freund bewährt okazał się dobrym przyjacielem; sich nicht ~ zaw-odzić|ieść; die neue Methode hat sich nicht bewährt nowa metoda zawiodła. Su 1. udowodnienie, wykazanie n 2. wytrzymanie próby
bewahrheiten, sich (h) vr potwierdz-ać| ić się
bewährt 1. part perf, zob. bewähren 2. adj wytrawny; skuteczny; wypróbowany: niezawodny (np. środek, przyjaciel). Sh skuteczność f; niezawodność f
Bewährungsfrist f —, —en praw zawieszenie n
bewalden (h) vt, vr (sich się) zalesi-ać|ć. Su
bewältigen (h) vt pokon-ywać|ać (Schwierigkeiten trudności); uporać się (die Arbeit z robotą), podołać (die Arbeit robocie); opanow-ywać|ać (das Material materiał). Su
bewandert part, adj:adv obeznany, biegły; in e—r Sache ~ sein być obeznanym z czymś ⟨biegłym w czymś⟩
Bewandtnis f —, —se stan rzeczy, sytuacja f; folgende ~ haben przedstawiać się następująco; damit hat es e—e besondere ⟨andere⟩ ~ rzecz przedstawia ⟨ma⟩ się szczególnie ⟨inaczej⟩
bewässern (h) agr naw-adniać|odnić. Su t. irygacja f
Bewässerungs... w comp nawadniający, irygacyjny; np. ~anlage
Bewässerungsanlage f —, —n urządzenie nawadniające ⟨irygacyjne⟩
Bewässerungsgraben m —s, ⸗ rów nawadniający ⟨irygacyjny⟩
Bewässerungssystem n —s, —e system nawadniający ⟨irygacyjny⟩
bewegbar adj ruchomy. Sk
bewegen[1] (8;h) vt skł-aniać|onić, nakł-a- niać|onić (jmdn zu etw. kogoś do czegoś); ich fühle mich nicht bewogen nachzugeben nie jestem skłonny do ustąpienia; was kann ihn dazu bewogen haben? co mogło go do tego skłonić?; er ließ sich dazu ~ dał się nakłonić do tego
bewegen[2] (h) I. vt 1. t. vr (sich się) porusz-ać|yć; von der Stelle ~ rusz-ać| yć z miejsca 2. wzburz-ać|yć (die See morze) 3. wzrusz-ać|yć; wzbudz-ać|ić, jmdn ⟨jmds Herz⟩ zum Mitleid ~ wzbudzać czyjąś litość; das bewegt mich nicht to mnie nie wzrusza 4. nurtować: diese Probleme ~ die ganze Menschheit problemy te nurtują całą ludzkość 5. rozważ-ać|yć, rozmyślać; etw. im Herzen ~ rozważać coś w sercu II. sich ~ vr 1. przen obracać się, przebywać (in guter Gesellschaft w dobrym towarzystwie) 2. wahać się; der Preis bewegt sich zwischen 10 und 15 Mark cena waha się między 10 a 15 markami. Su 1. ruch m, poruszenie n; beschleunigte Bewegung ruch przyśpieszony, gleichmäßig beschleunigte ⟨gleichförmige⟩ Bewegung ruch jednostajnie przyśpieszony ⟨jednostajny⟩; sich dat Bewegung machen używać

Beweggrund 132 bewohnt

ruchu; *pot jmdm* **Bewegung machen** przepędzać kogoś; **in Bewegung geraten** ruszać; **in Bewegung setzen** wprawiać w ruch; **alle Hebel ⟨Himmel und Hölle⟩ in Bewegung setzen** poruszyć wszystkie sprężyny ⟨niebo i ziemię⟩, używać wszystkich środków; **sich in Bewegung setzen** ruszać (*np. o pociągu*) **2.** wzruszenie *n* **3.** poruszenie, wzburzenie *n* **4.** *woj* manewr *m* **5.** *polit* ruch *m*; **die Bewegung greift um sich** ruch rozszerza się
Beweggrund *m* —(e)s, ⸚e pobudka, podnieta *f,* powód *m,* motyw działania
beweglich *adj:adv* **1.** ruchliw-y:-ie, żyw-y:-o, rzutki; *e.* ~**er Geist** żywy umysł; **2.** ruchom-y:-o; **die** ~**e Habe** ruchomy dobytek, ruchomości *pl* **3.** wzruszając-y:-o. Sk
bewegt I. *part perf, zob.* **bewegen II.** *adj:adv* **1.** niespokojn-y:-ie; burzliw-y:-ie; wzburzony; *e.* ~**es Leben** burzliwe życie; **die** ~**e See** wzburzone morze **2.** wzruszony. Sh **1.** niepokój *m*; burzliwość *f;* wzburzenie *n* **2.** wzruszenie *n*
Bewegungs... *w comp* **1.** ruchowy; *np.* ~**krieg 2.** ... ruchu; *np.* ~**energie 3.** ... o ruchu; *np.* ~**lehre**
Bewegungsenergie *f* — *fiz* energia ruchu ⟨kinetyczna⟩
Bewegungsfreiheit *f* — swoboda ruchu ⟨ruchów⟩
Bewegungskrieg *m* —(e)s, —e wojna ruchowa
Bewegungslehre *f* — *fiz* nauka o ruchu, kinematyka *f*
bewegungslos *adj:adv* **1.** nieruchom-y:-o **2.** bezwładn-y:-ie. Si
Bewegungsrichtung *f* —, —en kierunek ruchu
Bewegungsspiel *n* —(e)s, —e gra ⟨zabawa⟩ ruchowa
Bewegungszustand *m* —e(s) *fiz* stan ruchu
bewehren (h) *vt* uzbr-ajać|oić; opancerz-ać|yć. Su *elektr t.* pancerz *m*
beweiben, sich (h) *vr dawn* ożenić
beweibt 1. *past perf, zob.* **beweiben,** **sich 2.** *adj* żonaty
beweinen (h) *vt* opłak-iwać|ać
Beweis *m* —es, —e **1.** dowód, argument *m;* **den** ~ **beibringen ⟨führen, liefern, geben⟩** udowadniać, dawać dowód **2.** oznaka *f,* świadectwo *n*
Beweis... *w comp* **1.** dowodowy; *np.* ~**kraft 2.** ... dowodu; *np.* ~**erbringung**
Beweisantritt *m* —(e)s, —e *praw* przedłożenie dowodów
Beweisaufnahme *f* —, —en *praw* przeprowadzenie ⟨badanie⟩ dowodów
beweisbar *adj* dający się dowieść ⟨udowodnić⟩. Sk możność dowiedzenia ⟨udowodnienia⟩
beweisen (177;h) *vt* **1.** dow-odzić|ieść (etw. czegoś), udow-adniać|odnić (coś); **das beweist gar nichts to niczego nie dowodzi 2.** wykaz-ywać|ać **(Achtung** szacunek)
Beweiserbringung *f* — przedstawienie dowodu

Beweisführung *f* —, —en argumentacja *f,* dowodzenie *n*
Beweisgrund *m* —(e)s, ⸚e argument, dowód *m*
Beweiskraft *f* — moc ⟨siła⟩ dowodowa
beweiskräftig *adj:adv* przekonywając-y:-o
Beweismaterial *n* —s *praw* materiał dowodowy
Beweismittel *n* —s, — *praw* środek dowodowy
Beweisstück *n* —(e)s, —e *praw* dowód rzeczowy
Beweisverfahren *n* —s *praw* postępowanie dowodowe
bewenden; es bei e—r Sache ~ **lassen** poprzesta-wać|ć na czymś, zadow-alać|olić się czymś
Bewenden *n;* **dabei hat es sein** ~ **na tym koniec ⟨można poprzestać⟩**
bewerben, sich (179;h) *vr* starać ⟨ubiegać⟩ się **(um e—e Stelle** o posadę; **um e. Mädchen** o rękę panny). Su *t.* podanie o posadę
Bewerber *m* —s, — kandydat *m;* konkurent *m;* ubiegający ⟨starający⟩ się
Bewerberin *f* —, —nen kandydatka *f;* ubiegająca się
Bewerbungsgesuch *n* —(e)s, —e *a.* **Bewerbungsschreiben** *n* —s, — podanie o posadę
bewerfen (181;h) *vt* **1.** obrzuc-ać|ić **(jmdn mit etw.** kogoś czymś) **2.** o|tynkować
bewerkstelligen (h) *vt* uskuteczni-ać|ć, dokon-ywać|ać, sprawi-ać|ć. Su
bewerten (h) *vt* oceni-ać|ć; o|szacować. Su *t.* ocena *f*
bewettern (h) *vt, górn* wentylować. Su *t.* wentylacja *f*
bewickeln owi-jać|nąć; uzw-ajać|oić. Su
bewilligen (h) *vt* **1.** zezw-alać|olić; zg--adzać|odzić się (**etw.** na coś) **2.** *parl* uchwal-ać|ić; przyzna-wać|ć **(die Kredite** kredyty). Su do **1., 2.;** do **1.** *t.* zgoda *f*
bewillkommnen (h) *vt* przy|witać, po|witać. Su
bewimpeln (h) *vt* przystr-ajać|oić ⟨udekorować⟩ chorągiewkami
bewirken (h) *vt* s|powodować, sprawi--ać|ć. Su
bewirten (h) *vt* u|gościć, po|częstować (jmdn mit etw. kogoś czymś). Su *t.* poczęstunek *m*
bewirtschaften (h) *vt* **1.** gospodarować, gospodarzyć **(100 Hektar na 100 hektarach) 2.** prowadzić **(e. Hotel** hotel) **3.** *ekon* reglamentować. **Su** do **1.**—**3.** do **3.** *t.* reglamentacja *f*
bewitzeln (h) *vt* stroić sobie żarty **(etw.** z czegoś)
bewohnbar *adj* nadający się na mieszkanie
bewohnen (h) *vt* mieszkać, zamieszk-iwać|ać. Su
Bewohner *m* —s, — mieszkaniec *m*
Bewohnerin *f* —, —nen mieszkanka *f*
Bewohnerschaft *f* — mieszkańcy *pl*
bewohnt 1. *part perf, zob.* **bewohnen 2.** *adj* zamieszkały

bewölken, sich (h) *vr* chmurzyć ⟨zachmurz-ać|yć⟩ się. Su zachmurzenie *n* **bewölkt 1.** *part perf, zob.* **bewölken 2.** *adj:adv* zachmurzony, pochmurn-y:-ie-o
Bewölkungsauflockerung *f* —, —en *meteor* przejaśnienie *n*
Bewund(e)rer *m* —s, — wielbiciel *m*
Bewund(e)rerin *f* —, ~nen wielbicielka *f*
bewundern (h) *vt* podziwiać. Su *t.* podziw *m*
bewundernswert *a.* **bewundernswürdig** *adj:adv* podziwu godny
Bewurf *m* —(e)s, ⸚e tynk *m*
bewußt *part, adj:adv* 1. świadom-y:-ie; ~ lügen świadomie kłamać; **sich** ~ **sein** zda(wa)ć sobie sprawę (**e—r Sache** z czegoś); **er ist sich der Tat wohl** ~ zdaje sobie dobrze sprawę z czynu; **ich bin mir keiner Schuld** ~ nie przyznaję się do winy; **es ist mir wohl** ~ dobrze sobie uświadamiam; **es ist mir nicht mehr** ~ nie przypominam już sobie 2. o którym mowa, znany, wiadom-y:-o; **das** ~**e Buch** wiadoma książka. Sh świadomość *f*
bewußtlos *adj:adv* 1. nieświadom-y:-ie 2. nieprzytomn-y:-ie, bez przytomności. Si
Bewußtsein *n* —s 1. przytomność *f*, świadomość 2. przeświadczenie *n*, świadomość *f*; **das Sein bestimmt das** ~ **byt określa świadomość** 3. poczucie *n*, świadomość; **das** ~ **der Macht** poczucie siły
Bewußtseinsbildung *f* — kształtowanie świadomości
bezahlbar *adj* płatny
bezahlen (h) *vt* 1. za|płacić (**jmdn** komuś); opłac-ać|ić (**jmdn** kogoś; **die Rechnung** rachunek); **zu teuer** ~ przepłacać 2. przypłac-ać|ić (etw. mit etw. coś czymś); **etw. mit dem Leben** ~ przypłacić coś życiem; **przen er mußte es teuer** ~ musiał drogo za to zapłacić. Su 1. zapłata *f*; opłata *f* 2. płaca *f*
bezahlt 1. *part perf, zob.* **bezahlen 2.** *adj:adv* zapłacony, opłacony; **sich** ~ **machen** opłacać się
bezähmen (h) *vt, vr* **(sich się)** hamować, powściąg-ać|nąć, opanow-ywać|ać (**seine Wut** swoją złość). Su
bezaubern (h) *vt* 1. zaczarować, rzuc-ać| ić urok 2. *przen* oczarow-ywać|ać. Su
bezaubernd 1. *part praes, zob.* **bezaubern 2.** *adj:adv* czarując-y:-o, urocz-y:-o
bezechen, sich (h) *vr* upi-jać|ć się
bezeichnen (h) *vt* 1. znaczyć, o|znacz-ać| yć; cechować, znakować; naznacz-ać| yć 2. określ-ać|ić, s|charakteryzować, opis-ywać|ać 3. naz-ywać|wać, wymieni-ać|ć. **Su do 1.**—3.; **do 1.** *t.* cecha *f*, znak *m*; **do 2.** *t.* charakterystyka *f*; **do 3.** *t.* nazwa *f*
bezeichnend 1. *part praes, zob.* **bezeichnen 2.** *adj:adv* charakterystyczn-y:-ie, znamienn-y:-ie
bezeichnenderweise *adv* co znamienne ⟨szczególne⟩
bezeigen (h) *vt* 1. okaz-ywać|ać, wykaz-ywać|ać (**Mut** odwagę); wyra-żać|zić

(Beileid współczucie) 2. **sich** ~ *vr* okaz-ywać|ać się (**dankbar** wdzięcznym), zachow-ywać|ać się (**feige** tchórzliwie). **Su do 1.**
bezeugen (h) *vt* poświadcz-ać|yć, zaświadcz-ać|yć. Su
bezichtigen (h) *vt* posądz-ać|ić, obwini--ać|ć (**jmdn e—r Sache** kogoś o coś), zarzuc-ać|ić (komuś coś); **jmdn des Mordes** ~ zarzucać komuś morderstwo. **Su** *t.* zarzut *m*
beziehen (187;h) I. *vt* 1. obi-jać|ć, pokry--wać|ć (**e—n Sessel** fotel); powle-kać|c (**das Bett** pościeli); **die Geige mit Saiten** ~ naciągać struny na skrzypce 2. zaj--mować|ąć; **woj e—e Stellung** ~ zajmować pozycję; **e—e Wohnung** ~ wprowadzać się do mieszkania; *przen* **e—n bestimmten Standpunkt** ~ zaj--mować|ąć określone stanowisko 3. wst--ępować|ąpić (**e—e Schule** do szkoły) 4. pobierać (**e—e Rente** rentę); otrzym-ywać|ać (**Prügel** lanie) 5. sprowadz--ać|ić (**Waren** towary); naby-wać|ć (**Ware bei jmdm** towar u kogoś) 6. prenumerować, abonować (**e—e Zeitung** gazetę) 7. odn-osić|ieść (**etw. auf e—e Sache** coś do czegoś) **II. sich** ~ *vr* 1. odn-osić|ieść się (**auf etw.** do czegoś) 2. powoł-ywać|ać się (**auf etw. na coś**); **wir beziehen uns auf Ihr Schreiben** powołujemy się na Pański list. **Su 1.** stosunek *m*; kontakt *m*; *pl, pot* chody *pl*; **in Beziehung zu jmdm treten** nawiązać z kimś stosunki ⟨kontakt⟩; **zu jmdm Beziehungen unterhalten** utrzymywać z kimś stosunki ⟨kontakt⟩; **die Beziehungen zu jmdm abbrechen** zrywać z kimś 2. stosunek *m*; związek *m*; zależność *f* 3. wzgląd *m*; **in jeder** ⟨**keiner**⟩ **Beziehung** pod każdym ⟨żadnym⟩ względem; **in mancher Beziehung** pod wielu względami; **in Beziehung auf etw.** w odniesieniu do czegoś, co do ...
Bezieher *m* —s, — 1. sprowadzający, nabywca *m* 2. abonent, prenumerator *m*
Bezieherin *f* —, —nen 1. sprowadzająca, nabywczyni *f* 2. abonentka, prenumeratorka *f*
beziehungsweise *adv* względnie, albo
beziffern (h) I. *vt* 1. po|numerować, paginować, oznacz-ać|yć cyframi 2. o|szacować (**die Verluste auf 100 Mann** straty na 100 ludzi) **II. sich** ~ *vr* wyn-osić|ieść (**auf 1000 Mark** 1000 marek). **Su do.I.**; **do I.** 1. *t.* paginacja *f*
Bezirk *m* —(e)s, —e 1. okręg, okrąg *m* (województwo) 2. obwód *m*; rejon *m* (powiat) 3. dzielnica *f*, rejon, obwód *m* (miasta)
Bezirks... *w comp* I. 1. okręgowy; *np.* ~**verwaltung** 2. ... okręgu; *np.* ~**grenzen II.** 1. obwodowy; rejonowy; *np.* ~**arzt** 2. ... obwodu; ... rejonu; *np.* ~**grenzen III.** 1. dzielnicowy, obwodowy; *np.* ~**beratungsstelle** 2. ... dzielnicy ⟨obwodu⟩; *np.* ~**grenzen**
Bezirksamt *n* —(e)s, ⸚er okręg *m* (urząd, siedziba); obwód *m*; rejon *m* (urząd, siedziba)

Bezirksarzt *m* —es, ⁼e lekarz obwodowy ⟨rejonowy⟩
Bezirksberatungsstelle *f* —, —n poradnia dzielnicowa ⟨obwodowa⟩
Bezirksgrenze *f* —, —n granica okręgu ⟨obwodu, rejonu, dzielnicy⟩
Bezirkshauptmann *m* —(e)s, ...leute *austr* starosta *m*
Bezirksstadt *f* —, ⁼e miasto okręgowe (wojewódzkie), stolica okręgu
Bezirksverwaltung *f* —, —en zarząd okręgowy
Bezogene *m* —n, —n *hand* trasat *m*
bezuckern (h) *vt* posyp-ywać|ać cukrem, ocukrz-ać|yć
Bezug *m* I. —(e)s, ⁼e 1. powło(cz)ka, poszewka *f* 2. pokrycie, obicie *n* (der **Möbel** mebli) 3. sprowadzanie *n*; zakup *m* (von **Waren** towarów) 4. abonament *m*, prenumerata *f* (e—r **Zeitung** gazety) 5. ⁼e *pl* pobory *pl* II. —(e)s 1. związek *m*; stosunek *m*; **mit** ~ **auf** jmdn *a.* etw. odnośnie do kogoś *a.* do czegoś; ~ **haben auf e—e Sache** mieć związek z czymś, odnosić się do czegoś 2. powoł(yw)anie się; ~ **nehmen auf e—e Sache** a) powoływać się na coś b) odnosić się do czegoś; ~ **nehmend auf Ihr Schreiben** ... powołując się na Pańskie pismo ...
bezug: in ~ **auf** *praep acc* odnośnie ⟨co⟩ do; **in** ~ **auf seine Person** odnośnie do jego osoby
bezüglich I. *adj* 1. odnośny 2. *gram* względny; ~**es Fürwort** zaimek względny II. *praep gen* odnośnie ⟨co⟩ do; ~ **seiner Aussage** co do jego wypowiedzi
Bezugnahme *f* — powołanie się; **unter** ⟨**mit**⟩ ~ **auf e—e Sache** powołując się na coś
Bezugs... *w comp* 1. ... nabycia ⟨zakupu⟩; *np.* ~**preis** 2. ... prenumeraty; *np.* ~**quelle** 3. ... odniesienia; *np.* ~**punkt**
bezugsfertig *adj*, *bud* gotowy do zamieszkania
Bezugspreis *m* —es, —e cena nabycia ⟨zakupu⟩; cena prenumeraty, prenumerata *f*
Bezugspunkt *m* —(e)s, —e punkt odniesienia
Bezugsquelle *f* —, —n źródło nabycia ⟨zakupu⟩; źródło pochodzenia (towaru)
Bezugsschein *m* —(e)s, —e 1. talon *m* 2. kwit prenumeraty
Bezugssystem *n* s—, —e 1. układ odniesienia 2. układ współrzędnych
Bezugstemperatur *f* — temperatura odniesienia
bezwecken (h) *vt* zmierzać, dążyć (etw. **mit** etw. do czegoś poprzez coś); mieć na celu (coś poprzez coś)
bezweifeln (h) *vt* wątpić (etw. w coś), powątpiewać (o czymś), poda(wa)ć w wątpliwość (coś). Su
bezwingen (188;h) *vt* 1. pokon-ywać|ać, zmóc 2. *t. vr* (sich się) prze|zwycięż-ać| yć, przem-agać|óc; **seinen Zorn** ~ hamować swój gniew. Su
Bezwinger *m* —s, — zwycięzca *m*; pogromca *m*, zdobywca *m* (*np.* kosmosu)

Bibel *f* —, —n biblia *f*
Bibel... *w comp* 1. biblijny; *np.* ~**sprache** 2. ... Biblii; *np.* ~**übersetzung**
Bibelausleger *m* —s, — *rel* egzegeta *m*
Bibelforscher *m* —s, — badacz Pisma Świętego
Bibelsprache *f* — język biblijny
Bibelspruch *m* —(e)s, ⁼e werset biblijny
Bibelübersetzung *f* —, —en tłumaczenie ⟨przekład⟩ Biblii
Biber *m* —s, — *zoo* bóbr *m*; *kuśn* bobry *pl*, futro bobrowe
Biber... *w comp* 1. bobrowy; *np.* ~**fell** 2. ... bobrów; *np.* ~**zucht**
Biberfell *n* —(e)s, —e 1. futro bobrowe 2. skórka bobrowa
Biberpelz *m* —es, —e futro bobrowe
Biberratte *f* —, —n *zoo* nutria *f*
Biberzucht *f* — hodowla bobrów
biblio... *w comp* biblio...; *np.* ~**graphisch**
Biblio... *w comp* biblio...; *np.* ~**graph**
Bibliograph *m* —en, —en bibliograf *m*
Bibliographie *f* — bibliografia *f*
bibliographisch *adj*:*adv* bibliograficzn-y:-ie
Bibliophile *m* —n, —n bibliofil *m*
Bibliothek *f* —, —en biblioteka *f*
Bibliothekar *m* —s, —e bibliotekarz *m*
Bibliothekarin *f* —, —nen bibliotekarka *f*
Bibliotheks... *w comp* 1. biblioteczny; *np.* ~**schrank** 2. ... biblioteki; *np.* ~**gebäude** 3. bibliotekarski; *np.* ~**schule**
Bibliotheksgebäude *n* —s, — gmach biblioteki, biblioteka *f*
Bibliothekskunde *f* — bibliotekoznawstwo *n*
Bibliotheksschrank *m* —(e)s, ⁼e szafa biblioteczna
Bibliotheksschule *f* —, —n szkoła bibliotekarska
Bibliothekswesen *n* —s bibliotekarstwo *n*
Bibliothekswissenschaft *zob.* **Bibliothekskunde**
biblisch *adj*:*adv* biblijn-y:-ie
bieder *adj*:*adv* 1. poczciw-y:-ie, prostoduszn-y:-ie 2. zacn-y:-ie, prawy. Sk
Biedermann *m* —(e)s, ⁼er 1. poczciwiec *m*, człowiek prostoduszny 2. człowiek zacny ⟨prawy⟩
Biedermeier *m* —s *hist* (okres) biedermeier *m*
Biedermeier... *w comp* biedermeier(owski); *np.* ~**stil**
Biedermeierstil *m* —(e)s styl biedermeier(owski)
Biedersinn *m* —(e)s prostoduszność *f*
Biegefestigkeit *f* — *tech* wytrzymałość *f* na zginanie
biegen (9) I. (h) *vt* 1. *t. vr* (sich się) zginać, z|giąć; wygi-nać|ąć; etw. **gerade** ~ wyprostować; naprawiać; *przen* **es geht auf Biegen oder Brechen** ⟨⟩ wóz albo przewóz 2. *gram* odmieni-ać|ć II. sich ~ (h) *vr* ugi-nać|ąć się (**unter e—r Last** pod ciężarem); **er lügt, daß sich die Balken** ~ kłamie jak najęty III. (sn) *vi* skręc-ać|ić (**nach rechts** na ⟨w⟩ prawo). Su 1. zgięcie, wygięcie *n* 2. skręt, zakręt *m*

biegsam 135 Bilder

biegsam adj:adv giętk-i:-o, gibk-i:-o, elastyczn-y:-ie. **Sk**
Biene f —, —n 1. pszczoła f 2. pot wesz f
Bienen... w comp 1. pszczelny, pszczeli; np. ~**gift** 2. ... pszczół; np. ~**schwarm** 3. ... pszczoły; np. ~**stich**
Bienenfleiß m —es mrówcza pracowitość
Bienengift n —(e)s jad pszczeli
Bienenhaus n —es, ⸚er pawilon pasieczny
Bienenhonig m —s miód pszczeli
Bienenkönigin —, —nen pszcz królowa, matka f
Bienenkorb m —(e)s, ⸚e pszcz koszka f
Bienenschwarm m —(e)s, ⸚e rój pszczół
Bienenstand m —(e)s, ⸚e pasieka f
Bienenstich m —(e)s, —e użądlenie pszczoły
Bienenstock m —(e)s, ⸚e ul m
Bienenvater m —s, ⸚ pszczelarz, pasiecznik m
Bienenwabe f —, —n pszcz woszczyna, węza f
Bienenwachs n —es wosk pszczeli
Bienenzucht f —, —en 1. pszczelarstwo n 2. pasieka f
Bienenzüchter m —s, — pszczelarz, bartnik m
Bier n —(e)s, —e piwo n; **helles** ⟨**dunkles**⟩ ~ jasne ⟨ciemne⟩ piwo
Bier... w comp 1. piwny; np. ~**hefe** 2. ... piwa; np. ~**export** 3. ... na piwo a. od ⟨do⟩ piwa; np. ~**faß**
Bierbrauer m —s, — piwowar m; właściciel browaru
Bierbrauerei f —, —en 1. browar m 2. browarnictwo n
Bierexport m —(e)s, —e eksport piwa
Bierfaß n ...asses, ...ässer beczka na piwo ⟨do piwa⟩
Bierflasche f, —, —n butelka na piwo ⟨do piwa⟩
Bierglas n —es, ⸚er szklanka na piwo ⟨do piwa⟩
Bierhefe f —, —n drożdże piwne
Bierkeller m —s, — 1. piwiarnia f (w piwnicy) 2. magazyn z piwem
Bierkrug m —(e)s, ⸚e kufel m
Bierschenke f —, —n piwiarnia f
Bierseidel n —s, — kufel m
Bierstube f —, —n piwiarnia, karczma f
Biersuppe f —, —n polewka ⟨zupa⟩ piwna
Biertrinker m —s, — piwosz m
Bierwürze f — brzeczka piwna
Biese f —, —n lampas m; szlak m
Biest n —(e)s, —er przen, pot bestia f; bydlak m, bydlę n
Biestmilch f — siara
bieten (10;h) I. vt 1. za|ofiarow-ywać|ać (10 Mark für etw. 10 marek za coś); poda-wać|ć (**den Arm** ramię; **die Hand** rękę; **den Mund** usta) sich dat etw. ~ lassen pozw-alać|olić na coś; ścierpieć coś; **das lasse ich mir nicht** ~! tego nie ścierpię! na to nie pozwolę! 2. przedstawiać (**e—n Anblick** widok); wyka-zywać|ać (**Lücken** luki) 3. nastręcz-ać|yć, sprawi-ać|ć (**Schwierigkeiten** trudności); da-wać|ć (**Möglichkeiten** możliwości; **Gelegenheit** okazję) 4. stawi-ać|ć (**die Stirn** ⟨**die Spitze**⟩ czoło;

Trotz ⟨**Widerstand**⟩ opór); **jmdm Schach** ~ za|szachować kogoś 5. życzyć; **e—n guten Morgen** ⟨**Abend**⟩ ~ mówić ⟨powiedzieć⟩ dzień dobry ⟨dobry wieczór⟩ II. **sich** ~ vr, vimp 1. nastręcz-ać|yć ⟨nadarz-ać|yć⟩ się (o możliwości ⟨okazji⟩ itp.) 2. przedstawiać ⟨okazać⟩ się (np. o widoku)
Bieter m —s, — licytant m
Bigamie f — bigamia f, dwużeństwo n
Bigamist m —en, —en bigamista m
bigott adj:adv przesadnie pobożn-y:-ie, bigoteryjn-y:-ie
Bigotterie f — bigoteria, dewocja f
Bikarbonat n —s, —e chem wodorowęglan m, kwaśny węglan
Bilanz f —, —en ekon bilans m; **die** ~ **aufstellen** ⟨**machen**⟩ zestawi(a)ć ⟨sporządzać⟩ bilans; **ekon die** ~ **ziehen** sporządzać bilans; przen robić obrachunek
Bilanz... w comp 1. bilansowy; np. ~**posten** 2. ... bilansu; np. ~**aufstellung**
Bilanzaufstellung f —, —en zestawienie bilansu
Bilanzbuchhalter m —s, — księgowy bilansista
bilanzieren (h) vi bilansować
Bilanzkurs m —es, —e kurs bilansowy
Bilanzposten m —s, — pozycja bilansowa
bilateral adj:adv dwustronn-y:-ie, obustronn-y:-ie, bilateraln-y:-ie
Bild n —(e)s, —er 1. obraz m (t. teatr); portret m; obrazek m; wizerunek m 2. przen wyobrażenie n, obraz m; im ~e **sein** być zorientowanym; orientować się, wiedzieć; e. ~ **von etw. haben** mieć wyobrażenie o czymś; **sich** e. ~ **von etw. machen** wyrabiać sobie zdanie o czymś; e. ~ **von etw. entwerfen** nakreślać ⟨opisywać⟩ coś 3. widok m; e. **herrliches** ~ wspaniały widok
Bild... w comp 1. obrazowy; np. ~**malerei** 2. ... obrazu; np. ~**schärfe**
Bildband m —(e)s, ⸚e album m
Bildbericht m —(e)s, —e fotoreportaż m
Bildberichter a. **Bildberichterstatter** m —s, — fotoreporter m
bilden (h) I. vt 1. t. vr (sich dat sobie); u|tworzyć; u|formować; u|kształtować, rozwi-jać|nąć (**den Charakter** charakter); zawiąz-ywać|ać (**Knospen** pąki) 2. wy|kształcić 3. stanowić, być; **das Gebirge bildet** e. **natürliches Hindernis** góry są naturalną przeszkodą II. vr (**sich** ~) 1. u|tworzyć ⟨u|formować, u|kształtować, wy|kształcić, rozwi-nąć|jać⟩ się 2. wytw-arzać|orzyć się, po-wsta-wać|ć (o sytuacji, mniemaniu). **Su** do I. 1., 2.; do II. do I. 1. t. twór m; formacja f; do I. 2. t. ukształtowanie; e. **Mann von Bildung** człowiek wykształcony ⟨kulturalny⟩
bildend I. /part praes, zob. **bilden** 2. adj; ~e **Künste** sztuki plastyczne; ~**er Künstler** plastyk m
Bilder... w comp 1. ... z obrazkami; np. ~**buch** 2. ... obrazu; np. ~**rahmen** 3. ... obrazów; np. ~**galerie**

Bilderbuch n —(e)s, ⸚er książka z obrazkami
Bildergalerie f —, ...|en galeria obrazów
Bilderrahmen m —s, — rama obrazu
Bilderrätsel n —s, — rebus m
bilderreich adj:adv 1. bogato ilustrowany, z licznymi ilustracjami 2. obrazow-y:-o, kwieci-sty:-ście ⟨o języku, stylu⟩
Bilderschrift f —, —en pismo obrazkowe
Bilderstürmer m —s, — hist obrazoburca m
Bildfläche f —, —n kino ekran m; przen **auf die ~ erscheinen** pojawi(a)ć się (na horyzoncie); **von der ~ verschwinden** znikać (z horyzontu, z widowni)
Bildfunk m —(e)s radio fototelegrafia f
bildhaft adj:adv obrazow-y:-o, plastyczn-y:-ie. Si
Bildhauer m —s, — rzeźbiarz m
Bildhauerei f — rzeźbiarstwo n
Bildhauerin f —, —nen rzeźbiarka f
Bildhauerkunst f — rzeźbiarstwo n
bildhübsch adj:adv ⟨śliczn-y:-ie⟩ jak obrazek ⟨malowanie⟩
bildlich adj:adv obrazow-y:-o; przenośn-y:-ie. Sk
Bildmalerei f — malarstwo obrazowe
Bildnis n —ses, —se portret m; obraz m; wizerunek m
Bildreportage [...a:ʒə] f —, —n fotoreportaż m
Bildröhre f —, —n lampa obrazowa, kineskop m
bildsam adj 1. plastyczny 2. przen pojętny. Sk
Bildsäule f —, —n posag m, statua f; **zur ~ erstarren** osłupieć
Bildschärfe f — ostrość obrazu (t. fot)
Bildschirm m —(e)s, —e kino ekran m
Bildschnitzer m —s, — snycerz m
Bildschnitzerei f — snycerstwo n
bildschön zob. bildhübsch
Bildstreifen m —s, — film m (taśma)
Bildtelefon n —s, —e wideotelefon m
Bildtelegraphie f — a. **Bildübertragung** f —, —en fototelegrafia f, fotografia kopiowa, telekopia f
Bildungsanstalt f —, —en zakład naukowy ⟨wychowawczy⟩; uczelnia, szkoła f
bildungsfähig adj:adv zdolny, pojętny:-ie
Bildungsgang m —(e)s proces wychowawczy
Bildungshunger m —s głód wiedzy
Bildungsideal n —s, —e ideał wychowawczy
Bildungslücke f —, —n brak ⟨luka⟩ w wykształceniu
Bildungssilbe f —, —n jęz zgłoska ⟨sylaba⟩ słowotwórcza, afiks m
Bildungsstand m —(e)s poziom wykształcenia
Bildungsstufe f —, —n stopień wykształcenia; poziom umysłowy
Bildungstrieb m —(e)s pęd do nauki
Bildungswesen n —s oświata f
Bildwand f —, ⸚e ekran m
Bildwerfer m —s, — rzutnik, projektor m

Bildwerk n —(e)s, —e rzeźba f
Billard [biljart] n —s, —e a. —s billard m
Billard... w comp bilardowy; np. **~tisch**
Billardball m —(e)s, ⸚e a. **Billardkugel** f —, —n bila f
Billardspieler m —s, — bilardzista m
Billardstock m —(e)s, ⸚e kij bilardowy
Billardtisch m —es, —e stół bilardowy
Billardzimmer n —s, — sala bilardowa
Billett [biljet] n —s, —s a. —e bilet m, karta f
Billiarde f —, —n 1000 bilionów
billig adj:adv 1. słuszn-y:-ie, godziw-y:ie; e—e ~e **Forderung** słuszne żądanie 2. tani:-o. Sk
billigdenkend adj sprawiedliwy
billigen (h) vt zg-adzać|odzić się (etw. na coś), za|aprobować; uzna-wać|ć (za słuszne). Su t. aprobata, zgoda f
billigerweise adv słusznie, sprawiedliwie
Billion f —, —en bilion m
Bimetall n —s, —e bimetal m
Bimmelbahn f —, —en pot ciuchcia f
bimmeln (h) vi, pot dzwonić
Bims m —es, —e 1. min pumeks m 2. —e pl, pot lanie n
bimsen (h) vt, pot 1. pumeksować 2. pot sprawi-ać|ć lanie
Bimsstein m —(e)s, —e min pumeks m
binär adj:adv podwójn-y:-ie, binarn-y: -ie 2. dwuskładnikow-y:-o; dwuczłonow-y:-o
Binde f —, —n 1. opaska, przepaska f; **przen ihm fiel die ~ von den Augen** łuska spadła mu z oczu, przejrzał 2. bandaż m 3. temblak m 4. krawat m; **pot e—n hinter die ~ gießen** golnąć ⟨wypić⟩ (sobie jednego)
Binde... w comp ... wiązania; np. **~vermögen**
Bindegewebe n —s, — biol tkanka łączna
Bindeglied n —(e)s, —er ogniwo łączące
Bindehaut f — anat spojówka f
Bindehautentzündung f —, —en med zapalenie spojówek
Bindemittel n —s, — spoiwo n; lepiszcze n; środek ⟨materiał⟩ wiążący
binden (11;h) I. vt 1. wiązać, związ-ywać|ać; s|krępować, zawiąz-ywać|ać ⟨np. krawat⟩ 2. podprawi-ać|ć, zagę-szczać|ścić (die Suppe mit Mehl zupę mąką) 3. t. vi wiązać, łączyć ⟨o kleju, zaprawie itp.⟩; t. przen 4. t. vi wiązać, obowiązywać ⟨o przysiędze, słowie itp.⟩ 5. opraw|-iać|ć ⟨e. Buch in Leder książkę w skórę⟩ 6. (z przyimkami) a) t. vr (sich się) przywiąz-ywać|ać ⟨etw. an etw. coś do czegoś⟩ etw. **auf ⟨unter⟩ etw.** coś na ⟨pod⟩ czymś⟩; **jmdm etw. nicht auf die Nase ~** nie opowiadać ⟨nie zdradzać⟩ komuś czegoś b) obwiąz-ywać|ać, przewiąz-ywać|ać ⟨etw. **auf ⟨um, über⟩ etw.** czymś coś⟩ c) t. vr (sich się) związ-ywać|ać ⟨**jmdn an jmdn durch e—n Eid** kogoś z kimś przysięgą⟩ d) związ-ywać|ać ⟨**Blumen in e—n ⟨zu e—m⟩ Strauß** kwiaty w bukiet⟩ e) zawiąz-ywać|ać, za-kładać|łożyć (e—e

Binder 137 **bissig**

Serviette unter das Kinn serwetkę pod brodę) f) zawiąz-ywać|ać, związ--ywać|ać, zwi-jać|nąć (die Kleider in e. ⟨zu e—m⟩ Bündel odzież w tobołek) g) podwiąz-ywać|ać (etw. unter etw. coś pod coś). Su 1. wiązanie n 2. powiązanie n, związek m; więź f
Binder m —s, — 1. agr snopowiązałka f 2. krawat m 3. bud wiązar m 4. cegła ułożona główkowo
Binderverband m —(e)s, ⁼e bud układ główkowy (muru)
Bindestrich m —(e)s, —e gram łącznik m; dywiz m
Bindevermögen n —s zdolność wiązania
Bindewort n —(e)s, ⁼er gram spójnik m
Bindfaden m —s, ⁼ sznurek, szpagat m
binnen praep dat gen w ciągu ⟨przeciągu⟩; ~ kurzem wkrótce; ~ e—m Jahr ⟨e—s Jahres⟩ w ciągu roku
Binnen... w comp 1. wewnętrzny; np. ~handel 2. śródziemny; np. ~meer 3. śródlądowy; np. ~hafen
Binnengewässer n —s, — wody śródlądowe
Binnenhafen m —s, ⁼ 1. port wewnętrzny 2. port rzeczny ⟨śródlądowy⟩
Binnenhandel m —s handel wewnętrzny
Binnenklima n —s klimat kontynentalny
Binnenland n ~es wnętrze ⟨głąb⟩ kraju, t. interior m
Binnenmarkt m —(e)s, ⁼e hand rynek wewnętrzny
Binnenmeer n —(e)s, —e morze śródziemne
Binnenschiffahrt f — żegluga śródlądowa
Binnenstaat m —es, —en kraj bez dostępu do morza
Binnenverkehr m —s ruch wewnętrzny, komunikacja wewnętrzna
Binse f —, —n sit m; —n pl sitowie n; pot in die ~n gehen za|tracać ⟨zgubić⟩ się, przepadać
Binsenwahrheit a. **Binsenweisheit** f —, —en truizm m
bio... w comp bio...; np. ~chęmisch
Bio... w comp bio...; np. ~chemie
Biochemie f — biochemia f
Biochemiker m —s, — biochemik m
biochemisch adj:adv biochemiczn-y:-ie
Biogenęse f — biogeneza f
biogenetisch adj:adv biogenetyczn-y:-ie
Biograph m —en, —en biograf m
Biographie f —, ...ien biografia f
biographisch adj:adv biograficzn-y:-ie
Biolog(e) m ...en, ...en biolog m
Biologie f — biologia f
biologisch adj:adv biologiczn-y:-ie
Bionik f — bionika f
Birke f —, —n brzoza f
birken adj brzozowy, z drewna brzozowego, z brzeziny
Birken... w comp 1. brzozowy; np. ~rinde 2. ... brzozy; np. ~blatt
Birkenblatt n —(e)s, ⁼er liść brzozy
Birkenholz n —es drzewo ⟨drewno⟩ brzozowe, brzezina f
Birkenpilz m —es, —e kozak, koźlarz m (grzyb)
Birkenrinde f — kora brzozowa

Birkenwäldchen n —s, — lasek brzozowy, brzezina f
Birkhahn m —(e)s, ⁼e orn cietrzew m
Birkhuhn n —(e)s, ⁼er orn cieciorka f
Birma n —s Birma, Burma f
birmanisch adj:adv birmański : po birmańsku, burmański : po burmańsku
Birnbaum m —(e)s, ⁼e bot grusza f
Birne f —, —n 1. bot gruszka f (owoc) 2. bot grusza f 3. met konwertor m 4. elektr żarówka f 5. pot łeb m, łepet(yn)a f; przen e—e weiche ~ haben być nienormalnym
birn(en)förmig adj:adv gruszkowat-y:-o
bis I. praep 1. do; a) (w określeniach czasu); ~ dahin do tego czasu, dotąd; ~ morgen ⟨Sonntag⟩ do jutra ⟨niedzieli⟩; ~ wann? do kiedy? b) (w określeniach miejscowości); ~ Jena do Jeny; ~ dahin a. ~ hierher dotąd; ~ wohin? dokąd? c) (w określeniach miary, wagi itp.); ~ drei Mark ⟨Meter, Tonnen⟩ do trzech marek ⟨metrów, ton⟩ 2. aż (w połączeniu z innymi przyimkami); np. ~ an die Straße (aż) do ulicy; ~ auf die Haut (aż) do skóry; ~ auf einen prócz jednego; ~ auf weiteres na razie; ~ vors Haus (aż) przed dom; ~ zum Tode (aż) do śmierci II. cj aż, póki nie; (za)nim; ich warte, ~ du kommst zaczekam, aż przyjdziesz; ~ du kommst, ist alles fertig (za)nim przyjdziesz, wszystko będzie gotowe
Bisam l. m —s, —e dawn piżmo m 2. m —, —(s) garb piżmowce pl (futro)
Bisamratte f —, —n zoo piżmak, piżmoszczur m
Bischof m —s, ⁼e biskup m
bischöflich adj biskupi
Bischofs... w comp biskupi; np. ~hut
Bischofsamt n —(e)s biskupstwo n, godność biskupia
Bischofshut m —(e)s, ⁼e 1. kapelusz biskupi 2. przen godność biskupia, infuła f
Bischofsmütze f —, —n infuła f; mitra biskupia
Bischofssitz m —es, —e siedziba biskupa
Bischofsstab m —(e)s, ⁼e pastorał m
Bischofsweihe f —, —n sakra f (biskupia), wyświęcenie na biskupa
bisher adv dotąd, do tego czasu, dotychczas
bisherig adj dotychczasowy
Biskuit [bɪskwiːt] m, n —(e)s, —e biszkopt m; suchar(ek) m
bislang zob. **bisher**
Bison m —s, —s zoo bizon m
Biß m **Bisses**, **Bisse** ukąszenie n
bißchen adj:adv inv trochę, odrobina, nieco; ociupinka; e. ~ Geduld trochę cierpliwości; e. ~ zu groß trochę ⟨ociupinkę⟩ za duży; es. klein(es) ~ zuviel odrobinkę ⟨troszkę⟩ za dużo; das ~ Geld tych parę groszy
Bissen m —s, — kęs, kąsek m; e. fetter ~ tłusty kąsek (t. przen)
bissig adj:adv 1. kąśliw-y:-ie; ~er Hund

zły pies 2. *przen* zjadliw-y:-ie, uszczypliw-y:-ie. Sk do 2.
Bißwunde *f* —, —n rana kąsana
Bistum *n* —s, ⁻er diecezja *f*, biskupstwo
bisweilen *adv* niekiedy, czasem
Bitte *f* —, —n prośba *f*; e—e ~ an jmdn richten zwracać się z prośbą do kogoś
bitten (12;h) *vt* po|prosić (um etw. o coś; zu etw. na coś; do czegoś); bitte sehr ⟨schön⟩! proszę bardzo!; für jmdn ~ wstawi(a)ć się za kimś
bitter I. *adj* 1. *t. adv* gorzk-i:-o (*t. przen*); ~e Tränen gorzkie łzy 2. *przen* silny, ostry; ~er Frost ostry mróz; ~e Schmerzen silne bóle 3. *przen* przykry; ~e Erfahrungen przykre doświadczenia II. *adv* bardzo; ~ kalt bardzo ⟨przejmująco⟩ zimno; ~ nötig sein być niezbędnym. Sk gorycz *f*, gorzkość; *przen t.* rozgoryczenie *n*
bitter... *w comp* bardzo; *np.* ~kalt
Bitter... *w comp* gorzki; *np.* ~mittel
Bitt(e)re *m* —n, —n gorzka *f* (*wódka*)
bitterböse *adj:adv* bardzo zły
bitterernst *adj:adv* bardzo poważn-y:-ie
bitterkalt *adj:adv* bardzo zimn-y:-o; e.
~er Tag bardzo zimny dzień
bitterlich *adj:adv* gorzkaw-y:-o; *przen*
~ weinen gorzko płakać
Bittermittel *pl farm* środki gorzkie
Bitternis *f* —, —se 1. gorycz *f* 2. *przen* przykrość *f*
Bittersalz *n* —es *chem* sól gorzka
bittersüß *adj:adv* gorzkawo-słodk-i:-o
Bitterwein *m* —(e)s, —e wermut *m*
Bittgang *m* —(e)s, ⁻e 1. pielgrzymka *f*; procesja błagalna 2. *przen* proszenie *n* (o pomoc)
Bittgesuch *n* —(e)s, —e *a.* **Bittschrift** *f* —, —en petycja *f*
Bittsteller *m* —s, — petent *m*
Bittstellerin *f* —, —nen petentka *f*
Bitumen *n* —s, ...mina bitum *m*
Biwak *n* —s, —s *a.* —e *woj* biwak *m*
biwakieren (h) *vi, woj* biwakować
bizarr *adj:adv* dziwaczn-y:-ie
Bizarrerie *f* —, — ...ien dziwaczność *f*
Bizeps *m* —es, —e *anat* biceps *m*
Blachfeld *n* —(e)s, —er 1. równina *f*, pole *n* 2. *poet* pole bitwy
blaffen (h) *vi pot* 1. ujadać, za|szczekać 2. *przen* ujadać, pyskować 3. huknąć (o *strzale*)
blähen (h) I. *vt* nad-ymać|ąć, wzd-ymać|ąć II. sich ~ *vr* 1. nad-ymać|ąć się, wzd-ymać|ąć się 2. *przen* nad-ymać|ąć ⟨na|puszyć⟩ się. Su wzdęcie *n*
blaken (h) *vi* kopcić (o *lampie itp.*)
bläken (h) *vi, reg* ryczeć
blamabel *adj:adv* kompromitując-y:-o
Blamage [...ma:ʒə] *f* —, —n blamaż *m*, kompromitacja *f*
blamieren (h) *vt, vr* (sich się) z|blamować, s|kompromitować, ośmiesz-ać|yć
blank *adj:adv* 1. lśniąc-y:-o, połyskując-y:-o, błyszcząc-y:-o 2. czyst-y:-o; ~ machen czyścić; glansować 3. nag-i:-o, goły, obnażony; ~e Erde goła ziemia;

~e Waffe broń biała; ~er Unsinn oczywisty nonsens; *pot* ~ sein być gołym ⟨bez grosza⟩; ~ ziehen doby-wa|ć pałasza ⟨szabli⟩
Blankett *n* —s, —e blankiet *m*
blanko: in ~ *adj:adv* nie wypełniony, in blanco
Blanko... *w comp* in blanco; *np.* ~kredit
Blankofahrausweis *m* —es, —e bilet blankietowy
Blankokredit *m* —(e)s, —e kredyt in blanco
Blankoscheck *m* —(e)s, —e czek in blanco
Blankovollmacht *f* —, —en pełnomocnictwo in blanco
Blankowechsel *m* —s, — *fin* weksel in blanco
Blankvers *m* —es, —e wiersz biały
Bläschen *n* —s, — pęcherzyk *m*
Blase *f* —, —n 1. pęcherz *m* (*t. anat*), bąbel *m*; *przen* ~n ziehen mieć następstwa 2. bańka *f* (*mydlana*) 3. *chem* retorta *f*, alembik *m* 4. *pot* towarzystwo *n*; die ganze ~ wszyscy, cała ferajna ⟨paczka⟩
Blasebalg *m* —(e)s, ⁻e miech *m* (*kowalski itp.*)
blasen (13;h) *vt, vi* 1. dmuchać; dąć, wiać (o *wietrze*) 2. trąbić; grać (die Flöte na flecie); Alarm ~ trąbić na alarm; *przen* jmdm den Marsch ~ da(wa)ć komuś reprymendę; *przen* jmdm etw. in die Ohren ~ opowiadać ⟨donosić⟩ komuś coś; *pot* in dasselbe Horn ~ dąć w jedną dudkę
Blasen... *w comp* 1. pęcherzowy; *np.* ~grieß 2. ... pęcherza; *np.* ~entzündung
Blasenentzündung *f* —, —en zapalenie pęcherza
Blasengrieß *m* —es *med* piasek pęcherzowy
Blasenkrankheit *f* —, —en *a.* **Blasenleiden** *n* —s, — choroba pęcherza
Blasenpflaster *n* —s, — *med* wezykatoria *f*
Blasenstein *m* —(e)s, —e *med* kamień pęcherzowy
blasenziehend *adj* wywołujący pęcherze, pryszczący
Bläser *m* —s, — 1. dmuchawa *f* 2. dmuchacz *m* 3. trębacz *m*
blasiert *adj:adv* zblazowany. Sh zblazowanie *n*
blasig *adj:adv* pęcherzowat-y:-o
Blasinstrument *n* —(e)s, —e instrument dęty
Blasorchester *n* —s, — orkiestra dęta
Blasphemie *f* —, ...ien bluźnierstwo *n*, blasfemia *f*
blasphemisch *adj:adv* bluźniercz-y:-o,
Blasrohr *n* —(e)s, —e trombita *f*
blaß (blasser, blassest *a.* blässer, blässest) *adj:adv* blad-y:-o, jasn-y:-o; ~ werden z|blednąć * **keinen blassen Schimmer von etw. haben** nie mieć zielonego pojęcia o czymś. Sh
blaß... *w comp* blado...; *np.* ~blau
blaßblau *adj:adv* bladoniebiesk-i:-o; bladoniebiesko; na kolor bladoniebieski; w kolorze bladoniebieskim

Blässe *f* —, —n bladość *f*
blaßgelb *adj:adv* bladożółt-y:-o na bladożółto; na kolor bladożółty
Blaßgesicht *n* —(e)s, —er blada twarz
blaßgrün *adj:adv* bladozielon-y:-o; na bladozielono; na kolor bladozielony; w kolorze bladozielonym
bläßlich *adj:adv* bladaw-y:-o
blaßrot *adj:adv* bladoczerwon-y:-o; na bladoczerwono; na kolor bladoczerwony; w kolorze bladoczerwonym
Blatt *n* —(e)s, ⁻er 1. liść *m* 2. ćwiartka papieru; kart(k)a *f*; arkusz *m*; *przen* **auf e—m anderen ~ stehen** nie należeć tutaj; *przen* **kein ~ vor den Mund nehmen** mówić bez ogródek; .*przen* **vom ~ spielen** ⟨singen, lesen⟩ grać ⟨śpiewać, czytać⟩ prima ⟨a⟩ vista ⟨bez przygotowania⟩; *przen* **das ~ wendet sich** karta się odwraca 3. gazeta *f*, dziennik *m* 4. łow komora, łopatka *f* 5. *karc* karta *f*; e. **gutes ~ haben** mieć dobrą kartę 6. arkusz *m*; płyta *f*; blat *m* (stołu) 7. pióro *n* (wiosła) 8. brzeszczot *m* (piły)
Blatt... *w comp* bot 1. liściowy; *np*. **~faser** 2. liściasty; *np*. **~pflanze** 3. ... liścia; *np*. **~ader**
Blattchen *f* —, —n bot nerw ⟨żyłka⟩ liścia
Blättchen *n* —s, — 1. listek *m* 2. bibułka *f* 3. gazetka *f* 4. karteczka *f*
Blättergebäck *n* —s ciastka francuskie
blatt(e)rig *adj:adv* ospowaty, dziobaty; krostowaty
blätterig *adj:adv* 1. liściast-y:-o 2. łuszczący się
Blattern *pl, med* ospa *f*
blättern (h) *vi* 1. przewracać kartki, wertować, kartkować 2. łuszczyć się
Blatternarbe *f* —, —n dziób *m*, blizna ospowa
blatternarbig *adj* dziobaty, ospowaty
blatternkrank *adj:adv* chory na ospę
Blätterpilz *m* —es, —e grzyb blaszkowy
Blätterteig *m* —(e)s, —e ciasto francuskie
Blätterwerk *n* —(e)s listowie *n*
Blattfaser *f* —, —n bot włókno liściowe
Blattgold *n* —(e)s złoto listkowe ⟨w płatkach⟩
Blattgrün *n* —s zielony barwnik liści; chlorofil *m*
Blattlaus *f* —, ⁻e mszyca *f*
Blattmetall *n* —s, —e folia metalowa
Blattpflanze *f* —, —n roślina liściasta
Blattsilber *n* —s folia srebrna
Blattstiel *m* —(e)s, —e szypułka liścia
blattweise *adv* kartkami
Blattzinn *n* —(e)s cynfolia *f*, staniol *m*
blau *adj:adv* 1. niebiesk-i:-o; na niebiesko; na kolor niebieski; w kolorze niebieskim; modr-y:-o, na modro; na kolor modry; w kolorze modrym; chabrow-y:-o; na chabrowo; na kolor chabrowy; w kolorze chabrowym; błękitn-y:-ie; na błękitno; na kolor błękitny; w kolorze błękitnym; *przen* **~es Blut** błękitna krew; *przen* **~en Dunst vormachen** okłam(yw)ać, zmyślać, bujać; **mir wird grün und ~ vor den Augen** mieni mi się w oczach 2. sin-y:-o; **~er Fleck** siniec *m*; **~ anlaufen** sinieć; *pot* **grün und ~ schlagen** zbić na kwaśne jabłko; **du wirst e. ~es Wunder erleben** zbieleje ci oko 3. *pot* pijany; **~ sein** być pijanym * **~ machen** świętować, bum(e)lować; **~er Montag** szewski poniedziałek
Blau *n* —s błękit *m*; (kolor niebieski; **das ~ des Himmels** lazur nieba
blau... *w comp* niebiesko...; błękitno...; *np*. **~äugig**
blauäugig *adj* niebieskooki
Blaubart *m* —(e)s Sinobrody *m*
Blaubeere *f* —, —n bot czarna jagoda, czernica *f*
Blaubuch *n* —(e)s, ⁻er *polit* Błękitna Księga
Blaue *n* —n nieokreślona dal; **ins ~ fahren** jechać w nieznane ⟨bez określonego celu⟩; *pot* **ins ~ hinein reden** pleść koszałki opałki; **ins ~ hinein schießen** strzelać w powietrze; **das ~ vom Himmel herunter reden** ⟨lügen, versprechen⟩ gadać ⟨kłamać, obiecywać⟩ nistworzone rzeczy ⟨cuda⟩
Blaue *m* —n, —n *pot* policjant *m*
Bläue *f* — błękit *m*
blauen (h) *vi* błękitnieć
bläuen (h) *vt* niebieszczyć; farbkować
Blaufuchs *m* —es, ⁻e lis niebieski
Blauholz *n* —es drewno ⟨drzewo⟩ kampeszowe
bläulich *adj:adv* niebieskaw-y:-o, na niebieskawo, na kolor niebieskawy, w kolorze niebieskawym
Blaumeise *f* —, —n *orn* sikorka modra
Blausäure *f* — kwas cyjanowodorowy ⟨*pot* pruski⟩, cyjanowodór *m*
Blaustrumpf *m* —(e)s, ⁻e *pot dawn* (≈) emancypantka, sawantka *f*
Blech *n* —(e)s, —e blacha *f* II. —(e)s 1. *pot* bzdury *pl*, nonsens *m* 2. *pot* forsa *f*
Blech... *w comp* 1. blaszany; *np*. **~dose** 2. ... blachy; *np*. **~rolle**
Blechdose *f* —, —n puszka blaszana
blechen (h) *vt, pot* bulić
blechern *adj* blaszany, z blachy
Blechgeschirr *n* —(e)s, —e naczynie blaszane
Blechinstrumente *pl, muz* instrumenty blaszane, blacha *f*
Blechlöffel *m* —s, — łyżka blaszana
Blechrolle *f* —, —n zwój blachy
Blechschere *f* —, —n nożyce do blachy
Blechschmied *m* —(e)s, —e blacharz *m*
Blechtafel *f* —, —n arkusz blachy
Blechwalzwerk *n* —(e)s, —e walcownia blachy
blecken (h) *vt* wy|szczerzyć (die Zähne zęby)
Blei[1] *n* —(e)s, —e *icht* leszcz
Blei[2] 1. *n* —(e)s *chem* ołów *m* 2. *n* —(e)s —e *miern* pion *m* 3. *m, n* —(e)s, —e *pot* ołówek *m*
Blei... *w comp* 1. ołowiany; *np*. **~draht** 2. ołowiowy; *np*. **~glas** 3. ... ołowiu; *np*. **~bergwerk**
Bleibe *f* —, —n *pot* 1. nocleg *m* 2. mieszkanie *n*

bleiben 140 **Blinden...**

bleiben (14;sn) *vi* 1. zostać, pozosta-wać| ć; **ernsthaft ~ zachowyw(yw)ać powa- gę**; **lange ~ kazać ⟨dawać⟩ na siebie długo czekać**; **draußen ~ pozostawać na dworze**; **erhalten ⟨bestehen⟩ ~ zachować się**; **sitzen ~ nie wstawać (z krzesła** *itp.*); **stehen ~ nie siadać**; **bleib mir vom Leibe!** odczep się ode mnie!, daj mi spokój!; **es bleibt abzuwarten** należy poczekać 2. *poet* z|ginąć, po|lec 3. **bei** *etw.* **~** pozosta-wać|ć przy czymś, trzymać się czegoś; **bei seinem Fach ⟨der Stange⟩ ~** trzymać się swojego zawodu; **bei der Sache ⟨Stange⟩ ~** nie odbiegać od tematu; **bei der Wahrheit ~** trzymać się prawdy; **ich bleibe dabei, daß...** obstaję przy tym, że ...; **es ist dabei geblieben** na tym stanęło; na tym się skończyło **Bleiben** *n* **—s**; **deines ~s ist hier nicht mehr** tu nie możesz dłużej zostać **bleibend** 1. *part praes, zob.* **bleiben** 2. *adj* trwały; stały; **~e Werte stałe** wartości **bleibenlassen** (74;h) *vt* zaniechać **(etw.** czegoś), da-wać|ć spokój (czemuś); **laß das bleiben!** daj temu spokój! **Bleibergwerk** *n* **—(e)s, —e** kopalnia ołowiu **bleich** *adj:adv* blad-y:-o; **~ werden** z|blednąć **Bleich...** *w comp* bielący; *np.* **~kalk Bleiche** *f* **—, —n** 1. pływ bielący 2. bielenie *n* 3. blich *m* 4. *poet* bladość *f* **bleichen** (h) *vt* wy|bielić **Bleichkalk** *m* **—(e)s** wapno bielące **Bleichmittel** *n* **—s, —** środek bielący, bielidło **Bleichsucht** *f* **—** blednica, anemia *f* **bleichsüchtig** *adj:adv* chory na blednicę, anemiczn-y:-ie **Bleidraht** *m* **—(e)s, ±e** drut ołowiany **bleiern** *adj* ołowiany, z ołowiu; *przen* **~er Schlaf** kamienny sen **Bleierze** *pl* rudy ołowiu **Bleifolie** [...iə] *f* **—** folia ołowiana **Bleiglanz** *m* **—es** *min* galena *f* **Bleiglas** *n* **—es, ±er** szkło ołowiowe **Bleiglätte** *f* **—** glejta ołowiowa **Bleikristall** *n* **—s, —e** szkło ołowiowe **Bleilegierung** *f* **—, —en** *min* stop ołowiowy **Bleimantel** *m* **—s, ±** płaszcz ołowiany **Bleirohr** *n* **—(e)s, —e** rura ołowiana **bleischwer** *adj:adv* ciężki jak ołów **Bleistaub** *m* **—(e)s** pył ołowiu **Bleistift** *m* **—(e)s, —e** ołówek *m;* **den ~ anspitzen** zaostrzać ⟨temperować⟩ ołówek **Bleistifteinlage** *f a.* **Bleistiftmine** *f* **—, —n** wkład (do ołówka), grafit *m* **Bleistiftspitzer** *m* **—s, —** temperówka *f* **Bleistiftverlängerer** *m* **—s, —** przedłużacz *m* (ołówka) **Bleistiftzeichung** *f* **—, —en** rysunek ołówkiem **Bleivergiftung** *f* **—, —en** zatrucie ołowiem, ołowica *f* **Bleiwasser** *n* **—s** *chem* woda ołowiawa ⟨gulardowa⟩

Bleiweiß *n* **—(es)** biel ołowiowa **Blende** *f* **—, —n** 1. *fiz, fot* przesłona, diafragma, blenda *f* 2. ekran *m;* parawan *m* 3. *bud* blenda *f,* ślepy otwór 4. *min* błyszcz *m* **blenden** (h) *vt* 1. oślepi-ać|ć; pozbawi--ać|ć wzroku 2. *przen* olśni-ewać|ć 3. zaślepi-ać|ć 4. przysł-aniać|onić, przesł-aniać|onić. **Su blendend** I. *part praes, zob.* **blenden** II. *adj:adv* 1. oślepiając-y:-o 2. olśniewając-y:-o; **~ weiß** lśniąco biały; 3. *pot* doskona-ły:-le, świetn-y:-ie, sich **~ unterhalten** świetnie bawić się **Blender** *m* **—s, —** pozer *m* **Blendlaterne** *f* **—, —n** ślepa latarka **Blendrahmen** *m* **—s, —** 1. *bud* ościeżnica, futryna *f;* krosno okienne 2. *plast* blejtram *m* **Blendwerk** *n* **—(e)s, —e** mamidło *n* **Bleßhuhn** *n* **—(e)s, ±er** *orn* łyska *f* **bleuen** (h) *vt,* pot łoić, tłuc **Blick** *m* **—(e)s, —e** 1. spojrzenie *n;* rzut oka; **auf den ersten ~** na pierwszy rzut oka 2. widok *m;* **mit ~ aufs Gebirge** z widokiem na góry **Blick...** *w comp ...* widzenia; *np.* **~feld blicken** (h) *vi* patrzeć, patrzyć (się), spo-glądać|jrzeć; **sich ~ lassen** pokazywać się; **das läßt tief ~ to** daje dużo do myślenia **Blickfeld** *n* **—(e)s, —er** pole widzenia **Blickpunkt** *m* **—(e)s, —e** punkt widzenia **Blickwinkel** *m* **—s, —** kąt widzenia **blind** *adj* 1. ślepy, niewidomy, ociemniały 2. *t. adv, przen* na oślep **~er Eifer** nadgorliwość *f;* **~er Gehorsam** ślepe posłuszeństwo; **~er Glaube** ślepa wiara; **~e Liebe** ślepa miłość; **~ werden** o|ślepnąć; **~ gegen** *etw.* sein być ślepym na coś; **~ drauflosstürzen** pędzić na oślep 3. ślepy; fałszywy; **~es Fenster** ślepe okno; **~e Gasse** ślepa uliczka; **~er Alarm** fałszywy alarm; **~er Passagier** pasażer na gapę, gapowicz *m;* **~er Schuß** strzał ślepym nabojem 4. przyćmiony, matowy, bez połysku *(o lustrze itp.).* **Sh** ślepota *f;* **mit Blindheit geschlagen sein** być zaślepionym **Blind...** *w comp* 1. ślepy; *np.* **~flug** 2. *elektr* bierny; *np.* **~leistung Blinddarm** *m* **—(e)s, ±e** *anat* jelito ślepe; wyrostek robaczkowy, *pot* ślepa kiszka **Blinddarm...** *w comp ...* wyrostka robaczkowego ⟨ślepej kiszki⟩; *np.* **~entzündung Blinddarmentzündung** *f* **—, —en** zapalenie wyrostka robaczkowego ⟨ślepej kiszki⟩ **Blinddarmfortsatz** *m* **—es** wyrostek robaczkowy **Blinddarmoperation** *f* **—, —en** operacja ślepej kiszki **Blinde —n, —n** 1. *m* niewidomy, ociemniały *m* 2. *f* niewidoma, ociemniała *f* **Blindekuh: ~ spielen** bawić się w ciuciubabkę **Blinden...** *w comp* 1. ... dla ociemnia-

Blindenanstalt 141 Blumenbeet

łych; np. ~anstalt 2. ... nad ociemniałymi; np. ~fürsorge
Blindenanstalt f —, —en zakład dla ociemniałych
Blindenfürsorge f — opieka nad ociemniałymi
Blindenschrift f — pismo brajlowskie ⟨dla ociemniałych⟩, brajl m
Blindenschule f —, —n szkoła dla ociemniałych
Blindflug m —(e)s, ⁼e ślepy lot, lot według przyrządów
Blindgänger m —s, — woj niewypał m
blindgläubig adj:adv ślepo wierzący: ze ślepą wiarą
Blindleistung f — elektr moc bierna
blindlings adv na oślep
Blindschacht m —(e)s, ⁼e górn szyb ślepy
Blindschleiche f —, —n zoo padalec m
blinken (h) 1. vi lśnić (się), błyszczeć; migać (się) 2. vt dawać sygnały świetlne
Blinker m —s, — 1. auto kierunkowskaz migowy, pot migacz m 2. wędk błyszczka f, błyszczyk m
Blinkfeuer n —s, — mar oświetlenie rozbłyskowe
Blinklicht n —(e)s, —er światło migające
Blinklichtanlage f —, —n kol sygnalizacja świetlna, (na przejeździe)
Blinksignal n —s, —e, **Blinkzeichen** n —s, — sygnał świetlny
blinzeln (h) vi mrugać (mit den Augen oczyma)
Blitz m —es, —e 1. błyskawica f; piorun m 2. błysk m
blitz... w comp pot bardzo; ~blank
Blitz... w comp 1. błyskawiczny; np. ~gespräch 2. ... pioruna; np. ~schlag
Blitzableiter m —s, — odgromnik, piorunochron m
blitzartig adj:adv błyskawiczn-y:-ie
blitzblank adj:adv bardzo czyst-y:-o, czyściutk-i:-o
blitzdumm adj:adv bardzo głupi:-o
blitzen (h) 1. vi błys-kać|nąć; bły-szczeć| snąć 2. vimp błyskać się; es blitzt błyska się
Blitzgespräch n —(e)s, —e rozmowa błyskawiczna
Blitzjunge m —n, —n a. **Blitzkerl** —s, —e zuch, chwat m
Blitzkrieg m —(e)s, —e wojna błyskawiczna
Blitzlicht n —(e)s, —er fot światło błyskowe
blitzsauber adj:adv czyściutk-i:-o, schludn-y:-ie
Blitzschlag m —(e)s, ⁼e uderzenie pioruna
blitzschnell adj:adv błyskawiczn-y:-ie
Blitzschutzvorrichtung f —, —en instalacja piorunochronowa
Block m I. —(e)s, ⁼e 1. blok m, bryła f 2. kłoda f, kloc m 3. met wlewek m 4. mech krążek, blok m II. —(e)s, —s 1. bud blok m 2. blok, bloczek m 3. polit blok m
Block... w comp 1. blokowy; np. ~schrift 2. ... w blokach; np. ~blei

Blockade f —, —n blokada f
Blockblei n —(e)s ołów w blokach
blockfrei adj niezaangażowany; ~e Länder państwa niezaangażowane
Blockhaus n —es, ⁼er 1. woj blokhauz m 2. dom z bierwion
blockieren (h) vt za|blokować. Su
Blockleiter m —s, — blokowy m
Blockschrift f — pismo blokowe
blöd(e) adj:adv 1. głupi:-o, niedorzeczn--y:-ie 2. pot głupi:-o, nieprzyjemn--y:-ie; e—e ~e Angelegenheit nieprzyjemna sprawa 3. nieśmiał-y:-o, wstydliw-y:-ie. Sh
Blödsinn m —(e)s 1. med idiotyzm m 2. idiotyzm m, głupstwo n, bzdury pl
blödsinnig adj:adv idiotyczn-y:-ie. Sk idiotyzm m
Blödsinnige —n, —n 1. m idiota m 2. f idiotka f
blöken (h) vi 1. beczeć 2. ryczeć
blond adj:adv blond : na blond
blondieren (h) vt utleni-ać|ć (włosy)
Blondine f —, —n blondyn(k)a f
Blondkopf a. **Blondschopf** m —(e)s, ⁼e blondyn m; blondynka f
bloß I. adv tylko II. adj 1. t. adv nag--i:-o, goł-y:-o; nackt und ~ nagi i goły; mit ~en Augen gołym okiem; mit ~en Händen gołymi rękoma; mit ~en Füßen boso 2. sam; im ~en Hemd w samej ⟨jednej⟩ koszuli
Blöße f —, —n 1. nagość, golizna f 2. przen słaba strona; sich e—e ~ geben a) pokazać słabą stronę b) s|kompromitować się 3. leśn halizna f
bloßdecken, sich (h) vr odkry-wać|ć się
bloßlegen (h) vt odsł-aniać|onić; odkry--wać|ć
bloßstellen (h) vt, vr (sich się) 1. z|demaskować 2. s|kompromitować. Su do 1. 2.; do 2. t. kompromitacja f
Bluff m —(e)s, —s a. —e blef, bluf m
bluffen (h) vt z|blefować, z|blufować
blühen (h) vi 1. kwitnąć, przen t. prosperować 2. vimp, pot czekać (jmdm na kogoś); grozić (komuś); du weißt, was dir blüht wiesz, co cię czeka
blühend I. part praes, zob. **blühen** II. adj 1. t. adv kwitnąc-y:-o (t. przen); im ~en Alter w kwiecie wieku 2. przen kwiecisty (np. styl); pot ~e Unsinn zupełny nonsens
Blümchen n —s, — kwiat(usz)ek m
Blümchenkaffee m —s pot licha kawa, lura f
Blume f —, —n 1. kwiat m; kwiecie n; przen durch die ~ sagen dać (delikatnie) do zrozumienia ⟨poznania⟩ 2. przen kwiat m, elita f 3. bukiet m (wina) 4. piana f (piwa)
Blumen... w comp 1. kwiatowy; np. ~blatt 2. ... kwiatu; np. ~stengel 2. ... kwiatów; np. ~strauß 4. ... na kwiaty; np. ~brett 5. ... z kwiatami; np. ~stand 6. ... z kwiatów; np. ~kranz
Blumenanlage f —, —n kwietnik m
Blumenbeet n —(e)s, —e rabata f, kwietnik m, klomb m

Blumenbrett 142 **Blutkonserve**

Blumenbrett n —(e)s, —er półka na kwiaty, żardynierka f
Blumengarten m —s, ⁓ ogród kwiatowy
Blumengewinde n —s, — feston m, girlanda f
Blumenhändler m —s, — kwiaciarz m
Blumenhändlerin f —, —nen kwiaciarka f
Blumenhandlung f —, —en kwiaciarnia f
Blumenkasten m —s, ⁓ skrzynka na kwiaty
Blumenkelch m —(e)s, —e kielich kwiatowy ⟨kwiatu⟩
Blumenkohl m —(e)s kalafior m
Blumenkorb m —(e)s, ⁓e kosz kwiatów
Blumenkranz m —es, ⁓e wieniec z kwiatów
Blumenkrone f —, —n 1. korona kwiatowa 2. wieniec z kwiatów
Blumenmädchen n —s, — kwiaciarka f
blumenreich adj:adv kwieci-sty:-ście, ukwiecony
Blumenstand m —(e)s, ⁓e stoisko ⟨kiosk⟩ z kwiatami
Blumenständer m —s, — stojak na kwiaty
Blumenstengel m —s, — szypułka kwiatu
Blumenstrauß m —es, ⁓e bukiet ⟨wiązanka⟩ kwiatów
Blumentopf m —(e)s, ⁓ doniczka f
Blumenvase f —, —n wazon m
Blumenzucht f — hodowla kwiatów
blumig adj:adv kwieci-sty:-ście
Bluse f —, —n bluz(k)a f
Blut n —(e)s krew f; junges ⁓ młodzież f; młody człowiek; bis aufs ⁓ do krwi; wie Milch und ⁓ jak krew z mlekiem; mein Fleisch und ⁓ krew z krwi, kość z kości mojej; Gut und ⁓ opfern składać w ofierze życie i mienie; böses ⁓ machen psuć ⟨burzyć⟩ krew; ⁓ lassen puszczać krew; ⁓ spukken pluć krwią; ⁓ schwitzen oblewać się krwawym potem; in Fleisch und ⁓ übergehen wejść w krew
blut... 1. krwio...; np. ⁓dürstig 2. bardzo; np. ⁓arm
Blut... w comp 1. krwawy; np. ⁓auswurf 2. ... krwi; np. ⁓andrang 3. ... krwią; np. ⁓speien 4. krwio...; np. ⁓harnen
Blutader f —, —n wena, żyła f
Blutalkoholgehalt m —(e)s zawartość alkoholu we krwi
Blutandrang m —(e)s uderzenie ⟨przypływ⟩ krwi
Blutapfelsine f —, —n pomarańcza malinowa
blutarm[1] adj t. adv niedokrwisty, anemiczn-y:-ie
blutarm[2] przen bardzo biedn-y:-ie
Blutarmut f — niedokrwistość, anemia f
Blutauswurf m —(e)s plwociny krwawe, plucie krwią
Blutbad n —(e)s, ⁓er rzeź f
Blutbild n —(e)s med obraz krwi
Blutbrechen n —s krwawe wymioty
Blutdruck m —(e)s ciśnienie krwi

Blutdurst m —es żądza krwi
blutdürstig adj:adv krwiożercz-y:-o
Blüte f —, —n 1. kwiat m, kwiecie n, in ⁓ stehen kwitnąć 2. kwitnięcie n, t. przen rozkwit m; pora ⟨okres⟩ rozkwitu 3. kwiat m, elita f; die ⁓ der Ritterschaft kwiat rycerstwa 4. pot kwiatek, okaz, typek m; e—e seltsame ⁓ dziwny typek m 5. przen kwiatek m (mowy)
Blutegel m —s, — pijawka f (t. przen); jmdm ⁓ ansetzen stawiać komuś pijawki
bluten (h) vi 1. krwawić 2. przelewać krew (für etw. za coś) 3. przen, pot za|płacić 4. pu-szczać|ścić sok. Su krwawienie n; krwotok m
Blüten... w comp 1. kwiatowy; np. ⁓blatt 2. ... kwiatu; np. ⁓stengel
Blütenblatt n —(e)s, ⁓er płatek kwiatowy
Blütenhülle f —, —n bot okwiat m
Blütenkelch m —(e)s, —e kielich kwiatowy
Blütenknospe f —, —n pąk kwiatowy
Blütenstand m —(e)s, ⁓e kwiatostan m
Blütenstaub m —(e)s pyłek kwiatowy
Blütenstengel m —s, — szypułka kwiatu
Bluter m —s, — med chorujący na krwawiączkę ⟨hemofilię⟩
Blutergruß m ...usses, ...üsse wylew krwi
Bluterkrankheit f — med hemofilia, krwawiączka f
Blütezeit f —, —en 1. pora kwitnienia 2. przen rozkwit m, okres rozkwitu
Blutfarbstoff m —(e)s biol barwnik krwi, hemoglobina f
Blutfaserstoff m —(e)s biol włóknik m; fibryna f
Blutfluß m ...usses, ...üsse med krwawienie n, krwotok m
Blutgefäß n —es, —e anat naczynie krwionośne
Blutgeld n —(e)s, —er 1. zapłata za morderstwo 2. nagroda za ujęcie mordercy
Blutgerinnung f — krzepnięcie krwi
Blutgerinnsel n —s skrzep krwi
Blutgerüst n —(e)s, —e szafot m
Blutgeschwür n —(e)s, —e med czyrak m
Blutgier f —, żądza krwi
blutgierig adj:adv krwiożerczy:-o
Blutgruppe f —, —n grupa krwi
Blutharnen n —s krwiomocz, hemoturia f
Bluthochzeit f —, —en krwawe gody; hist noc św. Bartłomieja
Bluthund m —(e)s, —e 1. łów posokowiec m 2. przen krwawa bestia
blutig adj:adv krwaw-y:-o; zakrwawiony; ⁓ schlagen bić do krwi 2. adj, przen zupełny, kompletny; ⁓er Laie kompletny laik; es ist mir ⁓ Ernst! nie żartuję!
blutjung adj:adv bardzo młod-y:-o, młodziutk-i:-o
Blutkonserve f —, —n med krew konserwowana

Blutkörperchen n —s, — krwinka f, ciałko krwi
Blutkreislauf m —(e)s krążenie krwi, krwiobieg m
Blutlache f —, —n kałuża krwi
blutleer adj:adv bezkrwisty
Blutleere f — bezkrwistość f
Blutplasma n —s osocze krwi
Blutprobe f —, —n próba krwi (na zawartość alkoholu)
Blutrache f — krwawa zemsta, wendeta f
blutreinigend part, adj:adv przeczyszczający krew
blutrot adj:adv czerwony jak krew, krwist-y:-o, na krwisto; na kolor krwisty, w kolorze krwistym
blutrünstig adj:adv krwiożercz-y:-o
Blutsauger m —s, — przen krwiopijca m, wyzyskiwacz m
Blutsbruder m —s, ⸚er serdeczny przyjaciel
Blutschande f — kazirodztwo n
Blutschänder m —s, — kazirodca m
blutschänderisch adj:adv kazirodcz-y:-o
Blutschuld f — poet morderstwo n
Blutsenkung f — med opad m (krwi)
Blutserum n —s surowica krwi
Blutsfreund m —(e)s, —e serdeczny przyjaciel, druh m
Blutspeien n —s plucie krwią
Blutspender m —s, — krwiodawca m
Blutspucken n —s plucie krwią
Blutspur f —, —en ślad krwi
blutstillend part, adj:adv tamujący krew: tamująco
Blutsturz m —es krwotok m
Blutsverwandtschaft f —, —en pokrewieństwo n
Bluttat f —, —en morderstwo n
Bluttransfusion f —, —en, **Blutübertragung** f —, —en transfuzja krwi
blutunterlaufen adj:adv nabiegły krwią
Blutuntersuchung f —, —en badanie krwi
Bluturteil n —s, —e okrutny wyrok, kara śmierci
Blutvergießen n —s rozlew krwi
Blutvergiftung f —, —en zakażenie krwi
Blutverlust m —(e)s utrata ⟨upływ⟩ krwi
blutwenig adj:adv bardzo mało
Blutwurst f —, ⸚e kaszanka, kiszka f
Blutzeuge m —n, —n męczennik m
Blutzusammensetzung f — skład krwi
Bö f —, —en meteor poryw ⟨podmuch⟩ wiatru; mar szkwał m
Boa f —, —s zoo boa dusiciel
Bobbahn f —, —en sport tor bobslejowy
Bobfahren n —s bobsleje pl
Bobfahrer m —s, — sport bobsleista m
Bobschlitten m —s, — sport bobslej m
Bock m —(e)s, ⸚e 1. zoo kozioł m; baran m; przen ihn stößt der ~ jest uparty 2. przen, pot byk, błąd m; przen e—n ~ schießen strzelić byka 3. kozioł m (t. u powozu; t. sport), kobylica f 4. taran m 5. trójnóg m 6. izbica f, lodołam m (przy moście)

bockbeinig adj:adv upar-ty:-cie. Sk upór
Bockbier n —(e)s, —e piwo mocne
bocken (h) vi 1. stawać dęba; opierać się 2. przen upierać się
bockig adj:adv upar-ty:-cie jak kozioł
Bockshorn n —(e)s, ⸚er kozi róg; przen, pot jmdn ins ~ jagen zapędzić kogoś w kozi róg
Bocksprung m —(e)s, ⸚e 1. sport skok przez kozła 2. (pod)skok, sus m; e—n ~ machen podskoczyć z radości; niezdarnie podskoczyć
Bockwurst f —, ⸚e serdelek m
Boden m —s, — a. ⸚ 1. ogr gleba, ziemia f, grunt m 2. ziemia f; zu ~ na ziemię; die Augen zu ~ schlagen spuszczać oczy 3. przen grunt m; auf dem ~ na gruncie; den ~ ebnen przygoto(wy)wać grunt 4. podłoga f 5. dno n; spód m; das schlägt dem Faß den ~ aus! to już szczyt wszystkiego! 6. góra f, strych m; poddasze n 7. spichlerz m 8. teren, grunt m; an ~ gewinnen zysk(iw)ać na terenie; przen rozprzestrzeniać się
Boden... w comp 1. glebowy; np. ~verhältnisse 2. ... ziemi ⟨gleby⟩; np. ~beschaffenheit
Bodenbeschaffenheit f — jakość ziemi
Bodenbestellung f — uprawa roli
Bodeneffektfahrzeug n —(e)s, —e poduszkowiec m
Bodenerosion f — geol erozja gleby
Bodenertrag m —(e)s wydajność ziemi
Bodenerzeugnisse pl ziemiopłody pl
Bodenfrost m —es, ⸚e przymrozek przygruntowy
Bodengüte f — jakość ziemi
Bodenhaftung f — auto przyczepność f
Bodenkammer f —, —n pomieszczenie ⟨komora⟩ na górce ⟨strychu⟩
Bodenklasse f —, —n klasa ziemi
Bodenkunde f — gleboznawstwo n
bodenlos 1. adj:adv bezdenn-y:-ie (t. przen) 2. adj, przen wielki, ogromny; e—e ~e Frechheit wielka bezczelność
Bodenpersonal n —s lot obsługa naziemna
Bodenreform f —, —en reforma rolna
Bodensatz m —es osad m
Bodenschätze pl bogactwa kopalne
Bodensee m —s Jezioro Bodeńskie
bodenständig adj osiadły, autochtoniczny
Bodentreppe f —, —n schody na strych
Bodentruppen pl, woj wojska ⟨oddziały⟩ lądowe
Bodenverbesserung f — melioracja f
Bodenverhältnisse pl warunki glebowe
Bodmerei f — mar bodmeria f
Bofist m —es, —e bot purchawka f
Bogen m —s, — 1. łuk m; kabłąk m; przen den ~ überspannen przeciągać strunę, przebrać miarkę; pot große ~ spucken udawać bohatera; er hat den ~ raus os to umie, ma smykałkę 2. muz smyczek m 3. arkusz m (np. papieru)
Bogen... w comp 1. łukowy; np. ~brücke 2. ... łuku; np. ~sehne
Bogenbrücke f —, —n most łukowy
Bogenfenster n —s, — okno łukowe

bogenförmig *adj:adv* łukowat-y:-o
Bogengang *m* —(e)s, ⁼e arkada *f*
Bogengewölbe *n* —s, — sklepienie łukowe
Bogenlampe *f* —, —n lampa łukowa
Bogenschießen *n* —s 1. *sport* łucznictwo *n* 2. strzelanie z łuku
Bogenschuß *m* ...usses, ...üsse 1. strzał z łuku 2. odległość strzału z łuku
Bogenschütze *m* —n, —n łucznik *m*
Bogensehne *f* —, —n cięciwa łuku
Bogenstrich *m* —(e)s, —e pociągnięcie smyczkiem
bogenweise *adv* arkuszami; arkusz po arkuszu
Boheme [bɔɛ:m] *f* — cyganeria *f*
Bohle *f* —, —n dyl *m;* bal *m,* (gruba) deska *f*
Böhme *m* —n, —n Czech *m*
Böhmen (*n*) —s Czechy *pl*
Böhmin *f* —, —nen Czeszka *f*
böhmisch *adj:adv* czeski : po czesku; etw. kommt mir ~ vor coś jest dla mnie niezrozumiałe; das sind dir ~e Dörfer to jest dla ciebie chińszczyzna
Bohne *f* —, —n 1. fasol(k)a *f; przen* nicht die ~! a) nic a nic! b) absolutnie nie!; nicht die ~ wert sein być nic nie wartym 2. bób *m* 3. ziarnko *n* (*np.* kawy) * **pot blaue ~ kula** *f* (karabinowa)
Bohnenkaffee *m* —s kawa naturalna ⟨ziarnista, *pot* prawdziwa⟩
Bohnenstange *f* —, —n tyczka *f* (do fasoli); *przen* lang ⟨dünn, dürr⟩ sein wie e—e ~ być długim ⟨cienkim, chudym⟩ jak tyka
Bohnenstroh *n* —s bobowiny *pl;* dumm wie ~ głupi jak głąb kapuściany
Bohner *a.* **Bohnerbesen** *m* —s, — *a.*
Bohnerbürste *f* —, —n froterka *f*
Bohnerlappen *m* —s, — ścierka do (froterowania) podłogi
bohnern (h) *vt* froterować ⟨wy|pastować⟩ podłogę
Bohnerwachs *n* —es pasta do podłogi
Bohr... *w comp* 1. wiertniczy; *np.* ~loch 2. ... wiercenia; *np.* ~methode
bohren (h) I. *vt* 1. wy|wiercić, przewiercić, wy|borować, przeborować, wy|świdrować, prześwidrować 2. *t. vr* (sich się) wbi-jać|ć (**das Messer in die Brust** nóż w piersi). **e. Schiff in den Grund** ~ zatapiać statek II. *vi* 1. dokon-ywać|ać wierceń; **nach Erdöl** ~ poszukiwać nafty za pomocą wierceń 2. dłubać (**in der Nase** w nosie; *t. przen* **in der Wunde** w ranic). Su 1. wiercenie, borowanie, świdrowanie *n* 2. otwór przewiercony
Bohrer *m* —s, — 1. wiertło *n;* świder *m* 2. wiertarka *f* 3. *górn* wiertacz *m*
Bohrloch *n* —(e)s, ⁼er otwór wiertniczy
Bohrmaschine *f* —, —n 1. wiertarka *f* 2. maszyna wiertnicza, wiertnica *f*
Bohrmethode *f* —, —n *geol* metoda wiercenia
Bohrstahl *m* —(e)s stal wiertnicza
Bohrturm *m* —(e)s, ⁼e wieża wiertnicza

Bohrwinde *f* —, —n korba do świdrów, ręczna wiertarka korbowa
böig *adj* porywisty; szkwalisty
Boiler *m* —s, — bojler *m*
Bojar *m* —en, —en *hist* bojar *m*
Boje *f* —, —n boja, pława *f*
Bolero *m* —s, —s 1. *muz* bolero *n* 2. boler(k)o *n*
Bolerojäckchen *n* —s, — boler(k)o *n*
Boleslaus *m* — Bolesław *m*
Bolivi(an)er *m* —s, — Boliwijczyk *m*
Bolivi(an)erin *f* —, —en Boliwijka *f*
bolivianisch boliwijski : po boliwijsku
Bolivien *n* —s Boliwia *f*
Bolle *f* —, —n *dial* 1. cebul(k)a *f* 2. bot pąk *m* 3. dziura w pończosze
Böller *m* —s, — *hist* moździerz *m*
Bollwerk *n* —(e)s, —e 1. bastion *m* 2. wał ochronny, grobla *f* 3. *przen* ostoja *f;* ~ **des Sozialismus** ostoja socjalizmu
Bolschewik *m* —en, —en bolszewik *m*
Bolzen *m* —s, — 1. strzała *f* 2. *mech* trzpień, sworzeń, kołek *m;* czop *m* 3. dusza *f* (żelazka do prasowania)
Bombardement [...dəmã] *n* —s, —s bombardowanie *n;* ostrzeliwanie *n*
bombardieren (h) *vt* z|bombardować. Su
Bombast *m* —(e)s napuszoność, bombastyczność *f;* przesada *f* (w mówieniu)
bombastisch *adj:adv* napuszony : w sposób napuszony, bombastyczn-y:-ie
Bombe *f* —, —n bomba *f;* mit ~n belegen bombardować, obrzucić bombami; *pot* **jetzt platzt die ~** teraz bomba pęknie ⟨wybuchnie⟩
Bomben... *w comp* I. 1. bombowy; *np.* ~attentat 2. ... bomby; *np.* ~explosion 3. ... bomb; *np.* ~abwurf II. 1. ogromny, szalony; *np.* ~erfolg 2. doskonały, świetny; *np.* ~geschäft
Bombenabwurf *m* —(e)s, ⁼e zrzucanie bomb; (z)bombardowanie *n*
Bombenangriff *m* —(e)s, —e *woj* nalot *m* (bombowy)
Bombenanschlag *m* —(e)s, ⁼e *t.* **Bombenattentat** *n* —(e)s, —e zamach bombowy
Bombenerfolg *m* —(e)s, —e *pot* ogromny ⟨szalony⟩ sukces
Bombenexplosion *f* —, —en wybuch ⟨eksplozja⟩ bomby
bombenfest *zob.* **bombensicher**
Bombenflugzeug *n* —(e)s, —e samolot bombowy, bombowiec *m*
Bombengehalt *m* —(e)s, ⁼er *pot* ogromne ⟨szalone⟩ pobory
Bombengeld *n* —(e)s, —er *pot* szalone pieniądze
Bombengeschäft *n* —(e)s, —e *pot* świetny interes
Bombengeschwader *n* —s, — lot pułk ⟨skrzydło⟩ bombowców
Bombenlast *f* —, —en lot ładunek bomb
Bombenrolle *f* —, —n *pot, teatr* świetna rola
bombensicher *adj:adv* 1. wytrzymały na bomby 2. *przen* murowany : na mur, zupełnie pewny : na pewno, z całą pewnością
Bombentrichter *m* —s, — lej po bombie

Bomber 145 **Boston**

Bomber *m* —s, — *pot* bombowiec *m*
Bon [bɔ̃] *m* —s, —s bon *m*; talon *m*; przekaz *m*; paragon *m*
Bonbon [bɔ̃bɔ̃] *m*, *n* —s, —s cukierek, karmelek *m*
Bonbonniere [bɔ̃bɔnniɛːrə] *f* —, —n bombonierka *f*
Bonbonschachtel *f* —, —n bombonierka *f*
Bonifatius *m* — Bonifacy *m*
Bonifikation *f* —, —en bonifikacja, bonifikata *f*
bonifizieren (h) *vt* z|bonifikować. **Su** *t*. bonifikacja, bonifikata *f*
Bonmot [bɔ̃moː]] *n* —s, —s dowcipne powiedzenie, powiedzonko *n*
Bonne *f* —, —n bona *f*
Bonze *m* —n, —n 1. *rel* bonza *m* 2. *polit*, *iron* bonza, dostojnik *m*
Boot *n* —(e)s, —e łódka, łódź *f*, czółno *n*
Bootsdeck *n* —(e)s, —e *mar* górny pokład
Bootsfahrt *f* —, —en przejażdżka łódką
Bootshaken *m* —s, — *mar* bosak *m*
Bootsmann *m* —(e)s, **Bootsleute** *mar* bosman *m*
Bootsverleih *m* —(e)s, —e wypożyczalnia łodzi
Bor *n* —s *chem* bor *m*
Bor... *w comp* 1. borowy; *np.* ~salbe 2. ... boru; *np.* ~karbid
Borax *m* —(e)s boraks *m*
Bord[1] *m* —(e)s, —e 1. brzeg, kraj *m* 2. pokład *m*; burta *f*; **an** ~ na pokładzie; **an** ~ **gehen** wsiadać na okręt; **Mann über** ~! człowiek za burtą!; *etw.* **über** ~ **werfen** wyrzucać coś za burtę; *przen* wyzbywać się ⟨uwolnić się od⟩ czegoś
Bord[2] *n* —(e)s, —e *reg* półka *f*
Bord[1]... *w comp* pokładowy; *np.* ~mechaniker
Börde *f* —, —n żyzna nizina
bordeauxrot [bɔrdoː...] *adj:adv* bordo; na bordo; na kolor bordo, w kolorze bordo
Bordell *n* —s, —e dom publiczny ⟨schadzek⟩, *wulg* burdel *m*
Bordfunker *m* —s, — *lot* radiooperator *m*, *mar* radiotelegrafista *m*
Bordkante *f* —, —n krawężnik *m*
Bordmechaniker *m* —s, — *lot* mechanik pokładowy
Bordschütze *m* —n, —n *lot* strzelec pokładowy
Bordschwelle *f* —, —n *a*. **Bordstein** *m* —(e)s, —e krawężnik *m*
Bordwand *f* —, ¨e *mar* burta *f*
Borg *m* —(e)s *pot* kredyt *m*; **auf** ~ na kredyt
borgen (h) *vt* pożycz-ać|yć (**jmdm** *etw.* komuś coś; **von jmdm** od kogoś coś)
Borkarbid *n* —(e)s *chem* węglik boru
Borke *f* —, —n 1. *bot* kora *f* 2. *med* strup *m*
Borkenkäfer *m* —s, — *ent* kornik *m*
Born *m* —(e)s, —e *poet* 1. źródło *n*, zdrój *m* 2. studnia *f*
borniert *part*, *adj:adv* ograniczony : w sposób ograniczony, głupi:-o. **Sh** ograniczoność *f*, głupota *f*
Borsalbe *f* — maść borowa ⟨borna⟩
Borsäure *f* — kwas borowy ⟨borny⟩
Börse *f* —, —n 1. giełda *f*; **an der** ~ na giełdzie 2. sakiewka, portmonetka *f*
Borsen... *w comp* 1. giełdowy; *np.* ~bericht 2. ... giełdy; *np.* ~schluß
Börsenbericht *m* —(e)s, —e sprawozdanie giełdowe
Börsenjobber *m* —s, — spekulant giełdowy, giełdziarz *m*
Börsenkurs *m* —es, —e kurs giełdowy
Börsenmakler *m* —s, — makler giełdowy
Börsennotiz *f* —, —en notatka giełdowa
Börsenschluß *m* ...usses, ...üsse zamknięcie giełdy
Börsenzettel *m* —s, — cedula giełdowa
Börsianer *m* —s, — *pog* giełdziarz *m*
Borste *f* —, —n szczecina *f*
Borstentier *n* —(e)s, —e *a*. **Borstenvieh** *n* —(e)s żart świnia *f*
borstig *I. adj:adv* 1. szczecinowat-y:-o 2. najeżony *(t. przen)*; ~ **werden** najeżyć się 3. *przen* szorstk-i:-o; grubiańsk-i:-o II. *adv*, *przen* bardzo
Borte *f* —, —n borta, taśma, obszywka, naszywka *f*
bösartig *adj:adv* złośliw-y:-ie *(t. med)*.
Sk
böschen (h) *vt* skarpować. **Su** 1. skarpa *f* 2. stok *m* 3. nasyp *m*
böse 1. *adj:adv* zły:źle; **e.** ~s **Gewissen** nieczyste sumienie; **die** ~ **Sieben** kłótnica *f*; **jmdm** ~ **sein** gniewać się na kogoś; **auf jmdn** ~ **werden** rozgniewać się na kogoś; **es nicht** ~ **meinen** nie mieć nic złego na myśli; **nicht** ~ **gemeint sein** nie być zrobionym ⟨powiedzianym, napisanym⟩ w złej intencji 2. *adj* chory; **e—n** ~ **Finger haben** mieć chory palec
Böse I. *adj*, —n 1. *m* zły człowiek 2. *f* zła kobieta II. **—n** 1. *m* zły duch, diabeł *m* 2. *n* zło *n*; **sich nichts** ~s **denken** nie mieć nic złego na myśli
Bösewicht *m* —(e)s, —e złoczyńca, gałgan, hultaj *m*
boshaft *adj:adv* złośliw-y:-ie. **Si**
Bosheit *f* —, **—en** złość *f*; złośliwość *f*; **aus** ~ na złość
böslich *adj:adv* złośliw-y:-ie
Bosnien *n* —s Bośnia *f*
Bosnier *m* —s, — Bośniak *m*
Bosnierin *f* —, —nen Bośniaczka *f*
bosnisch *adj:adv* bośniacki : po bośniacku
Bosporus *m* — *geogr* Bosfor *m*
Boß *m* **Bosses**, **Bosse** 1. pracodawca *m*; szef *m*; kierownik *m*; boss *m* 2. *polit* przywódca *m* (partii) 3. herszt *m* (bandy)
bosseln (h) *vi* 1. *plast* formować, kształtować; obrabiać (kamień) 2. *pot* majsterkować
Boston 1. *n* —s *geogr* Boston *m* 2. *m* —s, —s boston *m* (taniec) 3. *n* —s, —s *karc* boston *m*

10 Słownik niem.-pol.

böswillig adj:adv w złym zamiarze : złośliw-y:-ie. Sk zła wola; złośliwość f
Botanik f — botanika f
Botaniker m —s, — botanik m
botanisch adj:adv botaniczn-y:-ie; ~er Garten ogród botaniczny
botanisieren (h) vi botanizować, zbierać ⟨a. studiować⟩ rośliny
Bote m —n, —n 1. posłaniec, goniec m; woźny m 2. przen zwiastun m; ~ des Frühlings zwiastun wiosny
Botengang m —(e)s, ⸚e kurs ⟨droga⟩ posłańca
Botenlohn m —(e)s, ⸚e napiwek m (dla posłańca)
botmäßig adj:adv 1. posłuszn-y:-ie 2. podwładny; podległy. Sk zwierzchnictwo n, władza f; e. Land seiner **Botmäßigkeit** unterwerfen podbi(ja)ć kraj
Botschaft f —, —en 1. wieść, wiadomość f 2. orędzie n 3. ambasada f
Botschafter m —s, — ambasador m
Botschafter... w comp 1. ... ambasadora; np. ~posten 2. ... ambasadorów; np. ~konferenz
Botschafterkonferenz f —, —en konferencja ambasadorów
Botschafterposten m —s, — stanowisko ambasadora
Botschafts... w comp ... ambasady; np. ~rat
Botschaftsrat m —(e)s, ⸚e radca ambasady
Botschaftssekretär m —s, —e sekretarz ambasady
Böttcher m —s, — bednarz m
Böttcher... w comp bednarski; np. ~arbeit
Böttcherarbeit f —, —en robota bednarska
Böttcherei f 1. — bednarstwo n 2. —, —en warsztat bednarski
Böttchergeselle m —n, —n czeladnik bednarski
Bottich m —(e)s, —e kadź, kufa f, dzieża f
Boudoir [budůa:r] n —s, —s buduar m
Bouillon [buljɔ̃] f —, —s bulion m
Bouillon... w comp bulionowy; np. ~würfel
Bouillonwürfel m —s, — kostka bulionowa
Boulevard [bul(ə)va:r] m —s, —s bulwar m
Boulevardpresse f — prasa bulwarowa ⟨brukowa⟩
Bourgeois [burʒŏa] m —, — burżuj m; mieszczanin m
Bourgeoisie [...ʒŏazi:] f —, ...ien burżuazja f; mieszczaństwo n
Bowle [bo:lə] f —, —n kruszon m
Box f —, —en 1. boks m, klatka f 2. austr skrzynka pocztowa
Box... w comp bokserski, pięściarski; np. ~handschuhe
boxen (h) vt, vi, vr (sich się) boksować
Boxen n —s boks m, pięściarstwo, boksowanie n
Boxer m —s, — 1. bokser, pięściarz m 2. zoo bokser m

Boxhandschuhe pl rękawice bokserskie ⟨pięściarskie⟩
Boxkampf m —(e)s, ⸚e 1. mecz bokserski 2. walka na pięści
Boxring m —(e)s, —e sport ring bokserski
Boykott [bɔøkɔt] m —(e)s, —e bojkot m
boykottieren (h) vt z|bojkotować
brach adj (tylko jako orzecznik) : adv leżący odłogiem
Brachacker m —s, — a. **Brache** f —, —n a. **Brachfeld** n —(e)s, —er ugór, odłóg m
Brachialgewalt f — przemoc f (fizyczna)
brachliegen (79;h) vi leżeć odłogiem
Brachvogel m —s, ⸚ orn kulik m
Brack m —(e)s, —e towar wybrakowany brak m
Bracke 1. m —n, —n ogar m 2. f —, —n szczenię n (drapieżnika)
Bracker m —s, — brakarz m
brackig adj:adv słonaw-y:-o
Brackwasser n —s, — woda słodka zmieszana z morską (u ujścia rzeki)
Brahmane m —n, —n bramin m
brahmanisch adj:adv bramiński : po bramińsku
Brahmanismus m — bramanizm m
Brailleschrift [bra:j...] f — pismo brajlowskie, brajl m
Bramarbas m —, —se fanfaron, samochwał m
bramarbasieren (h) vi chełpić, przechwalać się
Bramrahe f —, —n mar bramreja f
Bramsegel n —s, — mar bramżagiel, bramsel m
Bramstenge f —, —n mar bramsztenga f
Branche [branʃə] f —, —n branża, gałąź f; fach m
Brand m —(e)s, ⸚e 1. pożar m; ogień m; in ~ geraten zapalać się; in ~ stecken podpalać; den ~ löschen gasić pożar 2. śnieć (na zbożu) 3. wypalanie n (np. cegieł) 4. znak m, piętno n (wypalone) 5. skwar, żar m 6. pot pragnienie n 7. med gangrena, zgorzel f 8. oparzenie (słoneczne)
Brand... w comp 1. ogniowy; np. ~mauer 2. ... pożaru; np. ~bekämpfung 3. zapalający; np. ~bombe
Brandbekämpfung f — zwalczanie ⟨gaszenie⟩ pożaru
Brandblase f —, —n pęcherz (bąbel) od oparzenia
Brandbombe f —, —n bomba zapalająca
Brandeisen n —s, — żegadło n (narzędzie do cechowania)
branden (h) vi rozbi-jać|ć się, uderz-ać| yć (o falach, ataku itp.). Su kipiel f, przybój m
Brandenburg n —s Brandenburgia f
brandenburgisch adj brandenburski
Brander m —s, — hist, mar brander m
Brandfackel f —, —n żagiew m, przen t. zarzewie m
brandfest adj:adv ogniotrwa-ły:-le. Si
Brandfleck m —(e)s, —e 1. oparzelina f 2. piętno n; znamię n (wypalone) 3. med plama gangrenowa

Brandgeruch 147 braun

Brandgeruch *m* —(e)s, ⸚e swąd *m*, zapach spalenizny
Brandgeschoß *n* ...osses, ...osse pocisk zapalający
Brandherd *m* —(e)s, —e ognisko ⟨gniazdo⟩ pożaru
brandig *adj:adv* 1. przypalony; zalatujący spalenizną; ~ **riechen** zalatywać spalenizną 2. śnieci-sty:-ście; ~ **werden** śnieciéć 3. gangrenowy, gangrenowat--y:-o. Sk 1. spalenizna *f* 2. śniecistość *f* 3. gangrena *f*
Brandlegung *f* —, —en podpalenie *n*
Brandleiter *f* —, —n drabina pożarowa
Brandmal *n* —(e)s, —e *a.* ⸚er 1. oparzelina *f* 2. piętno *n* (*t. przen*); cecha *f* (wypalona), znamię *n*
brandmalen (h) *vt* wypal-ać|ić (na drzewie)
brandmarken (h) *vt* wypal-ać|ić piętno, na|piętnować (*t. przen*). Su
Brandmauer *f* —, —n mur przeciwogniowy
Brandmeister *m* —s, — naczelnik straży pożarnej; *dawn* brandmajster *m*
Brandnest *n* —es, —er ognisko ⟨gniazdo⟩ pożaru
Brandopfer *n* —s, — całopalenie *n*; ofiara całopalna
Brandpilz *m* —es, —e śnieć *f*
Brandrede *f* —, —n mowa podżegająca
brandrot *adj:adv* ognistoczerwon-y:-o, na ognistoczerwono; na kolor ognistoczerwony; w kolorze ognistoczerwonym
Brandsalbe *f* —, —n *farm* maść na oparzelinę
Brandsatz *m* —es masa zapalająca
Brandschaden *m* —s, ⸚ szkoda wyrządzona przez pożar
brandschatzen (h) *vt* z|łupić, o|grabić. Su
Brandschiefer *m* —s łupek palony
Brandschutz *m* —es ochrona przeciwpożarowa ⟨przeciwogniowa⟩
Brandsohle *f* —, —n szew brandzel *m*
Brandstatt *f* —, ⸚en *a.* **Brandstätte** *f* —, —n *a.* **Brandstelle** *f* —, —n 1. pogorzelisko *n* 2. miejsce pożaru
Brandstempel *m* —s, — piętno *n*
Brandstifter *m* —s, — 1. podpalacz *m* 2. *przen* podżegacz *m.*
Brandstifterin *f* —, —nen podpalaczka *f*
Brandstiftung *f* —, —en podpalenie *n*; **fahrlässige** ~ spowodowanie pożaru przez nieuwagę ⟨zaniedbanie⟩
Brandwunde *f* —, —n oparzelina *f*, oparzenie *n*
Brandzeichen *n* —s, — *zob.* Brandmal 2.
Branntwein *m* —(e)s, —e wódka *f*
Branntweinbrennerei *f* —, —en gorzelnia *f*
Branntweinmonopol *n* —(e)s, —e monopol spirytusowy
Brasil... *w comp* brazylijski; *np.* ~**tabak**
Brasilianer *m* —s, — Brazylijczyk *m*
Brasilianerin *f* —, —nen Brazylijka *f*
brasilianisch *adj:adv* brazylijski : po brazylijsku
Brasilien *n* —s Brazylia *f*

Brasiltabak *m* —(e)s, —e tytoń brazylijski
Brasse[1] *f* —, —n *icht* leszcz *m*
Brasse[2] *f* —, —n *mar* bras *m* (*lina rejowa*)
brassen (h) *vt, mar* brasować
Brat... *w comp* 1. pieczony; *np.* ~**apfel** 2. smażony; *np.* ~**kartoffeln**
Bratapfel *m* —s, ⸚ jabłko pieczone
braten (15;h) 1. *vt* u|piec; u|smażyć 2. *vi* piec się; smażyć się; **in der Sonne** ~ prażyć się w słońcu
Braten *m* —s, — pieczeń *f*; *przen* e. **fetter** ~ tłusty kąsek; *przen*, *pot* **den** ~ **riechen** poczuć pismo nosem
Bratenbrühe *f* —, —n sos pieczeniowy
Bratenrock *m* —(e)s, ⸚e żart czarny surdut (*odświętny*, *ale niemodny*)
Brathering *m* —(e)s, —e śledź smażony
Brathuhn *n* —(e)s, ⸚er kura pieczona
Bratkartoffeln *pl* ziemniaki smażone
Bratofen *m* —s, ⸚ piec do pieczenia, piekarnik *m*
Bratpfanne *f* —, —n brytfanna *f*
Brätsche *f* —, —n *muz* altówka *f*
Bratspieß *m* —es, —e rożen *m*
Bratwurst *f* —, ⸚e kiełbasa smażona ⟨do smażenia⟩
Bräu *n* —(e)s, —e *a.* —s piwiarnia *f*
Brauch *m* —(e)s, ⸚e 1. zwyczaj, obyczaj *m*; **nach altem** ~ starym zwyczajem 2. *dial* użycie *n*
brauchbar *adj:adv* przydatn-y:-ie; użyteczn-y:-ie; zdatn-y:-ie; *e.* ~er **Mensch werden** sta(wa)ć się porządnym człowiekiem. Sk
brauchen (h) *vt* 1. uży-wać|ć (*etw.* czegoś), posłu-giwać|żyć się (czymś); **Gewalt** ~ użyć siły 2. potrzebować (*etw.* czegoś); **dazu brauche ich Zeit und Geld** na to trzeba czasu i pieniędzy 3. zuży-wać|ć, zużytkować, spotrzebować (**Geld** pieniądze); **das kann man nicht** ~ tego nie można zużytkować
Brauchtum *n* —s, ⸚er zwyczaje i obyczaje ludowe
Brauchwasser *n* —s, — woda użytkowa
Braue *f* —, —n brew *f*; **die** ~**n runzeln** marszczyć brwi
brauen (h) I. *vt* 1. warzyć (**Bier** piwo); przyrządz-ać|ić (**Punsch** poncz); za|parzyć (**Kaffee** kawę) 2. *przen* knuć, knować II. *vi* parować (*o wodzie*; *o łące*; *o morzu itp.*); kłębić się (*o mgle*)
Brauer *m* —s, — piwowar *m*
Brauerei *f* 1. —, —en browar *m* 2. — browarnictwo *n*
Brauereibetrieb *m* —(e)s, —e browar *m*
Brauereihefe *f* —, —n drożdże piwowarskie ⟨piwne⟩
Braugerste *f* —, —n jęczmień browarn(ian)y
Brauhaus *n* —es, ⸚er browar *m*
Braumeister *m* —s, — browarnik, piwowar *m*
braun *adj* 1. *t. adv* brunatny : na brunatno; na kolor brunatny; w kolorze brunatnym; brązowy : na brąz(owo); na kolor brązowy; w kolorze brązowym; *e.* ~**es Mädchen** brunetka *f*; ~ **werden** sta(wa)ć się brunatnieć, brązowieć; **sich**

10*

Braun 148 **brechen**

~ **brennen lassen** opalać się na brąz 2. gniady (o koniu)
Braun —s 1. *m* bury, miś *m* (*imię niedźwiedzia w bajkach*) 2. *n* |brąz *m*; brunatność *f*, kolor brunatny
Braun... *w comp* brunatny; *np.* ~**bär**
Braunbär *m* —en, —en niedźwiedź brunatny
Braunbier *n* —(e)s piwo brunatne ⟨ciemne⟩
Braunbuch *n* —(e)s *polit* księga brunatna
Braune *m* —n, —n gniady, gniadosz *m* (*koń*)
Bräune *f* —, —n 1. brunatność *f*; brąz *m* 2. *med* angina *f*; **brandige** ~ dyfteryt *m*; **häutige** ⟨**falsche**⟩ ~ krup *m*
bräunen (h) 1. *vt, vr* (**sich się**) z|brunatnić, z|brązowić; zrumienić 2. *vi* z|brunatnieć, z|brązowieć; opalać się. **Su**
braungebrannt *adj* opalony
Braunkohle *f* — węgiel brunatny
Braunkohlen... *w comp* ... węgla brunatnego; *np.* ~**bergwerk**
Braunkohlenbergwerk *n* —(e)s, —e kopalnia węgla brunatnego
Braunkohlenflöz *m* —es, —e pokład węgla brunatnego
Braunkohlenrevier *n* —s, —e zagłębie węgla brunatnego
Braunkohlentagebau *m* —(e)s, —e kopalnia odkrywkowa węgla brunatnego
bräunlich *adj:adv* brunatnawy : na brunatnawo; na kolor brunatnawy; w kolorze brunatnawym
Braunschweig *n* —s *geogr* Brunświk *m*
braunschweigisch *adj:adv* brunświcki: po brunświcku
Braunspat *m* —(e)s *min* dolomit *m*
Braunstein *m* —(e)s *min* braunsztyn, piroluzyt, polianit *m*
Braus *m*; **in Saus und** ~ **leben** żyć hucznie
Brause *f* —, —n 1. natrysk, prysznic *m* 2. rozpryskiwacz, dysza rozpylająca 3. lemoniada *f*
Brausebad *n* —(e)s, ⁻⁻er natrysk, prysznic *m*
Brausekopf *m* —(e)s, ⁻⁻e człowiek zapalczywy ⟨w gorącej wodzie kąpany⟩, gorączka, raptus *m*
brausen *vi* 1. (h) szumieć (*o lesie, rzece, wodzie itp.*), huczeć (*o wietrze itp.*); **es braust mir in den Ohren** szumi mi w uszach 2. (h) kipieć, pienić ⟨burzyć⟩ się 3. (sn) gnać, pędzić (**durch das Land** przez kraj) 4. *t. vr* (**sich** brać|wziąć natrysk
Brausen *n* —s 1. szum *m* 2. huk *m*
brausend 1. *part praes*, zob. **brausen** 2. *adj* huczny; ~**er Beifall** huczne oklaski
Brausepulver *n* —s, — *farm* proszek musujący
Brausewind *m* —(e)s, —e *przen* pędziwiatr *m*; lekkoduch *m*
Braut *f* —, ⁻⁻e narzeczona *f*; panna młoda, oblubienica *f*
Braut... *w comp* ślubny; *np.* ~**kleid**
Brautbitter *m* —s, — swat *m*

Brautführer *m* —s, — drużba *m*
Brautgabe *f* —, —n posag *m*; wiano *n*
Brautgeschenk *n* —(e)s, —e prezent ślubny
Brautgewand *n* —(e)s, ⁻⁻er strój ślubny
Bräutigam *m* —s, —e narzeczony; pan młody, oblubieniec *m*
Brautjungfer *f* —, —n druhna *f*
Brautkind *n* —(e)s, —er dziecko nieślubne
Brautkleid *n* —(e)s, —er suknia ślubna
Brautkranz *m* —es, ⁻⁻e wianek ślubny
Brautleute *pl*, *zob.* **Brautpaar**
bräutlich *adj:adv* 1. *przen* dziewicz-y: -o 2. ślubn-y:-ie, jak narzeczona
Brautnacht *f* —, ⁻⁻e noc poślubna
Brautpaar *n* —(e)s, —e para narzeczonych ⟨*a.* nowożeńców⟩; narzeczeni *pl*; nowożeńcy *pl*
Brautschatz *m* —es posag *m*; wiano *n*
Brautschau *f* — swaty *pl*; **auf** ~ **gehen** chodzić w konkury, szukać sobie żony
Brautschleier *m* —s, — welon ślubny
Brautschmuck *a.* **Brautstaat** *m* —(e)s strój panny młodej ⟨ślubny⟩
Brautstand *m* —(e)s stan narzeczeński, okres narzeczeństwa
Brautstrauß *m* —es, ⁻⁻e bukiet ślubny
Brautwerber *m* —s, — swat *m*
Brautwerbung *f* —, —en swatanie *n*
brav *adj:adv* 1. dzieln-y:-ie, waleczn-y: -ie (*o żołnierzu*) 2. zacn-y:-ie; **e.** ~**er Mensch** zacny człowiek 3. grzeczn-y: -ie (*o dziecku*); **Sh**
bravo! *int* brawo!
Bravour [...vu:r] *f* —, 1. brawura *f*, waleczność, dzielność *f* 2. *muz* werwa *f*; wirtuozostwo *n*
Bravour... *w comp* brawurowy, popisowy; *np.* ~**arie**
Bravourarie [...ĭə] *f* —, —n *muz* aria popisowa
brechbar *adj:adv* 1. łamliw-y:-ie 2. dający się złamać 3. załamujący się (*o promieniach*). **Sk do 1**.
Brechbohne *f* —, —n fasola szparagowa
Brechdurchfall *m* —(e)s, ⁻⁻e *med* biegunka *f*
Brecheisen *n* —s, — łom *m*; drąg żelazny
brechen (16) I. (h) *vt* 1. wyłam-ywać|ać (**Steine** kamienie); **Erz** ~ wydobywać kruszec; **die Bahn** ~ torować drogę; **den Acker** ~ orać; **łow den Boden** ~ buchtować ⟨zryć⟩ glebę 2. z|łamać (**das Bein** nogę; **Herzen** serca); **den Hals** ~ złamać ⟨skręcić⟩ kark; *przen* **die Lanze für jmdn** ~ kruszyć kopię ⟨występować⟩ w czyjejś obronie; *przen* **etw. übers Knie** ~ działać pochopnie; *przen* **den Stab über jmdn** ~ potępiać kogoś; **etw. bricht jmdm das Herz** serce się komuś kraje na widok czegoś 3. *przen* nie dotrzymywać, z|łamać (**die Ehe** wiarę małżeńską; **den Eid** przysięgę; **das Recht** prawo; **das Wort** słowo); **den Vertrag** ~ zrywać umowę; **das Schweigen** ~ przer(y)wać milczenie 4. *przen* przełam-ywać|ać (**das Eis** lody; **den Widerstand** opór;

Brecher 149 **brennend**

upór) 5. *fiz* łamać, załam-ywać|ać (Strahlen promienie) 6. zrywać|zerwać (Blumen kwiaty; Früchte owoce) 7. składać|złożyć (e—n Brief list); z|łamać (e. Blatt kartkę) 8. *druk* prze| łamać (die Spalte szpaltę) 9. międlić (Flachs len) 10. wymiotować; Blut ~ pluć krwią * *sport* den Rekord ~ po| bić rekord; Streit vom Zaune ~ wywoł(yw)ać ⟨wszczynać⟩ kłótnię II. (sn) *vi* 1. z|łamać się; pęknąć 2. przebi--jać|ć ⟨prze-dzierać|drzeć⟩ się 3. wyłam-ywać|ać się (aus der Reihe z szeregu) 4. z|gasnąć (*o oczach*); przesta-wać|ć bić (*o sercu*); przen das Auge ⟨das Herz⟩ brach ihm umarł 5. załam-ywać| ać się (*o oporze*); in die Knie ~ upa--dać|ść na kolana 6. włam-ywać|ać się (in e—e Wohnung do mieszkania) III. (h) *vi* 1. zrywać|zerwać (mit jmdm z kimś) 2. wymiotować IV. sich ~ (h) *vr* 1. z|łamać, załam-ywać|ać się (*o promieniach*) 2. rozbi-jać|ć się (*o falach*) 3. mutować (*o głosie*). Su 1. *fiz* załamanie *n* 2. przełamanie *n* (oporu) 3. *jęz* frakcja *f*
Brecher *m* —s, — 1. łamacz *m*; kruszarka *f* 2. *mar* przybój *m*
Brechmittel *n* —s, — *farm* środek wymiotny ⟨na wymioty⟩; er wirkt wie ein ~ jest wstrętny ⟨obrzydliwy⟩
Brechpunkt *m* —(e)s, —e 1. temperatura łamliwości 2. *fiz* punkt załamania (promieni)
Brechreiz *m* —es mdłości *pl*
Brechstange *f* —, —n łom *m*; drąg żelazny
Brechungs... *w comp* ... załamania; *np.* ~winkel
Brechungswinkel *m* —s, — *fiz* kąt załamania
Brechwurzel *f* —, —n *bot, farm* korzeń wymiotnicy
Bregen *m* —s, — mózg *m* (zwierzęcy); móżdżek *m*
Brei *m* —(e)s, —e 1. papka, breja *f* 2. *kulin* papka, kaszka *f*; purée *n*; jmdn zu ~ schlagen stłuc kogoś na miazgę; *przen* seinen ~ dazugeben wtrącać swoje trzy grosze; *przen* den ~ selbst auslöffeln samemu wypić, co się nawarzyło
breiartig *a.* **breiig** *adj:adv* papkowaty:-o
breit *adj:adv* 1. szerok-i:-o; weit und ~ daleko i szeroko; jak okiem sięgnąć 2. *przen* rozwlek-ły:-le; ~ erzählen opowiadać rozwlekle
Breit... *w comp* szeroki; *np.* ~eisen
breitbeinig *adj:adv* rozkraczony
breitdrücken (h) *vt* 1. rozpłaszczyć, rozgni-atać|eść 2. *przen* nakł-aniać|onić, nam-awiać|ówić, ur-abiać|obić (kogoś ~
Breite *f* —, —n 1. szerokość *f*; in die ~ gehen tyć 2. szerokość geograficzna 3. rozwlekłość *f*
Breiteisen *n* —s, — *tech* płaskownik szeroki
breiten (h) *vt, vr* (sich się) rozpo-ścierać|strzeć, rozszerz-ać|yć

Breitengrad *m* —(e)s, —e stopień szerokości geograficznej
Breitenkreis *m* —es, —e *geogr* równoleżnik *m*
breitmachen, sich (h) *vr* 1. rozwal-ać|ić się, rozsi-adać|ąść się wygodnie 2. rządzić ⟨roz|panoszyć⟩ się 3. pysznić ⟨przechwalać⟩ się (mit etw. czymś)
breitquetschen *zob.* breitdrücken
breitschlagen (114;h) *zob.* breitdrücken
Breitschult(e)rig *adj:adv* barczy-sty:-ście. Sk
Breitschwanz *m* —es, ⁓e kuśn brajtszwanc *m*
Breitseite *f* —, —n *mar* burta ⟨bok⟩ okrętu; dawn e—e ~ abgeben da(wa)ć salwę burtową
breitspurig 1. *adj* szerokotorowy 2. *adj:adv, przen* napuszony : w sposób napuszony
breittreten (163;h) *vt* 1. rozwałkow-ywać| ać (etw. coś) 2. *zob.* breitdrücken
Breitwand *f* —, ⁓e szeroki ekran
Breitwandfilm *m* —(e)s, —e film szerokoekranowy ⟨panoramiczny⟩
Breiumschlag *m* —(e)s, ⁓e kataplazm *m*
Bremen *n* —s Brema *f*
Brems... *w comp* 1. hamulcowy; *np.* ~block 2. ... hamulca; *np.* ~griff 3. ... hamowania; *np.* ~weg
Bremsblock *m* —(e)s, ⁓e klocek hamulcowy
Bremse[1] *f* —, —n hamulec *m*
Bremse[2] *f* —, —n *ent* bąk *m*
bremsen (h) *vt* zaj|hamować. Su
Bremsfliege *f* —, —n *ent* bąk *m*
Bremsflüssigkeit *f* —, —en płyn do hamulców
Bremsgriff *m* —(e)s, —e *a.* **Bremshebel** *m* —s, — drążek hamulca
Bremsklotz *m* —(e)s, ⁓e klocek hamulcowy
Bremslicht *n* —(e)s, —er *auto* światło hamulcowe ⟨stop⟩
Bremsspur *f* —, —en ślad hamowania
Bremsvorrichtung *f* —, —en urządzenie hamulcowe, hamulec *m*
Bremsweg *m* —(e)s, —e droga hamowania
Bremsstange *f* —, —n drążek hamulca
brennbar *adj* palny. Sk *f.* zapalność *f*
brenneisen *n* —s, — 1. żelazo do wypalania piętna 2. karbówka, lokówka *f*
brennen (17;h) I. *vi* 1. palić się, płonąć, gorzeć; *przen* der Boden brennt ihm unter den Füßen grunt mu się pali pod nogami; e. Geheimnis brennt mir auf der Seele tajemnica ciąży mi na sumieniu 2. pragnąć gorąco (nach ⟨auf⟩ etw. czegoś) 3. pałać (vor Liebe miłością) 4. palić, gryźć, piec, szczypać, parzyć II. *vt* 1. palić; sengend und ⁓d niszcząc ogniem i mieczem 2. wypal-ać|ić (Ziegel cegły) 3. pędzić (Branntwein wódkę) 4. u|karbować (die Haare włosy) 5. wypalać znak, piętnować III. sich ~ *vi* 1. oparzyć się; *przysł* gebranntes Kind scheut das Feuer kto się na gorącym sparzy, ten na zimne dmucha
brennend I. *part praes, zob.* brennen II.

adv bardzo; ~ **gern** bardzo chętnie III. *adj* 1. palący (się), płonący 2. palący, parzący, piekący (*t. przen*); e. ~**er Schmerz** piekący ból 3. *przen* płomienny, gorący (*o życzeniu*)
Brenner *m* —s, — 1. podpalacz *m* 2. gorzelnik *m* 3. palnik *m*
Brennerei *f* 1. —, —en gorzelnia *f* 2. — gorzelnictwo *n*
Brennessel *f* —, —n bot pokrzywa *f*; *przen* **sich in die** ~**n setzen** narobić sobie kłopotu
Brenngas *n* —es, —e gaz palny
Brennglas *n* —es, ⁻⁻er soczewka wypukła
Brennholz *n* —es drzewo opałowe, drwa *pl*
Brennkraft *f* — palność *f*
Brennlinie *f* —, —n *mat, fiz* linia ogniskowa
Brennmaterial *n* —s paliwo *n*, opał *m*
Brennofen *m* —s, ⁻⁻ cer piec do wypalania
Brennöl *n* —(e)s, —e olej do palenia ⟨*a*. oświetlenia⟩
Brennprozeß *m* ...esses, ...esse *cer* proces wypalania, wypalanie *n*
Brennpunkt *m* —(e)s, —e 1. *mat, fiz* ognisko *n*; *przen* **das steht im** ~ **des Interesses** to jest w centrum zainteresowania 2. temperatura palenia (się)
Brennschere *f* —, —n karbówka *f*
Brennspiritus *m* — spirytus denaturowany ⟨skażony⟩, *pot* denaturat *m*
Brennstoff *m* —(e)s, —e 1. paliwo *n*, materiał napędowy 2. materiał opałowy
Brennstoff... *w comp* 1. paliwowy; *np.* ~**düse** 2. ... paliwa; *np.* ~**verbrauch**
Brennstoffdüse *f* —, —n dysza paliwowa
Brennstoffverbrauch *m* —(e)s zużycie paliwa
Brennstoffverlust *m* —es, —e straty paliwa
Brennweite *f* —, —n *mat, fiz* (odległość) ogniskowa *f*
Brennzeit *f* —, —en *cer* czas wypalania
brenzlig *adj:adv* 1. (trącący) spalenizną, przypalony 2. *przen* niebezpieczn-y:-ie; drażliw-y:-ie; *pot* **e**—**e** ~**e Situation** niebezpieczna ⟨kłopotliwa⟩ sytuacja; *pot* e. ~**es Thema** drażliwy temat
Bresche *f* —, —n wyłom *m*; e—e ~ **schlagen** zrobić wyłom; **in die** ~ **springen** zapełnić lukę; zastępować
Brest *n* —s 1. Brześć *m* (*ZSRR*) 2. Brest *m* (*Francja*)
Brett I. *n* —(e)s, —er 1. deska *f*; *przen* e. ~ **vor dem Kopf haben** być w ciemię bitym; **Schwarzes** ~ tablica ogłoszeń 2. półka *f* 3. taca *f* 4. szachownica *f*; *przen* **bei jmdm e**—**n Stein im** ~ **haben** cieszyć się czyjąś sympatią II. —er *pl* 1. teatr deski *pl*, scena *f* 2. *sport* deski, narty *pl*
Bretterbude *f* —, —n buda ⟨barak⟩ z desek
brettern *adj* z desek
Bretterverkleidung *f* —, —en okładzina z desek

Bretterverschalung *f* — deskowanie *n*
Bretterwand *f* —, ⁻⁻e przepierzenie ⟨ściana⟩ z desek
Bretterzaun *m* —(e)s, ⁻⁻e płot z desek
Brettl *n* —s, — *austr* kabaret *m*
Brettspiel *n* —(e)s, —e warcaby *pl*
Breve *n* —(s), —s *a.* —n brewe *n* (papieskie)
Brevier *n* —(e)s, —e *rel* brewiarz *m*
Brezel *f* —, —n obarzanek, precel *m*
Bridge [bridʒ] *n* —s *karc* brydż *m*
Brief *m* —(e)s, —e list *m*; pismo *n*; **offener** ⟨eingeschriebener⟩ ~ list otwarty ⟨polecony⟩; *przen* **jmdm** ~ **und Siegel darauf geben** zapewni(a)ć kogoś o czymś
Brief... *w comp* I. 1. listowy; *np.* ~**papier** 2. ... listu; *np.* ~**datum** 3. ... listów; *np.* ~**annahme** 4. ... na listy; *np.* ~**mappe** II. pocztowy; *np.* ~**geheimnis**
Briefannahme *f* — przyjmowanie listów
Briefausgabe *f* — wyda(wa)nie listów
Briefbeschwerer *m* —s, — przycisk *m* (na biurku)
Briefbogen *m* —s, — arkusz papieru listowego
Briefdatum *n* —s, ...ten data listu
Briefform *f* —, —en *lit*; **in** ~ w formie listów; **Roman in** ~ powieść epistolarna ⟨w formie listów⟩
Briefgeheimnis *n* —ses, —se tajemnica pocztowa
Briefkasten *m* —s, — skrzynka pocztowa
Briefkopf *m* —(e)s, ⁻⁻e nagłówek listu
brieflich *adj:adv* listown-y:-ie
Briefmappe *f* —, —n teka na listy
Briefmarke *f* —, —n znaczek pocztowy
Briefmarkenalbum *n* —s, ...ben album na znaczki, klaser *m*
Briefmarkensammler *m* —s, — filatelista *m*
Briefmarkensammlung *f* —, —en kolekcja znaczków
Brieföffner *m* —s, — rozcinacz *m* (do listów)
Briefordner *m* —s, — segregator *m* (listowy)
Briefpapier *n* —s papier listowy
Briefporto *n* —s porto ⟨opłata pocztowa⟩ za list(y)
Briefschaften *pl* listy *pl*, korespondencja *f*
Briefschreiber *m* —s, — autor listu
Brieftasche *f* —, —n portfel *m*
Brieftaube *f* —, —n gołąb pocztowy
Brieftelegramm *n* —s, —e telegram listowy
Briefträger *m* —s, — listonosz, doręczyciel *m*
Briefumschlag *m* —(e)s, ⁻⁻e koperta *f*
Briefwaage *f* —, —n waga do listów
Briefwechsel *m* —s wymiana listów; korespondencja *f*; **mit jmdm in** ~ **stehen** korespondować z kimś
Briefzusteller *m* —s, — listonosz *m,* doręczyciel listów
Bries *n* —es, —e *anat* grasica *f*
Brigade *f* —, —n brygada *f*
Brigade... *w comp* ... brygady; *np.* ~**general**

Brigadegeneral *m* —s, —e *a.* ~e brygadier *m*, generał brygady (RFN)
Brigadier [...dīe:] *m* —s, —s 1. woj dowódca brygady, *dawn* brygadier *m* 2. brygadier, brygadzista *m*
Brigg *f* —, —s mar bryg *m*
Brigitta *a.* **Brigitte** *f* —s Brygida *f*
Brikett *n* —(e)s, —e *a.* —s brykiet *m*
brikettieren (h) *vt* brykietować
Brikettpresse *f* —, —n prasa brykietowa, brykieciarka *f*
brillant [brɪljant] *adj:adv* swietn-y:-ie
Brillant *m* —en, —en brylant *m*
Brillantine *f* — brylantyna *f*
Brillantring *m* —(e)s, —e pierścień *z* brylantem, pot brylant *m*
Brille *f* —, —n 1. okulary *pl* 2. sedes *m* (klozetowy)
Brillen... *w* comp ... okularów; *np.*
~fassung
Brillenfassung *f* —, —en *a.* **Brillengestell** *n* —(e)s, —e opraw(k)a (do) okularów
Brillenglas *n* 1. —es, ⁓er szkło (od) okularów 2. —es szkło do wyrobu soczewek okularowych
Brillenschlange *f* —, —n zoo okularnik *m*
brillieren (h) *vi,* przen popisywać się, błyszczeć, pot brylować
bringen (18;h) *vt* I. przyn-osić|ieść; przyw-ozić|ieźć; przyprowadz-ać|ić; sprowadz-ać|ić (e—n Arzt lekarza); do-n-osić|ieść, pisać (o *gazetach*); nieść, wieźć; prowadzić; **beiseite** ~ a) kraść b) zabijać, sprzątnąć; **Glück** ~ przynosić szczęście; **Früchte** ~ (wy)dawać owoce; e. **Opfer** ~ składać ofiarę; *przen* ponosić ofiarę; **Hilfe** ~ przychodzić z pomocą; **Unglück** ~ przynosić ⟨sprowadzać⟩ nieszczęście; **Zinsen** ~ przynosić odsetki II. (z *przyimkami*) 1. **an:** zan-osić|ieść (an den Fluß nad rzekę); zaw-ozić|ieźć (*np.* nad rzekę); zaprowadz-ać|ić (*np.* nad rzekę; do rzeki); **an sich** ~ nabywa(wa)ć; przywłaszczać sobie; **an den Tag** ~ wykry(wa)ć, odkry(wa)ć; etw. an jmdn ~ donosić komuś coś; etw. **an den Mann** ~ zby(wa)ć ⟨sprzedawać⟩ coś; pozby(wa)ć się czegoś; e. **Mädchen** an **den Mann** ~ wyda(wa)ć dziewczynę za mąż 2. **auf:** a) zan-osić| ieść (auf den Wagen na wóz); zaw--ozić|ieźć (auf **die Brücke** na most); zaprowadz-ać|ić (*np.* na most); pot, *przen* auf **die Beine** ~ stawiać na nogi; **auf die Bühne** ~ wystawi(a)ć na scenie; **auf den Gedanken** ⟨**die Idee**⟩ ~ podsuwać myśl, naprowadzać na myśl; **auf e—n gemeinsamen Nenner** ~ sprowadzać do wspólnego mianownika; **auf seine Seite** ~ przeciągać na swoją stronę; *pot etw.* **aufs Tapet** ~ wszczynać o czymś rozmowę, poruszać coś; **auf die Spur** ~ naprowadzać na ślad; **jmdn auf den Trab** ~ brać kogoś do galopu b) podn-osić|ieść (**die Temperatur des Wassers von 70 auf 100 Grad** temperaturę wody z 70 do 100 stopni); obniż-ać|yć (**von 100 auf 70 Grad ze** 100 na 70 stopni); dociąg-ać|nąć, dobi-

-jać|ć (**auf 100 Jahre** do 100 lat) 3. **aus:** wyn-osić|ieść (aus **dem Zimmer** z pokoju); wyw-ozić|ieźć (aus **der Stadt** z miasta); wyprowadz-ać|ić (*np.* z miasta); aus **der Fassung** ⟨**Ruhe**⟩ ~ wyprowadzać ⟨wytrącać⟩ z równowagi; aus **der Welt** ~ usuwać; zgładzić ze świata 4. **bis:** zan-osić|ieść; zaw-ozić| ieźć; zaprowadz-ać|ić; doprowadz-ać|ić (do) 5. **durch:** przen-osić|ieść; przew--ozić|ieźć; przeprowadz-ać|ić (**durch den Strom przez rzekę**) 6. **hinter:** zan--osić|ieść; zaw-ozić|ieźć; zaprowadz-ać| ić (**hinter die Scheune zá stodołę**) 7. **in:** zan-osić|ieść, wn-osić|ieść (**ins Zimmer do pokoju**); zaw-ozić|ieźć (**in die Stadt do miasta**); wprowadz-ać|ić (**ins Zimmer do pokoju**); zaprowadz-ać|ić (**in die Stadt do miasta**); **in Aufregung** ~ wzburzać, denerwować; **dahin** ~, **daß...** doprowadzić do tego ⟨dopiąć tego⟩, że ...; **in Erfahrung** ~ dowiadywać się; etw. ⟨sich⟩ **in Erinnerung** ~ przypominać coś ⟨sobie⟩; jmdn ⟨**sich**⟩ **in Gefahr** ~ narażać kogoś ⟨siebie⟩ na niebezpieczeństwo; **ins Gleichgewicht** ~ doprowadzać do równowagi; etw. **in Ordnung** ~ porządkować coś, zaprowadzać ład ⟨porządek⟩; naprawiać coś; *przen* załatwi(a)ć coś; jmdn ⟨etw., sich⟩ **in Sicherheit** ~ umieszczać kogoś ⟨coś, siebie⟩ w bezpiecznym miejscu; jmdn ⟨**sich**⟩ **ins Unglück** ~ unieszczęśliwi(a)ć kogoś ⟨siebie⟩, ściągać nieszczęście na kogoś ⟨siebie⟩; jmdn **in Verbindung** ~ **mit** jmdm (s)komunikować kogoś z kimś; **in Verbindung** ~ **mit** etw. łączyć z czymś; **in Verlegenheit** ~ wprawi(a)ć w zakłopotanie 8. **nach:** zan-osić|ieść, zaw-ozić|ieźć; zaprowadz-ać|ić; **nach Hause** ~ odnosić ⟨zanosić *a.* przynosić⟩ do domu; odwozić ⟨zawozić *a.* przywozić⟩ do domu; odprowadzać ⟨zaprowadzać⟩ *a.* przyprowadzać do domu 9. **über:** przen-osić|ieść (**über die Grenze,** ⟨**die Straße**⟩ przez granicę ⟨ulicę⟩); przew-ozić|ieźć (przez granicę ⟨ulicę *itp.*⟩); przeprowadz-ać|ić (przez granicę ⟨ulicę⟩ *itp.*); **Unglück über jmdn** ~ sprowadzać na kogoś nieszczęście; **es nicht über sich** ~ **nie** móc, nie być w stanie; **es nicht übers Herz** ~ nie mieć serca 10. **um:** *t. vr* ⟨sich się⟩ pozbawi-ać|ć (jmdn **um die Ehre** ⟨**ums Leben**; **um die Stellung**⟩ kogoś czci ⟨życia, posady⟩); jmdn **um die Ecke** ~ sprzątnąć ⟨zgładzić⟩ kogoś *za* rożnik; *pot* sprzątnąć kogoś 11. **unter:** zan-osić|ieść, wn-osić|ieść (**unter die Brücke** pod most); zaw-ozić|ieźć (*np.* pod most); zaprowadz-ać|ić, wprowadz-ać|ić (**unter e. Dach pod dach**); *bud* **unter Dach** ~ doprowadzać pod dach; **unter Dach und Fach** ~ załatwi(a)ć; **unter die Erde** ~ chować, grzebać, składać do grobu; *przen* wpędzać do grobu; **unter die Haube** ~ wyda(wa)ć za mąż; **unter die Leute** ~ rozpowiadać, obnosić po ludziach 12. **von: vom Platz** ⟨**von der**

Brisanz 152 **Bruch**

Stelle⟩ ~ ruszać z miejsca; **jmdn vom Leben zum Tode** ~ stracić kogoś; pozbawi(a)ć kogoś życia **13. vor:** zan-osić|ieść; wyn-osić|ieść **(vor das Haus przed dom);** zaw-ozić|ieźć; wyw-ozić| ieść **(vor die Stadt** za miasto); zaprowadz-ać|ić; wyprowadz-ać|ić (np. za miasto); etw. **vor jmdn** ~ przedstawiać komuś coś; **e—e Sache vors Gericht** ~ odda(wa)ć sprawę do sądu, **14. zu:** a) zan-osić|ieść **(zum Bahnhof** na dworzec); zaw-ozić|ieźć (np. na dworzec); odprowadz-ać|ić (np. na dworzec) b) doprowadz-ać|ić **(zu Ende do końca; zur Verzweiflung** do rozpaczy; **zum Weinen** do płaczu); **zu Bett** ~ kłaść do łóżka; przen **zum Bewußtsein** ~ uświadamiać; **zur Kenntnis** ~ pod(aw)ać do wiadomości; **zu Papier** ~ przelewać na papier, pisać; notować; **zum Schweigen** ~ uspokajać; zmuszać do milczenia; **zur Sprache** ~ poruszać; jmdn zu sich (dat) ~ cucić kogoś; **zur Welt** ~ rodzić, wyd(aw)ać na świat; **es zu etw.** ~ dochodzić do ⟨dorabiać się⟩ czegoś; **es dazu** ~, **daß...** doprowadzać do tego ⟨dopiąć tego⟩, że...
Brisanz f —, **—en** woj krusznośc f
Brise f —, **—n** mar bryza f
Bristolkarton m **—s** brystol m
Britannien n **—s** Brytania f
Brite m **—n**, **—n** Brytyjczyk m
Britin f —, **—nen** Brytyjka f
britisch adj:adv brytyjski : po brytyjsku
Britschka f —, **—s** bryczka f
bröck(e)lig adj:adv kruchy, kruszący się
bröckeln 1. (sn) vi kruszyć się **2. (h)** vt kruszyć, drobić
Brocken m **—s**, — okruch (t. przen), odłamek m; kawałek m; przen **e. harter** ~ twardy ⟨trudny⟩ orzech; **er spricht e. paar** ~ **Englisch** zna trochę angielski
brocken (h) vt kruszyć, drobić
brockenweise adv okruchami
brodeln (h) vi kipieć, wrzeć
Brodem m **—s** opary pl, para f; wyziew m; mgła f
Brokat m **—(e)s**, **—e** brokat m
Brom n **—(e)s** chem brom m
Brom... w comp **1.** bromowy; np. **~säure 2. ...** bromu; np. **~dioxyd 3.** bromek; np. **~silber**
Brombeer... w comp **1.** jeżynowy; np. **~marmelade 2. ...** jeżyny; np. **~strauch**
Brombeere f —, **—n** jeżyna, ożyna f
Brombeermarmelade f — marmolada jeżynowa
Brombeerstrauch m **—(e)s**, **–̈er** krzak jeżyny
Bromdioxyd n **—(e)s**, **—e** chem dwutlenek bromu
Bromsäure f — kwas bromowy
Bromsilber n **—s** chem bromek srebrowy ⟨srebra⟩
bronchial adj oskrzelowy
Bronchialkatarrh m **—s**, **—e** med nieżyt oskrzeli
Bronchien [...ĭən] pl oskrzele pl
Bronchitis f — bronchit m

Bronnen m **—s**, — poet źródło, zdrój m; studnia f
Bronze f [brɔ̃:sə] — met brąz m
Bronze... w comp **1.** brązowy; np. **~nadel 2. ...** brązu; np. **~mischung**
Bronzefarbe f —, **—n** farb brąz m
bronzefarben adj:adv brązowy : na brązowo; na kolor brązowy, w kolorze brązowym
Bronzemedaille f —, **—n** medal brązowy
Bronzemischung f —, **—en** mieszanka brązu
Bronzenadel f —, **—n** spinka brązowa
Bronzezeit f — hist epoka brązu
bronzieren (h) vt brązować
Brosam m **—s**, **—e** a. **Brosame** f —, **—n** okruszyna f
Brosche f —, **—n** broszka f
broschieren (h) vt broszurować
Broschur f —, **—en** broszurowanie n
Broschüre f —, **—n** broszur(k)a f
Brösel m **—s**, — **1.** kruszyna f **2.** fajka f
Brot n **—(e)s**, **—e 1.** chleb m; **mehr können als** ~ **essen** być bardzo mądrym **2.** bochenek m **3.** przen zarobek, chleb m
Brot... w comp **1.** chlebowy; np. **~getreide 2. ...** chleba; np. **~esser 3. ...** na chleb; np. **~kapsel**
Brotbeutel m **—s**, — chlebak m
Brötchen n **—s**, — bułka f; **belegtes** ~ kanapka f
Broterwerb m **—s** zarobek m, praca f
Brotesser m **—s**, — zjadacz chleba
Brotgetreide n **—s** zboże chlebowe
Brotherr m **—(e)n**, **—en** chlebodawca m
Brotkapsel f —, **—n** a. **Brotkasten** m **—s**, **–̈** puszka na chleb
Brotkorb m **—(e)s**, **–̈e** koszyk na chleb; przen **jmdm den** ~ **höher hängen** ujmować ⟨skąpić⟩ komuś jedzenia
Brotkrume f —, **—n** okruszyna chleba
Brotkruste f —, **—n** skórka chleba
Brotlaib m **—(e)s**, **—e** bochen(ek) chleba
brotlos adj:adv bez chleba; przen bez pracy ⟨zarobku⟩; **e—e** ~ **e Kunst** zawód nie dający chleba; **jmdn** ~ **machen** pozbawi(a)ć kogoś zarobku ⟨kawałka chleba⟩
Brotmangel m **—s** brak chleba
Brotneid m **—(e)s** zawiść konkurencyjna
Brotration f —, **—en** przydział chleba
Brotrinde f —, **—n** skórka chleba
Brotröster m **—s**, — opiekacz do chleba
Brotscheibe f —, **—n** skibka ⟨kawałek⟩ chleba
Brotschneide(maschine) f —, **—n** maszyn(k)a do krajania chleba
Broschnitte zob. **Brotscheibe**
Brotsuppe f —, **—n** zupa ⟨polewka⟩ chlebowa
Browning [braonıŋ] m **—s**, **—s** brauning m
Bruch[1] m **—(e)s**, **–̈e 1.** złamanie n (nogi, osi itd.); ~ **machen** s|tłuc ⟨rozbi(ja)ć⟩; lot rozbić się; **in die Brüche gehen** rozbi(ja)ć ⟨rozpadać, rozlatywać⟩ się **2.** zerwanie n (liny) **3.** przen złamanie n (przysięgi, umowy); naruszenie n (prawa); zerwanie n (umowy,

Bruch 153 **Brunnen**

przyjaźni itd.); rozbrat, rozłam *m*; es zum ~ kommen lassen dopuszczać do zerwania ⟨rozłamu⟩ 4. zgięcie *n*, fałd *m* 5. pęknięcie *n* 6. złom *m* 7. *min* przełam *m* 8. *geol* uskok *m* 9. *mat* ułamek *m*; echter ⟨unechter; periodischer⟩ ~ ułamek właściwy ⟨niewłaściwy, okresowy⟩ 10. *med* przepuklina, ruptura *f*
Bruch² [bru:x] *n* —(e)s, ⁻͚e trzęsawisko, bagno *n*; łęgi *pl*
Bruch... *w comp* ułamkowy; *np.* ~linie
Bruchband *n* —(e)s, ⁻͚er pasek przepuklinowy
Bruchbude *f* —, —n rudera *f*
Brucheisen *n* —s złom żelaza
bruchfest *adj:adv* wytrzymały. Si wytrzymałość na złamanie
brüchig *adj:adv* łamliw-y:-ie, kruch-y:-o. Sk
Bruchlandschaft *f* —, —en teren bagnisty
Bruchlinie *f* —, —n *mat* kreska ułamkowa
Bruchoperation *f* —, —en operacja przepukliny
Bruchrechnung *f* — *mat* rachunek ułamkowy
Bruchschaden *m* —s, ⁻͚ 1. szkody powstałe przez stłuczenie 2. *med* przepuklina *f*
Bruchstelle *f* —, —n miejsce złamania
Bruchstrich *m* —(e)s, —e kreska ułamkowa
Bruchstück *n* —(e)s, —e 1. złomek, odłam *m* 2. *lit* fragment, urywek *m* 3. *plast* tors *m*
Bruchteil *m* —(e)s, —e 1. część *f* 2. ułamek *m*, cząst(eczk)ka *f*
Bruchzahl *f* —, —en *a*. **Bruchziffer** *f* —, —en liczba ułamkowa, ułamek *m*
Brücke *f* —, —n 1. most *m*; przen alle ~n hinter sich abbrechen palić mosty za sobą; przen jmdm goldene ~n bauen dawać komuś wszelkie szanse 2. pomost *m* 3. dywanik, mostek *m* 4. *dent* mostek *m*
Brücken... *w comp* 1. mostowy; *np.* ~bogen 2. ... mostu; *np.* ~bau
Brückenbau *m* 1. —s mostownictwo *n*, budowa mostów 2. —s, —ten budowa mostu
Brückenbogen *m* —s, — łuk mostowy
Brückengeländer *n* —s, — poręcz mostu
Brückengeld *n* —(e)s, —er mostowe *n*
Brückenkopf *m* —(e)s, ⁻͚e *woj* przyczółek mostowy
Brückenkran *m* —(e)s, ⁻͚e *tech* suwnica pomostowa
Brückenpfeiler *m* —s, — filar mostowy
Bruder *m* —s, ⁻͚ brat *m*; leiblicher ~ rodzony brat; barmherziger ~ brat zakonny
Bruder... *w comp* 1. braterski; *np.* ~geist 2. brato...; *np.* ~mord
Brüderchen *n* —s, — braciszek *m*
Brudergeist *m* —es duch braterski ⟨braterstwa⟩
Bruderkind *n* —es, —er 1. bratanek 2. bratanica *f*

Bruderkrieg *m* —(e)s, —e 1. wojna domowa 2. wojna bratobójcza
Brüderlein *zob.* **Brüderchen**
brüderlich *adj:adv* braterski : po bratersku. Sk
Bruderliebe *f* — miłość braterska
Brudermord *m* —(e)s, —e bratobójstwo *n*
Brudermörder *m* —s, — bratobójca *m*
brudermörderisch *adj:adv* bratobójcz--y:-o
Bruderschaft *a.* **Brüderschaft** *f* 1. — braterstwo *n*; mit jmdm ~ trinken pić z kimś bruderszaft 2. —, —en bractwo *n*
Bruderstreit *zob.* **Bruderzwist** *m*
Brudervolk *n* —(e)s, ⁻͚er bratni naród
Bruderzwist *m* —(e)s, —e zatarg ⟨spór⟩ między braćmi
Brühe *f* —, —n 1. rosół *m* 2. brzeczka *f* 3. *pog* breja *f*; lura *f*
brühen (h) *vt* zaparz-ać|yć, naparz-ać|yć
brühheiß *adj:adv* wrzący, kipiący, gorący : (na) gorąco
Brühkartoffeln *pl* ziemniaki parzone
brühsiedeheiß *zob.* **brühheiß**
brühwarm *adj:adv* gorący : (na) gorąco; jmdm etw. ~ erzählen zaraz ⟨na świeżo⟩ komuś coś powtórzyć
Brühwasser *n* —s ukrop *m*
Brühwurst *f* —, ⁻͚e biała kiełbasa (parzona)
Brüllaffe *m* —n, —n *zoo* wyjec *m*
brüllen (h) *vi* ryczeć; wyć
Brüllen *n* —s ryczenie *n*, ryk *m*; wycie *n*
Brummbaß *m* ...asses, ...ässe 1. gruby bas 2. *pot* kontrabas *m*
Brummbär *m* —en, —en mruk *m*
brummeln (h) 1. *vt* mruczeć, mamrotać (etw. Unverständliches coś niezrozumiałego) 2. *vi* mruczeć; gderać, zrzędzić
brummen (h) I. *vt* mru-czeć|knąć II. *vi* 1. mruczeć, gderać, zrzędzić 2. brzęczeć (*o owadach*) 3. warczeć (*o silniku*) 4. *pot* siedzieć w mamrze ⟨w kozie⟩; *szkol* siedzieć za karę (w klasie)
Brummen *n* —s 1. mruczenie, gderanie, zrzędzenie *n* 2. brzęczenie *n* 3. warczenie *n*; warkot *m*
Brummer *m* —s, — *pot* 1. mruk, zrzęda *m* 2. *ent* bąk *m*
Brummfliege *f* —, —n *ent* bąk *m*
brummig *adj:adv* mrukliw-y:-ie, zrzędn-y:-ie, gderliw-y:-ie. Sk
Brummkreisel *m* —s, — bąk *m*, fryga *f*
Brummschädel *m* —s, — *pot* 1. mruk, zrzęda *m* 2. ból głowy
brünett *adj* ciemnowłosy
Brünette *f* —, —n brunetka *f*
Brunft *f* —, ⁻͚e grzanie ⟨parzenie⟩ się; rykowisko *n* (*u jeleni*); gon *m*, bekowisko *n* (*u danieli*); ruja *f* (*u sarny*); lochanie się (*u dzika*)
Brunftzeit *f* —, —en *zoo* czas ⟨okres⟩ godowy ⟨godów, rui⟩
brünieren (h) *vt* czernić chemicznie
Brunnen *m* —s, — 1. studnia *f* 2. źró-

dło n, **zdrój** m 3. źródło mineralne, **zdrój** m 4. woda mineralna
Brunnen... w comp I. zdrojowy; np. ~haus II. 1. studzienny; np. ~wasser 2. ... studni; np. ~bau
Brunnenbau m —(e)s kopanie studni
Brunnenhaus n —es, ⸗er dom zdrojowy
Brunnenkresse f —, —n bot 1. rukiew f (wodna) 2. rzeżucha wodna
Brunnenkur f —, —en kuracja zdrojowa
Brunnenvergifter m —s, — przen oszczerca, mąciwoda m
Brunnenvergiftung f —, —en 1. zatrucie studni 2. przen oszczerstwo n
Brunnenwasser n —s, ⸗ woda studzienna
Brunst f —, ⸗e zob. **Brunft**
brunsten (h) vi, zoo grzać się; bekać się (o danielach), lochać się (o dzikach)
brünstig adj 1. t. adv namiętn-y:-ie, goręc-y:-o; żarliw-y:-ie 2. zoo (będący) w okresie rui ⟨godów⟩
brüsk adj:adv szorstk-i:-o, gwałtown-y:-ie; sich ~ abwenden odwrócić się gwałtownie (od kogoś a. od czegoś)
brüskieren (h) vt po|traktować szorstko
Brüssel n —s Bruksela f
Brust f —, ⸗e 1. pierś f (t. kobieca); sich in die ~ werfen nadymać ⟨chełpić⟩ się; sich an die ~ schlagen bić się w piersi; e—m Kinde die ~ geben ⟨reichen⟩ da(wa)ć piersi dziecku 2. gors m
Brust... w comp 1. piersiowy; np. ~kasten 2. ... piersi; np. ~krebs
Brustbein n —(e)s, —e anat mostek m
Brustbeklemmung f —, —en duszność f
Brustbild n —(e)s, —er popiersie n
Brustbräune f —, —n med dusznica bolesna, angina pectoris
Brustdrüse f —, —n gruczoł sutkowy ⟨piersiowy⟩
brüsten, sich (h) vr chełpić się
Brustfell n —(e)s, —e opłucna f
Brustfell... w comp ... opłucnej; np. ~-entzündung
Brustfellentzündung f —, —en zapalenie opłucnej
Brustharnisch m —(e)s, —e hist, woj napierśnik, kirys m
Brusthöhe f —: in ~ na wysokość piersi
Brustkasten m —s, — a. ⸗, **Brustkorb** m —(e)s, —e anat klatka piersiowa
Brustkind n —(e)s, —er osesek m, dziecko karmione piersią
Brustkrebs m —es med rak piersi
Brustlatz m —es, ⸗e stani(cze)k m
Brustleder n —s, — fartuch skórzany
Brustlehne f —, —n parapet m; balustrada f
Brustmauer zob. **Brustlehne**
Brustoperation f —, —en operacja piersi
Brustriemen m —s, — podpiersień m (uprząż)

Brustsaft m —(e)s, ⸗e sok przeciwkaszlowy
Brustschmerz m —es, —en ból w piersiach
Brustschwimmen n —s sport styl klasyczny (pływanie), pot żabka f
Bruststimme f — głos piersiowy
Bruststück n —(e)s, —e 1. popiersie n 2. kulin mostek m
Brusttee m —s ziółka przeciwkaszlowe
Brustton m —(e)s głos piersiowy; im ~ der Überzeugung etw. sagen mówić coś tonem najgłębszego przekonania
Brusttuch n —(e)s, ⸗er chust(k)a na szyję ⟨na ramiona⟩
Brüstung f —, —en parapet m; balustrada f
Brustwarze f —, —n brodawka piersiowa
Brustwehr f —, —en woj przedpiersie n
Brustwirbel m —s, — anat krąg piersiowy
Brut f —, —en 1. orn wyląg m; ent czerwie pl; tcht narybek m 2. wyląg m, wyleganie n 3. dzieciak m; dzieciarnia f; pog hołota, zgraja, banda f
Brut... w comp 1. wylęgowy; np. ~apparat 2. ... wylęgania; np. ~zeit
brutal adj:adv brutaln-y:-ie; bezwzględn-y:-ie
Brutalität f —, —en brutalność f; bezwzględność f
Brutapparat m —(e)s, —e aparat wylęgowy, inkubator m
Brutbeutel m —s, — zoo torba lęgowa
Brutei n —(e)s, —er jajko wylęgowe ⟨do wylęgu⟩
brüten (h) I. vi 1. wylę-gać|gnąć, wysiadywać jaja 2. prażyć (o słońcu); ~d heiß ⟨schwül⟩ tropikalnie upalny ⟨duszny⟩ 3. przen głowić się, medytować, ślęczeć (über etw. nad czymś) II. vt knuć (Rache zemstę)
Bruthenne f —, —n kwoka, kokoszka f
Bruthitze f — upał tropikalny
Brutmaschine f —, —n a. **Brutofen** m —s, ⸗ a. **Brutschrank** m —(e)s, ⸗e zob. **Brutapparat**
Brutreaktor m —s, ...oren reaktor rozmnażający
Brutstation f —, —en wylęgarnia f (drobiu)
Brutstätte f —, —n przen gniazdo, siedlisko n
brutto adv brutto
Brutto... w comp 1. ... brutto; np. ~einnahme 2. sumaryczny; np. ~gleichung
Bruttoeinnahme f —, —n a. **Bruttoertrag** m —(e)s, ⸗e dochód brutto
Bruttogewicht n —(e)s, —e ciężar ⟨waga⟩ brutto
Bruttogleichung f —, —en mat równanie sumaryczne
Bruttoregistertonne f —, —n tona rejestrowa
Brutzeit f —, —en czas wylęgania
brutzeln (h) vi, pot piec się; smażyć się
bubbern (h) vi, pot drżeć, dygotać

Bube m —n, —n 1. chłopiec, chłopak m; syn m 2. łobuz m; łajdak m 3. karc walet m
bubenhaft adj:adv 1. chłopięcy:-o 2. łobuzerski : po łobuzersku 3. łajdacki: po łajdacku
bubenmäßig zob. **bubenhaft**
Bubenstreich m —(e)s, —e 1. (psi) figiel, psikus m, psota 2. łajdactwo n
Bubenstück n —(e)s, —e a. **Büberei** f —, —en łajdactwo n
Bubikopf m —(e)s, ⸚e fryzura à la garçonne
bübisch adj:adv 1. łobuzerski : po łobuzersku 2. łajdacki : po łajdacku
Buch [buːx] n —(e)s, ⸚er 1. książka; księga f; pot wie e. ~ **reden** mówić ⟨gadać⟩ jak z książki; das ~ ⟨die Bücher⟩ führen prowadzić księgowość 2. libra f; e. ~ **Papier** libra papieru
Buch... w comp 1. książkowy; np. ~**gelehrsamkeit** 2. ... książki; np. ~**ausstattung**
Buchausstattung f — oprawa graficzna książki
Buchausstellung f —, —en wystawa książek
Buchbinder m —s, — introligator m
Buchbinderei f —, —en 1. introligatornia f 2. — introligatorstwo n
Buchbinderleinwand f — płótno introligatorskie, kaliko n
Buchdeckel m —s, — okładka książki
Buchdruck m —(e)s 1. druk książki 2. drukarstwo n
Buchdruck... w comp drukarski; np. ~**presse**
Buchdrucker m —s, — drukarz m
Buchdruckerei f 1. —, —en drukarnia f 2. — drukarstwo n
Buchdruckerkunst f — drukarstwo n, sztuka drukarska
Buchdruckpresse f —, —n prasa drukarska
Buchdruckschwärze f — czernidło drukarskie
Buche f —, —n 1. bot buk m 2. buczyna f
Buchecker f —, —n bukiew f
Bucheinband m —(e)s, ⸚e oprawa książki
Buchen... w comp bukowy; np. ~**holz**
buchen[1] adj bukowy, z drewna bukowego, z buczyny
buchen[2] (h) vt 1. za|księgować 2. zam -awiać|ówić, za|rezerwować (e—n Schlafwagenplatz miejsce sypialne). Su do 1., 2.; do 2. t. rezerwacja f
Buchenhain m —(e)s, —e buczyna f, lasek bukowy
Buchenholz n —es drzewo ⟨drewno⟩ bukowe, buczyna f
Bücher... w comp 1. książkowy; np. ~**wurm** 2. ... książek; np. ~**freund** 3. ... na książki; np. ~**bord**
Bücherabschluß m ...usses, ...üsse hand zamknięcie ksiąg
Bücherbord n —(e)s, —e a. **Bücherbrett** n —(e)s, —er półka na książki

Bücherei f —, —en biblioteka f; księgozbiór m, książnica f
Bücherfreund m —(e)s, —e miłośnik książki, bibliofil m
Bücherkunde f — bibliologia f
Büchermarkt m —(e)s rynek księgarski
Bücherregal n —s, —e regał na książki
Bücherrevisor m —s, —en rewident ksiąg
Bücherschau f —, —en wystawa książek
Büchersammlung f —, —en księgozbiór m
Bücherschrank m —(e)s, ⸚e szafa na książki, biblioteka f
Bücherverkauf m —(e)s sprzedaż książek
Bücherverzeichnis n —ses, —se spis ⟨katalog⟩ książek
Bücherwurm m —(e)s, ⸚er przen mól książkowy
Buchfink m —en, —en orn zięba f
Buchform f — forma książkowa
Buchformat n —(e)s, —e format książki
Buchführung f —, —en księgowość, buchalteria f
Buchgelehrsamkeit f — uczoność książkowa, wiedza martwa
buchgemäß adj:adu, hand książkowy: zgodnie ze stanem ksiąg
Buchhalter m —s, — księgowy, buchalter m
Buchhalterin f —, —nen księgowa, buchalterka f
Buchhaltung zob. **Buchführung**
Buchhandel m —s księgarstwo n; im ~ erhältlich do nabycia w księgarni
Buchhändler m —s, — księgarz m
Buchhandlung f —, —en a. **Buchladen** m —s, ⸚ księgarnia f
Büchlein n —s, — 1. książeczka f 2. zob. **Buchmagen**
Buchmacher m —s, — bookmaker m
Buchmagen m —s, ⸚ anat księgi pl (u przeżuwacza)
Buchmarder m —s, — przen złodziej książek
buchmäßig zob. **buchgemäß**
Buchmesse f —, —n targi księgarskie
Buchprüfer m —s, — rewident ksiąg
Buchrücken m —s, — grzbiet książki
Buchsbaum m —(e)s, ⸚e bot bukszpan m
Buchsbaum... w comp bukszpanowy; np. ~**holz**
Buchsbaumholz n —es drzewo bukszpanowe
Buchse f —, —n 1. tech tuleja, panewka, panwia f 2. radio gniazdko n 3. pot spodnie pl
Büchse f —, —n 1. puszka f; skarbonka f 2. strzelba f, fuzja f; przen mit der goldenen ~ schießen da(wa)ć łapówkę, przekupić 3. dawn armata f 4. zob. **Buchse** 1. 3.
Büchsen... w comp 1. ... w konserwach ⟨z puszek⟩, konserwa ...; np. ~**fleisch** 2. ... strzelby; np. ~**lauf**
Büchsenfleisch n —es mięso w konserwach, konserwa mięsna

Büchsengemüse n —s jarzyna w konserwach ⟨z puszek⟩, konserwa jarzynowa
Büchsenlauf m —(e)s, ⸚e lufa strzelby
Büchsenlicht n —(e)s łow światło na strzał
Büchsenmacher m —s, — rusznikarz, puszkarz m
Büchsenmilch f — mleko kondensowane
Büchsenöffner m —s, — nóż ⟨klucz⟩ do otwierania puszek
Büchsenschmied m —(e)s, —e rusznikarz, puszkarz m
Büchsenschuß m ...usses, ...üsse strzał karabinowy
Buchstabe m —ns, —n litera f; in ~n w słowach; **przez sich an den ~n des Gesetzes halten** trzymać się litery prawa
Buchstabenglaube m —ns dogmatyzm m
Buchstabengleichung f —, —en mat równanie ogólne ⟨algebraiczne⟩
Buchstabenrätsel n —s, — logogryf m, zagadka literowa
Buchstabenrechnung f — algebra f
buchstabieren (h) vt literować, sylabizować. Su
buchstäblich adj;adv dosłown-y:-ie, literaln-y:-ie, co do litery; ~ **wahr sein** być ścisłą prawdą; ~ **wiederholen** dosłownie powtarzać
Bucht f —, —en 1. geogr zatoka f 2. przegroda dla świń
buchtig adj z zatokami
Buchtitel m —s, — tytuł książki
Buchungsmaschine f —, —n maszyna do księgowania
Buchverlag m —(e)s, —e wydawnictwo n (książkowe)
Buchverleih m —(e)s, —e wypożyczalnia książek
Buchweizen m —s bot tatarka, gryka f
Buchweizen... w comp 1. gryczany, tatarczany; np. ~**grütze** 2. ... gryki ⟨tatarki⟩; np. ~**bau**
Buchweizenbau m —(e)s uprawa gryki ⟨tatarki⟩
Buchweizengrütze f — kasza gryczana ⟨tatarczana⟩
Buchwert m —(e)s ekon wartość księgowa
Buchzeichen n —s, — 1. zakładka f (w książce) 2. ekslibris m
Buckel m —s, — 1. garb m; **przen sich e—n ~ lachen** śmiać się do rozpuku 2. pot plecy pl, grzbiet m; **przen genug auf dem ~ haben** mieć dość na karku ⟨na głowie⟩; **przen e—n breiten ~ haben** dużo znosić; **przen e—n krummen ~ machen** płaszczyć się; **du kannst mir den ~ runterrutschen!** pocałuj mnie gdzieś! 3. wypukłość f; guz m
buck(e)lig 1. adj;adv garbaty; **sich ~ lachen** śmiać się do rozpuku 2. adj wypukły; guzowaty
Buck(e)lige —n, —n 1. m garbus m 2. f garbuska f
buckeln (h) 1. vi kłaniać się uniżenie 2. vt dźwigać (na plecach)

bücken, sich (h) vr 1. nachyl-ać|ić ⟨schyl-ać|ić⟩ się; (nach etw. po coś) 2. kłaniać się nisko (vor jmdm komuś) 3. przen ugi-nać|ąć karku, zgi-nać|ąć kark ⟨grzbiet⟩ (vor jmdm przed kimś)
Bückling[1] m —s, —e pikling m
Bückling[2] m —s, —e niski ukłon
Budapest n —s Budapeszt m
Buddel f —, —n pot butla f
buddeln (h) vi, pot kopać (np. w ogrodzie)
Buddhismus m — buddyzm m
Buddhist m —en, —en buddysta m
buddhistisch adj;adv buddyjski : po buddyjsku
Bude f —, —n 1. buda f, rudera f 2. pokój m (studencki); **e—e kleine ~ ciupka, klitka** f; **przen sturmfreie ~ pokój z niekrępującym wejściem; przen jmdm auf die ~ rücken** a) wybierać się ⟨iść⟩ do kogoś b) zabierać ⟨dobierać⟩ się do kogoś; **pot die ~ auf den Kopf stellen** wywracać wszystko do góry nogami 3. budka f (dla psa) 4. iron szkoła f, biuro n, fabryka f (itp.) 5. kram(ik) m
Budenzauber m —s pot prywatka f
Budget [bydʒeː] n —s, —s budżet m
Budget... w comp 1. budżetowy; np. ~**beratung** 2. ... budżetu; np. ~**ausgleich**
Budgetausgleich m —(e)s, —e zrównoważenie budżetu
Budgetberatung f —, —en parl debata budżetowa
Budike f —, —n knajpa f
Budiker m —s, — szynkarz m
Büfett m —(e)s, —e a. **Büffet** [byfeː] n —s, —s bufet m
Büffel m —s, — zoo bawół m
Büffel... w comp bawoli; np. ~**leder**
Büffelei f —, —en szkol wkuwanie, obkuwanie się, kucie n
Büffelleder n —s bawola skóra
büffeln (h) vi, szkol wkuwać, kuć, obkuwać się
Büffler m —s, — szkol kujon m
Bug m —(e)s, —e 1. dziób m (okrętu) 2. anat przegub m (u bydła)
Bügel m —s, — 1. kabłąk f 2. pałąk m; uchwyt m, uszko n 3. strzemię n 4. wieszak m
Bügelbrett n —(e)s, —er deska do prasowania
Bügeleisen n —s, — żelazko do prasowania
Bügelfalte f —, —n kant ⟨załamanie⟩ u spodni
bügelfrei adj, hand niemnący; ~**es Hemd** koszula non iron
bügeln (h) vt (wy)prasować
Büglerin f —, —nen prasowaczka f
Bugsier... w comp holowniczy; np. ~**boot**
Bugsierboot n —(e)s, —e łódź holownicza
Bugsierdampfer m —s, — mar holownik m
bugsieren (h) vt 1. mar holować 2. przen po-pychać|pchnąć, s|kierować

Bugsiertau n —(e)s, —e mar lina holownicza
Bugspriet m —(e)s, —e mar bukszpryt, dziobak m
Buhldirne f —, —n dawn gamratka, nierządnica, dziewka f
Buhle dawn 1. m —n, —n kochanek, zalotnik m 2. f —, —n kochanka, zalotnica f
buhlen (h) vi 1. romansować; mieć stosunek miłosny 2. ubiegać ⟨starać⟩ się (um etw. o coś)
Buhler m —s, — gach m
Buhlerei f —, —en 1. nierząd m; zaloty pl; umizgi 2. ubieganie ⟨staranie⟩ się
Buhlerin f —, —nen dziewka, nierządnica, kokota f
Buhne f —, —n grobla, tama f
Bühne f —, —n 1. scena f; estrada f; widownia f; przen von der ~ abtreten wycofać się; teatr auf die ~ bringen wystawi(a)ć; zur ~ gehen zostać aktorem 2. tech pomost m, platforma f (robocza)
Bühnen... w comp 1. sceniczny; np. ~anweisung 2. ... sceny; np. ~beleuchtung
Bühnenanweisung f —, —en teatr uwaga sceniczna; didaskalia pl
Bühnenaussprache f — wymowa sceniczna
Bühnenausstattung f —, —en teatr dekoracje pl
Bühnenbearbeitung f — teatr opracowanie sceniczne, t. adaptacja f
Bühnenbeleuchtung f — oświetlenie sceny
Bühnenbild n —(e)s, —er teatr sceneria f
Bühnenbildner m —s, — scenograf m
Bühnendichter m —s, — dramaturg, dramatopisarz m
Bühnendichtung f —, —en 1. poezja dramatyczna 2. utwór sceniczny
bühnengerecht adj:adv sceniczny : dla sceny
Bühnenmaler m —s, — malarz dekorator, scenograf m
bühnenmäßig adj:adv sceniczny : dla sceny
Bühnenstück n —(e)s, ⁼e sztuka sceniczna ⟨teatralna⟩
Bühnenwand f —, ⁼e kulisa f
Bühnenwerk n —(e)s, —e 1. utwór sceniczny 2. maszyneria sceniczna
bühnenwirksam adj:adv sceniczn-y:-ie
Bukarest n —s Bukareszt m
Bukett n —s, —e 1. bukiet m, wiązanka f, pęk m (kwiatów) 2. zapach, aromat m (wina)
Bulette f —, —n kulin zrazik m
Bulgare m —n, —n Bulgar m
Bulgarien n —s Bulgaria f; **Volksrepublik** ~ Ludowa Republika Bułgarii
Bulgarin f —, —nen Bułgarka f
bulgarisch adj:adv bułgarski : po bułgarsku
Bulgarisch n —(s) a. **Bulgarische** n —n (język) bułgarski

Bullauge n —s, —n mar bulaj, iluminator m
Bylldogge f —, —n buldog m
Bulldozer [...zɐr] m —s, — buldozer m
Bulle[1] m —n, —n byk, buhaj m
Bulle[2] f —, —n bulla f (papieska)
Bullenhitze f — pot nieznośny upał, kanikuła f
bullern (h) vi 1. wrzeć, kipieć 2. trzaskać|nąć 3. za|grzmieć 4. strzelać 5. bur-czeć|knąć, wybuch-ać|nąć
Bulletin [byltẽ] n —s, —s biuletyn m
Bummel m —s pot przechadzanie ⟨wałęsanie⟩ się, promenowanie n; przechadzka f
Bummelei f —, —en 1. łazikowanie n, wałęsanie się, bumelanctwo n 2. guzdranie się; opieszałość f
bumm(e)lig adj:adv 1. niedba-ły:-le 2. guzdrający się, powoln-y:-ie
bummeln (h) vi bumelować, łazikować, wałkonić się 2. bomblować, hulać 3. guzdrać się, być opieszałym
Bummelstreik m —(e)s —s strajk włoski
Bummelzug m —(e)s, ⁼e pot ciuchcia f
Bummler m —s, — 1. łazik, wałkoń m 2. hulaka m
Bund I. m —(e)s, ⁼e 1. związek m, federacja f; sojusz m; przymierze n; koalicja f; konfederacja f 2. węzeł m; den ~ fürs Leben schließen związać się dożywotnim węzłem **II.** n —(e)s, —e wiązka, wiązanka f (kwiatów); pęczek m (np. marchwi); pęk m (kluczy); snop(ek) m (np. słomy)
Bündel n —s, — 1. fiz wiązka f (np. promieni prostych) 2. pęk m, paczka f, plik m, plika f (akt) 3. tłumo(cze)k m, zawiniątko n; sein ~ schnüren zabierać ⟨wynosić⟩ się, pot zbierać manatki
bündeln (h) vt z|wiązać w pęczki ⟨snopki itp.⟩
bündelweise adv na pęczki ⟨wiązki⟩
Bundes... w comp związkowy, federalny; np. ~amt
Bundesamt n —(e)s, ⁼er urząd federalny ⟨związkowy⟩
bundesdeutsch adj federalny, państwowy (RFN)
Bundesgenosse m —n, —n sprzymierzeniec, sojusznik m
Bundeskanzler m —s kanclerz federalny
Bundeslade f — arka przymierza
Bundespräsident m —en, —en prezydent federalny
Bundesrat m —(e)s rada związkowa ⟨federalna⟩
Bundesregierung f —, —en rząd federalny ⟨związkowy⟩
Bundesrepublik f —, —en republika federalna ⟨związkowa⟩
Bundesstaat m —(e)s, —en państwo federalne ⟨związkowe⟩
Bundestag m —(e)s Bundestag m (parlament RFN)
Bundeswehr f — Bundeswehra f (siły zbrojne RFN)
bündig adj:adv 1. obowiązując-y:-o 2.

Bündnis 158 **Büroarbeit**

zwię-zły:-źle; kurz und ~ krótko i węzłowato. Sk ważność f; zwięzłość f
Bündnis n —ses, —se sojusz m, przymierze n
bündnisfrei adj niezaangażowany; ~e
Staaten państwa niezaangażowane
bundweise adv wiązkami; pęczkami; snopami
Bunker m —s, — 1. schron, bunkier m 2. mar zasobnia węglowa, bunkier m
bunkern (h) vi, mar za|bunkrować, przyj-mować|ąć paliwo
Bunsenbrenner m —s, — palnik Bunsena ⟨bunsenowski⟩
bunt I. adj 1. t. adv pstr-y:-o, (różno)barwn-y:-ie, (różno)kolorow-y:-o 2. mieszany; e—e ~e **Gesellschaft** mieszane towarzystwo; kulin e—e ~e **Platte** półmisek garnirowany ⟨z zakąskami⟩; e. ~er **Abend** wieczór rozmaitości II. adv; ~ **durcheinander werfen** pomieszać jak groch z kapustą; es zu ~ **treiben** za wiele sobie pozwalać; es zu ~ **machen** przeholować; das ist ⟨wird⟩ mir doch zu ~ tego mi już za wiele; da geht es ~ zu tam się dzieją rzeczy niesamowite; tam panuje wielki rozgardiasz; tam bawią się wesoło. Sh 1. pstrokatość, wielobarwność, pstrokacizna f 2. różnorodność, rozmaitość f
Buntdruck m —(e)s, —e druk barwny ⟨kolorowy⟩
buntfarbig adj:adv wielobarwn-y:-ie, różnobarwn-y:-ie. Sk
Buntmetall n —(e)s, —e metal nieżelazny ⟨kolorowy⟩
Buntsandstein m —s min piaskowiec pstry
buntscheckig adj:adv pstrokat-y:-o; łaciat-y:-o; e—e ~e **Kuh** łaciata krowa. Sk pstrokacizna f
Buntspecht m —(e)s, —e orn dzięcioł pstry
Buntstift m —(e)s, —e ołówek kolorowy
Bürde f —, —n ciężar m, brzemię n; j—m e—e ~ **aufladen** nakładać ⟨zwalać⟩ na kogoś ciężar
Burg f —, —en zamek warowny, gród m
Burg... w comp 1. zamkowy; np. ~fried 2. ... zamku; np. ~ruine
Bürge m —n, —n po|ręczyciel m; żyrant m
bürgen (h) vi po|ręczyć, brać|wziąć odpowiedzialność (für jmdn za kogoś)
Bürger m —s, — 1. mieszczanin m; mieszkaniec m (miasta) 2. obywatel m
Bürger... w comp I. obywatelski; np. ~eid II. 1. miejski; np. ~schule 2. mieszczański; np. ~sitte
Bürgereid m —(e)s, —e przysięga obywatelska
Bürgerin f —, —nen 1. mieszcz(an)ka f; mieszkanka miasta 2. obywatelka f
Bürgerkrieg m —(e)s, —e wojna domowa
bürgerlich adj 1. t. adv mieszczański: po mieszczańsku 2. t. adv burżuazyjny : w sposób burżuazyjny 3. cywilny; **Bürgerliches Gesetzbuch** kodeks cywilny 4. obywatelski; unter **Aberkennung** der ~en **Ehrenrechte** z pozbawieniem praw obywatelskich. Sk mieszczańskie usposobienie, mieszczański charakter
Bürgermädchen n —s, — młoda miesz-cz(an)ka
Bürgermeister m —s, — burmistrz m
Bürgermeisteramt n —(e)s, ⁺er 1. burmistrzostwo n 2. urząd burmistrza
Bürgermeisterei f —, —en burmistrzostwo n
Bürgerpflicht f —, —en obowiązek obywatelski
Bürgerrecht n —(e)s, —e prawo obywatelskie; obywatelstwo n; die ~e **erwerben** naby-wać|ć obywatelstwo, naturalizować się
Bürgerschaft f — 1. mieszkańcy miasta (określonego) 2. obywatelstwo n 3. rada miejska
Bürgerschule f —, —n dawn szkoła miejska
Bürgersitte f —, —n obyczaj mieszczański
Bürgerstand m —(e)s stan mieszczański
Bürgersteig m —(e)s, —e chodnik, trotuar m
Bürgertum n —(e)s mieszczaństwo n
Bürgerwehr f — straż obywatelska
Burgfried m —(e)s, —e baszta zamkowa, donżon, stołp m
Burgfriede(n) m ...ns polit rozejm m, zaniechanie ⟨zaprzestanie⟩ walk (politycznych), zawieszenie sporów politycznych (wewnętrznych)
Burggraben m —s, ⁺ fosa zamkowa
Burggraf m —en, —en hist burgrabia m
Burghof m —(e)s, ⁺e dziedziniec zamku ⟨zamkowy⟩
Burgruine f —, —n ruiny zamku
Burgsaß m ...assen, ...assen mieszkaniec zamku
Bürgschaft f —, —en rękojmia, poręka f; für jmdn ~ **leisten** ręczyć za kogoś
Burgturm m —(e)s, ⁺e wieża zamkowa
Burgunder m 1. —s, — a. **Burgunderwein** m —(e)s, —e burgund m, wino burgundzkie 2. pl., hist Burgundowie pl
burgundisch adj:adv burgundzki : po burgundzku
Burgverlies n —es, —e loch m, więzienie n
Burgvogt m —(e)s, ⁺e hist kasztelan m
Burgwache f —, —n hist straż zamkowa
Burgwall m —(e)s, ⁺e wał zamkowy
burlesk adj:adv krotochwiln-y:-ie, farsowy, komiczn-y:-ie
Burleske f —, —n lit burleska f
Burma n —s Birma, Burma f; **Union von** ~ Unia Birmańska
Burnus m —ses, —se burnus m; płaszcz z kapturem
Büro n —s, —s 1. biurc 2. gabinet m, kancelaria f
Büro... w comp 1. biurowy; np. ~ausgaben 2. ... biura; np. ~vorsteher biurowy
Büroangestellte m —n, —n pracownik biurowy
Büroarbeit f —, —en praca biurowa

Büroausgaben *pl* wydatki biurowe
Bürogehilfe *m* —n, —n pomocnicza siła biurowa, pomocnik biurowy
Bürohaus *n* —es, ⁻er biurowiec *m*
Büroklammer *f* —, —n spinacz *m*
Bürokraft *f* —, ⁻e pracownik biurowy
Bürokrat *m* —en, —en biurokrata *m*
Bürokratie *f* — biurokracja *f*
bürokratisch *adj:adv* biurokratyczn-y:-ie
Büroleim *m* —(e)s, —e klej biurowy
Büromensch *m* —en, —en 1. urzędnik *m* 2. biurokrata *m*
Büroschreibmaschine *f* —, —n biurowa ⟨normalna⟩ maszyna do pisania
Bürovorsteher *m* —s, — naczelnik ⟨kierownik⟩ biura
Bürowesen *n* —s biurowość *f*
Bürozeit *f* —, —en godziny urzędowania
Bursch(e) *m* ...en, ...en 1. chłopak *m* 2. stud bursz, korporant *m* 3. typ, łobuz *m* 4. woj ordynans *m* 5. towarzysz, kompan *m*
burschenhaft *adj:adv* burszowski : po burszowsku
Burschenschaft *f* —, —en korporacja studencka, burszostwo *n*
Burschenschaft(l)er *m* —s, — stud korporant, bursz *m*
burschikos *adj:adv* burszowski : po burszowsku
Bürste *f* —, —n szczotka *f*
bürsten (h) *vt* 1. wy|szczotkować (t. włók), o|czyścić 2. pot golić, popijać, pić
Bürstenabzug *m* —(e)s, ⁻e druk odbitka szczotkowa
Bürstenbinder *a.* **Bürstenmacher** *m* —s, — szczotkarz *m*
Bürzel *m* —s, — kuper(ek) *m* (u drobiu)
Bus *m* **Busses, Busse** *skr* omnibus *m*; autobus *m*
Busch *m* —(e)s, ⁻e 1. krzak, krzew *m*; przen sich hinter dem ~ halten zachowywać się z rezerwą; pot auf den ~ klopfen podpytywać; sich in die Büsche schlagen umykać, dawać nura 2. krzaki, zarośla *pl*; zagajnik *m*; gęstwina *f*, gąszcz *m*; geogr busz *m* 3. las *m* 4. pęk, bukiet *m* (kwiatów) 5. czupryna *f* 6. pióropusz *m*
Büschel *n* —s, — 1. pęk *m*, wiązka *f* (kwiatów); garść *f* (np. włosów, trawy); kiść *f*; kosmyk *m* (włosów) 2. orn czub *m*
Buschholz *n* —es krzaki, zarośla *pl*
buschig *adj* krzaczasty
Buschklepper *m* —s, — rozbójnik, zbój *m*
Buschmann *m* —(e)s, ⁻er Buszmen *m*
Buschsteppe *f* —, —n geogr busz *m*
Buschwerk *n* —(e)s krzaki, zarośla *pl*
Busen *m* —s, — 1. pierś *f*, biust *m*; przen łono *n*; am ~ der Natur na łonie natury; przen e—e Schlange am ~ hegen hodować żmiję na własnym łonie 2. geogr zatoka *f*
Busenfreund *m* —(e)s, —e serdeczny przyjaciel
Busennadel *f* —, —n 1. broszka *f* 2. szpilka *f* (ozdobna)
Buß... *w comp* pokutny; np. ~psalm

Bussard *m* —s, —e *orn* myszołów *m*
Buße *f* —, —n 1. pokuta, kara *f*; ~ tun odprawiać pokutę, pokutować 2. odszkodowanie *n*; jmdm ~ zahlen płacić komuś odszkodowanie
büßen (h) *vt, vi* od|pokutować; mit dem Leben für etw. ~ przypłacać coś życiem; für seine Sünden ~ pokutować, cierpieć za swoje grzechy; pot das soll er mir ~! zapłaci mi za to!
Büßer *m* —s, — pokutnik *m*
Büßerin *f* —, —nen pokutnica *f*
Büßermiene *f* —, —n skruszona mina
bußfertig *adj:adv* skruszony. Sk skrucha *f*
Bußgeld *n* —(e)s, —er grzywna *f*; pokutne *n*
Bußhemd *n* —(e)s, —en włosienica *f*
Bussole *f* —, —n busola *f*
Bußpsalm *m* —(e)s, —e psalm pokutny
Bußtag *m* —(e)s, —e dzień pokutny (święto protestanckie)
Büste *f* —, —n 1. biust *m*, piersi *pl* 2. plast popiersie *n*, biust *m*
Büstenhalter *m* —s, — biustonosz *m*
Butan *n* —s chem butan *m*
Butte *f* —, —n 1. kadź *f* 2. kosz *m*
Büttel *m* —s, — 1. dawn, siepacz *m* 2. woźny sądowy
Bütten *n* —s *a.* **Büttenpapier** *n* —(e)s papier czerpany
Butter *f* — masło *n*; pot alles in ~ wszystko w porządku
Butter... *w comp* ... masła; *np.* ~e nfuhr
Butterbirne *f* —, —n bera *f* (gru zka)
Butterblume *f* —, —n *pot* kaczeniec, kaczyniec *m*
Butterbrot *n* —(e)s, —e chleb z masłem; kromka chleba z masłem; przen etw. für e. ~ kaufen kupić coś za bezcen
Butterbrotpapier *n* —s papier śniadaniowy
Butterdose *f* —, —n maselniczka *f*
Buttereinfuhr *f* —, — import masła
Butterfaß *n* ...asses, ...ässer 1. beczka na masło 2. maślnica, kierzanka *f*
butterig *adj:adv* maślany : z masłem, z masła 2. jak masło (miękki)
Buttermaschine *f* —, —n maślnica *f*
Buttermilch *f* — maślanka *f*
buttern (h) *vi* wyr-abiać|obić ⟨z|robić⟩ masło
Butterpilz *m* —es, —e maślak *m*
Buttersäure *f* — kwas masłowy
Butterschmalz *n* —es topione masło
Butterschnitte *a.* **Butterstulle** *f* —, —n skibka ⟨kromka⟩ chleba z masłem; chleb z masłem
butterweich *adj:adv* miękki jak masło
Büttner *m* —s, — bednarz *m*
Butzenscheibe *f* —, —n bud gomółka szklana
Buxe *f* —, —n spodnie, pot portki *pl*
Buxtehude *n* —s geogr Buxtehude *m*; żart aus ~ sein pochodzić Bóg wie skąd
Byzanz *n* —s Bizancjum *n*
byzantinisch *adj:adv* bizantyjski : po bizantyjsku
Byzantinismus *m* — bizantynizm *m*

C   160   Chile

C

C zob. t. **K** i **Z**
Cäcilie f —ens Cecylia f
Café [kafe:] n —s, —s kawiarnia f
Caisson [kɛsɔ̃] m —s, —s keson m
Caisonkrankheit f — choroba kesonowa
Camping [kɛmpiŋ] n —s, —s kemping m, obóz wakacyjny ⟨weekendowy⟩
Campingbeutel m —s, — worek turystyczny
Cäsar m 1. —s Cezar m 2. —s, —en cezar m
Cellist [tʃ...] m —en, —en wiolonczelista m
Cello [tʃ...] n —s. —s a. ...lli wiolonczela f
Cent [sɛnt] m —(s), —(s) cent m
Ceylon n —s Cejlon m
Chaiselongue [ʃɛ:z(ɔ)lõg] f —, —n a. —s szezlong m
Chamäleon [ka...] n —s, —s zoo kameleon m (t. przen)
Champagner [ʃampanjər] m —s szampan m
Champagner... w comp szampański; np. ~stimmung
Champagnerstimmung f —, —en przen nastrój szampański
Champagnerwein m —(e)s, —e wino szampańskie, szampan m
Champignon [ʃãpiŋɔ̃] m —s, —s bot pieczarka f
Chance [ʃãsə] f —, —n szansa f
Chansonette [ʃãsonɛtə] f —, —n szansonistka f
Chaos [ka:ɔs] n — chaos, zamęt m
Chaote m —n, —n anarchista m
chaotisch adj:adv chaotyczn-y:-ie
Charakter [ka...] m —s, ...ere charakter
Charakter... w comp 1. ...charakterystyczny; np. ~kopf 2. ... charakteru, np. ~bildung
Charakterbildung f — kształtowanie charakteru
Charakterdarsteller m —s, — teatr aktor charakterystyczny
Charaktereigenschaft f —, —en cecha charakteru; cecha charakterystyczna
charakterfest adj:adv stałego charakteru. Si stałość charakteru
charakterisieren (h) vt 1. s|charakteryzować 2. vimp charakteryzować, cechować. Su do 1. t. charakteryzacja f
Charakteristik f —, —en 1. charakterystyka f (t. mat) 2. mat cecha f (logarytmu)
Charakteristikum n —s, ...ka własność ⟨cecha⟩ charakterystyczna
charakteristisch adj:adv charakterystyczn-y:-ie, znamienn-y:-ie
Charakterkopf m —(e)s, ⁓e 1. człowiek z charakterem 2. charakterystyczna ⟨wyrazista⟩ głowa
charakterlich adj:adv ... charakteru : pod względem charakteru
charakterlos adj:adv bez charakteru. Si brak charakteru
Charakterschwäche f — słabość charakteru

charaktervoll adj:adv z charakterem
Charakterzug m —(e)s, ⁓e rys ⟨cecha⟩ charakteru
Charge [ʃarʒə] f —, —n 1. szarża, ranga f 2. met ładunek, wsad m
Charta [k...] f —; ~ der Vereinten Nationen Karta Narodów Zjednoczonych
chartern [tʃ...] (h) vt, mar, lot za|czarterować
Charybdis [çarypdɪs a. ka...] f — Charybda f
Chassis [ʃasi:] n —, — auto podwozie n
Chauffeur [ʃɔføːr] m —s, —e szofer, kierowca m
Chaussee [ʃɔse:] f —, ...seen szosa f
Chaussee... w comp 1. szosowy; np. ~walze 2. ... szosy; np. ~bau
Chausseebau m —(e)s, —ten budowa szosy
Chausseewalze f —, —n walec szosowy
Chauvinismus [ʃov...] m — szowinizm m
Chauvinist m —en, —en szowinista m
chauvinistisch adj:adv szowinistyczn-y:-ie
Chef [ʃɛf] m —s, —s szef m
Chef... w comp naczelny; np. ~arzt
Chefarzt m —es, ⁓e lekarz naczelny
Chefdelegierte m —n, —n kierownik ⟨przewodniczący⟩ delegacji
Chefingenieur m —s, —e inżynier naczelny
Chefredakteur m —s, —e redaktor naczelny
Chemie [çemi:] f — chemia f; organische ⟨anorganische, physikalische⟩ ~ chemia organiczna ⟨nieorganiczna, fizyczna⟩
Chemie... w comp 1. chemiczny; np. ~erzeugnis 2. ... chemii; np. ~studium
Chemieerzeugnis n —ses, —se produkt chemiczny
Chemiefaser f —, —n włókno sztuczne
Chemiestudium n —s, ...ien studium chemii
Chemikalien [...ka:liən] pl chemikalia, materiały ⟨odczynniki⟩ chemiczne
Chemiker m —s, — chemik m
chemisch adj:adv chemiczn-y:-ie
Chemoplaste pl chemoplasty pl
Cherub [çe:...] m —s, —jm a. ...jnen cherub(in) m
chevaleresk [ʃ...] adj:adv rycerski : w sposób rycerski
Cheviot [ʃɛvĭɔt] m —s, —s włók szewiot m
Chevreau(leder) [ʃəvro:...] n —s garb szewro n
Chiffon [ʃifɔ̃] m —s, —s włók szyfon m
Chiffre [ʃifr(ə)] f —, —n szyfr m
Chiffre... w comp 1. szyfrowy; np. ~schlüssel 2. szyfrowany; np. ~schrift
Chiffreschlüssel m —s, — klucz szyfrowy
Chiffreschrift f —, —en pismo szyfrowane
chiffrieren (h) vt za|szyfrować
Chile [tʃi:le] n —s Chile n

Chilesalpeter m —s chem saletra chilijska
Chilene m —n, —n Chilijczyk m
Chilenin f —, —nen Chilijka f
chilenisch adj:adv chilijski : po chilijsku
China n —s Chiny pl; Volksrepublik ~ Chińska Republika Ludowa
China... w comp 1. chinowy; np. ~baum 2. chiński; np. ~blau
Chinabaum m —(e)s, ⁼e drzewo chinowe
Chinablau n —s plast błękit chiński
Chinarinde f — farm kora chinowa
Chinchilla [tʃintʃilja] f —, —s zoo szynszyla f
Chinese m —n, —n Chińczyk m
Chinesin f —, —nen Chinka f
chinesisch adj:adv chiński : po chińsku
Chinesisch n —(s) a. **Chinesische** n —n (język) chiński
Chinin n —s med chinina f
Chinin... w comp 1. chininowy; np. ~säure 2. ... chininy; np. ~sulfat
Chininsäure f — chem kwas chininowy
Chininsulfat n —(e)s chem siarczan chininy
Chiromant [çi...] m —en, —en chiromanta m
Chiromantie f — chiromancja f, wróżenie z ręki
Chirurg m —en, —en chirurg m
Chirurgie f — chirurgia f
chirurgisch adj:adv chirurgiczn-y:-ie
Chlor [klo:r] n —s chem chlor m
Chlor... w comp 1. chlorowy; np. ~säure 2. chlorowany; np. ~kautschuk 3. chlorek ...; np. ~kalium
Chlorat n —s, —e chem chloran m
Chlorid n —s, —e chem chlorek m
chlorieren (h) vt, chem chlorować. Su **chlorig** adj:adv, chem chloraw-y:-o
Chlorkalium n —s chem chlorek potasowy
Chlorkalk m —(e)s wapno chlorowane ⟨bielące⟩
Chlorkautschuk m, n —s kauczuk chlorowany
Chlornatrium n —s chem chlorek sodowy
Chloroform n —(e)s chem, med chloroform m
Chloroform... w comp chloroformowy; np. ~spiritus
chloroformieren (h) vt, med chloroformować, usypiać|uśpić chloroformem
Chloroformspiritus m — farm spirytus chloroformowy
Chlorophyll n —s chlorofil m
Chlorsäure f — kwas chlorowy
Chlorwasser n —s woda chlorowa
Choke [tʃouk] m —s, —s auto dławik m
Chokezug m —(e)s, ⁼e auto cięgło-ssanie n
Cholera [ko:...] f — med cholera f
Cholera... w comp ... cholery; np. ~epidemie 2. przeciwcholeryczny; np. ~impfstoff
Choleraepidemie f —, ...en epidemia cholery
Choleraimpfstoff m —(e)s, —e szczepionka przeciwcholeryczna
cholerakrank adj chory na cholerę

Choleriker m —s, — choleryk m
cholerisch adj:adv choleryczn-y:-ie
Cholesterin [ko...] n —s cholesterol m
Chor [ko:r] I. m —s, ⁼e chór m; im ~ rufen wołać ⟨skandować⟩ chórem II. m, n —s, —s a. ⁼e chór m (część kościoła); prezbiterium n
Chor... w comp 1. chóralny; np. ~gesang 2. ... chóru; np. ~mitglied
Choral m —s, ⁼e muz chorał m
Choraltar m —s, ⁼e wielki ołtarz
choreo... [ko...] w comp choreo...; np. ~graphisch
Choreo... w comp choreo...; np. ~graph
Choreograph m —en, —en choreograf m
Choreographie f — choreografia f
choreographisch adj:adv choreograficzn-y:-ie
Chorgesang m —(e)s, ⁼e śpiew chóralny
Chorhemd n —(e)s, —en rel komża f
Chorherr m —n, —en kanonik m
Chorist m —en, —en chórzysta m
Choristin f —, —nen chórzystka f
Chorknabe m —n, —n 1. ministrant m 2. chórzysta m
Chormitglied n —(e)s, —er członek chóru
Chorrock m —(e)s, ⁼e komża f
Chorsänger m —s, — zob. Chorist
Chorstühle pl stalle pl
Chrestomathie [kr...] f —, ...ien lit chrestomatia, antologia f
Christ [krist] m 1. —en, —en chrześcijanin m 2. —s Chrystus m, Dzieciątko Jezus; zum Heiligen ~ na Boże Narodzenie
Christabend m —s, —e Wigilia Bożego Narodzenia
Christbaum m —(e)s, ⁼e choinka f
Christbaumschmuck m —s ozdoby choinkowe
Christdemokrat m —en, —en polit chadek m
christdemokratisch adj chadecki
Christenheit f — chrześcijanie pl, chrześcijaństwo n
Christentum n —s chrystianizm m, chrześcijaństwo n
Christfest n —(e)s, —e Boże Narodzenie
Christin f —, —nen chrześcijanka f
Christine f —s Krystyna f
Christkind(chen) n —s Dzieciątko Jezus
christlich adj:adv chrześcijański : po chrześcijańsku. Sk
Christmette f —, —n pasterka f (nabożeństwo)
Christnacht f —, ⁼e noc Bożego Narodzenia
Christoph [kr...] m —s Krzysztof m
Christus [kr...] m —, ...ti Chrystus m; vor ~ ⟨Christo⟩ a. vor Christi Geburt przed narodzeniem Chrystusa, przed Chrystusem; nach ~ ⟨Christo⟩ a. nach Christi Geburt po narodzeniu Chrystusa, po Chrystusie
Chrom [kro:m] n —s chem chrom m
Chrom... w comp 1. chromowy; np. ~grün 2. ... chromu; np. ~verbindung

11 Słownik niem.-pol.

chromatisch *adj:adv, muz* chromatyczn-y:-ie
Chromgrün *n* —s zieleń chromowa
chromieren (h) *vt, chem* chromować
Chromleder *n* —s skóra chromowa
Chromnickelstahl *m* —(e)s stal chromoniklowa
Chromo... *w comp* chromo...; *np.* ~somen
Chromosom *n* —s, —en *biol* chromosom *m*
Chromsäure *f* — *chem* kwas chromowy
Chromstahl *m* —(e)s stal chromowa
Chromverbindung *f* —, —en *chem* związek chromu
Chronik [kr...] *f* —, —en kronika *f*
chronisch *adj:adv* chroniczn-y:-ie
Chronist *m* —en, —en kronikarz *m*
chrono... *w comp* chrono...; *np.* ~logisch
Chrono... *w comp* chrono...; *np.* ~logie
Chronologie *f* — chronologia *f*
chronologisch *adj:adv* chronologiczn-y:-ie
Chrysantheme [kry...] *f* —, —n *bot* chryzantema *f*, złocień *m*
Claque [klak] *f* — *teatr* klaka *f*
Claquer [...ø:r] *m* —s, —e klakier *m*
Clearing [kli:rɪŋ] *n* —s, —e *fin* clearing *m*
Clearing... *w comp* clearingowy; *np.* ~abkommen
Clearingabkommen *n* —s, — *hand* umowa clearingowa
Clearingverkehr *m* —s *hand* obrót clearingowy
Clique [klɪkə] *f* —, —n klika *f*
Clown [klaŏn] *m* —s, —s klown *m*, błazen cyrkowy
Computer [kɔmpjutər] *m* —s, — komputer *m*
Conferencier [kɔ̃feră'sĭe:] *m* —s, —s konferansjer *m*
Container [kənte:nər] *m* —s, — kontener *m*
Containerschiff *n* —(e)s, —e kontenerowiec *m*
Couch [kaotʃ] *f* —, —es tapczan *m*
Couloir [kulŏa:r] *m* —s, —s *pl* kuluary *pl*
Couplet [kuple:] *n* —s, —s kuplet *m*
Cour [ku:r] *f;* **jmdm die ~ machen** ⟨**schneiden**⟩ zalecać się do kogoś, *pot* sadzić koperczaki do kogoś
Courage [kura:ʒə] *f* — odwaga *f*
couragiert [...ʒi:rt] *adj:adv* odważn-y:-ie
Cousin [kuzɛ̃:] *m* —s, —s kuzyn *m*
Cousine [...zi:nə] *f* —, —n kuzynka *f*
crȇme [kre:m] *adj:adv inv* kremow-y: -o, na kremowo; na kolor kremowy; w kolorze kremowym
Crȇme [kre:m] *f* —, —s krem *m*; śmietanka *f* (*t. przen*)
Croupier [krupĭe:] *m* —s, —s krupier *m*
Curium [ku:...] *n* —s *chem* kiur *m*
cyrillisch [ts...] *adj* cyrylicki; ~e **Schrift** cyrylica *f*

D

da I. *adv* **1.** (*przy określeniach miejsca*) tam; tu; oto; **wer da?** kto tam?; **da hinten** ⟨**vorne**⟩ tam z tyłu ⟨z przodu⟩; **von da** stamtąd; **sieh da!** popatrz!; **patrzcież!**; **nichts da!** nie ma nic!; *pot* **da hast du's!** oto i masz! **2.** (*przy określeniach czasu*) wtedy, wówczas; **da war er noch jung** był wówczas jeszcze młody; **von da ab** od tego czasu **3.** (*przy określeniach przyczyny*) w takim razie ⟨wypadku⟩; **da wäre ich dumm!** (w takim razie) byłbym naiwny **II.** *cj* **1.** (*w zdaniach czasowych*) gdy, kiedy; **letztens, da ich ihn sah** ostatnio, gdy go widziałem **2.** (*w zdaniach przyczynowych*) gdyż, ponieważ, skoro; **da wir es schon kennen** ponieważ to już znamy; **da dem so ist** skoro tak jest
dabei *adv* przy tym; obok; nadto, oprócz tego; **er wohnt nahe** ⟨**dicht**⟩ ~ on mieszka tuż obok; **ich bin gerade** ~ **zu schreiben** zabieram się właśnie do pisania; **es ist nichts** ~ nic w tym złego, to bez znaczenia; ~ **kommt nichts heraus** to nie prowadzi do niczego; **es bleibt** ~ przy tym pozostanie; **er ist dumm und** ~ **faul** jest głupi, a nadto leniwy
dabei... *w czasownikach rozdzielnych* ... obok; *np.* ~**sitzen**
dabeilegen (h) *vt* dołącz-ać|yć, do-kładać| łożyć
dabeiliegen (79;h;sn) *vi* **1.** leżeć obok **2.** być dołączonym (*w liście*)
dabeisein (136;sn) *vi* być obecnym, brać| wziąć udział w czymś; **er muß überall** ~ musi być wszędzie (obecny); **warst du auch dabei?** czyś też brał udział w tym?
dabeisetzen (h) dopis-ywać|ać
dabeisitzen (142;h) *vi* siedzieć obok
dabeisteh(e)n (151;sn) *vi* stać obok
dableiben (14;sn) *vi* zosta-wać|ć (*t. szkol*)
Dach *n* **I.** —(e)s, ᵘ̈er **1.** dach *m*; **e—n Bau unter** ~ **bringen** doprowadzać budowę pod dach **2.** *przen* dach, dom *m*; **er nahm ihn unter sein** ~ wziął go do siebie; **unter** ~ **und Fach sein** być w bezpiecznym schronieniu **II.** —(e)s *przen, pot* głowa *f*; **jmdm eins aufs** ~ **geben** dać komuś po głowie; **jmdm aufs** ~ **steigen** zabierać się do kogoś
Dach... *w comp* **1.** dachowy; *np.* ~**binder 2.** ... dachu; *np.* ~**fläche**
Dachbinder *m* —s, — *bud* wiązar dachowy
Dachboden *m* —s, ᵘ̈ strych *m*, poddasze *n*
Dachdecker *m* —s, — dekarz *m*

Dachfenster 163 **dahinstellen**

Dachfenster n —s, — okno dachowe, dymnik m
Dachfirst m —es, —e kalenica f
Dachfläche f —, —n połać dachu
dachförmig adj:adv daszkowaty : na kształt dachu
Dachgeschoß n ...osses, ...osse poddasze n
Dachkammer f —, —n izdebka na poddaszu
Dachluke f —, —n wyłaz dachowy
Dachnagel m —s, ⸗ papiak m
Dachorganisation f —, —en ekon naczelna organizacja
Dachpappe f — papa dachowa
Dachreiter m —s, — 1. wieżyczka, sygnaturka f 2. bud gąsior m
Dachrinne f —, —n rynna dachowa
Dachs m —es, —e borsuk, jaźwiec m
Dachs... w comp borsuczy; np. ~bau
Dachsbau m —(e)s, —ten jama borsucza
Dachschiefer m —s bud łupek dachowy
Dachschindel f —, —n bud gont m
Dachshund m —es, —e jamnik m
Dachsparren m —s, — krokiew f
Dachstein m —(e)s, —e dachówka f (cementowa)
Dachstube f —, —n pokój na poddaszu
Dachstuhl m —(e)s, ⸗e bud wiązanie dachowe
Dachtraufe f —, —n okap m
Dachziegel m —s, — dachówka f
Dackel m —s, — jamnik m
dadurch adv przez to, tym; ~ daß... przez to, że...
dafür a. **dafür** adv 1. za tym; **er war** ⟨stimmte⟩ ~ był ⟨głosował⟩ za tym; **wer ist** ~? kto (jest) za (tym)? 2. za to; ~ **bekommst du nicht viel** za to niewiele ci zapłacą 3. na to; **e. Mittel** ~ **środek** na to 4. o to; **sorge** ~, **daß** ... dbaj ⟨postaraj się⟩ o to, aby... 5. po to; ~ **bist du ja hier!** po to przecież tu jesteś! * ~ **daß** dlatego że, ponieważ
dafürhalten (60;h) vi mniemać, sądzić
Dafürhalten n; **nach meinem** ~ **moim** zdaniem, według mnie
dagegen I. adv 1. przeciw(ko) temu; **haben Sie etwas** ~ czy ma pan(i) co przeciwko temu?; **er ist** ⟨stimmt⟩ ~ on jest ⟨głosuje⟩ przeciwko temu, sprzeciwia się; **wer ist** ~? kto (jest) przeciw?; ~ **gibt es kein Mittel** a. **dagegen nichts na to nie ma lekarstwa**; ~ **läßt sich nichts einwenden** temu nic nie można zarzucić 2. w porównaniu z (czymś), wobec (czegoś); **alles ist nichts** ~ wszystko to nic w porównaniu z tym **II.** cj zaś, natomiast; **er schrie, sie** ~ **schwieg** on krzyczał, ona natomiast milczała
dagegenhalten (60;h) vt odrzec, odpowi- -adać|edzieć
dagewesen 1. part perf, zob. **dasein 2.** adj **nie** ~ niebywały, niesłychany
daheim adv w domu, u siebie; **bei uns** ~ u nas w domu; ~ **ist es am schönsten** ⟨besten⟩ (wszędzie dobrze a) w domu najlepiej; **sich** ~ **fühlen** czuć się jak u siebie w domu; **in etw.** ~

sein być obznajmionym z czymś, być specem od czegoś
Daheim n —s ognisko domowe; dom m
daher a. **daher 1.** adv stąd, stamtąd, tędy; **das kommt** ~ to pochodzi ⟨bierze się⟩ stąd 2. cj dlatego też, toteż, zatem, przeto, więc; ~ **entschloß er sich** ... dlatego zdecydował się ...
daher... w czasownikach rozdzielnych przeważnie w znaczeniu: nad...; np. ~**kommen**
daher... w złożonych czasownikach: stąd; np. ~**rühren**
daherfahren (30;sn) vi nadjeżdżać
daherfliegen (36;sn) vi nadlatywać; przen przybiegać pędem
daherkommen (70;sn) vi nad-chodzić|ejść
daherrühren (h) vi brać się stąd
daherstolzieren (sn) vi dumnie kroczyć, paradować
dahin a. **dahin** adv tam; **bis** ~ do tego miejsca ⟨czasu⟩; **er äußerte sich** ~ wypowiadał się w tym sensie; ~ **ist es gekommen** doszło do tego
dahin... w czasownikach rozdzielnych np. ~**fließen**
dahin... w comp tędy ...; np. ~**ab**
dahinab adv tędy (w dół)
dahinauf adv tędy (w górę)
dahinaus adv tędy (na zewnątrz)
dahinbringen (18;h) vt spędzać (die Tage dni)
dahineilen (sn) vi 1. pospiesz-ać|yć 2. upły-wać|nąć (o czasie)
dahinein adv tędy (do wewnątrz, do środka)
dahinfliegen (36;sn) vi 1. odfru-wać|nąć, odl-atywać|ecieć 2. ucie-kać|c, mknąć (o czasie)
dahinfließen (38;sn) vi upły-wać|nąć płynąć (t. przen o czasie)
dahingeh(e)n (45;sn) vi 1. upły-wać|nąć, przemi-jać|nąć (o czasie) 2. przen rozsta-wać|ć się z życiem, um-ierać|rzeć 3. przen z|marnieć
dahingehören (h) vi należeć ⟨odnosić się⟩ do tego; **das gehört nicht dahin** to nie odnosi się do tego
dahinjagen (sn) vi pędzić ⟨biec, gnać⟩ przed siebie
dahinkommen (70;sn) vi przy-chodzić|jść ⟨do-chodzić|jść⟩ do tego
dahinleben (h) vi, żyć z dnia na dzień, wegetować
dahinraffen (h) vt un-osić|ieść, zab-ierać| rać, por-ywać|wać; **der Tod hat ihn dahingerafft** śmierć go zabrała ⟨porwała⟩
dahinrasen (sn) vi, zob. **dahinjagen**
dahinschlendern (sn) vi spacerować, iść przed siebie
dahinschwinden (132;sn) vi 1. zniknąć; z|mizernieć, z|marnieć 2. przemi-jać| nąć, upły-wać|nąć (o latach, czasie itp.) 3. kurczyć się (o zapasach itp.)
dahinsiechen (sn) vi niknąć, z|marnieć, opa-dać|ść na siłach
dahinstehen (151;h) vi być niepewnym ⟨wątpliwym⟩; **es steht noch dahin, ob** ... jest jeszcze niepewne, czy ...
dahinstellen (h) vt zostawi|ć nieroz-

11*

dahinsterben 164 **Dampf...**

strzygniętym; **es bleibt noch dahingestellt, ob...** to jeszcze nie jest pewne ⟨zdecydowane⟩, czy...; **lassen wir es dahingestellt bleiben, ob...** pomińmy ⟨zostawmy⟩ to, czy...
dahinsterben (154;sn) *vi* z wolna zamierać, z|gasnąć, um-ierać|rzeć
dahinstürmen (sn) *vi* pędzić ⟨po|mknąć⟩ jak burza, rwać ⟨gnać⟩ przed siebie
dahinter *adv* (po)za tym; **er wußte, was ~ ist** ⟨**steckt**⟩ on wiedział, co się za tym kryje
dahinterkommen (70;sn) *vi* z|badać, wykry-wać|ć
dahintermachen, sich (h) *vr* zab-ierać| rać się energicznie do roboty
dahinterstecken (150;h) *vi;* **es steckt was dahinter** coś się pod ⟨za⟩ tym kryje
dahinunter *adv* tędy (na dół)
dahinvegetieren (h) *vi* wegetować, żyć z dnia na dzień
Dahlie [...i̯ə] *f* —, **—n** *bot* dalia, georginia *f*
Daktylogramm *n* **—s.** **—e** odcisk palca
Daktylus *m* —, ...ylen *lit* daktyl *m*
dalassen (74;h) *vt* po|zostawi-ać|ć
daliegen (79;h,sn) *vi* leżeć
Dalles *m* **—** *pot* bieda, *pot* bryndza *f*
dalli! *int, pot* dalej!, jazda!
Dalmatien [...tsi̯ən] *n* **—s** Dalmacja *f*
dalmatinisch *a.* **dalmatisch** *adj:adv* dalmatyński : po dalmatyńsku
Daltonismus *m* **—** daltonizm *m*
damalig *adj* ówczesny
damals *adv* wówczas, wtedy; **seit ~** od owego czasu
Damaskus *n* **—** *geogr* Damaszek *m*
Damast *m* **—(e)s, —e** adamaszek *m*
Damast... w *comp* 1. adamaszkowy; *np.* **~tischtuch** 2. ... adamaszku; *np.* **~weberei**
Damasttischtuch *n* **—(e)s,** ⁻**er** obrus adamaszkowy
Damastweberei *f* **—, —en** tkalnia adamaszku
Damaszenerklinge *f* **—, —n** klinga damasceńska
Damaszenerstahl *m* **—(e)s** stal damasceńska
damaszieren (h) *vt, met* dziwerować
Dame *f* **—, —n** 1. dama *f (t. karc),* pani *f;* **e—e große ~ spielen** udawać wielką panią 2. partnerka *f (w tańcu)* 3. *szach* hetman *m* 4. *zob.* **Damespiel**
Dämchen *n* **—s, —** damulka *f*
Dämel *m* **—s, — a. —s** *pot* głupek, dureń *m*
däm(e)lich *adj:adv* głupi:-o, głupkowat-y:-o. **Sk** głupota *f*
Damen... w *comp* 1. damski; *np.* **~mode** 2. kobiecy; *np.* **~welt**
Damenbinde *f* **—, —n** *med* opaska higieniczna
Damenfriseur [...zø:r] *m* **—s, —e** fryzjer damski
Damenhut *m* **—(e)s,** ⁻**e** kapelusz damski
Damenkostüm *n* **—s, —e** kostium damski
Damenmode *f* **—, —n** moda damska
Damenrad *n* **—(e)s,** ⁻**er** rower damski, *pot* damka *f*

Damenschneider *m* **—s, —** krawiec damski
Damenwahl *f* **—, —en** zaproszenie do tańca przez panie
Damenwelt *f* **—** świat kobiecy, kobiety *pl*
Damespiel *n* **—(e)s, —e** warcaby *pl, pot* damka *f*
Damhirsch *m* **—es, —e** *zoo* daniel *m*
damit 1. *adv* (z) tym; z tego; na to; przez to; **er ist ~ zufrieden** on jest z tego zadowolony; **was willst du ~ sagen?** co chcesz przez to powiedzieć?; **her ~!** dawaj no!; **heraus ~!** a) gadajże! b) pokaż no!; **~ ist der Fall erledigt!** na tym koniec ⟨basta⟩! 2. *cj* (a)by. (a)żeby
däm(e)lich *zob.* **däm(e)lich**
Damm *m* **—(e)s,** ⁻**e** 1. grobla *f,* wał *m;* tama *f (t. górn); kol* nasyp *m; przen* **e—n ~ setzen** kłaść tamę; *pot* **er ist wieder auf dem ~** on jest znowu zdrowy, wygrzebał się (z choroby); *pot* **jmdn auf den ~ bringen** postawić kogoś na nogi 2. jezdnia *f* 3. *anat* krocze *n*
Dammar *n* **—s** *a.* **Dammarharz** *n* **—es** damara *f*
Dammbruch *m* **—(e)s,** ⁻**e** 1. przerwanie tamy ⟨grobli⟩ 2. pęknięcie krocza
dämmen (h) *vt* 1. zagr-adzać|odzić tamą, kłaść|położyć tamę ⟨groblę⟩ 2. za| tamować **(Blut krew)** 3. *przen* powściąg-ać|nąć, po|hamować, s|tłumić
dämm(e)rig *adj:adv* 1. mroczn-y:-ie 2. *przen* niewyraźn-y:-ie, niejasn-y:-o
Dämmerlicht *n* **—(e)s** zmrok, zmierzch *m;* brzask *m*
dämmern (h) *vi* 1. *vimp* zmierzchać, świtać; **es dämmert** zmierzcha się; świta; **der Morgen dämmert** świta 2. *vimp, przen* świtać, zacz-ynać|ąć pojmować **es dämmert ihm** świta mu, zaczyna pojmować 3. drzemać, być w półśnie. **Su** 1. zmierzch, zmrok *m;* świt, brzask *m;* **astronomische Dämmerung** zmrok astronomiczny 2. półmrok *m*
Dämmerschein *m* **—(e)s** *zob.* **Dämmerlicht**
Dämmerschlaf *m* **—(e)s** półsen *m*
Dämmerstunde *f* **—, —n** zmrok, zmierzch *m;* szara godzina
Dämmerzustand *m* **—(e)s,** ⁻**e** *med* stan zamroczenia ⟨półświadomości⟩
Dammriff *n* **—(e)s, —e** *geol* rafa barierowa
Dammriß *m* **...isses, ...isse** *med* pęknięcie krocza
Dämmstoff *m* **—(e)s, —e** *bud* materiał izolacyjny
Dämon *m* **—s, ...onen** demon *m,* zły duch
dämonenhaft *a.* **dämonisch** *adj:adv* demoniczn-y:-ie
Dampf *m* **—(e)s,** ⁻**e** 1. para *f,* opary *pl; przen, pot* **das geht wie mit ~** to idzie piorunem; *przen* **~ hinter der Arbeit machen** ponaglać robotę. 2. *pot* strach *m; przen* **ich habe ~ vor ihm** mam pietra przed nim
Dampf... w *comp* 1. parowy; *np.* **~antrieb** 2. ... pary; *np.* **~druck** 3. ... do pary; *np.* **~entwick(e)ler**

Dampfableitung f —, —en 1. odprowadzenie pary 2. przewód odprowadzający parę
Dampfantrieb m —(e)s napęd parowy
Dampfbad n —(e)s, ⁝⁝er kąpiel parowa
dampfdicht adj:adv paroszczeln-y:-ie
Dampfdruck m —(e)s ciśnienie pary
Dampfdrucktopf m —(e)s, ⁝⁝e szybkowar m
Dampfdüse f —, —n tech dysza parowa
dämpfen (h) I. vi 1. parować; dymić 2. pot jechać statkiem II. vt, pot kurzyć, pykać (e—e Pfeife fajkę)
dämpfen (h) vt 1. przytłumi-ać|ć, s|tłumić (die Stimme głos; Farben kolory); przyćmiewać (das Licht światło) 2. poda-wać|ć działaniu pary 3. kulin gotować na parze; dusić. Su
Dampfentwick(e)ler m —s, — tech wytwornica pary
Dampfer m —s, — parowiec m, statek parowy, parostatek m
Dämpfer m —s, — 1. tech tłumi|k, dławik m; pot jmdm e—n ~ aufsetzen przygasić kogoś 2. muz tłumik m (e—r Geige skrzypiec), moderator m (e—s Klaviers pianina) 3. par(ow)nik m (kocioł)
Dampfgebläse n —s, — tech dmuchawa parowa
Dampfhammer m —s, ⁝⁝ tech młot parowy
Dampfheizung f —, —en ogrzewanie parowe
dampfig adj napełniony parą, parny
dämpfig adj:adv, wet dychawiczn-y:-ie (o koniu). Sk wet dychawica świszcząca
Dampfkessel m —s, — kocioł parowy
Dampfkesselanlage f —, —n kotłownia f, urządzenie kotłowe
Dampfkochtopf m —(e)s, ⁝⁝e szybkowar m
Dampflokomotive f —, —n parowóz m, lokomotywa parowa
Dampfmaschine f —, —n maszyna parowa
Dampfmesser m —s, — paromierz m
Dampfmühle f —, —n młyn parowy
Dampfpfeife f —, —n gwizdek parowy, syrena parowa
Dampfpflug m —(e)s, ⁝⁝e pług parowy
Dampfsägewerk n —(e)s, —e tartak parowy
Dampfsammler m —s, — zbiornik ⟨kolektor⟩ pary
Dampfschiff n —(e)s, —e zob. Dampfer
Dampfschiffahrt f — tech żegluga parowa
Dampfschlange f —, —n tech wężownica parowa
Dampfspannung f — fiz prężność pary
Dampfstrahl m —(e)s, —en strumień pary
Dampfstrahlgebläse n —s, — tech dmuchawa parowa strumieniowa
Dampfturbine f —, —n turbina parowa
Dampfüberdruck m —(e)s nadciśnienie pary
Dampfüberhitzer m —s, — tech przegrzewacz pary
Dampfverteilung f — tech rozrząd pary

Dampfwalze f —, —n walec parowy
Damwild n —es łow daniele pl
danach a. danach adv 1. następnie, potem, później 2. po temu, odpowiednio ⟨stosownie⟩ do, za tym; o to; do tego; sich ~ richten stosować się do tego; ~ fragen pytać o to; das sieht auch ~ aus to też na to wygląda; du mußt ~ handeln musisz odpowiednio do tego postępować
Dandy m —s, —s dandys, modniś m
Däne m —n, —n Duńczyk m
daneben adv 1. obok; dicht ~ tuż obok; ~ legen ⟨liegen⟩ kłaść ⟨leżeć⟩ obok 2. (o)prócz ⟨obok⟩ tego, nadto
danebengeh(e)n (45;sn) vi, pot 1. chybi--ać|ć 2. przen nie uda-wać|ć się
danebenhauen (62;h) vi, pot, przen chybi-ać|ć, s|pudłować
Dänemark n —s Dania f; Königreich ~ Królestwo Danii
daniederliegen (79;h, sn) vi 1. leżeć chorym 2. znajdować się w upadku, nie prosperować (o handlu, interesach)
Dänin f —, —nen Dunka f
dänisch adj:adv duński : po duńsku
dank praep dat, gen dzięki; ~ seiner Hilfe dzięki jego pomocy
Dank m —(e)s podziękowanie n, podzięka, wdzięczność f; besten ⟨schönen, wärmsten, herzlichen⟩ ~ bardzo ⟨pięknie, gorąco, serdecznie⟩ dziękuję!; Gott sei ~! dzięki Bogu!; jmdm ~ wissen ⟨schulden⟩ być komuś wdzięcznym
Dank... w comp dziękczynny:
~adresse
Dankadresse f —, —n adres dziękczynny
dankbar adj:adv wdzięczn-y:-ie. Sk
danken (h) 1. vi po|dziękować. (jmdm für etw. komuś za coś); danke sehr ⟨schön, bestens⟩! bardzo ⟨serdecznie⟩ dziękuję! 2. vt odwdzięcz-ać|yć się; zawdzięczać (jmdm etw. komuś coś); er hat ihm viel zu ~ on ma mu wiele do zawdzięczenia
dankerfüllt adj:adv wdzięczny : pełen wdzięczności
Dankes... w comp ... wdzięczności; np. ~bezeigung
Dankesbezeigung f —, —en dowód wdzięczności
Dankesworte pl wyrazy wdzięczności
Dankgottesdienst m —es, —e nabożeństwo dziękczynne
Danksagung f —, —en podziękowanie n
Dankschreiben n —s, — list dziękczynny
dann adv 1. wtedy; selbst ~ nawet wtedy; 2. potem, później; was ~? i co potem?; ~ und wann niekiedy; ~ noch prócz tego, nadto, poza tym
dannen adv; von ~ stąd (precz); von ~ gehen odejść, pójść sobie
daran a. daran (pot dran) adv przy tym; po tym; na tym; o tym; ~ erkenne ich ihn po tym go poznaję; er freute sich ~ cieszył się z tego; ihm liegt viel ~ jemu bardzo na tym zależy; ich denke ~ myślę o tym; pot ich denke gar nicht ~! ani mi się śni!; er war ~ zu weinen omal że nie płakał; er war schuld ~ on był temu winien;

darangeh(e)n 166 **darum**

pot alles was drum und dran ist wszystko razem; jetzt sind wir ~ teraz na nas kolej; er ist eben ~ właśnie zabiera się do tego; pot er ist übel ⟨gut⟩ ~ źle ⟨dobrze⟩ mu się wiedzie
darangeh(e)n (45;sn) *vi* przyst-ępować| ąpić ⟨zab-ierać|rać się⟩ do dzieła ⟨roboty⟩
daranhalten, sich (60;h) *vr* po|spieszyć się
darankommen (70;sn) *vi* być następnym w kolejności; jetzt kommt er daran teraz na niego kolej
daransetzen (h) *vi, przen* do-kładać|łożyć, uży-wać|ć; er setzte alles daran, mir zu helfen czynił wszystko, by mi pomóc
darauf *a.* **darauf** *(pot* **drauf)** *adv* 1. na tym ⟨to⟩; e. Tisch und Blumen ~ stół, a na nim kwiaty; er versteht sich ~ on zna się na tym 2. potem, następnie; e—e Woche ~ po tygodniu; den Tag ~ nazajutrz; e—e Stunde ~ godzinę później; gleich ~ bezpośrednio potem
darauffolgend *part, adj* następny; am ~en Tage, następnego dnia, nazajutrz
daraufhin *adv* potem, następnie; na to; na podstawie tego
daraufkommen (70;sn) *vi* przypom-inać| nieć sobie to, wpa-dać|ść (na pomysł)
daraus *a.* **daraus** *(pot* **draus)** *adv* z tego, stąd; ~ folgt z tego wynika, stąd wniosek; es wird nichts ~ nic z tego (nie będzie); ~ wird niemand klug tego nikt nie zrozumie
darben (h) *vi* głodować; biedować
darbieten (10;h) I. *vt* 1. ofiarow-ywać| ać, za|proponować, poda-wać|ć; jmdm die Hand ~ wyciągać rękę do kogoś 2. *t. teatr* przedstawi-ać|ć (e. Schauspiel widowisko); *teatr* e—e Rolle ~ kreować rolę II. sich ~ *vr* nadarz-ać| yć ⟨nastręcz-ać|yć⟩ się *(o sposobności, okazji itp.)*; przedstawi-ać|ć się *(np. o widoku).* Su do I. 1., 2.; do I. 2. *t. teatr* kreacja *f*; występ *m*
darbringen (18;h) *vt* ofiarow-ywać|ać, przyn-osić|ieść (w podarunku ⟨darze, ofierze⟩); e. Opfer ~ składać ofiarę. Su
Dardanęllen *pl* Dardanele *pl*
darein *a.* **darein** *(pot* **drein)** w to
dareinfinden, sich (34;h) *vr* przywyk-ać|nąć, po|godzić się z losem
dareinmischen, sich (h) *vr* wtrąc-ać|ić się w to
dareinreden (h) *vi* wtrąc-ać|ić się do rozmowy
darin *a.* **darin** *(pot* **drin)** *adv* 1. w tym, wewnątrz, w środku 2. co do tego, pod tym względem; ~ irrt er sich co do tego, to on się myli
darinnen *adv* (tam) wewnątrz
darlegen (h) *vt* objaśni-ać|ć, wyjaśni-ać|ć, wyłuszcz-ać|yć (Gründe powody); przedstawi-ać|ć, przed-kładać|łożyć (e—n Plan plan). Su
Darleh(e)n *n* —s, — pożyczka *f*; e. ~ geben udzielać pożyczki
Darlehns... *w comp* pożyczkowy; *np.* ~kasse
Darlehnskasse *f* —, —n kasa pożyczkowa

Darm *m* —(e)s, ⸗e *anat* 1. kiszka *f*, jelito *n* 2. *pl* ⸗e wnętrzności *pl*
Darm... *w comp* ... jelit; *np.* ~bewegung
Darmbewegung *f* —, —en ruch robaczkowy jelit, perystaltyka *f*
Darmkatarrh *m* —s, —e *med* nieżyt jelit
Darmlähmung *f* — *med* atonia ⟨porażenie⟩ jelit
Darmsaite *f* —, —n struna *f*
Darmverschlingung *f* — *med* zawęźlenie jelit, *pot* skręt kiszek
Darmverschluß *m* ...sses *med* niedrożność jelit
Darmverstopfung *f* —, —en *med* zaparcie stolca
d(a)rob *adv, dawn* dlatego, z tego powodu
Darre *f* —, —n 1. suszarnia *f* 2. suszenie *n*
darreichen (h) *vt* poda-wać|ć, wręcz-ać| yć, ofiarow-ywać|ać. Su
darren (h) *vt* suszyć, wysusz-ać|yć
darstellen (h) I. *vt* 1. przedstawi-ać|ć, opis-ywać|ać, zobrazować 2. *teatr* odtw-arzać|orzyć, gr-ywać|ać, kreować (e—e Rolle rolę) 3. *chem* otrzym-ywać| ać, wytw-arzać|orzyć (etw. aus etw. coś z czegoś) II. sich ~ *vr* przedstawi-ać|ć się *(np. o sprawie)*; der Fall stellt sich so dar wypadek tak się przedstawia. Su do I. 1.—3; do I. 1. *t.* przedstawienie *n,* opis *m;* do I. 2. *t.* kreacja *f*
darstellend 1. *part praes, zob.* darstellen 2. *adj* wykreślny; ~e Geometrie geometria wykreślna
Darsteller *m* —s, — aktor, odtwórca *m*
Darstellerin *f* —, —nen aktorka, odtwórczyni *f* (roli)
Darstellungs... *w comp* 1. ... przedstawiania ⟨opisywania⟩; *np.* ~gabe 2. ... otrzymywania ⟨wytwarzania⟩; *np.* ~weise
Darstellungsgabe *a.* **Darstellungskunst** *f* — dar przedstawiania ⟨opisywania⟩
Darstellungsweise *f* —, —n *chem* sposób otrzymywania ⟨wytwarzania⟩
dartun (167;h) *vt* wykaz-ywać|ać, udow--adniać|odnić
darüber *a.* **darüber** *(pot* **drüber)** *adv* 1. nad ⟨o⟩ tym, ponad tym ⟨to⟩; er schreibt ~ pisze o tym; wir lachen ~ śmiejemy się z tego; *pot* sie machten sich ~ rzucili się na to; er ist noch ~ jeszcze nad tym pracuje 2. (po)nadto, przeszło, z górą, więcej; ~ hinaus poza tym; 20 Jahre und ~ 20 lat z górą; 50 Mark und ~ ponad 50 marek; es geht nichts ~ nie ma nic lepszego ponad to; *pot* es geht alles drunter und drüber panuje bałagan ⟨rozgardiasz⟩
darum *a.* **darum** *(pot* **drum)** *adv* 1. około tego; o to, o tym, za to; es handelt sich ~ chodzi o to; ich bat ihn ~ prosiłem go o to; er weiß ~ on wie o tym; er kümmert sich nicht ~ on nie troszczy się o to 2. dlatego, z tego powodu; ~ weil dlatego że; ~ gehe ich doch hin dlatego ⟨z tego powodu⟩ tam idę

darunter a. **darunter** (pot **drunter**) adv 1. pod tym ⟨to⟩; **was verstehst du ~?** co przez to rozumiesz? 2. między nimi, wśród nich; **es sind auch Fachleute ~** są i fachowcy wśród nich 3. (po)niżej, mniej; **20 Mark und ~ 20 marek** i mniej
Darwinismus m — darwinizm m
das nom, acc sing n zob. **der**
dasein (136;sn) vi 1. być obecnym; **alle sind da** wszyscy są obecni 2. istnieć, być; **das ist noch nicht dagewesen** tego jeszcze nie było
Dasein n —s istnienie n, byt m, egzystencja f; **der Kampf ums ~** walka o byt; e. **kümmerliches ~ fristen** klepać biedę, wegetować
Daseins... w comp 1. ... bytu; np. **~berechtigung** 2. ... o byt; np. **~kampf**
Daseinsbedingungen pl warunki bytowe
Daseinsberechtigung f — racja bytu, prawo do życia
Daseinskampf m —(e)s walka o byt
daselbst adv tam(że); tam też; tu też
dasitzen (142;h) vi, pot siedzieć (bezradnie)
dasjenige pron dem to
daß cj że, iż; żeby, aby; **im Fall(e) ~ ...** w wypadku gdy ...; **so ~** tak że; **auf ~** aby, żeby
dasselbe pron dem to (samo)
Dassel(fliege) f —, —n ent giez m
dasteh(e)n (151;h, sn) vi stać; znajdować się; pozostawać; **allein ~** być odosobnionym, żyć samotnie; **er stand wie versteinert da** stał jak wryty; przen **ohne Mittel ~** pozost(aw)ać bez środków do życia; przen **er steht einzig' da** on nie ma sobie równego; przen **er steht jetzt besser da** teraz mu się lepiej powodzi
Daten pl (zob. t. **Datum**) dane pl; fakty pl
Datenverarbeitung f — przetwarzanie danych ⟨informacji⟩
datieren (h) 1. vt datować (e—n Brief list) 2. vi datować się, istnieć, pochodzić. Su do 1.
Dativ m —s, —e gram celownik m
Dativobjekt n —(e)s, —e gram dopełnienie dalsze ⟨w celowniku⟩
dato adv, hand dziś; **bis ~** do dziś
Dattel f —, —n daktyl m
Dattel... w comp daktylowy; np. **~palme**
Dattelpalme f —, —n bot palma daktylowa, daktylowiec m
Datum n —s, ...ten (zob. t. **Daten**) data f; **welches ~ haben wir heute?** którego dziś mamy?
Daube f —, —n klepka f (bednarska)
Dauer f — 1. trwanie n, czas trwania, okres m, przeciąg czasu; **auf die ~** na dłuższy czas, na stałe; **auf die ~ von 2 Monaten** na okres 2 miesięcy; **während der ~** podczas, w czasie; **von kurzer ~** krótkotrwały 2. trwałość f
Dauer... w comp 1. ciągły ⟨nieprzerwany⟩; np. **~betrieb** 2. trwały; np. **~belastung** f
Dauerbelastung f — obciążenie trwałe

Dauerbetrieb m —(e)s ruch ciągły ⟨nieustanny⟩, permanencja f
Dauerbrandofen m —s, ⸗ piec stałopalny ⟨z ogrzewaniem ciągłym⟩
Dauerflug m —(e)s, ⸗e lot długodystansowy ⟨bez lądowania⟩
Dauerfrostboden m —s marzłość wieczna, zmarzlina f
dauerhaft adj:adv trwa-ły:-le. Si
Dauerkarte f —, —n karta abonamentowa, abonament m
Dauerlauf m —(e)s, ⸗e bieg długi
Dauermarsch m —es, ⸗e marsz forsowny
dauern¹ (h) vi po|trwać
dauern² (h) vt żałować, ubolewać; **er dauert mich** żal mi go; **ihn dauert seine Zeit nicht** (on) nie żałuje czasu
dauernd 1. part praes, zob. **dauern¹** 2. adj:adv trwa-ły:-le, ciąg-ly:-le; sta-ły:-le; e—e ~e **Stellung** stała posada; **er ist ~ unterwegs** on jest stale w drodze
Dauerrekord m —(e)s, —e rekord wytrzymałości
Dauertropfinfusion f —, —en med kroplówka f
Dauerware f —, —n towar trwały
Dauerwellen pl trwała ondulacja
Dauerwurst f —, ⸗e sucha wędlina ⟨kiełbasa⟩
Dauerzustand m —(e)s stan ciągły ⟨nieprzerwany⟩, permanencja f
Daumen m —s, — kciuk m; pot **die ~ drehen** kręcić młynka palcami; przen **t. nudzić się; den ~ halten** ⟨drücken⟩ trzymać ⟨ścisnąć⟩ kciuk (na szczęście)
Daumenschraube f —, —n kluby pl (do tortur); przen **jmdm ~ anlegen** brać kogoś w kluby
Däumling m —s, —e 1. paluch m (u rękawicy) 2. lit Tomcio Paluch
Daune f —, —n puch m
Daunen... w comp puchowy; np. **~decke**
Daunenbett n —(e)s, —en pierzyna puchowa
Daunendecke f —, —n kołdra puchowa
Daunenkissen n —s, — poduszka puchowa
daunenweich adj:adv miękki jak puch; miękko jak w puchu
Daus¹ m —es, —e pot diabeł, czort m; **ei der ~!** (tam) do diaska!
Daus² n —es, —e a. ⸗er karc as, tuz m
Davispokal [de:vis...] m —s sport puchar Davisa
Davit [de:vit] m —s, —s mar żurawik łodziowy
davon a. **davon** adv od ⟨z⟩ tego; stąd; o tym; **nicht weit ~** niedaleko od tego; **~ später** o tym później; **~ nichts mehr!** o tym już ani słowa!; **er ist auf und ~** poszedł sobie, uciekł; **was hast du ~?** cóż ci z tego przyjdzie?
davon... w czasownikach rozdzielnych przeważnie w znaczeniu: od ...; np. **~jagen**
davonbleiben (14;sn) vi trzymać się z dala, nie wtrącać się
davoneilen (sn) vi oddal-ać|ić się w pośpiechu, um-ykać|knąć

davonfahren (30;sn) *vi* odje-żdżać|chać
davonfliegen (36;sn) *vi* odl-atywać|ecieć
davongeh(e)n (45;sn) *vi* od-chodzić|ejść
davonjagen (h) *vt* odpędz-ać|ić
davonkommen (70;sn) *vi* uchodzić|ujść, um-ykać|knąć; wym-ykać|knąć się; wy-chodzić|jść cało; **mit dem Leben ~** ujść z życiem, ocaleć; **mit knapper Not ~** ledwo ujść ⟨uratować się⟩; **er kam mit heiler Haut davon** wyszedł cało ⟨bez szwanku⟩, pot upiekło mu się; **ich bin mit dem Schrecken davongekommen** skończyło się (dla mnie) na strachu
davonlassen (74;h) *vi*; **die Finger ~** nie tykać czegoś, nie wtrącać się
davonlaufen (75;sn) *vi* ucie-kać|c; *pot* **es ist zum Davonlaufen!** nie do wytrzymania!
davonmachen, sich (h) *vr* um-ykać|knąć, czmych-ać|nąć, wyn-osić|ieść się
davonschleichen (115;sn) *vi, vr* wyn-osić|ieść się cichaczem
davontragen (160;h) *vt* odn-osić|ieść (e—e **Wunde** ranę; e—n **Erfolg** sukces; **den Sieg** zwycięstwo); zdoby-wać|ć (e—n **Preis** nagrodę); nabawi-ać|ć się (e—e **Krankheit** choroby); pon-osić|ieść (**Schaden** szkodę)
davonziehen (187;sn) *vi* od-chodzić|ejść, odje-żdżać|chać. oddal-ać|ić sie
davor *a.* **davor** *adv* przed tym ⟨to⟩; tego; **hüte dich ~!** strzeż się tego!; **ich fürchte mich ~** lękam się tego
davorsteh(e)n (151;h, sn) *vi* sta-wać|ć przed tym
davorstellen (h) *vt* 1. stawiać|postawić przed tym 2. **sich ~** *vr* sta-wać|nąć przed tym
dawider *adv* przeciw temu
dawiderreden (h) *vi* oponować, sprzeciwi-ać|ć się
dazu *a.* **dazu** *adv* 1. do tego; na to; **was sagt er ~?** co on na to (mówi)?; **es kam ~** doszło do tego; **~ gehört Zeit** ⟨**Geld**⟩ na to trzeba czasu ⟨pieniędzy⟩ 2. nadto, prócz tego; **noch ~** w dodatku; **er bekam e. Stipendium und ~ freie Wohnung** otrzymał stypendium i prócz tego bezpłatne mieszkanie
dazu... *w czasownikach rozdzielnych przeważnie w znaczeniu:* do...; *np.* **~tun**
dazugeben (43;h) *vt* doda-wać|ć, do-kładać|łożyć
dazugehören (h) *vi* należeć do tego
dazugehörig *adj* przynależny do tego
dazuhalten, sich (60;h) *vr* spieszyć się zwijać się
dazukommen (70;sn) *vi* do-chodzić|jsc; przyłącz-ać|yć się
dazumal *adv* wtedy, wówczas; **Anno ~** niegdyś, za króla Ćwieczka
dazuschreiben (126;h) *vt* dopis-ywać|ać
dazutun (167;h) *vt* doda-wać|ć, do-kładać|łożyć
dazwischen *adv* między tym ⟨to⟩, wśród tego
dazwischen... *w czasownikach rozdzielnych; np.* **~reden**

dazwischenfunken (h) *vi, przen* przeszk-adzać|odzić, wtrąc-ać|ić się
dazwischenkommen (70;sn) *vi* 1. zjawi-ać|ć się 2. sta-wać|nąć na przeszkodzie, przeszk-adzać|odzić; **wenn nichts dazwischenkommt** jeśli nic nie przeszkodzi
dazwischenliegen (79;h, sn) *vi* leżeć między tym
dazwischenliegend 1. *part praes, zob.* **dazwischenliegen** 2. pośredni, środkowy
dazwischenreden (h) *vi* wtrąc-ać|ić się do rozmowy
dazwischenrufen (101;h) *vi* przer-ywać| |wać okrzykami
dazwischentreten (163;sn) *vi* wtrąc-ać|ić się, ingerować, interweniować
Debatte *f* —, —n debata, dyskusja *f;* **außenpolitische ~** debata nad polityką zagraniczną
debattieren (h) *vi* debatować, obradować, dyskutować (**über etw.** nad czymś)
Debet *n* —s, — *s buch* debet *m*, „winien" **debil** *adj* debilny
Debilität *f* — *med* debilizm *m*, ograniczenie umysłowe
Debüt [deby:] *n* —s, —s debiut *m*
Debütant *m* —en, —en debiutant *m*
Debütantin *f* —, —nen debiutantka *f*
debütieren (h) *vi* za|debiutować
Dechant *m* —en, —en dziekan *m* (duchowny)
dechiffrieren [deʃifri:...] (h) *vt* rozszyfrow-ywać|ać (*t. przen.*). Su
Deck *n* —(e)s, —e *a.* —s *mar* pokład *m;* **auf** ⟨**an**⟩ **~** na pokładzie
Deckadresse *f* —, —n adres umówiony
Deckbett *n* —(e)s, —en pierzyna *f*
Decke *f* —, —n 1. kołdra *f,* koc *m*, przykrycie *n;* kapa *f;* serweta *f,* obrus *m;* **przen mit jmdm unter e—r ~ stecken** mieć konszachty ⟨być w zmowie⟩ z kimś; *przen* **man muß sich nach der ~ strecken** trzeba przystoso(wy)wać się do warunków; wedle stawu grobla 2. pokrywa; *f;* warstwa pokrywająca; nawierzchnia *f* (drogi) 3. strop, pułap, sufit *m* 4. *łow* futro *n*
Deckel *m* —s, — 1. wieko *n;* pokryw(k)a *f* 2. *pot* kapelusz *m;* czapka *f; pot* **eins auf den ~ bekommen** dostać po głowie 3. okładka *f*
decken (h) I. *vt* 1. pokry-wać|ć, kryć (e. **Dach** dach), przykry-wać|ć 2. nakry-wać|ć (**den Tisch** stół) 3. zasł-aniać|onić, osł-aniać|onić, ochr-aniać| onić (*t. woj.* **die Flanke** skrzydło) 4. **hand** pokry-wać|ć (**die Kosten** koszty) 5. pokry-wać|ć, stanowić (e—e **Stute** klacz) 6. zaspok-ajać|oić; pokry-wać|ć (**den Bedarf** zapotrzebowanie) **II. sich ~** *vr* 1. za|asekurować ⟨zabezpiecz-ać| yć⟩ się, *woj* kryć się 2. zgadzać się, być identycznym 3. *mat* przystawać do siebie. Su do I. 1.—6.; do I. 3. *t. woj* osłona *f,* ochrona *f;* volle **Deckung!** kryć się!
Decken... *w comp* I. 1. sufitowy, stropowy; *np.* **~beleuchtung** 2. ... sufitu ⟨stropu⟩; *np.* **~verputz** II. ... kołdry

⟨a. koca a. kapy a. serwety a. obrusa⟩; np. ~muster
Deckenbeleuchtung f —, —en oświetlenie sufitowe
Deckengemälde n —s, — malowidło sufitowe ⟨plafonowe⟩
Deckenheizung f —, —en ogrzewanie stropowe ⟨sufitowe⟩
Deckenmalerei f 1. malarstwo plafonowe ⟨sufitowe⟩ 2. —, —en malowidło plafonowe ⟨sufitowe⟩
Deckenmuster n —s, — wzór kołdry ⟨a. koca a. serwety a. obrusa⟩
Deckenverputz m —es bud wyprawa sufitu ⟨stropu⟩
Deckflügler pl, ent chrząszcze, tęgopokrywe pl
Deckglas n —es, ⸚er szkiełko nakrywkowe
Deckhengst m —es, —e ogier rozpłodowy
Deckmantel m —s, ⸚ przen płaszczyk m, pokrywka f; **unter dem ~ pod płaszczykiem** ⟨pokrywką⟩
Deckname m —ns, —n pseudonim, kryptonim m
Deckoffizier m —s, —e mar bosman m
Deckplatz m —es, ⸚e mar miejsce na pokładzie
Dedikation f —, —en dedykacja f
dedizieren (h) vt dedykować
Deduktion f —, —en dedukcja f
deduktiv adj:adv dedukcyjn-y:-ie
deduzieren (h) vt wy|dedukować, wyprowadz-ać|ić wnioski
De-facto-Anerkennung f —, —en uznanie de facto
Defätismus m — defetyzm m
Defätist m —en, —en defetysta m
defätistisch adj:adv defetystyczn-y:-ie
defekt adj 1. defektowy, uszkodzony 2. posiadający braki ⟨wady⟩
Defekt m —(e)s, —e 1. defekt m, uszkodzenie n 2. brak m, wada f 3. niedobór, deficyt m, manko n
Defektenprotokoll n —s, —e protokół braków
defektiv adj:adv defektywn-y:-ie
defensiv adj:adv defensywn-y:-ie, obronn-y:-ie
Defensiv... w comp obronny; np. ~bündnis
Defensivbündnis n —ses, —se przymierze obronne
Defensive f —, —n defensywa f, działanie obronne
Defensivkampf m —(e)s, ⸚e walka obronna
defilieren (h;sn) vi przedefilować, przemaszerować
definieren (h) vt z|definiować, określ-ać|ić
Definition f —, —en definicja f, określenie n
definitiv adj:adv definitywn-y:-ie, ostateczn-y:-ie
Defizit n —s, —e deficyt, niedobór m, manko n
Defizit... w comp deficytowy; np. ~ware
defizitär adj:adv deficytow-y:-o
Defizitware f —, —n towar deficytowy

Deflation f —, —en ekon, geol deflacja f
Defloration f —, —en defloracja f, pozbawienie dziewictwa
deflorieren (h) vt z|deflorować, pozbawi-ać|ć dziewictwa
Deformation f —, —en deformacja f, zniekształcenie n; odkształcenie n (t. med)
deformieren (h) vt z|deformować, zniekształc-ać|ić. Su
Defraudant m —en, —en defraudant, sprzeniewierca m
Defraudation f —, —en defraudacja f, sprzeniewierzenie n
defraudieren (h) vt z|defraudować, sprzeniewierz-ać|yć
Degen m —s, — 1. szpada f 2. poet, przen wojak, junak m; bohater m
Degen... w comp 1. ... szpady; np. ~klinge 2. ... szpadą; np. ~stich
Degeneration f —, —en degeneracja f, zwyrodnienie n
degenerieren (sn) vi z|wyrodnieć, wyr-adzać|odzić ⟨z|degenerować⟩ się
Degenfisch m —es, —e icht pałasz m
Degengriff m —(e)s, —e rękojeść szpady
Degenklinge f —, —n klinga ⟨brzeszczot⟩ szpady
Degenknopf m —(e)s, ⸚e główka szpady
Degenstich m —(e)s, —e pchnięcie szpadą
Degradation f —, —en degradacja f, z degradowanie n; pozbawienie godności
degradieren (h) vt z|degradować, pozbawi-ać|ć godności. Su t. degradacja f
dehnbar adj:adv 1. rozciągliw-y:-ie, elastyczn-y:-ie 2. przen szerok-i:-o; e. ~er Begriff szerokie pojęcie. Sk do 1., 2.; do 1. t. wydłużalność f
dehnen (h) vt, vr (sich się) rozciąg-ać|nąć, wyciąg-ać|nąć; wydłuż-ać|yć (t. jęz); fiz rozszerz-ać|yć; przen **die Zeit dehnt sich czas dłuży się; er dehnte und reckte sich przeciągał** ⟨rozprostowywał⟩ się
Dehnungs-h n —, — jęz nieme h
Dehnungskoeffizient m —en, —en współczynnik wydłużania ⟨rozszerzalności⟩
Dehnungszeichen n —s, — jęz znak długości
Deich m —(e)s, —e grobla f, wał m
Deich... w comp ... grobli ⟨wału⟩; np. ~bau
Deichbau m —(e)s sypanie grobli ⟨wału⟩
Deichbruch m —(e)s, ⸚e przerwanie grobli ⟨wału⟩
deichen (h) vt sypać ⟨wznosić⟩ groblę ⟨wał⟩
Deichsel f —, —n dyszel m
Deichsel... w comp dyszlowy; np. ~pferd
Deichselgabel f —, —n hołoble pl
deichseln (h) vt, pot po|kierować (e—e Sache sprawą); załatwi-ać|ć ⟨sprawę⟩; po|radzić sobie ⟨z jakąś sprawą⟩
Deichselpferd n —(e)s, —e koń dyszlowy
dein 1. pron poss twój 2. pron poss r swój; nimm ~ Buch! weź swoją książkę!
deine, Deine zob. dein(ig)e, Dein(ig)e

deinerseits *adv* z twej strony; ze swej strony
deinesgleichen *pron ind, adj inv* 1. taki jak ty, podobny do ciebie 2. tacy jak ty, podobni do ciebie
deinethalben *a.* **deinetwegen** *a.* **um deinetwillen** *adv* z powodu ⟨ze względu na, dla; przez⟩ ciebie
dein(ig)e: der ~ *(bez rzeczownika)* 1. *pron poss* twój 2. *pron poss r* swój **Dein(ig)e** —n I. *(w listach)* 1. *m* Twój oddany 2. *f* Twoja oddana 3. *pl* —n Twoi oddani II. 1. *n* a) twoje (mienie) b) swoje (mienie) 2. *n* a) co do ciebie należy, twoje, twój obowiązek b) swoje, swój obowiązek 3. *pl* —n a) twoja rodzina, twoi (najbliżsi) b) swoja rodzina, swoi (najbliżsi)
Deismus *m* — deizm *m*
Deist *m* —en, —en deista *m*
Deiwel *m* —s, — *pot* diabeł, czort *m*
Dekabrist *m* —en, —en *hist* dekabrysta *m*
Dekade *f* —, —n dekada *f*
dekadent *adj:adv* dekadenck-i:-o, schyłkow-y:-o
Dekadenz *f* — dekadencja *f*, chylenie się (kultury) ku upadkowi
Dekaeder *n* —s, — *mat* dekaedr, dziesięciościan *m*
Dekagramm *n* —s, —e dekagram *m*, *pot* deka *n*
Dekan *m* —s, —e dziekan *m*
Dekanat *n* —(e)s, —e dziekanat *m*
Dekartellisierung *f* —, —en rozwiąz(yw)anie karteli, dekartelizacja *f*
dekatieren (h) *vt* z|dekatyzować. Su
Deklamation *f* —, —en deklamacja, recytacja *f*
Deklamator *m* —s, ...oren deklamator, recytator *m*
deklamatorisch *adj:adv* 1. deklamatorski: po deklamatorsku, recytatorski : po recytatorsku 2. *przen* napuszony; pompatyczn-y:-ie
deklamieren (h) 1. *vt* deklamować, recytować 2. *vi, przen* mówić pompatycznie
Deklaration *f* —, —en deklaracja *f*, zeznanie *n*
deklarieren (h) *vt* za|deklarować
deklassieren (h) *vt* z|deklasować
Deklination *f* —, —en 1. *fiz, astr* deklinacja *f*, odchylenie *n* 2. *gram* deklinacja
deklinierbar *adj, gram* dający się odmieniać, odmieniający się
deklinieren (h) 1. *vt, gram* deklinować, odmieni-ać|ć 2. *vi, fiz, astr* odchyl-ać|ić się
Dekolleté [dekɔl(ə)teː] *n* —s, —s dekolt *m*
dekolletiert *part, adj* (wy)dekoltowany
Dekor *m* —s, —s wzór *m*; ornament *m*
Dekorateur [...tøːr] *m* —s, —e dekorator *m*, teatr, film scenograf *m*
Dekoration *f* —, —en 1. dekoracja, ozdoba *f*; teatr, film t. oprawa sceniczna 2. odznaka *f*, odznaczenie *n* 3. dekoracja *f*, odznaczanie, u|dekorowanie *n*
Dekorations... *w comp* 1. dekoracyjny;

np. ~malerei 2. ... dekoracji; *np.* ~muster
Dekorationsmalerei *f* — malarstwo dekoracyjne
Dekorationsmuster *n* —s, — wzór dekoracji
Dekorationsstoff *m* —(e)s, —e materiał dekoracyjny
dekorativ *adj:adv* dekoracyjn-y:-ie
dekorieren (h) *vt* 1. u|dekorować, ozd-abiać|oić przystr-ajać|oić 2. u|dekorować, odznacz-ać|yć (**mit e—m Orden** orderem). Su
Dekorum *n* —s *przen* pozory *pl*, przyzwoitość *f*; **um das** ~ **zu wahren dla** zachowania pozorów ⟨przyzwoitości⟩
Dekret *n* —s, —e dekret *m*; e. ~ **erlassen** wyd(aw)ać dekret
dekretieren (h) *vt, vi* za|dekretować. Su
Delegation *f* —, —en delegacja *f*
delegieren (h) *vt* wy|delegować. Su
Delegierte, —**n,** —**n** 1. *m* delegat *m* 2. *f* delegatka *f*
delektieren, sich (h) *vr* delektować ⟨rozkoszować⟩ się (**an etw.** czymś)
delikat *adj:adv* 1. delikatn-y:-ie, subteln-y:-ie 2. delikatn-y:-ie, drażliw-y:-ie (*np. o kwestii*) 3. wyszukan-y:-ie, wykwintn-y:-ie (*o potrawach*)
Delikatesse *f* 1. —, —n delikatesy *pl*, smakołyk, przysmak, specjał *m* 2. — delikatność, subtelność *f*
Delikatessengeschäft *a.* **Delikateßgeschäft** *n* —(e)s, —e *a.* **Delikatessenhandlung** *f* —, —en *hand* delikatesy *pl* (*sklep*)
Delikateßwaren *pl* delikatesy *pl*
Delikt *n* —es, —e *praw* delikt *m*, przestępstwo *n*
Delinquent *m* —en, —en delikwent, przestępca *m*
Deliquentin *f* —, —nen delikwentka, przestępczyni *f*
Delirium *n* —s, ...rien *med* delirium *n*; ~ **tremens** biała gorączka
deliziös *adj:adv* wybredn-y:-ie, wyszukan-y:-ie, wykwintn-y:-ie
Delphin *m* —s, —e *icht* delfin *m*; *sport* —s *a.* ~schwimmen *n* —s delfin *m*
Delta *n* —(s), —s *a.* ...ten delta *f*
deltaförmig *adj:adv* deltowat-y:-o
dem *dat sing, m, n, zob.* **der** 1.—3.; **wie** ~ **auch sei** jakkolwiek by było
Demagoge *m* —n, —n demagog *m*
Demagogie *f* —, ...jen demagogia *f*
demagogisch *adj:adv* demagogiczn-y:-ie
Demarche [...rʃ(ə)] *f* —, —n *polit* demarche *n*
Demarkation *f* —, —en demarkacja *f*, rozgraniczenie *n*
Demarkations... *w comp* demarkacyjny; *np.* ~linie
Demarkationslinie *f* —, —n linia demarkacyjna
demaskieren (h) *vt, vr* (**sich** ~) z|demaskować. Su
dementgegen *adv* natomiast
Dementi *n* —s, —s *polit* dementi *n*
dementieren (h) *vt, polit* z dementować, zaprzecz-ać|yć, s|prostować

dementsprechend adj:adv odpowiedni:-o, stosown-y:-ie do tego
demgegenüber adv 1. natomiast, w porównaniu z tym 2. z drugiej strony
demgemäß adv odpowiednio, stosownie do tego
demilitarisieren (h) vt z|demilitaryzować. Su
Demimonde [dəmimɔ̃d(ə)] f — półświatek m
deminutiv adj:adv zrobnia-ły:-le
Demission f —, —en dymisja f, zwolnienie n; ustąpienie n
demissionieren (h) vi podać się do dymisji
demnach adv 1. według ⟨stosownie do⟩ tego 2. przeto, zatem
demnächst adv wkrótce, niebawem, wnet
Demobilisation f —, —en demobilizacja f
demobilisieren (h) vt z|demobilizować. Su
Demobilisierung a. Demobilmachung zob. Demobilisation
Demographie f —, ...ien demografia f
Demokrat m —en, —en demokrata m
Demokratie f —, ...ien demokracja f; parlamentarische ⟨innerparteiliche⟩ ~ demokracja parlamentarna ⟨wewnątrzpartyjna⟩
demokratisch adj:adv demokratyczn-y:-ie
demokratisieren (h) vt z|demokratyzować. Su t. demokratyzacja f
demolieren (h) z|demolować. Su
Demonstration f —, —en 1. demonstracja, manifestacja f 2. demonstracja f, pokaz m
Demonstrations... w comp 1. demonstracyjny; np. ~zug 2. ... pokazowy; np. ~material
Demonstrationsmaterial n —s, ..ien materiał pokazowy
Demonstrationszug m —(e)s, ⸗e pochód demonstracyjny
demonstrativ adj:adv 1. demonstracyjn--y:-ie ostentacyjn-y:-ie 2. poglądow-y:-o
Demonstrativpronomen n —s, — a. ...mina gram zaimek wskazujący
demonstrieren (h) 1. vt za|demonstrować (e—n Apparat przyrząd) 2. vi demonstrować, manifestować. Su
Demontage [...ta·ʒə] f —, —n demontaż m, demontowanie n
demontieren (h) vt, tech z|demontować, roz-bierać|ebrać (e—e Maschine maszynę)
Demoralisation f —, —en demoralizacja f, zepsucie n
demoralisieren (h) vt z|demoralizować. Su t. demoralizacja f
Demut f — pokora f
demütig adj:adv pokorn-y:-ie. Sk pokora f
demütigen (h) vt, vr (sich się) upok-arzać|orzyć. Su
demut(s)voll adj:adv pokorn-y:-ie
demzufolge zob. demnach
den acc. sing, m, zob. der 1.—3.
denaturieren (h) vt z|denaturować, ska--żać|zić; denaturierter Spiritus spirytus skażony, denaturat m

denen dat pl, zob. der 2., 3.
dengeln (h) vt na|klepać (e—e Sense kosę)
Denk... w comp 1. pamiątkowy; np. ~münze 2. ... myśli; np. ~freiheit 3. ... myślenia; np. ~art
Denkart f —, —en sposób myślenia
denkbar adj:adv dający się pomyśleć, możliw-y:-ie; die ~ beste Lage jak najlepsze położenie; es ist kaum ~, daß... nie da się pomyśleć, żeby ..., jest nie do pomyślenia, aby ...
denken (19;h) I. vi 1. po|myśleć (an etw. o czymś); ~ Sie nur! niech pan(i) pomyśli!; ich denke gar nicht daran! ani myślę!; pot ani mi się śni! 2. pamiętać, nie zapom-inać|nieć; ~ Sie an uns proszę pamiętać o nas! 3. przypominać sobie, sięgać pamięcią; solange ich ~ kann jak (daleko) sięgam pamięcią 4. mieć mniemanie ⟨sąd⟩; von jmdm ⟨etw.⟩ schlecht ~ mieć złe mniemanie o kimś ⟨czymś⟩ II. vt 1. przemyśleć (etw. zu Ende coś do końca) 2. przypu-szczać|ścić (das Schlimmste najgorsze); wer hätte (das) gedacht, daß... kto by pomyślał, że ... 3. zamierzać, zamyślać; er denkt nach Berlin zu fahren (on) zamierza jechać do Berlina 4. myśleć, mniemać, sądzić 5. t. vr (sich dat) wyobra-żać|zić sobie; ~ Sie nur! proszę sobie wyobrazić; den Rest kannst du dir ~! resztę możesz sobie wyobrazić ⟨dośpiewać⟩!; das läßt sich leicht ~ łatwo sobie wyobrazić III. sich dat ~ vr po| myśleć sobie; das habe ich mir gleich gedacht zaraz sobie to pomyślałem ⟨pomyślałam⟩
denkend 1. part praes, zob. denken 2. adj myślący, rozumny; e. ~es Wesen istota rozumna
Denker m —s, — myśliciel m
denkfähig adj:adv zdolny do myślenia. Sk
denkfaul adj:adv gnuśn-y:-ie. Sh
Denkfreiheit f — wolność ⟨swoboda⟩ myśli
Denklehre f —, —n logika f
Denkmal n —(e)s, ⸗er a. —e 1. pomnik, monument m; e. ~ setzen ⟨errichten⟩ postawić pomnik ℓ. zabytek m; pomnik m
Denkmal(s)... w comp ... zabytków; np. ~schutz
Denkmal(s)pflege f — ochrona ⟨konserwacja⟩ zabytków
Denkmal(s)schutz m —es ochrona zabytków
Denkmünze f —, —n moneta pamiątkowa
Denkschrift f —, —en 1. memoriał m, memorandum n 2. wspomnienie pośmiertne
Denksport m —(e)s rozrywki umysłowe
Denkspruch m —(e)s, ⸗e sentencja f
Denktafel f —, —n tablica pamiątkowa
Denkungsart f —, —en pogląd m
Denkvermögen n —s rozum m; zdolność myślenia
Denkvermögen n —s zdolność myślenia
Denkvorgang m —(e)s, ⸗e proces myślenia
Denkweise f —, —n sposób myślenia

denkwürdig *adj* pamiętny. **Sk 1.** osobliwość *f* **2.** **Denkwürdigkeiten** *pl* pamiątki, pamiętniki *pl*
Denkzettel *m* **—s,** — **1.** kartka do notatek **2.** *przen, pot* nauczka; **e—n ~ bekommen** ⟨geben⟩ dostać ⟨dawać⟩ nauczkę
denn *cj* **1.** więc, zatem; **wann** ⟨wo, warum⟩ **~** kiedyż ⟨gdzież, dlaczegoż⟩ więc **2.** chyba że; **es sei ~, daß du bleibst** chyba że zostaniesz **3.** bo, (al)bowiem, ponieważ; ..., **~ er ist verreist** ..., bo wyjechał **4.** niż, aniżeli (*po compar*); **mehr ~ je** więcej niż kiedykolwiek
dennoch *cj* mimo to, jednakże, a jednak
dental *adj:adv* dentalny, zębowy
Dentallaut *m* **—es, —e** *jęz* spółgłoska zębowa
Dentin *n* **—s** *anat* dentyna, zębina *f*, kość zębowa
Dentist *m* **—en, —en** dentysta *m*
Dentistin *f* —, **—nen** dentystka *f*
Denunziant *m* **—en, —en** denuncjant, donosiciel *m*
Denunziation *f* —, **—en** denuncjacja *f*, donos *m*
denunzieren **(h)** *vt* za|denuncjować
Departement [...t(ə)mã:] *n* **—s, —s** departament *m*
Depesche *f* —, **—n** depesza *f*, telegram *m*
depeschieren **(h)** *vt, vi* wys-yłać|łać depeszę ⟨telegram⟩, za|depeszować
Deplacement [deplas(ə)mã:] *n* **—s, —s** **1.** translokacja *f*, przestawienie *n* **2.** *mar* wyporność *f*
deplaciert [...si:rt] *part, adj:adv* nie na miejscu
Deponens *n* —, ...**enzien** [...Ĭən] *a.* ...**entia** *gram* czasownik czynnobierny
Deponent *m* **—en, —en** deponent, depozytor *m*
deponieren **(h)** *vt* z|deponować
Deportation *f* —, **—en** deportacja *f*, zesłanie *n*
deportieren **(h)** *vt* deportować, zsyłać| zesłać. **Su** *t.* deportacja *f*
Depositar *a.* **Depositär** *m* **—s, —e** depozytariusz *m*, przechowujący depozyt
Depositen... *w comp* depozytowy; *np.* **~bank**
Depositenbank *f* —, **—en** bank depozytowy
Depositenkasse *f* —, **—n** kasa depozytowa
Depositum *n* **—s,** ...**iten** depozyt *m*
Depot [depo:] *n* **—s, —s 1.** składnica *f*, skład *m* 2. depozyt *m* **3.** zajezdnia *f*
Depravation *f* —, **—en** deprawacja *f*, zepsucie moralne
depravieren **(h)** *vt* z|deprawować
Depression *f* —, **—en 1.** *ekon, geol, geogr* depresja *f* **2.** *meteor* depresja *f*, obszar niskiego ciśnienia, niż barometryczny **3.** *psych* depresja, apatia *f*
deprimieren **(h)** *vt* z|deprymować, przygnębi-ać|ć
Deputat *n* **—(e)s, —e** deputat *m*, świadczenie w naturze
Deputation *f* —, **—en** deputacja, delegacja *f*

Deputierte —n, —n 1. *m* deputowany, poseł *m* **2.** *f* deputowana, posłanka *f* **Deputierten**... *w comp* deputowanych; *np.* **~kammer**
Deputiertenkammer *f* —, **—n** izba deputowanych, parlament *m*
der *m*, **die** *f*, **das** *n*, **die** *pl* **1.** *art bez odpowiednika w języku polskim* **2.** *pron dem* ten *m*, ta *f*, to *n*; ci *m* *pl*, te *f*, *n* *pl* **3.** *pron rel* który (kto) *m*, która *f*, które (co) *n*; którzy *m* *pl*, które *f*, *n* *pl*; jaki *m*, jaka *f*, jakie *n*, jacy *m* *pl*, jakie *f*, *n* *pl*
derangieren [derãʒi:ren] **(h)** *vt* deranżować (jmdn kogoś), przeszkadzać (komuś)
derart *adv* **1.** tego rodzaju **2.** do tego stopnia, tak dalece
derartig *adj* taki, tego rodzaju
derb *adj:adv* **1.** mocn-y:-o, trwa-ły:-le **2.** krzepk-i:-o, jędrn-y:-ie **3.** szorstk-i: -o; rubaszn-y:-ie, nieokrzesan-y:-ie; **e. ~er Mensch** nieokrzesaniec *m*. **Sh 1.** trwałość *f* **2.** jędrność, krzepkość *f* **3.** szorstkość, rubaszność *f*, nieokrzesanie *n*
dereinst *adv* kiedyś, niegdyś
deren *gen sing f*, *gen pl* zob. **der 3.**
derenthalben *a.* **derentwegen** *a.* **um derentwillen** *adv* **1.** *sing* z powodu ⟨dla⟩ której, przez którą **2.** *pl* z powodu ⟨dla⟩ których, przez które
derer *gen pl*, zob. **der 2., 3.**
dergestalt *adv* **1.** tak, w taki sposób; **~ daß** tak że **2.** zob. **derart 2.**
dergleichen *adj* *inv* taki, tego rodzaju; **und ~ (mehr)** i tym podobne
Derivat *n* **—(e)s, —e** *a.* ...**ta** *jęz, chem* derywat *m*
Derivation *f* —, **—en** *jęz* derywacja *f*
derjenige *pron dem* ten
derlei zob. **dergleichen**
dermalig *adj* obecny, teraźniejszy
dermaßen zob. **derart 2.**
Dermatologe *m* **—n, —n** dermatolog *m*, lekarz chorób skórnych
Dernier cri [dɛrɲe: kri:] *m* **—s** ostatni krzyk (mody)
derselbe *pron dem* ten (sam)
derweil(en) *dawn* **1.** *adv* tymczasem **2.** *cj* (podczas) gdy, kiedy
Derwisch *m* **—(e)s, —e** derwisz *m*
derzeit *adv* **1.** obecnie **2.** niegdyś, ongiś, wówczas
derzeitig *adj* **1.** obecny **2.** ówczesny
des *gen sing m*, *n*, zob. **der 1.**
desavouieren **(h)** *vt* z|dezawuować. **Su Deserteur** [...tø:r] *m* **—s, —e** dezerter, zbieg *m*
desertieren (sn) *vi* z|dezerterować, zbiec
Desertion *f* —, **—en** dezercja *f*
desgleichen *adv* podobnie, również, także
deshalb *cj* dlatego, z tego powodu, z tych względów; **~, weil** dlatego że
Desiderat *n* **—(e)s, —e** *a.* dezyderat *m*, żądanie *n*
designieren **(h)** *vt*, desygnować, wyznacz-ać|yć. **Su** *t.* desygnacja *f*
Desinfektion *f* —, **—en** dezynfekcja *f*, odkażanie *n*

Desinfektions... w comp dezynfekcyjny, odkażający; np. ~anstalt
Desinfektionsanstalt f —, —en zakład dezynfekcyjny
Desinfektionsmittel n —s, — środek dezynfekcyjny ⟨odkażający⟩
desinfizieren (h) vt z|dezynfekować, odka-żać|zić
Desintegrator m —s, — ...oren tech dezyntegrator m, kruszarka f
Desinteresse n ~s brak zainteresowania
Desinteressement [dezēteresmā] n —s polit désintéressement n
desinteressiert part, adj:adv nie zainteresowany; obojętn-y:-ie
deskriptiv adj:adv opisow-y:-o
desodor(is)ieren (h) vt odwaniać. Su t. dezodoryzacja f
Desodorierapparat m —(e)s, —e dezodorator, odwaniacz m
desolat adj:adv 1. beznadziejn-y:-ie; fataln-y: -ie 2. osamotniony
Desorganisation f — dezorganizacja f, rozprzężenie n
desorganisieren (h) vt z|dezorganizować. Su
desperat adj:adv desperack-i:-o, rozpaczliw-y:-ie
Despot m —en, —en despota, tyran m
Despotie f —, ...ien despotyzm m
despotisch adj:adv despotyczn-y:-ie
Despotismus m — despotyzm m
dessen gen sing m, n, zob. der 2., 3.
dessenthalben a. **dessentwegen** adv dlatego, z tego powodu
des(sen)ungeachtet adv mimo to
Dessert [dese:r] n —s, —s deser m
Dessert... w comp deserowy; ~teller
Dessertteller m —s, — talerzyk deserowy
Dessertwein m —(e)s, —e wino deserowe
Dessin [desē] n —s, —s deseń m
Destillat n —(e)s, —e chem destylat m
Destillation f —, —en chem destylacja f
Destillations... w comp 1. destylacyjny; np. ~apparat 2. ... destylacji; np. ~produkt
Destillationsapparat m —(e)s, —e aparat destylacyjny
Destillationskammer f —, —n komora destylacyjna
Destilationsprodukt n —(e)s, —e produkt destylacji
Destillationsretorte f —, —n retorta destylacyjna
Destille f —, —n pot knajpa f
Destillier... w comp, zob. **Destillations...** w comp 1.
destillieren (h) vt destylować
desto adv tym; ~ mehr ⟨weniger, besser⟩ tym więcej ⟨mniej, lepiej⟩; je mehr, ~ besser im więcej tym lepiej
Destruktion f —, —en destrukcja f
destruktiv adj:adv destrukcyjn-y:-ie, zgubn-y:-ie
desungeachtet zob. **dessenungeachtet**
deswegen adv dlatego, z tego powodu
Deszendenz f — 1. potomstwo n 2. biol pochodzenie n
Deszendenztheorie f — biol teoria descedencji ⟨ewolucji⟩
Detail [detae] n —s, —s detal m, szczegół m; drobiazg m, drobnostka f; bis ins kleinste ~ erzählen opowiadać z najdrobniejszymi szczegółami
Detail... w comp 1. detaliczny; np. ~handel 2. szczegółowy; np. ~bericht
Detailbericht m —(e)s, —e sprawozdanie szczegółowe
Detailhandel m —s handel detaliczny
Detaillist m —en, —en detalista m
Detailpreis m —es, —e cena detaliczna
Detailverkauf m —(e)s, —e sprzedaż detaliczna
Detailzeichnung f —, —en rysunek szczegółowy
Detektiv m —s, —e detektyw m
Detektivroman m —s, —e powieść detektywistyczna ⟨sensacyjno-kryminalna⟩
Detektor m —s, ...oren radio detektor m
Détente [de:tãnt] f — polit odprężenie n
Détentepolitik f — polityka odprężenia
Determinante f —, —n mat wyznacznik m
determinieren (h) vt określ-ać|ić, wyznacz-ać|yć
determiniert I. part perf, zob. **determinieren** II. 1. określony 2. zdeterminowany, zdecydowany na najgorsze
Determinismus m — determinizm m
Detonation f —, —en 1. detonacja f; wybuch m
detonieren (h) vi z|detonować (t. muz)
Deut m; keinen ~ wert nie wart złamanego szeląga
deuteln (h) vt, vi (≈) próbować wytłumaczyć, szukać wytłumaczenia
Deutelei f —, —en mędrkowanie n, kazuistyka, sofistyka f
deuten (h) 1. vt objaśni-ać|ć, wy|tłumaczyć; z|interpretować; s|komentować (e—n Text tekst); Träume ~ wykładać sny 2. vi, t. przen wskaz-ywać|ać (auf etw. na coś; auf Regen na deszcz). Su do 1.; do 1. t. interpretacja f
Deuterium n —s chem deuter m, ciężki wodór
Deuteron n —s, ...onen chem deuteron m
deutlich adj:adv wyraźn-y:-ie, jasn-y:-o, zrozumia-ły:-le; dobitn-y:-ie; jmdm etw. ~ machen wytłumaczyć ⟨wyjaśnić⟩ komuś coś; er sagte es klar und ~ powiedział to jasno i dobitnie. Sk wyrazistość, jasność, dobitność, zrozumiałość f
deutsch adj:adv niemiecki : po niemiecku; Deutsche Demokratische Republik Niemiecka Republika Demokratyczna; przen, pot mit jmdm ~ reden jasno i dobitnie komuś powiedzieć; wie heißt das auf ~? jak to brzmi ⟨nazywa się⟩ po niemiecku?
Deutsch n — a. **Deutsche** n —n (język) niemiecki, niemczyzna f; ~ lernen uczyć się języka niemieckiego; ins Deutsche übersetzen tłumaczyć na język niemiecki
deutsch... w comp niemiecko-...; np. ~-polnisch
Deutsch... w comp ... języka niemieckiego; np. ~lehrer

Deutschamerikaner 174 Diaskop

Deutschamerikaner *m* —s, — Amerykanin niemieckiego pochodzenia
Deutsche I. —n, —n 1. *m* Niemiec *m* 2. *f* Niemka *f* II. zob. **Deutsch**
deutscherseits *adv* ze strony niemieckiej
deutschfeindlich *adj* antyniemiecki
deutschfreundlich *adj* proniemiecki
Deutschland *n* —s *geogr* Niemcy *pl;* **Bundesrepublik** ~ Republika Federalna Niemiec
Deutschlandfrage *f* — kwestia niemiecka
Deutschlehrer *m* —s, — nauczyciel języka niemieckiego
deutsch-polnisch *adj* niemiecko-polski
Deutschritterorden *m* —s Zakon Krzyżacki
deutschsprachig *adj* mówiący po niemiecku (*o ludności*); w języku niemieckim (*np. o gazecie*)
deutschsprachlich *adj* ... języka niemieckiego; **der** ~**e Unterricht** nauka języka niemieckiego
Deutschstunde *f* —, —n lekcja języka niemieckiego
Deutschtum *n* —s 1. niemieckość *f* 2. Niemcy *pl; das* ~ **in Amerika** Niemcy w Ameryce
Deutschtümelei *f* — szowinizm niemiecki
Deutschunterricht *m* —(e)s nauka języka niemieckiego
Devalvation *f* —, —en dewaluacja *f*
devalvieren (h) *vt* z|dewaluować
Devastation *f* —, —en dewastacja *f*, spustoszenie *n*
devastieren (h) *vt* z|dewastować, s|pustoszyć
Deviation *f* —, —en *fiz, mar* odchylenie, zboczenie *n*
Devise 1. *f* —, —n dewiza, zasada *f*, hasło *n* 2. *pl* —n *ekon* dewizy *pl*
Devisen... *w comp* 1. dewizowy; *np.* ~**geschäft** 2. ... dewiz; *np.* ~**bewirtschaftung** 3. ... dewizami; *np.* ~**handel**
Devisenbewirtschaftung *f* — *fin* reglamentacja dewiz
Devisengeschäft *n* —(e)s, —e transakcja dewizowa
Devisenhandel *m* —s handel dewizami
Devisenkurs *m* —es, —e *fin* kurs dewiz
Devisenordnung *f* —, —en przepisy dewizowe
devot *adj:adv* 1. przesadnie pobożn-y:-ie, świętoszkowat-y:-o 2. uniż-ony:-enie
Devotion *f* — dewocja *f*
Devotionalien [...Ĭən] *pl* dewocjonalia *pl*
Dextrin *n* —s, —e dekstryna *f*
Dextrose *f* — dekstroza *f*, cukier gronowy
Dezember *m* —(s), — grudzień *m*
Dezember... *w comp* grudniowy; *np.* ~**sonne**
Dezembersonne *f* — słońce grudniowe
Dezennium *n* —s, ...ien [...Ĭən] decennium, dziesięciolecie *n*
dezent *adj:adv* delikatn-y:-ie; subteln-y:-ie; dyskretn-y:-ie
Dezentralisation *f* — decentralizacja *f*
dezentralisieren (h) *vt* z|decentralizować. Su
Dezernat *n* —(e)s, —e referat, dział *m*

Dezernent *m* —en, —en referent *m*, kierownik działu
Dezi... *w comp* decy...; *np.* ~**gramm**
Dezigramm *n* —(e)s, —e decygram *m*
Deziliter *n* —s, — decylitr *m*
dezimal *adj* decymalny, dziesiętny
Dezimal... *w comp* dziesiętny; *np.* ~**bruch**
Dezimalbruch *m* —(e)s, ⁻e *mat* ułamek dziesiętny
Dezimalklassifikation *f* — klasyfikacja dziesiętna
Dezimalrechnung *f* — *mat* rachunek dziesiętny
Dezimalstelle *f* —, —n *mat* miejsce dziesiętne
Dezimalsystem *n* —s *mat* układ dziesiętny
Dezimalwaage *f* —, —n waga dziesiętna
Dezimalzahl *f* —, —en liczba dziesiętna
Dezimeter *n* —s, — decymetr *m*
dezimieren (h) *vt* z|dziesiątkować. Su
Dia *n* —s, —s *skr, zob.* **Diapositiv**
Diabas *m* —es, —e *min* diabaz *m*
Diabetiker *m* —s, — *med* diabetyk *m*
diabolisch *adj:adv* diabelsk-i:-o
Diadem *n* —s, —e diadem *m*
Diagnose *f* —, —n diagnoza *f*
Diagnostik *f* — diagnostyka *f*
Diagnostiker *m* —s, — diagnostyk *m*
diagonal *adj:adv, mat* diagonaln-y:-ie; przekątniowy, *pot* etw. ~ **lesen** czytać coś pobieżnie
Diagonal *m* —s diagonal *m* (*tkanina*)
Diagonale *f* —, —n *mat* przekątna *f*
Diagramm *n* —s, —e diagram, wykres *m*
Diakon *m* —s, —e *a.* —en, —en diakon *m*
Diakonisse *f* —, —n *a.* **Diakonissin** *f* —, —nen diakonisa *f*
Dialekt *m* —(e)s, —e dialekt *m*, gwara *f*, narzecze *n*
Dialektforschung *f* —, —en *jęz* dialektologia *f*
dialektfrei *adj* bez naleciałości gwarowych
Dialektik *f* —, —en *filoz* dialektyka *f*
Dialektiker *m* —s, — *filoz* dialektyk *m*
dialektisch *adj:adv, filoz, jęz* dialektyczn-y:-ie
Dialog *m* —(e)s, —e dialog *m*
Diamant¹ *m* —en, —en *min* diament *m*
Diamant² *f* — *druk* diament *m*
Diamant... *w comp* 1. diamentowy; *np.* ~**schliff** 2. ... diamentów; *np.* ~**grube**
diamanten *adj* diamentowy; *przen* ~**e Hochzeit** diamentowe gody ⟨wesele⟩
Diamantgrube *f* —, —n kopalnia diamentów
Diamantschleifer *m* —s, — szlifierz diamentów
Diamantschliff *m* —(e)s szlif diamentowy
diametral *adj:adv* diametraln-y:-ie, wprost przeciwn-y:-ie
Diaphragma *n* —s, ...men 1. *fiz* diafragma, przesłona *f* 2. *anat* przepona *f*
Diapositiv *n* —s, —e *fot* diapozytyw *m*, przeźrocze *n;* slajd *m*
Diarrhöe *a.* **Diarrhoe** [diarø:] *f* —, —n *med* biegunka *f*
Diaskop *n* —s, —e diaskop *m*

Diät 175 **dienen**

Diät f —, **—en** dieta f; **e—e strenge ~ halten** przestrzegać ścisłej diety
Diät... w comp dietetyczny; np. **~küche**
Diäten pl diety (np. poselskie)
diätetisch adj:adv dietetyczn-y:-ie
Diathermie f — med diatermia f
Diätkost f — dieta f
Diätküche f —, **—n** kuchnia dietetyczna
Diätkur f —, **—en** kuracja dietetyczna
dich 1. pron pers acc sing cię, ciebie; zob. **du** 2. pron r acc sing się; siebie; **du wäschst ~** myjesz się; **du hältst ~ für maßgebend** uważasz siebie za miarodajnego
dicht I. adj:adv 1. gęst-y:-o; ści-sły:-śle; zwar-ty:-cie 2. szczeln-y:-ie II. adv bliziutko, blisko, tuż; **~ bei Berlin** tuż pod Berlinem; **~ am Fenster** bliziutko okna; **~ aneinander** jeden bliziutko drugiego ⟨tuż przy drugim⟩. Sh a. do I.
dicht... w comp gęsto ...; np. **~behaart**
Dicht... w comp poetycki; np. **~kunst**
dichtbehaart adj gęsto owłosiony, kosmaty
dichtbevölkert adj gęsto zaludniony
Dichte f —, **—n** gęstość f
dichten¹ (h) vt 1. uszczelni-ać|ć 2. zgę--szczać|ścić. Su do 1., 2.; do 1. t. uszczelka f
dichten² (h) 1. vi pis-ywać|ać wiersze 2. vt, przen z|blagować, zmyśl-ać|ić. Su 1. poezja f, utwór poetycki, wiersze pl; twórczość poetycka; do 2. fantazja f; zmyślanie n
Dichter m —s, — poeta m
Dichtergabe f —, **—n** dar poetycki
Dichterin f —, **—nen** poetka f
dichterisch adj:adv poetyczn-y:-ie; poetyck-i:-o; **~e Freiheit** licencja ⟨swoboda⟩ poetycka
Dichterling m —s, **—e** wierszokleta, wierszoróh m
Dichterschule f —, **—n** szkoła poetycka
dichtgewebt adj gęsto utkany
dichthalten (60;h) vi, pot nie pu-szczać| ścić pary z ust
Dichtkunst f — sztuka poetycka, poezja f
Dichtungs... w comp uszczelniający; np. **~kitt** 2. ... poezji; np. **~art**
Dichtungsart f —, **—en** rodzaj poezji
Dichtungskitt m **—(e)s**, **—e** kit uszczelniający
Dichtungsring m **—(e)s**, **—e** pierścień uszczelniający
dick adj:adv 1. grub-y:-o; przen **~es Geld** gruba forsa; przen **~es Fell haben** być gruboskórnym 2. otyły, opasły; **~ werden** tyć; przen być w ciąży 3. nabrzmiały, spuchnięty; **~e Backe** nabrzmiały policzek 4. gęst--y:-o, zawiesi-sty:-ście; **~er Nebel** gęsta mgła; **~e Milch** zsiadłe mleko; **~e Luft** ciężkie powietrze; przen, pot napięta atmosfera * pot **~e Freunde** zażyli przyjaciele; **der Saal war ~ voll** sala była nabita; **sich ~ und voll essen** napchać się do syta; przen **es ~ hinter den Ohren haben** być cwanym ⟨kutym⟩; **durch ~ und dünn gehen**

(**~**) iść przez ogień i wodę; **e—n ~en Kopf haben** być upartym; **das ~e Ende kommt noch** najgorsze jeszcze przyjdzie
dick... w comp grubo...; np. **~fellig**
Dick... w comp 1. gruby; np. **~darm** 2. gęsty; np. **~teer**
dickbäckig zob. pausbäckig
Dickbauch m **—(e)s**, **⁼e** pot grubas, tłuścioch m, brzuchacz m
dickbäuchig adj:adv brzuchat-y:-o
Dickdarm m **—(e)s** anat jelito grube
Dicke f —, **—n** 1. grubość f 2. gęstość, zawiesistość f
Dicke —n, **—n** 1. m grubas m 2. f grubaska f
dick(e)tun, **sich** (167;h) vr robić się ważnym; chełpić ⟨pysznić, przechwalać⟩ się (mit etw. czymś)
dickfellig adj:adv gruboskórn-y:-ie (t. przen). Sk
dickflüssig adj:adv gęst-y:-o, zawiesi--sty:-ście. Sk
Dickhäuter pl, zoo gruboskórne pl
dickhäutig adj:adv gruboskórn-y:-ie
Dickicht n **—(e)s**, **—e** gęstwina f, gąszcz m
Dickkopf m **—(e)s**, **⁼e** przen uparciuch m
dickköpfig adj:adv, przen upar-ty:-cie
Dickmilch f — zsiadłe mleko
Dickteer n **—(e)s**, **—e** smoła gęsta
dicktuerisch adj:adv, pot chełpliw-y:-ie
dickwandig adj grubościenny
Dickwanst m **—es**, **⁼e** pot grubas, opas m
Didaktik f — dydaktyka f
Didaktiker m **—s**, — dydaktyk m
didaktisch adj:adv dydaktyczn-y:-ie
die nom, acc sing f, nom, acc pl zob. der
Dieb m **—(e)s**, **—e** złodziej m
Dieberei f —, **—en** złodziejstwo n
Dieb(e)s... w comp złodziejski; np. **~bande**
Dieb(e)sbande f —, **—n** banda ⟨szajka⟩ złodziejska ⟨złodziei⟩
Dieb(e)shöhle f —, **—n** a. **Dieb(e)snest** n **—es**, **—er** jaskinia ⟨pot melina⟩ złodziejska
Dieb(e)sprache f —, **—n** żargon złodziejski
Diebin f —, **—nen** złodziejka f
diebisch adj:adv 1. złodziejski; po złodzlejsku 2. przen, pot ogromn-y:-ie, wielki : bardzo; przen **er freute sich ~ bardzo się cieszył**
Diebstahl m **—(e)s**, **⁼e** kradzież m
Diebstahlversicherung f —, **—en** ubezpieczenie od kradzieży
diejenige pron dem ta
Diele f —, **—n** 1. podłoga f z. dyl, bal m 3. przedpokój, hall m; sień f 4. dansing m; parkiet m (do tańca)
Dielektrizitätskonstante f —, **—n** przenikalność ⟨stała⟩ dielektryczna
dielen (h) vt 1. kłaść|położyć podłogę 2. wy-kładać|łożyć dylami. Su
dienen (h) vi 1. służyć (bei jmdm u kogoś); beim Militär ⟨als Soldat⟩ **~** służyć w wojsku, być żołnierzem; **als Dolmetscher ~** służyć za tłumacza:

womit kann ich Ihnen ~? czym mogę panu ⟨pani⟩ służyć?; **damit ist ihm nicht gedient** to mu się na nic nie przyda 2. **służyć (zu etw. do czegoś)**; **wozu dient das?** do czego to służy?

Diener *m* —s, — służący, lokaj, sługa *m*; **Ihr ergebener ~** uniżony sługa pana ⟨pani⟩; **e—n ~ machen** składać ukłon

Dienerin *f* —, **—nen** służąca, sługa *f*

dienern (h) *vi* zachow-ywać|ać się służalczo, czapkować

Dienerschaft *f* — służba *f*, *dawn* czeladź *f*

dienlich *adj:adv* pożądany, pożyteczn-y: -ie; przydatny; **es wäre ~** byłoby pożądane

Dienst *m* —es, —e 1. służba *f*; **außer ~** a) w stanie spoczynku, dymisjonowany b) poza służbą; **Offizier vom ~** oficer dyżurny; **im ~ e—r Idee** w służbie idei; **den ~ antreten ⟨kündigen⟩** rozpoczynać ⟨podziękować za⟩ służbę; **den ~ versehen** pełnić służbę; *przen* **das Herz versagte den ~** serce odmówiło posłuszeństwa 2. usługa, przysługa *f*; **zu ~en!** do usług!; **was steht zu (Ihren) ~en?** czym można (panu, pani) służyć?; **e—n ~ erweisen** ⟨leisten⟩ odd(aw)ać ⟨wyświadczać⟩ usługę ⟨przysługę⟩

Dienst... *w comp* służbowy; *np*. **~abteil Dienstabteil** *n* —(e)s, —e przedział służbowy

Dienstag *m* —(e)s, —e wtorek *m*; **am ~** we wtorek

dienstags *adv* we wtorek, we wtorki

Dienstalter *n* —s starszeństwo w służbie, lata służby, staż *m*

Dienstangelegenheit *f* —, **—en** sprawa służbowa

Dienstantritt *m* —(e)s, —e objęcie służby ⟨obowiązków służbowych⟩

Dienstanweisung *f* —, **—en** instrukcja służbowa

Dienstauftrag *m* —(e)s, ⁼e polecenie służbowe

Dienstausweis *m* —es, —e legitymacja służbowa

dienstbar *adj:adv* 1. usłużn-y:-ie; żart e. **~er Geist** służąca *f* 2. służebny, poddany, podwładny; **sich jmdn ~ machen** podporządkować sobie kogoś. **Sk** 1. usłużność *f* 2. *praw* służebność *f*, serwitut *m*

dienstbeflissen *a*. **dienstbereit** *adj:adv* gorliw-y:-ie; usłużn-y:-ie

Dienstbote *m* —n, —n służący *m*; **~n** *pl* służba *f*

Diensteid *m* —(e)s, —e przysięga służbowa

Diensteifer *m* —s gorliwość służbowa, służbistość *f*

diensteifrig *adj:adv* gorliwy w służbie, służbi-sty:-ście

Dienstenthebung *f* —, **—en** zawieszenie w urzędowaniu

Dienstentlassung *f* —, **—en** zwolnienie ⟨usunięcie⟩ ze służby; dymisja *f*

Dienstgeheimnis *n* —ses, —se tajemnica służbowa

dienstfertig *adj:adv* usłużn-y:-ie. **Sk**

dienstfrei *adj* wolny od służby

Dienstgrad *m* —(e)s, —e stopień służbowy, ranga *f*

diensthabend *part*, *adj* dyżurny

Diensthabende **—n**, **—n** 1. *m* dyżurny *m* 2. *f* dyżurna *f*

Dienstleistung *f* —, **—en** usługa, przysługa *f*

Dienstleistungsbetrieb *m* —es, —e zakład usługowy

dienstlich *adj:adv* służbow-y:-o, urzędow-y:-o; oficjaln-y:-ie

Dienstmädchen *n* —s, — służąca *f*, pomoc domowa

Dienstmann *m* 1. **—es**, ...**männer** *a*. **Dienstleute** posłaniec, tragarz *m* 2. **—es**, ...**mannen** *dawn* lennik, wasal *m*

Dienstmarke *f* —, —n *poczt* znaczek urzędowy

Dienstordnung *f* — regulamin służb(ow)y

Dienstpersonal *n* —s służba *f*, personel *m*

Dienstpflicht *f* — 1. *pl* **—en** obowiązek służbowy 2. obowiązek służby wojskowej, powinność wojskowa

dienstpflichtig *adj* poborowy, obowiązany do służby wojskowej

Dienstreise *f* —, —n podróż służbowa

Dienstsache *f* —, —n sprawa urzędowa; pismo urzędowe

Dienststelle *f* —, —n urząd *m*, siedziba urzędu

Dienststunden *pl* godziny urzędowania

diensttauglich *adj:adv* zdatny ⟨zdolny⟩ do służby *(t. woj.)*. **Sk**

diensttuend *part*, *adj* dyżurny

dienstunfähig *a*. **dienstuntauglich** *adj:adv* niezdolny ⟨niezdatny⟩ do służby *(t. woj.)*. **Sk**

Dienstvergehen *n* —s, — wykroczenie służbowe

Dienstverhältnis *n* —ses, —se stosunek służbowy

Dienstwagen *m* —s, — wóz ⟨samochód⟩ służbowy

Dienstweg *m* —(e)s, —e droga służbowa; **auf dem ~e** drogą służbową

dienstwillig *adj:adv* usłużn-y:-ie. **Sk**

Dienstwohnung *f* —, **—en** mieszkanie służbowe

Dienstzeit *f* — 1. lata ⟨okres⟩ służby; wysługa lat 2. godziny służbowe ⟨urzędowania⟩

dies *pron dem* *n*, *zob.* **dieser**; **~ und jenes** to i owo

diesbezüglich *adj:adv* odnoszący się do tego : co się tyczy tego, pod tym względem, odnośn-y:-ie do tego

Diesel *m* —s *a*. —, *a*. **Dieselmotor** *m* —s, **—en** silnik wysokoprężny ⟨Diesla⟩

dieselbe *pron dem* ta (sama)

dieselben *pron dem* ci (sami)

Dieselöl *n* —(e)s, —e olej do silników wysokoprężnych

dieser *m*, **diese** *f*, **dieses** *n*, **diese** *pl*, *pron dem* ten *m*, ta *f*, to *n*, ci *pl* *m*, te *pl* *f*, *n*; **dieses Jahres bieżącego roku**; **~ und jener** ten i ów

diesig *odj:adv* mglist-y:-o

diesjährig *adj* tegoroczny

diesmal 177 **Diözesanklerus**

diesmal *adv* tym razem
diesrheinisch *adj:adv* po tej stronie Renu (leżący) : po tej stronie Renu
diesseitig *adj:adv* **1.** z tej strony (leżący) **2.** doczesny:-śnie; ziemski, świecki : po świecku. **Sk** do **2.** *t.* nastawienie świeckie
diesseits 1. *adv* z tej strony **2.** *praep gen* z tej strony; ~ **des Flusses** z tej strony rzeki
Diesseits *n* — świat doczesny, doczesność *f*
Dietrich *m* —s, —e wytrych *m*
dieweil 1. *adv* tymczasem, w tym czasie **2.** *cj* ponieważ
diffamieren (h) *vt* zniesławi-ać|ć. **Su** *t.* dyfamacja *f*
differential *adj* **1.** *mat* różniczkowy **2.** różnicowy, dyferencjalny, zróżnicowany
Differential *n* —s, —e **1.** *mat* różniczka *f* **2.** *tech* dyferencjał *m*, mechanizm różnicowy
Differential... *w comp* **1.** *mat* różniczkowy; *np.* ~**gleichung 2.** różnicowy; *np.* ~**zoll 3.** zróżnicowany; dyferencjalny; *np.* ~**tarif**
Differentialgetriebe *n* —s, — *zob.* **Differential 2.**
Differentialgleichung *f* —, —en *mat* równanie różniczkowe
Differentialrechnung *f* — *mat* rachunek różniczkowy
Differentialtarif *m* —s, —e taryfa dyferencjalna
Differentialzoll *m* —(e)s, ⸗e cło różnicowe
Differenz *f* —, —en **1.** różnica *f* **2.** nieporozumienie *n*, spór, zatarg *m*
differenzieren (h) *vt* **1.** z|różnicować; odróżni-ać|ć; **e—e differenzierte Angelegenheit** skomplikowana sprawa **2.** *mat* różniczkować. **Su**
differieren (h) *vi* **1.** różnić się **2.** być innego zdania
diffizil *adj:adv* **1.** trudn-y:-o; **e.** ~**er Charakter** trudne usposobienie **2.** drażliw-y:-ie
Diffusion *f* —, —en *fiz* dyfuzja *f;* przenikanie *n* (gazów); rozpraszanie *n* (światła)
Digitalis *f* — *bot* naparstnica *f*, digitalis *m*
Digression *f* —, —en dygresja *f*
Diktat *n* —(e)s, —e **1.** dyktando *n* **2.** dyktat *m*
Diktator *m* —s, ...oren dyktator *m*
diktatorisch *adj:adv* dyktatorski : po dyktatorsku; rozkazując-y:-o, tonem rozkazującym
Diktatur *f* —, —en dyktatura *f*
diktieren (h) *vt* dyktować, *przen t.* nakazywać
Diktiergerät *n* —(e)s, —e *a.* **Diktiermaschine** *f* —, —n dyktafon *m*
Diktion *f* —, —en dykcja *f*
Diktum *n* —s, ...ta powiedzenie *n*
Dilemma *n* —s, —s *a.* —ta *filoz* dylemat *m*
Dilettant *m* —en, —en dyletant *m;* amator *m;* niefachowiec

dilettantenhaft *a.* **dilettantisch** *adj:adv* dyletancki : po dyletancku; niefachow-y:-o
Dilettantismus *m* — dyletantyzm *m;* amatorszczyzna *f*
dilettieren (h) *vi* uprawiać po amatorsku
Dill *m* —(e)s, —e *bot* koper(ek) *m*
diluvial *adj* dyluwialny
Diluvium *n* —s *geol* dyluwium *n*
Dimension *f* —, —en wymiar, rozmiar *m*
dimensional *adj:adv* wymiern-y:-ie; dotyczący wymiarów
diminuitiv *adj:adv* zdrobnia-ły:-le
Diminutiv *n* —(e)s, —e *a.* **Diminutivum** *n* —s, ...va *gram* forma zdrobniała
Dimission *zob.* **Demission**
Dinar *m* —(e)s, —e dynar *m*
dinarisch *adj, antr* dynarski
Diner [...ne:] *n* —s, —s (proszony) obiad *m*
Ding[1] *n* —(e)s, —e **1.** rzecz *f*, przedmiot *m;* **das** ~ **an sich** rzecz sama w sobie **2.** rzecz, sprawa *f;* **vor allen** ~**en** przede wszystkim; **unverrichteter** ~**e abziehen** odchodzić nie załatwiwszy niczego; *pot* odchodzić z kwitkiem; **den** ~**en ihren Lauf lassen** nie mieszać ⟨wtrącać⟩ się, nie interweniować; **die** ~**e beim rechten Namen nennen** naz(y)wać rzeczy po imieniu; **guter** ~**e sein** być dobrej myśli; **das geht nicht mit rechten** ~**en zu** to nie jest w porządku; **das ist e.** ~ **der Unmöglichkeit** to rzecz niemożliwa; *przyst* **aller guten** ~**e sind drei** do trzech razy sztuka **3.** *pot* stworzenie, stworzonko *n;* dziewczyna *f;* **e. schönes** ~ ładna dziewczyna ⟨*pot* babka⟩; **das arme** ~ biedne stworzenie **4.** robota *f* (*w języku przestępców*); **e.** ~ **drehen** odstawiać robotę
Ding[2] *n* —(e)s, —e (*u Germanów*) zgromadzenie *n*, wiec *m;* sąd *m*
Dingelchen *n* —s, — **1.** drobnostka *f* **2.** chucherko *n*
dingfest *adv;* ~ **machen** aresztować
dinglich *adj praw* rzeczowy. **Sk**
Dings *n* —, ...ger *pot* **1.** rzecz *f*, *pot* to coś **2.** *zob.* **Dingsda**
Dingsda — **1.** *m, f; pot* **der Herr** ⟨**die Frau**⟩ ~ ten pan ⟨ta pani⟩ — jak on ⟨ona⟩ się tam nazywa **2.** *n, pot* **der Herr aus** ~ ten pan z — jak to tam było **3.** *n pot*, żart wihajster *m*
Dingstätte *f* —, —n miejsce zgromadzeń (*u Germanów*)
Dingwort *n* —(e)s, ⸗er *gram* rzeczownik *m*
dinieren (h) *vi* z|jeść obiad
Dinosaurier *m* —s, — *zoo* dinozaur *m*
Diode *f* —, —n dioda *f*
dionysisch *adj:adv* dionizyjski : po dionizyjsku
Dioptrie *f* —, ...ien *fiz* dioptria *f*
Dioxyd *a.* **Dioxyd** *n* —(e)s, —e dwutlenek *m*

Diözesan... *w comp* **1.** diecezjalny; *np.* ~**synode 2.** ... diecezji; *np.* ~**klerus**
Diözesanklerus *m* — kler diecezji

12 Słownik niem.-pol.

Diözesansynode 178 Disposition

Diözesansynode f —, —n synod diecezjalny
Diözese f —, —n diecezja f
Diphtherie f — med dyfteryt m, błonica f
Diphtherie... w comp 1. błoniczy, błonicowy; np. ~bazillen; 2. ... błonicy; np. ~epidemie 3. ... na błonicę; np. ~kranke
Diphtheriebazillen pl bakterie błonicze ⟨błonicowe⟩
Diphtherieepidemie f —, —n epidemia błonicy
Diphtheriekranke —n, —n 1. m chory na błonicę 2. f chora na błonicę
Diphtherieserum n —s med surowica błonicza
Diphthong m —(e)s, —e jęz dwugłoska f, dyftong m
diphthongieren (h) vt jęz z|dyftongizować. Su t. dyftongizacja f
Diplom n —(e)s, —e dyplom m
Diplom... w comp 1. dyplomowany; np. ~ingenieur 2. dyplomowy; np. ~prüfung
Diplomat m —en, —en dyplomata m
Diplomaten... w comp dyplomatyczny; np. ~laufbahn
Diplomatenlaufbahn f —, —en kariera dyplomatyczna
Diplomatenloge [...lo:ʒə] f —, —n loża dyplomatyczna
Diplomatenmiene f —, —n mina dyplomatyczna
Diplomatie f —, ...tien dyplomacja f
diplomatisch adj:adv dyplomatyczn-y:-ie
Diplomingenieur [...ɪnʒenɪø:r] m —s, —e inżynier dyplomowany
Diplomprüfung f —, —en egzamin dyplomowy
Dipol m —s, —e elektr dipol m
Dipol... w comp dipolowy; np. ~antenne
Dipolantenne f —, —n radio antena dipolowa
Dipolmoment n —(e)s, —e elektr moment dipolowy
dir 1. pron pers, dat sing tobie, ci; zob. du 2. pron r, dat sing sobie
direkt adj:adv prost-y:-o, wprost; bezpośredni:-o
Direkt... w comp bezpośredni; np. ~sendung
Direktion f —, —en 1. dyrekcja f, kierownictwo n, zarząd m 2. dawn kierunek m 3. zarządzenie n
direktionslos adj:adv 1. bez kierownictwa 2. bezkierunkow-y:-o
Direktive f —, —n wytyczna, dyrektywa f
Direktor m —s, ...oren dyrektor m
Direktrice [...tri:sə] f —, —n kierowniczka, dyrektorka f
Direktsendung f —, —en radio audycja bezpośrednia
Direktstudium n —s, ...ien studium stacjonarne
Direktübertragung f —, —en radio bezpośrednia transmisja
Dirigent m —en, —en dyrygent m
Dirigentenpult n —(e)s, —e pulpit dyrygencki
Dirigentenstab m —(e)s, ⁺e pałeczka dyrygencka ⟨dyrygenta⟩
dirigieren (h) vt dyrygować
Dirndlkleid n —(e)s, —er pejzanka f, pot chłopka f (sukienka)
Dirne f —, —n 1. reg dziewczyna, dziewucha f 2. dziwka, prostytutka, ulicznica f
Dirnenhaus n —es, ⁺er dom publiczny
Disharmonie f —, ...ien dysharmonia f; przen t. niezgoda f
disharmonisch adj:adv dysharmonijn-y:-ie
Diskant m —(e)s, —e muz dyszkant m
Diskont m —(e)s, —e dyskonto n
diskontieren (h) vt, fin z|dyskontować. Su
diskontinuierlich adj:adv przerywany: w sposób przerywany
Diskonto m —s, —s a. ...ti zob. Diskont
Diskont(o)... w comp dyskontowy; np. ~bank
Diskont(o)bank f —, —en bank dyskontowy
Diskont(o)satz m —es, ⁺e fin stopa dyskontowa
Diskothek f —, —en płytoteka f
diskreditieren (h) vt z|dyskredytować. Su
Diskrepanz f —, —en odchylenie n, niezgodność f
diskret adj:adv dyskretn-y:-ie
Diskretion f —, —en dyskrecja f
Diskriminatign f —, —en dyskryminacja f
diskriminieren (h) vt z|dyskryminować. Su t. dyskryminacja f
Diskurs m —es, —e dyskurs m; rozmowa f; dyskusja f
Diskus m —, ...ken sport dysk m
Diskussion f —, —en dyskusja f
Diskussionsredner m —s, — dyskutant m
Diskuswerfen n —s sport rzut dyskiem
Diskuswerfer m —s, — sport dyskobol m
diskutabel a. diskutierbar adj:adv dyskusyjn-y:-ie
diskutieren (h) vt, vi dyskutować (etw. coś a. über etw. o ⟨nad⟩ czymś), prowadzić dyskusję (nad czymś), rozprawiać (o czymś), roztrząsać (coś)
Dislokation f —, —en dyslokacja f (t. geol), rozmieszczenie n
Dispatcher [...pœtʃər] m —s, — dyspozytor m
Dispatcher... w comp dyspozytorski; np. ~dienst
Dispatcherdienst m —(e)s, —e służba dyspozytorska
Dispatcherstelle f —, —n dyspozytornia f
Dispens m —es, —e a. Dispensation f —, —en dyspensa f
dispensieren (h) vt 1. z|dyspensować, przen zw-alniać|olnić 2. udziel-ać|ić dyspensy (jmdn von etw. komuś z czegoś)
Disponent m —en, —en dysponent m
disponibel adj:adv rozporządzaln-y:-ie
disponieren (h) vt dysponować (über jmdn a. etw. kimś a. czymś)
disponiert 1. part perf, zob. disponieren 2. adj usposobiony, dysponowany
Disposition f —, —en dyspozycja f, za-

Dispositions... 179 Dokumentarfilm

rządzenie, polecenie *n* 2. *psych, med* dyspozycja, skłonność *f*
Dispositions... *w comp* dyspozycyjny; *np.* ~fonds
Dispositionsfonds [...fɔ̃] *m* —, — [...rɔ̃:s] *a*.
Dispositionsgelder *pl* fundusz dyspozycyjny
Disproportion *f* —, —en dysproporcja, niewspółmierność *f*, brak proporcji
disproportional *adj:adv* dysproporcjonaln-y:-ie, niewspółmiern-y:-ie
Disput *m* —(e)s, —e dysputa, dyskusja *f*, spór *m*
Disputation *f* —, —en dysputa *f*
disputieren (h) *vi* dysputować
Disqualifikation *f* —, —en dyskwalifikacja *f*
disqualifizieren (h) *vt* z/dyskwalifikować. *Su t*. dyskwalifikacja *f*
Dissertation *f* —, —en dysertacja *f*, rozprawa doktorska
Dissident *m* —en, —en *rel* dysydent, innowierca *m*
Dissimilation *f* —, —en *biol* dysymilacja *f, jęz. t.* rozpodobnienie *n*
Dissonanz *f* —, —en rozdźwięk *m; muz* dysonans *m*
Distanz *f* —, —en odległość *f*, dystans *m*
Distanz... *w comp* dystansowy; *np.* ~ritt
distanzieren (h) 1. *vt* z/dystansować, zostawi-ać|ć poza soba, prześcig-ać|nąć 2. **sich** ~ *vr* odsu-wać|nąć się (**von jmdm** od kogoś)
Distanzmesser *m* —s, — dal(eko)mierz *m*
Distanzritt *m* —(e)s, —e jazda dystansowa (konna)
Distel *f* —, —n *bot* oset *m*
Distelfink *m* —en, —en *orn* szczygieł *m*
Distichon *n* —s, ...chen *lit* dystych *m*
distinguiert [...gi:rt] *adj:adv* dystyngowany : w sposób dystyngowany, wytworn-y:-ie
Distribution *f* —, —en dystrybucja *f*
Distrikt *m* —(e)s, —e obwód, okręg, dystrykt *m*
Disziplin *f* 1. — dyscyplina, karność *f* 2. —, —en dyscyplina *f*, gałąź nauki ⟨*a.* sportu⟩
Disziplinar... dyscyplinarny; *np.* ~verfahren
disziplinarisch *adj:adv* dyscyplinarn-y:-ie
Disziplinarverfahren *n* —s postępowanie dyscyplinarne
diszipliniert *part, adj:adv* zdyscyplinowany, karn-y:-ie. *Sh* zdyscyplinowanie *n*, karność *f*
disziplinlos *adj:adv* niezdyscyplinowany : w sposób niezdyscyplinowany
Dithyrambe *f* —, —n dytyramb *m* (*t. przen*); hymn pochwalny
dithyrambisch *adj:adv* dytyrambiczn-y:-ie
divergent *adj:adv* rozbieżn-y:-ie
Divergenz *f* —, —en dywergencja, rozbieżność *f* (*t. mat, fiz*); różnica zdań
divergieren (h) *vi* różnić się
divers *adj* różny, rozmaity
Diversant *m* —en, —en dywersant *m*
Diversion *f* —, —en dywersja *f*
Dividend *m* —en, —en *mat* dzielna *f*
Dividende *f* —, —n *ekon* dywidenda *f*

dividieren (h) *vt* po|dzielić
Division *f* —, —en 1. *mat* dzielenie *n* 2. *woj* dywizja *f*
Divisions... *w comp* 1. ... dzielenia; *np.* ~zeichen 2. ... dywizji; *np.* ~stab
Divisionskommandeur [...dø:r] *m* —s, —e dowódca dywizji
Divisionsstab *m* —(e)s, ∺e sztab dywizji
Divisionszeichen *n* —s, — *mat* znak dzielenia
Divisor *m* —s, ...oren *mat* dzielnik *m*
Diwan *m* —s, —e otomana, sofa *f*
Diwandecke *f* —, —n narzuta *f*
doch I. *adv* 1. jednak, mimo to; **ich versuche es** ~! jednak spróbuję! 2. przecież; **ich weiß es** ~ **nicht!** przecież nie wiem! 3. ależ; **nicht** ~! ależ nie!; **sprechen Sie** ~! (ależ) niech pan(i) mówi! 4. owszem; ~, **ich komme!** owszem, przyjdę! **II.** *cj* jednak, lecz; ~ **ist es nicht so** jednak tak nie jest
Docht *m* —(e)s, —e knot *m*
Dock *n* —(e)s, —e *a.* —s mar dok *m*
Dock... *w comp* dokowy; *np.* ~anlagen
Dockanlagen *pl, mar* urządzenia dokowe
Dockarbeiter *m* —s, — doker *m*
Docke *f* —, —n 1. motek *m* 2. lalka *f* 3. słupek *m*
docken[1] (h) *vt* zwijać w motki
docken[2] (h) 1. *vt* dokować, wprowadz-ać| ić do doku (okręt) 2. *vi* znajdować się w doku (*o okręcie*)
Docker *m* —s, — doker *m*
Docking *n* —s, —s *astr* dokowanie *n*
Dockingmanöver *n* —s, — manewr dokowania; dokowanie *n*
Dodekaeder *n* —s, — *mat* dwunastościan, dodekaeder *m*
Doge [do:ʒə] *m* —n, —n doża *m*
Dogenpalast *m* —(e)s pałac dożów
Dogge *f* —, —n zoo dog *m*
Dogma *n* —s, ...men *rel* dogmat *m*
Dogmatik *f* —, —en *rel* dogmatyka *f*
Dogmatiker *m* —s, — dogmatyk *m* (*rel i przen*)
dogmatisch *adj:adv* dogmatyczn-y:-ie (*rel i przen*)
Dogmatismus *m* — dogmatyzm *m*
Dohle *f* —, —n 1. *orn* kawka *f* 2. *przen, pot* czarny kapelusz
doktern (h) *vi, pot* 1. żart leczyć, kurować 2. leczyć (się) na własną rękę
Doktor *m* —s, ...oren 1. doktor *m* (*tytuł naukowy*); **den** ~ **bauen** ⟨**machen**⟩ doktoryzować się 2. *pot* doktor, lekarz *m*
Doktor... *w comp* doktorski; *np.* ~arbeit
Doktorand *m* —en, —en doktorant *m*
Doktorarbeit *f* —, —en praca doktorska, dysertacja *f*
Doktorprüfung *f* —, —en egzamin doktorski, rygorozum *n*
Doktorvater *m* —s, ∺ promotor *m*
Doktorwürde *f* doktorat *m*
Doktrin *f* —, —en *filoz* doktryna *f*
doktrinär *adj:adv* doktrynerski : po doktrynersku
Dokument *n* —(e)s, —e dokument *m*
Dokumentarfilm *m* —(e)s, —e film dokumentalny

12*

dokumentarisch *adj* dokumentarn-y:-ie; ~ **belegen** udowadniać dokumentami
Dokumentation *f* —, —en dokumentacja *f*
Dokumentensammlung *f* —, —en zbiór dokumentów
dokumentieren (h) *vt* u|dokumentować
Dolch *m* —(e)s, —e sztylet *m*
Dolchstoß *m* —es, ⁔e 1. pchnięcie sztyletem 2. *przen* nóż w plecy
Dolde *f* —, —n *bot* baldaszek *m*
Doldenblütler *pl, bot* baldaszkowate *pl*
doldig *adj:adv* baldaszkowat-y:-o
Dollar *m* —s, —s *a.* — dolar *m*
Dollar... *w comp* 1. dolarowy; *np.* ~**note** 2. ... dolara; *np.* ~**kurs**
Dolarkurs *m* —es, —e kurs dolara
Dollarnote *f* —, —n banknot dolarowy
Dollarzone *f* —, —n ekon strefa dolarowa
Dolle *f* —, —n dulka *f*
Dolman *m* —s, —e dolman *m*
Dolmetsch *m* —es *a.* —en, —e(n) tłumacz *m* (ustny); **sich zum** ~ **machen** występować jako rzecznik
dolmetschen (h) *vt, vi* tłumaczyć (ustnie)
Dolmetscher *m* —s, — tłumacz *m* (ustny)
Dolmetscherin *f* —, —nen tłumaczka *f* (ustna)
Dolomit *m* —(e)s, —e *min* dolomit *m*
Dolomiten *pl, geogr* Dolomity *pl*
Dom *m* —(e)s, —e katedra *f*, tum *m*
Dom... *w comp* 1. katedralny; *np.* ~**chor** 2. ... katedry; *np.* ~**turm**
Domäne *f* —, —n 1. domena, dziedzina *f,* zakres działania 2. domena *f*, majątek państwowy (ziemski)
Domchor [...k...] *m* —s, ⁔e chór katedralny
Domestik(e) *m* ...ken, ...ken służący *m; pl* służba *f*
Domherr *m* —n, —en kanonik *m*
dominant *adj:adv* dominując-y:-o
Dominante *f* —, —n dominanta *f*
dominieren (h) *vi* górować, dominować
Dominikaner *m* —s, — dominikanin *m*
Dominikaner... *w comp* 1. dominikański; *np.* ~**kloster** 2. ... dominikanów; *np.* ~**orden**
Dominikanerkloster *n* —s, ⁔ klasztor dominikański
Dominikanerorden *m* —s, — zakon dominikanów
dominikanisch *adj:adv* dominikański : po dominikańsku
Dominion *n* —s, ...nien *a.* ...s dominium *n*
Domino —(s), —s 1. *m* domino *n (strój)* 2. *n* domino *n (gra)*
Domizil *n* —(e)s, —e domicyl *m;* miejsce zamieszkania; stała siedziba; *ekon, hand* (umowa) siedziba prawna
Domkapitel *n* —s, — *rel* kapituła *f*
Domkapitular *m* —s, —e kanonik *m*
Domkirche *f* —, —n kościół katedralny, katedra *f*, tum *m*
Dompfaff *m* —en, —en *orn* gil *m*
Dompropst *m* —es, ⁔e proboszcz katedralny

Dompteur [...tø:r] *m* —s, —e pogromca *m* (dzikich zwierząt), poskramiacz *m*
Dompteuse [...ø:zə] *f* —, —n pogromczyni *f* (dzikich zwierząt)
Domturm *m* —(e)s, ⁔e wieża katedry
Donau *f* — Dunaj *m*
Donau... *w comp* 1. dunajski; *np.* ~**kommission** 2. naddunajski; *np.* ~**staat** 3. ... Dunaju; *np.* ~**regulierung**
Donaukommission *f* —, —en komisja dunajska
Donaumonarchie *f* — *hist* monarchia naddunajska *(Austro-Węgry)*
Donauregulierung *f* — regulacja Dunaju
Donaustaat *m* —(e)s, —en państwo naddunajskie
Donner *m* —s, — 1. grzmot, grom *m*, pot piorun *m* 2. *przen* huk *m* **(der Geschütze** dział); **wie vom** ~ **gerührt** jakby piorunem rażony
Donnergepolter *a.* **Donnergetöse** *n* —s 1. huk piorunów, grzmot *m* 2. *przen* hałas, trzask *m*, wrzawa *f*
Donnerkiel! *int* do licha! do stu piorunów!
donnern (h) *vi* 1. *vimp* grzmieć; **es donnert** grzmi 2. *przen* huczeć, dudnić *(np. o armatach)* 3. grzmocić, walić **(gegen die Tür** w drzwi) 4. *przen* ry-czeć|knąć 5. *przen* grzmieć, ciskać gromy, piorunować
Donnerschlag I. *m* —(e)s, ⁔e 1. uderzenie pioruna; piorun *m* **II.** ~! *int* do pioruna!
Donnerstag *m* —(e)s, —e czwartek *m*
donnerstags *adv* w czwartek ⟨czwartki⟩
Donnerstimme *f* —, —n grzmiący ⟨gromki⟩ głos
Donnerwetter I. *n* —s, — 1. burza *f; przen* wie e. ~ **dreinfahren** spiorunować 2. *przen* bura, reprymenda *f; pot* **das gibt e.** ~! ale będzie awantura ⟨*wulg* chryja⟩! **II.** ~! *int* do stu piorunów!, psiakrew!
dopen (h) *vt, sport* z|dopingować
Dopmittel *n* —s, — środek dopingujący
Doppel *n* —s, — 1. odpis *m* (dokumentu) 2. *sport* debel *m*, gra podwójna *(tenis)*
doppel... *w comp* dwu...; *np.* ~**deutig**
Doppel... *w comp* 1. podwójny; *np.* ~**boden** 2. dwu...; *np.* ~**bromid**
Doppeladler *m* —s, — orzeł dwugłowy
Doppelbett *n* —(e)s, —en łóżko dwuosobowe
Doppelboden *m* —s, — *a.* ⁔ dno podwójne
Doppelbromid *n* —(e)s *chem* dwubromek *m*
Doppelbüchse *f* —, —n sztucer dwulufowy
Doppelbüchse *f* —, —n dubeltówka *f*
Doppeldecker *m* —s, — lot dwupłatowiec *m*
doppeldeutig *adj:adv* dwuznaczn-y:-ie
Doppelehe *f* —, —n dwużeństwo *n*, bigamia *f*
Doppelfenster *n* —s, — okno podwójne
Doppelflinte *f* —, —n dubeltówka *f*
Doppelgänger *m* —s, — sobowtór *m*
doppelgleisig *adj:adv* dwutorow-y:-o
Doppelkinn *n* —(e)s, —e podbródek *m*

doppelläufig adj o dwóch lufach, dwulufowy
Doppellaut m —(e)s, —e jęz dwugłoska f, dyftong m
Doppelleben n —s podwójne życie
doppeln (h) vt, vr (sich się) dwoić, podw-ajać|oić, zdw-ajać|oić. **Su**
Doppelpunkt m —(e)s, —e dwukropek m
doppelreihig adj:adv dwurzędow-y:-o
doppelseitig adj:adv dwustronn-y:-ie: obustronn-y:-ie
Doppelsinn m —(e)s, —e znaczenie podwójne, dwuznaczność f
doppelsinnig adj:adv dwuznaczn-y:-ie. **Sk**
Doppelspiel n —(e)s, —e 1. duet m 2. sport debel m, gra podwójna (t. przen)
Doppelstockwagen m —s, — wagon piętrowy
Doppelstück n —(e)s, —e duplikat m
doppelt adj:adv 1. podwójn-y:-ie; ~er Boden podwójne dno 2. dwukrotn-y:-ie, dwa razy 3. dwojaki : w dwójnasób
Doppeltür f —, —en drzwi podwójne
Doppelwährung f —, —en podwójna waluta, bimetalizm m
Doppelwand f —, ⸚e ścian(k)a podwójna
Doppelzentner m —s, — kwintal m
Doppelzimmer n —s, — pokój dwuosobowy
doppelzüngig adj:adv dwulicow-y:-o. **Sk**
Dorf n —(e)s, ⸚er wieś, wioska f
Dorf... w comp 1. wiejski; np. ~gemeinde 2. ... wsi; np. ~bewohner
Dorfbewohner m —s, — mieszkaniec wsi, dawn wieśniak m
Dorfgemeinde f —, —n gmina f (wiejska)
Dorfgenossenschaft f —, —en spółdzielnia gminna ⟨wiejska⟩
Dorfjugend f — młodzież wiejska
Dorfkirche f —, —n kościół wiejski
Dorfleute pl chłopi, dawn wieśniacy pl
Dörfler m —s, — chłop, dawn wieśniak m
Dorfschultheiß m —en, —en a. **Dorfschulze** m —n, —n sołtys m
dorisch adj:adv dorycki : po dorycku, na sposób dorycki
Dorn m 1. —(e)s, —en a. ⸚er cierń, kolec m; przen e. ~ im Auge sein być solą w oku 2. —(e)s, —e tech trzpień, rdzeń, sworzeń m; przebijak m
Dornen... w comp 1. kolczasty; np. ~gebüsch 2. cierniowy; np. ~krone 3. ciernisty; np. ~weg
Dornengebüsch n —es, —e krzak kolczasty
Dornenhecke f —, —n żywopłot cierniowy
Dornenkrone f —, —n korona cierniowa
dornenvoll adj:adv cierni-sty:-ście
Dornröschen n —(e)s, —e droga ciernista
Dornröschen n —s śpiąca królewna (z bajki)
Dornstrauch m —(e)s, ⸚er krzak ciernisty
Dorothea f —s Dorota f
dorren (sn) vi suszyć się, schnąć
dörren (h) vt suszyć

Dörr... w comp suszony; np. ~gemüse
Dörrgemüse n —s suszone jarzyny
Dörrobst n —es suszone owoce
Dörrofen m —s, ⸚ suszarnia f
Dörrpflaumen pl suszone śliwki
Dorsch m —(e)s, —e icht dorsz m
dort adv tam; **von** ~ stamtąd; **nach** ~ tam; ~ **entlang** tamtędy
dorther adv; (von) ~ stamtąd
dorthin adv; (nach) ~ tam, w tamtą stronę
dortig adj tamtejszy
dortselbst adv tamże
dortzulande adv tam; w tamtych stronach
Dose f —, —n 1. puszka f 2. tabakierka f 3. dawka, doza f
dösen (h) vt 1. drzemać 2. siedzieć ⟨patrzeć itd.⟩ apatycznie
Dosenmilch f — mleko w puszce
dosieren (h) vt dawkować, dozować. **Su**
dösig adj 1. śpiący 2. t. adv otępia-ły:-le
Dosis f —, ...sen dawka, doza f; łut m; **e—e** ~ **Glück haben** mieć łut szczęścia
Dotation f, —, —en dotacja f
dotieren (h) vt dotować. **Su** t. dotacja f
Dotter m, n —s, — żółtko n
Doyen [doajẽ] m —s, —s dziekan m (korpusu dyplomatycznego)
Dozent m —en, —en docent m
Dozentur f —, —en docentura f
dozieren (h) vt wykładać, nauczać
Drache m —n, —n a. **Drachen** m —s, — 1. smok m 2. latawiec m 3. pot jędza f
Drachen... w comp 1. ... smoka; np. ~töter 2. ... latawca; np. ~schwanz
Drachenschwanz m —es, ⸚e ogon latawca
Drachentöter m —s, — pogromca smoka
Drachme f —, —n drachma f
Dragée [draʒeː] n —s, —s drażetka f
Dragoner m —s, — 1. woj dragon m 2. przen herod baba
Draht m —(e)s, ⸚e 1. drut m; przen auf ~ **sein** być pełnym animuszu; **heißen** ~ **einrichten** założyć gorącą linię 2. telegraf m; **per** ~ telegraficznie 3. dratwa f 4. pot. forsa f 5. linia f
Draht... w comp I. 1. druciany; np. ~**bürste** 2. ... drutu; np. ~**walzen** II. do drutu; np. ~**schere** III. telegraficzny; np. ~**anschrift**
Drahtanschrift f —, —en adres telegraficzny
Drahtantwort f —, —en (opłacona) odpowiedź telegraficzna
Drahtbürste f —, —n szczotka druciana
drahten (h) vt za|telegrafować
Drahtfunk m —es radiofonia przewodowa
Drahtgeflecht n —(e)s, —e plecionka ⟨siatka⟩ druciana
Drahthaarterrier [...iər] m —s, — terier ostrowłosy
Drahthindernis n —ses, —se woj zapory drutowe, zasieki pl
drahtlos adj:adv bez drutu; ~**e Telegraphie** radiotelegrafia f, telegraf bez drutu

Drahtnachricht f —, —en wiadomość telegraficzna, telegram m
Drahtnetz n —es, —e siatka druciana
Drahtpuppe f —, —n marionetka f
Drahtschere f —, —n nożyce do drutu
Drahtseil n —(e)s, —e lina druciana ⟨stalowa⟩
Drahtseilbahn f —, —en kolejka linowa
Drahtsieb n —(e)s, —e sito druciane
Drahtstift m —(e)s, —e sztyft szklarski
Drahtverhau m —(e)s, —e, zob. **Drahthindernis**
Drahtwalzen n —s walcowanie drutu
Drahtzaun m —(e)s, ⸗e płot druciany, parkan m
Drahtzieher m —s, — przen zakulisowy inspirator
Draisine [dre...] f —, —n drezyna f
drakonisch adj:adv drakoński : po drakońsku, surow-y:-o
drall adj:adv jędrn-y:-ie, tęg-i:-o; e. ~es **Mädchen** jędrna dziewczyna, pot dziewczyna jak rzepa
Drall m —(e)s, —e 1. fiz kręt, spin m 2. gwint m
Drama n —s, ...en dramat m (t. przen)
Dramatiker m —s, — dramaturg m
dramatisch adj:adv dramatyczn-y:-ie
dramatisieren (h) vt dramatyzować; lit t., przer-abiać|obić na dramat. Su
Dramaturg m —en, —en 1. dawn dramaturg m 2. teatr kierownik literacki
Dramaturgie f —, ...ien dramaturgia f
dran zob. **daran**
Drän m —s, —s dren m, med t. sączek m
Dränage [...ʒə] f —, —n drenaż m, drenowanie n
Drang m —(e)s 1. popęd, pociąg m, pragnienie, dążenie n; ~ **zur Bühne** pociąg do sceny 2. parcie n (t. med); ~ **nach Osten** parcie na wschód 3. ścisk, (na)tłok m; nacisk m 4. nawał m; **der** ~ **der Ereignisse** nawał wydarzeń
drangeben (43;h) vt pot doda-wać|ć od siebie, ofiarow-ywać|ać
drangehen (45;sn) vt przyst-ępować|ąpić
Drängelei f — 1. pchanie się; tłok m 2. naleganie, naglenie n
drängeln (h) vi 1. pchać się 2. t. vt nalegać (jmdn na kogoś), ponaglać (kogoś), naprzykrzać się (komuś)
drängen (h) I. vt 1. nalegać, napierać (jmdn na kogoś); pilić, przynaglać (kogoś); **die Gläubiger** ~ **mich** wierzyciele piłą mnie 2. vimp odczuwać potrzebę; **es drängt mich, dir zu sagen** ... odczuwam potrzebę powiedzenia ci ... 3. (z przyimkami) a) przeć, pchać b) spychać|zepchnąć, od-pychać|epchnąć (**an die Seite** na bok; **auf den Fahrdamm** na jezdnię; **hinter das Haus** za dom; **in e. Seitengasse** w boczną uliczkę; **nach links** w lewo; **vom Bürgersteig** z chodnika) c) przyp-ierać| rzeć, przycis-kać|nąć (**an** ⟨**gegen**⟩ **die Wand** do ściany); pop-ychać|chnąć (w kierunku ⟨do⟩ ściany) d) wyp-ychać| chnąć, wyp-ierać|rzeć (**auf die Straße** na ulicę; **aus dem Zimmer** z pokoju; **durch die Tür** przez drzwi; **in e. an-**

deres Zimmer do innego pokoju; **über die Brücke** za most; **um die Ecke** za narożnik; **vor das Haus** przed dom) e) wpychać|wepchnąć, wcis-kać|nąć (**auf den Wagen** na wóz; **durch die Tür** przez drzwi; **in den Zug** do pociągu; **in die Ecke** w kąt; **do kąta**; **unter e**—**e Brücke** pod most; **zwischen die Autos** między samochody) f) pop-ychać|chnąć (**zu jmdn** do ⟨w kierunku⟩ kogoś; **zur Tür** do ⟨w kierunku⟩ drzwi) II. vi 1. naglić; **die Zeit drängt** czas nagli 2. pchać ⟨cisnąć⟩ się; ~ **Sie doch nicht so!** niech się pan(i) tak nie pcha!; czego się pan(i) tak pcha! III. **sich** ~ vr 1. pchać ⟨cisnąć, tłoczyć⟩ się 2. następować szybko po sobie; gonić; **die Ereignisse** ~ **sich** wydarzenia następują szybko po sobie; jedno wydarzenie goni drugie 3. (z przyimkami) a) pchać ⟨cisnąć⟩ się; przycis-kać|nąć się; przyw-ierać|rzeć (**an** ⟨**gegen**⟩ **die Wand** do ściany); przyczepi-ać|ć się (**an jmdn** do kogoś) b) pchać ⟨cisnąć⟩ się; wcis-kać|nąć się (**auf den Wagen** na wóz; **in das Zimmer** do pokoju; **zwischen die Stühle** między krzesła) c) pchać ⟨cisnąć⟩ się; przecis-kać|nąć się, przep-ychać|chnąć się (**durch die Menge** przez tłum; **zu jmdn** do kogoś) d) pchać ⟨cisnąć⟩ się; docis-kać|nąć się (**ans Fenster** do okna; **zu jmdn** do kogoś)
Drangsal f —, —e a. n —s, —e utrapienie n; bieda f; kłopot m
drangsalen a. **drangsalieren** (h) vt dręczyć
dränieren (h) vt drenować. Su t. drenaż m
drankriegen (h) vt chwycić (jmdn kogoś)
drannehmen (87;h) vt, szkol wzywać|wezwać do odpowiedzi, wyr-ywać|wać (**e**—**n Schüler** ucznia)
dransein (136;sn) vi 1. szkol być pytanym 2. kolej na kogoś; **jetzt bin ich dran** teraz na mnie kolej
Draperie f —, ...ien draperia f
drapieren (h) vt u|drapować. Su t. **draperia** f
drastisch adj:adv drastyczn-y:-ie; dosadn-y:-ie, jaskraw-y:-o
drauf adv zob. **darauf**
Draufgabe f —, —en 1. zadatek m 2. dodatek m
Draufgänger m —s, — zawadiaka, śmiałek m; pot kozak m
draufgängerisch adj:adv zawadiacki : w sposób zawadiacki, śmiał-y:-o
Draufgängertum n —(e)s brawura, werwa f
draufgehen (45;sn) vi, pot 1. być zużytym, pójść (**für etw.** na coś) 2. um-ierać|rzeć; z|ginąć 3. zd-ychać|echnąć
Draufgeld n —(e)s, —er zadatek m, zaliczka f
drauflosgeh(e)n (45;sn) vi zmierzać ⟨wyrusz-ać|yć⟩ prosto (**aufs Ziel** ku celowi)
drauflosreden (h) vi mówić bez zastanowienia

draufloswirtschaften (h) *vi* gospodarzyć bez zastanowienia; szastać pieniędzmi
draus *zob.* **daraus**
draußen *adv* 1. na dworze; **nach ~** na dwór; **von ~ z zewnątrz** 2. na zewnątrz 3. poza domem; poza miastem; w świecie; na obczyźnie
drechseln (h) *vt, mech* toczyć; **wie gedrechselt** jak utoczone; *przen* gładko; **e—e Rede ~** szlifować przemówienie; **e—e Sache ~** klarować ⟨*a.* załatwiać⟩ sprawę
Drechsler *m* —s, — tokarz *m*
Drechsler... *w comp* tokarski; *np.* **~arbeit**
Drechslerarbeit *f* —, —en robota tokarska
Drechslerbank *f* —, ⸗e tokarka *f*
Drechslerei *f* 1. — tokarstwo *n* 2. —, —en tokarnia *f*, warsztat tokarski
Dreck *m* —(e)s 1. kał *m, wulg* gówno *n* 2. błoto *n*; *przen etw.* **in den ~ ziehen** zmieszać coś z błotem 3. śmiecie *n*; brud *m*; *przen* **~ am Stecken haben** mieć coś na sumieniu, nie być w porządku 4. byle co, *wulg* gówno *n*; **sich um jeden ~ kümmern** troszczyć się o każdą drobnostkę ⟨każde gówno⟩; **das geht dich e—n ~ an!** gówno cię to obchodzi!
Dreckarbeit *f* —, —en brudna robota
Dreckfink *m* —en, —en brudas *m, wulg* flejtuch *m*
Dreckhaufen *m* —s, — kupa śmieci
dreckig *adj:adv* 1. brudn-y:-o, zabłocony, powalany 2. *przen* pod-ły:-le, plugaw-y:-o, nikczemn-y:-ie, zakichany
Drecksau *f* —, —en *a.* **Dreckschwein** *n* —(e)s, —e *wulg* świntuch *m*; flejtuch, brudas *m*
Dreckspatz *m* —en, —en brudas *m*
Dreckwetter *n* —s *pot* pogoda pod psem
Dreh *m* —(e)s, —e *pot* 1. obrót, manewr *m* 2. chwyt, manewr *m*; **den ~ raus haben** znać ten chwyt; mieć dryg 3. *pot* kant *m;* **e—n ~ machen** kantować
Dreh... *w comp* I. 1. obrotowy; *np.* **~brücke** 2. ... obrotu; *np.* **~achse** 3. ... obrotów; *np.* **~zahl** II. wirujący; *np.* **~feld** III. skrętny; *np.* **~schwingungen**
Drehachse *f* —, —n oś obrotu
Drehbank *f* —, ⸗e tokarka *f*
drehbar *adj:adv* obrotowy, obracaln-y:-ie
Drehbleistift *m* —(e)s, —e ołówek automatyczny
Drehbrücke *f* —, —n most obrotowy
Drehbuch *n* —(e)s, ⸗er *film* scenariusz *m*
Drehbuchautor *m* —s, ...en autor scenariusza, scenarzysta *m*
Drehbühne *f* —, —n scena obrotowa
drehen (h) I. *vt* 1. *t. vr* **(sich się)** obr-acać/ócić; kręcić (*t. przen*); jmdm **den Rücken ~** obracać się do kogoś tyłem; *pot* jmdm **e—e Nase ~** wystrychnąć kogoś na dudka; grać komuś na nosie; **sich ~ und wenden** kręcić ⟨wić⟩ się jak piskorz 2. skręc-ać|ić (e—n **Strick** powróz; e—e **Zigarette** papierosa); **den Schnurrbart ~** pod-

kręcać wąsa 3. *tech* toczyć, wyt-aczać| oczyć 4. kręcić, nakręc-ać|ić (e—n **Film** film) 5. wykręc-ać|ić (**den Hals** szyję) 6. *przen, pot* wykręc-ać|ić (e—e **Sache** sprawę) II. *vt* (*z przyimkami*) 1. **an: przykręc-ać|ić** (*etw.* **an** *etw.* coś do czegoś) 2. **auf: wkręc-ać|ić, nakręc--ać|ić** (*etw.* **auf** *etw.* coś na coś) 3. **aus: wykręc-ać|ić** (*etw.* **aus** *etw.* coś z czegoś) 4. **durch:** a) przewierc-ać|ić (e. **Loch durch** *etw.* dziurę przez coś) b) przekręc-ać|ić (*etw.* **durch** *etw.* przez coś) 5. **gegen, nach:** obr-acać| ócić, wykręc-ać|ić, skręc-ać|ić (**gegen Norden** na północ; **nach links** w lewo) 6. **in:** a) wkręc-ać|ić (*etw.* **in** *etw.* coś w coś) b) wywierc-ać|ić (e. **Loch in** *etw.* otwór w czymś) 7. **um:** *t. vr* **(sich się)** a) okręc-ać|ić, owi-jać|nąć (*etw.* **um** *etw.* coś naokoło czegoś) b) obr--acać|ócić; kręcić; *vr* 1. wirować; **es dreht sich darum, daß...** chodzi o to, że ...; **es dreht sich alles um ihn** wszystko obraca ⟨kręci się⟩ dookoła niego c) skręc-ać|ić, obr-acać,ócić (*etw.* **um 10 Grad** coś o 10 stopni) III. *vi* kręcić (**an** *etw.* przy czymś). **Su** 1. obrót *m* 2. kręcenie, obracanie *n* 3. skręcanie *n* 4. skręt *m* 5. wirowanie *n*
Dreher *m* —s, — 1. tokarz *m* 2. korba *f*
Dreherei *f* —, —en 1. tokarnia *f* 2. kręcenie, obracanie (się) *n* 3. krętactwo *n*
Drehfeld *n* —(e)s, —er *fiz* pole wirujące
Drehimpuls *m* —es, —e moment pędu, kręt, spin *m*
Drehknopf *m* —(e)s, ⸗e gałka *f*
Drehkondensator *m* —s, ...oren *elektr* kondensator wirujący
Drehkran *m* —es, —e *a.* ⸗e *tech* żuraw obrotowy
Drehkrankheit *f* —, —en *wet* kołowacizna *f*
Drehkreuz *n* —es, —e kołowrót *m*
Drehmaschine *f* —, —n tokarka *f*
Drehorgel *f* —, —n katarynka *f*
Drehplatte *f* —, —n płyta obrotowa
Drehpunkt *m* —(e)s, —e punkt obrotu
Drehrichtung *f* — kierunek obrotu
Drehscheibe *f* —, —n 1. krążek garncarski 2. *kol* tarcza obrotowa, obrotnica *f*
Drehschwingungen *pl, fiz* drgania skrętne
Drehstahl *m* —(e)s nóż tokarski
Drehstrom *m* —(e)s *elektr* prąd trójfazowy
Drehstuhl *m* —(e)s, ⸗e krzesło obrotowe
Drehtür *f* —, —en drzwi obrotowe, turnikiet *m*
Drehzahl *f* —, —en liczba obrotów
Drehzähler *m* —s, — licznik obrotów
drei *num* trzy; **~ Knaben** trzech chłopców, trzej chłopcy; **~ Frauen** ⟨**Stühle**⟩ trzy kobiety ⟨krzesła⟩; **~ Kinder** troje dzieci; **zu ~en** po trzech, trójkami; *zob. t.* **acht**
Drei *f* — en trójka *f; zob. t.* **Acht**[1]
drei... *w comp* 1. trzy..., trzy, w trzech, na trzech; na trzy; *np.* **~aktig** 2. trój..., o trzech, w trzech; *np.* **~armig**

Drei... 184 **Dreschboden**

Drei... w comp 1. trzy...; np. ~akter 2. trój...; np. ~bund
Dreiakter m —s, — teatr trzyaktówka f
dreiaktig adj:adv, teatr trzyaktowy : w trzech aktach; przez trzy akty
dreiarmig adj:adv trójramienn-y:-ie, o trzech ramionach
dreibändig adj trzytomowy
dreibeinig adj:adv trójnożny : o trzech nogach
Dreiblatt n —(e)s, ⁓er 1. archit trójliść m 2. przen nierozłączna trójka
dreiblätt(e)rig adj trójlistny
Dreibund m —(e)s, ⁓e trójprzymierze n
Dreidecker m —s, — 1. mar trójpokładowiec m, okręt trójpokładowy 2. lot trójpłatowiec m
dreidimensional adj:adv trójwymiarow-y:-o, w trzech wymiarach
Dreieck n —(e)s, —e trójkąt m
dreieckig adj:adv trójkątn-y:-ie
dreieinhalb num trzy i pół
Dreieinigkeit f — rel Trójca f
Dreier m —s, — 1. trojak m; przen seinen ~ dazugeben wtrącać swoje trzy grosze 2. sport trójka f
dreierlei adj inv trojaki; das ist ~ to są trzy (różne) rzeczy
Dreierreihe f —, —n trójszereg m
dreifach adj:adv potrójn-y:-ie, w trójnasób; die ~e Krone tiara f (papieska)
Dreifache n —n trzy razy tyle; um das ~ w trójnasób
Dreifaltigkeit f — rel Trójca f
Dreifarbendruck m —(e)s, —e druk trójbarwny
dreifarbig adj:adv trójkolorow-y:-o, w trzech kolorach
Dreifelderwirtschaft f — agr gospodarka trójpolowa, trójpolówka f
Dreifuß m —es, ⁓e trójnóg m
Dreigespann n —(e)s, —e trójka f (zaprzęg)
dreihundert num trzysta
dreijährig adj trzyletni
Dreikampf m —(e)s sport trójbój m
dreikantig adj:adv trójbrzeżn-y:-ie * pot jmdn ~ rauswerfen wyrzucić kogoś na zbity łeb
Dreikäsehoch m —s, —(s) pot brzdąc m
Dreiklang m —(e)s, ⁓e muz trójdźwięk m
Dreikönigsfest n —(e)s, —e święto Trzech Króli
dreiköpfig adj trzyosobowy (np. załoga)
dreimal adv trzy razy, trzykroć, trzykrotnie
dreimalig adj trzykrotny
Dreimaster m —s, — 1. mar trójmasztowiec m 2. kapelusz trójgraniasty
Dreimeilenzone f — strefa szerokości 3 mil morskich
dreimonatig adj trzymiesięczny
drein zob. darein
dreinhauen (h) vi tłuc, bić
dreinreden (h) vi, zob. dareinreden
Dreiphasenstrom m —(e)s prąd trójfazowy
dreiphasig adj trójfazowy
dreiprozentig adj trzyprocentowy
Dreirad n —(e)s, ⁓er trycykl m

dreireihig adj:adv trzyrzędowy : w trzech rzędach
dreiseitig adj:adv 1. trzystronicowy; na trzy strony; na trzech stron(ic)ach 2. trójstronn-y:-ie
dreisilbig adj:adv, jęz trzyzgłoskow-y:-o
dreisitzig adj:adv o trzech siedzeniach, trzymiejscowy
dreispaltig adj:adv trzyszpaltowy : na trzy szpalty: na trzech szpaltach
Dreispänner m —s, — trójka f (zaprzęg)
dreispännig adj:adv trzykonny : w trzy konie
dreisprachig adj:adv w trzech językach
Dreisprung m —(e)s sport trójskok m
dreißig num trzydzieści; in den ~er Jahren w latach trzydziestych
Dreißig f —, —en trzydziestka f; in die ~ kommen rozpoczynać czwarty krzyżyk (o latach, wieku)
dreißig... w comp 1. trzydziesto...; np. ~jährig 2. trzydzieści; np. ~mal
Dreißiger m —s, — mężczyzna trzydziestoletni
Dreißigerin f —, —nen kobieta trzydziestoletnia
dreißigjährig adj trzydziestoletni
dreißigmal adv trzydzieści razy, trzydziestokrotnie
dreißigste num adj trzydziesty
dreißigstel num, adj; e. ~ jedna trzydziesta (1|30)
Dreißigstel n —s, — trzydziesta część
dreist adj:adv śmiał-y:-o, zuchwa-ły:-le. Si
dreistellig adj, mat trzymiejscowy
dreistimmig adj:adv na trzy głosy
dreistöckig adj:adv trzypiętrowy : na trzy piętra
Dreistufenrakete f —, —n rakieta trójstopniowa
dreistufig adj trzystopniowy
dreistündlich adj:adv co trzy godziny
dreitägig adj trzydniowy
dreitausend num trzy tysiące
dreiteilig adj trzyczęściowy; trójdzielny
dreiviertel num 1. trzy czwarte 2. trzy kwadranse ...; es ist ~ acht jest za kwadrans ósma
Dreiviertelärmel m —s, — rękaw f trzy czwarte
Dreiviertelmehrheit f —, —en większość trzech czwartych
Dreiviertelstunde f —, —n trzy kwadranse
Dreivierteltakt m —(e)s, —e muz takt trzy czwarte
Drejzack m —(e)s, —e trójząb m
dreizehn num trzynaście
Dreizehn f —, —en trzynastka f
dreizehn... w comp 1. trzynasto...; np. ~jährig 2. trzynaście ...; np. ~mal
dreizehnjährig adj trzynastoletni
dreizehnmal adv trzynaście razy
dreizehnte num, adj trzynasty
Dreizimmerwohnung f —, —en mieszkanie trzypokojowe
dreizöllig adj:adv trzycalowy
Dreschboden m —s, ⁓ a. **Dreschdiele** f —, —n klepisko, boisko n

dreschen 185 Drosselventil

dreschen (21;h) *vt* wy|młócić; *przen* **leeres Stroh ~** młócić słomę; **jmdn ~ złoić komuś skórę**
Drescher *m* —s, — młocarz *m*
Dreschflegel *m* —s, — cep *m*
Dreschmaschine *f* —, —n młoc(k)arnia *f*
Dresden *n* —s Drezno *n*
Dresdner 1. *adj inv* drezdeński 2. *m* —s, — drezdeńczyk *m*
Dreß *m* **Dresses, Dresse** dres *m*
dressieren (h) *vt* tresować
Dressur *f* —, —en tresura *f*, tresowanie *n*
dribbeln (h) *vt*, *sport* dryblować, wózkować
Dribbling *m* —s, —s *sport* drybling *m*
Drift *f* —, —en *mar* dryf *m*
driften (h) *vi*, *mar* dryfować
Drifteis *n* —es kra płynąca
Drill *m* —(e)s, —e ćwiczenie *n*, tresura *f*, musztrowanie *n*, dryl *m*, rygor *m*
Drillbohrer *m* —s, — *tech* furkadło *n*
drillen (h) *vt* 1. *woj* ćwiczyć, musztrować 2. *przen* dręczyć. szykanować 3. prze|wiercić 4. *agr* siać rzędowo
Drillich *m* —s, —e *włók* drelich *m*
Drillich... *w comp* drelichowy; *np*. **~hose**
Drillichhose *f* —, —n spodnie drelichowe
Drilling *m* 1. —s, —e dryling, trójlufka *f*, trojak *m* 2. —e *pl* trojaczki *pl*
Drillmaschine *f* —, —n *agr* siewnik rzędowy
Drillsaat *f* —, —en siew rzędowy
drin *zob*. **darin**
dringen (22) *vi* (*z przyimkami*) I. (sn) 1. *vi* do-cierać|trzeć; przenik-ać|nąć, prze--dzierać|drzeć ⟨przedosta-wać|ć⟩ się **(an etw.** do czegoś; **zu jmdm** do kogoś; **bis an** ⟨**auf, zu**⟩ **etw.** aż do czegoś ⟨na coś, do czegoś⟩) 2. prze-dzierać|drzeć ⟨przedostawać⟩ się **(durch die Linien przez linie; über die Brücke przez most)** 3. a) (*o głosie, pogłosce*) przenik-ać|nąć **(durch die Wände** ściany; **zu jmdm** do kogoś); do-cierać|trzeć **(zu jmdm** do kogoś), do-chodzić|jść (kogoś) b) (*np. o zapachu*) przenik-ać|nąć **(durch das Fenster** przez okno; **in das Zimmer** do pokoju), (*o płynie t*) przesiąk-ać|nąć, przeciek-ać|nąć, przeciec (przez coś); wsiąk-ać|nąć, wciek-ać|nąć **(in den Verband w opatrunek)** 4. (*o pocisku itp.*) przenik-ać|nąć, przebi-jać|ć, przeszy-wać|ć **(durch) das Dach** ⟨**die Brust**⟩ dach ⟨piersi⟩; **ins Herz** serce); wpa-dać|ść **(ins Zimmer** do pokoju); wbi-jać|ć się **(ins Herz** w serce), utkwić (w sercu) 5. wdzierać|wedrzeć się, wtargnąć **(ins Zimmer** do pokoju; **auf den Boden** na strych; **unter die Brücke** pod most); **in e. Geheimnis ~** zgłębić tajemnicę 6. wydoby-wać|ć się **(aus etw.** z czegoś); wy-chodzić|jść (z czegoś) II. (h) nalegać, napierać **(auf etw.** na coś; **in jmdn** na kogoś), domagać się (czegoś; od kogoś); pilić **(jmdn** kogoś): nakłaniać (kogoś); **mit Fragen in jmdn ~** zasypywać kogoś pytaniami
dringend I. *part praes*, *zob*. **dringen** II. *adj* 1. naglący, pilny, nie cierpiący zwłoki; **e—e ~e Angelegenheit** pilna sprawa 2. *t. adv* usiln-y:ie, mocn-y;-o; **~er Verdacht** mocne podejrzenie; **~ bitten** usilnie prosić
dringlich *adj:adv*, *zob*. **dringend** II. Sk 1. nagłość *f*, nagła potrzeba 2. usilność *f*
Dringlichkeitsantrag *m* —(e)s, ⁻e nagły wniosek
drinnen *adv*. *pot* wewnątrz, w środku
dritt... *w comp* trzeci ...; *np*. **~höchste dritte** *num*, *adj* trzeci; **aus ~r Hand** z trzeciej ręki
Dritte —n, —n 1. *m* trzeci *m*; e. **~r** ktoś trzeci, osoba trzecia; *praw* strona trzecia 2. *f* trzecia *f*
dritteilen (h) *vt* po|dzielić na trzy części
drittel *num*, *adj*; e. **~** jedna trzecia (1/3)
Drittel *n* —s, — 1. trzecia część 2. *sport* tercja *f*
dritteln (h) *vt*, *zob*. **dritteilen**
drittens *adv* (po) trzecie
dritthöchste *adj* 1. trzeci co do wysokości 2. trzeci (rangą)
drittletzte *adj* trzeci od końca
drob *adv*, *dawn* dlatego, z tego powodu
droben *adv* tam na górze
Droge *f* —, —n *farm* 1. surowiec do wyrobu lekarstw 2. środek *m*, lekarstwo *n*
Drogengeschäft *n* —(e)s, —e *a*. **Drogenhandlung** *f* —, —en *a*. **Drogerie** *f* —, ...rien drogeria *f*
Drogist *m* —en, —en drogista *m*
Drohbrief *m* —(e)s, —e list z pogróżkami
drohen (h) *vi* 1. grozić (mit etw. czymś), odgrażać się 2. *t. vimp* zanosić się 3. grozić, zagrażać. Su do 1. *t*. groźba, pogróżka *f*
drohend 1. *part praes*, *zob*. **drohen** 2. *adj* grożący, zagrażający
Drohn *m* —en, —en *pszcz* truteń *m*
Drohne *f* —, —n truteń, *przen* darmozjad, leń *m*
dröhnen (h) *vi* huczeć; grzmieć; dudnić
Dröhnen *n* —s 1. warkot *m* (motoru) 2. huk *m* (działa)
drollig *adj:adv* pocieszn-y:-ie, śmieszn-y:-ie, zabawn-y:-ie. Sk
Dromedar *n* —s, —e wielbłąd jednogarbny, dromader *m*
Drops *m, n* —, — drops *m*
Droschke *f* —, —n dorożka *f*
Droschkenkutscher *m* —s, — dorożkarz *m*
Drossel¹ *f* —, —n *orn* drozd *m*
Drossel² *f* —, —n 1. zawór dławiący; zwężka *f* 2. *zob*. **Drosselspule**
Drossel...¹ *w comp ...* drozda; *np*. **~gesang**
Drossel...² dławiący; *np*. **~klappe**
Drosselgesang *m* —(e)s śpiew drozda
Drosselklappe *f* —, —n *tech* klapa dławiąca, przepustnica *f*
drosseln (h) *vt* 1. dławić; dusić 2. *przen* dławić; ograniczać **(Einfuhr** import). Su
Drosselspule *f* —, —n cewka dławikowa, dławik *m*
Drosselventil *n* —s, —e *tech* zawór dławiący

drüben *adv* po tamtej stronie, z tamtej strony, tam; **von ~ z** tamtej strony, stamtąd; **hüben und ~ i** tu i tam, i z tej i z tamtej strony
drüber *zob.* **darüber**
Druck *m* —(e)s, —e 1. *fiz* ciśnienie, ściskanie *n* 2. ucisk *m;* gniecenie *n* (des Magens żołądka); naciśnięcie *n* (auf den Knopf na guzik) 3. uścisk *m* (dłoni) 4. *przen* ucisk, ciężar *m,* brzemię *n;* **im ~ sein** być w opresji 5. presja *f,* nacisk, napór, przymus *m;* **unter dem ~ pod naciskiem; auf jmdn e—n ~ ausüben** *a.* **jmdn unter ~ setzen** wywierać na kogoś nacisk; 6. *druk* druk *m;* **alter ~** starodruk *m;* **etw. in ~ geben** oddawać coś do druku
Druck... *w comp* **I.** *fiz* 1. ciśnieniowy; *np.* **~behälter** 2. ... ciśnienia; *np.* **~abfall** 3. ... pod ciśnieniem; *np.* **~destillation** **II.** *druk* 1. drukowy; *np.* **~papier** 2. drukarski; *np.* **~bogen** 3. ... druku; *np.* **~seite** 4. ... na druk; *np.* **~erlaubnis**
Druckabfall *m* —(e)s *fiz* spadek ciśnienia
Druckausgleich *m* —(e)s *fiz* wyrównanie ciśnienia
Druckbehälter *m* —s, — zbiornik ciśnieniowy
Druckbogen *m* —s, — arkusz drukarski
Druckbuchstabe *m* —ns, —n czcionka *f*
Druckdestillation *f* — destylacja pod ciśnieniem
Druckeberger *m* —s, — pot dekownik *m*
druckempfindlich *adj* wrażliwy na ucisk.
Sk
drücken (h) *vt* wy|drukować; **~ lassen** dawać do druku, wydrukować * **wie gedruckt lügen** kłamać jak z nut
drücken (h) I. *vt* 1. ścis-kać|nąć, uścisnąć **(die Hand** dłoń) 2. pot wy|dusić, wyściskać **(jmdn kogoś)** 3. cisnąć; uciskać, uwierać *(np. o obuwiu);* **wissen, wo jmdn der Schuh drückt** wiedzieć, gdzie kogoś boli; *pot* **die Schulbank ~** chodzić do szkoły 4. z|gnieść, z|miąć, z|dusić **(den Stoff** materiał) 5. *przen* dręczyć, gnębić, nękać, przygniatać **(jmdn kogoś);** ciążyć (komuś) 6. *przen,* pot cisnąć, pilić, nękać **(jmdn kogoś),** nalegać, napierać (na kogoś) 7. *przen* zbi-jać|ć **(die Preise** ceny); obniż-ać|yć **(die Löhne** zarobki) 8. *karc* od-kładać| łożyć **II.** *vt (z przyimkami)* 1. **an: gegen:** przycis-kać|nąć **(an die Wand** do ściany; **ans Herz** do serca); prąydu się do ściany 2. **auf: a)** wycis--kać|nąć **(e—n Kuß auf den Mund** pocałunek na ustach; **den Stempel auf das Dokument** pieczęć na dokumencie) b) przycis-kać|nąć **(den Finger auf den Knopf** palcem guzik, palec do guzika); nacis-kać|nąć (palcem guzik) c) wcis--kać|nąć **(den Hut auf den Kopf** kapelusz na głowę) 3. **aus:** wycis-kać|nąć, wygni-atać|eść, wytł-aczać|oczyć **(den Saft aus der Frucht** sok z owocu) 4. **durch:** przecis-kać|nąć, przep-ychać| chnąć **(durch e—e Öffnung** przez otwór) 5. **hinter, in, über, unter,** zwi-

schen: a) wcis-kać|nąć (etw. hinter etw. coś za coś; **den Kopf in die Kissen** głowę w poduszki; **die Mütze über die Ohren** czapkę na uszy; **den Kopf zwischen die Stäbe** głowę między pręty) b) wcis-kać|nąć, wsu-waćjnąć (etw. in die Hand coś w rękę); **den Kopf unter die Decke** głowę pod koc 6. **nach:** przecis-kać|nąć **(den Griff nach links** rączkę w lewo) 7. **von:** spychać|zepchnąć **(von der Bank z** ławki) **III.** *vt* 1. cisnąć, uciskać, uwierać 2. nacis-kać| nąć, przycis-kać|nąć **(auf den Knopf** guzik) **IV. sich ~** *vr* 1. wy|miąć, wy| gnieść, wy|dusić się (o *materiale)* 2. cisnąć ⟨tłoczyć⟩ się 3. wy|ściskać ⟨wy|dusić⟩ się 4. wymig-iwać|ać ⟨wykręc-ać| ić, uchyl-ać|ić, dekować⟩ się 5. wyn-osić|ieść się cichaczem 6. *(z przyimkami)* **an:** a) przycis-kać|nąć się, przyw-ierać| rzeć (an etw. ⟨jmdn⟩ do czegoś ⟨kogoś⟩ b) przecis-kać|nąć się **(durch den Spalt** przez szparę) c) wcis-kać|nąć się **(hinter ⟨auf, unter, zwischen⟩ etw.** za ⟨na, pod, między⟩ coś; **in die Ecke w** kąt; **do kąta)** d) **sich von der Arbeit ~** wy-mig(iw)ać, wykręcać, uchylać ⟨dekować⟩ się od roboty
drücken I. *part praes, zob.* **drücken II.**
adj:adv 1. ciężk-i:-o, nieznośn-y:-ie 2. parn-y:-o, duszn-y:-o *(o upale)*
Drucker *m* —s, — drukarz *m*
Drücker *m* —s, — 1. klamka *f* 2. cyngiel *m*
Druckerei *f* 1. —, —en drukarnia *f* 2. — drukarstwo *n,* sztuka drukarska
Druckerlaubnis *f* — zezwolenie na druk
Druckerpresse *f* —, —n prasa drukarska
Druckerschwärze *f* — czerń drukarska
Druckfarbe *f* —, —n farba drukarska
Druckfehler *m* —s, — błąd drukarski
Druckfehler... *w comp* ... błędów drukarskich; *np.* **~verzeichnis**
Druckfehlerteufel *m* —s, — chochlik drukarski
Druckfehlerverzeichnis *n* —ses, —se wykaz błędów drukarskich, errata *pl*
druckfertig *adj:adv* gotowy do druku; **~ machen** przygotować do druku
Druckfestigkeit *f* — *tech* wytrzymałość na ściskanie
Druckfreiheit *f* — wolność druku
Druckgenehmigung *f* —, —en zezwolenie na druk
Druckkabine *f* —, —n *lot* kabina ciśnieniowa
Druckknopf *m* —(e)s, ⸚e 1. *kraw* zatrzask *m* 2. *elektr* przycisk *m*
Druckknopfschalter *m* —s, — *elektr* przełącznik przyciskowy
Druckkochtopf *m* —(e)s, ⸚e szybkowar *m*
Drucklegung *f* —, —en druk *m,* wy|drukowanie *n*
Druckluft *f* — sprężone powietrze
Druckluft... *w comp* pneumatyczny; *np.* **~hammer**
Druckluftbremse *f* —, —n hamulec pneumatyczny
Drucklufthammer *m* —s, ⸚ *tech* młot pneumatyczny

Druckmesser *m* —s, — manometr, ciśnieniomierz *m*
Druckort *m* —(e)s, —e miejsce druku
Druckpapier *n* —s, papier drukowy
Druckposten *m* —s, — (≃) synekura *f*
Druckpresse *f* —, —n prasa drukarska
Druckpumpe *f* —, —n pompa tłocząca
Druckregler *m* —s, — regulator ciśnienia
druckreif *adj* gotowy do druku
Drucksache *f* —, —n dru(cze)k *m*, poczt druki *pl*
Druckschrift *f* —, —en 1. druk *m*, czcionki *pl*, pismo drukowane 2. broszura *f*, druk *m*
Druckseite *f* —, —n strona druku
drucksen (h) *vi*, *pot* wahać ⟨ociągać⟩ się
Druckstock *m* —(e)s ᵂe *druk* klisza *f*
Druckventil *n* —s, —e tech zawór ciśnieniowy
Druckverbot *n* —(e)s, —e zakaz druku
Druckverfahren *n* —s, — technika drukarska
Druckwalze *f* —, —n wałek ⟨walec⟩ drukarski
Drudenfuß *m* —es, ᵂe pentagram *m*
Druide *m* —n, —n druid, kapłan *m*
drum *zob.* **darum**
Drum und Dran *n* — (≃) związane z tym sprawy ⟨rzeczy; historie; okoliczności⟩
drunten *adv* tam na dole
drunter *zob.* **darunter**
Drusch *m* —es, —e omłot *m*, młócenie zboża
Druse *f* —, —n 1. *min* druza *f* 2. *wet* żółzy *pl* (końskie)
Drüse *f* —. —n gruczoł *m*
druseln (h) *vi* drzemać, *pot* kimać
Drüsen... *w comp* ... gruczołów; *np.*
~entzündung
Drüsenentzündung *f* —, —en *med* zapalenie gruczołów
Drüsenschwellung *f* —, —en obrzęk gruczołów
drüsig *adj:adv*, *wet* zołzowat-y:-o
Dryade *f* —, —n *mit* nimfa leśna, driada
Dschungel *m*, *n* —s, — *a. f* —, —n dżungla *f*
Dschunke *f* —, —n dżonka *f*
du *pron* ty; ~ **zueinander sagen** tykać się; **mit jmdm auf ~ und ~ stehen** być z kimś w zażyłych stosunkach
Du *n* —: **jmdm das ~ anbieten** proponować komuś bruderszaft ⟨tykanie się⟩
Dual *m* —s, —e *a.* **Dualis** *m* —, ...le *gram*
dualis, liczba podwójna
Dualismus *m* — dualizm *m*
dualistisch *adj:adv* dualistyczn-y:-ie
Dübel *m* —s, — dybel *m*; kołek, sworzeń *m*
dubios *adj:adv* wątpliw-y:-ie
Dublee *n* —s, —s doublé *n*
Dubleegold *n* —(e)s złoto talmowe
Dublette *f* —, —n dublet *m* (*t. łow*)
dublieren (h) *vt* z|dublować
ducken (h) ₁. *vr sich* ~ 1. schyl-ać|ić się; s|kulić się; przycupnąć 2. *przen.* *pot* ugi-nać|ąć się, ule-gać|c II. *vt*, upok-arzać|orzyć, przyga-szać|ść|sić

Duckmäuser *m* —s, — świętoszek *m*; obłudnik, hipokryta *m*
Duckmäuserei *f* — obłuda, hipokryzja *f*
Dudelei *f* —, —en rzępolenie *n*; dudlenie *n*
dudeln (h) *vt* 1. grać na dudach 2. rzępolić, dudlić
Dudelsack *m* —(e)s, ᵂe dudy *pl*; kobza *f*
Dudelsackpfeifer *m* —s‚— dudziarz *m*; kobziarz *m*
Duell *n* —s, —e pojedynek *m*
Duellant *m* —en, —en pojedynkujący się
Duellverbot *n* —(e)s, —e zakaz pojedynkowania się
duellieren, sich (h) *vr* pojedynkować się
Duett *n* —(e)s, —e *muz* duet *m*
Duft *m* —(e)s, ᵂe zapach, aromat *m*, woń *f*
dufte *adj pot* fajny, morowy
duften (h) *vi* pachnieć **(nach etw. czymś)**, wydawać woń ⟨zapach⟩, wonieć
duftend 1. *part praes*, *zob.* **duften** 2. *adj* wonny, pachnący
duftig *adj:adv* 1. wonny, pachnący 2. powiewn-y:-ie, zwiewn-y:-ie, lekk-i:-o
duftlos *adj* bezwonny, bez zapachu
Duftstoff *m* —(e)s, —e pachnidło *n*; perfumy *pl*
Dukaten *m* —s, — dukat *m*
Dukatengold *n* —(e)s złoto dukatowe
dulden (h) 1. *vt* ś|cierpieć, zn-osić|ieść; tolerować 2. *vi* cierpieć. **Su** do 1.; *t.* tolerancja *f*.
Dulder *m* —s, — cierpiętnik *m*
Dulder... *w comp* cierpiętniczy; *np.*
~miene
Dulderin *f*, —, —nen cierpiętnica *f*
Duldermiene *f* —, —n mina cierpiętnicza
duldsam *adj:adv* cierpliw-y:-ie, wyrozumia-ły:-le; tolerancyjn-y:-ie. **Sk** *t.* tolerancja *f*
dumm (dümmer, dümmst) *adj:adv* głupi:-o; ~ **machen** ogłupi-ać|ć; ~ **werden** z|głupieć; **das ist mir zu ~!** tego za dużo!. **Sh** głupota *f*; głupstwo *n*
dummdreist *adj:adv* bezczeln-y:-ie, z głupia frant. **Si**
Dummejungenstreich *m* —(e)s, —e figiel ⟨wybryk⟩ łobuzerski
Dummerjan *m* —s, —e głupiec, głuptas, dureń *m*
dummfrech *zob.* **dummdreist**
Dummkopf *m* —(e)s, ᵂe *a.* **Dümmling** *m* —s, —e *zob.* **Dummerjan**
Dumper [dam...] *m* —s, — samochód-wywrotka *m*
dumpf *adj:adv* 1. głuch-y:-o (*np.* dźwięk) 2. tęp-y:-o (*np.* ból) 3. ponur-y:-o (*np. o głosie*) 4. niejasn-y:-o (*o uczuciu, wyobrażeniu*) 5. stęch-ły:-le (*np.* smak) 6. duszn-o:-o (*o powietrzu*) 7. otępia-ły:-le, apatyczn-y:-ie; ~ **dasitzen** siedzieć apatycznie. **Sh** do 1.—4., 6., 7.; do 7. *t.* apatia *f*
dumpfig *adj:adv* 1. stęch-ły:-le 2. duszn-y:-o
Dumping [dampiŋ] *n* —s, —s *ekon* dumping *m*
Düna *f* *m* — *geogr* Dźwina *f*

Düne f —, —n wydma f
Dünen... w comp 1. wydmowy; np. ~sand 2. ... wydm; np. ~zug
Dünensand m —(e)s piasek wydmowy
Dünenzug m —(e)s, ⁼e ciąg wydm
Dung m —(e)s nawóz, gnój m, mierzwa f
Düngemittel n —s, — nawóz m
düngen (h) vt naw-ozić|ieźć. Su
Dünger m —s nawóz, gnój m, mierzwa f
Düngerhaufen m —s, — pryzma nawozowa
Dünggabel f —, —n widły pl
Dunggrube f —, —n gnojownik m
dunkel I. adj:adv 1. ciemn-y:-o; e. dunkler Fleck in seinem Leben czarna plama na jego życiu; ~ machen ściemni(a)ć, zaciemni(a)ć; ~ werden ściemni(a)ć się; mir wird ~ vor den Augen ciemno mi się robi w oczach 2. niejasn-y:-o; niezrozumia-ły:-le; e—e dunkle Stelle im Text niejasne miejsce tekstu; sich ~ erinnern słabo przypominać sobie; jmdn im ~n lassen pozostawi(a)ć kogoś w niepewności II. adj 1. niezbadany; dunkler Abschnitt der Geschichte niezbadany rozdział historii ⟨dziejów⟩ 2. podejrzany; e—e dunkle Gestalt podejrzana postać. Sh ciemność f; mrok m; nach Eintritt der Dunkelheit po nastaniu zmroku
Dunkel n —s ciemność f; im ~n po ciemku
Dünkel m —s zarozumiałość, pycha f
dünkel... w comp ciemno...; np. ~blau
Dunkelarrest m —(e)s, —e ciemnica f
dunkeläugig adj ciemnooki
dunkelblau adj:adv ciemnoniebiesk-i:-o, na ciemnoniebiesko, na kolor ciemnoniebieski; w kolorze ciemnoniebieskim; granatow-y:-o, na granatowo, na kolor granatowy; w kolorze granatowym
dunkelblond adj:adv ciemnoblond : na ciemnoblond
dunkelbraun adj:adv ciemnobrązow-y:-o, na ciemnobrązowo, na kolor ciemnobrązowy; w kolorze ciemnobrązowym; ciemnobrunatn-y:-o, na ciemnobrunatno, na kolor ciemnobrunatny, w kolorze ciemnobrunatnym
dunkelgelb adj:adv ciemnożółt-y:-o, na ciemnożółto, na kolor ciemnożółty, w kolorze ciemnożółtym
dunkelgrau adj:adv ciemnoszar-y:-o, na ciemnoszaro, na kolor ciemnoszary, w kolorze ciemnoszarym
dunkelgrün adj:adv ciemnozielon-y:-o, na ciemnozielono, na kolor ciemnozielony, w kolorze ciemnozielonym
dünkelhaft adj:adv zarozumia-ły:-le; wynio-sły:-śle. Si
dunkelhaarig adj ciemnowłosy
dunkelhäutig adj ciemnoskóry
Dunkelkammer f —, —n fot ciemnia f
Dunkelmann m —(e)s, ⁼er 1. obskurant, wstecznik m 2. ciemna figura, zakazany typ
dunkeln (h) vi, vimp ściemniać się
dunkelrot adj:adv ciemnoczerwon-y:-o, na ciemnoczerwono, na kolor ciemnoczerwony; w kolorze ciemnoczerwonym

dünken (h) I. vt, vi, vimp zdawać się; wydawać się; uważać; mich ⟨mir⟩ dünkt die Antwort richtig uważam odpowiedź za trafną; es dünkt mich ⟨mir⟩, daß... zdaje mi się, że ... II. sich ~ vr uważać się (klug za mądrego; e. Held za bohatera); sich etw. Großes ~ mieć wielkie wyobrażenie o sobie
dünn 1. adj:adv cienk-i:-o, smukł-y:-o; ~ werden ze|szczupleć; przen sich ~(e) machen ulotnić się, zniknąć 2. adj rzadki, przerzedzony (np. włosy) 3. adj cienki, rzadki, rozcieńczony, wodnisty (o płynach); rozrzedzony (o powietrzu); ~er machen rozrzedzać, rozwadniać; rozcieńczać. Sh 1. cienkość f; smukłość f 2. rzadkość f
Dünnbier n —(e)s, —e cienkusz m, lekkie ⟨słabe⟩ piwo
Dünndarm m —(e)s, ⁼e anat jelito cienkie
Dünne f —, 1. cienkość f; smukłość f 2. rzadkość f
dünnflüssig adj rzadki, ciekły
dünnleibig adj chudy, chuderlawy. Sk
Dünnpapier n —(e)s pelur m (papier)
Dünnschiß m ...isses wulg sraczka f
Dunst m —(e)s, ⁼e 1. para f, opary pl, opar m 2. zamglenie n; e. blauer ~ liegt über der Stadt miasto tonie w błękitnej mgle * jmdm blauen ~ vormachen mydlić komuś oczy; keinen blauen ~ von etw. haben nie mieć zielonego pojęcia o czymś
dunsten (h) vi wyziewać, parować
dünsten (h) vt, kulin dusić
Dunstglocke a. **Dunsthaube** f —, —n smog m
dunstig adj 1. t. adv nasycony wilgocią, wilgotn-y:-ie; parn-y:-o 2. zadymiony 3. przesycony wyziewami
Dunstkreis m —es, —e przen atmosfera f
Dünung f —, —en martwa fala, rozkołys m
Duo n —s, —s duo n
düpieren (h) vt podejść, okpi-wać|ć, na-b-ierać|rać
Duplikat n —(e)s, —e duplikat m, drugi egzemplarz, wtórnik m
Duralumin n —s tech duraluminium n
durch I. adv; ~ sein być przetartym (o obuwiu, ubraniu); być przemokniętym (o ubraniu); przejść (przez egzamin); es ist 10 Uhr ~ jest po dziesiątej; ~ und ~ na wskroś ⟨wyloj⟩; jmdn ~ und ~ kennen znać kogoś na wylot II. praep acc 1. przez; ~ die Stadt przez miasto 2. przez, w ciągu; zwei Monate ~ w ciągu dwóch miesięcy, przez dwa miesiące 3. przez (a. tłumaczone za pomocą narzędnika); ~ die Post pocztą; ~ sein Auftreten swoim wystąpieniem, przez swoje wystąpienie 4. przez, z powodu; ~ deine Schuld z twej winy, przez ciebie
durch...¹ w czasownikach rozdzielnych; np. **durchfahren**
durch...² występuje w czasownikach nierozdzielnych; np. **durchbohren**
durchackern (h) vt przeor-ywać|ać (etw.

coś) *przen t.* przegry-zać|źć się (przez coś)
durcharbeiten (h) I. *vt* 1. przer-abiać| obić; przestudiować 2. pracować bez przerwy ⟨odpoczynku⟩; **die Nacht ~ pracować przez całą noc** 3. wyr-abiać| obić **(den Teig** ciasto) II. **sich ~** *vr* prze|brnąć, prze-dzierać|drzeć się **(durch etw.** przez coś), osiąg-ać|nąć cel; **sich durch die Geschichte ~** przestudiować historię. **Su** do I. 1., 3.
durchatmen (h) *vi* oddychać głęboko
durchaus *adv* 1. koniecznie 2. zupełnie, całkiem; wcale; **~ nicht** wcale nie, bynajmniej
durchbeißen (5;h) 1. *vt* przegry-zać|źć 2. **sich ~** *vr, przen* przegry-zać|źć ⟨przebi-jać|ć⟩ się, prze|brnąć
durchbiegen (9;h) *vt, vr* **(sich się)** przegi-nać|ąć; ugi-nać|ąć; zgi-nać|ąć. **Su**
durchblasen (13;h) *vt* przedmuch-iwać|ać
durchblättern (h) *vt* prze|wertować. **Su**
durchbleuen (h) *vt, pot* zbić na kwaśne jabłko. **Su**
Durchblick *m* **—(e)s, —e** 1. przegląd *m*, przejrzenie *n* 2. widok *m* 3. przeziernik *m*
durchblicken¹ (h) *vi* patrzeć, przezierać; *przen* **~ lassen** dawać do zrozumienia
durchblicken² (h) *vt* poznawać się (na czymś)
durchblutet *part, adj* przekrwiony
durchbohren¹ (h) *vt, vr* **(sich się)** przewierc-ać|ić
durchbohren² (h) *vt* przebi-jać|ć, przeszy-wać|ć (*np.* szpadą, wzrokiem). **Su**
durchbraten *vt* dobrze wypie-kać|c
durchbrechen¹ (16) I. (h) *vt* 1. przełam-ywać|ać, z|łamać **(e. Brett** deskę) 2. przebi-jać|ć; wyłam-ywać|ać, wybi-jać|ć (e—e **Öffnung** otwór) II. **(sn)** *vi* 1. z|łamać ⟨przełam-ywać|ać⟩ się (*np. o desce*) 2. *przen* przełam-ywać|ać się; przer-ywać|wać się; prze-dzierać|drzeć ⟨przebi-jać|ć⟩ się 3. wy-chodzić|jść na wierzch ⟨na jaw⟩; wyrzynać się (*o zębach*); wysyp-ywać|ać się (*o ospie*); rozkwit-ać|nąć (*o kwiatach*)
durchbrechen² (16;h) *vt* 1. przebi-jać|ć (e—e **Mauer** ścianę) 2. przer-ywać|wać (den **Damm** tamę); **die Front** front); **den Widerstand ~** z|łamać opór
durchbrennen (17) I. (h) *vt* przepal-ać|ić II. **(sn)** *vi* 1. przepal-ać|ić się 2. *przen, pot* ucie-kać|c, z|wiać
durchbringen (18;h) I. *vt* 1. prze|forsować, przeprowadz-ać|ić (e—n **Antrag** wniosek) 2. wyleczyć, uratować (e—n **Kranken** chorego) 3. utrzym-ywać|ać, wy|żywić (**Kinder** dzieci) 4. z|marnować, roz|trwonić, przepu-szczać|ścić (**sein Geld** pieniądze) 5. przen-osić|ieść, przew-ozić|ieźć, przeprowadz-ać|ić II. **sich ~** *vr* 1. utrzym-ywać|ać się; wyżyć 2. przebrnąć, wybrnąć
durchbrochen 1. *part, perf, zob.* **durchbrechen²** 2. *adj* ażurowy, mereżkowany, perforowany
Durchbruch *m* **—(e)s, ⸚e** 1. przełom *m;* **zum ~ kommen** występować na jaw,

wybrnąć; **e—r Sache zum ~ verhelfen** utorować czemuś drogę, przeforsować coś 2. przełamanie, przerwanie *n* (*np.* frontu, tamy) 3. przebicie *n* (*np.* tunelu) 4. wyłom, otwór *m* (*np.* w ścianie) 5. przełom **(der Elbe** Łaby)
durchdenken¹ (19;h) *vt* obmyśl-ać|ić, rozważ-ać|yć; przemyśl-ać|eć
durchdenken² (19;h) *vt* przemyśl-ać|eć
durchdrängen, sich (h) *vr* przecis-kać| nąć się
durchdrehen (h) *vt* z|mielić (**das Fleisch** mięso); *pot* **durchgedreht sein** mieć krećka
durchdringen¹ (22;h) *vt* 1. prze-dzierać| drzeć się **(durch den Wald** przez las) 2. przenik-ać|nąć; przepełni-ać|ć. **Su**
durchdringen² (22;sn) *vi* 1. przecis-kać| nąć się; do-cierać|trzeć 2. przecie-kać|c 3. prze|forsować, przeprowadz-ać|ić (mit **e—m Antrag** wniosek); dopiąć swego, zna-jdować|leźć poparcie 4. być donośnym (*o głosie*)
durchdringend I. *part praes, zob.* **durchdringen¹** II. *adj:adv* 1. przenikający, przenikliw-y:-ie (*o wzroku*); przejmując-y:-o (*np. chłód*) 2. przeraźliw-y:-ie (*o głosie*) 3. ostr-y:-o, nieznośn-y:-ie (*o zapachu*)
durchdrücken (h) *vt* 1. *t. vr* **(sich się)** przecis-kać|nąć 2. prze|forsować
durchdrungen 1. *part perf, zob.* **durchdringen²** 2. *adj* przepojony, przejęty
durcheilen (h) *vt* przebiec (*np. okolicę*)
durcheinander *adv* w nieładzie, chaotycznie, *pot* (jak) groch z kapustą; jeden przez drugiego
Durcheinander *n* **—s** nieład, *pot* bałagan, rozgardiasz *m*
durcheinanderkommen (70;sn) *vi* po|mieszać się
durcheinanderlaufen (75;sn) *vi* bie-gać|c tam i z powrotem
durcheinandermengen (h) *vt* z|mieszać (jedno z drugim)
durcheinanderreden (h) 1. *vi* mówić jeden przez drugiego 2. *vt* mówić bezładnie ⟨chaotycznie⟩
durcheinanderwerfen (181;h) *vt* po|rozrzucać, po|przewracać
durchfahren¹ (30;sn) *vi* 1. przeje-żdżać| chać 2. nie przer-ywać|wać jazdy
durchfahren² (30;h) *vt* 1. przeje-żdżać| chać (**das Land** przez kraj) 2. przel-atywać|ecieć (etw. przez coś), prze-chodzić|jść na wylot (czegoś), przenik-ać| nąć, przebi-jać|ć (coś) 3. przej-mować| ąć, ogarn-iać|ąć (*o strachu*)
Durchfahrt *f* **—, —en** przejazd *m;* **auf der ~** przejazdem
Durchfahrts... *w comp* ... przejazdu; *np.* **~recht**
Durchfahrtsrecht *n* **—(e)s** prawo przejazdu
Durchfahrtsstraße *f* **—, —en** ulica przelotowa
Durchfall *m* **—s, ⸚e** 1. *med* biegunka *f*, rozwolnienie *n* 2. *teatr* klapa *f*
durchfallen (31;sn) *vi* obci-nać|ąć się na egzaminie; z|robić fiasko ⟨klapę⟩ (*t. teatr*)

durchfaulen (sn) vi przegnić
durchfechten (33;h) I. vt 1. doprowadz-aćjić do końca (den Kampf walkę) 2. prze|forsować (e—n Antrag wniosek); seine Meinung ~ obronić swoje zdanie II. sich ~ vr 1. prze-dzierać| drzeć się z bronią w ręku 2. wy|żyć z żebraniny
durchfeilen (h) vt 1. przepiłow-ywać|ać 2. przen wy|szlifować
durchfinden, sich (34;h) vr zorientować się; zna-jdować|leźć drogę
durchflechten (35;h) vt przepl-atać|eść, po|przetykać (e. Band wstążką)
durchfliegen[1] (36;sn) vi 1. przel-atywać| ecieć (durch etw. przez coś) 2. szkol przepa-dać|ść, nie zda-wać|ć egzaminu
durchfliegen[2] (36;h) vt 1. przel-atywać| ecieć (100 Kilometer sto kilometrów) 2. przerzu-cać|cić, pobieżnie prze|czytać, przebie-gać|c wzrokiem (e—e Seite jedną stronę)
durchfließen[1] (38;sn) vi przepły-wać|nąć (durch etw. przez coś)
durchfließen[2] (38;h) vt przepły-wać|nąć (etw. coś)
Durchflug m —(e)s, ⸗e przelot m
Durchfluß m ...usses, ...üsse przepływ m
Durchfluß... w comp 1. przepływowy; np. ~thermometer 2. ... przepływu; np. ~menge
Durchflußmenge f —, —n wielkość przepływu
Durchflußthermometer n —s, — tech termometr przepływowy
durchforschen (h) vt z|badać, zgłębi-ać| ć; przetrząs-ać|nąć. Su
durchforsten (h) vt, leśn prze|trzebić. Su t. trzebież f
durchfragen (h) 1. vi za|pytać, wypytać 2. sich ~ vr przepyt-ywać|ać się
durchfressen (39;h) 1. vt przeż-erać|reć 2. sich ~ vr, przen przebrnąć, przegry-zać|źć się (durch die Hindernisse przez trudności)
durchfrieren (40;sn) vi przemarz-ać|nąć
Durchfuhr f —, —en przejazd m; przewóz m; tranzyt m
Durchfuhr... w comp 1. przewozowy; np. ~erlaubnis 2. tranzytowy; np. ~handel
durchführbar adj:adv wykonalny : w sposób wykonalny, dający się wykonać : w sposób dający się wykonać. Sk wykonalność f
durchführen (h) vt 1. przeprowadz-ać|ić 2. przen wykon-ywać|ać, z|realizować. Su t. realizacja f
Durchfuhrerlaubnis f — zezwolenie przewozowe
Durchfuhrhandel m —s handel tranzytowy
Durchfuhrzoll m —(e)s, ⸗e cło tranzytowe
Durchführungs... w comp wykonawczy; np. ~bestimmungen
Durchführungsbestimmungen pl przepisy wykonawcze
Durchführungsverordnung f —, —en rozporządzenie wykonawcze

Durchgang m —(e)s, ⸗e 1. przejście n; ~ verboten! przejście wzbronione! 2. przelot m; przepływ m 3. hand tranzyt m 4. astr kulminacja f 5. turnus m 6. sport kolejka f
Durchgänger m —s, — 1. zbieg, uciekinier m 2. pot hulaka m 3. płochliwy koń
durchgängig 1. adj:adv powszechn-y:-ie, powszechnie przyjęty 2. adv bez wyjątku 3. adj przejściowy
Durchgangs... w comp 1. przejściowy; np. ~lager 2. tranzytowy; np. ~gut
Durchgangsgut n —(e)s, ⸗er towar tranzytowy
Durchgangslager n —s, — obóz przejściowy
Durchgangsverkehr m —s 1. ruch tranzytowy; komunikacja tranzytowa 2. przewóz tranzytowy
Durchgangszimmer n —s, — pokój przechodni
Durchgangszug m —(e)s, ⸗e (D—Zug) pociąg pośpieszny
durchgeben (43;h) vt 1. przekaz-ywać| ać, poda-wać|ć (e—e Nachricht wiadomość) 2. poda-wać|ć dalej (den Koffer walizkę)
durchgehen (45;sn) I. vt 1. ob-chodzić| ejść, prze-chodzić|jść (alle Räume (przez) wszystkie pomieszczenia) 2. przen (w myśli) przebie-gać|c, przypom-inać|nieć sobie (alle Bekannten wszystkich znajomych) 3. prze-glądać| jrzeć (e. Buch książkę); zbadać (Akten akta) II. (sn) vi 1. prze-chodzić|jść (durch die Stadt przez miasto); gerade ~ iść prosto drogą 2. być przyjętym, prze-chodzić|jść (o wniosku) 3. prze-ciąg-ać|nąć (ciągnąć) się; so geht es bis zum Morgen durch tak przeciąga się aż do rana 4. ucie-kać|c, drapnąć 5. pon-osić|ieść, rozbie-gać|c się (o koniach); seine Leidenschaft ⟨sein Gefühl⟩ ging mit ihm durch nie za|panował nad namiętnością ⟨uczuciem⟩ 6. uchodzić|ujść; ihm geht alles durch jemu uchodzi wszystko; jmdm alles ~ lassen puszczać komuś wszystko płazem 7. prze-cnodzić|jść, przekr-aczać| |oczyć 8. prze-chodzić|jść, przenik-ać| |nąć (o wilgoci) 9. prze-chodzić|jść, przeszy-wać|ć (o kuli) 10. nie zatrzym-ywać|ać się (o pociągu)
durchgehend I. part praes, zob. durchgehen[1] II. adj 1. przechodni 2. tranzytowy 3. bezpośredni 4. ciągły; adv bez przerwy
durchgehends adv bez wyjątku
durchgeistigt part, adj:adv uduchowiony
durchgießen (52;h) przel-ewać|ać; prze| filtrować; przecedz-ać|ić
durchglühen[1] (h) vt przepal-ać|ić; rozżarz-ać|yć 2. (sn) vi przepal-ać|ić się
durchglühen[2] (h) vt, przen przep-ajać| oić (o namiętności, zapale itp.)
durchgraben (57;h) vt przekop-ywać|ać
durchgreifen (58;h) 1. sięg-ać|nąć ręką (durch etw. przez coś) 2. przen z|ro-

durchgreifend 191 durchpeitschen

bić porządek, energicznie wyst-ępowa|ąpić
durch|greifend 1. *part praes, zob.* durch|greifen 2. *adj:adv* skuteczn-y:-ie, radykaln-y:-ie; energiczn-y:-ie
durchgucken (h) 1. *vt* przeglądać|przejrzeć 2. *vi* patrzeć|spojrzeć (durch etw. przez coś)
durchhacken (n) *vt* przeci-nać|ąć; przerąbać
durchhalten (60;h) *vt, vi* przetrzym-ać| ywać (*o kryzysie itp.*)
durchhauen (haute durch; (h) durchgehauen) *vt* 1. przerąb-ywać|ać 2. z|bić (jmdn kogoś) sprawi-ać|ć lanie (jmdn komuś) 3. sich ~ *vr* przebi-jać|ć się, u|torować sobie drogę
durchhecheln (h) *vt* 1. przeczes-ywać| ać (Flachs len) 2. *przen* obgad-ywać|ać, prze|nicować (Bekannte znajomych)
durchheizen (h) *vt* przepal-ać|ić
durchhelfen (65;h) 1. *vi* pom-agać|óc 2. sich *dat* ~ *vr* radzić sobie, da-wać|ć sobie radę
Durchhieb *m* —(e)s, —e *leśn* przesieka *f*; *górn* przecinka *f*
durchhöhlen (h) *vt* wydrąż-ać|yć
durchirren (h) *vt* błąkać się (etw. po czymś)
durchixen (h) *vt, pot* wyiksować (błąd w maszynopisie)
durchkämmen (n) *vt* przeczes-ywać|ać (*t. przen*). Su
durchkämpfen (h) *zob.* durchfechten I. 1., 2.; II. 1.
durchkauen (h) *vt* przeżu-wać|ć (*t. przen*)
durchkneten (h) *vt* wygni-atać|eść (den Teig ciasto)
durchkochen (h) *vt* przegotow-ywać|ać
durchkommen (70;sn) *vi* 1. prze-chodzić| jść; przeje-żdżać|chać (durch das Dorf przez wieś); przedosta-ć|wać się 2. *przen* przeby-wać|ć, prze-chodzić|jść, przebrnąć; wy-chodzić|jść cało; *pot* er ist durchgekommen a) wyzdrowiał b) zdał egzamin; otrzymał promocję; dobrnął do końca c) wybrnął; starczyło mu (pieniędzy *itp.*) d) przeforsował (swoje zdanie); *pot* damit kommt er nicht durch a) to mu nie wystarczy b) ten numer nie przejdzie
durchkönnen (71;h) *vi* móc przejść
durchkosten *a.* durchkosten (h) *vt* po| smakować; *przen* zazna-wać|ć
durchkramen *a.* durchkramen (h) *vt pot* przeszuk-iwać|ać, przetrząs-ać|nąć (die Taschen kieszenie)
durchkreuzen[1] (h) *vt* przekreśl-ać|ić na krzyż
durchkreuzen[2] (h) *vt* 1. *mar* prze|płynąć (das Meer przez morze); krążyć (po morzu) 2. po|krzyżować (die Pläne plany). Su
durchkriechen (72;sn) *vi* prze-łazić|leźć; przeczołgać się; przepełz-ać|nąć
Durchlaß *m* ...asses, ...ässe przepust *m*, przepuszczenie *n*; przejście *n*
durchlassen (74;h) *vt* przepu-szczać|ścić
durchlässig *adj* przepuszczalny; prze-

siąkliwy; nieszczelny; ~ sein przepuszczać. Sk
Durchlaucht *f* —, —en *dawn* (Wasza, Jego) Książęca Mość
durchlauchtig *adj, dawn* Jaśnie Oświecony
durchlaufen[1] (75;sn) *vi* 1. przebie-gać|c; nie zatrzymywać się 2. przel-atywać| eciec, przecie-kać|c
durchlaufen[2] (75;h) 1. *przen* prze-chodzić| jść (e—e Schule szkołę) 2. przebie-gać|c (den Wald przez las) 3. obie-gać|c (*o pogłosce*)
Durchlauferhitzer *m* —s, — przepływowy ogrzewacz wody
durchleben (h) *vt* przeży-wać|ć (viele Jahre dużo lat)
durchleiden (76;h) *vt* przecierpieć
durchlesen (78;h) *vt* przeczytać
durchleuchten[1] (h) *vi* przeświecać (durch etw. przez coś)
durchleuchten[2] (h) *vt* 1. oświetl-ać|ić 2. prześwietl-ać|ić (*t. med*). Su
durchliegen, sich (79;h) *vr med* odleżeć się
durchlöchern (h) *vt* prze|dziurkować; perforować. Su perforacja *f*
durchlöchern (h) *vt* przedziurawi-ać|ć, prze|dziurkować; perforować. Su
durchlüften (h) *vt* przewietrz-ać|yć. Su
durchmachen (h) *vt* 1. u|kończyć (e—e Schule szkołę) 2. przebyć (e—e Krankheit chorobę) 3. przeży-wać|ć, wycierpieć; vieles ~ dużo przeżyć, mieć wiele przejść 4. przeprowadz-ać|ić (e—e Kur kurację)
Durchmarsch *m* —(e)s, ⸚e 1. przemarsz *m* 2. *pot* biegunka *f*, rozwolnienie *n*
durchmarschieren (sn) *vi* prze|maszerować
durchmessen[1] (83;h) *vt* przemierz-ać|yć, z|mierzyć. Su
durchmessen[2] (83;h) *vt* przeby-wać|ć, prze-chodzić|jść (50 Kilometer 50 kilometrów). Su
Durchmesser *m* —s, — *mat* średnica *f*
durchmischen (h) *vt* przemieszać. Su
durchmüssen (86;h) *vi* musieć przejść
durchmustern *a.* durchmustern (h) *vt* przegląd-ać|nąć, przejrzeć (dokładnie); z|lustrować. Su
durchnagen (h) *vt* przegry-zać|źć
Durchnahme *f* — *szkol* przerobienie, omówienie *n* (materiału)
durchnässen[1] (h) *vi* przepu-szczać|ścić (*o dachu itp.*)
durchnässen[2] (h) *vt* przem-aczać|oczyć (die Füße nogi)
durchnäßt 1. *part perf, zob.* durchnässen 2. *adj:adv* przemokły
durchnehmen (87;h) *vt szkol* przer-abiać| obić, om-awiać|ówić
durchnetzen (h) *vt* zwilż-ać|yć (całkowicie)
durchpassieren (h) *vt* *kulin* prze-cierać|trzeć (przez sito)
durchpauken (h) *vt szkol* zob. durch|nehmen
durchpausen (h) *vt* przerysow-ywać|ać, przekopiować
durchpeitschen (h) *vt* 1. wy|chłostać 2.

durchplaudern 192 Durchschnitt

w szybkim tempie przer-abiać|obić ⟨om-awiać|ówić⟩. Su
durchpląudern (h) *vt* przegawędzić
durchpressen (h) *vt* przecis-kać|nąć
durchprobieren (h) *vt* 1. prze|ćwiczyć 2. s|kosztować po kolei; wy|próbować po kolei
durchprügeln (h) *vt* wy|chłostać, obić (jmdn kogoś), sprawi-ać|ć lanie (komuś)
durchqueren (h) *vt* prze-chodzić|jść (e. Land przez kraj), przeby-wać|ć (na przełaj). Su
durchrechnen (h) *vt* przelicz-ać|yć, prerachować, sprawdz-ać|ić rachunek
durchregnen (h) *vi* przecie-kać|c; es regnet durch deszcz przecieka; **durchgeregnet sein** przemoknąć do ostatniej nitki
durchreiben (94;h) *vt, vr* (sich się) prze--cierać|trzeć (Erbsen groch)
durchreichen (h) *vt* poda-wać|ć (przez otwór ⟨okienko⟩ *itp.*), poda-wać|ć dalej
Durchreise *f* —, —n 1. przejazd *m*; **auf der** ~ przejazdem 2. pokaz kolekcji mody
durchreisen¹ (sn) *vi* przeje-żdżać|chać
durchreisen² (h) *vt* obje-żdżać|chać (das Land kraj)
Durchreisende —n, —n 1. *m* przejezdny *m* 2. *f* przejezdna *f*
Durchreisesichtvermerk *m* —(e)s, —e *a*.
Durchreisevisum *n* —s, ..a wiza tranzytowa
durchreißen (95) 1. (h) *vt* prze-dzierać| drzeć, przer-ywać|wać 2. (sn) *vi* prze--dzierać|drzeć ⟨przer-ywać|wać⟩ się
durchreiten¹ (96) (sn) *vi* przeje-żdżać| chać (konno)
durchreiten² (96;h) *vt* obje-żdżać|chać na koniu (das Land kraj)
durchrieseln¹ (sn) *vi* przecie-kać|c
durchrieseln² (h) *vt, przen* przenik-ać| nąć, owładnąć; **ihn durchrieselte e. freudiges Gefühl** przenikało go ⟨owładnęło nim⟩ radosne uczucie
durchringen, sich (99;h) *vr* 1. przebi-jać|ć się; **sich durch das Leben** ~ prze-dzierać|drzeć ⟨przep-ychać|chać, iść przebojem⟩ przez życie 2. zdoby-wać|ć się (zu etw. na coś) 3. zwycięż-ać|yć (o idei *itp.*)
durchrosten (sn) *vi* prze|rdzewieć
durchrufen (101;h) *vi* i. poda-wać|ć ⟨przekaz-ywać|ać⟩ telefonicznie 2. poda-wać|ć ⟨przekaz-ywać|ać⟩ dalej (e—n Befehl rozkaz)
durchrühren (h) *vt* prze|mieszać, wymieszać
durchrütteln (h) *vt* przetrząs-ać|nąć
durchsacken (sn) *vi lot* przepa-dać|ść
Durchsage *f* —, —n *radio* komunikat *m*; **e—e wichtige** ~ ważny komunikat; komunikat specjalny
durchsagen (h) *vt* przekaz-ywać|ać ⟨poda-wać|ć⟩ (dalej); *radio* poda-wać|ć komunikat
durchsägen (h) *vt* przepiłować
durchschalten (h) *vt* 1. włącz-ać|yć 2. przełącz-ać|yć (das Gespräch rozmowe)
durchschauen¹ (h) 1. *vi* patrzeć (durch

e. **Fernrohr** przez lunetę) 2. *vt* prze--gląda|ć|jrzeć
durchschauen² (h) *vt* pozna-wać|ć się (etw. na czymś); jmdn ~ poznać się na kimś, poznać kogoś na wylot
durchscheinen (107;h) *vi* przeświecać, prześwitywać
durchscheinend I. *part praes, zob.* **durchscheinen II.** *adj:adv* 1. przezroczy-sty: -ście 2. przeświecając-y:-o
durchscheuern (h) *vt, vr* (sich się) prze--cierać|trzeć
durchschieben (110;h) *vt* przesu-wać|nąć; *przen* przep-ychać|chnąć
durchschießen¹ (111) *vi* 1. (h) przestrzelić 2. (sn) *przen* przemknąć jak strzała
durchschießen² (111;h) *vt* 1. *zob.* **durchschießen** 2. *druk* interliniować 3. interfoliować
durchschimmern (h) *vi* przeświecać
Durchschlag *m* —(e)s, ≃e 1. przebitka, kopia *f*, odpis przebitkowy 2. cedzak, przetak, durszlak *m* 3. *górn* przebitka *f*, przełom *m* 4. *elektr* przebicie *n*
durchschlagen¹ (114;h) **I.** *vt* 1. przebi--jać|ć, wyku-wać|ć, przeku-wać|ć (e—n Tunnel durch den Berg tunel przez górę) 2. przecedz-ać|ić 3. z|bić, obić (jmdn kogoś) II. *vi* 1. przenik-ać|nąć, przesiąk-ać|nąć (np. o wilgoci) 2. przebi-jać|ć (o kalce, papierze itp.) 3. s|podobać się, mieć powodzeńie (o dramacie itp.) 4. po|skutkować (np. o lekarstwie) 5. (o argumentach, wywodach) przekon-ywać|ać (bei jmdm kogoś) 6. wyst-ępować|ąpić; **in ihm schlägt das Erbe der Vorfahren durch** u niego występuje ⟨odzywa się⟩ dziedzictwo przodków III. **sich** ~ *vr* 1. przebi-jać|ć się; iść przebojem 2. przep-ychać|chnąć się (przez życie)
durchschlagen² (114;h) *vt* przebi-jać|ć, przeszy-wać|ć
durchschlagend I. *part praes, zob.* **durchschlagen¹ II.** *adj* 1. *t. adv* przekonywając-y:-o, niezbi-ty:-cie (o dowodach) 2. ogromny (np. sukces)
durchschlägig *adj:adv* 1. skuteczn-y:-ie 2. przekonywając-y:-o, przekonując--y:-o
Durchschlagpapier *n* —(e)s, —e papier przebitkowy
Durchschlagsfestigkeit *f* —, —en wytrzymałość na przebicie
Durchschlagskraft *f* — 1. siła przebijania 2. moc ⟨siła⟩ przekonywająca
durchschlängeln, sich (h) *vr* prześliz-gać| nąć ⟨przecis-kać|nąć⟩ się
durchschleichen (115;sn) *vi a.* **sich** ~ (h) *vr* przekra-dać|ść się
Durchschlupf *m* —(e)s, ≃e dziura *f*, przejście *n* (np. w płocie)
durchschlüpfen (sn) *vi* przem-ykać|knąć ⟨prześliz-gać|nąć⟩ się
durchschmuggeln (h) *vt* przemyc-ać|ić
durchschneiden¹ (123;h) *vt* przekr-awać| oić, prze|kraj|oić (das Brot chleb); przeci-nać|ąć (das Band taśmę)
durchschneiden² (123;h) *vt, przen* przeci-nać|ąć (o kanale, kolei itp.). Su
Durchschnitt *m* —(e)s, —e 1. przekrój

durchschnittlich 193 durchströmen

m; **przecięcie** *n* 2. **średnia, przeciętna** *f;* **im** ~ **przeciętnie, średnio** 3. **przeciętność** *f*
durchschnittlich *adj:adv* 1. przeciętn--y:-ie, średni:-o 2. zwykły, zwyczajn--y:-ie, pospoli-ty:-cie, przeciętn-y:-ie. Sk do 2.
Durchschnitts... *w comp* 1. średni, przeciętny; *np.* ~**alter** 2. zwykły, przeciętny, pospolity; *np.* ~**leser** 3. ... przecięcia; *np.* ~**linie**
Durchschnittsalter *n* —s wiek średni ⟨przeciętny⟩
Durchschnittseinkommen *n* —s dochód średni ⟨przeciętny⟩
Durchschnittsertrag *m* —(e)s, ⁻e dochód średni ⟨przeciętny⟩
Durchschnittsgeschwindigkeit *f* —, —en przeciętna szybkość
Durchschnittsleistung *f* —, —en wydajność przeciętna
Durchschnittsleser *m* —s, — zwykły ⟨przeciętny⟩ czytelnik
Durchschnittslinie *f* —, —n *mat* linia przecięcia
Durchschnittslohn *m* —(e)s, ⁻e zarobek średni ⟨przeciętny⟩
Durchschnittsmensch *m* —en, —en zwykły ⟨pospolity, przeciętny⟩ człowiek
Durchschnittspunkt *m* —(e)s, —e *mat* punkt przecięcia
Durchschnittswert *m* —(e)s, —e wartość średnia ⟨przeciętna⟩
Durchschnittszahl *f* —, —en ilość przeciętna
durchschnüffeln (h) *vt* przetrząs-ać|nąć, przeszuk-iwać|ać
Durchschreibebuch *n* —(e)s, ⁻er kopiał ołówkowy
Durchschreibebuchführung *f* — księgowość przebitkowa
durchschreiben (126;h) *vt* pisać z przebitką
durchschreiten[1] **(128;sn)** *vi* prze-chodzić|jść
durchschreiten[2] **(128;h)** *vt* przekr-aczać| oczyć **(den Fluß** rzekę), prze-chodzić| jść (przez rzekę). Su
Durchschrift *f* —, —en przebitka, kopia *f*
Durchschuß *m* ...usses, ...üsse 1. przestrzał *m* 2. *druk* interlinia *f*
durchschütteln (h) *vt* przetrzą-sać|snąć; przemieszać
durchschütten (h) *vt* przesyp-ywać|ać
durchschweifen (h) *vt zob.* **durchstreichen**[2]
durchschwimmen (131;sn) *vt* przepły--wać|nąć. Su
durchschwindeln, sich (h) *vr, pot* przeszwindlować się
durchschwitzen *a.* **durchschwitzen (h)** *vt* przepocić
durchsegeln *vt* przepły-wać|nąć statkiem **(den Atlantik** przez Atlantyk). Su
durchsehen (135;h) 1. *vi* patrzeć **(durch etw.** przez coś) 2. *vt* przegląd-ać|nąć, przejrzeć
durchseihen (h) *vt* przecedz-ać|ić. Su
durchsein (136;sn) *vi* 1. przejść; prze-
brnąć; **er ist durch** przeszedł, przebrnął 2. być przetartym ⟨przepiłowanym, przeciętym *itp.*⟩
durchsetzen[1] **(h) I.** *vt* przeprowadz-ać|ić; przeforsować; **seinen Willen** ~ postawić na swoim **II. sich** ~ *vr* 1. postawić na swoim; przeforsować **(mit etw.** coś) 2. zdoby-wać|ć sobie uznanie ⟨szacunek⟩. Su do I.
durchsetzen[2] **(h)** przenik-ać|nąć; przepełni-ać|ć; przep-ajać|oić, przesyc-ać|ić **(mit Geruch** zapachem); **durchsetzt sein** być przesiąkniętym. Su
Durchsicht *f* — przejrzenie, przeglądanie *n;* **nach** ~ po przejrzeniu, przejrzawszy
durchsichtig *adj:adv* przejrzy-sty:-ście, przezroczy-sty:-ście. Sk
durchsickern (sn) *vi* przesiąk-ać|nąć, przecie-kać|c *(t. przen, np. o wiadomości)*
durchsieben (h) *vt* przesi-ewać|ać. Su
durchsitzen (142;h) *vt* (siedzeniem) prze--cierać|trzeć **(die Hose** spodnie)
durchsitzen[2] **(142;h)** *vt* przesi-adywać edzieć **(viele Stunden** wiele godzin)
durchspalten (h) *vt* rozłup-ywać|ać
durchspielen (h) *vt* przegr-ywać|ać (e—n **Walzer** walca)
durchsprechen (146;h) *vt* om-awiać|ówić, prze|dyskutować
durchspringen (148;sn) *vi a.* **durchspringen (148;h)** *vt* przesk-akiwać|oczyć
durchstechen[1] **(149;h)** *vt* przekłu-wać|ć; przebi-jać|ć *(etw.* **durch** etw. coś czymś)
durchstechen[2] **(149;h)** *vt* 1. przekłu-wać|ć; przebi-jać|ć 2. przekop-ywać|ać. Su
Durchstecherei *f* —, —en oszustwo *n;* machinacje *pl;* konszachty *pl*
durchstecken (h) *vt* przet-ykać|knąć
durchstehlen, sich (152;h) *vr* przekra--dać|ść się
Durchstich *m* —(e)s, —e 1. przekłucie *n;* przebicie *n* 2. przekop *m*
durchstöbern (h) *vt, zob.* **durchschnüffeln**
Durchstoß *m* —es, ⁻e 1. *woj* przerwanie *n* **(durch die Front** frontu) 2. dziura *f,* otwór *m*
durchstoßen[1] **(157)** **I. (h)** *vt* 1. przebi--jać|ć **(e. Loch** dziurę) 2. prze-cierać| trzeć **I. (sn)** przebi-jać|ć ⟨prze-dzierać| drzeć⟩ się
durchstoßen[2] **(157;h)** *vt* 1. przebi-jać|ć, przekłu-wać|ć **(jmdn mit dem Degen** kogoś szpadą) 2. prze-dzierać|drzeć się (etw. przez coś)
durchstreichen[1] **(158;h)** *vt* przekreśl-ać| ić. Su
durchstreichen[2] **(158)** *a.* **durchstreifen (h)** *vt* prze|wędrować **(das Land** przez kraj), wałęsać ⟨włóczyć⟩ się (po kraju)
durchströmen[1] **(sn)** *vi* 1. przepły-wać| nąć, przel-ewać|ać ⟨toczyć⟩ się *(o rzece, wodzie itp.)* 2. *przen* przewi-jać| nąć (przesu-wać|nąć) się
durchströmen[2] **(h)** *vt* 1. przepły-wać| nąć, prze-chodzić|jść **(viele Länder** przez wiele krajów) 2. przenik-ać|nąć

13 Słownik niem.-pol.

durchstudieren (h) *vt* 1. przestudiować 2. studiować ⟨uczyć się⟩ (die Nächte po nocach)
durchsuchen[1] (h) *vt* przeszuk-iwać|ać, przetrząs-ać|nąć, przetrząść. Su
durchsuchen[2] (h) *vt* 1. *zob.* **durchsuchen**[1] 2. z|rewidować. Su *t.* rewizja *f*
durchtanzen[1] (h) *vi* prze|tańczyć, tańczyć bez przerwy
durchtanzen[2] (h) *vt* przetańczyć (den Saal przez salę)
durchtränken (h) *vt* nasyc-ać|ić, przemoczyć. Su
durchträumen (h) *vt* przemarzyć
durchtreiben (162;h) 1. przepędz-ać|ić 2. wbi-jać|ć (e—n Nagel gwóźdź); przebi- -jać|ć
durchtreten (163) 1. (h) *vt* przydeptać (Schuhe buty) 2. (sn) *vi* prze-chodzić| jść (in die Mitte do środka)
Durchtrieb *m* —(e)s, —e przegon *m*
durchtrieben *part, adj:adv* chyt-ry:-rze, szczwany, przebieg-ły:-le. Sh
durchtrocknen 1. (h) *vt* przesusz-ać|yć 2. (sn) *vi* prze|suszyć się. Su *do* 1.
durchwachen (h) *vt* czuwać (die ganze Nacht (przez) całą noc)
durchwachsen[1] (172;sn) *vi a.* **durchwachsen** (172;h) *vt* przer-astać|osnąć, przerość
durchwachsen[2] 1. *part perf, zob.* **durchwachsen**[1] 2. *adj* przerosły, przerośnięty, przerastały (*np.* boczek)
durchwacht 1. *part perf, zob.* **durchwachen** 2. *adj* bezsenny, nieprzespany
durchwagen, sich (h) *vr* odważyć się przejść
durchwalken (h) *vt* z|bić, obić, wy| grzmocić. Su
durchwandern[1] (sn) *vi* prze|wędrować
durchwandern[2] (h) prze|wędrować (das Land (przez) kraj)
durchwärmen *a.* **durchwärmen** (h) *vt, vr* (sich się) rozgrz-ewać|ać, zagrz- -ewać|ać; ogrz-ewać|ać. Su
durchwaschen (174;h) *vt* 1. przemy- -wać|ć 2. przep-ierać|rać
durchwaten (h) *vt* prze-chodzić/jść w bród, przebrnąć
Durchweg [...ve:k] *m* —(e)s, —e przejście *n;* przejazd *m*
durchweg *a.* **durchweg** [...vɛk] *adv* 1. całkowicie, zupełnie; pod rząd, bez wyjątku 2. wszędzie
durchweichen[1] (sn) *vi* 1. przem-ακać| οknąć 2. rozmięk-ać|nąć
durchweichen[2] (h) *vt* 1. przem-aczać| oczyć; wym-aczać|oczyć 2. rozmiękcz-ać|yć. Su
durchwerfen (181;h) *vt* przerzuc-ać|ić; wrzuc-ać|ić
durchwetzen (h) *vt* prze-cierać|trzeć
durchwichsen (h) *vt, pot* spu-szczać|ścić lanie, z|bić, z|łoić
durchwinden (183;h) I. *vt* przepl-atać|eść (etw. durch etw. coś czymś) II. sich ~ *vr* 1. przecis-kać|nąć ⟨prześliz-gać| nąć⟩ się 2. *przen* wywi-jać|nąć się
durchwirken (h) *vt* przet-ykać|kać; (*np.* nićmi), przepl-atać|eść

durchwühlen[1] (h) 1. *vt* po|przewracać, przeryć, prze|szukać 2. *t. vr* (sich się) przekop-ywać|ać, przeryć, zryć **durchwühlen**[2] (h) *vt* 1. *zob.* **durchwühlen**[1] 2. *przen* wzburzyć
Durchwurf *m* —(e)s, ⁼e wrzut *m*, szpara *f*, otwór *m*
durchzählen (h) *vt* przelicz-ać|yć. Su
durchzechen[1] (h) *vi* pić (bis zum Morgen aż do rana)
durchzechen[2] (h) *vt* pić (die ganze Nacht (przez) całą noc)
durchzeichnen (h) *vt* przerysow-ywać|ać przez kalkę, przekalkować
durchziehen[1] (187) I. (h) *vt* przeciąg-ać| nąć, przewle-kać|c II. (sn) *vi* 1. przewędrować; prze-chodzić|jść; przeje- -żdżać|chać; ~ lassen przepuszczać 2. przemaszerować
durchziehen[2] (h) *vt* 1. *zob.* **durchziehen**[1] 2. po|przerzynać (mit Kanälen kanałami)
durchzucken (h) *vt* przeniknąć; es durchzuckte ihn der Gedanke przemknęła mu myśl
Durchzug *m* —(e)s, ⁼e 1. przejście *n;* przemarsz *m;* przejazd *m* 2. przelot *m* (ptaków) 3. przeciąg, przewiew *m*
Durchzügler *m* —s, — ptak wędrowny
durchzwängen (h) *vt, vr* (sich się) przecis-kać|nąć
dürfen (24;h) *vi* 1. wolno; mieć pozwolenie; móc; być uprawnionym; **er darf** wolno mu; **darf ich bitten?** czy mogę prosić?; **nur er darf das tun** tylko jemu wolno to uczynić; tylko on ma pozwolenie ⟨jest uprawniony⟩ zrobić to; **wenn man so sagen darf** jeśli tak wolno powiedzieć, jeśli tak można się wyrazić; **er hätte das nicht tun ~** nie powinien był tego zrobić 2. potrzebować; **ich darf nur ein Wort sagen** potrzebuję powiedzieć tylko słówko 3. śmieć; **wie durfte er das tun!** jak śmiał to uczynić! 4. przypuszczalnie być; **das dürfte ihm nicht gelingen** to mu się przypuszczalnie nie uda
dürftig *adj:adv* 1. biedn-y:-ie 2. *przen* marn-y:-ie, skąp-y:-o, mizern-y:-ie. Sk 1. bieda *f,* niedostatek *m* 2. skąpość, mizerność *f*
dürr *adj:adv* 1. such-y:-o: uschnięty 2. jałow-y:-o 3. chud-y:-o 4. *przen* osch- -ły:-le, such-y:-o, bezbarwn-y:-ie
Dürre *f* —, —n 1. susza, posucha *f* 2. jałowość *f* 3. chudość *f* 4. *przen* oschłość, bezbarwność *f*
Durst *m* —(e)s pragnienie *n;* **e—n über den ~ trinken** wypić kieliszek za dużo
dürsten (h) *vi* 1. mieć pragnienie; **ihn dürstet** pić mu się chce 2. *przen* pragnąć, łaknąć (**nach etw.** czegoś)
durstig *adj:adv* spragniony. Sk pragnienie *n*
durstlöschend *a.* **durststillend** *part, adj: :adv* gaszący pragnienie, orzeźwiając- -y:-o
Durtonart *f* —, —en *muz* tonacja majorowa
Duschbad *n* —(e)s, ⁼er *a.* **Dusche** *f* —, —n natrysk, prysznic, tusz *m*

Duschraum m —(e)s, ⸚e natryski pl (pomieszczenie)
duschen (h) vi vr (sich) brać|wziąć prysznic
Düse f —, —n tech 1. dysza f 2. nasadka, wylot nasadzony
Dusel m —s pot 1. zamroczenie, oszołomienie n; odurzenie n (senne), senność f 2. szczęście n
Duselei f —, —en pot 1. senność f; odurzenie n (snem) 2. ckliwość f; marzycielstwo n
dus(e)lig adj:adv 1. oszołomiony; zamroczony; odurzony (snem) 2. rozmarzony 3. rozespany
duseln (h) vi, pot 1. marzyć, być rozmarzonym 2. drzemać, kimać
Düsen... w comp I. odrzutowy; np. ~flugzeug II. 1. dyszowy; np. ~treibstoff 2. ...dyszy; np. ~kanal
Düsenantrieb m —(e)s tech napęd odrzutowy
Düsenflugzeug n —(e)s, —e samolot odrzutowy, odrzutowiec m
Düsenjäger m —s, — lot myśliwiec odrzutowy, odrzutowiec m
Düsenkanal m —s, ⸚e tech kanalik dyszy
Düsentreibstoff m —(e)s, —e tech paliwo dyszowe
Dussel m —s, — pot głupiec, dureń, idiota, cymbał m
dusselig a. **dußlig** adj:adv, pot głupi:-o, durn-y:-ie
düster [dy:...] adj:adv 1. ciemn-y:-o, mroczn-y:-o 2. przen ponur-y:-o; posępn-y:-ie; e—e ~e Miene ponura ⟨posępna⟩ mina; ~es Schweigen ponure milczenie. Sh 1. ciemność f 2. t. Sk ponurość, posępność f

Düsternis f —, —se 1. ciemność f 2. ponurość f zasępienie n
Dutt m —(e)s, —e kok m
Dutzend n —s, —e tuzin m
Dutzend... w comp tuzinkowy, pospolity, przeciętny; np. ~mensch
dutzendmal num adv tuzin razy
Dutzendmensch m —en, —en człowiek tuzinkowy ⟨przeciętny⟩
Dutzendware f —, —n towar tuzinkowy ⟨pospolity⟩
dutzendweise adv tuzinami
Duzbruder m —s, ⸚er serdeczny przyjaciel
duzen (h) 1. vt tykać, mówić „ty" (jmdn komuś) 2. sich ~ vr tykać się, mówić sobie „ty"
Duzfreund m —(e)s, —e zob. Duzbruder
Duzfuß m —es; pot auf ~ stehen tykać się
Dyn n —s, — fiz dyna f
Dynamik f — dynamika f
dynamisch adj:adv dynamiczn-y:-ie
Dynamit n —(e)s dynamit m
Dynamitpatrone f —, —n nabój dynamitowy
Dynamo m —s, —s elektr prądnica f, dynamo n
Dynamo... w comp 1. dynamo...; np. ~meter 2. prądnicowy; np. ~stahl
Dynamomaschine f —, —n elektr prądnica f
Dynamometer n —s, — tech dynamometr m
Dynamostahl m —(e)s stal prądnicowa
Dynast m —en, —en władca, dynasta f
Dynastie f —, ...ien dynastia f
dynastisch adj dynastyczny
Dysenterie f —, ...ien med czerwonka f, krwawa biegunka
D-zug m —(e)s, ⸚e pociąg pośpieszny

E

Ebbe f —, —n odpływ m (morza); przen ~ im Geldbeutel pustka w sakiewce
eben I. adj:adv równ-y:-o; ~ machen wyrównywać; mat płask-i:-o; ~e Geometrie geometria płaska II. adv 1. właśnie; dopiero co 2. właśnie; akurat; na ~! no właśnie!; ~ du! właśnie ty!; das reicht ~ aus to właśnie ⟨akurat⟩ starczy 3. po prostu; już; das ist ~ so tak jaz ⟨po prostu⟩ jest; nicht ~ .... nie ... właściwie ⟨szczególnie⟩ ...; sie ist nicht ~ schön, aber ... nie jest właściwie ⟨szczególnie⟩ ładna, ale ... Sh do I.
Ebenbild n —(e)s, —er (⸚) odbicie n; er ist das ~ seines Vaters wypisz, wymaluj ojciec, to wykapany ojciec
ebenbürtig adj 1. równy urodzeniem 2. równy, dorównujący; ~ sein dorównywać. Sk równość urodzenia
ebenda adv właśnie tam, tamże
ebendaher adv właśnie stąd
ebendamals adv właśnie wtedy
ebenderjenige adj właśnie ten, tenże
ebenderselbe adj właśnie ten sam, tenże

ebendeshalb a. **ebendeswegen** adv właśnie dlatego
ebendort adv właśnie tam
Ebene f —, —n 1. równina f 2. płaszczyzna f (t. mat) 3. fiz równia f; schiefe ~ równia pochyła (t. przen)
ebenerdig adj:adv parterow-y:-o; równ-y:-o z ziemią
ebenfalls adv również, także, też
Ebenholz n —es heban m; drewno hebanowe
Ebenmaß n —es, —e symetria f; równomierność, regularność f
ebenmäßig adj:adv symetryczn-y:-ie, równomiern-y:-ie; regularn-y:-ie (o rysach twarzy). Sk
ebenso adv tak samo
ebenso... w comp tak samo; np. ~lange
ebensogut adv tak samo, równie dobrze
ebensolange adv tak samo długo
ebensooft adv tak samo często
ebensosehr tak samo, również, tyleż; w tym samym stopniu
ebensoviel adv tyleż

13*

ebensoweit adv tak samo daleko
ebensowenig adv tak samo, równie mało
ebensowohl adv tak samo, równie dobrze
Eber m —s, — 1. łow odyniec, dzik m 2. kiernoz m
Eberesche f —, —n bot jarząb pospolity, jarzębina f
ębnen (h) vt równać, wyrówn-ywać|ać; tech prostować. Su
Echo n —s, —s 1. echo n, odgłos m 2. przen oddźwięk m; reakcja f; e. **lebhaftes** ~ żywy oddźwięk
Echolot n —(e)s, —e echosonda f
echotot adj wytłumiony, bezechowy
Echse f —, —n 1. jaszczurka f 2. pl gady pl
echt adj 1. t. adv prawdziw-y:-ie (t. przen), autentyczn-y:-ie, oryginaln-y:-ie, niepodrobiony, niesfałszowany 2. trwały, odporny (o barwie) 3. mat właściwy; e. ~er **Bruch** ułamek właściwy. Sh 1. prawdziwość, autentyczność f 2. trwałość, odporność f
Eck... w comp narożny; np. ~haus
Eckball m —(e)s, ⁼e sport korner m, rzut rożny, róg m
Ecke f —, —n 1. kąt, róg m; **in allen** ~n **und Winkeln** po wszystkich kątach, wszędzie 2. róg, narożnik, węgieł m; **an der** ~ na rogu (ulicy), na narożniku; **um die** ~ **biegen** skręcić za róg; **pot um die** ~ **gehen** umrzeć, kipnąć 3. sport korner m, rzut rożny
Eckhaus n —es, ⁼er dom narożny
ęckig adj'adv 1. kanciast-y:-o 2. przen niezdarn-y:-ie, niezgrabn-y:-ie. Sk.
Eckladen m —s, ⁼ sklep narożny
Eckpfeiler m —s, — 1. filar narożny 2. przen podpora f
Eckstein m —(e)s, —e kamień narożny ⟨węgielny⟩
Eckzahn m —(e)s, ⁼e anat kieł m
ędel adj:adv szlachetn-y:-ie
Edel... w comp szlachetny; np. ~gas
Edelgas n —es, —e gaz szlachetny
ędelgesinnt adj:adv szlachetn-y:-ie
Edelknabe m —n, —n paź m
Edelmann m —(e)s, **Edelleute** szlachcic m
ędelmännisch adj:adv szlachecki : po szlachecku
Edelmarder m —s, — zoo kuna leśna, tumak m
Edelmetall n —s, —e metal szlachetny
Edelmut m —(e)s szlachetność, wielkoduszność f
ędelmütig adj:adv szlachetn-y:-ie, wielkoduszn-y:-ie
Edelreis n —es, —er bot zraz m
Edelrost m —es patyna naturalna
Edelsinn m —(e)s zob. **Edelmut**
Edelstahl m —(e)s, ⁼e a. —e stal stopowa
Edelstein m —(e)s, —e kamień szlachetny
Edelweiß n —(e)s, —e bot szarotka f
Edelwild n —(e)s zwierzyna płowa
Eden n —s eden, raj m
Edikt n —(e)s, —e edykt m
Edison... w comp. ... Edisona; np. ~akkumulator
Edisonakkumulator m —s, —en akumulator Edisona
Edisongewinde n —s, —e gwint Edisona

Eduard a. **Edward** m —s Edward m
Efeu m —s bot bluszcz m
Effęff n —; pot etw. **aus dem** ~ **kennen** znać coś ef-ef ⟨świetnie⟩
Effękt m —e(s), —e 1. efekt, skutek m; wynik, rezultat m 2. efekt m, wrażenie n 3. fiz zjawisko n
Effękten pl 1. efekta pl, papiery wartościowe 2. ruchomości pl. mienie ruchome
Effęktenbörse f —, —n giełda papierów wartościowych
Effękthascherei f —, —en efekciarstwo n
effektiv adj:adv efektywn-y:-ie, faktyczn-y:ie, istotn-y:-ie
Effektivbestand m —es, ⁼e stan rzeczywisty ⟨faktyczny⟩
Effektivwert m —es, —e 1. wartość rzeczywista 2. elektr wartość skuteczna
effęktvoll adj:adv efektown-y:-ie
Effusion f — geol efuzja f, wpływ m
egal I. adj:adv 1. równ-y:-o, jednak-i:-o, jednak-owy:-owo 2. pot obojętn-y:-ie; **ganz** ~ wszystko jedno **II.** t. ęgal adv, pot ciągle, wciąż i wciąż
egalisięren (h) vt wyrówn-ywać|ać. Su
Egalität f — równość f
Egel m —s, — ent pijawka f
Egge f —, —n brona f
ęggen (h) vt bronować
Egoismus m — egoizm m, samolubstwo n
Egoist m —en, —en egoista, samolub m
Egoistin f —, —nen egoistka f
egoistisch adj:adv egoistyczn-y:-ie, samolubn-y:-ie
Egotismus m — egotyzm m
egozęntrisch adj:adv egocentryczn-y:-ie
ęh(e) cj (za)nim
Ehe f —, —n małżeństwo n, związek małżeński; **e—e** ~ **schließen** zawierać małżeństwo
Ehe... w comp 1. małżeński; np. ~band 2. ...małżeństwa; np. ~schließung
Eheband n —(e)s węzeł małżeński
Eheberatungsstelle f —, —n poradnia małżeńska ⟨przedślubna⟩
Ehebett n —(e)s, —en łoże małżeńskie
ehebrechen (16;h) vi z|łamać wiarę małżeńską; cudzołożyć; **er bricht die Ehe** on łamie wiarę małżeńską
Ehebrecher m —s, — cudzołożnik m
Ehebrecherin f —, —nen cudzołożnica f
ehebrecherisch adj:adv cudzołożn-y:-ie
Ehebruch m —(e)s, ⁼e cudzołóstwo n
Ehebund m —(e)s, ⁼e związek małżeński
ehedem adv dawniej, niegdyś, ongiś
Ehefrau f —, —en żona, małżonka f
Ehegatte m —n, —n mąż, małżonek m
Ehegattin f —, —nen zob. **Ehefrau**
Ehegemeinschaft f —, —en wspólnota małżeńska
Ehehälfte f —, —n żart połowica f
Ehehindernis n —ses, —se przeszkoda do zawarcia małżeństwa
Ehejoch n —(e)s jarzmo małżeńskie
Eheleute pl małżonkowie pl, małżeństwo n
ęh(e)lich adj:adv ślubn-y:-ie; małżeński
ehelichen (h) vt poślubić
ehelos adj bezżenny; niezamężna. Si
ehemalig adj były, dawniejszy
ehemals zob. **ehedem**

Ehemann m —s, ⸚er zob. Ehegatte
Ehepaar n —(e)s, —e para małżeńska
Ehepflicht f —, —en obowiązek małżeński
eher adv compar 1. wcześniej; prędzej; je ~ desto besser im wcześniej tym lepiej 2. raczej
Eherecht n —(e)s, —e prawo małżeńskie
Ehering m —(e)s, —e obrączka ślubna
ehern adj:adv 1. spiżow-y:-o 2. przen spiżow-y:-o, tward-y:-o, nieugię-ty:-cie; ekon das ~e Lohngesetz spiżowe prawo płacy
Ehescheidung f —, —en rozwód m
Ehescheidungsklage f —, —n skarga rozwodowa
Eheschließung f — zawarcie małżeństwa
ehest 1. adj sup najwcześniejszy 2. adv sup ~ens a. am ~en najwcześniej, najłatwiej
Ehestand m —(e)s stan małżeński
Ehetrennung f —, —en separacja f, rozłączenie małżonków
Ehevermittler m —s, — 1. pośrednik małżeństw 2. swat m
Ehevermittlung f —, —en biuro matrymonialne
Eheversprechen n —s, — obietnica małżeństwa
Ehevertrag m —(e)s, ⸚e majątkowa umowa małżeńska, intercyza ślubna
Ehrabschneider m —s, — pot oszczerca, potwarca m
ehrbar adj:adv 1. czcigodn-y:-ie, zacn-y:-ie 2. skromn-y:-ie, przyzwoi-ty:-cie; e. ~es Mädchen przyzwoita dziewczyna. Sk
Ehrbegriff m —(e)s, —e pojęcie honoru
Ehre f —, —n 1. honor m, godność osobista, duma f; bei meiner ~ ! na honor!; die nationale ~ duma narodowa; keine ~ im Leib haben nie mieć za grosz poczucia honoru 2. honor, zaszczyt m; es gereicht uns zur ~ to zaszczyt dla nas; das macht ihm alle ~ to przynosi mu zaszczyt 3. honor, cześć f, szacunek m, poważanie n; zu ~n des Gastes na cześć ⟨ku czci⟩ gościa; bar aller ~ wyzuty ze czci; in ~n halten poważać, czcić, otaczać czcią; jmdm die letzte ~ erweisen oddawać komuś ostatnią posługę
ehren (h) vt 1. u|czcić, u|honorować, odda-waé|ć cześć, poważać, szanować 2. zaszczyc-aé|ić. Su do 1.
Ehren... w comp 1. honorowy; np. ~amt 2. ... honoru; np. ~wort
Ehrenamt n —(e)s, ⸚er urząd honorowy
ehrenamtlich adj:adv honorow-y:-o (np. obowiązek)
Ehrenbezeigung f — okaz(yw)anie czci; woj odda(wa)nie honorów, salutowanie n
Ehrenbürger m —s, — obywatel honorowy
Ehrenbürgerrecht n —(e)s, —e obywatelstwo honorowe
Ehrendenkmal n —(e)s, ⸚er pomnik ku czci poległych
Ehrendoktor m —s, —en doktor honoris causa

Ehrenerklärung f —, —en publiczne odwołanie obrazy
Ehrengabe f —, —n dar honorowy
Ehrengeleit n —(e)s, —e straż ⟨eskorta⟩ honorowa; świta ⟨asysta⟩ honorowa
Ehrengericht n —(e)s, —e sąd honorowy
ehrenhaft adj:adv honorow-y:-o; zaszczytn-y:-ie. Si honorowość f
ehrenhalber adv dla honoru, ze względu na honor
Ehrenhalle f —, —n panteon m
Ehrenhandel m —s, ⸚ sprawa honorowa
Ehrenkompanie f —, ...ien kompania honorowa
Ehrenkränkung f —, —en obraza honoru
Ehrenlegion f — legia honorowa
Ehrenmal n —s, —e zob. Ehrendenkmal
Ehrenmann m —es, ⸚er człowiek honorowy ⟨honoru⟩
Ehrenmitglied n —(e)s, —er członek honorowy
Ehrenpflicht f —, —en zaszczytny obowiązek
Ehrenplatz m —es, ⸚e miejsce honorowe
Ehrenpreis m —es, —e 1. nagroda honorowa 2. bot. przetacznik lekarski
Ehrenrechte pl; bürgerliche ~ prawa obywatelskie
ehrenrührig adj:adv uwłaczający czci; w sposób uwłaczający czci; obelżyw-y:-ie
Ehrenrunde f —, —n sport runda honorowa
Ehrensache f —, —n 1. sprawa honoru 2. sprawa honorowa
Ehrenschänder m —s, — oszczerca, potwarca m
Ehrenschuld f —, —en dług honorowy
Ehrentafel f —, —n tablica pamiątkowa ⟨ku czci⟩
Ehrentitel m —s, — tytuł honorowy
Ehrentribüne f —, —n trybuna honorowa
Ehrenurkunde f —, —n dyplom honorowy
ehrenvoll adj:adv zaszczytn-y:-ie chlubn-y:-ie
Ehrenwache f —, —n straż honorowa
ehrenwert adj:adv szanow(a)ny, czcigodn-y:-ie; zacn-y:-ie
Ehrenwort n —(e)s, —e słowo honoru
Ehrenzeichen n —s, — odznaka honorowa
ehrerbietig adj:adv 1. pełen uszanowania ⟨szacunku⟩ (gegen jmdn dla kogoś) 2. czołobitn-y:-ie Sk 1. głęboki szacunek 2. czołobitność f
Ehrfurcht f — głęboki szacunek, głęboka cześć; von ~ ergriffen przejęty głęboką czcią
ehrfürchtig a. ehrfurchtsvoll adj:adv przejęty czcią ⟨uszanowaniem⟩, pełen uszanowania ⟨czci⟩
Ehrgefühl n —(e)s poczucie honoru
Ehrgeiz m —es ambicja f
ehrgeizig adj:adv ambitn-y:-ie
ehrlich adj:adv uczciw-y:-ie, zacn-y:-ie, rzeteln-y:-ie; poczciw-y:-ie, przen, pot e—e ~e Haut poczciwa dusza, poczciwiec m. Sk
ehrlos adj:adv bez honoru; bezecn-y:-ie, nikczemn-y:-ie. Si brak honoru; bezecność, nikczemność f

ehrsam adj:adv uczciw-y:-ie, zacn-y:-ie. Sk
Ehrsucht f — chorobliwa ambicja, żądza zaszczytów
ehrsüchtig adj:adv chorobliwie ambitny: z chorobliwą ambicją, żądny zaszczytów
ehrvergessen adj niepomny na honor
Ehrverlust m —(e)s 1. utrata honoru ⟨czci⟩ 2. praw pozbawienie praw obywatelskich
Ehrwürden pl Wielebność f Euer ~ Wasza Wielebność
ehrwürdig adj 1. t. adv czcigodn-y:-ie 2. wielebny, czcigodny. Sk
ei! int ej!
Ei n —(e)s, —er jajo, jajko n; hartes ⟨weiches⟩ ~ jajko na twardo ⟨na miękko⟩; aus dem ~ kriechen wykluwać się z jajka, przen wie aus dem ~ gepellt ⟨geschält⟩ wymuskany
Eibe f —, —n a. Eibenbaum m — (e)s, ⁼e bot cis m
Eibisch m —(e)s, —e bot (prawo)ślaz lekarski
Eich... w comp wzorcowy; np. ~gewicht
Eichamt n —(e)s, ⁼er urząd miar
Eiche f —, —en 1. dąb m 2. drewno dębowe, dębina f
Eichel f —, —n 1. bot, anat żołądź f 2. karc trefl m
Eichel... w comp 1. z żołędzi; np. ~kaffee 2. treflowy; np. ~könig
Eichelecker f —, —n bot żołądź f
Eichelhäher m —s, — orn sójka f
Eichelkaffee m —s kawa z żołędzi
Eichelkönig m —s, —e karc król treflowy
eichen¹ adj dębowy, z drewna dębowego, z dębiny
eichen² (h) wzorcować; cechować, kalibrować. Su
Eichen... w comp dębowy; np. ~baum
Eichenbaum m —(e)s, ⁼e drzewo dębowe, dąb m
Eichenholz n —es drewno dębowe, dębina f
Eichenlaub n —(e)s liście dębowe
Eichenrinde f —, —n kora dębowa
Eichenwäldchen n —s, — lasek dębowy, dębina f
Eichgerät n —(e)s, —e przyrząd legalizacyjny ⟨wzorcowniczy⟩
Eichgewicht n —(e)s, —e odważnik wzorcowy
Eichhorn n —(e)s, ⁼er a. Eichhörnchen n —s, — a. Eichkatze f —, —n a. Eichkätzchen n —s, — zoo wiewiórka f
Eichmaß n —es, —e wzorzec miary, miara wzorcowa
Eichprobe f —, —n próba wzorcowa
Eichstoff m —(e)s, —e a. Eichsubstanz f —, —en substancja wzorcowa, wzorzec m
Eid m —(e)s, —e przysięga f, przyrzeczenie n; unter ~ pod przysięgą; an ~es Statt w miejsce przysięgi
Eidam m —(e)s, —e dawn zięć m
Eidbruch m —(e)s, ⁼e złamanie przysięgi, wiarołomstwo n

eidbrüchig adj:adv wiarołomn-y:-ie; ~ werden złamać przysięgę
Eidechse f —, —n zoo jaszczurka f
Eiderdaunen pl puch m (edredonowy)
Eiderente f —, —n orn edredon m
Eides... w comp ... przysięgi ⟨przyrzeczenia⟩; np. ~formel
Eidesformel f —, —n formuła ⟨rota⟩ przysięgi ⟨przyrzeczenia⟩
Eidesleistung f —, —en złożenie przysięgi ⟨przyrzeczenia⟩
eidesstattlich adj:adv w miejsce przysięgi; praw e—e ~e Erklärung oświadczenie w miejsce przysięgi
Eidetik f — psych ejdetyzm m
Eidetiker m —s, — psych ejdetyk m
eidetisch adj:adv ejdetyczn-y:-ie
Eidgenosse m —n, —n obywatel Związku Szwajcarskiego, Szwajcar m
Eidgenossenschaft f —; die Schweizerische ~ Konfederacja Szwajcarska, Szwajcaria f
eidlich adj:adv pod przysięgą
Eidotter m, n —s, — żółtko n
Eidschwur m —(e)s, ⁼e przysięga f
Eierbecher m —s, — kieliszek do jaj
Eierkognak [...konjak] m —s, —e a. —s ajerkoniak m
Eierkuchen m —s, — naleśnik m; omlet m
Eierschale f —, —n skorupa jaja
Eierschaum m —(e)s a. Eierschnee m —s piana z białka
Eierspeise f —, —n potrawa z jaj; jajecznica f
Eierstock m —(e)s, ⁼e anat jajnik m
Eierstock... w comp ... jajnika ⟨jajników⟩; np. ~entzündung
Eierstockentzündung f —, —en med zapalenie jajnika ⟨jajników⟩
Eifer m —s gorliwość f, zapał m żarliwość f; in ~ geraten unosić ⟨zapalać⟩ się (np. w dyskusji)
Eiferer m —s, — gorliwiec m; zapaleniec m
eifern (h) vi 1. być gorliwym ⟨żarliwym⟩, wykaz-ywać|ać gorliwość ⟨zapał⟩; unosić ⟨zapalać⟩ się 2. wyst-ępować|ąpić (gegen jmdn a. gegen etw. przeciw komuś a. przeciw czemuś); gromić (kogoś a. coś)
Eifersucht f — zazdrość f; aus ~ przez zazdrość
eifersüchtig adj:adv zazdro-sny:-śnie (auf jmdn o kogoś); jmdn ~ machen wywoł(yw)ać czyjąś zazdrość
eiförmig adj:adv jajowat-y:-o
eifrig adj:adv gorliw-y:-ie, żarliwy-y:-ie, piln-y:-ie; ~e Bemühungen usilne starania; ~ dabei sein brać żywy udział
Eigelb n —(e)s, —e żółtko n
eigen adj 1. własny; swój; auf ~e Faust na własną rękę, samowolnie; mit ~en Augen na własne oczy; in ~er Person we własnej osobie; zu ~en Händen do rąk własnych; sich etw. zu ~ machen przywłaszczać ⟨przyswajać⟩ sobie coś 2. osobny; ~es Zimmer osobny pokój 3. właściwy, swoisty; mit dem ihm ~en Schwung z właściwym mu rozmachem 4. t. adv osobliw-y:-ie, szczególn-y:-ie, dziwn-y:-ie; e. ~er Fall szczególny

przypadek; **mir ist ~ zu Mute** czuję się nieswojo 5. wybredny. **Sh** zob. **Eigenart**
Eigen n **—s** własność f
Eigen... w comp własny; np. **~bedarf**
Eigenart f **—**, **—en** właściwość, swoista cecha, swoistość, specyfika, oryginalność, odrębność f
eigenartig adj:adv swoi-sty:-ście, specyficzn-y:-ie, dziwn-y:-ie; osobliw-y:-ie. **Sk**
Eigenbedarf m **—(e)s** potrzeby własne
Eigenbericht m **—(e)s**, **—e** dzien korespondencja własna
Eigenbrötelei f **—**, **—en** dziwactwo, cudactwo n
Eigenbrötler m **—s**, **—** dziwak, cudak m
Eigenbrötlerei zob. **Eigenbrötelei**
Eigendünkel m **—s** zarozumiałość, pycha f
Eigenenergie f **—** fiz energia własna
Eigengeschwindigkeit f **—**, **—en** fiz prędkość ⟨szybkość⟩ własna
eigenhändig adj:adv 1. własnoręczn-y:-ie 2. adv, poczt do rąk własnych. **Sk** do 1.
Eigenheim n **—(e)s**, **—e** domek własny ⟨jednorodzinny⟩
Eigenheimer m **—s**, **—** właściciel domku jednorodzinnego
Eigenheit f, zob. **Eigenart**
Eigenhilfe f **—** samopomoc f
Eigeninitiative [...tsïati:və] f inicjatywa własna
Eigenkapital n **—s**, **—e** ekon kapitał własny
Eigenliebe f **—** miłość własna, egoizm m
Eigenlob n **—(e)s** samochwalstwo n; przysł ~ **stinkt** (≈) samochwała u drzwi stała
eigenmächtig adj:adv samowoln-y:-ie, na własną rękę. **Sk** samowola f
Eigenmittel pl, ekon środki własne
Eigenname m **—ns**, **—n** jęz imię własne
Eigennutz m **—es** chciwość, interesowność f; sobkostwo n, dawn prywata f
eigennützig adj:adv chciw-y:-ie, interesown-y:-ie; sobkowski. **Sk** zob. **Eigennutz**
eigens adv umyślnie, specjalnie
Eigenschaft f **—**, **—en** 1. właściwość, własność f, przymiot m, cecha f; **gute ~ zalelu** f; **schlechte ~ wada** ⟨charakteru⟩, przywara f 2. charakter m, rola, funkcja f; **in der ~ als Sachverständiger** w charakterze ⟨roli⟩ rzeczoznawcy, jako rzeczoznawca
Eigenschaftswort n **—(e)s**, **⸗er** gram przymiotnik m
Eigenschwingung f **—**, **—en** fiz drgania własne
Eigensinn m **—(e)s** upór m
eigensinnig adj:adv upar-ty:-cie. **Sk** upór m
Eigensucht f **—** samolubstwo, sobkostwo n, egoizm m
eigensüchtig adj:adv samolubn-y:-ie, egoistyczn-y:-ie, sobkowski. **Sk** zob. **Eigensucht**
eigentlich adj:adv właściw-y:-ie (mówiąc)
Eigentum n **—s** własność f
Eigentümer m **—s**, **—** właściciel m

Eigentümerin f **—**, **—nen** właścicielka f
eigentümlich 1. t. **eigentümlich** adj:adv szczególn-y:-ie; swoi-sty:-ście; specyficzn-y:-ie, charakterystyczn-y:-ie 2. adj:adv osobliw-y:-ie, dziwn-y:-ie, dziwaczn-y:-ie 3. adj, dawn własny. **Sk** 1. szczególność, właściwość, swoistość f; cecha charakterystyczna ⟨specyficzna⟩ 2. osobliwość, dziwaczność f
Eigentums... w comp 1. własnościowy; np. **~verhältnisse** 2. ...własności; np. **~recht**
Eigentumsrecht n **—(e)s** prawo własności
Eigentumsverhältnisse pl stosunki własnościowe
Eigentumswohnung f **—**, **—en** mieszkanie własnościowe
Eigenverbrauch m **—(e)s** ekon spożycie ⟨zużycie⟩ własne
Eigenwert m **—(e)s**, **—e** wartość własna
Eigenwille m **—s** samowola f; upór m
eigenwillig adj:adv samowoln-y:-ie; upar-ty:-cie. **Sk** zob. **Eigenwille**
Eigenwirtschaftlichkeit f **—** ekon samowystarczalność, autarkia f
eignen (h) 1. vi charakteryzować (e**—r Sache** coś) 2. **sich ~ vr** nada-waćǀć się, być zdatnym (**zu etw.** do czegoś). **Su** zdatność, przydatność, kwalifikacja f, uzdolnienie n
Eignungsprüfung f **—**, **—en** badanie przydatności; egzamin wstępny
Eil... w comp 1. pośpieszny, ekspresowy; np. **~brief** 2. przyspieszony; np. **~zug**
Eiland n **—(e)s**, **—e** poet wyspa f
Eilbote m **—n**, **—n** goniec m, posłaniec umyślny, kurier m; **telkom durch ~n!** ekspres!
Eilbrief m **—(e)s**, **—e** list ekspresowy, ekspres m
Eile f **—** pośpiech m; **in (aller) ~ w** pośpiechu, naprędce; **das hat (keine) ~** to (nie) jest pilne
Eileiter m **—s**, **—** anat jajowód m
Eileiterschwangerschaft f **—**, **—en** med ciąża jajowodowa
eilen vi 1. (sn) pospiesz-aćǀyć ⟨spieszyć⟩ (się), podąż-aćǀyć **(nach Hause** do domu; **zu Hilfe** na pomoc; **zum Arzt** do lekarza) 2. (h) t. vimp spieszyć się **(mit der Arbeit z** robotą); **die Sache eilt!** (to) **pilna sprawa!**; **przysł eile mit Weile!** spiesz się powoli!
eilends adv (po)spiesznie, w pośpiechu, naprędce
eilfertig adj:adv 1. pochopn-y:-ie, skwapliw-y:-ie. 2. (po)spieszn-y:-ie. **Sk** 1. pochopność, skwapliwość f 2. pośpiech n
Eilgut n **—(e)s**, **⸗er** przesyłka pospieszna
eilig adj:adv (po)spieszn-y:-ie; piln-y:-ie; **er hat es ~** spieszy mu się
eiligst adv jak najspieszniej, co tchu
Eilmarsch m **—es**, **⸗e** woj forsowny marsz
Eilzug m **—(e)s**, **⸗e** pociąg przyspieszony
Eilzugzuschlag m **—(e)s**, **⸗e** kol dopłata na pociąg przyspieszony
Eimer m **—s**, **—** wiadro n, kubeł m
Eimerkettenbagger m **—s**, **—** czerparka ⟨koparka⟩ łańcuchowo-kubełkowa
eimerweise adv wiadrami, na wiadra

ein¹ I. *num* jeden; ~ **und derselbe** jeden i ten sam; ~ **für allemal** raz na zawsze; **es ist** ~ **Uhr** pierwsza godzina; *pot* **trinken wir** ~s! wypijmy jednego! **II.** *art ind (bez odpowiednika w języku polskim);* **was für** ~ **Vergnügen!** cóż za zabawa! *zob.* **einer**
ein² *adv;* **weder** ~ **noch aus wissen** być bezradnym
ein...¹ *w czasownikach rozdzielnych; np.* ~**atmen**
ein...² *w comp jedno...; np.* ~**achsig**
Ein... *w comp jedno...; np.* ~**akter**
einachsig *adj* jednoosiowy
Einakter *m* —**s**, — *teatr* jednoaktówka *f*
einaktig *adj* jednoaktowy, w jednym akcie
einander *pron* wzajemnie, nawzajem
einarbeiten (h) *vt, vr* (sich się) wdr-ażać| ożyć, wprawi-ać|ć, przyucz-ać|yć
einarmig *adj* 1. jednoramienny 2. jednoręki
einäschern (h) *vt* 1. spal-ać|ić 2. obr--acać|ócić w perzynę. Su do 1. t. kremacja *f*, palenie zwłok
Einäscherungshalle *f* —, —**n** krematorium *n*
einatmen (h) *vt* wdychać. Su *t*. wdech *m*
einatomig *adj* jednoatomowy
einäugig *adj* jednooki
Einbahnstraße *f* —, —**n** ulica ⟨droga⟩ jednokierunkowa
einbalsamieren (h) *vt* za|balsamować. Su
Einband *m* —(e)s, ⸚**e** oprawa, okładka *f*
Einbanddecke *f* —, —**n** okładka książki
einbändig *adj* jednotomowy, w jednym tomie
einbasig *adj*, *chem* jednozasadowy. Sk
Einbau *m* —(e)s, —**ten** 1. wbudowanie *n* 2. *tech* zmontowanie, wmontowanie *n*, instalacja *f* 3. *górn* wrąb *m*
einbauen (h) *vt* 1. wbudować 2. *tech* wmontować, zamontować; wstawi-ać|ć, za|instalować
Einbaum *m* —(e)s, ⸚**e** dłubanka *f*, dłubaniec *m* (*czółno*)
Einbaumotor *m* —**s**, —**en** silnik przyczepny
Einbauschrank *m* —(e)s, ⸚**e** szafa wbudowana
einbedingen (h) *vt* włącz-ać|yć jako warunek
Einbeere *f* —, —**n** *bot* czworolist pospolity
einbegreifen (58;h) *vt* włącz-ać|yć; **die Versandkosten (mit)einbegriffen** włącznie z kosztami przesyłki
einbehalten (60;h) *vt* nie wyda-wać|ć; wstrzym-ywać|ać wypłatę (części należnej sumy)
einbeinig *adj* jednonogi, o jednej nodze
einbeißen (5;h) 1. *vi* wbi-jać|ć zęby, wpi-jać|ć się zębami 2. **sich** ~ *vr* wgry--zać|źć się (*t. przen*), wgłębi-ać|ć się
einbekennen (66;h) *vt* przyzna-wać|ć się (etw. do czegoś). Su
einbekommen (70;h) *vt* ściąg-ać|nąć (die Forderungen wierzytelności)
einberufen (101;h) *vt* zwoł-ywać|ać (e—e **Versammlung** zebranie); powoł-ywać|ać (zum **Heer** do wojska). Su

einbetten (h) *vt* 1. układać|ułożyć do łóżka 2. wprowadz-ać|ić w koryto (e—n **Fluß** rzekę). Su
Einbettzimmer *n* —**s**, — pokój jednoosobowy ⟨pojedynczy⟩
einbeziehen (187;h) *vt* włącz-ać|yć, wli-cz-ać|yć, uwzględni-ać|ć. Su
einbiegen (9) **I.** (h) *vt, vr* (sich się) wgi--nać|ąć, z(a)gi-nać|ąć **II.** *vi* 1. (sn) skręc-ać|ić (**in e—e Straße** w ulicę) 2. (h) przen iść|pójść na ustępstwa. Su
einbilden, sich *dat* (h) *vr* wyobra-żać|zić ⟨uroić, wystawi-ać|ć, wm-awiać|ówić⟩ sobie; **er bildet sich viel ein on** jest zarozumiały; **du bildest dir das nur ein** wmawiasz sobie to. Su 1. wyobraźnia, fantazja *f* 2. przywidzenie, urojenie *n*, imaginacja *f* 3. zarozumiałość *f*
Einbildungskraft *f* — *a.* **Einbildungsvermögen** *n* —**s** wyobraźnia, fantazja, imaginacja *f*
einbinden (11;h) *vt* 1. zawiąz-ywać|ać, obwiąz-ywać|ać 2. oprawi-ać|ć (**e. Buch** książkę) 3. zaprawi-ać|ć (dachówki)
einblasen (13;h) *vt* 1. wdmuch-iwać|ać 2. *przen*, *pot* podpowi-adać|edzieć, podda-wać|ć (e—**n Gedanken** myśl)
einbleuen (h) *vt* wbi-jać|ć ⟨kłaść⟩ do głowy; na|uczyć rozumu
Einblick *m* —(e)s, —**e** wgląd *m;* wglądnięcie *n;* **e.** ~ **in die Akten** wglądnięcie do akt; ~ **in etw. haben a**) rozumieć ⟨pojmować⟩ coś **b**) mieć możność wglądnięcia w coś; ~ **in etw. bekommen** ⟨**gewinnen**⟩ zaznajamiać ⟨zapozn-(aw)ać⟩ z czymś, wejrzeć ⟨wglądać⟩ w coś; ~ **in etw. geben** ⟨**gewähren**⟩ zaznaj-amiać|omić z czymś
einbohren (h) **I.** *vt* wywierc-ać|ić, prze-wierc-ać|ić (**e. Loch** dziurę) 2. **sich** ~ *vr* wbi-jać|ć się; wszczepi-ać|ć ⟨zaryć⟩ się
einbrechen (16) **I.** (h) *vt* wyłam-ywać|ać (**e—e Tür** drzwi); wybi-jać|ć ⟨otwór⟩; **das Eis** ~ wyrąb(yw)ać przeręb el **II.** (sn) *vi* 1. załam-ywać|ać ⟨zar-ywać|wać, za|walić⟩ się 2. włam-ywać|ać się, dokon-ywać|ać włamania; 3. wtargnąć (o nieprzyjacielu) 4. nasta-wać|ć, zapa--dać|ść (o nocy)
Einbrecher *m* —**s**, — włamywacz *m*
Einbrecherbande *f* —, —**n** szajka włamywaczy
Einbrenne *f* —, —**n** *dial, kulin* zaprażka, zasmażka *f*
einbrennen (17;h) *vt* wypal-ać|ić (*np*. znak)
einbringen (18;h) *vt* 1. wn-osić|ieść, przed--stawi-ać|c (**e—e Klage** skargę; **e—n Antrag** podanie) 2. zw-ozić|ieźć (**die Ernte** plon) 3. dostawi-ać|ć (**e—n Verbrecher** zbrodniarza); *woj* **Gefangene** ~ brać jeńców (do niewoli) 4. przyn-osić| ieść zysk ⟨dochód⟩ 5. powetow-ywać|ać (**das Versäumte** zaniedbania) 6. ściąg-ać| nąć (**Beiträge** składki; **Steuern** podatki). Su do 1.—6. 2. *t.* zwózka *f*
einbringlich *adj* intratny. Sk
einbrocken (h) *vt* nadrobić, nakruszyć * *przen pot jmdm etw.* ~ nawarzyć komuś piwa

Einbruch *m* —(e)s, ⁻e 1. wyłamanie *n* 2. włamanie *n* (się) 3. wtargnięcie *n* wdarcie się 4. nastanie, zapadnięcie *n*; bei ~ der Nacht z nastaniem nocy
Einbruchsdiebstahl *m* —s, ⁻e kradzież z włamaniem
Einbuchtung *f* —, —en zagięcie, wygięcie *n* (rzeki); zatoka *f*
einbürgern (h) 1. *vt* przyzna-wać|ć obywatelstwo, naturalizować 2. sich ~ *vr*, *przen* przyj-mować|ąć się (*o wyrażeniu*), zysk-iwać|ać sobie prawo obywatelstwa. Su
Einbuße *f* —, —n strata *f*, ubytek *m*
einbüßen (h) *vt* stracić, u|tracić, postradać; dozna-wać|ć ubytku (an etw. w czymś)
eindämmen (h) *vt* 1. zatamow-ywać|ać, zagr-adzać|odzić tamą 2. *przen* kłaść| położyć tamę (etw. czemuś). Su
eindampfen (h) *vt* 1. *t.* **eindämpfen** odparow-ywać|ać 2. *chem* zatęż-ać|yć, zagę-szczać|ścić. Su
eindecken (h) 1. *vt* pokry-wać|ć (dachem) 2. *vt*, *vr* (sich się) zaopat-rywać| rzyć (mit Obst w owoce) 3. *vt*, *przen*, *pot* zarzuc-ać|ić (mit Fragen pytaniami). Su do 1., 2.
Eindecker *m* —s, — *lot* jednopłatowiec *m*
eindeutig *adj:adv* 1. jasn-y:-o, niedwuznaczn-y:-ie 2. jednoznaczn-y:-ie. Sk
eindeutschen (h) *vt* 1. zniemcz-ać|yć 2. przysw-ajać|oić językowi niemieckiemu (e. Wort słowo). Su
eindicken (h) *vt* zagę-szczać|ścić, zatęż- -ać|yć, stęż-ać|yć. Su
eindimensional *adj:adv* jednowymiarow- -y:-o
eindocken (h) *vt*, *mar* za|dokować, wprowadz-ać|ić (statek) do doku
eindrängen, sich (h) *vr* wpychać|wepchnąć ⟨wcis-kać|nąć⟩ się
eindrehen (h) *vt* wkręc-ać|ić; Haare ~ zawijać włosy w papiloty
eindrillen (h) *vt* wbi-jać|ć ⟨kłaść⟩ do głowy (jmdm etw. komuś coś); *woj* wy| ćwiczyć
eindringen (22;sn) *vi* 1. *t. przen* wnik-ać| nąć; przenik-ać|nąć; wtargnąć, wdzierać|wedrzeć się; wbi-jać|ć się, utk-nąć| wić (*o kuli*) 2. napierać, nalegać (auf jmdn na kogoś)
eindringlich *adj:adv* usiln-y:-ie. Sk
Eindringling *m* —(e)s, — e 1. intruz, natręt *m*, niepożądany gość 2. najeźdźca *m*
Eindruck *m* I. 1. —(e)s, ⁻e wrażenie *n*; ohne ~ bez wrażenia; auf jmdn e—n ~ machen wywierać ⟨sprawi(a)ć, robić⟩ na kimś wrażenie; sich des ~s nicht erwehren können nie móc się oprzeć wrażeniu 2. —(e)s pozory *pl*, wrażenie *n*; den ~ erwecken mieć pozory, wywoływać wrażenie II. —(e)s, —e odcisk *m*, wciśnięcie, wtłoczenie *n*
eindrücken (h) *vt* 1. wcis-kać|nąć; wgni- -atać|eść; wgi-nać|ąć; wtł-aczać|oczyć 2. *woj* załam-ywać|ać, przer-ywać|wać (die Front front)
eindrücklich *adj:adv* dobitn-y:-ie; stanowcz-y:-o
eindrucksvoll *adj:adv* 1. pełen wrażeń 2. wyrazi-sty:-ście, dobitn-y:-ie; pełen wyrazu
einebnen (h) *vt* zrówn-ywać|ać, wyrów- n-ywać|ać, z|niwelować. Su
Einehe *f* — jednożeństwo *n*, monogamia *f*
eineinhalb *num* półtora
einen (h) *vt*, *vr*, *zob.* **einigen**
einengen (h) *vt* 1. ścieśni-ać|ć, zawę-żać| zić 2. *chem* zatę-żać|żyć, zagę-szczać| ścić, s|koncentrować. Su
einer *pron ind* ktoś; *pot* wenns einem schlecht geht gdy się komuś ⟨człowiekowi⟩ źle wiedzie; das muß einen ärgern to może ⟨człowieka⟩ rozgniewać
Einer *m* —s, — 1. jednostka, jedynka *f* 2. jedynka *f* (*t. wiośl*)
einerlei *adj inv:adv* jednak-i:-o; das ist ~ to wszystko jedno
Einerlei *n* —s monotonia, jednostajność *f*
einerseits *adv* z jednej strony
ein(e)s *pron* jedno; ~ von beiden jedno z dwojga
einesteils *zob.* **einerseits**
einexerzieren (h) *vt* wy|ćwiczyć
einfach I. *adj:adv* 1. prost-y:-o, pojedyncz-y:-o, niezłożony:w sposób niezłożony, nieskomplikowany:w sposób nieskomplikowany 2. skromn-y:-ie, prost-y:-o, zwyczajn-y:-ie II. *adv* po prostu. Sh skromność, prostota *f*; der Einfachheit halber dla uproszczenia
einfädeln (h) *vt* 1. nawle-kać|c (nitkę) 2. *przen* za|planować, za|aranżować, za| inicjować; etw. geschickt ~ zręcznie coś zaaranżować
einfahren (30) I. (h) *vt* 1. zwozić|zwieźć (Getreide zboże) 2. *auto* do-cierać|trzeć (e—n Kraftwagen samochód) 3. (najeżdżając) rozbi-jać|ć (e. Tor bramę) 4. zaprawi-ać|ć do jazdy (e. Pferd konia) II. (sn) *vi* wje-żdżać|chać (o *pociągu*); *górn* zje-żdżać|chać (in die Grube do kopalni) III. sich ~ (h) 1. wprawi-ać|ć się (w jazdę) 2. u-kładać|łożyć się; das wird sich ~ to się ułoży
Einfahrt *f* —, —en 1. wjazd *m* (*t. kol*); ~ verboten! wjazd wzbroniony! 2. *górn* zjazd *m*
Einfahrts... *w comp* 1. wjazdowy; *np.* ~gleis 2. ... wjazdu; *np.* ~signal
Einfahrtsgleis *n* —es, —e *kol* tor wjazdowy
Einfahrtssignal *n* —s, —e *kol* sygnał wjazdowy
Einfahrtstor *n* —(e)s, —e brama wjazdowa
Einfall *m* —(e)s, ⁻e 1. najazd *m*, inwazja *f*, wtargnięcie, najście *n* 2. pomysł *m*, myśl *f*; ich geriet auf den ~ wpadłem na pomysł 3. *fiz* padanie *n*
einfallen (31;sn) *vi* 1. za|walić ⟨zapa- -dać|ść⟩; o(b)su-wać|nąć⟩ się 2. wtargnąć, wpa-dać|ść, dokon-ywać|ać napa-du ⟨inwazji⟩ 3. wpa-dać|ść na pomysł ⟨mysł⟩, *przen* wpa-dać|ść na myśl; przy- -chodzić|jść ⟨strzel-ać|ić⟩ do głowy; es fällt mir eben ein przychodzi mi właśnie na myśl; *pot* was fällt dir ein? co ci strzeliło do głowy?; *pot* fällt mir gar nicht ein! ani myślę ⟨mi się śni⟩!

4. wpa-dać|ść (o świetle; t. muz, np. o basach) 5. łow zapa-dać|ść (o ptakach) **Einfalls...** w comp 1. wpadowy; np. ~tor 2. ... padania; np. ~winkel
Einfallstor n —(e)s, —e brama wpadowa
Einfallsstraße f —, —n ulica ⟨droga⟩ wlotowa
Einfallswinkel m —s, — kąt padania
Einfalt f — 1. prostota, naiwność f 2. ograniczoność, głupota f
einfältig adj:adv 1. prost-y:-o, naiwn-y: -ie 2. ograniczony, głupi:-o. Sk ograniczoność, głupota f
Einfaltspinsel m —s, — pot głuptas, głupiec, dureń m
Einfamilienhaus n —es, ⁻er dom(ek) jednorodzinny
einfangen (32;h) vt uj-mować|ąć, s|chwytać, z|łapać
einfarbig adj:adv jednobarwn-y:-ie
einfassen (h) vt 1. oprawi-ać|ć (e—n **Edelstein** szlachetny kamień); obramow- -ywać|ać 2. obszy-wać|ć, oblamow-ywać|ać 3. woj ot-aczać|oczyć. Su do 1.—3.; do 1. t. oprawa f; do 2. t. obszywka, lamówka f
einfetten (h) vt natłu-szczać|ścić. Su
einfeuchten (h) vt zwilż-ać|yć
einfinden, sich (34;h) vr stawi-ać|ć ⟨zjawi-ać|ć⟩ się
einflechten (35;h) vt wpl-atać|eść (t. przen). Su
einfliegen (36) lot 1. (h) vt oblatywać (e. **Flugzeug** samolot) 2. (sn) vi wl-atywać|ecieć (in fremdes **Gebiet** na obcy obszar), narusz-ać|yć (obcy obszar) 3. sich ~ (h) vr wprawi-ać|ć się ⟨nabywać|ć wprawy⟩ w lataniu
Einflieger m —s, — lot pilot doświadczalny, oblatywacz m
einfließen (38;sn) vi wpa-dać|ść (o rzece); wpły-wać|nąć (t. o pieniądzach); wcie-kać,c; wl-ewać|ać się
einflößen (h) vt 1. wl-ewać|ać (**Tropfen** krople) 2. przen wp-ajać|oić, wzbudz- -ać|ić (**Respekt** szacunek)
Einflug m —(e)s, ⁻e lot wlot m
Einfluß m ...usses, ...üsse wpływ m (t. przen); e—n ~ ausüben wywierać wpływ na kogoś; unter jmds ~ stehen być ⟨pozostawać⟩ pod czyimś wpływem
Einfluß... w comp ... wpływów; np. ~bereich
Einflußbereich m —(e)s, —e strefa wpływów
einflußlos adj:adv bez wpływu. Si brak wpływu
einflußreich adj wpływowy
Einflußsphäre f —, —n sfera wpływów
einflüstern (h) vt przen podszep-tywać| nąć. Su podszept m
einfordern (h) vt za|żądać (**Bezahlung** zapłaty; **Kataloge** katalogów)
einförmig adj:adv jednostajn-y:-ie
einfressen, sich (39;h) vr wżerać|weżreć się
einfriedigen (h) vt ogr-adzać|odzić. Su
Einfrier... w comp ... zamarzania; np. ~temperatur
einfrieren (40;sn) vi zamarz-ać|nąć; przen

eingefrorene Kredite zamrożone kredyty
Einfriertemperatur f —, —en temperatura zamarzania
einfrosten (h) vt zamr-ażać|ozić (np. owoce). Su
einfügen (h) vt 1. wstawi-ać|ć 2. przen doda-wać|ć, włącz-ać|yć 3. sich ~ vr włącz-ać|yć ⟨wciąg-ać|nąć, wdr-ażać| |ożyć się⟩. Su do 1.
einfühlen, sich (h) vr wczu-wać|ć się. Su
Einfühlungsvermögen n —s zdolność ⟨umiejętność⟩ wczuwania się
Einfuhr f —, —en hand przywóz, import m
Einfuhr... w comp 1. przywozowy ⟨importowy⟩; np. ~artikel 2. ... przywozu ⟨importu⟩; np. ~verbot 3. ... na przywóz ⟨import⟩; np. ~bewilligung
Einfuhrartikel m —s, — hand artykuł przywozowy ⟨importow(an)y⟩
Einfuhrbeschränkung f —, —en hand ograniczenie przywozu ⟨importu⟩
Einfuhrbewilligung f —, —en hand zezwolenie na przywóz ⟨import⟩
einführen (h) vt 1. przyw-ozić|ieźć, ww- -ozić|ieźć, sprowadz-ać|ić, importować 2. wprowadz-ać|ić, zaprowadz-ać|ić (e. **Lehrbuch** podręcznik; e—e **Mode** modę); jmdn in ein **Amt** ~ wprowadzać kogoś w urzędowanie; e—n **Faden** ~ nawlekać nitkę. Su do 2.; t. wstęp m, przedmowa f, słowo wstępne
Einführungsgesetz n —es, —e ustawa wprowadzająca
Einführungsschreiben n —s pismo polecające
Einfuhrverbot n —(e)s, —e hand zakaz przywozu ⟨importu⟩
Einfuhrware f —, —n hand towar importow(an)y
Einfuhrzoll m —(e)s, ⁻e cło przywozowe
einfüllen (h) vt napełni-ać|ć
Eingabe f —, —n 1. podanie n, prośba f; parl petycja f 2. tech wejście ⟨wprowadzenie⟩ informacji (do komputera)
Eingang m —(e)s, ⁻e 1. wstęp m; ~ **verboten!** wstęp wzbroniony! 2. dostęp m; ~ finden a) mieć dostęp b) przyjmować się (np. o modzie); jmdm ⟨etw.⟩ ~ **verschaffen** wprowadzać kogoś ⟨coś⟩ 3. wejście n, wchód m, wpływ m (**der Post** listów); nadejście n (**der Waren** towarów)
eingängig adj:adv przystępn-y|-ie. Sk
Eingangs... w comp 1. wejściowy; np. ~tür 2. wstępny; np. ~formel 3. przywozowy; np. ~zoll
Eingangsartikel m —s, — hand przedmiot ⟨artykuł⟩ przywozowy ⟨importow(an)y⟩
Eingangsbuch n —(e)s, ⁻er hand księga wpływów
Eingangsformel f —, —n formuła wstępna, preambula f
Eingangsregister n —(e)s, —e brama wejściowa
Eingangstür f —, —en drzwi wejściowe
Eingangszoll m —(e)s, ⁻e cło przywozowe
eingebaut 1. part perf, zob. einbauen 2. adj wbudowany; ~er **Motor** silnik przyczepny
eingeben (43;h) vt 1. da-wać|ć, poda- -wać|ć (e—e **Arznei** lekarstwo) 2. wn-

-osić|ieść (e. Gesuch podanie) 3. przen podda-wać|ć ⟨podsu-wać|nąć⟩ myśl, inspirować. Su do 1.—3.; do 3 t. inspiracja f; natchnienie n; podszept m
eingebildet I. part perf, zob. einbilden II. adj 1. t. adv zarozumia-ły:-le 2. urojony
Eingebinde n —es, —e upominek chrzestny
eingeboren part, adj 1. wrodzony 2. tubylczy, krajowy
Eingebor(e)ne m —n, —n tubylec, krajowiec m
eingebunden 1. part perf, zob. einbinden 2. adj opraw(io)ny
eingebürgert 1. part perf, zob. einbürgern 2. adj zadomowiony, zakorzeniony, przyjęty
eingedenk adj (tylko jako orzecznik) pamiętny, pomny (jmds a. e—r Sache na kogoś a. na coś); ~ sein pamiętać
eingefallen 1. part perf, zob. einfallen 2. adj zapadły; ~e Wangen zapadłe policzki
eingefleischt part, adj zabity, zajadły, zaciekły, zakorzeniony
eingeh(e)n (45) I. (sn) vi 1. poet wchodzić|wejść 2. wpły-wać|nąć (o pieniądzach), nad-chodzić|ejść (o listach) 3. przysta-wać|ć, zg-adzać|odzić się (auf etw. na coś) 4. wda-wać|ć się (auf Einzelheiten w szczegóły); auf das Problem ~ poruszać problem 5. s|kurczyć ⟨zbiegać⟩ się (o tkaninach) 6. z|marnieć (o roślinach); um-ierać|rzeć; zd-ychać| echnąć; przen upa-dać|ść (o firmie); przesta-wać|ć wychodzić (np. o gazecie) 7. vimp po-jmować|jąć, z|rozumieć das will mir nicht ~ nie mogę pojąć tego II. (h, sn) vt 1. przysta-wać|ć, zg--adzać|odzić się (e—e Bedingung na warunek) 2. zaw-ierać|rzeć (e—e Ehe małżeństwo; e—n Vergleich ugodę); e—e Wette ~ pójść o zakład 3. brać|wziąć na siebie (Verpflichtungen zobowiązania)
eingehend 1. part praes, zob. eingehen 2. adj:adv szczegółow-y:-o; dokładn-y:-ie, gruntown-y:-ie
eingekeilt 1. part perf, zob. einkeilen 2. adj:adv, przen wtłoczony, wciśnięty
eingelegt I. part perf, zob. einlegen II. adj:adv 1. kulin konserwowany; in Essig ~ marynowany 2. wykładany, mozaikowy
Eingemachte n —n kulin zaprawy pl
eingemeinden (h) vt włącz-ać|yć do gminy. Su
eingenommen 1. part perf, zob. einnehmen 2. adj:adv, przen usposobiony; ~ für jmdn przychylnie usposobiony do kogoś, przychylny komuś; ~ gegen jmdn uprzedzony do kogoś; von sich ~ sein być zarozumiałym, mieć wielkie wyobrażenie o sobie. Sh 1. uprzedzenie n 2. zarozumiałość f
eingerechnet 1. part perf, zob. einrechnen 2. adj wliczony, uwzględniony
eingerichtet 1. part perf, zob. einrichten 2. adj urządzony; zorganizowany
eingeschränkt 1. part perf, zob. einschränken 2. ograniczony. Sh ograniczoność f
eingeschrieben I. part perf, zob. einschreiben II. adj 1. wpisany (t. mat) 2. poczt polecony 3. zarejestrowany
eingesessen part, adj osiadły, zasiedziały, (z dawna) zamieszkały
eingestand(e)nermaßen adv przyznając otwarcie
Eingeständnis n —ses, —se przyznanie się; wyznanie n
eingesteh(e)n (151;h) vt przyzna-wać|ć się (etw. do czegoś); wyzna-wać|ć (coś)
eingetragen 1. part perf, zob. eintragen 2. adj zarejestrowany; ~er Verein stowarzyszenie zarejestrowane
Eingeweide n —s, —e anat wnętrzności, trzewia pl
eingeweiht 1. part perf, zob. einweihen 2. adj wtajemniczony
eingewöhnen, sich (h) vr wży-wać|ć; zży--wać|ć się; przywyk-ać nąć; za|aklimatyzować się; zadomowić się
eingewurzelt 1. part perf, zob. einwurzeln 2. adj, przen zakorzeniony
eingezogen I. part perf, zob. einziehen II. 1. adj:adv samotn-y:-ie, odosobniony 2. adj powołany do służby wojskowej 3. adj skonfiskowany. Sh do II. 1. samotność f, odosobnienie n
eingießen (52;h) vt wl-ewać|ać, nal-ewać| ać
eingipsen (h) vt, med kłaść|położyć w gips
Einglas n —es, ⁻er monokl m
eingleisig adj:adv jednotorowy-y:-o
eingliedern (h) vt wciel-ać|ić, włącz-ać| yć. Su t. integracja f
eingraben (57;h) I. vt 1. wkop-ywać ać, zakop-ywać|ać 2. w(y)ryć II. sich ~ vr 1. woj okop-ywać|ać się; przen zakop--ywać|ać, ⟨zagrzeb-ywać|ać⟩ się (in Büchern w książkach) 2. przen wryć się (im Gedächtnis ⟨Herzen⟩ w pamięci ⟨w sercu⟩). Su 1. wkopanie ⟨zakopanie⟩ się 2. woj okopanie się
eingravieren (h) vt wyryć. Su
eingreifen (58;h) vi 1. przen interweniować, wkr-aczać|oczyć, ingerować, wtrąc-ać|ić się; helfend ~ przychodzić z pomocą; in fremde Rechte ~ naruszać cudze prawa 2. tech zazębi-ać|ć się (o kołach zębatych)
eingreifend 1. part praes, zob. eingreifen 2. adj energiczny, skuteczny, daleko idący; ~e Maßnahmen skuteczne środki ⟨kroki⟩
eingrenzen (h) vt ogranicz-ać|yć
Eingriff m —(e)s, —e 1. ingerencja f; naruszenie n (in fremde Rechte cudzych praw) 2. med zabieg m; verbotener ⟨chirurgischer⟩ ~ niedozwolony ⟨chirurgiczny⟩ zabieg 3. tech zazębienie n, przypór m
Einguß m ...usses, ...üsse 1. wlewanie n; wlew m (t. med) 2. tech otwór wlewowy, wlew m
einhaken (h) 1. vt zahacz-ać|yć, za-kładać|łożyć haczyk 2. sich ~ vr brać| wziąć pod rękę (bei jmdn kogoś)
Einhalt m —(e)s zatrzymanie, wstrzyma-

einhalten 204 einkassieren

nie *n*; ~ **tun** ⟨gebieten⟩ wstrzym(yw)ać, zatrzym(yw)ać (etw. *dat* coś), kłaść kres (czemuś)
einhalten (60;h) 1. *vt* dotrzym-ywać|ać, przestrze-gać|c (etw. czegoś; **die Frist** terminu); zachow-ywać|ać (**die Richtung** kierunek); **die Vorschriften** streng ~ ściśle przestrzegać przepisów **2.** *vi* przesta-wać|ć, przer-ywać|wać; **er hielt mit der Arbeit ein** przerwał robotę. **Su**
einhämmern (h) *vt*, *przen* wbi-jać|ć do głowy
einhandeln (h) *vt* naby-wać|ć (etw. **gegen** etw. coś za coś), przehandlować (coś na coś)
einhändig *adj:adv* jednoręki : o jednej ręce; jedną ręką
einhändigen (h) *vt* wręcz-ać|yć, doręcz- -ać|yć. **Su**
Einhandsegler *m* —**s**, — *sport* samotny żeglarz
einhängen (h) 1. *vt* zawie-szać|sić; **e**—**e Tür** ~ wstawi(a)ć drzwi **2. sich** ~ *vr* brać|wziąć pod rękę (**bei jmdm** kogoś)
einhauchen (h) *vt* **1.** wdmuch-iwać|ać **2.** *przen* natchnąć (etw. czymś)
einhauen (62;h) I. *vt* **1.** naci-nać|ąć, narz-ynać|nąć, karbować **2.** (**haute ein, eingehauen**) *pot* wywal-ać|ić **e**—**e Tür** drzwi); wybi-jać|ć (**e. Fenster** okno) **II.** *vi* **1.** *pot* walić, tłuc (**auf den Feind** wroga) **2.** *pot* wcinać, pałaszować
einheben (63;h) *vt* **1.** wstawi-ać|ć (**e**—**e Tür** drzwi) **2.** ściąg-ać|nąć (**Steuern** podatki). **Su**
einheften (h) *vt* przy|fastrygować; wszy-wać|ć (**in e**—**n Schnellhefter** do skoroszytu); z|broszurować
einhegen (h) *vt* ogr-adzać|odzić. **Su**
einheimisch *adj:adv* **1.** rodzimy, swojsk- -i:-o, tutejszy, miejscowy, krajowy; ~ **werden** aklimatyzować (oswajać) się **2.** *med, biol* endemiczn-y:-ie
Einheimische *m* —**n**, —**n** krajowiec, tubylec *m*; tutejszy *m*
einheimsen (h) *vt*, *pot* **1.** zw-oziċ|ieźċ (**Getreide** zboże) **2.** *przen* zbierać|zebrać (**Lob** pochwały)
Einheirat *f* —, —**en** wżenienie się
einheiraten (h) *vi* wżenić się
Einheit *f* —, —**en 1.** jedność *f* **2.** *mat, fiz, woj* jednostka *f*
einheitlich *adj:ad* jednoli-ty:-cie. **Sk**
Einheits... *w comp* **1.** jednostkowy; *np.* ~**kosten 2.** jednolity; *np.* ~**preis 3.** znormalizowany; *np.* ~**methode 4.** ... jedności; *np.* ~**partei**
Einheitsfront *f* — *polit* front jednolity
EinheitsgröBe *f* —, —**n 1.** *mat* jednostka wielkości **2.** wielkość ⟨wartość⟩ jednostkowa
Einheitskosten *pl* koszt jednostkowy
Einheitsliste *f* —, —**n** wspólna lista
Einheitsmethode *f* —, —**n** metoda znormalizowana
Einheitspartei *f* — *polit* partia jedności; **Sozialistische Einheitspartei Deutschlands (SED)** Socjalistyczna Partia Jedności Niemiec
Einheitspreis *m* —**es**, —**e 1.** cena jednostkowa **2.** *pl* ceny jednolite

Einheitsschule *f* —, —**n** szkoła jednolita
Einheitsvektor *m* —**s**, —**en** *mat* wektor jednostkowy
Einheitszeit *f* —, —**en** czas jednolity
einheizen (h) *vi* **1.** *t.* *vt* na|palić (**im** ⟨**den**⟩ **Ofen** w piecu) **2.** *pot* dopie-kać|c (**jmdm** komuś); wygarn-iać|ąć (komuś)
einhellig *adj:adv* jednomyśln-y:-ie. **Sk**
einher... *występuje w czasownikach rozdzielnych; np.* ~**fahren**
einherfahren (30;sn) *vi* je-chać|ździć
einhergeh(e)n (45;sn) *vi* iść|chodzić, kroczyć
einherschreiten (128;sn) *vi* kroczyć, stąpać, chodzić
einherstolzieren (sn) *vi* dumnie kroczyć ⟨stąpać⟩
einholen (h) *vt* **1. dog-aniać|onić**, dopędz- -ać|ić; powetować, nadr-abiać|obić (**das Versäumte** zaległości) **2.** zasięg-ać|nąć (**die Meinung** opinii; **Auskunft** informacji); **Erlaubnis** ~ postarać się o zezwolenie **3.** wy-chodzić|jść ⟨wy|jechać⟩ na powitanie (**die Gäste** gości) **4.** ściąg- -ać|nąć (**die Fahne** chorągiew); **die Segel** ~ zwijać żagle; **den Anker** ~ podnosić kotwicę **5.** z|robić zakupy. **Su**
Einhorn *n* **1.** —(**e**)**s**, —**er** jednorożec *m* **2.** —(**e**)**s** *astr* Jednorożec *m*
einhüllen (h) *vt*, *vr* (**sich sich**) otul-ać|ić, owi-jać|nąć, okry-wać|ć. **Su**
einhundert *num* sto
einig *adj:adv* zgodn-y:-ie; ~ **sein** być zgodnym (**über etw.** w czymś); **sich** ~ **werden** dochodzić do porozumienia (**über etw.** w czymś). **Sk** jedność, zgodność *f*; *przysł* **Einigkeit macht stark** w jedności siła
einige *pron ind* **1.** *f sing* pewna, jakaś; **in** ~**er Entfernung** w pewnej odległości; **in** ~**er Zeit** za jakiś czas **2.** ~**r** *m sing* pewien, jakiś **3.** ~**s** *n sing* trochę, coś, niecoś **4.** *pl* a) kilka, kilku, niektórzy; ~ **dachten** niektórzy sądzili b) (*pred num*) około; ~ **zwanzig** około dwadzieścia
einigemal *adv* kilkakrotnie, kilka razy
einigen (h) 1. *vt* po|godzić, zjednoczyć **2.** ~ **sich** *vr* do-chodzić|jść do porozumienia; uzg-adniać|odnić; **sich auf den Preis** ~ uzgodnić cenę. **Su**
einigermaBen *adv* poniekąd, jako tako, nieźle
einiggeh(e)n (45;sn) *vi*, *hand* zg-adzać| odzić się
einimpfen (h) *vt* **1.** *med* zaszczepi-ać|ć **2.** *przen* wszczepi-ać|ć, wp-ajać|oić. **Su**
einjagen (h) *vt* napędz-ać|ić; *przen* **jmdm Schrecken** ~ napędzić komuś strachu
einjährig *adj:adv* (jedno)roczny : mający (jeden) rok
Einjährige *m* —**n**, —**n** *woj, dawn* jednoroczny *m*; podchorąży *m*
einkalkulieren (h) *vt* wkalkulować
Einkammersystem *n* —**s**, —**e** *parl* system jednoizbowy
einkapseln (h) *vt*, *vr* (**sich sich**) zasklepi- -ać|ć. **Su**
einkassieren (h) *vt* za|inkasować. **Su**

Einkauf m —(e)s, ᴞe zakup, sprawunek m, kupno n; zakupywanie n
einkaufen (h) vt zakup-ywać|ić, z|robić sprawunki
Einkäufer m —s, — zaopatrzeniowiec m
Einkaufs... w comp 1. ... zakupu; np. ~preis 2. ... do sprawunków; np. ~korb
Einkaufskorb m —(e)s, ᴞe koszy(cze)k do sprawunków
Einkaufsnetz n —es, —e siatka na zakupy
Einkaufspreis m —es, —e cena zakupu
Einkaufszentrum n —s, ..tren centrum handlowe
Einkehr f —, —en 1. popas m; bei jmdm ~ halten zatrzym(yw)ać się u kogoś, zawitać do kogoś 2. zajazd m, oberża f 3. przen rozmyślanie n, kontemplacja f
einkehren (sn) vi zaje-żdżać|chać, wst-ępować|ąpić (bei jmdm do kogoś); in einem Hotel ~ zatrzym(yw)ać się ⟨stanąć⟩ w hotelu; przen Not kehrte bei ihm ein bieda zawitała do niego
einkeilen (h) vt 1. zaklinować, zabi-jać|ć klinem 2. przen wtł-aczać|oczyć, wcis-kać|nąć
einkellern (h) vt składać|złożyć w piwnicy. Su
einkerben (h) vt naci-nać|ąć, nakarbować. Su
einkerkern (h) vt uwięzić. Su
einkesseln (h) vt, woj okrąż-ać|yć, ot-aczać|oczyć. Su
einkitten vt zakitować, przykitować
einklagbar adj, praw zaskarżalny. Sk
einklagen (h) vt zaskarż-ać|yć (e—e Forderung roszczenie); dochodzić sądownie (etw. czegoś)
einklammern (h) vt uj-mować|ąć w klamry, zam-ykać|knąć w nawias. Su
Einklang m —(e)s, ᴞe 1. muz unisono n 2. przen harmonia, zgoda f; etw. in ~ bringen po|godzić ⟨uzgodnić⟩ coś
einklassig adj jednoklasowy
einkleben (h) vt wkle-jać|ić, wlepi-ać|ć
einkleiden (h) vt, vr (sich się) ub-ierać| rać, przyodzi-ewać|ać; woj umundurować; sich ~ lassen przywdziać habit. Su t. rel obłóczyny pl
einklemmen (h) 1. vt ścis-kać|nąć kleszczami, zacis-kać|nąć 2. sich dat ~ vr przycis-kać|nąć ⟨przygni-atać|eść⟩ sobie; przyci-nać|ąć sobie (den Finger palec). Su
einknicken 1. (h) vt za|łamać, zgi-nać| ąć 2. (sn) vi za|łamać ⟨zgi-nać|ąć, ugi-nać|ąć⟩ się; er knickte ein nogi się pod nim ugięły, załamał się
einkochen 1. (h) vt wygotow-ywać|ać; za-gotow-ywać|ać (w szkła, w „weki") 2. (sn) vi wygotow-ywać|ać się
einkommen (70;sn) vi wchodzić|wejść; wpły-waćnąć (np. o listach)
Einkommen n —s, — dochód m
Einkommen(s)... w comp dochodowy; np. ~steuer
Einkommensteuer f —, —n podatek dochodowy
einköpfen (h) vt sport: den Ball ~ strzelić bramkę głową (pot główką)

einkreisen (h) vt okrąż-ać|yć (t. woj, polit). Su
Einkreiser m —s, — radio odbiornik jednozakresowy
Einkreisungspolitik f — polityka okrążania
Einkünfte pl dochody, wpływy pl
einladen (73;h) vt 1. na|ładować 2. zapr--aszać|osić. Su
einladend 1. part praes, zob. einladen 2. zachęcając-y:-o, ponętn-y:-ie
Einladungs... w comp zapraszający; np. ~karte
Einladungskarte f —, —n a. Einladungsschreiben n —s, — bilet ⟨pismo⟩ zapraszające, zaproszenie n
Einlage f —, —n 1. wkład m; wpłata f 2. wstawka f; wkładka f, przekładka f 3. stawka w grze 4. teatr wkładka f; intermezzo n
einlagern (h) vt składać|złożyć do magazynu, za|magazynować. Su 1. składanie do magazynu, zamagazynowanie n 2. geol zaleganie n
Einlaß m ...asses, ...ässe 1. wpuszczanie n; wpust m 2. wstęp m; dostęp m; jmdm ~ gewähren wpuszczać kogoś, da(wa)ć komuś dostęp ⟨wstęp⟩
Einlaß... w comp 1. wpustowy; np. ~ventil 2. wejściowy; np. ~tür 3. ... wstępu; np. ~karte
einlassen (74;h) I. vt 1. wpu-szczać|ścić 2. napu-szczać|ścić (Wasser wody) 3. zaciąg-ać|nąć, za|pastować (den Fußboden posadzkę) II. sich ~ vr wda-wać|ć się (mit jmdm z kimś; in ⟨auf⟩ etw. w coś; auf Verhandlungen w pertraktacje). Su do I. 1.—3.
Einlaßkarte f —, —n karta wstępu
Einlaßtür f —, —en drzwi wejściowe, furtka f
Einlaßventil n —s, —e tech zawór wpustowy
Einlauf m —(e)s, ᴞe 1. wlot m 2. med wlew m, lewatywa f 3. mar zawinięcie ⟨zawijanie⟩ do portu
einlaufen (75) I. (sn) vi 1. wpły-waćnąć, przy-chodzić|jść, nad-chodzić|ejść (np. o listach) 2. wje-chać|żdżać (o pociągu); mar zawi-jać|nąć, wpły-waćnąć (in den Hafen do portu) 3. zbiegać ⟨s|kurczyć⟩ się (o tkaninie); sport wbie-gaćc II. (h) vt, pot jmdm das Haus ~ nachodzić kogoś, naprzykrzać się komuś III. sich ~ (h) vr, tech do-cierać|trzeć się (o silniku)
einläuten (h) vt dzwonić (etw. na coś; die Messe na mszę)
einleben sich (h) vr wży-waćć się; zży--waćć się; za|aklimatyzować się
Einlegearbeit f —, —en intarsja f; inkrustacja f
einlegen (h) vt 1. wkładać|włożyć 2. praw wnosić (Protest protest; Berufung odwołanie) 3. za|marynować (Heringe śledzie); za|kisić (Kraut kapustę); kon-serwować (Obst owoce) 4. (dodatkowo) wstawi-ać|ć ⟨e—n Zug pociąg; e. Lied pieśń⟩ 5. zrobić intarsję ⟨a. inkrustację⟩; inkrustować * für jmdn e. gutes

Wort ~ wstawi(a)ć się za kimś. Su do 1.—⁴

Einlegesohle f —, —n wkładka f (do buta)
einleiten (h) vt 1. wprowadz-ać|ić; rozpocz-ynać|ąć, zaga-jać|ić (e—e **Debatte** debatę); wszcz-ynać|ąć (**Verhandlungen** pertraktacje); wdr-ażać|ożyć (e—e **Untersuchung** śledztwo); przedsię-brać| wziąć (**Maßnahmen** środki; **Schritte** kroki); nawiąz-ywać|ać (**Beziehungen** stosunki) 2. na|pisać wstęp (e. **Buch** do książki), poprzedz-ać|ić wstępem. Su do 1., 2.; do 2 t. wstęp m; muz introdukcja f
einleitend 1. part praes, zob. **einleiten** 2. adj:adv wstępny : na wstępie : wprowadzający
einlenken vi 1. (sn) skierow-ywać|ać skręc-ać|ić (**nach rechts na prawo**) 2. (h) przen iść|pójść na ustępstwa; złagodzić ton (w sporze) 3. (h) przen **wieder** ~ wr-acać|ócić do tematu
einlesen, sich (78;h) vr wczyt-ywać|ać się
einleuchten (h) vi być jasnym ⟨zrozumiałym, przekonywającym⟩; **das leuchtet (mir) ein** to jest jasne; das will mir nicht ~ to mi nie trafia do przekonania
einleuchtend 1. part praes, zob. **einleuchten** 2. adj:adv jasn-y:-o, przekonywając-y:-o
einliefern (h) vt dostawi-ać|ć, dostarcz-ać|yć, odstawi-ać|ć (**ins Krankenhaus** do szpitala). Su
Einlieferungs... w comp ... dostawy ⟨dostarczenia⟩; np. ~**schein**
Einlieferungsschein m —(e)s, —e dowód dostawy ⟨dostarczenia⟩
einlochen (h) vt, pot wsadz-ać|ić do ciupy
einlogieren [...oʒi:...] vt, vr (sich się) zakwaterować, umie-szczać|ścić, ulokować
einlösen (h) vt 1. wykup-ywać|ić (e. **Pfand** zastaw; e—n **Wechsel** weksel); z|realizować (e—n **Scheck** czek) 2. przen dotrzym-ywać|ać (e. **Versprechen** obietnicy). Su do 1., 2.; do 1. t. wykup m; realizacja f
Einlösungs... w comp ... wykupu; np. ~**frist**
Einlösungsfrist f —, —en termin wykupu
einlöten (h) vt wlutować
einlotsen (h) vt wprowadz-ać|ić ⟨pilotować⟩ statek do portu
einlullen (h) vt, pot 1. ukołysać, usypiać kogoś 2. przen omami-ać|ć
einmachen (h) vt za|marynować; za|kisić; za|konserwować
Einmachglas n —es, ⸚er słoik do konserw ⟨do zapraw⟩
einmal (pot t. mal) adv 1. jeden raz; **auf** ~ **a)** na raz b) nagle, naraz; **noch** ~ jeszcze raz, po raz wtóry ⟨drugi⟩; **noch** ~ **soviel** jeszcze raz tyle; **es war** ~ było kiedyś; ~ **um das andere** raz po razie; **przyst** ~ **ist kein mal** jeden raz się nie liczy 2. t. **einmal** pewnego razu; niegdyś; kiedyś * **nicht** ~ nawet nie, ani; **hör** ~! posłuchaj no!; **denk**

dir ~! wyobraź sobie tylko! **er ist nun** ~ **so** taki on już jest
Einmaleins n — tabliczka mnożenia
einmalig adj jednorazowy. Sk
Einmarkstück n —(e)s, —e moneta jednomarkowa
Einmarsch m —es, ⸚e woj wkroczenie, wmaszerowanie n
einmarschieren (sn) vi, woj wkr-aczać| oczyć, wchodzić|wejść, wmaszerować
Einmaster m —s, — mar jednomasztowiec m
einmauern (h) vt wmurow-ywać|ać; zamurow-ywać|ać; obmurow-ywać|ać. Su
einmeißeln (h) vt wyżł-abiać|obić dłutem, wydłutować
einmengen (h) 1. vt wmieszać 2. sich ~ vr wmieszać ⟨wtrąc-ać|ić⟩ się. Su do 1., 2.; do 2. t. polit interwencja f
einmieten¹ (h) vt, vr (**sich sobie**) wynaj-mować|ąć mieszkanie (jmdn dla kogoś)
einmieten² (h) vt za|kopcować, przechow-ywać|ać w kopcu (**Kartoffeln** ziemniaki). Su
einmischen zob. **einmengen**
einmonatig adj jednomiesięczny
einmotorig adj jednosilnikowy, o jednym silniku
einmotten (h) vt zabezpiecz-ać|yć przeciw molom
einmumme(l)n (h) vt, vr (**sich się**) okut-ywać|ać, otul-ać|ić (**in** e—n **Pelz** futrem)
einmünden (h) vi wpływać, wpadać ⟨o rzece⟩; wychodzić, łączyć się (**o ulicy**); **die Straßen münden in den Markt ein** ulice wychodzą na rynek ⟨łączą się z rynkiem⟩. Su ujście n
einmütig adj:adv jednomyśln-y:-ie, zgodn-y:-ie. Sk
einnähen (h) vt zaszy-wać|ć, wszy-wać|ć (**etw. in etw.** coś w coś)
Einnahme f —, —n 1. hand przychód, dochód m; wpływ m 2. woj zdobycie n 3. zażywanie, przyjmowanie n (**von Arznei** lekarstwa)
Einnahmequelle f —, —n źródło dochodu
einnebeln (h) vt, woj zadymi-ać|ć, okry-wać|ć dymną zasłoną. Su zasłona dymna, zadymienie n
einnehmen (87;h) vt 1. zainkasować (**Geld** pieniądze) 2. zaży-wać|ć (**Arznei** lekarstwo); spoży-wać|ć (e—e **Mahlzeit** posiłek) 3. woj zaj-mować|ąć, zdoby-wać|ć (e—e **Stadt** miasto) 4. zaj-mować|ąć (e—n **Platz** miejsce) 5. uj-mować|ąć, zjedn-ywać|ać (**jmdn für sich** kogoś sobie)
einnehmend 1. part praes, zob. **einnehmen** 2. adj:adv ujmując-y:-o
Einnehmer m —s, — poborca m
einnisten, sich (h) vr zdrzemnąć się
einnisten, sich (h) vr zagnie-żdżać|ździć się (t. przen)
Einöde f —, —n 1. pustkowie n, głusza f 2. odosobniona zagroda
einölen (h) vt naoliwi-ać|ć. Su
einordnen (h) vt włącz-ać|yć, wciąg-ać| nąć (**in e. System** w system), u|szerego-

wać; s|klasyfikować; u|porządkować (Briefe listy). Su t. klasyfikacja f
einpacken (h) I. *vt* za|pakować II. *vt, vr* (sich się) 1. s|pakować 2. okut-ywać|ać, otul-ać|ić III. *vi, pot* wyn-osić|ieść się; **pack ein!** wynoś się!; **fora ze dwora!** Su do I., II.
einpauken (h) *vt, szkol* wku-wać|ć, wyku-wać|ć (**Vokabeln** słówka)
Einpauker *m* —s, — *szkol* korepetytor *m*
einpeitschen (h) *vt* 1. wbi-jać ć ⟨wtł-aczać| oczyć⟩ do głcwy 2. rozpęt-ywać|ać (**den Krieg** wojnę)
Einpendler *m* —s, — dojeżdżający do pracy (z innej miejscowości)
einpferchen (h) *vt* 1. wtł-aczać|oczyć 2. stł-aczać|oczyć (**in e—m kleinen Raum** w małym pomieszczeniu). Su do 1., 2.; do 1. *t.* implantacja *f*
einpflanzen (h) *vt* 1. za|sadzić; wszczepi- -ać|ć 2. *przen* wszczepi-ać|ć, wp-ajać| oić. Su
einpflügen (h) *vt* zaor-ywać|ać, przyor- -ywać|ać
einpfropfen (h) *vt, przen, zob.* **einpflanzen** 2.
Einphasen... *w comp* jednofazowy; *np.*
~strom
Einphasenstrom *m* —(e)s *elektr* prąd jednofazowy
Einphasensystem *n* —s układ jednofazowy
einphasig *adj, elektr* jednofazowy
einplanen (h) *vt* zaplanować, uwzględni- -ać|ć (w planie). Su
einpökeln (h) *vt* za|peklować; **pot sich ~ lassen** dać się wypchać
einpolig *adj* jednobiegunowy
einprägen (h) I. *vt* 1. wyryć 2. *przen* wbi-jać|ć do głowy II. **sich** *dat* ~ *vr, przen* wp-ajać|oić sobie; **das wird sich dem Gedächtnis ~** to utkwi w pamięci
einprägsam *adj* łatwy do zapamiętania
einpressen (h) *vt* wcis-kać|nąć; stł-aczać| oczyć. Su
einpuppen, sich (h) *vr* przepoczwarcz-ać| yć się, przeobra-żać|zić się w poczwarkę. Su
einquartieren (h) *vt* za|kwaterować. Su *t. woj* kwaterunek *m*
einquetschen (h) *vt, vr* wcis-kać|nąć; *zob. t.* **einklemmen** 2.
einrahmen (h) *vt* opraw i-ać|ć w ramy. Su *t.* obramowanie *n*
einrammen (h) *vt* wbi-jać|ć (pal)
einrangieren [...rāʒi:...] (h) *vt, zob.* **einordnen**
einräumen (h) I. *vt* 1. umie-szczać|ścić (**Bücher in e—m Schrank** książki w szafie); **e—e Wohnung ~** umeblować mieszkanie 2. ust-ępować|ąpić (**e—n Platz miejsca**) 3. przyzna-wać|ć (**den Vorrang** pierwszeństwo; **Kredit** kredyt) II. *vi* przyzna-wać|ć (rację). Su do I. 1.—3.
Einräumungssatz *m* —es, ⁻e *gram* zdanie przyzwalające
einrechnen (h) *vt* wlicz-ać|yć
Einrede *f* —, —n sprzeciw, zarzut *m;* ~ **erheben** wnosić sprzeciw
einreden (h) 1. *vt, vr* (**sich** *dat* sobie) wm-awiać|ówić (jmdm etw. komuś coś) 2. *vi* namawiać, nakłaniać (**auf jmdn kogoś**), nalegać (**na kogoś**); perorować; perswadować (komuś)
einregnen (h) 1. *vi, vimp* zacie-kać|c (o deszczu); **eingeregnet sein** u|tkwić ⟨ugrzęznąć⟩ w deszczu 2. **sich** ~ *vr, vimp* rozpadać się; **es hat sich eingeregnet** rozpadało się
einreiben (94;h) *vt* 1. wcierać|wetrzeć 2. *t. vr* (sich się; sich *dat* sobie) na-cie- rać|trzeć. Su
einreichen (h) *vt* składać|złożyć, wn-osić| ieść, poda-wać|ć (**e—e Klage** skargę); **das Rücktrittsgesuch ~** pod(aw)ać się do dymisji. Su
einreihen (h) 1. *vt* za|szeregować; za|klasyfikować; włącz-ać|yć (**in e—e Sammlung** do zbioru) 2. **sich** ~ *vr* przyłącz- -ać|yć (**in etw.** do czegoś). Su
einreihig *adj* jednorzędowy
Einreise *f* —, —n wjazd *m* (do kraju)
Einreisebewilligung *a.* **Einreisegenehmigung** *f* —, —en *a.* **Einreisevisum** *n* —s, ...sen *a.* ...sa zezwolenie na wjazd, wiza wjazdowa
einreisen (sn) *vi* przyby-wać|ć, przyje- -żdżać|chać (o podróżnym z zagranicy)
einreißen (95) I. (h) *vt* 1. nad-rywać|erwać, nad-dzierać|edrzeć 2. z|burzyć (**e. Haus dom**) II. **(sn)** *vi* 1. nad-rywać|erwać ⟨nad-dzierać|edrzeć⟩ się; pęk-ać| nąć (o *murze*) 2. *przen* wdzierać|wedrzeć ⟨rozpanoszyć⟩ się (o *obyczajach itp.*)
einreiten (96) 1. **(h)** *vt* uje-żdżać|ździć (konia) 2. **(sn)** *vi* wje-żdżać|chać konno
einrenken (h) *vt* 1. *med.* nastawi-ać|ć (*np.* rękę), *pot* wprawi-ać|ć 2. *przen* naprostow-ywać|ać; naprawi-ać|ć (**Beziehungen** stosunki). Su
einrennen (97;h) *vt* z impetem wywal- -ać|ić (**e—e Tür** drzwi), wybi-jać|ć (**e. Fenster** okno); *przen* **offene Türen ~** wyważać otwarte drzwi; **jmdm das Haus ~** nachodzić kogoś ⟨czyjś dom⟩
einrichten (h) *vt* 1. *vr* urzą-dz-ać|ić 2. *med, tech* nastawi-ać|ć. Su 1. urządzenie *n* 2. instytucja *f;* **öffentliche Einrichtungen** instytucje użyteczności publicznej 3. instalacja *f;* osprzęt *m* 4. *med, tech* nactawienie *n*
einriegeln (h) *vt, vr* (**sich** się) zaryglować
einritzen (h) *vt* wy|ryć
einrollen (h) *vt, vr* (**sich** się) zwi-jać|nąć w rulon ⟨*a.* w kłębek⟩
einrosten (sn) *vi* 1. za|rdzewieć 2. *przen* śniedzieć, z|gnuśnieć
einrücken I. (h) *vt* wsu-wać|nąć, wstawi- -ać|ć; *druk* **e—e Zeile ~** robić akapit ⟨wcięcie⟩; **e—e Anzeige ~ lassen** zamieszczać ogłoszenie w gazecie II. (sn) *vi* 1. *woj* wchodzić|wejść, wkr-aczać| oczyć 2. wst-ępować|ąpić do wojska. Su
einrühren (h) *vt* 1. rozczyni-ać|ć, zar- -abiać|obić (**Teig** ciasto) 2. *przen, pot* nawarzyć piwa
eins 1. *pron ind, zob.* **ein** 2. *num* jeden; raz; *sport* ~ **zu null** jeden do zera (1:0) 3. pierwsza *f* (godzina)

Eins 208 **Einschluß**

Eins f —, —en jedynka f
Einsaat f —, —en wsiewka f
einsacken I. (h) vt wsyp-ywać|ać ⟨kłaść⟩ do worka, z|workować 2. przen przywłaszcz-ać|yć sobie, zagarn-iać|ąć II. (sn) vi zwalić się, runąć· obsu-wać| nąć się. Su
einsäen (h) vt wsi-ewać|ać
einsalben (h) vt nama-szczać|ścić. Su
einsalzen (h) vt na|solić; za|solić; za|peklować. Su
einsam adj:adv 1. samotn-y:-ie 2. ustronn-y:-ie, odludn-y:-ie, zaciszn-y:-ie, bezludn-y:-ie, opuszczony. Sk 1. samotność f 2. ustronie, odludzie, zacisze n
einsammeln (h) vt zbierać|zebrać, pozbierać. Su
einsargen (h) vt 1. składać|złożyć do trumny 2. przen po|grzebać (Hoffnungen nadzieje). Su do 1.
Einsatz m —es, ⸚e 1. stawka f; mit ⟨unter⟩ ~ des Lebens z narażeniem życia; unter ~ aller Kräfte z natężeniem wszystkich sił 2. wkładka. wstawka f (t. kraw) 3. zastaw, fant m 4. woj wprowadzenie w akcję ⟨w bój⟩, użycie n; akcja, operacja f; zum ~ kommen wchodzić w akcję 5. tech wsad m 6. muz wpadanie n (głosu)
einsatzbereit adj 1. gotowy do wejścia w akcję ⟨do działania; do użycia⟩ 2. przen gotowy do poświęceń, ofiarny
Einsatzbereitschaft f — stan gotowości (do akcji); przen duch poświęcenia, gotowość do poświęceń
einsäuern (h) vt, roln za|kisić, zakwa--sząć|sić. Su t. silosowanie n
einsaugen (h) vt 1. t. vr (sich się) wsysać|wessać 2. zas-ysać|sać; wciąg-ać| nąć, wchł-aniać|onąć (in sich w siebie)
einsäumen (h) vt obrębi-ać|ć; ob|lamować. Su
einschachteln (h) vt 1. wkładać|włożyć do pudełka 2. wtrąc-ać|ić (e—n Satz zdanie). Su
einschalten (h) I. vt 1. włącz-ać|yć (e—n Motor silnik) 2. wtrąc-ać|ić (e—e Bemerkung uwagę) II. sich ~ vr włącz--ać|yć ⟨wciąg-ać|nąć⟩ się (np. w pracę). Su
einschanzen (h) vt oszańcow-ywać|ęć. Su
einschärfen (h) vt wbi-jać|ć w pamięć ⟨do głowy⟩, wp-ajać|oić; surowo przykaz-ywać|ać. Su
einscharren (h) vt zagrzeb-ywać|ać, zakop-ywać|ać. Su
einschätzen (h) vt oszacow-ywać|ać; oceni-ać|ć. Su t. ocena f
einschenken (h) vt nal-ewać|ać: przen jmdm reinen Wein ~ powiedzieć komuś szczerą prawdę
einschicken (h) vt nad-syłać|esłać, przes--yłać|łać. Su
einschieben (11c,n) vt 1. t. vr (sich się) wsu-wać|nąć; Brot in den Ofen ~ wsadzić chleb do pieca 2. wtrąc-ać|ić (e—n Satz zdanie). Su do 1., 2.; do 2. t. interpolacja f
Einschiebsel n —s, — (⸚) rzecz wsunięta ⟨wtrącona⟩, wtrącenie n, dodatek m, wstawka f

Einschienenbahn f —, —en kolej jednoszynowa
einschießen (111;h) 1. vt, vr (sich się) wstrzel-iwać|ać (e. Geschütz działo) 2. vi strzel-ać|ić (auf jmdn a. auf etw. do kogoś a. do czegoś)
einschiffen (h) 1. vt za|ładować na statek 2. sich ~ vr wsi-adać|ąść na statek, za|okrętować się. Su
einschlafen (113;sn) vi 1. zas-ypiać|nąć 2. przen z|drętwieć, ś|cierpnąć (np. o ramieniu) 3. przen zanik-ać|nąć, zam--ierać|rzeć (o zwyczajach)
einschläfern (h) vt usypiać|uśpić (t. przen). Su
Einschlag m —(e)s, ⸚e 1. uderzenie n (des Blitzes pioruna) 2. woj uderzenie, trafienie n (e—s Geschosses pocisku) 3. (⸚) podanie ręki na zgodę ⟨a. na dobicie targu⟩ 4. obwinięcie n, okładka f 5. wtók wątek m 6. kraw zakładka f, zapas m; obrębek m 7. leśn wyrąb m 8. przen odcień m, zabarwienie n, domieszka f; politischer ~ zabarwienie polityczne; e. ~ fremden Blutes domieszka obcej krwi
einschlagen (114;h) I. vt 1. wbi-jać|ć 2. wybi-jać|ć (e. Fenster okno); rozbi-jać|ć (den Schädel czaszkę) 3. zawi-jać|nąć, opakow-ywać|ać 4. t. przen iść|pójść (e—n Weg drogą), ob-ierać|rać (e—e Richtung kierunek; e—e Laufbahn karierę) 5. kraw z|robić zakładkę ⟨zapas; obrębek⟩ II. vi uderz-ać|yć; es ⟨der Blitz⟩ hat eingeschlagen piorun uderzył; auf jmdn ~ bić ⟨walić⟩ kogoś 2. woj trafi-ać|ć (o bombie, pocisku); przen, pot die Nachricht schlug wie ein Blitz ⟨eine Bombe⟩ ein wiadomość spadła jak grom ⟨bomba⟩ 3. pot mieć powodzenie, cieszyć się powodzeniem (np. o nowym filmie); mieć popyt, cieszyć się popytem 4. wchodzić w zakres, należeć do czegoś 5. po|skutkować 6. dobi-jać|ć targu; poda-wać|ć rękę na zgodę
einschlägig adj właściwy, odnośny
einschleichen (115) (sn) vi a. sich ~ (h) vr zakra-dać|ść ⟨wkra-dać|ść, wśliz-giwać|nąć⟩ się
einschleppen (h) vt, med zawle-kać|c; przywle-kać|c (e—e Seuche zarazę). Su
einschleusen (h) vt 1. pilotować, wprowadz-ać|ić, przeprowadz-ać|ić (e. Schiff statek) 2. przen przerzuc-ać|ić (Agenten agentów); przemyc-ać|ić. Su
einschließen (118;h) vt 1. t. vr (sich się) zam-ykać|knąć; in Klammern ~ obejmować nawiasem, ujmować w nawiasy 2. ot-aczać|oczyć, opas-ywać|ać (mit e—r Mauer murem); woj okrąż-ać|yć, oble-gać|c, oswoj-ać|ić; za|blokować 3. przen (mit) ~ włącz-ać|yć, załącz-ać|yć; zawierać ⟨mieścić⟩ w sobie; ob-ejmować|jąć. Su do 1.—3.
einschließlich adv, praep gen (w)łącznie; ~ der Kosten (w)łącznie z kosztami
einschlummern (sn) vi zas-ypiać|nąć, zdrzemnąć się
Einschluß m ...usses, ...üsse 1. włączenie

einschmeicheln, sich   209   **einsichtig**

n; mit ~ von... włącznie z ... 2. *min* wtrącenie *n*
einschmeicheln, sich (h) *vr* przypochlebi-ać|ć się (bei jmdm komuś), wkra-dać|ść się w czyjeś łaski. Su
einschmeichelnd 1. *part praes, zob.* **einschmeicheln** 2. *adj:adv* przymiln-y:-ie, przypochlebn-y:-ie
einschmelzen (121) 1. *(dawn* t. schmelzte ein, eingeschmelzt; (h) *vt* topić; st-apiać|opić; rozt-apiać|opić; przet-apiać| opić 2. (sn) *vi* topnieć; st-apiać|opić ⟨rozt-apiać|opić⟩ się. Su do 1.
einschmieren (h) *vt* na|smarować, wy| smarować. Su
einschmuggeln (h) *vt, vr* (sich się), pot prze|szwarcować, przemyc-ać|ić (t. *przen)*
einschnappen (sn) *vi* zapa-dać|ść *(o zamku)*
einschneiden (123;h) 1. *vt* naci-nać|ąć; wci-nać|ąć; wrzynać|werżnąć; nadci--nać|ąć; pociąć, pokr-ajać|oić 2. *vi* wrzynać|werżnąć się *(np. o podwiązkach)*
einschneidend 1. *part praes, zob.* **einschneiden** 2. *adj:adv* radykaln-y:-ie
einschneien 1. (h) *vt t. vimp* zasyp-ywać| ać śniegiem 2. **eingeschneit sein** być zasypanym śniegiem; u|tkwić ⟨ugrzęznąć⟩ w śniegu
Einschnitt *m* —(e)s, —e 1. wcięcie *n;* wycięcie *n;* nacięcie *n* 2. wklęsłość *f,* zagłębienie *n* 3. przekop, wykop *m* 4. *lit* cezura, średniówka *f;* przełom *m;* zmiana *f; przen* tiefer ~ zasadnicza zmiana (im Leben w życiu)
einschnüren (h) *vt* 1. za|sznurować, ściąg--ać|nąć ⟨obwiąz-ywać|ać⟩ sznurkiem 2. skrępować. Su
einschränken (h) *vt* 1. ogranicz-ać|yć (die Ausgaben wydatki) 2. sich ~ *vr* oszczędnie żyć, ograniczać się. Su do 1.
einschrauben (h) *vt* wkręc-ać|ić, wśrubować
Einschreibe... *w comp* polecony; *np.*
~**brief**
Einschreibebrief *m* —(e)s, —e list polecony
Einschreibegebühr *f* —, —en *a.* **Einschreibegeld** *n* —(e)s, —er 1. poczt opłata za przesyłkę poleconą 2. opłata za wpisowe, wpisowe *n*
einschreiben (126;h) *vt, vr* (sich się) zapis-ywać|ać; wpis-ywać|ać (t. mat). Su *t.* zapis, wpis *m*
Einschreiben *n* —s, — poczt przesyłka polecona
Einschreibesendung *f* —, —en przesyłka polecona
einschreiten (128;sn) *vi* wkr-aczać|oczyć; interweniować, wtrąc-ać|ić się; **gegen** jmdn ~ występować przeciw komuś
Einschreiten *n* —s, — wkroczenie *n;* interwencja *f*
einschrumpfen (sn) *vi* s|kurczyć ⟨z|marszczyć; zsychać|zeschnąć⟩ się. Su
einschüchtern (h) *vt* zastrasz-ać|yć; onieśmiel-ać|ić. Su
Einschüchterungs... *w comp* ... zastraszenia; *np.* ~**versuch**

Einschüchterungspolitik *f* — polityka zastraszania
Einschüchterungsversuch *m* —(e)s, —e próba zastraszenia
einschulen (h) *vt* 1. przyucz-ać|yć 2. przyj-mować|ąć do szkoły. Su
Einschuß *m* ...usses, ...üsse 1. otwór wlotowy, wlot *m* 2. *med* rana wlotowa 3. *włók* wątek *m*
einschütten (h) *vt* 1. wsyp-ywać|ać 2. na-l-ewać|ać. Su
einschwefeln (h) *vt* wy|siarkować. Su
einschwenken (sn) 1. *vi* zmieni-ać|ć kierunek; zawr-acać|ócić (t. *woj);* zb-aczać|oczyć, skręc-ać|ić (nach rechts ⟨links⟩ w prawo ⟨lewo⟩) 2. *przen* zmieni-ać|ć front. Su
einsegnen (h) *vt* 1. po|błogosławić 2. konfirmować. Su do 1., 2.; do 2. *t.* konfirmacja *f*
einsehen (135;h) *vt* 1. wglądać|wejrzeć, za-glądać|jrzeć (do czegoś); prze--glądać|jrzeć (Akten akta) 2. z|rozumieć, poj-mować|ąć, uświad-amiać|omić sobie (etw. coś); zda-wać|ć sobie sprawę (etw. z czegoś); **seinen Irrtum** ~ uzn(aw)ać swoją omyłkę
Einsehen *n* —s zrozumienie n, wyrozumiałość *f,* wzgląd *m; e.* ~ **haben** wchodzić w położenie; mieć wzgląd, zrozumieć
einseifen (h) *vt* 1. *t. vr* (sich się) namydl--ać|ić 2. *przen,* pot **jmdn** ~ a) wystrychnąć kogoś na dudka b) upi-jać|ć ⟨ululać⟩ kogoś. Su do 1.
einseitig *adj:adv* jednostronn-y:-ie. Sk
einsenden (137;h) *vt* nad-syłać|esłać, prze-s-yłać|łać. Su
Einsender *m* —s, — nadawca *m*
einsenken (h) *vt, vr* (sich się) opu-szczać| ścić, spu-szczać|ścić; zanurz-ać|yć. Su *t.* zagłębienie *n,* wklęsłość *f*
einsetzen (h) I. *vt* 1. wsadz-ać|ić, wstawi--ać|ć, wprawi-ać|ć 2. za|sadzić (Pflanzen rośliny) 3. ustan-awiać|owić (jmdn als Nachfolger kogoś następcą); wyznacz--ać|yć (jmdn zum Erben na spadkobiercę); wprowadz-ać|ić w urząd 4. wprowadz-ać|ić w akcję ⟨bój⟩ 5. za|konserwować (owoce, jarzyny) 6. stawiać|postawić (w grze); **sein Leben** ~ narażać ⟨wystawiać na szwank⟩ życie; **alle Kräfte** ~ wytężać wszystkie siły, dokładać wszelkich starań 7. umie-szczać| ścić (e—e Anzeige ogłoszenia) II. *vi* 1. rozpocz-ynać|ąć się, nasta-wać|ć *(np. o hałasie, deszczu)* 2. *muz* wpadać *(np. o skrzypcach)* III. sich ~ *vr* wstawi--ać|ć ⟨uj-mować|ąć⟩ się (für jmdn za kimś). Su do I. 1.—3., 7.
Einsetzer *m* —s, — *kol,* pot wagon dodatkowy
Einsicht *f* —, —en 1. przejrzenie *n;* wglądanie *n;* wgląd *m;* ~ **nehmen in etw.** wglądać w coś; przejrzeć ⟨zbadać⟩ coś 2. (z)rozumienie, pojmowanie, przekonanie *n;* rozum, rozsądek *m;* **nach eigner** ~ wg własnego zdania ⟨przekonania⟩; **zur** ~ **kommen (gelangen)** dochodzić do przekonania, z|rozumieć
einsichtig *adj:adv* wyrozumia-ły:-ie

14 Słownik niem.-pol.

Einsichtnahme f —, —n zapoznanie ⟨zaznajomienie⟩ się (z tekstem); wgląd m
einsichtslos adj:adv nieoględn-y:-ie, nierozsądn-y:-ie
einsichtsvoll zob. **einsichtig**
einsickern (sn) vi wsiąk-ać|nąć. Su
Einsiedelei f —, —en pustelnia f
Einsiedler m —s, — pustelnik m
einsiedlerisch adj pustelniczy
einsilbig adj 1. jednosylabowy, jednozgłoskowy 2. t. adv, przen małomówn-y:-ie, lakoniczn-y:-ie. Sk do 2.
einsingen (139;h) vt in den Schlaf ~ ukołysać|uśpić nuceniem
einsinken (140;sn) vi 1. zapa-dać|ść się, ugrząźć, ugrzęznąć (im Sumpf w bagnie) 2. osi-adać|ąść, opa-dać|ść, obsu--wać|nąć się, zapa-dać|ść się
Einsitzer m —s, — pojazd jednoosobowy
einsitzig adj jednosiedzeniowy, o jednym siedzeniu; jednoosobowy
einspannen (h) vt 1. naciąg-ać|nąć, rozpi-nać|ąć 2. tech zamocow-ywać|ać, umocow-ywać|ać, przytwierdz-ać|ić 3. zaprz-ęgać|ąc (t. przen.). Su
einspännig adj:adv jednokonny : w jednego konia
einsparen (h) vt za|oszczędzić. Su t. oszczędność f
einspeichern (h) vt 1. składać, złożyć do spichrza 2. tech z|magazynować (np. informacje w kartotekach). Su
einspielen (h) I. vt 1. ogr-ywać|ać (e—e Geige skrzypce) 2. nagr-ywać|ać (e—e Platte płytę). 3. zwr-acać|ócić: der Film hat seine Kosten eingespielt film zwrócił koszty produkcji II. sich ~ vr 1. wprawiać ⟨ćwiczyć⟩ się w grze 2. zgrać się, harmonijnie współpracować (mit jmdm z kimś) 3. pot rozkręc-ać|ić się; do-cierać|trzeć się
einspinnen (145;h) I. vt. 1. wprząść 2. przen, pot u|więzić, przym-ykać|knąć II. sich ~ vr 1. ent ot-aczać|oczyć się oprzędem; przepoczwarcz-ać|yć się 2. przen izolować ⟨odsu-wać|nąć⟩ się od ludzi
einsprechen (146;h) vt perorować; perswadować (auf jmdn komuś); nakłaniać, namawiać (kogoś), nalegać (na kogoś)
einspringen (148;sn) vt 1. wsk-akiwać|oczyć 2. przen zast-ępować|ąpić, wyręcz-ać|yć (für jmdn kogoś)
Einspritz... w comp wtryskowy; np. ~düse
Einspritzdüse f —, —n tech dysza wtryskowa, wtryskiwacz m
einspritzen (h) vt wstrzyk-iwać|nąć; wtrysk-iwać|ać. Su t. zastrzyk m, iniekcja f; tech wtrysk m
Einspritzmotor m —s, —en tech silnik wtryskowy
Einspruch m —(e)s, ⁎⁎e sprzeciw, protest m; ~ erheben ⟨tun⟩ wnosić sprzeciw ⟨protest⟩
Einspruchsrecht n —(e)s prawo sprzeciwu ⟨protestu⟩, weto n
einspurig adj jednotorowy, jednośladowy

einst adv niegdyś, ongiś, dawniej, kiedyś
Einst n inv 1. (≈) minione czasy; przeszłość f; das ~ und Jetzt przeszłość i teraźniejszość, wczoraj i dziś 2. (≈) przyszłe czasy; przyszłość f
einstampfen (h) vt 1. wtł-aczać|oczyć; ubi-jać|ć (Kraut kapustę) 2. przer-abiać|obić na masę papierniczą (Altpapier makulaturę). Su
Einstand m —(e)s, ⁎⁎e 1. wstąpienie do służby 2. wkupienie się 3. wyrównanie n (w tenisie)
einstauben (sn) vi zakurzyć się
Einsteckbuch n —es, ⁎⁎er klaser m
einstecken (h) vt 1. wkładać|włożyć, wtykać|wetknąć (in etw. do czegoś) 2. pot zgarn-iać|ąć, wkładać|włożyć do swej kieszeni 3. pot przym-ykać|knąć, zam--ykać|nąć w więzieniu 4. przen zn--osić|ieść, przyj-mować|ąć; er mußte Beleidigungen ⟨Anklagen⟩ ~ musiał znosić obelgi ⟨oskarżenia⟩
einsteh(e)n (151;h;sn) vt zaręcz-yć|ać (für jmdn za kogoś)
einstehlen, sich (152;h) vr wkra-dać|ść się
einsteigen (153;sn) vi wsi-adać|ąść; durch das Fenster ~ wchodzić ⟨włazić⟩ oknem * przen, pot in e. Unternehmen ~ przystąpić do przedsiębiorstwa
Einsteigloch n —(e)s, ⁎⁎er a. **Einsteigschacht** m —(e)s, ⁎⁎e właz m, otwór włazowy
Einsteinium n —s chem einstein m
Einstell... w comp nastawny; ~schraube
einstellbar adj nastawny, do regulowania
einstellen (h) I. vt 1. wstawi-ać|ć 2. nastawi-ać|ć, wy|regulować (e—e Uhr zegarek); ustawi-ać|ć (e—n Apparat aparat) 3. wstrzym-ywać|ać, przer-ywać| wać (die Produktion produkcję); zawie--szać|sić (Zahlungen wypłatę); zaprzesta-wać|ć, zaniechać (Feindseligkeiten wrogich wystąpień); die Arbeit ~ przerywać robotę; strajkować; praw das Verfahren ~ umarzać postępowanie 4. przyj-mować|ąć do pracy ⟨do służby⟩ woj Rekruten ~ wcielać rekrutów * eingestellt sein być usposobionym, ustosunkować się (feindlich wrogo); er ist liberal eingestellt jest liberalnych przekonań II. sich ~ vr 1. zjawi-ać|ć ⟨pojawi-ać|ć, stawi-ać|ć⟩ się 2. nastawi--ać|ć, ⟨przyspos-abiać|obić⟩ się (auf etw. na coś). Su I. 2.—4.; do II. 2.
einstellig adj, mat jednocyfrowy
Einstellraum m —(e)s, ⁎⁎e garaż m
Einstellschraube f —, —n śruba nastawn... ⟨regulacyjna⟩
Einstich m —(e)s, —e ukłucie n; nakłucie n
Einstieg m —(e)s, —e wejście n, właz m
einstig adj 1. były, dawny, dawniejszy 2. przyszły
einstimmen (h) I. vt zestroić (die Instrumente instrumenty) II. vi 1. (mit) ~ za|śpiewać razem, za|wtórować 2. przen. zg-adzać|odzić się (in e—n Plan na plan)
einstimmig adj:adv jednogłosowy : na

jeden głos; przen jednogłośn-y:-ie, jednomyśln-y:-ie. Sk jednomyślność f
einstmalig zob. einstig 1.
einstmals adv ongiś, kiedyś, niegdyś: pewnego razu
einstöckig adj:adv jednopiętrowy : na jedno piętro
einstoßen (157;h) vt 1. wpychać|wepchnąć, wtł-aczać|oczyć 2. wywal-ać|ić (e. Tor bramę); wybi-jać|ć (e. Fenster okno)
einstreichen (158;h) vt 1. wcierać|wetrzeć 2. pot zagarn-iać|ąć; Geld ~ zagarniać pieniądze
einstreuen (h) vt 1. wsyp-ywać|ać; przysyp-ywać|ać zasyp-ywać|ać (Puder pudrem) 2. przen wtrąc-ać|ić (Zitate cytaty). Su
einströmen (sn) vi wl-ewać|ać się, wpły-wać|nąć, napły-wać|nąć. Su t. tech wlot m; dopływ m
einstudieren (h) vt wystudiować (etw. coś), wyucz-ać|yć się (czegoś)
einstufen (h) s|klasyfikować; za|szeregować. Su
Einstufenrakete f —, —n rakieta jednostopniowa
einstufig adj jednostopniowy
einstündig adj (jedno)godzinny
Einsturz m —es, ⸚e 1. runięcie, zawalenie się, zapadnięcie n 2. rozpadlina f
Einsturzbeben n —s, — zapadliskowe trzęsienie ziemi
einstürzen 1. (sn) vi za|walić ⟨zapa-dać|ść⟩ się, runąć 2. (h) vt zawal-ać|ić, rozwal-ać|ić
Einsturzgefahr f —, —en niebezpieczeństwo zawalenia się; ~! grozi zawaleniem!
einstweilen adv chwilowo; tymczasem, na razie
einstweilig adj:adv tymczasowy : tymczasem, prowizoryczn-y:-ie
eintägig adj jednodniowy
Eintagsfliege f —, —n 1. jętka f 2. przen efemeryda f
Eintänzer m —s, — fordanser, gigolo m
eintätowieren (h) vt wy|tatuować. Su
eintauchen 1. (h) vt zanurz-ać|yć; die Feder ~ um-aczać|oczyć pióro 2. (sn) vi zanurz-ać|yć się
Eintausch m —es zamiana, wymiana f
eintauschen (h) vt zamieni-ać|ć, wymieni-ać|ć (etw. gegen etw. coś na coś)
eintausend num tysiąc
einteilen (h) vt podziel-ać|ić; rozdziel-ać|ić (etw. in etw. coś na coś); Su t. podział m; rozdział m; podziałka f
eintönig adj:adv monotonn-y:-ie, jednostajn-y:-ie. Sk monotonia, jednostajność f
Eintopf m —s, ⸚e a. Eintopfgericht n —(e)s, —e potrawa jednogarnkowa
Eintracht f — zgoda f
einträchtig adj:adv zgodn-y:-ie
Eintrag m —(e)s, ⸚e 1. wpisanie, zapisanie n 2. wtók wątek m 3. szkoda, ujma f, uszczerbek m; jmdm ~ tun szkodzić komuś
eintragen (160;h) vt 1. wpis-ywać|ać, zapis-ywać|ać; za|rejestrować; za|księgować; in e—e Karte ~ nanosić na mapę 2. popłacać (t. przen); przyn-osić|ieść dochód ⟨zysk⟩. Su do 1. t. wpis m
einträglich adj:adv lukratywn-y:-ie, zyskown-y:-ie, intratn-y:-ie. Sk
einträufeln (h) vt wkr-aplać|oplić, zakr-aplać|oplić. Su
eintreffen (161;sn) vi 1. przyby-wać|ć nad-chodzić|ejść 2. przen spełni-ać|ć ⟨zi-szczać|ścić⟩ się
Eintreffen n —s 1. przybycie n; przyjazd m; nadejście n 2. przen ziszczenie ⟨spełnienie⟩ się
eintreiben (162;h) vt 1. wbi-jać|ć (e—n Keil klin) 2. spędz-ać|ić, wpędz-ać|ić (Schafe owce) 3. przen ściąg-ać|nąć, egzekwować (Steuern podatki; Schulden długi). Su do 3.
eintreten (163) I. (sn) vt 1. wchodzić| wejść; przen in Verhandlungen ~ wchodzić w układy 2. t. przen wst-ępować|ąpić, przyst-ępować|ąpić (in die Partei do partii) 3. nast-ępować| ąpić; zdarz-ać|yć się; wenn dies ~ sollte gdyby to się miało zdarzyć; schlechtes Wetter trat ein nastała niepogoda 4. uj-mować|ąć ⟨wstawi-ać|ć⟩ się (für jmdn a. für etw. za kimś a. za czymś) 5. zast-ępować|ąpić (für jmdn kogoś), wypełni-ać|ć lukę, (für jmdn czyjąś) II. (h) vt 1. wdept-ywać|ać 2. rozchodzić, rozdept-ywać|ać (Schuhe obuwie) III. sich dat ~ vr wbi-jać|ć sobie w nogę (e—n Dorn kolec)
eintrichtern (h) vt wl-ewać|ać lej(ki)em 2. pot wbi-jać|ć do głowy
Eintritt m —(e)s, —e 1. wstęp m, wejście n; ~ verboten! wstęp wzbroniony! 2. tech wlot m; otwór wlotowy 3. wstąpienie, przystąpienie n 4. nastąpienie n; nastanie n; bei ~ der Dämmerung ⟨des Frühlings⟩ z nastaniem zmroku ⟨wiosny⟩
Eintrittsgebühr f —, —en a. Eintrittsgeld n —(e)s, —er (opłata za) wstęp m, pot wstępne n
Eintrittskarte f —, —n bilet ⟨karta⟩ wstępu
eintrocknen 1. (sn) vi, zas-ychać|chnąć, wys-ychać|chnąć, us-ychać|chnąć 2. (h) vt zasusz-ać|yć, u|suszyć, wysusz-ać|yć. Su
eintröpfeln a. eintropfen zob. einträufeln
eintunken (h) vt u|maczać (etw. in etw. coś w czymś)
einüben (h) vt ćwiczyć, wprawi-ać|ć, wy| ćwiczyć; sport trenować. Su
einverleiben (h) vt 1. wciel-ać|ić, włącz--ać|yć 2. za|anektować. Su do 1., 2.; do 1. t. inkorporacja f; do 2. t. aneksja f
Einvernehmen n —s porozumienie n, zgoda f; sich ins ~ setzen porozumieć się z kimś; im besten ~ stehen żyć w najlepszej zgodzie
einverstanden part, adj; ~ sein zgadzać się; ~! zgoda! sich ~ erklären wyrażać zgodę
Einverständnis n —ses, —se zgoda f, po-

rozumienie n; im ~ mit jmdm w porozumieniu z kimś
Einwaage f —, —n 1. ubytek ⟨strata⟩ na wadze (przy rozważaniu) 2. chem odważka, naważka f
einwachsen (172;sn) vi wr-astać|osnąć, wróść
Einwand m —(e)s, ⁺⁺e sprzeciw m, obiekcja f, zastrzeżenie n
Einwand(e)rer m —s, — imigrant m
einwandern (sn) vi imigrować; przywędrować. Su t. imigracja f
einwandfrei adj:adv bez zarzutu, nienagann-y:-ie; **man stellte ~ fest** stwierdzono ponad wszelką wątpliwość
einwärts adv do wewnątrz
einwässern (h) vt nam-aczać|oczyć. Su
einwechseln (h) vt zmieni-ać|ć, wymieni--ać|ć (**gegen** ⟨**in**⟩ etw. na coś). Su wymiana f
einwecken (h) vt za|konserwować, pot za|wekować. Su
einweichen (h) vt nam-aczać|oczyć, zm--aczać|oczyć. Su
einweihen (h) vt 1. poświęc-ać|ić (e—e **neue Kirche** nowy kościół) 2. odsł-aniać|onić (e. **Denkmal** pomnik); otw-ierać|orzyć (e—n **Klub** klub) 3. wtajemnicz-ać|yć (jmdn in etw. kogoś w coś). Su
einweisen (177;h) vt wprowadz-ać|ić (in e. **Amt** w urzędowanie). Su
Einweisungsschein m —(e)s, —e przydział m (dokument)
einwenden (178;h) vt 1. sprzeciwi-ać|ć się, wypowi-adać|edzieć się przeciw, oponować; mie-wać|ć obiekcje; **haben Sie etw. dagegen** (einzuwenden)? czy pan(i) ma coś przeciw temu? 2. wtrąc-ać|ić, zaznacz-ać|yć, zauważ-ać|yć. Su do 1., 2.; do 1. zob. **Einwand**
einwerfen (181;h) vt 1. wrzuc-ać|ić 2. wybi-jać|ć, rozbi-jać|ć (e—e **Scheibe** szybę) 3. zob. **einwenden** 2.
einwertig adj, chem jednowartościowy
einwickeln (h) I. vt 1. zawi-jać|nąć, owi--jać|nąć 2. przen, pot **jmdn** ~ omami(a)ć kogoś II. sich ~ vr otul-ać|ić się. Su do 1. 1.
einwiegen (h) 1. vt u|kołysać do snu 2. vr, przen **sich in Hoffnungen** ~ łudzić się nadzieją
einwilligen (h) vi zg-adzać|odzić się, zezw-alać|olić, przyst-awać|ć (**in etw. na coś**). Su zezwolenie n, zgoda f (**zu etw. na coś**)
einwintern (h) vt (~) składać|złożyć do piwnicy ⟨a. do kopca⟩ (**Kartoffeln** ziemniaki). Su
einwirken (h) 1. vi oddział-ywać|ać, działać, wpły-wać|nąć (**auf jmdn** na kogoś) 2. vt wpl-atać|eść (**in e—n Stoff** w tkaninę). Su do 1., 2.; do 1. t. wpływ m
einwöchig adj (jedno)tygodniowy
einwohnen, sich (h) vr przywyk-ać|nąć (**auf dem Lande** do wsi), zadomowić się (na wsi)
Einwohner m —s, — mieszkaniec m
Einwohner... w comp ... mieszkańców; np. ~**verzeichnis**
Einwohnerin f —, —nen mieszkanka f

Einwohnermeldeamt n —(e)s, ⁺⁺er urząd ⟨wydział, biuro⟩ ewidencji ludności
Einwohnerschaft f —, —en mieszkańcy pl
Einwohnerverzeichnis n —ses, —se spis mieszkańców
Einwohnerzahl f — liczba mieszkańców, zaludnienie n
einwühlen (h) vt, t. vr (sich się) wkop--ywać|ać, wryć
Einwurf m —(e)s, ⁺⁺e 1. wrzut m (t. sport); otwór wrzutowy (np. do monet) 2. obiekcja f, zastrzeżenie n; uwaga f
einwurzeln (sn) vi, (h) vr (sich) zakorzeni-ać|ć się
Einzahl f —, —en gram liczba pojedyncza
einzahlen (h) vt wpłac-ać|ić. Su t. wpłata f
Einzahlungs... w comp 1. ... wpłaty; np. ~**schein** 2. ... wpłat; np. ~**schalter**
Einzahlungsschalter m —s, — okienko wpłat
Einzahlungsschein m —(e)s, —e dowód ⟨potwierdzenie⟩ wpłaty
Einzahlungstermin m —s, —e termin wpłaty
einzäunen (h) vt ogr-adzać|odzić. Su
einzeichnen (h) 1. vt wrysować, naznacz--ać|yć, nan-osić|ieść (**auf e—e Karte** na mapie) 2. sich ~ vr wpis-ywać|ać się. Su
Einzel n —s, — gra pojedyncza, single m (tenis)
Einzel... w comp 1. pojedynczy: np. ~**muster** 2. jednostkowy; np. ~**antrieb** 3. indywidualny; np. ~**lohn** 4. detaliczny; np. ~**handel** 5. odosobniony; np. ~**gehöft** 6. odosobniony, sporadyczny; np. ~**fall**
Einzelabstimmung f —, —en 1. głosowanie imienne 2. głosowanie nad poszczególnymi punktami (projektu ustawy)
Einzelanfertigung f — produkcja jednostkowa
Einzelantrieb m —(e)s, —e napęd jednostkowy
Einzelaufzählung f —, —en wyszczególnienie, wyliczenie n
Einzelbauer m —s a. —n, —n chłop gospodarujący indywidualnie
Einzeldarstellung f —, —en monografia f
Einzeldosis f —, ...sen farm dawka jednorazowa
Einzelerscheinung f —, —en zjawisko odosobnione ⟨sporadyczne⟩
Einzelfall m —(e)s, ⁺⁺e wypadek odosobniony ⟨sporadyczny⟩
Einzelfertigung f —, —en produkcja jednostkowa
Einzelgänger m —s, — 1. chodzący samopas, dziwak m; odludek m 2. parl dziki, niezależny m
Einzelgehöft n —(e)s, —e gospodarstwo odosobnione, chutor m
Einzelhaft f — areszt odosobniony
Einzelhandel m —s handel detaliczny, detal m
Einzelhändler m —s, — detalista m
Einzelheit f —, —en szczegół, detal m; **in allen ~en** ze wszystkimi detalami,

Einzelkind 213 Eisenbahnfähre

szczegółowo; **er verlor sich in ~en z|gu-
bił się w detalach
Einzelkind** n —es, —er jedyne dziecko;
jedynak m; jedynaczka f
Einzelleitung f —, —en ekon kierownictwo jednoosobowe
Einzeller pl, zoo pierwotniaki pl, jedno-
komórkowce pl
Einzellohn m —(e)s, ⸚e płaca indywidualna
Einzelmuster n —s, — wzór pojedynczy
einzeln I. adj:adv 1. pojedyncz-y:-o, po
jednemu; osobn-y:-o, z osobna; **der ~e
Mensch** jednostka f 2. poszczególny;
jeder ~e każdy (poszczególny); **bis ins
~e** szczegółowo, dokładnie im **~en
erzählen** opowiadać ze szczegółami
⟨szczegółowo⟩; **ins ~e gehen** wchodzić
w szczegóły 3. sporadyczn-y:-ie II. adj
odosobniony III. adv detalicznie; ~
verkaufen sprzed(aw)ać detalicznie
einzelnstehend part, adj pojedynczy, odosobniony, sporadyczny
Einzelpackung f —, —en opakowanie jed-
nostkowe
Einzelpreis m —es, —e cena jednostkowa
Einzelspiel n —(e)s, —e gra pojedyncza,
single m (tenis)
Einzelstart m —(e)s, —e a. —s sport start
indywidualny
Einzelteil m 1. —(e)s, —e część składowa
⟨pojedyncza⟩, detal m 2. —e pl części
prefabrykowane
Einzelverkauf m —(e)s sprzedaż detaliczna
Einzelvertrag m —(e)s, ⸚e umowa indywidualna ⟨jednostkowa⟩
Einzelwert m —(e)s, —e wartość jednostkowa
Einzelwertung f —, —en sport klasyfikacja indywidualna
Einzelwesen n —s, — jednostka f; indy-
widuum n, osobnik m
Einzelwettbewerb m —(e)s, —e współzawodnictwo indywidualne
Einzelzimmer n —s, — pokój pojedynczy
⟨jednoosobowy⟩
einziehen (187) I. (h) vt 1. wciąg-ać|nąć;
nawle-kać|c (c n Faden nitkę); **den
Schwanz ~** brać ogon pod siebie 2.
zaciąg-ać|nąć (do wojska) 3. ściąg-ać|
nąć (die Fahne chorągiew; die Steuern
podatki); **die Segel ~** zwijać żagle;
Erkundigungen ~ zasięgać informacji
4. s|konfiskować 5. wycof-ywać|ać z
obiegu (Banknoten banknoty); s|kaso-
wać (Etatstellen etaty) II. (sn) vi 1.
wprowadz-ać|ić się (in **e—e Wohnung**
do mieszkania) 2. (uroczyście) wcho-
dzić|wejść, wje-żdżać|chać; woj wkr-a-
czać|oczyć 3. wsiąk-ać|nąć (o cieczy)
4. nasta-wać|ć, nad-chodzić|ejść. Su do
I. 1.—5.
einzig 1. adj:adv jedyn-y:-ie, tylko, wyłącznie; **kein ~er** ani jeden, żaden; **der
~e Sohn** jedynak m; **die ~e Tochter**
jedynaczka f; **~ und allein** jedynie,
tylko 2. adj jedyny w swoim rodzaju,
wyborny; **pot das war ~** to było nie-
zrównane

einzigartig adj, zob. **einzig** 2.
Einzimmerwohnung f —, —en pokój z
kuchnią
einzuckern (h) vt zasyp-ywać|ać cukrem
Einzug m —(e)s, ⸚e 1. wprowadzenie się
(do mieszkania). 2. (uroczyste) wejście
n, wjazd m; woj wkroczenie n 3. druk
akapit m; wcięcie wiersza 4. nastanie,
nadejście n (des Frühlings wiosny)
Einzugsgebiet n —(e)s, —e 1. geogr dorzecze n 2. obszar m (np. miasta)
einzwängen (h) vt, vr (sich się) wtł-a-
czać|oczyć, wcis-kać|nąć. Su
eirund adj:adv jajowat-y:-o, owaln-y:-ie
Eis n —es lód m; lody pl (do jedzenia);
aufs ~ gehen iść na ślizgawkę; **przen
zu ~ werden** z|lodowacieć; **przen das
~ brechen** przełam(yw)ać lody; **przen
jmdn aufs ~ führen** wyprowadzać kogoś w pole; **przen das Blut erstarrte
ihm zu ~** zmroziło mu krew w żyłach
Eis... w comp 1. lodowy; np. **~berg** 2. ...
lodu; np. **~block** 3. ... lodów; np.
~bruch
Eisbahn f —, —en ślizgawka f, lodowisko n
Eisbär m —en, —en zoo niedźwiedź biały
⟨polarny⟩
Eisbein n —(e)s, —e kulin golonka f
Eisberg m —(e)s, —e góra lodowa
Eisbeutel m —s, — med woreczek z lo-
dem
Eisblock m —(e)s, ⸚e bryła lodu
Eisblume f —, —n kwiat(ek) z lodu na
szybie
Eisbrecher m —s, — 1. mar lodołamacz
m 2. lodołam m, izbica f
Eisbruch m —(e)s, —e pękanie lodów
Eisdecke f — pokrywa lodu ⟨lodowa⟩
Eisdiele f —, —n lodziarnia f
Eisen n —s 1. żelazo n; **altes ~** złom żelazny ⟨żelaza⟩; **przen zum alten ~ werfen** wyrzucać na szmelc; **er ist wie von
~ ma** żelazne zdrowie 2. podkowa f 3.
przen kajdany, okowy pl; **jmdn in ~
legen** zaku(wa)ć kogoś w kajdany 4.
żelazko n (do prasowania) 5. **przen**
miecz, sztylet m
Eisen... w comp 1. żelazny; np. **~beschlag**
2. żelazowy; np. **~oxyd** 3. ... żelaza; np.
~bergwerk 4. żeliwny; np. **~guß** 5. ...
żeliwa; np. **~gießerei** 6. żelazisty; np.
~präparate 7. stalowy; np. **~blech**
eisenarm adj o małej zawartości żelaza
Eisenbahn f —, —en kolej f (żelazna);
przen, pot es war die höchste ~ był
najwyższy czas
Eisenbahn... (zob t. **Bahn...**) w comp 1.
kolejowy; np. **~betrieb** 2. ... kolei; np.
~bau 3. ... koleją; np. **~fahrt**
Eisenbahnabteil n —(e)s, —e kol przedział m
Eisenbahnbau m 1. —(e)s, —ten budowa
kolei 2. —(e)s budownictwo kolejowe
Eisenbahnbetrieb m —(e)s ruch kolejowy
Eisenbahndamm m —(e)s, ⸚e nasyp
⟨plant⟩ kolejowy
Eisenbahndirektion f —, —en dyrekcja
kolei ⟨kolejowa⟩
Eisenbahner m —s, — kolejarz m
Eisenbahnfähre f —, —n prom kolejowy

Eisenbahnfahrkarte f —, —n bilet kolejowy
Eisenbahnfahrplan m —(e)s, ╩e kolejowy rozkład jazdy
Eisenbahnfahrt f —, —en jazda ⟨podróż⟩ koleją
Eisenbahngleis n —es, —e tor kolejowy
Eisenbahnknotenpunkt m —(e)s, —e węzeł kolejowy
Eisenbahnlinie f —, —n linia kolejowa
Eisenbahnnetz n —es sieć kolejowa
Eisenbahnschaffner m —s, — konduktor kolejowy
Eisenbahnschiene f —, —n szyna kolejowa
Eisenbahnschranke f —, —n kol zapora, rogatka f
Eisenbahnschwelle f —, —n podkład kolejowy
Eisenbahnsignal n —s, —e sygnał kolejowy
Eisenbahnstation f —, —en stacja kolejowa
Eisenbahntransport m —(e)s, —e transport koleją ⟨kolejowy⟩
Eisenbahnüberführung f —, —en wiadukt kolejowy
Eisenbahnunglück n —(e)s, —e katastrofa kolejowa
Eisenbahnunterführung f —, —en przejazd kolejowy (pod mostem)
Eisenbahnverbindung f —, —en połączenie kolejowe
Eisenbahnverkehr m —s ruch kolejowy, komunikacja kolejowa
Eisenbahnwagen m —s, — wagon kolejowy
Eisenbahnwesen n —s kolejnictwo n
Eisenbahnzug m (—e)s, ╩e kol pociąg m
Eisenbergwerk n —(e)s, —e kopalnia żelaza
Eisenbeschlag m —(e)s, ╩e okucie żelazne
Eisenbeton [...tɔ̃ a. ... to:n] m —s, —s żelbet(on) m
Eisenblech n —(e)s, —e blacha stalowa
Eisendraht m —(e)s, ╩e drut stalowy
Eisenerz n —es, —e ruda żelaza
Eisenerzeugung f produkcja żelaza
Eisenfeilspäne pl opiłki żelazne
eisenfest adj 1. mocny jak żelazo 2. t. adv przen tward-y:-o, jak z żelaza
eisenfrei adj nie zawierający żelaza
Eisengehalt m —(e)s zawartość żelaza
Eisengießerei f 1. —, —en odlewnia żeliwa 2. — odlewnictwo żeliwa
Eisengitter n —s, — krata żelazna
Eisenglanz m —es min błyszcz żelaza
Eisenguß m ...usses, ...üsse odlew żeliwny
eisenhaltig adj zawierający żelazo, żelazi-sty:-ście
Eisenhammer m —s, ╩ 1. młot żelazny 2. huta żelaza
Eisenhütte f —, —n huta żelaza
Eisenkern m —(e)s, —e rdzeń żelazny
Eisenkies n —es min pyryt m
Eisenkraut n —(e)s, ╩er bot werbena f
Eisenlegierungen pl stopy żelaza
Eisenmennige f — minia ⟨czerwień⟩ żelazowa

Eisenoxyd n —(e)s, —e chem tlenek żelazowy
Eisenpräparate pl, med preparaty żelaziste
Eisenring m —(e)s, —e pierścień żelazny
Eisenrost m —(e)s rdza f
Eisenstaub m —(e)s pył żelazny
Eisenteil n, m —(e)s, —e część żelazna
Eisenträger m —s, — dźwigar żelazny
eisenverarbeitend part, adj metalurgiczny (np. przemysł)
Eisenvitriol n —s min melanteryt m
Eisenwalzwerk n —(e)s, —e walcownia żelaza
Eisenwaren pl wyroby żelazne
Eisenzeit f — epoka żelaza
eisern adj 1. żelazny, z żelaza; ~er Vorhang żelazna kurtyna (t. przen) 2. t. adv, przen tward-y:-o, mocn-y:-o, nieugię-ty:-cie; mit ~er Stirn a) nieugięcie, niezłomnie b) z miedzianym czołem, bezwstydnie 3. nietykalny; ~er Bestand nietykalny zapas; woj ~e Ration żelazna racja ⟨porcja⟩
Eisfeld n —(e)s, —er pole lodowe, lodowisko n
eisfrei adj niezamarzający; wolny od lodu
Eisgang m —(e)s pochód lodu, spływ kry
eisgrau adj siwy
Eisheiligen pl zimni święci ⟨ogrodnicy⟩ (11—13 maja)
Eishockey [...hɔkɪ] n —s hokej na lodzie
Eishockey... w comp hokejowy; np. **~mannschaft**
Eishockeymannschaft f —, —en drużyna hokejowa
Eishockeyspieler m —s, — hokeista m
eisig adj 1. lodowy 2. t. adv lodowat-y:-o, zimn-y:-o jak lód; przen ~es Schweigen lodowate milczenie
Eisjacht f —, —en sport bojer m
Eiskaffee m —s, —(s) mrożona kawa
eiskalt adj:adv zimn-y:-o jak lód, lodowat-y:-o
Eiskeller m —s, — lodownia f
Eiskunstlauf m —(e)s, ╩e sport jazda figurowa na lodzie
Eislauf m —(e)s, ╩e jazda na łyżwach
Eisläufer m —s, — łyżwiarz m
Eisläuferin f —, —nen łyżwiarka f
Eisloch n —(e)s, ╩er przerębla f
Eismann m —(e)s, ╩er sprzedawca lodów
Eismeer n —s Ocean Lodowaty
Eismonat m —s, —e przen styczeń m
Eisnagel m —s, ╩ hacel, ocel m
Eispalast m —(e)s, ╩e sztuczne lodowisko (kryte)
Eispickel m —s, — czekan m
Eisrevue [...rəvy:] f —, —n rewia na lodzie
Eisschlitten m —s, — sport bojer, ślizg m
Eisscholle f —, —n kra f
Eisschrank m —(e)s, ╩e lodówka f
Eisstand m —es, ╩e 1. kiosk z lodami 2. tworzenie się pokrywy lodowej
Eistafel f —, —n tafla lodu
Eistanz m —es, ╩e taniec na lodzie
Eisvogel m —s, ╩ orn zimorodek m
Eiszapfen m —s, — sopel lodu

Eiszeit f — *geol* epoka lodowcowa
eiszeitlich *adj* z epoki lodowcowej
Eiszone f —, —n strefa lodów
eitel I. *adj:adv* 1. czcz-y:-o; daremn-y:-ie; płonny 2. próżn-y:-o, zarozumia-ły:-le; e—e **eitle Frau** kobieta lubiąca się stroić, strojnisia f II. *adj inv* czysty; niezmącony; ~ **Glück** niezmącone szczęście; ~ **Gold** czyste złoto. **Sk do** I. 1., 2.
Eiter m —s *med* ropa f
Eiter... *w comp* ropny; *np.* ~**herd**
Eiterbeule f —, —n *med* ropień, abces m
Eiterbildung f —, —en ropienie n
Eiterherd m —(e)s, —e *med* ognisko ropne
eit(e)rig *adj:adv* ropn-y:-ie
eitern *vi* ropieć, ropić się. **Su Eiterpfropfen** m —s, — *med* czop ropny
Eiweiß n —es, —e białko n
Eiweiß... *w comp* 1. białkowy; *np;* ~**körper** 2. ... białka; *np.* ~**ausscheidung** 3. ... białkiem; *np.* ~**vergiftung**
Eiweißausscheidung f — wydzielanie białka
Eiweißgehalt m —(e)s zawartość białka
eiweißhaltig *adj* zawierający białko
Eiweißkörper m —s, — *chem* substancja białkowa
Eiweißpräparat n —(e)s, —e preparat białkowy
Eiweißstoffe *pl* ciała białkowe, białka *pl*
Eiweißvergiftung f —, —en zatrucie białkiem
Eiweißzelle f —, —n żeńska komórka rozrodcza ⟨jajo⟩
ękel *adj:adv* 1. wstrętn-y:-ie, obrzydliw-y:-ie, odrażając-y:-o 2. wybrzydzający 3. wybredn-y:-ie
Ekel I. m —s 1. wstręt m, obrzydzenie n; niechęć, odraza, awersja f (vor jmdm a. vor etw. do kogoś a. do czegoś) 2. *med* mdłości, nudności *pl* II. n —s, — *pot* wstrętny człowiek, wstręciuch, o- brzydliwiec m
ekelerregend *a.* **ękelhaft** *zob.* **ekel 1.**
Ękelhaftigkeit f —, —en obrzydliwość f
ęk(e)lig *zob.* **ekel 1.**
ękeln (h) *vt, vimp, vr* brzydzić się; **es ekelt mir** ⟨**mich**⟩ *a.* **mich** ⟨**mir**⟩ **ekelt** brzydzę się (vor etw. czymś)
eklatant *adj:adv* 1. sensacyjn-y:-ie, głośn-y:-o 2. oczywi-sty:-ście
Eklęktiker m —s, — eklektyk m
eklęktisch *adj:adv* eklektyczn-y:-ie
Eklektizismus m — eklektyzm m
ęklig *zob.* **ekel 1.**
Eklipse f —, —n *astr* zaćmienie słońca ⟨*a.* księżyca⟩
Ekliptik f — *astr* ekliptyka f
Ekloge f —, —n *lit* ekloga f
Ekrasit n —(e)s ekrazyt m
Ekstase f —, —n ekstaza f, zachwyt m; **in ~ geraten** wpadać w ekstazę ⟨zachwyt⟩
ekstatisch *adj:adv* ekstatyczn-y:-ie
Ekuador n —s, Ekwador m
Ekuadorianer m —s, — mieszkaniec Ekwadoru
Ekuadorianerin f —, —nen mieszkanka Ekwadoru

ekuadorianisch *adj:adv* ekwadorski : po ekwadorsku
Ekzęm n —s, —e *med* egzema f, wyprysk m
Elaborat n —(e)s, —e elaborat m, opracowanie pisemne; *iron* wypociny *pl*
Elan m —s rozmach m; zapał m
Elastikstrumpf m —es, ⁻e pończocha elastyczna
elastisch *adj:adv* elastyczn-y:-ie, spręży-sty:-ście
Elastizität f — elastyczność, sprężystość f
Elastizitätskoeffizient m, —en, —en współczynnik sprężystości
Elbe f — *geogr* Łaba f
Elch m —(e)s, —e *zoo* łoś m
Eldorado n —s, —s eldorado n
Elefant m —en, —en *zoo* słoń m
Elefanten... *w comp* ... słonia; *np.* ~**rüssel**
Elefantenbulle m —n, —n słoń m (byk)
Elefantenkalb n —(e)s, ⁻er słoniątko n
Elefantenkuh f —, ⁻e słonica f
Elefantenrüssel m —s, — trąba słonia
Elefantenzahn m —(e)s, ⁻e kieł słonia
elegant *adj:adv* eleganck-i:-o, wytworn-y:-ie, wykwintn-y:-ie
Elegant [...gã] m —s, —s elegant m
Eleganz f — elegancja f, szyk m
Elegie f —, ...ien *lit* elegia f
elegisch *adj:adv* elegijn-y:-ie
elektrifizieren (h) *vt* z|elektryfikować. **Su** t. **elektryfikacja** f
Elęktril. f — elektryka f; elektrotechnika f
Elęktriker m —s, — *pot* elektrotechnik, elektryk m
elęktrisch *adj:adv* elektryczn-y:-ie; ~**e Musikinstrumente** instrumenty elektryczne, elektrofony *pl;* ~**geladen** naładowany elektrycznością
Elęktrische f —n, —n *pot* tramwaj m
elektrisieren (h) *vt* 1. na|elektryzować 2. *przen* z|elektryzować. **Su do** 1., 2.; **do** 1. *t.* **elektryzacja** f
Elektrizität f — elektryczność f
Elektrizitäts... *w comp* 1. elektryczny; *np.* ~**entladung** 2. ... elektryczności; *np.* ~**leiter**
Elektrizitätsentladung f —, —en wyładowanie elektryczne
Elektrizitätsleiter m —s, — przewodnik elektryczności
Elektrizitätsleitung f — przewodzenie elektryczności
Elektrizitätswerk n —(e)s, —e elektrownia f
Elektrizitätszähler m —s, — licznik elektryczny ⟨energii elektrycznej⟩
elektro... *w comp adj:adv* elektro...; *np.* ~**dynamisch**
Elektro... *w comp* 1. elektro...; *np.* ~**akustik** 2. elektryczny; *np.* ~**herd**
Elektroakustik f — elektroakustyka f
Elektrochemie f — elektrochemia f
Elektrode f —, —n elektroda f
Elektrodynamik f — elektrodynamika f
elektrodynamisch *adj:adv* elektrodynamiczn-y:-ie
Elektrogerät n —(e)s, —e sprzęt elektryczny

Elektroherd m —(e)s, —e kuchenka elektryczna
Elektroingenieur [...ɪnʒenĭø:r] m —s, —e inżynier elektryk
Elektrokardiogramm n —s, —e med elektrokardiogram m
Elektrokarren m —s, — elektrowózek m, wózek transportowy akumulatorowy
Elektrolyse f —, —n elektroliza f
Elektrolyt m —s a. —en, —e elektrolit m
elektrolytisch adj:adv elektrolityczn-y:-ie
Elektromagnet m —en, —en a. —(e)s, —e elektromagnes m
elektromagnetisch adj:adv elektromagnetyczn-y:-ie
Elektromotor m —s, ...toren silnik elektryczny
elektromotorisch adj:adv elektromotoryczn-y:-ie
Elektron n —s, ...onen fiz elektron m
Elektronen... w comp 1. elektronowy; np. ~gehirn 2. ... elektronów; np. ~schleuder
Elektronenblitz m —es, —e fot światło błyskowe, flesz m
Elektronengehirn n —(e)s, —e mózg elektronowy
Elektronenlinse f —, —n soczewka elektronowa
Elektronenmikroskop n —s, —e mikroskop elektronowy
Elektronenröhre f —, —n lampa elektronowa
Elektronenschleuder m —s, — fiz batatron m, przyspieszacz elektronów, akcelerator m
Elektronenvolt n — a. —(e)s, — elektronowolt m
Elektronik f — elektronika f
elektronisch adj:adv elektronow-y:-o
Elektroofen m —s, ≟ piec elektryczny
Elektroschweißen n —s spawanie elektryczne ⟨łukowe⟩
Elektroskop n —s, —e elektroskop m
Elektrostahl m —(e)s, —e a. ≟e stal elektryczna ⟨elektropiecowa⟩
Elektrostatik f — elektrostatyka f
elektrostatisch adj:adv elektrostatyczn-y:-ie
Elektrotechnik f — elektrotechnika f
Elektrotechniker m —s, — elektrotechnik m
elektrotechnisch adj:adv elektrotechniczn-y:-ie
Elektrotherapie f — elektroterapia f
Element I. n —(e)s, —e 1. żywioł m; przen ich bin in meinem ~ jestem w swoim żywiole 2. chem pierwiastek m 3. elektr ogniwo n (galwaniczne) 4. mat element m 5. część składowa **II.** ~e pl elementy pl, początki ⟨zasady⟩ jakiejś nauki * pot **verbrecherische** ~e elementy przestępcze
elementar 1. adj elementarny, podstawowy, zasadniczy, najprostszy 2. adj: :adv elementarn-y:-ie, żywiołow-y:-o
Elementar... w comp 1. elementarny; np. ~analyse 2. podstawowy; np. ~bildung

3. początkowy; np. ~unterricht 4. żywiołowy; np. ~kraft
Elementaranalyse f —, —n analiza elementarna
Elementarbildung f — wykształcenie podstawowe
Elementarbuch n —(e)s, ≟er elementarz m
Elementarereignis n —ses, —se katastrofa żywiołowa
Elementarkenntnisse pl wiadomości podstawowe
Elementarkraft f —, ≟e siła żywiołowa
Elementarladung f —, —en fiz ładunek elementarny
Elementarteilchen n —s, — fiz cząstka elementarna
Elementarunterricht m —(e)s nauka początkowa
Elen m, n —s, — zoo łoś m
elend adj:adv **1.** nędzn-y:-ie, biedn-y:-ie; mizern-y:-ie: sich ~ fühlen czuć się nędznie ⟨fatalnie⟩; er sieht ~ aus wygląda mizernie **2.** pod-ły:-le, niegodziw-y:-ie; e. ~er Kerl ⟨Schuft⟩ łajdak m
Elend n —(e)s **1.** bieda, nędza f; nieszczęście n; ins ~ geraten popaść w nędzę **2.** żal m; es ist e. ~ anzusehen żal (bierze) patrzeć
Elende —n, —n **1.** m nędznik, nikczemnik m **2.** f nędznica f
elendig(lich) adv marnie, żałośnie
Elendsviertel n —s, — dzielnica uboglch, slumsy pl
Elentier n —(e)s, —e zoo łoś m
Elevation f —, —en elewacja f, podniesienie n
Elevator m —s, ...oren elewator m, przenośnik pionowy
Eleve m —n, —n elew, wychowanek, uczeń m
elf num jedenaście
Elf f —, —en jedenastka f (t. sport)
Elf m —en, —en mit sylf, elf m
elf... w comp 1. jedenasto...; np. ~jährig 2. jedenaście...; np. ~mal
Elfe f —, —n mit sylfida f
Elfenbein n —s kość słoniowa
elfenbeinern adj:adv z kości słoniowej
Elfenbeinküste f — geogr Wybrzeże Kości Słoniowej
elfenhaft adj:adv zwiewn-y:-ie, jak sylfida
Elfer m —s, — sport, pot jedenastka f, rzut karny
elfjährig adj jedenastoletni
elfmal adv jedenaście razy
Elfmeterraum m —(e)s, ≟e sport pole karne
elfte num, adj jedenasty
Elimination f —, —en eliminacja f, wyłączenie n; usunięcie n
eliminieren (h) vt wy|eliminować. Su t. eliminacja f
Elisabeth f —s Elżbieta f
elisabethanisch adj, hist elżbietański
Elision f —, —en jęz elizja f
Elite f —, —n elita f, przen kwiat m, śmietanka f (towarzystwa)

Elite... *w comp* wyborowy; *np.* ~truppen
Elitetruppen *pl, woj* oddziały wyborowe
Elixier *n* —s, —e eliksir *m*
Elle *f* —, —n 1. łokieć *m (t. miara)* 2. *anat* kość łokciowa
Ell(en)bogen *m* —s, — łokieć *m;* pot keine ~ haben nie umieć rozpychać się łokciami
Ell(en)bogenfreiheit *f* — *pot* swoboda ruchów ⟨działania⟩
ellenlang 1. *adj:adv* długi na łokieć : na długość łokcia 2. *adj, przen, pot* bardzo długi
Ellenmaß *n* —es, —e łokieć *m (miara)*
ellenweise *adv* na łokcie
Ellipse *f* —, —n 1. *mat* elipsa *f* 2. *gram* elipsa, wyrzutnia *f*
Ellipsen... *w comp* 1. eliptyczny; *np.* ~bahn 2. ... elipsy; *np.* ~achse
Ellipsenachse *f* —, —n oś elipsy
Ellipsenbahn *f* —, —en tor eliptyczny, *astr* orbita eliptyczna
Ellipsoid *n* —(e)s, —e elipsoid *m*
elliptisch *adj:adv* eliptyczn-y:-ie
Ellok *f* —, —s *skr* lokomotywa elektryczna
Elmsfeuer *pl, fiz* ognie św. Elma
eloquent *adj:adv* elokwentn-y:-ie; wymown-y:-ie
Eloquenz *f* — elokwencja *f*
El Salvador *n* —s Salwador *m;* Republik ~ Republika Salwadoru
Elsaß *n* — *a.* ...asses Alzacja *f*
Elsässer *m* —s, — Alzatczyk *m*
elsässisch *adj:adv* alzacki : po alzacku
Elster *f* —, —n *orn* sroka *f*
elterlich *adj:adv* rodzicielski : po rodzicielsku, jak rodzice
Eltern *pl* rodzice *pl*
Eltern... *w comp* rodzicielski; *np.* ~(bei)rat
Eltern(bei)rat *m* —(e)s, ⸗e *szkol* komitet rodzicielski
Elterngewalt *f* — władza rodzicielska
Elternhaus *n* —es, ⸗er dom rodzinny
elternlos *adj:adv* osierocony, bez rodziców
elysäisch *a.* elysisch *adj:adv* elizejsk-i: -o, rajsk-i:-o
Email [ema:j] *n* —s, —s *a.* Emaille [emalja *a.* ema:j] *f* —, —n [... jen] emalia *f;* polewa *f*, szkliwo *n*
Email... *w comp* 1. emaliowy; *np.* ~farbe 2. emaliowany; *np.* ~geschirr
Emailfarbe [ema:j...] *f* —, —n farba emaliowa
Emailgeschirr [ema:j...] *n* —(e)s, —e naczynie emaliowane ⟨pot polewane⟩
emaillieren [ema(l)ji:rən *a.* emaeli:rənl] (h) *vt* emaliować
Emanation *f* —, —en emanacja *f*
Emanzipation *f* —, —en emancypacja *f*
emanzipieren (h) *vt, vr* (sich się) wyjemancypować
emanzipiert 1. *part perf, zob.* emanzipieren 2. *adj* wyjemancypowany
Emballage [ãbala:ʒə] *f* —, —n opakowanie *n*
Embargo *n* —s, —s embargo *n; auf etw.*

~ legen *a. etw. mit* ~ belegen nakładać|łożyć embargo
Emblem [emble:m] *n* —s, —e emblemat *m*
Embolie *f* —, ...jen *med* embolia *f*
Embryo *m* —s, ...onen embrion, zarodek *m*
Embryologie *f* embriologia *f*
embrional *adj:adv* embrionaln-y:-ie
Emerit *m* —en, —en emeryt *m*
emeritieren (h) *vt* przen-osić|ieść na emeryturę ⟨w stan spoczynku⟩
emeritiert 1. *part perf, zob.* emeritieren 2. *adj* na emeryturze, emerytowany
Emeute [emø:tə] *f* —, —n rokosz, bunt *m*, powstanie *n*
Emigrant *m* —en, —en emigrant, wychodźca *m*
Emigranten... *w comp* emigracyjny; *np.* ~literatur
Emigrantenliteratur *f* —, —en literatura emigracyjna
Emigrantin *f* —, —nen emigrantka *f*
Emigration *f* —, —en emigracja *f*, wychodźstwo *n*
emigrieren (sn) *vi* wy|emigrować (nach Amerika do Ameryki)
eminent *adj:adv* wybitn-y:-ie, nadzwyczajn-y:-ie
Eminenz *f* —, —en eminencja *f;* Seine ~ Jego Eminencja
Emissär *m* —s, —e emisariusz, wysłaniec *m*
Emission *f* —, —en 1. *fiz* emisja *f;* wysyłanie promieniowania, promieniowanie *n* 2. *ekon* emisja *f*, wypuszczanie w obieg *(np.* pieniędzy)
Emissions... *w comp* emisyjny; *np.* ~bank
Emissionsbank *f* —, ⸗e bank emisyjny
emittieren (h) *vt* 1. *fiz* emitować 2. *ekon* wypu-szczać|ścić w obieg *(np.* banknoty)
Emotion *f* —, —en emocja *f*
emotional *adj:adv* emocjonaln-y:-ie, uczuciow-y:-o
Empfang *m* —(e)s, ⸗e 1. przyjęcie *n* 2. powitanie *n;* jmdm e—n ~ bereiten zgotować komuś przyjęcie 3. odbiór *m (t. radio),* otrzymanie *n;* den ~ bestätigen potwierdzać odbiór; in ~ nehmen odbierać, przyjmować 4. recepcja *f (w hotelu)*
empfangen (32;h) *vt* 1. przyj-mować|ąć; po|witać 2. od-bierać|ebrać, otrzymywać|ać 3. począć (e. Kind dziecko)
Empfänger *m* —s, — 1. odbiorca *m* 2. *radio* aparat odbiorczy, odbiornik *m*
Empfänger... *w comp* radiowy; *np.* ~röhre
Empfängerin *f* —, —nen odbiorczyni *f*
Empfängerröhre *f* —, —n lampa radiowa
empfänglich *adj* skłonny (für etw. do czegoś), wrażliwy, podatny (na coś); ~ machen skłaniać, usposabiać. Sk *med* t. predyspozycja *f*
Empfangnahme *f* —, —n przyjęcie *n*, odbiór *m*
Empfängnis *f* —, —se poczęcie *n*
empfängnisverhütend *adj:adv* zapobiegający ciąży, antykoncepcyjn-y:-ie
Empfängnisverhütung *f* — zapobieganie ciąży

Empfangs... 218 **Emulsion**

Empfangs... *w comp* 1. odbiorczy; *np.* ~**antenne** 2. ... odbioru; *np.* ~**bestätigung** 3. ... przyjęć; *np.* ~**stunden** 4. powitalny; *np.* ~**feierlichkeiten**
Empfangsantenne *f* —, —n antena odbiorcza
empfangsberechtigt *adj* upoważniony do odbioru
Empfangsbescheinigung *f* —, —en *a.* **Empfangsschein** *m* —(e)s, —e pokwitowanie *n*, kwit *m*
Empfangsbestätigung *f* — potwierdzenie odbioru
Empfangseinrichtung *f* —, —en urządzenie odbiorcze
Empfangsfeierlichkeiten *pl* uroczystości powitalne
Empfangsstation *f* —, —en stacja odbiorcza
Empfangsstörung *f* —, —en *radio* zakłócenie *n* (odbioru)
Empfangsstunden *pl* godziny przyjęć
Empfangszimmer *n* —s, — pokój przyjęć
empfehlen (25;h) I. *vt, t. vr* (sich się) za| rekomendować; polec-ać|ić; **empfehlen Sie mich Ihrer Gemahlin!** ukłony dla Pańskiej Małżonki! II. sich ~ *vr*, pot 1. po|żegnać; **er hat sich heimlich** ⟨französisch⟩ **empfohlen** wycofał się cichaczem ⟨bez pożegnania, po angielsku⟩ 2. *vimp* być pożądanym ⟨wskazanym⟩; **es empfiehlt sich** zaleca się, jest pożądane. Su do I. *t.* ukłon *m*, uszanowanie *n*; rekomendacja *f*; **meine Empfehlungen an** ... ukłony dla ...
empfehlenswert *a.* **empfehlenswürdig** *adj* godny ⟨wart⟩ polecenia
Empfehlungs... *w comp* ... polecający; *np.* ~**brief**
Empfehlungsbrief *m* —(e)s, —e *a.* **Empfehlungsschreiben** *n* —s, — list polecający
empfinden (34;h) *vt* odczu-wać|ć doznawać|ć, czuć. Su *t.* wrażenie, uczucie *n*
empfindlich *adj* 1. czuły, wrażliwy *(np.* miejsce); ~ **gegen etw.** wrażliwy na coś 2. wrażliwy, drażliwy, obraźliwy *(np.* charakter) 3. *t. adv* dotkliw-y:-ie. Sk
Empfindlichkeits... *w comp* ... czułości ⟨wrażliwości⟩; *np.* ~**grad**
Empfindlichkeitsgrad *m* —(e)s, —e stopień czułości ⟨wrażliwości⟩
empfindsam *adj:adv* uczuciow-y:-o, czu-ły:-le, tkliw-y:-ie, sentymentaln-y:-ie. Sk
empfindungslos *adj:adv* nieczu-ły:-le. Si
Empfindungsvermögen *n* —s zdolność odczuwania ⟨czucia⟩; wrażliwość, uczuciowość *f*

Emphase *f* —, —en emfaza *f*, patos *m*
emphatisch *adj:adv* emfatyczn-y:-ie
Empire [ãpi:r] *n* —s empire *m*
Empire... *w comp* empirowy; *np.* ~**stil**
Empiriker *m* —s, — empiryk *m*
Empiriokritizismus *m* — *filoz* empiriokrytycyzm *m*
empirisch *adj:adv* empiryczn-y:-ie, doświadczaln-y:-ie
Empiremöbel *n* —s, — mebel empirowy, empire *m*

Empirestil *m* —s styl empirowy, empire *m*
empor *adv* w górę, do góry
empor... *w czasownikach* rozdzielnych przeważnie *w znaczeniu* ... do góry; *np.* ~**blicken**
emporarbeiten, sich (h) *vr* wybi-jać|ć się o własnych siłach; dor-abiać|obić się czegoś
emporblicken (h) *vi* podn-osić|ieść wzrok, spo-glądać|jrzeć ⟨patrzeć⟩ w górę
emporbringen (18;h) *vt* podn-osić|ieść
empordrängen (h) *vt* przeć ⟨pchać⟩ do góry
empordringen (22;sn) *vi* wydoby-wać|ć się; wytrysk-iwać|ać
Empore *f* —, —n *archit* empora *f*
empören (h) *vt, vr* (sich się) 1. oburz-ać|yć 2. z|buntować. Su 1. oburzenie *n* 2. bunt *m*, powstanie *n*, rebelia *f*
empörend 1. *part praes*, *zob.* **empören** 2. *adj:adv* oburzając-y:-o
Empörer *m* —s, — buntownik *m*
empörerisch *adj:adv* buntownicz-y:-o
emporfahren (30;sn) *vt* 1. jeździć|jechać w górę 2. przen zrywać|zerwać ⟨por-ywać|wać⟩ się z miejsca
emporfliegen (36;sn) *vi* wzl-atywać|ecieć, wzbi-jać|ć się
emporheben (63;h) *vt* podn-osić|ieść do góry, wzn-osić|ieść
emporhelfen (65;h) *vt* pom-agać|óc podnieść ⟨wydźwignąć⟩ się *(t. przen)*
emporkommen (70;sn) *vi* 1. podn-osić|ieść ⟨wzn-osić|ieść⟩ się; wschodzić|wzejść *(o roślinie)* 2. *przen* z|robić karierę; dor-abiać|obić się; wybi-jać|ć się
Emporkömmling *m* —s, —e parweniusz, dorobkiewicz *m*
emporloraden (sn) *vi* buch-ać|nąć do góry *(o płomieniu)*
emporraffen, sich (h) *vr* podn-osić|ieść się; zbierać|zebrać siły
emporragen (sn) *vi* sterczeć ⟨wystawać, wznosić się⟩ ku górze; górować *(über etw.* nad czymś)
emporschauen *zob.* **emporblicken**
emporschießen (111;sn) *vi, zob.* **aufschießen**
emporschwingen, sich (133;h) *vr* 1. wzbi-jać|ć ⟨wzn-osić|eść⟩ się 2. *przen* wybi-jać|ć się
emporsehen (135) *zob.* **emporblicken**
emporsteigen (153;sn) I. *vi* 1. wzn-osić| ieść ⟨wzbi-jać|ć, podn-osić|ieść⟩ się do góry; aus dem Wasser ~ wynurzać się z wody 2. *vi przen* z|robić karierę, wybi-jać|ć się II. *vt* wchodzić|wejść (die Treppe po schodach; die Leiter na drabinę)
emporstreben (sn) *vi, przen* dążyć wzwyż
emportauchen (sn) *vi* wynurz-ać|yć się
emporwachsen (172;sn) *vi* wyr-astać|ostnąć podr-astać|osnąć
emsig *adj:adv* piln-y:-ie, skrzętn-y:-ie, pracowi-ty:-cie. Sk
Emu *m* —s, —s *zoo* emu *n*
emulgieren (h) *vt* z|emulgować, tworzyć emulsję. Su emulgowanie *n*, tworzenie emulsji
Emulsion *f* —, —en emulsja *f*

End... 219 Engländer

End... w comp 1. końcowy; np. ~effekt 2. ostateczny; np. ~absicht
Endabsicht f —, —en zamierzenie ostateczne; zamiar ostateczny
Endchen n —s, — 1. koniuszek m 2. kawał(ecz)ek m
Ende n —s, —n 1. koniec m, zakończenie n; kres m; ~ Juli pod koniec ⟨z końcem⟩ lipca; **gegen** ~ **der Sitzung** pod koniec zebrania; **letzten** ~s koniec końców, wreszcie, ostatecznie; **zu** ~ **sein** być skończonym, s|kończyć się; e. ~ **nehmen** kończyć się, usta(wa)ć, przest(aw)ać; **przysł** ~ **gut alles gut** wszystko dobre, co się dobrze kończy; **er machte der Sache e.** ~ położył temu kres 2. śmierć f, zgon m; **sein jähes** ~ **jego nagły zgon; es geht mit ihm zu** ~ (on) dogorywa 3. koniec, kraniec m; **am andern** ~ **des Dorfes** na drugim krańcu ⟨końcu⟩ wsi 4. wynik, rezultat m; **das** ~ **davon war** ... rezultatem tego było ... 5. pot kawał, kawał(ecz)ek m; **er begleitete mich e. gutes** ~ odprowadził mnie spory kawałek 6. łow odnoga f ⟨poroża⟩
Endeffekt m —(e)s, —e efekt końcowy
endemisch adj:adv bot, zoo, med endemiczn-y:-ie, lokaln-y:-ie
enden I. (h) vt s|kończyć, zakończ-ać|yć II. (h) vi 1. s|kończyć ⟨zakończ-ać|yć⟩ się; usta-wać|ć; **nicht** ~ **wollender Beifall** nieustające ⟨nie milknące⟩ oklaski 2. upły-wać|nąć (o terminie) 3. s|kończyć, um-ierać|rzeć. Su jęz zakończenie n, końcówka f
Endergebnis n —ses, —se wynik końcowy, rezultat m
Enderzeugnis n —ses, —se produkt końcowy
en detail [ã deta:j] adv detalicznie
Endgeschwindigkeit f —, —en szybkość końcowa
endgültig adj:adv ostateczn-y:-ie; definitywn-y:-ie
Endhaltestelle f —, —n przystanek końcowy
endigen (h) vt, zob. **enden** I. Su zakończenie n
Endjvie [...vi̯ə] f —, —n bot endywia f
Endkampf m —(e)s, ⁼e 1. walka ostateczna ⟨końcowa⟩ 2. sport rozgrywki finałowe, finał m; finisz m
endlich 1. adj, mat, fiz skończony 2. adv nareszcie, wreszcie; ostatecznie. Sk do 1.
endlos adj:adv bez końca, nieskończ-ony:-enie. Si nieskończoność f
Endmaß n —es, —e tech płytka wzorcowa
Endmoräne f —, —n geol morena czołowa
Endrunde f —, —n sport runda końcowa
Endsilbe f —, —n zgłoska końcowa
Endspiel n —(e)s, —e 1. sport spotkanie finałowe, finał m 2. szach końcówka f
Endspielteilnehmer m —s, — sport uczestnik spotkania finałowego, finalista m

Endspurt m —s sport finisz m (t. przen.), zryw końcowy, spurt m
Endstation f —, —en stacja krańcowa
Endursache f —, —n przyczyna główna ⟨zasadnicza⟩
Endurteil n —s, —e wyrok ostateczny
Endwert m —(e)s, —e wartość końcowa
Endziel n a. **Endzweck** m —(e)s, —e cel ostateczny
Energetik f — energetyka f
energetisch adj:adv energetyczn-y:-ie
Energie f —, ...ien energia f (t. fiz)
Energie... w comp 1. energetyczny; np. ~wirtschaft 2. ... energii; np. ~aufwand
Energieaufwand m —(e)s, ⁼e zużycie ⟨nakład⟩ energii
Energiebedarf m —(e)s zapotrzebowanie energii
Energieeinheit f —, —en jednostka energii
energielos adj bez energii, pozbawiony energii. Si brak energii
Energiequelle f —, —n źródło energii
Energiespeicher m —s, — zbiornik energii
Energieumwandlung f —, —en przemiana ⟨przetwarzanie⟩ energii
Energieverbrauch m —(e)s zużycie energii
Energiewirtschaft f — gospodarka energetyczna
energisch adj:adv energiczn-y:-ie
eng adj:adv 1. ciasn-y:-o, wąsk-i:-o; obci-sły:-śle 2. ści-sły:-śle; im ~en Kreise ⟨Sinne⟩ w ścisłym gronie ⟨znaczeniu⟩ 3. zaży-ły:-le; blisk-i:-o; ~e Freundschaft zażyła przyjaźń; ~er Mitarbeiter bliski współpracownik 4. druk bity; ~er Satz bity druk
eng... w połączeniu z part praes a. perf ściśle ...; np. ~anliegend
Engagement [ãgaʒ(ə)mã] n —s, —s 1. engagement, angażowanie n 2. zaangażowanie się (für ⟨zu⟩ etw. w coś)
engagieren [ãgaʒi:...] (h) vt 1. vr (sich się) za|angażować 2. za|prosić do tańca
enganliegend part praes ściśle przylegający, obcisły
engbegrenzt part adj ściśle ograniczony
engbrüstig adj:adv chuderlawy; dychawiczn-y:-ie. Sk
Enge f —, —n 1. ciasnota, wąskość f; przen jmdn in die ~ treiben przyciskać kogoś do muru, zapędzać kogoś w kozi róg 2. przesmyk m, cieśnina f
Engel m —s, — anioł m
engelgleich a. **engelhaft** adj:adv anielsk-i:-o, jak anioł
Engels... w comp anielski; np. ~geduld
Engelsgeduld f — anielska cierpliwość
Engelsgüte f — anielska dobroć
Engelsstimme f —, —n anielski głos
Engelsüß n —es bot paprotka pospolita
Engelszunge f —, —n; mit ~n reden przemawiać anielskim głosem
Engelwurz f — bot dzięgiel m
Engerling m —s, —e ent pędrak m
engherzig adj:adv małoduszn-y:-ie. Sk
England n —s Anglia f
Engländer m —s, — 1. Anglik m 2. klucz

maszynowy nastawny podwójny; klucz francuski
Engländerin f —, —nen Angielka f
englisch I. adj:adv 1. angielski : po angielsku; ~e **Krankheit** krzywica f pot angielska choroba 2. anglikański : po anglikańsku II. adj anielski; **der Englische Gruß** Zdrowaś Maria
Englisch n —(s) a. **Englische** n —n (język) angielski, angielszczyzna f
Englischhorn n —(e)s, ⁼er muz rożek angielski
Engpaß m ...asses, ...ässe 1. wąwóz, przesmyk m, przełęcz f 2. ekon przen wąskie gardło
en gros [ã gro:] adv, hand hurtowo; hurtem
Engros... w comp hurtowy; np. ~handel
Engroshandel m —s handel hurtowy, hurt m
Engroshandlung f —, —en hurtownia f
Engrospreis m —es, —e cena hurtowa
Engrosverkauf m —(e)s sprzedaż hurtowa
engstirnig adj tępy, ograniczony
Enkel m —s, — wnuk m
Enkelin f —, —nen wnuczka f
Enkelkind n —(e)s, —er 1. wnuk m, 2. wnuczka f
Enklave f —, —n enklawa f
Enklise a. **Enklisis** f —, ...lisen jęz enklityka f
en masse [ã mas] adv masowo, masami; gromadnie
enorm adj:adv 1. ogromn-y:-ie 2. zdumiewając-y:-o
Ensemble [ãsãblə] n —s, —s zespół, ansambl m
ent... przedrostek w czasownikach nierozdzielnych; np. ~fliehen
entarten (sn) vi z|wyrodnieć, wyr-adzać| odzić ⟨z|degenerować⟩ się. Su t. degeneracja f
entäußern, sich (h) vr pozby-wać|ć ⟨wyzby-wać|ć⟩ się (e—s **Gegenstandes** rzeczy). Su praw t. alienacja f
entbehren (h) vt nie mieć, odczu-wać|ć brak, potrzebować (etw. czegoś); etw. ~ **können** ⟨müssen⟩ umieć ⟨musieć⟩ oby-wać|ć się bez czegoś; **ich kann ihn nicht** ~ nie mogę obyć się bez niego. Su niedostatek m, bieda f
entbehrlich adj:adv zbyteczn-y:-ie, zbędn-y:-ie. Sk
entbieten (10;h) vt 1. poet powiad-amiać| omić, da-wa|ć znać; e—n **Gruß** ~ przes-yłać|łać pozdrowienie 2. wzywać|wezwać (zu sich do siebie; nach **Berlin** do Berlina; **in die Stadt** do miasta)
entbinden (11;h) vt 1. t. vr (sich się) zw-alniać|olnić; jmdn **von den Pflichten** ~ zwalniać kogoś od ⟨z⟩ obowiązków 2. przyj-mować|ąć dziecko (o akuszerce) 3. u|rodzić, powić (e—n **Knaben** chłopca); **entbunden werden** u|rodzić, powić (von e—m **Knaben** chłopca). Su do 1.—3.; do 3. poród m, rozwiązanie n
Entbindungsanstalt f —, —en a. **Entbindungsheim** n —s, —e zakład położniczy

Entbindungssaal m —(e)s, ...säle porodówka f
entblättern (h) 1. vt ogoł-acać|ocić z liści 2. sich ~ vr s|tracić liście. Su
entblöden; sich nicht ~ (h) vr śmieć, nie wstydzić się
entblößen (h) vt, t. vr (sich się) 1. obnaż-ać|yć, odkry-wać|ć (die **Brust** piersi) 2. odsł-aniać|onić, zosta-wać|ć bez osłony (die **Flanke** skrzydło) 3. przen ogoł-acać|ocić (von etw. z czegoś); pozbawi-ać|ć (czegoś). Su 1. obnażenie, odkrycie n 2. odsłonięcie n 3. ogołocenie, pozbawienie n
entblößt I. part perf, zob. **entblößen** II. adj 1. obnażony, odkryty; ~**en Hauptes** z gołą ⟨obnażoną⟩ głową 2. odsłonięty, odkryty; woj ~e **Flanke** odsłonięte ⟨otwarte⟩ skrzydło 3. przen ogołocony, pozbawiony
entblühen (sn) vi rozkwit-ać|nąć, zakwit--ać|nąć (t. przen)
entbrennen (17;sn) vi 1. przen za|płonąć, za|pałać (in **Haß** nienawiścią; **in Liebe** miłością) 2. poet rozgorzeć (o walce, kłótni itp.)
entdecken (h) I. vt 1. odkry-wać|ć; wykry-wać|ć 2. wyjawi-ać|ć, ujawni-ać|ć; przen sein **Herz** ~ otworzyć swoje serce II. sich ~ vr 1. zwierz-ać|yć się 2. da-wać|ć się poznać, ujawni-ać|ć się. Su do I.
Entdecker m —s, — odkrywca m; wynalazca m
Entdeckungsreise f —, —en wyprawa ⟨ekspedycja⟩ f ⟨odkrywcza⟩
Ente f —, —n 1. orn kaczka f (t. lot) 2. przen kaczka (dziennikarska), plotka f
entehren (h) vt z|hańbić, z bezcześcić, zniesławi-ać|ć. Su
enteignen (h) vt wywłaszcz-ać|yć. Su t. ekspropriacja f
enteilen (sn) vi ucie-kać|c, um-ykać|knąć
Entelechie f — filoz entelechia f
Enten... w comp 1. kaczy; np. ~**ei** 2. ... kaczki; np. ~**flügel** 3. ... kaczek; np. ~**zucht** 4. ... na kaczki; np. ~**jagd**
Entenbraten m —s, — kaczka pieczona
Entenei n —(e)s, —er kacze jajo
Entenfeder f —, —n kacze pióro
Entenflügel m —s, — skrzydło kaczki ⟨kacze⟩
Entengang m —(e)s kaczy chód
Entenjagd f —, —en polowanie na kaczki
Entenpfuhl m —(e)s, —e sadzawka ⟨staw⟩ dla kaczek
Entente [ãtãt(ə)] f —, —n 1. pot ententa f, porozumienie n 2. hist Ententa f
Ententeich zob. **Entenpfuhl**
Entenzucht f — hodowla kaczek
enterben (h) vt wydziedzicz-ać|yć. Su
Enterbte ~n, —n 1. m wydziedziczony m 2. f wydziedziczona f
Enterhaken m —s, — mar hak abordażowy
Enterich m —(e)s, —e kaczor m
entern (h) vt, mar za|rzuc-ać|ić haki na okręt nieprzyjacielski; brać|wziąć statek abordażem. Su mar abordaż m
entfachen (h) vt rozniec-ać|ić; wzniec--ać|ić (t. przen)

entfahren (30;sn) *vi* wym-ykać|knąć się (o słowach)
entfallen (31;sn) *vt* 1. wypa-dać|ść (den Händen z rąk); wym-ykać|knąć się (o słowach); 2. *przen* zapom-inać|nieć; *etw.* ist jmdm ~ ktoś coś zapomniał 3. odpa-dać|ść (np. o przyczynie) 4. przypa-dać|ść (auf jmdn na kogoś)
entfalten (h) I. *vt* 1. rozwi-jać|nąć, roz-kładać|łożyć (den Stoff materiał); otw-ierać|orzyć (e—e Zeitung gazetę) 2. *przen* rozwi-jać|nąć, przejawi-ać|ć (e—e fieberhafte Tätigkeit gorączkową działalność), wykaz-ywać|ać (Fähigkeiten zdolności); Prunk ~ występować z przepychem 3. *mar* rozpi-nać|ąć (die Segel żagle) II. sich ~ *vr* 1. rozkwit-ać|nąć, otw-ierać|orzyć się (o pąkach) 2. rozwi-jać|nąć się. Su
entfärben (h) 1. *vt* odbarwi-ać|ć 2. sich ~ *vr* z|blednąć, z|blednieć
entfernen (h) 1. *vt* usu-wać|nąć; wydal-ać|ić 2. sich ~ *vr* oddal-ać|ić się. Su 1. usuwanie, usunięcie *n* 2. oddalenie *n*; wydalenie *n* 3. odległość *f*; dystans *m*
entfernt 1. *part perf, zob.* **entfernen** 2. *adj:adv* dalek-i:-o; odleg-ły:-le; nicht im ~esten bynajmniej, wcale ⟨absolutnie⟩ nie; davon weit ~ sein być dalekim od tego, ani myśleć o tym; ~ verwandt sein mit jmdm być czyimś dalekim krewnym
Entfernungsmesser *m* —s, — dalmierz *m*
entfesseln (h) *vt* 1. zd-ejmować|jąć kajdany ⟨więzy⟩ (jmdn komuś) 2. *przen* rozpęt-ywać|ać wywoł-ywać|ać (e—n Krieg wojnę). Su
entfetten (h) *vt* odtłu-szczać|ścić. Su
Entfettungskur *f* —, —en kuracja odtłuszczająca
entflammbar *adj* zapalny, zapalający się
entflammen I. (h) *vt* 1. zapal-ać|ić (t. *przen*; jmdn zu etw.* kogoś do czegoś) 2. *przen* wzniec-ać|ić (Leidenschaften namiętności) II. (sn) *vi* 1. *t. vr* (sich się) zapal-ać|ić się (für etw. do czegoś) 2. zapłonąć, zapal-ać|ić się 3. wybuch-ać|nąć (o wojnie). Su do I.—II.; do I. 1. *t.* zapłon *m*
entflechten (35;h) *vt*, *ekon* rozwiąz-ywać|ać (kartele). Su *t.* dekartelizacja *f*
entfliegen (36;sn) *vi* odl-atywać|ecieć
entfliehen (37;sn) *vi* 1. ucie-kać|c (aus dem Gefängnis z więzienia); u-chodzić|jść; um-ykać|knąć; e—r Gefahr ~ ujść niebezpieczeństwa 2. mi-jać|nąć (o szczęściu, godzinach itp.)
entfremden (h) 1. *vt* odstręcz-ać|yć (jmdm etw. kogoś od czegoś) 2. sich ~ *vr* sta-wać|ć się obcym (jmdm dla kogoś). Su 1. oziębienie *n* (stosunków) 2. wyobcowanie *n*
entfrosten (h) *vt* rozmr-ażać|ozić. Su
Entfroster *m* —s, — auto odmrażacz *m*
entführen (h) *vt* uprowadz-ać|ić; po--ywac|wać. Su
Entführer *m* —s, — porywacz *m*
entgasen (h) *vt* odgazow-ywać|ać, usu--wać|nąć gaz. Su odgazo(wy)wanie *n*
entgegen I. *praep dat* 1. wbrew; ~ meinem Befehl wbrew mojemu rozkazowi; dem ~ wbrew temu 2. w kierunku, ku; dem See ~ w kierunku jeziora II. *adv* naprzeciwko; przeciw
entgegen... występuje *w czasownikach rozdzielnych*; *np.* ~gehen
entgegenarbeiten (h) *vi* przeciwdziałać
entgegenbringen (18;h) *vt* okaz-ywać|ać, (jmdm Vertrauen komuś zaufanie), darzyć (kogoś zaufaniem)
entgegeneilen (sn) *vi*; jmdm ~ pośpieszyć na czyjeś spotkanie; po|biec naprzeciw komuś
entgegengehen (45;sn) *vi*; jmdm ~ iść| pójść na czyjeś spotkanie; iść|pójść naprzeciw komuś; dem Ende ~ zbliżać się ku końcowi; wir gehen e—r herrlichen Zukunft entgegen czeka nas wspaniała przyszłość
entgegengesetzt I. *part perf, zob.* **entgegensetzen** II. *adj:adv* 1. przeciwn-y:-ie; odwrotn-y:-ie, przeciwstawn-y:-ie 2. przeciwleg-ły:-le 3. sprzeczn-y:-ie
entgegenhalten (60;h) *vt* 1. porówn-ywać| ać (zwei Anzüge dwa ubrania) 2. przeciwstawi-ać|ć (die beiden Ansichten oba poglądy) 3. zarzuc-ać|ić, od-pierać| eprzeć
entgegenhandeln (h) *vi* post-ępować|ąpić ⟨wykr-aczać|oczyć⟩ przeciw (dem Befehl rozkazowi)
entgegenkommen (70;sn) *vi* 1. wy-chodzić| jść ⟨przy-chodzić|jść; iść⟩ naprzeciw 2. *przen* iść|pójść na rękę, z|robić ustępstwa (jmdm komuś) 3. *przen* przychyl--ać|ić się (jmds Bitte do czyjejś prośby), zadośćuczynić (jmds Wunsch czyjemuś życzeniu)
Entgegenkommen *n* —s, 1. ustępstwo *n* 2. uprzejmość *f*; przychylność *f*; łaskawość *f*
entgegenkommend 1. *part praes, zob.* **entgegenkommen** 2. *adj:adv* uprzejm--y:-ie; łaskaw-y:-ie; przychyln-y:-ie
Entgegennahme *f* —, —n odbiór *m*, przyjęcie *n*
entgegennehmen (87;h) *vt* przyj-mować| ać
entgegenrücken (sn) *vi* wyrusz-ać|yć ⟨po-su-wać|nąć się⟩ naprzeciw
entgegensehen (135;h) *vi* 1. oczekiwać (e—m Brief listu); Ihrem Auftrag ~d w oczekiwaniu Pańskiego zamówienia 2. sta-wać|ć przed ⟨großen Veränderungen wielkimi zmianami⟩
entgegensetzen (h) *vt*, *vr* (sich się) przeciwstawi-ać|ć
entgegenstehen (151;sn) *vi* 1. sta-wać|ć na przeszkodzie; dem steht nichts entgegen nic temu nie stoi na przeszkodzie 2. być przeciwnym, sprzeciwi-ać|ć się
entgegenstellen *zob.* **entgegensetzen**
entgegenstrecken (h) *vt* wyciąg-ać|nąć (die Hand rękę)
entgegentreten (163;sn) *vi* 1. wyst-ępować| ąpić przeciw (jmdm komuś), sprzeciwi--ać|ć się 2. wy-chodzić|jść naprzeciw
entgegenwirken *zob.* **entgegenarbeiten**
entgegnen (h) *vi* odpowi-adać|edzieć, od--pierać|eprzeć. Su odpowiedź *f*
entgehen (45;sn) *vi* 1. u-chodzić|jść; unik-

-ać|nąć (e—r Gefahr niebezpieczeństwa); **dem Tode ~ uniknąć** śmierci; **sich e—e solche Gelegenheit ~ lassen** nie wykorzystać takiej okazji, przepuścić taką sposobność; **sich nichts ~ lassen** nie odmawiać sobie niczego; **er entgeht mir nicht (on)** nie ucieknie mi 2. nie zauważ-ać|yć, nie spostrze-gać|c; **es ist mir entgangen** uszło mojej uwagi; **kein Wort entging ihm** nie uważał na każde słowo, dosłyszał całą rozmowę
entgeistert *part, adj* osłupiały
Entgelt *n* —(e)s 1. wynagrodzenie *n*; płaca *f*; rekompensata *f* 2. opłata *f*; **gegen ~ za opłatą; ohne ~ bezpłatnie**
entgelten (47;h) *vt* za|płacić, wynagr--adzać|odzić; z|rekompensować; odpłac--ać|ić; **du sollst es uns ~!** zapłacisz nam za to!
entgeltlich *adj:adv* płatn-y:-ie, za opłatą
entgiften (h) *vt* 1. odka-żać|zić 2. *przen* oczy-szczać|ścić **(die Atmosphäre** atmosferę). Su
entgleisen (sn) *vi* wykoleić się *(t. przen)*. Su *przen t.* lapsus *m*
entgleiten (55;sn) *vi* 1. wyśliznąć się, wypa-dać|ść **(aus der Hand z ręki)** 2. *przen* wym-ykać|knąć się, odsu-wać|nąć się
entgräten (h) *vt* wyj-mować|ąć ości **(den Fisch z ryby)**
enthaaren (h) *vt* usu-wać|nąć włosy ⟨owłosienie⟩. Su *t.* depilacja *f*
enthalten (60;h) 1. *vt* zawierać 2. **sich ~** *vr* po|wstrzym-ywać|ać się **(der Stimme** od głosu). Su do 2.
enthaltsam *adj:adv* wstrzemięźliw-y:-ie, powściągliw-y:-ie. Sk *t.* abstynencja *f*
enthärten (h) *vt* 1. *tech* rozhartow-ywać| ać 2. zmiękcz-ać|yć **(Wasser** wodę). Su
enthaupten (h) *vt* ści-nać|ąć **(jmdn** kogoś). Su *t.* stracenie *n*
entheben (63;h) *vt* uw-alniać|olnić **(jmdn der Sorge** kogoś od troski); **jmdn seines Amtes ~ złożyć kogoś z** urzędu; zawiesić kogoś w urzędowaniu ⟨w czynnościach⟩. Su złożenie z urzędu
entheiligen (h) *vt* s|profanować, z|bezcześcić. Su
enthüllen (h) *vt* 1. odsł-aniać|onić **(e. Denkmal** pomnik) 2. *t. vr* (sich się) *przen* wyjawi-ać|ć, odkry-wać|ć **e. Geheimnis** tajemnicę. Su do 1., 2.; do 2. *t.* wynurzenie *n*
Enthusiasmus *m* — entuzjazm *m*
Enthusiast *m* **—en, —en** entuzjasta *m*
Enthusiastin *f* **—, —nen** entuzjastka *f*
enthusiastisch *adj:adv* entuzjastyczn-y:-ie
entjungfern (h) *vt* pozbawi-ać|ć dziewictwa. Su *t.* defloracja *f*
entkalken (h) *vt* odwapni-ać|ć. Su
entkeimen (h) *vt* 1. usunąć kiełki 2. wyjał-awiać|owić, sterylizować, odka--żać|zić; z|dezynfekować. Su do 1., 2.; do 2. *t.* sterylizacja *f*; dezynfekcja *f*
entkernen (h) *vt* wyj-mować|ąć pestki (etw. z czegoś), drylować (coś). Su
entkleiden (h) *vt* 1. *t. vr* (sich się) roz--bierać|ebrać 2. *przen* obnaż-ać|yć 3.

pozbawi-ać|ć; **jmdn seines Amtes ~ złożyć kogoś z** urzędu. Su
entkommen (70;sn) *vi* ucie-kać|c; uchodzić|ujść
entkorken (h) *vt* odkorkować. Su
entkräften (h) *vt* 1. *vr* (sich się) osłab--iać|ić, wycieńcz-ać|yć 2. *przen* zbi--jać|ć **(die Argumente** argumenty) 3. *praw* obal-ać|ić **(das Testament** testament). Su
entkräftet 1. *part perf zob.* **entkräften** 2. *adj:adv* osłabiony, wycieńczony
entladen (73;h) 1. *vt* 1. wyładow-ywać|ać (*t. elektr*), opróżni-ać|ć 2. rozładować **(den Karabiner** karabin) II. **sich ~** *vr* 1. *elektr, przen* wyładow-ywać|ać się 2. wystrzelić *(o broni palnej)*. Su
Entlader *m* **—s, —** 1. wagon samowyładowawczy 2. wyładowywacz *m*
entlang *praep acc, dat, gen* wzdłuż; **den ⟨am⟩ Bach ~** *a.* **~ des Baches** wzdłuż strumyka
entlanggehen (45;sn) *a.* **entlangkommen (70;sn)** *vt* przechodzić, iść **(die Straße** ulicą)
entlarven (h) *vt, vr* (sich się) z|demaskować. Su
entlassen (74;h) *vt* zw-alniać|olnić; wypu--szczać|ścić; odprawi-ać|ć **(aus dem Dienst ze** służby); **die Armee ~** rozpuścić armię. Su dymisja *f*
Entlassungsgesuch *n* **—(e)s, —e** podanie o zwolnienie ⟨o dymisję⟩
entlasten (h) *vt* 1. odciąż-ać|yć; ulżyć **(jmdn** komuś); **sein Gewissen ~** uspokajać sumienie 2. zapis-ywać|ać na dobro **(für e—e Summe** sumę) 3. udziel--ać|ić absolutorium 4. oczy-szczać|ścić z zarzutu **(jmdn kogoś).** Su do 1.—4.; do 3. *t.* absolutorium *n*
Entlastungs... *w comp* odciążający; *np.* **~beweis**
Entlastungsbeweis *m* **—es, —e** *praw* dowód odciążający
Entlastungsfeuer *n* **—s** *woj* ogień odciążający
Entlastungszeuge *m* **—n, —n** *praw* świadek obrony ⟨odwodowy⟩
entlaubt *part, adj:adv* ogołocony z liści, nag-i:-o
entlaufen (75;sn) *vi* ucie-kać|c, zbieg
entlausen (h) *vt* odwszawi-ać|ć. Su
Entlausungsanstalt *f* **—, —en** odwszalnia *f*
entledigen (h) 1. *vt, vr* (sich się) uw-alniać|olnić **(jmdn e—r Sache** kogoś od czegoś). II. **sich** *acc* **~** *vr* 1. pozby--wać|ć się **(jmds** kogoś; **e—r Sache** czegoś); **sich der Kleider ~** zrzucać odzież 2. wykon-ywać|ać **(e—s Auftrags** zlecenie); wywiąz-ywać|ać się **(e—r Sache** z czegoś). Su
entleeren (h) *vt, vr* (sich się), wypróżni-ać|ć, opróżni-ać|ć. Su
entlegen *adj:adv* odleg-ły:-le, oddalony; na uboczu. Sh uboc*z*e *n;* odległość *f*
entlehnen (h) *vt* zapożycz-ać|yć, przej--mować|ąć **(e—n Ausdruck** wyraz; **e—n Gedanken** myśl). Su *t.* pożyczka *f*
entleiben (h) *vt* 1. zabi-jać|ć 2. **sich ~** *vr* popełni-ać|ć samobójstwo, od-bierać| ebrać sobie życie. Su zabójstwo *n*

entl**ei**hen (77;h) *vt* wy|pożycz-ać|yć (etw. von jmdm od kogoś coś). Su
Entl**ei**her *m* —s, — pożyczający *m* (od kogoś)
Entl**ei**n *n* —s, — kaczątko *n*, kaczuszka *f*
entl**o**ben, sich (h) *vr* zrywać|zerwać narzeczeństwo. Su zerwanie narzeczeństwa
entl**o**cken (h) *vt* wyłudz-ać|ić (Geld pieniądze); wydoby-wać|ć (jmdm e. Geheimnis od kogoś tajemnicę; die Wahrheit prawdę); wycis-kać|nąć (Tränen łzy). Su
entl**o**hnen (h) *vt* wynagr-adzać|odzić; wypłac-ać|ić zarobek (jmdn komuś). Su *t*. zapłata *f*
entl**ü**ften (h) *vt* odpowietrz-ać|yć. Su
Entl**ü**fter *m* —s, — tech odpowietrznik *m*
entm**a**chten (h) *vt* pozbawi-ać|ć władzy. Su
entm**a**nnen (h) *vt* 1. kastrować 2. *przen* osłabi-ać|ić. Su do 1., 2.; do 1. *t*. kastracja *f*
entm**e**nscht *part, adj* pozbawiony uczuć ludzkich, zezwierzęciały
entmilitarisi**e**ren (h) *vt* z|demilitaryzować. Su *t*. demilitaryzacja *f*
entm**i**nen (h) *vt, woj* rozminować. Su
entm**ü**ndigen (h) *vt* odda-wać|ć pod kuratelę, ubezwłasnowolnić. Su
entm**u**tigen (h) *vt* zniechęc-ać|ić; zra-żać|zić; od-bierać|ebrać animusz; sich durch nichts ~ lassen nie zrażać się niczym. Su zniechęcenie *n*
Entn**a**hme *f* —, —n 1. pobranie, wyjęcie, wzięcie *n* 2. *hand* trasowanie *n*
entnationalisi**e**ren (h) *vt* wynar-adawiać| odowić. Su
entnazifizi**e**ren (h) *vt* z|denacyfikować. Su *t*. denacyfikacja *f*
entn**e**hmen (87;h) 1. brać|wziąć, wyj-mować|ąć (Geld aus der Kasse pieniądze z kasy); pob-ierać|rać 2. przej-mować|ąć, zaczerpnąć (aus e—m Buch z książki) 3. dowi-adywać|edzieć [etw. (aus) e—m Brief o czymś z listu] 4. wn-osić|ieść, wy|wnioskować (aus seinen Worten z jego słów) 5. *hand* trasować
Entomol**o**g(e) *m* ...gen, ...gen entomolog *m*
Entomolog**ie** *f* — entomologia *f*, nauka o owadach
entp**u**ppen, sich (h) *vr* 1. ent przepoczwa-rz-ać|yć się 2. *przen* okaz-ywać|ać się (als Betrüger oszustem). Su
entqu**e**llen (92;sn) *vi* wytrys-kać|nąć
entr**a**hmen (h) *vt* zbierać|zebrać śmietanę. Su zbieranie ⟨zebranie⟩ śmietanki
entr**a**ten (93;h) *vi* oby-wać|ć się (des Geldes bez pieniędzy)
entr**ä**tseln (h) *vt* odgad-ywać|nąć, rozwiąz-ywać|ać; odcyfrować; rozszyfrować. Su
entr**e**chten (h) *vt* pozbawi-ać|ć praw. Su
Entr**ée** [ãtre:] *n* —s, —s 1. wejście *n*, wstęp *m* (opłata) 2. przedpokój *m* 3. *kulin* przystawka *f*
entr**ei**ßen (95;h) *vt, vr* (sich się) wyr--ywać|wać, wyd-zierać|rzeć. Su
entr**i**chten (h) *vt* ui-szczać|ścić, za|płacić, Su *t*. zapłata *f*

entr**i**nden (h) *vt* korować, usu-wać|nąć korę. Su *t*. zdejmowanie kory
entr**i**ngen (99;h) *vt, vr* (sich się) wy-dzierać|drzeć, wyr-ywać|wać (*t. przen*)
entr**i**nnen (100;sn) *vi* 1. uchodzić|ujść, wycie-kać|c 2. uchodzić|ujść, ucie-kać|c
entr**o**llen (h) *vt, vr* (sich się) rozwi-jać| nąć (e—e Fahne chorągiew); *przen* rozt-aczać|oczyć (e. Bild der Zukunft obraz przyszłości)
Entrop**ie** *f* —, ...jen entropia *f*
entr**ü**cken I. (h) *vt* 1. usu-wać|nąć; oddal-ać|ić 2. *przen* rozmarz-ać|yć II. (sn) *vi* oddal-ać|ić się, znik-ać|nąć (unseren Augen z naszych oczu). Su do I.
entr**ü**ckt 1. *part perf, zob*. entrücken 2. *adj:adv* rozmarzony, ekstatyczn-y:-ie. Sh rozmarzenie *n*; ekstaza *f*
entr**ü**mpeln (h) *vt* wyprząt-ać|nąć (die Kammer komorę), usu-wać|nąć rupiecie ⟨graty⟩ (den Boden ze strychu). Su
entr**ü**sten (h) *vt, vr* (sich się) oburz-ać| yć. Su
entr**ü**stet 1. *part perf, zob*. entrüsten 2. *adj:adv* oburzony
ents**a**gen (h) *vt* wyrze-kać|c ⟨zrze-kać|c⟩ się ⟨e—r Sache czegoś⟩, z|rezygnować (z czegoś). Su *t*. rezygnacja *f*; Entsagungen erleiden cierpieć niedostatek zasągungsvoll *adj:adv* pełen rezygnacji ⟨wyrzeczeń⟩
Ents**a**tz *m* —(e)s odsiecz *f*; pomoc *f*
entsch**ä**digen (h) 1. *vt* odszkodować, z|rekompensować, wynagrodzić (szk)dę); powetować 2. sich ~ *vr* powetowa : sobie. Su do 1.; *t*. rekompensata *f*
Entschädigungsanspruch *m* —(e)s, ⸚e prawo do ⟨*a*. żądanie⟩ odszkodowania
entschädigungslos *adj bez* odszkodowania
entsch**ä**rfen (h) *vt, woj* rozbr-ajać|oić (e—e Bombe bombę). Su
Entsch**ei**d *m* —(e)s, —e decyzja *f, t. praw* orzeczenie *n*; wyrok *m*; postanowienie *n*
entsch**ei**den (106;h) I. *vt* 1. *t*. (sich się) rozstrzyg-ać|nąć (e—n Streit spór; e—e Schlacht bitwę) 2. orze-kać|c; postan--awiać|owić, za|decydować II. sich ~ (h) *vr* z|decydować się, postan-awiać| owić. Su do I. 1., 2.; do 2. *t*. decyzja *f*; orzeczenie *n*
entsch**ei**dend 1. *part praes, zob*. entscheiden 2. *adj:adv* rozstrzygający, decydu-jąc-y:-o, w sposób decydujący
Entsch**ei**dungs... *w comp* rozstrzygający, decydujący; *np*. ~kampf
Entsch**ei**dungskampf *m* —(e)s, ⸚e walka rozstrzygająca ⟨decydująca⟩
Entsch**ei**dungsschlacht *f* —, —en bitwa decydująca ⟨generalna⟩
entsch**ei**den II. *part perf, zob*. entscheiden II. *adj* 1. *t*. *adv* stanowcz-y:-o, kategoryczn-y:-ie; decydowan-y:-ie; *e*. ~er Gegner zdecydowany ⟨zdeklarowany⟩ przeciwnik; *e*. ~er Dummkopf skończony dureń 2. rozstrzygnięty; e—e ~e Frage rozstrzygnięte zagadnienie III. *adv* niewątpliwie; das ist ~ richtig to jest niewątpliwie słuszne. Sh stanowczość *f*; nacisk *m*; pewność *f*
entschl**a**cken (h) *vt* odżużl-ać|ić. Su

entschlafen (113;sn) *vi* 1. zas-ypiać|nąć 2. zasnąć na wieki
entschlammen (h) *vt* odmul-ać|ić. Su
entschleiern (h) *vt* odsł-aniać|onić, odkry-wać|ć (das Gesicht twarz; das Geheimnis tajemnicę). Su
entschließen, sich (118;h) *vr* zdecydować się (zu e—m solchen Vorgehen na takie postępowanie); postan-awiać|owić (zu verzichten zrezygnować). Su *t*. decyzja *f*; rezolucja *f*; e—e Entschließung fassen podejmować uchwałę ⟨rezolucję⟩
entschlossen 1. *part perf, zob.* entschließen 2. *adj:adv* zdecydowan-y:-ie, rezolutn-y:-ie; kurz ~ nie zastanawiając się długo. Sh zdecydowanie *n*; stanowczość *f*; rezolutność *f*
entschlummern (sn) *vi, zob.* entschlafen
entschlüpfen (sn) *vi* 1. wym-ykać|knąć się 2. wyklu-wać|ć się
Entschluß *m* ...usses, ...üsse postanowienie *n*, decyzja *f*; den ~ fassen postanawiać, decydować się, podejmować decyzję
Entschlußkraft *f* —, ±e siła woli, stanowczość *f*
entschlüsseln (h) *vt* rozszyfrow-ywać|ać. Su
entschuldbar *adj* wybaczalny. Sk
entschulden (h) *vt* uw-alniać|olnić z długów; um-arzać|orzyć długi. Su
entschuldigen (h) I. *vt* 1. wybacz-ać|yć (etw. coś) 2. usprawiedliwi-ać|ć, wy|tłumaczyć II. sich ~ *vr* 1. usprawiedliwi--ać|ć ⟨wy|tłumaczyć⟩ się 2. przepr--aszać|osić (bei jmdm kogoś); ~ Sie! przepraszam!; er läßt sich ~ kazał przeprosić. Su; um Entschuldigung bitten przepraszać; zu seiner Entschuldigung sagen mówić na swoje ⟨jego⟩ usprawiedliwienie
Entschuldigungsschreiben *n* —s, — pismo usprawiedliwiające
entschweben (sn) *vi* ul-atywać|ecieć, un--osić|ieść się
entschwefeln (h) *vt* odsiarcz-ać|yć, usu--wać|nąć siarkę. Su
entschwinden (132;sn) *vi* znik-ać|nąć; ucie-kać|c (o czasie); *przen dem* Gedächtnis ~ ulatywać z pamięci
entseelt *part, adj:adv* martwy, nieżywy: bez życia
entsehen (135;h) *vt* stwierdz-ać|ić (aus e—r Sache etw. na podstawie czegoś coś)
entsenden (137;h) *vt* wys-yłać|łać. Su
entsetzen (h) I. *vt* 1. usu-wać|nąć; jmdn seines Amtes ~ złożyć kogoś z urzędu 2. przy-chodzić|jść z odsieczą (die Belagerten oblężonym) II. *vt, vr* (sich się) przera-żać|zić. Su 1. usunięcie *n*, złożenie *z* urzędu 2. odsiecz *f*
Entsetzen *n* —s przerażenie *n*, zgroza *f*
entsetzlich *adj:adv* straszn-y:-ie, okropn-y:-ie. Sk
entsetzt 1. *part perf, zob.* entsetzen 2. *adj:adv* przerażony; ~ sein być przerażonym
entseuchen (h) *vt* z|dezynfekować, odka--żać|zić. Su *t*. dezynfekcja *f*

entsichern (h) *vt* odbezpiecz-ać|yć (den Revolver rewolwer). Su
entsiegeln (h) *vt* odpieczętować. Su
entsinnen, sich (141;h) *vr* przypom-inać| nieć sobie (jmds kogoś)
entspannen (h) 1. *vt, vr* (sich się) odpręż--ać|yć 2. sich ~ *vr* wytchnąć, odpręż--ać|yć się. Su 1. odprężenie *n*; e—e Entspannung herbeiführen doprowadzać do odprężenia 2. wytchnienie *n*; odprężenie *n*
entspinnen, sich (145;h) *vr* rozpocz-ynać| ąć ⟨wywiąz-ywać|ać⟩ się (*np. o rozmowie*)
entsprechen (146;h) *vi* 1. odpowiadać (e—r Sache czemuś); być zgodnym (dem Original z oryginałem) 2. przychyl-ać|ić się (e—m Antrag do wniosku), zg-adzać|odzić się (e—r Sache na coś). Su odpowiednik *m*
entsprechend 1. *part praes, zob.* entsprechen 2. *adj:adv* odpowiedni:-o 3. *praep dat* stosownie do, zgodnie z; ~ dem Antrag zgodnie z wnioskiem
entsprießen (147;sn) 1. wyr-astać|osnąć, wyróść 2. pochodzić, z|rodzić się (dieser Ehe z tego małżeństwa)
entspringen (148;sn) *vi* 1. ucie-kać|c, zbiec (aus dem Gefängnis z więzienia) 2. wypły-wać|nąć wytrys-kać|nąć (*np. o rzece*) 3. *przen* wynik-ać|nąć (*np. o wątpliwościach*)
entstammen (sn) *vi* pochodzić (e—r Familie z rodziny)
entstauben (h) *vt* odkurz-ać|yć, odpyl-ać| ić. Su
entsteh(e)n (151;sn) *vi* powsta-wać|ć; wy| tworzyć się; z|rodzić się (*np. o myśli*); wył-aniać|onić się (aus etw. z czegoś); wynik-ać|nąć (*np. o wątpliwościach*). Su powsta(wa)nie *n*, tworzenie się
Entstehen *n* —s powsta(wa)nie *n*, tworzenie się; im ~ begriffen sein powsta(wać), tworzyć się
entstellen (h) *vt* 1. *t. vr* (sich się) zeszpec--ać|ić, zniekształc-ać|ić 2. *przen* spacz--ać|yć, przeinacz-ać|yć, przekręc-ać|ić (die Tatsachen fakty). Su
entstellt I. *part perf, zob.* entstellen II. *adj:adv* 1. zniekształcony, zeszpecony 2. *przen* spaczony, wypaczony, przeinaczony, przekręcony; w sposób wypaczony ⟨przeinaczony, przekręcony⟩
entstören (h) *vt, radio* usu-wać|nąć przeszkody ⟨zakłócenia⟩. Su
entströmen (sn) *vi* 1. wypły-wać|nąć (strumieniem); wydoby-wać|ć się (o *gazie*) 2. *przen* (tłumnie) wy-chodzić|jść (dem Saal z sali)
entsühnen (h) *vt, vr* (sich się) rozgrzesz--ać|yć, oczy-szczać|ścić z win. Su
enttäuschen (h) *vt, vr* (sich się) zaw--odzić|ieść (jmdn kogoś), rozczarow-ywać|ać. Su rozczarowanie *n*, zawód *m*
entthronen (h) *vt* z|detronizować. Su detronizacja *f*
enttrümmern (h) *vt* odgruzow-ywać|ać. Su
entvölkern (h) *vt, vr* (sich się) wyludni--ać|ć. Su *t*. depopulacja *f*

entwachsen — entzweigeh(e)n

entwachsen (172;sn) *vi* wyr-astać|osnąć, wyróść (e—r Sache z czegoś)
entwaffnen (h) *vt* rozbr-ajać|oić (*t. przen*). Su
entwarnen (h) *vi*, *woj* odwoł-ywać|ać a-larm. Su odwołanie alarmu
entwässern (h) *vt* odw-adniać|odnić, osusz-ać|yć. Su
Entwässerungs... *w comp* odwadniający; *np.* ~anlage
Entwässerungsanlage *f* —, —n instalacja odwadniająca
entweder... oder *cj* albo... albo
Entweder-Oder *n* — wybór *m*, alternatywa *f*
entweichen (176;sn) *vi* 1. ucie-kać|c; u--chodzić|jść, zbiec (aus dem Gefängnis z więzienia) 2. wydoby-wać|ć się; ul--atniać|otnić się (*o gazie*); wycie-kać|c (*o wodzie*). Su ucieczka *f*
entweihen (h) *vt* zbezcze-szczać|ścić, s| profanować. Su *t.* profanacja *f*
entwenden (178;h) *vt* u|kraść, *pot* ściągnąć. Su *t.* kradzież *f*
entwerfen (181;h) *vt* nakreśl-ać|ić, na| szkicować; za|projektować
entwerten (h) *vt* z|dewaluować; z|deprecjonować; s|kasować (Briefmarken znaczki). Su *t.* dewaluacja *f*; deprecjacja *f*
Entwerter *m* —s, — kasownik *m*
entwickeln (h) I. 1. *vt*, *vr* rozwi-jać|nąć (e—n Plan plan; Schnelligkeit szybkość) 2. *vt*, *fot* wywoł-ywać|ać II. sich ~ *vr* 1. wytw-arzać|orzyć ⟨wywiąz-ywać|ać⟩ się (*np. o dymie*) 2. rozwi-jać|nąć się, rosnąć. Su do I.—II.; do II. 2. *t.* rozwój
Entwickler *m* —s, — *fot* wywoływacz *m*
Entwicklungs... *w comp* 1. ... dojrzewania; *np.* ~alter 2. ... rozwoju; *np.* ~geschichte 3. ... ewolucji; *np.* ~theorie
Entwicklungsalter *n* —s okres dojrzewania
Entwicklungsbad *n* —(e)s, ⸚er *fot* kąpiel wywołująca
Entwicklungsgang *m* —(e)s, ⸚e droga rozwoju, rozwój *m*
Entwicklungsgeschichte *f* — *biol* historia rozwoju, biogeneza *f*
Entwicklungsgesetz *n* —es, —e prawo rozwoju
Entwicklungshilfe *f* — *polit* pomoc dla krajów rozwijających się
Entwicklungsjahre *pl zob.* Entwicklungsalter
Entwicklungsland *n* —(e)s, ⸚er kraj rozwijający się
Entwicklungsstufe *f* —, —n stopień rozwoju
Entwicklungstheorie *f* — teoria ewolucji
entwinden (183;h) 1. *vt* wyr-ywać|wać, wykręc-ać|ić (aus den Händen z rąk) 2. sich ~ *vr* wyr-ywać|wać się
entwirren (h) *vt* rozpląt-ywać|ać; *przen* rozwikłać. Su
entwischen (sn) *vi* um-ykać|knąć, ucie--kać|c; wym-ykać|knąć się; sich die Gelegenheit ~ lassen przepu-szczać| ścić ⟨pomi-jać|nąć⟩ okazję
entwöhnen (h) *vt* 1. odsadz-ać|ić od piersi (das Kind dziecko) 2. *t. vr* (sich się) odzwycza-jać|ić (jmdn des Trinkens ⟨vom Trinken⟩ kogoś od picia). Su
entwölken sich (h) *vr* rozchmurz-ać|yć, wypog-adzać|odzić się (*t. przen*). Su
entwürdigen (h) *vt*, *vr* (sich się) poniż--ać|yć, spodlić; z|hańbić. Su
Entwurf *m* —(e)s, ⸚e 1. szkic, zarys *m*; koncept *m*; im ~ na brudno, w brulionie 2. plan, projekt *m*
Entwurfsbüro *n* —s, —s *bud* biuro projektów
entwurzeln (h) *vt* 1. wykorzeni-ać|ć, wyr--ywać|wać z korzeniami (*t. przen*) 2. *przen* pozbawi-ać|ć oparcia ⟨*a.* ojczyzny⟩. Su
entzaubern (h) *vt* 1. odczarow-ywać|ać 2. pozbawi-ać|ć uroku. Su
entziehen (187;h) 1. *vt* pozbawi-ać|ć (jmdm etw. kogoś czegoś), od-bierać| ebrać (jmdm etw. komuś coś); jmdm Blut ~ puszczać komuś krew; jmdm die Rente ⟨das Wort⟩ ~ odbierać komuś rentę ⟨głos⟩; jmdm die Hilfe ~ pozbawić kogoś pomocy; 2. sich *dat* ~ *vr* odm-awiać|ówić sobie (den Kaffee kawy) 3. sich ~ *vr* uchyl-ać|ić się (seinen Verpflichtungen od obowiązków; der Strafe od kary); stronić, odsu-wać| nąć się (dem gesellschaftlichen Leben od życia towarzyskiego), unikać (jmdm kogoś); das entzieht sich e—r Berechnung to nie da się obliczyć; das entzieht sich unserer Kenntnis o tym nam nic nie wiadomo. Su do 1.
Entziehungskur *f* —, —en kuracja odwykowa
entziffern (h) *vt* odcyfrować; odszyfrować. Su
entzücken (h) *vt* zachwycać; entzückt sein być zachwyconym. Su zachwyt *m*
Entzücken *n* —s zachwyt *m*; in ~ geraten wpadać w zachwyt
entzückend 1. *part praes*, *zob.* entzücken 2. *adj*:*adv* zachwycając-y:-o; śliczn--y:-ie
Entzug *m* —(e)s, ⸚e pozbawienie, odebranie *n*; ~ der elterlichen Gewalt pozbawienie władzy rodzicielskiej; ~ von Blut puszczenie krwi
entzündbar *adj* (łatwo) zapalny (*t.* materiałach)
entzünden (h) 1. *vt* zapal-ać|ić; *przen* wzniec-ać|ić II. sich ~ *vr* 1. zapal-ać|ić się, zapłonąć (*t. przen*; für etw. do czegoś) 2. *med* zaogni-ać|ć się. Su 1. zapalenie *n* (*t. med*). 2. zapłon *m*
entzündlich *adj* zapalny. Sk
entzwei *adj* (jako *orzecznik*) zepsuty; połamany; złamany; podarty; stłuczony; rozbity
entzwei... *występuje w czasownikach rozdzielnych*; *np.* ~schlagen
entzweibrechen (16) 1. (h) *vt* po|łamać; zbi-jać|ć, s|tłuc; przełam-ywać|ać, zła-mać 2. (sn) *vi* po|łamać się *itp. jw.*
entzweien (h) *vt*, *vr* (sich się) *przen* poróżnić, powaśnić. Su
entzweigeh(e)n (45;sn) *vi* po|łamać się (*np. o krześle*); s|tłuc, zbi-jać|ć się (*np. o filiżance*); ze|psuć się

15 Słownik niem.-pol.

entzweimachen (h) *vt* ze|psuć; po|łamać; zbi-jać|ć, s|tłuc

entzweischlagen (114;h) rozbi-jać|ć; zbi- -jać|ć, s|tłuc (e—n Teller talerz); po|łamać (e—n Stuhl krzesło)

entzweischneiden (123;h) *vt* 1. przeci-nać| ąć, rozci-nać|ąć 2. przekr-awać|oić, rozkr-awać|oić

Enzian *m* —(e)s, —e *bot* goryczka *f*

Enzyklika *f* —, ...ken *rel* encyklika *f*

Enzyklopädie *f* —, ...jen encyklopedia *f*

enzyklopädisch *adj:adv* encyklopedyczn- -y:-ie

Enzyklopädist *m* —en, —en encyklopedysta *m*

Enzym *n* —s, —e *chem* enzym, ferment, zaczyn *m*

Epaulett [epolet] *n* —s, —s *a*. **Epaulette** *f* —, —en epolet *m*

ephemer(isch) *adj:adv* efemeryczn-y:-ie, przelotn-y:-ie

Epidemie *f* —, ...jen epidemia *f*

epidemisch *adj:adv* epidemiczn-y:-ie

Epidermis *f* — naskórek *m*

Epidiaskop *n* —(e)s, —e epidiaskop *m*

Epigone *m* —n, —n epigon, naśladowca *m;* potomek *m*

epigonenhaft *a.* **epigonisch** *adj:adv* epigoniczn-y:-ie, naśladowcz-y:-o

Epigramm *n* —(e)s, —e *lit* epigram(at) *m*

epigrammatisch *adj:adv*, *lit* epigramatyczn-y:-ie

Epigraph *n* —s, —e epigraf *m;* napis *m;* godło *n*

Epik *f* — *lit* epika *f*

Epiker *m* —s, — *lit* epik *m,* poeta epiczny

Epikureer *m* —s, — *filoz* epikurejczyk *m*

epikureisch *adj:adv, filoz* epikurejski : po epikurejsku

Epilepsie *f* — *med* epilepsja, padaczka *f*

Epileptiker *m* —s, — *med* epileptyk *m*

epileptisch *adj:adv*, *med* epileptyczn-y: -ie

Epilog *m* —(e)s, —e *lit* epilog *m;* zakończenie *n*

episch *adj:adv, lit* epicki, epiczn-y:-ie

Episkopat *n a. m* —(e)s, —e 1. episkopat *m* 2. biskupstwo *n,* diecezja *f*

Episode *f* —, —n epizod *m*

episodenhaft *a.* **episodisch** *adj:adv* epizodyczn-y:-ie

Epistel *f* —, —n epistoła *f* (t. *rel*); list *m;* jmdm die ~ lesen prawić komuś morały, besztać kogoś

Epitaph *n* —(e)s, —e epitafium *n* (t. *lit*); napis nagrobkowy; tablica z napisem nagrobnym

Epithel *n* —s nabłonek *m*

epochal *adj:adv* epokow-y:-o

Epoche *f* —, —n epoka *f*

epochemachend *part, adj:adv* epokow- -y:-o; ~e Entdeckungen epokowe odkrycia

Epos *n* —, **Epen** *lit* epopeja *f,* epos *m*

Equipage [ek(v)ipa:ʒə] *f* —, —n ekwipaż *m*

Equipe [ek(v)ipə] *f* —, —n ekipa *f*

equipieren (h) *vt, vr* (sich się) wy|ekwipować, wyposaż-ać|yć. Su

er *pron pers* on; ~ selbst on sam

erachten (h) *vt* uważać, poczytywać, uzna-wać|ć; *etw.* für richtig ~ uważać coś za słuszne

Erachten *n* —s mniemanie, zdanie *n;* meines ~s moim zdaniem

erarbeiten (h) *vt, vr* (sich *dat*) 1. zdoby- -wać|ć (sobie) pracą (etw. coś); dor- -abiać|obić się (czegoś) 2. wypracow- -ywać|ać. Su

Erb... *w comp* I. dziedziczny; *np.* ~anlage II. rodzinny; *np.* ~begräbnis III. 1. spadkowy; *np.* ~anteil 2. ... spadku; *np.* ~teil 3. ... do spadku; *np.* ~anspruch IV. wieczysty; *np.* ~pacht

Erbanlage *f* —, —n skłonność ⟨a. zdolność⟩ dziedziczna

Erbanspruch *m* —(e)s, ⁻e prawo do spadku

Erbanteil *m* —(e)s, —e udział spadkowy

erbarmen (h) 1. *vt* (być) żal, budzić litość; ... daß Gott erbarm; ... że pożal się Boże! 2. sich ~ *vr* z|litować ⟨zmiłować⟩ się (jmds ⟨über jmdn⟩ nad kimś). Su do 2.

Erbarmen *n* —s litość *f,* politowanie *n*

erbarmenswert *adj:adv* politowania godny

erbärmlich *adj:adv* 1. politowania godny; żało-sny:-śnie; mizern-y:-ie 2. pod- -ły:-le, nikczemn-y:-ie; nędzn-y:-ie; ~e Kreatur podła ⟨nędzna⟩ kreatura. Sk 1. stan opłakany, nędza *f* 2. podłość, nikczemność *f*

erbarmungslos *adj:adv* bezlito-sny:-śnie, bez litości. Sk brak litości

erbarmungsreich *a*. **erbarmungsvoll** *adj:* *:adv* litościw-y:-ie

erbarmungswürdig *adj:adv* politowania godny

erbauen (h) 1. *vt, vr* (sich *dat* sobie) wy| budować, wystawi-ać|ć (e. Haus dom) 2. *vt, przen* z|budować; podn-osić|ieść na duchu; nicht erbaut sein von etw. nie być zbudowanym czymś 3. sich ~ *vr, przen* być zbudowanym (an etw. czymś). Su do 1., 2.

Erbauer *m* —s, — 1. budowniczy *m,* twórca *m* 2. właściciel budowy

erbaulich *adj:adv, przen* budując-y:-o

Erbbegräbnis *n* —ses, —se grób rodzinny

Erbberechtigte —n, —n 1. *m* uprawniony do spadku 2. *f* uprawniona do spadku

Erbberechtigung *f* — prawo do spadku

Erbe 1. *m* —n, —n spadkobierca *m;* dziedzic *m* 2. *n* —s dziedzictwo *n;* spadek *m;* spuścizna *f*

erbeben (sn) *vi* zadrżeć

erbeigen *adj* dziedziczn-y:-ie; odziedziczony

Erbeigentum *n* —s, ⁻er własność dziedziczna

erben (h) *vt* o|dziedziczyć (etw. von jmdm coś po kimś); otrzym-ywać|ać w spadku

erbetten[1] (h) *vt* wymodlić, wyprosić

erbetten[2] 1. *part perf, zob.* erbitten 2. *adj* (pożądany)

erbetteln (h) *vt* wyżebrać; użebrać

erbeuten (h) *vt* zdoby-wać|ć (jako łup). Su

erbfähig adj zdolny do dziedziczenia
Erbfehler m —s, — wada dziedziczna
Erbfeind m —(e)s, —e odwieczny wróg
Erbfolge f —, —n sukcesja f
Erbfolgekrieg m —(e)s, —e wojna sukcesyjna
Erbfürst m —en, —en książę dziedziczny
erbgesund adj nie obciążony chorobą dziedziczną
Erbherr m —n, —en pan dziedziczny, dziedzic m
Erbhof m —(e)s, ⁝⁝e zagroda dziedziczna
erbieten, sich (10;h) vr ofiarow-ywać|ać się (zu helfen z pomocą); wyra-żać| zić gotowość ⟨chęć⟩ (zu helfen pomożenia)
Erbin f —, —nen spadkobierczyni f; dziedziczka f
erbitten (12;h) vt, vr (sich dat sobie) wypr-aszać|osić (von jmdm etw. od ⟨u⟩ kogoś coś), upr-aszać|osić; sich ~ lassen da-wać|ć się uprosić
erbittern (h) vt rozgorycz-ać|yć. Su rozgoryczenie n
erbittert I. part perf, zob. erbittern II. adj:adv 1. rozgoryczony 2. zacię-ty:-cie, zaciek-ły:-le (np. o walce)
Erbium n —s chem erb m
erbkrank adj obciążony chorobą dziedziczną
Erbkrankheit f —, —en 1. choroba dziedziczna 2. przen choroba ⟨wada⟩ rodzinna
erblassen (sn) vi z|blednąć (vor Angst ze strachu; vor der Gefahr wobec niebezpieczeństwa)
Erblasser m —s, — spadkodawca m, testator m
erbleichen (sn) vi 1. zob. erblassen 2. posiwieć (o włosach) 3. (26) przen um-ierać|rzeć
erblich adj:adv dziedziczn-y:-ie; ~ belastet obciążony dziedzicznie. Sk
erblicken (h) vt spostrze-gać|c, ujrzeć, widzieć|zobaczyć; das Licht der Welt ~ ujrzeć światło dzienne; przyjść na świat
erblinden (sn) vi u|tracić wzrok, o|ślepnąć, zaniewidzieć. Su utrata wzroku, oślepnięcie n
erblühen (sn) vi zakwit-ać|nąć, rozkwit-ać|nąć
Erbonkel m —s, — (≃) bogaty wujaszek (bezdzietny)
erborgen (h) vt za|pożycz-ać|yć
erbosen (h) vt, vr (sich się) roz|złościć, rozsierdzić
erbötig adj:adv gotowy, gotów (zu etw. do czegoś); ~ sein etw. zu tun ofiarować się coś uczynić
Erbpacht f —, —en dzierżawa wieczysta
Erbpächter m —s, — dzierżawca wieczysty
erbrechen (16;h) vt I. 1. wyłam-ywać|ać (e—e Tür drzwi), otw-ierać|orzyć przemocą (e—e Schatulle szkatułkę) 2. rozpieczętować, otw-ierać|orzyć (e—n Brief list); e. Siegel ~ złamać pieczęć II. t. vr (sich) z|wymiotować
Erbrechen n —s 1. wyłamanie n (np.

drzwi; otwieranie przemocą (np. skrzyni) 2. otwieranie, rozpieczętowanie n (np. listu); złamanie n (np. pieczęci) 3. wymioty pl
Erbrecht n —(e)s prawo spadkowe
Erbrente f —, —n renta wieczysta
erbringen (18;h) vt przyn-osić|ieść; dostarcz-ać|yć; den Beweis ~ udowodnić
Erbschaft f —, —en spadek m; e—e ~ antreten objąć spadek
Erbschafts... w comp spadkowy; np. ~angelegenheit
Erbschaftsangelegenheit f —, —en sprawa spadkowa
Erbschaftsmasse f —, —n masa spadkowa
Erbschaftssteuer f —, —n podatek spadkowy ⟨od spadku⟩
Erbse f —, —n groch m; groszek m
Erbsenbrei m —(e)s purée z grochu
Erbsenstroh n —(e)s grochowiny pl
Erbsensuppe f —, —n grochówka f
Erbstück n —(e)s, —e przedmiot odziedziczony; pamiątka rodzinna
Erbsünde f —, —n grzech pierworodny
Erbtante f —, —n (≃) bogata ciotka (bezdzietna)
Erbteil n —(e)s, —e część spadku, spadek m, scheda f
Erbteilung f —, —en dział ⟨a. podział⟩ spadku
erbuntertänig adj:adv, hist poddany. Sk poddaństwo n
Erbvertrag m —(e)s, ⁝⁝e umowa spadkowa
Erbzins m —es, —en czynsz wieczysty
Erd... [e:rt...] w comp I. 1. ziemski; np. ~ball 2. ziemny; np. ~arbeiten 3. ... ziemi; np. ~achse II. podziemny; np. ~kabel
Erdachse f — oś ziemi
Erdalkalien pl 1. ziemie alkaliczne 2. berylowce pl
Erdanschluß m ...usses, ...üsse radio uziemienie n
Erdanziehung f — grawitacja f, przyciąganie ziemskie
Erdapfel m —s, ⁝⁝ reg ziemniak m
Erdarbeiten pl roboty ziemne
Erdaufwurf m —(e)s, ⁝⁝e nasyp m
Erdbahn f — astr orbita Ziemi
Erdball m —(e)s kula ziemska, glob m
Erdbeben n —s, — trzęsienie ziemi
Erdbebenmesser m —s, — sejsmometr m
Erdbebenschreiber m —s, — sejsmograf m
Erdbebenwelle f —, —n fala sejsmiczna
Erdbeer... w comp truskawkowy a. poziomkowy; np. ~eis
Erdbeere f —, —n bot 1. ogr truskawka f 2. poziomka f
Erdbeereis n —es lody truskawkowe ⟨a. poziomkowe⟩
erdbeerfarben a. erdbeerfarbig adj:adv koloru poziomkowego:na kolor poziomkowy; w kolorze poziomkowym
Erdbeergeschmack m —(e)s smak truskawkowy ⟨a. poziomkowy⟩
Erdbeerkonfitüre f —, —n dżem truskawkowy ⟨a. poziomkowy⟩
Erdbeersaft m —(e)s sok truskawkowy

15*

Erdbeschleunigung f — fiz przyśpieszenie ziemskie ⟨grawitacyjne⟩
Erdbestattung f —, —en grzebanie zwłok
Erdbewegung f —, —en ruch Ziemi
Erdbewohner m —s, — mieszkaniec Ziemi, Ziemianin m
Erdboden m —s, — a. ⁺⁺ ziemia f; grunt m; gleba f; **dem ~ gleichmachen** zrównać z ziemią; **vom ~ verschwinden** zniknąć z powierzchni ziemi
Erdbohrer m —s, — świder ziemny ⟨górniczy⟩
Erde [eːrdə] f 1. — ziemia f, grunt m; **jmdn unter die ~ bringen** pochować kogoś; **przen mit beiden Füßen auf der ~ stehen** stać mocno na gruncie rzeczywistości 2. —n pl chem ziemie pl **erden** (h) vt, elektr uziemi-ać|ć. Su
erdenkbar adj:adv możliw-y:-ie, dający się wymyślić; **sich alle ~e Mühe geben** dokładać wszystkich starań
erdenken (19;h) vt 1. zmyśl-ać|ić 2. wymyśl-ać|ić
erdenklich adj:adv, zob. **erdenkbar**
Erdenkind n —(e)s, —er istota ziemska, człowiek m
Erdenrund n —(e)s kula ziemska, (cała) Ziemia f
Erderschütterung f —, —en geol wstrząs ziemi ⟨podziemny⟩
Erderzeugnisse pl ziemiopłody pl
Erdferne f — astr apogeum n
Erdgas n —es gaz ziemny
Erdgas..., w comp ... gazu ziemnego; np. **~gewinnung**
Erdgasgewinnung f — wydobycie gazu ziemnego
Erdgasleitung f —, —en rurociąg gazu ziemnego
erdgebunden part, adj:adv przywiązany do ziemi. Sh przywiązanie do ziemi
Erdgeist m —es, —er mit duch podziemi, gnom m
Erdgeschichte f — geologia historyczna
erdgeschichtlich adj:adv geologiczn-y:-ie
Erdgeschoß n ...osses, ...osse parter m
Erdhälfte f —, —n półkula f (Ziemi)
Erdhaue f —, —n motyka f
Erdhöhle f —, —n pieczara ⟨jaskinia⟩ podziemna; ziemianka f
Erdhügel m —s, — pagórek m; kopiec m
erdichten (h) vt zmyśl-ać|ić, wymyśl-ać|ić. Su
erdig adj:adv ziemisty
Frdinnere n —n wnętrze Ziemi
Erdkabel n —s, — kabel podziemny
Erdkluft f —, ⁺⁺e rozpadlina f
Erdkreis m —es zob. **Erdball**
Erdkruste f — geol skorupa ziemska, litosfera f
Frdkarte f —, —n mapa Ziemi
Erdkugel f — zob. **Erdball**
Erdkunde f — geografia f, nauka o Ziemi
Erdleiter m —s, — elektr przewód uziemiający
Erdmagnetismus m — fiz magnetyzm ziemski
Erdmetall n —(e)s, —e chem pierwiastek ziemi ⟨ziemisty⟩
Erdnähe f —, —n astr perigeum n

Erdnuß f —, ...üsse bot arachid m, orzech ziemny
Erdnußöl n —(e)s olej arachidowy
Erdoberfläche f — powierzchnia Ziemi
Erdöl n —(e)s, —e ropa naftowa
Erdöl... w comp 1. naftowy; np. **~feld** 2. ... ropy (naftowej); np. **~gewinnung**
Erdölbohrloch n —(e)s, ⁺⁺er szyb naftowy erdolchen (h) vt zasztyletować. Su
Erdölfeld n —(e)s, —er pole naftowe
Erdölgewinnung f — wydobywanie ⟨wydobycie⟩ ropy naftowej
Erdölharz n —es żywica ropna
Erdöllager n —s, — złoże ropne ⟨ropy naftowej⟩
Erdölleitung f —, —en rurociąg naftowy
Erdölkonzern m —s, —e koncern naftowy
Erdölprodukt n —(e)s, —e produkt naftowy
Erdölraffinerie f —, ...ien rafineria ropy naftowej
Erdölvorkommen n —s, — złoże ropne, pokład ropy naftowej
Erdpech n —(e)s asfalt m
Erdpol m —s, —e biegun ziemski
Erdreich n —(e)s 1. ziemia f 2. przen padół ziemski
erdreisten, sich (h) śmieć, mieć czelność
Erdrinde zob. **Erdkruste**
erdröhnen (sn) vi za|grzmieć; zahuczeć, zadudnić
erdrosseln (h) vt u|dusić. Su
erdrücken (h) vt 1. u|dusić 2. przycis-kać|nąć, przygni-atać|eść; **~de Beweise przygniatające** dowody; **das Haus war zum Erdrücken voll** była nabita ⟨szczelnie wypełniona⟩
Erdrücken m —s, — pagórek m
Erdrutsch m —(e)s, —e geol o(b)suwisko n, zsuw m
Erdsatellit m —en, —en astr satelita Ziemi
Erdschicht f —, —en warstwa ziemi
Erdschluß m ...usses, ...üsse elektr zwarcie doziemne ⟨z ziemią⟩
Erdscholle f —, —n bryła ziemi, skiba f
Erdsicht f lot widoczność Ziemi
Erdstoß m —es, ⁺⁺e wstrząs (Ziemi)
Erdstrich m —(e)s, —e okolica f, teren m
Erdteil m —(e)s, —e geogr część Ziemi, kontynent m
Erdtrabant m —en, —en satelita Ziemi
erdulden (h) vt zn-osić|ieść; wy|cierpieć
Erdumfang m —(e)s obwód Ziemi
Erdumschiffung a. **Erdumseg(e)lung** f —, —en podróż (morska) naokoło świata
Erdwall m —(e)s, ⁺⁺ wał ziemny
erdwärts adv ku ⟨w kierunku⟩ Ziemi
Erdzeitalter n —s, — geol formacja f
ereifern, sich (h) vr un-osić|ieść się. Su
ereignen, sich (h) vr zdarz-ać|yć się, mieć miejsce
Ereignis n —ses, —se zdarzenie, wydarzenie n
ereignislos adj:adv nudn-y:-ie, monoton-n-y:-ie
ereignisreich adj:adv pełen wydarzeń, pamiętny (np. rok)
ereilen (h) vt dosięg-ać|nąć; zask-akiwać|oczyć

Erektion f —, —en erekcja f
Eremit m —en, —en pustelnik m
ererben (h) vt o|dziedziczyć (von jmdm po kimś)
erfahren[1] (30;h) vt 1. dowi-adywać| edzieć się (etw. o czymś) 2. dozna-wać|ć (etw. czegoś); doświadcz-ać|yć (czegoś). Su doświadczenie n; praktyka f; auf Grund langjähriger Erfahrung na podstawie długoletniego doświadczenia ⟨długoletniej praktyki⟩; Erfahrung haben być doświadczonym, mieć doświadczenie * in Erfahrung bringen dowiadywać się
erfahren[2] 1. part perf, zob. erfahren[1] 2. adj:adv doświadczony; biegły. Sh doświadczenie n, znajomość f
Erfahrungsaustausch m —es wymiana doświadczeń
erfahrungsgemäß adj:adv oparty na doświadczeniu, doświadczaln-y:-ie, w oparciu o doświadczenie; jak doświadczenie uczy
erfahrungslos adj:adv niedoświadczony: bez doświadczenia
erfahrungsmäßig zob. erfahrungsgemäß
erfaßbar adj uchwytny; wykrywalny
erfassen (h) vt 1. uj-mowa|ąć, uchwycić (jmds Hand czyjąś rękę a. kogoś za rękę); przen t. zarejestrować 2. ob-ejmować|jąć 3. ogarn-iać|ąć; ihn erfaßte e. Grauen ogarnęła go groza 4. poj-mować|ąć, z'rozumieć. Su do 1., 2. do 1. t. rejestracja f, zarejestrowanie n
Erfassungsgrenze f —, —n granica wykrywalności
Erfassungsstelle f —, —n roln punkt skupu
erfechten (33;h) vt 1. wywalcz-ać|yć; e—n Sieg ~ odnieść ⟨wywalczyć⟩ zwycięstwo 2. wyżebrać. Su
erfinden (34;h) vt 1. wyna-jdować|leźć 2. wymyśl-ać|ić; zmyśl-ać|ić. Su do 1., 2.; do 1. t. wynalazek m, do 2. t. wymysł m
Erfinder m —s, — wynalazca m
erfinderisch adj:adv wynalazcz-y:-o, pomysłow-y:-o; e. ~er Kopf pomysłowy człowiek; przysł Not macht ~ potrzeba (jest) matką wynalazków
Erfindungsgabe f — 1. dar ⟨talent, zmysł⟩ wynalazczy, wynalazczość, inwencja f 2. fantazja f
Erfindungsgeist m —(e)s wynalazczość f, pomysłowość f, inwencja f
Erfindungskraft zob. Erfindungsgabe
erfindungsreich adj pomysłow-y:-o
erflehen (h) vt błagać (etw. o coś), wybłagać (coś). Su
Erfolg m —(e)s, —e 1. wynik, rezultat m; skutek m; mit gutem ~ z dobrym wynikiem ⟨skutkiem⟩; ~e zeitigen da-(wa)ć ⟨przynosić⟩ rezultaty 2. powodzenie n; osiągnięcie n, sukces m; e. durchschlagender ~ całkowity ⟨zdecydowany⟩ sukces; guten ~! powodzenia!; große ~e haben mieć wielkie powodzenie; von ~ zu ~ schreiten kroczyć od sukcesu do sukcesu, święcić ⟨odnosić⟩ sukcesy
erfolgen (sn) vt nast-ępować|ąpić; es er-

folgte keine Antwort nie było odpowiedzi
erfolglos adj:adv bezskuteczn-y:-ie, daremn-y:-ie. Si
erfolgreich adj:adv uwieńczony sukcesem, skuteczn-y:-ie
erfolgversprechend adj:adv obiecując--y:-o
erforderlich adj potrzebny; wymagany; ~es Kapital potrzebny kapitał; ~e Maßnahmen potrzebne ⟨konieczne⟩ kroki; ~ sein wymagać; być potrzebnym
erforderlichenfalls adv w razie potrzeby
erfordern (h) vt wymagać; das erfordert Mühe to wymaga trudu
Erfordernis n —sses, —se wymogi pl, wymaganie n; potrzeba f
erforschen (h) vt 1. wy|badać (jmds Meinung czyjeś zdanie); wy|śledzić, do--chodzi|jść (czegoś) 2. z|badać. Su
Erforscher m —s, — badacz m
erfragen (h) vt dopyt-ywać|ać się (etw. czegoś); za|pytać (o coś)
erfrechen, sich (h) vr śmieć, mieć czelność, ośmiel-ać|ić się
erfreuen (h) vt, vr (sich się) u|cieszyć, u|radować; jmdn mit etw. ~ sprawi(a)ć komuś radość czymś; sich an Musik und Tanz ~ cieszyć się muzyką i tańcem; sich großer Beliebtheit ~ być bardzo lubianym, cieszyć się wzięciem; sich e—s guten Leumunds ~ cieszyć się dobrą opinią
erfreulich adj:adv pomyśln-y:-ie, rado--sny:-śnie, mił-y:-o; e. ~es Zeichen pomyślny ⟨dobry⟩ znak
erfreulicherweise adv na szczęście
erfrieren (40;sn) vi zmarznąć. Su
erfrischen (h) vt, vr (sich się) orzeźwi-ać|ć, odśwież-ać|yć, o|chłodzić. Su t. napój orzeźwiający ⟨chłodzący⟩
erfrischend 1. part praes, zob. erfrischen 2. adj:adv orzeźwiając-y:-o; chłodząc--y:-o
Erfrischungsraum m —(e)s, ⸚e bufet m (np. w teatrze)
erfüllen (h) 1. vt 1. vr (sich się) napełni--ać|ć (mit etw. czymś) 2. spełni-ać|ć (seine Pflicht swój obowiązek; e. Versprechen obietnicę); ziścić (Hoffnungen nadzieje; Träume marzenia; jmds Wunsch czyjeś życzenie); wykon-ywać| ać II. sich ~ vr spełni-ać|ć ⟨zi-szczać| ścić, sprawdz-ać|ić⟩ się; seine Hoffnung hat sich nicht erfüllt jego nadzieja nie ziściła się. Su; in Erfüllung gehen spełni(a)ć ⟨ziszczać, sprawdzać⟩ się
Erfüllungsort m —(e)s, —e praw miejsce wykonania
ergänzen (h) vt, vr (sich się) uzupełni--ać|ć; dopełni-ać|ć; s|kompletować. Su
Ergänzungs... w comp 1. dodatkowy, np. ~band 2. uzupełniający; np. ~prüfung
Ergänzungsband m —(e)s, ⸚e tom dodatkowy, suplement m
Ergänzungsprüfung f —, —en egzamin uzupełniający
Ergänzungswahl f —, —en wybory uzupełniające

ergattern (h) vt, pot złapać, zdobyć z trudem (e. Taxi taksówkę). Su
ergaunern (h) vt, pot wyszachrować, wycyganić. Su
ergeben¹ (43;h) I. vt 1. wykaz-ywać|ać (e—n Fehlbetrag manko; die Unschuld niewinność; e—n Unterschied różnicę) 2. wyda-wać|ć, przyn-osić|ieść; die Sammlung ergab 100 Mark zbiórka dała 100 marek II. sich ~ vr 1. odda-wać|ć się (dem Trunk pijaństwu) 2. poświęc-ać|ić się (der Kunst sztuce) 3. zda-wać|ć się (in etw. na coś), podda-wać|ć się (czemuś); sich in sein Schicksal ~ po|godzić się z losem 4. podda-wać|ć się (dem Feind wrogowi), s|kapitulować (przed wrogiem) 5. vimp wynik-ać|nąć, wypły-wać|nąć, wył-aniać|onić się; aus dem Bericht ergibt sich ze sprawozdania wynika; daraus ergibt sich die Notwendigkeit stąd wypływa ⟨wynika⟩ konieczność; es ergab sich e. Fehlbetrag von 10 Mark manko wynosiło 100 marek 6. okaz-ywać|ać się; es ergab sich, daß ... okazało się, że ... 7. składać ⟨złożyć⟩ się; es hat sich so ~ tak się złożyło. Su do II. 3., 4; do 3. t. cierpliwość f, uległość f; do 4. t. kapitulacja f
ergeben² I. part perf, zob. ergeben¹ II. adj:adv 1. oddany; Ihr ~er ... pana oddany ... 2. cierpliw-y:-ie, uleg-ły:-le. Sh 1. oddanie n; przywiązanie n 2. cierpliwość f; uległość f
Ergebnis n —ses, —se wynik, rezultat m; skutek m
ergebnislos adj:adv bezskuteczn-y:-ie, daremn-y:-ie, bez skutku
ergehen (45) I. (sn) vi 1. być wydanym ⟨ogłoszonym⟩; ~ lassen ogł-aszać|osić (e—n Aufruf manifest), wyda-wać|ć (e—n Befehl rozkaz); e. Befehl ergeht wydaje się rozkaz 2. zwr-acać|ócić się; es erging an die Beteiligten e—e Einladung zwrócono się do wszystkich zainteresowanych z zaproszeniem; * etw. über sich ~ lassen znosić coś cierpliwie II. (sn) vimp pow-odzić|ieść się; ihm ist es gut ergangen dobrze mu się powodziło; ihm wird es übel ~ z nim będzie ⟨skończy się⟩ źle; wie wird es uns ~? jaki będzie nasz los?; co się z nami stanie? III. sich ~ (h) vr 1. prze-chadzać|jść się (im Park w parku) 2. rozwodzić się; sich in Beschreibungen ~ opis(yw)ać szeroko; sich in Hoffnungen ~ łudzić się nadzieją; sich in Drohungen ~ odgrażać się; sich in Lob ~ rozpływać się w pochwałach
Ergehen n —s stan zdrowia; sich nach seinem ~ erkundigen pytać o jego stan zdrowia
ergiebig adj:adv 1. wydajn-y:-ie; ~ arbeiten wydajnie pracować 2. obfi-ty:-cie (Beute łup) 3. intratn-y:-ie (Geschäft interes) 4. wyczerpując-y:-o (np. o odpowiedzi) 5. żyzny, płodny, wydajny (Boden grunt). Sk do 1.—3.
ergießen (52;h) I. vt, vr (sich sie) wyl-ewać|ać; II. sich ~ vr 1. wpadać, uchodzić (o rzece) 2. rozl-ewać|ać się;

wyl-ewać|ać się; lunąć; e. Platzregen ⟨e. Strom von Schimpfworten⟩ ergoß sich über uns lunął na nas nagły deszcz ⟨potok wyzwisk⟩; sich in Tränen ~ zal(ew)ać się łzami
erglühen (sn) vi 1. rozżarz-ać|yć się 2. przen za|rumienić się (vor Freude z radości); vor Scham ~ zapłonąć ze wstydu 3. zapal-ać|ić się (für etw. do czegoś); in Liebe ~ für jmdn zapłonąć miłością do kogoś
ergötzen (h) 1. vt bawić, zabawi-ać|ć (die Anwesenden obecnych) 2. sich ~ vr delektować, ⟨napawać, rozkoszować⟩ się (an etw. czymś); bawić; er ergötzte sich an ihren Antworten jej odpowiedzi go bawiły. Su
Ergötzen n —s 1. uciecha, radość f; zum ~ der Hörer ku uciesze słuchaczy 2. ergötzlich adj:adv zabawn-y:-ie, uciesz-ny:-ie. Sk t. zabawa, uciecha f
ergrauen (sn) vi o|siwieć
ergreifen (58;h) vt 1. chwy-tać|cić (das Schwert za miecz; jmdn bei der Hand kogoś za rękę), z|łapać; uj-mować|ąć; pojmać (den Verbrecher zbrodniarza); przen Besitz von etw. ~ brać coś w posiadanie; e—n Beruf ~ wyb(ie)rać zawód; die Flucht ~ rzucać się do ucieczki; die Gelegenheit ~ po|chwycić okazję; die Macht ~ obejmować ⟨zagarnąć⟩ władzę; Maßnahmen ⟨Maßregeln⟩ ~ przedsiębrać środki; jmds Partei ~ stawać po czyjejś stronie; uj-mować się za kimś; auf frischer Tat ~ chwycić na gorącym uczynku; das Wort ~ zab(ie)rać głos; die Zügel der Regierung ⟨des Staates⟩ ~ stawać na czele rządu ⟨państwa⟩ 2. ob-ejmować| jąć, ogarn-iać|ąć (o płomieniach, uczuciu itp.) 3. wzrusz-ać|yć; przej-mować| ąć; dein Schicksal ergreift mich tief los twój wzrusza mnie głęboko. Su do 1.
ergreifend 1. part praes, zob. ergreifen 2. adj:adv wzruszając-y:-o
ergriffen 1. part perf, zob. ergreifen 2. adj:adv wzruszony : z wzruszeniem. Sh wzruszenie n
ergrimmen 1. (h) vt rozzłościć 2. (sn) vi rozzłościć się
ergründen (h) vt 1. zgłębi-ać|ć, zgruntować 2. przen docie-kać|c, z|badać. Su
ergrünen (sn) vi zazielenić się
Erguß m ...usses, ...üsse 1. wylanie się, wylew m (t. med), potok m (słów); wynurzenie się, wylew m (uczuć)
erhaben adj:adv 1. wypuk-ły:-le 2. wznio-sły:-śle (Gefühl uczucie): do-stojn-y:-ie; wielki * ~ sein über etw. stać ponad czymś; über alles Lob ~ być doskonałym ⟨wyśmienitym⟩. Sh
erhallen (sn) vi rozle-gać|c się, rozbrzmie-wać|ć
Erhalt m —(e)s odbiór m, otrzymanie n; nach ~ po otrzymaniu
erhalten¹ (60;h) I. vt, vr (sich się) 1. u-trzymywać (von etw. z czegoś) 2.

erhalten² — erkennen

utrzym-ywać|ać, zachow-ywać|ać; konserwować II. *vt* otrzym-ywać|ać, dostać. Su do I.; do I. 2. t. konserwacja *f*
erhalten² 1. *part perf, zob.* **erhalten¹** 2. *adj* utrzymany, zachowany; gut ~ w dobrym stanie; ~ bleiben zachować ⟨utrzymać⟩ się
Erhaltungs... *w comp* 1. ... utrzymania; *np.* ~**kosten** 2. zachowawczy; *np.* ~**trieb** 3. ... zachowania; *np.* ~**gesetz**
Erhaltungsgesetz *n* —es *fiz* prawo zachowania
Erhaltungskosten *pl* koszty utrzymania
Erhaltungsmittel *pl* środki utrzymania
Erhaltungstrieb *m* —(e)s *biol* instynkt zachowawczy
erhandeln (h) *vt* wytargować
erhängen (h) *vt, vr* (sich się) powiesić
erhärten 1. (sn) *vi* s|tężeć, s|twardnieć 2. (h) *vt, praw* pop-ierać|rzeć (durch Beweise dowodami; durch e—n Eid *a.* eidlich przysięgą). Su
erhaschen (h) *vt* z|łapać, chwy-tać|cić (*t. przen*)
erheben (63;h) I. *vt* 1. *t. vr* (sich się) podn-osić|ieść (den Finger palec; die Stimme głos); das Glas auf jmds Wohl ~ wznosić toast na czyjeś zdrowie 2. wyn-osić|ieść (jmdn auf den Thron kogoś na tron) 3. pob-ierać|rać, ściąg-ać|nąć (Gebühren opłaty; Steuern podatki) 4. pod-ejmować|jąć (e—n Betrag kwotę) 5. wn-osić|ieść (Einspruch sprzeciw; Klage skargę); Protest ~ zakładać protest; Anspruch ~ auf etw. rościć sobie pretensje do czegoś; Zweifel ~ pod(aw)ać w wątpliwość, powątpiewać 6. wszcz-ynać|ąć (Geschrei wrzawę) 7. stwierdz-ać|ić, z|badać II. sich ~ *vr* 1. podn-osić|ieść się, wsta-wać|ć (von der Bank z ławki); wzbi-jać|ć ⟨wzn-osić|ieść⟩ się (o ptaku, samolocie *itp.*); sich über andere ~ wywyższać się ponad innych 2. wznosić się (*np. o górze*) 3. powsta-wać|ć, z|buntować się 4. nasu-wać|nąć ⟨wył-aniać|onić⟩ się, powsta-wać|ć (*o pytaniu, wątpliwościach itp.*) 5. wybuch-ać|nąć (*o sporze, kłótni itp.*); zrywać|zerwać się (*np. o wichurze*). Su 1. pobieranie, ściąganie *n*, pobór *m* (*podatków*) 2. dochodzenie *n*; Erhebungen anstellen wszczynać dochodzenie 3. pagórek *m*, wzniesienie *n* 4. powstanie *n*, bunt *m*
erhebend 1. *part praes, zob.* **erheben** 2. *adj* podniosły, budujący (*np. widok, nastrój*)
erheblich *adj:adv* znaczn-y:-ie; ważn-y:-ie. Sk znaczenie *n*, waga *f*
erheitern (h) *vt, vr* (sich się) rozweselać|ić. Su
erhellen I. (h) *vt, vr* (sich się) 1. oświetl-ać|ić; rozjaśni-ać|ć 2. *przen* wyjaśni-ać|ić, wyświetl-ać|ić II. (sn) *vt, vimp* wynikać, okaz-ywać|ać się; hieraus erhellt z tego wynika, okazuje się, Su do I.
erheucheln (h) *vt* 1. wyłudz-ać|ić (udawaniem) 2. uda-wać|ć (Mitleid współczucie). Su

erheuchelt 1. *part perf, zob.* **erheucheln** 2. *adj:adv* uda(wa)ny, obłudn-y:-ie
erhitzen (h) *vt, vr* (sich się) 1. ogrz-ewać|ać 2. rozgrz-ewać|ać; rozpal-ać|ić (*t. przen*). Su
erhoffen (h) *vt* spodziewać się
erhöhen (h) *vt, vr* (sich się) 1. podwyższ-ać|yć (die Preise ceny; die Löhne płace), podn-osić|ieść (die Ausgaben wydatki; das Ansehen znaczenie); zwiększ-ać|yć (die Geschwindigkeit szybkość) 2. wywyższ-ać|yć. Su do 1., 2.; do 1. *t.* podwyżka *f* (płac); wzniesienie *n* (terenu)
erholen, sich (h) *vr* przy-chodzić|jść do sił ⟨do siebie⟩ (von der Krankheit po chorobie); odpocz-ywać|ąć, wypoczywać|ąć; ochłonąć (von dem Schreck z przerażenia). Su 1. odpoczynek, wypoczynek *m*; zur Erholung in ... wellen przebywać dla wypoczynku w ... 2. poprawa zdrowia; Erholung suchen szukać poprawy zdrowia
Erholungsheim *n* —(e)s, —e dom wypoczynkowy
Erholungspause *f* —, —n pauza, przerwa *f* (*t. szkol*)
erhören (h) *vt* wysłuch-iwać|ać (e—e Bitte prośbę). Su
Erika *f* 1. —, ...ken wrzos *m* 2. (*f*) —s Eryka *f*
erinnerlich *adj;* es ist mir ~ przypominam sobie; wie ~ jak wiadomo
erinnern (h) *vt, vr* (sich *acc* sobie) przypom-inać|nieć (jmdn an etw. komuś coś). Su 1. wspomnienie *n*; pamięć, pamiątka *f* zur Erinnerung an ... ku pamięci..., na pamiątkę...; von Erinnerungen zehren żyć wspomieniami; jmdn in angenehmer Erinnerung haben mile kogoś wspominać 2. przypomnienie *n*; monit *m*; jmdm etw. in Erinnerung bringen przypominać komuś coś
Erinnerung *f zob.* **erinnern**
Erinnerungsschreiben *n* —s, — monit *m*
Erinnerungstafel *f* —, —n tablica pamiątkowa
erjagen (h) *vt* 1. upolować 2. *przen* dogonić; zdoby-wać|ć. Su
erkalten (sn) *vt* o|stygnąć, ostygać; o|ziębnąć (*t. przen*). Su
erkälten, sich 1. *dat* (h) *vr* przeziębi-ać|ć sobie (den Hals gardło) 2. *acc* (h) *vr* przeziębi-ać|ć się. Su; sich e—e Erkältung zuziehen nabawi(a)ć się przeziębienia, przeziębi(a)ć się
erkämpfen (h) *vt, vr* (sich sobie) walcz-ać|yć; e—n großen Sieg ~ odnosić wielkie zwycięstwo. Su
erkaufen (h) *vt* 1. okup-ywać|ić (e—n Sieg mit Blut zwycięstwo krwią) 2. przekup-ywać|ić (mit Geld pieniędzmi). Su
erkennbar *adj:adv* rozpoznawaln-y:-ie, dający się rozpoznać: w sposób dający się rozpoznać. Sk (roz)poznawalność *f*
erkennen (66;h) I. *vt* 1. pozna-wać|ć (jmdn an der Stimme kogoś po głosie); rozpozna-wać|ć (e—e Krankheit chorobę; den Täter złoczyńcę); zu ~

erkenntlich 232 erlauben

geben da(wa)ć poznać po sobie; da(wa)ć do poznania ⟨do zrozumienia⟩; **sich zu ~ geben** da(wa)ć się poznać **2.** uzna--waćǀć **(seinen Fehler** swój błąd); **hand** jmdn **für e—n Betrag ~** uzn(aw)ać kogoś kwotą * *dawn* **e—e Frau ~** spółkować **II.** *vi, praw* orze-kaćǀc; **auf Freispruch ~** uniewinniać; **auf Gefängnis ~** skazać na karę więzienia; **jmdn schuldig ~** uzn(aw)ać kogoś winnym. Su rozpoznanie *n;* poznanie *n* **erkenntlich** *adj:adv* **1. ~** wdzięczn-y:-ie; **sich ~ zeigen** odwdzięczać się **2.** *zob.* **erkennbar.** Sk wdzięczność *f*
Erkenntnis I. *f* **—, —se 1.** rozpoznanie *n;* poznanie *n;* zrozumienie *n;* **zur ~ kommen ⟨gelangen⟩** zrozumieć, pojmować, poznawać; jmdm etw. **zur ~ bringen** przekonać kogoś o czymś **2.** uznanie *n* **(błędu) II.** *n* **—ses, —se** *praw* wyrok *m,* orzeczenie *n*
Erkenntnis... *w comp* **1.** ... poznania; *np.* **~quelle 2.** ... wyroku; *np.* **~grund**
Erkenntnisgrund *m* **—es, ⸚e** *praw* uzasadnienie wyroku
Erkenntnisquelle *f* **—, —n** źródło poznania
Erkenntnistheorie *f* **—,** ...**ien** *filoz* teoria poznania
Erkenntnisvermögen *n* **—s** zdolność poznania
Erkennungs... *w comp* rozpoznawczy; *np.* **~marke**
Erkennungsdienst *m* **—es** służba śledcza
Erkennungsmarke *f* **—, —n** *woj* tabliczka ⟨blaszka⟩ rozpoznawcza
Erkennungswort *n* **—(e)s, ⸚er** hasło *n*
Erkennungszeichen *n* **—s, —** znak rozpoznawczy
Erker *m* **—s, — 1.** *bud* wykusz *m* **2.** *iron. pot* nos, nochal *m*
erkiesen (27;h) *vt, vr* **(sich** *dat* **sobie),** *dawn* wyb-ieraćǀrać. Su *t.* wybór *m*
erklärbar *adj* wytłumaczalny, do wytłumaczenia
erklären (h) I. *vt* **1.** wyjaśni-aćǀć; objaśni--aćć; wyǀtłumaczyć; **das läßt sich schwer ~** trudno to wytłumaczyć **2.** oświadcz-aćǀyć; **seinen Eintritt ~** wstąpić; **sein Einverständnis ~** wyrażać zgodę; wyzna-waćǀć **(seine Liebe** swoją miłość); ogł-aszaćǀosić **(den Ausnahmezustand** stan wyjątkowy); **den Krieg ~** wypowiadać wojnę **3.** uzna-waćǀć (etw. **für Lüge** coś za kłamstwo; jmdn für unzurechnungsfähig kogoś za niepoczytalnego; für tot za zmarłego); etw. **für ungültig ~** uneważniǀa)ć coś **II. sich ~** *vr* **1.** oświadcz-aćǀyć się, wyzna--waćǀć miłość **(e—m Mädchen** dziewczynie) **2.** wypowi-adaćǀedzieć ⟨oświadcz-aćǀyć, zǀdeklarować⟩ się **(für jmdn** za kimś; **gegen jmdn** przeciw komuś) **3.** uzna-waćǀć się **(für nicht zuständig** za niekompetentnego) **4.** wynurz-aćǀyć się **(jmdm** przed kimś). **Su 1.** objaśnienie *n,* wyjaśnienie *n;* wytłumaczenie *n* **2.** oświadczenie *n;* deklaracja *f;* **Erklärung des letzten Willens** rozporządzenie ostatniej woli; **e—e Erklärung**

abgeben składać oświadczenie **3.** wyznanie *n* (miłości) **4.** ogłoszenie *n (np.* stanu oblężenia) **5.** wypowiedzenie *n* (wojny)
Erklärer *m* **—s, —** objaśniający, komentator, interpretator *m*
erklärlich *adj:adv* zrozumia-ły:-le, wytłumaczalny, dający się wytłumaczyć *(np.* błąd); **ich finde seine Handlungsweise ~** dla mnie jego sposób postępowania jest zrozumiały
erklärt 1. *part perf, zob.* **erklären 2.** *adj* zdecydowany, zdeklarowany
erklecklich *adj:adv* znaczn-y:-ie, spor--y:-o
erklettern (h) *vt a.* **erklimmen (67;h)** *vt* wspi-naćǀąć ⟨wdrap-ywaćǀać⟩ się **(den Berg** na górę)
erklingen (68;sn) *vi* zabrzmieć, rozbrzmieć; ~ǀć rozle-gaćǀc się; zaǀdźwięczeć
erkranken (sn) *vi* zaǀchorować **(an Grippe** na grypę). **Su** *t.* choroba *f;* **leichte Erkrankung** niedyspozycja *f;* **wegen Erkrankung geschlossen** z powodu choroby zamknięte
Erkrankungsfall *m* **—(e)s, ⸚e** wypadek choroby; **im ~** na wypadek choroby
erkühnen, sich (h) *vr* ośmiel-aćǀić, odważ-aćǀyć się, śmieć
erkunden (h) *vt, woj* wyw-iadywaćǀiedzieć się (etw. o czymś); sǀpenetrować, zǀbadać **(das Gelände** teren). **Su** *t.* wywiad, zwiad, rekonesans *m,* rozpoznanie *n*
erkundigen, sich (h) *vr* wyw-iadywaćǀiedzieć się; dow-iadywaćǀiedzieć się **(bei jmdm nach jmdm** u kogoś o kogoś). **Su** *t.* informacja *f*
Erkundigung... *w comp;* rozpoznawczy; *np.* **~flug**
Erkundigungsflug *m* **—(e)s, ⸚e** lot rozpoznawczy
Erkundigungsgang *m* **(—e)s, ⸚e** rekonesans
Erkundigungskommando *n* **—s, —s** *a.* **Erkundungspatrouille** [...trulja] *f* **—, —n** *woj* patrol rozpoznawczy
erkünstelt *part, adj:adv* sztuczn-y:-ie, nienaturaln-y:-ie, wymuszony : w sposób wymuszony, afektowany
erlahmen (sn) *vi* **1.** oǀsłabnąć, usta-waćǀć *(np. o oporze)* **2.** omdlewać (ze zmęczenia); **die Arme ~ mir** ręce omdlewają ⟨opadają⟩ mi (ze zmęczenia). **Su**
erlangen (h) *vt* osiąg-ać|nąć (etw. coś), dopi-naćǀąć (czegoś); uzysk-iwaćǀać, otrzym-ywaćǀać (coś). **Su**
Erlaß *m* ...**asses,** ...**asse 1.** darowanie (kary), odpuszczenie *n* (grzechów, winy *itp.);* uwolnienie *n* (od długu, kary *itp.)* **2.** rozporządzenie *n;* dekret *m;* rozkaz *m;* **~ e—s Haftbefehles** wydanie nakazu aresztowania
erlassen (74;h) *vt* **1.** odpu-szczaćǀścić **(die Sünden** grzechy), darować **(die Schuld** winę; **die Strafe** karę); uw-alniaćǀolnić **(jmdm die Arbeit** kogoś od roboty) **2.** wyda-waćǀć **(e—n Befehl** rozkaz). **Su**
erläßlich *adj* do wybaczenia, wybaczalny
erlauben (h) *vt* **1.** pozw-alaćǀolić; zezw--alaćǀolić; **~ Sie mal!** a) pan(i) pozwoli! b) jak pan(i) śmie! **2. sich** *dat* **~** *vr*

Erlaubnis 233 Ermessen

pozw-alać|olić sobie (**Vertraulichkeiten na poufałości**; **zu viel za dużo**)
Erlaubnis f — pozwolenie n; zezwolenie n; **stillschweigende** ~ milcząca zgoda
Erlaubnisschein m —(e)s, —e zezwolenie n (na piśmie)
erlaubt 1. part perf, zob. **erlauben** 2. adj dozwolony; ~ **sein** wolno, być dozwolonym
erlaucht adj, dawn dostojny (przy tytule), jaśnie oświecony
erlauschen (h) vt podsłuch-iwać|ać, dowiadywać|edzieć się (podsłuchując)
erläutern (h) vt objaśni-ać|ć, s|komentować (e—n Text tekst). Su t. komentarz m
Erle f —, —n bot olcha, olsza f
erleben (h) vt 1. przeży-wać|ć; doznawać|ć doświadcz-ać|yć; zazna-wać|ć; **alles Bittere** ~ zazn(aw)ać wszelkiej goryczy; **er soll was** ~! ja mu pokażę! 2. dożyć; doczekać się (**etw**. czegoś); **den nächsten Tag** ~ dożyć (doczekać) się następnego dnia; **die Oper erlebte 100 Vorstellungen** opera doczekała się 100 przedstawień; **viel Freude an jmdm** ~ doczekać się dużo pociechy z kogoś
Erlebnis n —ses, —se przeżycie n; przygoda f
Erlebnisbericht m —(e)s, —e wspomnienia pl, reportaż m
erledigen (h) vt, vr (sich się) 1. załatwi-ać|ć (e—e **Angelegenheit** sprawę); wykon-ywać|ać (**die Arbeit** pracę; e—n **Auftrag** zlecenie); pot damit hat sich **die Sache erledigt** na tym się skończyło 2. za|kończyć (**den Streit** spór); rozpr-aszać|oszyć (**Bedenken** wątpliwości) 3. pot wykończ-ać|yć (**den Gegner** przeciwnika). Su
erledigt I. part perf, zob. **erledigen** II. adj 1. załatwiony 2. przen, pot gotów, wyczerpany, wykończony 3. wakujący, wolny (np. o posadzie)
erlegen (h) vt zabi-jać|ć; upolować
erleichtern (h) I. vt 1. t. vr (sich dat sobie) ułatwi-ać|ć (jmdm etw. komuś coś ⟨w czymś⟩); ulżyć (komuś czegoś ⟨w czymś⟩) 2. pot okra-dać|ść, oskub-ywać|ać (jmdm um Geld kogoś z pieniędzy); oszuk-iwać|ać (jmdm um Geld kogoś na pieniądzach) II. 1. sich dat ~ vr ulżyć sobie (durch e. Gestandnis das Herz na sercu zeznaniem) 2. sich ~ vr, pot, fizj ulżyć sobie. Su t. ulga f
erleichtert I. part perf, zob. **erleichtern** II. 1. adj ułatwiony 2. adv z ulgą; ~ **aufatmen** odetchnąć z ulgą
erleiden (76;h) vt 1. zn-osić|ieść (etw. **geduldig** coś cierpliwie) 2. dozna-wać|ć (e—e **Enttäuschung** zawodu); pon-osić| ieść (e—e **Niederlage** klęskę; e—n **Verlust** stratę; **den Tod** śmierć); ule-gać|c (e—e **Veränderung** zmianie)
erlen adj olchowy, olszowy, z drewna olchowego ⟨olszowego⟩, z olszyny
Erlen.. w comp 1. olchowy, olszowy; np. ~**holz** 2. ... olszy, ... olchy; np. ~**blatt**
Erlenblatt n —(e)s, ⁻⁻er liść olszyny ⟨olchy⟩
Erlenbusch m —es, ⁻⁻e olcha, olsza f

Erlenholz n —es, ⁻⁻er drewno ⟨drzewo⟩ olszowe ⟨olchowe⟩
erlernbar adj dający się opanować ⟨nauczyć⟩, do opanowania ⟨nauczenia⟩
erlernen (h) vt na|uczyć ⟨wy|uczyć⟩ się (etw. czegoś). Su
erlesen¹ (78;h) vt naby-wać|ć przez czytanie (sein **Wissen** swoją wiedzę)
erlesen² 1. part perf, zob. **erlesen**¹ 2. adj wyszukany, wybrany; wyborowy, doborowy
erleuchten (h) vt 1. oświetl-ać|ić 2. przen oświec-ać|ić. Su
erliegen (79;sn) vi ule-gać|c (**dem Gegner** przeciwnikowi; **den Versprechungen** obietnicom); **den Wunden** ~ umierać z ran
erlisten (h) vt podstępnie wyłudz-ać|ić, pot wycyganić. Su podstępne wyłudzenie, wycyganienie n
erlitten 1. part perf, zob. **erleiden** 2. adj poniesiony (np. o stracie), doznany (np. o krzywdzie)
Erlkönig m —(e)s, —e lit król elfów
erlogen 1. part perf, zob. **erlügen** 2. adj zmyślony, zełgany
Erlös m —es, —e dochód m; utarg m; uzyskana kwota
erlöschen (28;sn) vi 1. z|gasnąć (o świetle) 2. przen wygas-ać|nąć, upły-wać|nąć, s|kończyć się (o terminie); wym-ierać| rzeć (np. o rodzie). Su
erlösen (h) vt 1. wybawi-ać|ć 2. rel zbawić, odkup-ywać|ić; uw-alniać|olnić. Su
Erlöser m —s, — 1. rel zbawiciel m 2. wybawiciel m
erlügen (80;h) vt s|kłamać, ze|lgać, zmyśl--ać|ić
ermächtigen (h) vt upoważni-ać|ć, upełnomocni-ać|ć, udziel-ać|ić pełnomocnictwa. Su t. pełnomocnictwo n
Ermächtigungsgesetz n —es, —e pełnomocnictwo dla rządu (do wydawania dekretów z mocą ustawy)
ermahnen (h) vt upom-inać|nieć; napom--inać|nieć; udziel-ać|ić upomnienia ⟨nagany⟩. Su t. **nagana** f
ermangeln (h) vi zbywać, brakować; es **ermangelt an etw.** brak czegoś; **nicht** ~ nie omieszkać. Su brak m; in **Ermangelung e—s Besseren** z braku ⟨w miejsce⟩ czegoś lepszego.
ermannen (h) vt 1. vt doda-wać|ć odwagi ⟨otuchy⟩ (jmdm komuś) 2. sich ~ vr nab-ierać|rać odwagi ⟨otuchy⟩, zbierać| zebrać siły. Su
ermäßigen (h) vt zniż-ać|yć, obniż-ać|yć (**die Preise um** ⟨**auf**⟩ ... ceny o ⟨do, na⟩...); Su t. zniżka, obniżka f
ermatten 1. (h) vt osłabi-ać|ć; z|męczyć 2. (sn) vi o|słabnąć; z|męczyć się. Su
ermessen (83;h) vt 1. z|rozumieć; oceni-ać|ć, poj-mowaćąć; **soweit ich das** ~ **kann** o ile to potrafię ocenić
Ermessen n —s uznanie n; sąd m; zdanie n; pojęcie n; **nach eigenem** ~ wg własnego uznania; **nach menschlichem** ~ na zdrowy rozsądek; **nach meinem** ~ moim zdaniem; wg mojego uznania;

etw. in jmds ~ stellen zostawi(a)ć coś do czyjegoś uznania
ermitteln (h) vt wykry-wać|ć; stwierdz-ać|ić, ustal-ać|ić; oznacz-ać|yć; wypośrodkować. Su
Ermitt(e)lungsverfahren n —s dochodzenie n
ermöglichen (h) vt umożliwi-ać|ć. Su
ermorden (h) vt zamordować. Su
ermüden (h) 1. vt, vr z|męczyć, ⟨z|nużyć⟩ 2. (sn) vi zmęczyć ⟨znużyć⟩ się. Su znużenie n, zmęczenie n (t. tech)
ermüdend 1. part praes, zob. ermüden 2. adj:adv męcząc-y:-o, nużąc-y:-o
ermuntern (h) vt 1. zachęc-ać|ić, nakł--aniać|onić 2. t. vr (sich się) o|budzić; ożywi-ać|ć. Su do 1., 2.; do 1. t. zachęta f
ermutigen (h) vt doda-wać|ć ⟨odwagi⟩ otuchy. Su t. zachęta f
ernähren (h) vt, vr (sich się) wy|żywić; utrzym-ywać|ać; karmić; odżywiać. Su
Ernährer m —s, — żywiciel m; karmiciel m
Ernährerin f —, —nen żywicielka, karmicielka f
Ernährungslage f — sytuacja aprowizacyjna
Ernährungsweise f —, —n sposób odżywiania ⟨żywienia⟩ się
ernennen (88;h) vt za|mianować (jmdn zum Professor kogoś profesorem). Su t. nominacja f
Ernennungsurkunde f —, —n akt mianowania ⟨nominacji⟩, nominacja f
Erneuer(er) m —s, — odnowiciel m
erneue(r)n (h) 1. vt odn-awiać|owić (den Vertrag umowę); wzn-awiać|owić (die Bekanntschaft znajomość); pon-awiać| owić (sein Versprechen swoją obietnicę); odśwież-ać|yć 2. odn-nawiać|owić renowować 3. wymieni-ać|ć 4. prolongować (den Wechsel weksel). Su do 1.—4.; do 2. t. renowacja f; do 4. t. prolongata f
erneut I. part perf, zob. erneue(r)n II. adj 1. odnowiony; wznowiony: odświeżony 2. t. adv ponown-y:-ie, znowu
erniedrigen (h) vt, vr (sich się) 1. poniż--ać|yć, uniż-ać|yć, upok-arzać|orzyć 2. obniż-ać|yć (die Preise ceny; e—e Note nutę). Su do 1., 2.; do 2. t. obniżka f
ernst adj:adv 1. poważn-y:-ie, (na) serio; e—e ~e Miene machen robić poważną minę; etw. ~ nehmen traktować ⟨brać⟩ coś poważnie; mit jmdm e. ~es Wort reden rozmówić się z kimś poważnie; es ist mir ~ damit! mówię serio! 2. przen ciężk-i:-o; ~e Zeiten ciężkie czasy
Ernst¹ m —s Ernest m
Ernst² m —(e)s 1. powaga f; der ~ der Stunde powaga chwili; im ~! serio, poważnie!; in ⟨mit⟩ allem ⟨vollem⟩ ~ a. allen ⟨alles⟩ ~es całkiem ⟨zupełnie⟩ serio ⟨poważnie⟩; mit e—r Drohung ~ machen od gróźb przechodzić do czynu; den ~ bewahren zachow(yw)ać powagę; ob das wohl sein ~ ist? czy on mówi serio ⟨poważnie⟩?; nun wird es

~! teraz zaczyna się na serio! 2. surowość f (der Strafe kary)
Ernstfall m —(e)s, ⁰e rzeczywisty wypadek (pożaru, ataku itp.); im ⟨für den⟩ ~ w wypadku ⟨na wypadek⟩ rzeczywistego wybuchu (wojny, pożaru itp.)
ernsthaft adj:adv poważn-y:-ie, serio; szcze-ry:-rze; ~e Absichten haben mieć poważne ⟨szczere⟩ zamiary. Si powaga f; mit aller Ernsthaftigkeit z całą powagą
ernstlich adj:adv 1. poważn-y:-ie, serio; szcze-ry:-rze; ~ krank sein być poważnie chorym; ~ daran denken myśleć szczerze o tym 2. surow-y:-o; e. ~es Verbot surowy zakaz
Ernte f —, —n 1. żniwo n, zbiór, plon m (t. przen); e—e gute ~ urodzaj m 2. żniwa pl
Ernte... w comp 1. żniwny; np. ~bräuche 2. ...żnłw; np. ~beginn
Erntearbeit f —, —en praca żniwna
Erntearbeiter m —s, — żniwiarz m
Ernteaussichten pl widoki na urodzaj
Erntebeginn m —(e)s początek ⟨rozpoczęcie⟩ żniw
Erntebräuche pl zwyczaje żniwne
Erntefest n —(e)s, —e dożynki pl
Erntekampagne [...panja] f —, —n kampania żniwna
Erntekranz m —es, ⁰e wieniec żniwny
Erntemaschinen pl maszyny żniwne
Erntemonat m —(e)s, —e pot sierpień m
ernten (h) vt zbierać|zebrać (t. przen); sprząt-ać|nąć (das Getreide zboże).
Lorbeeren ~ zbierać laury
Erntezeit f — pora żniw, żniwa pl
ernüchtern (h) vt 1. otw-ierać|orzyć (t. przen) 2. sich ~ vr otrzeźwieć. Su
Eroberer m —s, — zdobywca m
erobern (h) vt zdoby-wać|ć, podbi-jać|ć. Su t. podbój m
Eroberungskrieg m —(e)s, —e wojna zaborcza
Eroberungslust f — woj agresywność, zachłanność f
eroberungslustig adj:adv agresywn-y:-ie, zachłann-y:-ie
Eroberungssucht zob. Eroberungslust
eroberungssüchtig zob. eroberungslustig
eröffnen (h) I. vt 1. otw-ierać|orzyć (das Feuer ogień; e—e Eisenbahnlinie linię; e. Konto konto; das Herz serce; das Testament testament; das Theater teatr); die Sitzung ~ otwierać ⟨zagajać⟩ posiedzenie; den Konkurs ~ ogłaszać upadłość 2. oznajmi-ać|ć, oświadcz-ać| yć; objawi-ać|ć II. sich ~ vr 1. otw-ierać|orzyć się; es eröffnet sich mir die Gelegenheit otwiera się przede mną okazja 2. zwierz-ać|yć (jmdm komuś), wynurz-ać|yć się (przed kimś). Su 1. otwarcie n. zagajenie n; otwarcie n; inauguracja f 3. ogłoszenie n (upadłości) 4. oświadczenie, oznajmienie n
Eröffnungs... w comp 1. inauguracyjny; np. ~feier 2. ... otwarcia; np. ~bilanz
Eröffnungsbilanz f —, —en fin bilans otwarcia

Eröffnungsfeier 235 ersäufen

Eröffnungsfeier *f* —, —n uroczystość inauguracyjna
Eröffnungsrede *f* —, —n przemówienie inauguracyjne
Eröffnungssitzung *f* —, —en posiedzenie inauguracyjne
erörtern (h) *vt* om-awiać|ówić, roztrząs- -ać|nąć, prze|dyskutować. Su *t.* dyskusja *f*; sich auf weitere **Erörterungen** nicht einlassen nie wdawać się w dalszą dyskusję
Erosion *f* —, —en *geol* erozja *f*
Erotik *f* — erotyka *f*
erotisch *adj:adv* erotyczn-y:-ie; e. ~es Gedicht erotyk *m*
Erotomanie *f* — erotomania *f*
Erpel *m* —s, — *reg* kaczor *m*
erpicht *part, adj* łasy; ~ sein lecieć, być łasym (auf etw. na coś)
erpressen (h) *vt* wymu-szać|sić (etw. von jmdm coś na kimś). Su *t.* szantaż *m*
Erpresser *m* —s, — szantażysta *m*
Erpresserin *f* —, —nen szantażystka *f*
Erpressungsversuch *m* —(e)s, —e usiłowanie szantażu ⟨wymuszenia⟩
erproben (h) *vt* 1. wypróbow-ywać|ać; wystawi-ać|ć na próbę 2. doświadcz-ać| yć (alles wszystkiego). Su
erprobt 1. *part perf, zob.* erproben 2. *adj* wypróbowany
erquicken (h) *vt, vr* (sich się) 1. pokrzepi-ać|ć, posil-ać|ić 2. orzeźwi-ać|ć. Su do 1., 2.; do 1. *t.* posiłek *m*
erquickend I. *part praes, zob.* erquicken **II.** *t.* **erquicklich** *adj:adv* 1. pokrzepiając-y:-o 2. orzeźwiając-y:-o
erraten (93;h) *vt* odgad-ywać|nąć, zgad- -ywać|nąć. Su
erratisch *adj, geol* eratyczny; ~er Block głaz narzutowy, narzutniak, eratyk *m*
errechnen (h) *vt* oblicz-ać|yć, wylicz-ać| yć. Su
erregbar *adj* pobudliwy; drażliwy. Sk
erregen (h) *vt* 1. *t. vr* (sich się) z|denerwować; podniec-ać|ić; porusz-ać|yć, wzrusz-ać|yć 2. wywoł-ywać|ać (**Ärgernis** zgorszenie; **Aufsehen** sensację); wzbudz-ać|ić, budzić (**Heiterkeit** śmiech; **Mitleid** litość), sprawi-ać|ć (**Freude** radość; **Leid** cierpienie) 3. pobudz-ać|ić (*t. fiz*). Su
erregend 1. *part praes, zob.* erregen 2. *adj:adv, med* pobudzając-y:-o ⟨*środek*⟩
Erreger *m* —s, — 1. sprawca *m* 2. *med* zarazek *m*
Erreger... *w comp* wzbudzający; *np.* ~maschine
Erregermaschine *f* —, —n *elektr* prądnica wzbudzająca
erregt 1. *part perf, zob.* erregen 2. *adj: :adv* zdenerwowany, podniecony, podrażniony; wzburzony. Sh zdenerwowanie, podniecenie, podrażnienie *n*; wzburzenie *n*
erreichbar *adj* dostępny; osiągalny, uchwytny. Sk
erreichen (h) 1. dosięg-ać|nąć 2. dog- -aniać|onić; doje-żdżać|chać, do-chodzić| jść, dobie-gać|c, dopły-wać|nąć, do- -cierać|trzeć (das Ziel do celu); den

Zug ~ zdążyć na pociąg 3. *przen* osiąg- -ać|nąć (alles wszystko; e—e große **Geschwindigkeit** wielką szybkość; sein **Ziel** swój cel) 4. dorówn-ywać|ać (jmdn komuś). Su 1. dosięgnięcie *n* 2. osiągnięcie *n*
erretten (h) *vt* u|ratować, ocal-ać|ić; wy| ratować, wybawi-ać|ć. Su
Erretter *m* —s, — wybawca *m*
Erretterin *f* —, —nen wybawicielka *f*
errichten (h) *vt* 1. wzn-osić|ieść, wy|budować, wystawi-ać|ć (e. **Haus** dom) 2. za-kładać|łożyć (e—e **Stiftung** fundację), u|tworzyć (e. **Kulturzentrum** ośrodek kulturalny) 3. *mat* wyprowadz- -ać|ić (e—e **Senkrechte** prostopadłą).Su
erringen (99;h) *vt* wywalcz-ać|yć, zdoby- -wać|ć, uzysk-iwać|ać (e—n **Preis** nagrodę); den **Sieg** ~ odnieść zwycięstwo. Su
erröten (sn) *vi* za|rumienić ⟨za|czerwienić⟩ się, spiec raka (vor **Scham** ze wstydu; über den **Witz** z powodu dowcipu); du machst mich ~! zawstydzasz mnie!. Su *t.* rumieniec *m*
Errungenschaft *f* —, —en 1. zdobycz *f*, osiągnięcie *n* 2. *pot* dorobek, nabytek *m*
Ersatz *m* —(e)s 1. namiastka *f*, surogat *m*, materiał zastępczy 2. *ekon* odszkodowanie *n*; rekompensata *f* 3. zastępstwo *n* 4. rezerwa *f* (*t. woj*); zapas *m*
Ersatz... *w comp* 1. ... odszkodowania; *np.* ~anspruch 2. zapasowy; *np.* ~batterie 3. rezerwowy; *np.* ~spieler 4. ... rezerwy; *np.* ~bataillon 5. zastępczy; *np.* ~dehnung
Ersatzanspruch *m* —(e)s ≟e prawo do odszkodowania
Ersatzbataillon [...taljo:n] *n* —s, —e *woj* batalion rezerwy ⟨zapasowy⟩
Ersatzbatterie *f* —, ...ien *woj, elektr* bateria zapasowa
Ersatzdehnung *f* — *jęz* wzdłużenie zastępcze
Ersatzglied *n* —(e)s, —er *med* proteza *f*
Ersatzkommission *f* —, —en *woj* komisja poborowa
Ersatzmann *m* —(e)s, ≟er *a.* ...leute zastępca *m, sport t.* rezerwowy *m*
Ersatzmannschaft *f* —, —en drużyna rezerwowa
Ersatzmittel *n* —s, — środek zastępczy, namiastka *f*, surogat *m*
Ersatzreifen *m* —s, — *auto* opona zapasowa
Ersatzspieler *m* —s, — *sport* (gracz) rezerwowy *m*
Ersatzstrafe *f* —, —en kara zastępcza
Ersatzteil *m a. n* —(e)s, —e część zamienna ⟨wymienna, zapasowa⟩
Ersatztruppenteil *m* —(e)s, —e *woj* oddział rezerwowy ⟨zapasowy⟩
Ersatzwiderstand *m* —(e)s, ≟e *elektr* opornik zastępczy
ersaufen (102;sn) *vi, pot* 1. za|tonąć, u| |topić się 2. zostać zalanym (*np.* szyb)
ersäufen (h) *vt, pot. t. vr* (sich się) u| topić; *przen, pot* den **Kummer** ~ zal- (ew)ać robaka

erschaffen (104;h) *vt* stw-arzać|orzyć. **Su Erschaffer** *m* —s, — twórca *m*
erschallen (105;sn) *vi* rozbrzmie-waćjć; rozle-gać|c się; zabrzmieć
erscheinen (107;sn) *vi* 1. zjawi-aćjć ⟨stawi-aćjć⟩ się (**um 10 Uhr o godz.** 10-tej); sta-waćjnąć (**zur Prüfung do egzaminu; vor dem Richter przed sędzią**) 2. pojawi-aćjć ⟨pokaz-ywaćjać⟩ się 3. *przen* ukaz-ywaćjać się (*o nakładzie, książce itp.*), wychodzić (*np. o gazecie*); **in e—m anderen Licht ~ ukaz(yw)ać** ⟨przedsta-wi(a)ć⟩ się w innym świetle 4. *przen* wydawać się; **es erscheint mir notwendig ⟨seltsam⟩ wydaje mi się** konieczne ⟨dziwne⟩. **Su** 1. **zjawisko** *n;* **objaw** *m;* **e—e seltsame Erscheinung** dziwne zjawisko; dziwny objaw 2. zjawienie się; ukazanie się; **in Erscheinung treten objawi(a)ć** ⟨ukaz(yw)ać⟩ się, występować 3. postać *f;* **er ist e—e imponierende ⟨stattliche⟩ Erscheinung** jest imponującą ⟨okazałą⟩ postacią 4. wizja *f,* przywidzenie *n*
Erscheinungsjahr *n* —(e)s, —e rok wydania
Erscheinungsort *m* —(e)s, —e miejsce wydania
erschießen (111;h) *vt* 1. *t. vr* (**sich się**) zastrzelić 2. roztrzel-iwaćjać. **Su**
erschlaffen I. 1. (sn) *vi* o|słabnąć, z|gnuśnieć 2. obwis-aćjnąć **II.** (h) *vt* osłabi--aćjć. **Su**
erschlagen (114;h) *vt* zabi-jaćjć; **vom Blitz ~ werden** zostać porażonym piorunem
erschleichen (115;h) *vt, vr* (**sich dat**) wyłudz-aćjić ⟨zdoby-waćjć⟩ podstępem; **sich jmds Gunst ~ wkradać się** w czyjeś łaski. **Su**
erschlichen 1. *part perf, zob.* **erschleichen** 2. *adj* podstępnie wyłudzony ⟨uzyskany, zdobyty⟩
erschließen (118;h) *vt* 1. *t. vr* (**sich się**) otw-ieraćjorzyć; **neue Einnahmequellen** ⟨**Absatzgebiete**⟩ **~ zdoby(wa)ć nowe** źródła dochodu ⟨rynki zbytu⟩; **e—e Gegend ~ udostępni(a)ć okolice; e—e Knospe erschließt sich pąk otwiera się** 2. (*t. jęz*) z|rekonstruować, odtw-arzać| orzyć (*e. Wort słowo*). **Su**
erschmeicheln (h) *vt, vr* (**sich dat**) wyłudz-aćjić pochlebstwem
erschöpfen (h) *vt* 1. *t. vr* (**sich się**) wyczerp-ywaćjać (**die Mittel środki, das Thema temat**) 2. wyczerp-ywaćjać, wycieńcz-aćjyć. **Su**
erschöpfend 1. *part praes, zob.* **erschöpfen** 2. *adj:adv* wyczerpując-y:-o
erschöpft 1. *part,perf, zob.* **erschöpfen** 2. *adj:adv* wyczerpany, wycieńczony
erschrecken 1. (h) *vt* przestrasz-aćjyć 2. (125;sn) *vi* przestrasz-aćjyć ⟨lękaćjzlęknąć⟩ się (**über e—e Sache czegoś**) 3. **sich ~ (erschreckte, erschrocken;** (h) *vr, pot* przestrasz-aćjyć się, przera-żaćjzić się
Erschrecken *n* —s strach *m;* przestraszenie *n*
erschrocken 1. *part perf, zob.* **erschrecken** 2. *adj:adv* przestraszony. **Sh** do 2. (prze)strach *m*

erschüttern (h) *vt* 1. (*t. przen*) wstrząs--aćjnąć (**etw. czymś**) 2. zachwiać (**den Kredit kredyt; den Glauben wiarę**). **Su** do 1., 2.; do 1. *t.* wstrząs, szok *m*
erschütternd 1. *part praes, zob.* **erschüttern** 2. *adj:adv* wstrząsając-y:-o
erschweren (h) *vt, vr* (**sich dat sobie**) utrudni-aćjć. **Su**
erschwert 1. *part praes, zob.* **erschweren** 2. *adj:adv* obciążając-y:-o (*np. o okolicznościach*)
erschwingbar *adj* dostępny, osiągalny. **Sk** dostępność *f*
erschwingen (133;h) *vt* zdoby-waćjć, *pot* wytrzasnąć (**das Geld für ... pieniądze na ...**)
erschwinglich *zob.* **erschwingbar**
ersehen (135;h) *vt* 1. widzieć; przekon--ywaćjać się; **ich ersehe daraus, daß ... widzę** ⟨przekonuję się⟩, że ... 2. **dow--iadywaćjiedzieć się** (**aus dem Brief etw.** z listu czegoś)
ersehnen (h) *vt* oczekiwać z utęsknieniem (**etw. czegoś**), tęsknić (**za czymś**)
ersehnt 1. *part perf, zob.* **ersehnen** 2. *adj* upragniony, wytęskniony, z utęsknieniem oczekiwany
ersetzbar *adj* 1. wymienny, zamienny 2. dający się wynagrodzić ⟨powetować⟩. **Sk** do 1.
ersetzen (h) *vt* 1. zast-ępowaćjąpić (**jmdm die Mutter komuś matkę**) 2. zamieni-aćj ć, wymieni-aćjć (**das beschädigte Stück uszkodzoną część**); uzupełni-aćjć (**das fehlende ⟨verbrauchte⟩ Stück brakującą** ⟨zużytą⟩ **część**) 3. zwr-acaćjócić (**die Auslagen wydatki**); wynagr-adzaćjodzić (**den Schaden szkodę**). **Su** do 1.—3.; do 3. *t.* zwrot *m* (wydatków)
ersichtlich *adj:adv* widoczn-y:-ie; oczywi-sty:-ście; **~ sein** wynikać; być widocznym; **das ist ~er Unsinn to** oczywisty nonsens
ersinnen (141;h) *vt* wymyśl-aćjić, *pot* wykombinować
ersinnlich *adj* dający się wymyślić; możliwy
ersitzen (142;h) *vt, praw* zasi-adywać| edzieć, naby-waćjć prawo własności przez zasiedzenie
erspähen (h) *vt* wyśledzić; wypatrzyć, spostrze-gaćjc
ersparen (h) *vt, vr* (**sich dat sobie**) za| oszczędz-aćjić; *przen. t.* darować; sich **die Mühe ~ zaoszczędzić sobie trudu; dir bleibt auch nichts erspart tos ci** niczego nie oszczędził. **Su**
Ersparnis *f* —, —se oszczędność *f;* **~se machen oszczędzać, robić oszczędności**
ersprießlich *adj:adv* pożyteczn-y:-ie, użyteczn-y:-ie; wydajn-y:-ie. **Sk**
erst [e:rst] *adv* 1. na(j)pród, wpierw 2. dopiero; **eben ~ dopiero** ⟨ledwie⟩ co; **~ recht właśnie, tym więcej** ⟨bardziej⟩; **~ in e—m Jahr dopiero za rok** 3. już; **wenn ich ~ zu Hause wäre! obym był** już w domu!
Erst... *w comp* pierwszy; *np.* **~ausgabe**
erstarken (sn) *vi* wzm-acniaćjocnić się, o|krzepnąć, nab-ieraćjrać sił. **Su**
erstarren (sn) *vi* 1. z|drętwieć, skostnieć,

zesztywnieć 2. s|krzepnąć; s|tężeć; *przen* bei seinem Blick erstarrte mir das Blut in den Adern jego wzrok ściął mi krew w żyłach 3. *przen* osłupieć. Su
erstarrt I. *part perf, zob.* erstarren II. *adj:adv* 1. zdrętwiały, skostniały, zesztywniały; *przen* osłupiały (vor Verwunderung ze zdziwienia) 2. skrzepły Erstarrungs... *w comp* krzepnięcia; *np.* ~punkt Erstarrungspunkt *m* —(e)s temperatura krzepnięcia
erstatten (h) *vt* 1. zwr-acać|ócić (die Ausgaben wydatki); wynagr-adzać|odzić (den Schaden szkodę) 2. składać|złożyć (e—e Anzeige doniesienie; e—n Besuch wizytę; Dank podziękowanie); Bericht ~ składać sprawozdanie, zda(wa)ć sprawę. Su do 1., 2.; do 1. t. zwrot *m* (*np.* kosztów)
Erstaufführung *f* —, —en *teatr* premiera *f*
Erstauftreten *n* —s *teatr* debiut *m*
erstaunen 1. (sn) *vi* zdumie-waćǀć ⟨zdziwić⟩ się, osłupieć 2. (h) *vt* zdumie--waćǀć, zadziwi-aćǀć
Erstaunen *n* —s zdziwienie, zdumienie *n;* das setzte uns in ~ to nas wprawiło w zdumienie
erstaunlich *adj:adv* zdumiewając-y:-o, zadziwiając-y:-o, dziwn-y:-ie; niezwyk-ły: -le, nadzwyczajn-y:-ie, nadzwyczaj; ~ lustig nadzwyczaj wesoły
erstaunt 1. *part perf, zob.* erstaunen 2. *adj:adv* zdziwiony, zdumiony
Erstausgabe *f* —, —n pierwsze wydanie (książki)
Erstdruck *m* —(e)s, —e pierwodruk *m*
erste [eːrstə] *num, adj* 1. pierwszy; der ~ beste pierwszy lepszy; ~ Liebe pierwsza miłość; die Erste Hilfe pierwsza pomoc; aus ~r Hand z pierwszej ręki; fürs ~ na razie; zum ~n Mal po raz pierwszy; zum ~n po pierwsze 2. *przen* najlepszy, czołowy; e—r der ~n Ärzte jeden z najlepszych ⟨z czołowych⟩ lekarzy
Erste [eːrstə] *m* —n, —n pierwszy; *szkol* prymus *m*
erstechen (149;h) *vt* zakłu-waćǀć; przebi--jaćǀć, zabi-jaćǀć (*np.* szpadą). Su
ersteh(e)n (151) I. *vt* naby-waćǀć, kup--owaćǀić II. (sn) *vi* 1. powsta-waćǀć wynik-aćǀnąć (*np. o nieprzyjemnościach*) 2. powsta-waćǀć; odr-adzaćǀodzić się; aus dem Chaos ersteht e—e neue Ordnung z chaosu powstaje nowy ład 3. *rel* zmartwychwstać; Christ ist erstanden Chrystus zmartwychwstał. Su
Ersteher *m* —s, — nabywca *m*
erstęigbar *adj* do zdobycia ⟨pokonania⟩ (*o górze*)
ersteigen (153;h) *vt* wchodzić|wejść, wdrapać się (e—n Berg na górę); *przen* die höchsten Stufen der Vollkommenheit ~ osiągnąć najwyższy stopień doskonałości. Su
ersteigern (h) *vt* naby-waćǀć (na licytacji). Su
erstemal; das ~ *adv* po raz pierwszy
erstens *adv* po pierwsze

ersterben (154;sn) *vi* zam-ieraćǀrzeć; obum-ieraćǀrzeć; wygas-aćǀnąć, usta--waćǀć; der Lärm erstarb auf den Straßen hałas na ulicach usta(wa)ł; das Wort erstarb auf seinen Lippen słowo zamarło na jego ustach
erstere *num, pron* pierwszy (z dwóch)
ersterwähnt *part, adj* wymieniony na pierwszym miejscu
erstgeboren *part, adj* pierworodny
Erstgeburt *f* —, —en 1. pierworodztwo *n* prawo pierworodztwa 2. pierwszy poród
Erstgeburtsrecht *n* —(e)s prawo pierworodztwa
erstgenannt *part, adj, zob.* ersterwähnt
ersticken I. (h) *vt* 1. uǀdusić (jmdn kogoś) 2. zaǀdusić, sǀtłumić (das Feuer ogień); etw. im Keim ~ sǀtłumić w zarodku II. (sn) *vi* udusić ⟨zadusić⟩ się; uǀdławić się; er soll daran ~! niech się tym udławi! Su do I.
erstickend 1. *part praes, zob.* ersticken 2. *adj:adv* duszn-y:-o
Erstickungstod *m* —es, —e śmierć z uduszenia
erstklassig *adj:adv* pierwszorzędn-y:-ie. Sk
erstlich *zob.* erstens
Erstling *m* —(e)s, —e 1. nowalia, nowalijka *f* 2. pierwsze dziecko 3. *lit* pierwociny *pl*
Erstlings... *w comp* pierwszy; *np.* ~arbeit Erstlingsarbeit *f* —, —en pierwsza praca, pierwocina *f*
Erstlingsversuch *m* —(e)s, —e pierwsza próba, pierwocina *f*
erstmalig *adj* pierwszy
erstmals *adv* po raz pierwszy
erstorben 1. *part perf, zob.* ersterben 2. obumarły
erstrahlen (sn) *vi* błyszczećǀzabłysnąć, zaǀjaśnieć
erstrangig *zob.* erstklassig
erstręben (h) *vt* starać się (etw. o coś), dążyć, zmierzać (do czegoś)
erstrebenswert *adj* godny ⟨wart⟩ zdobywania; pożądany
erstrecken, sich (h) *vr* 1. rozciągać się (auf etw. na coś), ob-ejmowaćǀjąć (auf jmdn a. auf etw. kogoś a. coś) 2. rozpościerać ⟨rozprzestrzeni-aćǀć⟩ się, sięgać, ciągnąć się (bis zum Fluß aż do rzeki. Su
erstreiten (159;h) *vt* wywalcz-aćǀyć. Su
Ersttagsbriefumschlag *m* —(e)s, :⁻e koperta pierwszego dnia obiegu
erstunken *part, adj wulg;* das ist ~ und erlogen to ordynarne kłamstwo
erstürmen (h) *vt* braćǀwziąć ⟨zdoby--waćǀć⟩ szturmem. Su
ersuchen (h) *vt* prosić (jmdn um etw. kogoś o coś), wn-osićǀieść prośbę (do kogoś o coś)
Ersuchen *n* —s prośba *f;* auf mein ~ (hin) na moją prośbę; an diese ~ stellen ⟨richten⟩ prosić ⟨upraszać⟩ kogoś
ertappen (h) *vt, vr* (sich się) z|łapać, przyłap-ywaćǀać, przydybać (jmdn auf frischer Tat kogoś na gorącym uczynku); sich ~ lassen dać się złapać

erteilen (h) *vt* udziel-ać|ić (den Abschied dymisji; e—e Rüge nagany; Unterricht lekcji; Urlaub urlopu); wyda-wać|ć (den Befehl rozkaz); nada-wać|ć (den Titel tytuł). Su
ertönen (sn) *vi* zabrzmieć, od-zywać| ezwać się; rozbrzmie-wać|ć, rozle-gać|c się; es ertönten die Glocken odezwały się ⟨zabrzmiały⟩ dzwony; der Wald ertönte vom Gesang der Vögel las rozbrzmiewał śpiewem ptaków
ertöten (h) *vt*, *poet* zabi-jać|ć; poskr--amiać|omić (Leidenschaften namiętności); umartwi-ać|ć (den Leib ciało). Su
Ertrag *m* —(e)s, ⁻ᵉe dochód *m* (e—s Geschäfts interesu); plon *m* (e—s Ackers pola); e—n ∼ liefern da(wa)ć ⟨przynosić⟩ dochód
ertragen (160;h) *vt* zn-osić|ieść, cierpieć; wytrzym-ywać|ać; jmdn nicht ∼ können nie cierpieć kogoś; den Schmerz ∼ być wytrzymałym na ⟨wytrzym(yw)ać⟩ ból
erträglich *adj:adv* znośn-y:-ie. Sk
Ertragssteigerung *f* —, —en *ekon* zwiększenie dochodowości
Ertragswert *m* —(e)s, —e *ekon* wartość dochodowa
ertränken (h) *vt*, *vr* (sich się) u|topić; den Kummer in Alkohol ∼ u|topić troski w wódce, *pot* zalewać robaka
erträumen (h) *vt*, *vr* (sich *dat*) marzyć (etw. o czymś), wymarzyć ⟨a. uroić⟩ sobie (coś)
erträumt 1. *part perf*, *zob*. erträumen 2. *adj* wymarzony, wyśniony; fantastyczny, chimeryczny
ertrinken (165;sn) *vi* u|tonąć
ertrotzen (h) *vt* uzysk-iwać|ać ⟨przeforsować, wymu-szać|sić⟩ uporem. Su
Ertrunkene —n, —n 1. *m* topielec *m* 2. *f* topielica *f*
ertüchtigen (h) *vt*, *vr* (sich się) za|hartować, wy|ćwiczyć (den Körper ciało). Su
erübrigen (h) I. *vt* 1. zaoszczędz-ać|ić, od-kładać|łożyć (etw. Geld trochę pieniędzy) 2. zna-jdowałeźć (für jmdn e. paar Minuten dla kogoś kilka minut) II. sich ∼ *vr* (być) zbytecznym; es erübrigt sich zu sagen zbyteczne powiedzieć III. *vt*, *vimp* es erübrigt nur noch zu schreiben pozostaje jeszcze tylko do napisania
Erudition *f* — erudycja *f*
eruieren (h) *vt* wy|badać, do-chodzić|jść. Su
Eruption *f* —, —en *geol* erupcja *f*, wybuch *m* (*t. przen*)
eruptiv *adj:adv* erupcyjn-y:-ie, wybuchow-y:-o
Eruptivgestein *n* —(e)s skały magmowe
erwachen (sn) *vi* o|budzić ⟨prze|budzić⟩ się (*t. przen*)
erwachsen¹ (172;sn) *vi* 1. wyr-astać|osnąć, wyróść; dor-astać|osnąć, dorość 2. *poet* pochodzić (aus e—m alten Geschlecht ze starego rodu) 3. *przen* powsta-wać|ć,

wynik-ać|nąć; daraus ∼ ihm hohe Ausgaben z tego powstają dla niego wielkie wydatki; daraus erwächst nur Leid z tego wyniknie tylko cierpienie
erwachsen² 1. *part perf*, *zob*. erwachsen¹ II. *adj* 1. *t. adv* doro-sły:-śle 2. powstały. Sh dojrzałość *f*
Erwachsene —n, —n 1. *m* dorosły *m* 2. *f* dorosła *f*
Erwachsenenbildung *f* — oświata dla dorosłych
Erwachsenenschule *f* —, —n szkoła dla dorosłych
erwägen (173;h) *vt* rozważ-ać|yć. Su *t.* rozwaga *f*; etw. in Erwägung ziehen brać coś pod uwagę ⟨pod rozwagę⟩, rozważać; in der Erwägung, daß ... rozważywszy, że ...
erwählen (h) *vt* wyb-ierać|rać; ob-ierać| rać. Su *t.* wybór *m*
erwähnen (h) *vt* wspom-inać|nieć ⟨napo-m-ykać|knąć, wzmiankować⟩ (jmdn o kimś). Su *t.* wzmianka *f*; e—r Sache Erwähnung tun wspominać ⟨wzmiankować⟩ o czymś
erwähnenswert *adj* godny wspomnienia ⟨wzmianki⟩
erwärmen (h) *vt*, *vr* (sich się) 1. rozgrz--ewać|ać, zagrz-ewać|ać, nagrz-ewać| ać; ociepl-ać|ić 2. *przen* zainteresować, (für etw. czymś), zapal-ać|ić für e—n Gedanken do myśli). Su do 1., 2.; do 1. *t.* wzrost temperatury
erwarten (h) *vt* 1. oczekiwać, spodziewać się (etw. czegoś) 2. oczekiwać (jmdn kogoś), czekać (na kogoś) etw. nicht ⟨kaum⟩ ∼ können nie (ledwie) móc doczekać się czegoś. Su do 1.; *t.* nadzieja *f*; in der Erwartung, daß ... spodziewając się ⟨w nadziei⟩, że ...; jmds Erwartungen enttäuschen zawieść czyjeś oczekiwania ⟨nadzieje⟩
Erwarten *n* —s oczekiwanie *n*, spodziewanie się; über (alles) ∼ nadspodziewanie
erwartungsvoll *adj:adv* oczekując-y:-o, z napięciem
erwecken (h) *vt* 1. o|budzić, prze|budzić; *przen* von den Toten ⟨vom Tode⟩ ∼ wskrze-szać|sić 2. *przen* wzbudz-ać|ić, budzić ⟨Mitleid litość⟩, wywoł-ywać|ać ⟨den Eindruck wrażenie⟩. Su
erwehren, sich (h) opędz-ać|ić ⟨o|bronić⟩ się (des Feindes od wroga, przed wrogiem; des Angriffs przed atakiem); powstrzym-ywać|ać się (der Tränen od łez); sich des Lächelns nicht ∼ können nie móc powstrzymać się od uśmiechu; sich des Eindrucks ⟨Gedankens⟩ nicht ∼ können nie móc pozbyć się wrażenia ⟨myśli⟩
erweichen (h) *vt* zmiękcz-ać|yć (*t. przen*). Su *przen t.* ublaganie, uproszenie *n*
Erweis *m* —es, —e dowód *m*
erweisen (177;h) I. *vt* 1. wykaz-ywać|ać, dow-odzić|ieść; die Untersuchung hat erwiesen śledztwo wykazało 2. okaz--ywać|ać (Dankbarkeit wdzięczność) 3. wyświadcz-ać|yć (e—n Dienst ⟨Gefallen⟩ przysługę). II. sich ∼ *vr* okaz-

-ywać|ać się; sich dankbar ~ okaz(yw)-ać wdzięczność; sich als e. Betrüger ~ okaz(yw)ać się oszustem; es hat sich erwiesen, daß ... okazało się, że ... Su do I.
erweislich *adj* dający się udowodnić, co można udowodnić. Sk możliwość udowodnienia
erweitern (h) *vt*, *vr* (sich się) rozszerz-ać|yć, powiększ-ać|yć (*t. przen*). Su
Erwerb *m* —(e)s, —e 1. nabycie, kupno *n* 2. nabytek *m* 3. zarobek *m*; seinem ~ nachgehen uprawiać swój zawód ⟨proceder⟩
erwerben (179;h) I. *vt* naby-wać|ć (*t. przen*), kupić II. *vt*, *vr* (sich *dat* sobie) 1. zar-abiać|obić (Geld pieniądze); sich sein Brot ~ zarabiać na życie 2. zdoby--wać|ć, pozysk-iwać|ać (e—n Freund przyjaciela; das Vertrauen zaufanie); sich Verdienste um e—e Sache ~ zasłużyć się jakiejś sprawie; sich e—n geachteten Namen ~ zdoby(wa)ć sobie dobre imię. Su 1. nabycie, kupno *n* 2. nabytek *m* 3. zdobycie, pozyskanie *n* Erwerber *m* —s, — nabywca *m*
erwerblich *adj* dający się kupić ⟨nabyć⟩
erwerbsfähig *adj* zdolny do pracy. Sk
Erwerbsfähigkeit *f* —zdolność do pracy
erwerbslos *adj* bezrobotny. Si bezrobocie *n*
Erwerbslose —n, —n 1. *m* bezrobotny *m* 2. *f* bezrobotna *f*
Erwerbsquelle *f* —, —n źródło zarobku
erwerbstätig *adj* pracujący. Sk zarobkowanie *n*
erwerbsunfähig *adj* niezdolny do pracy. Sk
Erwerbsunternehmen *n* —s, — przedsiębiorstwo zarobkowe
Erwerbszweig *m* —(e)s, —e branża *f*
erwidern (h) *vt* 1. odpowi-adać|edzieć 2. odwzajemni-ać|ć się; odda-wać|ć e—n Besuch ~ odd(aw)ać wizytę, rewizytować; den Gruß ~ odkłaniać się; *woj* das Feuer ~ odpowiadać na ogień; jmds Liebe ~ odwzajemni(a)ć się komuś miłością, kochać także. Su do 1., 2.; do 1. *t*. odpowiedź *f*; replika *f*
erwiesen I. *part perf*, zob. erweisen II. *adj* 1. dowiedziony, udowodniony, wykazany; ~ sein być dowiedzionym 2. okazany
erwiesenermaßen *adv* jak udowodniono ⟨wykazano⟩
erwischen (h) *vt*, *pot* 1. złapać; przydybać 2. złapać (den Zug pociąg) 3. złapać, zdobyć (e—n Stoff materiał)
erworben I. *part perf*, zob. erwerben II. *adj* 1. nabyty 2. zdobyty, pozyskany 3. zarobiony
erwuchern (h) *vt* zdoby-wać|ć lichwiarstwem. Su
erwünscht *part*, *adj:adv* pożądany; Sie kommen mir sehr ~ przychodzi pan(i) w samą porę
erwürgen (h) *vt*, *vr* (sich się) u|udusić
Erz [e:rts] *n* —es, —e 1. ruda *f*; kruszec *m* 2. *przen* spiż *m*; brąz *m*

erz... [erts] *w comp* 1. arcy...; *np.* ~bischöflich 2. strasznie, bardzo; *np.* ~dumm
Erz...[1] [e:rts] *w comp* 1. rudny; *np.* ~bergbau 2. ... rudy; *np.* ~art 3. kruszcowy; *np.* ~ader
Erz...[2] [erts] *w comp* 1. arcy...; *np.* ~bischof 2. arcy..., skończony; *np.* ~bösewicht 3. wierutny; *np.* ~betrüger
Erzader [e:rts...] *f* —, —n żyła kruszcowa
erzählen (h) *vt* opowi-adać|edzieć. Su *t*. opowieść *f*
erzählenswert *adj* godny opowiadania, ciekawy, interesujący
Erzähler *m* —s, — narrator, opowiadający *m*; *lit* prozaik *m*
Erzählungs... *w comp* ... opowiadania; *np.* ~art
Erzählungsart *f* —, —en *a*. Erzählungsweise *f* —, —n sposób opowiadania ⟨narracji⟩
Erzart [e:rts...] *f* —, —en rodzaj rudy
Erzaufbereitung [e:rts...] *f* — wzbogacenie rudy
Erzbergbau [e:rts...] *m* —(e)s kopalnictwo rudne
Erzbergwerk [e:rts...] *n* —(e)s, —e kopalnia rudy
Erzbetrüger [erts...] *m* —s, — wierutny oszust
Erzbischof [erts...] *m* —s, ⸚e arcybiskup *m*
erzbischöflich [erts...] *adj* arcybiskupi
Erzbistum [erts...] *n* —s, ⸚er arcybiskupstwo *n*
Erzbösewicht [erts...] *m* —(e)s, —e arcyłotr
erzdumm [erts...] *adj:adv* strasznie ⟨bardzo⟩ głupi:-o
Erzdummkopf [erts...] *m* —(e)s, ⸚e skończony dureń
erzeigen (h) 1. *vt*, *vr* (sich się) okaz-ywać|ać (Liebe miłość); sich dankbar ~ okaz(yw)ać wdzięczność 2. wyświadcz-ać|yć (e—n Gefallen przysługę)
erzen *adj* spiżowy, ze spiżu
Erzengel [erts...] *m* —s, — archanioł *m*
erzeugen (h) *vt* 1. s|płodzić; u|rodzić (Kinder dzieci) 2. wytw-arzać|orzyć, wy|produkować; wyr-abiać|obić 3. *przen* wzbudz-ać|ić (Neid zawieść), tw-arzać|orzyć (e—e Atmosphäre atmosferę), wywoł-ywać|ać (den Eindruck wrażenie). Su do 1.—3.; do 2. *t*. wytwórczość, produkcja *f*
Erzeuger *m* —s, — 1. rodzic *m* 2. wytwórca, producent *m*
Erzeugerpreis *m* —es, —e cena produkcji
Erzeugnis *n* —...isses, ...isse produkt, wyrób, wytwór *m*
Erzeugungs... *w comp* ... produkcji; *np.* ~beschränkung
Erzeugungsbeschränkung *f* — ograniczenie produkcji
Erzeugungsnorm *f* —, —en norma produkcji
erzfaul [erts...] *adj:adv* strasznie ⟨bardzo⟩ leniwy-y:-ie
Erzfeind [erts...] *m* —(e)s, —e zajadły ⟨a. główny⟩ wróg

Erzförderung [eːrts...] *f* — wydobywanie ⟨kopalnictwo⟩ rudy
Erzgang [eːrts...] *m* —(e)s, ⁓e *zob.* **Erzader**
Erzgauner [ɛrts...] *m* —s, — arcyłotr *m*
Erzgebirge [eːrts...] *n* —s *geogr* Rudawy *pl*
Erzgrube [eːrts...] *f* —, —n kopalnia rudy
erzhaltig [eːrts...] *adj* rudonośny, rudzisty, zawierający rudę. **Sk** zawartość rudy
Erzhalunke [ɛrts...] *m* —n, —n skończony łotr
Erzherzog [ɛrts...] *m* —s, ⁓e arcyksiążę *m*
Erzherzogin [ɛrts...] *f* —, —nen arcyksiężna *f*
erzherzoglich [ɛrts...] *adj* arcyksiążęcy
Erzherzogtum [ɛrts...] *n* —s, ⁓er arcyksięstwo *n*
erziehen (187;h) *vt*, *vr* (sich *dat* sobie) wychow-ywać|ać. **Su**
Erzieher *m* —s, — wychowawca *m*
Erzieherin *f* —, —nen wychowawczyni *f*
erzieherisch *adj:adv* wychowawcz-y:-o
Erziehungs... *w comp* wychowawczy; *np.*
⁓anstalt
Erziehungsanstalt *f* —, —en zakład wychowawczy
Erziehungsberechtigte *m* —n, —n *praw* sprawujący władzę rodzicielską
Erziehungsideal *n* —s, —e ideał wychowawczy
Erziehungslehre *f* — pedagogika *f*
Erziehungswesen *n* —s wychowanie (publiczne)
erzielen (h) *vt* osiąg-ać|nąć (gute Ergebnisse dobre wyniki); uzysk-iwać|ać (e—n Preis nagrodę). **Su**
erzittern (sn) *vi* za|drżeć; za|drgać
Erzlager [eːrts...] *n* —s, — *a.* **Erzlagerstätte** *f* —, —n złoże rudy
Erzlügner [ɛrts...] *m* —s, — wierutny kłamca
Erzpriester [ɛrts...] *m* —s, — arcykapłan *m*
erzreaktionär [ɛrts...] *adj:adv* skrajnie reakcyjn-y:-ie
Erzschelm [ɛrts...] *m* —(e)s, —e arcyszelma *m*
Erzschlich [eːrts...] *m* —(e)s, —e miał rudny
Erzschurke *a.* **Erzspitzbube** [ɛrts...] *m* —n, —n arcyłotr *m*
erzürnen 1. (h) *vt* rozgniewać, rozzłościć **2.** (sn) *vi* rozzłościć ⟨rozgniewać⟩ się
Erzvater [ɛrts...] *m* —s, ⁓er patriarcha *m*
erzwingen (188;h) *vt* **1.** wymu-szać|sić (etw. von jmdm coś na kimś), zmu-szać|sić (kogoś do czegoś) **2.** *woj* zdoby-wać|ć, brać|wziąć przemocą; **den Übergang** ⁓ s|forsować (über den Rhein Ren)
erzwungen I. *part perf*, *zob.* **erzwingen II.** *adj* **1.** wymuszony **2.** wzięty przemocą
es 1. *pron pers* ono; **es ist krank** (ono) jest chore **2.** *pron imp* to; ⁓ **klopft puka** ktoś *a.* coś; **es schneit** (to) pada śnieg; **wir sind es müde** mamy tego dość

Esche *f* **1.** —, —n jesion *m* **2.** — drewno jesionowe, jesion *m*
eschen *adj* jesionowy, z drewna jesionowego, z jesionu
Eschen... *w comp* jesionowy: *np* ⁓holz
Eschenholz *n* —es drzewo ⟨drewno⟩ jesionowe
Esel *m* —s, — osioł *m*
Eselei *f* —, —en głupstwo *n*, głupota *f*
Eselfüllen *n* —s, — oślątko *n*
eselhaft *adj:adv* ośli : jak osioł
Eselin *f* —, —nen oślica *f*
Esels... *w comp* ośli; *np.* ⁓bank
Eselsbank *f* —, ⁓e szkol ośla ławka
Eselsbrücke *f* —, —n szkol bryk *m*
Eselsohr *n* —(e)s, —en **1.** ośle ucho **2.** *przen* ośle ucho, zagięty róg (kartki)
Eselsrücken *m* —s, — ośli grzbiet (*t. archit*)
Eselstritt *m* —(e)s, —e *przen, pot* kopniak *m*
Eseltreiber *m* —s, — poganiacz osłów
Eskadron *f* —, —en *woj*, *dawn* szwadron *m*
Eskapade *f* —, —n eskapada *f*, wypad *m*, wycieczka *f*
Eskimo *m* —s, —s Eskimos *m*
Eskimohund *m* —(e)s, —e pies eskimoski
Eskorte *f* —, —n konwój *m*, eskorta *f*
eskortieren (h) *vt* eskortować, konwojować. **Su**
esoterisch *adj:adv* ezoteryczn-y:-ie
Espe *f* **1.** —, —n bot (topola) osika *f* **2.** — drewno osikowe, osika *f*
espen *adj* osikowy, z drewna osikowego, z osiki
Espen... *w comp* **1.** osikowy; *np.* ⁓holz **2.** ... osiki; *np.* ⁓laub
Espenholz *n* —es drzewo ⟨drewno⟩ osikowe
Espenlaub *n* —(e)s liście osiki; **wie** ⁓ **zittern** drżeć jak osika
Esperantist *m* —en, —en esperantysta *m*
Esperanto *n* —s *jęz* esperanto *n*
Essay [ɛseː] *m* —s, —s *a.* **Essai** [ɛseː] *m* —s, —s *lit* esej *m*
Essayist *m* —en, —en *lit* eseista *m*
essayistisch *adj:adv*, *lit* eseistyczn-y:-ie
eßbar *adj* jadalny
Eßbesteck *n* —(e)s, —e sztućce *pl*
Esse *f* —, —n komin *m*
essen (29;h) *vt* z|jadać, z|jeść; **zu Mittag** ⟨**Abend**⟩ ⁓ jeść obiad ⟨kolację⟩; **sich satt** ⟨**dick, voll**⟩ ⁓ najeść się do syta
Essen *n* —s jedzenie *n*; jadło *n*; posiłek *m*; obiad *m*; uczta *f*; **nach dem** ⁓ **po jedzeniu**; **jmdn zum** ⁓ **bitten** prosić kogoś na obiad
Essenszeit *f* —, —en pora posiłku
Essenz *f* —, —en esencja *f*
Esser *m* —s, — (⁓) **1.** osoba do stołu; *pot* gęba do wyżywienia **2.** jedzący *m*; *żart* jadacz *m*; *e.* **starker** ⁓ lubiący zjeść
Esserei *f* — **1.** *pot* opychanie się **2.** uczta *f*
Eßgeschirr *n* —(e)s naczynia stołowe
Eßgier *f* — żarłoczność *f*
Essig *m* —s, —e ocet *m* * *przen* **damit ist es** ⁓ **z tego nici**
Essig... *w comp* octowy; *np.* ⁓essenz **2.** ... octu; *np.* ⁓geruch **3.** octan ...;

np. ~äther 4. ... na ocet; od octu; *np.* ~flasche
Essigäther *m* —s *chem* octan etylu
Essigessenz *f* —, —en esencja octowa
Essigflasche *f* —, —n butelka na ocet ⟨od octu⟩
Essiggärung *f* — fermentacja octowa
Essiggeruch *m* —(e)s zapach octu
Essiggurke *f* —, —n korniszon *m*
essigsauer I. *adj* 1. octan ...; essigsaures Natrium octan sodowy 2. zakwaszony kwasem octowym II. *adj:adv* kwaśny jak ocet
Eßkastanie *f* —, ...ien kasztan jadalny
Eßkohle *f* —, —n węgiel kuzienny (półkoksowy)
Eßlöffel *m* —s, — łyżka stołowa
Eßlust *f* — apetyt *m*
Eßraum *m* —(e)s, ⁻e jadalnia *f*
Eßzimmer *n* —s, — jadalnia *f*, pokój stołowy ⟨jadalny⟩
Este [e:stə] *m* —n, —n Estończyk *m*
Ester [ɛstər] *m* —s — *chem* ester
Estin [e:stin] *f* —, —nen Estonka *f*
Estland (*n*) —s Estonia *f*
estnisch *adj:adv* estoński : po estońsku; Estnische Sozialistische Sowjetrepublik Estońska Socjalistyczna Republika Radziecka
Estrade *f* —, —n estrada *f*, podium *n*
Estraden... *w comp* estradowy; *np.* ~konzert
Estradenkonzert *n* —(e)s, —e koncert estradowy
Estrich *m* —(e)s, —e *bud* jastrych *m*
etablieren (h) 1. *vt* otw-ierać|orzyć, za-kładać|łożyć (e. Geschäft interes) 2. sich ~ *vr* osiedl-ać|ić się. Su
Etage [eta:ʒə] *f* —, —n piętro *n*, kondygnacja *f*
Etagen... *w comp* piętrowy; *np.* ~heizung
Etagenheizung *f* —, —en ogrzewanie piętrowe ⟨etażowe⟩
Etagere [...ʒe:rə] *f* —, —n etażerka *f*
Etappe *f* —, —n 1. etap *m;* postój *m;* ~ machen robić postój 2. *woj* tyły *pl*
Etappen... *w comp* 1. etapowy; *np.* ~verpflegung 2. ... etapu; *np.* ~sieger 3. niefrontowy; *np.* ~offizier
Etappenoffizier *m* —s, —e oficer niefrontowy
Etappenrennen *n* —s, — *sport* wyścig etapowy
Etappensieger *m* —s, — *sport* zwycięzca etapu
Etappenverpflegung *f* — wyżywienie etapowe
etappenweise *adv* etapami
Etat [eta:] *m* —s, —s budżet *m*
etatmäßig *adj* 1. budżetowy 2. etatowy (o pracowniku)
Etats... *w comp* 1. budżetowy; *np.* ~jahr 2. etatowy; *np.* ~stärke 3. ... budżetu; *np.* ~kürzung
Etatsgesetz *n* —es, —e ustawa budżetowa
Etatsjahr *n* —(e)s, —e *ekon* rok budżetowy ⟨operacyjny⟩
Etatskürzung *f* —, —en obcięcie budżetu
Etatsstärke *f* — stan etatowy
Etatsüberschuß *m* ...usses, ...üsse nadwyżka budżetowa

Ethik [e:tɪk] *f* — etyka *f*
ethisch *adj:adv* etyczn-y:-ie
ethnisch *adj:adv* etniczn-y:-ie
ethno... *w comp* etno...; *np.* ~graphisch
Ethno... *w comp* etno...; *np.* ~graph
Etnograph *m* —en, —en etnograf *m*
Ethnographie *f* — etnografia *f*
etnographisch *adj:adv* etnograficzn-y:-ie
Ethnolog(e) *m* ...gen, ...gen etnolog *m*
Ethnologie *f* — etnologia *f*
ethnologisch *adj:adv* etnologiczn-y:-ie
Etikett *n* —s, —e *a.* —s etykiet(k)a, nalepka, naklejka *f*
Etikette *f* —, —n etykieta *f*, ceremoniał *m*
etikettieren (h) *vt* etykietować
etliche *pron ind* 1. kilku (*mężczyzn*); kilka (*kobiet a. rzeczy*) 2. nieco ponad, około; ~ zwanzig około ⟨nieco ponad⟩ dwadzieścia 3. jakiś, pewien; nach ~er Zeit po jakimś ⟨po pewnym⟩ czasie
etlichemal *adv* kilka razy
etliches *pron ind* coś niecoś, niejedno
Etsch *f* — *geogr* Adyga *f*
Etüde *f* —, —n *muz* etiuda *f*
Etui [etvi:] *n* —s, —s 1. etui *n;* futerał *m*, puzderko *n* 2. etui *n;* papierośnica *f;* cygarnica *f*
etwa *adv* 1. około, mniej więcej; ~ drei Stunden około trzech godzin 2. może (*w pytaniach*); hast du das ~ nicht gesagt? może tego nie powiedziałeś? 3. ewentualnie, przypadkiem (*w zdaniach warunkowych*); falls er ~ kommen sollte ... gdyby przypadkiem przyszedł
etwaig *adj* ewentualny
etwas I. *pron ind* 1. co, coś; so ~ ! coś podobnego!; ~ Gutes coś dobrego; ~ anderes co innego; ohne ~ zu fragen nie pytając; daraus wird noch ~ z tego jeszcze coś będzie 2. trochę, nieco, coś niecoś, cokolwiek; ~ Geld trochę pieniędzy II. *adv, zob.* 1., 2.; ~ höher trochę ⟨nieco, coś niecoś, cokolwiek⟩ wyżej; ~ spät trochę ⟨nieco⟩ późno
Etymolog(e) *m* ...gen, ...gen etymolog *m*
Etymologie *f* — etymologia *f*
etymolgisch *adj:adv* etymologiczn-y:-ie
euch I. *pron pers.* 1. *dat pl* wam 2. *acc pl* was II. *pron r* 1. *dat pl* sobie 2. *acc pl* się, siebie
Eucharistie *f* — *rel* eucharystia *f*
eucharistisch *adj, rel* eucharystyczny
euer I. 1. *pron poss* wasz 2. *pron poss r* swój II. *pron pers gen pl* was
eu(e)re *a.* eurige; der ~ (*bez rzeczownika*) 1. *pron poss* wasz 2. *pron poss r* swój
Eu(e)re *a.* Eurige I. —n (*w listach*) 1. *m* Wasz oddany 2. *f* Wasza oddana 3. ~n *pl* Wasi oddani II. 1. *n* —n a) wasze (mienie) b) swoje (mienie) 2. *n* —n a) co do was należy b) swoje, swój obowiązek 3. —n *pl* a) wasza rodzina, wasi (najbliżsi) b) swoja rodzina, swoi (najbliżsi)
euerseits *adv* z waszej strony; ze swej strony
euersgleichen *pron ind, adj inv* 1. taki jak wy, podobny do was 2. tacy jak wy, podobni do was

euerthalben a. **euertwegen** a. **euertwillen** adv z powodu ⟨ze względu na, dla⟩ was; przez was
Eugen (m) —s Eugeniusz m
Eugenie [..ni̯ə] (f) — Eugenia f
Eugenetik a. **Eugenik** f — eugenika f
Eukalyptus m —ses, ...ten bot eukaliptus m
Eukalyptus... w comp eukaliptusowy; np. ~bonbon
Eukalyptusbonbon m a. n —s, —s cukierek eukaliptusowy
Eukalyptusöl n —(e)s olejek eukaliptusowy
euklidisch adj euklidesowy
Eule f —, —n orn sowa f
Eulenspiegel m —s, — 1. lit Sowizdrzał m 2. sowizdrzał m
Eulenspiegelei f —, —en figiel sowizdrzalski ⟨szelmowski⟩
eulenspiegelhaft adj:adv sowizdrzalski: po sowizdrzalsku
Eulenspiegel... w comp sowizdrzalski; np. ~literatur
Eulenspiegelliteratur f — literatura sowizdrzalska
Eulenspiegelstreich m —(e)s, —e figiel sowizdrzalski
Eunuch m —en, —en eunuch m
Euphemismus m —, ...men eufemizm m
euphemistisch adj:adv eufemistyczn-y:-ie
Euphorie f — euforia f
Eurasien (n) —s Eurazja f
eurer..., **eures**..., **euret**... zob. **euer**..., **euers**..., **euert**...
eurig, **Eurige** zob. **eu(e)re**, **Eu(e)re**
Europa (n) —s Europa f
Europa... w comp 1. europejski; np. ~union 2. ... Europy; np. ~meister
Europäer m —s, — Europejczyk m
Europäerin f —, —nen Europejka f
europäisch adj:adv europejski : po europejsku
europäisieren (h) vt, vr (sich się) z|europeizować. Su t. europeizacja f
Europameister m —s, — sport mistrz Europy
Europameisterschaft f —, —en mistrzostwo Europy
Europaunion f — polit Unia Europejska
Europium n —s chem europ m
Euter n —s, — wymię n
Euthanasie f — eutanazja f
Eva (f) —s Ewa f
evakuieren (h) vt 1. ewakuować 2. fiz wytw-arzać|orzyć próżnię. Su do 1.; t. ewakuacja f
Evangeliar n —s, —e ewangeliarz m
Evangelienbuch n —(e)s, ⸗er ewangeliarz m
evangelisch adj:adv 1. ewangeliczn-y:-ie 2. ewangelicki : po ewangelicku, protestancki : po protestancku; ~-lutherisch ewangelicko-luterański, ~refomiert ewangelicko-reformowany
Evangelische —n, —n 1. m ewangelik m 2. f ewangeliczka f
Evangelist m —en, —en ewangelista m
Evangelium n —s, ...lien ewangelia f
Evastochter f —, ⸗ córa Ewy (kobieta)

eventual adj:adv możliw-y:-ie, ewentualn-y:-ie
Eventualität f —, —en ewentualność f
eventuell adj:adv możliw-y:-ie, ewentualn-y:-ie
evident adj:adv jawn-y:-ie, oczywi-sty:-ście
Evidenz f — jawność, oczywistość f
Evolution f —, —en ewolucja f
Evolutionismus m — ewolucjonizm m
Evolutionist m —en, —en ewolucjonista m
Evolutions... w comp ... ewolucji; np. ~theorie
Evolutionstheorie f — teoria ewolucji
evolvieren (h) vi ewoluować, prze-chodzić|jść ewolucję
ewig adj:adv wieczn-y:-ie; wiekui-sty:-ście; wieczy-sty:-ście; ciąg-ły:-le, ustawiczn-y:-ie; auf ~ na wieki, na wieczne czasy; **die ~e Verdammnis** wiekuiste potępienie; **~e Freundschaft** ⟨**Pacht**⟩ wieczysta przyjaźń ⟨dzierżawa⟩; **das ~e Klagen** ciągłe biadanie; **der Ewige Jude** Żyd Wieczny Tułacz; **die Ewige Stadt** Wieczne Miasto ⟨Rzym⟩. Sk wieczność f; wieki pl; in alle Ewigkeit na wieki wieków; **seit e—r Ewigkeit** a. **seit Ewigkeiten** od wieków, wieki, bardzo dawno; **das dauert e—e Ewigkeit** to trwa całe wieki
ewiglich adv wiecznie
Ewigweibliche —n —n poet wieczny urok kobiecy, wieczna kobiecość
Ex... w comp (przy rzeczownikach osobowych) eks-..., były; np. ~könig
exakt adj:adv ści-sły:-śle, dokładn-y:-ie
Sh
Exaltation f —, —en egzaltacja f
exaltiert adj:adv egzaltowany : w sposób egzaltowany. Sh egzaltacja f, egzaltowanie n
Examen n —s, ...mina egzamin m; pot **das ~ machen** składać egzamin; pot **ins ~ steigen** ⟨**gehen**⟩ przystępować do egzaminu; pot **durch das ~ fallen** przepaść ⟨obciąć się⟩ na egzaminie
Examinand m —en, —en egzaminowany m, zdający egzamin
Examinator m —s, ...oren egzaminator m
examinieren (h) vt prze|egzaminować
Exeget m —en, —en egzegeta m
exekutieren (h) vt 1. wy|egzekwować, wykon-ywać|ać, spełni-ać|ć 2. wykon-ywać|ać wyrok śmierci (jmdn na kimś), stracić ⟨kogoś⟩
Exekution f —, —en egzekucja f, wykonanie n; egzekucja f, stracenie n, wykonanie wyroku
Exekutions... w comp 1. egzekucyjny; np. ~trupp 2. ... egzekucji; np. ~termin
Exekutionskommando n —s, —s pluton egzekucyjny
Exekutionstermin m —s, —e termin egzekucji
Exekutionstrupp m —s, —s pluton egzekucyjny
exekutiv adj wykonawczy
Exekutiv... w comp wykonawczy; np. ~gewalt

Exekutivausschuß 243 Experiment

Exekutivausschuß m ...usses, ...üsse komitet wykonawczy
Exekutive f —, —n egzekutywa f
Exekutivgewalt f — władza wykonawcza, egzekutywa f
Exekutor m —s, ..oren egzekutor, wykonawca m
Exempel n —s, — 1. przykład m e. ~ an jmdm statuieren karać kogoś dla przykładu; e. ~ an etw. nehmen brać przykład z czegoś 2. mat zadanie n
Exemplar n —(e)s, —e egzemplarz m; przen, pot t. typ m, okaz m
exemplarisch adj:adv 1. przykładn-y:-ie, wzorow-y:-o 2. przykładn-y:-ie, surow--y:-o; ~ bestrafen surowo karać
Exequien [...kvïǝn] pl, rel egzekwie pl
exequieren (h) vt wy|egzekwować
Exerzier... w comp ... ćwiczeń; np. ~platz
exerzieren (h) 1. vt musztrować, ćwiczyć, szkolić 2. vi ćwiczyć się
Exerzieren n —s musztra f
Exerzierhalle f —, —n sala ćwiczeń
Exerzierpatrone f —, —n ślepy nabój
Exerzierplatz m —es, ⸚e plac ćwiczeń
Exhibitionismus m — ekshibicjonizm m
Exhibitionist m —en, —en ekshibicjonista m
exhumieren (h) vt ekshumować, dokon--ywać|ać ekshumacji. Su t. ekshumacja f
Exil n —(e)s, —e wygnanie n, emigracja f; im ~ leben żyć na wygnaniu
Exil... w comp 1. emigracyjny: np. ~regierung 2. ... na wygnaniu ⟨emigracji⟩; np. ~aufenthalt
Exilaufenthalt m —(e)s pobyt na emigracji ⟨na wygnaniu⟩
Exilregierung f —, —en rząd emigracyjny
existent adj istniejący
Existentialismus m — a. Existentjalphilosophie f — egzystencjalizm m
existentiell adj bytowy
Existenz f —, —en byt m, istnienie n, egzystencja f
Existenz... w comp 1. ... bytu; np. ~berechtigung 2. ... o byt; np. ~kampf 3. ... egzystencji; np. ~minimum 4. ... utrzymania; np. ~mittel
Existenzberechtigung f — racja bytu, prawo do życia
Existenzkampf m —(e)s, ⸚e walka o byt
Existenzminimum n —s, ...ma minimum egzystencji
Existenzmittel pl środki utrzymania ⟨do życia⟩
Existenzphilosophie f — egzystencjalizm m
existieren (h) vi istnieć, bytować, egzystować; wy|żyć
Exkaiser m —s, — eks-cesarz m, były cesarz
Exkanzler m —s, — eks-kanclerz m, były kanclerz
Exkavator m —s, ...oren 1. ekskawator m, czerparka, koparka, pogłębiarka f 2. dent ekskawator, wydrążacz m

exkludieren (h) vt wyłącz-ać|yć, wyklucz--ać|yć
Exklusion f — wyłączenie, wykluczenie n
exklusiv adj:adv wyłączny-y:-ie, ekskluzywn-y:-ie
exklusive adv z wyłączeniem, wyłącznie
Exklusivität f — wyłączność f, ekskluzywność f
Exkommunikation f —, —en rel wykluczenie (z kościoła), wyklęcie n, ekskomunika f; klątwa f
exkommunizieren (h) vt, rel ekskomunikować, rzuc-ać|ić ekskomunikę; wykl--inać|ąć. Su ekskomunikowanie n; ekskomunika f, klątwa f
Exkönig m —s, —e eks-król m, były król
Exkrement n —(e)s, —e ekskrementy pl
Exkurs m —es, —e dygresja f, ekskurs m
Exkursion f —, —en wycieczka f; wyprawa f; wypad m
Exlibris n —, — ekslibris m
Exmatrikulation f —, —en eksmatrykulacja f
exmatrikulieren (h) vt, vr (sich się) eksmatrykulować
Exmeister m —s, — eks-mistrz m, były mistrz
Exminister m —s, — eks-minister m, były minister
Exmission f —, —en eksmisja f
exmittieren (h) vt wy|eksmitować. Su t. eksmisja f
Exorzismus m — egzorcyzm m
Exotik f — egzotyka f
exotisch adj:adv egzotyczn-y:-ie
Expansion f —, —en 1. ekspansja f; rozszerzanie (się) n 2. fiz rozprężanie n (się)
Expansions... w comp 1. ekspansywny; np. ~politik 2. ... ekspansji; np. ~versuch 3. fiz ... rozprężania; np. ~kurve
Expansionskurve f —, —n fiz krzywa rozprężania
Expansionspolitik f — polityka ekspansywna
Expansionsversuch m —(e)s, —e próba ekspansji f
expansiv adj:adv ekspansywn-y:-ie
Expatriation f —, —en ekspatriacja f
expatriieren (h) vt ekskpatriować; wysiedl--ać|ić; pozbawi-ać|ć obywatelstwa. Su t. ekspatriacja f
Expedient m —en, —en ekspedient m
Expedientin f —, —nen ekspedientka f
expedieren (h) vt wys-yłać|łać, wy|eksepediować
Expedition f —, —en ekspedycja f; wyprawa f
Expeditions... w comp 1. ekspedycyjny; np. ~korps 2. ... ekspedycji; np. ~leiter
Expeditionskorps [...ko:r] n — [...ko:rs], — [...ko:rs] woj korpus expedycyjny
Expeditionsleiter m —s, — kierownik ekspedycji
Expeditionsteilnehmer m —s, — uczestnik ekspedycji
Expeditor m —s, ...toren eks ekspedytor m
Experiment n —(e)s, —e eksperyment m, doświadczenie n

16*

experimental adj:adv eksperymentaln-y:-ie, doświadczaln-y:-ie
Experimental... w comp eksperymentalny, doświadczalny; np. ~chemie
Experimentalchemie f — chemia eksperymentalna
Experimentalphonetik f — fonetyka eksperymentalna
experimentell adj:adv, zob. experimental
experimentieren (h) vi eksperymentować, robić eksperymenty ⟨doświadczenia⟩
Experte m —n, —n biegły, rzeczoznawca, ekspert m
Expertise f —, —n ekspertyza f
Explikation f —, —en wyjaśnienie, tłumaczenie n, eksplikacja f
explizieren (h) vt wyjaśni-ać|ć, wy|tłumaczyć
explodierbar adj wybuchowy, eksplozywny. Sk
explodieren (sn) vi wybuch-ać|nąć, eksplodować
Exploitation [... ploata...] f — eksploatacja f
exploitieren (h) vt wyzysk-iwać|ać, eksploatować. Su t. eksploatacja f
explosibel adj wybuchowy, eksplozywny
Explosion f —, —en wybuch m, eksplozja f
Explosions... w comp 1. spalinowy; wybuchowy; np. ~gase 2. ... wybuchu; np. ~gefahr
Explosionsgase pl gazy spalinowe ⟨wybuchowe⟩, spaliny pl
Explosionsgefahr f —, —en niebezpieczeństwo wybuchu
Explosionskraft f —, ⸗e siła wybuchu
Explosionsmotor m —s, —en silnik ⟨motor⟩ spalinowy
Explosionsschwaden pl, górn gazy wybuchowe
explosiv adj wybuchowy, eksplozywny
Explosiv... w comp wybuchowy, eksplozywny; np. ~stoff
Explosivlaut m —(e)s, —e jęz spółgłoska zwarta
Explosivstoff m —(e)s, —e materiał wybuchowy
Exponat n —(e)s, —e eksponat m
Exponent m —en, —en 1. mat wykładnik m 2. przen reprezentant m
exponieren (h) vt 1. vr (sich się) eksponować; nara-żać|zić 2. fot eksponować, naświetl-ać|ić 3. wyjaśni-ać|ć, dowodzić|ieść
exponiert 1. part perf, zob exponieren 2. adj:adv eksponowany
Export m —(e)s, —e wywóz, eksport m
Export... w comp 1. eksportowy ⟨wywozowy⟩; np. ~bier 2. ... eksportu ⟨wywozu⟩; np. ~verbot
Exportbier n —(e)s, —e piwo eksportowe
Exporteur [...tø:r] m —s, —e eksporter m
exportieren (h) vt wyw-ozić|ieźć, eksportować
Exportplan m —(e)s, ⸗e plan eksportu ⟨wywozu⟩

Exportprämie [... miə] f —, —n premia eksportowa
Exportverbot n —(e)s, —e zakaz eksportu ⟨wywozu⟩, embargo n
Exposition f —, —en 1. ekspozycja f, wstęp m; wyłożenie, wyjaśnienie n 2. fot ekspozycja f, naświetlenie n 3. ekspozycja f, wystawienie n; wystawa f
Expositur f —, —en ekspozytura, filia, agentura f
Expräsident m —en, —en eks-prezydent m, były prezydent
expreß adj:adv inv 1. pośpieszn-y:-ie, piln-y:-ie 2. umyśln-y:-ie
Expreß m ...esses, ...esse ekspres m
Expreß... w comp ekspresowy; np. ~gut
Expreßbote m —n, —n ekspres, kurier m, umyślny posłaniec
Expreßgut n —(e)s, ⸗er przesyłka ekspresowa
Expressionismus m — ekspresjonizm m
Expressionist m —en, —en ekspresjonista m
expressionistisch adj:adv ekspresjonistyczn-y:-ie
expressiv adj:adv ekspresywn-y:-ie, wyrazi-sty:-ście
Expreßzug m —(e)s, ⸗e pociąg ekspres m
Expropriation f —, —en wywłaszczenie n, ekspropriacja f
exproprilleren (h) vt wywłaszcz-ać|yć. Su t. ekspropriacja f
exquisit adj:adv wyborn-y:-ie, wyśmieni-ty:-cie, doborowy, wyborowy
Extase f —, —n ekstaza f
extemporieren (h) vt improwizować (t. muz)
extensiv adj:adv ekstensywn-y:-ie
Extermination f — eksterminacja f, wytępienie, wyniszczenie n, zagłada f
exterminieren vt wytępić. Su t. eksterminacja f
extern adj:adv zewnętrzn-y:-ie, na zewnątrz
Externat n —(e)s, —e eksternat m
Externe —n, —n 1. m eksternista, ekstern m 2. f eksternistka f
exterritorial adj:adv eksterytorialn-y:-ie
Exterritorialität f — eksterytorialność f
extra adv osobno, specjalnie, dodatkowo, ekstra
extra... w comp specjalnie; np. ~fein
Extra... w comp 1. nadzwyczajny; np. ~blatt 2. specjalny; np. ~post
Extrablatt n —(e)s, ⸗er wydanie nadzwyczajne (gazety)
extrafein adj:adv specjalnie dob-ry:-rze; wyborn-y:-ie; najwyższej jakości
Extrakt m —(e)s, —e ekstrakt, wyciąg m
Extraktion f —, —en ekstrakcja f
extraordinär adj:adv nadzwyczajn-y:-ie
Extraordinarius m —, ...rien profesor nadzwyczajny
Extrapost f — dawn dyliżans specjalny, ekstrapoczta f
Extraprofit m —(e)s, —e dodatkowy ⟨nadzwyczajny⟩ zysk

extravagant *adj:adv* dziwaczn-y:-ie, ekstrawaganck-i:-o
Extravaganz *f* —, **—en** ekstrawagancja *f*, dziwactwo *n*; wybryk *m*
Extrawurst *f* —, ∺**e** *pot* specjalne udogodnienie
Extrazug *m* —(e)s, ∺**e** pociąg specjalny
extrem *adj:adv* krańcow-y:-o, skrajn--y:-ie
Extrem *n* —(e)s, **—e** krańcowość, skrajność *f*; ostateczność *f*; **sich in ~en bewegen** *a.* **von e—m ~ ins andere fallen** przerzucać się ⟨wpadać⟩ z jednej ostateczności w drugą; **die ~e berühren sich** krańcowości schodzą się
Extrem... *w comp* krańcowy; *np.* **~wert**
Extremist *m* **—en,** **—en** ekstremista *m*
Extremität *f* —, **—en** 1. krańcowość *f* 2. *anat* kończyna *f*

Extremwert *m* —(e)s, **—e** wartość krańcowa
exzellent *adj:adv* doskona-ły:-le, wyborn-y:-ie, wyśmieni-ty:-cie; wybitn--y:-ie
Exzellenz *f* —, **—en** ekscelencja *f*
Exzenter *m* **—s,** — mimośród *m*
Exzenterpresse *f* —, **—n** prasa mimośrodowa
Exzentriker *m* **—s,** — ekscentryk *m*
exzentrisch *adj:adv* 1. ekscentryczn-y:-ie, dziwaczn-y:-ie 2. *mat, tech* mimośrodowy
Exzentrizität *f* —, **—en** 1. ekscentryczność, dziwaczność *f* 2. *mat* mimośród *m*
exzerpieren (h) *vt* wy|ekscerpować, z|robić wyciągi ⟨ekscerpty⟩
Exzerpt *n* —(e)s, **—e** wyciąg, ekscerpt *m*
Exzeß *m* ...esses, ...esse eksces *m;* wybryk, wyskok *m*, wykroczenie *n*

F

Fabel *f* —, **—n** 1. (*t. lit*) bajka, baśń *f* 2. *lit* fabuła *f* (**e—s Romans** powieści) 3. bajka *f*, wymysł *m*
Fabel... *w comp* 1. baśniowy; *np.* **~welt** 2. ... baśni; *np.* **~reich**
Fabeldichter *m* **—s,** — bajkopisarz *m*
fabelhaft *adj:adv* bajeczn-y:-ie, fantastyczn-y:-ie, wspania-ły:-le; **~** billig bajecznie tanio; **e. ~er Kerl** wspaniały chłop ⟨kompan⟩
fabeln (h) *vi* zmyśl-ać|ić, fantazjować; bajdurzyć
Fabelreich *n* —(e)s kraina baśni
Fabeltier *n* —(e)s, **—e** legendarne zwierzę
Fabelwelt *f* — świat baśniowy
Fabelwesen *n* **—s,** — istota legendarna ⟨baśniowa⟩
Fabrik *f* —, **—en** fabryka, wytwórnia *f*
Fabrik... *w comp* 1. fabryczny; *np.* **~arbeiter** 2. ... fabryki; *np.* **~besitzer**
Fabrikanlage *f* —, **—n** 1. *zob.* **Fabrik** 2. *pl* urządzenia fabryczne
Fabrikant *m* **—en,** **—en** fabrykant *m*, właściciel fabryki
Fabrikarbeiter *m* **—s,** — robotnik fabryczny
Fabrikarbeiterin *f* —, **—nen** robotnica fabryczna
Fabrikat *n* **—s,** **—e** wyrób fabryczny ⟨maszynowy⟩, fabrykat *m*
Fabrikation *f* —, **—en** wyrabianie, wytwarzanie *n*, fabrykacja *f*
Fabrikbesitzer *m* **—s,** — właściciel fabryki
Fabrikdirektion *f* —, **—en** zarząd fabryczny, dyrekcja fabryki
Fabrikdirektor *m* **—s,** **—en** dyrektor fabryki
Fabrikgebäude *n* **—s,** — budynek fabryczny
Fabriklager *n* **—s,** — skład ⟨magazyn⟩ fabryczny
Fabrikmarke *f* —, **—n** znak fabryczny, marka fabryczna

fabrikmäßig *adj:adv* fabryczn-y:-ie
fabrikneu *adj:adv* fabrycznie nowy: prosto z fabryki
Fabrikpreis *m* **—es,** **—e** cena fabryczna
Fabrikstadt *f* —, ∺**e** miasto fabryczne
fabrizieren (h) *vt* wytwarzać, wyrabiać, produkować, fabrykować
fabulieren (h) *vi* (~) fantazjować; żywo ⟨barwnie⟩ opowiadać
Facette [faseta] *f* —, **—n** *tech* faseta *f*
Facettenauge *n* **—es,** **—en** *biol* oczko proste, fasetka *f*
Facettenglas *n* **—es,** ∺**er** szkło szlifowane ⟨fasetowane⟩
facettieren (h) *vt* fasetować, szlifować (*np.* diamenty)
Fach *n* **—(e)s,** ∺**er** 1. półka, przedziałka *f* 2. fach, zawód *m;* specjalność *f;* branża *f;* dziedzina *f; e.* **Mann vom ~** specjalista, fachowiec *m; das* **schlägt in mein ~** to moja dziedzina ⟨specjalność⟩
Fach... *w comp* zawodowy, fachowy; *np.* **~buch**
Facharbeiter *m* **—s,** — pracownik ⟨robotnik⟩ wykwalifikowany
Facharzt *m* **—es,** ∺**e** lekarz specjalista
Fachausdruck *m* —(e)s, ∺**e** termin techniczny
Fachbereich *m* —(e)s, **—e** branża *f*; specjalność *f*; zakres *m*
Fachbuch *n* —(e)s, ∺**er** książka fachowa, podręcznik zawodowy
fächeln (h) *vt, vr* (sich się) wachlować
Fächer *m* **—s,** — wachlarz *m*
fächerartig *a.* **fächerförmig** *adj:adv* wachlarzowat-y:-o
fachfremd *adj* niefachowy
Fachgebiet *n* —(e)s, **—e** branża *f;* specjalność *f;* dziedzina *f*
fachgemäß *adj:adv* fachow-y:-o
Fachkenntnis *f*—, ...isse wiedza zawodowa
Fachkreise *pl;* **in ~n** w kołach fachowych, wśród specjalistów
fachkundig *adj:adv* fachow-y:-o

fachlich *adj:adv* fachow-y:-o; *med* specjalistyczn-y:-ie
Fachliteratur *f* —, literatura fachowa ⟨zawodowa⟩
Fachmann *m* (e)s, ≃er *a.* **Fachleute** fachowiec, specjalista *m*
fachmännisch *a.* **fachmäßig** *adj:adv* fachow-y:-o, w sposób fachowy
Fachrichtung *f* —, —en kierunek studiów, specjalność *f*
Fachschulbildung *f* — wykształcenie zawodowe
Fachschule *f* —, —n szkoła zawodowa
fachsimpeln (h) *vi*, *pot* prowadzić dyskusję fachową; dyskutować ⟨rozprawiać⟩ o swoim fachu
Fachstudien *pl* studia zawodowe
Fachwerk *n* —(e)s, —e *bud* kratownica, konstrukcja ryglowa, *pot* pruski mur
Fachwissen *n* —s wiedza zawodowa
Fachzeitschrift *f* —, —en czasopismo zawodowe ⟨fachowe⟩
Fackel *f* —, —n pochodnia, żagiew *f* (*t. przen*); ~ **des Krieges** żagiew wojny
Fackel... *w comp* 1. ... pochodni; *np.* ~**schein** 2. ... z pochodniami; *np.* ~**zug**
fackeln (h) *vi* 1. za|migotać, migać się 2. *przen, pot* wahać się, zwlekać
Fackelschein *m* —(e)s, —e światło ⟨blask⟩ pochodni
Fackelträger *m* —s, — niosący pochodnię, pochodnik *m*
Fackelzug *m* —(e)s, ≃e pochód z pochodniami
fad(e) *adj:adv* 1. mdł-y:-o 2. *przen* mdł--y:-o, nudn-y:-ie; ~**es Zeug reden** pleść niedorzeczności ⟨banialuki⟩. **Sh**
Faden *m* —s, ≃ 1. nić, nitka *f*; włókno *n*; *przen* **das hängt am seidenen** ~ **to wisi na nitce** ⟨na włosku⟩; **keinen trocknen** ~ **am Leibe haben** przemoknąć do suchej nitki; *przen* **keinen guten** ~ **an jmdm lassen** nie zostawi(a)ć na kimś suchej nitki 2. *przen* nić *f*, wątek *m*; **den** ~ **der Erzählung verlieren** stracić wątek opowiadania 3. sążeń *m* (*t. mar*)
fadendünn *adj* cienki jak nitka
fadenförmig *adj:adv* nitkowat-y:-o
Fadenkreuz *n* —es, —e *woj* siatka ⟨krzyż⟩ nitek (*w lunecie*)
Fadennudeln *pl* makaron nitkowaty, wermiszel *m*
fadenscheining *adj* 1. wytarty, przeświecający, wyświechtany; cienki 2. *przen* błahy; przejrzysty; ~**e Gründe** błahe powody
Fadenwürmer *pl*, *ent* nicienie *pl*
Fadenzähler *m* —s, — lupa włókiennicza
Fading [fe:diŋ] *m* —s, —s *radio* zanik fal, fading *m*
Fagott *n* —(e)s, —e *muz* fagot *m*
Fagottist *m* —en, —en fagocista *m*
Fähe *f* —, —n *łow* samica *f*; suka *f*; liszka *f*; wilczyca *f*
fähig *adj* zdolny; (zu) e—r Sache ~ **sein** być zdolnym do czegoś. **Sk** *t.* uzdolnienie *n*

fahl *adj:adv* blad-y:-o; ziemi-sty:-ście. **Sh**
Fahlerz *n* —es, —e *min* kruszec płowy, tetraedryt *m*
Fähnchen *n* —s, — 1. chorągiewka *f* 2. *pot* licha (lekka) sukienka
fahnden (h) *vi* ścigać, poszukiwać, śledzić, tropić (**nach** jmdm *a.* **auf** jmdn kogoś). **Su**
Fahndungsabteilung *f* —, —en *a.* **Fahndungsdienst** *m* —es wydział śledczy (policji)
Fahne *f* —, —en 1. chorągiew *f*, sztandar *m*; **mit wehenden** ⟨**fliegenden**⟩ ~**n** z rozwiniętymi sztandarami; *przen* **die** ~ **hoch halten** wysoko dzierżyć sztandar; *przen* **zu den** ~**n eilen** spieszyć pod sztandary 2. chorągiewka *f* (*na dachu*) 3. *dawn, woj* chorągiew *f*, poczet *m* 4. *druk* odbitka szpaltowa, szpalta *f* 5. *łow.* ogon *m*, kita *f* 6. *przen, pot* lekka sukienka, szmatka *f* * *pot* **e—e** ~ **haben** mieć w czubie, zalatywać wódką
Fahneneid *m* —(e)s, —e przysięga na sztandar
Fahnenflucht *f* — dezercja *f*
fahnenflüchtig *adj;* ~ **werden** z|dezerterować
Fahnenflüchtige *m* —n, —n dezerter, zbieg *m*
Fahnenjunker *m* —s, — *woj* podchorąży *m*
Fahnenkorrektur *f* —, —en *druk* korekta szpaltowa
Fahnenträger *m* —s, — chorąży *m*
Fahnenweihe *f* —, —n poświęcenie chorągwi ⟨sztandaru⟩
Fähnrich *m* —(e)s, —e 1. *dawn* chorąży 2. podchorąży *m*
Fahr... *w comp* 1. jezdny; *np.* ~**draht** 2. ... jazdy; *np.* ~**geschwindigkeit**
Fahrbahn *f* —, —en jezdnia *f*; tor *m*
fahrbar *adj* przenośny, ruchomy
Fahrbereich *m* —(e)s, —e *lot, mar* zasięg *m*
Fahrdamm *m* —(e)s, ≃e jezdnia *f*
Fahrdienst *m* —es *kol* służba ruchu
Fahrdienstleiter *m* —s, — *kol* dyżurny ruchu
Fahrdraht *m* —(e)s, ≃e przewód jezdny
Fähre *f* —, —n prom *m*
fahren (30) I. (sn) *vi* je-ździć|chać, pojechać; odje-żdżać|chać, wyje-żdżać|chać; uda-wać|ć się **II.** (sn) *vi* (z *przyimkami*) **I.** *an:* a) je-ździć|chać *itd. zob.* **I.** (**an die See** nad morze) b) wje-żdżać|chać, wpa-dać|ść (*an den Baum* na drzewo) 2. *auf:* a) je-ździć chać *itd. zob.* **I.** (**aufs Land** na wieś; **auf den Berg** na górę) b) naje-żdżać|chać, wpa-dać|ść (**auf einen Stein** na kamień) 3. *aus:* a) wyje-żdżać|chać (**aus der Garage** z garażu) b) *przen* zrywa(e)|rwać się (**aus dem Bett** z łóżka; **aus dem Schlaf** ze snu); **aus dem Haus** ~ wyskakiwać ze skóry c) wysu-wać|nąć się, wym--ykać|knąć się, wypa-dać|ść (**aus der Hand** z ręki) 4. **bis:** a) je-ździć|chać *itd. zob.* **I.** (**bis Berlin** (aż) do Berlina)

b) doje-żdżać|chać (bis Moskau do Moskwy) c) *kol* kursować (bis Leipzig do Lipska) 5. durch: a) je-ździć|chać, pojechać, uda-wać|ć się (durch den Wald przez las *a.* lasem); przeje-żdżać|chać (durch die Stadt przez miasto) b) *przen* przeszy-wać|ć, przebi-jać|ć (*np. o pocisku*); e. Gedanke fuhr mir durch den Kopf ⟨Sinn⟩ przemknęła mi myśl przez głowę; (sich) mit dem Kamm durch die Haare ~ przeczesać (się) 6. gegen: a) wje-żdżać|chać, wpa-dać|ść (gegen e—n Baum na drzewo) b) pod-ejmować|jąć wyprawę, wy|rusz-ać|yć na wyprawę (gegen die Sarazenen przeciw Saracenom) 7. hinter: pojechać, zaje--żdżać|chać (hinter das Haus za dom) b) *przen* wpa-dać|ść, wsk-akiwać|oczyć (hinter den Baum za drzewo) 8. in: a) je-ździć|chać, pojechać, odje-żdżać| chać, wje-żdżać|chać (in die Garage do garażu), uda-wać|ć się (in die Stadt do miasta); *przen* in die Grube ~ umierać b) sięg-ać|nąć (in die Tasche ⟨Schüssel⟩ do kieszeni ⟨miski⟩) c) wdzi-ewać|ać, wkładać|włożyć (in den Mantel płaszcz); obu-wać|ć, za-kładać|łożyć (in die Stiefel buty z cholewami) d) (*o pocisku, piorunie*) uderz-ać|yć (ins Haus w dom) e) in die Höhe ~ zerwać się z miejsca, podskoczyć 9. mit: a) je-ździć|chać *itd. zob.* I. (mit meinem Bruder z moim bratem) b) mit etw. gut ⟨übel⟩ ~ wychodzić na czymś dobrze ⟨źle⟩ 10. nach: je-ździć|chać *itd. zob.* I. ⟨nach München do Monachium⟩ 11. über: a) je--ździć|chać *itd. zob.* I.; przeje-żdżać| chać (über die Brücke przez most); przeprawi-ać|ć się (über den Fluß przez rzekę); b) *przen* mit der Hand über etw. ~ przesu-wać|nąć ręką po czymś 12. um: a) je-ździć|chać *itd. zob.* I.; je-żdżać|chać (um die Stadt miasto) b) links um die Ecke ~ na narożniku skręcać na ⟨w⟩ lewo 13. unter: je-ździć| chać (unter der Brücke pod mostem); wje-żdżać|chać (unter die Brücke pod most); wl-atywać|ecieć, wpa-dać|ść (unter etw. pod coś) 14. von: a) je--ździć|chać *itd. zob.* I. (von Dresden nach Weimar z Drezna do Weimaru); *kol* odje-żdżać|chać, od-chodzic|ejsc (vom Bahnsteig eins z peronu pierwszego); 15. vor: je-ździć|chać *itd. zob.* I.; zaje-żdżać|chać (vor das Haus przed dom) 16. zu: je-ździć chać *itd. zob.* I. (zum Arzt do lekarza) 17. zwischen: je-ździć|chać (zwischen zwei Häuserreihen między dwoma rzędami domów) III. (h) *vt* 1. zaw-ozić ieźć, przew-ozić| ieźć 2. *auto* je-ździć|chać (e—n Wartburg wartburgiem); prowadzić (wartburga) 3. je-ździć|chać (Karussell na karuzeli) * *sport* Schlitten ~ uprawiać saneczkarstwo

fahrend *I. part praes, zob.* fahren II. *adj* 1. jadący; wędrowny; *lit* ~e Leute *a.* ~es Volk wędrowni artyści, waganci *pl* 2. ruchomy; *dawn* ~e Habe *a.* ~es Gut ruchomy dobytek

fahrenlassen (74;h) *vt, pot* zaniechać, poniechać (etw. czegoś); e—e Gelegenheit ~ pominąć okazję
Fahrer *m* —s, — 1. kierowca, szofer *m;* motorniczy *m* 2. *sport* kolarz *m;* motocyklista *m;* automobilista *m*
Fahrerei *f* — (ciągłe) jeżdżenie ⟨*a.* wyjazdy⟩
Fahrerflucht *f* — (~) ucieczka kierowcy (po spowodowaniu wypadku)
Fahrerlaubnis *f* —, —se pozwolenie na prowadzenie pojazdów mechanicznych, *pot* prawo jazdy
Fahrgast *m* —es, ⸚e pasażer, podróżny *m*
Fahrgastschiff *n* —(e)s, —e statek pasażerski
Fahrgeld *n* —(e)s opłata za bilet; pieniądze na bilet
Fahrgeld *n* —(e)s przewoźne *n*, opłata za przewóz promem
Fahrg(e)leise *n* —es, —e koleina *f*
Fahrgeschwindigkeit *f* — szybkość jazdy
Fahrgestell *n* —(e)s, —e podwozie *n*
fahrig *adj:adv* niespokojn-y:-ie; roztrzepany; nieopanowany. Sk niepokój *m;* roztrzepanie *n;* brak opanowania
Fahrkarte *f* —, —n bilet *m* (jazdy)
Fahrkarten... *w comp* 1. biletowy; *np.* ~schalter 2. ... biletów; *np.* ~kontrolle
Fahrkartenkontrolle *f* —, —n kontrola biletów
Fahrkartenschalter *m* —s, — kasa biletowa
fahrlässig *adj:adv* nieuważn-y:-ie, niedba-ly:-le; *praw* ~e Tötung nieumyślne zabójstwo. Sk *praw* wina nieumyślna; lekkomyślność *f*
Fahrlehrer *m* —s, — instruktor jazdy (*np.* samochodowej)
Fährmann *m* —(e)s, ⸚er *a.* Fährleute przewoźnik *m*
Fahrnis *f* —, —se *a. n* —ses, —se *praw* ruchomości *pl*
Fährnis *f* —, —se *poet* niebezpieczeństwo *n*
Fahrnisgemeinschaft *f* — *praw* (małżeńska) wspólnota majątkowa
Fahrplan *m* —(e)s, ⸚e rozkład jazdy
fahrplanmäßig *adj:adv* planow-y:-o, wg rozkładu jazdy
Fahrpreis *m* —es, —e opłata za przejazd
Fahrprüfung *f* —, —en egzamin na prowadzenie pojazdu mechanicznego ⟨*pot* na prawo jazdy⟩
Fahrrad *n* —(e)s, ⸚er rower *m*
Fahrrad... *w comp* rowerowy; *np.* ~bereifung
Fahrradbereifung *f* — opona rowerowa, ogumienie rowerowe
Fahrradzubehör *n* —(e)s, —e przybory rowerowe
Fahrrinne *f* —, —n *mar* tor wodny, farwater *m*
Fahrschein *m* —(e)s, — bilet *m*
Fahrschiff *n* —(e)s, —e prom *m*
Fahrschule *f* —, —n 1. kursy samochodowe 2. podręcznik nauki jazdy
Fahrstuhl *m* —(e)s, ⸚e 1. winda *f*, wyciąg *m* 2. fotel na kółkach
Fahrstuhlführer *m* —s, — windziarz *m*

Fahrt *f* —, —en 1. jazda *f*; podróż *f*; kurs *m* (taksówki; statku); **e—e ~ ins Blaue** podróż w nieznane 2. droga *f* **freie ~** wolna droga; **auf der ~ nach Berlin** w drodze do Berlina 3. szybkość *f*; (roz)pęd *m*; bieg *m*; **in voller ~** w pełnym biegu; **in ~ kommen** nab(ie)rać rozpędu (*t. przen*); **pot** wściekać się; *przen*, **pot in ~ sein** a) być w dobrym nastroju b) wściekać się 4. *górn* drabina szybowa
Fährte *f* —, —n ślad, trop *m*; **auf die richtige ~ kommen** wpaść na właściwy trop (ślad); **von der ~ abkommen** gubić ślad
Fahrkosten *pl* koszty przejazdu
Fahrtreppe *f* —, —n schody ruchome, eskalator *m*
Fahrtrichtung *f* —, —en kierunek jazdy
Fahrtrichtungsanzeiger *m* —s, — *auto* kierunkowskaz *m*
Fahrtunterbrechung *f* —, —en przerwa(nie) podróży
Fahrwasser *n* —s *mar* tor wodny, farwater *m*; *przen* **in seinem ~ sein** być w swoim żywiole; *przen* **ins politische ~ geraten** schodzić na tory polityczne
Fahrwerk *n* —(e)s, —e *lot* podwozie *n*
Fahrwind *m* —(e)s *mar* wiatr jazdy
Fahrzeit *f* —, —en czas jazdy
Fahrzeug *n* —(e)s, —e pojazd *m*; *mar* statek *m*
Fahrzeugbrief *m* —(e)s, —e dowód rejestracyjny pojazdu mechanicznego
fair [fe:r] *adj:adv* fair
Fairneß *f* — przyzwoitość *f*; poprawność *f*
Fäkalien [...ïen] *pl* fekalia, ekskrementy, odchody *pl*
Fakir *m* —s, —e fakir *m*
Faksimile *n* —s, —s *a*. ...lia faksymile *n*
faktisch *adj:adv* faktyczn-y:-ie
Faktor *m* —s, ...oren 1. czynnik *m* 2. *mat* współczynnik *m*; mnożnik *m* 3. *hand* faktor, pośrednik *m* 4. kierownik drukarni
Faktorei *f* —, —en faktoria *f*, osada handlowa (w krajach kolonialnych)
Faktotum *n* —s, —s totumfacki *m*, faktotum *n*
Faktum *n* —s, ...ta *a*. ...ten fakt *m*
Faktur *a*. **Faktura** *f* —, ...ren *hand* faktura *f*, rachunek *m*
Fakturen... *w comp* 1. fakturowy; *np*. **~buch** 2. ... faktury; *np*. **~betrag**
Fakturenbetrag *m* — (e)s, ⁻e *hand* suma faktury
Fakturenbuch *n* —(e)s, ⁻er *hand* księga fakturowa
fakturieren (h) *vt* za|fakturować
Fakultät *f* —. —en wydział, fakultet *m*
fakultativ *adj:adv* fakultatywn-y:-ie
Fakultätsrat *m* —(e)s, ⁻e rada wydziału
falb *adj* płowy
Falbe *m* —n, —n koń bułany, bułanek *m*
Falbel *f* —, —n falban(k)a *f*
fälbeln (h) *vt* układać|ułożyć (w) falbanki, marszczyć
Falke *m* —n, —n *orn* sokół *m*
Falken... *w comp* 1. sokoli; *np*. **~auge** 2. ... sokoła; *np*. **~flug**

Falkenauge *n* —s *przen* sokoli wzrok
Falkenbeize *f* —, —n polowanie z sokołem
Falkenflug *m* —(e)s lot sokoła
Falkenjagd *f* —, —en *zob*. **Falkenbeize**
Falklandinseln *pl* Wyspy Falklandzkie, Falklandy *pl*
Falkner *m* —s, — sokolnik *m*
Fall[1] *m* —(e)s, ⁻e 1. upadek *m* (*t. przen*), upadnięcie *n*; **zu ~(e) bringen** a) doprowadzać do upadku b) uwodzić (e. **Mädchen** dziewczynę) 2. spad(ek) *m*, pochyłość *f* 3. pomór *m* (**des Viehs** bydła) 4. spadek *m*, spadanie *n* (**der Preise** cen) 5. wodospad *m* 6. przypadek (*t. jęz*), wypadek *m*; raz *m*; **auf jeden ~** na wszelki wypadek; **auf keinen ~** w żadnym wypadku; **im besten (im schlimmsten) ~** w najlepszym (w najgorszym) razie; **in diesem ~** w takim razie (wypadku); w tym wypadku; **im ~e e—s Alarms** w razie alarmu; **im ~e, daß** ... przypuśćmy, że ...; **pot das ist ganz mein ~** to mi bardzo odpowiada, to mi się bardzo podoba 7. *praw* sprawa *f*
Fall[2] *n* —(e)s, —en *mar* fał *m*
Fällbad *n* —(e)s, ⁻er *chem* kąpiel koagulacyjna (ścinająca)
Fallbaum *m* —(e)s, ⁻e szlaban *m*
Fallbeil *n* —(e)s, —e gilotyna *f*
Fallbeschleunigung *f* — *fiz* przyspieszenie ziemskie (siły ciężkości)
Falle *f* —, —n 1. (pu)łapka *f*; sidła *pl* (*t. przen*); zasadzka *f*; **~n stellen** zastawia(ć) sidła (**gegen Vögel** na ptaki); *przen* **jmdm e—e ~ stellen** podejść kogoś; **jmdn in die ~ locken** wciągać kogoś w pułapkę (w zasadzkę) 2. **pot** łóżko *n*, wyr(k)o *n*
fallen (31;sn) *vi* I. 1. pa-dać|ść; upa-dać| ść; **der Länge nach ~** padać (rozciągać się) jak długi 2. spa-dać|ść, (*np. o śniegu*) 3. spa-dać|ść, obniż-ać|yć się (*np. o cenie, akcjach, temperaturze*); opa-dać|ść (*o wodzie, mgle itp.*); **im Ansehen ~** tracić na autorytecie 4. *woj* pa-dać|ść, polec 5. pa-dać|ść, zd-y|chać| echnąć 6. pa-dać|ść, rozle-gać|c się (*o strzale*) 7. *vimp* **es fällt leicht (schwer)** przychodzi łatwo (trudno) * **~ lassen** upu-szczać|ścić, wypu-szczać|ścić z rąk II. (*z przyimkami*): 1. *zob*. I. 1., 2.; 2. an: przypa-dać|ść (**an England** Anglii) 3. auf: a) pa-dać|ść; upa-dać|ść (**aufs Gesicht** na twarz); *przen* **auf die Nerven ~** działać na nerwy; **du bist nicht auf den Kopf ge~** nie upadłeś na głowę b) pa-dać|ść, przypa-dać|ść, wypa-dać|ść (**auf e—n Feiertag** na święto); **das Los fiel auf uns** los (wypadł) na nas c) spa-dać|ść (**auf etw.** na coś) 4. aus: wypa-dać|ść (**aus dem Fenster** z okna; *przen* **aus der Rolle** z roli); **aus allen Wolken ~** spadać z obłoków 5. durch: prze-chodzić|jść (**durch das Sieb** przez sito); **durch das Examen ~** nie zdać egzaminu 6. in: a) wpa-dać| ść (**in e. Loch** w dziurę; **in jmds Hände** w czyjeś ręce). **in e. Land ~** najeżdżać kraj; **jmdm ins Wort ~** przer(y)wać

fällen 249 **Falzer**

komuś; ins Gewicht ~ zaważyć; dem Feind in den Rücken ~ za|atakować nieprzyjaciela z tyłu; mit der Tür ins Haus ~ zaskakiwać wypowiedzią b) popa-dać|ść (in Ungnade w niełaskę) c) zapa-dać|ść (in Schlaf w sen) d) rozpa- -dać|ść się (in Trümmer w gruzy) e) rzuc-ać|ić się (in die Augen w oczy; in die Arme w objęcia) f) wpadać, przechodzić (ins Blaue hinein w odcień niebieski) g) wchodzić (in jmds Bereich w czyjś zakres) 7. über: pot-ykać|knąć się (über e—n Stein o kamień) 8. unter: a) podpa-dać|ść (unter die Bestimmungen pod przepisy), podlegać (przepisom) b) wpa-dać|ść (unter den Schrank pod szafę); spa-dać|ść (unter den Tisch pod stół) 9. von: spa-dać|ść (vom Pferd z konia)
fällen (h) *vt* 1. ści-nać|ąć (e—n Baum drzewo) 2. *chem* strąc-ać|ić; wytrąc-ać|ić 3. *mat* poprowadzić (e—e Senkrechte prostopadłą) * *praw* e. Urteil ~ wydawać wyrok; *woj das* Bajonett ~ pochylać bagnety. Su do 1.—3.; do **I.** *t. leśn* ścinka *f*; do 2. *t.* osad *m*
fallenlassen (74;h) *vt* 1. zaniechać, poniechać (e—n Plan zamiaru) 2. porzuc-ać|ić, opu-szczać|ścić (e—n Freund przyjaciela)
Fallensteller *m* —s, — łowca zwierząt, traper *m*
Fallgeschwindigkeit *f* —, —en *fiz* prędkość spadania ⟨opadania⟩
Fallgrube *f* —, —n wilczy dół
Fallhammer *m* —s, ≟ kafar spadowy ⟨pionowy⟩
fällig *adj* 1. płatny (weksel); ~ werden upływać (*o terminie*) 2. należny. Sk do 1.
Fälligkeits... *w comp* ... płatności; *np.* ~termin
Fälligkeitstermin *m* —s, —e termin płatności
Fallobst *n* —es spad *m*, owoce opadłe
Fallout [fɔːlaut] *m* —s, —s opad radioaktywny
Fallreep *n* —(e)s, —s *mar* trap *m*
Fallrohr *n* —s, —e 1. pion kanalizacyjny 2. rura spustowa
falls *cj* w razie ⟨na wypadek⟩ gdyby; jeśli
Fallschirm *m* —(e)s, —e spadochron *m*
Fallschirm... *w comp* spadochronowy; *np.* ~springer
Fallschirmabsprung *m* —(e)s, ≟e skok spadochronowy ⟨ze spadochronem⟩
Fallschirmjäger *m* —s, — *woj* spadochroniarz *m*
Fallschirmlandung *f* —, —en lądowanie na spadochronie
Fallschirmspringer *m* —s, — skoczek spadochronowy
Fallschirmtruppen *pl* oddziały ⟨wojska⟩ spadochronowe
Fallstrick *m* —(e)s, —e sidła *pl*, zasadzka, matnia *f*
Fallsucht *f* — *med* epilepsja, padaczka *f*
Fallsüchtige —n, —n 1. *m* epileptyk *m* 2. *f* epileptyczka *f*
falsch *adj:adv* 1. fałszyw-y:-ie, podrobiony, sztuczny 2. fałszyw-y:-ie, myln--y:-ie, błędn-y:-ie; *telkom* ~ verbunden! źle połączony! 3. fałszyw-y:-ie, nieszcze-ry:-rze, obłudn-y:-ie 4. ~ schwören krzywoprzysięgać. Sh fałszerstwo *n*
Falsch *m* —es fałsz *m*; er ist ohne ~ jest bez fałszu; es ist kein ~ an ihm nie ma w nim fałszu
fälschen (h) *vt* s|fałszować, podr-abiać| obić; *karc* Karten ~ znaczyć karty. Su *t.* fałszerstwo *n*
Fälscher *m* —s, — fałszerz *m*
Fälscherin *f* —, —nen fałszerka *f*
falschherzig *adj:adv* fałszyw-y:-ie, obłudn-y:-ie
fälschlich *adj:adv* fałszyw-y:-ie, myln--y:-ie, błędn-y:-ie
fälschlicherweise *adv* omyłkowo, mylnie; niesłusznie
Falschmeldung *f* —, —en fałszywy meldunek, fałszywa wiadomość
falschmünzen (h) *vi* fałszować ⟨podrabiać⟩ pieniądze
Falschmünzer *m* —s, — fałszerz pieniędzy
Falschmünzerei *f* —, —en fałszowanie ⟨podrabianie, fałszerstwo⟩ pieniędzy
Falschspieler *m* —s, — szuler *m*
Falsett *n* —(e)s, —e *muz* falset *m*, fistuła *f*
Falsifikat *n* —(e)s, —e falsyfikat *m*
Falt... *w comp* składany; *np.* ~boot
faltbar *adj* dający się złożyć; składany
Faltboot *n* —(e)s, —e kajak składany, składak *m*
Falte *f* —, —n fałda *f*, fałd *m* (*t. geol*), zmarszczka *f* (*na twarzy, w sukni*); zakładka *f*; ~n im Gesicht zmarszczki na twarzy; in ~n legen drapować; ~n werfen marszczyć się, układać się w fałdy
falten (h) *vt* 1. *t. vr* (sich się) s|fałdować, z|marszczyć; die Stirn ~ marszczyć czoło 2. składać|złożyć; die Hände ~ składać ręce. Su
Faltengebirge *n* —s, — *geol* góry fałdowe
Faltenmagen *m* —s, — *anat, zoo* księgi *pl* (*u przeżuwaczy*)
Faltenrock *m* —(e)s, ≟e spódniczka w fałdy
Faltenwurf *m* —(e)s, ≟e układ fałd(ów), draperia *f*
Falter *m* —s, — motyl *m*
faltig *adj* fałdzisty, fałdowany
Faltschachtel *f* —, —n pudełko składane
Falttür *f* —, —en drzwi składane
Falz *m* —es, —e *tech* 1. zakładka *f*, wpust *m*; żłobek, rowek *m* 2. falc *m*, rąbek *m*, zagięcie *n* (*np.* blachy; arkusza zadrukowanego) 3. *garb* strug *m*
Falzanschlag *m* —(e)s, ≟e przylga *f* (*u drzwi*)
falzen (h) *vt* 1. *druk* falcować, składać| złożyć, z|łamać (Bogen arkusze) 2. *tech* łączyć na zakładkę ⟨na wpust⟩ 3. *garb* strugać
Falzer *m* —s, — *druk* składacz *m* (arkuszy)

Fama f — fama, pogłoska f
familiär adj:adv familiarn-y:-ie, poufa-ły:-le; bezceremonialn-y:-ie
Familiarität f — familiarność, poufałość
Familie [...Iǝ] f —, —n 1. rodzina f (t. biol); es bleibt in der ~ to zostanie w rodzinie 2. ród m
Familien... w comp 1. rodzinny; np. ~angelegenheit 2. ... rodziny; np. ~angehörige
Familienangelegenheit f —, —en sprawa rodzinna
Familienangehörige m —n, —n członek rodziny
Familienanschluß m; ~ haben (≃) być uważanym za członka rodziny
Familienbegräbnis n —ses, —se grobowiec rodzinny
Familienbeihilfe f —, —n zasiłek rodzinny
Familienbuch n —(e)s, ≃er kronika rodzinna
Familienfehler m —s, — wada rodzinna ⟨dziedziczna⟩
Familienglück n —(e)s szczęście rodzinne
Familienkreis m —es, —e grono rodzinne, krąg rodzinny
Familienleben n —s życie rodzinne
Familienmitglied n —(e)s, —er członek rodziny
Familienname m —ns, —n nazwisko n
Familienstand m —(e)s stan rodzinny
Familienvater m —s, ≃ ojciec rodziny
Familienverhältnisse pl stosunki rodzinne
Familienzusammenführung f — łączenie rodzin
Familienzuschlag m —(e)s, ≃e dodatek rodzinny
Familienzuwachs m —es powiększenie się rodziny
famos adj:adv, pot świetn-y:-ie, wspaniały:-le; bycz-y:-o
Fan m —s, —s zwolennik, entuzjasta m; sport kibic m
Fanal n —s, —e 1. znak ognisty 2. przen (widomy) znak m, hasło n
Fanatiker m —s, — fanatyk m
Fanatikerin —, —nen fanatyczka f
fanatisch adj:adv fanatyczn-y:-ie
fanatisieren (h) vt s|fanatyzować
Fanatismus m — fanatyzm m
Fanfare f —, —n fanfara f
Fanfarenbläser m —s, — fanfarzysta m
Fang m —(e)s, ≃e 1. połów m; zdobycz f; z|łowienie, s|chwytanie n; pot e—n guten ~ tun ⟨machen⟩ obłowić się; ~ ausgehen iść na połów 2. łow paszcza f; kieł m (psa a. drapieżnika); pazur, szpon m (ptaków drapieżnych) 3. łow dobicie n; den ~ geben dobi(ja)ć
Fangarme pl macki, czułki pl (polipa)
Fangdamm m —(e)s, ≃e bud grodza f
Fangeisen n —s, — łapka f, samotrzask m
fangen (h) vt 1. vr (sich się) z|łapać, s|chwytać, z|łowić; Feuer ~ zapalać się (t. przen); 2. u|chwycić, uj-mować|ać; przytrzym-ywać|ać; przydybać (e—n Dieb złodzieja) 3. t. vr (sich się) przen u|wikłać; sich in eignen Lügen ~ uwi-

kłać się we własnych kłamstwach; sich ~ lassen da(wa)ć się złapać ⟨uwikłać⟩
Fangfrage f —, —n podchwytliwe pytanie
Fanggarn n —(e)s, —e sidła pl, wnyk m
Fanggewässer a. **Fanggründe** pl, mar łowisko n
Fangleine f —, —n mar cuma f
Fangmesser n —s, — łow kordelas m
Fangschuß m ...usses, ...üsse strzał dobijający
Fangstoß m; den ~ geben łow dobi-jać|ć
Fangzahn m —(e)s, ≃e kieł m
Fant m —(e)s, —e młokos, młodzik m
Fantasie f —, ...ien muz fantazja f
Farad n —(s), — fiz farad m
Farbband n —(e)s, ≃er taśma f (u maszyny do pisania)
Farbe f —, —n farba f; barwa f, kolor m (t. karc); maść f (konia), cera f; gesunde ~ zdrowa cera; przen in rosigen ~n schildern koloryzować, upiększać; die ~ wechseln a) mienić się na twarzy b) przen zmieni(a)ć przekonania
farbecht adj trwały w kolorze. Sh odporność ⟨trwałość⟩ barwy
färben (h) I. vt, vr (sich się; sich dat sobie) u|farbować; barwić, ubarwi-ać|ć, zabarwi-ać|ć (t. przen); przen politisch ~ zabarwi(a)ć politycznie; sich die Haare ~ farbować sobie włosy II. vi 1. farbować, puszczać kolor 2. łow farbować, broczyć krwią. Su do I.
barw, daltonizm m
Farbenbrett n —(e)s, —er mal paleta f
Farbendruck m —(e)s, —e druk kolorowy ⟨barwny⟩, oleodruk m
farbenempfindlich adj czuły na barwy. Sk
farbenfreudig adj:adv kolorow-y:-o; barwn-y:-ie
farbenfroh adj:adv kolorow-y:-o; jaskraw-y:-o
Farb(en)gebung f — zestawienie kolorów, koloryt m
Farbenkleckser m —s, — pot pacykarz m
Farbenphotographie f — fotografia kolorowa
Farbenpracht f — bogactwo barw, barwność, malowniczość f
farbenprächtig adj:adv barwn-y:-ie, malowniczy:-o, bajecznie kolorowy
farbenreich adj:adv wielobarwn-y:-ie
Farbenreichtum m —s bogactwo barw, barwność f
Farbensinn m —s wyczucie kolorów
Farbenspiel n —(e)s gra kolorów ⟨barw⟩
Farbentönung f —, —en odcień m (barwy)
Färber m —s, — farbiarz m
Färberei f 1. —, —en farbiarnia f 2. — farbiarstwo n; barwienie, farbowanie n
Farbfernsehen n —s telewizja kolorowa
Farbfilm m —s, —e film kolorowy
Farbfilter m —s, —, fiz, fot filtr barwny ⟨korekcyjny⟩
farbig adj:adv kolorow-y:-o, barwn-y:-ie. Sk
Farbige m —n, —n człowiek kolorowy
Farbkissen n —s, — poduszka do stempli

Farbkörper *m* —s, — pigment *m*
farblos *adj:adv* bezbarwn-y:-ie. **Si**
Farbspritzpistole *f* —, —n pistolet natryskowy
Farbstift *m* —(e)s, —e ołówek kolorowy
Farbstoff *m* —(e)s, —e barwnik *m*
Farbton *m* —(e)s, ⁺e odcień *m*; zabarwienie *n*
Farbwechsel *m* —s, — zmiana barwy ⟨zabarwienia⟩
Farce [farsə] *f* —, —n 1. teatr farsa *f* (t. przen) 2. kulin nadzienie *n*, farsz *m*
Farin *a.* **Farinzucker** *m* —s mączka cukrowa, pot puder *m*
Farm *f* —, —en farma, ferma *f*
Farmer *m* —s, — farmer *m*
Farn *m* —(e)s, —e *a.* **Farnkraut** *n* —(e)s, ⁺er bot paproć *f*
Farnpflanzen *pl, bot* paprotniki *pl*
Farnwedel *m* —s, — liść paproci
Farre *m* —n, —n byczek *m*
Färse *f* —, —n jałówka *f*
Fasan *m* —(e)s, —en *a.* —e bażant *m*
Fasanenjagd *f* —, —en polowanie na bażanty
Fasanenzucht *f* — hodowla bażantów
Fasanerie *f* —, ...ien bażantarnia, bażanciarnia *f*
Faschine *f* —, —n faszyna *f*
Faschinen... *w comp* faszynowy; *np.* ~damm
Faschinendamm *m* —(e)s, ⁺e wał faszynowy
Fasching *m* —s, —e *a.* —s karnawał *m*
Faschings... *w comp* karnawałowy; *np.* ~zug
Faschingszug *m* —(e)s, ⁺e korowód karnawałowy
Faschismus *m* —s faszyzm *m*
Faschist *m* —en, —en faszysta *m*
Faschistin *f* —, —nen faszystka *f*
faschistisch *adj:adv* faszystowski : po faszystowsku
Faselei *f* —, —en 1. brednie, bzdury *pl* 2. bajdurzenie, plecenie *n*
Fas(e)ler *m* —s, — *a.* **Faselhans** *m* — *a.* —es, —e *a.* ⁺e pleciuga, bajduła *m*
faselig *adj:adv* trzpiotowat-y:-o, roztrzepany
Faselliese *f* —, —n pleciuga, bajduła *f*
faseln (h) *vi* bajdurzyć, pleść brednie
Faser *f* —, —n *biol, anat* włókno *n*; *przen* **mit jeder** ~ **des Herzens** wszystkimi fibrami serca, całym sercem
Faser... *w comp* 1. włóknisty; *np.* ~pflanze 2. ... włókna; *np.* ~bau
Faserbau *m* —(e)s budowa włókna
faserig *adj:adv* włóknist-y:-o; żylast-y:-o
Faserkunde *f* — technologia włókna
fasern, sich (h) *vr* strzępić się. **Su**
fasernackt *adj:adv* golusieńk-i:-o
Faserpflanze *f* —, —n roślina włóknista
Faserprüfung *f* — badanie włókna
Faserschreiber *m* —s, — *a.* **Faserstift** *m* —(e)s, —e pisak, flamaster *m*
Faserstoff *m* —(e)s, —e materiał włóknisty, substancja włóknista
Faß *n* **Fasses, Fässer** beczka *f*; **Bier vom** ~ piwo z beczki; **frisch vom** ~ prosto z beczki; *przen* **das schlägt dem** ~ **den Boden aus!** to już szczyt wszystkiego! **Faß...** *w comp* 1. beczkowy; *np.* ~bier 2. ... beczki; *np.* ~boden
Fassade *f* —, —n 1. fasada, elewacja *f* 2. pot gęba, facjata *f*
faßbar *adj:adv* 1. uchwytn-y:-ie 2. przen jasn-y:-o, zrozumia-ły:-le. **Sk**
Faßbier *n* —(e)s piwo beczkowe
Faßbinder *m* —s, — bednarz *m*
Faßboden *m* —s, — *a.* ⁺ dno beczki
Faßbutter *f* — masło beczkowe
Fäßchen *n* —s, — beczułka, baryłka *f*, antałek *m*
Faßdaube *f* —, —n klepka bednarska
fassen (h) **I.** *vt* 1. chwy-tać|cić, brać| wziąć, uj-mować|ąć, z|łapać; **jmdn beim Kragen** ⟨**beim Rock**⟩ ~ z|łapać kogoś za kołnierz ⟨za połę⟩; **bei der Hand** ~ brać ⟨ująć⟩ za rękę 2. po|mieścić ⟨zawierać⟩ w sobie, ob-ejmować|jąć 3. przen poj-mować|ąć, z|rozumieć 4. oprawi-ać|ć, uj-mować|ąć ⟨in Rahmen w ramy⟩; *przen* **in Worte** ~ wyrażać w słowach; **kurz** ~ ująć ⟨wyrażać⟩ zwięźle 5. *woj* fasować (Sold żołd) 6. ogarn-iać|ąć, opa-dać|ść; **Schrecken faßte ihn** strach go ogarnął * **e—e Abneigung** ⟨**Zuneigung; Haß**⟩ **zu jmdm** ~ poczuć ⟨powziąć⟩ antypatię ⟨sympatię; nienawiść⟩ do kogoś; **Wurzel** ~ zapuszczać korzenie (*t. przen*); za|aklimatyzować się; *przen* **festen Fuß** ~ poczuć grunt pod nogami; **e—n Beschluß** ~ postanawiać; **jmdn ins Auge** ~ bacznie obserwować kogoś **II. sich** ~ *vr* uspok-ajać|oić ⟨opanow-ywać|ać⟩ się; **sich in Geduld** ~ uzbrajać się w cierpliwość; **sich vor Freude nicht** ~ **können** nie posiadać się z radości * **sich** (*dat*) **e. Herz** ~ zebrać się na odwagę; **sich kurz** ~ streszczać się, wyrażać się zwięźle. **Su** 1. oprawienie *n*; opraw(k)a *f*; obramowanie, uchwycenie, ujęcie *n* (**e—r Quelle** źródła) 2. powzięcie *n* (**e—s Beschlusses** uchwały) 3. *przen* ujęcie, zredagowanie *n*; układ *m*, redakcja *f*; wersja *f*; **in zwei verschiedenen Fassungen** w dwóch różnych wersjach 4. *przen* panowanie nad sobą, opanowanie *n*, równowaga *f* (duchowa); zimna krew; **jmdn aus der Fassung bringen** wyprowadzać kogoś z równowagi; **aus der Fassung kommen** ⟨**geraten**⟩ stracić panowanie nad sobą ⟨zimną krew⟩
fässerweise *adv* beczkami, na beczki
faßlich *zob.* **faßbar. Sk**
Fasson [fasõ] **I.** *f* —, —s 1. fason, model, krój *m* 2. fason, styl *m*, maniera *f* **II.** *n* —s, —s *kraw* rewers *m*
Fassonieren *n* —s kształtownik stalowy
fassonieren (h) *vt* fasonować
Faßreifen *m* —s, — obręcz *f* (beczki)
Fassungsgabe *a.* **Fassungskraft** *f* — pojętność *f*
fassungslos *adj:adv* przerażony, skonsternowany. **Si** przerażenie *n*, konsternacja *f*
Fassungsraum *m* —(e)s pojemność *f*

Fassungsvermögen n —s, 1. pojętność f 2. pojemność f
Faßwein m —s wino beczkowe
faßweise adv beczkami, na beczki
fast adv prawie, bez mała, nie(o)mal
fasten (h) vi pościć
Fasten n 1. —s poszczenie n 2. pl — post m
Fasten... w comp postny; np. ~speise
Fastenspeise f —, —n potrawa postna
Fastenzeit f —, —en (wielki) post m
Fastnacht f — zapusty, ostatki pl, noc zapustna
Fastnachtsspiel n —s, —e lit (≃) komedia mięsopustna
Fasttag m —(e)s, —e dzień postny, post m
faszinieren (h) vt oczarow-ywać|ać, czarować, za|fascynować
fatal adj:adv 1. fataln-y:-ie, feraln-y:-ie, pechow-y:-o; przykr-y:-o 2. fataln--y:-ie, nieuchronn-y:-ie, nieodwracaln--y:-ie
Fatalismus m — fatalizm m
Fatalist m —en, —en fatalista m
fatalistisch adj:adv fatalistyczn-y:-ie
Fatalität f —, —en fatalność f
Fata Morgana f —, ...nen a. —s fatamorgana f
Fatum n —s, ...ta fatum n, los m, przeznaczenie n
Fatzke m —n, —n pot facet, fircyk m
fauchen (h) vi parsk-ać|nąć, prych-ać|nąć, fuk-ać|nąć
faul adj:adv 1. zgnił-y:-o, zgnile; zepsuty, spróchniały; ~ werden psuć się 2. leniw-y:-ie, opiesza-ły:-le, gnuśn-y:-ie; ~ werden rozleniwi(a)ć się 3. pot kiepsk--i:-o, lich-y:-o, marn-y:-ie; ~er Kunde ⟨Witz⟩ kiepski klient ⟨dowcip⟩; ~e Geschäfte marne interesy; **die Sache steht ~** sprawa kiepsko stoi. **Sh** lenistwo n, opieszałość, gnuśność f
Fäule f — zgnilizna f, gnicie, butwienie n
faulen (h) vi z|gnić, ze|psuć się; s|próchnieć
faulenzen (h) vt lenić się, próżnować
Faulenzer m —s, — 1. leniuch, leń, wałkoń m 2. leniwiec m (leżak)
Faulenzerei f — lenistwo, próżniactwo n
faulig adj:adv nadgniły, zgnił-y:-o
Fäulnis f — zgnilizna f; gnicie n; **in ~ übergehen** rozkładać się, gnić
Fäulnisprozeß m ...esses, ...esse proces gnilny, gnicie n
Faulpelz m —es, —e pot leniuch, leń, wałkoń m
Faulschlamm m —(e)s geol sapropel m
Faultier n —(e)s, — e zoo leniwiec m
Faun m —(e)s, —e mit faun m
Fauna f — fauna f
Faust f —, ⸗e pięść f, kułak m; **auf eigene ~ handeln** ⟨tun⟩ działać ⟨robić⟩ na własną rękę; **pot es paßt wie die ~ aufs Auge** pasuje jak pięść do nosa
Fäustchen n —s, — piąstka f; **pot sich ins ~ lachen** śmiać się w kułak
faustdick adj:adv grubości pięści; **pot er hat es ~ hinter den Ohren** (≃) ananas ⟨ścichapęk⟩ z niego
fausten (h) vt sport wypięstkować
Fausthandschuh m —(e)s, —e rękawica f (o jednym palcu)
Faustkampf m sport 1. —(e)s, ⸗e zawody pięściarskie ⟨bokserskie⟩; mecz pięściarski ⟨bokserski⟩ 2. —(e)s pięciarstwo n, boks m
Faustkämpfer m —s, — pięściarz, bokser m
Faustkeil m —(e)s, —e archeol pięściak m
Fäustling m —(e)s, —e rękawica f (o jednym palcu)
Faustpfand n —(e)s, ⸗er zastaw ruchomy
Faustrecht n —(e)s hist prawo pięści (t. przen)
Faustregel f —, —n żelazna reguła
Faustsäge f —, —n piła ramowa ⟨stolarska⟩
Faustschlag m —(e)s, ⸗e cios ⟨uderzenie⟩ pięścią
Fauteuil [fotœ:j] m —s, —s fotel m
Fauxpas [fo:pa:] m —, — faux pas n, nietakt m
favorisieren (h) vt faworyzować, wyróżni-ać|ć, pop-ierać|rzeć
Favorit m —en, —en ulubieniec, faworyt m
Favoritin f —, —nen ulubienica, faworyt(k)a f
Faxe f —, —n pot 1. głupi kawał ⟨wybryk⟩, błazeństwo n; **~n machen** ⟨treiben⟩ błaznować, robić głupstwa 2. grymas m; **~n schneiden** stroić grymasy ⟨miny⟩
Faxenmacher m —s, — kawalarz, figlarz m
Fayence [fajās] f —, —n [...sən] fajans m
Fazetie [...i̯ə] f —, —n lit facecja f
Fazit n —s, —e a. —s facyt m, suma f (z rachunku); wynik m; **przen das ~ ziehen** podsumow(yw)ać wyniki
Februar m —s luty m
Februar... w comp lutowy; np. ~morgen
Februarmorgen m —s, — lutowy ranek
Fechtboden m —s, ⸗ sport plansza f
Fechtbruder m —s, ⸗ żebrak m; włóczęga m
Fechtdegen m —s, — sport floret m; rapier m
fechten (33;h) vi 1. bić się 2. sport fechtować się, uprawiać szermierkę 3. pot żebrać
Fechter m —s, — szermierz m
Fechtkunst f — szermierka f, fechtunek m
Fechtmeister m —s, — fechtmistrz m
Feder f —, —n 1. pióro n; **mit der ~ pióremِ die ~ führen** trzymać pióro, sekretarzować; protokołować; **przen sich mit fremden ~n schmücken** stroić się w cudze piórka; **das stammt aus seiner ~** to wyszło spod jego pióra 2. miern pisak m 3. pl —n pierze n; **przen**, **pot pościel** f, bety pl, piernat m, łóżko n; **jmdn aus den ~n jagen** wypędzać kogoś z betów ⟨z łóżka⟩ 4. tech sprężyna f; resor m; **przen alle ~n**

spielen lassen poruszyć wszystkie sprężyny
Fẹder... *w comp* **I. 1.** sprężynowy; *np.* **~barometer 2.** ... sprężyny; *np.* **~schwingung II.** ... pierza; *np.* **~ankauf III.** ... pióra ⟨piórem⟩; *np.* **~strich**
Fẹderankauf *m* —(e)s skup pierza
Fẹderball *m* —(e)s *sport* badminton *m*, kometka *f*
Fẹderbarometer *n* —s, — barometr sprężynowy, aneroid *m*
Fẹderbett *n* —(e)s, —en pierzyna *f*, bety *pl*
Fẹderbrett *n* (e)s, —er trampolina *f*
Fẹderbüchse *f* —, —n piórnik *m*
Fẹderbusch *m* —es, ⸗e pióropusz *m*
Fẹderfuchser *m* —s, — *pot* gryzipiórek, pedant *m*
fẹderführend *part, adj* odpowiedzialny za redakcję ⟨redagowanie⟩
Fẹdergewicht *n* —(e)s, —e *sport* waga piórkowa
Federhalter *m* —s, — obsadka *f*
Fẹderkasten *m* —s, ⸗ piórnik *m*
Fẹderkiel *m* —(e)s, —e dudka *f* (*u pióra*)
Fẹderkraft *f* —, ⸗e **1.** sprężystość, elastyczność *f* **2.** siła sprężyny
Fẹderkrieg *m* —s, —e *przen* polemika literacka
fẹderleicht *adj:adv* lekki jak piórko, leciuteńk-i:-o
Fẹderlesen *n;* ohne viel ~ bez ceregieli; nicht viel ~s machen nie bawić się w ceregiele
Fẹdermatratze *f* —, —n materac sprężynowy
Fẹdermesser *n* —s, — sprężynowiec *m* (*nóż*)
fẹdern (h) **I.** *vi* **1.** pierzyć się **2.** być sprężystym, sprężynować **II.** *vt* **1.** oskub--ywać|ać z pierza **2.** napełni-ać|ć pierzem. Su ugięcie (sprężyny), sprężynowanie *n*, (u)resorowanie *n*
fẹdernd 1. *part praes, zob.* **fẹdern 2.** *adj:adv* spręży-sty:-ście, elastyczn-y:-ie
Fẹderschwingung *f* —, —en drganie sprężyny
Fẹderstahl *m* —(e)s stal sprężynowa
Fẹderstrich *m* —(e)s, —e pociągnięcie pióra ⟨piórem⟩
Fẹdervieh *n* —s drób *m*
Fẹderwaage *f* —, —n waga sprężynowa
Fẹderwerk *n* —(e)s, —e mechanizm sprężynowy
Fẹderwild *n* —(e)s ptaki łowne, zwierzyna skrzydlata, łow pióro *n*
Fẹderwolke *f* —, —n chmura pierzasta, cirrus *m*
Fẹderzeichnung *f* —, —en rysunek piórkiem
Fẹderzug *m* —(e)s, ⸗e pociągnięcie piórem ⟨pióra⟩
Fee *f* —, **Fęen** wróżka, wieszczka *f;* czarodziejka *f*
feenhaft *adj:adv* czarodziejsk-i:-o, fantastyczn-y:-ie, urocz-y:-o
Feenland *a.* **Fęenreich** *n* —(e)s kraina baśni
Fęenstück *n* —(e)s, —e feeria *f*
Fęenwelt *f* — świat baśni

Fẹgefeuer *n* —s czyściec *m*
fęgen I. (h) *vt* **1.** zami-atać|eść, wymi--atać|eść (*t. przen*), zmi-atać|eść **2.** oczy-szczać|ścić (**Korn** ziarno) **3.** łow wycierać (das Geweih poroże) **II.** (h, sn) *vi* gnać, pędzić; przem-ykać|knąć, przel-atywać|ecieć (durch die Straßen ulicami; über die Brücke przez most) **Feh** *n* —(e)s, —e **1.** wiewiórka syberyjska **2.** popielice *pl* (*futro*)
Fẹhde *f* —, —n zwada *f*, zatarg, spór *m;* wojna *f*
Fẹhdebrief *m* —(e)s, —e hist wypowiedzenie wojny
Fẹhdehandschuh *m* —(e)s, —e rękawica *f*, wyzwanie *n;* jmdm den ~ hinwerfen rzucić komuś rękawicę ⟨wyzwanie⟩; den ~ aufheben podejmować rękawicę, przyjmować wyzwanie
fehl; ~ am Platz ⟨am Ort⟩ sein być nie na miejscu
Fehl *m;* ohne ~ bez skazy ⟨winy⟩
fęhl... *w czasownikach rozdzielnych, np.* ~schließen
Fẹhlanzeige *f* —, —n **1.** negatywny meldunek **2.** miern wskazanie błędne
fęhlbar *adj:adv* **1.** omyln-y:-ie **2.** grzeszn-y:-ie
Fẹhlbetrag *m* —(e)s, ⸗e deficyt, niedobór *m*, manko *n*
fęhlbitten (12;h) *vi* prosić bezskutecznie ⟨daremnie⟩
Fẹhldiagnose *f* —, —n *med* błędne rozpoznanie
fęhlen (h) **I.** *vt, dawn* chybi-ać|ć (**das Ziel** celu); **das kann nicht ~ to** musi się udać **II.** *vi* **1.** *t. vimp* brakować|zabraknąć, niedostawać, nie stawać; być nieobecnym; **wer fehlt?** kto jest nieobecny?; **es fehlt an Geld** ⟨**Brot**⟩ **brak** pieniędzy ⟨chleba⟩; **pot das fehlt noch!** tego jeszcze brakuje!; **an ihm wird es nicht ~** on zrobi ⟨uczyni⟩ swoje ⟨co do niego należy⟩; **es fehlte nicht viel und er wäre ertrunken** o mało nie utonął; **sich an nichts ~ lassen** nie odmawiać sobie niczego **2.** odczu-wać|ć brak; **er hat uns sehr gefehlt** odczuliśmy bardzo jego nieobecność **3.** *poet* z|grzeszyć, z|błądzić; chybi-ać|ć, o|mylić się; **du hast weit gefehlt** omyliłeś się grubo **4.** dolegać, niedomagać, chorować; **was fehlt dir?** co ci dolega?; ihm fehlt oft etwas często niedomaga
Fẹhler *m* —s, — **1.** błąd *m*, omyłka *f;* uchybienie *n;* **e—n ~ machen** ⟨**begehen**⟩ zrobić ⟨popełnić⟩ błąd **2.** brak, defekt *m* **3.** błąd *m*, zły nawyk, wada *f*
Fẹhler... *w comp* ... błędów; *np.* **~ausgleichung**
Fẹhlerausgleichung *f* — wyrównanie ⟨kompensowanie⟩ błędów
fęhlerfrei *adj:adv* bezbłędn-y:-ie; bez wad; bez zarzutu
Fẹhlergesetz *n* —es *mat* prawo błędów
Fẹhlergrenze *f* —, —n granica błędu, tolerancja *f*
fęhlerhaft *adj:adv* błędn-y:-ie; wadliw-y:-ie. **Si**

fehlerlos *adj:adv* bezbłędn-y:-ie,
Fehlerquelle *f* —, —n źródło błędów
Fehlerverzeichnis *n* —ses, —se *druk* wykaz błędów drukarskich, errata *f*
fehlfahren (30;sn) *vi* zje-żdżać|chać z drogi, z|błądzić
Fehlfarbe *f* —, —n *karc* renons *m*
fehlgebären (42;h) *vi* poronić
Fehlgeburt *f* —, —en poronienie *n*
fehlgehen (45;sn) *vi* 1. z|błądzić (*t. przen*), schodzić|zejść z drogi 2. chybi-ać|ć (*o strzale*) 3. *przen* pomylić się
Fehlgewicht *n* —(e)s, —e niedowaga *f*, niedoważenie *n*
fehlgreifen (58;h) *vi* pomylić się; chybi-ać|ć
Fehlgriff *m* —(e)s, — *przen* (poważny) błąd *m;* (p)omyłka *f;* uchybienie *n*
Fehlmenge *f* —, —n manko *n*, niedobór *m*
fehlschießen (111;h) *vi* 1. chybi-ać|ć s|pudłować, nie trafi-ać|ć do celu 2. *przen* po|mylić się
Fehlschlag *m* —(e)s, ⸚e 1. chybione uderzenie 2. *przen* niepowodzenie *n*, chybiony krok
fehlschlagen (114;sn, h) *vi* 1. chybi-ać|ć 2. *przen* zaw-odzić|ieść, nie uda-wać|ć ⟨pow-odzić|ieść⟩ się
fehlschließen (118;h) *vi* fałszywie wnioskować
Fehlschluß *m* ...usses, ...üsse fałszywy wniosek, fałszywa konkluzja, paralogizm *m*
Fehlschuß *m* ...sses, ...üsse chybiony strzał, *pot* pudło *n*
Fehlspruch *m* —(e)s, ⸚e *praw* mylne orzeczenie
Fehlstart *m* —(e)s, —e *a.* —s *sport* falstart *m*
Fehltritt *m* —(e)s, —e potknięcie się, fałszywy krok (*t. przen*)
Fehlzündung *f* —, —en niewypał *m; przen* ~ **haben** nie pojmować, *pot* nie kapować
feien (h) *vt*, *poet* uodpornić **(gegen etw.** na coś)
Feier *f* —, —n uroczystość *f*, obchód ⟨akt⟩ uroczysty
Feierabend *m* —(e)s, —e *pot* fajerant *m*
Feierabendheim *n* —(e)s, —e dom rencisty ⟨spokojnej starości⟩
Feierei *f* — (ciągłe) świętowanie *n*
feierlich *adj:adv* uroczy-sty:-ście; *pot* **es ist nicht mehr** ~! to już jest nie do zniesienia ⟨nie jest zabawne!⟩: Sk
feiern (h) I. *vt* świętować; odpoczywać II. *vt* 1. święcić, uroczyście obchodzić 2. u|czcić, składać|złożyć ⟨odda-wać|ć⟩ hołd **(jmdn** komuś)
Feierstunde *f*, —, —n podniosła, uroczysta chwila ⟨godzina⟩; uroczystość *f*
Feiertag *m* —(e)s, —e święto *n*
feiertags *adv* w dni świąteczne, w święta
feiertagsmäßig *adj:adv* odświętn-y:-ie, świąteczn-y:-ie
feig(e) *adj:adv* tchórzliw-y:-ie. Sh tchórzostwo *n*
Feige *f* —, —n figa *f*
Feigen... *w comp* figowy; *np.* ~**baum**

Feigenbaum *m* —(e)s, ⸚e drzewo figowe
Feigenblatt *n* —(e)s, ⸚er liść figowy
feigherzig *adj:adv* tchórzem podszyty
Feigling *m* —s, —e tchórz *m*
feil *adj* 1. na sprzedaż 2. sprzedajny. Sh do 2.
feilbieten (10;h) *vt* wystawi-ać|ć ⟨ofiarow-ywać|ać⟩ na sprzedaż. Su
Feile *f* —, —n pilnik *m; przen* **an etw. die** ~ **anlegen** wygładzać coś
feilen (h) *vt* piłować, wygładz-ać|ić (pilnikiem)
Feilenhauer *m* —s, — pilnikarz *m*
feilhalten (60;h) *vt, zob.* **feilbieten**
Feilicht *n* —(e)s opiłki *pl*
Feilkloben *m* —s, — imadło ręczne
feilschen (h) *vi* targować się
Feilspäne *pl* opiłki *pl*
Feim *m* —(e)s, —e *a.* **Feime** *f* —, —n roln sterta *f,* stóg *m*
fein I. *adj:adv* 1. delikatn-y:-ie; subteln-y:-ie 2. przedni:-o; wyśmieni-ty:-cie; w dobrym gatunku 3. wykwintn-y:-ie; wytworn-y:-ie 4. drobn-y:-o, miałk-i:-o 5. cienk-i:-o 6. *przen* dokładn-y:-ie, precyzyjn-y:-ie 7. *pot* fajn-y:-ie,-o, pierwszorzędn-y:-ie; II. *adj* czysty; rafinowany; ~**es Silber** czyste srebro. Sh do I. 1.—6.
Fein... *w comp* 1. drobny; *np.* ~**kies** 2. cienki; *np.* ~**blech** 3. precyzyjny ⟨dokładny⟩; *np.* ~**einstellung** 4. rafinowany; *np.* ~**gold**
Feinbäckerei *f* —, —en wytwórnia ciast- (ek), ciastkarnia *f*
Feinblech *n* —(e)s blacha cienka
feind *adj inv (tylko jako rzecznik);* **jmdm** ~ **sein** być dla kogoś wrogo usposobionym
Feind *m* —(e)s, —e nieprzyjaciel, wróg *m*
Feindin *f* —, —nen nieprzyjaciółka *f*
Feindberührung *f* —, —en *woj* zetknięcie ⟨styczność⟩ z nieprzyjacielem
Feindeshand *f* — ręka nieprzyjaciela; **in** ~ **fallen** wpaść w ręce nieprzyjaciela ⟨wroga⟩
Feindesland *n* —(e)s kraj nieprzyjacielski
feindlich *adj:adv* nieprzyjacielsk-i:-o, wrog-i:-o; ~ **gestimmt sein** być wrogo usposobionym **(gegen jmdn** dla kogoś). Sk wrogość *f*
Feindschaft *f* —, —en nieprzyjaźń, wrogość *f,* wrogi stosunek
feindselig *adj:adv* nieprzyja-zny:-źnie, wrog-i:-o
Feindseligkeit *f* — 1. wrogość *f* 2. —en *pl* działania wojenne; **die** ~**en eröffnen** rozpocząć działania wojenne
Feineinstellung *f* — nastawienie ⟨regulowanie⟩ precyzyjne
feinen (h) *vt, tech* oczy-szczać|ścić, rafinować
Feinerz *n* —es, —e drobno zmielona ruda
Feinfilter *m* —s, — filtr klarujący
Feinfrost... *w comp* mrożonka ...; *np.* ~**gemüse**
Feinfrostgemüse *n* —s, — mrożonka jarzynowa
Feinfrostobst *n* —es mrożonka owocowa

feinfühlend a. **feinfühlig** adj:adv delikatn-y:-ie, subteln-y:-ie, taktown-y:-ie
Feinfühligkeit f — delikatność, subtelność f, takt m
Feingebäck n —(e)s wyroby cukiernicze
Feingefühl n —(e)s zob. Feinfühligkeit
Feingehalt m —(e)s, —e próba f (metali szlachetnych)
Feingold n —(e)s złoto rafinowane ⟨24-karatowe⟩
Feinkeramik f — ceramika szlachetna
Feinkies m —es żwir drobny
feinkörnig adj:adv drobnoziarni-sty:-ście. Sk
Feinkost f — delikatesy pl (towar)
Feinkosthandlung f —, —en handel delikatesami, delikatesy pl (sklep)
feinmachen, sich (h) vr wystr-ajać|oić się
Feinmahlung f — drobne mielenie
Feinmechanik f — mechanika precyzyjna
Feinmechaniker m —s, — mechanik precyzyjny
Feinmesser m —s, — mikromierz m
Feinmeßgerät n —(e)s, —e precyzyjny przyrząd mierniczy
Feinmessung f —, —en pomiar precyzyjny ⟨dokładny⟩
feinnervig adj wrażliwy, subtelny
Feinregulierung f — regulacja precyzyjna
Feinschmecker m —s, — smakosz m
Feinschrift f — drobne pismo
Feinseife f —, —n mydło toaletowe
Feinsinn m —s subtelność, delikatność f
feinsinnig adj:adv subteln-y:-ie, delikatn-y:-ie
Feinsliebchen n —s, — poet miła, luba f
Feinspinnen n —s przędzenie cienkie
Feinsprit m —(e)s, —e rektyfikat m, spirytus oczyszczony ⟨rektyfikowany⟩
Feinzink n —(e)s chem cynk rafinowany
feist adj:adv tłust-y:-o, otyły. Sh a. Si
feixen (h) vi, pot śmiać się (ironicznie); podśmiechiwać się; szczerzyć zęby
Feld n —(e)s, —er I. 1. pole n (t. mat, szach, sport), rola, gleba f; durch Wald und ~ przez pola i lasy, lasami i polami; das ~ bestellen uprawiać pole ⟨rolę⟩; przen das ist noch welt in ~ do tego jeszcze daleko 2. woj pole n, plac bitwy ⟨boju⟩; auf dem ~ der Ehre na polu chwały; ins ~ rücken wyruszać w pole; das ~ räumen ustępować placu (t. przen); das ~ behaupten dotrzym(yw)ać placu ⟨pola⟩; aus dem ~ schlagen zmuszać do wycofania się; przen Gründe ins ~ führen przytaczać argumenty 3. pole n, powierzchnia f, obszar m, przestrzeń f 4. pole n wycinek m (np. terenu) 5. przen pole n, dziedzina f, zakres m; das ist e. weites ~ to rozległa dziedzina II. 1. pole herbowe 2. sport peleton m (kolarski)
Feld... w comp 1. woj polowy; np. ~artillerie 2. polny; np. ~arbeit 3. ... pola; np. ~beregnung
Feldarbeit f —, —en robota polna ⟨na polu⟩
Feldarbeiter m —s, — robotnik rolny

Feldartillerie f — artyleria polowa
Feldbau m —(e)s uprawa roli ⟨pola⟩
Feldbäckerei f —, —en woj piekarnia polowa
Feldbefestigung f —, —en umocnienie polowe
Feldberegnung f — zraszanie pola
Feldbereinigung f — scalanie ⟨komasacja⟩ gruntów
Feldbestellung f — uprawa roli ⟨pola⟩
Feldbett n —(e)s, —en łóżko polowe ⟨składane⟩
Feldblume f —, —n kwiat polny
Felddienst m —es służba polowa
Felddienstordnung f — regulamin służby polowej
feldein adv; **feldaus** ~ przez pola, polami
Felderdecke f —, —n bud strop kasetonowy
Felderregung f — fiz wzbudzenie pola
Feldflasche f —, —n manierka f
Feldflugplatz m —es, ⸚e woj lotnisko polowe
Feldfrevel m —s szkodnictwo polne
Feldfrüchte pl ziemiopłody pl
Feldgendarm m [...ʒan... a. ...ʒa...] m —en, —en żandarm polowy
Feldgendarmerie f —, ...ien żandarmeria polowa
Feldgericht n —(e)s, —e sąd polowy
Feldgeschrei n —s okrzyk wojenny ⟨bojowy⟩
Feldgottesdienst m —es, —e nabożeństwo polowe, msza polowa
Feldgraue m —n, —n żołnierz frontowy
Feldhase m —n, —n zoo zając, szarak m
Feldheer n —(e)s, —e armia polowa
Feldherr m —n, —n wódz, dowódca m
Feldherrnkunst f — strategia f
Feldhuhn n —(e)s, ⸚er kuropatwa f
Feldhüter m —s, — polowy m (strażnik)
Feldkamille f — bot rumianek polny ⟨zwyczajny⟩
Feldküche f —, —n kuchnia polowa
Feldlager n —s, — woj obóz m
Feldlazarett n —(e)s, —e szpital polowy
Feldlinie f —, —n mat, fiz linia pola
Feldmark f —, —en miedza f (polna)
Feldmarschall m —s, ⸚e (feld)marszałek m, marszałek polny
Feldmaus f, ⸚e mysz polna
Feldmesser m —s, — miernicy, geometra m
Feldmütze f —, —n czapka polowa, polówka f
Feldpost f — poczta polowa
Feldrain m —(e)s, —e miedza f (polna)
Feldschaden m —s, ⸚ szkoda polna
Feldschlacht f —, —en dawn otwarta bitwa
Feldschmiede f —, —n kuźnia polowa ⟨przenośna⟩
Feldspate pl, min skalenie pl
Feldstärke f —, —n fiz natężenie pola
Feldstecher m —s, — lornetka polowa
Feldstein m —(e)s, —e 1. kamień polny 2. kamień graniczny
Feldstuhl m —(e)s, ⸚e krzesło składane

Feldwache f —, —n dawn, woj placówka, pikieta, czujka f
Feldwächter m —s, — polowy m (strażnik)
Feldwebel m —s, — feldfebel, sierżant m
Feldweg m —(e)s, —e droga polna
Feldzeichen n —s, — woj chorągiew f, sztandar m (jednostki)
Feldzug m —(e)s, ≔e kampania, wyprawa f (wojenna)
Felge f —, —n wieniec m (koła); obręcz f (t. roweru)
Fell n —(e)s, —e skóra f; garb skórka f; **przen er hat e. dickes ~ jest gruboskórny; pot jmdm das ~ über die Ohren ziehen** obdzierać kogoś ze skóry ⟨z pieniędzy⟩
Fellache m —n, —n fellach m
Felleisen n —s, — dawn tornister m, torba f; walizka f
Fels m —en, —en skała, opoka f
Felsblock m —(e)s, ≔e głaz m
Felsen m —s, — skała, opoka f
felsenfest adj:adv 1. tward-y:-o, mocn-y:-o 2. **przen niezłomn-y:-ie; ~ überzeugt** niezłomnie ⟨święcie⟩ przekonany
Felsenmoos n —es, —e bot mech islandzki, karagen m
Felsenriff n —(e)s, —e skała podwodna, rafa f
felsig adj:adv skali-sty:-ście
Felsit m —s, —e min felzyt m
Feme f —, —n sąd kapturowy
Fem(e)... w comp kapturowy; np. **~gericht**
Fememord m —(e)s, —e mord kapturowy
Femgericht n —(e)s, —e sąd kapturowy
femininjn adj:adv żeński; kobiec-y:-o
Femininum n —s, ...na jęz 1. rodzaj żeński 2. rzeczownik rodzaju żeńskiego
Feminismus m — feminizm m
Fenchel m —s bot koper włoski
Fenchel... comp koprowy; np. **~honig**
Fenchelhonig m —(e)s farm miód koprowy
Fenster n —s, — okno n; **zum ~ hinaus sehen** wyglądać oknem ⟨przez okno⟩
Fenster... w comp 1. okienny; np. **~band** 2. ... okna pl. **~einfassung**
Fensterband n —(e)s, —e zawiasa okienna
Fensterbeschlag m —(e)s, ≔e okucie okienne
Fensterbrett n —(e)s, —er parapet m
Fenstereinfassung f —, —en obramowanie okna ⟨okienne⟩
Fensterflügel m —s, — skrzydło okienne
Fenstergitter n —s, — krata okienna
Fensterglas n —es szkło okienne
Fensterkreuz n —es, —e krzyż okienny
Fensterladen m —s, ≔ okiennica f
Fensternische f —, —n wnęka okienna
Fensteröffnung f —, —en otwór okienny
Fensterrahmen m —s, — rama okienna
Fensterriegel m —s, — zasuwa okienna
Fensterrose f —, —n archit różyca, rozeta f
Fensterscheibe f —, —n szyba f (okienna)

Fenstervorhang m —(e)s, ≔e zasłona okienna
Fenstervorsprung m —(e)s, ≔e wykusz m
Ferdinand (m) —s Ferdynand m
Ferge m —n, —n poet przewoźnik m
Ferien pl wakacje, ferie pl
Ferien... w comp 1. wakacyjny; np. **~kolonie** 2. ... wakacji; np. **~anfang** 3. wczasowy; np. **~heim**
Ferienanfang m —(e)s, ≔e początek ⟨rozpoczęcie⟩ wakacji
Ferienaufenthalt m —es pobyt na wczasach; wczasy pl
Feriengast m —es, ≔e wczasowicz m
Ferienheim n —(e)s, —e dom wczasowy
Ferienkolonie f —, ...ien kolonia wakacyjna
Ferienlager n —s, — obóz wakacyjny
Ferienkursus m —, ...kurse kurs wakacyjny
Ferienplatz m —s, ≔e miejsce w domu wczasowym
Ferienreise f —, —n podróż wakacyjna
Ferienspiele pl szkol półkolonie pl
Ferkel n —s, — prosię n
ferkeln (h) vi 1. o|prosić się 2. pot świntuszyć
Fermate f —, —n muz fermata f
Ferment n —(e)s, —e ferment, enzym, zaczyn m
fermentieren (h) vi s|fermentować
Fermium n —s chem ferm m
fern adj:adv dalek-i:-o; **von ~** z dal-(ek)a; **von nah und ~** z bliska i daleka, zewsząd; **der Ferne Osten** Daleki Wschód
fern... w comp ... zdalnie ⟨na odległość⟩; np. **~gelenkt**
Fern... w comp 1. zdalny; np. **~bedienung** 2. dalekobieżny; np. **~verkehr** 3. ... międzymiastowa ⟨zamiejscowa⟩; np. **~amt**
Fernamt n —(e)s, ≔er (centrala) międzymiastowa f
Fernanruf m —(e)s, —e rozmowa międzymiastowa ⟨zamiejscowa⟩
Fernanschluß m ...usses, ...üsse połączenie międzymiastowe ⟨zamiejscowe⟩
fernanzeigend part, adj wskazujący zdalnie ⟨na odległość⟩
Fernaufklärer m —s, — woj samolot rozpoznawczy dalekiego zasięgu
Fernaufnahme f —, —n fot zdjęcie z teleobiektywem
Fernbedienung f — kierowanie ⟨sterowanie⟩ zdalne
fernbleiben (14;sn) vi 1. pozosta-wać|ć ⟨trzymać się⟩ z dala 2. być nieobecnym
Fernbleiben n —s nieobecność, absencja f; powstrzym(yw)anie się od udziału
Fern-D-Zug m —(e)s, ≔e pociąg ekspresowy ⟨pospieszny⟩ dalekobieżny, ekspres m
Ferne f —, —n dal f, oddalenie n, odległość f; **aus der ~** z odległości, z daleka: **in der ~** daleko, w dali
ferner 1. (compar od fern) adj dalszy,

następny 2. adv nadal; odtąd, w przyszłości; poza tym, (o)prócz tego, nadto; dalej, następnie
fernerhin adv nadal, na przyszłość, dalej
Fernflug m —(e)s, ⸚e lot długodystansowy
ferngelenkt part, adj zdalnie ⟨na odległość⟩ kierowany ⟨sterowany⟩
Ferngeschütz n —es, —e woj działo dalekonośne
Ferngespräch n —(e)s, —e rozmowa telefoniczna międzymiastowa (zamiejscowa)
ferngesteuert part, adj zdalnie ⟨na odległość⟩ sterowany
Fernglas n —es, ⸚er lornet(k)a f
fernhalten (60;h) 1. vt trzymać na dystans ⟨na odległość⟩, odsu-wać|nąć; po| wstrzym-ywać|ać (jmdn kogoś) 2. sich ~ vr pozosta-wać|ć ⟨trzymać się⟩ z dala
Fernheizung f — zdalne ogrzewanie centralne
Fernheizwerk n —(e)s, —e elektrociepłownia f
fernher a. von ~ adv z daleka
fernhin adv nadal. na przyszłość, dalej
Fernlaster m —s, — a. Fernlastzug m —(e)s, ⸚e pociąg drogowy dalekobieżny
Fernlenkwaffe f —, —n broń zdalnie kierowana ⟨sterowana⟩
Fernlenkung zob. Fernbedienung
Fernlicht n —(e)s, —er auto światło reflektorowe ⟨długie⟩
fernliegen (79;h) vi; es liegt mir fern daleki jestem od tego, ani myślę o tym
fernliegend part, adj odległy, oddalony, daleki
Fernmeldeamt n —(e)s, ⸚er urząd telekomunikacyjny
Fernmeldetechnik f — technika telekomunikacyjna, teletechnika f
Fernmeldewesen n —s telekomunikacja f; woj łączność f
Fernmessung f —, —en pomiar zdalny
fernmündlich adj:adv telefoniczn-y:-ie, przez telefon
fernöstlich adj ... Dalekiego Wschodu
Fernregelung f — regulacja zdalna
Fernrohr n —(e)s, —e luneta f; teleskop m
Fernruf m —(e)s, —e 1. telefon m 2. rozmowa telefoniczna
Fernschnellzug m —(e)s, ⸚e pociąg ekspresowy ⟨pospieszny⟩ dalekobieżny, ekspres m
Fernschreiber m —s, — dalekopis m
fernschriftlich adj dalekopisowy, adv t. dalekopisem
Fernseh... w comp telewizyjny; np. ~empfänger
Fernsehantenne f —, —n antena telewizyjna
Fernsehapparat m —(e)s, —e odbiornik telewizyjny, telewizor m
Fernsehaufzeichnung f —, —en telerekording m
Fernsehempfänger m —s, — odbiornik telewizyjny, telewizor m
Fernsehen n —s telewizja f

fernsehen (135;h) vi oglądać telewizję
Fernseher m —s, — 1. telewizor m 2. pot telewidz m
Fernsehfolge f —, —n serial m
Fernsehkamera f —, —s kamera telewizyjna ⟨telewizji⟩
Fernsehkonserve f —, —n telerekording m
Fernsehschirm m —(e)s, —e ekran telewizyjny ⟨telewizji⟩
Fernsehsender m —s, — stacja telewizyjna
Fernsehspiel n —(e)s, —e przedstawienie ⟨widowisko⟩ telewizyjne
Fernsehteilnehmer m —s, — abonent telewizyjny, telewidz m
Fernsehübertragung f —, —en transmisja telewizyjna
Fernsicht f —, —en 1. rozległy ⟨daleki, otwarty⟩ widok, perspektywa f 2. przen dalekowzroczność f
fernsichtig adj dalekowidzący. Sk nadwzroczność, dalekowzroczność f
Fernsprech... w comp 1. telefoniczny; np. ~amt 2. ... łączności telefonicznej; np. ~abteilung
Fernsprechabteilung f —, —en woj oddział łączności telefonicznej
Fernsprechamt n —(e)s, ⸚er urząd telefoniczny
Fernsprechanschluß m ...usses, ...üsse połączenie telefoniczne
Fernsprechapparat m —(e)s, —e aparat telefoniczny, telefon m
Fernsprechautomat m —en, —en automat telefoniczny
Fernsprecher m —s, — telefon m, aparat telefoniczny
Fernsprechgebühr f —, —en opłata telefoniczna
Fernsprechnetz n —es, —e sieć telefoniczna
Fernsprechstelle f —, —n rozmównica publiczna
Fernsprechteilnehmer m —s, — abonent telefoniczny
Fernsprechverbindung f —, —en połączenie telefoniczne
Fernsprechverzeichnis n —ses, —se spis telefonów, pot książka telefoniczna
Fernsprechwesen n —s telefonia f
Fernsprechzelle f —, —n kabina ⟨pot budka⟩ telefoniczna, rozmównica f
Fernspruch m —(e)s, ⸚e telefonogram m
fernsteh(e)n (151;sn) vi 1. stać z dala 2. być obcym; er steht mir fern (on) jest mi obcy
Fernsteuerung f — zdalne sterowanie
Fernstudium n —s, ...ien studium zaoczne
Ferntrauung f —, —en ślub na odległość
Fernübertragung f — zdalne przekaz(yw)anie
Fernverkehr m —s ruch dalekobieżny
Fernverkehrstraße f —, —n droga dalekobieżna
Ferrit m —s, —e ferryt m
Ferse f —, —n pięta f; przen jmdm auf den ~n sein ⟨sitzen⟩ deptać komuś po piętach

17 Słownik niem.-pol.

Fersengeld n; żart ~ **geben** da(wa)ć drapaka
fertig adj:adv I. 1. gotowy, gotów, ukończony, skończony; ~e **Kleider** odzież gotowa, konfekcja f; e. ~er **Mensch** dojrzały ⟨dorosły⟩ człowiek; mit etw. ~ **sein** a) skończyć coś b) skończyć ⟨zerwać⟩ z czymś; **mit jmdm** ⟨**mit etw.**⟩ ~ **werden** skończyć z kimś ⟨z czymś⟩; da(wa)ć sobie radę ⟨dochodzić do ładu; uporać się⟩ z kimś ⟨z czymś⟩ 2. gotowy, gotów, przygotowany; ~ **zur Abfahrt** gotowy do odjazdu 3. przen, pot gotów, wykończony, zrujnowany II. wprawn-y:-ie, bieg-ły:-le, sprawn-y:-ie; **er spielt** ~ **Klavier** (on) gra biegle na pianinie. Sk wprawa, biegłość, sprawność f
Fertigbauwesen n —s, budownictwo z elementów prefabrykowanych
Fertigbearbeitung f —, —en obróbka wykończająca
fertigbekommen (70;h) a. **fertigbringen** (18;h) 1. przen być zdolnym (es do czegoś) 2. dokończyć, doprowadz-ać|ić do końca
fertigen (h) vt wykon-ywać|ać, sporządz-ać|ić, wytw-arzać|orzyć. Su t. produkcja f
Fertigerzeugnis n —ses, —se a. **Fertigfabrikat** n —(e)s, —e wyrób gotowy
Fertigkleidung f —, —en odzież gotowa, konfekcja f
fertigkriegen (h) vt, pot, zob. **fertigbekommen**
fertigmachen (h) vt 1. s|kończyć, wykończ-ać|yć 2. t. vr (sich się) przygotow-ywać|ać; ub-ierać|rać 3. t. vr (sich się), przen **jmdn** ~ wykończ-ać|yć ⟨z| niszczyć⟩ kogoś
fertigstellen (h) vt wyk-ańczać|ończyć. Su
Fertigungs... w comp 1. produkcyjny; np. ~**straße** 2. ... produkcji; np. ~**auftrag**
Fertigungsauftrag m —(e)s, ⁼e zlecenie produkcji
Fertigungskosten pl koszty produkcji
Fertigungsleiter m —s, — kierownik produkcji
Fertigungsmethode f —, —n technologia produkcji
Fertigungsphase f —, —n faza produkcji
Fertigungsprozeß m ...esses, ...esse proces produkcji ⟨wytwórczy⟩
Fertigungsstraße f —, —n linia produkcyjna
Fertigungstechnologie f — technologia produkcji
Fertigungsverfahren n —s, — proces produkcji ⟨wytwórczy⟩
Fes m —, —e fez m
fesch adj:adv zgrabn-y:-ie, szykown-y:-ie. Sh
Fessel f —, —n 1. kajdany, pęta, okowy, więzy pl (t. przen); in ~**n legen** ⟨**schlagen**⟩ zaku(wa)ć w kajdany 2. pęcina f
Fesselballon [...lõ] m —s, —s [...lõs] a. —e [...lo:ne] balon na uwięzi
fesseln (h) vt 1. zaku-wać|ć w kajdany; **ans Bett** ~ przyku(wa)ć do łóżka 2. przen za|fascynować 3. s|pętać (e. **Pferd** konia). Su
fesselnd 1. part praes, zob. **fesseln** 2. adj:adv fascynując-y:-o
fest I. adj:adv 1. stały : na stałe, trwały: trwale; **e—e** ~**e Anstellung** ⟨**Kundschaft**⟩ stała posada ⟨klientela⟩ 2. mocn-y:-o; tward-y:-o (np. sen) 3. niezłomn-y:-ie, niewzrusz-ony|enie (np. **postanowienie**) II. adj 1. stały; ~**es Land** stały ląd; ~**e Körper** ciała stałe 2. woj umocniony, warowny (np. pozycja) III. adv, pot mocno, bardzo, na dobre. Si 1. stałość, trwałość f; moc f 2. tech wytrzymałość f
fest... występuje w czasownikach rozdzielnych, np. ~**löten**
Fest n —es, —e 1. uroczystość f; święto n; obchód m 2. pot frajda f, uciecha f
Festabend m —(e)s, —e 1. akademia f (zu **Ehren** ... ku czci ...) 2. przyjęcie n
Festakt m —(e)s, —e uroczysty akt
Festaufzug m —(e)s, ⁼e uroczysty pochód
Festausschuß m ...usses, ...üsse komitet obchodu uroczystości
festbannen (h) vt za|fascynować, urze-kać|c, przyku-wać|ć uwagę
Festbeleuchtung f —, —en iluminacja f
festbinden (11;h) vr uwiąz-ywać|ać, przywiąz-ywać|ać
festdrehen (h) vt przykręc-ać|ić
Feste f —, —n poet 1. twierdza, warownia, forteca f 2. kontynent, ląd m 3. niebo n, firmament m 4. górn filar oporowy; calizna f
festessen n —s, — bankiet m; uczta f
festfahren (30) I. (sn) vi 1. grzęznąć| ugrząźć, ut-ykać|knąć (t. przen) 2. mar osi-adać|ąść na mieliźnie II. sich (h) ~ vr uwikłać ⟨zaplątać⟩ się, ugrzęznąć, ugrząźć
Festfreude f — radosny nastrój
Festgabe f —, —n podar(un)ek ⟨upominek⟩ świąteczny
Festgebräuche pl zwyczaje świąteczne
Festgelage n —es, — uczta, biesiada f
festgesetzt 1. part perf, zob. **festsetzen** 2. adj ustalony, oznaczony; **zur** ~**en Zeit** w ustalonym ⟨w oznaczonym⟩ czasie
Festgewand n —(e)s, ⁼er szata odświętna ⟨godowa⟩; o. ~ **anlegen** przywdzi-(ew)ać odświętną ⟨godową⟩ szatę
festgewurzelt part adj zakorzeniony (t. przen); **wie** ~ jak wryty
festhalten (60;h) I. vt 1. mocno trzymać; przytrzym-ywać|ać 2. zatrzym-ywać|ać, za|aresztować 3. utrwal-ać|ić (e. **Bild** obraz) II. vi 1. trzymać się, przestrzegać (an etw. czegoś; **an der Tradition** tradycji) 2. obstawać, up-ierać|rzeć się (an **seiner Meinung** przy swoim zdaniu) III. sich ~ vr trzymać się (an etw. czegoś)
festigen (h) vt, vr (sich się) um-acniać| ocnić, utrwal-ać|ić. Su
Festigkeits... w comp 1. wytrzymałościowy; np. ~**eigenschaften** 2. ... wytrzy-

małości; *np.* ~prüfung 3. ... o wytrzymałości; *np.* ~lehre
Festigkeitseigenschaften *pl, tech* własności wytrzymałościowe
Festigkeitslehre *f* — nauka o wytrzymałości (materiałów)
Festigkeitsprüfung *f* —, —en *tech* badanie wytrzymałości(owe)
Festival *n* —s, —s festiwal *m*
festklammern, sich (h) *vr* uczepić się kurczowo (an jmdn ⟨an etw.⟩ kogoś ⟨czegoś *a.* za coś *a.* o coś⟩)
festkleben (h) 1. *vi* przylepi-ać|ć się 2. *vt* przylepi-ać|ć
Festkleid *n* —(e)s, —er suknia odświętna; szata odświętna ⟨godowa⟩
Festkörper *m* —s, — ciało stałe
Festland *n* —(e)s ląd *m;* kontynent *m*
Festland... *w comp* kontynentalny; *np.* ~sockel
festländisch *adj* lądowy; kontynentalny
Festlandmacht *f* —, ⸚e mocarstwo kontynentalne
Festlandsockel *m* —s, — blok ⟨cokół⟩ kontynentalny; szelf *m*
festlegen (h) I. *vt* 1. unieruch-amiać| omić (e—e Maschine maszynę) 2. ustal-ać|ić, oznacz-ać|yć (e—e Frist termin) II. sich ~ *vr* z|wiązać się. Su
festlich *adj:adv* 1. uroczy-sty:-ście 2. świąteczn-y:-ie, odświętn-y:-ie. Sk do 1.
festlöten (h) *vt* przylutow-ywać|ać. Su
festmachen (h) I. *vt* 1. przymocow-ywać| ać, umocow-ywać|ać, przytwierdz-ać|ić 2. *przen* ustal-ać|ić; ich habe mit ihm nichts festgemacht niczego z nim nie ustalałem; e. Geschäft ~ ubi(ja)ć interes II. *vi, mar* za|cumować, przy|cumować
Festmahl *n* —(e)s, —e bankiet *m*
Festmeter *m, n* —s, — metr sześcienny (drewna)
festnageln (h) *vt* przygw-ażdżać|oździć (t. *przen);* przybi-jać|ć gwoździami. Su
Festnahme *f* —, —n aresztowanie, zatrzymanie *n;* vorläufige ~ areszt tymczasowy
festnehmen (87;h) *vt* za|aresztować, zatrzym-ywać|ać
Feston [festɔ̃] *n* —s, —s feston *m*
Festplatz *m* —es, ⸚e miejsce ⟨plac⟩ zabaw
Festpreis *m* —es, —e cena stała ⟨sztywna⟩
Festpunkt *m* —(e)s, —e punkt stały ⟨nieruchomy⟩
Festrede *f* —, —n przemówienie okolicznościowe
Festredner *m* —s, — mówca *m (na uroczystości)*
festsaugen, sich (h) *vr* przyssać ⟨przypiąć⟩ się (an etw. do czegoś)
festschnüren (h) *vt* mocno zasznurow-ywać|ać
festschrauben (h) *vt* przykręc-ać|ić, zakręc-ać|ić
Festschrift *f* —, —en księga pamiątkowa
festsetzen (h) I. *vt* 1. za|aresztować; osadz-ać|ić ⟨zam-ykać|knąć⟩ w więzieniu 2. wyznacz-ać|yć ustan-awiać|owić, ustal-ać|ić, naznacz-ać|yć, oznacz-ać|yć; (e—n Preis cenę; e—e Frist termin) II. sich ~ *vr, pot* osi-adać|ąść; usad-awiać|owić się. Su do I. 1., 2.
festsitzen (142;h) *vi* 1. mocno siedzieć 2. ugrzęznąć, ugrząźć ⟨ut-ykać|knąć⟩ w miejscu (*t. przen*) 3. *mar* osi-adać|ąść na mieliźnie
Festspiel *n* I. —(e)s, —e sztuka okolicznościowa II. *pl* —e 1. festiwal *m* 2. igrzyska sportowe
feststampfen (h) *vt* ubi-jać|ć
feststeh(e)n (151;h) *vi, vimp, przen* być pewnym ⟨ustalonym⟩; es steht fest, daß ... to pewne, że ...
feststehend 1. *part praes,* zob. feststehen 2. *adj* stały, ustalony
feststellbar *adj* stwierdzalny, dający się stwierdzić
feststellen (h) *vt* stwierdz-ać|ić, ustal-ać| |ić, s|konstatować. Su *t.* konstatacja *f*
Feststellungsklage *f* —, —n *praw* powództwo o ustalenie
Festtag *m* —(e)s, —e dzień świąteczny
festtäglich *adj:adv* świąteczn-y:-ie; odświętn-y:-ie
festtreten (163;h) *vt* udept-ywać|ać
Festung *f* —, —en twierdza, forteca, warownia *f*
Festungs... *w comp* forteczny; *np.* ~artillerie
Festungsanlage *f* —, —n fortyfikacja *f*
Festungsartillerie *f* — artyleria forteczna
Festungshaf *f* — *praw* odsiadywanie twierdzy; twierdza *f*
Festungsmauer *f* —, —n mur forteczny
Festungswerk *n* —s, —e fortyfikacja *f*
Festveranstaltung *f* —, —en uroczystość *f,* obchód *m*
Festversammlung *f* —, —en uroczyste zebranie; uroczysta akademia
Festvorstellung *f* —, —en przedstawienie galowe
Festzug *m* —(e)s, ⸚e uroczysty pochód
Fetisch *m* —(e)s, —e fetysz *m*
Fetischcharakter *m* —s; *ekon* ~ der Ware fetyszyzm towarowy
Fetischismus *m* — fetyszyzm *m*
fett *adj* 1. *t. adv* tłust-y:-o; grub-y:-o, otył-y:-o; e. ~er Bissen tłusty kąsek (*t. przen);* ~ werden utyć 2. tłusty, żyzny (*np. o glebie*) 3. intratny, korzystny (*np. o posadzie*). Sh tłustość *f*
Fett *n* —(e)s, —e 1. tłuszcz *m;* sadło *n;* pot sein ~ wegbekommen ⟨kriegen⟩ dosta(wa)ć za swoje 2. smar *m*
Fett... *w comp* 1. tłuszczowy; *np.* ~appretur 2. tłusty; *np.* ~creme 3. ... tłuszczu; *np.* ~gehalt 4. ... tłuszczów; *np.* ~gewinnung
Fettansatz *m* —es, ⸚e *med* odkładanie ⟨gromadzenie⟩ się tłuszczu; otłuszczenie *n*
Fettappretur *f* — *garb* apretura tłuszczowa
Fettauge *n* —s, —n oko *n* (na rosole)
Fettbüchse *f* —, —n smarownica *f*
Fettcreme [...kre:m] *f* —, —s krem tłusty

Fettdruck m —(e)s tłusty druk
fettdurchwachsen part, adj (po)przerastany tłuszczem
fetten (h) vi tłuścić
Fettfleck m —(e)s, —e tłusta plama
fettfrei adj beztłuszczowy; pozbawiony ⟨wolny od⟩ tłuszczów
Fettgas n —es, —e gaz olejowy
fettgedruckt adj (drukowany) tłustymi czcionkami ⟨tłustym drukiem⟩
Fettgehalt m —(e)s zawartość tłuszczu
Fettgerbung f — garbowanie tłuszczowe
Fettgeschwulst f —, ⸗e med tłuszczak m
Fettgewebe n —s, — tkanka tłuszczowa
Fettgewinnung f — otrzymywanie ⟨uzyskiwanie⟩ tłuszczów
Fettglanz m —es tłusty połysk
fetthaltig adj zawierający tłuszcz. Sk zawartość tłuszczu
Fetthenne f —, —n bot rozchodnik m
fettig adj 1. t. adv tłust-y:-o 2. zatłuszczony. Sk do 1.
Fettklumpen m —s, — bryła ⟨kupa⟩ tłuszczu
Fettkraut n —(e)s, ⸗er bot tłustosz pospolity
Fettlöser m —s a. **Fettlösungsmittel** n —s, — rozpuszczalnik tłuszczów
Fettnäpfchen n —s, — słoik z tłuszczem * pot **bei jmdm ins ~ treten** zadzierać z kimś
Fettsäure f — kwas tłuszczowy
Fettschicht f —, —en warstwa ⟨pokład⟩ tłuszczu
Fettseife f —, —n mydło przetłuszczone
Fettspaltung f — rozszczepianie tłuszczów
Fettsucht f — otyłość chorobliwa
fetttriefend adj:adv ociekający tłuszczem : ociekając tłuszczem
Fettwanst m —(e)s, ⸗e tłuścioch m
Fetzen m —s, — gałgan(ek), łach(man), strzęp(ek), kawałek m; **in lauter ~ zerreißen** (po)drzeć na strzępy ⟨na drobne kawałki⟩
feucht adj:adv wilgotn-y:-ie; ~ **machen** zwilżać. Si t. wilgoć f
Feuchte f — wilgotność f
Feuchtemesser m —s, — wilgotnościomierz, higrometr m
feuchtfröhlich adj:adv, pot pod dobrą datą, podochocony; e. ~er Abend wesoły wieczór przy kieliszku
feuchtigkeits... w comp ... na działanie wilgoci; np. ~**beständig**
Feuchtigkeits... w comp ... wilgotności, np. ~**gehalt**
feuchtigkeitsbeständig adj:adv odporn-y:-ie na działanie wilgoci
feuchtigkeitsempfindlich adj:adv wrażliw-y:-ie na działanie wilgoci; higroskopijn-y:-ie
Feuchtigkeitsgehalt m —(e)s zawartość wilgotności, wilgotność f
Feuchtigkeitsgrad m —(e)s, —e stopień wilgotności ⟨zawilgocenia⟩
Feuchtigkeitsmesser zob. **Feuchtemesser**
Feuchtigkeitsmessung f —, —en pomiary wilgotności
feudal adj:adv feudaln-y:-ie

Feudal... w comp feudalny; np. ~**system** **Feudalgesellschaft** f —, —en społeczeństwo feudalne
Feudalherr m —n, —en feudał m
Feudalherrschaft f — zob. **Feudalsystem**
Feudalismus m — feudalizm m
feudalistisch adj:adv feudalistyczn-y:-ie
Feudalordnung f —, —en ustrój feudalny, feudalizm m
Feudalsystem n —s system ⟨ustrój⟩ feudalny
Feuer n I. 1. —s, — ogień, pożar m; ~! **pożar!, gore!; mit ~ und Schwert** ogniem i mieczem; **gib mir ~!** pozwól ⟨po|daj mi⟩ ognia!; **przen Öl ins ~ gießen** dol(ew)ać oliwy do ognia; **przen für jmdn durchs ~ gehen** skoczyć za kimś w ogień; **przen mehrere Eisen im ~ haben** trzymać dwie sroki za ogon; **przen die Hand dafür ins ~ legen** dawać głowę za coś 2. —s woj ogień, obstrzał m; ~ **geben** da(wa)ć ognia, strzel-ać|ić; **das ~ eröffnen** rozpoczqć ⟨otworzyć⟩ ogień; etw. **unter ~ nehmen** brać coś pod ogień ⟨pod ostrzał⟩ 3. —s przen ogień, zapał, żar m; ~ **fangen** für etw. **sein** zapalać się do czegoś 4. —s przen ogień, blask m (np. diamentów) II. —s, — mar, lot światło nawigacyjne
Feuer... w comp I. 1. ogniowy; np. ~**probe** 2. ognisty; np. ~**-zeichen** 3. ... ognia; np. ~**anbeter** 4. ... od ognia; np. ~**versicherung** 5. ... do ognia; np. ~**zange** II. 1. pożarowy; np. ~**alarm** 2. ...pożaru; np. ~**gefahr** III. paleniskowy; np. ~**raum**
Feueralarm m —(e)s, —e alarm pożarowy
Feueralarmapparat m —(e)s, —e alarmowy aparat pożarowy
Feueranbeter m —s, — rel czciciel ognia
Feuerbake f —, —n boja świetlna
Feuerball m —(e)s, ⸗e astr kula ognista, meteor m
Feuerbereich m —(e)s, —e woj zasięg ognia
feuerbeständig adj ognioodporny, żaroodporny; ogniotrwały. Sk
Feuerbestattung f —, —en palenie zwłok; kremacja f
Feuerbohne f —, —n bot fasola wielokwiatowa ⟨turecka⟩, piękny Jaś
Feuerbrand m —es, ⸗e głownia f
Feuerbrücke f —, —n przcwał w palenisku
Feuereifer m —s płomienny ⟨wielki⟩ zapał
Feuereimer m —s, — wiadro do gaszenia pożaru
Feuereinstellung f — woj przerwanie ⟨zaprzestanie⟩ ognia
feuerfest adj, zob. **feuerbeständig. Si**
feuerfrei adj 1. woj nieostrzel(iw)any 2. nie objęty pożarem
Feuerfresser m —s, — połykacz ognia
Feuerfunke m —ns, —n a. **Feuerfunken** m —s, — iskra f
Feuergase pl gazy spalinowe, spaliny pl
Feuergefahr f — niebezpieczeństwo pożaru

feuergefährlich *adj* łatwo (za)palny
Feuergefecht *n* —(e)s, —e potyczka *f*; strzelanina *f*
Feuerglocke *f* —, —n 1. dzwon pożarny 2. *woj* zapora ogniowa
Feuerglut *f* — żar ognia
Feuerhaken *m* —s, — 1. pogrzebacz, ożóg *m* 2. hak pożarny, bosak *m*
Feuerherd *m* —(e)s, —e 1. palenisko, ognisko *n* 2. ognisko pożaru
Feuerholz *n* —es, ⸗er drzewo na podpałkę
Feuerkopf *m* —(e)s, ⸗e *przen* zapaleniec *m*
Feuerkugel *f* —, —n *astr* kula ognista
Feuerland *n* —es *geogr* Ziemia Ognista
Feuerlärm *m* —(e)s alarm pożarowy
Feuerleiter *f* —, —n drabina strażacka
Feuerlilie *f* —, —n *bot* lilia czerwona
Feuerlinie *f* — *woj* linia ognia
Feuerlöschanlage *f* —, —n *a*. **Feuerlöscheinrichtung** *f* —, —en urządzenie przeciwpożarowe
Feuerlöschboot *n* —(e)s, —e statek pożarniczy
Feuerlöscher *m* —s, — gaśnica *f* (ręczna)
Feuermal *n* —(e)s, —e *med* znamię naczyniowe, pot ogień, płomyk *m*
Feuermeer *n* —(e)s morze ognia
Feuermeldeeinrichtung *f* —, —en *a*. **Feuermelder** *m* —s, — sygnalizator pożarowy
feuern (h) I. *vi* 1. palić (mit Kohle węglem) 2. strzel-ać|ić, da-wać|ć ognia, pal-ić|nąć II. *vt*, *pot* cis-kać|nąć, rzuc- -ać|ić. Su 1. palenisko *n* 2. opał *m*
Feuerplatte *f* —, —n płyta ogniowa
Feuerprobe *f* —, —en 1. próba ogniowa; *przen* er hat die ~ bestanden przeszedł przez próbę ogniową 2. *hist* próba ognia
Feuerraum *m* —(e)s, ⸗e komora paleniskowa, palenisko *n*
Feuerrost *m* —(e)s, —e ruszt *m*
feuerrot *adj*:*adv* ognistoczerwon-y:-o, na ognistoczerwono, na kolor ognistoczerwony; w kolorze ognistoczerwonym; ~ werden spąsowieć, stawać w pąsach ⟨w płomieniach⟩
Feuersalamander *m* —s, — salamandra plamista
Feuersäule *f* —, —n słup ognisty ⟨ognia⟩
Feuersbrunst *f* —, ⸗e pożar *m*
Feuerschaden *m* —s, ⸗n szkoda wyrządzona przez pożar
Feuerschein *m* —(e)s, —e łuna *f* (pożaru); blask od ognia
Feuerschiff *n* —(e)s, —e mar latarniowiec, statek-latarnia *m*
Feuerschlucker *m* —s, — połykacz ognia
Feuerschutz *m* —es 1. ochrona przeciwpożarowa 2. *woj* osłona ogniowa
Feuerschwamm *m* —(e)s, ⸗e 1. *bot* huba ⟨żagiew⟩ pospolita 2. hubka *f*
Feuerschweißung *f* —, —en zgrzewanie ogniskowe
Feuer(s)gefahr *f* —, —en niebezpieczeństwo pożaru
feuersicher *adj* 1. ogniotrwały 2. niepalny

Feuersnot *f* — *poet* pożar *m*; klęska pożaru
feuerspeiend *adj* ziejący ogniem; e. ~er Berg wulkan *m*
Feuerspritze *f* —, —n sikawka *f*
Feuerstätte *f* —, —n 1. miejsce pożaru, pogorzelisko *n* 2. palenisko *n*
Feuerstein *m* —(e)s, —e min krzemień *m*
Feuerstellung *f* —, —en *woj* stanowisko ogniowe
Feuertaufe *f* —, —n chrzest bojowy
Feuertod *m* —es śmierć na stosie
Feuertreppe *f* —, —n schody ogniowe ⟨ratunkowe⟩
Feuerüberfall *m* —(e)s, ⸗e *woj* napad ogniowy, zaskoczenie ogniem
Feuervergoldung *f* —, —en złocenie amalgamatem ⟨ogniowe⟩
Feuerversicherung *f* — ubezpieczenie od ognia
Feuerversicherungsgesellschaft *f* —, —en towarzystwo ubezpieczeń od ognia
Feuerwache *f* —, —n stacja pożarna
Feuerwaffe *f* —, —n broń palna
Feuerwalze *f* —, —n *woj* ruchomy ogień zaporowy
Feuerwasser *n* —s pot woda ognista, gorzałka, wódka *f*
Feuerwehr *f* —, —en straż pożarna
Feuerwehr... *w comp* 1. strażacki; *np*. ~axt 2. ... straży pożarnej; *np*. ~übungen
Feuerwehraxt *f* —, ⸗e topór strażacki
Feuerwehrhelm *m* —(e)s, —e hełm strażacki
Feuerwehrmann *m* —s, ⸗er *a*. **Feuerwehrleute** strażak *m*
Feuerwehrübungen *pl* ćwiczenia straży pożarnej
Feuerwerk *n* —(e)s, —e fajerwerk *m*; ognie sztuczne
Feuerwerker *m* —s, — pirotechnik *m*
Feuerwirkung *f* — *woj* działanie ognia
Feuerzange *f* —, —n szczypce kowalskie ⟨do ognia⟩
Feuerzeichen *n* —s, — znak ognisty
Feuerzeug *n* —(e)s, —e zapalniczka *f*
Feuerzunder *m* —s, — żagiew, hubka *f*
Feuilleton [fœj(ə)tɔ̃] *n* —s, —s felieton *m*
Feuilleton... *w comp* felietonowy; *np*. ~stil
Feuilletonist *m* —en, —en felietonista *m*
feuilletonistisch *adj*:*adv* felietonow-y:-o
Feuilletonstil *m* —(e)s styl felietonowy
feurig *adj*:*adv* 1. ogni-sty:-ście 2. *przen* ogni-sty:-ście, płomienn-y:-ie. Sk
Fez[1] [fes] *m* —es, —e zob. Fes
Fez[2] *m* —es *pot* 1. zabawa, frajda, uciecha *f* 2. żarciki, figle *pl*
Fiaker *m* —s, — dorożka *f*
Fiasko *n* —s, —s *pot* fiasko, niepowodzenie *n*; klapa *f*
Fibel[1] *f* —, —n *dawn* fibula, sprzączka, klamra, zapinka *f*
Fibel[2] *f* —, —n elementarz *m*
Fiber *f* 1. —, —n *anat, biol* włókno *n* 2. *n* —s, — fibra *f*
Fiber... *w comp* fibrowy; *np*. ~koffer
Fiberkoffer *m* —s, — walizka fibrowa
Fichte *f* —, —n świerk *m*

fichten adj świerkowy, z drewna świerkowego
Fichten... w comp świerkowy; np. ~holz
Fichtenholz n —es drzewo ⟨drewno⟩ świerkowe
Fichtennadelextrakt m —(e)s, —e wyciąg z igieł świerkowych
Fichtenrinde f — kora świerkowa
Fichtenwald m —(e)s, ≔er las świerkowy
Fideikommiß [fi:dei...] n ...sses, ...isse praw fideikomis m
Fidejsmus m — fideizm m
fidejstisch adj:adv fideistyczn-y:-ie
fidel adj:adv wesoł-y:-o, rozbawiony
Fidibus m — a. —ses, —se dawn fidybus m
Fieber n —s, — med gorączka f
Fieberanfall m —(e)s, ≔e napad gorączki
fieberfrei adj. med bezgorączkowy; bez gorączki
Fieberfrost m —es dreszcze pl
Fieberglut a. Fieberhitze f — gorączka f
fieberhaft a. fieb(e)rig adj:adv gorączkow-y:-o (t. przen); in ~er Hast z gorączkowym pośpiechem
fieberkrank adj:adv gorączkujący:gorączkując, z gorączką
Fieberkurve f —, —n krzywa gorączki
Fiebermittel n —s, — środek przeciwgorączkowy
Fiebermücke f —, —n ent widliszek m
fiebern (h) vi 1. gorączkować 2. majaczyć, bredzić 3. gorąco chcieć ⟨pragnąć⟩, chciwie pożądać (nach etw. czegoś)
Fieberrinde f —, —n farm kora chinowa
Fieberthermometer n —s, — termometr lekarski
Fieberwurzel f —, —n farm korzeń goryczki
Fiedel f —, —n muz dawn gęśle, skrzypice pl
Fiedelbogen m —s, — smyczek m
fiedeln (h) vi rzępolić (na skrzypcach)
Fiedler m —s, — dawn grajek m; gęślarz m
fies adj:adv, pot wstrętn-y:-ie
Figur f —, —en 1. figura (t. mat, karc, szach), osoba f, postać ludzka 2. pot figura f, typ(ek) m 3. plast figura, statua f, posąg m 4. figura, postać f, kształty pl; e—e gute ~ haben mieć ładną figurę 5. karc honor m
Figurant m —en, —en figurant m, teatr statysta m
Figurantin f —, —nen figurantka f; teatr statystka f
figürlich adj:adv przenośn-y:-ie; obrazow-y:-o; im ~en Sinne w sensie ⟨w znaczeniu⟩ przenośnym
Fiktion f —, —en fikcja f
fiktiv adj:adv fikcyjn-y:-ie, zmyślony, nierzeczywisty
Filet [file:] n —s, —s filet m (t. kulin), siat(ecz)ka f, robótka siatkowa
Filetarbeit f —, —en robótka siatkowa
Filetstickerei f —, —en haftowanie na siatce
Filiale f —, —n filia f; oddział m

Filigran n —s, —e 1. filigran m, robota filigranowa 2. filigran m, znak wodny (na papierze)
Filigran... w comp filigranowy; np. ~arbeit
Filigranarbeit f — robota filigranowa
Filigranfigur f —, —en filigranowa figura ⟨postać⟩
Film m —(e)s, —e 1. film m (stummer niemy); e—n ~ drehen ⟨aufführen⟩ nakręcać ⟨wyświetlać⟩ film 2. film, fot błona, taśma f
Film... w comp 1. filmowy; np. ~atelier 2. ... filmu ⟨filmów⟩; np. ~vorführung
Filmatelier [...atəlje:] n —s, —s atelier ⟨studio⟩ filmowe
Filmaufnahme f —, —n zdjęcie filmowe
Filmband f —(e)s, ≔er taśma filmowa
Filmdiva f —, —s a. ...ven diwa ⟨gwiazda⟩ filmowa
Filmdruck m —(e)s sitodruk, filmodruk m
filmen (h) vi 1. filmować, nakręcać film, robić zdjęcia 2. występować ⟨grać⟩ w filmie
Filmer m —s, — filmowiec m
Filmfan m —s, —s kinoman m
Filmfestspiele pl festiwal filmowy
Filmkamera f —, —s kamera filmowa
Filmkassette f —, —n kaseta filmowa
Filmkunst f — sztuka filmowa
Filmleinwand f — ekran m
Filmothek f —, —en filmoteka f
Filmregisseur [...reʒisø:r] m —s, —e reżyser filmowy
Filmschauspieler m —s, — aktor ⟨artysta⟩ filmowy
Filmschauspielerin f —, —nen aktorka ⟨artystka⟩ filmowa
Filmstar [...st...] m —s, —s gwiazda filmowa
Filmstreifen m —s, — taśma filmowa
Filmstudio n —s, —s atelier filmowe
Filmtechnik f — technika filmowa
Filmtheater n —s, — kino n
Filmverleih m —(e)s wynajem filmów
Filmvorführer m —s, — operator kinowy
Filmvorführung f —, —en pokaz filmu ⟨filmów⟩
Filmwerbung f — reklama filmowa
Filou [filu:] m —s, —s 1. filut, spryciarz m 2. krętacz, oszust m
Filter m —s, — filtr m; chem sączek m
Filter... w comp 1. filtracyjny; np. ~anlage 2. ... filtru; np. ~fläche
Filteranlage f —, —n urządzenie filtracyjne
Filterbeutel m —s, — worek filtracyjny
Filterfläche f —, —n powierzchnia filtru
Filtergewebe n —s, — tkanina filtracyjna
Filterkammer f —, —n komora filtru
filtern (h) vt prze|filtrować; przesącz-ać|yć, odsącz-ać|yć
Filterpapier n —s bibuła filtracyjna
Filterplatte f —, —n płyta filtracyjna ⟨filtrująca⟩
Filterpresse f —, —n prasa filtracyjna
Filterschleuder f —, —n wirówka filtracyjna

Filterstein m —(e)s, —e kamień filtracyjny
Filtertuch n —(e)s tkanina filtracyjna, płótno filtracyjne
Filterzigarette f —, —n papieros z filtrem
Filtrat n —(e)s, —e przesącz, filtrat m
Filtration f —, —en filtracja f, filtrowanie, sączenie n
Filtricht n —(e)s, —e przesącz m
Filtrier... w comp 1. filtracyjny; np. ~apparat 2. ... filtrowania; np. ~zeit
Filtrierapparat m —(e)s, —e aparat filtracyjny
filtrieren zob. filtern. Su
Filtrierpapier n —s bibuła filtracyjna
Filtriervorrichtung f —, —en urządzenie filtracyjne
Filtrierzeit f — czas filtrowania
Filz m —es, —e 1. filc m; pilśń f; wojłok m 2. pot sknera m
Filz... w comp 1. filcowy a. pilśniowy; np. ~hut 2. wojłokowy; np. ~pappe
filzen[1] (h) vi 1. filcować się 2. pot sknerzyć, skąpić
filzen[2] adj:adv, zob. filzig 1.
Filzhut m —(e)s, ⸚e kapelusz filcowy ⟨pilśniowy⟩
filzig adj 1. filcowy, z filcu; pilśniowy, z pilśni; wojłokowy, z wojłoku 2. t. adv, pot skąp-y:-o. Sk skąpstwo, sknerstwo n
Filzlaus f —, ⸚e wesz łonowa, mendoweszka f
Filzpantoffel m —s, —n pantofel filcowy
Filzpappe f — tektura wojłokowa
Filzsohle f —, —n podeszwa filcowa
Fimmel[1] m —s bot konopie pl
Fimmel[2] m —s, — 1. górn klin m 2. pot bzik, fioł m; e—n ~ haben mieć bzika ⟨fioła⟩
final adj finałowy, końcowy, ostateczny
Finale n —s, —s a. ...li 1. finał m, zakończenie n, koniec m 2. muz finał m, końcowa część 3. sport finał m, spotkanie końcowe
Finalsatz m —es, ⸚e gram zdanie celowe
Finanz f I. —, —en 1. sprawy finansowe 2. finansjera f II. pl —en finanse pl; budżet m
Finanz... w comp 1. finansowy; np. ~bericht 2. skarbowy; np. ~amt 3. ... finansów; np. ~minister
Finanzamt n —(e)s, ⸚er urząd skarbowy; wydział finansowy
Finanzbehörde f —, —n władze skarbowe
Finanzbericht m —(e)s, —e sprawozdanie finansowe
Finanzbuchhaltung f — księgowość syntetyczna
Finanzdisziplin f — dyscyplina finansowa
Finanzgesetz n —(e)s, —e ustawa skarbowa
finanziell adj:adv finansow-y:-o, pod względem finansowym
Finanzier [...tsĭe:] m —s, —s finansista m
finanzieren (h) vt s|finansować. Su

Finanzkapital n —(e)s kapitał finansowy
Finanzlage f — sytuacja finansowa
Finanzminister m —s, — minister finansów ⟨skarbu⟩
Finanzmonopol n —s, —e monopol skarbowy
Finanzplan m —(e)s, ⸚e plan finansowy
Finanzpolitik f — polityka finansowa
Finanzsystem n —s, —e system finansowy
Finanzwesen n —s skarbowość f
Finanzwirtschaft f — gospodarka finansowa
Finanzwissenschaft f — skarbowość f ⟨nauka⟩
Findelhaus n —es, ⸚er dom podrzutków
Findelkind n —es, —er podrzutek m
finden (34;h) I. vt 1. zna-jdować|leźć (etw. coś), natrafi-ać|ć, nat-ykać|knąć się (na coś); odszukać ⟨coś⟩; **den Tod** ~ ponieść śmierć; **er konnte nicht nach Hause** ~ nie mógł trafić do domu 2. przen zna-jdować|leźć, spot-ykać|kać się (etw. z czymś; **Anerkennung** f z uznaniem) dozna-wać|ć ⟨czegoś; **Gnade** łaski; **Freude** radości⟩ 3. zna-jdować|leźć, zasta-wać|ć; **ich fand ihn im Bett liegend** zastałem ⟨znalazłem⟩ go leżącego w łóżku 4. znajdować, uważać, uzna--wać|ć ⟨für richtig za słuszne⟩; **wie** ~ **Sie das?** co pan na to?, jak się to panu podoba? II. **sich** ~ vr 1. zna-jdować| leźć się; odna-jdować|leźć się; **der Ring hat sich gefunden** pierścionek znalazł się 2. dobrać ⟨dopasować⟩ się; **sie haben sich gefunden** dobrali ⟨dopasowali⟩ się 3. dostosow-ywać|ać ⟨zastosow--ywać|ać, przystosow-ywać|ać⟩ się (**in** etw. do czegoś); pogodzić ⟨osw-ajać| oić⟩ się (z czymś); **sich in die Umstände** ~ dostoso(wy)wać się do okoliczności 4. vimp okaz-ywać|ać się; układać|ułożyć się; **das wird sich** ~ ! to się okaże ⟨a. ułoży⟩! 5. vimp trafiać ⟨zdarzyć⟩ się; **es findet sich selten** ... to trafia ⟨zdarza⟩ się rzadko...
Finder m —s, — znalazca m
Findergeld n —(e)s, —er a. **Finderlohn** m —(e)s, ⸚e znaleźne n
findig adj:adv zmyśln-y:-ie, sprytn-y:-ie. Sk zmyślność f, chwyt m
Findling m —(e)s, —e 1. znajda, znajdek, podrzutek m 2. geol eratyk, narzutniak m, głaz narzutowy
Finesse f —, —n finezja, subtelność f; precyzja f; **mit** ~ finezyjnie
Finger m —s, — palec m; **przen keinen** ~ **rühren** ⟨krumm machen⟩ nie po| ruszyć ⟨nie kiwnąć⟩ palcem; **przen auf etw. durch die** ~ **sehen** patrzeć na coś przez palce, tolerować coś; **przen etw. aus den** ~**n saugen** wyssać coś z palca; **przen sie ließ die** ~ **davon** nie przykładała do tego ręki; **przen er hat** ⟨**macht**⟩ **lange** ~ ma długie ⟨lepkie⟩ palce; **auf jmdn mit** ~**n zeigen** wytykać kogoś palcem; **przen jmdn um den** ~ **wickeln** owinąć kogoś dokoła palca
Finger... w comp ... palca; np. ~abdruck

Fingerabdruck *m* —(e)s, ⁻e odcisk palca
fingerbreit *adj:adv* na palec szerok-i:-o, szerokości ⟨na szerokość⟩ palca
Fingerbreit *m* —s, —e szerokość palca; **keinen ~ von etw. weichen** ani na cal nie ustępować od czegoś
fingerdick *adj:adv* na palec grub-y:-o; grubości ⟨na grubość⟩ palca
Fingerentzündung *f* —, —en *med* zastrzał *m*
fingerfertig *adj* 1. *muz* biegły w palcach 2. zręczny. **Sk**
fingerförmig *adj:adv*, *bot* palczast-y:-o
Fingerhut *m* —(e)s, ⁻e 1. naparstek *m* 2. *bot* naparstnica *f*, digitalis *m*
Fingerkrampf *m* —es, ⁻e *med* skurcz pisarski
Fingerkraut *n* —(e)s *bot* pięciornik *m*
Fingerkuppe *f* —, —n brzusiec palca
fingerlang *adj:adv* na palec długi, długości ⟨na długość⟩ palca; **pot * alle ~ co chwila**
fingern (h) 1. *vi* manipulować, grzebać **(an etw. przy czymś)** 2. *przen*, **pot urządz-ać|ić, z|robić; er wird die Sache ~ on to już załatwi** ⟨zrobi⟩
Fingernagel *m* —s, ⁻ paznokieć *m* (*u palca ręki*)
Fingerring *m* —(e)s, —e pierścionek *m*
Fingerspitze *f* —, —n czubek palca
Fingerspitzengefühl *n* —s doskonałe wyczucie **(für etw. czegoś)**
Fingersprache *f* —, —n mowa za pomocą palców ⟨na migi⟩
Fingerübung *f* —, —en *muz* palcówka *f*, ćwiczenie palcowe
Fingerwurm *m* —es, ⁻er *med* zastrzał *m*
Fingerzeig *m* —(e)s, —e wskazówka *f; rada f*
fingieren (h) *vt* s|fingować; zmyśl-ać|ić; uda-wać|ć. **Su**
fingiert 1. *part*, *perf*, *zob*. **fingieren** 2. *adj:adv* (s)fingowany, zmyślony, fikcyjn-y:-ie
Finish [...ıʃ] *n* —s, —s *sport* finisz *m*
Fink *m* —en, —en *orn* zięba *f*
Finkenschlag *m* —(e)s trel ⟨śpiew⟩ zięby
Finne¹ *f* —, —n 1. wagier *m*, larwa tasiemca 2. zaskórnik, wągr *m*
Finne² *f* —, —n płetwa *f* (wielkich ryb)
Finne³ *m* —n, —n Fin *m*
Finnin *f* —, —nen Finka *f*
finnisch *adj:adv* fiński : po fińsku
Finnland *n* —s Finlandia *f;* **Republik ~ Republika Fińska**
Finnwal *m* —s, —e *zoo* finwal *m*
finster *adj:adv* 1. ciemn-y:-o; mroczn-y:-ie; **es wird ~** ściemnia się; *przen* **im ~n tappen** błądzić w niepewności 2. (po)chmurn-y:-ie; posępn-y:-ie; ponur-y:-o (*np.* twarz) 3. ciemny, podejrzan-y:-ie (*np. o sprawie*)
Finstere *n* —n ciemność *f;* **im ~n den Weg suchen** błądzić po omacku ⟨w ciemnościach⟩
Finsternis *f* —, —se 1. ciemność *f;* **ägyptische ~** egipskie ciemności; *poet* **die ewige ~** otchłań *f*, piekło *n* 2. *astr* zaćmienie *n*
Finte *f* —, —n 1. finta *f*, podstęp, wykręt *m* 2. *sport* finta *f*, zwód *m*

fintenreich *adj* przebiegły
Firlefanz *m* —es, —e 1. fidrygałki, faramuszki, głupstewka *pl;* drobnostka *f*, błahostka *f* 2. trzpiot, wietrznik *m*
Firlefanzerei *f* —, —en *zob.* **Firlefanz 1.**
firm *adj:adv* 1. mocn-y:-o, *szkol* obkuty **(in etw. w czymś)** 2. pewn-y:-ie, na pewno
Firma *f* —, ...men firma *f;* dom handlowy; **unter der ~ zeichnen** podpis(yw)ać za firmę
Firmament *n* —(e)s, — firmament *m*, sklepienie niebieskie
firme(l)n (h) *vt* bierzmować. **Su**
Firmen... *w comp* 1. firmowy; *np.* **~bogen** 2. **... firmy;** *np.* **~gründung**
Firmenbogen *m* —s, — blankiet firmowy
Firmengründer *m* —s, — założyciel firmy
Firmengründung *f* — założenie firmy
Firmeninhaber *m* —s, — właściciel firmy
Firmenschild *n* —(e)s, —er szyld firmowy
Firmenzeichen *n* —s, — znak firmowy
firmieren (h) *vt* firmować (*t. przen*). **Su**
Firmling *m* —(e)s, —e bierzmowany *m*
Firn *m* —(e)s, —e *a*. —en firn *m*
Firngrenze *f* —, —n linia wiecznego śniegu
Firnhang *m* —(e)s, ⁻e pole firnowe
Firnis *m* —ses, —se 1. pokost, werniks *m* 2. *przen* polor *m*; pozór *m*
firnissen (h) *vt* pokostować
Firnschnee *m* —s firn *m*
First *m* —(e)s, —e 1. *bud* kalenica *f* 2. szczyt ⟨grzbiet⟩ góry
Fisch *m* —(e)s, —e ryba *f;* **pot faule ~e wykręty** *pl;* **kleine ~e!** drobiazg! **bagatelka!** *przen* **großer ~** gruba ryba; **weder ~ noch Fleisch** ni pies, ni wydra
Fisch... *w comp* 1. rybi; *np.* **~blase** 2. rybny; *np.* **~konserve** 3. rybacki; *np.* **~dampfer** 4. **...** ryb; *np.* **~händler** 5. **...** rybami; *np.* **~vergiftung** 6. **...** na ryby; *np.* **~köder**
Fischadler *m* —s, — *orn* rybołów *m*
Fischangel *f* —, —n wędka *f*
fischarm *adj* ubogi w ryby
Fischbein *n* —(e)s fiszbin *m*
Fischblase *f* —, —n pęcherz rybi
Fischblut *n* —(e)s krew rybia; *przen* **~ haben** być oziębłym ⟨bez temperamentu⟩
fischblütig *udj* zimny, bez uczucia
Fischbrut *f* —, —en narybek *m*
Fischdampfer *m* —s, — statek rybacki
fischen (h) I. *vt*, *vi* łowić ryby; *przen* **er fischt im trüben** łowi ryby w mętnej wodzie II. *vt* 1. *pot* wył-awiać|owić (**aus etw.** z czegoś) 2. *przen* z|łowić (**jmdn** kogoś)
Fischer *m* —s, — rybak *m*
Fischer... *w comp* rybacki; *np.* **~boot**
Fischerboot *n* —(e)s, —e łódź rybacka
Fischerdorf *n* —(e)s, ⁻er wieś rybacka
Fischerei *f* — rybołówstwo, rybactwo *n*
Fischereiflotte *f* —, —n flota rybacka
Fischergerät *n* —(e)s, —e sprzęt rybacki
Fischerhafen *m* —s, ⁻ port rybacki
Fischerin *f* —, —nen rybaczka *f*

Fischfang *m* —(e)s **1.** rybołówstwo, rybactwo *n* **2.** połów ryb
Fischflosse *f* —, —n płetwa *f*
Fischgarn *n* —(e)s, —e niewód *m*
Fischgericht *n* —(e)s, —e danie rybne
Fischgräte *f* —, —n ość *f*
Fischgrätenmuster *n* —s, — jodełka *f* (wzór w tkaninie)
Fischhändler *m* —s, — handlarz ryb(ami)
Fischhaut *f* —, ⸚e **1.** garb skóra surowa z ryby **2.** med rybia łuska
Fischkiemen *pl* oskrzela *pl*
Fischköder *m* —s, — przynęta na ryby
Fischkonserve *f* —, —n konserwa rybna
Fischkutter *m* —s, — kuter rybacki
Fischlaich *m* —(e)s ikra *f* (rybia)
Fischleim *m* —(e)s klej rybi, karuk *m*
Fischmehl *n* —(e)s mączka rybna
Fischmilch *f* — mleczko rybie
Fischnetz *n* —es, —e sieć rybacka, niewód *m*
Fischotter *m* —s, — zoo wydra *f*
Fischräucherei *f* —, —en wędzarnia ryb
fischreich *adj* obfitujący ⟨bogaty⟩ w ryby
Fischreiher *m* —s, — orn czapla siwa
Fischrogen *m* —s ikra *f* (rybia)
Fischsuppe *f* — zupa rybna
Fischtran *m* —s tran *m* (rybi)
Fischverarbeitung *f* — przetwórstwo rybne
Fischvergiftung *f* —, —en zatrucie rybą
Fischzucht *f* — hodowla ryb
Fischzug *m* —(e)s, ⸚e połów *m* (ryb)
Fisimatenten *pl, pot* **1.** wybiegi, wykręty *pl* **2.** głupie kawały **3.** ceregiele *pl;* mach doch nicht so viel ∼! nie rób tyle ceregieli!
fiskalisch *adj:adv* fiskaln-y:-ie
Fiskus *m* — skarb państwa
Fistel *f* —, —n **1.** fistuła *f*, med przetoka *f* **2.** *muz* falset *m*
fisteln (h) *vi* za|śpiewać ⟨mówić⟩ falsetem
Fistelstimme *f* —. —n zob. Fistel 2.
fit *adj, pot:* ∼ sein być w (dobrej) formie
Fitneß *f* — dobra forma, sprawność *f*
Fittich *m* —(e)s, —e **1.** poet skrzydło *n* **2.** przen osłona, opieka *f*, opiekuńcze skrzydła; unter den ∼en der Nacht pod osłoną nocy
fix **1.** *adj* stały; trwały; ∼e Idee urojenie *n*, idée fixe; ∼e Kosten koszty stałe; ∼es Kapital kapitał trwały **2.** *adj: :adv* szybk-i:-o, zwinn-y:-ie, zręczn-y:-ie; e. ∼er **Kerl** chwat, zuch *m;* mach ∼! pospiesz ⟨uwijaj⟩ się! * pot ∼ und fertig zupełnie gotowy; alles ist ∼ und fertig wszystko gotowe ⟨pot zapięte na ostatni guzik⟩
Fixativ *n* —s, —e fiksatywa *f*
fixen (h) *vi, ekon* grać na zniżkę
Fixier... *w comp* utrwalający; *np.* ∼bad
Fixierbad *n* —(e)s, ⸚er *fot* kąpiel utrwalająca
fixieren (h) *vt* **1.** za|fiksować, ustal-ać|ić **2.** *fot* utrwal-ać|ić, fiksować **3.** uporczywie patrzeć (jmdn na kogoś). Su
Fixierfarbe *f* —, —n farba utrwalająca
Fixiermittel *n* —s, — *fot* środek utrwalający, utrwalacz *m*
Fixiersalz *n* —es, —e *fot* utrwalacz *m*
Fixpunkt *m* —(e)s, —e punkt stały
Fixstern *m* —(e)s, —e gwiazda stała
Fixum *n* —s, ...xa pensja ⟨suma⟩ stała; ryczałt *m*
Fjord *m* —(e)s, —e fiord *m*
flach *adj:adv* **1.** płask-i:-o *(np.* talerz); przen mit der ∼en Hand dłonią; **2.** ∼es Land równina *f;* teren poza miastem. Sh do 1.
Flach... *w comp* płaski; *np.* ∼dach
Flachdach *n* —(e)s, ⸚er dach płaski
Flachdraht *m* —(e)s, ⸚e drut płaski
Flachdruck *m* —(e)s druk płaski
Fläche *f* —, —n **1.** płaszczyzna *f;* powierzchnia *f;* pole *n* **2.** równina *f* **3.** ściana *f* (kryształu)
Flacheisen *n* —s, — płaskownik stalowy
Flächen... *w comp* **1.** powierzchniowy; *np.* ∼kraft **2.** ... powierzchni; *np.* ∼einheit
Flächeneinheit *f* —, —en jednostka powierzchni
Flächeninhalt *m* —(e)s wielkość powierzchni, powierzchnia *f*, pole *n*
Flächenkraft *f* —, ⸚e *fiz* siła powierzchniowa
Flächenmaß *n* —es, —e miara powierzchni
Flachfeile *f* —, —n pilnik płaski
Flachkopf *m* —(e)s, ⸚e pot głupek, półgłówek *m*
Flachland *n* —(e)s równina, płaszczyzna *f*
Flachmeißel *m* —s, — przecinak płaski
Flachrennen *n* —s sport bieg płaski
Flachs *m* —es len *m*
Flachs... *w comp* **1.** lniany; *np.* ∼garn **2.** ...lnu; *np.* ∼bau
Flachsbau *m* —(e)s uprawa lnu
Flachsbleiche *f* —(e)s bielenie lnu
Flachsbreche *f* —, —n międlica *f*
flächse(r)n *adj* lniany
Flachsfaser *f* —, —n włókno lnu ⟨lniane⟩
Flachsgarn *n* —(e)s, —e nici lniane
Flachshaar *n* —(e)s, —e włosy lniane
Flachshechel *f* —, —n cierlica *f*
Flachskopf *m* —es, ⸚e pot **1.** blondynek *m* **2.** blondyneczka *f*
Flachsröste *f* — moczenie ⟨roszenie⟩ lnu
Flachssame *m* —ns, —n nasienie lnu, siemię lniane
Flachsspinnerei *f* —, —en przędzalnia lnu
Flachzange *f* —, —n szczypce ⟨kleszcze⟩ płaskie, flachcęgi *pl*
flackern (h) *vi* **1.** za|migotać, migać się **2.** płonąć
Fladen *m* —s, — placek, podpłomyk *m*
Flagellant *m* —en, —en biczownik, flagelant *m*
Flageolett [flaʒolɛt] *n* —(e)s, —e *a.* —s *muz* flażolet *m*
Flagg... *w comp* flagowy; *np.* ∼offizier
Flagge *f* —, —n flaga *f; mar* bandera *f;* unter falscher ⟨fremder⟩ ∼ fahren ⟨segeln⟩ pływać pod fałszywą ⟨obcą⟩ banderą; die ∼ hissen podnosić banderę ⟨flagę⟩; die ∼ streichen ściągać banderę ⟨flagę⟩; podd(aw)ać się, kapitulować
flaggen (h) *vt* wywie-szać|sić flagę ⟨chorągiew, banderę⟩

Flaggen... w comp 1. flagowy, banderowy; np. ~gala 2. ... flagi ⟨bandery⟩; np. ~stange
Flaggenehrung f —, —en mar salutowanie, pozdrawianie n (przez opuszczenie i podnoszenie bandery ⟨flagi⟩)
Flaggengala f — mar gala flagowa ⟨a. banderowa⟩
Flaggenstange f —, —n a. **Flagg(en)stock** m —(e)s, ⁼e drzewce flagi ⟨bandery⟩; mar flagsztok m
Flaggoffizier m —s —e oficer flagowy
Flaggschlff n —(e)s, —e mar woj okręt flagowy; mar hand statek flagowy
flagrant adj:adv rażąc-y:-o, w sposób rażący, jaskraw-y:-o, w sposób jaskrawy; praw in ~i na gorącym uczynku
Flak f —, —s skr, zob. **Flugzeugabwehrkanone**
Flakartillerie f — artyleria przeciwlotnicza ⟨zenitowa⟩
Flakon [flakõ] m, n —s, —s flakon m
Flame m —n, —n Flamandczyk m
Flämin a. **Flämin** f —, —nen Flamandka f
Flamingo m —s, —s orn flaming, czerwonak m
flämisch adj:adv flamandzki : po flamandzku
Flamland n —s Flamandia f
Flamm... w comp 1. płomienny; np. ~kohle 2. ... zapłonu; np. ~punkt
Flamme f —, —n 1. płomień m (t. przen); in ~n setzen podpalać, zapalać; in ~n stehen stać w płomieniach, płonąć 2. pot flama, sympatia f
flammen (h) vi 1. płonąć 2. przen palać (vor Zorn gniewem); ihr Gesicht flammte stanęła w płomieniach ⟨w pąsach⟩
Flammen... w comp 1. płomienny; np. ~eifer 2. ... płomienia; np. ~spitze 3. ... płomieni; np. ~meer
Flammenblume f —, —n bot floks, płomyk m
flammend 1. part praes, zob. **flammen** 2. adj, przen płomienny, płomienisty, pałający; ~es Herz bot ładniczka okazała, serduszka pl
Flammeneifer m —s płomienny zapał ⟨ognisty⟩
Flammenfeuer n —s ogień płomienny, płomienie pl
Flammenhärtung f — hartowanie płomieniowe
Flammenmeer n —(e)s morze płomieni ⟨ognia⟩
Flammenspitze f —, —n wierzchołek płomienia
Flammentod m —(e)s śmierć w płomieniach
Flammenwerfer m —s, — woj miotacz ognia
Flammeri m —s, —s kulin budyń m
Flammkohle f —, —n węgiel płomienny
Flammofen m —s, ⁼ piec płomienny
Flammpunkt m —(e)s temperatura zapłonu
Flammrohr n —(e)s, —e 1. tech płomienica f 2. lot komora spalania

Flandern n —s Flandria f
flandrisch adj:adv flandryjski : po flandryjsku
Flanell m —s, —e włók flanela f
Flanell... w comp flanelowy; np. ~anzug
Flanellanzug m —(e)s, ⁼e ubranie flanelowe ⟨z flaneli⟩
flanellen adj flanelowy, z flaneli
flanieren (h) vi łazikować, wałęsać ⟨szwendać⟩ się
Flanke f —, —n 1. bok m (zwierzęcia) 2. bok m 3. woj skrzydło n, dawn flanka f 4. sport centra f
flanken (h) vt, sport centrować (den Ball piłkę)
Flanken... w comp 1. skrzydłowy; np. ~angriff 2. ... skrzydeł; np. ~deckung
Flankenangriff m —(e)s, —e woj natarcie skrzydłowe
Flankendeckung f — woj osłona skrzydeł ⟨skrzydła⟩
Flankensicherung f — woj ubezpieczenie ⟨osłona⟩ skrzydeł ⟨skrzydła⟩
flankieren (h) vt, woj dawn 1. flankować, osł-aniać|onić flanki ⟨boki⟩ 2. oskrzydl-ać|ić
Flansch m —es, —e tech kryza f, kołnierz m
Flanschenrohr n —(e)s, —e tech rura kołnierzowa
Flanschverbindung f —, —en tech połączenie kołnierzowe
Fläschchen n —s, — buteleczka, flaszeczka f; flakonik m
Flasche f —, —n 1. butelka, flaszka f 2. tech butla f (stalowa) 3. pot faja, fujara f
Flaschen... w comp 1. butelkowy; np. ~bier 2. ... butelki; np. ~hals 3. ... do butelek; np. ~bürste II. ... butli; np. ~kappe
Flaschenbier n —(e)s piwo butelkowe
Flaschenbürste f —, —n szczotka do butelek
Flaschengas n —es, —e gaz w butlach
Flaschenglas n —es szkło butelkowe
Flaschenhals m —es, ⁼e szyjka butelki
Flaschenkappe f —, n tech kołpak butli
Flaschenkürbis m —ses, —se bot tykwa zwyczajna
Flaschenlack m —(e)s lak do butelek
Flaschenmilch f — mleko butelkowe
Flaschenpost f — mar poczta butelkowa
Flaschenventil n —s, —e zawór główny butli
Flaschenwein m —(e)s, —e wino butelkowe
Flaschenzug m —(e)s, ⁼e wielokrążek m
Flattergeist m —es, —er przen wietrznik, pędziwiatr, szaławiła m
flatterhaft a. **flatterig** adj:adv lekkomyśln-y:-ie; roztrzepany; płoch-y:-o; wietrzn-y:-ie. Si
Flattermine f —,⁻n woj fugas m
flattern vi 1. (h) trzepotać, łopotać, powiewać (o chorągwi, włosach itp.) 2. (sn) fruwać, bujać, przelatywać z miejsca na miejsce 3. (sn) przen być niestałym ⟨zmiennym, trzpiotowatym⟩
flau adj:adv, pot 1. słab-y:-o; mizerny:-ie; mir wird ~ robi mi się słabo 2.

gnuśn-y:-ie, ospa-ły:-le, apatyczn-y:-ie (t. przen); hand ~e **Börse** depresja na giełdzie 3. wystały; zwietrzały; ~es **Bier** zwietrzałe piwo
Flaue a. **Flauheit** f — 1. słabość, gnuśność, apatia f 2. hand zastój m, stagnacja f; depresja f
Flaum m —(e)s 1. puch m 2. puszek, meszek m
Flaumacher m —s, — polit panikarz m; defetysta m
Flaumbart m —(e)s, ⁼e 1. delikatny zarost 2. przen młokos, gołowąs m
flaum(en)weich adj:adv miękki jak puch: **jak w puchu**
Flaumfeder f —, —n puch m
flaumig adj:adv puszy-sty:-ście
Flausch m —es, —e 1. kosmyk m (wełny) 2. włók flausz m
flauschig adj:adv włochat-y:-o
Flausen pl, pot głupstwa, bzdury pl; gadanina f; głupie myśli; wykręty pl; bujda f; das sind ja ~! toż to bzdury!; setze ihm keine ~ in den Kopf! nie zawracaj mu głowy!; mach mir keine ~! nie kręć!
Flausenmacher m —s, — krętacz m
Flaute f —, —n 1. mar sztil m, flauta, cisza f 2. hand zastój m
Fläz m —es, —e pot gbur, cham m
fläzen, sich (h) vr rozwal-ać|ić ⟨rozsi--adać|ąść⟩ się
fläzig adj:adv chamsk-i:-o, po chamsku, gburowat-y:-o
Flechse f —, —n ścięgno n
Flecht... w comp pleciony; np. ~korb
Flechte f —, —n 1. warkocz m 2. plecionka f 3. bot porost 4. med liszaj m
flechten (35;h) 1. vt pleść, spl-atać|eść; wpl-atać|eść (ins Haar we włosy); wypl-atać|eść (**Körbe** koszyki); u|wić (e—n **Kranz** wieniec) 2. sich ~ vr opl-atać| eść (um etw. coś)
Flechtkorb m —(e)s, ⁼e kosz pleciony
Flechtweide f —, —n wiklina, łoza f
Flechtwerk n —(e)s, —e plecionka f (t. archit; urządzenie z faszyny)
Flechtzaun m —(e)s, ⁼e płot pleciony ⟨wiklinowy⟩, opłotki pl
Fleck m —(e)s, —e 1. plama, skaza f; **blaue** ~c sińce pl; anat **blinder** ~ plamka ślepa 2. miejsce n; **vom** ~ z miejsca, natychmiast; **nicht vom** ~ **kommen** nie posuwać się, nie ruszać z miejsca; **das Herz auf dem rechten** ~ **haben** a) być prawym człowiekiem b) być odważnym ⟨śmiałym⟩; **den Mund auf dem rechten** ~ **haben** być rezolutnym 3. kawałek m; miejsce n; **der schönste** ~ **Polens** najładniejszy kawałek ⟨zakątek⟩ polskiej ziemi 4. łata f; szew flek m
Flecke f, kulin flaki pl
flecken (h) 1. vt, szew łatać 2. vi brudzić (się) 3. vi, pot posuwać się; **die Arbeit fleckt nicht** robota nie posuwa się
Flecken m —s, — 1. plama, skaza f 2. łata f; szew flek m 3. osiedle n, miasteczko n, mieścina f
fleckenlos adj:adv bez plamy ⟨skazy⟩;

nieskaziteln-y:-ie, czyst-y:-o. Si nieskazitelność, czystość f
Fleckenreinigung f — wywabianie plam
Fleck(en)seife f —, —n mydło do wywabiania plam
Fleck(en)wasser n —s, — płyn do wywabiania plam
Fleckfieber n —s dur ⟨tyfus⟩ plamisty
fleckig adj 1. srokaty, pstry 2. t. adv poplamiony, brudn-y:-o; ~ **machen** plamić, brudzić
Flecktyphus m — dur ⟨tyfus⟩ plamisty
Fledderer m —s, — przen hiena f
fleddern (h) vt ob-dzierać|edrzeć, ograbi--ać|ć, z|łupić (**Leichen** zwłoki)
Fledermaus f —, ⁼e nietoperz m, reg gacek m
Flederwisch m —(e)s, —e 1. miotełka f (z piór) 2. przen chudzielec m 3. przen latawica f 4. iron szpada f
Flegel m —s, — 1. cepy pl 2. gbur, cham m
Flegelei f —, —en chamstwo n
flegelhaft a. **flegelig** adj:adv nieokrzesany, niegrzeczn-y:-ie; grubiański, chamski, gburowat-y:-o. Si gburowatość f, chamstwo n
Flegeljahre pl, przen wiek cielęcy, szczenięce lata
flegeln, sich (h) vr rozwal-ać|ić ⟨rozsi--adać|ąść⟩ się
flehen (h) vi błagać
Flehen n —s błaganie n, usilna prośba
flehentlich adj:adv błagaln-y:-ie; rzewn-y:-ie
Fleisch n —(e)s 1. mięso n; **weder Fisch, noch** ~ ni pies, ni wydra 2. przen miąższ m (owoców) 3. przen ciało n; **von** ~ **und Blut** z krwi i kości; **in** ~ **und Blut** do ⟨w⟩ krwi i kości; przen **sich ins eigene** ~ **schneiden** sobie samemu szkodzić; **vom** ~ **fallen** chudnąć; **den Weg allen** ~**es gehen** umrzeć; **der Geist ist willig, aber das** ~ **ist schwach** duch jest ochoczy, ale ciało mdłe
Fleisch... w comp 1. mięsny; np. ~**extrakt** 2. ... mięsa; np. ~**abfälle** 3. ... z mięsem; np. ~**brötchen** 4. ... mięsem; np. ~**vergiftung** 5. ... na mięso ⟨z mięsem; do mięsa⟩; np. ~**schüssel**
Fleischabfälle pl odpadki mięsa ⟨mięsne⟩
Fleischbank f —, ⁼e jatka f
Fleisch(be)schau f — badanie mięsa
Fleischbeschauer m —s, — oglądacz mięsa
Fleischbrötchen n —s, — kanapka z mięsem
Fleischbrühe f —, —n rosół, bulion m
Fleischer m —s, — rzeźnik m
Fleischer... w comp 1. rzeźnicki; np. ~**geselle** 2. ... rzeźnika; np. ~**beruf**
Fleischerberuf m —(e)s zawód rzeźnika
Fleischerei f 1. — rzeźnictwo n 2. —, —en sklep rzeźniczy ⟨mięsny⟩
Fleischergeselle m —n, —n. o. czeladnik rzeźnicki
Fleischermeister m —s, — mistrz rzeźnicki
Fleischermesser n —s, — nóż rzeźnicki
Fleischerpalme f —, —n bot aspidistra f

Fleischerweg *m* —(e)s, —e *przen* daremna droga
Fleischeslust *f* — pożądliwość cielesna ⟨ciała⟩, żądza *f*
Fleischesser *m* —s, — zjadacz mięsa, *pot* człowiek mięsożerny
Fleischextrakt *m* —(e)s, —e ekstrakt ⟨wyciąg⟩ mięsny
Fleischfarbe *f* — kolor cielisty
fleischfarben *a.* **fleischfarbig** *adj:adv* cielist-y:-o, na cielisto, na kolor cielisty; w kolorze cielistym
fleischfressend *part, adj* mięsożerny
Fleischfresser *m* —s, — mięsożerny, mięsożerca *m*
Fleischgericht *n* —(e)s, —e danie mięsne, potrawa mięsna
fleischig *adj:adv* mięsi-sty:-ście
Fleischindustrie *f* — przemysł mięsny
Fleischklößchen *pl* pulpety z mięsa
Fleischklumpen *m* —s, — 1. kawał mięsa 2. *przen* grubas *m*; *pot* kupa mięsa
Fleischkonserve *f* —, —n konserwa mięsna
Fleischkost *f* — pożywienie mięsne
fleischlich *adj:adv* ciele-sny:-śnie. *Sk*
fleischlos *adj* bezmięsny
Fleischsalat *m* —(e)s sałatka mięsna
Fleischschüssel *f* —, —n półmisek na mięso ⟨do mięsa; z mięsem⟩
Fleischseite *f* — *garb* strona odmięsna, mizdra *f*
Fleischspeise *f* —, —n potrawa mięsna
Fleischtopf *m* —(e)s, ⁼e garnek na mięso ⟨od mięsa, do mięsa; z mięsem⟩
Fleischtöpfchen *n* —s, —; *pot sich nach dem ~ der Mutter sehnen* tęsknić za maminym garnuszkiem
Fleischvergiftung *f* —, —en zatrucie mięsem
Fleischverkauf *m* —(e)s sprzedaż mięsa
Fleischversorgung *f* — zaopatrzenie w mięso
Fleischwaren *pl* wyroby ⟨przetwory⟩ mięsne
Fleischwerdung *f* — ucieleśnienie, wcielenie *n*; inkarnacja *f*
Fleischwolf *m* —(e)s, ⁼e maszynka do (mielenia) mięsa
Fleiß *m* —es pilność *f; mit ~* pilnie; pilnością; *pot* umyślnie; *den ganzen ~ aufbieten* dokładać wszelkich starań
fleißig *adj:adv* 1. piln-y:-ie 2. starann-y:-ie; *e—e ~e Arbeit* staranna robota
flektierbar *adj, gram* odmienny
flektieren (h) *vt, gram* odmieniać
flennen (h) *vi, pot* beczeć (płakać)
Flennerei *f* — pot beczenie *n*, bek *m* (*płacz*)
fletschen (h) *vt* wyszczerz-ać|yć, szczerzyć (*die Zähne* zęby)
flexibel *adj:adv* 1. *gram* odmienn-y:-ie 2. giętk-i:-o
Flexion *f* —, —en 1. *gram* fleksja, odmiana *f* 2. fleksja *f*, zgięcie, zginanie *n*
Flibustier *m* —s, — korsarz, rozbójnik morski, pirat *m; pl* — flibustierzy *pl*
Flickarbeit *f* —, —en łatanina *f*; łatanie *n*
flicken (h) *vt* załłatać; *przen jmdm etw. am Zeuge ~* przypiąć komuś łatkę
Flicken *m* —s, — łat(k)a *f*; flek *m*

Flickerei *f* — łatanina *f*
Flickschneider *m* —s, — łaciarz *m* (*krawiec*)
Flickschuster *m* —s, — łaciarz *m* (szewc)
Flickwerk *n* —(e)s 1. łatanina *f* 2. *przen* kompilacja *f*
Flickwort *n* —(e)s, ⁼er *lit* (≈) wyraz dodany (*dla wypełnienia wiersza*); niepotrzebnie wtrącone słowo
Flieder *m* —s, — *bot* bez *m*
Flieder... 1. ... *bzu; np.* ~**blüte** 2. ... *z bzu; np.* ~**tee**
Fliederblüte *f* —, —n kwiat bzu
Fliederstrauß *m* —es, ⁼e bukiet bzu
Fliedertee *m* —s herbata z czarnego bzu
Fliederzweig *m* —(e)s, —e gałązka bzu
Fliege *f* —, —n 1. *ent* mucha *f; spanische ~* mucha hiszpańska, kantaryda *f; sie fielen wie ~n padali* jak muchy 2. muszka *f* (*krawat*)
fliegen (36) I. (sn) *vi* 1. latać, lecieć, polecieć; fru-wać|nąć, pofrunąć; *geflogen kommen* nadlatywać, nadfruwać; przylatywać; przyfruwać 2. *przen, pot po|* lecieć, po|pędzić, po|gnać 3. *pot* wyl-atywać|ecieć *z posady* ⟨na bruk⟩ 4. powiewać (*o chorągwiach, spódnicach*) II. (sn) *vi* (*z przyimkami*) 1. **an:** -atywać|ecieć, nadfru-wać|nąć; przyl-atywać|ecieć, przyfru-wać|nąć (*ans Fenster* do okna; *an den See* nad jezioro) 2. **auf:** polecieć, pofrunąć, wl-atywać|ecieć (*aufs Dach* na dach) 3. **aus:** a) wyl-atywać|ecieć, odl-atywać| ecieć (*aus Paris* z Paryża); wyfru-wać| nąć (*aus dem Nest* z gniazda) b) *przen* wyl-atywać|ecieć, wypa-dać|ść, wybie- -gać|c (*aus dem Zimmer* z pokoju) 4. **bis:** dol-atywać|ecieć (*bis Moskau do Moskwy*) 5. **durch:** lecieć, przel-atywać| ecieć (*durch e—e Wolkenschicht* przez warstwę chmur) 6. **gegen:** wl-atywać| ecieć, wpa-dać|ść (*gegen e—n Baum* na drzewo) 7. **in:** a) lecieć, wl-atywać|ecieć (*ins Bienenhaus* do ula) b) *przen* wl- atywać|ecieć, wpa-dać|ść, wbie-gać|c (*ins Zimmer* do pokoju) c) **in die Lüfte ~** wzlatywać ⟨wzbijać, wznosić⟩ się w przestworza; **in die Luft ~** wylatywać w powietrze, eksplodować; **in Stücke ~** rozlatywać ⟨rozpadać⟩ się w kawałki *pot* ⟨w drobny mak⟩; **in jmds Arme ~** rzucać się w czyjeś objęcia 8. **hinter:** wl-atywać|ecieć (*hinter den Schrank* za szafę) 9. **nach:** a) rozl-atywać|ecieć ⟨rozpierzch-ać|nąć⟩ się (*nach allen Seiten* na wszystkie strony) b) *lot* po|lecieć, latać (*nach Moskau* do Moskwy) 10. **über:** a) przel-atywać|ecieć, przefru- -wać|nąć (*über den See* nad jeziorem; *przez* jezioro) b) lecieć, mknąć, przem- -ykać|knąć, po|biec, po|gnać (*über die Brücke* przez most) 11. **unter:** a) wl- -atywać|ecieć (*unter die Brücke* pod most) b) wpa-dać|ść, wl-atywać|ecieć (*unter den Tisch* pod stół) 12. **von:** a) zl-atywać|ecieć, sfru-wać|nąć (*vom Baum* z drzewa) b) lecieć, przyl-atywać| ecieć, nadl-atywać|ecieć (*von Berlin* z Berlina) c) **vom Platze ~** zrywać się z miejsca, podskoczyć 13. **zu:** lecieć,

Fliegen... 269 **Flitterwochen**

przyl-atywać|ecieć, przyfru-wać|nąć (zu jmdm do kogoś) 14. zwischen: a) wl--atywać|ecieć, wpa-dać|ść (zwischen die Bänke między ławki; zwischen die Bäume między drzewa) b) *lot* kursować (zwischen Moskau und Berlin między Moskwą a Berlinem) III. (h) *vt* 1. prowadzić (e. Flugzeug samolot) 2. przew--ozić|ieźć (samolotem) **Fliegen...** *w comp* 1. *muszy; np.* ~gewicht 2. *mucho...; np.* ~fänger 3. ... *much; np.* ~schwarm 4. ... na muchy; *np.* ~leim
fliegend I. *part praes, zob.* **fliegen II.** *adj* 1. latający; *przen der* ~e **Holländer** latający Holender, Holender Tułacz; ~es **Personal** personel latający; ~e **Untertassen** latające talerze 2. lotny; ~e **Brigade** 〈**Kolonne**〉 lotna brygada 〈kolumna〉 3. rozpuszczony, rozwiany (*o włosach*)
Fliegenfänger *m* —s, — muchołapka *f,* lep na muchy
Fliegengewicht *n* —(e)s *sport* waga musza
Fliegengift *n* —(e)s trucizna na muchy
Fliegenklappe *a.* **Fliegenklatsche** *f* —, —n packa *f* (na muchy)
Fliegenleim *m* —(e)s, —e lep na muchy, muchołapka *f*
Fliegennetz *n* —es, —e siatka na muchy
Fliegenpilz *m* —es, —e *bot* muchomor *m*
Fliegenschnäpper *m* —s, — *orn* muchołówka *f*
Fliegenschwarm *m* —(e)s, ⁼e rój much
Flieger *m* —s, — 1. lotnik, pilot *m* 2. samolot *m* 3. *sport* wyścigowiec *m;* koń wyścigowy
Flieger... *w comp* 1. *lotniczy; np.* ~alarm 2. ... *lotnictwa; np.* ~offizier
Fliegerabwehr *f* — obrona przeciwlotnicza
Fliegerabwehrkanone *f* —, —n działo przeciwlotnicze
Fliegeralarm *m* —(e)s, —e alarm lotniczy
Fliegerangriff *m* —(e)s, —e atak lotniczy, nalot *m*
Fliegeraufklärung *f* — rozpoznanie lotnicze
Fliegeraufnahme *f* —, —n *a.* **Fliegerbild** *n* —(e)s, —er zdjęcie lotnicze
Fliegerbombe *f* —, —n bomba lotnicza
Fliegergruppe *f* —, —n *lot* dywizjon *m*
Fliegerhorst *m* —es, —e baza lotnicza; lotnisko wojskowe
Fliegerkorps [...ko:r] *n* — [...ko:rs], — [...ko:rs] *lot* korpus lotniczy
Fliegeroffizier *m* —s, —e oficer lotnictwa
Fliegerschule *f* —, —n szkoła lotnicza
Fliegerstaffel *f* —, —n *lot* eskadra lotnicza
fliehen (37) 1. (sn) *vi* ucie-kać|c, zbiec (aus dem **Gefängnis** z więzienia); **vor etw.** 〈**vor jmdm**〉 ~ uciekać przed czymś 〈przed kimś〉; zu jmdm ~ chronić się u kogoś; **die Zeit flieht** czas ucieka 2. (h) *vt* stronić, uciekać (jmdn od kogoś), unikać (**seine Gesellschaft** jego towarzystwa; **die Sünde** grzechu); **der Schlaf flieht ihn** nie może spać, sen go odbiega
Fliehkraft *f* — *fiz* siła odśrodkowa

Fliese *f* —, —n *cer* fliza, płyt(k)a *f*
Fliesenfußboden *m* —s, ⁼ posadzka wykładana flizami
Fliesenpflaster *n* —s, — bruk płytowy 〈z płyt〉
Fließ *n* —es, —e strumyk, potok *m*
Fließ... *w comp* potokowy; *np.* ~arbeit
Fließarbeit *f* — produkcja potokowa
Fließband *n* —(e)s, ⁼er taśma produkcyjna
Fließbandfertigung *f* — produkcja potokowa 〈taśmowa〉
fließen (38;sn) *vi* 1. płynąć (*o rzece*) 2. ciec (*o wodzie, cieczy, pot o nosie*) 3. płynąć, upływać, mijać, przechodzić (*np. o czasie*) 4. po|płynąć, po|lać się, ciec (*o krwi, łzach itp.*) 5. *przen* po|płynąć, po| sypać się (*o datkach, darach, pieniądzach, rymach itp.*) 6. (z *przyimkami*) a) aus: płynąć, ciec, wypły-wać|nąć, wycie-kać|c, uchodzić|ujść (aus dem **Behälter** ze zbiornika; *przen* wpły-wać| nąć, wynik-ać|nąć (*np. o wnioskach, moralach*); *przen* aus **der Feder** ~ pochodzić z pióra, wychodzić spod pióra b) **durch:** przepływać (*o rzece*), przecie-kać|c, prze-chodzić|jść (*o płynach*) c) **in:** płynąć, ciec, wpły-wać|nąć, napły-wać|nąć (**in das Becken** do zbiornika); *geogr* wpadać, uchodzić (**ins Meer** do morza); **in Strömen** ~ lać się strumieniami (*t. przen*) d) *um:* opły-wać| nąć, ok-alać|olić (**um die Stadt** miasto) e) **von:** płynąć, spły-wać|nąć, ciec, ście-kać|c (**von den Bergen** z gór; **von der Stirn** z czoła); *przen* rozpływać się (**von Höflichkeiten** w uprzejmościach)
fließend I. *part praes, zob* **fließen II.** *adj* 1. bieżący (*o wodzie*) 2. płynący, ciekną cy; *adv* płynn-y:-ie; ~ **deutsch sprechen** mówić płynnie po niemiecku
Fließfertigung *f* — produkcja potokowa
Fließgrenze *f* —, —n granica plastyczności
Fließpapier *n* —s bibuła *f*
Fließpunkt *m* —(e)s temperatura mięknienia 〈spływania〉
Fließstraße *f* —, —n linia potokowa
flimmern (h) *vi* błyszczeć; migotać, migać się (*o świetle, gwiazdach itp.*)
flink *adj:adv* zwinn-y:-ie; szybk-i:-o; rącz-y:-o; ~ bei der **Hand sein** być na zawołanie 〈oodorędziu〉. Sh
Flint *m* —(e)s, —e krzemień *m*
Flinte *f* —, —n strzelba, fuzja *f*
flirren (h) *vi* 1. brzęczeć 2. *zob.* **flimmern**
Flirt *m* —(e)s, —e flirt *m*
flirten (h) *vi* flirtować
Flittchen *n* —s, — *pot* lafirynda *f*
Flitter *m* —s 1. błyskotki, świecidełka, cekiny *pl* 2. *przen* blichtr *m,* fałszywy blask
Flitterglanz *m* —es *zob.* **Flitter 2.**
Flittergold *n* —(e)s szych *m,* fałszywe złoto
Flitterkram *zob.* **Flitter**
flittern (h) *vi, zob.* **flimmern** 2. (sn) *vi* fru-wać|nąć
Flittertand *m* —s, *zob.* **Flitter**, **Flitterwerk** *n* —(e)s *zob.* **Flitter**
Flitterwochen *pl* miodowe miesiące

flitzen 270 flüchtig

flitzen (sn) *vi, pot* po|mknąć jak strzała; po|gnać, prysnąć
Flocke *f* —, —n 1. kłaczek, kosmyk *m* (*np.* wełny) 2. płatek *m* (*np.* śniegu; mydła)
flocken, sich (h) *vr* koagulować, ule-gać|c koagulacji; ule-gać|c flokulacji.
Su flokulacja *f;* koagulacja *f*
Flocken... *w comp* 1. kłaczkowaty; *np.* ~schlamm 2. ... kłaczków (*a.* płatków); *np.* ~bildung
Flockenbildung *f* — tworzenie (powsta-(wa)nie) kłaczków (*a.* płatków), flokulacja *f*
Flockenschlamm *m* —(e)s osad kłaczkowaty
flockig *adj:adv* 1. puszy-sty:-ście 2. kłaczkowat-y:-o 3. w postaci płatków
Flockungs... *w comp* 1. koagulujący; *np.* ~mittel 2. koagulacyjny; *np.* ~wert
Flockungsmittel *n* —s, — *fiz, chem* środek (czynnik) koagulujący, koagulator *m*
Flockungswert *m* —(e)s, —e *fiz, chem* wartość koagulacyjna
Floh *m* —(e)s, ⁻e pchła *f; przen* jmdm e—n ~ in den Pelz (ins Ohr) setzen zabić komuś klina w głowę
flöhen (h) *vt, vr* (sich) iskać z pcheł
Flor¹ *m* —s, —e 1. kwiaty *pl* 2. rozkwit *m,* kwitnienie *n;* in ~ stehen kwitnąć; *przen* prosperować
Flor² *m* —s, —e 1. krepa *f;* gaza *f* 2. *przen* zasłona *f*
Flora *f* —, —ren flora *f*
Florband *n* —(e)s, ⁻er krepa (opaska) żałobna
Florentiner 1. *adj inv* florentyński 2. *m* —s, — Florentyńczyk *m*
florentinisch *adj:adv* florentyński : po florentyńsku
Florenz (*n*) — Florencja *f*
Florett *n* —(e)s, —e *sport* floret *m*
Florettfechten *n* —s *sport* walka na florety, floret *m*
florieren (h) *vi* kwitnąć, prosperować
Florschleier *m* —s, — welon krepowy
Floskel *f* —, —n zwrot retoryczny; pusty frazes
Floß [flo:s] *n* —es, ⁻e 1. tratwa *f* 2. *wędk* spławik *m*
flößbar *adj* spławny. Sk
Flosse *f* —, —n 1. płetwa *f* 2. *lot* statecznik *m* 3. *pot* łapa *f* 4. *wędk* spławik *m*
flößen (h) *vt* spławi-ać|ć
Flößer *m* —s, — flisak *m*
Flößerei *f* — flisactwo *n*
Flotation *f* — *górn* flotacja *f*
Flöte *f* —, —n *muz* flet *m*
flöten (h) *vt, vi* 1. grać na flecie 2. śpiewać (*o słowiku*); mówić śpiewnie 3. gwizd-ać|nąć
Flötenbläser *m* —s, — flecista *m*
flötengeh(e)n (45;sn) *vi, pot* 1. ze|psuć się 2. za|gubić się; przepa-dać|ść
Flötenspieler *m* —s, — flecista *m*
Flötenspielerin *f* —, —nen flecistka *f*
Flötenton *m* —(e)s, ⁻e dźwięk fletu; *przen* jmdm die Flötentöne beibringen nauczyć kogoś moresu (rozumu)

Flötist *m* —en, —en flecista *m*
Flötistin *f* —, —nen flecistka *f*
flott *adj:adv* 1. pływający 2. wolny (kapitał) 3. zgrabn-y:-ie; zwinn-y:-ie, szybk-i:-o, żwaw-y:-o (*np. o dziewczynie*) 4. rozrzutn-y:-ie (*o życiu*), huczn-y:-ie; ~ leben używać życia 5. świetn-y:-ie, doskona-ły:-le (*np. o interesie, tancerzu*); ożywiony (*np.* handel) 6. szykown-y:-ie, eleganck-i:-o (*np.* kapelusz)
Flotte *f* —, —n 1. flota *f* 2. *wędk* pławik *m* 3. kąpiel farbiarska
Flotten... *w comp* I. 1. ... floty; *np.* ~ausbau 2. morski; *np.* ~abkommen II. ... kąpieli farbiarskiej; *np.* ~kreislauf
Flottenabkommen *n* —s, — układ morski, konwencja morska
Flottenausbau *m* —(e)s rozbudowa floty (marynarki wojennej)
Flottenbasis *f* —, ...basen baza morska (marynarki wojennej)
Flottenchef [...ʃɛf] *m* —s, —s dowódca floty
Flottenkommando *n* —s, —s dowództwo floty
Flottenkreislauf *m* —(e)s obieg (cyrkulacja) kąpieli farbiarskiej
Flottenmanöver *pl* manewry morskie (marynarki wojennej)
Flottenstützpunkt *m* —(e)s, —e baza morska (marynarki wojennej)
Flottenverein *m* —(e)s, —e liga morska
Flottille *f* —, —n flotylla *f*
Flottillenadmiral *m* —s, —e admirał flotylli (NRF)
Flottillenchef [...ʃɛf] *m* —s, —s dowódca flotylli
flottmachen (h) *vt* spychać|zepchnąć z mielizny (e. Schiff okręt; uruch-amiać| omić
flottweg *adv* śmiało; bez przerwy
Flöz *n* —es, —e *górn* pokład *m:* złoże *n*
Fluch [flu:x] *m* —(e)s, ⁻e przekleństwo *n;* klątwa *f;* ~ über ihn! niech będzie przeklęty!; dem ~ der Lächerlichkeit verfallen sta(wa)ć się pośmiewiskiem, popadać w śmieszność
fluchbeladen *part, adj:adv* przeklęty
fluchen (h) *vi* 1. za|kląć 2. przeklinać, kląć (jmdm (auf jmdn) kogoś)
Flucht¹ *f* — 1. ucieczka *f; die* ~ ergreifen uciekać; rzucić się do ucieczki; auf der ~ sein uciekać; das Heil in der ~ suchen ratować (salwować) się ucieczką; den Feind in die ~ schlagen zmusząć wroga do ucieczki 2. szybki bieg (der Jahre lat)
Flucht² *f* —, —en rząd *m* (der Fenster okien); amfilada *f* (der Zimmer pokoi): lico *n* (domów)
Flucht... *w comp* ... ucieczki; *np.* ~verdacht

fluchtartig *adj:adv* spieszn-y:-ie; w popłochu; ~ den Saal räumen spiesznie opuszczać salę
flüchten 1. (sn) *vi* zbie-gać|c; ucie-kać|c; s|chronić się 2. sich ~ (h) *vr* schronić się
flüchtig *adj* 1. zbiegły, ~ werden zbie-gać|c 2. *t. adv* pobieżn-y:-ie; powierzchown-y:-ie, niegruntown-y:-ie; nie-

starann-y:-ie, niedokładn-y:-ie, szybk--i:-o, przelotn-y:-ie; **e—e ~e Arbeit** niestaranna praca; **~ sein** być niedokładnym **3. t. przen** szybko przemijający, przelotn-y:-ie, krótkotrwały; krótk-i:-o; niestały, płochy; **e. ~es Glück** krótkotrwałe szczęście; **e. ~er Besuch** krótka wizyta **4. chem** lotny; **~e Stoffe** materiały lotne. **Sk 1.** powierzchowność, pobieżność f; niestaranność, niedokładność f **2.** przeoczenie n **3. przen** krótkotrwałość f; płochość, niestałość f **4. chem** lotność f
Flüchtigkeitsfehler m —s, — przeoczenie n
Flüchtling m —(e)s, —e **1.** zbieg m; dezerter m **2.** uciekinier m; uchodźca m
Flüchtlings... w comp 1. ... uchodźcy; np. **~schicksal 2.** ... uchodźców; np. **~strom 3.** ... dla uchodźców; np. **~hilfe**
Flüchtlingshilfe f — pomoc dla uchodźców
Flüchtlingslager n —s, — obóz dla uchodźców
Flüchtlingsschicksal n —s, —e los uchodźcy
Flüchtlingsstrom m —(e)s, ⁻e potok uchodźców
Fluchtlinie f —, —n bud linia zabudowy
Fluchtverdacht m —(e)s podejrzenie ucieczki
Fluchtversuch m —(e)s, —e próba ucieczki
fluchwürdig adj:adv godny potępienia
Flug m —(e)s, ⁻e **1.** lot m; **im ~e** w locie; **w lot 2. przen** polot m **(der Gedanken** myśli); **bieg** m **(der Zeit** czasu); **die Zeit verging wie im ~e** czas szybko minął ⟨przeleciał⟩
Flug... w comp 1. lotny; np. **~asche 2.** ... lotu; np. **~bahn 3.** lotniczy; np. **~hafen 4.** przeciwlotniczy; np. **~abwehr**
Flugabwehr f — obrona przeciwlotnicza
Flugabwehrbatterie f —, ...ien bateria artylerii przeciwlotniczej
Flugabwehrrakete f —, —n rakieta sygnałowa artylerii przeciwlotniczej
Flugabwehrraketenbataillon [...taljo:n] n —s, —e dywizjon wyrzutni przeciwlotniczych pocisków rakietowych
Flugasche f — popiół lotny
Flugbahn f —, —en woj tor lotu (pocisku), trajektoria f
Flugbetrieb m —(e)s ruch lotniczy; komunikacja lotnicza
Flugblatt n —(e)s, ⁻er ulotka f
Flugboot n —(e)s, —e wodnosamolot, wodnopłat(owiec) m, łódź latająca
Flugeigenschaft f —, —en lot właściwość lotna
Flugdauer f — czas trwania lotu
Flügel m —s, — **1.** skrzydło n; **die ~ hängen lassen** opuszczać skrzydła **(t. przen) 2. muz** fortepian m
Flügel... w comp 1. skrzydełkowy; np. **~mutter 2.** ... skrzydłowy; np. **~altar 3.** ... skrzydła; np. **~bruch 4.** ... skrzydeł; np. **~weite**
Flügeladjutant m —en, —en adjutant przyboczny

Flügelaltar m —s, ⁻e ołtarz skrzydłowy
Flügelbruch m —(e)s, ⁻e złamanie skrzydła ⟨skrzydeł⟩
Flügeldecke f —, —n ent pokrywa skrzydłowa, nadlotka f
Flügelklappe f —, —n lot lotka f
flügellahm adj:adv **1.** ze złamanym skrzydłem **2. przen** z podciętymi skrzydłami
Flügelmann m —(e)s, ⁻er a. Flügelleute woj, sport skrzydłowy m
Flügelmutter f —, —n nakrętka motylkowa
Flügelschlag m —(e)s, ⁻e łopot skrzydeł, bicie ⟨uderzenie⟩ skrzydłami
Flügelstürmer m —s, — sport skrzydłowy m
Flügeltür f —, —en podwoje pl
Flügelweite f —, —n rozpiętość skrzydeł
flugfertig adj:adv gotowy do odlotu
Fluggast m —(e)s, ⁻e pasażer m (samolotu)
flügge adj:adv **1.** zdolny do lotu (o młodych ptakach) **2. przen** samodzielny, dojrzały
Fluggeschwindigkeit f —, —en prędkość lotu
Flughafen m —s, ⁻ port lotniczy, lotnisko n
Flughafer m —s owies głuchy
Flughaut f — błona lotna
Flughöhe f —, —n lot pułap m, wysokość lotu
Flugkapitän m —s, —e pilot m
Fluglinie f —, —n linia lotnicza
Flugloch n —(e)s, ⁻er wylot m, oczko n (am Bienenstock ula)
Fluglotse m —, —n lot kontroler lotu ⟨ruchu⟩
Flugplatz m —es, ⁻e lotnisko n
Flugroute [...ru:tə] f —, —n trasa lotu
flugs adv szybko, w mig, migiem
Flugsand m —(e)s lotny piasek
Flugschrift f —, —en druk ulotny, pismo ulotne
Flugsicherung f — lot kontrola lotu ⟨ruchu⟩
Flugstaub m —(e)s lotny pył
Flugsteig m —(e)s, —e lot płyta przeddworcowa
Flugticket n —s, —s bilet lotniczy
Flugverbindung f —, —en połączenie lotnicze
Flugverkehr m —s ruch lotniczy, komunikacja lotnicza
Flugwesen n —s lotnictwo n
Flugwetter n —s pogoda sprzyjająca lotom ⟨lotna⟩
Flugwetterdienst m —(e)s lotnicza służba meteorologiczna
Flugzeug n —(e)s, —e samolot m
Flugzeug... w comp 1. lotniczy; np. **~geschwader 2.** ... samolotu ⟨samolotów⟩; np. **~werk**
Flug(zeug)abwehrkanone f —, —n działo przeciwlotnicze, zenitówka f
Flugzeugbau m —(e)s produkcja ⟨budowa⟩ samolotów
Flugzeugentführer m —s, — porywacz samolotu
Flugzeugentführung f —, —en uprowadzenie ⟨porwanie⟩ samolotu

Flugzeugführer m —s, — pilot m
Flugzeuggeschwader n —s, — pułk lotniczy, skrzydło n
Flugzeughalle f —, —n hangar m
Flugzeugindustrie f — przemysł lotniczy
Flugzeugkonstrukteur [...tø:r] m —s, —e konstruktor samolotów
Flugzeugkonstruktion f — konstrukcja ⟨budowa⟩ samolotów
Flugzeugmotor m —s, —en silnik samolotowy
Flugzeugmutterschiff n —(e)s, —e lotniskowiec m
Flugzeugschuppen m —s, — hangar m
Flugzeugträger m —s, — lotniskowiec m
Flugzeugwerk n —(e)s, —e fabryka samolotów
Fluidum n —s, ...da fluid m
Fluktuation f —, —en płynność, niestałość f, wahanie n, fluktuacja f
fluktuieren (h) vi wahać się; zmieniać się. Su t. fluktuacja f
Flunder f —, —n flądra, stornia f
Flunkerei f —, —en bujanie n; bujda, blaga f, cygaństwo n
flunkern (h) vi bujać, kręcić, cyganić
Flunsch m —es, —e pot gęba f; e—n ~ ziehen wykrzywić gębę
Fluor n —s chem fluor m
Fluoreszenz f — fiz fluorescencja f
Fluoreszenz... w comp fluorescencyjny; np. ~licht
Fluoreszenzlicht n —(e)s, —er światło fluorescencyjne
Flur¹ m —(e)s, —e sień f, korytarz m
Flur² f —, —en niwa f, łan m, pole n; przen allein auf weiter ~ samiuteńki (jak palec)
Flurbereinigung f —, —en scalanie ⟨komasacja⟩ gruntów
Flurhüter m —s, — polowy m (strażnik)
Flurregister n —s, — kataster rolny
Flurschaden m —s, ⁒ szkody polne
Flurschütz m —en, —en polowy m (strażnik)
Fluß m Flusses, Flüsse 1. rzeka f 2. fiz strumień m 3. przen tok m (der Gedanken myśli), potok m (der Rede słów), bieg m (der Gespräche rozmowy); etw. wieder in ~ bringen ożywi(a)ć; wieder in ~ kommen ożywi(a)ć się; ruszać z miejsca 4. med upławy pl 5. med miesiączka f 6. med wylew m 7. met topnik, flus m
Fluß... w comp 1. rzeczny; np. ~bad 2. ... rzeki; np. ~bett
flußabwärts adv z wodą ⟨prądem⟩; w dół rzeki
flußauf(wärts) adv pod wodę ⟨prąd⟩; w górę rzeki
Flußbad n —(e)s, ⁒er 1. kąpiel rzeczna 2. pływalnia rzeczna
Flußbett n —(e)s, —en koryto ⟨łożysko⟩ rzeki
Flußdampfer m —s, — statek rzeczny
Flußeisen n —s stal odlewnicza ⟨miękka⟩
Flußfisch m —es, —e ryba rzeczna
Flußgebiet n —(e)s, —e dorzecze n
flüssig adj:adv płynny (t. przen; fiz); ciekły; ~es Kapital płynny kapitał, gotówka f. Sk

Flüssigkeit f —, —en 1. ciecz m; płyn m 2. ciekłość f
Flüssigkeits... w comp 1. cieczowy; np. ~thermometer 2. ... cieczy; np. ~menge
Flüssigkeitssäule f —, —n słup cieczy
Flüssigkeitsstand m —(e)s, ⁒e poziom cieczy
Flüssigkeitsthermometer n —s, — termometr cieczowy
flüssigmachen (h) vt, fin upłynni-ać|ć, z|mobilizować (das Kapital kapitał). Su
Flußmittel n —s, — met topnik m
Flußmündung f —, —en ujście rzeki
Flußpferd n —(e)s, —e zoo hipopotam m
Flußregelung a. **Flußregulierung** f —, —en regulacja rzeki
Flußschiffahrt f — żegluga rzeczna
Flußschleife f —, —n geogr zakole rzeczne, meander m
Flußsohle f —, —n dno rzeki
Flußspat m —(e)s, —e min fluoryt m
Flußstahl m —(e)s stal zlewna
Flußübergang m —(e)s, ⁒e 1. przeprawa przez rzekę 2. bród m
Flußverunreinigung f —, —en zanieczyszczenie rzeki
flüstern (h) vt szep-tać|nąć; pot das kann ich dir ~! na tym możesz polegać!, to ci powiem!
Flüstern n —s szeptanie n, szept n
Flüsterpropaganda f — szeptana propaganda
Flüsterton m —(e)s, ⁒e szept m; im ~ szeptem
Flut f —, —en 1. mar przypływ m 2. przen powódź, fala f; potok m (von Tränen łez; von Schimpfwörtern wyzwisk); 3. ~en pl fale, nurty, wody pl
fluten I. (h) vt napełni-ać|ć wodą II. (h) vi 1. wzbierać ⟨o rzece⟩ 2. falować III. (sn) vi, przen tłumnie w(y)chodzić
Flutdeich m —(e)s, —e wał przeciwpowodziowy
Flutkraftwerk n —(e)s, —e elektrownia pływowa
Flutwelle f —, —n 1. fala powodzi(owa) 2. fala przypływowa
Flutzeit f —, —en⁻ czas przypływu; przypływ m
Fockmast m —(e)s, —e a. —en mar fokmaszt m
Focksegel n —s, — fok m
Föderalismus m — federalizm m
Föderation f —, —en federacja f, związek m
föderativ adj:adv związkowy, federacyjn-y:-ie
Föderativ... w comp związkowy, federacyjny; np. ~staat
Föderativstaat m —(e)s, —en państwo związkowe ⟨federacyjne, federalne⟩
Föderativsystem n —s, —e system ⟨ustrój⟩ związkowy ⟨federacyjny, federalny⟩
Fohlen n —s, — źrebię n
fohlen (h) vi o|źrebić się
Föhn m —(e)s, —e fen m, (wiatr) halny, pot halniak m
Föhre f —, —n sosna f
Folge f —, —n 1. następstwo n, skutek m, konsekwencja f; die ~n bedenken zważyć następstwa ⟨konsekwencje⟩; etw.